Professionelle Android-App-Entwicklung

Reto Meier

Professionelle Android-App-Entwicklung

Übersetzung aus dem Amerikanischen von
Arnold Willemer

Bibliografische Information der Deutschen Nationalbibliothek

Die Deutsche Nationalbibliothek verzeichnet diese Publikation in der Deutschen Nationalbibliografie; detaillierte bibliografische Daten sind im Internet über http://dnb.d-nb.de abrufbar.

1. Auflage 2019

© 2019 WILEY-VCH Verlag GmbH & Co. KGaA, Weinheim

Original English language edition Professional Android, 4th Edition © 2018 by Wiley Publishing, Inc.

All rights reserved including the right of reproduction in whole or in part in any form. This translation published by arrangement with John Wiley and Sons, Inc.

Copyright der englischsprachigen Originalausgabe Professional Android, 4th Edition © 2018 by Wiley Publishing, Inc.

Alle Rechte vorbehalten inklusive des Rechtes auf Reproduktion im Ganzen oder in Teilen und in jeglicher Form. Diese Übersetzung wird mit Genehmigung von John Wiley and Sons, Inc. publiziert.

Wiley, the Wiley logo, and related trademarks and trade dress are trademarks or registered trademarks of John Wiley & Sons, Inc. and/or its affiliates, in the United States and other countries. Used by permission.

Wiley und darauf bezogene Gestaltungen sind Marken oder eingetragene Marken von John Wiley & Sons, Inc., USA, Deutschland und in anderen Ländern.

Das vorliegende Werk wurde sorgfältig erarbeitet. Dennoch übernehmen Autoren und Verlag für die Richtigkeit von Angaben, Hinweisen und Ratschlägen sowie eventuelle Druckfehler keine Haftung.

Coverfoto ABIDAL/Thinkstock
Korrektur Dr. Matthias Delbrück
Satz EDV-Beratung Herweg, Hirschberg
Druck und Bindung CPI books GmbH, Leck

Print ISBN: 978-3-527-76058-9
ePub ISBN: 978-3-527-68681-0

Inhaltsverzeichnis

	Vorwort	19
1	**Hallo Android**	**21**
1.1	Android-Anwendungsentwicklung	21
1.2	Ein wenig Hintergrund	22
	1.2.1 Die nicht allzu ferne Vergangenheit	23
	1.2.2 Leben in der Zukunft	23
1.3	Das Android-Ökosystem	24
1.4	Vorinstallierte Android-Anwendungen	25
1.5	Android SDK-Features	26
1.6	Worauf läuft Android?	27
1.7	Warum für mobile Geräte entwickeln?	27
1.8	Warum für Android entwickeln?	28
1.9	Einführung in das Development Framework	28
	1.9.1 Was kommt in der Box?	29
	1.9.2 Den Android-Software-Stack verstehen	30
	1.9.3 Das Android-Laufzeitsystem (Android Run Time ART)	32
	1.9.4 Android-Anwendungsarchitektur	33
	1.9.5 Android-Bibliotheken	34
2	**Los geht's**	**35**
2.1	Android-Apps entwickeln	36
2.2	Für Android entwickeln	37
	2.2.1 Was Sie für den Start benötigen	38
	2.2.2 Erstellen Ihrer ersten Android-Anwendung	43
	2.2.3 Einführung in die Programmierung von Android-Apps mit Kotlin	60
	2.2.4 Das Android Support Library Package verwenden	62
2.3	Entwicklung für mobile und embedded Geräte	65
	2.3.1 Erwägungen zur hardwarenahen Gestaltung	65
	2.3.2 Berücksichtigung der Benutzerumgebung	70
	2.3.3 Für Android entwickeln	71
2.4	Android Entwicklungswerkzeuge	76
	2.4.1 Android Studio	78

	2.4.2	Der Android Virtual Device Manager	80
	2.4.3	Der Android Emulator	81
	2.4.4	Der Android Profiler	82
	2.4.5	Die Android Debug Bridge	83
	2.4.6	Der APK-Analysator	84
	2.4.7	Das Werkzeug Lint	85
	2.4.8	Monkey, Monkey Runner und Espresso: Benutzeroberflächen-Tests	85
	2.4.9	Gradle	86
3	**Application, Activitiy und Fragment**		**89**
3.1	Application, Activity und Fragment		89
3.2	Die Komponenten einer Android-Anwendung		90
3.3	Lebenszyklus, Priorität und Prozessstatus einer Android-Anwendung .		91
3.4	Die Klasse Application		94
3.5	Android Activities näher betrachtet		94
	3.5.1	Activities erzeugen	95
	3.5.2	Verwendung der AppCompatActivity	97
	3.5.3	Der Lebenszyklus einer Activity	98
	3.5.4	Auf Speichermangel reagieren	106
3.6	Einführung in Fragmente		109
	3.6.1	Neue Fragmente anlegen	110
	3.6.2	Der Lebenszyklus eines Fragments	111
	3.6.3	Einführung in den Fragment-Manager	117
	3.6.4	Fragmente zu Activities hinzufügen	117
	3.6.5	Kommunikation zwischen Fragmenten und Activities	125
	3.6.6	Fragmente ohne Benutzeroberfläche	127
3.7	Erstellen einer Erdbebenanzeige-App		128
4	**Definieren der Android Manifest- und Gradle-Build-Dateien und die Auslagerung von Ressourcen**		**139**
4.1	Manifest, Build-Dateien und Ressourcen		139
4.2	Einführung in das Android Manifest		140
4.3	Gradle-Build konfigurieren		146
	4.3.1	Gradle Settings-Datei	147
	4.3.2	Gradle Projekt-Build-Datei	147
	4.3.3	Gradle Modul-Build-Dateien	148
4.4	Ressourcen auslagern		154
	4.4.1	Ressourcen anlegen	155
	4.4.2	Die Verwendung von Ressourcen	168
	4.4.3	Ressourcen für verschiedene Sprachen und Hardware anlegen	173
	4.4.4	Änderungen der Laufzeitkonfiguration	178

5	**Erstellen von Benutzeroberflächen**	**181**
5.1	Grundlegendes Android Design	182
5.2	Dichteunabhängiges Design	183
5.3	Grundlagen der Android-Benutzeroberfläche	184
	5.3.1 Zuordnung von Benutzeroberflächen zu Activities	185
5.4	Einführung in Layouts	186
	5.4.1 Layouts definieren	188
	5.4.2 Layouts für geräteunabhängige Benutzeroberflächen	190
	5.4.3 Layouts optimieren	195
5.5	Die Android Widget Toolbox	199
5.6	Arbeiten mit Lists und Grids	200
	5.6.1 Recycler-View und Layout-Manager	201
	5.6.2 Einführung in Adapter	203
	5.6.3 Die Anwendung Earthquake-Viewer	207
5.7	Einführung in das Data-Binding	208
	5.7.1 Data-Binding aktivieren	209
	5.7.2 Variablen im Data-Binding	210
	5.7.3 Data-Binding für die Anwendung Earthquake Viewer	212
5.8	Eigene Views erzeugen	214
	5.8.1 Modifizierung existierender Views	215
	5.8.2 Zusammengesetzte Kontrollelemente anlegen	219
	5.8.3 Einfache zusammengesetzte Kontrollelemente als Layout anlegen	223
	5.8.4 Benutzerdefinierte Views erzeugen	223
	5.8.5 Einsatz benutzerdefinierter Kontrollelemente	241

6	**Intents und Broadcast-Empfänger**	**243**
6.1	Verwendung von Intents und Broadcast-Receivern	244
6.2	Mit Intents Activities starten	245
	6.2.1 Explizites Starten neuer Activities	245
	6.2.2 Implizite Intents und späte Laufzeitbindung	246
	6.2.3 Feststellen, ob ein Intent aufgelöst wird	247
	6.2.4 Rückgabe von Activity-Ergebnissen	248
	6.2.5 Verwenden plattformunabhängiger Aktionen zum Starten von Activities	252
6.3	Erstellen von Intent-Filtern für den Empfang	254
	6.3.1 Intent-Filter definieren	254
	6.3.2 Intent-Filter für Plug-Ins und die Erweiterbarkeit nutzen ...	265
6.4	Einführung in Linkify	271
	6.4.1 Systemeigene Link-Typen verknüpfen	271
	6.4.2 Eigene Link-Strings erstellen	271
	6.4.3 Den Match-Filter einsetzen	273

| Inhaltsverzeichnis

		6.4.4	Den Transform-Filter einsetzen	273
6.5			Intents für Broadcast-Events verwenden	274
	6.5.1		Ereignisse mit Intents verteilen	274
	6.5.2		Intent-Broadcasts mit Broadcast-Receivern abhören	275
	6.5.3		Broadcast-Receiver aus dem Programm registrieren	277
	6.5.4		Broadcast-Receiver im Application-Manifest registrieren	277
	6.5.5		Manifest-Receiver zur Laufzeit verwalten	278
	6.5.6		Gerätezustandsänderungen durch Broadcast-Intents beobachten	279
6.6			Einführung in den Local-Broadcast-Manager	281
	6.6.1		Einführung in Pending-Intents	283

7 Internet-Ressourcen verwenden **285**

7.1 Mit dem Internet verbinden 285
7.2 Internet-Ressourcen verbinden, herunterladen und parsen 286
    7.2.1 Warum eine native Internetanwendung erstellen? 287
    7.2.2 Mit einer Internet-Ressource verbinden 288
    7.2.3 Netzwerkoperationen mit View-Modellen, Live-Data und asynchronen Tasks ausführen 289
    7.2.4 Parsen von XML mit dem XML-Pull-Parser 295
    7.2.5 Anschluss des Earthquake Viewers an das Internet 296
    7.2.6 JSON mit dem JSON-Parser auswerten 306
7.3 Den Download-Manager verwenden 313
    7.3.1 Dateien herunterladen 314
    7.3.2 Anpassen von Download-Manager-Notifications 316
    7.3.3 Festlegen eines Download-Speicherorts 318
    7.3.4 Abbrechen und Entfernen von Downloads 319
    7.3.5 Abfrage des Download Managers 320
7.4 Akkuschonendes Herunterladen von Dateien 323
7.5 Einführung in Internet Services und Cloud Computing 325

8 Dateien, Speicher-Status und Benutzereinstellungen **327**

8.1 Dateien, Zustände und Einstellungen speichern 328
8.2 Activity- und Fragment Instance-State mit den Lifecycle-Handlern sichern und wiederherstellen 328
8.3 Instanzstatus mit kopflosen Fragmenten und ViewModel beibehalten . 331
    8.3.1 ViewModel und LiveData 331
    8.3.2 Kopflose Fragmente 334
8.4 SharedPreferences erstellen und speichern 336
8.5 SharedPreferences zurückholen 338
8.6 Einführung in den OnSharedPreferenceChangeListener 338

8.7	Auto-Backup von Anwendungsdateien und SharedPreferences konfigurieren	339
8.8	Preference-Benutzeroberflächen erstellen	341
	8.8.1 Verwenden der Preference-Support-Bibliothek	342
	8.8.2 Layout eines PreferenceScreens in XML definieren	342
	8.8.3 Einführung in das Preference-Fragment	347
8.9	Eine Preference-Activity für den EarthquakeMonitor anlegen	348
8.10	Statische Dateien als Ressourcen einbinden	356
8.11	Arbeiten mit dem Dateisystem	356
	8.11.1 Dateiverwaltungs-Tools	357
	8.11.2 Dateien im anwendungsspezifischen internen Speicher anlegen	357
	8.11.3 Dateien auf anwendungsspezifischem externem Speicher anlegen	358
	8.11.4 Zugriff auf öffentliche Verzeichnisse über Scoped Directory Access	359
8.12	Freigeben von Dateien über FileProvider	364
	8.12.1 Einen FileProvider erzeugen	365
	8.12.2 Eine Datei über einen FileProvider freigeben	365
	8.12.3 Eine Datei von einem FileProvider empfangen	366
8.13	Zugriff auf Dateien aus anderen Anwendungen über das Storage Access Framework	367
	8.13.1 Temporären Zugriff auf Dateien anfordern	368
	8.13.2 Persistenten Zugriff auf Dateien anfordern	368
	8.13.3 Zugriff auf Verzeichnisse beantragen	369
	8.13.4 Neue Dateien erzeugen	369
8.14	URI-basierte Berechtigungen verwenden	370
9	**Datenbanken anlegen und verwenden**	**373**
9.1	Einführung in die Speicherung strukturierter Daten in Android	374
9.2	Daten über die Room Persistence Library ablegen	374
	9.2.1 Einbinden der Room Persistence Library	376
	9.2.2 Eine Room-Datenbank definieren	376
	9.2.3 Komplexe Objekte über Typkonverter persistieren	379
	9.2.4 Room-Datenbank-Interaktionen über Data Access Objects definieren	381
	9.2.5 Room-Datenbank-Interaktionen durchführen	385
	9.2.6 Überwachung von Query-Ergebnisänderungen mit LiveData	386
9.3	Erdbeben mit einer Room-Datenbank ablegen	388
9.4	Arbeiten mit SQLite-Datenbanken	393
	9.4.1 Eingabevalidierung und SQL-Injektion	395
	9.4.2 Cursor und Content-Values	395

	9.4.3	Definieren eines Datenbankkontrakts	396
	9.4.4	Einführung in den SQLiteOpenHelper	397
	9.4.5	Öffnen von Datenbanken mit dem SQLiteOpenHelper	399
	9.4.6	Datenbanken ohne den SQLiteOpenHelper öffnen und erstellen	400
	9.4.7	Zeilen hinzufügen, aktualisieren und löschen	400
	9.4.8	Abfragen einer Datenbank	403
	9.4.9	Werte aus einem Cursor extrahieren	404
9.5	Einführung in die Firebase Echtzeitdatenbank		406
	9.5.1	Firebase zu Ihrer Anwendung hinzufügen	407
	9.5.2	Definieren einer Firebase Datenbank und deren Zugriffsregeln	410
	9.5.3	Hinzufügen, Ändern, Löschen und Abfragen von Daten einer Firebase Echtzeitdatenbank	411

10		**Content-Provider und Suchen**	**415**
10.1	Einführung in die Content-Provider		416
10.2	Warum sollte ich Content-Provider verwenden?		416
10.3	Content-Provider anlegen		417
	10.3.1	Erstellen der Datenbank des Content-Providers	419
	10.3.2	Content-Provider registrieren	420
	10.3.3	Veröffentlichen der URI-Adresse Ihres Content-Providers . .	420
	10.3.4	Implementierung von Content-Provider-Abfragen	422
	10.3.5	Content-Provider-Transaktionen	425
	10.3.6	Gemeinsame Nutzung von Dateien über einen Content-Provider	428
	10.3.7	Hinzufügen von Berechtigungsanforderungen zu Content-Providern	429
10.4	Zugriff auf Content-Provider mit Content-Resolvern		432
	10.4.1	Content-Provider abfragen	432
	10.4.2	Abfragen abbrechen	435
	10.4.3	Asynchrones Abfragen von Inhalten mit einem Cursor-Loader	436
	10.4.4	Hinzufügen, Löschen und Aktualisieren von Inhalten	440
	10.4.5	Auf in Content-Providern gespeicherte Dateien zugreifen . .	442
	10.4.6	Zugriff auf zulassungsbeschränkte Content-Provider	444
10.5	Systemeigene Android Content-Provider verwenden		445
	10.5.1	Zugriff auf die Anrufprotokolle	446
	10.5.2	Den Media-Store Content-Provider verwenden	448
	10.5.3	Den Content-Provider für Kontakte verwenden	449
	10.5.4	Den Calendar Content-Provider verwenden	457
10.6	Suche zu der Anwendung hinzufügen		461
	10.6.1	Definition der Such-Meta-Daten	462

	10.6.2	Erstellen einer Activity für Suchergebnisse	463
	10.6.3	Suche nach einem Content-Provider	465
	10.6.4	Das SearchView-Widget verwenden	469
	10.6.5	Bereitstellen von Suchvorschlägen über einen Content-Provider	472
	10.6.6	Suche in der Datenbank des Erdbebenmonitors	477

11	**Im Hintergrund arbeiten**	**491**
11.1	Im Hintergrund arbeiten	492
11.2	Hintergrund-Threads einsetzen	493
	11.2.1 AsyncTasks zur asynchronen Ausführung von Tasks verwenden	494
	11.2.2 Manuelle Thread-Erstellung mit Handler-Threads	498
11.3	Hintergrundjobs schedulen	501
	11.3.1 Einen Job-Service für den Job-Scheduler anlegen	502
	11.3.2 Jobs mit dem Job-Scheduler planen	506
	11.3.3 Jobs mit dem FirebaseJobDispatcher planen	509
	11.3.4 Einsatz des Work-Managers	511
	11.3.5 Ein Beispiel für einen Job-Service zur Erdbebenüberwachung	515
11.4	Mit Notifications Benutzer benachrichtigen	521
	11.4.1 Der NotificationManager	522
	11.4.2 Arbeiten mit den Notification-Channels	522
	11.4.3 Notifications erzeugen	524
	11.4.4 Die Priorität einer Notification setzen	529
	11.4.5 Notification-Aktionen hinzufügen	533
	11.4.6 Direkte Antwort-Aktionen hinzufügen	534
	11.4.7 Mehrere Notifications gruppieren	536
	11.4.8 Notification zum Erdbebenmonitor hinzufügen	538
11.5	Firebase Cloud-Messaging	542
	11.5.1 Notifications mit Firebase Notifications remote auslösen . . .	543
	11.5.2 Datenempfang per Firebase Cloud-Messaging	547
11.6	Alarm	548
	11.6.1 Alarme erzeugen, setzen und stornieren	549
	11.6.2 Einen Wecker stellen	550
11.7	Services	550
	11.7.1 Bound Services	551
	11.7.2 Einen gestarteten Service erzeugen	554

12	**Umsetzung der Android-Design-Philosophie**	**561**
12.1	Die-Android-Design Philosophie	561
12.2	Gestalten für alle Bildschirmarten	562
	12.2.1 Auflösungsunabhängigkeit	563

	12.2.2	Unterstützung und Optimierung für verschiedene Bildschirmgrößen	565
	12.2.3	Erstellen skalierbarer Grafik-Assets	569
12.3	Einführung in das Material-Design		578
	12.3.1	Denken in Papier und Tinte	578
	12.3.2	Verwendung von Farbe und Schlüssellinien als Leitfaden . . .	580
	12.3.3	Kontinuität durch Bewegung	583
12.4	Material-Design Bedienelemente		586
	12.4.1	Die App-Leiste	587
	12.4.2	Anwendung des Material-Designs auf den Earthquake Monitor	590
	12.4.3	Verwendung von Karten zur Anzeige von Inhalten	592
	12.4.4	Floating-Action-Button	596

13 Moderne Android-Benutzerführung 599

13.1	Die moderne Android-Oberfläche		600
13.2	Konsistente, moderne Benutzeroberflächen mit AppCompat erstellen .		600
	13.2.1	Themes mit AppCompat erstellen und anwenden	601
	13.2.2	Theme-Overlays für bestimmte Views erstellen	602
13.3	Ein Menü und Aktionen zur App-Leise hinzufügen		603
	13.3.1	Eine Menü-Ressource definieren	604
	13.3.2	Ein Menü zu einer Activity hinzufügen	606
	13.3.3	Ein Menü zu einem Fragment hinzufügen	606
	13.3.4	Dynamische Änderung von Menüpunkten	607
	13.3.5	Auf die Menüpunktauswahl reagieren	607
	13.3.6	Action-Views und Action-Provider hinzufügen	608
13.4	Über die Standard-Anwendungsleiste hinausgehen		610
	13.4.1	App-Leiste durch eine Toolbar ersetzen	611
	13.4.2	Fortgeschrittene Scrolling-Techniken für Toolbars	612
	13.4.3	Einbinden von Menüs ohne die App-Leiste	616
13.5	Verbesserung der App-Leiste des Erdbeben-Monitors		617
13.6	Navigationsmuster		619
	13.6.1	Navigation mit Registerkarten	620
	13.6.2	Implementierung einer unteren Navigationsleiste	623
	13.6.3	Navigationsschublade	627
	13.6.4	Navigationsmuster kombinieren	635
13.7	Registerkarten zum Erdbeben-Monitor hinzufügen		635
13.8	Den richtigen Grad der Unterbrechung wählen		641
	13.8.1	Einen Dialog anstoßen	642
	13.8.2	Lasst uns einen Toast ausbringen	644
	13.8.3	Ablaufunterbrechungen mit Snackbars	645

Inhaltsverzeichnis

14	**Erweiterte Anpassung der Benutzeroberfläche**	**647**
14.1	Die Benutzerführung erweitern	648
14.2	Barrierefreiheit unterstützen	648
	14.2.1 Navigation ohne Touchscreen unterstützen	649
	14.2.2 Eine Textbeschreibung für jede View erstellen	649
14.3	Android Text-to-Speech	650
14.4	Spracherkennung	653
	14.4.1 Spracherkennung für die Spracheingabe verwenden	654
	14.4.2 Spracherkennung für die Suche verwenden	655
14.5	Vibration kontrollieren	655
14.6	Den Vollbildschirm nutzen	656
14.7	Property-Animationen	658
14.8	Verbessern Sie Ihre Views	663
	14.8.1 Erweitertes Canvas-Zeichnen	663
	14.8.2 Eine Kompassansicht als Beispiel	673
	14.8.3 Interaktive Steuerelemente erzeugen	684
	14.8.4 Geräte-Tasten, Buttons und D-Pad	689
14.9	Zusammengesetzte Drawable Ressourcen	691
	14.9.1 Transformative Drawables	691
	14.9.2 LayerDrawables	692
	14.9.3 State-List-Drawable	693
	14.9.4 Level-List-Drawable	694
14.10	Kopieren, Einfügen und die Zwischenablage	695
	14.10.1 Daten in das Clipboard kopieren	695
	14.10.2 Daten aus dem Clipboard einfügen	695
15	**Standort, Kontextsensitivität und Kartografie**	**697**
15.1	Standorte, Karten und Kontextsensitivität zu Ihren Anwendungen hinzufügen	698
15.2	Einführung in die Google Play-Services	699
	15.2.1 Google Play-Services zur Anwendung hinzufügen	700
	15.2.2 Verfügbarkeit von Google Play Services feststellen	702
15.3	Gerätestandort über Google Location-Services suchen	703
	15.3.1 Mit dem Emulator die ortsabhängige Funktionalität testen	706
	15.3.2 Den letzten bekannten Ort finden	707
	15.3.3 Das »Wo bin ich«-Beispiel	710
	15.3.4 Standortwechsel-Updates anfordern	715
	15.3.5 Geräte-Standort-Einstellungen ändern	721
	15.3.6 Aktualisierung im »Wo bin ich«-Beispiel	725
	15.3.7 Sinnvolle Verwendung des Standorts	730
15.4	Einstellen und Verwalten von Geofences	731
15.5	Verwendung der standortbasierten Dienste der Legacy-Plattform	735

	15.5.1	Einen Location-Provider auswählen	736
	15.5.2	Den letzten bekannten Standort finden	739
	15.5.3	Anforderung von Standortänderungen	740
	15.5.4	Empfehlungen für die Legacy Location-Based Services	742
15.6		Der Einsatz von Geocoder	746
	15.6.1	Rückwärts geokodieren	748
	15.6.2	Vorwärts geokodieren	749
	15.6.3	Geokodierung im »Wo bin ich«-Beispiel	750
15.7		Kartenbasierte Activities anlegen	753
	15.7.1	Den Map-API-Key beschaffen	753
	15.7.2	Kartenbasierte Activity anlegen	754
	15.7.3	Google Maps konfigurieren	757
	15.7.4	Ändern der Kameraposition bei Kamera-Updates	758
	15.7.5	Kartierung im »Wo bin ich«-Beispiel	762
	15.7.6	Anzeige der aktuellen Position mit dem My Location-Layer	766
	15.7.7	Interaktive Kartenmarkierungen anzeigen	767
	15.7.8	Formen zu Google Maps hinzufügen	771
	15.7.9	Bildüberlagerungen zu Google Maps hinzufügen	775
	15.7.10	Markierungen und Formen zu »Wo bin ich« hinzufügen	776
15.8		Das Erdbeben-Beispiel kartieren	779
15.9		Kontextabhängigkeit hinzufügen	784
	15.9.1	Verbinden mit dem Google Play-Services-API-Client und Abrufen von API-Schlüsseln	785
	15.9.2	Awareness-Snapshots verwenden	787
	15.9.3	Setzen und Überwachen von Awareness Fences	788
	15.9.4	Awareness-Empfehlungen	793

16 Hardware-Sensoren **795**

16.1		Android-Sensoren	796
	16.1.1	Der Sensor-Manager	797
	16.1.2	Android-Sensoren verstehen	797
	16.1.3	Sensoren entdecken und identifizieren	801
	16.1.4	Die Fähigkeiten von Sensoren bestimmen	803
	16.1.5	Wakeup- und Nicht-Wakeup-Sensoren	805
	16.1.6	Überwachung der Sensorergebnisse	806
	16.1.7	Sensorwerte interpretieren	811
16.2		Testen von Sensoren mit dem Android Virtual Device und Emulator	815
16.3		Empfehlungen für die Arbeit mit Sensoren	815
16.4		Bewegung und Ausrichtung eines Geräts überwachen	817
	16.4.1	Die natürliche Ausrichtung eines Geräts bestimmen	818
	16.4.2	Beschleunigungssensoren	819
	16.4.3	Beschleunigungsänderungen erkennen	820

	16.4.4	Ein Schwerkraftmessgerät erzeugen	822
	16.4.5	Geräteausrichtung bestimmen	827
	16.4.6	Erstellen eines Kompasses und eines künstlichen Horizonts .	833
16.5	Umgebungssensoren		838
	16.5.1	Der Barometer-Sensor	838
	16.5.2	Eine Wetterstation basteln	839
16.6	Körpersensoren		844
16.7	Erkennung der Benutzeraktivitäten		848

17 Audio, Video und Verwendung der Kamera 851

17.1	Wiedergabe von Audio und Video und Verwendung der Kamera		852
17.2	Wiedergabe von Audio und Video		852
	17.2.1	Einführung in den Media-Player	854
	17.2.2	Verwenden des Media-Players für die Videowiedergabe . . .	856
	17.2.3	Verwendung von ExoPlayer für die Videowiedergabe	859
	17.2.4	Audio-Fokus anfordern und verwalten	862
	17.2.5	Anhalten der Wiedergabe bei Ausgangsänderungen	864
	17.2.6	Auf die Lautstärkeregler reagieren	865
	17.2.7	Mit einer Media-Session arbeiten	866
17.3	Media-Router und Cast Application Framework		871
17.4	Audio-Wiedergabe im Hintergrund		876
	17.4.1	Aufbau eines Audiowiedergabe-Service	877
	17.4.2	Eine Activity per MediaBrowser mit einem MediaBrowser-Dienst verbinden	879
	17.4.3	Lebenszyklus eines Media-Browser-Service	881
	17.4.4	Audio als Service im Vordergrund abspielen	882
	17.4.5	Media-Style-Notifications erzeugen	884
17.5	Audioaufnahmen mit dem Media Recorder		887
17.6	Die Fotokamera		890
	17.6.1	Mit Intents fotografieren	890
	17.6.2	Direkte Steuerung der Kamera	892
	17.6.3	JPEG EXIF-Bilddetails lesen und schreiben	900
17.7	Videos aufnehmen		901
	17.7.1	Videoaufnamen per Intent	901
	17.7.2	Videoaufnahmen mit dem MediaRecorder	903
17.8	Medien zum Media-Store hinzufügen		905
	17.8.1	Medien mit den Media-Scanner einfügen	906
	17.8.2	Medien manuell einfügen	907

18 Kommunikation mit Bluetooth, NFC und Wi-Fi Peer-to-Peer 909

18.1	Vernetzung und Peer-to-Peer-Kommunikation	909
18.2	Datenübertragung über Bluetooth	910

	18.2.1	Den lokalen Bluetooth-Geräteadapter verwalten	910
	18.2.2	Erkennbarkeit und das Erkennen anderer Geräte	913
	18.2.3	Bluetooth-Kommunikation	917
	18.2.4	Bluetooth-Profile	924
	18.2.5	Bluetooth Low Energy	926
18.3	Übertragung von Daten über Wi-Fi Peer-to-Peer		929
	18.3.1	Initialisierung des Wi-Fi Peer-to-Peer Frameworks	929
	18.3.2	Peer-Erkennung	932
	18.3.3	Mit Peers verbinden	932
	18.3.4	Daten zwischen Peers übertragen	935
18.4	Near Field Communication		936
	18.4.1	NFC-Tags lesen	937
	18.4.2	Das Dispatch-System im Vordergrund nutzen	938
18.5	Android Beam		941
	18.5.1	Erstellen von Android Beam-Nachrichten	942
	18.5.2	Die Android Beam-Payload zuweisen	944
	18.5.3	Android Beam Messages empfangen	945

19	**In den Startbildschirm eindringen**		**947**
19.1	Den Startbildschirm anpassen		947
19.2	Startbildschirm-Widgets		948
	19.2.1	Das Widget-Layout definieren	950
	19.2.2	Widget-Größe und andere Meta-Daten definieren	952
	19.2.3	Das Widget implementieren	953
	19.2.4	Aktualisieren der Widget-Oberfläche mit dem AppWidget-Manager und RemoteViews	955
	19.2.5	Aktualisieren der Widget-Daten und der Benutzeroberfläche erzwingen	960
	19.2.6	Widget-Konfigurations-Activity erstellen und verwenden ..	963
19.3	Ein Erdbeben-Widget erzeugen		965
19.4	CollectionView Widgets		972
	19.4.1	CollectionView Widget Layouts erstellen	974
	19.4.2	CollectionView Items mit einer RemoteViewsFactory aktualisieren	975
	19.4.3	CollectionView Items mit einem RemoteViewsService aktualisieren	978
	19.4.4	Füllen eines CollectionView Widgets über einen RemoteViewsService	979
	19.4.5	Elemente innerhalb eines CollectionView Widgets werden interaktiv	980
	19.4.6	Das CollectionView-Widget auffrischen	981
	19.4.7	Ein Earthquake CollectionView-Widget erzeugen	981

19.5	Live-Wallpaper erzeugen	989
	19.5.1 Eine Live-Wallpaper-Ressourcendefinition erzeugen	990
	19.5.2 Eine WallpaperService.Engine erzeugen	991
	19.5.3 Einen WallpaperService erzeugen	993
19.6	App-Shortcuts erzeugen	994
	19.6.1 Statische App-Shortcuts	996
	19.6.2 Dynamische App-Shortcuts	997
	19.6.3 App-Shortcut-Verwendung verfolgen	1000
20	**Fortgeschrittene Android-Entwicklung**	**1001**
20.1	Fortgeschrittenes Android	1002
20.2	Android paranoid	1002
	20.2.1 Linux-Kernel-Sicherheit	1003
	20.2.2 Genauere Betrachtung von Berechtigungen	1003
	20.2.3 Schlüssel im Android Keystore speichern	1007
	20.2.4 Fingerabdruck-Scanner	1008
20.3	Umgang mit unterschiedlicher Hard- und Softwareverfügbarkeit	1009
	20.3.1 Erforderliche Hardware spezifizieren	1010
	20.3.2 Hardware-Verfügbarkeit bestätigen	1011
	20.3.3 Rückwärtskompatible Anwendungen erstellen	1011
20.4	Optimierung der Oberflächen-Performance durch StrictMode	1014
20.5	Telefonie und SMS	1015
	20.5.1 Telefonie	1016
	20.5.2 SMS senden und empfangen	1025
21	**Anwendungen veröffentlichen, vertreiben und überwachen**	**1049**
21.1	Vorbereitung der Veröffentlichung	1050
21.2	Vorbereitung des Release Support-Materials	1050
	21.2.1 Vorbereiten des Codes für einen Release Build	1051
21.3	Aktualisieren von Anwendungsmetadaten in Ihrem Anwendungsmanifest	1052
	21.3.1 Überprüfen der Berechtigungen bei der Anwendungsinstallation	1053
	21.3.2 Versionierung der Anwendung	1055
21.4	Signieren von Produktions-Builds Ihrer Anwendung	1056
	21.4.1 Erstellen eines Keystores und Signierschlüssels mit Android Studio	1057
	21.4.2 Abrufen von API-Schlüsseln basierend auf Ihrem privaten Release-Schlüssel	1059
	21.4.3 Produkt-Release erstellen und signieren	1060
21.5	Vertrieb Ihrer Anwendung im Google Play Store	1061
	21.5.1 Der Google Play Store	1062

	21.5.2	Erste Schritte mit dem Google Play Store	1063
	21.5.3	Erstellen einer Anwendung im Google Play Store	1064
	21.5.4	Veröffentlichung Ihrer Anwendung	1073
	21.5.5	Überwachung Ihrer Anwendung in der Produktion	1077
21.6	Vermarktung von Apps		1082
21.7	Anwendungsmarketing, Promotion und Vertriebsstrategien		1083
	21.7.1	Strategien zur Markteinführung von Anwendungen	1084
	21.7.2	Internationalisierung	1085
21.8	Firebase zur Überwachung Ihrer Anwendung verwenden		1086
	21.8.1	Firebase zu Ihrer Anwendung hinzufügen	1086
	21.8.2	Firebase Analytics einsetzen	1087
	21.8.3	Firebase Leistungsüberwachung	1091

Stichwortverzeichnis **1095**

Vorwort

Über das Buch

Das Buch von Reto Meier ist kein Anfängerbuch. Wenn Sie in Java unsicher sind, werden Sie dieses Buch nicht mögen. Und auch den Umgang mit Android finden Sie in diesem Buch nicht erläutert. Die Android-Programmierung streift viele Spezialgebiete der Programmierung, von der Gestaltung grafischer Oberflächen über Threads bis hin zur Netzwerkprogrammierung. Zu den Grundlagen all dieser Themen finden Sie in diesem Buch eher wenig.

Und dennoch sind über 1000 Seiten bedruckt. Viele Informationen für den Android-Programmierer zwischen zwei Buchdeckeln. Vermutlich ist das das Geheimnis, warum das Buch immer wieder in eine neue Auflage startet.

Anmerkung des Übersetzers

Trotz des deutschklingenden Namens des Autors wurde dieses Buch zunächst in Amerika herausgegeben und liegt darum im Original in englischer Sprache vor. Das verkauft sich in den USA einfach besser.

Vielleicht werden Sie sich gefragt haben, was ich eigentlich den ganzen Tag gemacht haben, wenn noch so viele englische Worte in diesem Buch zu finden sind. Ich hätte da ein paar Ausreden.

- Es gibt – insbesondere in der Android-Programmierung – ein paar Fachbegriffe, die man besser nicht ins Deutsche übersetzt. Beispielsweise würden Sie eine wabbelige Scheibe nicht sofort als Diskette identifizieren.
- Es gibt Firmen, die darauf Wert legen, dass Bezeichner in den Programmen auf jeden Fall in Englisch sein sollen. Diese Firmen bestehen oft auch auf englischen Kommentaren.

Ich habe die Kommentare im Buch übersetzt, die Bezeichner aber gelassen. Da Sie den Original-Quelltext herunterladen können, dürften Sie sich durch diesen Kompromiss vermutlich am besten zurechtfinden.

| Vorwort

- Wenn Sie Apps für Android entwickeln, schreiben Sie für einen weltweiten Markt. Eine App kann mit mehreren Sprachen ausgeliefert werden und stellt sich auf die Spracheinstellung des Benutzers ein. Sollten Ihre Portugiesisch-Kenntnisse nicht so toll sein, dass es für eine Übersetzung gereicht hätte, stellt das Smartphone auf die Standardsprache zurück. Und die meisten Portugiesen wären Ihnen sicher dankbar, wenn Sie Englisch und nicht Deutsch wählen.
- Wenn Sie eine deutsche Version erstellen, wird Ihr Smartphone die App auch in Deutsch darstellen. Da Sie sich aber in die Rolle Ihrer portugiesischen Kunden versetzen wollen, ist es recht angenehm, dass der Emulator Englisch bevorzugt. Da die meisten Snapshots vom Emulator stammen, sind auch diese nicht deutsch.
- Auch das Android Studio verwendet eine englische Oberfläche, so dass auch hier keine Übersetzung erforderlich war.

Kapitel 1
Hallo Android

> **Inhalt**
> - Hintergrund der Entwicklung mobiler Applikationen
> - Was ist Android?
> - Auf welchen Geräten Android läuft
> - Warum Sie für mobile Geräte und Android entwickeln sollten
> - Das Android SDK und Entwicklungs-Framework

1.1 Android-Anwendungsentwicklung

Ob Sie ein erfahrener Entwickler für mobile Geräte, ein Desktop- oder Web-Entwickler oder ein kompletter Programmieranfänger sind, Android stellt eine aufregende Möglichkeit dar, Anwendungen für ein Publikum von über zwei Milliarden Android-Gerätebenutzern zu schreiben.

Sie kennen wahrscheinlich schon Android, die am weitesten verbreitete Software für Mobiltelefone. Sollten Sie dagegen dieses Buch in der Hoffnung anschaffen, dass es ihnen hilft, eine unaufhaltsame Armee von emotionslosen Roboter-Kriegern zu schaffen, die dem unerbittlichen Wunsch folgen, die Erde von der Geißel der Menschheit zu reinigen, sollten Sie den Kauf dieses Buch (und Ihre Lebensziele) überdenken.

Bei der Vorstellung von Android im Jahre 2007 beschrieb Andy Rubin es mit folgenden Worten:

»Die erste wirklich offene und umfassende Plattform für mobile Geräte. Es umfasst ein Betriebssystem, eine Benutzeroberfläche und Anwendungen – allesamt Software für den

Betrieb eines Mobiltelefons, jedoch ohne die proprietären Hindernisse, die die mobile Innovation behindert haben.«

Where's My Gphone? (http://googleblog.blogspot.com/2007/11/wheres-my-gphone.html)

Seitdem hat sich Android über Mobiltelefone hinaus entwickelt und bietet eine Entwicklungsplattform für eine immer breitere Palette von Hardware wie Tablets, Fernseher, Uhren, Autos und das Internet of Things (IoT).

Android ist ein Open-Source-Software-Stack, der ein Betriebssystem, Middleware und wichtige Anwendungen für mobile und eingebettete Geräte enthält.

Entscheidend für uns als Entwickler ist, dass es auch eine Vielzahl von Bibliotheken enthält, die es ermöglichen, Anwendungen zu schreiben, die das Aussehen, das Gefühl und die Funktion der Android-Geräte prägen, auf denen sie laufen.

In Android werden System-, Bundle- und alle Anwendungen von Drittanbietern mit den gleichen APIs geschrieben und von der gleichen Laufzeitumgebung ausgeführt. Diese APIs bieten Hardwarezugriff, Videoaufzeichnung, standortbasierte Dienste, Unterstützung für Hintergrunddienste, Karten, Benachrichtigungen, Sensoren, relationale Datenbanken, Kommunikation zwischen Anwendungen, Bluetooth, NFC sowie 2D- und 3D-Grafik.

Dieses Buch beschreibt, wie Sie diese APIs verwenden, um Ihre eigenen Android-Anwendungen zu erstellen. In diesem Kapitel lernen Sie einige Richtlinien für die Entwicklung auf mobiler und eingebetteter Hardware kennen und lernen einige der Plattformfunktionen kennen, die Android-Entwicklern zur Verfügung stehen.

Android verfügt über leistungsfähige APIs, ein riesiges und vielfältiges Ökosystem von Benutzern, exzellente Dokumentation, eine blühende Entwickler-Community und erfordert keine Kosten für Entwicklung oder Vertrieb. Da das Ökosystem der Android-Geräte ständig wächst, haben Sie die Möglichkeit, innovative Anwendungen für Benutzer zu erstellen, unabhängig von Ihrer Entwicklungserfahrung.

1.2 Ein wenig Hintergrund

In den Tagen vor Instagram, Snapchat und Pokémon Go, als Google noch ein Zwinkern in den Augen seiner Gründer war und Dinosaurier die Erde durchstreiften, waren Mobiltelefone nur so kleine, tragbare Telefone, die in eine Aktentasche passen und über Batterien verfügen, die bis zu mehreren Stunden halten können. Sie boten jedoch die Freiheit, Anrufe zu tätigen, ohne physisch mit dem Festnetz verbunden zu sein.

In den Jahren seit der Markteinführung des ersten Android-Geräts sind Smartphones allgegenwärtig und unverzichtbar geworden. Die Weiterentwicklung der Hardware hat die Geräte leistungsfähiger gemacht, mit größeren, helleren Bildschirmen und fortschrittlicher Hardware wie Beschleunigungssensoren, Fingerabdruckscannern und ultrahochauflösenden Kameras.

Dieselben Fortschritte haben in jüngster Zeit zu einer starken Zunahme zusätzlicher Formfaktoren für Android-Geräte geführt, darunter eine Vielzahl von Smartphones, Tablets, Uhren und Fernsehgeräten.

Diese Hardware-Innovationen bieten einen fruchtbaren Boden für die Software-Entwicklung und bieten viele Möglichkeiten, innovative neue Anwendungen zu schaffen.

1.2.1 Die nicht allzu ferne Vergangenheit

In den frühen Tagen der Entwicklung nativer Telefonanwendungen mussten Entwickler, die im Allgemeinen in Low-Level C oder C++ programmierten, die spezifische Hardware verstehen, für die sie programmiert haben, typischerweise ein einzelnes Gerät oder möglicherweise eine Reihe von Geräten eines einzigen Herstellers. Die Komplexität dieses Ansatzes führte dazu, dass die Anwendungen, die für diese Geräte geschrieben wurden, oft hinter ihren Hardware-Gegenstücken zurückblieben. Mit fortschreitender Hardwaretechnologie und mobilem Internetzugang ist dieser geschlossene Ansatz veraltet.

Der nächste bedeutende Fortschritt in der Entwicklung von Mobiltelefonanwendungen war die Einführung von Java-gehosteten MIDlets. MIDlets wurden auf einer Java Virtual Machine (JVM) ausgeführt, einem Prozess, der die zugrunde liegende Hardware abstrahiert und es Entwicklern ermöglicht, Anwendungen zu erstellen, die auf vielen Geräten laufen, die die Java-Laufzeitumgebung unterstützen.

Leider führte diese Bequemlichkeit dazu, dass der Zugriff auf die Gerätehardware stärker eingeschränkt wurde. Ebenso galt es als normal, dass Anwendungen von Drittanbietern andere Hardwarezugriffs- und Ausführungsrechte erhalten als solche, die von den Telefonherstellern an native Anwendungen vergeben wurden, wobei MIDlets oft nur wenige von beiden erhalten.

Die Einführung von Java MIDlets erweiterte die Zielgruppe der Entwickler, aber das Fehlen von Low-Level-Hardwarezugriff und Sandbox-Ausführung bedeutete, dass die meisten mobilen Anwendungen reguläre Desktop-Programme oder Websites waren, die für die Darstellung auf einem kleineren Bildschirm konzipiert waren, und nicht die Vorteile der inhärenten Mobilität der Handheld-Plattform nutzten.

1.2.2 Leben in der Zukunft

Bei seiner Einführung war Android Teil einer neuen Welle moderner mobiler Betriebssysteme, die speziell zur Unterstützung der Anwendungsentwicklung auf immer leistungsfähigerer mobiler Hardware entwickelt wurden.

Android bietet eine offene Entwicklungsplattform, die auf einem Open-Source-Linux-Kernel basiert. Der Hardwarezugriff steht allen Anwendungen über eine Reihe von API-Bibliotheken zur Verfügung, und die Interaktion mit den Anwendungen wird bei sorgfältiger Kontrolle vollständig unterstützt.

Unter Android sind alle Anwendungen gleichberechtigt. Anwendungen von Drittanbietern und systemeigene Android-Anwendungen werden mit den gleichen APIs geschrieben und in der gleichen Laufzeitumgebung ausgeführt. Benutzer können die meisten Systemanwendungen durch eine Alternative eines Drittanbieters ersetzen; sogar das Telefonprogramm und der Startbildschirm können ersetzt werden.

1.3 Das Android-Ökosystem

Das Android-Ökosystem besteht aus einer Kombination von drei Komponenten:

- Ein freies, quelloffenes Betriebssystem für Embedded-Geräte
- Eine Open-Source-Entwicklungsplattform für die Erstellung von Anwendungen
- Geräte, auf denen das Android-Betriebssystem läuft (und die dafür erstellten Anwendungen)

Genauer gesagt, besteht Android aus mehreren notwendigen und abhängigen Teilen, einschließlich der folgenden:

- Ein Compatibility Definition Document (CDD) und eine Compatibility Test Suite (CTS), die die Fähigkeiten beschreiben, die ein Gerät benötigt, um den Android-Software-Stack zu unterstützen.
- Ein Linux-Betriebssystemkern, der eine Low-Level-Schnittstelle mit Hardware, Speicherverwaltung und Prozesssteuerung bietet, die für mobile und Embedded-Geräte optimiert ist.
- Open-Source-Bibliotheken für die Anwendungsentwicklung, einschließlich SQLite, WebKit, OpenGL und eines Medienmanagers.
- Ein Laufzeitsystem, das zum Ausführen und Bereitstellen von Android-Anwendungen verwendet wird, einschließlich der Android Run Time (ART) und der Kernbibliotheken, die Android-spezifische Funktionen bereitstellen. Das Laufzeitsystem ist so ausgelegt, dass es klein und effizient für den Einsatz auf kleinen Geräten läuft.
- Ein Anwendungs-Framework, das Systemdienste der Anwendungsschicht, einschließlich Window Manager und Location Manager, Datenbanken, Telefonie und Sensoren, unabhängig voneinander zur Verfügung stellt.
- Ein Framework für die Benutzeroberfläche, das zum Bereitstellen und Starten von Apps verwendet wird.

- Eine Reihe von vorinstallierten Kern-Apps.
- Ein Software Development Kit (SDK) zur Erstellung von Apps, einschließlich der zugehörigen Tools, IDE, Beispielcode und Dokumentation.

Was Android wirklich überzeugend macht, ist seine offene Philosophie, die sicherstellt, dass Sie alle Mängel in der Benutzeroberfläche oder im systemeigenen Anwendungsdesign beheben können, indem Sie eine Erweiterung oder einen Ersatz schreiben. Android bietet Ihnen als Entwickler die Möglichkeit, Anwendungen zu erstellen, die so gestaltet sind, dass sie genauso aussehen, sich anfühlen und funktionieren, wie Sie es sich vorstellen.

Mit mehr als 2 Milliarden aktiven Nutzern von Geräten mit dem Betriebssystem Android, die allein 2016 über 82 Milliarden Apps und Spiele von Google Play installierten, stellt das Android-Ökosystem eine einmalige Chance dar, Apps zu erstellen, die Milliarden von Menschenleben beeinflussen und verbessern können.

1.4 Vorinstallierte Android-Anwendungen

Android-Geräte verfügen in der Regel über eine Reihe vorinstallierter Apps, die von den Benutzern erwartet werden. Auf Smartphones sind dies typischerweise:

- Ein Wählprogramm (Dialer) für das Telefon
- Eine SMS-Verwaltungsanwendung
- Ein Webbrowser
- Ein E-Mail-Client
- Ein Kalender
- Eine Kontaktliste
- Ein Musik-Player und eine Bildergalerie
- Kamera- und Videoaufzeichnungsanwendung
- Ein Taschenrechner
- Ein Startbildschirm
- Ein Wecker

In vielen Fällen werden Android-Geräte auch mit den folgenden proprietären Google Mobile-Anwendungen ausgeliefert:

- Der Google Play Store zum Herunterladen von Android-Anwendungen von Drittanbietern
- Die Google Maps-Anwendung, einschließlich StreetView, Wegbeschreibungen und Navigation, Satellitenansichten und Verkehrsinformationen
- Der Gmail-E-Mail-Client
- Der YouTube-Video-Player

- Der Google Chrome-Browser
- Der Google-Startbildschirm und der Google-Assistent

Die Daten, die von vielen dieser systemeigenen Anwendungen gespeichert und verwendet werden, wie beispielsweise Kontaktdetails, stehen auch Anwendungen von Drittanbietern zur Verfügung.

Die genaue Zusammensetzung der Anwendungen, die auf neuen Android-Geräten verfügbar sind, kann je nach Hardwarehersteller, Netzbetreiber oder Distributor und Gerätetyp variieren.

Da Android Open-Source ist, können Netzbetreiber und OEMs die Benutzeroberfläche und die mit jedem Android-Gerät gebündelten Anwendungen anpassen.

Bei kompatiblen Geräten müssen die zugrunde liegende Plattform und das SDK über OEM- und Netzbetreiber-Varianten hinweg konsistent bleiben. Das Aussehen der Benutzeroberfläche mag variieren, aber Ihre Anwendungen funktionieren auf allen kompatiblen Android-Geräten auf die gleiche Weise.

1.5 Android SDK-Features

Für uns Entwickler liegt der wahre Reiz von Android in seinen APIs.

Als neutrale Plattform bietet Ihnen Android die Möglichkeit, Apps zu erstellen, die genauso Teil des Smartphones sind wie alles, was out-of-the-box zur Verfügung gestellt wird. Die folgende Liste zeigt einige der bemerkenswertesten Android-Funktionen:

- Transparenter Zugriff auf Telefonie- und Internetressourcen durch Unterstützung von GSM-, EDGE-, 3G-, 4G-, LTE- und Wi-Fi-Netzwerken, so dass Ihre Anwendung Daten über Mobil- und Wi-Fi-Netzwerke senden und abrufen kann.
- Umfassende APIs für standortbasierte Dienste wie GPS und netzwerkbasierte Standorterkennung
- Volle Unterstützung für die Integration von Karten in die Benutzeroberfläche
- Volle Kontrolle über die Multimedia-Hardware, einschließlich Wiedergabe und Aufnahme mit Kamera und Mikrofon
- Medienbibliotheken zum Abspielen und Aufnehmen einer Vielzahl von Audio-, Video- oder Standbildformaten
- APIs für die Verwendung von Sensorhardware, einschließlich Beschleunigungsmesser, Kompasse, Barometer und Fingerabdrucksensoren
- Bibliotheken für die Verwendung von Wi-Fi-, Bluetooth und NFC-Hardware
- Gemeinsame Datenspeicher und APIs für Kontakte, Kalender und Multimediadateien
- Hintergrunddienste und ein fortschrittliches Benachrichtigungssystem

- Integrierter Webbrowser
- Mobil-optimierte, hardware-beschleunigte Grafik, einschließlich einer pfadbasierten 2D-Grafikbibliothek und Unterstützung für 3D-Grafiken mit OpenGL ES 2.0
- Lokalisierung durch ein dynamisches Ressourcen-Framework

1.6 Worauf läuft Android?

Das erste Android-Handy, das T-Mobile G1, wurde im Oktober 2008 in den USA auf den Markt gebracht. Bis Ende 2017 gibt es weltweit mehr als 2 Milliarden monatlich aktive Android-Geräte, es ist damit das weltweit am weitesten verbreitete Smartphone-Betriebssystem.

Anstatt ein mobiles Betriebssystem zu sein, das für eine einzelne Hardware-Implementierung entwickelt wurde, unterstützt Android eine Vielzahl von Hardware-Plattformen, von Smartphones bis hin zu Tablets, Fernsehern, Uhren und IoT-Geräten.

Da keine Lizenzgebühren oder proprietäre Software anfallen, sind die Kosten für die Hersteller von Smartphones für die Bereitstellung von Android-Geräten vergleichsweise niedrig, was in Verbindung mit einem riesigen Ökosystem aus leistungsstarken Anwendungen die Gerätehersteller dazu veranlasst hat, immer vielfältigere und maßgeschneiderte Hardware zu produzieren.

Infolgedessen erstellen Hunderte von Herstellern, darunter Samsung, LG, HTC und Motorola, Android-Geräte. Diese Geräte werden über hunderte von Netzanbietern weltweit an die Anwender verteilt.

1.7 Warum für mobile Geräte entwickeln?

Smartphones sind für uns so fortschrittlich und persönlich geworden, dass sie für viele Menschen zu einer Erweiterung ihrer selbst geworden sind. Studien haben gezeigt, dass viele Handy-Nutzer ängstlich werden, wenn sie ihr Gerät verlegen, die Verbindung verlieren oder der Akku leer ist.

Die Allgegenwart der Smartphones und unsere Verbundenheit mit ihnen machen sie zu einer grundlegend anderen Plattform für die Entwicklung als PCs. Mit einem Mikrofon, einer Kamera, einem Touchscreen, einer Positionserkennung und Umgebungssensoren kann ein Smartphone effektiv zu einem außersinnlichen Wahrnehmungsgerät werden.

Der Besitz von Smartphones übertrifft den Besitz von Computern in vielen Ländern, mit mehr als 3 Milliarden Smartphone-Nutzern weltweit. 2009 war das Jahr, in dem zum ersten Mal mehr Menschen von einem Smartphone aus auf das Internet zugriffen als von einem PC aus.

Die zunehmende Popularität von Smartphones, kombiniert mit der zunehmenden Verfügbarkeit von mobilen Hochgeschwindigkeitsdaten und Wi-Fi-Hotspots, hat eine riesige Chance für fortschrittliche mobile Anwendungen geschaffen.

Smartphone-Apps haben die Art und Weise, wie Menschen ihre Telefone benutzen, verändert. Dies gibt Ihnen, dem Anwendungsentwickler, die einzigartige Gelegenheit, dynamische, überzeugende neue Anwendungen zu entwickeln, die zu einem wichtigen Bestandteil des Lebens der Menschen werden.

1.8 Warum für Android entwickeln?

Neben dem Zugang zum größten Ökosystem der Smartphone-Benutzer stellt Android ein dynamisches Framework für die App-Entwicklung dar, das auf der Realität moderner mobiler Geräte basiert, die von Entwicklern für Entwickler entwickelt wurden.

Mit einem einfachen, leistungsstarken und offenen SDK, ohne Lizenzgebühren, exzellenter Dokumentation, einer Vielzahl von Geräten und Formfaktoren und einer blühenden Entwickler-Community bietet Android die Möglichkeit, Software zu entwickeln, das Leben von Menschen verändern kann.

Die Einstiegshürde für neue Android-Entwickler ist gering:

- Es ist keine Zertifizierung erforderlich, um Android-Entwickler zu werden.
- Der Google Play Store bietet kostenlose Optionen für den Vorabkauf, die In-App-Abrechnung und Abonnement-Optionen für die Verteilung und Vermarktung Ihrer Anwendungen.
- Es gibt keinen Genehmigungsprozess für die Verteilung von Anwendungen.
- Entwickler haben die totale Kontrolle über ihre Marken.

Aus kommerzieller Sicht stellt Android das am weitesten verbreitete Smartphone-Betriebssystem dar und bietet Zugang zu über 2 Milliarden monatlich aktiven Android-Geräten weltweit und bietet eine beispiellose Reichweite, um Ihre Anwendungen für Benutzer auf der ganzen Welt verfügbar zu machen.

1.9 Einführung in das Development Framework

Android-Anwendungen werden in der Regel mit Java (oder Kotlin) als Programmiersprache geschrieben, aber nicht mit einer Java VM, sondern mit der Android Run Time (ART) ausgeführt.

> **Hinweis**
>
> In der Vergangenheit wurden Android-Anwendungen hauptsächlich mit Hilfe der Java-Sprachsyntax geschrieben. In jüngster Zeit hat Android Studio 3.0 die volle Unterstützung für Kotlin als offizielle Premium-Sprache für die Anwendungsentwicklung eingeführt. Kotlin ist eine JVM-Sprache, die mit bestehenden Android-Sprachen und der Android Run Time interoperabel ist und es Ihnen ermöglicht, sowohl die Java- als auch die Kotlin-Syntax innerhalb derselben Anwendungen zu verwenden.

Jede Android-Anwendung läuft in einem separaten Prozess und überträgt die Verantwortung für Speicher- und Prozessmanagement auf die Android-Laufzeitumgebung (Android Run Time, ART), die Prozesse bei Ressourcenknappheit wenn nötig beendet.

Das Android-Laufzeitsystem läuft auf der Basis des Linux-Kernels, der sich um das Zusammenspiel mit der Low-Level-Hardware kümmert, einschließlich Treiber und Speicherverwaltung, während eine Reihe von APIs den Zugriff auf alle zugrunde liegenden Dienste, Funktionen und Hardware ermöglicht.

1.9.1 Was kommt in der Box?

Das Android SDK enthält alles, was Sie zum Entwickeln, Testen und Debuggen von Android-Anwendungen benötigen:

- Die Android-API-Bibliotheken: Der Kern des SDK sind die Android-API-Bibliotheken, die Entwicklern den Zugriff auf den Android-Stack ermöglichen. Dies sind dieselben Bibliotheken, die Google verwendet, um systemeigene Android-Anwendungen zu erstellen.
- Entwicklungswerkzeuge: Das SDK enthält die Android Studio IDE und verschiedene andere Entwicklungswerkzeuge, mit denen Sie Ihre Anwendungen kompilieren und debuggen können, um Android-Quellcode in ausführbare Anwendungen zu verwandeln. Mehr über die Entwicklertools erfahren Sie in Kapitel 2.
- Der Android Virtual Device Manager und der Emulator: Der Android-Emulator ist ein vollständig interaktiver Emulator für mobile Geräte mit mehreren alternativen Skins. Der Emulator läuft in einem Android Virtual Device (AVD), das eine Hardwarekonfiguration des Geräts simuliert. Mit dem Emulator können Sie sehen, wie Ihre Anwendungen auf einem echten Android-Gerät aussehen und sich verhalten werden. Alle Android-Anwendungen laufen innerhalb von ART, so dass der Software-Emulator eine ausgezeichnete Entwicklungsumgebung ist. Weil er hardwareneutral ist, bietet er eine bessere unabhängige Testumgebung als jede einzelne Hardware-Implementierung.
- Vollständige Dokumentation: Das SDK enthält umfangreiche Referenzinformationen auf Code-Ebene, die genau beschreiben, was in jedem Paket und jeder Klasse

enthalten ist und wie man sie verwendet. Zusätzlich zur Code-Dokumentation erklären die Referenzdokumentation und das Entwicklerhandbuch von Android den Einstieg, geben detaillierte Erklärungen zu den Grundlagen der Android-Entwicklung, heben die optimale Vorgehensweise hervor und bieten tiefe Einblicke in Framework-Themen.
- Beispielcode: Das Android SDK enthält eine Auswahl von Beispielanwendungen, die einige der Möglichkeiten von Android demonstrieren, sowie einfache Programme, die die Verwendung einzelner API-Funktionen verdeutlichen.
- Online-Support: Android hat lebendige Entwickler-Communities in den meisten sozialen Netzwerken, Slack (*slack.com*) und vielen Entwicklerforen. Stack Overflow (*www.stackoverflow.com/questions/tagged/android*) ist ein sehr beliebtes Forum für Android-Fragen und ein großartiger Ort, um Antworten auf Fragen von Anfängern zu finden. Viele Android-Ingenieure von Google sind auf Stack Overflow und Twitter aktiv.

1.9.2 Den Android-Software-Stack verstehen

Der Android-Software-Stack ist ein Linux-Kernel und eine Sammlung von C/C++-Bibliotheken, die über ein Anwendungs-Framework zugänglich sind, das Dienste für die Laufzeit und Anwendungen bereitstellt und diese verwaltet, wie in Abbildung 1.1 dargestellt.

- Linux-Kernel: Kerndienste (einschließlich Hardwaretreiber, Prozess- und Speicherverwaltung, Sicherheits-, Netzwerk- und Energieverwaltung) werden von einem Linux-Kernel verwaltet (die spezifische Kernelversion hängt von der Version der Android-Plattform und der Hardwareplattform ab).
- Hardware Application Layer (HAL): Der HAL stellt eine Abstraktionsschicht zwischen der zugrunde liegenden Hardware des physischen Geräts und dem Rest des Stacks dar.
- Bibliotheken: Android läuft auf dem Kernel und HAL und umfasst verschiedene C/C++-Kernbibliotheken wie libc und SSL sowie die folgenden:
  - Medienbibliothek zur Wiedergabe von Audio- und Videomedien
  - Ein Oberflächen-Manager für die Anzeigeverwaltung
  - Grafikbibliotheken mit SGL und OpenGL für 2D- und 3D-Grafiken
  - SQLite für eingebaute Datenbankunterstützung
  - SSL und WebKit für integrierten Webbrowser und Internetsicherheit
- Android Run Time (ART): Das Laufzeitsystem ist das, was ein Android-Smartphone zu einem Android-Smartphone macht und nicht zu einer mobilen Linux-Implementierung. Einschließlich der Kernbibliotheken ist die Android Run Time die Engine, die Ihre Anwendungen laufen lässt und die Grundlage für das Application Framework bildet.
- Kernbibliotheken: Obwohl die meisten Android-Anwendungen mit Hilfe der Java- oder Kotlin-JVM-Sprachen entwickelt wurden, ist ART keine Java-VM. Die Android

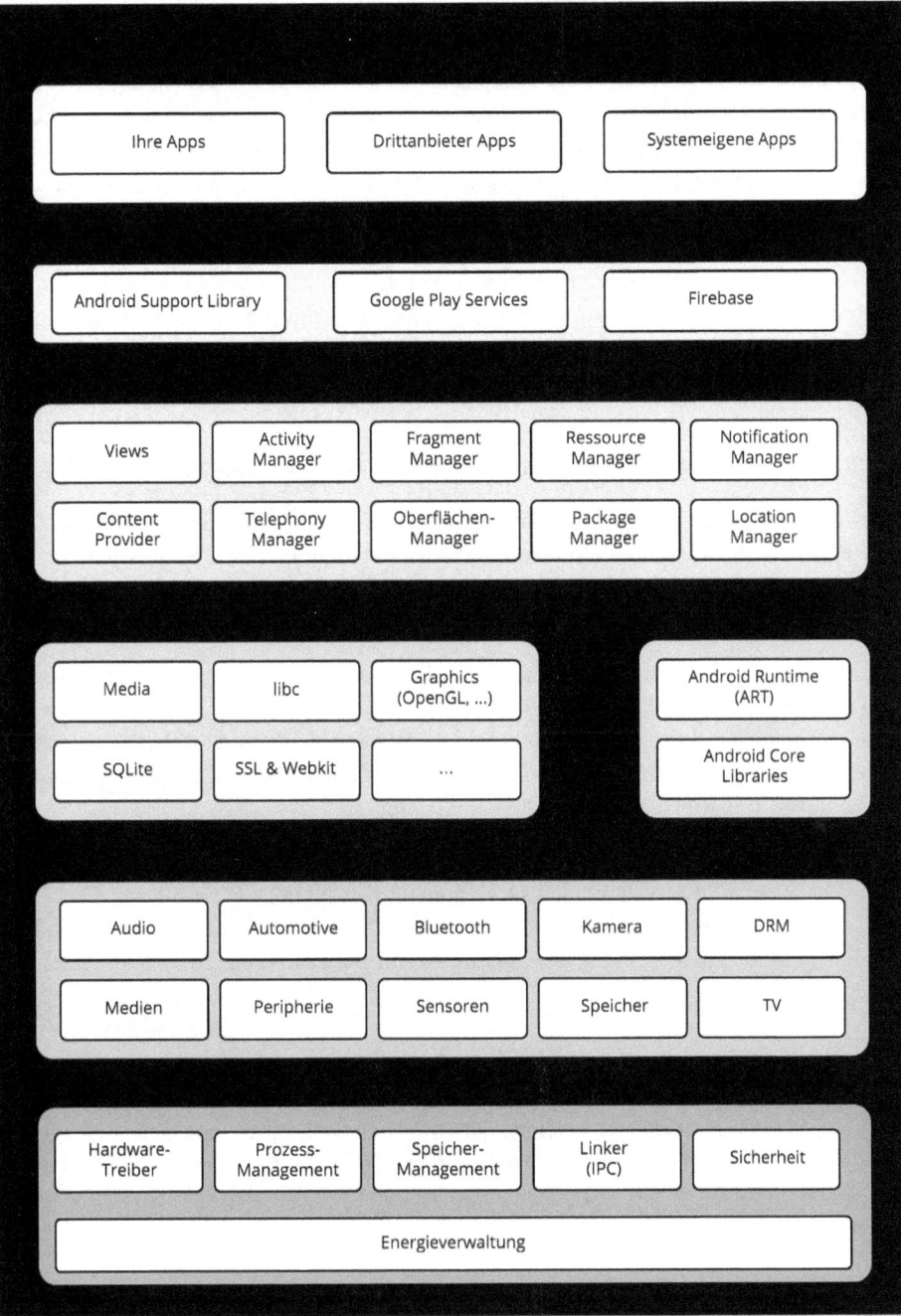

Abbildung 1.1 Android Software Stack

Kernbibliotheken stellen die meisten der in den Java-Kernbibliotheken verfügbaren Funktionen sowie die Android-spezifischen Bibliotheken zur Verfügung.
- Application Framework: Das Application Framework stellt die Klassen zur Verfügung, die zur Erstellung von Android-Anwendungen verwendet werden. Es bietet auch eine generische Abstraktion für den Hardwarezugriff und verwaltet die Benutzeroberfläche und die Anwendungsressourcen.
- Application Layer (Anwendungsschicht): Alle Anwendungen, sowohl systemeigene als auch die von Drittanbietern, werden auf der Anwendungsschicht und damit auf der Basis derselben API-Bibliotheken erstellt. Die Anwendungsschicht läuft innerhalb des Android-Laufzeitsystems (Android Run Time ART) unter Verwendung der Klassen und Dienste, die vom Application Framework zur Verfügung gestellt werden.

1.9.3 Das Android-Laufzeitsystem (Android Run Time ART)

Eines der Schlüsselelemente von Android ist das Android-Laufzeitsystem, die Android Run Time (ART). Anstatt eine traditionelle Java-VM wie Java ME zu verwenden, setzt Android seine eigene, angepasste Laufzeit ein, um sicherzustellen, dass mehrere Instanzen effizient auf einem einzigen Gerät laufen.

ART verwendet den dem Gerät zugrunde liegenden Linux-Kernel, um Low-Level-Funktionalität, einschließlich Sicherheit, Threading, Prozess- und Speicherverwaltung, zu bewerkstelligen. Es ist auch möglich, C/C++-Anwendungen zu schreiben, die näher an das zugrunde liegende Linux-Betriebssystem heranreichen. Obwohl Sie dies tun können, gibt es dafür in den meisten Fällen keinen Grund.

Wenn die Geschwindigkeit und Effizienz von C/C++ für Ihre Anwendung erforderlich sind, stellt Android ein systemnahes Development Kit (NDK) zur Verfügung. Das NDK wurde entwickelt, um es Ihnen zu ermöglichen, C++-Bibliotheken mit Hilfe der libc- und libm-Bibliotheken zu erstellen, zusammen mit dem direkten Zugriff auf OpenGL.

> **Hinweis**
>
> Dieses Buch konzentriert sich ausschließlich auf das Schreiben von Anwendungen, die unter ART mit dem SDK laufen; die NDK-Entwicklung fällt nicht in den Rahmen dieses Buches. Wenn Ihre Neigungen in Richtung NDK-Entwicklung gehen, den Linux-Kernel und C/C++-Unterbau von Android erforschen, ART modifizieren oder anderweitig an Dingen unter der Haube herumbasteln wollen, dann schauen Sie sich das Android Open Source Project unter *source.android.com* an.

Alle Android-Hardware- und System-Service-Zugänge werden mit ART als Middle Tier verwaltet. Durch die Nutzung dieses Laufzeitsystems für die Ausführung von Anwendungen haben Entwickler eine Abstraktionsschicht, die sicherstellt, dass sie sich nie um eine bestimmte Hardware-Implementierung kümmern müssen.

Die ART führt Dalvik Executable Dateien (.dex) aus – benannt nach einer früheren Implementierung einer virtuellen Maschine namens »Dalvik« – ein Format, das optimiert wurde, um möglichst geringen Speicherbedarf zu gewährleisten. Sie erstellen .dex-Executables, indem Sie kompilierte Java-Klassen mit Hilfe der im SDK enthaltenen Tools transformieren.

> **Hinweis**
>
> Mehr darüber, wie man Dalvik-Executables erstellt, erfahren Sie in Kapitel 2.

1.9.4 Android-Anwendungsarchitektur

Die Architektur von Android fördert die Wiederverwendung von Komponenten und ermöglicht es Ihnen, Activities, Services und Daten mit anderen Anwendungen zu veröffentlichen und gemeinsam zu nutzen, wobei der Zugriff über die von Ihnen definierten Sicherheitseinschränkungen kontrolliert wird.

Mit dem gleichen Mechanismus, der es Ihnen ermöglicht, einen neuen Kontaktmanager oder Telefonwähler zu erstellen, können Sie die Komponenten Ihrer Anwendung freigeben, damit andere Entwickler darauf aufbauen können, indem sie neue Oberflächen-Frontends oder Funktionserweiterungen erstellen.

Die folgenden Anwendungsdienste sind die architektonischen Eckpfeiler aller Android-Anwendungen und bieten das Grundgerüst, das Sie für Ihre eigene Software verwenden werden:

- Activity-Manager und Fragment-Manager: Activities und Fragmente werden verwendet, um die Benutzeroberfläche Ihrer Anwendungen zu definieren. Die Activity- und Fragment-Manager steuern den Lebenszyklus Ihrer Activities beziehungsweise Fragmente, einschließlich der Verwaltung des Activity-Stacks (beschrieben in den Kapiteln 3 und 4).
- Views: Views werden verwendet, um die Steuerelemente der Benutzeroberfläche innerhalb Ihrer Activities und Fragmente zu konstruieren, wie in Kapitel 4 beschrieben.
- Notification-Manager: Bietet einen konsistenten und unaufdringlichen Mechanismus zur Benachrichtigung Ihrer Benutzer, wie in Kapitel 10 beschrieben.
- Content-Provider: Ermöglicht die gemeinsame Nutzung von Daten durch Ihre Anwendungen, wie in Kapitel 8 beschrieben.
- Resource-Manager: Ermöglicht die Auslagerung von nicht-kodierten Ressourcen wie Strings und Grafiken, wie in Kapitel 3 gezeigt.
- Intents: Bieten einen Mechanismus für den Datentransfer zwischen Anwendungen und ihren Komponenten, wie in Kapitel 5 beschrieben.

1.9.5 Android-Bibliotheken

Android bietet eine Reihe von APIs für die Entwicklung Ihrer Anwendungen. Anstatt sie alle hier aufzulisten, lesen Sie die Dokumentation unter *developer.android.com/reference/packages.html*, die eine vollständige Liste der Pakete enthält, die im Android SDK enthalten sind.

Android zielt auf eine breite Palette mobiler Hardware ab. Beachten Sie daher, dass die Eignung und Implementierung einiger der erweiterten oder optionalen APIs je nach Endgerät variieren kann.

Kapitel 2
Los geht's

Inhalt
■ Android SDK und die Android StudioEntwicklungs-umgebung installieren
■ Projekte erzeugen und debuggen
■ Android-Apps mit Kotlin schreiben
■ Die Android Support Library verwenden
■ Aspekte des mobilen Designs verstehen
■ Die Wichtigkeit von Effizienz und Geschwindigkeit erkennen
■ Für kleine Bildschirme und mobile Datenverbindungen entwickeln
■ Android Virtual Devices und den Emulator kennenlernen
■ Tipps für den Umgang mit Android Studio und die Verbesserung der Entwicklungsgeschwindigkeit
■ Mit dem Android Profiler die App-Perfomance verbessern
■ Gradle Builds und App-Tests verstehen

Die Downloads zu diesem Kapitel finden Sie unter *www.wrox.com*. Der Code für dieses Kapitel ist in die folgenden wichtigen Beispiele unterteilt:

- Snippets_ch2.zip
- HelloWorld.zip

2.1 Android-Apps entwickeln

Alles, was Sie zum Schreiben Ihrer eigenen Android-Anwendungen benötigen, ist eine Version des Android SDK und ein Java Development Kit (JDK). Wenn Sie kein Masochist sind, werden Sie auch eine integrierte Entwicklungsumgebung (IDE) verwenden wollen. Wir empfehlen dringend die Verwendung von Android Studio, Googles offiziell unterstützter IDE für die Entwicklung von Android-Apps, die ein integriertes JDK enthält und die Installation des Android SDK und der zugehörigen Tools übernimmt.

Android Studio, das Android SDK und ein JDK sind jeweils für Windows, MacOS und Linux verfügbar, so dass Sie Android bequem von jedem beliebigen Betriebssystem aus erkunden können. Android-Anwendungen selbst werden innerhalb der Android Run Time ausgeführt, optimiert für ressourcenbeschränkte mobile Geräte, so dass es keinen Vorteil für die Entwicklung auf einem bestimmten Betriebssystem gibt.

Traditionell wird Android-Code in Java geschrieben. Bis 2017 erforderte die Entwicklung von Android-Apps zwingend den Einsatz von Java. Android Studio 3.0 hat Kotlin als voll unterstützte Sprachalternative hinzugefügt, so dass Sie Android-App teilweise oder vollständig auch mit Kotlin schreiben können.

Kotlin ist eine statisch typisierte Sprache, die vollständig mit Java-Quelldateien und dem Android-Laufzeitsystem kompatibel ist. Es wird als aussagekräftig und prägnant eingestuft und führt Verbesserungen wie reduzierte Sprachausdrücke, Null-Pointer-Sicherheit, Erweiterungsfunktionen und Infix-Notation ein.

> **Hinweis**
>
> Zum Zeitpunkt der Drucklegung war Java noch der Standard für neue Projekte, und die meisten bestehenden Android-Projekte wurden überwiegend in Java-Syntax geschrieben. Dementsprechend haben wir Java-Syntax für die in diesem Buch vorgestellten Code-Ausschnitte und Beispielprojekte verwendet.
>
> Angesichts der Vorteile von Kotlin erwarten wir, dass seine Verwendung schnell zunimmt und empfehlen Ihnen dringend, sich mit der Kotlin-Sprache für das Schreiben von Android-Anwendungen vertraut zu machen. Weitere Informationen zur Verwendung von Kotlin für Ihre Android-Apps finden Sie in dem entsprechenden Abschnitt.

Die Android-Kernbibliotheken enthalten die meisten Funktionen der Java-Kern-APIs zusätzlich zu den umfangreichen Android-spezifischen APIs. Sie können auf alle diese Bibliotheken mit Java oder Kotlin zugreifen, wenn Sie Ihre Anwendungen schreiben.

Obwohl es möglich ist, das Android SDK und JDK separat herunterzuladen und zu installieren, vereinfacht die Installation und Verwendung von Android Studio den Einstieg. Android Studio beinhaltet ein integriertes OpenJDK und verwaltet die Installation der Android SDK-Komponenten und Tools über den integrierten Android SDK-Manager.

Der SDK-Manager wird zum Herunterladen von Android-Framework-SDK-Bibliotheken und optionalen Add-ons (einschließlich der Google-APIs und Support-Libraries) verwendet. Es enthält auch die Plattform und Entwicklungswerkzeuge, die Sie zum Schreiben und Debuggen Ihrer Anwendungen verwenden, wie den Android Emulator zum Ausführen Ihrer Projekte und den Android Profiler zum Analysieren der CPU-, Speicher- und Netzwerknutzung. Alle diese Tools sind direkt in Android Studio integriert.

Am Ende dieses Kapitels werden Sie Android Studio, das Android SDK und seine Add-ons sowie die Entwicklungswerkzeuge installiert haben. Sie haben damit Ihre Entwicklungsumgebung eingerichtet, Ihre erste »Hello World«-Anwendung in Java und Kotlin erstellt und mit dem DDMS und Emulator auf einem Android Virtual Device (AVD) ausgeführt und debuggt.

Wenn Sie schon einmal für mobile Geräte entwickelt haben, wissen Sie bereits, dass der kleine Formfaktor, die begrenzte Akkulaufzeit, die eingeschränkte Rechenleistung und der eingeschränkte Speicher einige einzigartige Design-Herausforderungen darstellen. Selbst wenn Sie neu in diesem Spiel sind, ist es offensichtlich, dass einige der Dinge, die Sie auf dem Desktop, im Web oder auf dem Server als selbstverständlich ansehen können – wie zum Beispiel die ständige Verfügbarkeit von Internet und Strom – beim Schreiben von Anwendungen für mobile oder eingebettete Geräte nicht gegeben sind.

Die Benutzerumgebung bringt ihre eigenen Herausforderungen mit sich, zusätzlich zu denen, die durch Hardwarebeschränkungen entstehen. Viele Android-Geräte werden unterwegs eingesetzt und sind oft eher eine Ablenkung als der Fokus der Aufmerksamkeit, so dass Ihre Anwendung schnell, reaktionsschnell und einfach zu verstehen sein muss. Auch wenn Ihre Anwendung für Geräte entwickelt wurde, die ein fesselndes Erlebnis ermöglichen, wie zum Beispiel Tablets oder Fernseher, können dieselben Gestaltungsprinzipien für eine hochwertige Benutzerfreundlichkeit entscheidend sein.

2.2 Für Android entwickeln

Das Android SDK enthält alle Tools und APIs, die Sie benötigen, um ansprechende und leistungsstarke mobile Anwendungen zu schreiben. Die größte Herausforderung bei Android ist, wie bei jedem neuen Entwickler-Toolkit, das Erlernen der Funktionen und Einschränkungen dieser APIs.

Seit Android Studio 3.0 ist es möglich, Android-Apps mit Java, Kotlin oder einer Kombination aus beiden Sprachen zu schreiben. Wenn Sie Erfahrung in der Java-Entwicklung haben, werden Sie feststellen, dass die von Ihnen verwendete Syntax und Grammatik der Java-Sprache direkt in Android übersetzt wird. Wenn Sie keine Erfahrung mit Java haben, aber andere objektorientierte Sprachen (zum Beispiel C#) verwendet haben, sollten Sie den Übergang zur Java- oder Kotlin-Syntax einfach finden.

2.2 | Los geht's

Die Stärke von Android liegt in den APIs, nicht in der verwendeten Sprache, so dass die Unkenntnis der Java- oder Kotlin-Syntax und/oder der Java-spezifischen Klassen keinen nennenswerten Nachteil darstellt.

Das Herunterladen und Einbinden des SDK ist kostenlos, und Google führt keine Überprüfung Ihrer Anwendung durch, um Ihre fertigen Anwendungen im Google Play Store zu verteilen. Obwohl Google Play eine geringe einmalige Gebühr für die Veröffentlichung von Anwendungen verlangt, können Sie auch kostenlos veröffentlichen, wenn Sie sich dafür entscheiden, nicht über den Google Play Store zu gehen.

2.2.1 Was Sie für den Start benötigen

Da Android-Anwendungen innerhalb der Android-Laufzeitumgebung laufen, können Sie sie auf jeder Plattform schreiben, die die Entwickler-Tools unterstützt. In diesem Buch werden wir Android Studio verwenden, das derzeit auf folgenden Betriebssystemen läuft:

- Microsoft Windows 7/8/10 (32- oder 64-bit)
- Mac OS X 10.8.5 oder später
- Linux mit fast beliebigem Desktop, sofern es die GNU C Library 2.11 oder später zur Verfügung stellt

Auf allen Plattformen benötigt Android Studio mindestens 2 GB RAM (8 GB werden dringend empfohlen) und eine Bildschirmauflösung von mindestens 1280 × 800.

> **Hinweis**
>
> Für die Entwicklung von Android ist das Java Development Kit (JDK) 8 erforderlich. Android Studio enthält die neueste Version des OpenJDK seit Android Studio 2.2. Wenn Sie Android Studio nicht verwenden wollen, müssen Sie ein kompatibles JDK herunterladen und installieren.

Mit Android Studio entwickeln

Die Beispiele und Schritt-für-Schritt-Anleitungen in diesem Buch richten sich an Entwickler, die Android Studio verwenden. Android Studio ist Androids offizielle IDE, die auf IntelliJ IDEA aufbaut, einer beliebten IDE für die Java-Entwicklung, die auch die Android-Entwicklung mit Kotlin unterstützt.

Android Studio wurde vom Android-Team von Google entwickelt, um Ihre Entwicklung zu beschleunigen und Ihnen bei der Erstellung hochwertiger Anwendungen zu helfen. Es unterstützt alle Android-Formfaktoren wie Mobiltelefone, Tablets, TV, Wear und Auto.

Es bietet Tools, die speziell auf Android-Entwickler zugeschnitten sind, einschließlich Rich Code Editing, Debugging, Testen und Profiling.

Zu den Features, die Android Studio enthält, gehören:

- Intelligente Code-Bearbeitung mit erweiterter Code-Komplettierung, Refactoring und Code-Analyse.
- Integration der Versionskontrolle einschließlich GitHub und Subversion.
- Robustes Analyse-Framework mit über 280 verschiedenen Lint-Checks und Quick Fixes.
- Umfangreiche Testwerkzeuge und Frameworks einschließlich JUnit 4 und funktionaler UI-Tests. Sie können Ihre Tests auf einem Gerät, einem Emulator, einer durchgängigen Integrationsumgebung oder im Firebase Test Lab durchführen.

Zusätzlich zu diesen IDE-Funktionen bietet die Verwendung von Android Studio für Ihre Android-Entwicklung einige wesentliche Vorteile durch die enge Integration vieler Android-Build- und -Debug-Tools sowie die Unterstützung der neuesten Android-Plattform-Releases.

Android Studio enthält die folgenden Leistungsmerkmale:

- Den Android Project Assistent, der das Erstellen neuer Projekte vereinfacht und verschiedene Anwendungs- und Activity-Vorlagen enthält
- Editoren zum Erstellen, Bearbeiten und Validieren Ihrer XML-Ressourcen
- Automatisierte Erstellung von Android-Projekten, Konvertierung in Android-Executables (.dex), Zusammenstellung in Paketdateien (.apk) und Installation von Paketen auf Android-Laufzeitsystemen (läuft sowohl im Emulator als auch auf physischen Geräten)
- Den Android Virtual Device Manager, mit dem Sie virtuelle Geräte erstellen und verwalten können, um Emulatoren zu betreiben, die eine bestimmte Version des Android-Betriebssystems ausführen und mit festgelegten Hardware- und Speicherbeschränkungen ausgestattet sind
- Den Android Emulator, einschließlich der Möglichkeit, das Erscheinungsbild des Emulators und die Netzwerkverbindungseinstellungen zu steuern, sowie die Möglichkeit, eingehende Anrufe, SMS-Nachrichten und Sensorwerte zu simulieren
- Der Android Profiler, mit dem Sie die CPU-, Speicher- und Netzwerkleistung überwachen können
- Zugriff auf das Smartphone oder das Dateisystem des Emulators, so dass Sie durch den Ordnerbaum navigieren und Dateien übertragen können
- Laufzeit-Debugging, mit dem Sie Breakpoints setzen und Aufruf-Stacks anzeigen können
- Alle Android-Protokollierungs- und -Konsolenausgaben

2.2 | Los geht's

> **Hinweis**
>
> Android Studio ersetzt das Plug-in Android Development Tools (ADT) für Eclipse, das 2014 als veraltet gekennzeichnet wurde und nach der Veröffentlichung von Android Studio 2.2 im Jahr 2016 ausrangiert wurde. Obwohl es weiterhin möglich ist, für Android mit Eclipse oder anderen IDEs zu entwickeln, wird die Verwendung von Android Studio dringend empfohlen.

Android Studio und das Android SDK installieren

Sie können die neueste Version von Android Studio für die von Ihnen präferierte Entwicklungsplattform von der Android Studio Homepage unter *developer.android.com/studio* herunterladen.

> **Hinweis**
>
> Wenn nicht anders angegeben, war die Version von Android Studio, mit der dieses Buch geschrieben wurde, Android Studio 3.0.1.

Wenn Sie den Download für Ihre Plattform gestartet haben, werden Ihnen ausführliche Installationsanweisungen angezeigt, die wie folgt zusammengefasst werden können:

- Windows: Führen Sie die heruntergeladene Installationsdatei aus. Der Windows Installer Download beinhaltet OpenJDK und das Android SDK.
- MacOS: Öffnen Sie die heruntergeladene Android Studio DMG-Datei und ziehen Sie Android Studio in den Ordner *Programme*. Doppelklicken Sie, um Android Studio zu öffnen, und der Setup-Assistent führt Sie durch den Rest des Setups, einschließlich des Herunterladens des Android SDK.
- Linux: Entpacken Sie die heruntergeladene *.zip*-Datei an einen geeigneten Ort, zum Beispiel unter */home* in Ihrem Heimatverzeichnis oder unter */opt*, wenn mehrere Benutzer Android Studio einsetzen wollen. Zum Start der IDE müssen Sie das Skript *studio.sh* im Verzeichnis *android-studio/bin* ausführen, je nachdem, wo Sie es installiert haben. Beim ersten Mal führt der Setup-Assistent durch den Rest des Setups, einschließlich des Herunterladens des Android-SDKs.

Ab Android Studio 2.2 ist OpenJDK in Android Studio integriert, so dass Sie das JDK nicht separat herunterladen und installieren müssen.

Sobald der Installationsassistent abgeschlossen ist, wurden das neueste Android-Plattform-SDK, SDK, Plattform und Build-Tools sowie die Support-Library heruntergeladen und installiert.

Sie können ältere Plattformversionen sowie weitere SDK-Komponenten mit dem SDK-Manager herunterladen, wie im folgenden Abschnitt beschrieben.

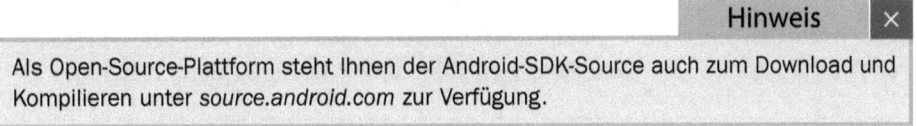

Als Open-Source-Plattform steht Ihnen der Android-SDK-Source auch zum Download und Kompilieren unter *source.android.com* zur Verfügung.

Zusätzliche Android-SDK-Komponenten mit dem SDK-Manager installieren

Der SDK-Manager (Abbildung 2.1) ist im Android Studio über eine Verknüpfung in der Symbolleiste oder über den Menüpunkt TOOLS | SDK-MANAGER verfügbar. Es bietet die Registerkarten SDK-PLATFORMS, SDK-TOOLS und SDK-UPDATE-SITES.

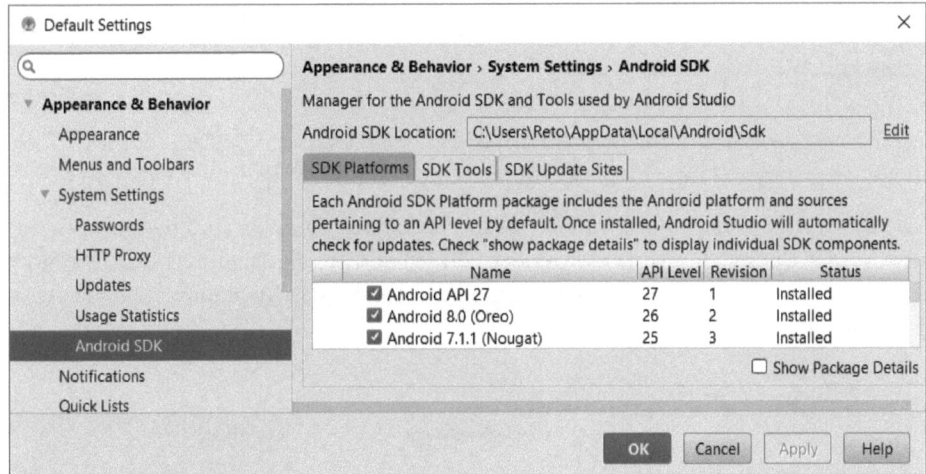

Abbildung 2.1 Der SDK-Manager

Die Registerkarte SDK-PLATFORMS zeigt an, für welche Plattformen bereits SDKs heruntergeladen sind. Standardmäßig beinhaltet dies immer das neueste Android-Plattform-SDK – in diesem Fall Android 8.1 Oreo (API Level 27).

Die Registerkarte SDK-TOOLS zeigt, welche Tools und Support-Libraries installiert sind, einschließlich SDK, Plattform und Build-Tools sowie das Support-Repository, das für die Verwendung der Android-Support-Library erforderlich ist (siehe weiter unten in diesem Kapitel).

Durch Aktivieren des Auswahlfelds SHOW PACKAGE DETAILS können Sie zusätzliche Informationen darüber erhalten, welche Versionen jeden Tools installiert wurde.

2.2 | Los geht's

Herunterladen und Installieren von Updates für Android Studio, das Android SDK und Tools

Android Studio erhält regelmäßig Updates, die die Stabilität verbessern und neue Funktionen hinzufügen. Sie werden mit einem Warnhinweis informiert, wenn eine neue Version von Android Studio zum Download verfügbar ist, wie in Abbildung 2.2 zu sehen ist.

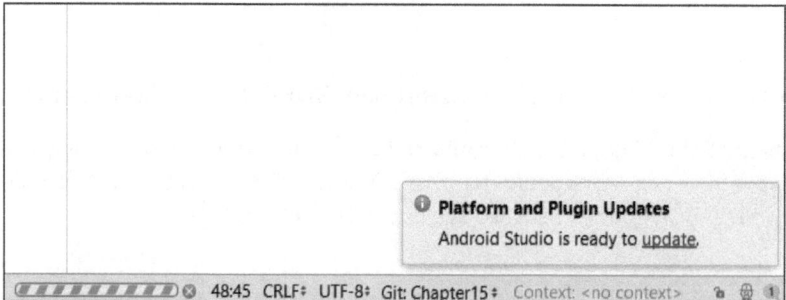

Abbildung 2.2 Updates für Android Studio

Sie werden ebenfalls informiert, wenn neue Versionen des Android SDK, der Entwickler-Tools, der Support-Library, von Kotlin und anderen SDK-Paketen verfügbar werden.

Sie können eine Überprüfung auf eine neue Version von Android Studio erzwingen, indem Sie das Dialogfeld SETTINGS | UPDATES öffnen und auf die Schaltfläche CHECK NOW klicken, wie in Abbildung 2.3 zu sehen ist, oder indem Sie den Menüpunkt HELP | CHECK FOR UPDATES auswählen.

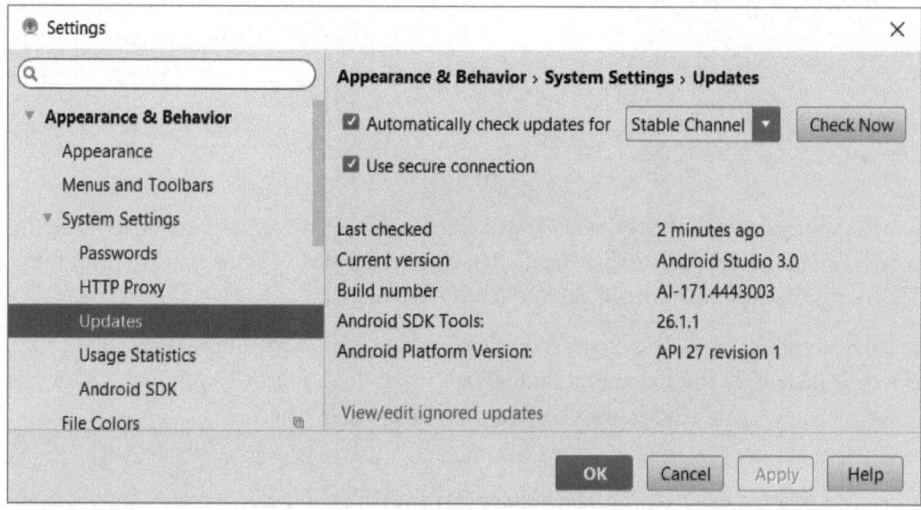

Abbildung 2.3 Updates für Android Studio nachfragen

> **Hinweis**
>
> Neben der offiziellen »stable« Version, die auf der Android Developer Seite verfügbar ist, stellt das Android Studio-Team auch die nächsten Vorabversionen für Entwickler zur Verfügung, die gerne am Puls des Geschehens leben. Wenn auch Sie gefährlich leben möchten, können Sie den Kanal, auf dem Ihre Installation von Android Studio abonniert ist, ändern, indem Sie Canary oder Beta aus dem Dropdown-Menü in dem in Abbildung 2.3 abgebildeten Update-Bildschirm auswählen.
>
> Canary stellt die »bleeding edge« dar, die etwa wöchentlich angeboten wird. Dies sind frühe Previews, die veröffentlicht werden, um während der Entwicklung Feedback aus der Praxis zu erhalten.
>
> Beta stellt Release-Kandidaten dar, die auf stabilen Canary-Builds basieren, die veröffentlicht und aktualisiert werden, um Feedback vor der stabilen Veröffentlichung zu erhalten.
>
> Sie können mehr über jeden Release-Kanal, einschließlich Details zur Einrichtung paralleler Installationen von Android Studio, unter *developer.android.com/studio/preview* erfahren.

2.2.2 Erstellen Ihrer ersten Android-Anwendung

Wenn Android Studio installiert und das SDK heruntergeladen ist, können Sie mit der Entwicklung von Anwendungen für Android beginnen. Zunächst erstellen Sie ein neues Android-Projekt, konfigurieren den Android Emulator und richten Ihre Android Studio Run- und Debug-Konfigurationen ein, wie in den folgenden Abschnitten beschrieben.

Ein neues Android-Projekt anlegen

Um ein neues Android-Projekt mit dem Assistenten für neue Projekte von Android Studio zu erstellen, gehen Sie wie folgt vor:

1. Beim ersten Start von Android Studio erscheint der in Abbildung 2.4 gezeigte Begrüßungsbildschirm. Sie können zu diesem Bildschirm zurückkehren, indem Sie den Menüpunkt »FILE | CLOSE« wählen, um alle geöffneten Projekte zu schließen. Wählen Sie im Begrüßungsbildschirm die Option »Start a new Android Studio project«. Alternativ können Sie in Android Studio den Menüpunkt »FILE | NEW | NEW PROJECT ...« auswählen.
2. Geben Sie im folgenden Assistenten die Details für Ihr neues Projekt ein. Geben Sie auf der ersten Seite (Abbildung 2.5) einen Applikationsnamen und Ihre Firmendomain ein. Diese werden kombiniert, um einen eindeutigen Package-Namen zu erstellen, wie er im Assistenten angezeigt wird.

2.2 | Los geht's

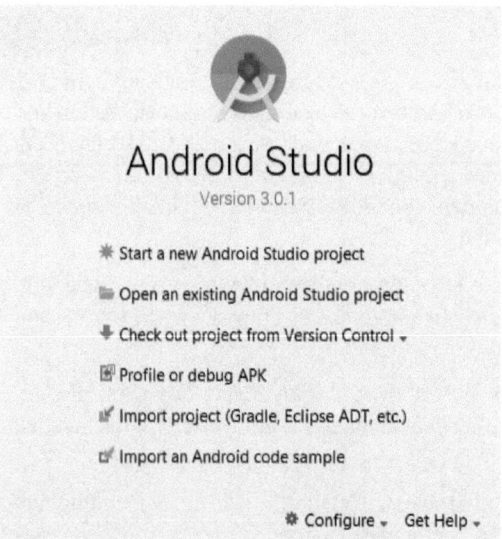

Abbildung 2.4 Begrüßungsbildschirm von Android Studio

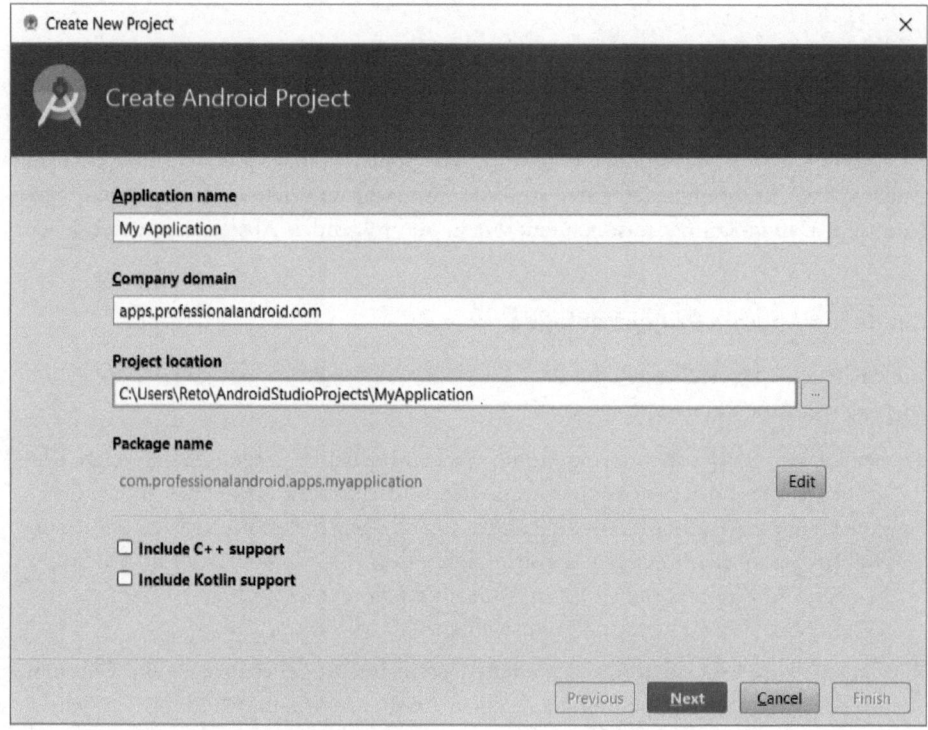

Abbildung 2.5 Erfassung des App-Namens

Jede Android-Anwendung muss einen eindeutigen Package-Namen haben, daher ist es ratsam, eine eigene Domain zu verwenden, um die Wahrscheinlichkeit einer Kollision zu minimieren. Allerdings ist der Besitz der von Ihnen verwendeten Domain nicht erforderlich oder erzwungen, so dass Sie fast jede beliebige Domain verwenden können, sofern der resultierende Package-Name eindeutig ist. Wählen Sie schließlich das Verzeichnis, in dem Ihr Projekt gespeichert werden soll.

3. Auf der nächsten Seite (Abbildung 2.6) können Sie die Formfaktoren auswählen, die Sie in diesem Projekt unterstützen möchten, sowie die minimale Version der Android-Plattform, auf der Ihre Anwendung läuft. Um damit anzufangen, verwenden wir nur Smartphones und Tablets und das minimale Standard-SDK.

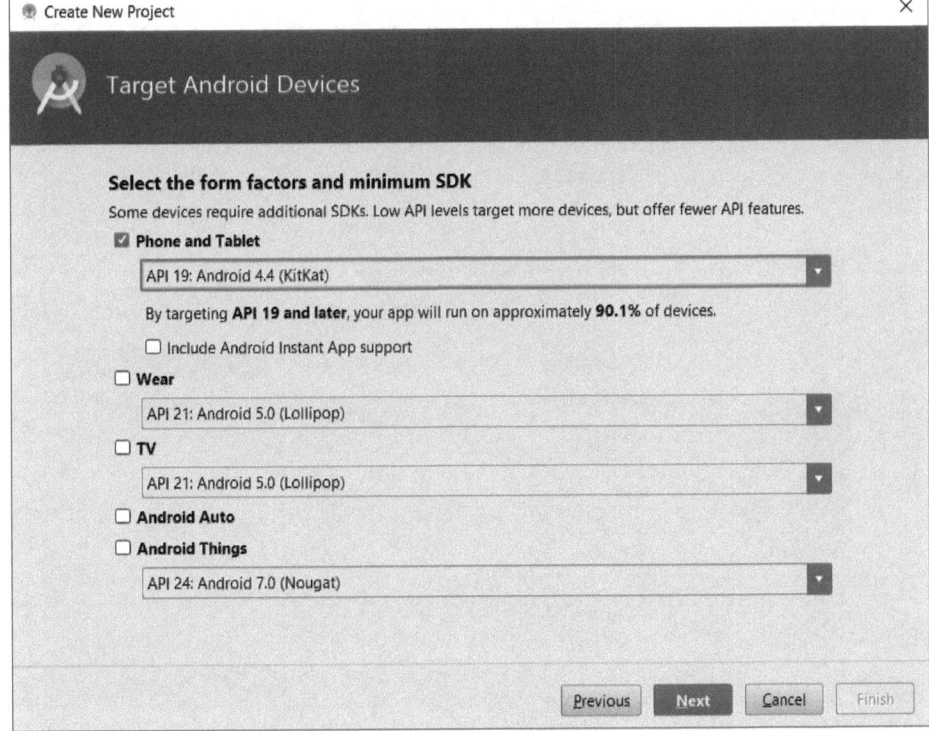

Abbildung 2.6 Formfaktor und minimale Plattform auswählen

> **Hinweis**
>
> Wenn Sie die minimale SDK-Version auswählen, können Sie den Grad der Abwärtskompatibilität wählen, den Sie unterstützen möchten. Je niedriger diese SDK-Version ist, desto mehr Geräte können Ihre Anwendung ausführen, aber das macht es auch schwieriger, neuere Funktionen der Plattform zu unterstützen.

2.2 | Los geht's

> Wenn Sie jedes minimale SDK aus dem Dropdown-Menü auswählen, wird der Anteil der aktiven Android-Geräte angezeigt, auf denen diese Plattformversion ausgeführt wird.
>
> Zum jetzigen Zeitpunkt laufen mehr als 90 % der Android-Geräte mit mindestens Android 4.4 KitKat (API Level 19), während die neueste Version Android 8.1 (API Level 27) ist.

4. Auf der nächsten Seite (Abbildung 2.7) können Sie eine Vorlage für die Haupt-Activity Ihrer Anwendung auswählen (Bildschirm der Benutzeroberfläche). Wählen Sie die Option EMPTY ACTIVITY.

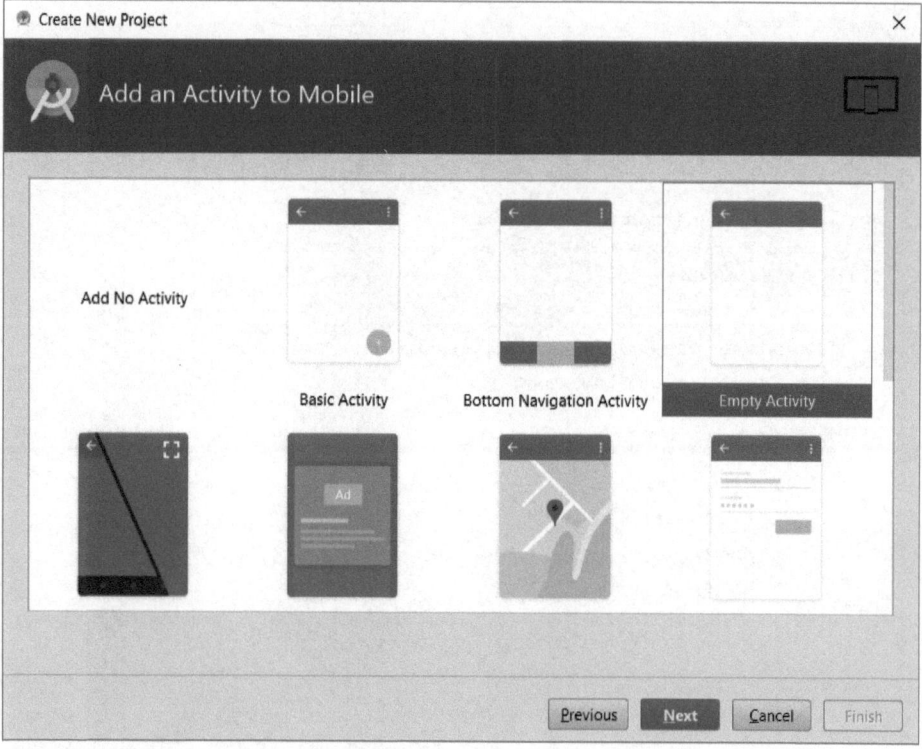

Abbildung 2.7 Haupt-Activity

5. Auf der letzten Seite (Abbildung 2.8) können Sie den Klassennamen für Ihre erste Aktivität und den Namen für die XML-Datei angeben, die für das Oberflächenlayout der Activity verwendet wird. Bei der leeren Activity-Vorlage können Sie auch wählen, ob der Assistent überhaupt eine Layout-Datei erzeugen soll. Sie haben auch die Möglichkeit, Ihre Activity abwärtskompatibel zu machen, indem Sie die Checkbox BACKWARDS COMPATIBILITY aktivieren, was dringend empfohlen wird. Wenn

Für Android entwickeln | **2.2**

Sie diese Checkbox aktivieren, wird die neue Activity von der `AppCompatActivity`-Klasse der Android Support Library geerbt und nicht von der `Activity`-Klasse des Frameworks, wodurch Ihre Activity die neuen API-Funktionen auf eine Weise nutzen kann, die abwärtskompatibel ist.

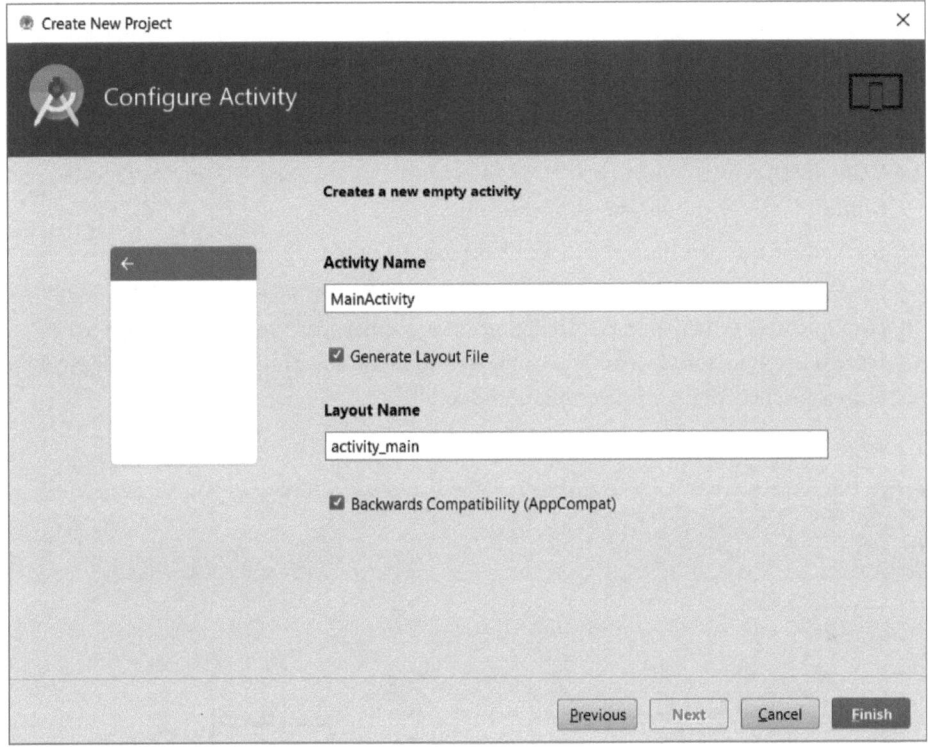

Abbildung 2.8 Klassenname der Haupt-Activity

6. Wenn Sie diese Daten eingegeben haben, klicken Sie auf Finish.

Android Studio erstellt nun ein neues Projekt, das eine Klasse enthält, die `AppCompatActivity` erweitert. Anstatt komplett leer zu sein, implementiert die Standardvorlage »Hello World«.

Bevor Sie das Projekt ändern, nutzen Sie die Gelegenheit, ein virtuelles Android-Gerät zu erstellen, das Debugging auf einem physischen Gerät zu aktivieren und unser neues »Hello World«-Projekt zu starten.

2.2 | Los geht's

Ein virtuelles Android-Gerät erzeugen

Android Virtual Devices (AVDs) werden verwendet, um die Hardware- und Software-Konfigurationen von physischen Android-Geräten zu simulieren. Der Android Emulator läuft innerhalb von AVDs, so dass Sie Ihre Anwendungen auf verschiedenen Hardware- und Software-Plattformen testen können.

Es gibt keine vorkonfigurierten AVDs, die im Android Studio oder Android SDK enthalten sind. Wenn Sie also kein physisches Gerät besitzen, müssen Sie mindestens einen Emulator erstellen, bevor Sie Ihre Anwendungen ausführen und debuggen können:

1. Wählen Sie TOOLS | ANDROID | AVD MANAGER (oder wählen Sie das AVD Manager-Symbol in der Symbolleiste von Android Studio).
2. Klicken Sie auf den Button CREATE VIRTUAL DEVICE ...

    Das resultierende Dialogfeld VIRTUAL DEVICE CONFIGURATION (Abbildung 2.9) ermöglicht es Ihnen, eine Gerätedefinition aus einer Liste von Pixel- und Nexus-Hardware- und Standardgerätekonfigurationen auszuwählen, jede mit ihrer eigenen physikalischen Größe, Auflösung und Pixeldichte.

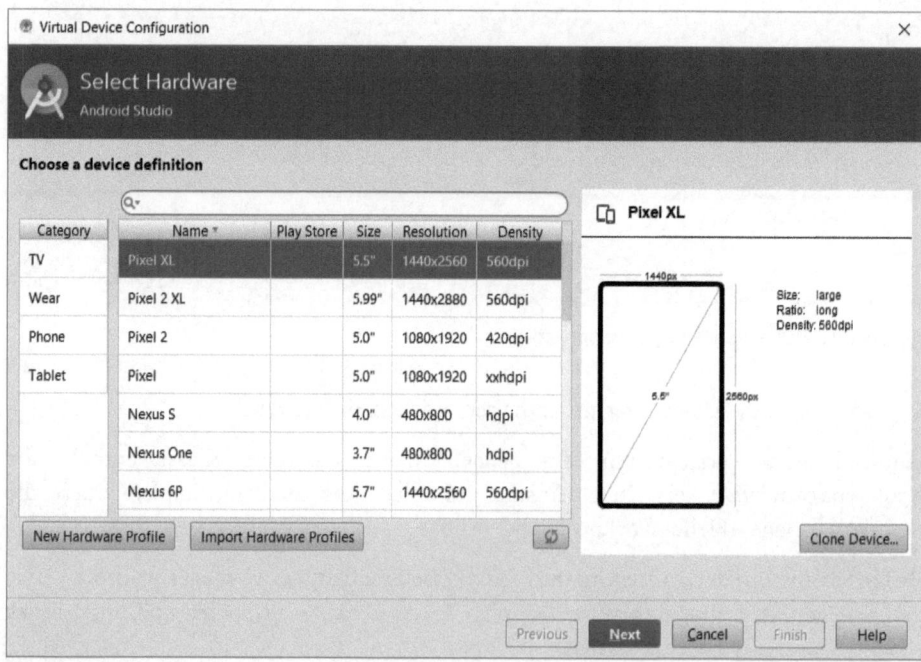

Abbildung 2.9 Hardware-Auswahl des virtuellen Geräts

2.2 Für Android entwickeln

3. Sie werden dann aufgefordert, ein Gerätesystem-Image auszuwählen, das zu einer bestimmten Android-Plattform-Version gehört (siehe Abbildung 2.10) Wenn Sie dies noch nicht bereits getan haben, müssen Sie das gewünschte System-Image herunterladen, bevor es verwendet werden kann.

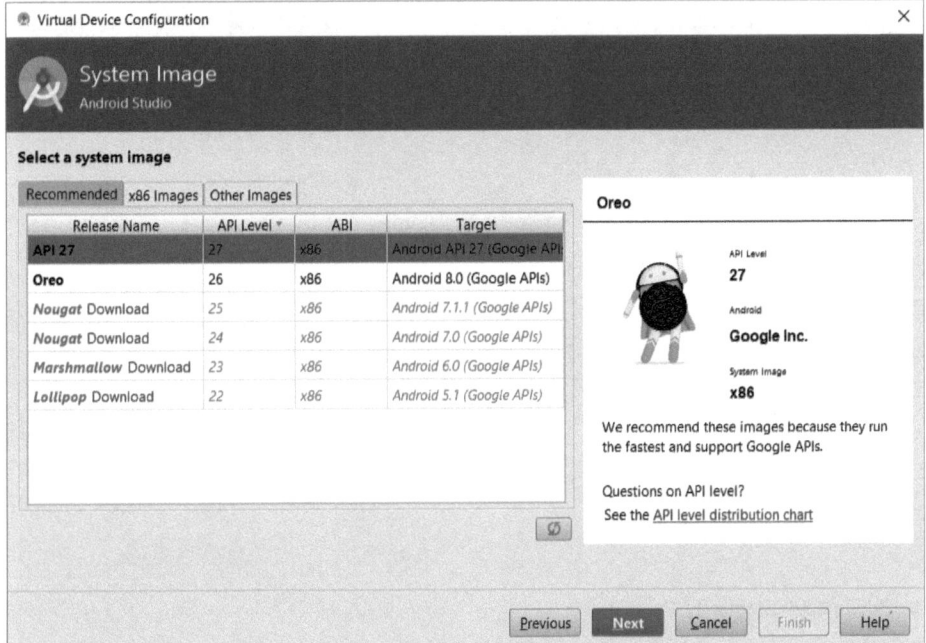

Abbildung 2.10 Erzeugen eines virtuellen Geräts

Für jedes Plattform-Release System-Image können Sie verschiedene ABIs (Application Binary Interfaces) auswählen, typischerweise x86 oder ARM. Wenn Sie ein System-Image mit der gleichen Architektur wie der Ihres Entwicklungsrechners verwenden, steigern Sie die Leistung des Emulators.

Sie können auch entscheiden, ob Sie ein System-Image wünschen, das die Google-APIs enthält. Diese sind erforderlich, wenn Ihre Anwendung Google Play Services-Funktionen wie Karten und ortsbezogene Dienste enthält (siehe Kapitel 15).

4. Geben Sie einen aussagekräftigen Gerätenamen ein und klicken Sie dann auf FINISH, um eine neue AVD zu erstellen (siehe Abbildung 2.11). Durch Klicken auf SHOW ADVANCED SETTINGS erreichen Sie zusätzliche Einstellmöglichkeiten, um Ihre PC-Webcam der Front- oder Rückfahrkamera zuzuweisen, die Netzwerkgeschwindigkeit und -latenz zu emulieren, sowie die Anzahl der emulierten Prozes-

sorkerne, die Größe des Arbeitsspeichers und des Massenspeichers angeben zu können.

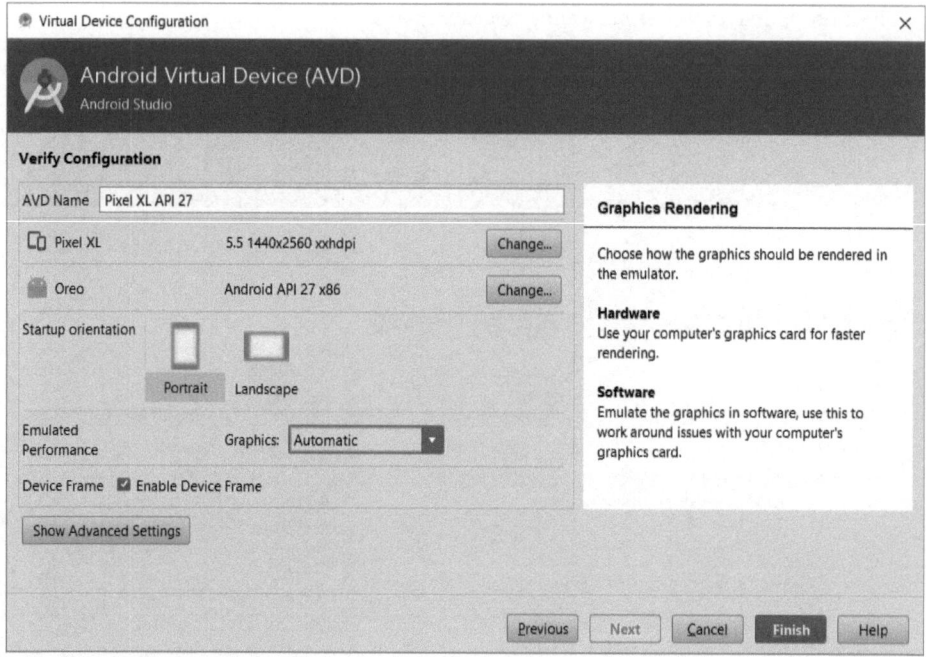

Abbildung 2.11 Erweiterte Einstellungen

5. Das Starten einer neuen AVD kann einige Zeit in Anspruch nehmen, also starten Sie sie jetzt, indem Sie auf den grünen Pfeil in der rechten Spalte klicken. Dadurch wird sichergestellt, dass der Emulator bereit ist und funktioniert, wenn Sie Ihre Anwendung darauf ausführen wollen.

Android-Hardware zum Testen und Debuggen konfigurieren

Es gibt nichts Besseres, als Software auf echter Hardware laufen zu lassen. Wenn Sie also ein Android-Gerät haben, ist es einfach, Ihre Anwendungen direkt darauf auszuführen und zu debuggen:

1. Beginnen Sie, indem Sie den Entwicklermodus auf Ihrem Gerät aktivieren. Öffnen Sie die Einstellungen des Smartphones und wählen Sie SYSTEM | ÜBER DAS TELEFON. Scrollen Sie zum Ende der Liste, bis BUILD-NUMMER sichtbar ist, wie in Abbildung 2.12 zu sehen ist.

Für Android entwickeln | **2.2**

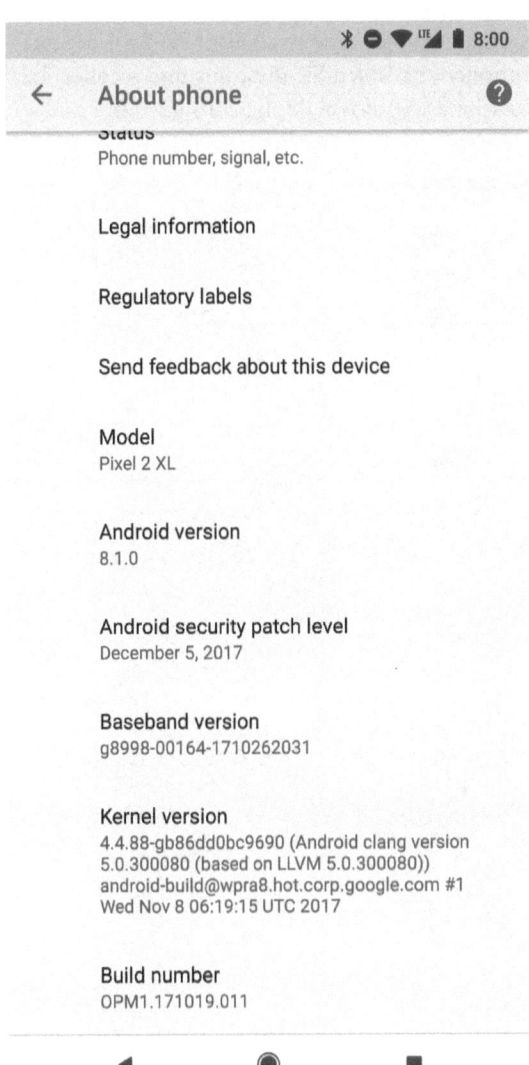

Abbildung 2.12 Smartphone-Einstellungen für den Entwicklermodus

2. Berühren Sie BUILD-NUMMER siebenmal, bis eine Nachricht angezeigt wird, die Sie dazu beglückwünscht, Entwickler zu werden. Wenn Sie sich auf den Weg gemacht haben, ein Android-Entwickler zu werden, um eine Wette zu gewinnen, können Sie jetzt sicher kassieren. Herzlichen Glückwunsch!

2.2 | Los geht's

3. Wenn nicht, navigieren Sie zurück, und Sie finden eine neue Einstellungs-Kategorie mit der Bezeichnung »Entwickleroptionen«. Wählen Sie diese aus und scrollen Sie, bis Sie die Option USB-DEBUGGING sehen, wie in Abbildung 2.13 gezeigt.

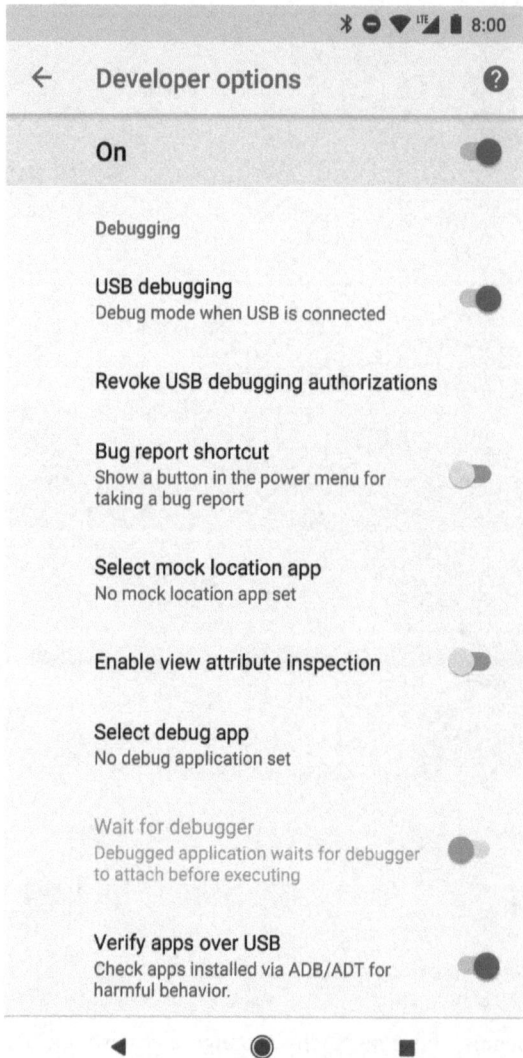

Abbildung 2.13 USB-Debugging aktivieren

4. Aktivieren Sie die Option USB-DEBUGGING.

Für Android entwickeln | **2.2**

5. Verbinden Sie nun Ihr Gerät über ein USB-Kabel mit Ihrem Entwicklungsrechner. Ihr Gerät zeigt das in Abbildung 2.14 gezeigte Dialogfenster an, in dem Sie gefragt werden, ob Sie das USB-Debugging zulassen möchten, wenn Sie mit dem aktuellen Computer verbunden sind. Wählen Sie OK.

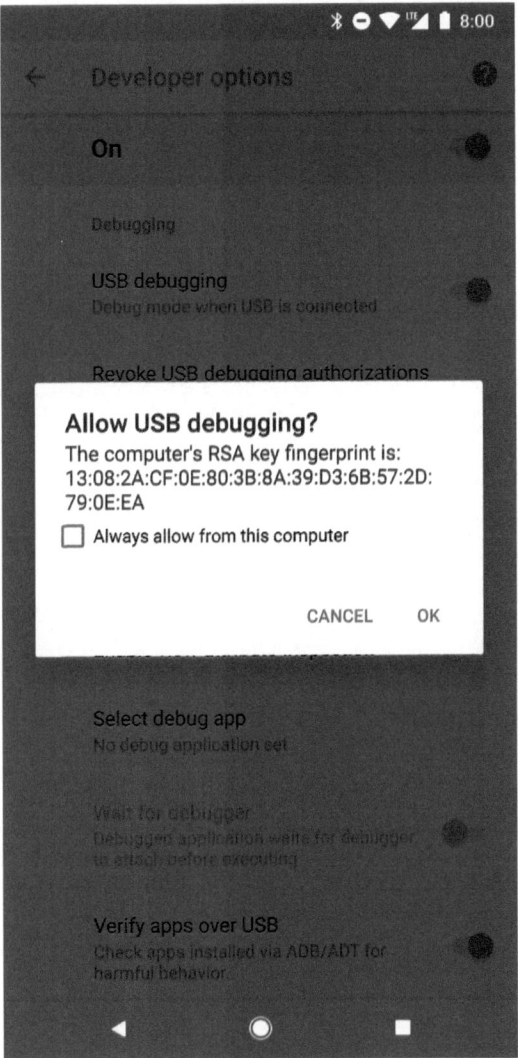

Abbildung 2.14 USB-Debuggin erlauben

6. Wenn das Gerät angeschlossen ist, steht es nun als Ziel beim Test Ihrer Anwendung zum Ausführen oder Debuggen in Android Studio zur Verfügung.

2.2 | Los geht's

Ausführen und Debuggen Ihrer Android-Anwendung

Sie haben Ihr erstes Projekt erstellt und ein Android Virtual Device (oder ein physisches Gerät) angeschlossen, auf dem es ausgeführt werden soll. Bevor wir Änderungen vornehmen, sollten wir versuchen, das »Hello World«-Projekt zu starten und zu debuggen.

Wählen Sie im Menü RUN die Option RUN APP (oder DEBUG APP). Wenn Sie noch keinen Standard festgelegt haben, wird das in Abbildung 2.15 gezeigte Dialogfeld angezeigt, in dem Sie aufgefordert werden, Ihr Installationsziel auszuwählen – ein angeschlossenes Gerät, eine laufende AVD oder eine definierte (aber noch nicht laufende) AVD.

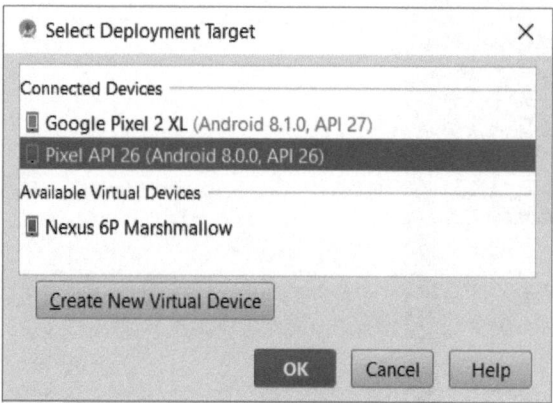

Abbildung 2.15 Installationsziel auswählen

Das Ausführen oder Debuggen Ihrer Anwendung führt zu folgenden Aktionen hinter den Kulissen:

- Die aktuelle Projekt-Source wird in Bytecode kompiliert und in eine ausführbare Android-Datei (*.dex*) konvertiert.
- Die ausführbare Datei, die Ressourcen Ihres Projekts und das Manifest werden in ein Android-Package (*.apk*) gepackt.
- Das virtuelle Gerät wird gestartet (wenn Sie eines ausgewählt haben und es nicht bereits ausgeführt wird).
- Ihr APK wird auf dem Zielgerät bereitgestellt und installiert.
- Ihre Anwendung startet.

Wenn Sie debuggen, wird der Android Studio Debugger eingebunden, mit dem Sie Breakpoints setzen und Ihren Code debuggen können.

Wenn alles korrekt funktioniert, sehen Sie eine neue Activity auf dem Gerät oder im Emulator, wie in Abbildung 2.16 zu sehen ist.

Für Android entwickeln | **2.2**

Hello World!

Abbildung 2.16 Die Anwendung läuft.

Hello-World verstehen

Treten Sie einen Schritt zurück und schauen Sie sich den Quellcode Ihrer ersten Android-Anwendung an, beginnend mit der Datei *MainActivity.java*.

In Android ist `Activity` die Basisklasse für die visuellen, interaktiven Bildschirme innerhalb Ihrer Anwendung; sie entspricht in etwa einem Formular in der traditionellen Desktop-Entwicklung (und wird in Kapitel 3 ausführlich beschrieben).

`AppCompatActivity` ist eine Variante der `Activity`-Klasse der Android Support Library, die Abwärtskompatibilität gewährleistet. Die Verwendung von `AppCompatActivity` anstelle der Klasse `Activity` wird dringend empfohlen und wir werden dies in diesem Buch tun. Wir werden nach wie vor von Klassen sprechen, die `AppCompatActivity` als `Activity` erweitern.

Listing 2.1 zeigt den Rahmencode für eine Activity. Sie erweitert `AppCompatActivity` und überschreibt die Methode `onCreate`.

55

2.2 | Los geht's

```
package com.professionalandroid.apps.helloworld;

import android.support.v7.app.AppCompatActivity;
import android.os.Bundle;

public class MainActivity extends AppCompatActivity {

  @Override
  protected void onCreate(Bundle savedInstanceState) {
    super.onCreate(savedInstanceState);
    setContentView(R.layout.activity_main);
  }
}
```
Listing 2.1 Hello World

Visuelle Komponenten innerhalb von Activities werden *Views* genannt. Sie sind den Kontrollelementen oder Widgets in der traditionellen Desktop- und Webentwicklung ähnlich. Die vom Assistenten erstellte »Hello World«-Vorlage überschreibt die Methode onCreate, um die Methode setContentView aufzurufen, die die Benutzeroberfläche durch Entfalten einer Layout-Ressource darstellt, wie im folgenden Programmcode dargestellt:

```
@Override
protected void onCreate(Bundle savedInstanceState) {
  super.onCreate(savedInstanceState);
  setContentView(R.layout.activity_main);
}
```

Die Ressourcen für ein Android-Projekt werden im *res*-Ordner Ihrer Projekthierarchie abgelegt. Dieser enthält wiederum die Unterordner *layout*, *values*, *drawable* und *mipmap*. Android Studio wertet diese Ressourcen aus und ermöglicht den Zugriff darauf über die Variable R, wie in Kapitel 4 beschrieben.

Listing 2.2 zeigt das Oberflächenlayout. Es wird vom Android-Projekt-Template erstellt und in der Datei *activity_main.xml* im Verzeichnis *res/layout* des Projekts abgelegt.

```
<?xml version="1.0" encoding="utf-8"?>
<android.support.constraint.ConstraintLayout
  xmlns:android="http://schemas.android.com/apk/res/android"
  xmlns:app="http://schemas.android.com/apk/res-auto"
  xmlns:tools="http://schemas.android.com/tools"
  android:layout_width="match_parent"
```

```xml
    android:layout_height="match_parent"
    tools:context="com.professionalandroid.apps.myapplication.MainActivity">
    <TextView
      android:layout_width="wrap_content"
      android:layout_height="wrap_content"
      android:text="Hello World!"
      app:layout_constraintBottom_toBottomOf="parent"
      app:layout_constraintLeft_toLeftOf="parent"
      app:layout_constraintRight_toRightOf="parent"
      app:layout_constraintTop_toTopOf="parent"/>
</android.support.constraint.ConstraintLayout>
```

Listing 2.2 Hello-World Layout-Ressource

> **Hinweis**
>
> Das spezifische Layout, das als Teil des Android Project Assistenten erstellt wurde, kann sich im Laufe der Zeit ändern, so dass Ihr Layout etwas anders aussehen kann als der hier gezeigte XML-Code, auch wenn die daraus resultierende Benutzeroberfläche sehr ähnlich aussehen sollte.

Die Definition Ihrer Benutzeroberfläche in XML und deren spätere Entfaltung aus dem Programmcode ist der übliche Weg, um Ihre Benutzeroberflächen (UIs) zu implementieren, da er Ihre Anwendungslogik sauber von Ihrem Oberflächendesign entkoppelt.

Um Zugriff auf Ihre Oberflächenelemente im Programmcode zu erhalten, können Sie diese in der XML-Definition mit Bezeichnerattributen versehen:

```xml
<TextView
   android:id="@+id/myTextView"
   android:layout_width="wrap_content"
   android:layout_height="wrap_content"
   android:text="Hello World!"
   app:layout_constraintBottom_toBottomOf="parent"
   app:layout_constraintLeft_toLeftOf="parent"
   app:layout_constraintRight_toRightOf="parent"
   app:layout_constraintTop_toTopOf="parent"/>
```

Mit der Methode `findViewById` können Sie dann zur Laufzeit eine Referenz auf jedes benannte Element zurückgeben:

```
TextView myTextView = findViewById(R.id.myTextView);
```

Alternativ, wenn auch nicht empfehlenswert, können Sie Ihr Layout direkt im Programmcode erstellen, wie in Listing 2.3 zu sehen ist.

2.2 | Los geht's

```
public void onCreate(Bundle savedInstanceState) {
  super.onCreate(savedInstanceState);

  RelativeLayout.LayoutParams lp;
  lp =
    new RelativeLayout.LayoutParams(LinearLayout.LayoutParams.MATCH_PARENT,
                                    LinearLayout.LayoutParams.MATCH_PARENT);

  RelativeLayout.LayoutParams textViewLP;
  textViewLP = new RelativeLayout.LayoutParams(
    RelativeLayout.LayoutParams.WRAP_CONTENT,
    RelativeLayout.LayoutParams.WRAP_CONTENT);

  Resources res = getResources();
  int hpad = res.getDimensionPixelSize(R.dimen.activity_horizontal_margin);
  int vpad = res.getDimensionPixelSize(R.dimen.activity_vertical_margin);

  RelativeLayout rl = new RelativeLayout(this);
  rl.setPadding(hpad, vpad, hpad, vpad);

  TextView myTextView = new TextView(this);
  myTextView.setText("Hello World!");

  rl.addView(myTextView, textViewLP);

  addContentView(rl, lp);
}
```
Listing 2.3 Layouterstellung im Programmcode

Alle im Programmcode verfügbaren Eigenschaften können auch über Attribute im XML-Layout gesetzt werden.

Generell trägt die Entkopplung des visuellen Designs vom Anwendungscode dazu bei, den Programmcode übersichtlich zu halten. Da Android auf hunderten von verschiedenen Geräten mit verschiedenen Bildschirmgrößen verfügbar ist, erleichtert es Ihnen die Definition Ihrer Layouts als XML-Ressourcen, mehrere für verschiedene Bildschirme optimierte Layouts einzubinden.

In Kapitel 5 erfahren Sie, wie Sie Ihre Benutzeroberfläche gestalten, indem Sie Layouts erstellen und Ihre eigenen benutzerdefinierten Views entwickeln.

Für Android entwickeln | **2.2**

Android Beispielprojekte öffnen

Android enthält eine Reihe von gut dokumentierten Beispielprojekten, die eine ausgezeichnete Quelle für vollständige, funktionierende Beispiele von Anwendungen sind. Wenn Sie die Einrichtung Ihrer Entwicklungsumgebung abgeschlossen haben, lohnt es sich, einige davon durchzuarbeiten.

Die Android-Beispielprojekte sind auf GitHub verfügbar, und Android Studio bietet einen einfachen Mechanismus zum Klonen:

1. Wählen Sie in Android Studio FILE | NEW | IMPORT SAMPLE ..., um den Import-Sample-Assistenten zu öffnen, wie in Abbildung 2.17 dargestellt. Sie können auch IMPORT AN ANDROID CODE SAMPLE aus dem Welcome-to-Android-Studio-Assistenten wählen, wenn Sie noch keine Projekte geöffnet haben.

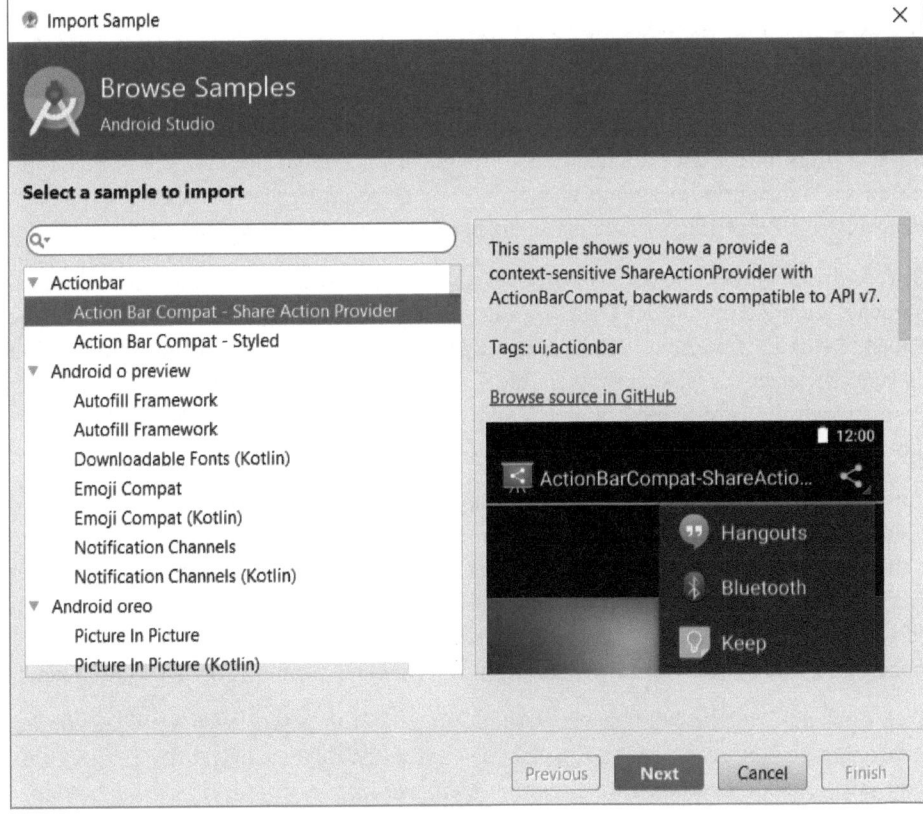

Abbildung 2.17 Importieren von Beispiel-Projekten

2. Wählen Sie das zu importierende Beispiel aus und klicken Sie auf Next.

3. Geben Sie einen Anwendungsnamen und einen Speicherort auf Ihrem Computer an und klicken Sie auf Finish, um das Beispiel herunterzuladen und zu öffnen.

Das ausgewählte Beispielprojekt wird von GitHub geklont und als neues Android Studio Projekt geöffnet.

> **Hinweis**
>
> Um alle für den Import in Android Studio verfügbaren Android-Codebeispiele anzuzeigen, besuchen Sie die Google Samples-Seite auf GitHub unter *github.com/googlesamples*.

2.2.3 Einführung in die Programmierung von Android-Apps mit Kotlin

Bis 2017 erforderte die Entwicklung von Android-Apps die Verwendung von Java. Android Studio 3.0 hat Kotlin als voll unterstützte Sprachalternative ergänzt.

Kotlin ist eine streng typisierte Sprache, die vollständig mit der bestehenden Java-Sprachsyntax und dem Laufzeitsystem von Android kompatibel ist. Die Sprache gilt als aussagekräftig und prägnant und enthält Verbesserungen wie reduzierte Sprachausdrücke, Null-Zeiger-Sicherheit, Erweiterungsfunktionen und Infix-Notation.

Seit Android Studio 3.0 ist Kotlin eine offiziell unterstützte Android-Entwicklungssprache. Zum Zeitpunkt der Drucklegung war Java jedoch noch der Standard für neue Projekte – und die meisten bestehenden Android-Projekte wurden noch überwiegend in Java geschrieben. Es ist sehr einfach, die Java-Syntax in Kotlin zu konvertieren, indem man einfach die Java-Syntax in eine Kotlin-Quelldatei einfügt. Als Ergebnis haben wir Java-Syntax in den Codeausschnitten und Beispielprojekten in diesem Buch verwendet.

Angesichts der Vorteile von Kotlin in Bezug auf die verbesserte Entwicklungszeit und Code-Lesbarkeit erwarten wir, dass der Anteil der hauptsächlich in Kotlin geschriebenen Anwendungen schnell steigt, und wir empfehlen Ihnen daher dringend, sich mit der Kotlin-Sprache zum Schreiben von Android-Anwendungen vertraut zu machen. Zur Unterstützung sind alle Codeausschnitte und Beispielprojekte auch in Kotlin verfügbar, das neben den Java-Syntaxversionen von der Wrox-Website heruntergeladen werden kann.

Ihre Android-Projekte können von Grund auf in Kotlin geschrieben werden, können interoperable Kotlin- und Java-Quelldateien enthalten oder während der Entwicklung von Java-Quelldateien nach Kotlin konvertiert werden.

Um ein neues Projekt in Kotlin zu beginnen, wählen Sie den Menüpunkt File | New | New Project ... wie zuvor beschrieben, aber auf der ersten Seite des Assistenten aktivieren Sie das Kontrollkästchen Include Kotlin support, wie in Abbildung 2.18 zu sehen.

Für Android entwickeln | **2.2**

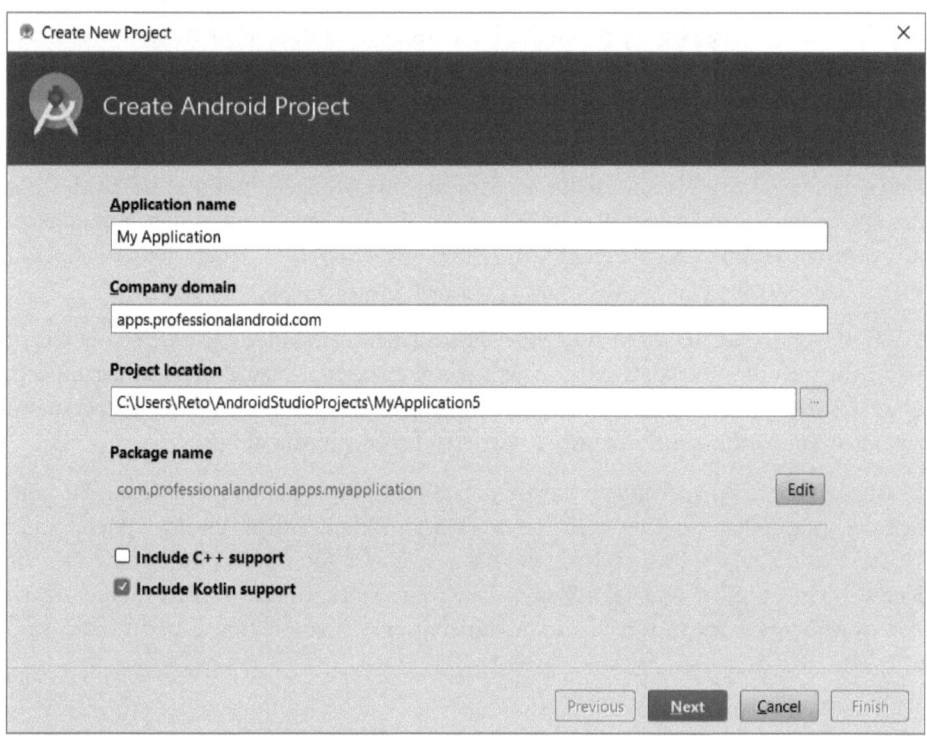

Abbildung 2.18 Ein neues Kotlin-Projekt

Folgen Sie wie im vorherigen Abschnitt beschrieben dem Assistenten. Wenn Sie fertig sind, werfen Sie einen Blick auf den Kotlin-Quellcode für Ihre Activity in der Datei *MainActivity.kt*. Kotlin-Dateien werden neben Java-Quelldateien gespeichert und befinden sich im Ordner *java*, wenn Sie die Android-Projektansicht verwenden:

```
package com.professionalandroid.apps.myapplication

import android.support.v7.app.AppCompatActivity
import android.os.Bundle

class MainActivity : AppCompatActivity() {

  override fun onCreate(savedInstanceState: Bundle?) {
    super.onCreate(savedInstanceState)
    setContentView(R.layout.activity_main)
  }
}
```

2.2 | Los geht's

Der Quelltext ist etwas prägnanter, die syntaktischen Änderungen sind an dieser Stelle minimal. Die Package- und Import-Anweisungen sind gleich, die Klasse `MainActivity` erweitert `AppCompatActivity`, und das Überschreiben der Methode `onCreate` bleibt gleich.

Um eine neue Kotlin-Datei zu Ihrem Projekt hinzuzufügen, wählen Sie Kotlin aus der Dropdown-Liste SOURCE LANGUAGE, wenn Sie eine neue Anwendungskomponente aus dem Menü FILE | NEW hinzufügen. Alternativ können Sie auch den Menüpunkt FILE | NEW | KOTLIN FILE/CLASS wählen, um eine Basisdatei zu erstellen.

Da Kotlin- und Java-Dateien im selben Projekt nebeneinander existieren können, ist es möglich, Kotlin-Quelldateien zu einem von Ihnen gestarteten Projekt hinzuzufügen, ohne das Kontrollkästchen Kotlin-Unterstützung zu aktivieren oder Java-Quelldateien zu einem mit Kotlin-Unterstützung gestarteten Projekt hinzuzufügen.

Es ist auch möglich, vorhandene Java-Quelldateien in Kotlin zu konvertieren. Sie können dies tun, indem Sie eine vorhandene Java-Quelldatei öffnen und den Menüpunkt CODE | CONVERT JAVA FILE TO KOTLIN FILE auswählen. Alternativ können Sie eine neue Kotlin-Datei erstellen und Java-Syntax-Quellcode einfügen. Sie werden aufgefordert, den eingefügten Code in Kotlin zu konvertieren, wie in Abbildung 2.19 zu sehen ist.

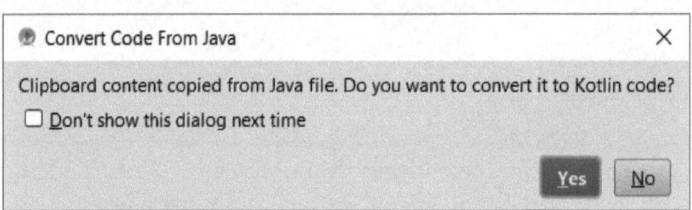

Abbildung 2.19 Konvertieren nach Kotlin

Diese automatische Konvertierung verwendet nicht immer idiomatisches Kotlin, so dass der resultierende Code möglicherweise nicht die besten Sprachmerkmale von Kotlin darstellt.

2.2.4 Das Android Support Library Package verwenden

Das Android Support Library-Paket (auch als Kompatibilitätsbibliothek oder AppCompat bezeichnet) ist ein Bündel von Bibliotheken, die Sie als Teil Ihrer Projekte einbinden können, um entweder komfortable APIs zu erhalten, die nicht als Teil des Frameworks gepackt sind (wie der View Pager), oder nützliche APIs, die nicht auf allen Plattformen verfügbar sind (wie Fragmente).

Die Support-Library ermöglicht die Verwendung von Framework-API-Funktionen, die in neueren Versionen der Android-Plattform auf Geräten mit früheren Plattformversionen eingeführt wurden. Das hilft Ihnen, eine konsistente Benutzerführung zu gewährleisten, und vereinfacht Ihren Entwicklungsprozess erheblich, indem es den Aufwand für die Unterstützung älterer Plattformversionen reduziert und gleichzeitig die Vorteile neuer Funktionen nutzt.

> **Hinweis**
>
> Es empfiehlt sich, die Support-Library anstelle der Framework-APIs zu verwenden, wenn Sie Geräte mit früheren Plattformversionen unterstützen möchten und die Support-Library alle Funktionen bietet, die Sie benötigen.
>
> Dementsprechend werden die Beispiele in diesem Buch auf Android 8.1 (API Level 27) abzielen und die APIs der Support-Library verwenden, sofern verfügbar, und dabei bestimmte Bereiche hervorheben, in denen die Support-Library möglicherweise keine geeignete Alternative ist.

Das Android Support Library-Package enthält mehrere einzelne Bibliotheken, die jeweils Unterstützung für eine bestimmte Anzahl von Versionen und Funktionen der Android-Plattform bieten.

In den folgenden Kapiteln werden wir neue Bibliotheken vorstellen. Zunächst einmal sollte die v7-appcompat-Bibliothek in alle neuen Projekte eingebunden werden, da sie eine Vielzahl von Android-Versionen unterstützt – bis hin zu Android 2.3 Gingerbread (API Level 9) – und APIs für viele empfohlene Benutzeroberflächen-Patterns bereitstellt.

Die von Android Studio bereitgestellten Anwendungsvorlagen – einschließlich des zuvor erstellten »Hello World«-Beispiels – enthalten standardmäßig eine Abhängigkeit von der v7-appcompat-Bibliothek.

Um ein Android Support Library-Paket in Ihr Projekt einzubinden, führen Sie die folgenden Schritte aus:

1. Verwenden Sie den SDK Manager, um sicherzustellen, dass Sie das Android Support Repository heruntergeladen haben.
2. Fügen Sie eine Abhängigkeit zu Ihrem Gradle-Build für die gewünschte Bibliothek hinzu, entweder durch:
   a) Öffnen Sie die Datei module:app *build.gradle* und fügen Sie einen Verweis auf den Bibliotheksnamen und die Version hinzu, die Sie in den Dependency Node aufnehmen möchten:

2.2 | Los geht's

```
dependencies {
    ...
    implementation 'com.android.support:appcompat-v7:27.0.2'
}
```

b) Oder Sie nehmen die Projektstruktur-Oberfläche von Android Studio, wie in Abbildung 2.20 zu sehen. Wählen Sie den Menüpunkt FILE | PROJECT STRUCTURE ... und wählen Sie dann Ihr Anwendungsmodul aus der Liste auf der linken Seite, bevor Sie die Registerkarte DEPENDENCIES wählen. Fügen Sie eine neue Bibliothek hinzu, indem Sie das grüne Plus-Symbol in der rechten Symbolleiste auswählen und die gewünschte Bibliothek auswählen.

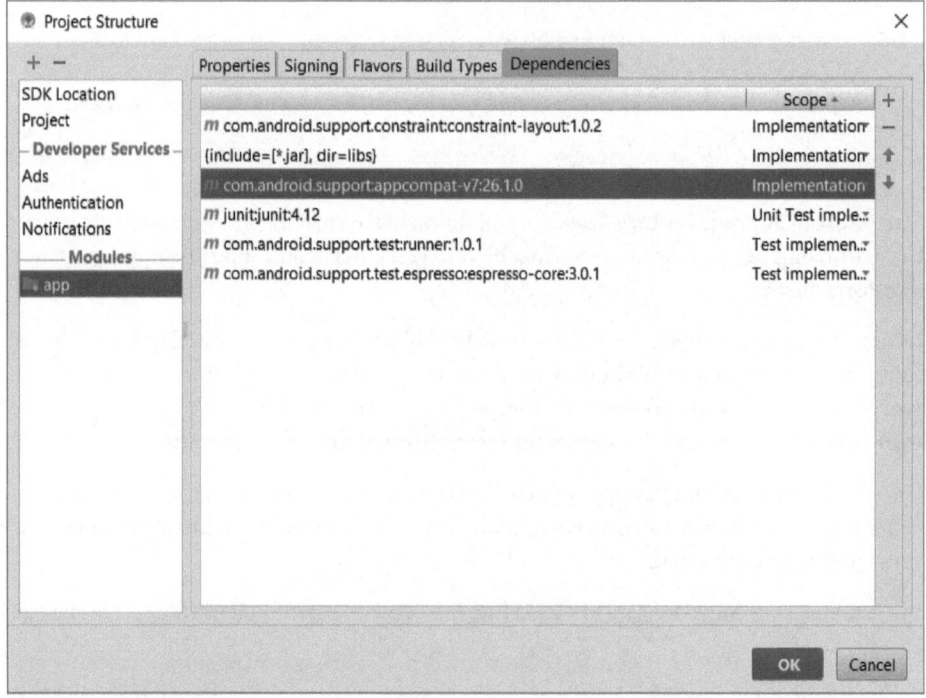

Abbildung 2.20 Abhängigkeiten

Beachten Sie, dass wir eine Abhängigkeit zu einer bestimmten Version der Support-Library hinzufügen. Das Android Support Library-Paket wird natürlich regelmäßiger aktualisiert als das Android Framework SDK. Indem Sie neue Versionen der Support-Library herunterladen und Ihre Abhängigkeiten aktualisieren, um auf die neuesten Versionen zu verweisen, können Sie weiterhin Fehlerbehebungen und Verbesserungen in Ihre Anwendung integrieren, wenn die Support-Libraries aktualisiert werden.

> **Hinweis**
>
> Die Klassen der Support-Library spiegeln die Namen ihrer Framework-Pendants wider. In den meisten Fällen wird der Support-Library-Klasse das Postfix `Compat` (etwa `NotificationCompat`) angehängt. Einige frühere Support Library-Klassen verwenden jedoch die gleichen Namen wie ihre Framework-Äquivalente. Daher besteht ein erhebliches Risiko, dass die Codevervollständigung und das automatische Importmanagement in Android Studio (und anderen IDEs) die falsche Bibliothek auswählen, insbesondere wenn Sie gegen neuere Versionen des SDK bauen.
>
> Es ist empfehlenswert, das Ziel für die Projekterstellung auf die minimale Plattformversion zu setzen, die Sie unterstützen wollen, und sicherzustellen, dass die Import-Anweisungen die Kompatibilitätsbibliothek für Klassen verwenden, die auch im Ziel-Framework vorhanden sind.

2.3 Entwicklung für mobile und embedded Geräte

Android tut viel, um die Entwicklung von Software für mobile oder embedded Geräte zu vereinfachen, aber um qualitativ hochwertige Anwendungen zu entwickeln, müssen Sie die Gründe für die Konventionen verstehen. Beim Schreiben von Software für mobile und embedded Geräte und insbesondere bei der Entwicklung für Android sind mehrere Faktoren zu berücksichtigen.

> **Hinweis**
>
> In diesem Kapitel lernen Sie einige der Techniken und Vorgehensweisen, um effizienten Android-Code zu schreiben. In späteren Kapiteln werden diese Vorgehensweisen manchmal aus Gründen der Übersichtlichkeit und Kürze bei der Einführung neuer Android-Konzepte oder -Funktionen beeinträchtigt. In der besten Tradition von »Tu, was ich sage, nicht wie ich es tue«, zeigen einige Beispiele die einfachste (oder am leichtesten verständliche) Art, etwas zu tun, und nicht unbedingt die beste Art, es in der Produktion zu tun.

2.3.1 Erwägungen zur hardwarenahen Gestaltung

Kleine und portable, mobile Geräte bieten spannende Möglichkeiten für die Softwareentwicklung. Ihre begrenzte Bildschirmgröße und die reduzierte Hauptspeicher-, Massenspeicher- und Prozessorleistung sind weit weniger aufregend und stellen stattdessen einige einzigartige Herausforderungen dar.

2.3 | Los geht's

Im Vergleich zu Desktop- oder Notebook-Computern haben mobile Geräte:

- Geringe Rechenleistung
- Begrenzten RAM
- Begrenzte Speicherkapazität
- Kleine Bildschirme
- Hohe Kosten bei der Datenübertragung
- Intermittierende Konnektivität, langsame Datenübertragungsraten und hohe Latenzzeiten
- Begrenzte Akkulaufzeit

Jede neue Gerätegeneration verbessert viele dieser Einschränkungen, aber das Geräte-Ökosystem bietet auch eine Vielzahl von Preisen – was zu einer erheblichen Vielfalt an Hardware-Fähigkeiten führt. Dies wird noch verstärkt durch das enorme Wachstum der Smartphone-Akzeptanz in den Schwellenländern, die deutlich preissensibler sind, was wiederum zu einer großen Anzahl neuer Geräte mit geringerer Hardware-Leistung führt.

Die steigende Verbreitung von Android führt auch zu einer immer größeren Vielfalt an Formfaktoren: Tablets, Fernseher, Head-Units und Wearable Devices. Dadurch erweitert sich auch die Palette der Geräte, auf denen Ihre Anwendung laufen kann.

In manchen Fällen kann es vorkommen, dass Ihre Anwendung auf Hardware läuft, die deutlich leistungsfähiger ist, als Sie erwartet haben, aber es ist immer klug, das Worst-Case-Szenario zu anzunehmen, um sicherzustellen, dass Sie allen Benutzern gerecht werden, unabhängig von deren Hardware-Plattform.

Performance zählt

Hersteller von mobilen Geräten bevorzugen häufig dünnere Formfaktoren und größere (und höher aufgelöste) Bildschirme gegenüber signifikanten Verbesserungen der Prozessorgeschwindigkeit. Für uns als Entwickler bedeutet das, den Vorsprung zu verlieren, der traditionell durch das Gesetz von Moore (Verdoppelung der Anzahl der Transistoren auf einer integrierten Schaltung alle zwei Jahre) ermöglicht wird. In der Desktop- und Server-Hardware führt das Gesetz von Moore in der Regel direkt zu einer Verbesserung der Prozessorleistung. Bei mobilen Geräten bedeutet es stattdessen dünnere Geräte mit helleren, höher auflösenden Bildschirmen. Im Vergleich dazu treten Verbesserungen in der Prozessorleistung in den Hintergrund.

In der Praxis bedeutet dies, dass Sie Ihren Code immer so optimieren müssen, dass er schnell und reaktionsschnell läuft, davon ausgehend, dass Hardwareverbesserungen während der Lebensdauer Ihrer Software Ihnen diesen Gefallen vermutlich nicht tun werden.

Code-Effizienz ist ein großes Thema in der Softwareentwicklung, daher werde ich es an dieser Stelle nicht tiefergehend behandeln. Später in diesem Kapitel erfahren Sie einige Android-spezifische Effizienz-Tipps, aber beachten Sie vorerst, dass Effizienz besonders wichtig für ressourcenbeschränkte Plattformen ist.

Erwarten Sie begrenzte Speicherkapazität

Fortschritte in der Entwicklung von Flash-Speichern und Solid-State-Disks haben zu einem dramatischen Anstieg der Speicherkapazitäten mobiler Geräte geführt. Obwohl Geräte mit 64, 128 oder sogar 256 GB Speicherplatz keine Seltenheit mehr sind, haben viele gängige Low-End-Geräte deutlich weniger Platz. Da der größte Teil des verfügbaren Speichers auf einem mobilen Gerät wahrscheinlich zum Speichern von Fotos, Musik und Filmen verwendet wird, ist es wahrscheinlich, dass Benutzer Anwendungen deinstallieren, die im Verhältnis zu ihrem wahrgenommenen Wert überproportional viel Speicherplatz benötigen.

Daher ist die Installationsgröße Ihrer Anwendung ein wichtiger Aspekt, aber noch wichtiger ist es, sicherzustellen, dass Ihre Anwendung zurückhaltend mit den Systemressourcen umgeht – daher müssen Sie sorgfältig überlegen, wie Sie Ihre Anwendungsdaten speichern.

Um das Leben einfacher zu gestalten, können Sie die Android-Datenbanken verwenden, um große Datenmengen zu speichern, wiederzuverwenden und zu teilen, wie in Kapitel 9 beschrieben. Für Dateien, Einstellungen und Statusinformationen bietet Android optimierte Frameworks, wie in Kapitel 8 beschrieben.

Ein Teil von des Programmierers Höflichkeit ist es, hinter sich aufzuräumen. Techniken wie Caching, Prefetching und Lazy Loading sind nützlich, um wiederholte Netzwerkzugriffe zu sparen und die Reaktionsfähigkeit von Anwendungen zu verbessern. Aber lassen Sie keine der dafür benötigten Dateien auf dem Dateisystem oder Datensätze in einer Datenbank zurück, wenn sie nicht mehr benötigt werden!

Design für verschiedene Bildschirme und Formfaktoren

Die geringe Größe und Portabilität von Mobiltelefonen sind eine Herausforderung für die Schaffung guter Schnittstellen, insbesondere wenn die Benutzer eine immer auffälligere und informativere grafische Benutzeroberflächen erwarten. In Kombination mit der großen Auswahl an Bildschirmgrößen, die das Android-Geräte-Ökosystem ausmachen, kann die Erstellung konsistenter, intuitiver und ansprechender Benutzeroberflächen eine große Herausforderung darstellen.

2.3 | Los geht's

Schreiben Sie Ihre Anwendungen in dem Wissen, dass Benutzer oft nur einen Blick auf den Bildschirm werfen. Gestalten Sie Ihre Anwendungen intuitiv und einfach zu bedienen, indem Sie die Anzahl der Bedienelemente reduzieren und die wichtigsten Informationen in den Vordergrund stellen.

Grafische Bedienelemente, wie sie in Kapitel 5 erstellt werden, sind ein hervorragendes Mittel, um viele Informationen leicht verständlich darzustellen. Statt eines Bildschirms voller Text mit vielen Schaltflächen und Texteingabefeldern verwenden Sie Farben, Formen und Grafiken, um Informationen zu vermitteln.

Außerdem müssen Sie sich überlegen, wie sich die Touchscreen-Eingabe auf Ihr Oberflächendesign auswirken wird und wie Sie Barrierefreiheit und Nicht-Touchscreen-Geräte wie Fernseher unterstützen können.

Android-Geräte sind jetzt in einer Vielzahl von Bildschirmgrößen, Auflösungen und Eingabemöglichkeiten erhältlich. Mit der in Android 7.0 enthaltenen Multi-Window-Unterstützung kann sich die Bildschirmgröße Ihrer Anwendung sogar während der Ausführung auf einem einzelnen Gerät ändern.

Um sicherzustellen, dass Ihre Anwendung gut aussieht und sich auf allen möglichen Endgeräten gut verhält, müssen Sie ansprechende Designs erstellen und Ihre Anwendung auf einer Vielzahl von Bildschirmen testen, wobei Sie für kleine Bildschirme und Tablets optimieren und gleichzeitig sicherstellen müssen, dass Ihre Benutzeroberflächen gut skalierbar sind.

In den Kapiteln 4 und 5 lernen Sie einige Techniken zur Optimierung Ihrer Benutzeroberfläche für verschiedene Bildschirmgrößen.

Erwarten Sie niedrige Geschwindigkeiten, hohe Latenzzeiten

Die Fähigkeit zur Verbindung mit dem Internet ist ein großer Teil dessen, was Smartphones intelligent und allgegenwärtig gemacht hat. Leider ist die mobile Internetverbindung nicht so schnell, zuverlässig, billig oder leicht verfügbar, wie wir es uns wünschen. Wenn Sie Ihre internetbasierten Anwendungen entwickeln, gehen Sie also besser davon aus, dass die Netzwerkverbindung langsam, unregelmäßig, teuer und unzuverlässig sein wird.

Dies gilt insbesondere für Schwellenländer, in denen die Verbindungskosten deutlich höher sind. Indem Sie für den schlimmsten Fall konzipieren, können Sie sicherstellen, dass Sie immer ein qualitativ hochwertiges Produkt bieten. Dies bedeutet auch, dass Sie gewährleisten müssen, dass Ihre Anwendungen mit dem Verlust (oder Fehlen) einer Datenverbindung umgehen können.

Mit dem Android Emulator können Sie die Geschwindigkeit und Latenz Ihrer Netzwerkverbindung steuern. Abbildung 2.21 zeigt die Geschwindigkeit und Latenz der

Netzwerkverbindung des Emulators und simuliert eine deutlich suboptimale EDGE-Verbindung.

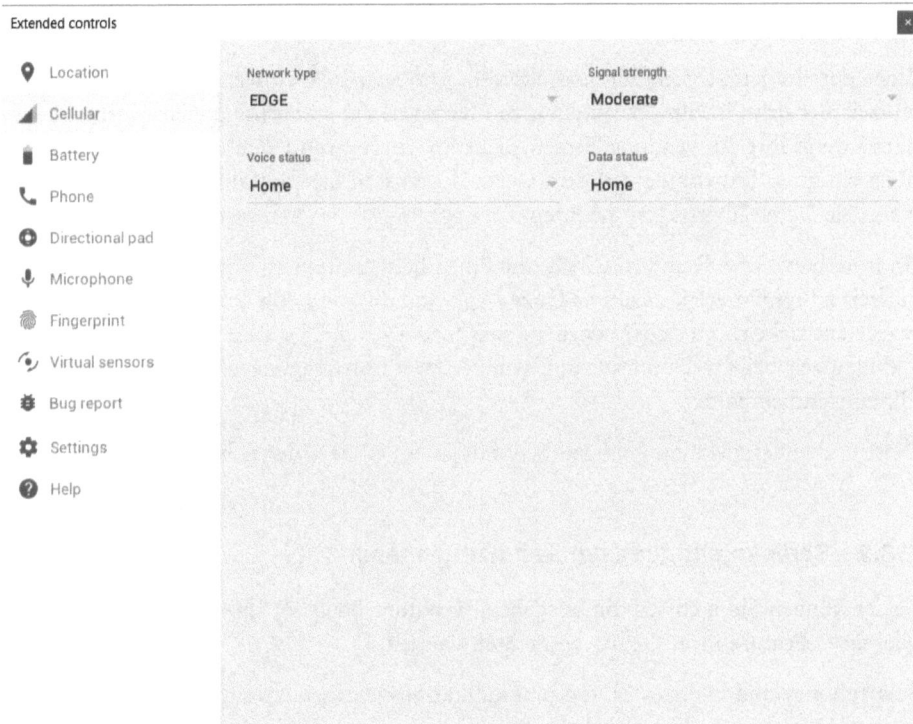

Abbildung 2.21 Geschwindigkeits-Emulation

Experimentieren Sie, um nahtlose und schnelle Reaktionsfähigkeit unabhängig von der Geschwindigkeit, Latenz und Verfügbarkeit des Netzwerkzugriffs zu gewährleisten. Einige Techniken beinhalten die Einschränkung der Funktionalität Ihrer Anwendung oder die Reduzierung von Netzwerk-Lookups auf cached Bursts, wenn die verfügbare Netzwerkverbindung nur begrenzte Datenübertragungsmöglichkeiten unterstützt.

In Kapitel 7 erfahren Sie, wie Sie Internet-Ressourcen in Ihren Anwendungen sinnvoll einsetzen können.

Die Akkulebensdauer verlängern

Je nützlicher die Apps auf einem Gerät sind, desto mehr wird dieses Gerät genutzt – und desto schneller ist der Akku leer. In Kombination mit größeren, höher auflösenden Bildschirmen und dünneren Geräteformfaktoren wird die Akkulaufzeit schnell zu einem wichtigen Thema für Gerätebesitzer.

Wenn Sie nach einer effektiven Möglichkeit suchen, dass Ihre Anwendung möglichst schnell deinstalliert wird, sollte diese den Akku intensiv beanspruchen. Sie sollten immer bestrebt sein, Ihre Anwendungen so zu entwerfen, dass die Auswirkungen auf die Akkulaufzeit begrenzt bleiben.

Einer der dramatischsten Einflussfaktoren, wie sich Ihre Anwendung auf die Akkulaufzeit auswirkt, ist die Verwendung von Netzwerkdatenübertragungen – insbesondere dann, wenn Ihre Anwendung derzeit nicht im Vordergrund steht. Damit Ihre Anwendung ein guter Einwohner auf dem Gerät ist, müssen Sie sorgfältig überlegen, ob und wann Sie Daten übertragen möchten.

Android bietet eine Reihe von APIs, die Ihnen helfen, die Auswirkungen auf die Akkulaufzeit zu minimieren, darunter Doze, App Standby und Job Scheduler – jede davon wurde entwickelt, um sicherzustellen, dass Ihre Apps die Richtlinien zur Erhaltung der Akkulaufzeit bei der Durchführung von Netzwerkübertragungen und dem Betrieb im Hintergrund einhalten.

Diese und andere Maßnahmen zur Schonung des Akkus untersuchen wir in Kapitel 11.

2.3.2 Berücksichtigung der Benutzerumgebung

Leider können Sie nicht davon ausgehen, dass Ihre Benutzer Ihre Anwendung als das wichtigste Feature ihres Geräts betrachten werden.

Smartphones sind in erster Linie Kommunikationsgeräte, in zweiter Linie eine Kamera, in dritter Linie ein Musik- und Video-Player und in vierter Linie eine Spieleplattform. Die Anwendungen, die Sie schreiben, werden höchstwahrscheinlich zur fünften Kategorie der »nützlichen Dinge« gehören.

Das ist keine schlechte Sache – sie sind in guter Gesellschaft mit anderen, einschließlich Google Maps und dem Webbrowser. Allerdings wird das Nutzungsmodell eines jeden Benutzers unterschiedlich sein. Manche Menschen werden ihr Gerät nie zum Musikhören verwenden, manche Geräte unterstützen keine Telefonie und manche enthalten keine Kameras – aber das Multitasking-Prinzip, das einem so allgegenwärtigen wie unverzichtbaren Gerät innewohnt, ist ein wichtiger Aspekt bei der Gestaltung der Benutzerfreundlichkeit.

Berücksichtigen Sie, wann und wie Ihre Benutzer Ihre Anwendung nutzen werden. Die Menschen benutzen ihr Smartphone dauernd im Zug, auf der Straße oder sogar während des Autofahrens. Sie können die Menschen nicht dazu bringen, ihre Smartphones sachgemäß zu benutzen, aber Sie können sicherstellen, dass Ihre Anwendungen sie nicht mehr als nötig ablenken.

Was bedeutet das für das Software-Design? Stellen Sie sicher, dass Ihre Anwendung ...

- ... vorhersehbar und nachvollziehbar ist: Es gibt einen schmalen Grat zwischen einem angenehmen Moment und einer unangenehmen Überraschung. Das Ergebnis jeder Benutzerinteraktion sollte vorhersehbar und umkehrbar sein, so dass neue Benutzer leicht verstehen können, wie sie Aufgaben ausführen, und das Risiko von Experimenten minimieren.
- ... reibungslos vom Hintergrund in den Vordergrund wechselt: Durch das Multitasking von mobilen Geräten ist es wahrscheinlich, dass Ihre Anwendungen regelmäßig in den Hintergrund wechseln. Es ist wichtig, dass sie schnell und reibungslos »zum Leben erwachen«. Wenn Benutzer Ihre Anwendung nicht explizit geschlossen haben, sollten sie keinen Unterschied zwischen dem Neustart und der Wiederaufnahme bemerken. Der Wechsel sollte problemlos erfolgen, wobei Benutzern die Benutzeroberfläche und der Anwendungszustand angezeigt werden, die sie zuletzt gesehen haben.
- ... rücksichtsvoll ist: Stehlen Sie niemals den Fokus oder unterbrechen Sie die aktuelle Activity eines Benutzers. Verwenden Sie Notifications (Details finden Sie in Kapitel 11), um die Aufmerksamkeit des Benutzers anzufordern, wenn Ihre Anwendung nicht im Vordergrund steht.
- ... eine attraktive und intuitive Benutzeroberfläche bereitstellt: Nehmen Sie sich Zeit und Ressourcen, um eine ebenso attraktive wie funktionale Benutzeroberfläche zu erstellen, und zwingen Sie die Benutzer nicht dazu, Ihre Anwendung jedes Mal neu zu interpretieren und zu lernen, wenn diese geöffnet wird. Die Benutzung Ihrer Anwendung sollte einfach, leicht, offensichtlich und angenehm sein.
- ... reagiert: Die Reaktionsfähigkeit ist eine der wichtigsten Designüberlegungen auf einem mobilen Gerät. Sie haben zweifellos die Frustration einer »eingefrorenen« Software erlebt; die Multifunktionalität mobiler Geräte macht dies noch ärgerlicher. Mit der Möglichkeit von Verzögerungen durch langsame und unzuverlässige Datenverbindungen ist es wichtig, dass Ihre Anwendung immer ansprechbar bleibt.

2.3.3 Für Android entwickeln

Zusätzlich zu den vorhergehenden allgemeinen Richtlinien verlangt die Android Design-Philosophie, dass qualitativ hochwertige Anwendungen entwickelt werden:

- Performance
- Reaktionsfähigkeit
- Aktualität (Freshness)
- Sicherheit
- Reibungslosigkeit
- Barrierefreiheit (Accessibility)

Performant sein

Einer der Schlüssel zum Schreiben von effizientem Android-Code ist es, keine Annahmen von Desktop- und Server-Umgebungen auf mobile Geräte zu übertragen. Vieles, was Sie bereits über das Schreiben von effizientem Code wissen, wird auf Android anwendbar sein, aber die Einschränkungen von mobilen Systemen und die Verwendung der Android-Laufzeitumgebung bedeuten, dass Sie viele Dinge nicht für selbstverständlich halten sollten.

Es gibt zwei Grundregeln, um effizienten Programmcode zu schreiben:

- Machen Sie keine Arbeit, die Sie nicht tun müssen.
- Fordern Sie keinen Speicher an, wenn Sie ihn nicht wirklich benötigen.

Systemspeicher ist ein knappes Gut, daher müssen Sie besonders sorgfältig darauf achten, ihn effizient zu nutzen. Dies bedeutet, darüber nachzudenken, wie Sie den Stack und Heap verwenden, die Erstellung von Objekten einzuschränken und sich darüber im Klaren zu sein, wie sich der variable Bereich auf die Speichernutzung auswirkt.

Das Android-Team hat spezifische und detaillierte Anleitungen zum Schreiben von effizientem Code für Android veröffentlicht. Besuchen Sie die URL *d.android.com/training/articles/perf-tips.html*, um Anregungen zu erhalten.

Ansprechbar sein

Im Allgemeinen sind 100 bis 200 ms die Schwelle, ab der Benutzer eine Verzögerung in einer Anwendung als unangenehm wahrnehmen, daher sollten Sie immer versuchen, auf Benutzereingaben innerhalb dieses Zeitraums zu reagieren.

Der Android Activity-Manager und der Window-Manager erzwingen zudem ein Zeitlimit, ab dem die Anwendung als nicht mehr ansprechbar gilt, und dem Benutzer wird die Möglichkeit gegeben, die Anwendung zu schließen. Wenn einer der beiden Dienste eine nicht reagierende Anwendung erkennt, wird ein Dialogfeld angezeigt, dass die Anwendung nicht reagiert (ANR), wie in Abbildung 2.22 zu sehen ist.

Android überwacht zwei Zustände, um die Reaktionsfähigkeit zu bestimmen:

- Eine Anwendung muss auf jede Benutzeraktion, wie beispielsweise einen Tastendruck oder eine Berührung des Bildschirms, innerhalb von 5 Sekunden reagieren.
- Ein Broadcast Receiver muss innerhalb von 10 Sekunden von seinem onReceive-Handler zurückkehren.

Die ANR-Dialogbox ist der letzte Ausweg; die großzügige Fünf-Sekunden-Grenze ist ein Worst-Case-Szenario, kein Ziel. Sie können sicherstellen, dass Ihre Anwendung keine ANR auslöst und so schnell wie möglich reagiert:

Entwicklung für mobile und embedded Geräte | **2.3**

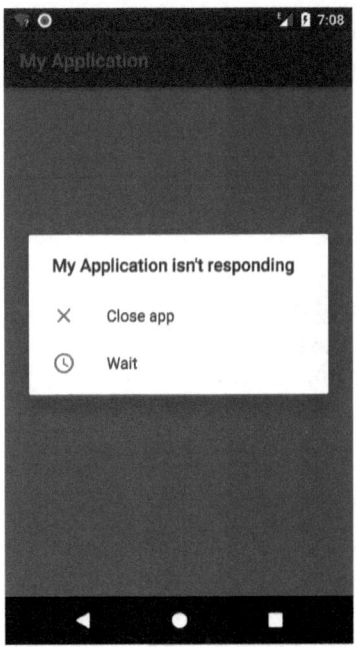

Abbildung 2.22 Diese Anwendung reagiert nicht.

- Langwierige Aufgaben, die auf dem Hauptanwendungs-Thread ausgeführt werden, wie zum Beispiel Netzwerk- oder Datenbank-Abfragen, komplexe Verarbeitungen (wie das Berechnen von Spielzügen) und Dateizugriffe sollten alle aus dem Hauptanwendungs-Thread verschoben und asynchron ausgeführt werden.
- Zeigen Sie den Fortschritt innerhalb Ihrer Benutzeroberfläche an, wenn lange laufende Aufgaben im Hintergrund ablaufen.
- Wenn Ihre Anwendung eine zeitaufwändige Einrichtungsphase hat, stellen Sie die Hauptansicht so schnell wie möglich dar, zeigen Sie an, dass das Laden läuft, und vervollständigen Sie die Informationen asynchron. Sie können auch einen Startbildschirm anzeigen – aber in beiden Fällen sollten Sie darauf hinweisen, dass Fortschritte gemacht werden, um zu vermeiden, dass der Benutzer den Eindruck hat, dass die Anwendung eingefroren ist.

Datenaktualität sicherstellen

Aus Sicht der Benutzerfreundlichkeit ist der richtige Zeitpunkt für die Aktualisierung Ihrer Anwendung unmittelbar, bevor der Benutzer sie anschaut – in der Praxis müssen Sie die Aktualisierungshäufigkeit gegen deren Auswirkung auf die Akkulaufzeit und die Datennutzung abwägen.

Bei der Entwicklung Ihrer Anwendung ist es wichtig, dass Sie bedenken, wie oft Sie die Daten aktualisieren. Sie müssen die Zeit, die Benutzer auf das Auffrischen oder Aktualisieren warten, minimieren und gleichzeitig die Auswirkungen dieser Hintergrundaktualisierungen auf die Akkulaufzeit begrenzen. In Kapitel 11 werden Sie mit dem Job Scheduler vertraut gemacht, um Ihre Anwendung im Hintergrund zu aktualisieren.

Sichere Anwendungen entwickeln

Android-Anwendungen haben Zugriff auf Netzwerke und Hardware, können unabhängig voneinander verteilt werden und bauen auf einer Open-Source-Plattform mit offener Kommunikation auf, daher sollte es nicht überraschen, dass Sicherheit eine wichtige Rolle spielt.

Das Android-Sicherheitsmodell schränkt den Zugriff auf Dienste und Funktionen ein, indem es Anwendungen dazu auffordert, die benötigten Berechtigungen zu deklarieren und es den Benutzern erlaubt, diese Anfragen zu akzeptieren oder abzulehnen.

Das Framework beinhaltet auch robuste Implementierungen von Sicherheitsfunktionen, einschließlich Kryptografie und sicherem IPC, sowie Technologien wie ASLR, NX, Pro-Police, safe_iop, OpenBSD dlmalloc, OpenBSD calloc und Linux mmap_min_addr, um Risiken im Zusammenhang mit allgemeinen Speicherverwaltungsfehlern zu minimieren.

Das befreit Sie aber nicht von der Verantwortung. Sie müssen nicht nur sicherstellen, dass Ihre Anwendung um ihrer selbst willen sicher ist, sondern Sie müssen auch sicherstellen, dass sie keine Rechte, Daten und Hardwarezugriffe durchsickern lässt, die die Geräte- oder Benutzerdaten gefährden. Sie können verschiedene Techniken verwenden, um die Gerätesicherheit aufrechtzuerhalten, und diese werden beim Erlernen der entsprechenden Technologien detaillierter behandelt. Insbesondere sollten Sie Folgendes tun:

- Seien Sie sicherheitsbewusst, wenn Sie Daten speichern oder übertragen. Standardmäßig sind Dateien, die Sie auf dem internen Speicher erstellen, nur für Ihre Anwendung zugänglich, aber Sie müssen besonders vorsichtig sein, wenn Ihre Anwendung Dateien oder Daten mit anderen Anwendungen teilt – beispielsweise über Shared Services, Content Provider oder Broadcast Intents. Wenn Sie Zugriff auf Benutzerdaten haben und die Speicherung oder Übertragung der Informationen vermeiden können, speichern oder übertragen Sie die Daten nicht. Achten Sie besonders darauf, dass Sie keine sensiblen Informationen wie personenbezogene Daten oder Standortdaten weitergeben oder übertragen.
- Führen Sie immer eine Eingabeüberprüfung durch. Unzureichende Eingabevalidierung ist eines der häufigsten Sicherheitsprobleme bei Anwendungen, unabhängig davon, auf welcher Plattform sie laufen. Seien Sie besonders vorsichtig, wenn Sie Eingaben von Benutzern oder externen Quellen wie Internet, Bluetooth, NFC, SMS oder Instant Messaging (IM) in Ihre Anwendung übernehmen.

- Seien Sie vorsichtig, wenn Ihre Anwendung den Zugriff auf darunterliegende Hardware für Anwendungen von Drittanbietern freigeben kann.
- Minimieren Sie die Daten, die Ihre Anwendung verwendet und die Berechtigungen, die sie benötigt.

> **Hinweis**
>
> Mehr über das Sicherheitsmodell von Android erfahren Sie in Kapitel 20 und unter der URL: *developer.android.com/training/articles/security-tips.html*.

Reibungslosen Ablauf sicherstellen

Die Idee einer reibungslosen Bedienbarkeit ist ein wichtiges, wenn auch etwas nebulöses Konzept. Was verstehen wir unter reibungslos? Das Ziel ist eine konsistente Benutzerführung, bei der Anwendungen sofort und ohne spürbare Verzögerungen oder störende Übergänge gestartet, gestoppt und umgestellt werden.

Die Geschwindigkeit und Reaktionsfähigkeit eines mobilen Geräts sollte sich nicht verschlechtern, je länger es genutzt wird. Das Prozessmanagement von Android hilft, indem es als stiller Angreifer agiert und Hintergrundanwendungen beendet, um bei Bedarf Ressourcen freizugeben. Aus diesem Grund sollten Ihre Anwendungen immer eine einheitliche Oberfläche aufweisen, unabhängig davon, ob sie neu gestartet oder fortgesetzt werden.

Stellen Sie zunächst sicher, dass Ihre Activities ordnungsgemäß angehalten werden, wenn sie nicht im Vordergrund stehen. Android löst Event-Handler aus, wenn Ihre Activity angehalten und wieder fortgesetzt wird, so dass Sie Benutzeroberflächen-Aktualisierungen und Netzwerk-Abfragen unterbrechen können, wenn Ihre Anwendung nicht sichtbar ist – und sie sofort wieder aufnehmen können, wenn sie wieder sichtbar wird.

Speichern Sie Daten zwischen den Sitzungen, und wenn die Anwendung nicht sichtbar ist, unterbrechen Sie Aufgaben, die Prozessorzyklen, Netzwerkbandbreite oder Akkulaufzeit beanspruchen.

Wenn Ihre Anwendung wieder in den Vordergrund gebracht oder neu gestartet wird, sollte sie nahtlos in den letzten sichtbaren Zustand zurückkehren. Aus Sicht des Anwenders sollte jede Anwendung stets still und einsatzbereit und eben nur zurzeit nicht sichtbar sein.

Verwenden Sie einen konsistenten und intuitiven Ansatz für die Benutzerfreundlichkeit. Sie können Anwendungen erstellen, die revolutionär und ungewohnt sind, aber auch diese sollten sich sauber in die breitere Android-Umgebung integrieren.

Verwenden Sie eine einheitliche Designsprache innerhalb Ihrer Anwendung. Befolgen Sie dazu die in Kapitel 12 oder unter *material.io/guidelines* näher erläuterten Gestaltungsprinzipien.

Sie können viele andere Techniken verwenden, um eine reibungslose Benutzerführung zu gewährleisten, und Sie werden mit einigen von ihnen vertraut gemacht, wenn Sie in den nächsten Kapiteln mehr über die Möglichkeiten von Android erfahren.

Barrierefreiheit gewährleisten

Beim Design und der Entwicklung Ihrer Anwendungen ist es wichtig, nicht davon auszugehen, dass jeder Benutzer genauso denkt wie Sie. Dies hat Auswirkungen auf die Internationalisierung und Benutzerfreundlichkeit, ist aber entscheidend für die Bereitstellung von barrierefreiem Support für Benutzer mit Behinderungen, die auf unterschiedliche Weise mit ihren Android-Geräten interagieren müssen.

Android bietet die Möglichkeit, diesen Benutzern die Navigation auf ihren Geräten durch Text-to-Speech, haptisches Feedback und Trackball- oder D-Pad-Navigation zu erleichtern.

Um eine gute Benutzerführung für jeden zu bieten – einschließlich Menschen mit Seh-, Körper- oder Altersbehinderungen, die diese daran hindern mögen, einen Touchscreen vollständig zu nutzen oder zu sehen –, können Sie die Accessibility-Funktionen von Android nutzen.

> **Hinweis**
>
> Bewährte Verfahren, um Ihre Anwendung barrierefrei zu machen, sind in Kapitel 14 ausführlich beschrieben.

Als Bonus werden die gleichen Schritte, die erforderlich sind, um Ihre Touchscreen-Anwendungen für Benutzer mit Behinderungen nutzbar zu machen, auch die Verwendung auf Geräten ohne Touchscreen, wie zum Beispiel Fernsehern, erleichtern.

2.4 Android Entwicklungswerkzeuge

Android SDK enthält verschiedene Tools und Dienstprogramme, die Sie beim Erstellen, Testen und Debuggen Ihrer Projekte unterstützen. Im weiteren Verlauf dieses Buches gehen wir auf einige davon näher ein, wobei eine detaillierte Untersuchung der einzelnen Entwicklertools nicht möglich ist. Es lohnt sich jedoch, das Angebot zu betrachten und weitere Details in der Dokumentation zu Android Studio unter *developer.android.com/studio* nachzulesen.

Android Entwicklungswerkzeuge | **2.4**

Wie bereits erwähnt, enthält Android Studio alle diese Tools, einschließlich der folgenden:

- Der Android Virtual Device-Manager und Emulator: Der AVD-Manager wird verwendet, um AVDs zu erstellen und zu verwalten, virtuelle Hardware, die einen Emulator mit einem bestimmten Build von Android bereitstellt. Jede AVD kann eine bestimmte Bildschirmgröße und -auflösung, Speicher- und Speicherkapazitäten sowie verfügbare Hardware-Fähigkeiten (zum Beispiel Touchscreens und GPS) festlegen. Der Android Emulator ist eine Implementierung der Android Run Time, die innerhalb einer AVD auf Ihrem Entwicklungsrechner läuft.
- Der Android SDK Manager: Zum Herunterladen von SDK-Paketen einschließlich Android-Plattform-SDKs, Support-Libraries und dem Google Play Services SDK.
- Android Profiler: Visualisieren Sie das Verhalten und die Leistung Ihrer Anwendung. Der Android Profiler kann den Speicher- und CPU-Verbrauch in Echtzeit verfolgen und den Netzwerkverkehr analysieren.
- Lint: Ein statisches Analysewerkzeug, das Ihre Anwendung und ihre Ressourcen analysiert, um Verbesserungen und Optimierungen vorzuschlagen.
- Gradle: Ein ausgefeiltes Build-System und Toolkit, das die Kompilierung, Paketierung und Bereitstellung Ihrer Anwendungen verwaltet.
- Vector Asset Studio: Erzeugt Bitmap-Dateien für jede Bildschirmauflösung, um ältere Versionen von Android zu unterstützen, die das Android-Vektor-Zeichenformat nicht unterstützen.
- APK Analyzer: Bietet Einblick in die Zusammensetzung Ihrer erstellten APK-Dateien.

Die folgenden zusätzlichen Werkzeuge sind ebenfalls verfügbar:

- Android Debug Bridge (ADB): Eine Client-Server-Anwendung, die eine Verbindung zwischen Ihrem Computer und virtuellen und physischen Android-Geräten herstellt. Sie können Dateien kopieren, kompilierte Anwendungspakete (.apk) installieren und Shell-Befehle ausführen.
- Logcat: Ein Dienstprogramm zum Anzeigen und Filtern der Ausgabe des Android-Protokollierungssystems.
- Android Asset Packaging Tool (AAPT): Erstellt die verteilbaren Android-Paketdateien (.apk).
- SQLite3 – Ein Datenbankwerkzeug, mit dem Sie auf die von Android erstellten und verwendeten SQLite-Datenbankdateien zugreifen können.
- Hprof-conv: Ein Tool, das HPROF-Profiling-Ausgabedateien in ein Standardformat konvertiert, um sie in Ihrem bevorzugten Profiling-Tool anzuzeigen.
- Dx: Konvertiert Java.class Bytecode in Android.dex Bytecode.
- Draw9patch: Ein praktisches Dienstprogramm, um die Erstellung von NinePatch-Grafiken mit einem WYSIWYG-Editor zu vereinfachen.

2.4 | Los geht's

- Monkey und Monkey Runner: Monkey läuft innerhalb der Android Run Time und erzeugt pseudozufällige Benutzer- und Systemereignisse. Monkey Runner bietet eine API zum Schreiben von Programmen zur Steuerung der VM von außerhalb Ihrer Anwendung.
- ProGuard: Ein Werkzeug, um Ihren Code zu verkleinern und zu verschleiern, indem Klassen-, Variablen- und Methodennamen durch semantisch bedeutungslose Alternativen ersetzt werden. Dies ist nützlich, um das Reverse Engineering Ihres Codes zu erschweren.

2.4.1 Android Studio

Für Entwickler ist die Android Studio IDE der Ort, an dem sie die meiste Zeit verbringen werden, so dass es sich lohnt, einige seiner Feinheiten zu verstehen. In den folgenden Abschnitten werden einige Tipps zur Reduzierung der Build-Zeiten – speziell durch die Verwendung von Instant Run – sowie einige Verknüpfungen und erweiterte Funktionen vorgestellt, die Sie beim Erstellen und Debuggen Ihres Codes verwenden können.

Die Build-Performance verbessern

Der einfachste Weg zur Verbesserung der Build-Performance besteht darin, sicherzustellen, dass Sie dem Build-Prozess genügend RAM zugewiesen haben. Sie können die dem Build-System (der Gradle-Daemon-VM) zugewiesene RAM-Menge ändern, indem Sie die Datei *gradle.properties* in Ihrem Projekt bearbeiten.

Für eine gute Performance wird empfohlen, dass Sie mindestens 2 GB mit der Eigenschaft `org.gradle.jvmargs` zuweisen:

```
org.gradle.jvmargs=-Xmx2048m
```

Der ideale Wert für jedes System variiert je nach Hardware, daher sollten Sie experimentieren, um zu sehen, was für Sie am besten funktioniert.

Wenn Sie unter Windows arbeiten, kann Windows Defender Real-Time Protection den Build verlangsamen. Sie können dies vermeiden, indem Sie Ihren Projektordner zur Liste der Ausnahmen von Windows Defender hinzufügen.

Instant Run verwenden

Instant Run ist ein Feature von Android Studio, das die Erstellungs- und Bereitstellungszeiten für inkrementelle Code-Änderungen während des Programmier-, Test- und Debugging-Lebenszyklus erheblich reduziert.

Wenn Sie das erste Mal auf Ausführen oder Debuggen klicken, kompiliert das Gradle-Build-System Ihren Quellcode in Bytecode und konvertiert diesen in Android.dex-Dateien. Diese werden mit dem Manifest und den Ressourcen Ihrer Anwendung zu einem APK kombiniert, das auf Ihrem Zielgerät installiert und gestartet wird.

Wenn Instant Run aktiviert ist, fügt der Build-Prozess einige zusätzliche Instrumente und einen App Server in Ihr Debug-APK ein, um Instant Run zu unterstützen.

Von da an ist ein kleines gelbes Blitzsymbol verfügbar, das anzeigt, dass Instant Run aktiv ist. Jedes Mal, wenn Sie eine Änderung vornehmen und auf Instant Run klicken, wird Android Studio versuchen, die Build- und Deployment-Geschwindigkeit zu verbessern, indem es Code- und Ressourcenänderungen direkt in Ihren laufenden Debug-App-Prozess austauscht.

Die Art der Verbesserungen variiert je nach den von Ihnen vorgenommenen Änderungen wie folgt:

- Hot Swap: Inkrementelle Code-Änderungen werden angewendet und in der App reflektiert, ohne dass die App neu gestartet oder die aktuelle Activity neu gestartet werden muss. Dies kann für einfachste Änderungen innerhalb von Methodenimplementierungen verwendet werden.
- Warm Swap: Die Activity muss neu gestartet werden, bevor Änderungen angezeigt und verwendet werden können. Dies ist typischerweise bei Änderungen an Ressourcen erforderlich.
- Cold Swap: Die App wird neu gestartet (aber immer noch nicht neu installiert). Erforderlich bei strukturellen Änderungen wie Vererbung oder Methodensignaturen.

Instant Run ist standardmäßig aktiviert und wird vom Android Studio gesteuert, also starten Sie Ihre Debug-Instanz nur von der IDE aus. Starten Sie Ihre Anwendung nicht über das Gerät oder die Befehlszeile.

Tipps zur Verwendung von Android Studio

Hunderte von Tipps und Tricks machen die Android Studio-Bedienung schneller und produktiver. Im Folgenden finden Sie eine kleine Auswahl einiger nicht sofort ersichtlicher, aber sehr hilfreicher Tastenkombinationen.

Schnelle Suche

Die nützlichste Verknüpfung in Android Studio ist die Aktionssuche, die durch Drücken von [Strg]+[⇧]+[A] ([⌘]+[⇧]+[A] unter MacOS) ausgelöst wird. Nachdem Sie diese Tastenkombination gedrückt haben, können Sie mit der Eingabe von Schlüsselwörtern beginnen, und alle verfügbaren Aktionen oder Optionen, die diese Wörter enthalten, stehen Ihnen zur Auswahl.

2.4 | Los geht's

Um gezielt nach Dateien innerhalb eines Projekts zu suchen, können Sie die ⬙-Taste zweimal drücken, um das Dialogfeld SEARCH EVERYWHERE (Suche überall) anzuzeigen.

Alternativ, wo immer es eine lange Liste gibt – wie beispielsweise Dateien in der Projekthierarchie oder Menüoptionen in einem großen Menü wie REFACTOR THIS ..., fangen Sie einfach an zu tippen und die Ergebnisse werden gefiltert.

Automatische Vervollständig der Auswahl

Das Drücken der Tabulortaste (statt der Eingabetaste) bei der Auswahl einer Autovervollständigung ersetzt alle vorhandenen Methoden und Werte, anstatt die neue Auswahl davor einzufügen.

Postfix Code Vervollständigung

Mit der Vervollständigung von Postfix-Code können Sie einen einfachen, bereits eingegebenen Wert oder Ausdruck in einen komplexeren umwandeln.

Beispielsweise können Sie eine for-Schleife über eine Listenvariable erstellen, indem Sie hinter dem Variablennamen `.fori` eingeben, oder einen booleschen Ausdruck in eine if-Anweisung durch Anhängen von `.if` (oder `.else`) umwandeln. Sie können alle gültigen Postfixes für einen bestimmten Kontext sehen, indem Sie [Strg]+[J] (⌘+[J] unter MacOS) eingeben.

Live Templates

Mit Live Templates können Sie Short-Cuts verwenden, die als Autovervollständigungsoptionen zur Verfügung stehen, um vordefinierte Ausschnitte in Ihren Code einzufügen.

Dutzende von generischen und Android-spezifischen Live-Templates sind verfügbar, einschließlich einer Auswahl von Logging-Verknüpfungen. Sie können Ihre eigenen Templates erstellen, um bewährte Muster oder eigene Textbausteine in Ihrem eigenen Code zu vereinfachen. Sie können die vorhandenen Live-Templates ansehen (und eigene erstellen), indem Sie das Einstellungsfenster öffnen (FILE | SETTINGS) und zu EDITOR | LIVE-TEMPLATES navigieren.

2.4.2 Der Android Virtual Device Manager

Der Android Virtual Device Manager wird zum Erstellen und Verwalten der virtuellen Hardware-Geräte verwendet, die Instanzen des Emulators bereitstellen.

AVDs werden verwendet, um die Hardware-Konfigurationen verschiedener physikalischer Geräte zu simulieren. So können Sie Ihre Anwendung auf einer Vielzahl von Hardware-Plattformen testen, ohne viele Smartphones kaufen zu müssen.

> **Hinweis**
>
> Das Android SDK enthält keine vorgefertigten virtuellen Geräte, so dass Sie mindestens ein Gerät erstellen müssen, bevor Sie Ihre Anwendungen in einem Emulator ausführen können.

Jedes virtuelle Gerät wird mit einem Namen, physikalischem Gerätetyp, Android-System-Image, Bildschirmgröße und -auflösung, ABI/CPU, RAM- und Massenspeicherkapazitäten sowie Hardwarefunktionen einschließlich Kamera- und Netzwerkgeschwindigkeit konfiguriert.

Verschiedene Hardware-Einstellungen und Bildschirmauflösungen repräsentieren alternative Oberflächen-Skins, um die verschiedenen Hardware-Konfigurationen darzustellen. Dies simuliert eine Vielzahl von Gerätetypen, darunter verschiedene Smartphones und Tablets sowie Fernseher und Android Wear-Geräte.

2.4.3 Der Android Emulator

Der Emulator läuft innerhalb einer AVD und steht zum Testen und Debuggen Ihrer Anwendungen als Alternative zur Verwendung eines physikalischen Geräts zur Verfügung.

Der Emulator ist eine Implementierung der Android Run Time, so dass er als Plattform für die Ausführung von Android-Anwendungen wie jedes andere Android-Handy funktioniert. Da er von einer spezifischen Hardware entkoppelt ist, ist er eine hervorragende Basis für das Testen Ihrer Anwendungen.

Der Emulator bietet Ihnen volle Netzwerkkonnektivität und die Möglichkeit, die Geschwindigkeit und Latenz der Internetverbindung während des Debuggens Ihrer Anwendungen zu verändern. Sie können sogar Sprachanrufe und SMS-Nachrichten simulieren.

Das Android Studio integriert den Emulator so, dass er automatisch innerhalb der ausgewählten AVD gestartet wird, wenn Sie Ihre Projekte ausführen oder debuggen.

Nach der Ausführung können Sie die in Abbildung 2.23 gezeigte Symbolleiste verwenden, um das Drücken der Hardware-Tasten für die Power und die Lautstärke, die Software-Buttons Home, Back und Recents zu emulieren, die Anzeige zu drehen oder Screenshots zu machen. Durch Anklicken des Buttons ... werden die erweiterten Bedienelemente geöffnet, die auch in Abbildung 2.23 dargestellt sind und die es Ihnen ermöglichen ...

- ... die aktuelle GPS-Position einzustellen und die Wiedergabe der GPS-Spur zu simulieren.
- ... die simulierte Mobilfunkverbindung, einschließlich Signalstärke, Geschwindigkeit und Datenverbindungstyp zu ändern.

2.4 | Los geht's

- ... den Akkustatus, den Akkustand und den Ladestatus einzustellen.
- ... eingehende Anrufe und SMS-Nachrichten zu simulieren.
- ... den Fingerabdrucksensor zu simulieren.
- ... die Daten der Sensoren einschließlich der Ergebnisse für den Beschleunigungssensor, die Umgebungstemperatur und den Magnetfeldsensor bereitzustellen.

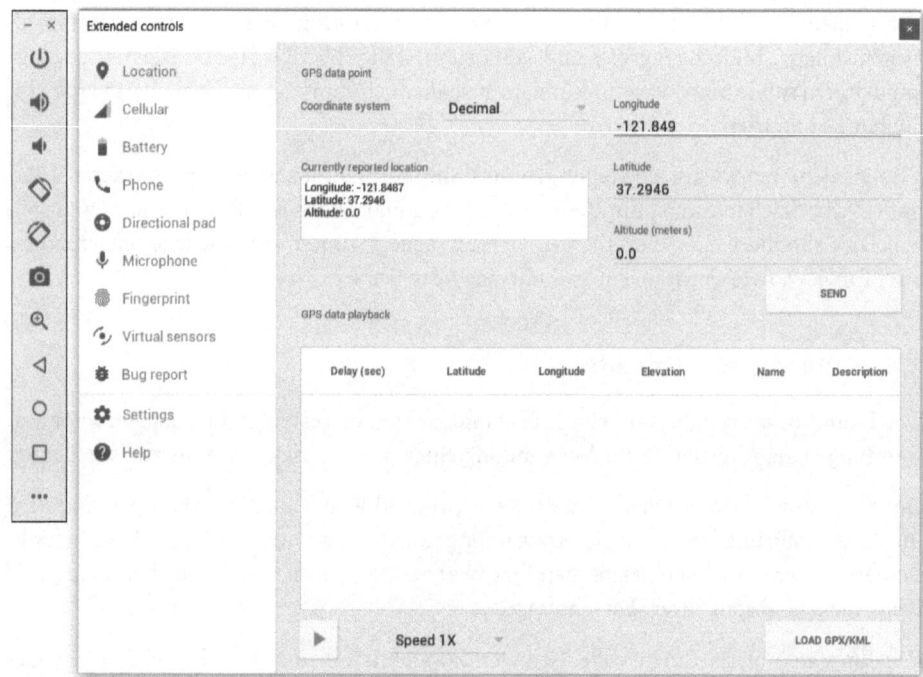

Abbildung 2.23 Die Bedienelemente des Emulators

2.4.4 Der Android Profiler

Der Emulator ermöglicht Ihnen zu sehen, wie Ihre Anwendung aussehen, sich verhalten und interagieren wird, aber um tatsächlich zu erfahren, was unter der Oberfläche passiert, benötigen Sie den Android Profiler.

Der Android Profiler zeigt Echtzeit-Profiling-Daten für die CPU, den Speicher und die Netzwerkaktivität Ihrer Anwendung an. Sie können beispielbasierte Methodenverfolgung durchführen, um Ihre Codeausführung zu überwachen, Heap-Dumps zu erfassen, Speicherzuweisungen anzuzeigen und die Details der im Netzwerk übertragenen Dateien zu überprüfen.

Android Entwicklungswerkzeuge | 2.4

Um den Android Profiler zu öffnen, klicken Sie auf das Android Profiler Symbol in der Symbolleiste oder navigieren zum Menüpunkt VIEW | TOOL WINDOWS | ANDROID PROFILER. Das gemeinsame Zeitachsenfenster wird angezeigt, wie in Abbildung 2.24 gezeigt.

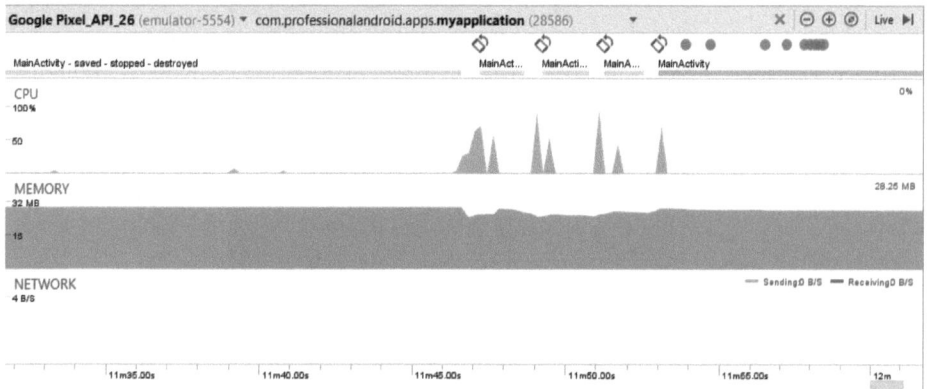

Abbildung 2.24 Zeitachsenfenster des Profilers

Das Profiler-Fenster zeigt Echtzeit-Grafiken für CPU-, Speicher- und Netzwerkauslastung sowie eine Event-Timeline, die Änderungen im Activity-Status, Benutzereingaben und Bildschirmrotation anzeigt.

Um auf die detaillierten Profilerstellungs-Tools für CPU-, Speicher- oder Netzwerknutzung zuzugreifen, klicken Sie auf die entsprechende Grafik. Abhängig von der zu analysierenden Ressource können Sie in jeder Detailansicht eine der folgenden Aktionen durchführen:

- Überprüfung der CPU-Aktivität und Methoden-Traces
- Überprüfung der Java-Heap- und Speicherzuweisungen
- Überprüfung des ein- und ausgehenden Netzwerkverkehrs

2.4.5 Die Android Debug Bridge

Die Android Debug Bridge (ADB) ist eine Client-Service-Anwendung, mit der Sie sich mit einem Android-Gerät (virtuell oder aktuell) verbinden können. Es besteht aus drei Komponenten:

- Ein Daemon, der auf dem Gerät oder dem Emulator läuft.
- Ein Service, der auf Ihrem Entwicklungsrechner läuft.
- Client-Anwendungen, die mit dem Daemon über den Service kommunizieren.

Als Kommunikationskanal zwischen Ihrer Entwicklungshardware und dem Android-Gerät beziehungsweise dem Emulator ermöglicht Ihnen die ADB die Installation von Anwendungen, Push- und Pull-Dateien und die Ausführung von Shell-Befehlen auf dem Zielgerät. Mit Hilfe der Geräte-Shell können Sie die Protokollierungseinstellungen ändern und die auf dem Gerät verfügbaren SQLite-Datenbanken abfragen oder ändern.

Android Studio automatisiert und vereinfacht viele Ihrer üblichen Interaktionen mit der ADB, einschließlich Anwendungsinstallation und -aktualisierung, Dateiprotokollierung und Debugging.

> **Hinweis**
>
> Um mehr darüber zu erfahren, was Sie mit der ADB machen können, lesen Sie die Dokumentation unter *developer.android.com/studio/command-line/adb.html*.

2.4.6 Der APK-Analysator

Der APK-Analysator ermöglicht es Ihnen, die Zusammensetzung Ihrer APK-Dateien besser zu verstehen, indem er eine Schnittstelle für folgende Zwecke anbietet:

- Anzeige der absoluten und relativen Größe der im APK gespeicherten Dateien, einschließlich *.dex*- und Ressourcendateien.
- Anzeige der endgültigen Versionen der im APK gespeicherten *.dex*-Dateien.
- Anzeige der endgültige Version der Datei *AndroidManifest.xml*.
- Eine Gegenüberstellung zweier APKs.

Um Ihr APK zu analysieren, können Sie eine APK-Datei direkt in das Editorfenster von Android Studio ziehen, zu einem APK im Verzeichnis *build/output/apks* navigieren und auf das gewünschte APK doppelklicken oder auf den Menüpunkt BUILD | ANALYZE APK klicken und ein APK auswählen.

Das Fenster APK-Analysator, dargestellt in Abbildung 2.25, zeigt jede im APK gespeicherte Datei und jeden Ordner an und ermöglicht es Ihnen, innerhalb jedes Ordners zu navigieren oder zusätzliche Details zu jeder Datei anzuzeigen.

Die Spalte RAW FILE SIZE stellt die unkomprimierte Größe jeder Einheit dar, während die DOWNLOAD SIZE die geschätzte komprimierte Größe der Einheit angibt, wenn sie von Google Play geliefert wird.

Durch Auswahl des Anwendungsmanifests können Sie das XML-Formular der endgültigen Manifestdatei in Ihrem APK anzeigen.

Weitere Informationen zur Verwendung des APK-Analysators finden Sie unter *developer.android.com/studio/build/apk-analyzer.html*.

com.professionalandroid.apps.myapplication (version 1.0)			
ⓘ Raw File Size: **440.4 KB**, Download Size: **252.9 KB**			Compare with previous APK...
File	Raw File Size	Download Size	% of Total Download size
▶ res	148.7 KB	144.6 KB	59.6%
resources.arsc	200.7 KB	48.3 KB	19.9%
META-INF	21.1 KB	19.7 KB	8.1%
classes.dex	13.8 KB	13.1 KB	5.4%
classes5.dex	8 KB	7.6 KB	3.1%
classes6.dex	3.2 KB	3.1 KB	1.3%
classes2.dex	2.6 KB	2.5 KB	1%
classes3.dex	2.4 KB	2.3 KB	0.9%
AndroidManifest.xml	898 B	898 B	0.4%
classes4.dex	422 B	407 B	0.2%

Abbildung 2.25 APK-Analysator

2.4.7 Das Werkzeug Lint

Android Studio bietet ein statisches Codeanalyse-Tool namens Lint, mit dessen Hilfe Sie strukturelle Qualitätsprobleme in Ihrem Code identifizieren und korrigieren können, ohne die Anwendung ausführen oder diese speziellen Tests schreiben zu müssen.

Die konfigurierten Lint- und IDE-Prüfungen laufen automatisch ab, wenn Sie Ihre Anwendung erstellen, und überprüfen Ihren Quellcode und Ihre Ressourcendateien auf mögliche Fehler und Optimierungsverbesserungen, einschließlich Korrektheit, Sicherheit, Performance, Benutzerfreundlichkeit, Barrierefreiheit und Internationalisierung.

Mögliche Probleme werden innerhalb der IDE mit einer Beschreibung, einem Schweregrad und, wenn möglich, einem Lösungsvorschlag hervorgehoben.

Die Verwendung von Lint zur Identifizierung und Behebung potenzieller struktureller Probleme in Ihrem Code kann die Lesbarkeit, Zuverlässigkeit und Effizienz Ihres Codes erheblich verbessern. Es lohnt sich sicherzustellen, dass alle Lint Warnungen als Teil Ihres Entwicklungsprozesses behandelt werden.

2.4.8 Monkey, Monkey Runner und Espresso: Benutzeroberflächen-Tests

Benutzeroberflächen-Tests helfen sicherzustellen, dass Benutzer bei der Interaktion mit Ihrer Anwendung keine unerwarteten Ergebnisse erhalten. Android Studio enthält eine Reihe von Tools, die Sie bei der Erstellung von Benutzeroberflächen- und Benutzerinteraktionstests unterstützen.

Monkey arbeitet innerhalb der ADB-Shell und sendet einen Strom von pseudozufälligen, aber wiederholbaren System- und Oberflächen-Events an Ihre Anwendung. Es ist besonders nützlich, Ihre Anwendungen zu testen, um Randbedingungen zu untersuchen, die Sie durch die unkonventionelle Verwendung der Benutzeroberfläche nicht erwartet haben.

Alternativ ist Monkey Runner eine Python-Scripting-API, mit der Sie bestimmte Oberflächenbefehle senden können, um einen Emulator oder ein Gerät von außerhalb der Anwendung zu steuern. Es ist äußerst nützlich, um Oberflächen-, Funktions- und Unit-Tests vorhersehbar und wiederholbar durchzuführen.

Das Espresso Test Framework, das über die Android Testing Support Library bereitgestellt wird, bietet APIs zum Schreiben von Oberflächen-Tests, um spezifisches Nutzerverhalten für eine bestimmte Anwendung zu simulieren. Espresso erkennt, wenn der Haupt-Thread im Leerlauf ist, und führt Ihre Testbefehle zu gegebener Zeit aus, um die Testzuverlässigkeit zu verbessern. Diese Funktion erspart Ihnen auch das Hinzufügen von Timing-Workarounds, wie beispielsweise einer Schlafphase, zu Ihrem Testcode.

Mehr zum Thema Espresso-Test erfahren Sie unter *developer.android.com/training/testing/espresso*

2.4.9 Gradle

Gradle ist ein erweitertes Build-System und -Toolkit, das in Android Studio integriert ist und es Ihnen ermöglicht, eigene Build-Konfigurationen durchzuführen, ohne die Quelldateien Ihrer Anwendung ändern zu müssen.

Die Verwendung von Gradle als Build-System von Android soll die Konfiguration, Erweiterung und Anpassung des Build-Prozesses erleichtern, die Wiederverwendung von Programmcode und Ressourcen vereinfachen und die Erstellung mehrerer Build-Varianten einer Anwendung erleichtern.

Gradle ist Plug-in-basiert, so dass die Integration mit Android Studio über das Android Plugin for Gradle verwaltet wird, das mit dem Build-Toolkit arbeitet, um eine Benutzeroberfläche innerhalb von Android Studio für Prozesse und konfigurierbare Einstellungen bereitzustellen, die spezifisch für das Erstellen und Testen von Android-Anwendungen sind.

Gradle selbst und das Android Plugin sind in Android Studio integriert – aber letztlich doch unabhängig davon. Als Ergebnis können Sie Ihre Android-Apps aus Android Studio, der Kommandozeile auf Ihrem Rechner oder auf Rechnern, auf denen Android Studio nicht installiert ist (zum Beispiel Continuous Integration Server), erstellen. Die Ausgabe des Builds ist die gleiche, egal ob Sie ein Projekt von der Kommandozeile, auf einem entfernten Rechner oder mit Android Studio erstellen.

In diesem Buch werden wir unsere Anwendungen in Android Studio mit dem Android Plugin for Gradle entwickeln, um unsere Interaktionen mit dem Build-System zu verwal-

Android Entwicklungswerkzeuge | 2.4

ten. Die vollständige Behandlung von Gradle, benutzerdefinierten Builds und Gradle-Builds geht über den Rahmen dieses Buches hinaus, aber Sie können mehr Details unter *developer.android.com/studio/build* erfahren.

> **Hinweis**
> Da Gradle und das Android Plugin for Gradle unabhängig von Android Studio sind, werden Sie aufgefordert, Ihre Build-Tools separat von Android Studio zu aktualisieren, ähnlich wie SDK-Updates durchgeführt werden.

Kapitel 3
Application, Activitity und Fragment

Inhalt
■ Vorstellung einer Android App
■ Der Lebenszyklus einer Android App
■ Die Priorität einer App
■ Die Erzeugung einer neuen Activity
■ Statusübergänge und Lebenszyklus einer Activity
■ Die Antwort auf den Speicherdruck
■ Die Erzeugung und Verwendung von Fragmenten

3.1 Application, Activity und Fragment

Android-Applikationen (kurz »Apps«) sind Programme, die auf Android-Geräten installiert werden und darauf direkt laufen. Wenn Sie hochwertige Anwendungen schreiben wollen, ist es wichtig, zu verstehen, aus welchen Komponenten die Anwendungen bestehen und wie diese Komponenten zusammenspielen. Dieses Kapitel stellt alle Bestandteile einer Anwendung vor, wobei der Schwerpunkt auf Activities und Fragmente gelegt wird – die sichtbaren Komponenten Ihrer Anwendung.

Im Kapitel 2 haben Sie bereits erfahren, dass jede Android-App in einem separaten Prozess, in einer eigenen Instanz des Android-Laufzeitsystems läuft. Sie erfahren in diesem Kapitel mehr über den Lebenszyklus einer Anwendung und darüber, wie die Laufzeitumgebung von Android Ihre Anwendung verwaltet. Der Zustand einer Anwendung bestimmt ihre Priorität, die wiederum die Wahrscheinlichkeit beeinflusst, dass sie beendet wird, wenn das System mehr Ressourcen benötigt. Außerdem lernen Sie Activity und Fragment kennen, ihre Zustände, ihre Statusübergange und ihre Event-Handler.

3.2 | Application, Activitity und Fragment

Die Klasse *Activity* bildet die Basis für alle Bildschirme Ihrer Benutzeroberfläche. Sie erfahren, wie Sie eine Activity erstellen, und verstehen ihren Lebenszyklen und wie sie die Lebensdauer und Rangfolge von Anwendungen beeinflusst.

Die Auswahl an Bildschirmgrößen und Bildschirmauflösungen für die Geräte, mit denen Ihre Anwendung umgehen muss, hat sich mit der Vielfalt der verfügbaren Android-Geräte erweitert. Die Fragment-API unterstützt die Erstellung dynamischer Layouts, die für alle Geräte einschließlich Tablets und Smartphones optimiert werden können.

Sie erfahren, wie Sie Fragmente verwenden, um den Status innerhalb Ihrer Oberflächenkomponenten zu kapseln und Layouts zu erstellen, die skaliert und an eine Vielzahl von Gerätetypen, Bildschirmgrößen und Auflösungen angepasst werden können.

3.2 Die Komponenten einer Android-Anwendung

Android-Anwendungen bestehen aus lose gekoppelten Komponenten, die an das Manifest der Anwendung gebunden sind, das jede Komponente und die Art ihrer Interaktionen beschreibt. Die folgenden Komponenten bilden die Grundsteine Ihrer Android-Anwendungen:

- **Activities**: Die Darstellungsebene einer Anwendung. Die Oberfläche einer Anwendung wird um eine oder mehrere Erweiterungen der Klasse Activity herum aufgebaut. Activities verwenden Fragment und View, um Informationen auszurichten und darzustellen und um andererseits auf Benutzeraktionen zu reagieren. In der Desktop-Entwicklung würden Sie eine Activity mit einem Formular oder einer Form gleichsetzen. Sie werden noch mehr über Activities im weiteren Verlauf des Kapitels erfahren.

- **Services**: Die unsichtbaren Arbeiter Ihrer Anwendung. Service-Komponenten laufen ohne sichtbare Oberfläche, aktualisieren Ihre Datenquellen, lösen Benachrichtigungen aus und versenden Intents per Broadcast. Sie werden genutzt, um länger dauernde Aufgaben auszuführen oder solche, die ohne ein Eingreifen des Benutzers auskommen (wie Tasks, die auch dann weiterlaufen sollen, wenn die Activities einer App nicht mehr aktiv oder sichtbar sind). Sie werden in Kapitel 10 mehr darüber erfahren, wie Sie Services erzeugen und verwenden.

- **Intents**: Ein leistungsstarkes, anwendungsübergreifendes Framework für die Weitergabe von Nachrichten. Intents werden in Android intensiv genutzt. Sie können mit Intents Activities und Services starten und stoppen, Nachrichten systemweit oder an eine bestimmte Activity, einen Service oder einen Broadcast Receiver übertragen oder eine Aktion oder bestimmte Daten anfordern. Explizite, implizite und Broadcast-Intents werden detailliert in Kapitel 6, Intents und Broadcast Receiver, behandelt.

- **Broadcast Receiver**: Broadcast Receiver (oder einfach Receiver) werden eingesetzt, um per Broadcast gesendete Intents zu empfangen. Sie ermöglichen es Ihrer Anwendung, auf Intents zu warten, die den von Ihnen festgelegten Kriterien entsprechen. Broadcast Receiver können eine App starten, damit diese Intents empfangen kann. Aus diesem Grund eignen sie sich perfekt zur Erstellung ereignisgesteuerter Anwendungen. Broadcast Receiver werden neben Intents in Kapitel 6 behandelt.

- **Content Provider**: Content Provider bilden eine Abstraktionsschicht zur Datenspeicherung, die es ermöglicht, Anwendungsdaten einfacher zu verwalten und gemeinsam zu nutzen. Content Provider sind das bevorzugte Mittel für den Austausch von Daten über Anwendungsgrenzen hinweg. Sie können die Content Provider einer Anwendung so einrichten, dass der Zugriff anderer Anwendungen erlaubt wird. Und Sie können auf die Content Provider anderer Anwendungen zugreifen. Android-Geräte enthalten eine Reihe systemeigener Content Provider, die nützliche Datenbanken wie Medieninhalte und Kontakte anbieten. Wie Content Provider erstellt und genutzt werden, erfahren Sie in Kapitel 9, Datenbanken und Content Provider.

- **Notifications**: Notifications ermöglichen es, Benutzer auf Ereignisse einer Anwendung aufmerksam zu machen, ohne der Anwendung den Fokus zu entziehen oder die aktuelle Activity zu unterbrechen. Sie bilden die bevorzugte Technik, wenn es darum geht, die Aufmerksamkeit eines Benutzers zu wecken, wenn eine Anwendung nicht sichtbar oder aktiv ist. Typischerweise wird sie aus einem Service oder einem Broadcast Receiver heraus ausgelöst. Wenn beispielsweise ein Gerät eine Textnachricht oder eine E-Mail empfängt, verwenden die Nachrichten- und Gmail-Anwendungen Notifications, um den Benutzer darauf aufmerksam zu machen. Wie Sie solche Benachrichtigungen aus Ihren Anwendungen heraus anstoßen, wird in Kapitel 10 erklärt.

Indem Sie die Abhängigkeiten der Anwendungskomponenten voneinander abkoppeln, können Sie einzelne Content Provider, Services und sogar Activities mit anderen Anwendungen teilen und nutzen. Das gilt sowohl für Ihre Anwendungen als auch für Anwendungen Dritter.

3.3 Lebenszyklus, Priorität und Prozessstatus einer Android-Anwendung

Anders als bei vielen herkömmlichen Plattformen haben Android-Anwendungen nur eine begrenzte Kontrolle über ihre eigenen Lebenszyklen. Stattdessen müssen die Komponenten einer Anwendung für Änderungen am Status der Anwendung empfangsbereit sein und dementsprechend reagieren, wobei sie besonders darauf vorbereitet sein müssen, vorzeitig beendet zu werden.

3.3 | Application, Activitity und Fragment

Standardmäßig läuft eine Android-Anwendung in einem eigenen Prozess, der wiederum in einer eigenen Instanz von der Android-Runtime (ART) läuft. Die Verwaltung des Arbeitsspeichers und der Prozesse wird ausschließlich von der Laufzeitumgebung vorgenommen.

> **Tipp**
>
> Sie können Komponenten einer Anwendung zwingen, in unterschiedlichen Prozessen zu laufen. Sie können aber auch mehrere Anwendungen dazu bringen, sich einen Prozess zu teilen, indem die beteiligten Knoten der betroffenen Komponenten das Attribut android:process im Manifest verwenden.

Android verwaltet seine Ressourcen aggressiv und unternimmt alles, um für eine glatte und stabile Benutzerführung zu sorgen. Dies bedeutet insbesondere, dass Prozesse (und damit die Anwendungen) in einigen Fällen ohne Warnung beendet werden, um Ressourcen für Anwendungen mit einer höheren Priorität freizugeben.

Die Reihenfolge, in der Prozesse zwangsweise beendet werden, um Ressourcen wiederzugewinnen, wird durch die Prioritäten der Anwendungen bestimmt, die die Ressourcen belegen. Die Priorität einer Anwendung entspricht der Priorität ihrer am höchsten gewichteten Komponente.

Wenn zwei Anwendungen über dieselbe Priorität verfügen, wird typischerweise zuerst der Prozess beendet, dessen Anwendung am längsten auf dieser Priorität aktiv ist. Die Priorität von Prozessen wird auch durch die Abhängigkeiten zwischen den Prozessen beeinflusst. Wenn eine Anwendung von einem Service oder Content Provider abhängt, der von einer zweiten Anwendung bereitgestellt wird, erhält die zweite Anwendung zumindest die Priorität der Anwendung, die sie unterstützt.

Es ist wichtig, Ihre Anwendung so zu strukturieren, dass ihre Priorität ihrer Aufgabe entspricht. Andernfalls kann Ihre Anwendung inmitten eines wichtigen Ablaufs zwangsweise beendet werden, oder sie läuft weiter, obwohl sie eigentlich nicht mehr benötigt wird und durch ihr Ende Ressourcen freigeben könnte, die eine reibungslose Benutzerführung gewährleisten würden.

Abbildung 3.1 zeigt den Prioritätsbaum, der verwendet wird, um festzulegen, in welcher Reihenfolge Anwendungen zwangsweise beendet werden.

Die folgende Liste geht im Detail auf jeden Zustand einer Anwendung ein, den Abbildung 3.1 zeigt, und erklärt, wie dieser Zustand von den Komponenten einer Anwendung festgestellt werden kann, auf die er sich auswirkt:

- Aktive Prozesse (Höchste Priorität): Aktive (im Vordergrund laufende) Prozesse haben Komponenten, mit denen der Benutzer gerade interagiert. Android wird alles

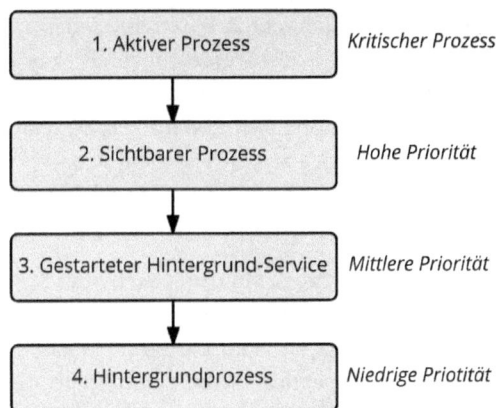

Abbildung 3.1 Der Android-Prioritätsbaum

tun, diese Prozesse störungsfrei laufen zu lassen, indem es von anderen Anwendungen Ressourcen übernimmt. Von dieser Art von Prozessen gibt es immer nur wenige.
Zu den aktiven Prozessen gehören:

- Activities im aktiven Zustand, also solche, die im Vordergrund laufen und auf Benutzerereignisse reagieren. Über den Zustand von Activities werden Sie später in diesem Kapitel mehr erfahren.

- Broadcast Receiver, die den Event-Handler onReceive ausführen, werden in Kapitel 6 beschrieben.

- Services, die die Event-Handler onStart, onCreate oder onDestroy ausführen, wie in Kapitel 10 beschrieben.

- Sichtbare Prozesse (Hohe Priorität): Sichtbare, aber inaktive Prozesse nehmen »sichtbare« Activities oder Services im Vordergrund auf. Wie es der Name schon vermuten lässt, sind sichtbare Prozesse zwar sichtbar, aber sie befinden sich nicht im Vordergrund und reagieren auch nicht auf Benutzereingaben. Hierzu kommt es, wenn eine Activity nur teilweise (von einer nicht im Vollbildmodus laufenden oder transparenten Activity) überlagert wird. Es gibt im Allgemeinen immer nur sehr wenige sichtbare Prozesse, und diese werden auch nur unter ganz besonderen Umständen zwangsweise beendet, damit aktive Prozesse weitermachen können.
Seit Android 6.0 Marshmallow (API-Level 23) haben laufende Services, die für die Ausführung im Vordergrund markiert sind, eine etwas geringere Priorität als aktive Prozesse, so dass es möglich ist – wenngleich unwahrscheinlich –, dass ein Vordergrund-Service beendet werden kann, damit eine aktive Aktivität mit signifikantem Speicherbedarf weiterhin ausgeführt werden kann.

- Gestartete Service-Prozesse (Mittlere Priorität): Diese Prozesse nehmen gestartete Hintergrund-Services auf. Da die Services nicht direkt von Benutzern bedient werden, erhalten sie eine geringfügig niedrigere Priorität als sichtbare Activities oder Vordergrund-Services. Anwendungen mit laufenden Services werden noch als Vordergrundprozesse angesehen und werden nicht zwangsweise beendet, solange eine Ressource nicht für aktive oder sichtbare Prozesse benötigt wird. Wenn das System einen laufenden Service beendet, versucht es, den Service zu starten, wenn wieder Ressourcen zur Verfügung stehen (sofern Sie es nicht verhindern). In Kapitel 10 erfahren Sie mehr über Services.

- Hintergrundprozesse (Niedrige Priorität): Das sind Prozesse, in denen Activities laufen, die nicht sichtbar sind und zu denen kein laufender Service gehört. Im Allgemeinen gibt es eine Vielzahl von Hintergrundprozessen, die Android beenden kann. Dabei setzt Android ein »Als-letzten-gesehen-zuerst-beendet«-Muster ein und priorisiert für den Abschuss Anwendungen mit höherer Speichernutzung, um Ressourcen für Vordergrundprozesse zu erhalten.

3.4 Die Klasse Application

Das Objekt der Klasse `Application` einer Anwendung bleibt während dessen Laufzeit immer instanziiert. Anders als bei Activities wird die Application nicht als Ergebnis von Konfigurationsänderungen neu gestartet.

Wenn Sie die Klasse `Application` um Ihre eigenen Implementierungen erweitern, erhalten Sie die Möglichkeit, auf Broadcast-Ereignisse auf Application-Level des Android Runtime-Systems zu reagieren (zum Beispiel wenn nur noch wenig Arbeitsspeicher zur Verfügung steht).

Wenn Ihre Implementierung der Klasse `Application` im Manifest registriert ist, wird sie beim Anlegen des Anwendungsprozesses instanziiert. Dadurch wird Ihre Implementierung von Application von Haus aus zu einem Singleton und sollte auch als solches von Ihnen implementiert werden.

3.5 Android Activities näher betrachtet

Jede Activity verwaltet einen Bildschirm, den eine Anwendung Ihren Benutzern anbietet. Je komplizierter Ihre Anwendung, desto mehr Bildschirme werden Sie wahrscheinlich benötigen.

Typischerweise umfasst dies mindestens eine Haupt-Activity – den primären Bildschirm –, der die wichtigste Benutzerführung Ihrer Anwendung verwaltet. Dieser primäre Bildschirm wird in der Regel durch eine Reihe von sekundären Activities unterstützt. Um zwischen den Bildschirmen zu wechseln, werden Sie eine neue Activity starten (oder von einer zurückkehren).

3.5.1 Activities erzeugen

Um eine neue Activity zu erzeugen, erweitern Sie die Klasse `Activity` – oder eine ihrer Unterklassen (in den meisten Fällen `AppCompatActivity`, wie im nächsten Abschnitt beschrieben). Innerhalb Ihrer neuen Klasse müssen Sie ein grafisches Interface zuweisen und die Funktionalität implementieren. Listing 3.1 zeigt den grundlegenden Rahmen einer neuen `Activity`.

```
package com.professionalandroid.apps.helloworld;

import android.app.Activity;
import android.os.Bundle;

public class MyActivity extends Activity {

  /** Wird aufgerufen, wenn die Activity erstmals erzeugt wird. */
  @Override
  public void onCreate(Bundle savedInstanceState) {
    super.onCreate(savedInstanceState);
  }
}
```
Listing 3.1 Der Rahmen einer Activity

Die Basisklasse `Activity` repräsentiert einen leeren Bildschirm, der die Verwaltung der Fensteranzeige kapselt. Eine leere `Activity` ist nicht besonders nützlich. Darum werden Sie wohl als erstes die Benutzeroberfläche mit Fragmenten, Layouts und Views erstellen wollen.

Views sind die Kontrollelemente (Widgets) einer grafischen Oberfläche, die Daten anzeigen und Benutzeraktivitäten ermöglichen. Android stellt verschiedene Layout-Klassen, sogenannte *View Groups*, zur Verfügung, die mehrere Views enthalten können, um Ihnen bei der Gestaltung Ihrer Benutzeroberfläche zu helfen. Fragmente, die später noch in diesem Kapitel besprochen werden, stehen ebenfalls zur Verfügung, um Teile Ihrer Benutzeroberfläche zu kapseln, so dass es einfach ist, dynamische Oberflächen zu erstellen, die neu angeordnet werden können, um Ihre Layouts für unterschiedliche Bildschirmgrößen und -ausrichtungen zu optimieren.

> **Tipp**
>
> Kapitel 5 stellt Views, View Groups und Layouts im Detail vor und zeigt, was verfügbar ist, wie man sie verwendet und wie man eigene Layouts erstellt.

3.5 | Application, Activitity und Fragment

Um einer Activity eine grafische Oberfläche zuzuordnen, rufen Sie `setContentView` aus der Methode `onCreate` heraus auf. Im folgenden Programmausschnitt wird eine Instanz eines `TextView` als Benutzeroberfläche der `Activity` verwendet:

```
@Override
public void onCreate(Bundle savedInstanceState) {
  super.onCreate(savedInstanceState);
  TextView textView = new TextView(this);
  setContentView(textView);
}
```

Vermutlich werden Sie eine etwas komplexere Benutzeroberfläche verwenden wollen. Sie können ein Layout im Code mit Hilfe von Layout-View-Groups erstellen, oder Sie können die standardmäßige Android-Konvention nutzen, um eine Ressourcen-ID für ein in einer externen Ressource definiertes Layout zu übergeben, wie es der folgende Programmausschnitt zeigt:

```
@Override
public void onCreate(Bundle savedInstanceState) {
  super.onCreate(savedInstanceState);
  setContentView(R.layout.main);
}
```

Um eine Activity in Ihrer Anwendung einsetzen zu können, muss sie im Manifest registriert sein. Fügen Sie innerhalb des Anwendungsknotens des Manifests ein neues Tag `activity` hinzu. Das Tag `activity` enthält Attribute für Metadaten, wie Label, Icons, die erforderlichen Berechtigungen und die Themes, die von der Activity verwendet werden.

```
<activity android:label="@string/app_name"
        android:name=".MyActivity">
</activity>
```

Eine Activity kann ohne passendes `activity`-Tag nicht eingesetzt werden. Der Versuch würde in einer Runtime Exception enden.

Innerhalb des `activity`-Tags können Sie `intent-filter`-Knoten hinzufügen, die die Intents festlegen, die verwendet werden können, um die Activity zu starten. Jeder Intent-Filter definiert eine oder mehrere Aktionen und Kategorien, die Ihre `Activity` unterstützt. Intents und Intent-Filter werden in Kapitel 5 ausführlich behandelt, aber es ist erwähnenswert, dass eine `Activity` nur dann verfügbar ist, wenn sie über einen Intent-

Filter verfügt, der auf die `action MAIN` und die `category LAUNCHER` reagiert, wie in Listing 3.2 dargestellt.

```xml
<activity android:label="@string/app_name"
          android:name=".MyActivity">
  <intent-filter>
    <action android:name="android.intent.action.MAIN" />
    <category android:name="android.intent.category.LAUNCHER" />
  </intent-filter>
</activity>
```

3.5.2 Verwendung der AppCompatActivity

Wie bereits in Kapitel 2 erwähnt, ist die in der Android Support Library verfügbare Klasse `AppCompatActivity` eine Unterklasse von `Activity`. Sie bietet weitgehende Abwärtskompatibilität zu Features, die der Klasse `Activity` bei jedem neuen Plattform-Release hinzugefügt wurden.

Darum empfiehlt es sich, die Klasse `AppCompatActivity` der Klasse `Activity` vorzuziehen. So werden wir es auch weiterhin in diesem Buch halten, indem wir uns grundsätzlich auf Activity-Klassen beziehen, die `AppCompatActivity` erweitern.

Listing 3.3 erweitert den Code aus Listing 3.1 und zeigt den Rahmen für eine neue Activity, die `AppCompatActivity` erweitert.

```java
package com.professionalandroid.apps.helloworld;

import android.support.v7.app.AppCompatActivity;
import android.os.Bundle;

public class MyActivity extends AppCompatActivity {

  /** Called when the activity is first created. */
  @Override
  public void onCreate(Bundle savedInstanceState) {
    super.onCreate(savedInstanceState);
  }
}
```

Listing 3.2 AppCompatActivity Activity-Rahmen

3.5.3 Der Lebenszyklus einer Activity

Es ist wichtig, den Lebenszyklus einer Activity zu verstehen, damit Ihre Anwendung eine optimale Benutzerführung und eine korrekte Ressourcenverwaltung gewährleistet.

Wie bereits erwähnt, kontrollieren Android-Anwendungen ihren Prozess-Lebenszyklus nicht selbst. Das Android-Laufzeitsystem verwaltet den Prozess jeder Anwendung und damit auch den Prozess jeder Activity innerhalb der Anwendung.

Obwohl das Laufzeitsystem den Abbruch und die Verwaltung des Prozesses einer Activity übernimmt, hilft der Status der Activity dabei, die Priorität der Eltern-Anwendung zu bestimmen. Die Priorität der Anwendung wiederum beeinflusst die Wahrscheinlichkeit, dass das Laufzeitsystem die Anwendung und die darin laufenden Activities beenden wird.

Activity-Stapel und die LRU-Liste

Der Status jeder Activity wird durch ihre Position auf dem Activity-Stapel bestimmt, einer Sammlung aller aktuell laufenden Activities. Wenn eine neue Activity startet, wird sie aktiv und an die Spitze des Stapels verschoben. Wenn der Benutzer den Back-Button anwählt oder die Activity im Vordergrund auf andere Weise geschlossen wird, tritt die nächste Activity auf dem Stapel nach vorn und wird aktiv. Abbildung 3.2 veranschaulicht diesen Vorgang.

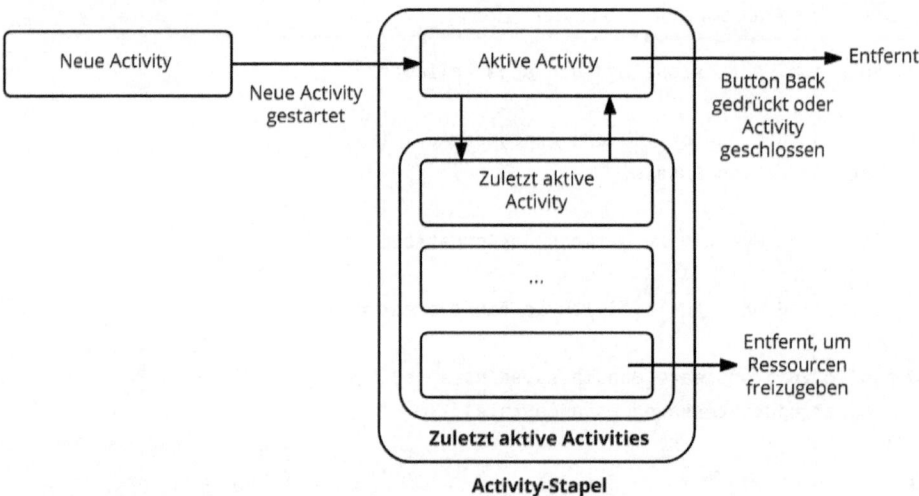

Abbildung 3.2 Activity-Stapel

Wie bereits in diesem Kapitel beschrieben, wird die Priorität einer Anwendung durch ihre Activity mit der höchsten Priorität beeinflusst. Wenn die Android Speicherverwaltung entscheidet, welche Anwendung beendet werden soll, um Ressourcen freizugeben, verwendet sie diesen Activity-Stapel, um die Priorität der Anwendungen zu bestimmen.

Wenn keine Activity der Anwendung sichtbar ist, wechselt die Anwendung selbst in die LRU-Liste (Least Recently Used: zuletzt verwendet). Anhand dieser Liste wird die Reihenfolge festgelegt, in der Anwendungen beendet werden, um Ressourcen freizugeben, wie oben beschrieben.

Zustände einer Activity

Während des Lebenszyklus einer Anwendung bewegen sich die Activities innerhalb und außerhalb des Activity-Stapels, wie in Abbildung 3.2 dargestellt. Dabei durchlaufen sie vier mögliche Zustände:

- **Activity**: Wenn sich eine Activity ganz oben auf dem Stapel befindet, ist sie die sichtbare, fokussierte Activity im Vordergrund, die Benutzereingaben empfängt. Android wird versuchen, sie um jeden Preis am Leben zu erhalten, selbst wenn es notwendig ist, Anwendungen abzubrechen, die Activities besitzen, die weiter unten im Stapel stehen, um zu erreichen, dass diese Aktivität die Ressourcen erhält, die sie benötigt. Wenn eine andere Activity aktiv wird, pausiert die bisher aktive Activity. Wenn sie nicht mehr sichtbar ist, wird sie gestoppt, wie in den folgenden Punkten beschrieben.

- **Pausiert**: In manchen Fällen ist Ihre Activity sichtbar, hat aber nicht den Fokus, sie pausiert. In diesen Zustand kann Ihre Anwendung auch in einer Multi-Window-Umgebung gelangen, in der mehrere Anwendungen sichtbar sind. Denn nur die Activity, mit der der Benutzer zuletzt gearbeitet hat, ist aktiv. Auch wenn Ihre Activity eine transparente oder nicht bildschirmfüllende Activity vor sich hat, bleibt sie in einem pausierten Zustand. Wenn eine Activity in den pausierten Zustand versetzt wird, wird sie so behandelt, als ob sie aktiv wäre. Sie erhält jedoch keine Benutzereingaben. Im Extremfall beendet Android eine pausierte Activity, um Ressourcen für die aktive Activity wiederherzustellen. Wenn eine Aktivität völlig verdeckt ist, wird sie gestoppt. Alle Activities durchlaufen den pausierten Zustand, bevor sie gestoppt werden.

- **Gestoppt**: Wenn eine Activity nicht sichtbar ist, wird sie gestoppt. Die Aktivität bleibt im Speicher, alle Statusinformationen bleiben erhalten. Allerdings wird das System sie wahrscheinlich beenden, wenn es Speicher benötigt. Wenn sich eine Activity in einem gestoppten Zustand befindet, ist es wichtig, Daten und den aktuellen Status der grafischen Oberfläche zu speichern und alle unkritischen Operationen zu stoppen. Wird eine Activity erst einmal beendet oder geschlossen, wird sie inaktiv.

3.5 | Application, Activitity und Fragment

- **Inaktiv**: Eine Aktivität ist inaktiv, nachdem sie beendet wurde, aber auch bevor sie gestartet wird. Inaktive Aktivitäten werden aus dem Activity-Stapel entfernt und müssen erst neu gestartet werden, bevor sie angezeigt und verwendet werden können.

Zustandsübergänge erfolgen durch Benutzer- und Systemaktionen. Ihre Anwendung hat also keine Kontrolle darüber, wann es dazu kommt. Ebenso wickelt die Android Speicherverwaltung das Ende einer Anwendung ab. Zunächst wird sie die Anwendungen schließen, die inaktive Activities haben. Anschließend werden die gestoppten Anwendungen geschlossen. Im Extremfall werden die Anwendungen entfernt, die pausieren.

> **Hinweis**
>
> Um eine ruckelfreie Bedienung zu gewährleisten, sollten die Übergänge zwischen den Zuständen für den Benutzer unsichtbar sein. Es sollte keinen Unterschied geben, ob eine Activity von einem pausierenden, gestoppten oder inaktiven Zustand zurück in den aktiven Zustand wechselt. Daher ist es wichtig, den Zustand der grafischen Oberfläche und alle Daten zu speichern, wenn eine Activity gestoppt wird.
>
> Es ist empfehlenswert, alle zeitaufwändigen Speichervorgänge (wie Datenbanktransaktionen oder Netzwerkübertragungen) durchzuführen, wenn die Activity in den gestoppten Zustand übergeht (innerhalb der onStop Behandlung, wie später in diesem Kapitel beschrieben), und nicht während des Übergangs in den pausierenden Zustand (innerhalb von onPause).
>
> Activities können häufig und schnell zwischen aktiven und pausierten Zuständen wechseln – insbesondere wenn sie in einer Multi-Window-Umgebung verwendet werden – daher ist es wichtig, dass dieser Übergang so schnell wie möglich ausgeführt wird. Sobald eine Activity aktiv wird, sollte sie die gespeicherten Werte wiederherstellen.
>
> Abgesehen von Änderungen an der Priorität der Activity, haben die Übergänge zwischen den aktiven, pausierten und gestoppten Zuständen, nur geringe Auswirkungen auf die Activity selbst. Es liegt an Ihnen, die Signale auszuwerten, um Ihre Aktivitäten zu unterbrechen oder zu stoppen und sich jederzeit auf eine Terminierung vorzubereiten.

Den Lebenszyklus einer Activity verstehen

Um sicherzustellen, dass Activities auf Zustandsänderungen reagieren können, stellt Android eine Reihe von Event-Handlern zur Verfügung, die als Activity-Übergänge über den vollen, sichtbaren und aktiven Lebenszyklus ausgelöst werden. Abbildung 3.3 fasst diese Lebenszyklen in Bezug auf die im vorherigen Abschnitt beschriebenen Activity-Zustände zusammen.

Innerhalb der gesamten Lebenszeit einer Activity, zwischen Erzeugung und Zerstörung, durchläuft sie eine oder mehrere Iterationen aktiver und sichtbarer Zustände. Jeder Über-

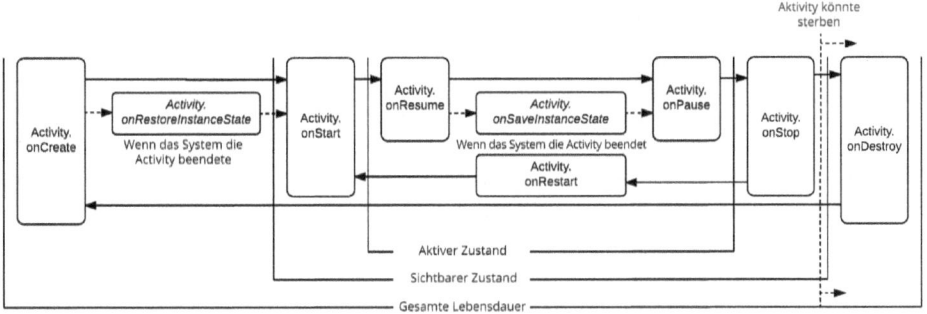

Abbildung 3.3 Activity-Zustände

gang löst die zuvor beschriebenen Handler-Methoden aus. Die folgenden Abschnitte geben einen genaueren Einblick in jede dieser Lebensphasen und die Ereignisse, die sie einklammern.

Der gesamte Lebenszyklus

Der Lebenszyklus Ihrer Activity beginnt mit dem ersten Aufruf von onCreate und endet mit der Zerstörung der Activity. Es ist nicht ungewöhnlich, dass der Prozess einer Activity beendet wird, ohne dass der entsprechende Handler onDestroy aufgerufen wird.

Verwenden Sie die Methode onCreate, um Ihre Activity zu initialisieren: die Benutzeroberfläche aufzubauen, Referenzen auf Fragmente zu ermitteln, Referenzen auf Klassenvariablen zuzuweisen, Daten an Kontrollelemente zu binden und Services zu starten. Wenn die Activity zuvor unerwartet vom Laufzeitsystem abgebrochen wurde, wird der Methode onCreate ein Objekt der Klasse Bundle übergeben, das den Zustand enthält, der beim letzten Aufruf von onSaveInstanceState gespeichert wurde. Sie sollten dieses Bundle nutzen, um die Benutzeroberfläche in ihren vorherigen Zustand zurückzusetzen, entweder innerhalb der Methode onCreate oder mit onRestoreInstanceState.

Überschreiben Sie die Methode onDestroy, um alle in onCreate erstellten Ressourcen aufzuräumen, und stellen Sie sicher, dass alle externen Verbindungen, wie Netzwerk- oder Datenbankverbindungen, geschlossen werden.

Als Teil der Android-Richtlinien für das Schreiben von effizientem Code wird empfohlen, dass Sie die wiederholte Erstellung von kurzlebigen Objekten vermeiden. Die schnelle Erzeugung und Entsorgung von Objekten erzwingt den zusätzlichen Lauf der Garbage Collection, ein Prozess, der sich direkt negativ auf die Reaktionsgeschwindigkeit auswirken kann. Wenn Ihre Activity regelmäßig die gleiche Menge von Objekten erstellt, sollten Sie in Erwägung ziehen, diese in der Methode onCreate zu erstellen, da sie nur einmal während des Lebenszyklus der Activity aufgerufen wird.

Der sichtbare Lebenszyklus

Der sichtbare Lebenszyklus einer Activity liegt zwischen den Aufrufen von onStart und onStop. Zwischen diesen Anrufen ist Ihre Activity für den Benutzer sichtbar, obwohl sie möglicherweise nicht den Fokus erhält und vielleicht teilweise verdeckt ist. Activities durchlaufen während ihres gesamten Lebenszyklus mehrere sichtbare Lebensphasen, wenn sie sich zwischen Vorder- und Hintergrund bewegen. Seit Android 3.0 Honeycomb (API Level 11) können Sie davon ausgehen, dass onStop aufgerufen wird, bevor Ihr Anwendungsprozess beendet wird.

Die Methode onStop sollte verwendet werden, um Animationen, Threads, Sensor-Listener, GPS-Anfragen, Timer, Services oder andere Prozesse, die ausschließlich zur Aktualisierung der Benutzeroberfläche verwendet werden, anzuhalten oder zu stoppen. Es ist wenig sinnvoll, Ressourcen (wie Speicher, CPU-Zyklen oder Netzwerkbandbreite) zu verbrauchen, um die Benutzeroberfläche zu aktualisieren, wenn sie nicht sichtbar ist. Verwenden Sie die Methode onStart, um diese Prozesse wieder aufzunehmen oder neu zu starten, wenn die Benutzeroberfläche wieder sichtbar ist.

Die Methode onRestart wird unmittelbar vor jedem außer dem ersten Aufruf von onStart aufgerufen. Verwenden Sie diese Methode, um spezielle Verarbeitungen zu implementieren, die nur dann durchgeführt werden sollen, wenn die Activity innerhalb ihres gesamten Lebenszyklus neu gestartet wird.

Die Methoden onStart und onStop sollten auch verwendet werden, um Broadcast-Receiver, die ausschließlich für die Aktualisierung der Benutzeroberfläche verwendet werden, zu registrieren und zu deaktivieren.

Sie werden in Kapitel 5 mehr über Broadcast Receiver erfahren.

Der aktive Lebenszyklus

Der aktive Lebenszyklus beginnt mit dem Aufruf von onResume und endet mit einem entsprechenden Aufruf von onPause.

Eine aktive Activity steht im Vordergrund und reagiert auf Benutzereingaben. Ihre Activity wird wahrscheinlich viele aktive Lebenszyklen durchlaufen, bevor sie zerstört wird, da der aktive Lebenszyklus endet, wenn eine neue Activity angezeigt wird, das Gerät in den Schlafmodus wechselt oder die Activity den Fokus verliert. Versuchen Sie, den Code der Methoden onPause und onResume schnell und schlank zu halten, um sicherzustellen, dass Ihre Anwendung beim Wechsel zwischen Vorder- und Hintergrund reaktionsschnell bleibt. Sie können davon ausgehen, dass während des aktiven Lebenszyklus onPause aufgerufen wird, bevor der Prozess beendet wird.

> **Hinweis**
>
> Wenn das System feststellt, dass der Activity-Status wieder hergestellt werden muss, wird unmittelbar vor onPause ein Aufruf von onSaveInstanceState durchgeführt. Diese Methode bietet die Möglichkeit, den Zustand der grafischen Oberfläche der Activity in einem Objekt der Klasse Bundle zu speichern, das an die Methoden onCreate und onRestoreInstanceState übergeben werden kann.
>
> Verwenden Sie onSaveInstanceState, um den Zustand der grafischen Oberfläche zu speichern. So stellen Sie sicher, dass die Activity die gleiche Benutzeroberfläche präsentieren kann, wenn sie das nächste Mal aktiv wird. Der Handler onSaveInstanceState wird nicht aufgerufen, wenn das System feststellt, dass der aktuelle Zustand nicht wiederhergestellt wird, beispielsweise wenn die Activity durch Drücken des Zurück-Buttons geschlossen wird.

Seit Android 3.0 Honeycomb (API Level 11) markiert die Fertigstellung von onStop den Punkt, ab dem eine Activity ohne Vorwarnung beendet werden kann. Dies ermöglicht es Ihnen, alle zeitaufwändigen Aktionen, die zum Speichern des Zustands erforderlich sind, nach onStop zu verlagern. So können Sie Ihre onPause schlank halten und sich darauf konzentrieren, speicher- oder rechenintensive Operationen zu unterbrechen, während die Activity nicht aktiv ist. Abhängig von Ihrer Anwendungsarchitektur kann dies auch das Anhalten von Threads, Prozessen oder Broadcast-Empfängern umfassen, während Ihre Aktivity nicht im Vordergrund steht.

Die zugehörige Methode onResume sollte ebenfalls schlank sein. Sie brauchen den Zustand der grafischen Oberfläche hier nicht neu zu laden, da dies bei Bedarf von den Methoden onCreate und onRestoreInstanceState übernommen werden sollte. Verwenden Sie onResume, um Aktionen wieder aufzunehmen, die in onPause abgeschlossen wurden, wie beispielsweise die Zuweisung freigegebener Ressourcen, die Initialisierung oder Registrierung entfernter oder nicht registrierter Komponenten und die Wiederaufnahme suspendierten Verhaltens.

Statuswechsel überwachen

Der Rahmencode in Listing 3.4 zeigt die Stubs für die in einer Activity verfügbaren Statuswechsel-Handler-Methoden, wie im vorherigen Abschnitt beschrieben. Kommentare innerhalb der einzelnen Stubs beschreiben die Aktionen, die Sie bei einem Statuswechsel ergreifen sollten.

```
public class StateChangeMonitoringActivity extends AppCompatActivity {

  // Aufruf bei Start der Gesamtlebenszyklus
  @Override
```

3.5 | Application, Activitity und Fragment

```java
public void onCreate(Bundle savedInstanceState) {
  super.onCreate(savedInstanceState);

  // Initialisiere Activity und erzeuge die Oberfläche
}

// Aufruf vor einem später sichtbaren Lebenszyklus für den
// Activity-Prozess, also bevor die Activity sichtbar wird,
// sofern sie zuvor unsichtbar war.
@Override
public void onRestart() {
  super.onRestart();

  // Lade Änderungen. Berücksichtige, dass die Activity
  // bereits innerhalb dieses Prozesses sichtbar war.
}

// Aufruf beim Start des sichtbaren Lebenszyklus.
@Override
public void onStart() {
  super.onStart();

  // Ausführen aller erforderlichen Oberflächen-Änderungen, wenn die
  // Activity sichtbar wird. Sicherstellen, dass die Oberfläche
  // aufgebaut und aktualisiert wird.
}

// Aufruf, nachdem onStart endete, in Fällen, in denen eine Activity
// gestartet wird, nachdem sie das letzte Mal durch das Laufzeitsystem
// zerstört wurde, also nicht durch den Benutzer oder eine
// Programmaktion (beispielsweise wenn Benutzer Back-Taste drückt oder
// die App finish() aufruft).
@Override
public void onRestoreInstanceState(Bundle savedInstanceState) {
  super.onRestoreInstanceState(savedInstanceState);

  // Stelle Oberflächenzustand aus dem savedInstanceState wieder her.
  // Dieses Bundle wurde bereits durch onCreate übergeben.
  // Wird nur aufgerufen, wenn die Activity vom System
  // beendet wurde, seit sie zuletzt sichtbar war.
}
```

```java
// Aufruf beim Start des aktiven Lebenszyklus.
@Override
public void onResume() {
  super.onResume();

  // Zurücksetzen aller pausierten Oberflächenaktualisierungen, Threads
  // oder Prozesse, die von der Activity benötigt werden, die als
  // sie unterbrochen wurden, zurückgesetzt wurden.
  // In diesem Stadium ist Ihre Aktivity aktiv und erhält Eingaben
  // vom Benutzer.
}

// Aufruf beim Ende des aktiven Lebenszyklus.
@Override
public void onPause() {
  super.onPause();

  // Unterbreche Oberflächenaktualisierungen, Threads oder CPU-intensive
  // Prozesse die nicht aktualisiert werden müssen, wenn die Activity
  // nicht aktiv im Vordergrund ist. Beachte, dass unterbrochene
  // Activities im Multi-Screen-Modus durchaus sichtbar sein können und
  // darum weiterhin Oberflächenaktualisierungen durchführen müssen.
}

// Aufruf, falls Oberflächenänderungen am Ende des aktiven
// Lebenszyklus gesichert werden müssen.
@Override
public void onSaveInstanceState(Bundle savedInstanceState) {
  super.onSaveInstanceState(savedInstanceState);

  // Sichere die Änderungen des Oberflächenzustands im savedInstanceState.
  // Dieses Bundle wird an onCreate und onRestoreInstanceState
  // übergeben, wenn der Prozess vom Laufzeitsystem beendet und neu
  // gestartet wurde. Beachte, dass dieser Handler nicht aufgerufen
  // werden darf, wenn das Laufzeitsystem feststellt, dass die
  // Activity "dauerhaft" beendet wurde.
}
```

3.5 | Application, Activitity und Fragment

```java
// Aufruf am Ende des sichtbaren Lebenszyklus.
@Override
public void onStop() {
  super.onStop();

  // Unterbreche verbleibende Oberflächenaktualisierungen, Threads
  // oder Verarbeitungen, die nicht erforderlich sind, wenn
  // die Activity nicht sichtbar ist. Speichere alle Bearbeitungen
  // und Zustandsänderungen, da die Activity jederzeit nach
  // Ablauf von onStop beendet werden kann.
}

// Aufruf manchmal am Ende des Gesamtlebenszyklus.
@Override
public void onDestroy() {
  super.onDestroy();

  // Räume alle Ressourcen auf. Beende Threads, schließe
  // Datenbankverbindungen und so weiter.
}
```
Listing 3.3 Activity Statuswechsel Handler

Wie im Code zu sehen, sollten Sie immer die Basisklasse aufrufen, wenn Sie einen dieser Event-Handler überschreiben.

3.5.4 Auf Speichermangel reagieren

Das Android-System beendet Anwendungen ohne Vorwarnung, um Ressourcen zu befreien, die für aktive und sichtbare Anwendungen benötigt werden.

Um dem Benutzer bestmögliche Bedienbarkeit zu bieten, geht Android einen Kompromiss zwischen einerseits dem Beenden von Anwendungen, um zugunsten der Reaktionsgeschwindigkeit Ressourcen frei zu bekommen, und andererseits Erhalt möglichst vieler Hintergrundanwendungen, um die Geschwindigkeit des Wechsels zwischen Anwendungen zu erhöhen.

Sie können das System unterstützen, indem Sie die Handler-Methode onTrimMemory überschreiben. So reagieren Sie auf Systemanfragen, Ihren Speicherverbrauch zu verringern. Beim Beenden von Anwendungsprozessen beginnt das System mit leeren Prozessen, bevor es zu den Hintergrundanwendungen übergeht – jenen, die Activities enthalten, die nicht sichtbar sind und keine laufenden Services enthalten. Im Extremfall können Anwendungen mit sichtbaren Activities oder auch Vordergrund-Dienste beendet werden, um Ressourcen für die Anwendung freizugeben, die die aktive Activity hält.

Die Reihenfolge, in der Anwendungen beendet werden, wird in der Regel durch die Liste der zuletzt verwendeten Anwendungen (LRU) bestimmt, wobei die Anwendungen, die am längsten nicht benutzt wurden, zuerst beendet werden. Das Laufzeitsystem berücksichtigt jedoch auch den Umfang des Arbeitsspeichers, der durch das Beenden einer Anwendung frei wird. So wird die Anwendung eher beendet, die größere Speichergewinne verspricht. Je weniger Speicherplatz Sie also verbrauchen, desto unwahrscheinlicher ist es, dass Ihre Anwendung gestoppt wird, und desto besser ist die Gesamtleistung des Systems.

Die Handler-Methode `onTrimMemory` ist in jeder Anwendungskomponente verfügbar, einschließlich Activities und Services. Sie bietet kooperativen Anwendungen die Möglichkeit, zusätzlichen Speicherplatz freizugeben, wenn das System zu wenige Ressourcen hat.

Sie sollten die Methode `onTrimMemory` implementieren, um Speicher auf der Grundlage aktueller Systemanforderungen schrittweise freizugeben, indem Sie auf den Parameter `level` reagieren, der den Kontext für die Anfrage bereitstellt. Beachten Sie, dass der Wert von `level`, der an `onTrimMemory` übergeben wird, nicht einen einfachen linearen Grad darstellt, sondern vielmehr kontextuelle Hinweise als Entscheidungshilfe, wie Sie den Speicherbedarf des Gesamtsystems am besten unterstützen können:

- `TRIM_MEMORY_RUNNING_MODERATE`: Ihre Anwendung läuft und wird nicht für einen Abbruch in Betracht gezogen. Aber das System beginnt, an Speichermangel zu leiden.
- `TRIM_MEMORY_RUNNING_LOW`: Ihre Anwendung läuft und wird nicht für einen Abbruch in Betracht gezogen. Aber das System hat deutlich weniger Speicher zur Verfügung. Das Freigeben von Speicher würde die Systemleistung verbessern und damit auch die Performance Ihrer Anwendung.
- `TRIM_MEMORY_RUNNING_CRITICAL`: Ihre Anwendung läuft und wird nicht für einen Abbruch in Betracht gezogen. Aber das System hat extrem wenig Speicher zur Verfügung. Das System beginnt damit, Hintergrundprozesse zu beenden, wenn Apps keine Ressourcen freigeben. Durch die Freigabe unkritischer Ressourcen können Sie Performance-Einbußen verhindern und die Wahrscheinlichkeit verringern, dass andere Apps beendet werden.
- `TRIM_MEMORY_UI_HIDDEN`: Ihre Anwendung zeigt keine Benutzeroberfläche mehr an. Das wäre eine gute Gelegenheit, Ressourcen freizugeben, die nur von Ihrer Benutzeroberfläche genutzt werden. Es empfiehlt sich, dies hier zu tun, und nicht innerhalb Ihrer `onStop`-Methode, da Sie so das Bereinigen oder Nachladen von Oberflächen-Ressourcen vermeiden, wenn Ihre Benutzeroberfläche schnell aus dem Hintergrund in den Vordergrund wechselt.

3.5 | Application, Activitity und Fragment

- **TRIM_MEMORY_BACKGROUND:** Ihre Anwendung ist nicht mehr sichtbar, wurde in die Liste der zuletzt verwendeten Anwendungen (LRU) aufgenommen und ist darum ein Kandidat für eine Terminierung. Das System hat jedoch nur noch wenig Speicherplatz und kann bereits andere Anwendungen auf der LRU-Liste zerstören. Geben Sie Ressourcen frei, die sich leicht wiederherstellen lassen, um die Systemlast zu verringern und damit die Wahrscheinlichkeit, dass Ihre Anwendung beendet wird.
- **TRIM_MEMORY_MODERATE:** Ihre Anwendung befindet sich inmitten der LRU-Liste und das System hat wenig Speicherplatz. Wenn der Speicher des Systems weiter abnimmt, besteht eine große Wahrscheinlichkeit, dass Ihr Prozess beendet wird.
- **TRIM_MEMORY_COMPLETE:** Ihre Anwendung ist ein, wenn nicht sogar der wahrscheinlichste Kandidat für eine Terminierung, wenn das System nicht sofort Speicher erhält. Sie sollten absolut alles freigeben, was für die Wiederaufnahme des Anwendungszustands nicht dringend benötigt wird.

Anstatt den Wert der Variablen `level` mit diesen Konstanten auf Gleichheit zu prüfen, sollten Sie prüfen, ob der Wert von `level` größer oder gleich einem Level ist, das Sie interessiert und so zukünftige Zwischenzustände berücksichtigen, wie in Listing 3.5 gezeigt.

```
@Override
public void onTrimMemory(int level) {
  super.onTrimMemory(level);

  // Anwendung ist Kandidat für die Terminierung.
  if (level >= TRIM_MEMORY_COMPLETE) {
    // Gebe soweit möglich alle Ressourcen frei, um eine sofortige
    // Terminierung zu vermeiden.
  } else if (level >= TRIM_MEMORY_MODERATE) {
    // Die Freigabe von Ressourcen an dieser Stelle erreicht, dass
    // Ihre App mit geringerer Wahrscheinlichkeit beendet wird.
  } else if (level >= TRIM_MEMORY_BACKGROUND) {
    // Gebe Ressourcen frei, die leicht wiederherzustellen sind.
  }

  // Anwendung ist nicht länger sichtbar.
  else if (level >= TRIM_MEMORY_UI_HIDDEN) {
    // Die Anwendung hat keine sichtbare Oberfläche mehr. Alle
    // Ressourcen freigeben, die für die Oberfläche benötigt wurden.
  }
```

```
    // Anwendung läuft und kein Kandidat für eine Terminierung.
    else if (level >= TRIM_MEMORY_RUNNING_CRITICAL) {
      // Das System beginnt damit, Hintergrundprogramme zu beenden.
      // Gebe unkritische Ressourcen frei, um Performance-Einbußen
      // zu verhindern und verringere damit die Wahrscheinlichkeit,
      // dass andere Apps beendet werden.
    } else if (level >= TRIM_MEMORY_RUNNING_MODERATE) {
      // Ressourcen freigeben, um den Speichermangel zu verringern
      // und so die Gesamt-Performance des Systems zu verbessern.
    } else if (level >= TRIM_MEMORY_RUNNING_LOW) {
      // Das System beginnt, unter Speichermangel zu geraten.
    }
  }
```

Listing 3.4 Speicherkürzungsanforderungen

> **Hinweis**
>
> Sie können den Speicherzustand Ihres Anwendungsprozesses jederzeit durch Aufruf der statischen Methode `getMyMemoryState` von `Activity; Manager` ermitteln. Das Ergebnis über den Parameter `RunningApp ProcessInfo` übermittelt. Um API-Level unter 14 zu unterstützen, können Sie die Methode `onLowMemory` als Fallback verwenden, die ungefähr dem `TRIM_MEMORY_COMPLETE`-Level entspricht.

3.6 Einführung in Fragmente

Mit Fragmenten können Sie Ihre Activity in vollständig verkapselte, wiederverwendbare Komponenten untergliedern, die jeweils ihren eigenen Lebenszyklus und Zustand haben.

Jedes Fragment ist ein unabhängiges Modul, das lose gekoppelt, aber fest mit der Activity verbunden ist, zu der es gehört. Fragmente können, müssen aber keine Oberfläche haben und können von mehreren Activities verwendet werden. Fragmente, die Oberflächen enthalten, können in einer Vielzahl von Kombinationen angeordnet werden, um den Anforderungen von Mehrfenster-Oberflächen gerecht zu werden. Sie können innerhalb einer laufenden Activity hinzugefügt, entfernt und ausgetauscht werden, um die Erstellung dynamischer Benutzeroberflächen zu erleichtern.

Auch wenn es nicht notwendig ist, Ihre Activity (und die dazugehörigen Layouts) in Fragmente aufzuteilen, kann dies die Flexibilität Ihrer Benutzeroberfläche drastisch verbessern und es leichter machen, die Benutzerschnittstelle an neue Gerätekonfigurationen anzupassen.

3.6 | Application, Activity und Fragment

> **Hinweis**
>
> Fragmente wurden als Teil von Android 3.0 Honeycomb (API Level 11) vorgestellt. Sie sind jetzt auch als Teil der Android Support Library verfügbar, unter anderem durch die Verwendung der `AppCompatActivity`, wie wir sie verwenden.
>
> Wenn Sie die Kompatibilitätsbibliothek verwenden, ist es wichtig, dass Sie sicherstellen, dass alle Ihre Importe und Klassenreferenzen, die sich auf Fragmente beziehen, nur die Klassen der Support Library verwenden. Die nativen Fragment-Packages und die der Support Library sind zwar eng miteinander verwandt, aber ihre Klassen sind nicht austauschbar.

3.6.1 Neue Fragmente anlegen

Um ein neues Fragment zu erzeugen, erweitern Sie die Klasse `Fragment`, definieren (optional) die Oberfläche und implementieren die Funktionalität, die es umfasst.

In den meisten Fällen werden Sie Ihrem Fragment eine Benutzeroberfläche zuweisen wollen. Es ist durchaus möglich, ein Fragment zu erstellen, das keine Oberfläche hat, sondern die Hintergrundaktivitäten für eine Activity bereitstellt. Dies wird später in diesem Kapitel näher betrachtet.

Wenn Ihr Fragment eine Benutzeroberfläche benötigt, überschreiben Sie die Methode onCreateView, um die erforderliche View-Hierarchie zu erstellen und zurückzugeben, wie in Listing 3.6 gezeigt.

```java
import android.content.Context;
import android.net.Uri;
import android.os.Bundle;
import android.support.v4.app.Fragment;
import android.view.LayoutInflater;
import android.view.View;
import android.view.ViewGroup;

public class MySkeletonFragment extends Fragment {

  public MySkeletonFragment() {
    // Benötigter leerer public-Konstruktor
  }

  @Override
  public View onCreateView(LayoutInflater inflater, ViewGroup container,
                           Bundle savedInstanceState) {
```

```
    // Erstelle das Layout für dieses Fragment
    return inflater.inflate(R.layout.my_skeleton_fragment_layout,
                    container, false);
  }
}
```
Listing 3.5 Rahmenprogramm für ein Fragment

Sie können im Code ein Layout über Layout-View-Groups erstellen. Wie bei Activities ist es gängiger, eine XML-Ressource zu verwenden.

Im Gegensatz zu Activities müssen Fragmente nicht im Manifest registriert werden. Das liegt daran, dass Fragmente nur dann existieren können, wenn sie in eine Activity eingebettet sind, deren Lebenszyklus von der Activity abhängt, zu der sie gehören.

3.6.2 Der Lebenszyklus eines Fragments

Die Lebenszyklus-Events eines Fragments spiegeln die Events seiner übergeordneten Activity wider. Wenn jedoch seine Activity erst einmal im aktiven (wiederhergestellten) Zustand ist, wird das Hinzufügen oder Entfernen eines Fragments seinen Lebenszyklus unabhängig davon beeinflussen.

Fragmente enthalten eine Reihe von Event-Handlern, die die in der Klasse `Activity` spiegeln. Sie werden ausgelöst, wenn das Fragment erstellt, gestartet, wieder aufgenommen, unterbrochen, angehalten und zerstört wird. Fragmente enthalten darüber hinaus eine Reihe zusätzlicher Callbacks, die anzeigen, dass das Fragment an den übergeordneten Kontext angehängt und von diesem getrennt wird, dass die Hierarchie der View des Fragments erstellt (und zerstört) wird und dass die Erzeugung der übergeordneten Activity abgeschlossen ist.

Abbildung 3.4 fasst den Lebenszyklus eines Fragments zusammen.

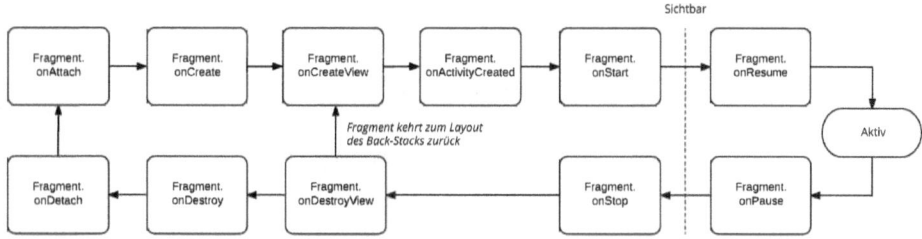

Abbildung 3.4 Der Lebenszyklus eines Fragments

3.6 | Application, Activitity und Fragment

Das Rahmenprogramm in Listing 3.6 zeigt die Rümpfe der Event-Handler für den Lebenszyklus, die ein Fragment bereitstellt. Die Kommentare in den Rümpfen beschreiben die Aktionen, die Sie bei Statuswechseln erwägen sollten.

> **Hinweis**
>
> Bei den meisten der Event-Handler müssen Sie den Event-Handler der Basisklasse aufrufen, wenn sie ihn überschreiben.

```java
public class MySkeletonFragment extends Fragment {

  // Benötigter leerer public-Konstruktor
  public MySkeletonFragment() {}


  // Wird aufgerufen, wenn das Fragment mit der Eltern-Activity
  // verbunden wird.
  @Override
  public void onAttach(Context context) {
    super.onAttach(context);
    // Hole eine Referenz zu einem Kontext, der die
    // Eltern-Komponente bezeichnet.
  }

  // Wird bei der initialen Erzeugung des Fragments aufgerufen
  @Override
  public void onCreate(Bundle savedInstanceState) {
    super.onCreate(savedInstanceState);
    // Initialisiere das Fragment.
  }

  // Wird aufgerufen, sobald das Fragment erzeugt wurde, um die
  // Benutzeroberfläche zu erzeugen.
  @Override
  public View onCreateView(LayoutInflater inflater,
                    ViewGroup container,
                    Bundle savedInstanceState) {
    // Erzeuge oder erstelle die Oberfläche der Oberfläche
    // und gebe sie zurück. Falls das Fragment keine Oberfläche
    // hat, gebe null zurück.
    return inflater.inflate(R.layout.my_skeleton_fragment_layout,
                    container, false);
  }
```

```java
// Wird aufgerufen, sobald die Eltern-Activity und die
// Oberfläche des Fragments erzeugt wurden.
@Override
public void onActivityCreated(Bundle savedInstanceState) {
  super.onActivityCreated(savedInstanceState);

  // Vervollständige die Fragment-Initialisierung,
  // insbesondere alles, was die Eltern-Activity für ihre
  // Initialisierung benötigt oder für die Erstellung der
  // Fragment-View benötigt wird.
}

// Wird beim Start des sichtbaren Lebenszyklus aufgerufen.
@Override
public void onStart() {
  super.onStart();

  // Führe alle erforderlichen Oberflächenänderungen aus,
  // da das Fragment nun sichtbar ist.
}

// Wird beim Start des aktiven Lebenszyklus aufgerufen.
@Override
public void onResume() {
  super.onResume();

  // Setzen Sie alle pausierten Oberflächenaktualisierungen,
  // Threads oder Prozesse fort, die vom Fragment benötigt
  // werden, die aber unterbrochen wurden, als es inaktiv wurde.
}

// Wird am Ende des aktiven Lebenszyklus aufgerufen.
@Override
public void onPause() {
  super.onPause();
  // Unterbreche Oberflächenaktualisierungen, Threads oder
  // CPU-intensive Prozesse, die nicht aktualisiert werden
  // müssen, wenn die Activity nicht aktiv im Vordergrund
  // ist. Speichere alle Bearbeitungen und Statusänderungen,
  // da der Prozess anschließend vermutlich beendet wird.
}
```

3.6 | Application, Activitity und Fragment

```
// Wird aufgerufen, um den Oberflächenzustand am Ende des
// aktiven Lebenszyklus zu sichern.
@Override
public void onSaveInstanceState(Bundle savedInstanceState) {
  super.onSaveInstanceState(savedInstanceState);

  // Sichere den Oberflächenzustand in savedInstanceState.
  // Das übergebene Bundle wird an onCreate, onCreateView
  // und onCreateView übergeben, wenn die Eltern-Activity
  // beendet und wieder gestartet wird.
}

// Wird am Ende des sichtbaren Lebenszyklus aufgerufen.
@Override
public void onStop() {
  super.onStop();

  // Unterbrechen Sie verbleibende Oberflächenaktualisierungen,
  // Threads oder Verarbeitungen, die nicht benötigt werden,
  // wenn das Fragment nicht sichtbar ist.
}

// Wird aufgerufen, wenn die View des Fragments entfernt wurde.
@Override
public void onDestroyView() {
  super.onDestroyView();

  // Aufräumen der mit der View verbundenen Ressourcen.
}

// Wird am Ende des Gesamtlebenszyklus aufgerufen.
@Override
public void onDestroy() {
  super.onDestroy();

  // Aufräumen aller Ressourcen, einschließlich Beendigung
  // von Threads, Schließen von Datenbankverbindungen usw.
}

// Wird aufgerufen, wenn das Fragment von seiner Eltern-Activity
// getrennt wurde.
```

```
    @Override
    public void onDetach() {
      super.onDetach();

      // Aufräumen aller Referenzen auf die Eltern-Activity,
      // einschließlich der Referenzen auf ihre View.
      // Typischerweise werden diese Referenzen auf null gesetzt.
    }
}
```
Listing 3.6 Fragment: Lebenszyklus-Event-Handler

Fragment: spezifische Lebenszyklus-Events

Die meisten Lebenszyklusereignisse der Fragmente entsprechen ihren Äquivalenten in der Klasse `Activity`, die bereits in diesem Kapitel ausführlich behandelt wurden. Die verbleibenden sind spezifisch für Fragmente und die Art und Weise, wie sie zu ihrer übergeordneten `Activity` hinzugefügt werden.

Anhängen und Lösen von Fragmenten aus dem Eltern-Context

Die gesamte Lebensdauer des Fragments beginnt, wenn es an den Eltern-Context gebunden ist, und endet, wenn es gelöst wurde. Diese Ereignisse werden durch die Aufrufe `onAttach` beziehungsweise `onDetach` verarbeitet.

Der Event-Handler `onAttach` wird aufgerufen, bevor die Benutzeroberfläche des Fragments erstellt wurde, bevor das Fragment selbst oder seine Eltern die Initialisierung abgeschlossen haben. Typischerweise wird über das Ereignis `onAttach` eine Referenz auf den Kontext der übergeordneten Komponente erlangt, um sich auf weitere Initialisierungsaufgaben vorzubereiten.

Die Methode `onDetach` wird aufgerufen, wenn Sie ein Fragment von seinen Eltern entfernen, sowie wenn die Komponente, die Ihr Fragment enthält, zerstört wird. Wie bei jedem Event-Handler, der aufgerufen wird, nachdem ein Fragment oder eine Activity angehalten wurde, ist es möglich, dass `onDetach` nicht aufgerufen wird, wenn der Prozess der übergeordneten Komponente beendet wird, bevor der gesamte Lebenszyklus abgeschlossen ist.

Fragmente erzeugen und zerstören

Die Lebensdauer Ihres Fragments liegt zwischen dem ersten Aufruf von `onCreate` und dem letzten Aufruf von `onDestroy`. Es ist nicht ungewöhnlich, dass der Prozess einer Activity beendet wird, ohne dass die entsprechende Methode `onDestroy` aufgerufen wird, so dass ein Fragment sich nicht darauf verlassen kann, dass sein `onDestroy`-Handler aufgerufen wird.

Wie bei Activities sollten Sie die Methode `onCreate` verwenden, um Ihr Fragment zu initialisieren. Es ist sinnvoll, hier alle klassenbezogenen Objekte zu erstellen, um sicherzustellen, dass sie nur einmal im Lebenszyklus des Fragments erstellt werden.

Beachten Sie, dass im Gegensatz zu Activities die Fragment-Benutzeroberfläche nicht innerhalb von `onCreate` aufgebaut wird.

Erzeugung und Abbau der Benutzeroberfläche

Die Benutzeroberfläche eines Fragments wird innerhalb eines neuen Satzes von Event-Handlern initialisiert (und zerstört): `onCreateView` beziehungsweise `onDestroyView`.

Benutzen Sie die Methode `onCreateView`, um Ihr Fragment zu initialisieren: Bauen Sie die Benutzeroberfläche auf. Holen Sie Referenzen auf die enthaltene View und binden Sie Daten an diese.

Sobald Sie Ihre View-Hierarchie aufgebaut haben, sollte sie vom Handler zurückgegeben werden:

```
return inflater.inflate(R.layout.my_skeleton_fragment_layout,
                        container, false);
```

Wenn Ihr Fragment mit der Benutzeroberfläche einer übergeordneten Activity interagieren muss, warten Sie, bis das Event `onActivityCreated` ausgelöst wurde. Dies zeigt an, dass die enthaltene Activity ihre Initialisierung abgeschlossen hat und ihre Benutzeroberfläche vollständig aufgebaut ist.

Fragmentzustände

Das Schicksal eines Fragments ist untrennbar mit dem der Komponente verbunden, zu der es gehört. Folglich sind Fragment-Zustandsübergänge eng mit den Zustandsübergängen der entsprechenden Activity verknüpft.

Wie Activities sind Fragmente »aktiv«, wenn sie zu einer Activity gehören, die im Fokus ist und im Vordergrund steht. Wenn eine Activity angehalten oder gestoppt wird, werden die enthaltenen Fragmente ebenfalls angehalten und gestoppt. Die Fragmente, die zu einer inaktiven Activity gehören, sind ebenfalls inaktiv. Wenn eine Activity endgültig zerstört wird, wird jedes enthaltene Fragment ebenfalls zerstört.

Da die Android Speicherverwaltung regelmäßig Anwendungen schließt, um Ressourcen freizubekommen, werden auch die Fragmente innerhalb dieser Activities zerstört.

Während Activities und ihre Fragmente eng miteinander verbunden sind, ist einer der Vorteile der Verwendung von Fragmenten zur Zusammenstellung der Benutzeroberfläche Ihrer Activity, die Flexibilität, Fragmente einer aktiven Activity dynamisch hinzuzufügen oder zu entfernen. Als Ergebnis kann jedes Fragment seinen vollen, sichtbaren und aktiven Lebenszyklus innerhalb der aktiven Lebenszeit seiner übergeordneten Activity mehrmals durchlaufen.

Was auch immer der Auslöser für den Übergang eines Fragments während seines Lebenszyklus ist, die Verwaltung seiner Zustandsübergänge ist entscheidend für eine nahtlose Benutzerführung. Es sollte egal sein, ob ein Fragment von einem abgetrennten, pausierten, angehaltenen, gestoppten oder inaktiven Zustand zurück in den aktiven Zustand wechselt. Daher ist es wichtig, den gesamten Zustand der Oberfläche zu sichern und alle Daten zu speichern, wenn ein Fragment angehalten oder gestoppt wird. Wie bei einer Activity sollte ein Fragment, wenn es wieder aktiv wird, den gespeicherten Zustand wiederherstellen.

3.6.3 Einführung in den Fragment-Manager

Jede Activity enthält einen `FragmentManager` zur Verwaltung der enthaltenen Fragmente. Da wir die Support-Bibliothek verwenden, greifen wir mit der Methode `getSupportFragmentManager` auf den `FragmentManager` zu:

```
FragmentManager fragmentManager = getSupportFragmentManager();
```

Der `FragmentManager` stellt die Methoden zur Verfügung, mit denen Sie auf die Fragmente zugreifen können, die der Activity aktuell hinzugefügt wurden, und Fragment-Transaktionen ausführen können, wie das Hinzufügen, Entfernen und Ersetzen von Fragmenten.

3.6.4 Fragmente zu Activities hinzufügen

Der einfachste Weg, ein Fragment zu einer Activity hinzuzufügen, besteht darin, es mit Hilfe des `fragment`-Tags in das Layout der Activity einzufügen, wie in Listing 3.7 gezeigt.

```
<?xml version="1.0" encoding="utf-8"?>
<LinearLayout xmlns:android="http://schemas.android.com/apk/res/android"
  android:orientation="horizontal"
  android:layout_width="match_parent"
  android:layout_height="match_parent">
```

3.6 | Application, Activitity und Fragment

```xml
  <fragment android:name="com.professionalandroid.apps.MyListFragment"
    android:id="@+id/my_list_fragment"
    android:layout_width="wrap_content"
    android:layout_height="match_parent"
    android:layout_weight="1"
  />
  <fragment android:name="com.professionalandroid.apps.MyDetailsFragment"
    android:id="@+id/details_fragment"
    android:layout_width="wrap_content"
    android:layout_height="match_parent"
    android:layout_weight="3"
  />
</LinearLayout>
```

Listing 3.7 Hinzufügen von Fragmenten zu Activities mit Hilfe von XML-Layouts

Sobald das Fragment gefüllt ist, wird es zu einer View-Gruppe innerhalb der View-Hierarchie, die die Benutzeroberfläche innerhalb der Activity darstellt und verwaltet.

Diese Technik funktioniert gut, wenn Sie Fragmente verwenden, um eine Reihe von statischen Layouts zu definieren, die auf verschiedenen Bildschirmgrößen basieren. Wenn Sie planen, Ihre Layouts durch Hinzufügen, Entfernen und Ersetzen von Fragmenten zur Laufzeit dynamisch zu ändern, ist es besser, Layouts zu erstellen, die Container-Views verwenden, in die Fragmente zur Laufzeit platziert werden können, basierend auf dem aktuellen Anwendungszustand.

Listing 3.8 zeigt einen XML-Ausschnitt, den Sie für diesen Ansatz verwenden können.

```xml
<?xml version="1.0" encoding="utf-8"?>
<LinearLayout xmlns:android="http://schemas.android.com/apk/res/android"
  android:orientation="horizontal"
  android:layout_width="match_parent"
  android:layout_height="match_parent">
  <FrameLayout
    android:id="@+id/ui_container"
    android:layout_width="wrap_content"
    android:layout_height="match_parent"
    android:layout_weight="1"
  />
  <FrameLayout
    android:id="@+id/details_container"
    android:layout_width="wrap_content"
```

```
        android:layout_height="match_parent"
        android:layout_weight="3"
    />
</LinearLayout>
```

Listing 3.8 Festlegen von Fragment-Layouts über Container-Views

Anschließend müssen Sie die entsprechenden Fragmente erstellen und den entsprechenden übergeordneten Containern innerhalb Ihrer Activity mit Fragment-Transaktionen hinzufügen, wie im nächsten Abschnitt beschrieben.

Verwendung von Fragment-Transaktionen

Fragment-Transaktionen werden zum Hinzufügen, Entfernen und Ersetzen von Fragmenten innerhalb einer Activity zur Laufzeit verwendet. Mit Hilfe von Fragment-Transaktionen können Sie Ihre Layouts dynamisch gestalten, das heißt, sie werden sich je nach Benutzerinteraktion und Anwendungszustand anpassen und ändern.

Jede Fragment-Transaktion kann eine beliebige Kombination von unterstützten Aktionen enthalten, einschließlich Hinzufügen, Entfernen oder Ersetzen von Fragmenten. Sie unterstützen auch die Spezifikation der anzuzeigenden Übergangsanimationen und ob eine Transaktion zum Back-Stack hinzugefügt werden soll.

Eine neue `FragmentTransaction` wird mit der Methode `beginTransaction` des `FragmentManagers` erzeugt. Ändern Sie das Layout nach Bedarf mit den Methoden `add`, `remove` und `replace`, bevor Sie die Animationen für die Anzeige festlegen und das entsprechende Back-Stack-Verhalten festlegen. Wenn Sie bereit sind, die Änderung auszuführen, rufen Sie `commit` auf, um die Transaktion asynchron zur Benutzeroberfläche hinzuzufügen, oder `commitNow`, um diese zu blockieren, bis die Transaktion vollständig abgeschlossen ist:

```
FragmentTransaction fragmentTransaction = fragmentManager.beginTransaction();

// Hinzufügen, Entfernen oder Ersetzen von Fragmenten.
// Animationen festlegen.
// Hinzufügen zum Back-Stack falls notwendig.

fragmentTransaction.commitNow();
```

Die Verwendung von `commitNow` ist die bevorzugte Alternative, steht aber nur dann zur Verfügung, wenn die aktuelle Transaktion nicht zum Back-Stack hinzugefügt wird. Diese Option sowie jeder Transaktionstyp und die dazugehörigen Optionen werden in den folgenden Abschnitten erläutert.

Hinzufügen, Entfernen und Ersetzen von Fragmenten

Wenn Sie ein neues Oberflächen-Fragment hinzufügen, fangen Sie damit an, es zu erzeugen, und übergeben Sie dann die neue Fragment-Instanz zusammen mit dem Container-View, in dem das Fragment platziert werden soll, als Parameter an die Methode add Ihrer FragmentTransaction. Optional können Sie ein Tag angeben, das später bei der Verwendung der Methode findFragmentByTag zum Bestimmen des Fragments verwendet werden kann:

```
final static String MY_FRAGMENT_TAG = "detail_fragment";
```

Mit dem definierten Tag können Sie die Methode add wie folgt verwenden:

```
FragmentTransaction fragmentTransaction = fragmentManager.beginTransaction();
fragmentTransaction.add(R.id.ui_container, new MyDetailFragment(),
                    MY_FRAGMENT_TAG);
fragmentTransaction.commitNow();
```

Um ein Fragment zu entfernen, müssen Sie zuerst eine Referenz auf dieses Fragment erhalten, normalerweise mit den Methoden findFragmentById oder findFragmentByTag des FragmentManagers. Dann übergeben Sie die gefundene Fragment-Instanz als Parameter an die Methode remove einer FragmentTransaction:

```
FragmentTransaction fragmentTransaction = fragmentManager.beginTransaction();
Fragment fragment = fragmentManager.findFragmentByTag(MY_FRAGMENT_TAG);
fragmentTransaction.remove(fragment);
fragmentTransaction.commitNow();
```

Sie können auch ein Fragment durch ein anderes ersetzen. Mit der Methode replace geben Sie die Container-ID an, die das zu ersetzende Fragment, das Fragment, mit dem es ersetzt werden soll, und (optional) ein Tag zur Identifizierung des neu eingefügten Fragments enthält:

```
FragmentTransaction fragmentTransaction = fragmentManager.beginTransaction();
fragmentTransaction.replace(R.id.details_container,
                        new DetailFragment(selected_index),
                        MY_FRAGMENT_TAG);
fragmentTransaction.commitNow();
```

Fragmente und Konfigurationsänderungen

Um einen konsistenten Oberflächenzustand zwischen Konfigurationsänderungen aufrechtzuerhalten, werden alle Fragmente, die Ihrer Benutzeroberfläche hinzugefügt wurden, automatisch wiederhergestellt, wenn eine Activity nach einer Änderung der Ausrichtung oder einem unerwarteten Abbruch neu erstellt wird.

Dies ist besonders wichtig, wenn Sie Ihr Activity-Layout mit Fragmenten innerhalb des onCreate-Handlers füllen – in diesem Fall müssen Sie überprüfen, ob die Fragmente bereits hinzugefügt wurden, um zu vermeiden, dass mehrere Kopien erstellt werden.

Sie können dies entweder tun, indem Sie Fragmente prüfen, bevor Sie sie hinzufügen, oder, wenn es sich um einen Neustart einer Activity handelt, indem Sie prüfen, ob der Wert von savedInstanceState null ist:

```
protected void onCreate(Bundle savedInstanceState) {
  super.onCreate(savedInstanceState);
  setContentView(R.layout.activity_main);

  if (savedInstanceState == null) {
    // Erzeuge und füge die eigenen Fragmente hinzu.
  } else {
    // Hole die Referenzen zu wiederhergestellten Fragmenten.
  }
}
```

Fragmente mit dem Fragment-Manager suchen

Um Fragmente innerhalb Ihrer Activity zu finden, verwenden Sie die Methode findFragmentById des FragmentManagers. Wenn Sie Ihr Fragment dem Activity-Layout in XML hinzugefügt haben, können Sie den Ressourcenbezeichner des Fragments verwenden:

```
MyFragment myFragment =
  (MyFragment)fragmentManager.findFragmentById(R.id.MyFragment);
```

Wenn Sie ein Fragment über eine Fragment-Transaktion hinzugefügt haben, können Sie stattdessen den Ressourcenbezeichner der Container-View angeben, zu der Sie das Fragment hinzugefügt haben, das Sie suchen möchten:

```
DetailFragment detailFragment =
  (DetailFragment)fragmentManager.findFragmentById(R.id.details_container);
```

Alternativ können Sie die Methode findFragmentByTag verwenden, um das Fragment mit dem Tag zu suchen, das Sie in der Fragment-Transaktion angegeben haben:

```
DetailFragment detailFragment =
  (DetailFragment)fragmentManager.findFragmentByTag(MY_FRAGMENT_TAG);
```

3.6 | Application, Actvitity und Fragment

Später in diesem Kapitel werden Sie mit Fragmenten bekannt gemacht, die keine Benutzeroberfläche enthalten. Die Methode `findFragmentByTag` ist für die Interaktion mit diesen Fragmenten unerlässlich. Da sie nicht Teil der View-Hierarchie der Activity sind, verfügen sie nicht über einen Ressourcenbezeichner oder einen Container-Ressourcenbezeichner, der an die Methode `findFragmentById` übergeben werden kann.

Besetzen dynamischer Activity-Layouts mit Fragmenten

Wenn Sie die Zusammensetzung und das Layout Ihrer Fragmente zur Laufzeit dynamisch ändern, ist es ratsam, nur die Eltern-Container innerhalb Ihres XML-Layouts zu definieren und sie ausschließlich mit Fragment-Transaktionen zur Laufzeit zu füllen, um Konsistenz zu gewährleisten, wenn Konfigurationsänderungen (wie etwa Bildschirmrotationen) dazu führen, dass die Benutzeroberfläche neu erstellt wird, wie bereits beschrieben.

Listing 3.9 zeigt den Rahmencode, der verwendet wird, um das Layout einer Activity zur Laufzeit mit Fragmenten zu füllen; in diesem Fall testen wir die Existenz eines Fragments, bevor wir ein neues erstellen und hinzufügen.

```
public void onCreate(Bundle savedInstanceState) {
  super.onCreate(savedInstanceState);

  // Befüllen Sie das Layout mit den Fragment-Containern.
  setContentView(R.layout.fragment_container_layout);

  FragmentManager fragmentManager = getSupportFragmentManager();

  // Überprüfen, ob die Fragment-Container mit Fragmentinstanzen
  // gefüllt wurden. Wenn nicht, Layout erstellen und füllen.
  DetailsFragment detailsFragment =
    (DetailsFragment)fragmentManager.findFragmentById(R.id.details_container);

  if (detailsFragment == null) {
    FragmentTransaction ft = fragmentManager.beginTransaction();
    ft.add(R.id.details_container, new DetailFragment());
    ft.add(R.id.list_container, new MyListFragment());
    ft.commitNow();
  }
}
```

Listing 3.9 Besetzen von Fragmentlayouts mit Hilfe von Container-Views

Um eine konsistente Benutzerführung zu gewährleisten, speichert Android das Fragment-Layout und den zugehörigen Back-Stack, wenn eine Activity aufgrund einer Konfigurationsänderung neu gestartet wird.

Aus dem gleichen Grund ist es ratsam, bei der Erstellung alternativer Layouts für Änderungen der Laufzeitkonfiguration alle View-Container, die an Transaktionen beteiligt sind, in allen Layoutvarianten zu berücksichtigen. Andernfalls kann es vorkommen, dass der Fragment-Manager versucht, Fragmente in Containern wiederherzustellen, die im neuen Layout nicht vorhanden sind.

Um einen Fragment-Container in einem bestimmten Orientierungs-Layout zu entfernen, setzen Sie einfach das `visibility`-Attribut des Containers in Ihrer Layout-Definition auf gone (siehe Listing 3.10).

```xml
<?xml version="1.0" encoding="utf-8"?>
<LinearLayout xmlns:android="http://schemas.android.com/apk/res/android"
  android:orientation="horizontal"
  android:layout_width="match_parent"
  android:layout_height="match_parent">
  <FrameLayout
    android:id="@+id/list_container"
    android:layout_width="wrap_content"
    android:layout_height="match_parent"
    android:layout_weight="1"
  />
  <FrameLayout
    android:id="@+id/details_container"
    android:layout_width="wrap_content"
    android:layout_height="match_parent"
    android:layout_weight="3"
    android:visibility="gone"
  />
</LinearLayout>
```

Listing 3.10 Ausblenden von Fragmenten in Layoutvarianten

Fragmente und der Back-Stack

Zu einem früheren Zeitpunkt in diesem Kapitel haben wir das Konzept der Activity-Stacks beschrieben – das logische Stapeln von Activities, die nicht mehr sichtbar sind –, die es dem Benutzer ermöglichen, mit der Back-Taste zu vorherigen Bildschirmen zurückzukehren.

3.6 | Application, Activitity und Fragment

Mit Fragmenten können Sie dynamische Activity-Layouts erstellen, die modifiziert werden können, um signifikante Änderungen in den Benutzeroberflächen darzustellen. In einigen Fällen können diese Änderungen als neuer Bildschirm betrachtet werden. In diesem Fall kann ein Benutzer vernünftigerweise erwarten, dass die Back-Taste zum vorherigen Layout zurückkehrt. Dabei werden zuvor ausgeführte Fragment-Transaktionen storniert.

Android stellt für diese Funktionalität eine komfortable Technik zur Verfügung. Um die `FragmentTransaction` zum Back-Stack hinzuzufügen, rufen Sie `addToBackStack` einer `FragmentTransaction` auf, bevor Sie `commit` aufrufen. Beachten Sie, dass `commitNow` nicht verwendet werden kann, wenn Fragment-Transaktionen angewendet werden, die dem Back-Stack hinzugefügt werden.

Im folgenden Programmabschnitt haben wir ein Layout, das entweder die List- oder die Detail-View anzeigt. Diese Transaktion entfernt das List-Fragment, und fügt das Detail-Fragment hinzu und fügt die Änderung dem Back-Stack hinzu:

```
FragmentTransaction fragmentTransaction = fragmentManager.beginTransaction();

// Suche und entferne das List-Fragment
Fragment fragment = fragmentManager.findFragmentById(R.id.ui_container);
fragmentTransaction.remove(fragment);

// Erzeuge und füge das Detail-Fragment hinzu
fragmentTransaction.add(R.id.ui_container, new DetailFragment());

// Füge die FragmentTransaction zum Back-Stack hinzu
// und bestätige die Änderung
fragmentTransaction.addToBackStack(BACKSTACK_TAG);
fragmentTransaction.commit();
```

Wenn Sie auf die Back-Taste drücken, wird die vorherige Fragment-Transaktion rückgängig gemacht und die Benutzeroberfläche auf das frühere Layout zurückgesetzt.

Wenn die vorhergehende Fragment-Transaktion bestätigt wird, wird das Listenfragment gestoppt, abgetrennt und auf den Back-Stack verschoben, anstatt einfach zerstört zu werden. Wenn die Transaktion rückgängig gemacht wird, wird das Detail-Fragment zerstört, und das Listen-Fragment wird neu gestartet und an die Activity angehängt.

Animieren von Fragment-Transaktionen

Um eine der standardmäßigen Übergangsanimationen anzuwenden, verwenden Sie die Methode setTransition für jede FragmentTransaction, indem Sie eine der Konstanten FragmentTransaction.TRANSIT_FRAGMENT_* übergeben:

```
fragmentTransaction.setTransition(FragmentTransaction.TRANSIT_FRAGMENT_OPEN);
```

Sie können auch benutzerdefinierte Animationen auf Fragment-Transaktionen anwenden, indem Sie die Methode setCustomAnimations verwenden, bevor Sie die Methoden add oder remove in Ihrer Fragment-Transaktion aufrufen.

Diese Methode akzeptiert zwei ObjectAnimator-XML-Ressourcen: eine für Fragmente, die dem Layout hinzugefügt werden, und eine weitere für Fragmente, die entfernt werden:

```
fragmentTransaction.setCustomAnimations(android.R.anim.fade_in,
                                        android.R.anim.fade_out);
```

Dies ist eine besonders nützliche Methode, um nahtlose dynamische Übergänge hinzuzufügen, wenn Sie Fragmente innerhalb Ihres Layouts ersetzen. Weitere Informationen zum Erstellen von benutzerdefinierten Animator- und Animation- Ressourcen finden Sie in Kapitel 14.

3.6.5 Kommunikation zwischen Fragmenten und Activities

Wenn Ihr Fragment Ereignisse mit seiner Eltern-Activity teilen muss (wie beispielsweise das Signalisieren von Oberflächenselektionen), ist es empfehlenswert, ein Callback-Interface innerhalb des Fragments zu erstellen, das eine Eltern-Activity implementieren muss.

Listing 3.11 zeigt einen Programmausschnitt aus einer Fragment-Klasse, die ein public Event-Listener-Interface definiert. Der onAttach-Handler wird überschrieben, um eine Referenz auf die Eltern-Activity zu erhalten und bestätigt, dass er das erforderliche Interface implementiert. Der onDetach-Handler setzt unsere Referenz auf null, und die Methode onButtonPressed wird als Platzhalter-Beispiel verwendet, das die Interface-Methode unserer Eltern-Activity aufruft.

```
public class MySkeletonFragment extends Fragment {

  public interface OnFragmentInteractionListener {
    // TODO Aktualisiere Argumenttyp und -name
    void onFragmentInteraction(Uri uri);
  }
```

3.6 | Application, Activitiy und Fragment

```java
    private OnFragmentInteractionListener mListener;

    public MySkeletonFragment() {}

    @Override
    public View onCreateView(LayoutInflater inflater, ViewGroup container,
                        Bundle savedInstanceState) {
      // Baue das Layout für dieses Fragment auf
      return inflater.inflate(R.layout.my_skeleton_fragment_layout,
                        container, false);
    }

    @Override
    public void onAttach(Context context) {
      super.onAttach(context);
      if (context instanceof OnFragmentInteractionListener) {
        mListener = (OnFragmentInteractionListener) context;
      } else {
        throw new RuntimeException(context.toString()
                + " must implement OnFragmentInteractionListener");
      }
    }

    @Override
    public void onDetach() {
      super.onDetach();
      mListener = null;
    }

    public void onButtonPressed(Uri uri) {
      if (mListener != null) {
        mListener.onFragmentInteraction(uri);
      }
    }
}
```
Listing 3.11 Definition von Fragment-Event-Callback-Interfaces

Sie können die Methode `getContext` auch innerhalb eines Fragments verwenden, um eine Referenz auf den Context der Komponente zurückzugeben, in die sie eingebettet ist.

Obwohl es möglich ist, dass Fragmente mit Hilfe des Fragment-Managers der Eltern-Activity miteinander kommunizieren können, empfielt es sich, die Activity als Vermittler zu verwenden. Dies ermöglicht es, die Fragmente so unabhängig und lose wie möglich zu koppeln. Die Verantwortung, wie sich ein Ereignis in einem Fragment auf die gesamte Benutzeroberfläche auswirkt, fällt die auf die Eltern-Activity.

3.6.6 Fragmente ohne Benutzeroberfläche

In den meisten Fällen werden Fragmente verwendet, um modulare Komponenten der Benutzeroberfläche zu kapseln. Sie können jedoch auch ein Fragment ohne Benutzeroberfläche erstellen, um ein Hintergrundverhalten bereitzustellen, das bei Activity-Neustarts bestehen bleibt, die durch Konfigurationsänderungen hervorgerufen werden.

Sie können wählen, ob ein aktives Fragment seine aktuelle Instanz beibehalten soll, wenn seine Eltern-Activity mit der Methode setRetainInstance neu erstellt wird. Nach dem Aufruf dieser Methode ändert sich der Lebenszyklus des Fragments.

Anstatt zerstört und mit der Eltern-Activity neu erstellt zu werden, wird die gleiche Fragment-Instanz beim Neustart der Activity beibehalten. Es wird das Event onDetach empfangen, wenn die Eltern-Activity zerstört wird, gefolgt von den Events onAttach, onCreateView und onActivityCreated, wenn die neue Eltern-Activity instanziiert wird.

Der folgende Programmausschnitt zeigt den Rahmencode für ein Fragment ohne Benutzeroberfläche:

```
public class WorkerFragment extends Fragment {

  public final static String MY_FRAGMENT_TAG = "my_fragment";

  @Override
  public void onAttach(Context context) {
    super.onAttach(context);

    // Hole eine typsichere Referenz auf den Eltern-Context.
  }
  @Override
  public void onCreate(Bundle savedInstanceState) {
    super.onCreate(savedInstanceState);

    // Erstelle laufende Threads und Tasks
  }
```

3.7 | Application, Activitity und Fragment

```
  @Override
  public void onActivityCreated(Bundle savedInstanceState) {
    super.onActivityCreated(savedInstanceState);

    // Initiiere Worker-Threads und -Tasks
  }
}
```

Um dieses Fragment zu Ihrer Activity hinzuzufügen, erstellen Sie eine neue `FragmentTransaction` und geben ein Tag an, mit dem Sie es identifizieren können. Da das Fragment keine Benutzeroberfläche hat, sollte es nicht mit einem Container-View assoziiert werden und nicht zum Back-Stack hinzugefügt werden:

```
FragmentTransaction fragmentTransaction = fragmentManager.beginTransaction();

fragmentTransaction.add(new WorkerFragment(), WorkerFragment.MY_FRAGMENT_TAG);

fragmentTransaction.commitNow();
```

Verwenden Sie `findFragmentByTag` des `FragmentManagers`, um später eine Referenz darauf zu erhalten:

```
WorkerFragment workerFragment
  = (WorkerFragment)fragmentManager
    .findFragmentByTag(WorkerFragment.MY_FRAGMENT_TAG);
```

3.7 Erstellen einer Erdbebenanzeige-App

Im folgenden Beispiel beginnen Sie mit der Erstellung einer App, die einen Feed von Erdbebendaten des United States Geological Survey (USGS) verwendet, um eine Liste (und eventuell eine Karte) der jüngsten Erdbeben anzuzeigen.

In diesem Kapitel beginnen wir mit der Erstellung der Benutzeroberflächen-Activity für diese Anwendung unter Einsatz von Activities, Layouts und Fragmenten. Wir werden in den folgenden Kapiteln mehrmals auf diese Erdbebenanwendung zurückkommen und schrittweise weitere Features und Funktionen hinzufügen.

Abbildung 3.5 zeigt die grundlegende Anwendungsarchitektur, die wir mit den folgenden Schritten aufbauen werden.

Erstellen einer Erdbebenanzeige-App | 3.7

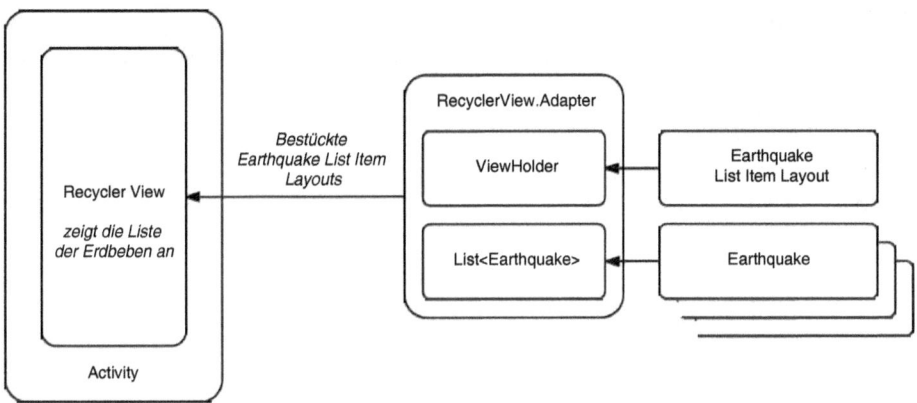

Abbildung 3.5 App-Architektur

> **Hinweis**
>
> Um die Lesbarkeit zu erleichtern, werden bei den Beispielen die `import`-Anweisungen nicht abgedruckt. Wenn Sie Android Studio verwenden, können Sie im Einstellungsdialog unter EDITOR|GENERAL|AUTO IMPORT (siehe Abbildung 3.6) die Option Add unambiguous imports on the fly aktivieren, um die erforderlichen Import-Befehle zu generieren, die von den Klassen im Quelltext benötigt werden. Alternativ können Sie auch bei jedem nicht aufgelösten Klassennamen die Tastenkombination Alt + ↵ drücken.

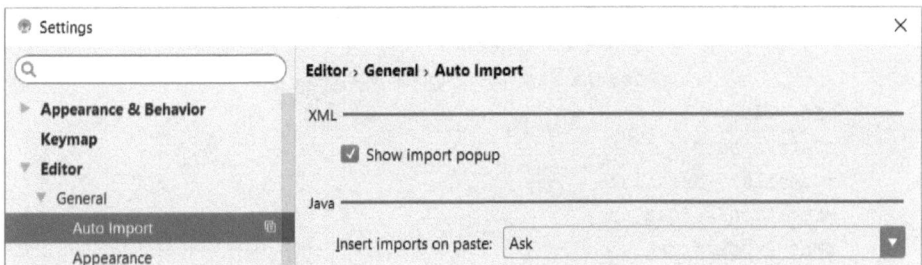

Abbildung 3.6 Auto-Import in Android-Studio

1. Beginnen Sie mit der Erstellung eines neuen Projekts. Es sollte auf Smartphones und Tablets mit einem SDK von mindestens API 16 laufen. Wenn Sie dazu aufgefordert werden, benennen Sie die primäre Activity `EarthquakeMainActivity` mit Hilfe der Vorlage EMPTY ACTIVITY. Es sollte auch die Bibliothek App Compatibility verwenden, die durch Aktivieren des Kontrollkästchens BACKWARDS COMPATIBILITY (APPCOMPAT) aktiviert wird.

3.7 | Application, Activitity und Fragment

2. Erstellen Sie eine neue öffentliche Klasse `Earthquake`. Diese Klasse wird verwendet, um die Details (id, date, details, location, magnitude und link) jedes Erdbebens zu speichern. Überschreiben Sie die Methode `toString`, um die Zeichenfolge bereitzustellen, die benötigt wird, um jedes Erdbeben in der Erdbebenliste darzustellen:

```java
import java.util.Date;
import java.text.SimpleDateFormat;
import java.util.Locale;

import android.location.Location;

public class Earthquake {
  private String mId;
  private Date mDate;
  private String mDetails;
  private Location mLocation;
  private double mMagnitude;
  private String mLink;

  public String getId() { return mId; }
  public Date getDate() { return mDate; }
  public String getDetails() { return mDetails; }
  public Location getLocation() { return mLocation; }
  public double getMagnitude() { return mMagnitude; }
  public String getLink() { return mLink; }
  public Earthquake(String id, Date date, String details,
                    Location location,
                    double mag, String link) {
    mId = id;
    mDate = date;
    mDetails = details;
    mLocation = location;
    mMagnitude = mag;
    mLink = link;
  }

  @Override
  public String toString() {
    SimpleDateFormat sdf = new  SimpleDateFormat("HH.mm", Locale.US);
    String dateString = sdf.format(mDate);
    return dateString + ": " + mMagnitude + " " + mDetails;
  }
```

```
    @Override
    public boolean equals(Object obj) {
      if (obj instanceof Earthquake)
        return (((Earthquake)obj).getId().contentEquals(mId));
      else
        return false;
    }
  }
```

3. Erstellen Sie eine neue XML-Ressourcendatei *dimens.xml* im Ordner *res/values*. Erstellen Sie neue Dimensionen für Bildschirmränder auf der Grundlage der von den Android-Designrichtlinien empfohlenen 16dp.

```xml
<?xml version="1.0" encoding="utf-8"?>
<resources>
    <!-- Standard-Bildschirm-Ränder, nach den Android Design Richtlinien~-->
    <dimen name="activity_horizontal_margin">16dp</dimen>
    <dimen name="activity_vertical_margin">16dp</dimen>
    <dimen name="text_margin">16dp</dimen>
</resources>
```

4. Erstellen Sie nun eine neue Layout-Ressource *list_item_earthquake.xml* im Verzeichnis *res/layout*. Diese wird verwendet, um jedes Erdbeben in der Liste anzuzeigen. Fürs Erste verwenden Sie eine einfache `TextView`, die eine einzelne Textzeile mit dem Rand aus Schritt 3 und der Listenelementtextdarstellung des Android-Frameworks anzeigt. Wir werden auf dieses Thema in Kapitel 5 zurückkommen, um ein reichhaltigeres, komplexeres Layout zu erstellen:

```xml
<?xml version="1.0" encoding="utf-8"?>
<FrameLayout xmlns:android="http://schemas.android.com/apk/res/android"
  android:layout_width="match_parent"
  android:layout_height="wrap_content">
  <TextView
    android:id="@+id/list_item_earthquake_details"
    android:layout_width="match_parent"
    android:layout_height="wrap_content"
    android:layout_margin="@dimen/text_margin"
    android:textAppearance="?attr/textAppearanceListItem"/>
</FrameLayout>
```

3.7 | Application, Activitity und Fragment

5. Erstellen Sie eine neue Klasse `EarthquakeListFragment`, die `Fragment` erweitert und ein Array von `Earthquake` aufnimmt:

```
public class EarthquakeListFragment extends Fragment {

  private ArrayList<Earthquake> mEarthquakes =
    new ArrayList<Earthquake>();

  public EarthquakeListFragment() {
  }

  @Override
  public void onCreate(Bundle savedInstanceState) {
    super.onCreate(savedInstanceState);
  }
}
```

6. Unsere Liste der Erdbeben wird mit einem `RecyclerView` innerhalb des in Schritt 5 erstellten Fragments angezeigt. Eine `RecyclerView` ist eine visuelle Komponente, die eine scrollende Liste von Elementen anzeigt. Wir untersuchen die `RecyclerView` in Kapitel 5 genauer.

Für die `RecyclerView` muss eine zusätzliche Dependency für die Bibliothek recyclerview in der Modul-Datei *build.gradle* eingetragen sein. Dies führen Sie aber nicht direkt durch, da dies leicht zu Versionskonflikten führt. Da gehen Sie im Android Studio folgendermaßen vor:

   a) Aus dem Menü rufen Sie BUILD|EDIT LIBRARIES AND DEPENDENCIES auf (Sie gelangen auch über FILE|PROJECT STRUCTURE und dann APP|DEPENDENCIES in diesen Dialog).

   b) Dort klicken Sie auf das grüne Plus-Symbol.

   c) Es erscheint ein Menü mit der Möglichkeit, eine LIBRARY DEPENDENCY einzutragen.

   d) Im Folgedialog können Sie einen Suchbegriff eingeben. Hier geben Sie »recyclerview« ein und klicken auf das Lupen-Symbol.

   e) Wählen Sie den Eintrag, der mit `com.android.support` beginnt und klicken Sie OK.

   f) Bestätigen Sie auch den Dialog PROJECT STRUCTURE mit OK.

Wenn Sie das Ergebnis in der Modul-Datei *build.gradle* ansehen, ergibt sich etwa folgendes Bild (Die Versionsnummern werden bei Ihnen vermutlich abweichen):

```
dependencies {
  compile fileTree(dir: 'libs', include: ['*.jar'])
  androidTestCompile(
    'com.android.support.test.espresso:espresso-core:2.2.2', {
      exclude group: 'com.android.support', module: 'support-annotations'
    })
  compile 'com.android.support:appcompat-v7:27.0.2'
  compile 'com.android.support.constraint:constraint-layout:1.0.2'
  compile 'com.android.support:recyclerview-v7:27.0.2'
  testCompile 'junit:junit:4.12'
}
```

7. Erstellen Sie nun eine neue Layoutdatei *fragment_earthquake_list.xml* im Projektverzeichnis *res/layout*, die das Layout für die in Schritt 5 erstellte Fragmentklasse definiert; sie sollte ein einzelnes RecyclerView-Element enthalten:

```
<?xml version="1.0" encoding="utf-8"?>
<android.support.v7.widget.RecyclerView
  xmlns:android="http://schemas.android.com/apk/res/android"
  xmlns:app="http://schemas.android.com/apk/res-auto"
  android:id="@+id/list"
  android:layout_width="match_parent"
  android:layout_height="match_parent"
  android:layout_marginLeft="16dp"
  android:layout_marginRight="16dp"
  app:layoutManager="LinearLayoutManager"
/>
```

8. Wenden Sie sich wieder der Klasse `EarthquakeListFragment` zu und überschreiben Sie die Methode `onCreateView`, um das Layout aus Schritt 7 aufzubauen:

```
@Override
public View onCreateView(LayoutInflater inflater, ViewGroup container,
                         Bundle savedInstanceState) {
  View view = inflater.inflate(R.layout.fragment_earthquake_list,
                               container, false);
  return view;
}
```

9. Ändern Sie die *activity_earthquake_main.xml* und ersetzen Sie das Standardlayout durch ein `FrameLayout`, das als Container für das Fragment verwendet wird, das Sie in Schritt 5 erstellt haben. Vergewissern Sie sich, dass Sie ihm eine ID geben, damit Sie es aus dem Activity-Code referenzieren können:

3.7 | Application, Activitity und Fragment

```xml
<?xml version="1.0" encoding="utf-8"?>
<FrameLayout xmlns:android="http://schemas.android.com/apk/res/android"
  android:layout_width="match_parent"
  android:layout_height="match_parent"
  android:id="@+id/main_activity_frame">
</FrameLayout>
```

10. Wenden Sie sich wieder der `EarthQuakeMainActivity` zu und ändern Sie die Methode `onCreate`, um mit Hilfe des Fragment Managers das Fragment der Liste aus Schritt 5 zu dem in Schritt 9 definierten `FrameLayout` hinzuzufügen. Beachten Sie, dass wenn Ihre Activity aufgrund einer Änderung der Gerätekonfiguration neu erstellt wird, alle Fragmente, die mit dem Fragment-Manager hinzugefügt wurden, automatisch neu hinzugefügt werden. Folglich fügen wir nur dann ein neues Fragment hinzu, wenn es sich nicht um einen Neustart der Konfigurationsänderung handelt; andernfalls können wir es mit Hilfe seines Tags finden:

```java
private static final String TAG_LIST_FRAGMENT = "TAG_LIST_FRAGMENT";

EarthquakeListFragment mEarthquakeListFragment;

@Override
protected void onCreate(Bundle savedInstanceState) {
  super.onCreate(savedInstanceState);
  setContentView(R.layout.activity_earthquake_main);

  FragmentManager fm = getSupportFragmentManager();

  // Android fügt alle Fragmente, die zuvor nach einer
  // Konfigurationsänderung hinzugefügt wurden, automatisch
  // wieder hinzu, daher bitte nur hinzufügen, wenn es sich
  // nicht um einen automatischen Neustart handelt.
  if (savedInstanceState == null) {
    FragmentTransaction ft = fm.beginTransaction();

    mEarthquakeListFragment = new EarthquakeListFragment();
    ft.add(R.id.main_activity_frame,
        mEarthquakeListFragment, TAG_LIST_FRAGMENT);

    ft.commitNow();
  } else {
    mEarthquakeListFragment =
      (EarthquakeListFragment)fm.findFragmentByTag(TAG_LIST_FRAGMENT);
  }
}
```

11. Erstellen Sie nun eine neue Klasse `EarthquakeRecyclerViewAdapter`, die `RecyclerView.Adapter` erweitert, und erstellen Sie darin eine neue Klasse `ViewHolder`, die `RecyclerView.ViewHolder` erweitert. Der `ViewHolder` wird verwendet, um einen Verweis auf jede View aus der Definition des Earthquake Item Layouts in Schritt 4 zu halten, wenn Sie die Erdbebenwerte in der Methode `onBindViewHolder` des `Earthquake Recycler View Adapters` daran binden. Die Rolle des `EarthquakeRecyclerViewAdapters` besteht darin, bestückte View-Layouts basierend auf der Liste der Erdbeben, die er verwaltet, bereitzustellen. Wir werden uns die `RecyclerView` und ihren Adapter in Kapitel 5 genauer ansehen.

```java
public class EarthquakeRecyclerViewAdapter extends
        RecyclerView.Adapter<EarthquakeRecyclerViewAdapter.ViewHolder> {

  private final List<Earthquake> mEarthquakes;

  public EarthquakeRecyclerViewAdapter(List<Earthquake> earthquakes ) {
    mEarthquakes = earthquakes;
  }

  @Override
  public ViewHolder onCreateViewHolder(ViewGroup parent, int viewType) {
    View view = LayoutInflater.from(parent.getContext())
                .inflate(R.layout.list_item_earthquake,
                        parent, false);
    return new ViewHolder(view);
  }

  @Override
  public void onBindViewHolder(final ViewHolder holder, int position) {
    holder.earthquake = mEarthquakes.get(position);
    holder.detailsView.setText(mEarthquakes.get(position).toString());
  }

  @Override
  public int getItemCount() {
    return mEarthquakes.size();
  }

  public class ViewHolder extends RecyclerView.ViewHolder {
    public final View parentView;
    public final TextView detailsView;
    public Earthquake earthquake;
```

3.7 | Application, Activitiy und Fragment

```java
      public ViewHolder(View view) {
        super(view);
        parentView = view;
        detailsView = (TextView)
                    view.findViewById(R.id.list_item_earthquake_details);
      }

      @Override
      public String toString() {
        return super.toString() + " '" + detailsView.getText() + "'";
      }
    }
  }
```

12. Wenden Sie sich wieder der Klasse `EarthquakeListFragment` zu und ändern Sie `onCreateView`, um eine Referenz auf die Recycler View zu erhalten, und überschreiben Sie die `onViewCreated`-Methode, um den `EarthquakeRecyclerViewAdapter` aus Schritt 11 der Recycler View zuzuweisen:

```java
private RecyclerView mRecyclerView;
private EarthquakeRecyclerViewAdapter mEarthquakeAdapter =
  new EarthquakeRecyclerViewAdapter(mEarthquakes);

@Override
public View onCreateView(LayoutInflater inflater, ViewGroup container,
                  Bundle savedInstanceState) {
  View view = inflater.inflate(R.layout.fragment_earthquake_list,
                  container, false);

  mRecyclerView = (RecyclerView) view.findViewById(R.id.list);

  return view;
}

@Override
public void onViewCreated(View view, Bundle savedInstanceState) {
  super.onViewCreated(view, savedInstanceState);

  // Setze den RecyclerViewAdapter
  Context context = view.getContext();
  mRecyclerView.setLayoutManager(new LinearLayoutManager(context));
  mRecyclerView.setAdapter(mEarthquakeAdapter);
}
```

Erstellen einer Erdbebenanzeige-App | **3.7**

13. Fügen Sie innerhalb der Klasse `EarthquakeListFragment` eine Methode `setEarthquakes` hinzu, die eine Liste von Erdbeben nach Duplikaten durchsucht und dann jedes neue Erdbeben zur `ArrayList` hinzufügt. Sie sollte auch den `RecyclerViewAdapter` benachrichtigen, dass ein neues Element eingefügt wurde:

    ```java
    public void setEarthquakes(List<Earthquake> earthquakes) {
      for (Earthquake earthquake: earthquakes) {
        if (!mEarthquakes.contains(earthquake)) {
          mEarthquakes.add(earthquake);
          mEarthquakeAdapter
              .notifyItemInserted(mEarthquakes.indexOf(earthquake));
        }
      }
    }
    ```

14. In Kapitel 7 erfahren Sie, wie Sie den USGS-Feed für Erdbeben herunterladen und auswerten. Aber um zu bestätigen, dass Ihre Anwendung funktioniert, aktualisieren Sie Ihre Methode `onCreate` der Haupt-Activity, um einige Dummy-Erdbeben zu erstellen – und stellen Sie sicher, dass Sie die Bibliotheken `java.util.Date` und `java.util.calendar` für die Datums- und Zeitfunktionen importieren. Nach der Erstellung übergeben Sie die neuen Erdbeben an Ihr Erdbebenlistenfragment mit der Methode `setEarthquakes`:

    ```java
    @Override
    protected void onCreate(Bundle savedInstanceState) {
      super.onCreate(savedInstanceState);
      setContentView(R.layout.activity_earthquake_main);

      FragmentManager fm = getSupportFragmentManager();
      if (savedInstanceState == null) {
        FragmentTransaction ft = fm.beginTransaction();
        mEarthquakeListFragment = new EarthquakeListFragment();
        ft.add(R.id.main_activity_frame, mEarthquakeListFragment,
            TAG_LIST_FRAGMENT);
        ft.commitNow();
      } else {
        mEarthquakeListFragment =
          (EarthquakeListFragment)fm.findFragmentByTag(TAG_LIST_FRAGMENT);
      }

      Date now = Calendar.getInstance().getTime();
      List<Earthquake> dummyQuakes = new ArrayList<Earthquake>(0);
    ```

3.7 | Application, Activitity und Fragment

```
        dummyQuakes.add(new Earthquake("0", now, "San Jose", null, 7.3, null));
        dummyQuakes.add(new Earthquake("1", now, "LA", null, 6.5, null));

        mEarthquakeListFragment.setEarthquakes(dummyQuakes);
    }
```

15. Wenn Sie Ihr Projekt ausführen, sollten Sie eine RecyclerView mit den beiden Dummy-Erdbeben sehen, wie in Abbildung 3.7 dargestellt.

Abbildung 3.7 RecyclerView im Erdbebenbetrachter

Kapitel 4
Definieren der Android Manifest- und Gradle-Build-Dateien und die Auslagerung von Ressourcen

Inhalt

- Das Manifest Ihrer Anwendung verstehen
- Die Build-Dateien Ihrer Anwendung konfigurieren
- Ausgelagerte Ressourcen erzeugen
- Ressourcen im Code verwenden und von anderen Ressourcen referenzieren
- Systemressourcen verwenden
- Ressourcen zur dynamischen Unterstützung der Internationalisierung und verschiedener Gerätekonfigurationen einsetzen
- Änderungen der Laufzeitkonfiguration behandeln

Wrox.com Quelltext-Downloads für dieses Kapitel

Der wrox.com-Code-Download für dieses Kapitel ist unter www.wrox.com auf der Registerkarte Download-Code zu finden:

Snippets_ch4.zip.

4.1 Manifest, Build-Dateien und Ressourcen

Jedes Android-Projekt enthält eine Manifestdatei, die die Struktur und die Metadaten Ihrer Anwendung, ihrer Komponenten und Anforderungen definiert.

In diesem Kapitel erfahren Sie, wie Sie Ihr Anwendungsmanifest konfigurieren und wie Sie die *build.gradle*-Konfigurationsdateien modifizieren. Diese *build.gradle*-Dateien wer-

4.2 | Android Manifest- und Gradle-Build-Dateien und die Auslagerung von Ressourcen

den verwendet, um die erforderlichen Abhängigkeiten zu definieren und Parameter beim Kompilieren und Erstellen Ihrer Anwendungen zu definieren.

Sie sollten immer die bestmögliche Benutzerführung bieten, unabhängig davon, in welchem Land sie sich befinden oder welche der vielen verschiedenen Android-Gerätetypen, -Formfaktoren und -Bildschirmgrößen sie verwenden. In diesem Kapitel erfahren Sie, wie Sie Ressourcen auslagern und mit Hilfe des Ressourcen-Frameworks optimierte Ressourcen bereitstellen, um sicherzustellen, dass Ihre Anwendungen nahtlos auf unterschiedlicher Hardware (insbesondere auf unterschiedlichen Bildschirmauflösungen und Pixeldichten), in verschiedenen Ländern und mit Unterstützung mehrerer Sprachen ausgeführt werden.

4.2 Einführung in das Android Manifest

Jedes Android-Projekt enthält eine Manifestdatei, *AndroidManifest.xml*. Innerhalb von Android Studio können Sie auf das Anwendungsmanifest im Verzeichnis *app/manifests* zugreifen, wie in Abbildung 4.1 zu sehen.

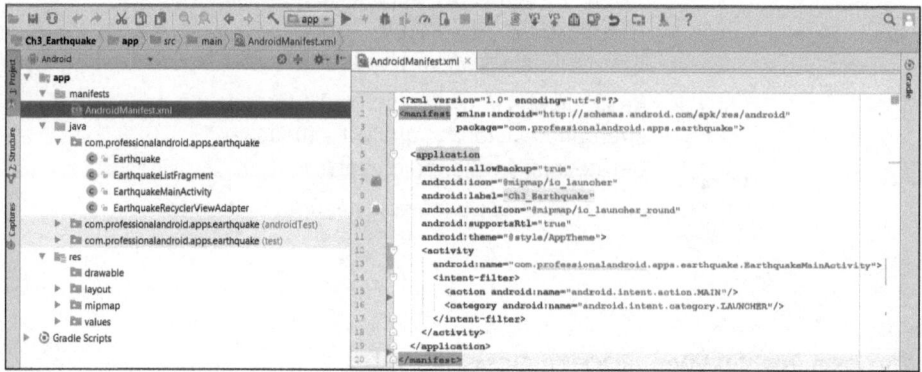

Abbildung 4.1 Manifest im Android Studio

Das Manifest definiert die Struktur und die Metadaten Ihrer Anwendung, ihrer Komponenten und Anforderungen.

Ihr Manifest enthält Elemente für jede der Activities, Services, Content-Provider und Broadcast Receiver, aus denen sich Ihre Anwendung zusammensetzt, und legt mit Hilfe von Intent-Filtern und Permissions fest, wie sie miteinander und mit anderen Anwendungen zusammenarbeiten.

Das Manifest besteht aus einem Root-manifest-Tag mit einem package-Attribut, das auf den eindeutigen Package-Namen des Projekts gesetzt ist. Es sollte auch ein

140

xmlns:android-Attribut enthalten, das mehrere Systemattribute liefert, die innerhalb der Datei benötigt werden.

Das folgende XML-Ausschnitt zeigt einen typischen Wurzelknoten des Manifests:

```
<manifest xmlns:android="http://schemas.android.com/apk/res/android"
          package="com.professionalandroid.apps.helloworld" >
  [ ... manifest nodes ... ]
</manifest>
```

Das Manifest legt die Metadaten der Anwendung (beispielsweise Icon und Theme) innerhalb des Top-Level-Knotens `application` fest. Zusätzliche Top-Level-Knoten auf oberster Ebene können alle erforderlichen Permissions, Unit-Tests und Hardware-, Bildschirm- oder Plattformanforderungen definieren (wie im folgenden Abschnitt beschrieben).

Die folgende Liste gibt einen Überblick über einige der verfügbaren Manifest-Unterknoten-Tags und enthält einen XML-Ausschnitt, der die Verwendung der einzelnen Tags demonstriert:

- `uses-feature`: Android ist auf einer Vielzahl von Hardware-Plattformen verfügbar. Sie können `uses-feature`-Knoten verwenden, um Hardware- und Software-Features zu spezifizieren, die Ihre Anwendung benötigt, um richtig zu funktionieren. Beachten Sie, dass dadurch verhindert wird, dass Ihre Anwendung auf einem Gerät installiert wird, das nicht über eine bestimmte Funktion verfügt, wie zum Beispiel NFC-Hardware im folgenden Beispiel:

    ```
    <uses-feature android:name="android.hardware.nfc" />
    ```

    Verwenden Sie diesen Knoten nur, wenn Sie verhindern möchten, dass Ihre Anwendung auf Geräten installiert wird, die bestimmte Funktionen nicht enthalten. Derzeit werden die folgenden Kategorien unterstützt:
    - `android.hardware.audio`: Die Anwendung benötigt eine Audio-Pipeline mit niedriger Latenz (audio.low_latency), höchster Qualität (audio.pro), einem Ausgang (audio.output) oder einen Mikrofoneingang (microphone).
    - `android.hardware.bluetooth`: Es wird Bluetooth oder Bluetooth Low Energy (bluetooth_le) benötigt.
    - `android.hardware.camera`: Die Anwendung erfordert eine Kamera. Sie können auch die Unterstützung für Vorder- oder Rückseite, Autofokus, manuelle Nachbearbeitung, manuellen Sensor, Blitz oder RAW benötigen (oder als Option einstellen).
    - `android.hardware.type`: Die Anwendung benötigt eine bestimmte Geräte-Kategorie, beispielsweise Automobile oder Uhren.

- `android.hardware.fingerprint`: Die Anwendung benötigt biometrische Hardware, die Fingerabdrücke lesen kann.
- `android.hardware.gamepad`: Die Anwendung erwartet einen Gamecontroller, entweder vom Gerät selbst oder von einem angeschlossenen Gamepad.
- `android.hardware.consumerir`: Die Anwendung erfordert Infrarot-(IR)-Fähigkeiten an (typischerweise zur Kommunikation mit anderen IR-Geräten für Endverbraucher).
- `android.hardware.location`: Die Anwendung muss den aktuellen Standort ermitteln können. Sie können auch explizit die Netzwerk- oder GPS-Unterstützung angeben.
- `android.hardware.nfc`: Die Anwendung erfordert NFC-Unterstützung (Near Field Communications).
- `android.hardware.opengles.aep`: Die Anwendung erfordert das auf dem Gerät installierte OpenGL ES Android Extension Pack.
- `android.hardware.sensor`: Die Anwendung stellt eine Anforderung für jeden der potenziell verfügbaren Hardware-Sensoren, einschließlich Beschleunigungssensor, Barometer, Kompass, Gyroskop, Sensoren zur Erfassung von Umgebungstemperatur, Herzfrequenz, Licht, Annäherung, Luftfeuchtigkeit und einem Schrittzähler und Schrittmelder.
- `android.hardware.telephony`: Die Anwendung legt fest, dass entweder die Telefonie im Allgemeinen oder eine bestimmte Telefonie-Funktechnologie (GSM oder CDMA) erforderlich ist.
- `android.hardware.touchscreen`: Hiermit legen Sie fest, welche Art von Touchscreen für Ihre Anwendung erforderlich ist, einschließlich der Anzahl der unterschiedlichen Eingaben, die erkannt und verfolgt werden können.
- `android.hardware.usb`: Die Anwendung erfordert entweder USB-Host-(usb.host) oder Zubehörmodus-Unterstützung (usb.accessory).
- `android.hardware.wifi`: Die Anwendung erfordert Wi-Fi-Netzwerkunterstützung.
- `android.software.sip`: Die Anwendung benötigt Unterstützung für SIP-Dienste (Session Initiation Protocol) oder VoIP-Dienste (Voice Over Internet Protocol).
- `android.software`: Verwenden Sie diese optionalen Softwarefunktionen, um festzulegen, dass Ihre Anwendung Geräteverwaltungsfunktionen wie Backup-Service, Durchsetzung von Geräterichtlinien, verwaltete Benutzer, Entfernung von Benutzern und verifiziertes Booten benötigt, aber auch, wenn Ihre Anwen-

dung MIDI-Unterstützung, Drucken, einen Fernsehbildschirm, Live-TV oder Home-Screen-Widgets benötigt.

Mit der Vielfalt der Plattformen, auf denen Android verfügbar ist, steigt auch die Anzahl der optionalen Hard- und Software. Eine vollständige Liste der Hardware, die für die Verwendung von Features vorgesehen ist, finden Sie unter *developer.android.com/guide/topics/manifest/uses-feature-element.html#features-reference*.

Um die Kompatibilität zu gewährleisten, bedeutet die Angabe der Anforderung einiger Berechtigungen, dass diese Funktion erforderlich ist. Insbesondere impliziert die Anforderung der Erlaubnis für den Zugriff auf Bluetooth, die Kamera, eine der Standortserviceberechtigungen, Audioaufzeichnung, Wi-Fi und telefonbezogene Berechtigungen die entsprechende Hardwarefunktion. Sie können diese impliziten Anforderungen außer Kraft setzen, indem Sie ein Attribut `required` hinzufügen und es auf `false` setzen. Beispielsweise kann eine Notizapplikation, die die Aufnahme einer Audio-Note unterstützt (aber nicht erfordert), die Mikrofon-Hardware optional machen:

```
<uses-feature android:name="android.hardware.microphone"
              android:required="false" />
```

Einen Sonderfall stellt auch die Kamera-Hardware dar. Aus Kompatibilitätsgründen ist es erforderlich, dass die Kamera den Autofokus unterstützt, wenn sie die Erlaubnis zur Verwendung der Kamera anfordert oder einen `uses-feature`-Eintrag hinzufügt, der dies erfordert. Sie können das bei Bedarf optional angeben:

```
<uses-feature android:name="android.hardware.camera" />
<uses-feature android:name="android.hardware.camera.autofocus"
              android:required="false" />
<uses-feature android:name="android.hardware.camera.flash"
              android:required="false" />
```

- `supports-screens`: Mit der Verbreitung von Hunderten von verschiedenen Bildschirmgrößen, Auflösungen und Dichten – und der Einführung des Multi-Window-Modus – sollten Sie für Ihre Anwendung ansprechende Oberflächendesigns erstellen, die eine gute Wirkung haben. Obwohl es technisch möglich ist, die Verfügbarkeit Ihrer Anwendung auf eine Teilmenge der unterstützten Bildschirmauflösungen zu beschränken, ist das nicht ratsam und sollte vermieden werden.

- `supports-gl-texture`: Damit erklärt die Anwendung, dass sie in der Lage ist, Textur-Assets bereitzustellen, die mit einem bestimmten GL-Textur-Komprimierungsformat komprimiert werden. Sie müssen mehrere `supports-gl-texture`-Elemente verwenden, wenn Ihre Anwendung in der Lage ist, mehrere Texturkomprimierungsformate zu unterstützen. Die aktuellste Liste der unterstützten GL-Textur-

4.2 | Android Manifest- und Gradle-Build-Dateien und die Auslagerung von Ressourcen

kompressionsformate finden Sie unter *developer.android.com/guide/topics/manifest/supports-gl-texture-element.html*.

```
<supports-gl-texture android:name="GL_OES_compressed_ETC1_RGB8_texture" />
```

- `uses-permission`: Als Teil des Sicherheitsmodells deklarieren `uses-permission`-Tags die Benutzerberechtigungen, die Ihre Anwendung benötigt. Jede von Ihnen angegebene Berechtigung wird dem Benutzer entweder vor der Installation der Anwendung (auf Geräten mit Android 5.1 oder niedriger) oder während der Ausführung der Anwendung (auf Geräten mit Android 6.0 und höher) angezeigt. Berechtigungen sind für viele APIs und Methodenaufrufe erforderlich, in der Regel für solche, die mit Kosten oder Sicherheitsaspekten verbunden sind (beispielsweise Wählen, Empfangen von SMS oder Verwenden der standortbezogenen Dienste). Wir stellen diese im weiteren Verlauf des Buches nach Bedarf vor.

    ```
    <uses-permission android:name="android.permission.ACCESS_FINE_LOCATION"/>
    ```

- `permission`: Ihre freigegebenen Anwendungskomponenten können auch Berechtigungen erstellen, um den Zugriff auf sie von anderen Anwendungskomponenten aus einzuschränken. Dazu können Sie die vorhandenen Plattformberechtigungen verwenden oder eigene Berechtigungen im Manifest definieren. Verwenden Sie dazu das `permission`-Tag, um eine Berechtigungsdefinition zu erstellen.
    Sie können den Grad des Zugriffs auf die Berechtigungen (`normal`, `dangerous`, `signature`, `signatureOrSystem`), ein Label und eine externe Ressource mit der Beschreibung angeben, die die Risiken der Erteilung der angegebenen Berechtigung erklärt. Weitere Informationen zum Erstellen und Verwenden eigener Berechtigungen finden Sie in Kapitel 20.

    ```
    <permission android:name="com.professionalandroid.perm.DETONATE_DEVICE"
                android:protectionLevel="dangerous"
                android:label="Self Destruct"
                android:description="@string/detonate_description">
    </permission>
    ```

- `application`: Ein Manifest kann nur ein Application-Element enthalten. Es verwendet Attribute, um die Metadaten für Ihre Anwendung anzugeben, einschließlich Name, Icon und Theme. Sie können auch angeben, ob Sie eine automatische Datensicherung mit Android Auto Backup (wie in Kapitel 8 beschrieben) zulassen und ob Sie »Rechts nach Links«-Layouts unterstützen.
    Wenn Sie eine eigene Anwendungsklasse verwenden, müssen Sie diese hier mit dem Attribut `android:name` angeben.
    Das `application`-Element dient auch als Container für die Knoten Activity, Service, Content Provider und Broadcast Receiver, die die Anwendungskomponenten angeben.

```
<application
  android:label="@string/app_name"
  android:icon="@mipmap/ic_launcher"
  android:theme="@style/AppTheme"
  android:allowBackup="true"
  android:supportsRtl="true"
  android:name=".MyApplicationClass">
  [ ... Komponenten-Knoten der Anwendung ... ]
</application>
```

- activity: Für jede Activity innerhalb Ihrer Anwendung ist ein `activity`-Tag erforderlich. Verwenden Sie das Attribut `android:name`, um den Namen der Activity-Klasse anzugeben. Sie müssen die Hauptstart-Activity und jede andere Activity, die angezeigt werden kann, einbeziehen. Der Versuch, eine Activity zu starten, die nicht im Manifest enthalten ist, löst eine Runtime-Exception aus. Jedes Activity-Element unterstützt Intent-Filter-Tags, die die Intents definieren, mit denen die Activity gestartet werden kann.
  Beachten Sie, dass bei der Angabe des Klassennamens der Activity ein Punkt als Kürzel für den Package-Namen der Anwendung verwendet wird:

  ```
  <activity android:name=".MyActivity">
    <intent-filter>
      <action android:name="android.intent.action.MAIN" />
      <category android:name="android.intent.category.LAUNCHER" />
    </intent-filter>
  </activity>
  ```

- service: Fügen Sie wie beim `activity`-Tag für jede in Ihrer Anwendung verwendete Service-Klasse (siehe Kapitel 11) ein `service`-Tag hinzu. Service-Tags unterstützen auch `intent-filter`-Nachfolge-Tags, um spätes Binden zur Laufzeit zu ermöglichen.

  ```
  <service android:name=".MyService"/>
  ```

- provider: Provider-Tags spezifizieren jeden der Content-Provider Ihrer Anwendung. Content-Provider werden verwendet, um den Datenbankzugriff und die gemeinsame Nutzung zu verwalten, wie in Kapitel 10 beschrieben.

  ```
  <provider
    android:name=".MyContentProvider"
    android:authorities="com.professionalandroid.myapp.MyContentProvider"
  />
  ```

4.3 | Android Manifest- und Gradle-Build-Dateien und die Auslagerung von Ressourcen

- `receiver`: Durch Hinzufügen eines Receiver-Tags können Sie einen BroadcastReceiver registrieren, ohne Ihre Anwendung vorher starten zu müssen. Wie Sie in Kapitel 6 sehen werden, sind Broadcast Receiver wie globale Event Listener, die, wenn sie registriert sind, immer dann ausgeführt werden, wenn ein passender Intent vom System oder einer Anwendung gesendet wird. Indem Sie einen Broadcast Receiver in Ihrem Manifest registrieren, können Sie diesen Prozess völlig autonom gestalten. Wird ein passender Intent gesendet, wird Ihre Anwendung automatisch gestartet und der registrierte Broadcast Receiver ausgeführt. Jeder Empfängerknoten unterstützt Intent-Filter-Tags, die die Intents definieren, die zum Auslösen des Receivers verwendet werden können:

```
<receiver android:name=".MyIntentReceiver">
  <intent-filter>
    <action android:name="com.professionalandroid.mybroadcastaction" />
  </intent-filter>
</receiver>
```

> **Hinweis**
> Eine genauere Beschreibung des Manifests und der einzelnen Elemente finden Sie unter *developer.android.com/guide/topics/manifest/manifest-intro.html*.

Der Android-Studio-Assistent erstellt automatisch eine neue Manifestdatei, wenn ein neues Projekt angelegt wird. Das Theme Manifest wird noch einmal aufkommen, wenn die Anwendungskomponenten in diesem Buch vorgestellt und dargestellt werden.

4.3 Gradle-Build konfigurieren

Jedes Projekt enthält eine Reihe von Gradle-Dateien zur Definition Ihrer Build-Konfiguration, dazu gehört:

- Projektbezogene *settings.gradle*-Datei, die definiert, welche Module bei der Erstellung Ihrer Anwendung berücksichtigt werden sollen.

- Projektbezogene *build.gradle*-Datei, in der die Repositories und Abhängigkeiten für Gradle selbst angegeben sind, sowie alle Repositories und Abhängigkeiten, die allen Ihren Modulen gemeinsam sind.

- Modul-bezogene *build.gradle*-Datei(en) zur Konfiguration der Build-Einstellungen für Ihre Anwendung, einschließlich Abhängigkeiten, minimaler und gezielter Plattformversionen, der Versionsinformationen Ihrer Anwendung sowie mehrerer Build-Typen und Produktvarianten.

Für die meisten Anwendungen müssen die Standardeinstellungen und die projektbezogenen Gradle-Dateien nicht geändert werden. Die Standardeinstellungsdatei spezifiziert ein einzelnes Modul: Ihre Anwendung. Die oberste Gradle-Build-Datei benennt JCenter als Repository für Gradle zur Suche nach Abhängigkeiten und das Android-Plugin für Gradle als Projektabhängigkeit.

Im Gegensatz dazu müssen Sie wahrscheinlich fortlaufend Änderungen an der Datei *build.gradle*-Datei auf Modulebene vornehmen, mit der Sie eine oder mehrere Build-Konfigurationen für Ihre Anwendung definieren können, einschließlich Abhängigkeiten von neuen Support-Bibliotheken, Änderungen der Versionsnummern und der unterstützten Plattform- und SDK-Versionen.

4.3.1   Gradle Settings-Datei

Die Datei *settings.gradle* befindet sich im Wurzelverzeichnis Ihres Projekts und wird verwendet, um Gradle mitzuteilen, welche Module es beim Erstellen Ihrer Anwendung berücksichtigen soll. Standardmäßig ist Ihr Anwendungsmodul enthalten:

```
include ':app'
```

Wenn Ihr Projekt um mehrere Module erweitert wird, müssen Sie diese hier hinzufügen.

4.3.2   Gradle Projekt-Build-Datei

Die Datei *build.gradle* befindet sich im Wurzelverzeichnis des Projekts. Sie erlaubt Ihnen, Abhängigkeiten zu spezifizieren, die für das Projekt und alle seine Module gelten. Hier werden auch die Repositories angegeben, die Gradle verwendet, um diese Abhängigkeiten zu suchen und dann herunterzuladen.

Der Eintrag `buildscript` wird verwendet, um die Repositories und Abhängigkeiten anzugeben, die von Gradle selbst verwendet werden. Sie betreffen nicht Ihre Anwendung.

Zum Beispiel enthält der standardmäßige `dependencies`-Block das Android-Plugin für Gradle, da Gradle dies zum Erstellen von Android-Anwendungsmodulen benötigt. Der `repositories`-Block konfiguriert JCenter als das Repository vor, das Gradle für die Suche verwenden sollte:

```
buildscript {
  repositories {
    jcenter()
  }
```

4.3 | Android Manifest- und Gradle-Build-Dateien und die Auslagerung von Ressourcen

```
dependencies {
  classpath 'com.android.tools.build:gradle:2.3.3'
}
}
```

Tragen Sie hier bitte nicht Ihre Anwendungsabhängigkeiten ein. Sie gehören in die Modul-Datei *build.gradle* Ihres Anwendungsmoduls, wie im nächsten Abschnitt beschrieben.

Für neue Projekte fügt Android Studio JCenter als Standard-Repository hinzu:

```
allprojects {
  repositories {
    jcenter()
  }
}
```

Android Studio definiert auch eine neue Projekt-Task `clean`, die den Inhalt des Build-Verzeichnisses Ihres Projekts löscht:

```
task clean(type: Delete) {
  delete rootProject.buildDir
}
```

4.3.3 Gradle Modul-Build-Dateien

In jedem der Modulverzeichnisse Ihres Projekts befindet sich eine Datei *build.gradle*, die auf Modulebene Build-Einstellungen konfiguriert, einschließlich erforderlicher Abhängigkeiten, minimaler SDK-Version und Zielplattformversion Ihrer Anwendung sowie verschiedener Build-Typen und Produktvarianten.

Die erste Zeile in der Build-Konfiguration bezieht das Android Plugin für Gradle auf dieses Build, was es ermöglicht, den `android`-Block zu verwenden, um Android-spezifische Build-Optionen festzulegen:

```
apply plugin: 'com.android.application'
```

In der obersten Ebene des `android`-Blocks geben Sie die Konfigurationsoptionen für Android-Anwendungen an, wie beispielsweise die Version des SDKs, mit dem Ihre Anwendung kompiliert werden soll, und die Version der zu verwendenden Build-Tools. Achten Sie darauf, diese Werte zu aktualisieren, wenn Sie ein neues SDK oder eine neue Version der Build-Tools herunterladen:

```
android {
  compileSdkVersion 25
  buildToolsVersion "26.0.2"

  defaultConfig {...}
  buildTypes {...}
  productFlavors {...}
  splits {...}
}
```

Default Konfiguration

Der `defaultConfig`-Block (innerhalb des `android`-Blocks) legt Standardeinstellungen fest, die für alle Ihre verschiedenen Produktvarianten freigegeben werden:

```
defaultConfig {
  applicationId 'com.professionalandroid.apps.helloworld'

  minSdkVersion 16
  targetSdkVersion 25

  versionCode 1
  versionName "1.0"
}
```

Wie im vorhergehenden Ausschnitt erwähnt, sollten Sie die folgenden Einträge spezifizieren:

- `applicationId`: Bereitstellung eines eindeutigen »Package-Namens«, der die erstellte APK für die Veröffentlichung und Verteilung identifiziert. Standardmäßig sollten Sie den gleichen Package-Namen wie in Ihrem Manifest und der Application-Klasse verwenden.

- `minSdkVersion`: Stellt die niedrigste Version der Android-Plattform ein, mit der Ihre Anwendung kompatibel ist. Damit können Sie die früheste Version der Android-Plattform angeben, auf der Ihre Anwendung installiert und ausgeführt werden kann – das Android-Framework verhindert, dass Benutzer Ihre Anwendung installieren, wenn der API-Level des Systems unter diesem Wert liegt. Wenn Sie keine Mindestversion angeben, wird sie standardmäßig auf 1 gesetzt und ist auf allen Geräten verfügbar, was zu Abstürzen führt, wenn nicht verfügbare APIs aufgerufen werden.

- `targetSdkVersion`: Gibt die Version der Android-Plattform an, gegen die Sie entwickelt und getestet haben. Das Setzen eines Ziel-SDKs sagt dem System, dass es keine

4.3 | Android Manifest- und Gradle-Build-Dateien und die Auslagerung von Ressourcen

Notwendigkeit gibt, Änderungen an der Vorwärts- oder Rückwärtskompatibilität vorzunehmen, um diese bestimmte Plattform zu unterstützen. Um die Vorteile der neuesten Plattform-Oberflächen-Verbesserungen zu nutzen, empfiehlt es sich, das Ziel-SDK auf die neueste Plattform-Version zu aktualisieren, nachdem Sie bestätigt haben, dass es sich wie erwartet verhält, selbst wenn Sie keine Features neuer APIs benutzen.

- `versionCode`: Legt die aktuelle Anwendungsversion als Ganzzahl fest. Bei jeder neu freigegebenen Versionsnummer wird der Wert erhöht.
- `versionName`: Damit können Sie einen öffentlichen Versionsbezeichnung festlegen, die dem Anwender angezeigt wird.
- `testInstrumentationRunner`: Damit geben Sie eine Testumgebung an. Standardmäßig wird die Bibliothek AndroidJUnitRunner verwendet, mit der Sie JUnit3- und JUnit4-Tests gegen Ihre Anwendung durchführen können.

> **Hinweis**
>
> Einige dieser Build-Konfigurationswerte können auch im Android-Manifest angegeben werden. Wenn Ihre Anwendung erstellt wird, mischt Gradle diese Werte mit denen Ihres Manifests – wobei die Gradle-Build-Werte Vorrang haben. Um Verwirrung zu vermeiden, ist es empfehlenswert, diese Werte nur innerhalb der Gradle-Build-Dateien anzugeben.
>
> Ein Sonderfall ist der Package-Name Ihrer Anwendung. Sie müssen immer noch ein Package-Attribut in das Wurzelelement Ihrer Manifestdatei aufnehmen. Der dort definierte Package-Name dient auch einem sekundären Zweck als Package-Name für die Klassen Ihrer Anwendung, einschließlich der R-Resource-Klasse.
>
> Wie Sie später sehen, ermöglicht Gradle die einfache Erstellung mehrerer Varianten (oder »Flavors«) Ihrer Anwendung (beispielsweise »free« und »pro« oder »alpha« »beta« und »release« Varianten). Jeder Flavor muss einen anderen Package-Namen haben, aber um eine einzige Codebasis zu verwenden, muss der Package-Name für Ihre Klassen konsistent sein.
>
> Infolgedessen wird der in Ihrem Manifest verwendete Package-Name für Ihre R-Klasse verwendet, auch um alle anderen Mehrdeutigkeiten des Klassennamens innerhalb Ihrer Anwendung aufzulösen, aber die in Ihren *build.gradle*-Dateien angegebene Anwendungs-ID wird als Package-Name beim Erstellen ihrer zugehörigen APKs verwendet.

Build Types

Der `buildTypes`-Block wird verwendet, um mehrere verschiedene Build-Typen zu definieren – typischerweise Debug und Release. Wenn Sie ein neues Modul erstellen, erstellt

Android Studio automatisch einen Release-Build-Typ für Sie, den Sie in den meisten Fällen nicht ändern müssen.

Beachten Sie, dass der Debug-Build-Typ nicht explizit in der *build.gradle*-Datei enthalten sein muss, aber standardmäßig wird Android Studio Ihre Debug-Builds mit `debuggable true` konfigurieren. Als Ergebnis werden diese Builds mit dem Debug Keystore signiert, und Sie können sie auf gesperrten und signierten Android-Geräten debuggen.

Produkt-Flavors und Flavor-Dimensionen

Die Blöcke `flavorDimensions` und `productFlavors` sind optionale Elemente, die nicht standardmäßig enthalten sind und die es Ihnen ermöglichen, die im `defaultConfig`-Block definierten Werte zu überschreiben, um verschiedene Versionen (Flavors) Ihrer Anwendung mit derselben Codebasis zu unterstützen. Jede Produktvariante sollte ihre eigene eindeutige Anwendungs-ID aufweisen, damit sie unabhängig voneinander verteilt und installiert werden können:

```
productFlavors {
  freeversion {
    applicationId 'com.professionalandroid.apps.helloworld.free'
    versionName "1.0 Free"
  }

  paidversion {
    applicationId 'com.professionalandroid.apps.helloworld.paid'
    versionName "1.0 Full"
  }
}
```

Mit flavorDimensions können Sie Gruppen von Produkt-Flavors anlegen, die zu einer endgültigen Build-Variante kombiniert werden können. Auf diese Weise können Sie Build-Änderungen entlang mehrerer Dimensionen angeben, beispielsweise Änderungen basierend auf freien oder bezahlten Builds, sowie Änderungen basierend auf einem minimalen API-Level:

```
flavorDimensions "apilevel", "paylevel"

productFlavors {
    freeversion {
      applicationId 'com.professionalandroid.apps.helloworld.free'
      versionName "1.0 Free"
      dimension "paylevel"
    }
```

4.3 | Android Manifest- und Gradle-Build-Dateien und die Auslagerung von Ressourcen

```
      paidversion {
applicationId 'com.professionalandroid.apps.helloworld.paid'
        versionName "1.0 Full"
        dimension "paylevel"
      }

      minApi24 {
        dimension "apilevel"
        minSdkVersion 24
        versionCode 24000 + android.defaultConfig.versionCode
        versionNameSuffix "-minApi24"
      }

      minApi23 {
        dimension "apilevel"
        minSdkVersion 16
        versionCode 16000  + android.defaultConfig.versionCode
        versionNameSuffix "-minApi23"
      }
   }
}
```

Bei der Erstellung Ihrer Anwendung kombiniert Gradle die Produkt-Flavors entlang jeder Dimension mit einer Build-Typ-Konfiguration, um die endgültige Build-Variante zu erstellen. Gradle kombiniert keine Produkt-Flavors, die zur gleichen Flavor-Dimension gehören.

Gradle bestimmt die Priorität der Flavor-Dimensionen anhand der Reihenfolge, in der sie angegeben sind, wobei die erste Dimension die Werte, die entlang der zweiten Dimension zugewiesen wurden, überschreibt und so weiter.

Seit Gradle 3.0.0 müssen Sie mindestens eine Produktdimension definieren, um Flavors zu definieren. Jeder Flavor muss eine zugehörige Produktdimension haben, aber wenn Sie nur eine Dimension definiert haben, wird sie standardmäßig von jedem Flavor verwendet.

Sie können den aktuellen Flavor zur Laufzeit erkennen und Ihr Produktverhalten entsprechend anpassen, indem Sie diesen Codeausschnitt verwenden:

```
if (BuildConfig.FLAVOR == "orangesherbert") {
  // Tue verrückte Dinge
} else {
  // Schalte bezahlte Features frei
}
```

Alternativ können Sie einen neuen Satz von Klassen und Ressourcen – ein neues Source-Set – für Ihre Anwendung erstellen, indem Sie eine zusätzliche Verzeichnisstruktur parallel zum standardmäßigen »Haupt«-Quellpfad erstellen.

Für Klassen müssen Sie die Verzeichnisse manuell erstellen, während Sie für Ressourcen den Quellsatz auswählen können, zu dem eine neue Ressource gehören soll, wie im Dialogfeld NEW RESOURCE FILE in Abbildung 4.2 gezeigt.

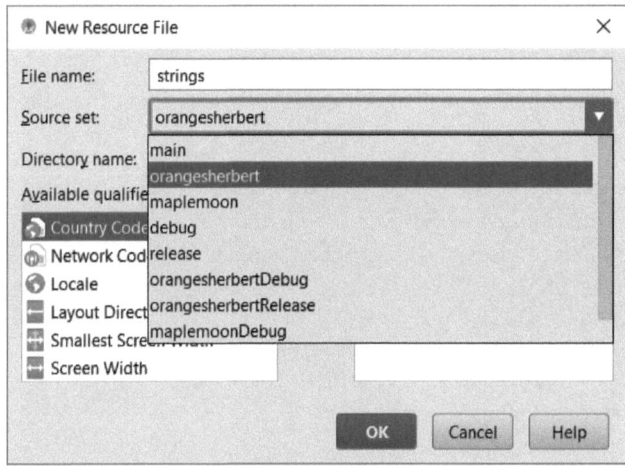

Abbildung 4.2 New Resource File-Dialog

> **Hinweis**
>
> Wenn Sie Ihre Anwendung erstellen, wird Gradle die Java-Quellen und -Ressourcen aus Ihrem Flavor-Source-Set mit dem »main«-Source-Set unter Verwendung des gleichen Package-Namens (wie in Ihrem Manifest definiert) zusammenführen. Daher können Sie keinen Klassennamen in einem Flavor verwenden, der einen Klassennamen im Hauptquellsatz dupliziert.

In Android Studio können Sie den Build, den Sie erstellen und ausführen möchten, über den Menüpunkt BUILD | SELECT BUILD VARIANT auswählen und aus der Dropdown-Liste im Fenster BUILD VARIANT auswählen.

Splits

Sie können den optionalen `splits`-Block verwenden, um verschiedene APK-Builds zu konfigurieren, die nur den Code und die Ressourcen für jede unterstützte Bildschirmdichte oder ABI enthalten.

4.4 | Android Manifest- und Gradle-Build-Dateien und die Auslagerung von Ressourcen

Es ist im Allgemeinen am besten, ein einziges APK zu erstellen und zu verteilen, um alle Ihre Zielgeräte zu unterstützen, aber in einigen Fällen (bestimmte Spiele) kann dies zu einer untragbaren Größe des APK führen.

Das Erstellen und Verteilen von Split-APKs ist nicht Gegenstand dieses Buches, weitere Details zur Konfiguration von APK-Splits finden Sie unter *developer.android.com/studio/build/configure-apk-splits.html*.

Dependencies

Der Block `dependencies` gibt die Abhängigkeiten an, die für die Erstellung Ihrer Anwendung relevant sind.

Standardmäßig enthält ein neues Projekt eine lokale Binärabhängigkeit, die Gradle veranlasst, alle JAR-Dateien im Verzeichnis *apps/libs*, Remote-Binärabhängigkeiten von der Android Support Library und JUnit sowie eine Abhängigkeit von der Android Espresso-Testbibliothek einzuschließen:

```
dependencies {
    compile fileTree(dir: 'libs', include: ['*.jar'])
    compile 'com.android.support:appcompat-v7:25.3.1'

    androidTestCompile('com.android.support.test.espresso:espresso-core:2.2.2',{
        exclude group: 'com.android.support', module: 'support-annotations'
    })
    testCompile 'junit:junit:4.12'
}
```

Wir kehren zum Dependency-Block im Verlauf des Buches zurück, wenn neue Bibliotheksabhängigkeiten benötigt werden.

4.4 Ressourcen auslagern

Es ist immer ratsam, Nicht-Code-Ressourcen wie Bilder und String-Konstanten außerhalb des Programm-Codes zu halten. Android unterstützt die Auslagerung von Ressourcen, von einfachen Werten wie Strings und Farben bis hin zu komplexeren Ressourcen wie Bildern, Animationen, Themes und Oberflächenlayouts.

Durch die Auslagerung von Ressourcen erleichtern Sie deren Pflege, Aktualisierung und Verwaltung. Auf diese Weise können Sie auch alternative Ressourcenwerte zur Unterstützung der Internationalisierung erstellen und verschiedene Ressourcen zur Unterstützung von Hardware-Variationen – insbesondere der Bildschirmgröße und -auflösung – einbinden.

Beim Start einer Anwendung wählt Android automatisch die richtigen Ressourcen aus den verfügbaren Alternativen aus, ohne dass Sie eine Zeile Code schreiben müssen. Später in diesem Abschnitt sehen Sie, wie Android dynamisch Ressourcen aus Ressourcenbäumen auswählt, die unterschiedliche Werte für alternative Hardwarekonfigurationen, Sprachen und Speicherorte enthalten.

So können Sie unter anderem das Layout anhand der Bildschirmgröße und -ausrichtung, die Bilder anhand der Bildschirmdichte und den Text anhand der Sprache und des Landes des Benutzers anpassen.

4.4.1 Ressourcen anlegen

Anwendungsressourcen werden in Ihrer Projekthierarchie unter dem Verzeichnis *res* abgelegt. Jeder der verfügbaren Ressourcentypen wird in Unterverzeichnissen, gruppiert nach Ressourcentyp, abgelegt.

Wenn Sie ein neues Projekt mit dem Android Studio NEW PROJECT-Assistenten erstellen, wird ein *res*-Verzeichnis erstellt, das Unterverzeichnisse für *values*-, *mipmap*- und *layout*-Ressourcen enthält, die die Standardwerte für `string`-, `dimensions`-, `color`- und `style`-Ressourcen sowie ein Anwendungssymbol und das Standardlayout enthalten (siehe Abbildung 4.3).

> **Hinweis**
>
> Beachten Sie, dass das *mipmap*-Ressourcenverzeichnis fünf verschiedene Anwendungssymbole für verschiedene Auflösungen enthält. Weitere Informationen über die Bereitstellung verschiedener Ressourcenwerte für Hardware-Varianten finden Sie weiter unten in diesem Kapitel.

Wenn Ihre Anwendung erstellt wird, werden diese Ressourcen so effizient wie möglich komprimiert und in Ihr APK gepackt.

Der Build-Prozess erzeugt auch eine R-Klassendatei, die Verweise auf jede der in Ihrem Projekt enthaltenen Ressourcen enthält. Dies ermöglicht es Ihnen, Ressourcen aus Ihrem Code zu referenzieren, mit dem Vorteil der Syntaxprüfung zur Entwicklungszeit.

Die folgenden Abschnitte beschreiben viele der verfügbaren Ressourcentypen und wie Sie diese für Ihre Anwendungen anlegen.

In allen Fällen sollten die Ressourcendateinamen nur Kleinbuchstaben, Zahlen, Punkte (.) und Unterstriche (_) enthalten.

4.4 | Android Manifest- und Gradle-Build-Dateien und die Auslagerung von Ressourcen

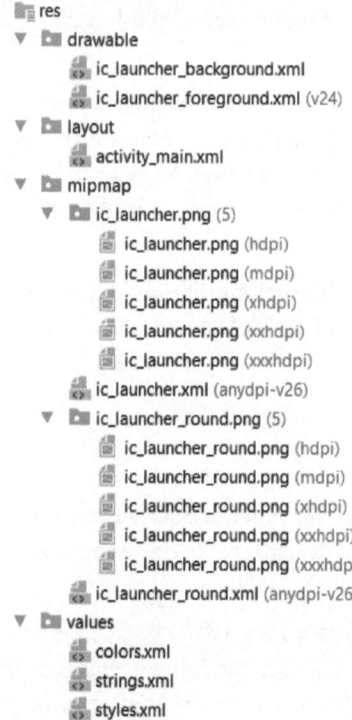

Abbildung 4.3 Ressourcen

Einfache Werte

Unterstützte einfache Werte sind Strings, Farben, Dimensionen, Stile, boolesche oder ganzzahlige Werte und Strings oder typisierte Arrays. Alle einfachen Werte werden in XML-Dateien im Verzeichnis *res/values* gespeichert.

Jede Werte-XML-Datei ermöglicht es Ihnen, mehrere Ressourcen zu beschreiben. Sie geben den Typ des Wertes an, der mit Hilfe von Tags gespeichert wird, wie in der XML-Beispieldatei in Listing 4.1 zu sehen ist.

```
<?xml version="1.0" encoding="utf-8"?>
<resources>
  <string name="app_name">To Do List</string>
  <plurals name="androidPlural">
    <item quantity="one">One android</item>
    <item quantity="other">%d androids</item>
  </plurals>
```

```xml
<color name="app_background">#FF0000FF</color>
<dimen name="default_border">5px</dimen>
<integer name="book_ignition_temp">451</integer>
<bool name="is_a_trap">true</bool>
<string-array name="string_array">
  <item>Item 1</item>
  <item>Item 2</item>
  <item>Item 3</item>
</string-array>
<integer-array name="integer_array">
  <item>3</item>
  <item>2</item>
  <item>1</item>
</integer-array>
<array name="color_typed_array">
  <item>#FF0000FF</item>
  <item>#00FFFF00</item>
  <item>#FF00FF00</item>
</array>
<style name="AppTheme" parent="Theme.AppCompat.Light.DarkActionBar">
  <item name="colorPrimary">@color/colorPrimary</item>
</style>
</resources>
```
Listing 4.1 XML für einfache Werte

Dieses Beispiel enthält viele verschiedene einfache Werttypen. Aus Gründen der Übersichtlichkeit und Lesbarkeit werden Ressourcen normalerweise in separaten Dateien gespeichert, eine für jeden Typ. Beispielsweise würde *res/values/strings.xml* nur String-Ressourcen enthalten.

In den folgenden Abschnitten werden die Möglichkeiten zur Definition einiger gängiger einfacher Ressourcen beschrieben.

Strings

Die Auslagerung Ihrer Strings trägt dazu bei, die Konsistenz innerhalb Ihrer Anwendung zu erhalten und die Internationalisierung zu erleichtern.

String-Ressourcen werden mit dem `string`-Tag angegeben, wie im folgenden XML-Ausschnitt zu sehen:

```xml
<string name="stop_message">Stop.</string>
```

Apostrophe ('), Anführungszeichen (") und Backslashes (\) müssen mit einem Backslash markiert werden, so wie hier:

```
<string name="quoting_myself">
Verwende \"Apostroph (\') und Anführungszeichen (\") mit einem Backslash (\\)\"
</string>
```

Android unterstützt einfaches Text-Styling, so dass Sie die HTML-Tags <b>, <i> und <u> verwenden können, um fett, kursiv oder unterstrichen auf Teile Ihrer Textzeichenfolgen anzuwenden, wie im folgenden Beispiel gezeigt:

```
<string name="stop_message"><b>Stopp!</b></string>
```

Sie können Ressourcen-Strings auch als Eingabeparameter für die Methode `String.format` verwenden. `String.format` unterstützt das gerade beschriebene Text-Styling jedoch nicht. Um einen Formatstring zu stylen, müssen Sie die HTML-Tags beim Erstellen Ihrer Ressource ausblenden, wie im folgenden Ausschnitt zu sehen ist:

```
<string name="stop_message">&lt;b>Stopp!&lt;/b>. %1$s</string>
```

Verwenden Sie innerhalb Ihres Programmcodes die Methode `Html.fromHtml`, um diese wieder in eine formatierte Zeichenfolge umzuwandeln:

```
String rString = getString(R.string.stop_message);
String fString = String.format(rString, "Collaborate and listen.");
CharSequence styledString = Html.fromHtml(fString, FROM_HTML_MODE_LEGACY);
```

> **Hinweis**
>
> Android 6.0 Nougat (API Level 24) hat die oben vorgestellte Methode `Html.fromHtml` eingeführt. Sie übergeben ein Flag, um festzulegen, wie Elemente auf Blockebene getrennt werden. Für Anwendungen, die frühere Versionen von Android unterstützen, können Sie weiterhin die veraltete Methode `Html.fromHtml` verwenden, die sich mit dem Flag `FROM_HTML_MODE_LEGACY` identisch zur neuen Methode verhält.

Sie können auch alternative Pluralformen für Ihre Strings definieren. Auf diese Weise können Sie verschiedene Zeichenfolgen basierend auf der Anzahl der Elemente, auf die Sie sich beziehen, definieren. Im Englischen würde man zum Beispiel von »one android« sprechen, aber von »seven androids«.

Indem Sie eine plurale Ressource erstellen, können Sie eine alternative Zeichenfolge für eine beliebige Menge von null, einer, mehreren, wenigen, vielen oder anderen Mengen angeben. Im Deutschen ist der Singular ein Sonderfall, während einige Sprachen feinere Details erfordern und in anderen der Singular nie verwendet wird:

```xml
<plurals name="unicorn_count">
  <item quantity="one">Ein Einhorn</item>
  <item quantity="other">%d Einhörner</item>
</plurals>
```

Um auf den korrekten Plural im Programmcode zuzugreifen, verwenden Sie die Methode `getQuantityString` auf ein Objekt der Klasse `Resources` Ihrer Anwendung, übergeben die Ressourcen-ID der Pluralressource und geben die Anzahl der zu beschreibenden Objekte an:

```java
Resources resources = getResources();
String unicornStr = resources.getQuantityString(
   R.plurals.unicorn_count, unicornCount, unicornCount);
```

Beachten Sie, dass in diesem Beispiel die Objektanzahl zwei Mal übergeben wird, um den korrekten Pluralstring zurückzugeben, und erneut als Eingabeparameter, um den Satz zu vervollständigen.

Farben

Verwenden Sie das `color`-Tag, um eine neue Farbressource zu definieren. Geben Sie den Farbwert mit einem #-Symbol gefolgt vom (optionalen) Alphakanal und dann den roten, grünen und blauen Wert mit einer oder zwei Hexadezimalzahlen mit einer der folgenden Schreibweisen an:

- #RGB
- #RRGGBB
- #ARGB
- #AARRGGBB

Das folgende Beispiel zeigt, wie man Android-grün und ein teilweise transparentes Blau spezifiziert:

```xml
<color name="android_green">#A4C639</color>
<color name="transparent_blue">#770000FF</color>
```

Dimensionen

Dimensionen werden am häufigsten innerhalb von Stil- und Layout-Ressourcen referenziert. Sie sind nützlich für die Definition von Layoutwerten, wie beispielsweise Rahmen und Schrifthöhen.

Um eine Dimensions-Ressource anzugeben, verwenden Sie das `dimen`-Tag, das den Dimensionswert angibt, gefolgt von einem Bezeichner, der den Maßstab Ihrer Dimension beschreibt:

- dp (dichteunabhängige Pixel)
- sp (maßstabsunabhängige Pixel)
- px (Bildschirmpixel)
- in (physische Zoll)
- pt (physische Punkt)
- mm (physische Millimeter)

Obwohl Sie jede dieser Maßeinheiten verwenden können, um eine Dimension zu definieren, ist es ratsam, entweder dichte- oder maßstabsunabhängige Pixel zu verwenden. Mit diesen Alternativen können Sie eine Dimension mit relativen Größenverhältnissen definieren, die unterschiedliche Bildschirmauflösungen und -dichten berücksichtigen, um die Größenanpassung auf unterschiedlicher Hardware zu vereinfachen.

Maßstabsunabhängige Pixel eignen sich besonders gut für die Definition von Schriftgrößen, da sie automatisch skaliert werden, wenn der Benutzer die Schriftgröße des Systems ändert.

Der folgende XML-Ausschnitt zeigt, wie Sie Dimensionswerte für eine große Schriftgröße und einen Standardrahmen angeben können:

```
<dimen name="large_font_size">16sp</dimen>
<dimen name="activity_horizontal_margin">16dp</dimen>
```

Stile und Themes

Stil-Ressourcen ermöglichen es Ihren Anwendungen, ein einheitliches Erscheinungsbild beizubehalten, indem Sie die Attributwerte, die von Views verwendet werden, angeben können – am häufigsten Farben, Rahmen und Schriftgrößen für eine Anwendung.

Um einen Stil zu erstellen, verwenden Sie ein `style`-Tag, das ein `name`-Attribut und ein oder mehrere `item`-Tags enthält. Jedes `item`-Tag sollte ein `name`-Attribut enthalten, mit dem das zu definierende Attribut (zum Beispiel Schriftgröße oder Farbe) angegeben wird.

Das Tag selbst sollte dann den Wert enthalten, wie im folgenden Rahmencode zu sehen ist:

```
<style name="base_text">
  <item name="android:textSize">14sp</item>
  <item name="android:textColor">#111</item>
</style>
```

Stile unterstützen die Vererbung über das `parent`-Attribut auf dem `style`-Tag, so dass es einfach ist, einfache Variationen zu erstellen:

```
<style name="AppTheme" parent="Theme.AppCompat.Light.DarkActionBar">
  <item name="colorPrimary">@color/colorPrimary</item>
  <item name="colorPrimaryDark">@color/colorPrimaryDark</item>
  <item name="colorAccent">@color/colorAccent</item>
</style>
```

In Kapitel 13 erfahren Sie mehr über die Verwendung der von der Android Support Library bereitgestellten Themes und Stile, um Anwendungen zu erstellen, die mit der Android-Plattform und der Materialdesign-Philosophie übereinstimmen.

Drawables

Zu den Drawable-Ressourcen gehören Bitmaps, NinePatches (dehnbare PNG-Bilder) und skalierbare Vektorgrafiken. Dazu gehören auch komplexe zusammengesetzte Grafiken wie `LevelListDrawables` und `StateListDrawables`, die in XML definiert werden.

NinePatch-Grafiken, Vektorgrafiken und komplexe Composite-Ressourcen werden im nächsten Kapitel näher erläutert.

Alle Grafiken werden als einzelne Dateien im Ordner *res/drawable* abgelegt. Es ist üblich, Bitmap-Bilddateien in den entsprechenden Verzeichnissen *-ldpi*, *-mdpi*, *-hdpi* und *-xhdpi* zu speichern, wie später in diesem Kapitel noch ausführlicher beschrieben wird. Der Ressourcenbezeichner für eine Drawable-Ressource ist der Dateiname in Kleinbuchstaben ohne Erweiterung.

Das bevorzugte Format für eine Bitmap-Ressource ist PNG, obwohl auch JPG- und GIF-Dateien unterstützt werden.

MipMaps

Es empfiehlt sich, das Startsymbol Ihrer Anwendung in der Verzeichnisgruppe *mipmap* abzulegen – eine für jede Auflösung bis zu `xxxhdpi` (wie in der »Hello World«-Anwendung zu sehen).

Verschiedene Startbildschirm-Anwendungen zeigen auf verschiedenen Geräten Anwendungsstartsymbole in verschiedenen Auflösungen an. Einige Geräte vergrößern die Startsymbole um bis zu 25 Prozent. Anwendungsressourcen-Optimierungstechniken können Drawable-Ressourcen für ungenutzte Bildschirmdichten entfernen, jedoch bleiben alle MipMap-Ressourcen erhalten. So wird sichergestellt, dass Launcher-Anwendungen Symbole mit der besten Auflösung für die Anzeige auswählen können.

Der Bezeichner `mipmap-xxxhdpi` wird normalerweise nur verwendet, um sicherzustellen, dass bei einer Hochskalierung auf einem `xxhdpi`-Gerät ein entsprechend hochauflösendes Startsymbol verfügbar ist. Sie müssen normalerweise keine `xxxhdpi`-Assets für den Rest Ihrer Drawable-Ressourcen bereitstellen.

Layouts

Layout-Ressourcen ermöglichen es Ihnen, Ihre Präsentationsschicht von Ihrer Geschäftslogik zu entkoppeln, indem Sie Oberflächenlayouts in XML entwerfen, anstatt sie im Programmcode zu erstellen.

Sie können Layouts verwenden, um die Benutzeroberfläche jeder visuellen Komponente, einschließlich Activities, Fragmenten und Widgets, zu definieren. Einmal in XML definiert, muss das Layout in die Benutzeroberfläche »aufgeblasen« oder »entfaltet« werden. Innerhalb einer Activity tun Sie dies mit `setContentView` (normalerweise innerhalb der Methode `onCreate`), während Fragmente mit der Methode `inflate` aus dem `Inflator`-Objekt aufgebaut werden, das an den Handler `onCreateView` des Fragments übergeben wird.

Detaillierte Informationen zur Verwendung und Erstellung von Layouts in Activities und Fragmenten finden Sie in Kapitel 5.

In Android ist die Verwendung von Layouts für die Erstellung Ihrer Bildschirme in XML die beste Vorgehensweise. Die Entkopplung des Layouts vom Programmcode ermöglicht optimierte Layouts für verschiedene Hardwarekonfigurationen, wie zum Beispiel unterschiedliche Bildschirmgrößen, Ausrichtungen oder das Vorhandensein von Tastaturen und Touchscreens, wie später in diesem Kapitel beschrieben.

Jede Layoutdefinition wird in einer eigenen XML-Datei innerhalb des Verzeichnisses *res/layout* gespeichert, wobei der Dateiname zum Ressourcenbezeichner wird.

Eine ausführliche Erläuterung der Layout-Container und View-Elemente ist im nächsten Kapitel enthalten, aber Listing 4.4.1 zeigt das vom NEW PROJECT-Assistenten erstellte Layout. Es verwendet einen `RelativeLayout`-Container für eine `TextView`, die die Begrüßung »Hello World« anzeigt. Das `RelativeLayout` verwendet Verweise auf Dimensions-Ressourcen, um seine Padding-Eigenschaften festzulegen.

```xml
<?xml version="1.0" encoding="utf-8"?>
<RelativeLayout xmlns:android="http://schemas.android.com/apk/res/android"
  xmlns:tools="http://schemas.android.com/tools"
  android:id="@+id/activity_main"
  android:layout_width="match_parent"
  android:layout_height="match_parent"
  android:paddingBottom="@dimen/activity_vertical_margin"
  android:paddingLeft="@dimen/activity_horizontal_margin"
  android:paddingRight="@dimen/activity_horizontal_margin"
  android:paddingTop="@dimen/activity_vertical_margin"
  tools:context="com.professionalandroid.apps.helloworld.MainActivity">
  <TextView
     android:layout_width="wrap_content"
     android:layout_height="wrap_content"
     android:text="Hello World!" />
</RelativeLayout>
```

Animationen

Android unterstützt drei Arten von Animationen, die innerhalb einer View oder Activity angewendet werden können und in XML definiert sind:

- Property Animation (Eigenschaftsanimation) – Eine Übergangsanimation, die verwendet werden kann, um eine beliebige Eigenschaft auf dem Zielobjekt durch inkrementelle Änderungen zwischen zwei Werten zu animieren. Dies kann verwendet werden, um die Farbe oder Deckkraft einer View zu ändern, um sie allmählich ein- oder auszublenden, die Schriftgröße zu ändern oder die Hit-Punkte eines Zeichens zu erhöhen.

- View Animation: Übergangsanimationen, die zum Drehen, Verschieben, Überblenden und Strecken einer View verwendet werden können.

- Frame Animation: Bild-für-Bild »Zellen«-Animationen zur Darstellung einer Sequenz von darstellbaren Bildern.

Android enthält auch das Scene-Transition-Framework, mit dem Sie zur Laufzeit von einem Layout zum anderen animieren können, indem Sie jeden der Eigenschaftswerte der Views in jeder Layout-Hierarchie interpolieren und ändern.

4.4 | Android Manifest- und Gradle-Build-Dateien und die Auslagerung von Ressourcen

> **Hinweis**
>
> Einen umfassenden Überblick über das Erstellen, Verwenden und Anwenden von Animationen und Szenenübergängen finden Sie in Kapitel 14.

Die Definition von Property-, View- und Frame-Animationen als externe Ressourcen ermöglicht Ihnen die Wiederverwendung derselben Sequenz an mehreren Stellen und bietet Ihnen die Möglichkeit, verschiedene Animationen basierend auf der Gerätehardware oder -ausrichtung zu präsentieren.

Property-Animationen definieren

Property-Animatoren sind ein leistungsfähiges Werkzeug, mit dem interpolierte Animationspfade für nahezu jeden Wert oder jede Eigenschaft erstellt werden können.

Jede Property-Animation wird in einer separaten XML-Datei im Verzeichnis *res/animator* des Projekts gespeichert. Wie bei Layouts und Drawable-Ressourcen wird der Dateiname der Animation als Ressourcenkennung verwendet.

Sie können einen Property-Animator verwenden, um die meisten numerischen Eigenschaften eines Zielobjekts zu animieren. Sie können Animatoren definieren, die an eine bestimmte Eigenschaft gebunden sind, oder einen generischen Wertanimator, der jeder Eigenschaft und jedem Objekt zugeordnet werden kann.

Das folgende einfache Beispiel zeigt einen Property-Animator, der die Deckkraft des Zielobjekts ändert, indem er seine Methode `setAlpha` (oder die Alpha-Eigenschaft) im Laufe einer Sekunde inkrementell zwischen 0 und 1 aufruft:

```xml
<?xml version="1.0" encoding="utf-8"?>
<objectAnimator xmlns:android="http://schemas.android.com/apk/res/android"
    android:propertyName="alpha"
    android:duration="1000"
    android:valueFrom="0f"
    android:valueTo="1f"
/>
```

Sie können komplexere Animationen erstellen, die mehrere Eigenschaftswerte mit dem schachtelbaren `set`-Tag ändern. Innerhalb jedes Property-Animator-Sets können Sie wählen, ob Sie die gruppierten Animationen parallel (die Standardoption) oder sequenziell mit dem hier gezeigten Ordnungs-Tag ausführen möchten:

```xml
<?xml version="1.0" encoding="utf-8"?>
<set xmlns:android="http://schemas.android.com/apk/res/android"
    android:ordering="sequentially">
```

```xml
<set>
  <objectAnimator
    android:propertyName="x"
    android:duration="200"
    android:valueTo="0"
    android:valueType="intType"/>
  <objectAnimator
    android:propertyName="y"
    android:duration="200"
    android:valueTo="0"
    android:valueType="intType"/>
</set>
<objectAnimator
  android:propertyName="alpha"
  android:duration="1000"
  android:valueTo="1f"/>
</set>
```

Property-Animationen verändern auch die Eigenschaften des Zielobjekts und diese Änderungen bleiben erhalten.

View Animationen definieren

Jede View-Animation wird in einer separaten XML-Datei im Verzeichnis *res/anim* des Projekts gespeichert. Wie bei Layouts und Drawable-Ressourcen wird der Dateiname der Animation als Ressourcenkennung verwendet.

Eine Animation kann für Änderungen in Alpha (Fading), Skalierung (Scaling), Verschiebung (Bewegung) oder Drehung (Rotation) definiert werden.

> **Hinweis**
>
> Obwohl sie manchmal noch nützlich sind, haben View-Animationen einige wesentliche Einschränkungen gegenüber dem zuvor beschriebenen neuen Property-Animator. Daher ist es in der Regel empfehlenswert, wenn immer möglich, Property-Animatoren zu verwenden.

Tabelle 4.1 zeigt die gültigen Attribute und Attributwerte, die von jedem Animationstyp unterstützt werden.

Mit dem `set`-Tag können Sie eine Kombination von Animationen erstellen. Ein Animations-Set enthält eine oder mehrere Animationstransformationen und unterstützt verschiedene zusätzliche Tags und Attribute, um festzulegen, wann und wie jede Animation innerhalb des Sets ausgeführt wird.

4.4 | Android Manifest- und Gradle-Build-Dateien und die Auslagerung von Ressourcen

Animationstyp	Attribute	Gültige Werte
Alpha	fromAlpha toAlpha	Fließkommawert von 0 bis 1
Scale	fromXScale toXScale	Fließkommawert von 0 bis 1
	fromYScale toYScale	Fließkommawert von 0 bis 1
	pivotX pivotY	String des prozentualen Anteils der Grafik-Breite/-Höhe von 0 % bis 100 %.
Translate	fromXDelta toXDelta	Entweder ein Fließkommawert, der die Anzahl der Pixel relativ zur Normalposition, einen Prozentsatz relativ zur Elementbreite (mit dem Suffix »%«) oder einen Prozentsatz relativ zur Breite des Eltern-Elements (mit dem Suffix »%p«)
Rotate	fromDegrees toDegrees	Fließkommawert von 0 bis 360
	pivotX pivotY	String des prozentualen Anteils der Grafik-Breite/-Höhe von 0 % bis 100 %. String, der die X- und Y-Koordinate (jeweils in Pixel relativ zum linken Rand des Objekts oder in Prozent relativ zum linken Rand des Objekts (mit »%«) oder in Prozent relativ zum linken Rand des übergeordneten Containers (mit »%p«) angibt.

Tabelle 4.1 Typattribute der Animation

Die folgende Liste zeigt einige der verfügbaren Set-Tags:

- duration: Dauer der gesamten Animation in Millisekunden.
- startOffset: Verzögerungszeit vor dem Start der Animation in Millisekunden.
- fillBeforetrue: Wendet die Animationstransformation an, bevor sie beginnt.
- fillAftertrue: Wendet die Animationstransformation nach ihrem Ende an.
- interpolator: Legt fest, wie sich die Geschwindigkeit dieses Effekts im Laufe der Zeit ändert. Kapitel 14 untersucht die verfügbaren Interpolatoren. Um eine anzugeben, referenzieren Sie die Systemanimationsressourcen unter android:anim/interpolatorName.

Ressourcen auslagern | 4.4

> **Hinweis**
> Wenn Sie das Tag `startOffset` nicht verwenden, werden alle Animationseffekte innerhalb eines Sets gleichzeitig ausgeführt.

```xml
<?xml version="1.0" encoding="utf-8"?>
<set xmlns:android="http://schemas.android.com/apk/res/android"
     android:interpolator="@android:anim/accelerate_interpolator">
  <rotate
    android:fromDegrees="0"
    android:toDegrees="360"
    android:pivotX="50%"
    android:pivotY="50%"
    android:startOffset="500"
    android:duration="1000" />
  <scale
    android:fromXScale="1.0"
    android:toXScale="0.0"
    android:fromYScale="1.0"
    android:toYScale="0.0"
    android:pivotX="50%"
    android:pivotY="50%"
    android:startOffset="500"
    android:duration="500" />
  <alpha
    android:fromAlpha="1.0"
    android:toAlpha="0.0"
    android:startOffset="500"
    android:duration="500" />
</set>
```

Frame-by-Frame-Animationen definieren

Frame-by-Frame-(Zell-)Animationen stellen eine Folge von Drawables dar, die jeweils für eine festgelegte Dauer angezeigt werden.

Da Frame-by-Frame-Animationen animierte Drawables darstellen, werden sie im Verzeichnis *res/drawable* gespeichert und verwenden ihre Dateinamen (ohne die Erweiterung *.xml*) als Ressourcen-IDs.

4.4 | Android Manifest- und Gradle-Build-Dateien und die Auslagerung von Ressourcen

Das folgende XML-Beispiel zeigt eine einfache Animation, die eine Reihe von Bitmap-Ressourcen durchläuft und jede für eine halbe Sekunde anzeigt. Um dieses Beispiel laufen zu lassen, müssen Sie zuvor die Bildressourcen `android1` bis `android3` erstellen:

```xml
<animation-list
  xmlns:android="http://schemas.android.com/apk/res/android"
  android:oneshot="false">
  <item android:drawable="@drawable/android1" android:duration="500" />
  <item android:drawable="@drawable/android2" android:duration="500" />
  <item android:drawable="@drawable/android3" android:duration="500" />
</animation-list>
```

Es empfiehlt sich, mehrere Auflösungen von jedem der verwendeten Drawables in die Animationsliste aufnehmen.

Um die Animation abzuspielen, weisen Sie zunächst die Ressource einer View zu, bevor Sie eine Referenz auf das `AnimationDrawable`-Objekt erhalten und diese starten:

```
ImageView androidIV = (ImageView)findViewById(R.id.iv_android);
androidIV.setBackgroundResource(R.drawable.android_anim);

AnimationDrawable androidAnimation =
  (AnimationDrawable)androidIV.getBackground();

androidAnimation.start();
```

Dies geschieht in der Regel in zwei Schritten: Sie ordnen die Ressource dem Hintergrund innerhalb des `onCreate`-Handlers zu.

Innerhalb dieser Handler-Methode ist die Animation nicht vollständig an das Fenster angehängt, so dass die Animationen nicht gestartet werden können. Stattdessen erfolgt dies in der Regel als Ergebnis einer Benutzeraktion (beispielsweise durch Tastendruck) oder innerhalb des `onWindowFocusChanged`-Handlers.

4.4.2 Die Verwendung von Ressourcen

Zusätzlich zu den von Ihnen bereitgestellten Ressourcen enthält die Android-Plattform mehrere Systemressourcen, die Sie in Ihren Anwendungen verwenden können. Alle Ressourcen können innerhalb Ihres Anwendungscodes verwendet werden und können auch von anderen Ressourcen aus referenziert werden. Beispielsweise kann eine Dimensions- oder String-Ressource in einer Layout-Definition referenziert werden.

Später in diesem Kapitel erfahren Sie, wie Sie alternative Ressourcenwerte für verschiedene Sprachen, Standorte und Hardware definieren können. Es ist wichtig, dass Sie bei der Verwendung von Ressourcen keine bestimmte Alternative wählen. Android wählt automatisch den richtigen Wert für einen bestimmten Ressourcenidentifikator basierend auf der aktuellen Hardware-, Geräte- und Sprachkonfiguration.

Ressourcen im Programmcode verwenden

Innerhalb Ihrer Anwendung greifen Sie über die statische Klasse R auf Ressourcen im Code zu. R ist eine generierte Klasse, die erzeugt wird, wenn Ihr Projekt erstellt wird, mit der Sie jede Ressource referenzieren können, die Sie eingebunden haben, um die Syntaxprüfung zur Designzeit anzubieten.

Die Klasse R enthält statische Unterklassen für jede der verfügbaren Ressourcen, wie die Unterklassen R.string und R.drawable.

Hinweis
Wenn Sie Android Studio verwenden, wird die Klasse R automatisch erstellt, wenn Sie Ihre Anwendung erstellen, nachdem Sie Änderungen an einer externen Ressourcendatei oder einem Ordner vorgenommen haben. Denken Sie daran, dass R eine Build-generierte Klasse ist, also nehmen Sie keine manuellen Änderungen an ihr vor, da sie verloren gehen, wenn die Datei neu generiert wird.

Jede der Unterklassen von R stellt ihre zugehörigen Ressourcen als Variablen zur Verfügung, wobei die Variablennamen mit den Ressourcenbezeichnungen übereinstimmen, zum Beispiel R.string.app_name oder R.mipmap.ic_launcher.

Der Wert dieser Variablen ist eine ganze Zahl, die die Position jeder Ressource in der Ressourcentabelle darstellt, nicht eine Instanz der Ressource selbst.

Wenn ein Konstruktor oder eine Methode, wie etwa setContentView, einen Ressourcenidentifikator akzeptiert, können Sie die Ressourcenvariable übergeben, wie im folgenden Programmabschnitt gezeigt:

```
// Entfalte die Layout-Ressource
setContentView(R.layout.main);
// Zeige ein temporäres Dialogfeld an, das die
// App-Name String-Ressource darstellt
Toast.makeText(this, R.string.app_name, Toast.LENGTH_LONG).show();
```

Wenn Sie eine Instanz der Ressource selbst benötigen, müssen Sie Hilfsmethoden verwenden, um sie aus der Ressourcentabelle zu entnehmen. Die Ressourcentabelle wird innerhalb Ihrer Anwendung als Instanz der Klasse Resources dargestellt.

4.4 | Android Manifest- und Gradle-Build-Dateien und die Auslagerung von Ressourcen

Diese Methoden führen Lookups auf der aktuellen Ressourcentabelle der Anwendung durch, so dass diese Hilfsmethoden nicht statisch sein dürfen. Verwenden Sie die Methode `getResources` in Ihrem Anwendungskontext, wie im folgenden Beispiel gezeigt, um auf die Ressourceninstanz Ihrer Anwendung zuzugreifen:

```
Resources myRes = getResources();
```

Die Klasse `Resources` enthält Getter für jeden der verfügbaren Ressourcentypen und funktioniert in der Regel durch Übergabe der gewünschten Ressourcen-ID.

Die Android Support Library enthält auch eine Klasse `ResourcesCompat`, die rückwärtskompatible Getter-Funktionen anbietet, bei denen eine Framework-Klasse veraltet ist (zum Beispiel `getDrawable`).

Der folgende Codeauszug zeigt ein Beispiel für die Verwendung der Hilfsmethoden, um eine Auswahl von Ressourcenwerten zurückzugeben:

```
CharSequence styledText = myRes.getText(R.string.stop_message);

float borderWidth = myRes.getDimension(R.dimen.standard_border);

Animation tranOut;
tranOut = AnimationUtils.loadAnimation(this, R.anim.spin_shrink_fade);

ObjectAnimator animator =
  (ObjectAnimator)AnimatorInflater.loadAnimator(this,
  R.animator.my_animator);

String[] stringArray;
stringArray = myRes.getStringArray(R.array.string_array);

int[] intArray = myRes.getIntArray(R.array.integer_array);
```

Android 5.0 Lollipop (API Level 21) hat Unterstützung für Drawable-Themes hinzugefügt, daher sollten Sie die Bibliothek `ResourcesCompat` verwenden, um sowohl Drawable- als auch Color-Ressourcen nutzen zu können, wie im folgenden Ausschnitt gezeigt. Beide Methoden akzeptieren `null`-Werte für Themes:

```
Drawable img = ResourcesCompat.getDrawable(myRes,
R.drawable.an_image, myTheme);
int opaqueBlue = ResourcesCompat.getColor(myRes,
                             R.color.opaque_blue, myTheme);
```

Frame-by-Frame animierte Ressourcen werden in `AnimationResources` überführt. Sie können den Wert mit `getDrawable` zurückgeben und den Rückgabewert wie hier gezeigt ausgeben:

```
AnimationDrawable androidAnimation;
androidAnimation =
  (AnimationDrawable)ResourcesCompat.getDrawable(R.myRes,
                                      drawable.frame_by_frame,
                                      myTheme);
```

Auf Ressourcen innerhalb von Ressourcen referenzieren

Sie können Ressourcenreferenzen auch als Attributwerte in anderen XML-Ressourcen verwenden.

Dies ist besonders nützlich für Layouts und Stile, mit denen Sie spezielle Variationen zu Themes, lokalisierten Zeichenfolgen und Bildbeständen erstellen können. Es ist auch eine nützliche Möglichkeit, verschiedene Bilder und Abstände für ein Layout zu unterstützen, um sicherzustellen, dass es für verschiedene Bildschirmgrößen und Auflösungen optimiert ist.

Um eine Ressource von einer anderen zu referenzieren, verwenden Sie die @-Notation, wie im folgenden Abschnitt gezeigt:

```
attribute="@[packagename:]resourcetype/resourceidentifier"
```

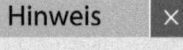

> Android geht davon aus, dass Sie eine Ressource aus demselben Package verwenden, so dass Sie den Package-Namen nur dann vollständig qualifizieren müssen, wenn Sie eine Ressource aus einem anderen Package verwenden.

Listing 4.3 zeigt ein Layout, das Dimension, Farbe und String-Ressourcen verwendet.

```xml
<?xml version="1.0" encoding="utf-8"?>
<RelativeLayout xmlns:android="http://schemas.android.com/apk/res/android"
  xmlns:tools="http://schemas.android.com/tools"
  android:id="@+id/activity_main"
  android:layout_width="match_parent"
  android:layout_height="match_parent"
  android:paddingBottom="@dimen/activity_vertical_margin"
  android:paddingLeft="@dimen/activity_horizontal_margin"
```

4.4 | Android Manifest- und Gradle-Build-Dateien und die Auslagerung von Ressourcen

```xml
    android:paddingRight="@dimen/activity_horizontal_margin"
    android:paddingTop="@dimen/activity_vertical_margin"
    tools:context="com.professionalandroid.apps.helloworld.MainActivity">
    <TextView
      android:id="@+id/myTextView"
      android:layout_width="wrap_content"
      android:layout_height="wrap_content"
      android:textColor="@color/colorAccent"
      android:text="@string/hello"
    />
</RelativeLayout>
```

Listing 4.2 Verwendung von Ressourcen in einem Layout

System-Ressourcen verwenden

Das Android-Framework stellt viele systemeigene Ressourcen zur Verfügung, die Ihnen verschiedene Zeichenfolgen, Bilder, Animationen, Stile und Layouts zur Verfügung stellen, die Sie in Ihren Anwendungen verwenden können.

Der Zugriff auf die Android-System-Ressourcen im Programmcode ist vergleichbar mit der Verwendung eigener Ressourcen. Der Unterschied besteht darin, dass Sie die Android-Ressourcenklassen, die unter `android.R` verfügbar sind, anstelle der anwendungsspezifischen R-Klasse verwenden. Das folgende Code-Beispiel verwendet die im Anwendungskontext verfügbare Methode `getString`, um eine Fehlermeldung aus den Systemressourcen zu erhalten:

```
CharSequence httpError = getString(android.R.string.httpErrorBadUrl);
```

Um auf Systemressourcen in XML zuzugreifen, geben Sie Android als Package-Namen an, wie in diesem XML-Ausschnitt zu sehen ist:

```xml
<EditText
  android:id="@+id/myEditText"
  android:layout_width="match_parent"
  android:layout_height="wrap_content"
  android:text="@android:string/httpErrorBadUrl"
  android:textColor="@android:color/darker_gray"
/>
```

Die vollständige Liste der verfügbaren Android-Ressourcen finden Sie unter *developer.android.com/reference/android/R.html*.

Verweis auf Stile im aktuellen Theme

Die Verwendung von Themes ist ein hervorragender Weg, um die Konsistenz der Benutzeroberfläche Ihrer Anwendung sicherzustellen. Anstatt jeden Stil vollständig zu definieren, bietet Android eine Verknüpfung, mit der Sie Stile aus dem aktuell verwendeten Theme verwenden können.

Um dies zu tun, verwenden Sie ?android: statt @ als Präfix für die Ressource, die Sie verwenden möchten. Das folgende Beispiel zeigt einen Ausschnitt aus dem vorhergehenden Code, verwendet aber die Textfarbe des aktuellen Themes und nicht eine Systemressource:

```
<EditText
  android:id="@+id/myEditText"
  android:layout_width="match_parent"
  android:layout_height="wrap_content"
  android:text="@android:string/httpErrorBadUrl"
  android:textColor="?android:textColor"
/>
```

Mit dieser Technik können Sie Stile erstellen, die sich ändern, wenn sich das aktuelle Theme ändert, ohne dass Sie jede einzelne Stilressource ändern müssen. Beachten Sie, dass der Wert der Ressource textColor im aktuellen Theme definiert sein muss. Mehr über die Verwendung von Themes und Stilen erfahren Sie in Kapitel 13.

4.4.3 Ressourcen für verschiedene Sprachen und Hardware anlegen

Sie können Ressourcenwerte für verschiedene Sprachen, Standorte und Hardwarekonfigurationen über parallele Verzeichnisstrukturen innerhalb des Verzeichnisses res anlegen.

Ein Bindestrich (-) wird verwendet, um Bezeichner zu trennen, die die Bedingungen angeben, für die Sie Alternativen anbieten. Android wählt aus diesen Werten dynamisch zur Laufzeit mit Hilfe seines dynamischen Ressourcenauswahlverfahrens.

Die folgende Beispielhierarchie zeigt eine Verzeichnisstruktur mit Standard-String-Werten, mit französischer Sprache und französisch-kanadischen Ortsvariationen:

```
Project/
  res/
    values/
      strings.xml
    values-fr/
      strings.xml
```

4.4 | Android Manifest- und Gradle-Build-Dateien und die Auslagerung von Ressourcen

```
values-fr-rCA/
    strings.xml
```

Wenn Sie Android Studio verwenden, werden diese parallelen Verzeichnisse wie in Abbildung 4.4 dargestellt – ein Verzeichnis mit dem Namen der Datei, die jede Version enthält, gefolgt vom Bezeichner in Klammern.

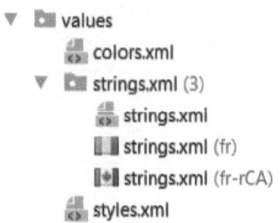

Abbildung 4.4 Ressourcen-Verzeichnisstruktur in Android Studio

Sie können diese speziellen Verzeichnisse manuell erstellen oder mit Android Studio bei Bedarf neue Verzeichnisse erstellen, wenn Sie die darin enthaltenen Alternativdateien erstellen.

Klicken Sie dazu entweder mit der rechten Maustaste auf das Eltern-Verzeichnis (zum Beispiel *res/values*) und wählen Sie NEW [VALUES] RESOURCE FILE, oder wählen Sie das Eltern-Verzeichnis und wählen Sie FILE | NEW [VALUES] RESOURCE FILE. Daraufhin sehen Sie den Dialog NEW RESOURCE FILE wie in Abbildung 4.5 dargestellt, der alle optionalen Auswahlkategorien und verfügbaren Optionen enthält, bevor Sie das Verzeichnis erstellen und Ihre neue Datei darin ablegen. Beachten Sie, dass nicht alle verfügbaren Bezeichner im Android Studio-Dialog verfügbar sind. In einem solchen Fall müssen Sie das Verzeichnis manuell erstellen.

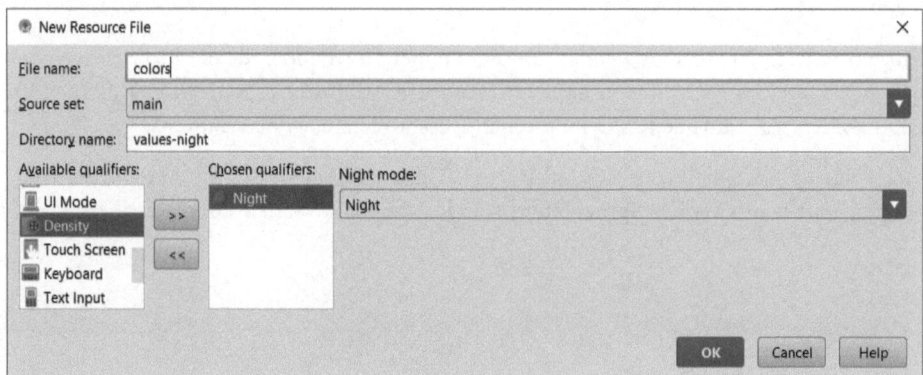

Abbildung 4.5 Neue Ressourcen in Android Studio

Die folgende Liste enthält die Bezeichner, mit denen Sie Ihre Ressourcenwerte anpassen können:

- **Mobile Country Code and Mobile Network Code (MCC/MNC)**: Das Land und optional das Netzwerk, das der aktuell im Gerät verwendeten SIM-Karte zugeordnet ist. Das MCC wird durch mcc gefolgt vom dreistelligen Ländercode angegeben. Optional können Sie den MNC über mnc und den zwei- oder dreistelligen Netzwerkcode (z.B. mcc234-mnc20 oder mcc310) hinzufügen. Eine Liste der MCC/MNC-Codes finden Sie bei Wikipedia unter *de.wikipedia.org/wiki/Mobile_Country_Code*.

- **Language and Region**: Sprache, die durch den zweibuchstabigen ISO 639-1-Sprachcode in Kleinbuchstaben angegeben wird, gefolgt von einer Region, die durch ein kleines r gefolgt von dem zweibuchstabigen ISO 3166-1-alpha-2-Sprachcode in Großbuchstaben angegeben wird (z. B. en, en-rUS oder en-rGB). Verfügbar unter LOCALE im Android Studio Dialog NEW RESOURCE FILE.

- **Layout Direction**: Die Layout-Richtung Ihrer Benutzeroberfläche, wobei ldrtl von rechts nach links und ldltr von links nach rechts (der Standardwert) steht. Verwenden Sie diesen Modifizierer, um ein anderes Layout (oder eine andere Ressource) zur besseren Unterstützung von Rechts-nach-Links-Sprachen bereitzustellen.

- **Smallest Screen Width**: Die kleinere der beiden Bildschirmabmessungen (Höhe und Breite), die in der Form sw<Dimension>dp (z.B. sw600dp, sw320dp oder sw720dp) angegeben ist. Dies wird in der Regel bei der Bereitstellung mehrerer Layouts verwendet, wobei der angegebene Wert die kleinere Bildschirmbreite sein sollte, die Ihr Layout für eine korrekte Darstellung benötigt. Wenn Sie mehrere Verzeichnisse mit unterschiedlichen Bezeichnern für die kleinere Bildschirmbreite liefern, wählt Android den größten Wert, der die kleinste auf dem Gerät verfügbare Größe nicht überschreitet.

- **Available Screen Width**: Die minimale Bildschirmbreite, die erforderlich ist, um die enthaltenen Ressourcen zu verwenden, angegeben in der Form w<Dimension>dp (z.B. w600dp, w320dp oder w720dp). Wird auch verwendet, um mehrere Layout-Alternativen zu liefern, aber im Gegensatz zur kleinsten Bildschirmbreite ändert sich die verfügbare Bildschirmbreite, um die aktuelle Bildschirmbreite wiederzugeben, wenn sich die Geräteausrichtung ändert. Android wählt den größten Wert, der die aktuell verfügbare Bildschirmbreite nicht überschreitet.

- **Available Screen Height**: Die minimale Bildschirmhöhe, die erforderlich ist, um die enthaltenen Ressourcen zu verwenden, angegeben in der Form h<Dimension>dp (z.B. h720dp, h480dp oder h1280dp). Wie die verfügbare Bildschirmbreite ändert sich auch die verfügbare Bildschirmhöhe, wenn sich die Geräteausrichtung entsprechend der aktuellen Bildschirmhöhe ändert. Android wählt den größten Wert, der die aktuell verfügbare Bildschirmhöhe nicht überschreitet.

4.4 | Android Manifest- und Gradle-Build-Dateien und die Auslagerung von Ressourcen

- **Screen Size**: Eine von klein (kleiner als HVGA), normal (mindestens HVGA und typischerweise kleiner als VGA), groß (VGA oder größer) oder xlarge (deutlich größer als HVGA). Da jede dieser Bildschirmkategorien Geräte mit deutlich unterschiedlichen Bildschirmgrößen (insbesondere Tablets) enthalten kann, ist es sinnvoll, die spezifischere kleinste Bildschirmgröße und die verfügbare Bildschirmbreite und -höhe zu verwenden, wann immer dies möglich ist. Da sie diesem Bezeichner für die Bildschirmgröße vorausgehen, wo beide angegeben sind, werden die spezifischeren Bezeichner bevorzugt verwendet, wenn sie unterstützt werden.

- **Screen Aspect Ratio**: Geben Sie long oder notlong für Ressourcen an, die speziell für Wide Screen entwickelt wurden (zum Beispiel ist WVGA long; QVGA ist notlong).

- **Screen Shape**: Geben Sie round oder notround für Ressourcen an, die speziell für runde Bildschirme (wie Uhren) bzw. rechteckige Bildschirme (wie Telefone oder Tablets) entwickelt wurden.

- **Screen Color Gamut**: Geben Sie widecg für Ressourcen an, die für Displays mit einem breiten Farbraum wie Display P3 oder AdobeRGB entwickelt wurden, oder nowidecg für Displays mit einem schmalen Farbraum wie sRGB.

- **Screen Dynamic Range**: Entweder highdr für Displays, die einen hohen Dynamikbereich (HDR) unterstützen oder lowdr für Displays mit einem normalen Dynamikbereich.

- **Screen Orientation**: Entweder port für Hochformat (Portrait) oder land für Querformat (Landscape).

- **UI Mode**: Zeigen Sie Ressourcen (typischerweise Layouts) an, die speziell für die Bereiche car (Auto-Dock), desk (Schreibtisch-Dock), television (Zurücklehn-Benutzung), appliance (keine sichtbare Benutzeroberfläche), watch (Display am Handgelenk) oder vrheadset (Virtual-Reality-Headset) entwickelt wurden.

- **Night Mode**: Eine von night (Nachtmodus) oder notnight (Tag-Modus). In Kombination mit dem Oberflächen-Modus-Bezeichner bietet dies eine einfache Möglichkeit, das Theme oder das Farbschema einer Anwendung zu ändern, um sie für den Einsatz bei Nacht besser geeignet zu machen.

- **Screen Pixel Density**: Pixeldichte in Punkten pro Zoll (dpi). Idealerweise werden ldpi, mdpi, hdpi, xhdpi und xxhdpi Drawable-Ressourcen bereitgestellt, die niedrige (120 dpi), mittlere (160 dpi), hohe (240 dpi), höhere (320 dpi) und extra hohe (480 dpi) Pixeldichtewerte enthalten, um gestochen scharfe Ergebnisse auf allen Geräten sicherzustellen. Für Launcher-Icons ist es empfehlenswert, auch eine xxxhdpi-Ressource für Launcher bereitzustellen, die ein größeres Symbol anzeigen können. Sie können nodpi für Bitmap-Ressourcen angeben, die nicht skaliert werden sollen, um eine exakte Bildschirmdichte zu unterstützen, und anydpi für skalierbare Vektorgrafiken. Um Anwendungen für Fernseher mit Android besser zu unterstützen, können Sie auch den tvdpi-Qualifier für Geräte mit einer Auflösung von etwa 213 dpi verwenden. Dies ist für die meisten Anwendungen, bei denen die Einbeziehung von mittel- und hochauflösenden Geräten für ein gutes Ergebnis ausreichend ist, nicht erforderlich. Anders als bei anderen Ressourcentypen benötigt Android keine genaue Übereinstimmung, um eine Ressource auszuwählen. Bei der Auswahl des entsprechenden Verzeichnisses wählt es die nächstgelegene Übereinstimmung mit der Pixeldichte des Geräts und skaliert die resultierenden Drawables entsprechend.

- **Touchscreen Type**: Entweder notouch oder finger, so dass Sie Layouts oder Abmessungen zur Verfügung stellen können, die für die Verfügbarkeit von Touchscreen-Eingaben optimiert sind.
- **Keyboard Availability**: Eine von keysexposed, keyshidden oder keyssoft, die ein Gerät anzeigt, das derzeit eine Hardware-Tastatur zur Verfügung hat, eine Hardware-Tastatur, die derzeit nicht verfügbar ist, oder eine Software-Tastatur (sichtbar oder nicht) verwendet.
- **Keyboard Input Type**: Einer der Werte nokeys, qwerty oder 12key, die keine physische Tastatur, eine vollständige Qwerty-Tastatur beziehungsweise eine 12-Tasten-Tastatur darstellen, unabhängig davon, ob die Tastatur derzeit verfügbar ist oder nicht.
- **Navigation Key Availability**: Einer der Werte navexposed oder navhidden.
- **UI Navigation Type**: Einer der Werte nonav, dpad, trackball oder wheel.
- **Platform Version**: Das Ziel-API-Level, angegeben in der Form v<API Level> (zum Beispiel v7). Wird für Ressourcen verwendet, die auf Geräte beschränkt sind, die auf dem angegebenen API-Level oder höher ausgeführt werden.

Sie können für jeden Ressourcentyp mehrere Bezeichner angeben und jeden Bezeichner mit einem Bindestrich trennen. Jede Kombination wird unterstützt. Sie muss jedoch in der in der vorhergehenden Liste angegebenen Reihenfolge verwendet werden, und es darf nicht mehr als ein Wert pro Bezeichner verwendet werden.

Das folgende Beispiel zeigt gültige und ungültige Verzeichnisnamen für alternative Layout-Ressourcen:

Zulässig

```
layout-large-land
layout-xlarge-port-keyshidden
layout-long-land-notouch-nokeys
```

4.4 | Android Manifest- und Gradle-Build-Dateien und die Auslagerung von Ressourcen

Unzulässig

```
values-rUS-en (Falsche Reihenfolge)
values-rUS-rUK (Mehrere Werte für einen Bezeichner)
```

Wenn Android eine Ressource zur Laufzeit abruft, findet es die beste Übereinstimmung mit den verfügbaren Alternativen. Ausgehend von einer Liste aller Verzeichnisse, in denen der gewünschte Wert vorhanden ist, wird derjenige mit der größten Anzahl passender Bezeichner ausgewählt. Wenn zwei Verzeichnisse gleichwertig sind, entscheidet die Reihenfolge der übereinstimmenden Bezeichner in der vorhergehenden Liste.

> **Hinweis**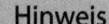
>
> Wenn keine Ressourcenübereinstimmungen auf einem bestimmten Gerät gefunden werden, löst Ihre Anwendung eine Exception aus, wenn sie versucht, auf diese Ressource zuzugreifen. Um dies zu vermeiden, sollten Sie immer Vorschlagswerte für jeden Ressourcentyp in einen Ordner aufnehmen, der keine Bezeichner enthält.

4.4.4 Änderungen der Laufzeitkonfiguration

Android verarbeitet Laufzeitänderungen für Sprache, Standort und Hardware durch Beenden und Neustarten der aktiven Activity. Dadurch wird die Ressourcenauflösung für die Activity neu bewertet und es werden die am besten geeigneten Ressourcenwerte für die neue Konfiguration ausgewählt.

In einigen speziellen Fällen kann dieses Standardverhalten ungünstig sein, insbesondere für Anwendungen, die die Benutzeroberfläche nicht aufgrund von Änderungen der Bildschirmorientierung ändern möchten. Sie können die Reaktion Ihrer Anwendung auf solche Änderungen anpassen, indem Sie sie selbst erkennen und darauf reagieren.

Um eine Activity auf Änderungen der Laufzeitkonfiguration zu überwachen, fügen Sie ein `android:configChanges`-Attribut zu seinem Manifest-Eintrag hinzu, in dem Sie die gewünschten Konfigurationsänderungen angeben.

Die folgende Liste beschreibt einige der Konfigurationsänderungen, die Sie angeben können:

- `mcc` und `mnc`: Eine SIM-Karte wurde erkannt und der Länder- beziehungsweise Netzcode des Mobiltelefons wurde geändert.
- `locale`: Der Benutzer hat die Spracheinstellungen des Geräts geändert.
- `keyboardHidden`: Die Tastatur, das D-Pad oder ein anderer Eingabemechanismus wurde freigegeben oder wurde ausgeblendet.

- `keyboard`: Die Art der Tastatur hat sich geändert; zum Beispiel kann das Telefon eine 12-Tasten-Tastatur haben, die ausklappt, um eine vollständige Tastatur anzuzeigen, oder eine externe Tastatur wurde angeschlossen.
- `fontScale`: Der Benutzer hat die bevorzugte Schriftgröße geändert.
- `uiMode`: Der globale Oberflächenmodus hat sich geändert. Dies tritt typischerweise auf, wenn Sie zwischen Auto-Modus, Tag- oder Nacht-Modus und Ähnlichem wechseln.
- `orientation`: Der Bildschirm wurde zwischen Hoch- und Querformat gedreht.
- `screenLayout`: Der Bildschirmaufbau hat sich geändert; typischerweise kommt das vor, wenn ein anderes Bild aktiviert wurde.
- `screenSize`: Tritt auf, wenn sich die verfügbare Bildschirmgröße geändert hat, beispielsweise bei einer Änderung der Ausrichtung zwischen Hoch- und Querformat oder im Mehrfenstermodus.
- `smallestScreenSize`: Tritt auf, wenn sich die physikalische Bildschirmgröße geändert hat, beispielsweise wenn ein Gerät an ein externes Display angeschlossen wurde.
- `layoutDirection`: Die Bild-/Text-Layout-Richtung hat sich geändert, beispielsweise die Umschaltung zwischen links-nach-rechts und rechts-nach-links (RTL).

Unter bestimmten Umständen werden mehrere Ereignisse gleichzeitig ausgelöst. Wenn der Benutzer beispielsweise eine Tastatur herauszieht, lösen die meisten Geräte sowohl die Ereignisse `keyboardHidden` als auch `orientation` aus, und das Anschließen eines externen Displays löst wahrscheinlich die Ereignisse `orientation`, `screenLayout`, `screenSize` und `smallestScreenSize` aus.

Sie können mehrere Ereignisse auswählen, die Sie selbst behandeln möchten, indem Sie die Werte mit einem senkrechten Strich (|) trennen, wie in Listing 4.3 gezeigt, wo ein Activity-Eintrag angezeigt wird, der erklärt, dass er Änderungen der Bildschirmgröße und -ausrichtung sowie die Sichtbarkeit der Tastatur behandelt.

```
<activity
  android:name=".MyActivity"
  android:label="@string/app_name"
  android:configChanges="screenSize|orientation|keyboardHidden">
  <intent-filter >
    <action android:name="android.intent.action.MAIN" />
    <category android:name="android.intent.category.LAUNCHER" />
  </intent-filter>
</activity>
```

Listing 4.3 Activity-Definition für den Umgang mit dynamischen Ressourcenänderungen

4.4 | Android Manifest- und Gradle-Build-Dateien und die Auslagerung von Ressourcen

Das Hinzufügen eines `android:configChanges`-Attributs unterdrückt den Neustart für die angegebenen Konfigurationsänderungen und löst stattdessen den onConfigurationChanged-Handler in der zugehörigen Activity aus.

Überschreiben Sie diese Methode, um die Konfigurationsänderungen selbst zu behandeln, indem Sie das übergebene Konfigurationsobjekt verwenden, um die neuen Konfigurationswerte zu ermitteln, wie in Listing 4.4 zu sehen ist. Rufen Sie die Basisklasse auf und laden Sie alle Ressourcenwerte neu, die die Activity verwendet, falls sie sich geändert haben.

```
@Override
public void onConfigurationChanged(Configuration newConfig) {
  super.onConfigurationChanged(newConfig);

  // [ ... Aktualisiere Oberfläche auf der Basis von Ressourcen ... ]

  if (newConfig.orientation == Configuration.ORIENTATION_LANDSCAPE) {
    // [ ... Reagiere auf wechselnde Ausrichtung ... ]
  }

  if (newConfig.keyboardHidden == Configuration.KEYBOARDHIDDEN_NO) {
    // [ ... Reagiere auf wechselnde Keyboard-Sichtbarkeit ... ]
  }
}
```
Listing 4.4 Konfigurationsänderungen im Code behandeln

Wenn onConfigurationChanged aufgerufen wird, wurden die Ressourcenvariablen der Activity bereits mit den neuen Werten aktualisiert, so dass sie sicher verwendet werden können.

Jede Konfigurationsänderung, die Sie nicht explizit als von Ihrer Anwendung behandelt kennzeichnen, führt zum Neustart Ihrer Activity, ohne einen Aufruf von onConfigurationChanged.

Kapitel 5
Erstellen von Benutzeroberflächen

Inhalt
▪ Pixeldichteunabhängiges Oberflächen-Design
▪ Einsatz von Views und Layouts
▪ Layouts optimieren
▪ Mit Lists und Grids arbeiten
▪ Recycler-View und Adapter einsetzen
▪ Data-Binding implementieren
▪ Views erweitern, gruppieren, anlegen und verwenden

Die wrox.com-Code-Downloads für dieses Kapitel finden Sie unter

www.wrox.com

auf der Registerkarte Download-Code. Der Code für dieses Kapitel ist in die folgenden größeren Beispiele unterteilt:

- Snippets_ch5.zip
- Earthquake_ch5_1.zip
- Earthquake_ch5_2.zip
- Compass_ch5.zip

5.1 Grundlegendes Android Design

Zu Beginn der Smartphone-Ära beschrieb Stephen Fry das Zusammenspiel von Stil und Substanz im Design digitaler Geräte wie folgt:

»Als ob ein Gerät funktionieren kann, wenn es keinen Stil hat. Als ob man ein Gerät als stylisch bezeichnen könnte, das nicht hervorragend funktioniert ... Ja, Schönheit zählt. Junge, ist das wichtig. Es ist keine Oberfläche, es ist kein Extra, es ist die Sache selbst.« (Stephen Fry, The Guardian. 27. Oktober 2007)

Obwohl Fry den Stil der Geräte selbst beschrieb, kann man dasselbe über die Anwendungen sagen, die auf ihnen laufen.

Dieses Gefühl hat erst seitdem an Bedeutung gewonnen – Design und Benutzerführung werden immer wichtiger für den Erfolg von Smart Devices und ein wichtiger Schwerpunkt für Android-Anwendungsentwickler.

Größere, hellere und höher aufgelöste Displays haben die Anwendungen immer visueller gemacht. Da Smartphones sich über rein funktionale Geräte hinaus entwickelt haben und Android-Geräte die Formfaktoren der Vergangenheit erweitern, ist die Benutzerfreundlichkeit Ihrer Anwendung von entscheidender Bedeutung.

Für Android-Apps hat sich dieser Fokus auf Design und Benutzerfreundlichkeit am deutlichsten in der Einführung und Übernahme der Material-Design-Philosophie gezeigt, die wir in späteren Kapiteln näher beschreiben werden.

In diesem Kapitel werden wir uns auf die Android-Komponenten konzentrieren, die zum Erstellen von Benutzeroberflächen verwendet werden. Sie werden erfahren, wie man Views verwendet, um funktionale und intuitive Benutzeroberflächen innerhalb Ihrer Activities und Fragmente zu erstellen.

Die einzelnen Elemente einer Android-Oberfläche werden mit Hilfe verschiedener Layout-Manager, die von der Klasse `ViewGroup` abgeleitet sind, auf dem Bildschirm angeordnet. Dieses Kapitel stellt verschiedene systemeigene Layoutklassen vor, demonstriert deren Verwendung und stellt Techniken vor, um sicherzustellen, dass die Verwendung von Layouts so effizient wie möglich ist.

Sie werden das Data-Binding Framework von Android kennenlernen und erfahren, wie es verwendet werden kann, um Daten dynamisch an Ihre Benutzeroberfläche zu binden, basierend auf Ihren Layouts. Anhand vieler Benutzeroberflächen, die auf Inhaltslisten basieren, erfahren Sie, wie Sie mit der `RecyclerView` Listen, die mit ihren zugrunde liegenden Datenquellen verbunden sind, effizient anzeigen können.

Android erlaubt Ihnen auch, die verfügbaren Views und `ViewGroups` zu erweitern und anzupassen. Mit `ViewGroups` kombinieren Sie Views zu atomaren, wiederverwendbaren Oberflächenelementen, die aus interagierenden Sub-Kontrollelementen bestehen. Sie können auch eigene Views erstellen, um Daten anzuzeigen und auf kreative Weise mit Benutzern zu interagieren.

5.2 Dichteunabhängiges Design

User Interface (UI) Design, User Experience (UX), Human Computer Interaction (HCI) und Usability sind riesige Themen, die nicht in der Tiefe behandelt werden können, die sie innerhalb der Grenzen dieses Buches verdienen. Nichtsdestotrotz kann die Bedeutung der Erstellung einer Benutzeroberfläche, die Ihre Benutzer verstehen und schätzen werden, nicht hoch genug eingestuft werden.

Es gibt eine Vielzahl von verschiedenen Android-Geräten, darunter eine Reihe von verschiedenen Größen und Formfaktoren. Aus Sicht der Benutzeroberfläche bedeutet dies, dass die Anzahl der für Ihre Anwendung verfügbaren Pixel und die zugrunde liegende Dichte der Display-Hardware von Gerät zu Gerät stark variieren.

Sie können die Auswirkungen unterschiedlicher Gerätedichten abstrahieren, indem Sie immer in Form von dichteunabhängigen Pixeln (dp) denken. Dichteunabhängige Pixel repräsentieren physikalische Größen – zwei Oberflächenelemente der gleichen Größe, gemessen in dp, erscheinen dem Benutzer auf dem Bildschirm in der gleichen Größe, unabhängig davon, ob sie sich auf einem Gerät mit niedriger Dichte oder auf dem neuesten Super-High-Density-Bildschirm befinden. Das Wissen, dass Benutzer physisch mit Ihrer Benutzeroberfläche interagieren werden (indem sie visuelle Elemente mit ihren Fingern berühren), macht die Bedeutung und den Nutzen dieser Abstraktion deutlich. Sehr wenige Dinge sind frustrierender als ein Knopf, der zu klein zum Tippen ist!

Für die Schriftgrößen verwenden wir maßstabsunabhängige Pixel (sp). sp teilt die gleiche Basisdichteunabhängigkeit wie dp, wird aber auch unabhängig von der bevorzugten Textgröße des Benutzers skaliert: eine wichtige Überlegung für die Barrierefreiheit, die es dem Benutzer erlaubt, die Schriftgröße für alle Anwendungen auf seinem Gerät zu erhöhen.

Android 5.0 Lollipop (API 21) bietet Unterstützung für geräteunabhängige Vektorgrafiken. Vektorgrafiken sind in XML definiert und können so skaliert werden, dass sie jede Darstellungsdichte unterstützen. Alternativ, wenn Sie Objekte haben, die nicht als Vektorgrafiken beschrieben werden können, wird das Android-Ressourcensystem automatisch Grafiken verkleinern, oder Sie können mehrere Ressourcen in verschiedenen Ressourcenverzeichnissen bereitstellen, wie in Kapitel 3 beschrieben.

Durch die Unabhängigkeit Ihrer Designs von der Dichte können Sie sich auf die Optimierung und Anpassung Ihrer Designs für verschiedene Bildschirmgrößen konzentrieren. Sie werden feststellen, dass die Oberflächenelemente im gesamten Buch in Form von dichteunabhängigen Pixeln (dp) und Textgrößen in Form von skalierungsunabhängigen Pixeln (sp) geschrieben werden.

5.3 Grundlagen der Android-Benutzeroberfläche

Alle visuellen Komponenten in Android stammen von der Klasse View ab und werden allgemein als Views bezeichnet. Sie werden oft Views sehen, die als Kontrollelemente oder Widgets bezeichnet werden (nicht zu verwechseln mit den in Kapitel 19 beschriebenen App Widgets). Begriffe, mit denen Sie wahrscheinlich vertraut sind, wenn Sie sich bereits mit der GUI-Entwicklung auf anderen Plattformen befasst haben.

Die Klasse ViewGroup ist eine Erweiterung von View, die das Hinzufügen von Kind-Views (allgemein als Kinder bezeichnet) unterstützt. Die ViewGroups sind dafür verantwortlich zu entscheiden, wie groß jede untergeordnete View ist, und ihre Positionen zu bestimmen. ViewGroups, die sich in erster Linie auf das Layout von untergeordneten Views konzentrieren, werden als Layouts bezeichnet.

ViewGroups sind Views, so wie jede andere View. Sie können ihre eigene angepasste Benutzeroberfläche zeichnen und Benutzerinteraktionen verwalten.

Die im Android SDK enthaltenen Views und ViewGroups bieten die Komponenten, die Sie benötigen, um eine effektive und zugängliche Benutzeroberfläche zu erstellen. Sie können Ihre Views innerhalb Ihrer Benutzeroberfläche programmgesteuert erstellen und anordnen, aber es wird dringend empfohlen, XML-Layout-Ressourcen zum Erstellen und Konstruieren Ihrer Benutzeroberfläche zu verwenden. Dieser Ansatz ermöglicht es, verschiedene Layouts zu spezifizieren, die für verschiedene Hardwarekonfigurationen optimiert sind – insbesondere für Bildschirmgrößenvariationen – und diese möglicherweise sogar zur Laufzeit aufgrund von Hardwareänderungen (beispielsweise Richtungsänderungen) zu modifizieren.

Jede View enthält eine Reihe von Attributen, die es Ihnen ermöglichen, ihren Ausgangszustand von Ihrer Layout-Ressource aus festzulegen. Zum Beispiel, um den Text auf einer TextView zu setzen, würden Sie das Attribut android:text setzen.

In den folgenden Abschnitten erfahren Sie, wie Sie immer komplexere Benutzeroberflächen zusammenstellen, bevor Sie mit Fragmenten, den im SDK verfügbaren Views, vertraut gemacht werden, wie Sie diese Views erweitern, Ihre eigenen zusammengesetzten Kontrollelemente erstellen und Ihre eigenen benutzerdefinierten Views von Grund auf neu erstellen.

5.3.1 Zuordnung von Benutzeroberflächen zu Activities

Eine neue Activity beginnt mit einem einladend leeren Bildschirm, auf dem Sie Ihre Benutzeroberfläche platzieren können. Rufen Sie dazu setContentView auf und übergeben Sie die View-Instanz oder die Layout-Ressource an die Anzeige.

Ein leerer Bildschirm hat nicht den visuellen Reiz, der von den heutigen versierten Benutzern verlangt wird, so dass Sie fast immer setContentView verwenden werden, um die Benutzeroberfläche einer Activity zuzuweisen, wenn Sie die Handler-Methode onCreate überschreiben. Da die Methode setContentView entweder die Ressourcen-ID eines Layouts oder eine einzelne View-Instanz an der Wurzel Ihrer View-Hierarchie akzeptiert, können Sie Ihre Benutzeroberfläche entweder im Programm-Code oder besser als externe Layout-Ressource definieren:

```java
@Override
public void onCreate(Bundle savedInstanceState) {
  super.onCreate(savedInstanceState);
  setContentView(R.layout.main);
}
```

Die Verwendung von Layout-Ressourcen ermöglicht es Ihnen, die Präsentationsschicht von der Anwendungslogik zu entkoppeln und bietet die Flexibilität, die Präsentation ohne Änderung des Programmcodes zu ändern. Dadurch ist es möglich, verschiedene, für verschiedene Hardwarekonfigurationen optimierte Layouts festzulegen und diese sogar zur Laufzeit aufgrund von Hardwareänderungen (beispielsweise Änderungen der Bildschirmausrichtung) zu ändern.

Nach dem Setzen des Layouts können Sie mit der Methode findViewById eine Referenz auf jede der darin enthaltenen Views erhalten:

```java
TextView myTextView = findViewById(R.id.myTextView);
```

Wenn Sie Fragmente verwenden, um Teile der Benutzeroberfläche Ihrer Activity zu kapseln, wird die View im onCreate-Handler Ihrer Activity ein Layout sein, das die relative Position jedes Ihrer Fragmente (oder ihrer Container) beschreibt. Die für jedes Fragment verwendete Benutzeroberfläche ist in einem eigenen Layout definiert und wird innerhalb des Fragments selbst aufgebaut und sollte in fast allen Fällen ausschließlich von diesem Fragment bearbeitet werden.

5.4 Einführung in Layouts

In den meisten Fällen enthält die Erstellung Ihrer Benutzeroberfläche viele Views, die in einem oder mehreren verschachtelten Layouts enthalten sind – Erweiterungen der Klasse ViewGroup. Durch die Kombination verschiedener Layouts und Views können Sie beliebig komplexe Oberflächen erstellen.

Das Android SDK enthält eine Reihe von Layout-Klassen. Sie werden diese verwenden, modifizieren oder eigene Oberflächenlayouts für Ihre Views, Fragmente und Aktivitäten erstellen. Ihre Herausforderung besteht darin, die richtige Kombination von Layouts zu finden, um Ihre Benutzeroberfläche ästhetisch ansprechend, einfach zu bedienen und effizient darzustellen.

Die folgende Liste enthält einige der am häufigsten verwendeten Layout-Klassen, die im Android SDK verfügbar sind, wie in Abbildung 5.1 dargestellt.

- **FrameLayout:** FrameLayout ist der einfachste der Layout-Manager. Das FrameLayout, verbindet jede untergeordnete View innerhalb ihres Rahmens. Die Standardposition ist die linke obere Ecke, obwohl Sie das Attribut layout_gravity in einer untergeordneten View verwenden können, um deren Position zu ändern. Beim Hinzufügen mehrerer Kinder wird jedes neue Kind auf das vorherige gestapelt, wobei jede neue View möglicherweise die vorherigen verdeckt.

- **LinearLayout:** Das lineare Layout richtet seine untergeordneten Views entweder in einer vertikalen oder einer horizontalen Richtung aus. Ein vertikales Layout hat eine Spalte mit Views, während ein horizontales Layout eine Zeile mit Views hat. Das lineare Layout unterstützt ein layout_weight-Attribut für jede untergeordnete View, das die relative Größe jeder untergeordneten View innerhalb des verfügbaren Platzes steuern kann.

- **RelativeLayout:** Das RelativeLayout ist eines der flexibelsten der verfügbaren Layouts, obwohl es potenziell aufwändig zu rendern ist. Sie können die Positionen jeder untergeordneten View relativ zu den anderen und zu den Grenzen des Layouts definieren.

- **ConstraintLayout:** Das neueste (und empfohlene) Layout unterstützt große und komplexe Layouts ohne die Notwendigkeit, Layouts zu verschachteln. Es ähnelt dem RelativeLayout, bietet aber mehr Flexibilität und ist effizienter zu gestalten. Das ConstraintLayout positioniert seine untergeordneten Views durch eine Reihe von Constraints, bei denen die untergeordneten Views nach einer Grenze, anderen untergeordneten Views oder nach benutzerdefinierten Richtlinien positioniert werden müssen. Das ConstraintLayout verfügt über einen eigenen visuellen Layouteditor, mit dem jedes Kontrollelement positioniert und die Constraints definiert werden können, anstatt sich auf die manuelle Bearbeitung des XML zu verlassen. Das

ConstraintLayout ist über das Constraint-Layout-Paket der Android Support Library verfügbar und damit abwärtskompatibel.

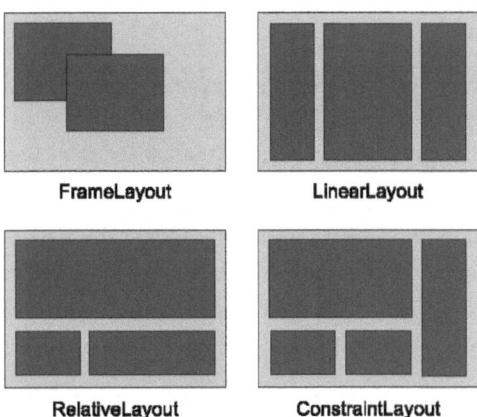

Abbildung 5.1 Layout-Klassen

Jedes dieser Layouts kann so skaliert werden, dass es die Bildschirmgröße des Endgeräts ausfüllt, so dass absolute Positionen oder vorgegebene Pixelwerte vermieden werden. Dies macht sie besonders nützlich bei der Entwicklung von Anwendungen, die gut auf einer Vielzahl von Android-Hardware funktionieren sollen.

Layouts verwenden eine Vielzahl von Attributen, die dem Wurzelknoten zugeordnet sind, um die Art und Weise zu ändern, in der alle untergeordneten Knoten positioniert werden (wie beispielsweise das android:orientation-Attribut von LinearLayout):

```
<LinearLayout xmlns:android="http://schemas.android.com/apk/res/android"
  android:layout_width="match_parent"
  android:layout_height="match_parent"
  android:orientation="vertical">
  [... Kinf-Views ...]
</LinearLayout>
```

Um die Maße und Positionen bestimmter Kind-Views zu ändern, verwenden Sie layout_-Attribute direkt innerhalb der Kind-Knoten. Diese Attribute werden verwendet, um die übergeordnete ViewGroup anzuweisen, wie das Kind angeordnet werden soll:

```
<LinearLayout xmlns:android="http://schemas.android.com/apk/res/android"
  android:layout_width="match_parent"
  android:layout_height="match_parent"
  android:orientation="vertical">
```

5.4 | Erstellen von Benutzeroberflächen

```
<TextView
  android:layout_width="match_parent"
  android:layout_height="wrap_content"/>
</LinearLayout>
```

Die gebräuchlichsten `layout_`-Attribute sind `layout_width` und `layout_height` – erforderliche Attribute in allen Views – aber die meisten Layouts verfügen über benutzerdefinierte untergeordnete View-Attribute, um den Großteil der layout-spezifischen Funktionalität zu bieten.

Die Android-Dokumentation beschreibt die Funktionen und Eigenschaften der einzelnen Layout-Klassen im Detail; daher werde ich sie an dieser Stelle nicht wiederholen, sondern Sie auf Folgendes hinweisen: *developer.android.com/guide/topics/ui/declaring-layout.html#CommonLayouts*.

> **Hinweis**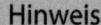
>
> Wenn Sie die Dokumentation zu Layout-Attributen überprüfen, verwenden Sie die Klasse `LayoutParams` für das Layout. Wenn das übergeordnete Layout beispielsweise ein `FrameLayout` ist, wird die Dokumentation zum Attribut `layout_gravity` in der Klasse `FrameLayout.LayoutParams` gefunden.

Sie werden anhand eines praktischen Beispiels sehen, wie diese Layouts verwendet werden sollten, wenn sie in diesem Buch vorgestellt werden. Später in diesem Kapitel erfahren Sie auch, wie Sie zusammengesetzte Kontrollelemente erstellen können, indem Sie diese Layout-Klassen verwenden und sie erweitern.

5.4.1 Layouts definieren

Die bevorzugte Art, ein Layout zu definieren, ist die Verwendung externer XML-Ressourcen, die Sie entweder manuell selbst schreiben oder mit dem visuellen Layout-Editor des `ConstraintLayouts` erstellen.

Jede Layout-XML-Definition muss ein einzelnes Wurzelelement enthalten, das beliebig viele verschachtelte Layouts und Views enthalten kann, um eine beliebig komplexes Benutzeroberfläche zu definieren.

Das folgende Ausschnitt zeigt ein einfaches Layout, das eine `TextView` über einem `EditText`-Kontrollelement platziert. Dazu wird ein vertikales `LinearLayout` verwendet, das die gesamte Bildschirmhöhe und -breite einnimmt:

Einführung in Layouts | 5.4

```xml
<?xml version="1.0" encoding="utf-8"?>
<LinearLayout xmlns:android="http://schemas.android.com/apk/res/android"
  android:layout_width="match_parent"
  android:layout_height="match_parent"
  android:orientation="vertical">
  <TextView
    android:layout_width="match_parent"
    android:layout_height="wrap_content"
    android:text="Gebe Text ein" />
  <EditText
    android:layout_width="match_parent"
    android:layout_height="wrap_content"
    android:text="Der Text ist hier!" />
</LinearLayout>
```

Für jedes der Layout-Elemente werden die Konstanten `wrap_content` und `match_parent` verwendet, anstatt eine exakte Höhe oder Breite in Pixel (oder dp) anzugeben. Diese Konstanten, kombiniert mit skalierbaren Layouts (wie beispielsweise `LinearLayout`, `RelativeLayout` und `ConstraintLayout`), bieten die einfachste und leistungsfähigste Technik, um sicherzustellen, dass Ihre Layouts unabhängig von der Bildschirmgröße und Auflösung sind.

Die Konstante `wrap_content` setzt die Größe einer View auf das Minimum, das erforderlich ist, um den Inhalt anzuzeigen (beispielsweise die Höhe, die erforderlich ist, um einen umgebrochenen Textstring anzuzeigen). Die Konstante `match_parent` erweitert die View um den verfügbaren Platz innerhalb der übergeordneten View, des Fragments oder der Activity.

Später in diesem Kapitel erfahren Sie, wie diese Konstanten bei der Erstellung eigener Kontrollelemente verwendet werden, sowie weitere empfehlenswerte Verfahren zur Auflösungsunabhängigkeit.

Die Implementierung von Layouts in XML entkoppelt die Präsentationsschicht vom Programmcode für View, Fragment und Activity und Geschäftslogik. Darüber hinaus können Sie hardwarekonfigurationsspezifische Varianten erstellen, die dynamisch geladen werden, ohne dass Code-Änderungen erforderlich sind.

Prinzipiell können Sie Layouts auch in Programmcode implementieren. Bei der Zuweisung von Views zu Layouts im Programmcode ist es wichtig, `LayoutParams` mit der Methode `setLayoutParams` oder durch Übergabe an den `addView`-Aufruf anzuwenden:

5.4 | Erstellen von Benutzeroberflächen

```
LinearLayout ll = new LinearLayout(this);
ll.setOrientation(LinearLayout.VERTICAL);

TextView myTextView = new TextView(this);
EditText myEditText = new EditText(this);

myTextView.setText("Gebe Text ein");
myEditText.setText("Der Text ist hier!");

int lHeight = LinearLayout.LayoutParams.MATCH_PARENT;
int lWidth = LinearLayout.LayoutParams.WRAP_CONTENT;

ll.addView(myTextView, new LinearLayout.LayoutParams(lWidth, lHeight));
ll.addView(myEditText, new LinearLayout.LayoutParams(lWidth, lHeight));

setContentView(ll);
```

5.4.2 Layouts für geräteunabhängige Benutzeroberflächen

Ein entscheidendes Merkmal der Layout-Klassen ist ihre Skalierbarkeit und Anpassungsfähigkeit an unterschiedliche Bildschirmgrößen, Auflösungen und Ausrichtungen.

Die Vielfalt der Android-Geräte ist ein entscheidender Teil des Erfolgs der Plattform, aber für uns als Anwendungsentwickler stellt sie eine Herausforderung dar, wenn es darum geht, Benutzeroberflächen zu entwerfen, die die Benutzer optimal ansprechen, unabhängig davon, welches Android-Gerät sie besitzen.

Einsatz des LinearLayouts

Das LinearLayout ist eine der einfachsten Layoutklassen. Es erlaubt Ihnen, einfache Benutzeroberflächen (oder Oberflächenelemente) zu erstellen, die eine Folge von untergeordneten Views entweder vertikal oder horizontal ausrichten.

Die Einfachheit des LinearLayouts vereinfacht die Bedienung, schränkt aber seine Flexibilität ein. In den meisten Fällen werden Sie lineare Layouts verwenden, um Oberflächenelemente zu konstruieren, die in andere Layouts, wie beispielsweise das RelativeLayout oder das ConstraintLayout, geschachtelt werden.

Listing5.1 zeigt zwei verschachtelte LinearLayouts – ein horizontales Layout von zwei gleich großen Schaltflächen innerhalb eines vertikalen Layouts, das die Schaltflächen über einer RecyclerView platziert.

```xml
<?xml version="1.0" encoding="utf-8"?>
<LinearLayout
  xmlns:android="http://schemas.android.com/apk/res/android"
  android:layout_width="match_parent"
  android:layout_height="match_parent"
  android:orientation="vertical">
  <LinearLayout
    android:layout_width="match_parent"
    android:layout_height="wrap_content"
    android:layout_marginLeft="5dp"
    android:layout_marginRight="5dp"
    android:layout_marginTop="5dp"
    android:orientation="horizontal">
    <Button
      android:id="@+id/cancel_button"
      android:layout_width="match_parent"
      android:layout_height="wrap_content"
      android:layout_weight="1"
      android:text="@string/cancel_button_text" />
    <Button
      android:id="@+id/ok_button"
      android:layout_width="match_parent"
      android:layout_height="wrap_content"
      android:layout_weight="1"
      android:text="@string/ok_button_text" />
  </LinearLayout>
  <android.support.v7.widget.RecyclerView
    android:layout_width="match_parent"
    android:layout_height="match_parent"
    android:paddingBottom="5dp"
    android:clipToPadding="false" />
</LinearLayout>
```
Listing 5.1 LinearLayout

Anstatt Ihre linearen Layouts immer komplexer zu verschachteln, sind Sie mit einem flexibleren Layout-Manager wie dem `ConstraintLayout` vermutlich besser bedient.

Einsatz des RelativeLayouts

Das `RelativeLayout` bietet eine große Flexibilität für Ihre Layouts, so dass Sie die Position jedes Elements innerhalb des Layouts in Bezug auf seine übergeordnete und die anderen Views definieren können.

Listing 5.2 ändert das in Listing 5.1 beschriebene Layout, um den Button unterhalb der Recycler-View zu verschieben.

```xml
<?xml version="1.0" encoding="utf-8"?>
<RelativeLayout
  xmlns:android="http://schemas.android.com/apk/res/android"
  android:layout_width="match_parent"
  android:layout_height="match_parent">
  <LinearLayout
    android:id="@+id/button_bar"
    android:layout_alignParentBottom="true"
    android:layout_width="match_parent"
    android:layout_height="wrap_content"
    android:layout_marginLeft="5dp"
    android:layout_marginRight="5dp"
    android:layout_marginBottom="5dp"
    android:orientation="horizontal">
    <Button
      android:id="@+id/cancel_button"
      android:layout_width="match_parent"
      android:layout_height="wrap_content"
      android:layout_weight="1"
      android:text="@string/cancel_button_text" />
    <Button
      android:id="@+id/ok_button"
      android:layout_width="match_parent"
      android:layout_height="wrap_content"
      android:layout_weight="1"
      android:text="@string/ok_button_text" />
  </LinearLayout>
  <android.support.v7.widget.RecyclerView
    android:layout_above="@id/button_bar"
    android:layout_alignParentLeft="true"
    android:layout_width="match_parent"
    android:layout_height="match_parent"
    android:paddingTop="5dp"
    android:clipToPadding="false" />
</RelativeLayout>
```

Listing 5.2 RelativeLayout

Einführung in Layouts | **5.4**

Einsatz des ConstraintLayouts

Das `ConstraintLayout` bietet die größte Flexibilität aller Layout-Manager und bietet sowohl den Vorteil eines visuellen Layout-Editors als auch eine flache Ansichtshierarchie ohne die in den vorherigen Beispielen gezeigte Verschachtelung.

Es ist als Teil der Android Support Library verfügbar und wird als Abhängigkeit zur Datei *build.gradle* auf Modulebene Ihres Projekts hinzugefügt. Das erledigt in der Regel Android Studio für Sie.

```
dependencies {
  implementation 'com.android.support.constraint:constraint-layout:1.0.22'
}
```

Wie der Name schon sagt, positioniert das `ConstraintLayout` seine untergeordneten Views durch die Angabe von Constraints, die die Beziehung zwischen einer View und Elementen wie Grenzen, anderen Views und benutzerdefinierten Richtlinien definieren.

Während es möglich ist, ein `ConstraintLayout` in XML manuell zu definieren, ist es viel einfacher (und weniger fehleranfällig), den visuellen Layouteditor zu verwenden. Abbildung 5.2 zeigt den Layouteditor, mit dem die gleiche Benutzeroberfläche wie im vorherigen Beispiel mit einem ConstraintLayout erstellt wurde.

Abbildung 5.2 Visueller Layout-Editor

5.4 | Erstellen von Benutzeroberflächen

Listing 5.3 zeigt das vom visuellen Editor aus Abbildung 5.2 erzeugte XML.

```xml
<?xml version="1.0" encoding="utf-8"?>
<android.support.constraint.ConstraintLayout
  xmlns:android="http://schemas.android.com/apk/res/android"
  xmlns:app="http://schemas.android.com/apk/res-auto"
  android:layout_width="match_parent"
  android:layout_height="match_parent">
  <Button
    android:id="@+id/cancel_button"
    android:layout_width="0dp"
    android:layout_height="wrap_content"
    android:layout_marginStart="5dp"
    android:layout_marginBottom="5dp"
    app:layout_constraintStart_toStartOf="parent"
    app:layout_constraintEnd_toStartOf="@+id/ok_button"
    app:layout_constraintTop_toBottomOf="@+id/recyclerView"
    app:layout_constraintBottom_toBottomOf="parent"
    android:text="@string/cancel_button_text" />
  <Button
    android:id="@+id/ok_button"
    android:layout_width="0dp"
    android:layout_height="wrap_content"
    android:layout_marginEnd="5dp"
    android:layout_marginBottom="5dp"
    app:layout_constraintStart_toEndOf="@id/cancel_button"
    app:layout_constraintEnd_toEndOf="parent"
    app:layout_constraintTop_toBottomOf="@id/recyclerView"
    app:layout_constraintBottom_toBottomOf="parent"
    android:text="@string/ok_button_text" />
  <android.support.v7.widget.RecyclerView
    android:id="@+id/recyclerView"
    android:layout_width="0dp"
    android:layout_height="0dp"
    app:layout_constraintStart_toStartOf="parent"
    app:layout_constraintEnd_toEndOf="parent"
    app:layout_constraintTop_toTopOf="parent"
    app:layout_constraintBottom_toTopOf="@id/ok_button"
    android:paddingTop="5dp"
    android:clipToPadding="false" />
</android.support.constraint.ConstraintLayout>
```

Listing 5.3 ConstraintLayout

5.4.3 Layouts optimieren

Das Entfalten von Layouts ist ein kostspieliger Prozess. Jedes zusätzliche verschachtelte Layout und jede enthaltene View wirkt sich direkt auf die Leistung und Reaktionsfähigkeit Ihrer Anwendung aus. Dies ist einer der Gründe, warum `ConstraintLayout` mit seiner Fähigkeit, die View-Hierarchie zu verflachen, dringend empfohlen wird.

Damit Ihre Anwendungen reibungslos und schnell reagieren, ist es wichtig, Ihre Layouts so einfach wie möglich zu halten und zu vermeiden, dass bei relativ kleinen Änderungen an der Benutzeroberfläche völlig neue Layouts entstehen.

Redundante Layout-Container sind redundant

Ein `LinearLayout` innerhalb eines `FrameLayouts`, die beide auf `match_parent` gesetzt sind, kostet nur zusätzliche Zeit beim Entfalten. Suchen Sie nach redundanten Layouts, insbesondere wenn Sie ein bestehendes Layout erheblich geändert haben oder einem bestehenden Layout untergeordnete Layouts hinzufügen.

Layouts können beliebig verschachtelt werden, so dass es einfach ist, komplexe, tief verschachtelte Hierarchien zu erstellen. Obwohl es keine harte Grenze gibt, ist es sinnvoll, die Verschachtelung auf weniger als 10 Ebenen zu beschränken.

Ein typisches Beispiel für unnötige Verschachtelung ist ein `FrameLayout`, mit dem der für ein Layout erforderliche einzige Wurzelknoten erstellt wird, wie im folgenden Ausschnitt zu sehen ist:

```xml
<?xml version="1.0" encoding="utf-8"?>
<FrameLayout
  xmlns:android="http://schemas.android.com/apk/res/android"
  android:layout_width="match_parent"
  android:layout_height="match_parent">
  <ImageView
    android:id="@+id/myImageView"
    android:layout_width="match_parent"
    android:layout_height="match_parent"
    android:src="@drawable/myimage"
  />
  <TextView
    android:id="@+id/myTextView"
    android:layout_width="match_parent"
    android:layout_height="wrap_content"
    android:text="@string/hello"
    android:gravity="center_horizontal"
    android:layout_gravity="bottom"
  />
</FrameLayout>
```

5.4 | Erstellen von Benutzeroberflächen

In diesem Beispiel wird das `FrameLayout`, wenn es einem übergeordneten Element hinzugefügt wird, überflüssig. Eine bessere Alternative ist die Verwendung des merge-Tags:

```xml
<?xml version="1.0" encoding="utf-8"?>
<merge
  xmlns:android="http://schemas.android.com/apk/res/android">
  <ImageView
    android:id="@+id/myImageView"
    android:layout_width="match_parent"
    android:layout_height="match_parent"
    android:src="@drawable/myimage"
  />
  <TextView
    android:id="@+id/myTextView"
    android:layout_width="match_parent"
    android:layout_height="wrap_content"
    android:text="@string/hello"
    android:gravity="center_horizontal"
    android:layout_gravity="bottom"
  />
</merge>
```

Wenn ein Layout, das ein `merge`-Tag enthält, zu einem anderen Layout hinzugefügt wird, wird das `merge`-Element entfernt und seine untergeordneten Views werden direkt zum neuen übergeordneten Layout hinzugefügt.

Das `merge`-Tag ist besonders nützlich in Verbindung mit dem include-Tag, mit dem der Inhalt eines Layouts in ein anderes eingefügt wird:

```xml
<?xml version="1.0" encoding="utf-8"?>
<LinearLayout
  xmlns:android="http://schemas.android.com/apk/res/android"
  android:orientation="vertical"
  android:layout_width="match_parent"
  android:layout_height="match_parent">
  <include android:id="@+id/my_action_bar"
           layout="@layout/actionbar"/>
  <include android:id="@+id/my_image_text_layout"
           layout="@layout/image_text_layout"/>
</LinearLayout>
```

Durch die Kombination von `merge`- und `include`-Tags können Sie flexible, wiederverwendbare Layoutdefinitionen erstellen, die keine tief verschachtelten Layouthierarchien erzeugen. Weitere Informationen zum Erstellen und Verwenden einfacher und wiederverwendbarer Layouts finden Sie später in diesem Kapitel.

Vermeiden überflüssiger Views

Jede zusätzliche View benötigt Zeit und Ressourcen zum Entfalten und Darstellen. Um die Geschwindigkeit und Reaktionsfähigkeit Ihrer Anwendung zu maximieren, sollte keines der Layouts mehr als 80 Views enthalten. Wenn Sie diese Grenze überschreiten, kann die Zeit zum Entfalten des Layouts von Bedeutung sein.

Um die Anzahl der in einem komplexen Layout entfalteten Views zu minimieren, können Sie einen `ViewStub` verwenden.

Ein `ViewStub` funktioniert wie ein träger Include – ein Stub, der die angegebenen Kind-Views innerhalb des übergeordneten Layouts repräsentiert – aber der Stub wird nur explizit über die `inflate`-Methode entfaltet oder wenn er sichtbar gemacht wird:

```
// Suche den Stub
View stub = findViewById(R.id. download_progress_panel_stub);
// Mache es sichtbar und entfalte so das Kind-Layout
stub.setVisibility(View.VISIBLE);

// Finde den Wurzelknoten des entfalteten Stub-Layout
View downloadProgressPanel = findViewById(R.id.download_progress_panel);
```

Daher werden die im untergeordneten Layout enthaltenen Views erst dann erstellt, wenn sie benötigt werden – was die Zeit- und Ressourcenkosten für das Entfalten komplexer Benutzeroberflächen minimiert.

Wenn Sie einen `ViewStub` zu Ihrem Layout hinzufügen, können Sie die ID und die Layoutparameter der Wurzel-View des dargestellten Layouts überschreiben:

```
<?xml version="1.0" encoding="utf-8"?>
<FrameLayout "xmlns:android=http://schemas.android.com/apk/res/android"
  android:layout_width="match_parent"
  android:layout_height="match_parent">
  <ListView
    android:id="@+id/myListView"
    android:layout_width="match_parent"
    android:layout_height="match_parent"
  />
```

5.4 | Erstellen von Benutzeroberflächen

```
  <ViewStub
    android:id="@+id/download_progress_panel_stub"

    android:layout="@layout/progress_overlay_panel"
    android:inflatedId="@+id/download_progress_panel"

    android:layout_width="match_parent"
    android:layout_height="wrap_content"
    android:layout_gravity="bottom"
  />
</FrameLayout>
```

Der vorige Ausschnitt ändert die Breite, Höhe und Schwerkraft des importierten Layouts entsprechend den Anforderungen des übergeordneten Layouts. Diese Flexibilität ermöglicht es, die gleichen generischen Unterlayouts in einer Vielzahl von übergeordneten Layouts zu erstellen und wiederzuverwenden.

Sowohl für den Stub als auch für die `ViewGroup` wurde eine ID angegeben, die beim Entfalten mit dem Attribut `id` beziehungsweise `inflatedId` entsteht.

Wenn der `ViewStub` entfaltet ist, wird er aus der Hierarchie entfernt und durch den Wurzelknoten der importierten View ersetzt. Wenn Sie die Sichtbarkeit der importierten Views ändern möchten, müssen Sie entweder die Referenz auf ihren Wurzelknoten verwenden (zurückgegeben durch den `inflate`-Aufruf) oder die View mit Hilfe von `findViewById` unter Verwendung der Layout-ID, die ihr innerhalb des entsprechenden `ViewStub`-Knotens zugewiesen wurde.

Analyse der Layouts mit Lint

Um Sie bei der Optimierung Ihrer Layout-Hierarchien zu unterstützen, enthält das Android SDK `lint`-ein leistungsstarkes Tool, mit dem Sie Probleme innerhalb Ihrer Anwendung erkennen können, einschließlich Problemen mit der Layout-Performance.

Das Tool Lint ist in Android Studio über die INSPECT CODE-Option im ANALYZE-Menü, wie in Abbildung 5.3 gezeigt, oder als Kommandozeilen-Tool verfügbar.

Zusätzlich zur Verwendung von Lint zur Erkennung jedes zuvor in diesem Abschnitt beschriebenen Optimierungsproblems können Sie Lint auch verwenden, um fehlende Übersetzungen, ungenutzte Ressourcen, inkonsistente Array-Größen, Zugriffs- und Internationalisierungsprobleme, fehlende oder duplizierte Image-Assets, Benutzerfreundlichkeitsprobleme und offensichtliche Fehler zu erkennen.

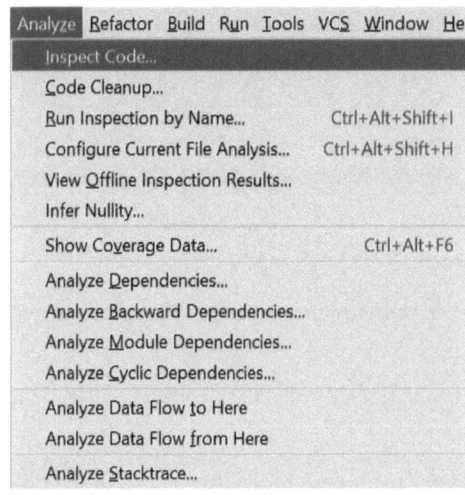

Abbildung 5.3 Lint-Tool

Lint ist ein sich ständig weiterentwickelndes Werkzeug, das regelmäßig um neue Regeln erweitert wird. Eine vollständige Liste der mit dem Lint Tool durchgeführten Tests finden Sie unter *tools.android.com/tips/lint-checks*.

5.5 Die Android Widget Toolbox

Android stellt eine Toolbox mit Standard-Views zur Verfügung, um Ihnen bei der Erstellung Ihrer Benutzeroberflächen zu helfen. Indem Sie diese Steuerelemente verwenden (und sie bei Bedarf modifizieren oder erweitern), können Sie Ihre Entwicklung vereinfachen und die Konsistenz zwischen Anwendungen und Benutzeroberfläche des Android-Systems sicherstellen.

Die folgende Liste stellt einige der bekannteren Bedienelemente vor:

- `TextView`: Ein Standard-Nur-Lese-Text-Label, das mehrzeilige Darstellung, Stringformatierung und automatisches Zeilenumbruch unterstützt.

- `EditText`: Ein editierbares Texteingabefeld, das mehrzeilige Eingaben, Zeilenumbrüche und Hinweistexte akzeptiert.

- `ImageView`: Eine View, die ein einzelnes Bild zeigt.

- `Toolbar`: Eine View, die einen Titel und allgemeine Aktionen anzeigt, die oft als Hauptanwendungsleiste am Anfang einer Activity verwendet werden.

- `ProgressBar`: Eine View, die entweder eine unbegrenzte Fortschrittsanzeige (einen sich drehenden Kreis) oder einen horizontalen Fortschrittsbalken anzeigt.

- `RecyclerView`: Eine View-Gruppe, die die Anzeige einer großen Anzahl von Views in einem scrollenden Container verwaltet. Unterstützt eine Reihe von Layoutmanagern, die es Ihnen ermöglichen, Views als vertikale und horizontale Liste oder als Raster darzustellen.

- `Button`: Eine interaktive Standard-Drucktaste.

- `ImageButton`: Eine Drucktaste, für die Sie ein individuelles Hintergrundbild festlegen können.

- `CheckBox`: Eine Schaltfläche mit zwei Zuständen, die durch ein markiertes oder nicht markiertes Kästchen dargestellt wird.

- `RadioButton`: Eine gruppierte Taste mit zwei Zuständen. Eine Gruppe von ihnen bietet dem Benutzer eine Reihe von möglichen Optionen, von denen jeweils nur eine aktiviert werden kann.

- `VideoView`: Kümmert sich um die gesamte Zustandsverwaltung und zeigt die Oberflächenkonfiguration an, um Videos einfacher aus Ihrer Aktivität heraus abzuspielen.

- `ViewPager`: Implementiert einen horizontal scrollenden Satz von Views. Der View Pager ermöglicht es Benutzern, zwischen verschiedenen Views zu wechseln.

Dies ist nur eine Auswahl der verfügbaren Widgets. Android unterstützt auch mehrere erweiterte View-Implementierungen, einschließlich Datum-Uhrzeit-Picker und automatische Vervollständigung von Eingabefeldern.

> **Hinweis**
>
> Kapitel 12 und Kapitel 13 stellen die Design Library und einige neue Material-Design-Komponenten vor, die darin enthalten sind, darunter Tabs, Floating Action-Buttons und die untere Navigationsleiste. Es wird erwartet, dass diese Material-Design-Komponenten eine viel schnellere Entwicklung durchlaufen, einschließlich der Ausmusterung von ganzen Komponenten, als diese grundlegenden Baustein-Oberflächenelemente.

5.6 Arbeiten mit Lists und Grids

Wenn Sie einen großen Datensatz innerhalb Ihrer Benutzeroberfläche anzeigen müssen, kann es verlockend sein, hunderte von Views zu Ihrer Benutzeroberfläche hinzuzufügen. Das ist fast immer der falsche Ansatz. Stattdessen bietet die `RecyclerView` (verfügbar in der Android Support Library) eine scrollbare `ViewGroup`, die speziell entwickelt wurde, um eine große Anzahl von Elementen effizient anzuzeigen und zu scrollen.

Die `RecyclerView` kann sowohl in vertikaler als auch in horizontaler Richtung verwendet werden, konfiguriert über das `android:orientation`-Attribut:

```
<android.support.v7.widget.RecyclerView
  xmlns:android:"http://schemas.android.com/apk/res/android"
  xmlns:app="http://schemas.android.com/apk/res-auto"
  android:id="@+id/recycler_view"
  android:layout_width="match_parent"
  android:layout_height="match_parent"
  android:orientation="vertical"
  [... Layout Manager Attribute ...]
/>
```

In einer vertikalen Ausrichtung werden die Elemente von oben nach unten angeordnet und die Recycler-View scrollt vertikal, während eine horizontale Ausrichtung die Elemente von links nach rechts scrollt und die Recycler-View horizontal ausrichtet.

5.6.1 Recycler-View und Layout-Manager

Die `RecyclerView` selbst steuert die Anzeige jedes Elements. Das ist Sache des zugehörigen `RecyclerView.LayoutManager`. Diese Aufgabentrennung ermöglicht es Ihnen, Layout-Manager-Klassen zu ersetzen, ohne andere Teile Ihrer Anwendung zu beeinflussen.

Eine Reihe von Layout-Managern sind verfügbar, wie in Abbildung 5.4 gezeigt und im Folgenden beschrieben:

- `LinearLayoutManager`: Legt Elemente in einer einzigen vertikalen oder horizontalen Liste ab.

- `GridLayoutManager`: Ähnlich dem `LinearLayoutManager`, zeigt aber ein Gitter an. Bei vertikaler Anordnung kann jede Reihe mehrere Elemente enthalten, die jeweils die gleiche Höhe haben. Für die horizontale Ausrichtung muss jedes Element in einer bestimmten Spalte die gleiche Breite haben.

- `StaggeredGridLayoutManager`: Ähnlich dem `GridLayoutManager`, erzeugt aber ein »gestaffeltes« Gitter, wobei jede Gitterzelle eine andere Höhe oder Breite haben kann, wobei die Zellen gestaffelt sind, um Lücken zu beseitigen.

Der Layout-Manager arbeitet wie ein Standard-Layout. Er ist verantwortlich für das Layout der Views, die jedes Element Ihres Datasets repräsentieren.

Die Recycler-View erhält ihren Namen von der Art und Weise, wie sie das Scrollen unterstützt. Anstatt eine View für jedes Element im Voraus zu erstellen oder kontinuierlich zu

5.6 | Erstellen von Benutzeroberflächen

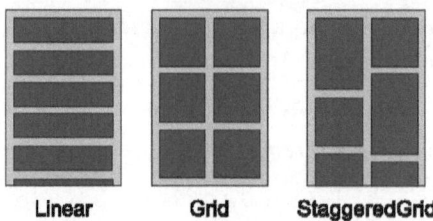

Linear   Grid   StaggeredGrid

Abbildung 5.4 Layout-Manager

erstellen, wenn es in den Sichtbereich gescrollt wird, ist die Recycler-View in der Lage, bestehende Views, die nicht mehr sichtbar sind, zu »recyceln« und deren Inhalt und Position zu ändern, um neu sichtbare Elemente darzustellen.

Um dieses Verhalten zu unterstützen, ist der Layout-Manager auch dafür verantwortlich, festzustellen, wann eine View sicher recycelt werden kann. In den meisten Fällen kann die Recycler-View eine nahezu unendliche (2^{26}) Liste von Elementen unterstützen, während gleichzeitig gerade genug Views erstellt werden, um einen einzelnen Bildschirm zu füllen.

Der Layout-Manager für eine Recycler-View kann entweder in XML oder auch programmgesteuert eingestellt werden.

Der folgende Ausschnitt zeigt beispielsweise eine vertikal ausgerichtete `RecyclerView` mit einem `GridLayoutManager`, der über zwei Spalten verfügt:

```xml
<android.support.v7.widget.RecyclerView
  xmlns:android="http://schemas.android.com/apk/res/android"
  xmlns:app="http://schemas.android.com/apk/res-auto"
  android:id="@+id/recycler_view"
  android:layout_width="match_parent"
  android:layout_height="match_parent"
  android:orientation="vertical"
  app:layoutManager="GridLayoutManager"
  app:spanCount="2"
/>
```

Um den gleichen Layout-Manager im Programmcode zuzuweisen, würden Sie für eine bestehende `RecyclerView` den folgende Ausschnitt verwenden:

```
RecyclerView recyclerView = findViewById(R.id.recycler_view);
GridLayoutManager gridLayoutManager = new GridLayoutManager(2);
recyclerView.setLayoutManager(gridLayoutManager);
```

5.6.2 Einführung in Adapter

Layout-Manager sind nicht besonders nützlich, solange Sie keine Daten haben, die sie anzeigen können. Diese Daten werden vom `RecyclerView.Adapter` zur Verfügung gestellt. Der Adapter hat zwei wichtige Funktionen:

- Die erstmalige Erstellung der anzuzeigenden Views, einschließlich des Entfalten des entsprechenden Layouts.
- Die Erstellung der View-Halter, mit denen Sie die View-Elemente an die zugrunde liegende Datenquelle »binden«.

Ein `ViewHolder` speichert die anzuzeigende View und ermöglicht es dem Adapter, zusätzliche Metadaten und View-Referenzen zu speichern, um die Datenbindung zu vereinfachen, wie später gezeigt. Dazu gehört typischerweise das Auffinden von Referenzen auf beliebige untergeordnete Views innerhalb eines Elementlayouts (um sicherzustellen, dass die Arbeit nur einmal ausgeführt wird).

Die Methode `onCreateViewHolder` des Adapters wird aufgerufen, um eine neue Instanz von `RecyclerView.ViewHolder` zu erhalten, wenn der Layout-Manager keine unbenutzte View zur Wiederverwendung hat. Normalerweise hat er nur genügend Views, um den Bildschirm zu füllen.

Listing 5.4 zeigt eine einfache `Adapter`-Implementierung, die eine einzelne `TextView` verwendet, um die in einem Array von Strings gespeicherten Daten anzuzeigen.

```java
public class SimpleAdapter
  extends RecyclerView.Adapter<SimpleAdapter.ViewHolder> {

  // Zugrunde liegenden Daten, die angezeigt werden sollen
  private String[] mData;

  // Setze die Daten im Konstruktor
  public SimpleAdapter(String[] data) {
    mData = data;
  }

  // Liefere dem Layout-Manager, wie viele Daten vorliegen
  @Override
  public int getItemCount() {
    return mData == null ? 0 : mData.length;
  }

  public static class ViewHolder extends RecyclerView.ViewHolder {
    public TextView textView;
```

5.6 | Erstellen von Benutzeroberflächen

```java
    public ViewHolder(View v) {
      super(v);
      // Rufe findViewById nur einmal auf!
      textView = v.findViewById(R.id.text);
    }
  }

  @Override
  public SimpleAdapter.ViewHolder onCreateViewHolder(
      ViewGroup parent, int viewType) {
    // Erzeuge den neuen View
    View v = LayoutInflater.from(parent.getContext())
              .inflate(R.layout.simple_text, parent, false);

    return new ViewHolder(v);
  }
}
```
Listing 5.4 Erzeugung eines `RecyclerView.Adapter`

Der `ViewHolder` selbst weist den darin enthaltenen Views keine Werte aus den zugrunde liegenden Daten zu. Seine Aufgabe ist es, die Elemente innerhalb des Layouts der View für den Adapter verfügbar zu machen, um Daten an sie zu binden.

Jedes Mal, wenn ein Element angezeigt werden muss, ruft der Layout-Manager die Methode `onBindViewHolder` des Adapters auf, die Ihnen einen zuvor erstellten `ViewHolder` und die Position im gewünschten Datensatz liefert. Diese Bindungsphase läuft beim Scrollen durch eine Liste sehr häufig ab (einmal für jedes Element, das in den Sichtbereich scrollt), daher sollte sie so schlank wie möglich sein.

```java
@Override
public void onBindViewHolder(ViewHolder holder, int position) {
  holder.text.setText(mData[position]);
}
```

> **Hinweis**
>
> Beim Binden eines neuen Datenelements ist es wichtig, ein eventuell zuvor gesetztes View-Element zurückzusetzen. Da der `ViewHolder` (und seine View-Elemente) ständig wiederverwendet werden, behalten sie jeden von früheren `onBindViewHolder`-Aufrufen gesetzten Zustand bei.

Arbeiten mit Lists und Grids | **5.6**

Um Ihren Adapter einer `RecyclerView` zuzuordnen, verwenden Sie die Methode `setAdapter`:

```
RecyclerView recyclerView = findViewById(R.id.recycler_view);
SimpleAdapter adapter =
  new SimpleAdapter(new String[] {"Beispiel", "Beispiel 2"});

recyclerView.setAdapter(adapter);
```

Statische Datensätze wie dieses Beispiel machen Spaß, aber in Wirklichkeit haben wir selten so viel Glück. In den meisten Fällen ändern sich die zugrunde liegenden Daten, wenn neue Daten vom Server geladen werden, wenn der Benutzer ein Element hinzufügt oder löscht oder wenn die Sortierreihenfolge geändert wird.

Wenn Sie einen Adapter mit neuen oder geänderten Daten aktualisieren, müssen Sie eine der `notify`-Methoden des Adapters aufrufen, um dem Layout-Manager mitzuteilen, dass sich etwas geändert hat. Die `RecyclerView` animiert dann einen Übergang zwischen dem vorherigen und dem aktualisierten Zustand (Überblenden geänderter Elemente, Zusammenklappen und Entfernen entfernter Elemente und Animieren neuer Elemente).

Sie können die für jede Zustandsänderung verwendeten Animationen anpassen, indem Sie einen `RecyclerView.ItemAnimator` mit der Methode `setItemAnimator` zuweisen.

Es gibt verschiedene Methoden, um das Ändern, Einfügen, Verschieben oder Entfernen eines einzelnen Elements und für eine Reihe von Elementen zu melden. Sie können die Klasse `DiffUtil` verwenden, um zu verstehen, welche Änderungen beim Übergang von einem Datensatz zum anderen vorgenommen werden sollen, wie in Listing 5.5 gezeigt.

```
public class SimpleAdapter
  extends RecyclerView.Adapter<SimpleAdapter.ViewHolder> {

  [... Existierende SimpleAdapter Implementierung ...]

  public void setData(final String[] newData) {
    // Behalte eine Kopie der vorigen Daten
    final String[] previousData = mData;

    // Weise die neuen Daten zu
    mData = newData;

    // Ermittle die Unterschiede zwischen alten und neuen Daten
    DiffUtil.calculateDiff(new DiffUtil.Callback() {
      @Override
```

5.6 | Erstellen von Benutzeroberflächen

```
            public int getOldListSize() {
              return previousData != null ? previousData.length : 0;
            }

            @Override
            public int getNewListSize() {
              return newData != null ? previousData.length : 0;
            }

            @Override
            public boolean areItemsTheSame(int oldItemPosition,
                                          int newItemPosition) {
              // Diese Methode sollte die eindeutigen Bezeichner des
              // Elements vergleichen, falls vorhanden. Die Rückgabe
              // von true bedeutet, dass die beiden Elemente überblendet
              // werden sollten. In diesem Beispiel haben wir keinen
              // Bezeichner, also vergleichen wir die String-Werte.
              return TextUtils.equals(previousData[oldItemPosition],
                                      newData[newItemPosition]);
            }

            @Override
            public boolean areContentsTheSame(int oldItemPosition,
                                              int newItemPosition) {
              // Diese Methode sollte eine genaue Inspektion der Elemente
              // durchführen, um festzustellen, ob ihr sichtbarer Inhalt
              // derselbe ist. Wenn sie gleich sind, ist keine Animation
              // erforderlich. In diesem Beispiel ist der Inhalt gleich,
              // wenn die Elemente gleich sind.
              return true;
            }
        }).dispatchUpdatesTo(this);
    }
}
```
Listing 5.5 Ermittle die Übergänge zwischen Datensätzen

5.6.3 Die Anwendung Earthquake-Viewer

Mit dem neu gewonnenen Wissen über Layouts und Views können wir den in Kapitel 3 eingebauten Earthquake Viewer verbessern und die einfache `TextView` durch ein komplizierteres Layout ersetzen, das die Daten in der Klasse `Earthquake` besser darstellt:

1. Ersetzen Sie die Layout-Ressource *list_item_earthquake.xml* durch ein neues Layout, das die Größe, das Datum und die Details in separaten Text-Views anzeigt:

```xml
<?xml version="1.0" encoding="utf-8"?>
<android.support.constraint.ConstraintLayout
  xmlns:android="http://schemas.android.com/apk/res/android"
  xmlns:app="http://schemas.android.com/apk/res-auto"
  android:layout_width="match_parent"
  android:layout_height="wrap_content"
  android:paddingLeft="@dimen/activity_vertical_margin"
  android:paddingRight="@dimen/activity_vertical_margin">
  <TextView
    android:id="@+id/magnitude"
    android:layout_width="wrap_content"
    android:layout_height="0dp"
    android:gravity="center_vertical"
    app:layout_constraintRight_toRightOf="parent"
    app:layout_constraintTop_toTopOf="parent"
    app:layout_constraintBottom_toBottomOf="parent"
    android:textAppearance="?attr/textAppearanceListItem"/>
  <TextView
    android:id="@+id/date"
    android:layout_width="0dp"
    android:layout_height="wrap_content"
    android:layout_marginTop="@dimen/text_margin"
    app:layout_constraintLeft_toLeftOf="parent"
    app:layout_constraintTop_toTopOf="parent"
    app:layout_constraintRight_toLeftOf="@id/magnitude"/>
  <TextView
    android:id="@+id/details"
    android:layout_width="0dp"
    android:layout_height="wrap_content"
    android:layout_marginBottom="@dimen/text_margin"
    app:layout_constraintLeft_toLeftOf="parent"
    app:layout_constraintBottom_toBottomOf="parent"
    app:layout_constraintRight_toLeftOf="@id/magnitude"
    app:layout_constraintTop_toBottomOf="@id/date"/>
</android.support.constraint.ConstraintLayout>
```

2. Ändern Sie den EarthquakeRecyclerViewAdapter, um die in Schritt 1 im ViewHolder-Konstruktor hinzugefügten neuen Views-Elemente zwischenzuspeichern, und binden Sie diese Views dann mit Hilfe von java.text.SimpleDateFormat an jedes Earthquake-Element in der Methode onBindViewHolder:

```java
private static final SimpleDateFormat TIME_FORMAT =
    new SimpleDateFormat("HH:mm", Locale.US);
private static final NumberFormat MAGNITUDE_FORMAT =
    new DecimalFormat("0.0");

public static class ViewHolder extends RecyclerView.ViewHolder {
  public final TextView date;
  public final TextView details;
  public final TextView magnitude;

  public ViewHolder(View view) {
    super(view);
    date = (TextView) view.findViewById(R.id.date);
    details = (TextView) view.findViewById(R.id.details);
    magnitude = (TextView) view.findViewById(R.id.magnitude);
  }
}

@Override
public void onBindViewHolder(ViewHolder holder, int position) {
  Earthquake earthquake = mEarthquakes.get(position);

  holder.date.setText(TIME_FORMAT.format(earthquake.getDate()));
  holder.details.setText(earthquake.getDetails());
  holder.magnitude.setText(
      MAGNITUDE_FORMAT.format(earthquake.getMagnitude()));
}
```

5.7 Einführung in das Data-Binding

Mit der Data-Binding-Bibliothek können Sie deklarative Layouts schreiben, die View-Elemente mit Datenquellen verbinden. Der erforderliche Verbindungs-Code wird zur Kompilierzeit generiert.

> **Hinweis**
>
> Data-Binding ist ein komplexes Thema, das den Rahmen dieses Buches sprengt. Wir führen Sie in die Grundlagen ein, empfehlen Ihnen aber, in der Android Developer-Dokumentation nachzulesen: *developer.android.com/topic/libraries/data-binding*.

5.7.1 Data-Binding aktivieren

Data-Binding ist eine optionale Bibliothek, daher müssen Sie sie in der *build.gradle*-Datei Ihres Anwendungsmoduls aktivieren, bevor Sie sie nutzen können:

```
android {
  ...
  dataBinding.enabled = true
}
```

Einmal aktiviert, können Sie Data-Binding auf jedes Layout anwenden, indem Sie die Elemente einer Layoutdatei in ein neues `<layout>`-Element einpacken, wie in Listing 5.6 beschrieben:

```xml
<?xml version="1.0" encoding="utf-8"?>
<layout
  xmlns:android="http://schemas.android.com/apk/res/android">
  <LinearLayout
    android:layout_width="match_parent"
    android:layout_height="wrap_content"
    android:orientation="vertical">
    <TextView
      android:id="@+id/user_name"
      android:layout_width="match_parent"
      android:layout_height="wrap_content" />
    <TextView
      android:id="@+id/email"
      android:layout_width="match_parent"
      android:layout_height="wrap_content" />
  </LinearLayout>
</layout>
```

Listing 5.6 Data-Binding im Layout aktivieren

Dadurch wird eine Binding-Klasse basierend auf dem Namen der geänderten Layoutdatei erzeugt. Für ein in *profile_activity.xml* definiertes Layout würde die generierte Binding-Klasse beispielsweise `ProfileActivityBinding` heißen.

Sie erstellen eine Instanz einer Binding-Klasse mit `DataBindingUtil` und verwenden die Methode `setContentView` anstelle der `setContentView` der Activity:

```
ProfileActivityBinding binding =
    DataBindingUtil.setContentView(this, R.layout.profile_activity);
```

Um die mit einem Fragment oder `RecyclerView`-Element verknüpfte View zu entfalten, verwenden Sie die Methode `inflate` der Binding-Klasse:

```
ProfileActivityBinding binding =
    ProfileActivityBinding.inflate(layoutInflater, viewGroup, false);
```

Alternativ können Sie eine Data-Binding-Klasse aus einer bestehenden View heraus anlegen:

```
ProfileActivityBinding binding =
    (ProfileActivityBinding) DataBindingUtil.bind(view);
```

Die Binding-Klasse ruft `findViewById` automatisch in jeder View mit einer ID innerhalb des zugehörigen Layouts auf, so dass Sie, anstatt eine Referenz auf jede View in Ihrem Layout beizubehalten oder `findViewById` selbst aufrufen zu müssen, die View über die Binding-Klasse referenzieren können:

```
binding.userName.setText("professionalandroid");
binding.email.setText("example@example.com");
```

5.7.2 Variablen im Data-Binding

Die Stärke dieser voll funktionsfähigen Datenbindung liegt in ihrer Fähigkeit, den Prozess der dynamischen Bindung Ihrer zugrunde liegenden Daten an das Layout zu vereinfachen. Sie tun dies, indem Sie ein `<data>`-Element hinzufügen und Variablen deklarieren, die innerhalb des Layouts mit der Syntax `@{name.classvariable}` verwendet werden können, wie in Listing 5.7 zu sehen ist.

```
<?xml version="1.0" encoding="utf-8"?>
<layout
  xmlns:android="http://schemas.android.com/apk/res/android">
  <data>
    <variable name="user" type="com.professionalandroid.databinding.User" />
  </data>
  <LinearLayout
    android:layout_width="match_parent"
    android:layout_height="wrap_content"
    android:orientation="vertical">
```

```xml
<TextView
  android:layout_width="match_parent"
  android:layout_height="wrap_content"
  android:text="@{user.userName}" />
<TextView
  android:layout_width="match_parent"
  android:layout_height="wrap_content"
  android:text="@{user.email}" />
  </LinearLayout>
</layout>
```
Listing 5.7 Data-Binding-Variablen in einem Layout anwenden

Durch die Deklaration einer Variablen namens `user` der Klasse `User`, erzeugt unsere Binding-Klasse eine `setUser`-Methode.

Der Aufruf dieser Methode setzt alle Eigenschaften, die auf diese Klasse verweisen, mit der Syntax @{}. Data-Binding sucht nach öffentlichen Variablen, Getter-Methoden des Stils `get<Variable>` oder `is<Variable>` (wie etwa `getEmail` oder `isValid`), oder den genauen Methodennamen beim Auflösen von Ausdrücken:

```
User user = new User("professionalandroid", "example@example.com");
binding.setUser(user);
```

Auf diese Weise können Sie die gesamte View-spezifische Logik in der Layoutdatei selbst beibehalten, während sich Ihr Programmcode darauf konzentrieren kann, nur die entsprechenden Daten für die Binding-Klasse bereitzustellen.

Die `android:id`-Attribute konnten im vorhergehenden Beispiel entfernt werden, da Data-Binding keine IDs benötigt, um variable Ausdrücke auszuwerten.

Zusätzlich zur Angabe von Variablen können Sie innerhalb dieser Ausdrücke fast die komplette Java-Sprachsyntax verwenden. Beispielsweise können Sie den Null-Koaleszenz-Operator ?? nutzen, um einfache ternäre Ausdrücke zu verkürzen:

```
android:text='@{user.email ?? "No email"}'
```

Standardmäßig erfolgt die Bindung der Variablen nach dem nächsten Frame-Redraw. Dies kann zu einem sichtbaren Flackern führen, wenn es in scrollbaren Views wie der `RecyclerView` verwendet wird. Um dies zu vermeiden, rufen Sie nach dem Setzen Ihrer Variablen `executePendingBindings` auf, wodurch die Bindung sofort ausgeführt wird:

```
User user = userList.get(position);
binding.setUser(user);
binding.executePendingBindings();
```

5.7.3 Data-Binding für die Anwendung Earthquake Viewer

Data-Binding ermöglicht es uns, den `RecyclerView.Adapter` des Earthquake-Viewers zu vereinfachen, indem wir jedes Erdbeben an das Layout für jede Zeile binden:

1. Aktualisieren Sie die Datei *build.gradle*, um Data-Binding zu aktivieren:

   ```
   android {
     [... Existierendes android-Element ...]
     dataBinding.enabled = true
   }
   ```

2. Aktualisieren Sie die Layout-Ressource *list_item_earthquake.xml*, um die Vorteile der Datenbindung zu nutzen:

   ```
   <?xml version="1.0" encoding="utf-8"?>
   <layout
     xmlns:android="http://schemas.android.com/apk/res/android"
     xmlns:app="http://schemas.android.com/apk/res-auto">
     <data>
       <variable name="timeformat" type="java.text.DateFormat" />
       <variable name="magnitudeformat" type="java.text.NumberFormat" />
       <variable name="earthquake"
           type="com.professionalandroid.apps.earthquake.Earthquake" />
     </data>
     <android.support.constraint.ConstraintLayout
       android:layout_width="match_parent"
       android:layout_height="wrap_content"
       android:paddingLeft="@dimen/activity_vertical_margin"
       android:paddingRight="@dimen/activity_vertical_margin">
       <TextView
         android:id="@+id/magnitude"
         android:layout_width="wrap_content"
         android:layout_height="0dp"
         android:gravity="center_vertical"
         app:layout_constraintRight_toRightOf="parent"
         app:layout_constraintTop_toTopOf="parent"
         app:layout_constraintBottom_toBottomOf="parent"
         android:textAppearance="?attr/textAppearanceListItem"
         android:text="@{magnitudeformat.format(earthquake.magnitude)}"/>
       <TextView
         android:id="@+id/date"
         android:layout_width="0dp"
         android:layout_height="wrap_content"
   ```

```xml
        android:layout_marginTop="@dimen/text_margin"
        app:layout_constraintLeft_toLeftOf="parent"
        app:layout_constraintTop_toTopOf="parent"
        app:layout_constraintRight_toLeftOf="@id/magnitude"
        android:text="@{timeformat.format(earthquake.date)}"/>
    <TextView
        android:layout_width="0dp"
        android:layout_height="wrap_content"
        android:layout_marginBottom="@dimen/text_margin"
        app:layout_constraintLeft_toLeftOf="parent"
        app:layout_constraintBottom_toBottomOf="parent"
        app:layout_constraintRight_toLeftOf="@id/magnitude"
        app:layout_constraintTop_toBottomOf="@id/date"
        android:text="@{earthquake.details}"/>
  </android.support.constraint.ConstraintLayout>
</layout>
```

3. Generieren Sie die Klasse `Binding`, indem Sie das Projekt neu aufbauen. Sie können dies manuell über BUILD | MAKE PROJECT auslösen.

4. Aktualisieren Sie den `EarthquakeRecyclerViewAdapter.ViewHolder`, um die Klasse `Binding` als Eingabe zu erhalten und führen Sie die einmalige Initialisierung der Zeit- und Größenformatvariablen durch:

```java
public static class ViewHolder extends RecyclerView.ViewHolder {
  public final ListItemEarthquakeBinding binding;

  public ViewHolder(ListItemEarthquakeBinding binding) {
    super(binding.getRoot());
    this.binding = binding;
    binding.setTimeformat(TIME_FORMAT);
    binding.setMagnitudeformat(MAGNITUDE_FORMAT);
  }
}
```

5. Ändern Sie den `EarthquakeRecyclerViewAdapter`, um die Klasse `Binding` in der Methode `onCreateViewHolder` zu erstellen und `onBindViewHolder` zu vereinfachen:

```java
@Override
public ViewHolder onCreateViewHolder(ViewGroup parent, int viewType) {
  ListItemEarthquakeBinding binding = ListItemEarthquakeBinding.inflate(
      LayoutInflater.from(parent.getContext()), parent, false);
  return new ViewHolder(binding);
}
```

```
@Override
public void onBindViewHolder(ViewHolder holder, int position) {
  Earthquake earthquake = mEarthquakes.get(position);
  holder.binding.setEarthquake(earthquake);
  holder.binding.executePendingBindings();
}
```

5.8 Eigene Views erzeugen

Es ist nur eine Frage der Zeit, bis Sie als innovativer Entwickler auf eine Situation stoßen, in der keines der eingebauten Kontrollelemente Ihren Bedürfnissen entspricht.

Die Möglichkeit, bestehende Views zu erweitern, Kontrollelemente zusammenzusetzen und einzigartige neue Views zu erstellen, macht es möglich, schöne Benutzeroberflächen zu implementieren, die für den spezifischen Workflow Ihrer Anwendung optimiert sind. Mit Android können Sie Unterklassen der bestehenden View-Toolbox anlegen oder Ihre eigenen View-Kontrollelemente implementieren, so dass Sie Ihre Benutzeroberfläche völlig frei gestalten können, um die Benutzerfreundlichkeit zu optimieren.

> **Hinweis**
>
> Bei der Gestaltung einer Benutzeroberfläche ist es wichtig, Ästhetik und Benutzerfreundlichkeit in Einklang zu bringen. Mit der Möglichkeit, eigene benutzerdefinierte Kontrollelemente zu erstellen, kommt die Versuchung, alle Ihre Kontrollelemente von Grund auf neu zu erstellen. Widerstehen Sie diesem Drang. Die Standard-Views werden den Anwendern aus anderen Android-Applikationen bekannt sein und mit den neuen Plattformversionen aktualisiert. Auf kleinen Bildschirmen, bei denen die Benutzer oft nur eingeschränkt aufmerksam sind, kann Vertrautheit oft eine bessere Benutzerfreundlichkeit bieten als eine etwas brillantere Steuerung.

Der beste Zugang zum Erstellen einer neuen View hängt davon ab, was Sie erreichen wollen:

- **Ändern oder Erweitern des Aussehens oder Verhaltens einer bestehenden View**, wenn diese die gewünschte Grundfunktionalität bietet. Indem Sie die Event-Handler oder onDraw überschreiben, aber trotzdem die Methoden der Oberklasse aufrufen, können Sie eine View anpassen, ohne ihre Funktionalität neu implementieren zu müssen. Beispielsweise können Sie eine TextView so anpassen, dass sie Zahlen mit einer bestimmten Anzahl von Dezimalstellen anzeigt.

- **Kombinieren von Views**, um atomare, wiederverwendbare Kontrollelemente zu erstellen, die die Funktionalität mehrerer miteinander verbundener Views nutzen. Beispielsweise können Sie eine Stoppuhr erstellen, indem Sie eine TextView und einen Button kombinieren, der den Zähler zurücksetzt, wenn er angeklickt wird.

- **Erstellen eines völlig neuen Kontrollelements**, wenn Sie ein völlig anderes Interface benötigen, das Sie durch Ändern oder Kombinieren bestehender Kontrollelemente nicht erhalten können.

5.8.1 Modifizierung existierender Views

Die Android-Widget-Toolbox enthält Views, die viele Anforderungen an eine grafische Oberfläche erfüllen, aber die Kontrollelemente sind notwendigerweise generisch. Indem Sie diese grundlegenden Views anpassen, vermeiden Sie eine Neuimplementierung des bestehenden Verhaltens und passen die Benutzeroberfläche und die Funktionalität an die Anforderungen Ihrer Anwendung an.

Um eine neue View basierend auf einem vorhandenen Steuerelement zu erstellen, erstellen Sie eine neue Klasse, die `TextView` erweitert, wie in Listing 5.8 zu sehen ist. In diesem Beispiel erweitern Sie die `TextView`, um ihr Aussehen und Verhalten anzupassen.

```
import android.content.Context;
import android.graphics.Canvas;
import android.util.AttributeSet;
import android.view.KeyEvent;
import android.widget.TextView;

public class MyTextView extends TextView {

  // Konstruktor für die Erzeugung der View im Programmcode
  public MyTextView (Context context) {
    this(context, null);
  }

  // Konstruktor für die Entfaltung der View aus dem XML-Code
  public MyTextView (Context context, AttributeSet attrs) {
    this(context, attrs, 0);
  }

  // Konstruktor für die Entfaltung der View aus XML, wenn es
  // ein Style-Attribut besitzt
  public MyTextView(Context context, AttributeSet attrs, int defStyleAttr) {
    super(context, attrs, defStyleAttr);

    // Spezielle Initialisierungen kommen hierher
  }
}
```
Listing 5.8 TextView erweitern

5.8 | Erstellen von Benutzeroberflächen

Wenn Sie eine wiederverwendbare View erstellen, sollten Sie alle drei Konstruktoren überschreiben, um sicherzustellen, dass Ihre View sowohl im Programmcode erstellt als auch in XML-Dateien entfaltet werden kann, genau wie alle im Android SDK enthaltenen Views.

Um das Aussehen oder das Verhalten Ihrer neuen View zu verändern, überschreiben und erweitern Sie die Event-Handler, die mit dem zu ändernden Verhalten zusammenhängen.

In der folgenden Erweiterung der `TextView` (siehe Listing 5.8) wird die Methode `onDraw` überschrieben, um das Aussehen der Ansicht zu ändern, und der Event-Handler `onKeyDown` wird überschrieben, um eine benutzerdefinierte Tastendruck-Behandlung zu ermöglichen:

```
public class MyTextView extends TextView {

  public MyTextView(Context context) {
    this(context, null);
  }

  public MyTextView(Context context, AttributeSet attrs) {
    this(context, attrs, 0);
  }

  public MyTextView(Context context, AttributeSet attrs, int defStyleAttr) {
    super(context, attrs, defStyleAttr);
  }

  @Override
  public void onDraw(Canvas canvas) {
    [ ... Zeichne auf die Canvas unter dem Text ... ]

    // Rendere den Text wie üblich mit der TextView Basisklasse
    super.onDraw(canvas);

    [ ... Zeichne auf die Canvas über dem Text ... ]
  }

  @Override
  public boolean onKeyDown(int keyCode, KeyEvent keyEvent) {
    [ ... Führe spezielle Verarbeitungen   ... ]
    [ ... auf Basis von Tastendrücken aus ... ]
```

```
    // Nutze die vorhandene Funktionalität, die von
    // der Basisklasse für Tastendrücke gestellt wird.
    return super.onKeyDown(keyCode, keyEvent);
  }
}
```

Die in einer View verfügbaren Event-Handler werden später in diesem Kapitel näher erläutert.

Benutzerdefinierte Attribute definieren

Wie im vorherigen Abschnitt erwähnt, gibt es drei primäre Konstruktoren für eine View, die das Erstellen einer View im Programmcode sowie als Teil einer XML-Datei unterstützen. Dieselbe Dualität gilt auch für Funktionalitäten, die Sie Ihrer View hinzufügen können. Sie können die Änderung der hinzugefügten Funktionalitäten sowohl über Programmcode als auch über XML unterstützen.

Das Hinzufügen von Funktionalität im Programmcode unterscheidet sich bei einer View nicht von einer anderen Klasse und beinhaltet im Allgemeinen das Hinzufügen einer set- und get-Methode:

```
public class PriceTextView extends TextView {
  private static NumberFormat CURRENCY_FORMAT =
      NumberFormat.getCurrencyInstance();

  private float mPrice;

  // Diese drei Konstruktoren benötigen alle Views
  public PriceTextView(Context context) {
    this(context, null);
  }

  public PriceTextView(Context context, AttributeSet attrs) {
    this(context, attrs, 0);
  }

  // Konstruktor für die Entfaltung der View aus XML, wenn es
  // ein Style-Attribut besitzt
  public MyTextView(Context context, AttributeSet attrs, int defStyleAttr) {
    super(context, attrs, defStyleAttr);
  }
```

5.8 | Erstellen von Benutzeroberflächen

```
public void setPrice(float price) {
  mPrice = price;
  setText(CURRENCY_FORMAT.format(price));
}

public float getPrice() {
  return mPrice;
}
}
```

Dies erlaubt jedoch nur die Änderung des Preises im Programmcode. Um den angezeigten Preis als Teil Ihrer XML-Dateien festzulegen, erstellen Sie ein benutzerdefiniertes Attribut, normalerweise in einer *res/values/attrs.xml*-Datei, die ein oder mehrere `<declare-styleable>`-Elemente enthält:

```
<resources>
  <declare-styleable name="PriceTextView">
    <attr name="price" format="reference|float" />
  </declare-styleable>
</resources>
```

Es ist üblich, dass der Name `<declare-styleable>` mit dem Namen der Klasse über das Attribut übereinstimmt, obwohl dies nicht unbedingt erforderlich ist.

Die verwendeten Namen sollten global sein. Ihre Anwendung wird nicht kompilieren, wenn das gleiche Attribut mehr als einmal deklariert wird (in Ihrer Anwendung und in einer Bibliothek, die Sie verwenden). Erwägen Sie, ein Präfix zu Ihren Attributen hinzuzufügen, wenn es sich um allgemeine Namen handelt.

Zu den Grundformaten, die für Attribute zur Verfügung stehen, gehören `color`, `boolean`, `dimension`, `float`, `integer`, `string`, `fraction`, `enum` und `flag`. Das Referenzformat ist besonders wichtig und erlaubt es Ihnen, eine andere Ressource zu referenzieren, wenn Sie Ihr eigenes Attribut verwenden (zum Beispiel `@string/app_name`). Wenn Sie mehrere Formate zulassen wollen, kombinieren Sie die Formate mit dem senkrechten Strich (|).

Ihr `View`-XML kann dann auf das benutzerdefinierte Attribut verweisen, indem Sie eine Namensraumdeklaration hinzufügen, die mit allen von Ihrer Anwendung deklarierten Attributen verknüpft ist, normalerweise unter Verwendung von `xmlns:app` (obwohl auch app ein beliebiger Bezeichner sein kann):

```
<PriceTextView
    xmlns:android="http://schemas.android.com/apk/res/android"
    xmlns:app="http://schemas.android.com/apk/res-auto"
```

```
android:layout_width="wrap_content"
android:layout_height="wrap_content"
app:price="1999.99" />
```

Sie können dann die benutzerdefinierten Attribute in Ihrer Klasse mit der Methode obtainStyledAttributes lesen:

```
// Konstruktor für die Entfaltung der View aus XML, wenn es
// ein Style-Attribut besitzt
public MyTextView(Context context, AttributeSet attrs, int defStyleAttr) {
  super(context, attrs, defStyleAttr);

  final TypedArray a = context.obtainStyledAttributes(attrs,
    R.styleable.PriceTextView, // Der <declare-styleable> Name
    defStyleAttr,
    0); // Ein optionaler R.style für Vorgabewerte

  if (a.hasValue(R.styleable.PriceTextView_price)) {
    setPrice(a.getFloat(R.styleable.PriceTextView_price,
    0)); // Vorgabewert
  }
  a.recycle();
}
```

> **Hinweis**
>
> Sie müssen immer `recycle` aufrufen, wenn Sie mit dem Lesen von Werten aus dem `TypedArray` fertig sind.

5.8.2 Zusammengesetzte Kontrollelemente anlegen

Zusammengesetzte Kontrollelemente sind atomare, in sich geschlossene ViewGroups, die mehrere untergeordnete Views enthalten, die miteinander verbunden sind.

Wenn Sie ein zusammengesetztes Kontrollelement anlegen, definieren Sie Layout, Aussehen und Interaktion der darin enthaltenen Views. Sie erstellen zusammengesetzte Kontrollelemente, indem Sie eine ViewGroup (normalerweise ein Layout) erweitern. Um ein neues zusammengesetztes Kontrollelement anzulegen, wählen Sie die Layout-Klasse, die für die Positionierung der untergeordneten Kontrollelemente am besten geeignet ist, und erweitern Sie diese:

5.8 | Erstellen von Benutzeroberflächen

```java
public class MyCompoundView extends LinearLayout {
  public MyCompoundView(Context context) {
    this(context, null);
  }

  public MyCompoundView(Context context, AttributeSet attrs) {
    this(context, attrs, 0);
  }

  public MyCompoundView(Context context, AttributeSet attrs,
      int defStyleAttr) {
    super(context, attrs, defStyleAttr);
  }
}
```

Wie bei Activities ist der bevorzugte Weg, zusammengesetzte View-Oberflächenlayouts zu entwerfen, die Definition einer externen Ressource.

Listing 5.9 zeigt die XML-Layout-Definition für ein einfaches zusammengesetztes Steuerelement, bestehend aus einem `EditText` für die Texteingabe und einem Lösch-Button darunter.

```xml
<?xml version="1.0" encoding="utf-8"?>
<LinearLayout xmlns:android="http://schemas.android.com/apk/res/android"
  android:orientation="vertical"
  android:layout_width="match_parent"
  android:layout_height="wrap_content">
  <EditText
    android:id="@+id/editText"
    android:layout_width="match_parent"
    android:layout_height="wrap_content"
  />
  <Button
    android:id="@+id/clearButton"
    android:layout_width="match_parent"
    android:layout_height="wrap_content"
    android:text="Clear"
  />
</LinearLayout>
```

Listing 5.9 Eine zusammengesetzte View-Layout-Ressource

Um dieses Layout in Ihrer neuen zusammengesetzten View zu verwenden, überschreiben Sie dessen Konstruktor, um die Layout-Ressource mit der Methode `inflate` aus dem Systemdienst `LayoutInflate` zu entfalten. Die Methode `inflate` nimmt die Layout-Ressource und gibt die entfaltete View zurück.

In solchen Fällen, in denen die zurückgegebene View die Klasse sein sollte, die Sie erstellen, können Sie die übergeordnete View übergeben und das Ergebnis automatisch an sie anhängen.

Listing 5.10 demonstriert dies mit der Klasse `ClearableEditText`. Innerhalb des Konstruktors entfaltet sie die Layout-Ressource aus Listing 5.8 und sucht dann einen Verweis auf die darin enthaltenen `EditText`- und `Button`-Views. Sie macht auch einen Aufruf auf `hookupButton`, was später verwendet wird, um die Verbindung herzustellen, die die Klartext-Funktionalität implementieren wird.

```
public class ClearableEditText extends LinearLayout {

  EditText editText;
  Button clearButton;

  public ClearableEditText(Context context) {
    this(context, null);
  }

  public ClearableEditText(Context context, AttributeSet attrs) {
    this(context, attrs, 0);
  }

  public ClearableEditText(Context context, AttributeSet attrs,
      int defStyleAttr) {
    super(context, attrs, defStyleAttr);

    // Entfalte die View der Layout-Ressource
    String infService = Context.LAYOUT_INFLATER_SERVICE;
    LayoutInflater li;
    li = (LayoutInflater)getContext().getSystemService(infService);
    li.inflate(R.layout.clearable_edit_text, this, true);

    // Hole die Referenzen zu den Kind-Kontrollelementen
    editText = (EditText)findViewById(R.id.editText);
    clearButton = (Button)findViewById(R.id.clearButton);

    // Einhängen der Funktionalität
    hookupButton();
  }
}
```

Listing 5.10 Konstruktion einer zusammengesetzten View

5.8 | Erstellen von Benutzeroberflächen

Wenn Sie es vorziehen, Ihr Layout im Programmcode zu erstellen, können Sie dies wie bei einer Activity tun:

```
public ClearableEditText(Context context, AttributeSet attrs,
    int defStyleAttr) {
  super(context, attrs, defStyleAttr);

  // Setze Richtung des Layouts auf vertikal
  setOrientation(LinearLayout.VERTICAL);

  // Erzeuge die untergeordneten Kontrollelemente
  editText = new EditText(getContext());
  clearButton = new Button(getContext());
  clearButton.setText("Clear");

  // Richte sie in einem zusammengesetzten Kontrollelement aus
  int lHeight = LinearLayout.LayoutParams.WRAP_CONTENT;
  int lWidth = LinearLayout.LayoutParams.MATCH_PARENT;

  addView(editText, new LinearLayout.LayoutParams(lWidth, lHeight));
  addView(clearButton, new LinearLayout.LayoutParams(lWidth, lHeight));

  // Einhängen der Funktionalität
  hookupButton();
}
```

Nachdem Sie das View-Layout erstellt haben, können Sie die Event-Handler für jedes nachfolgende Kontrollelement ankoppeln, um die benötigte Funktionalität bereitzustellen. In Listing 5.11 wird die Methode `hookupButton` eingefügt, um den `EditText` zu löschen, wenn der `Button` gedrückt wird.

```
private void hookupButton() {
  clearButton.setOnClickListener(new Button.OnClickListener() {
    public void onClick(View v) {
      editText.setText("");
    }
  });
}
```

Listing 5.11 Implementierung des Lösch-Buttons

5.8.3 Einfache zusammengesetzte Kontrollelemente als Layout anlegen

Es ist oft ausreichend und flexibler, das Layout und das Erscheinungsbild einer Reihe von Views zu definieren, ohne ihre Interaktionen fest zu verdrahten.

Sie können ein wiederverwendbares Layout erstellen, indem Sie eine XML-Ressource erstellen, die das zu verwendende Oberflächenmuster kapselt. Sie können diese Layoutmuster dann bei der Erstellung der Benutzeroberfläche für Activities oder Fragmente importieren, indem Sie das `include`-Tag innerhalb ihrer Layout-Ressourcen-Definitionen verwenden:

```xml
<include layout="@layout/clearable_edit_text"/>
```

Mit dem `include`-Tag können Sie auch die `id`- und `layout`-Parameter des Wurzelelements des eingebundenen Layouts überschreiben:

```xml
<include
  layout="@layout/clearable_edit_text"
  android:id="@+id/add_new_entry_input"
  android:layout_width="match_parent"
  android:layout_height="wrap_content"
  android:layout_gravity="top"
/>
```

5.8.4 Benutzerdefinierte Views erzeugen

Das Erstellen neuer `View`s gibt Ihnen die Möglichkeit, das Erscheinungsbild Ihrer Anwendungen grundlegend zu gestalten. Indem Sie Ihre eigenen Kontrollelemente erstellen, können Sie Benutzeroberflächen erstellen, die speziell auf Ihre Bedürfnisse zugeschnitten sind.

Um neue Steuerelemente auf einer leeren Leinwand zu erstellen, erweitern Sie entweder die Klasse `View` oder `SurfaceView`. Die `View`-Klasse stellt ein `Canvas`-Objekt mit einer Reihe von Zeichenmethoden und `Paint`-Klassen zur Verfügung. Verwenden Sie diese, um ein visuelles Interface mit Bitmaps und Rastergrafiken zu erstellen. Sie können dann die Event-Methoden für Benutzerereignisse überschreiben, einschließlich Bildschirmberührungen oder Tastendrücke, um Interaktivität zu gewährleisten.

In Situationen, in denen keine extrem schnellen Neuzeichnungen oder 3D-Grafiken erforderlich sind, bietet die `View`-Basisklasse eine leistungsstarke und schlanke Lösung.

Die `SurfaceView`-Klasse stellt ein `Surface`-Objekt zur Verfügung, das das Zeichnen aus einem Hintergrund-Thread und optional die Verwendung von OpenGL zur Implemen-

5.8 | Erstellen von Benutzeroberflächen

tierung Ihrer Grafiken unterstützt. Dies ist eine ausgezeichnete Option für grafikintensive Kontrollelemente, die häufig aktualisiert werden (zum Beispiel Live-Video) oder komplexe grafische Informationen anzeigen (insbesondere Spiele und 3D-Visualisierungen).

> **Hinweis**
>
> Dieser Abschnitt konzentriert sich auf die Erstellung von Kontrollelementen basierend auf der View-Klasse. Um mehr über die SurfaceView-Klasse und einige der fortgeschritteneren Grafikfunktionen in Android zu erfahren, siehe Kapitel 14.

Erstellen einer neuen visuellen Oberfläche

Die Basis-View-Klasse stellt ein eindeutig leeres 100 Pixel × 100 Pixel-Quadrat dar. Um die Größe des Kontrollelements zu ändern und eine ansprechendere visuelle Oberfläche anzuzeigen, müssen Sie die Methoden onMeasure und onDraw überschreiben.

Innerhalb von onMeasure bestimmt Ihre View die Höhe und Breite, die sie bei einer Reihe von Randbedingungen einnimmt. Mit der onDraw-Methode zeichnen Sie auf die Canvas.

Listing 5.12 zeigt den Rahmen für eine neue View-Klasse, die in den folgenden Abschnitten untersucht und weiterentwickelt wird.

```java
public class MyView extends View {

  public MyView(Context context) {
    this(context, null);
  }

  public MyView (Context context, AttributeSet attrs) {
    this(context, attrs, 0);
  }

  public MyView(Context context, AttributeSet attrs, int defStyleAttr) {
    super(context, attrs, defStyleAttr);
  }

  @Override
  protected void onMeasure(int wMeasureSpec, int hMeasureSpec) {
    int measuredHeight = measureHeight(hMeasureSpec);
    int measuredWidth = measureWidth(wMeasureSpec);
```

```
  // Sie MÜSSEN diesen Aufruf von setMeasuredDimension
  // ausführen oder Sie erhalten eine Laufzeit-Exception,
  // wenn das Kontrollelement ausgerichtet wird.
  setMeasuredDimension(measuredHeight, measuredWidth);
}

private int measureHeight(int measureSpec) {
  int specMode = MeasureSpec.getMode(measureSpec);
  int specSize = MeasureSpec.getSize(measureSpec);

    [ ... Ermittle die Höhe der View   ... ]

    return specSize;
}

private int measureWidth(int measureSpec) {
  int specMode = MeasureSpec.getMode(measureSpec);
  int specSize = MeasureSpec.getSize(measureSpec);

    [ ... Ermittle die Breite der View ... ]
    return specSize;
}

@Override
protected void onDraw(Canvas canvas) {
  [ ... Zeichne die Oberfläche ... ]
}
}
```
Listing 5.12 Eine neue View erzeugen

> **Hinweis**
>
> Die Methode onMeasure ruft setMeasuredDimension auf. Sie müssen diese Methode immer innerhalb Ihrer überschriebenen onMeasure-Methode aufrufen; andernfalls löst Ihre View eine Exception aus, wenn der übergeordnete Container versucht, sie anzuordnen.

5.8 | Erstellen von Benutzeroberflächen

Das Kontrollelement zeichnen

Die Methode onDraw ist der Ort, an dem die Magie geschieht. Wenn Sie ein neues Kontrollelement von Grund auf neu erstellen, dann deshalb, weil Sie eine völlig neue visuelle Oberfläche erstellen möchten. Der Canvas-Parameter in der Methode onDraw ist die Oberfläche, die Sie verwenden werden, um Ihre Fantasie zum Leben zu erwecken.

Die Canvas von Android arbeitet wie ein Maler. Jedes Mal, wenn Sie auf die Canvas zeichnen, überdecken sie alles, was zuvor auf der gleichen Fläche gezeichnet wurde.

Die Grafik-APIs bieten eine Vielzahl von Werkzeugen, mit denen Sie Ihr Design auf der Leinwand mit verschiedenen Paint-Objekten zeichnen können. Die Klasse Canvas enthält Hilfsmethoden zum Zeichnen primitiver 2D-Objekte, einschließlich Kreise, Linien, Rechtecke, Text und Drawables (Bilder). Sie unterstützt auch Transformationen, mit denen Sie die Leinwand drehen, verschieben (move) und skalieren (resize) können, während Sie darauf zeichnen.

> **Hinweis**
>
> Eine der wichtigsten Techniken, um effizienten Programmcode in Android zu schreiben, ist es, die wiederholte Erstellung und Zerstörung von Objekten zu vermeiden. Jedes in Ihrer onDraw-Methode erstellte Objekt wird bei jeder Aktualisierung des Bildschirms erstellt und zerstört. Verbessern Sie die Effizienz, indem Sie möglichst viele dieser Objekte (insbesondere Instanzen von Paint und Drawable) klassenübergreifend erstellen und in den Konstruktor verschieben.

Listing 5.13 zeigt, wie man die Methode onDraw überschreibt, um einen einfachen String in der Mitte der View anzuzeigen.

```
@Override
protected void onDraw(Canvas canvas) {
  // Größe des Kontrollelements aus letztem Aufruf von onMeasure.
  int height = getMeasuredHeight();
  int width = getMeasuredWidth();

  // Errechne die Mitte
  int px = width/2;
  int py = height/2;

  // Erzeuge den neuen Pinsel
  // ACHTUNG: Aus Effizienzgründen sollte das im
  // Konstruktor der View geschehen
  Paint mTextPaint = new Paint(Paint.ANTI_ALIAS_FLAG);
  mTextPaint.setColor(Color.WHITE);
```

```
    // Lege den String fest
    String displayText = "Hallo View!";

    // Ermittle die Breite des Strings
    float textWidth = mTextPaint.measureText(displayText);

    // Zeichne den String in die Mitte des Kontrollelements
    canvas.drawText(displayText, px-textWidth/2, py, mTextPaint);
}
```
Listing 5.13 Zeichnen einer benutzerdefinierten View

Damit wir nicht zu weit vom Thema abweichen, werden in Kapitel 14 die Klassen `Canvas` und `Paint` genauer betrachtet, sowie die Techniken komplexen Zeichnens beschrieben.

> **Hinweis**
>
> Änderungen an einem Element Ihrer Canvas erfordern, dass die gesamte Canvas neu gemalt wird; das Ändern der Farbe eines Pinsels wird die Anzeige Ihrer Ansicht nicht verändern, bis das Kontrollelement ungültig gemacht und neu gezeichnet wird. Alternativ können Sie OpenGL verwenden, um Grafiken zu rendern. Weitere Details finden Sie in der Diskussion zu `SurfaceView` in Kapitel 17.

Kontrollelement in der Größe ändern

Es sei denn, Sie benötigen ein Steuerelement, das immer ein Quadrat von 100 Pixeln einnimmt, müssen Sie auch `onMeasure` überschreiben.

Die Methode `onMeasure` wird aufgerufen, wenn das übergeordnete Element seine untergeordneten Kontrollelemente anordnet. Es stellt die Frage: »Wie viel Platz wirst du benötigen?« und übergibt zwei Parameter: `widthMeasureSpec` und `heightMeasureSpec`. Diese Parameter geben den für das Kontrollelement verfügbaren Platz und einige Metadaten zur Beschreibung dieses Platzes an.

Anstatt ein Ergebnis zurückzugeben, übergeben Sie die Höhe und Breite der `View` an die Methode `setMeasuredDimension`.

Das folgende Beispiel zeigt, wie man `onMeasure` überschreibt. Die Aufrufe der lokalen Methoden-Stubs `measureHeight` und `measureWidth` werden verwendet, um die Werte `widthHeightSpec` und `heightMeasureSpec` zu ermitteln und die bevorzugte Höhe beziehungsweise Breite zu berechnen:

5.8 | Erstellen von Benutzeroberflächen

```java
@Override
protected void onMeasure(int widthMeasureSpec, int heightMeasureSpec) {

  int measuredHeight = measureHeight(heightMeasureSpec);
  int measuredWidth = measureWidth(widthMeasureSpec);

  setMeasuredDimension(measuredHeight, measuredWidth);
}

private int measureHeight(int measureSpec) {
  // Liefert die gemessene Höhe des Widgets
}

private int measureWidth(int measureSpec) {
  // Liefert die gemessene Breite des Widgets
}
```

Die Randparameter widthMeasureSpec und heightMeasureSpec werden aus Effizienzgründen als ganze Zahlen übergeben. Bevor sie verwendet werden können, müssen sie zunächst mit den statischen Methoden getMode und getSize der Klasse MeasureSpec dekodiert werden:

```java
int specMode = MeasureSpec.getMode(measureSpec);
int specSize = MeasureSpec.getSize(measureSpec);
```

Abhängig vom Modus-Wert repräsentiert die Größe entweder den maximal verfügbaren Platz für das Kontrollelement (im Falle von AT_MOST) oder die genaue Größe, die Ihr Kontrollelement einnehmen wird (für EXAKT). Im Falle von UNSPECIFIED hat Ihr Kontrollelement keinen Bezug zu seiner Größe.

Wenn Sie eine Messgröße als EXACT markieren, besteht das übergeordnete Element darauf, dass die View in einem Bereich der angegebenen Größe platziert wird. Der AT_MOST-Modus sagt, dass das übergeordnete Element fragt, welche Größe die View unter Berücksichtigung einer oberen Grenze einnehmen möchte. In vielen Fällen ist der Wert, den Sie zurückgeben, entweder derselbe oder die Größe, die erforderlich ist, um das anzuzeigende Benutzerinterface angemessen zu umschließen.

In jedem Fall sollten Sie diese Grenzen als absolut behandeln. Unter bestimmten Umständen kann es immer noch sinnvoll sein, ein Maß außerhalb dieser Grenzen zurückzugeben. In diesem Fall können Sie die übergeordnete Ebene entscheiden lassen, wie sie mit der übergroßen View umgehen soll, indem Sie Techniken wie Clipping und Scrollen verwenden.

5.8 | Eigene Views erzeugen

Auflistung 5-14 zeigt eine typische Implementierung für die Handhabung von View-Messungen.

```
@Override
protected void onMeasure(int widthMeasureSpec, int heightMeasureSpec) {
  int measuredHeight = measureHeight(heightMeasureSpec);
  int measuredWidth = measureWidth(widthMeasureSpec);

  setMeasuredDimension(measuredHeight, measuredWidth);
}

private int measureHeight(int measureSpec) {
  int specMode = MeasureSpec.getMode(measureSpec);
  int specSize = MeasureSpec.getSize(measureSpec);

  //  Größe in Pixeln, wenn keine Grenze vorgegeben ist
  int result = 500;

  if (specMode == MeasureSpec.AT_MOST) {
    // Ermittle die ideale Größe des Kontrollelements
    // innerhalb dieser Maximumsgröße.
    // Wenn das Kontrollelement den vorhandenen Platz
    // ausfüllt, gebe die äußere Grenze zurück.
    result = specSize;
  } else if (specMode == MeasureSpec.EXACTLY) {
    // Wenn das Kontrollelement in die Grenze passt, gebe sie zurück.
    result = specSize;
  }
  return result;
}

private int measureWidth(int measureSpec) {
  int specMode = MeasureSpec.getMode(measureSpec);
  int specSize = MeasureSpec.getSize(measureSpec);

  //  Größe in Pixeln, wenn keine Grenze vorgegeben ist
  int result = 500;

  if (specMode == MeasureSpec.AT_MOST) {
    // Ermittle die ideale Größe des Kontrollelements
    // innerhalb dieser Maximumsgröße.
```

```
    // Wenn das Kontrollelement den vorhandenen Platz
    // ausfüllt, gebe die äußere Grenze zurück.
    result = specSize;
  } else if (specMode == MeasureSpec.EXACTLY) {
    // Wenn das Kontrollelement in die Grenze passt, gebe sie zurück.
    result = specSize;
  }
  return result;
}
```

Listing 5.14 Eine typische View-Messungsimplementierung

Behandlung von Interaktionsereignissen

Damit Ihre neue View interaktiv ist, muss sie auf benutzerinitiierte Ereignisse wie Tastendrücke, Bildschirmberührungen und Tastenklicks reagieren. Android stellt mehrere virtuelle Event-Handler zur Verfügung, mit denen Sie auf Benutzereingaben reagieren können:

- onKeyDown: Wird aufgerufen, wenn eine Gerätetaste gedrückt wird. Dazu gehören die Tasten D-Pad, Tastatur, Auflegen, Anrufen, Back und Kamera.
- onKeyUp: Wird aufgerufen, wenn ein Benutzer eine gedrückte Taste loslässt.
- onTouchEvent: Wird aufgerufen, wenn der Touchscreen gedrückt oder losgelassen wird oder wenn eine Bewegung erkannt wird.

Listing 5.15 zeigt den Rahmen einer Klasse, die jeden der Benutzer-Interaktions-Handler in einer View überschreibt.

```
@Override
public boolean onKeyDown(int keyCode, KeyEvent keyEvent) {
  // true, wenn das Event behandelt wurde
  return true;
}

@Override
public boolean onKeyUp(int keyCode, KeyEvent keyEvent) {
  // true, wenn das Event behandelt wurde
  return true;
}
```

```
@Override
public boolean onTouchEvent(MotionEvent event) {
  // Hole den Action-Typ, den das Event kennzeichnet
  int actionPerformed = event.getAction();
  // true, wenn das Event behandelt wurde
  return true;
}
```

Listing 5.15 Behandlung von Eingabe-Ereignissen für Views

Weitere Einzelheiten zur Verwendung der einzelnen Event-Handler, einschließlich einer detaillierteren Beschreibung der von den einzelnen Methoden empfangenen Parameter und der Unterstützung von Multitouch-Ereignissen, finden Sie in Kapitel 14.

Barrierefreiheit in benutzerdefinierten Views

Das Erstellen einer benutzerdefinierten View mit einer schönen Oberfläche ist nur die halbe Miete. Ebenso wichtig ist es, barrierefreie Bedienelemente zu erstellen, die von Benutzern mit Behinderungen verwendet werden können, die eine spezielle Interaktion mit ihren Geräten erfordern.

Die Accessibility-APIs bieten alternative Interaktionsmethoden für Benutzer mit visuellen, physischen oder altersbedingten Behinderungen, die eine vollständige Interaktion mit einem Touchscreen erschweren.

Der erste Schritt besteht darin sicherzustellen, dass Ihre benutzerdefinierte View über D-Pad-Ereignisse zugänglich und navigierbar ist, wie im vorherigen Abschnitt beschrieben. Es ist auch wichtig, das Inhaltsattribut innerhalb Ihrer Layoutdefinition zu verwenden, um die Eingabe-Widgets zu beschreiben. Dies wird in Kapitel 14 näher beschrieben.

Um barrierefrei zu sein, müssen benutzerdefinierte Views das Interface AccessibilityEventSource implementieren und AccessibilityEvents mit der Methode sendAccessibilityEvent broadcasten.

Die Klasse View implementiert bereits das Interface AccessibilityEventSource, so dass Sie das Verhalten nur noch an die Funktionalität Ihrer benutzerdefinierten View anpassen müssen. Dazu übergeben Sie die Art des Ereignisses, das aufgetreten ist – normalerweise eines von Klicks, langen Klicks, Auswahländerungen, Fokusänderungen und Text-/Inhaltsänderungen – an die Methode sendAccessibilityEvent. Für benutzerdefinierte Views, die eine komplett neue Benutzeroberfläche implementieren, beinhaltet dies normalerweise ein Broadcast, wenn sich der angezeigte Inhalt ändert, wie in Listing 5.16 gezeigt.

5.8 | Erstellen von Benutzeroberflächen

```
public void setSeason(Season season) {
  mSeason = season;
  sendAccessibilityEvent(AccessibilityEvent.TYPE_VIEW_TEXT_CHANGED);
}
```
Listing 5.16 Accessibility Events per Broadcast versenden

Klicks, lange Klicks, Fokus- und Auswahländerungen werden in der Regel von der zugrunde liegenden View-Implementierung übertragen, obwohl Sie darauf achten sollten, dass alle zusätzlichen Events, die nicht von der Basis-View-Klasse erfasst werden, übertragen werden.

Das per Broadcast versendete Accessibility-Event beinhaltet eine Reihe von Eigenschaften, die vom Accessibility-Service verwendet werden, um die Benutzerfreundlichkeit zu erhöhen. Einige dieser Eigenschaften, einschließlich des Klassennamens und des Zeitstempels der View, müssen nicht geändert werden. Durch Überschreiben des Handlers dispatchPopulateAccessibilityEvent können Sie jedoch Details wie die textuelle Darstellung des Inhalts der View, den geprüften Zustand und den Auswahlzustand Ihrer View anpassen, wie in Listing 5.17 gezeigt.

```
@Override
public boolean dispatchPopulateAccessibilityEvent(
                final AccessibilityEvent event) {

  super.dispatchPopulateAccessibilityEvent(event);
  if (isShown()) {
    String seasonStr = Season.valueOf(season);
    if (seasonStr.length() > AccessibilityEvent.MAX_TEXT_LENGTH)
      seasonStr =
        seasonStr.substring(0, AccessibilityEvent.MAX_TEXT_LENGTH-1);

    event.getText().add(seasonStr);
    return true;
  }
  else
    return false;
}
```
Listing 5.17 Anpassen der Accessibility-Event-Eigenschaften

Eigene Views erzeugen | **5.8**

Erstellung einer Kompass-View als Beispiel

Im folgenden Beispiel erstellen Sie eine neue Kompass-View, indem Sie die View-Klasse erweitern. In dieser View wird eine traditionelle Kompassrose angezeigt, die eine Richtung anzeigt. Nach der Fertigstellung sollte es wie in Abbildung 5.5 aussehen.

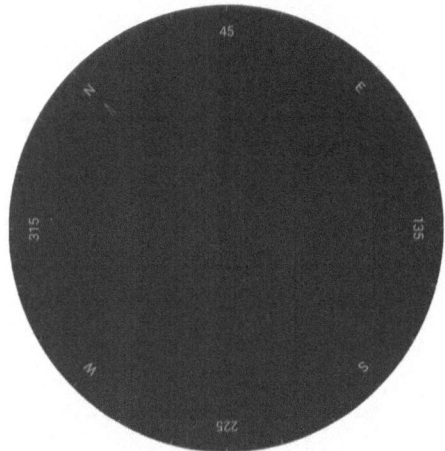

Abbildung 5.5 Kompass-View

Ein Kompass ist ein Beispiel für ein Kontrollelement, das eine radikal andere visuelle Darstellung als die in der SDK-Toolbox verfügbaren `TextViews` und `Buttons` erfordert, was es zu einem ausgezeichneten Kandidaten für eine Neuerstellung macht.

> **Hinweis**
>
> In Kapitel 14 werden Sie einige fortgeschrittene Techniken für das Zeichnen einer `Canvas` lernen, mit denen Sie das Aussehen der `Canvas` dramatisch verbessern können. In Kapitel 16 verwenden Sie dann diese Kompass-View und den im Gerät eingebauten Beschleunigungssensor, um die aktuelle Ausrichtung des Benutzers anzuzeigen.

Erstellen Sie zunächst ein neues Projekt `Compass`, das Ihre neue `CompassView` enthält, und erstellen Sie eine zunächst leere `CompassActivity`, in der sie angezeigt wird:

1. Erstellen Sie eine neue Klasse `CompassView`, die `View` erweitert und fügen Sie Konstruktoren hinzu, die es erlauben, die View zu instanziieren, entweder im Programmcode oder durch Entfalten eines Ressourcen-Layouts. Fügen Sie `setFocusable(true)` zum finalen Konstruktor hinzu, damit ein Benutzer mit einem D-Pad den Kompass auswählen und fokussieren kann (dies ermöglicht es ihm, Accessibility Events aus der View zu empfangen):

5.8 | Erstellen von Benutzeroberflächen

```java
package com.professionalandroid.apps.compass;

import android.content.Context;
import android.content.res.Resources;
import android.content.res.TypedArray;
import android.graphics.Canvas;
import android.graphics.Paint;
import android.support.v4.content.ContextCompat;
import android.util.AttributeSet;
import android.view.View;
import android.view.accessibility.AccessibilityEvent;

public class CompassView extends View {
  public CompassView(Context context) {
    this(context, null);
  }

  public CompassView(Context context, AttributeSet attrs) {
    this(context, attrs, 0);
  }

  public CompassView(Context context, AttributeSet attrs,
                     int defStyleAttr) {
    super(context, attrs, defStyleAttr);

    setFocusable(true);
  }
}
```

2. Die `CompassView` sollte immer ein perfekter Kreis sein, der so viel von der Canvas einnimmt, wie diese Einschränkung erlaubt. Überschreiben Sie die Methode `onMeasure`, um die Länge der kürzesten Seite zu berechnen, und verwenden Sie `setMeasuredDimension`, um die Höhe und Breite mit diesem Wert festzulegen:

```java
@Override
protected void onMeasure(int widthMeasureSpec, int heightMeasureSpec) {
  // Der Kompass ist ein Kreis, der so viel Raum wie möglich einnimmt.
  // Setze die Dimensionen nach der kürzeren Distanz aus
  // Höhe oder Breite
  int measuredWidth = measure(widthMeasureSpec);
  int measuredHeight = measure(heightMeasureSpec);
```

Eigene Views erzeugen | **5.8**

```
    int d = Math.min(measuredWidth, measuredHeight);

    setMeasuredDimension(d, d);
  }

  private int measure(int measureSpec) {
    int result = 0;

    // Ermittle die Measure-Spezifikationen
    int specMode = MeasureSpec.getMode(measureSpec);
    int specSize = MeasureSpec.getSize(measureSpec);

    if (specMode == MeasureSpec.UNSPECIFIED) {
      // Vorgabe 200, wenn keine Grenze vorliegt
      result = 200;
    } else {
      // Möglichst kompletten Raum einnehmen
      result = specSize;
    }
    return result;
  }
```

3. Ändern Sie die Layout-Ressource *activity_compass.xml* und ersetzen Sie sie durch ein FrameLayout, das Ihre neue CompassView enthält. Achtung: Ersetzen Sie dazu gegebenenfalls com.professionalandroid.apps durch Ihren Package-Präfix.

```
<?xml version="1.0" encoding="utf-8"?>
<FrameLayout xmlns:android="http://schemas.android.com/apk/res/android"
  android:orientation="vertical"
  android:layout_width="match_parent"
  android:layout_height="match_parent">
  <com.professionalandroid.apps.compass.CompassView
    android:id="@+id/compassView"
    android:layout_width="match_parent"
    android:layout_height="match_parent"
  />
</FrameLayout>
```

4. Verwenden Sie Ressourcendateien, um die Farben und Textzeichenfolgen zu speichern, die Sie zum Zeichnen des Kompasses verwenden werden.

a) Erstellen Sie die Text-String-Ressourcen, indem Sie die Datei *res/values/strings.xml* durch Folgendes ersetzen:

5.8 | Erstellen von Benutzeroberflächen

```xml
<?xml version="1.0" encoding="utf-8"?>
<resources>
  <string name="app_name">Compass</string>
  <string name="cardinal_north">N</string>
  <string name="cardinal_east">E</string>
  <string name="cardinal_south">S</string>
  <string name="cardinal_west">W</string>
</resources>
```

b) Fügen Sie die folgenden Farbressourcen zu *res/values/colors.xml* hinzu:

```xml
<?xml version="1.0" encoding="utf-8"?>
<resources>

  <color name="colorPrimary">#3F51B5</color>
  <color name="colorPrimaryDark">#303F9F</color>
  <color name="colorAccent">#FF4081</color>
  <color name="background_color">#F555</color>
  <color name="marker_color">#AFFF</color>
  <color name="text_color">#AFFF</color>
</resources>
```

5. Zurück zur Klasse `CompassView`: Fügen Sie eine neue Eigenschaft hinzu, um die angezeigte Peilung zu speichern, und erstellen Sie `get`- und `set`-Methoden dafür. Rufen Sie `invalidate` in der `set`-Methode auf, um sicherzustellen, dass die `View` neu gezeichnet wird, wenn sich das Peilbild ändert:

```java
private float mBearing;

public void setBearing(float bearing) {
  mBearing = bearing;
  invalidate();
}

public float getBearing() {
  return mBearing;
}
```

6. Erstellen Sie ein benutzerdefiniertes Attribut zum Setzen der Peilung in der XML-Datei.

   a) Erstellen Sie das benutzerdefinierte Attribut in der Datei *res/values/attrs.xml*:

```xml
<?xml version="1.0" encoding="utf-8"?>
<resources>
```

5.8 | Eigene Views erzeugen

```xml
<declare-styleable name="CompassView">
  <attr name="bearing" format="reference|float" />
</declare-styleable>
</resources>
```

b) Aktualisieren Sie den Konstruktor, um die Peilung aus dem XML-Attribut zu lesen:

```java
public CompassView(Context context, AttributeSet attrs,
                  int defStyleAttr) {
  super(context, attrs, defStyleAttr);
  setFocusable(true);
  final TypedArray a = context.obtainStyledAttributes(attrs,
    R.styleable.CompassView, defStyleAttr, 0);
  if (a.hasValue(R.styleable.CompassView_bearing)) {
    setBearing(a.getFloat(R.styleable.CompassView_bearing, 0));
  }
  a.recycle();
}
```

7. Holen Sie sich im Konstruktor Referenzen auf jede in Schritt 4 erstellte Ressource. Speichern Sie die String-Werte als Instanzvariablen und verwenden Sie die Farbwerte, um neue klassenbasierte `Paint`-Objekte zu erstellen. Sie werden diese Objekte im nächsten Schritt verwenden, um die Kompassscheibe zu zeichnen.

```java
private Paint markerPaint;
private Paint textPaint;
private Paint circlePaint;
private String northString;
private String eastString;
private String southString;
private String westString;
private int textHeight;

public CompassView(Context context, AttributeSet attrs, int defStyleAttr) {
  super(context, attrs, defStyleAttr);

  setFocusable(true);
  final TypedArray a = context.obtainStyledAttributes(attrs,
    R.styleable.CompassView, defStyleAttr, 0);
  if (a.hasValue(R.styleable.CompassView_bearing)) {
    setBearing(a.getFloat(R.styleable.CompassView_bearing, 0));
  }
  a.recycle();
```

5.8 | Erstellen von Benutzeroberflächen

```
            Context c = this.getContext();
            Resources r = this.getResources();

            circlePaint = new Paint(Paint.ANTI_ALIAS_FLAG);
            circlePaint.setColor(ContextCompat.getColor(c, R.color.background_color));
            circlePaint.setStrokeWidth(1);
            circlePaint.setStyle(Paint.Style.FILL_AND_STROKE);

            northString = r.getString(R.string.cardinal_north);
            eastString = r.getString(R.string.cardinal_east);
            southString = r.getString(R.string.cardinal_south);
            westString = r.getString(R.string.cardinal_west);

            textPaint = new Paint(Paint.ANTI_ALIAS_FLAG);
            textPaint.setColor(ContextCompat.getColor(c, R.color.text_color));

            textHeight = (int)textPaint.measureText("yY");

            markerPaint = new Paint(Paint.ANTI_ALIAS_FLAG);
            markerPaint.setColor(ContextCompat.getColor(c, R.color.marker_color));
        }
```

8. Der nächste Schritt besteht darin, die Kompassfläche mit den in Schritt 6 erstellten `String`- und `Paint`-Objekten zu zeichnen. Der folgende Programmcode-Ausschnitt wird nur in begrenztem Umfang kommentiert. Weitere Informationen über das Zeichnen auf der Canvas und die Verwendung von erweiterten Farbeffekten finden Sie in Kapitel 14.

    a) Überschreiben Sie zunächst die Methode `onDraw` in der Klasse `CompassView`:

    ```
    @Override
    protected void onDraw(Canvas canvas) {
    ```

    b) Suchen Sie die Mitte des Kontrollelements und speichern Sie die Länge der kleinsten Seite als Radius des Kompasses:

    ```
        int mMeasuredWidth = getMeasuredWidth();
        int mMeasuredHeight = getMeasuredHeight();

        int px = mMeasuredWidth / 2;
        int py = mMeasuredHeight / 2 ;

        int radius = Math.min(px, py);
    ```

Eigene Views erzeugen | **5.8**

c) Zeichnen Sie die äußere Begrenzung und färben Sie den Hintergrund der Kompassfläche mit der Methode `drawCircle`. Verwenden Sie das in Schritt 6 erstellte Objekt `circlePaint`:

```
// Zeichne den Hintergrund
canvas.drawCircle(px, py, radius, circlePaint);
```

d) Dieser Kompass zeigt den aktuellen Kurs an, indem er das Ziffernblatt so dreht, dass sich die aktuelle Richtung immer oben am Gerät befindet. Um dies zu erreichen, drehen Sie die Canvas in die entgegengesetzte Richtung zur aktuellen Ausrichtung:

```
// Rotiere die Perspektive so, dass sie oben
// in Richtung des aktuellen Kurses ist.
canvas.save();
canvas.rotate(-mBearing, px, py);
```

e) Alles, was übrig bleibt, ist, die Markierungen zu zeichnen. Drehen Sie die Canvas um eine volle Umdrehung, indem Sie alle 15 Grad eine Marke und alle 45 Grad die abgekürzte Richtungszeichenfolge zeichnen:

```
int textWidth = (int)textPaint.measureText("W");
int cardinalX = px-textWidth/2;
int cardinalY = py-radius+textHeight;

// Zeichne alle 15 Grad eine Marke und alle 45 Grad Text.
for (int i = 0; i < 24; i++) {
  // Zeichne eine Markierung
  canvas.drawLine(px, py-radius, px, py-radius+10, markerPaint);

  canvas.save();
  canvas.translate(0, textHeight);

  // Zeichne die Himmelsrichtungen
  if (i % 6 == 0) {
    String dirString = "";
    switch (i) {
      case(0)  : {
                   dirString = northString;
                   int arrowY = 2*textHeight;
                   canvas.drawLine(px, arrowY, px-5, 3*textHeight,
                                   markerPaint);
                   canvas.drawLine(px, arrowY, px+5, 3*textHeight,
                                   markerPaint);
                   break;
                 }
```

5.8 | Erstellen von Benutzeroberflächen

```
            case(6)  : dirString = eastString; break;
            case(12) : dirString = southString; break;
            case(18) : dirString = westString; break;
        }
        canvas.drawText(dirString, cardinalX, cardinalY, textPaint);
    }

    else if (i % 3 == 0) {
        // Zeichne den Text abwechselnd alle 45 Grad
        String angle = String.valueOf(i*15);
        float angleTextWidth = textPaint.measureText(angle);

        int angleTextX = (int)(px-angleTextWidth/2);
        int angleTextY = py-radius+textHeight;
        canvas.drawText(angle, angleTextX, angleTextY, textPaint);
    }
    canvas.restore();

    canvas.rotate(15, px, py);
  }
  canvas.restore();
}
```

9. Der nächste Schritt ist die Unterstützung der Barrierefreiheit. Der CompassView stellt eine Himmelsrichtung visuell dar, so dass Sie, um sie barrierefrei zu machen, ein AccessibilityEvent senden müssen, das anzeigt, dass sich der »text« (in diesem Fall der Inhalt) geändert hat, wenn sich die Richtung ändert. Ändern Sie dazu die Methode setBearing:

```
public void setBearing(float bearing) {
  mBearing = bearing;
  invalidate();
  sendAccessibilityEvent(AccessibilityEvent.TYPE_VIEW_TEXT_CHANGED);
}
```

10. Überschreiben Sie das dispatchPopulateAccessibilityEvent, um die aktuelle Richtung als Inhaltswert für AccessibilityEvents zu verwenden:

```
@Override
public boolean dispatchPopulateAccessibilityEvent(
            final AccessibilityEvent event) {
  super.dispatchPopulateAccessibilityEvent(event);
  if (isShown()) {
    String bearingStr = String.valueOf(mBearing);
```

```
      event.getText().add(bearingStr);
      return true;
    }
    else
      return false;
}
```

Führen Sie die Activity aus, und Sie sollten den CompassView sehen. In Kapitel 16 erfahren Sie, wie Sie den CompassView an den Kompass-Sensor des Geräts anbinden.

5.8.5 Einsatz benutzerdefinierter Kontrollelemente

Nachdem Sie Ihre eigenen benutzerdefinierten Views erstellt haben, können Sie diese wie jede andere View in Code und Layouts verwenden. Beachten Sie, dass Sie den voll qualifizierten Klassennamen angeben müssen, wenn Sie in der Layoutdefinition einen Eintrag für Ihre neue View hinzufügen:

```
<com.professionalandroid.apps.compass.CompassView
  android:id="@+id/compassView"
  android:layout_width="match_parent"
  android:layout_height="match_parent"
  app:bearing="45" />
```

Sie können das Layout entfalten und wie gewohnt einen Verweis auf die CompassView erhalten, indem Sie den folgenden Code verwenden:

```
@Override
public void onCreate(Bundle savedInstanceState) {
  super.onCreate(savedInstanceState);
  setContentView(R.layout.main);
  CompassView cv = findViewById(R.id.compassView);
  // Aktualisiere die Richtung durch Aufruf von setBearing,
  // falls erforderlich
}
```

Sie können Ihre neue View auch einem Layout im Code hinzufügen:

```
@Override
public void onCreate(Bundle savedInstanceState) {
  super.onCreate(savedInstanceState);
  CompassView cv = new CompassView(this);
  setContentView(cv);
  cv.setBearing(45);
}
```

5.8 | Erstellen von Benutzeroberflächen

Benutzerdefinierte Views sind eine leistungsstarke Methode, um Ihrer Anwendung unterschiedliche Funktionen zur Verfügung zu stellen. Einmal erstellt, können sie wie jede andere Android-Framework-View verwendet werden.

Kapitel 6
Intents und Broadcast-Empfänger

Inhalt

- Einführung von Intents und anhängigen Intents
- Starten von Activities und Services mit impliziten und expliziten Intents
- Rückgabe von Ergebnissen aus Sub-Activities
- Verstehen, wie Intents aufgelöst werden
- Erweiterung der Anwendungsfunktionalität durch IntentFilter
- Hinzufügen von Links zu Textfeldern mit Linkify
- Verteilung von Application-Events über Broadcast-Intents
- Auf Broadcast-Intents hören
- Verwalten von Manifest-Empfängern zur Laufzeit
- Überwachung von Gerätezustandsänderungen mit Broadcast-Intents
- Senden von Broadcast-Intents innerhalb Ihrer Application mit dem LocalBroadcastManager

Die wrox.com-Code-Downloads für dieses Kapitel finden Sie unter

www.wrox.com

auf der Registerkarte Download-Code. Der Code für dieses Kapitel ist in die folgenden Beispiele unterteilt:

- *Snippets_Ch6.zip*
- *StarSignPicker_ch6.zip*

6.1 Verwendung von Intents und Broadcast-Receivern

Ein Intent ist ein Message-Passing-Mechanismus, den Sie innerhalb Ihrer Anwendung, zwischen Anwendungen und zwischen dem System und Ihrer Anwendung verwenden können. Intents werden verwendet, um Folgendes zu tun:

- Starten eines bestimmten Services, einer bestimmten Activity oder Sub-Activity explizit über den Klassennamen.
- Starten einer Activity, Sub-Activity oder eines Services, um eine Aktion auszuführen.
- Starten einer Activity, Sub-Activity oder eines Services, um eine Aktion mit (oder auf) einem bestimmten Teil der Daten durchzuführen.
- Zurückgeben von Informationen aus einer Sub-Activity.
- Auslösen eines Broadcasts, dass ein Event eingetreten ist.

Intents sind ein grundlegender Bestandteil des Android-Betriebssystems. Das Konzept ist auch ziemlich einzigartig, so dass es zunächst verwirrend erscheinen mag.

Intents können verwendet werden, um Informationen zwischen beliebigen Anwendungskomponenten zu senden, die auf einem Android-Gerät installiert sind, unabhängig davon, zu welcher Anwendung sie gehören. Damit wird Ihr Gerät von einer Plattform, die eine Sammlung unabhängiger Komponenten enthält, zu einem einzigen, vernetzten System. Alternativ können Sie zur Verbesserung der Sicherheit und Effizienz den LocalBroadcastManager verwenden, um Intents nur an Komponenten innerhalb der eigenen Anwendung zu senden.

Eine der häufigsten Anwendungen für Intents ist das Starten von Activities, entweder explizit (durch Angabe der zu ladenden Klasse) oder implizit (durch Erstellen eines Aktions-Intents, der eine bestimmte Aktion für ein Datenelement anfordert). Im letzteren Fall muss die Aktion nicht unbedingt von einer Activity innerhalb der aufrufenden Anwendung ausgeführt werden.

Die Verwendung von Intents, anstatt Klassen explizit zu laden, um Anwendungskomponenten zu starten – sogar innerhalb derselben Anwendung – ist ein grundlegendes Android-Designprinzip.

Sie können Intents auch verwenden, um Nachrichten über das System zu verteilen; diese werden als Broadcast-Intents bezeichnet. Anwendungen können Broadcast-Receiver registrieren, um auf diese Broadcast-Intents zu warten und darauf zu reagieren. Auf diese Weise können Sie ereignisgesteuerte Anwendungen erstellen, die auf internen, System- oder Drittanbieter-Ereignissen basieren.

6.2 Mit Intents Activities starten

Die häufigste Anwendung von Intents ist die Verbindung von Anwendungskomponenten und die Kommunikation unter ihnen. Beispielsweise werden Intents innerhalb von Activities verwendet, um andere Activities zu starten, um einen Wechsel über mehrere Bildschirme realisieren zu können.

> **Hinweis**
>
> Die Anweisungen in diesem Abschnitt beziehen sich auf das Starten neuer Activities, aber der gleiche Ansatz gilt auch für Services. Details zum Starten (und Erstellen) von Services finden Sie in Kapitel 11.

Um eine Activity zu erzeugen und anzuzeigen, rufen Sie startActivity auf und übergeben der Methode einen Intent als Parameter:

```
startActivity(myIntent);
```

Die Methode startActivity findet und startet die Activity, die am besten zu Ihrem Intent passt.

Sie können einen Intent konstruieren, der explizit eine bestimmte Activity-Klasse angibt, die gestartet werden soll, oder er kann eine Aktion enthalten, die die Ziel-Activity ausführen kann. Im letzteren Fall wählt das Laufzeitsystem dynamisch eine Activity durch Intent-Auflösung.

Wenn Sie startActivity verwenden, wird Ihre Anwendung keine Benachrichtigung erhalten, wenn die neu gestartete Activity beendet wird. Um das Feedback einer Sub-Activity zu verfolgen, verwenden Sie startActivityForResult, wie später in diesem Kapitel beschrieben.

6.2.1 Explizites Starten neuer Activities

In Kapitel 3 wurde erwähnt, dass Anwendungen aus einer Reihe von zusammenhängenden Bildschirmen bestehen – Activities – die in das Anwendungsmanifest aufgenommen werden müssen.

Um zwischen ihnen zu wechseln, können Sie explizit eine zu startende Activity angeben, indem Sie einen neuen Intent erstellen und dabei den Kontext der aktuellen Activity und die Klasse der zu startenden Activity angeben. Nachdem Sie diesen Intent definiert haben, übergeben Sie ihn an startActivity wie in Listing 6.1 gezeigt, um die neue Activity zu starten.

```
Intent intent = new Intent(MyActivity.this, MyOtherActivity.class);
startActivity(intent);
```

Listing 6.1 Explizites Starten einer bestimmten Activity

Nachdem `startActivity` aufgerufen wurde, wird die neue Activity (in diesem Beispiel `MyOtherActivity`) erstellt, gestartet und wieder aufgenommen, sie ersetzt `MyActivity` am Anfang des Activity-Stacks.

Wenn die neue `Activity` die Methode `finish` aufruft oder Sie die Hardware-Back-Taste drücken, wird die `Activity` geschlossen und vom Stapel entfernt. Alternativ können Sie mit `startActivity` weiter zu einer anderen Activity navigieren.

Beachten Sie, dass bei jedem Aufruf von `startActivity` eine neue Activity zum Stack hinzugefügt wird. Das Drücken der Back-Taste (oder den Aufruf von `finish`) entfernt jede dieser Activities. Wenn eine Activity nicht auf diese Weise geschlossen wird, bleibt sie auf dem Stack, während die Anwendung läuft. Dadurch ist es möglich, mehrere Instanzen derselben Activity auf dem Activity-Stack zu haben.

6.2.2 Implizite Intents und späte Laufzeitbindung

Ein impliziter `Intent` wird verwendet, um das System aufzufordern, eine `Activity` zu finden und zu starten, die eine bestimmte Aktion ausführen kann, ohne dass Sie genau wissen, welche Anwendung oder Activity gestartet wird.

Um beispielsweise Benutzer aus Ihrer Anwendung heraus Anrufe tätigen zu lassen, könnten Sie einen neuen Dialer implementieren oder (wenn Sie sich nicht selbst hassen) einen impliziten `Intent` verwenden, der die Aktion (Wählen) auf einer Telefonnummer (dargestellt als URI) anfordert:

```
if (somethingWeird && itDontLookGood) {
  Intent intent =
    new Intent(Intent.ACTION_DIAL, Uri.parse("tel:555-2368"));

  startActivity(intent);
}
```

Android löst diesen `Intent` auf, indem es eine `Activity` findet und dann startet, die die Wählaktion auf einer Telefonnummer URI durchführen kann – in diesem Fall typischerweise die mitgelieferte Telefon-Dialer-Anwendung.

Beim Erstellen eines neuen impliziten `Intents` geben Sie eine auszuführende Aktion und die URI der Daten an, auf denen diese Aktion ausgeführt werden soll. Sie können zusätzliche Daten an die Ziel-`Activity` senden, indem Sie Extras zum `Intent` hinzufügen.

Extras sind ein Mechanismus, der verwendet wird, um primitive Werte an einen `Intent` anzuhängen. Sie können die überladene `putExtra`-Methode bei jedem `Intent` verwenden, um ein neues Name-Wert-Paar (name value pair – NVP) anzuhängen:

```
intent.putExtra("STRING_EXTRA", "Norgaardholz");
intent.putExtra("INT_EXTRA", 24972);
```

Die Extras werden im `Intent` als Bundle-Objekt gespeichert, das in der gestarteten Activity mit der Methode `getExtras` zur Verfügung steht. Sie können jeden zusätzlichen Wert direkt aus dem `Intent` mit der entsprechenden `get[type]Extra`-Methode extrahieren:

```
Intent intent = getIntent();
String myStringExtra = intent.getStringExtra("STRING_EXTRA");
Integer myIntExtra = intent.getIntExtra("INT_EXTRA", DEFAULT_INT_VALUE);
```

Wenn Sie einen impliziten `Intent` verwenden, um eine `Activity` zu starten, wird Android diesen zur Laufzeit in die Activity-Klasse auflösen, die am besten geeignet ist, die erforderliche Aktion für den angegebenen Datentyp durchzuführen. Dies bedeutet, dass Sie Projekte erstellen können, die Funktionen aus anderen Anwendungen verwenden, ohne genau zu wissen, von welcher Anwendung Sie die Funktionen im Voraus ausleihen.

In Situationen, in denen mehrere Activities eine bestimmte Aktion ausführen können, wird dem Benutzer eine Auswahl angeboten. Der Prozess der `Intent`-Auflösung wird durch eine Analyse der registrierten `BroadcastReceiver` bestimmt, die später in diesem Kapitel ausführlich beschrieben werden.

Verschiedene systemeigene Anwendungen bieten Activities, die Aktionen anhand bestimmter Daten durchführen können. Anwendungen von Drittanbietern, einschließlich Ihrer eigenen, können registriert werden, um neue Aktionen zu unterstützen oder einen alternativen Anbieter von eigenen Aktionen bereitzustellen. Sie werden später in diesem Kapitel mit einigen der systemeigenen Aktionen vertraut gemacht und erfahren, wie Sie Ihre eigenen Activities registrieren können, um sie zu unterstützen,

6.2.3 Feststellen, ob ein Intent aufgelöst wird

Das Einbinden der Activities und Services einer Drittanbieter-Anwendung in Ihre eigene ist unglaublich mächtig. Es ist jedoch nicht garantiert, dass eine bestimmte Anwendung auf einem Gerät installiert ist. Ebenso wenig gibt es eine Garantie dafür, dass die installierte Anwendung in der Lage ist, Ihre Anfrage zu bearbeiten.

Daher ist es empfehlenswert zu prüfen, ob Ihr impliziter `Intent` zu einer Activity führt, bevor Sie diesen an `startActivity` übergeben.

Sie können den `PackageManager` verwenden, um abzufragen, welche `Activity` als Antwort auf einen bestimmten `Intent` gestartet wird, indem Sie `resolveActivity` über

6.2 | Intents und Broadcast-Empfänger

Ihr `Intent`-Objekt aufrufen und den `PackageManager` übergeben, wie in Listing 6.2 zu sehen ist.

```
if (somethingWeird && itDontLookGood) {
  // Erzeuge impliziten Intent für den Start einer neuen Activity
  Intent intent =
    new Intent(Intent.ACTION_DIAL, Uri.parse("tel:555-2368"));

  // Prüfe, ob eine Activity für die Aktion existiert
  PackageManager pm = getPackageManager();
  ComponentName cn = intent.resolveActivity(pm);
  if (cn == null) {
    // Keine Activity für die Aktion verfügbar.
    // Fehler protokollieren und Verhalten der App ändern,
    // typischerweise durch Deaktivierung des UI Elements,
    // das dem Benutzer diese Aktion erlaubt.
    Log.e(TAG, "Intent could not resolve to an Activity.");
  }
  else
    startActivity(intent);
}
```
Listing 6.2 Implizites Starten einer Activity

Wenn keine `Activity` gefunden wird, können Sie entweder die zugehörige Funktionalität und die zugehörigen Bedienelemente der Benutzeroberfläche deaktivieren. Oder Sie leiten den Benutzer zu einer entsprechenden Anwendung im Google Play Store. Da Google Play nicht auf allen Geräten verfügbar ist, sollten Sie auch das zuvor prüfen.

6.2.4 Rückgabe von Activity-Ergebnissen

Eine über `startActivity` gestartete `Activity` ist unabhängig von der aufrufenden `Activity` und gibt keine Rückmeldung, wenn sie beendet wird.

Wenn eine Rückmeldung erforderlich ist, können Sie eine `Activity` als Sub-`Activity` starten, die die Ergebnisse an die übergeordnete `Activity` zurückgeben kann. Eine Sub-`Activity` ist eigentlich nur eine `Activity`, die auf eine andere Art und Weise geöffnet wird; als solche müssen Sie sie trotzdem wie jede andere `Activity` im Anwendungsmanifest registrieren.

Jede manifest-registrierte `Activity` kann als Sub-`Activity` geöffnet werden, einschließlich derjenigen, die vom System oder von Drittanwendungen bereitgestellt werden.

Wenn eine Sub-Activity beendet ist, löst sie den onActivityResult Event-Handler innerhalb der aufrufenden Eltern-Activity aus. Sub-Activities sind besonders nützlich in Situationen, in denen eine Activity Daten für eine andere Activity bereitstellt, beispielsweise wenn ein Benutzer ein Formular ausfüllt oder einen Eintrag aus einer Liste auswählt.

Sub-Activities starten

Die Methode startActivityForResult funktioniert ähnlich wie startActivity, jedoch mit einem wichtigen Unterschied. Zusätzlich zur Übergabe des expliziten oder impliziten Intents, mit dem festgelegt wird, welche Activity gestartet werden soll, übergeben Sie auch einen Request-Code. Dieser Wert wird später verwendet, um die Sub-Activity, die ein Ergebnis zurückgegeben hat, eindeutig zu identifizieren.

Listing 6.3 zeigt den Rahmencode zum expliziten Starten einer Sub-Activity.

```
private static final int SHOW_SUBACTIVITY = 1;

private void startSubActivity() {
  Intent intent = new Intent(this, MyOtherActivity.class);
  startActivityForResult(intent, SHOW_SUBACTIVITY);
}
```
Listing 6.3 Explizites Starten einer Sub-Activity für ein Ergebnis

Wie normale Activities können Sie auch Sub-Activities implizit oder explizit starten. Listing 6.4 verwendet einen impliziten Intent, um eine neue Sub-Activity zu starten, um einen Kontakt auszuwählen.

```
private static final int PICK_CONTACT_SUBACTIVITY = 2;

private void startSubActivityImplicitly() {
  // Intent erstellen, der eine Activity anfordert, die
  // es Benutzern ermöglicht, einen Kontakt auszuwählen.
  Uri uri = Uri.parse("content://contacts/people");
  Intent intent = new Intent(Intent.ACTION_PICK, uri);
  startActivityForResult(intent, PICK_CONTACT_SUBACTIVITY);
}
```
Listing 6.4 Implizites Starten einer Sub-Activity für ein Ergebnis

6.2 | Intents und Broadcast-Empfänger

Ergebnisse einer Sub-Activity zurückgeben

Wenn Ihre Sub-Activity bereit zur Rückkehr ist, ruft sie `setResult` vor dem Beenden auf, um ein Ergebnis an die aufrufende `Activity` zurückzugeben.

Die Methode `setResult` übernimmt zwei Parameter: den Ergebniscode und die Ergebnisdaten selbst, in Form eines `Intents`.

Der Ergebniscode gibt den Erfolg der Ausführung der Sub-Activity allgemein an, entweder `Activity.RESULT_OK` oder `Activity.RESULT_CANCELED`. In manchen Fällen, in denen weder »OK« noch »Abgebrochen« das Ergebnis korrekt beschreiben, können Sie Ihre eigenen Antwortcodes verwenden. Die Methode `setResult` unterstützt jeden Integer-Wert.

Das Ergebnis-`Intent` enthält oft eine Daten-URI, die auf einen Inhalt verweist (zum Beispiel den ausgewählten Kontakt, die Telefonnummer oder die Mediendatei), und eine Sammlung von Extras, die zur Rückgabe zusätzlicher Informationen verwendet werden.

Listing 6.5, das der Methode `onCreate` einer Sub-Activity entnommen wurde, zeigt, wie die Buttons OK und ABBRECHEN unterschiedliche Ergebnisse an die aufrufende `Activity` zurückgeben können.

```
Button okButton = findViewById(R.id.ok_button);
okButton.setOnClickListener(new View.OnClickListener() {
  public void onClick(View view) {
    // Erzeuge URI, die auf das selektierte Element zeigt
    Uri selectedHorse = Uri.parse("content://horses/" +
                            selected_horse_id);
    Intent result = new Intent(Intent.ACTION_PICK, selectedHorse);

    setResult(RESULT_OK, result);
    finish();
  }
});

Button cancelButton = findViewById(R.id.cancel_button);
cancelButton.setOnClickListener(new View.OnClickListener() {
  public void onClick(View view) {
    setResult(RESULT_CANCELED);
    finish();
  }
});
```
Listing 6.5 Rückgabe eines Ergebnisses aus einer Sub-Activity

Wird die Activity durch Drücken der Back-Taste beendet oder finish ohne vorherigen Aufruf von setResult aufgerufen, wird der Ergebniscode auf RESULT_CANCELED gesetzt und der Ergebnis-Intent auf null gesetzt.

Behandlung von Ergebnissen von Sub-Activities

Wenn eine Sub-Activity geschlossen wird, wird die Event-Handler-Methode onActivityResult innerhalb der aufrufenden Activity aufgerufen. Überschreiben Sie diese Methode, um die von Sub-Activities zurückgegebenen Ergebnisse zu behandeln.

Die Handler-Methode onActivityResult erhält eine Reihe von Parametern:

- Request-Code: Der Anfrage-Code, der zum Starten der zurückkehrenden Sub-Activity verwendet wurde.

- Result-Code: Der Ergebnis-Code, der von der Sub-Activity gesetzt wird, um das Ergebnis anzuzeigen. Es kann ein beliebiger ganzzahliger Wert sein, typischerweise aber entweder Activity.RESULT_OK oder Activity.RESULT_CANCELED.

- Daten: Ein Intent, mit dem zurückgegebene Daten verpackt werden. Je nach Zweck der Sub-Activity kann sie eine URI enthalten, die einen ausgewählten Inhalt repräsentiert. Die Sub-Activity kann auch Informationen als Extras innerhalb des zurückgegebenen Daten Intents zurückgeben.

> **Hinweis**
>
> Wenn die Sub-Activity anormal geschlossen wird oder keinen Ergebniscode angibt, bevor sie geschlossen wird, lautet der Ergebniscode Activity.RESULT_CANCELED.

Listing 6.6 zeigt den Rahmencode für die Implementierung der Event-Handler-Methode onActivityResult innerhalb einer Activity.

```
private static final int SELECT_HORSE = 1;
private static final int SELECT_GUN = 2;

Uri selectedHorse = null;
Uri selectedGun = null;

@Override
public void onActivityResult(int requestCode,
                             int resultCode,
                             Intent data) {

  super.onActivityResult(requestCode, resultCode, data);
```

6.2 | Intents und Broadcast-Empfänger

```
switch(requestCode) {
  case (SELECT_HORSE):
    if (resultCode == Activity.RESULT_OK)
      selectedHorse = data.getData();
    break;

  case (SELECT_GUN):
    if (resultCode == Activity.RESULT_OK)
      selectedGun = data.getData();
    break;

  default: break;
  }
}
```
Listing 6.6 Implementierung eines `OnActivityResult`-Handlers

6.2.5 Verwenden plattformunabhängiger Aktionen zum Starten von Activities

Anwendungen, die als Teil der Android-Plattform ausgeliefert werden, nutzen `Intents` auch, um Activities und Sub-Activities zu starten.

Die folgende (nicht vollständige) Liste zeigt einige der standardmäßig verfügbaren Aktionen als statische Stringkonstanten in der Klasse `Intent`. Beim Anlegen von impliziten `Intents` können Sie diese als Activity-Intents bezeichneten Aktionen verwenden, um Activities und Sub-Activities innerhalb Ihrer eigenen Anwendungen zu starten.

> **Hinweis**
>
> Später werden Ihnen die `IntentFilter` vorgestellt und wie Sie Ihre eigenen Activities als Handler für diese Aktionen registrieren können.

- **ACTION_DELETE:** Startet eine Activity, mit der Sie die im Daten-URI des `Intents` angegebenen Daten löschen können.

- **ACTION_DIAL:** Öffnet eine Dialer-Applikation mit der Nummer, die aus der Daten-URI des `Intents` gewählt werden soll. Standardmäßig wird dies vom integrierten Android-Telefonwählgerät erledigt. Der Dialer kann die meisten Nummernschemata normalisieren, wie zum beispielsweise die beiden Nummern `tel:555-1234` und `tel:(212) 555 1212`.

- ACTION_EDIT: Fordert eine `Activity` an, die die Daten an der Daten-URI des `Intents` bearbeiten kann.

- ACTION_INSERT: Öffnet eine `Activity`, die in der Lage ist, neue Elemente in den Cursor einzufügen, der in der Daten-URI des `Intents` angegeben ist. Wenn es als Sub-`Activity` aufgerufen wird, sollte es eine URI an das neu eingefügte Element zurückgeben.

- ACTION_PICK: Startet eine Sub-`Activity`, mit der Sie ein Element aus dem `ContentProvider` auswählen können, der in der Daten-URI des `Intents` angegeben ist. Wenn es geschlossen ist, sollte es eine URI zu dem Objekt zurückgeben, das ausgewählt wurde. Welche `Activity` gestartet wird, hängt von den ausgewählten Daten ab. Zum Beispiel wird die systemeigene Kontaktliste aufgerufen, wenn Sie `content://contacts/people` übergeben.

- ACTION_SEARCH: Wird normalerweise verwendet, um eine bestimmte Such-`Activity` zu starten. Wenn es ohne eine bestimmte `Activity` ausgelöst wird, wird der Benutzer aufgefordert, aus allen Anwendungen auszuwählen, die die Suche unterstützen. Geben Sie den Suchbegriff als String in den Extras des `Intents` ein, indem Sie `SearchManager.QUERY` als Schlüssel verwenden.

- ACTION_SENDTO: Startet eine Activity, um Daten an den durch die Daten-URI des `Intents` angegebenen Kontakt zu senden.

- ACTION_SEND: Startet eine Activity, die die im `Intent` angegebenen Daten sendet. Der Empfängerkontakt muss durch die ermittelte `Activity` ausgewählt werden. Verwenden Sie `setType`, um den MIME-Typ der übertragenen Daten festzulegen. Die Daten selbst sollten je nach Typ mit dem Schlüssel `EXTRA_TEXT` oder `EXTRA_STREAM` zusätzlich gespeichert werden. Bei E-Mails akzeptieren die systemeigenen Android-Anwendungen auch Extras über die Schlüssel `EXTRA_EMAIL`, `EXTRA_CC`, `EXTRA_BCC` und `EXTRA_SUBJECT`. Verwenden Sie die Aktion ACTION_SEND nur, um Daten an einen externen Empfänger zu senden (nicht an eine andere Anwendung auf dem Gerät).

- ACTION_VIEW: Dies ist die gängigste generische Aktion. Sie fordert, dass die Daten, die in der Daten-URI des `Intents` bereitgestellt werden, auf die bestmögliche Weise angezeigt werden. Je nach URI-Schema der gelieferten Daten verarbeiten verschiedene Anwendungen diese Anfrage. In der Standardeinstellung werden `http:`-Adressen im Browser geöffnet, `tel:`-Adressen öffnen den Dialer, um die Nummer anzurufen, `geo:`-Adressen werden in der Google Maps-Anwendung angezeigt und Kontaktinhalte werden im Kontakt-Manager angezeigt.

- ACTION_WEB_SEARCH: Öffnet den Browser, um eine Websuche basierend auf der über den Schlüssel SearchManager.QUERY gelieferten Abfrage durchzuführen.

6.3 | Intents und Broadcast-Empfänger

> **Hinweis**
>
> Zusätzlich zu diesen Activity-Aktionen enthält Android eine große Anzahl von Broadcast-Aktionen, mit denen `Intents` erstellt werden, die zur Ankündigung von Systemereignissen gesendet werden. Diese Broadcast-Aktionen werden später in diesem Kapitel beschrieben.

6.3 Erstellen von Intent-Filtern für den Empfang

Wenn ein `Activity-Intent` eine Anforderung für eine Aktion ist, die auf einem Datensatz ausgeführt werden soll, ist ein Intent-Filter die entsprechende Deklaration, dass eine `Activity` in der Lage ist, eine Aktion auf einem Datentyp auszuführen.

Wie Sie später in diesem Kapitel sehen, werden Intent-Filter auch von Broadcast-Receivern verwendet, um die Broadcast-Aktionen anzuzeigen, die sie empfangen möchten.

6.3.1 Intent-Filter definieren

Mit Hilfe von Intent-Filtern können Activities die Aktionen und Daten deklarieren, die sie unterstützen können.

Um eine Activity als potenziellen `Intent`-Handler zu registrieren, fügen Sie einen `intent-filter`-Tag zu seinem Manifest-Element hinzu, indem Sie die folgenden Tags (und die zugehörigen Attribute) verwenden:

- `action`: Verwendet das Attribut `android:name`, um den Namen der Aktion anzugeben, die ausgeführt werden kann. Jeder `intent-filter` muss mindestens ein `action`-Tag haben, und Aktionen sollten eindeutige Strings sein, die sich selbst beschreiben. Sie können eigene Aktionen definieren (am besten verwenden Sie ein Namenssystem, das auf den Namenskonventionen von Java-Packages basiert) oder eine der von Android bereitgestellten Systemaktionen.

- `category`: Verwendet das Attribut `android:name`, um festzulegen, unter welchen Umständen die Aktion ausgeführt werden kann. Jedes `intent-filter`-Tag kann mehrere `category`-Tags enthalten. Sie können eigene Kategorien angeben oder einen der Standardwerte von Android verwenden.

- `data`: Mit dem `data`-Tag können Sie festlegen, auf welche Datentypen Ihre Komponente reagieren kann. Sie können auch mehrere `data`-Tags einbinden. Sie können eine beliebige Kombination der folgenden Attribute verwenden, um die Daten anzugeben, die Ihre Komponente unterstützt:

- `android:host` Gibt einen gültigen Hostnamen an (zum Beispiel google.com).
- `android:mimetype` Gibt den Datentyp an, den Ihre Komponente verarbeiten kann. Beispielsweise würde `vnd.android.cursor.dir/*` zu jedem Android-Cursor passen.
- `android:path` Gibt gültige Pfadwerte für die URI an (beispielsweise */transport/boats/*).
- `android:port` Gibt gültige Ports für den angegebenen Host an.
- `android:scheme` Erfordert ein bestimmtes Schema (zum Beispiel `content` oder `http`).

Der folgende Ausschnitt zeigt einen Intent-Filter für eine Activity, der die Aktion SHOW_DAMAGE als primäre oder alternative Aktion basierend auf dem MIME-Typ Earthquake-Cursor ausführen kann:

```
<intent-filter>
  <action
    android:name="com.paad.earthquake.intent.action.SHOW_DAMAGE"/>
  <category
    android:name="android.intent.category.DEFAULT"/>
  <category
    android:name="android.intent.category.SELECTED_ALTERNATIVE"/>
  <data android:mimeType=
    "vnd.android.cursor.item/vnd.com.professionalandroid.provider.earthquake"
  />
</intent-filter>
```

Möglicherweise haben Sie bemerkt, dass das Anklicken eines Links zu einem YouTube-Video oder Google Maps-Standort auf einem Android-Gerät Sie dazu auffordert, YouTube beziehungsweise Google Maps statt eines Webbrowsers zu verwenden. Dies wird durch die Angabe der Schema-, Host- und Pfadattribute innerhalb des `data`-Tags eines Intent-Filters erreicht, wie in Listing 6.7 zu sehen ist. In diesem Beispiel kann jeder Link des Formulars, der mit *http://blog.radioactiveyak.com* beginnt, durch diese Activity bedient werden.

```
<activity android:name=".MyBlogViewerActivity">
  <intent-filter>
    <action android:name="android.intent.action.VIEW" />
    <category android:name="android.intent.category.DEFAULT" />
    <category android:name="android.intent.category.BROWSABLE" />
```

6.3 | Intents und Broadcast-Empfänger

```
        <data android:scheme="http"
            android:host="blog.radioactiveyak.com"/>
    </intent-filter>
</activity>
```

Listing 6.7 Registrierung einer Activity als Intent-Receiver zur Anzeige von Inhalten einer bestimmten Website mit einem Intent-Filter

Beachten Sie, dass Sie die Kategorie BROWSABLE angeben müssen, damit Links, die im Browser angeklickt werden, dieses Verhalten auslösen.

Wie Android Intents mit Intent-Filtern auflöst

Der Prozess der Entscheidung, welche Activity gestartet werden soll, wenn ein impliziter Intent an startActivity übergeben wird, wird als Intent-Auflösung bezeichnet. Das Ziel der Intent-Auflösung ist es, mit Hilfe des nachfolgenden Verfahrens die bestmögliche Übereinstimmung des Intent-Filters zu finden.

1. Android stellt eine Liste aller verfügbaren Intent-Filter aus den installierten Packages zusammen.

2. Intent-Filter, die nicht mit der Aktion oder Kategorie des aufgelösten Intents übereinstimmen, werden aus der Liste entfernt.

    - Aktionsübereinstimmungen werden nur dann hergestellt, wenn der Intent-Filter die angegebene Aktion enthält. Ein Intent-Filter schlägt bei der Prüfung der Übereinstimmung der Aktion fehl, wenn keine seiner Aktionen mit der durch den Intent angegebenen übereinstimmt.

    - Für den Kategorienabgleich müssen die Intent-Filter alle im aufzulösenden Intent definierten Kategorien enthalten, können aber auch zusätzliche Kategorien enthalten, die nicht im Intent enthalten sind. Ein Intent-Filter ohne angegebene Kategorien passt nur zu Intents ohne Kategorien.

3. Jeder Teil der Daten-URI des Intents wird mit dem data-Tag des Intent-Filters verglichen. Wenn der Intent-Filter ein Schema, eine Host-Berechtigung, einen Pfad oder einen MIME-Typ angibt, werden diese Werte mit der URI des Intents verglichen. Jede Nichtübereinstimmung entfernt den Intent-Filter aus der Liste. Wenn Sie in einem Intent-Filter keine Datenwerte angeben, wird eine Übereinstimmung mit allen Intent-Datenwerten erzielt.

    - Der MIME-Typ ist der Datentyp der zu vergleichenden Daten. Beim Vergleichen von Datentypen können Sie Wildcards verwenden, um Subtypen zuzuordnen. Wenn der Intent-Filter einen Datentyp angibt, muss er mit dem Intent übereinstimmen; die Angabe keines Datentyps führt zu einer Übereinstimmung mit allen.

- Das Schema (scheme) ist der »Protokoll«-Teil der URI (zum Beispiel `http:`, `mailto:` oder `tel:`).

- Der Hostname oder die Datenberechtigung ist der Abschnitt der URI zwischen dem Schema und dem Pfad (zum Beispiel developer.android.com). Damit ein Hostname übereinstimmt, muss auch das Schema des Intent-Filters übereinstimmen. Wird kein Schema angegeben, wird der Hostname ignoriert.

- Der Datenpfad ist das, was nach der Berechtigung kommt (zum Beispiel /training). Ein Pfad kann nur dann übereinstimmen, wenn auch der Schema- und der Hostnamen-Teil des `data`-Tags übereinstimmen.

4. Wenn Sie implizit eine `Activity` starten und mehr als eine Komponente aus diesem Prozess aufgelöst wird, werden dem Benutzer alle Matching-Möglichkeiten angeboten. Bei Broadcast-Receivern empfängt jeder passende Receiver den Broadcast-Intent.

Die Standard-Android-Anwendungskomponenten sind genauso Teil des Intent-Auflösungs-Prozesses wie Anwendungen von Drittanbietern. Sie haben keine höhere Priorität und können vollständig durch neue Activities ersetzt werden, die Intent-Filter deklarieren, die dieselben Aktionen ausführen.

Wenn Sie einen Intent-Filter definieren, der anzeigt, dass Ihre Anwendung URL-Links anzeigen kann, wird der Browser weiterhin zusätzlich zu Ihrer Anwendung angeboten.

Intents innerhalb einer Activity finden und nutzen

Wenn eine `Activity` durch einen impliziten `Intent` gestartet wird, muss sie die Aktion ermitteln, zu deren Ausführung sie aufgefordert wurde, und die Daten, die sie benötigt, um sie auszuführen.

Um das `Intent` zum Starten der Activity zu finden, rufen Sie `getIntent` auf, wie in Listing 6.8 zu sehen ist.

```
@Override
public void onCreate(Bundle savedInstanceState) {
  super.onCreate(savedInstanceState);
  setContentView(R.layout.main);

  Intent intent = getIntent();
  String action = intent.getAction();
  Uri data = intent.getData();
}
```
Listing 6.8 Suche nach dem Start-Intent in einer Activity

6.3 | Intents und Broadcast-Empfänger

Verwenden Sie die Methoden `getData` und `getAction`, um die mit dem `Intent` verbundenen Daten und Aktionen zu ermitteln. Verwenden Sie die typsichere `get<type>Extra`-Methoden, um zusätzliche Informationen zu erhalten, die in seinem Extras-Bundle gespeichert sind.

Die Methode `getIntent` gibt immer den ursprünglichen `Intent` zurück, der zur Erstellung der `Activity` verwendet wurde. Unter bestimmten Umständen kann Ihre `Activity` auch nach dem Start weiterhin `Intents` erhalten.

Wenn Ihre Anwendung beispielsweise in den Hintergrund wechselt, kann der Benutzer auf eine Benachrichtigung klicken, um die laufende Anwendung wieder in den Vordergrund zu bringen, was dazu führt, dass ein neuer `Intent` an die entsprechende `Activity` gesendet wird. Wenn Ihre `Activity` so konfiguriert ist, dass beim Neustart anstelle der Erstellung einer neuen Instanz die bestehende Instanz über den `onNewIntent`-Handler an die Spitze des Activity-Stacks verschoben wird, wird ein neuer `Intent` geliefert.

Sie können `setIntent` aufrufen, um den beim Aufruf von `getIntent` zurückgegebenen `Intent` zu aktualisieren:

```
@Override
public void onNewIntent(Intent newIntent) {
  // TODO Reagiere auf die neue Intent
  setIntent(newIntent);
  super.onNewIntent(newIntent);
}
```

Im folgenden Beispiel legen Sie eine neue `Activity` an, die Aktion `ACTION_PICK` für eine Liste von Sternzeichen bedient. Die Picker-Anwendung zeigt eine Liste von Sternzeichen an und lässt den Benutzer eines auswählen, bevor er das ausgewählte Zeichen schließt und an die aufrufende Activity zurückgibt.

> **Hinweis**
>
> Wie bei den vorangegangenen Beispielen werden zur Vereinfachung der Lesbarkeit nicht alle erforderlichen Import-Anweisungen in diese Schritte einbezogen. Sie können in den Android Studio-Einstellungen automatisch eindeutige Importe hinzufügen lassen oder bei jedem nicht aufgelösten Klassennamen `Alt`+`↵` drücken.

1. Erstellen Sie ein neues Projekt namens *StarSignPicker*, das die Activity `StarSignPicker` enthält, die auf der Vorlage LEERE ACTIVITY basiert und die App-Kompatibilitätsbibliothek verwendet. Fügen Sie eine Stringkonstante `EXTRA_SIGN_NAME` hinzu, die verwendet wird, um ein Extra in unserem Return Intent zu speichern, um das vom Benutzer ausgewählte Sternzeichen anzuzeigen:

```
package com.professionalandroid.apps.starsignpicker;

import android.support.v7.app.AppCompatActivity;
import android.os.Bundle;

public class StarSignPicker extends AppCompatActivity {

  public static final String EXTRA_SIGN_NAME = "SIGN_NAME";

  @Override
  protected void onCreate(Bundle savedInstanceState) {
    super.onCreate(savedInstanceState);
    setContentView(R.layout.activity_star_sign_picker);
  }
}
```

2. Ändern Sie die Layout-Ressource *activity_star_sign_picker.xml*, um ein einzelnes `RecyclerView`-Kontrollelement einzubinden. Dieses Kontrollelement wird zur Anzeige der Kontakte verwendet:

```
<?xml version="1.0" encoding="utf-8"?>
<android.support.v7.widget.RecyclerView
    xmlns:android="http://schemas.android.com/apk/res/android"
    xmlns:app="http://schemas.android.com/apk/res-auto"
    android:id="@+id/recycler_view"
    android:layout_width="match_parent"
    android:layout_height="match_parent"
    android:orientation="vertical"
    app:layoutManager="LinearLayoutManager"
/>
```

Die `RecyclerView` muss, wie bereits in Kapitel 3 beschrieben, in das Projekt eingebunden werden.

a) Aus dem Menü rufen Sie BUILD | EDIT LIBRARIES AND DEPENDENCIES auf und dann APP | DEPENDENCIES in diesen Dialog.

b) Dort klicken Sie auf das grüne Plus-Symbol.

c) Es erscheint ein Menü mit der Möglichkeit, eine LIBRARY DEPENDENCY einzutragen.

d) Im Folgedialog können Sie einen Suchbegriff eingeben. Hier geben Sie »recyclerview« ein und klicken auf das Lupen-Symbol.

6.3 | Intents und Broadcast-Empfänger

e) Wählen Sie den Eintrag, der mit `com.android.support` beginnt und klicken Sie OK.

f) Bestätigen Sie auch den Dialog PROJECT STRUCTURE mit OK.

3. Erstellen Sie eine neue Layout-Ressource *list_item_layout.xml* basierend auf einem `FrameLayout`, das ein einzelnes `TextView`-Kontrollelement enthält. Dieses Kontrollelement wird verwendet, um jedes Sternzeichen in der Listenansicht anzuzeigen:

```xml
<?xml version="1.0" encoding="utf-8"?>
<FrameLayout xmlns:android="http://schemas.android.com/apk/res/android"
  android:layout_width="match_parent"
  android:layout_height="wrap_content">
  <TextView
    android:id="@+id/itemTextView"
    android:layout_width="match_parent"
    android:layout_height="wrap_content"
    android:layout_margin="8dp"
    android:textAppearance="?attr/textAppearanceListItem"/>
</FrameLayout>
```

4. Erstellen Sie eine neue Klasse `StarSignPickerAdapter`, die `RecyclerView.Adapter` erweitert und ein String-Array von Sternzeichen enthält:

```java
public class StarSignPickerAdapter
    extends RecyclerView.Adapter<StarSignPickerAdapter.ViewHolder> {

  private String[] mStarSigns = {"Aries", "Taurus", "Gemini", "Cancer",
                                 "Leo", "Virgo", "Libra", "Scorpio",
                                 "Sagittarius", "Capricorn", "Aquarius",
                                 "Pisces" };

  public StarSignPickerAdapter() {
  }

  @Override
  public int getItemCount() {
    return mStarSigns == null ? 0 : mStarSigns.length;
  }
}
```

a) Erstellen Sie innerhalb des in Schritt 4 erstellten Adapters eine neue Klasse `ViewHolder`, die `RecyclerView.ViewHolder` erweitert und einen

OnClickListener implementiert. Es sollte eine TextView und einen OnClickListener anzeigen:

```
public static class ViewHolder extends RecyclerView.ViewHolder
                               implements View.OnClickListener {
  public TextView textView;
  public View.OnClickListener mListener;

  public ViewHolder(View v, View.OnClickListener listener) {
    super(v);
    mListener = listener;
    textView = v.findViewById(R.id.itemTextView);
    v.setOnClickListener(this);
  }

  @Override
  public void onClick(View v) {
    if (mListener != null)
      mListener.onClick(v);
  }
}
```

b) Noch im Adapter, überschreiben Sie onCreateViewHolder mit dem in Schritt 4.1 erstellten ViewHolder, indem Sie das in Schritt 3 erstellte *list_item_layout* entfalten:

```
@Override
public StarSignPickerAdapter.ViewHolder
  onCreateViewHolder(ViewGroup parent, int viewType) {
  // Erzeuge die neue View
  View v = LayoutInflater.from(parent.getContext())
           .inflate(R.layout.list_item_layout, parent, false);

  return new ViewHolder(v, null);
}
```

c) Erstellen Sie innerhalb von StarSignPickerAdapter ein Interface, das eine Methode onItemClicked enthält, die ein String-Argument verwendet.

```
public interface IAdapterItemClick {
  void onItemClicked(String selectedItem);
}
```

6.3 | Intents und Broadcast-Empfänger

Fügen Sie dem Adapter eine Methode `setOnAdapterItemClick` hinzu, um eine Referenz auf diesen Event-Handler zu sichern. Wir werden diesen Handler verwenden, um die übergeordnete `Activity` zu benachrichtigen, welches Listenelement ausgewählt wurde:

```
IAdapterItemClick mAdapterItemClickListener;

public void setOnAdapterItemClick(
    IAdapterItemClick adapterItemClickHandler) {
  mAdapterItemClickListener = adapterItemClickHandler;
}
```

d) Schließlich überschreiben Sie die `onBindViewHolder`-Methode des Adapters, indem Sie der in unserem `ViewHolder` definierten `TextView` ein Sternzeichen zuweisen. Nutzen Sie die Gelegenheit, den `onClickListener` für jeden `ViewHolder` zu implementieren, der den `IAdapterItemClick`-Handler aus Schritt 4.3 aufruft, wenn ein Eintrag in unserer Liste angeklickt wird:

```
@Override
public void onBindViewHolder(ViewHolder holder, final int position) {
  holder.textView.setText(mStarSigns[position]);
  holder.mListener = new View.OnClickListener() {
    @Override
    public void onClick(View v) {
      if (mAdapterItemClickListener != null)
        mAdapterItemClickListener.onItemClicked(mStarSigns[position]);
    }
  };
}
```

5. Wenden Sie sich wieder der Activity `StarSignPicker` zu und ändern Sie die Methode `onCreate`. Sie beginnt derzeit so:

```
@Override
protected void onCreate(Bundle savedInstanceState) {
  super.onCreate(savedInstanceState);
  setContentView(R.layout.activity_starsign_picker);
```

a) Jetzt, noch in `onCreate`, instanziieren Sie den `StarSignPickerAdapter`, den Sie in Schritt 4 erstellt haben:

```
StarSignPickerAdapter adapter = new StarSignPickerAdapter ();
```

b) Legen Sie einen neuen `IAdapterItemClick`-Handler an und weisen Sie ihn mit der Methode `setOnAdapterItemClick` dem Adapter zu. Wenn ein Element angeklickt wird, erstellen Sie ein neues Ergebnis-Intent und verwenden Sie die Zeichenfolge `EXTRA_SIGN_NAME`, um ein Extra zuzuweisen, das das ausgewählte

Sternzeichen enthält. Weisen Sie den neuen Intent als Ergebnis dieser Activity zu, indem Sie setResult und den Aufruf finish verwenden, um die Activity zu schließen und zum Aufrufer zurückzukehren:

```
adapter.setOnAdapterItemClick(
  new StarSignPickerAdapter.IAdapterItemClick() {
  @Override
  public void onItemClicked(String selectedItem) {
    // Die resultierende URI kontruieren
    Intent outData = new Intent();
    outData.putExtra(EXTRA_SIGN_NAME, selectedItem);
    setResult(Activity.RESULT_OK, outData);
    finish();
  }
});
```

c) Ordnen Sie den Adapter mit setAdapter der RecyclerView zu:

```
RecyclerView rv = findViewById(R.id.recycler_view);
rv.setAdapter(adapter);
```

d) Schließen Sie die Methode onCreate:

```
}
```

6. Ändern Sie das Anwendungsmanifest und ersetzen Sie das intent-filter-Tag der Activity, um Unterstützung für die ACTION_PICK-Aktion auf Sternzeichen hinzuzufügen:

```xml
<activity android:name=".StarSignPicker">
  <intent-filter>
    <action android:name="android.intent.action.PICK" />
    <category android:name="android.intent.category.DEFAULT"/>
    <data android:scheme="starsigns" />
  </intent-filter>
</activity>
```

7. Damit ist die Sub-Activity abgeschlossen. Um sie zu testen, erstellen Sie ein neues Test-Harnisch, eine StarSignPickerTester Start-Activity mit der Layout-Datei *activity_star_sign_picker_tester.xml*. Aktualisieren Sie das Layout, um eine TextView zur Anzeige des ausgewählten Sternzeichens und einen Button zum Starten der Sub-Activity einzubinden:

```xml
<?xml version="1.0" encoding="utf-8"?>
<LinearLayout xmlns:android="http://schemas.android.com/apk/res/android"
  android:orientation="vertical"
```

6.3 | Intents und Broadcast-Empfänger

```
      android:layout_width="match_parent"
      android:layout_height="match_parent">
    <TextView
      android:id="@+id/selected_starsign_textview"
      android:layout_width="match_parent"
      android:layout_height="wrap_content"
      android:textAppearance="?attr/textAppearanceListItem"
      android:layout_margin="8dp"
    />
    <Button
      android:id="@+id/pick_starsign_button"
      android:layout_width="match_parent"
      android:layout_height="wrap_content"
      android:text="Pick Star Sign"
    />
  </LinearLayout>
```

8. Überschreiben Sie die Methode onCreate des StarSignPickerTesters, um dem Button einen Click-Listener hinzuzufügen, so dass er implizit eine neue Sub-Activity startet, indem Sie ACTION_PICK und STARSIGN als Datenschema angeben:

```
public class StarSignPickerTester extends AppCompatActivity {

  public static final int PICK_STARSIGN = 1;

  @Override
  public void onCreate(Bundle savedInstanceState) {
    super.onCreate(savedInstanceState);
    setContentView(R.layout.activity_star_sign_picker_tester);

    Button button = findViewById(R.id.pick_starsign_button);

    button.setOnClickListener(new View.OnClickListener() {
      @Override
      public void onClick(View _view) {
        Intent intent = new Intent(Intent.ACTION_PICK,
                                   Uri.parse("starsigns://"));
        startActivityForResult(intent, PICK_STARSIGN);
      }
    });
  }
}
```

9. Wenn die Sub-Activity zurückkehrt, verwenden Sie das Ergebnis, um die `TextView` mit dem ausgewählten Sternzeichen zu füllen:

```
@Override
public void onActivityResult(int reqCode, int resCode, Intent data) {
  super.onActivityResult(reqCode, resCode, data);

  switch(reqCode) {
    case (PICK_STARSIGN) : {
      if (resCode == Activity.RESULT_OK) {
        String selectedSign =
          data.getStringExtra(StarSignPicker.EXTRA_SIGN_NAME);
        TextView tv = findViewById(R.id.selected_starsign_textview);
        tv.setText(selectedSign);
      }
      break;
    }
    default: break;
  }
}
```

> **Hinweis**
>
> Alle Codebeispiele in diesem Beispiel sind Teil des Kapitel-6-StarSignPicker-Projekts, das unter Wrox.com als *StarSignPicker.zip* heruntergeladen werden kann.

Wenn Ihre Test-Activity läuft, drücken Sie den Button PICK STAR SIGN. Die `StarSignPicker`-Activity sollte erscheinen, wie in Abbildung 6.1 zu sehen ist.

Nachdem Sie ein Sternzeichen ausgewählt haben, sollte die übergeordnete Activity mit der angezeigten Auswahl in den Vordergrund zurückkehren (siehe Abbildung 6.2).

6.3.2 Intent-Filter für Plug-Ins und die Erweiterbarkeit nutzen

Nach der Verwendung von Intent-Filtern zur Deklaration der Aktionen, die Ihre Activities für verschiedene Datentypen ausführen können, liegt es nahe, dass Anwendungen auch abfragen können, welche Aktionen für eine bestimmte Datengruppe verfügbar sind.

Android bietet ein Plug-In-Modell, mit dem Ihre Anwendungen die Vorteile der Funktionalität nutzen können, die Sie anonym aus Ihren eigenen oder fremden Anwendungskomponenten erhalten, ohne dass Sie Ihre Projekte ändern oder neu kompilieren müssen.

6.3 | Intents und Broadcast-Empfänger

Abbildung 6.1 StarSignPicker-Activity

Abbildung 6.2 Test für StarSignPicker-Activity

Anonyme Aktionen für Anwendungen bereitstellen

Veröffentlichen Sie die Aktionen Ihrer Activity mit Hilfe von intent-filter-Tags innerhalb ihrer Manifest-Knoten, um sie für bestehende Anwendungen anonym verfügbar zu machen.

Der Intent-Filter beschreibt in action die Aktion, die er ausführt und in data die Daten, auf denen sie ausgeführt werden kann. Letzteres wird während des Intent-Auflösungsprozesses verwendet, um festzustellen, wann diese Aktion verfügbar sein sollte. Das category-Tag muss entweder ALTERNATIVE oder SELECTED_ALTERNATIVE oder beides sein. Das Attribut android:label sollte ein von Menschen lesbares Label sein, das die Aktion beschreibt.

> **Hinweis**
>
> Die Kategorie ALTERNATIVE wird verwendet, um anzuzeigen, dass die beschriebene Aktion eine Alternative zu dem ist, was der Benutzer gerade sieht. Sie wird verwendet, um eine Aktion anzuzeigen, die eine Reihe von alternativen Dingen darstellt, die der Benutzer tun kann, normalerweise als Teil eines Optionsmenüs. Die Kategorie SELECTED_ALTERNATIVE ist ähnlich, zeigt aber eine Aktion an, die typischerweise für ein ausgewähltes Element innerhalb einer Liste ausgeführt wird.

Listing 6.9 zeigt ein Beispiel für einen Intent-Filter, mit dem die Fähigkeit einer Activity angezeigt wird, Mondbasen aus dem Orbit zu zerstören.

```
<activity android:name=".NostromoController">
  <intent-filter
    android:label="Nuke From Orbit">
    <action
       android:name="com.professionalandroid.nostromo.NUKE_FROM_ORBIT"/>
    <data android:mimeType=
      "vnd.android.cursor.item/vnd.com.professionalandroid.provider.moonbase"
    />
    <category android:name="android.intent.category.ALTERNATIVE"/>
    <category
       android:name="android.intent.category.SELECTED_ALTERNATIVE"
    />
  </intent-filter>
</activity>
```

Listing 6.9 Anzeige unterstützter Activity-Aktionen

Neue Aktionen von Drittanbieter-Intent-Receivern entdecken

Mit dem `PackageManager` können Sie einen `Intent` erstellen, der eine Art von Daten und eine Kategorie von Aktionen angibt, und das System eine Liste von Activities zurückgeben lassen, die eine Aktion mit diesen Daten durchführen können.

Die Eleganz dieses Konzepts lässt sich am besten an einem Beispiel erklären. Wenn es sich bei den Daten, die Ihre Activity anzeigt, um eine Liste von Orten handelt, können Sie diese auf einer Karte anzeigen oder eine Wegbeschreibung anzeigen. Ein paar Monate später erstellen Sie eine Anwendung, die sich mit Ihrem Auto verbindet und es Ihrem Smartphone ermöglicht, das Ziel für das autonome Fahren festzulegen. Dank der Generierung des Runtime-Menüs wird ein neuer Intent-Filter – mit einer Aktion `DRIVE_CAR` – in den Knoten der neuen Activity eingebunden, und Android löst diese neue Aktion auf und stellt sie Ihrer früheren Anwendung zur Verfügung.

6.3 | Intents und Broadcast-Empfänger

Dies gibt Ihnen die Möglichkeit, die Funktionalität Ihrer Anwendung nachzurüsten, wenn Sie neue Komponenten erstellen, die Aktionen für einen bestimmten Datentyp ausführen können.

Der von Ihnen erstellte `Intent` wird verwendet, um Komponenten mit Intent-Filtern aufzulösen, die Aktionen für die von Ihnen angegebenen Daten liefern. Der `Intent` wird verwendet, um Aktionen zu finden, also weisen Sie ihm keine zu. Er sollte nur die Daten angeben, auf denen Aktionen ausgeführt werden sollen. Außerdem sollten Sie die Kategorie der Aktion angeben, entweder `CATEGORY_ALTERNATIVE` oder `CATEGORY_SELECTED_ALTERNATIVE`.

Der Basiscode zur Erstellung eines `Intents` für die Menü-Aktionsauflösung wird hier angezeigt:

```
Intent intent = new Intent();
intent.setData(MyProvider.CONTENT_URI);
intent.addCategory(Intent.CATEGORY_ALTERNATIVE);
```

Übergeben Sie diesen `Intent` an die `PackageManager`-Methode `queryIntentActivityOptions` unter Angabe von Options-Flags.

Listing 6.10 zeigt, wie Sie eine Liste von Aktionen erstellen, die in Ihrer Anwendung verfügbar sind.

```
// Intent erstellen, der festlegt, welche Aktionen
// im Menü angezeigt werden
Intent intent = new Intent();
intent.setType(
  "vnd.android.cursor.item/vnd.com.professionalandroid.provider.moonbase");
intent.addCategory(Intent.CATEGORY_SELECTED_ALTERNATIVE);

// In diesem Fall alle Übereinstimmungen zurückgeben
int flags = PackageManager.MATCH_ALL;

// Erzeuge die Liste
List<ResolveInfo> actions;
actions = packageManager.queryIntentActivities(intent, flags);

// Ermittle die Liste der Aktionsnamen
ArrayList<CharSequence> labels = new ArrayList<CharSequence>();
Resources r = getResources();
for (ResolveInfo action : actions)
  labels.add(action.nonLocalizedLabel);
```

Listing 6.10 Eine Liste möglicher Aktionen für bestimmte Daten erstellen

Anonyme Aktionen als Menüpunkte einbinden

Der häufigste Weg, um Aktionen von Drittanbieteranwendungen einzubinden, besteht darin, diese in die Menüeinträge der App-Leiste aufzunehmen. Die Menüs und die App-Leiste werden in Kapitel 13 näher beschrieben.

Mit der Methode `addIntentOptions`, die in der Klasse `Menu` verfügbar ist, können Sie einen `Intent` angeben, der die Daten beschreibt, die in Ihrer Activity bearbeitet wurden, wie zuvor beschrieben. Anstatt jedoch einfach eine Liste der möglichen Receiver zurückzugeben, wird für jeden ein neuer Menüpunkt erstellt, wobei der Text aus den Beschriftungen der entsprechenden Intent-Filter gefüllt wird.

Um Menüpunkte dynamisch zur Laufzeit zu Ihren Menüs hinzuzufügen, verwenden Sie die Methode `addIntentOptions` auf dem betreffenden Menüobjekt: Übergeben Sie einen `Intent`, der die Daten angibt, für die Sie Aktionen durchführen möchten. Im Allgemeinen wird dies in den `onCreateOptionsMenu`-Handlern Ihrer Activities oder Fragmente behandelt.

Wie im vorherigen Abschnitt wird der von Ihnen erstellte `Intent` verwendet, um Activities mit Intent-Filtern aufzulösen, die Aktionen für die von Ihnen angegebenen Daten liefern können. Der `Intent` wird verwendet, um Aktionen zu finden, also weisen Sie ihm keine zu. Er sollte nur die Daten angeben, auf denen Aktionen ausgeführt werden sollen. Außerdem sollten Sie die Kategorie der Aktion angeben, entweder `CATEGORY_ALTERNATIVE` oder `CATEGORY_SELECTED_ALTERNATIVE`.

Der Rahmencode zur Erstellung eines `Intents` für die Menü-Aktionsauflösung sieht so aus:

```
Intent intent = new Intent();
intent.setData(MyProvider.CONTENT_URI);
intent.addCategory(Intent.CATEGORY_ALTERNATIVE);
```

Übergeben Sie diesen `Intent` an `addIntentOptions` in dem Menü, das Sie füllen möchten, sowie alle Optionsflags, den Namen der aufrufenden Klasse, die zu verwendende Menügruppe und die Menü-ID-Werte. Sie können auch ein Array von `Intents` angeben, mit denen Sie zusätzliche Menüpunkte erstellen möchten.

Listing 6.11 gibt eine Vorstellung davon, wie ein Activity-Menü dynamisch gefüllt werden kann.

6.3 | Intents und Broadcast-Empfänger

```java
@Override
public boolean onCreateOptionsMenu(Menu menu) {
  super.onCreateOptionsMenu(menu);

  // Erstellen des Intent, der festlegt, welche Aktionen
  // im Menü angezeigt werden sollen
  Intent intent = new Intent();
  intent.setType(
    "vnd.android.cursor.item/vnd.com.professionalandroid.provider.moonbase");
  intent.addCategory(Intent.CATEGORY_SELECTED_ALTERNATIVE);

  // Normale Menüoptionen, mit denen Sie eine Gruppe und ID-Werte für die
  // Menüelemente festlegen können.
  int menuGroup = 0;
  int menuItemId = 0;
  int menuItemOrder = Menu.NONE;

  // Der Name der Komponente, die die Aktion aufruft.
  // In der Regel die aktuelle Activity
  ComponentName caller = getComponentName();

  // Intents, die zuerst eingefügt werden sollen
  Intent[] specificIntents = null;
  // Die Menüpunkte aus den vorherigen Intents füllen dieses Array
  MenuItem[] outSpecificItems = null;

  // Setze die optionalen Flags.
  int flags = Menu.FLAG_APPEND_TO_GROUP;

  // Baue das Menü zusammen
  menu.addIntentOptions(menuGroup,
                        menuItemId,
                        menuItemOrder,
                        caller,
                        specificIntents,
                        intent,
                        flags,
                        outSpecificItems);

  return true;
}
```

Listing 6.11 Dynamische Menübelegung aus angebotenen Aktionen

6.4 Einführung in Linkify

Linkify ist eine Hilfsklasse, die Hyperlinks innerhalb der Klasse TextView (und von TextView abgeleiteten Klassen) durch RegEx Pattern-Matching (Mustererkennung durch reguläre Ausdrücke) erzeugt. Die Hyperlinks funktionieren, indem sie neue Intents erstellen, die verwendet werden, um eine neue Activity zu starten, wenn der Link angeklickt wird.

Text, der einem bestimmten RegEx-Pattern entspricht, wird in einen anklickbaren Hyperlink umgewandelt, der implizit startActivity(new Intent(Intent.ACTION_VIEW, uri)) auslöst, wobei der passende Text als Ziel-URI verwendet wird.

Sie können jedes beliebige String-Pattern angeben, das als klickbarer Link behandelt werden soll. Der Einfachheit halber bietet die Klasse Linkify Voreinstellungen für gängige Inhaltstypen.

6.4.1 Systemeigene Link-Typen verknüpfen

Die Klasse Linkify verfügt über Voreinstellungen, die Web-URLs, E-Mail-Adressen, Kartenadressen und Telefonnummern erkennen und verknüpfen können. Um ein Preset anzuwenden, verwenden Sie die statische Methode Linkify.addLinks, die in einer View zu Linkify und einer Bitmaske einer oder mehrerer der folgenden selbstbeschreibenden Linkify-Klassenkonstanten übergeben wird: WEB_URLS, EMAIL_ADDRESSES, PHONE_NUMBERS, MAP_ADDRESSES und ALL.

```
TextView textView = findViewById(R.id.myTextView);
Linkify.addLinks(textView, Linkify.WEB_URLS|Linkify.EMAIL_ADDRESSES);
```

Sie können Views auch direkt innerhalb eines Layouts über das android:autoLink-Attribut verknüpfen. Es unterstützt einen oder mehrere der folgenden Werte: none, web, email, phone, map und all.

```
<TextView
  android:layout_width="match_parent"
  android:layout_height="match_parent"
  android:text="@string/linkify_me"
  android:autoLink="phone|email"
/>
```

6.4.2 Eigene Link-Strings erstellen

Um Ihre eigenen Daten zu verknüpfen, müssen Sie eigene Linkify-Strings definieren. Erstellen Sie dazu ein neues RegEx-Pattern, das dem Text entspricht, den Sie als Hyperlink anzeigen möchten.

6.4 | Intents und Broadcast-Empfänger

Wie bei den systemeigenen Typen können Sie die Ziel-TextView verknüpfen, indem Sie `Linkify.addLinks` aufrufen, jedoch nicht in einer der voreingestellten Konstanten, sondern in Ihrem RegEx-Pattern übergeben. Sie können auch ein Präfix übergeben, das der Ziel-URI vorangestellt wird, wenn ein Link angeklickt wird.

Listing 6.12 zeigt eine View, die zur Unterstützung von Erdbebendaten von einem Android Content-Provider (die Sie in Kapitel 10 erstellen) verlinkt ist. Beachten Sie, dass die angegebene RegEx nicht das gesamte Schema enthält, sondern jeden Text, der mit »quake« beginnt und von einer Zahl gefolgt wird, mit optionalem Leerzeichen. Das vollständige Schema wird dann der URI vorangestellt, bevor der Intent abgefeuert wird.

```
// Definiere die Basis-URL
String baseUri = "content://com.paad.earthquake/earthquakes/";

// Intent erzeugen, der prüft, ob es eine Activity gibt, die den
// verlinkten Inhalt anzeigen kann. Verwende dazu den PackageManager
PackageManager pm = getPackageManager();
Intent testIntent = new Intent(Intent.ACTION_VIEW, Uri.parse(baseUri));
boolean activityExists = testIntent.resolveActivity(pm) != null;

// Gibt es eine Activity, die den Inhalt anzeigen kann,
// so verknüpfe den Text
if (activityExists) {
  int flags = Pattern.CASE_INSENSITIVE;
  Pattern p = Pattern.compile("\\bquake[\\s]?[0-9]+\\b", flags);
  Linkify.addLinks(myTextView, p, baseUri);
}
```

Listing 6.12 Eigene Link-Strings in Linkify erstellen

In diesem Beispiel wird einschließlich Leerzeichen zwischen »quake« und einer Zahl eine Übereinstimmung zurückgegeben. Aber die resultierende URI wird nicht gültig sein. Sie können eine oder beide Interfaces von `TransformFilter` und `MatchFilter` implementieren und angeben, um dieses Problem zu lösen. Diese Interfaces, die im folgenden Abschnitt detailliert beschrieben werden, bieten zusätzliche Kontrolle über die Ziel-URI-Struktur und die Definition von passenden Strings und werden wie im folgenden Beispielcode verwendet:

```
Linkify.addLinks(myTextView, p, baseUri,
                 new MyMatchFilter(), new MyTransformFilter());
```

6.4.3 Den Match-Filter einsetzen

Um zusätzliche Bedingungen zu RegEx-Pattern-Matches hinzuzufügen, implementieren Sie die Methode `acceptMatch` in einem `MatchFilter`. Wenn eine potenzielle Übereinstimmung gefunden wird, wird `acceptMatch` ausgelöst, wobei der Anfangs- und Endindex der Übereinstimmung (zusammen mit dem gesuchten Volltext) als Parameter übergeben werden.

Listing 6.13 zeigt eine `MatchFilter`-Implementierung, die jeden Match, dem ein Ausrufezeichen vorangestellt ist, annulliert.

```
class MyMatchFilter implements MatchFilter {
  public boolean acceptMatch(CharSequence s, int start, int end) {
    return (start == 0 || s.charAt(start-1) != '!');
  }
}
```

Listing 6.13 Einen Linkify-Match-Filter einsetzen

6.4.4 Den Transform-Filter einsetzen

Mit dem Transform-Filter können Sie die implizite URI ändern, die durch den übereinstimmenden Linktext erzeugt wird. Die Entkopplung des Linktexts von der Ziel-URI gibt Ihnen mehr Freiheit bei der Darstellung von Datenstrings für Ihre Benutzer.

Um den Transform-Filter zu verwenden, implementieren Sie die Methode `transformUrl` in Ihrem `TransformFilter`. Wenn Linkify eine erfolgreiche Übereinstimmung findet, ruft es `transformUrl` auf und übergibt das verwendete RegEx-Pattern und den passenden Textstring (bevor die Basis-URI vorangestellt wird). Sie können die übereinstimmende Zeichenfolge ändern und so zurückgeben, dass sie an die Basiszeichenfolge als Daten für einen `View-Intent` angehängt werden kann.

Wie in Listing 6.14 zu sehen ist, wandelt die `TransformFilter`-Implementierung den angepassten Text in eine URI in Kleinbuchstaben um, wobei auch Leerzeichen entfernt wurden.

```
class MyTransformFilter implements TransformFilter {
  public String transformUrl(Matcher match, String url) {
    return url.toLowerCase().replace(" ", "");
  }
}
```

Listing 6.14 Einen Linkify Transform-Filter einsetzen

6.5 Intents für Broadcast-Events verwenden

Bisher haben wir Intents verwendet, um neue Anwendungskomponenten zu starten, aber Sie können Intents auch verwenden, um Nachrichten zwischen Komponenten mit der sendBroadcast-Methode zu verteilen.

Als Nachrichtenübermittlungsmechanismus auf Systemebene sind Intents in der Lage, strukturierte Nachrichten über Prozessgrenzen hinweg zu versenden. Als Ergebnis können Sie BroadcastReceiver einsetzen, um Broadcast-Intents in Ihrer Anwendung für Ihre eigenen Sendungen, aber auch für Sendungen aus anderen Anwendungen oder dem System selbst abzuhören und darauf zu reagieren.

Android sendet Intents ausgiebig, um Systemereignisse wie Änderungen in der Netzwerkverbindung, den Docking-Status und eingehende Anrufe anzukündigen.

6.5.1 Ereignisse mit Intents verteilen

Konstruieren Sie in Ihrer Anwendung den Intent, den Sie senden möchten, und verwenden Sie die Methode sendBroadcast, um ihn zu senden.

Stellen Sie die Aktion, die Daten und die Kategorie Ihres Vorhabens so ein, dass potenzielle BroadcastReceiver ihr Interesse genau bestimmen können. In diesem Szenario wird der Intent-Aktion-String verwendet, um die Art des zu übertragenden Events zu identifizieren, also sollte es ein eindeutiger String sein, der den Ereignistyp identifiziert. Nach der Konvention werden Aktions-Strings in der gleichen Form wie Java-Package-Namen aufgebaut:

```
public static final String NEW_LIFEFORM_ACTION =
  "com.professionalandroid.alien.action.NEW_LIFEFORM_ACTION";
```

Wenn Sie Daten in den Intent aufnehmen möchten, können Sie eine URI über die Dateneigenschaft des Intents angeben. Sie können auch Extras hinzufügen, um zusätzliche primitive Werte hinzuzufügen. Im Sinne eines ereignisgesteuerten Paradigmas entsprechen die Extras optionalen Parametern, die an einen Event-Handler übergeben werden.

Listing 6.15 zeigt die grundlegende Erstellung eines Broadcast-Intents mit der zuvor definierten Aktion, wobei zusätzliche Event-Informationen als Extras gespeichert werden.

```
Intent intent = new Intent(LifeformDetectedReceiver.NEW_LIFEFORM_ACTION);
intent.putExtra(LifeformDetectedReceiver.EXTRA_LIFEFORM_NAME,
                detectedLifeform);
intent.putExtra(LifeformDetectedReceiver.EXTRA_LATITUDE,
                mLatitude);
```

```
intent.putExtra(LifeformDetectedReceiver.EXTRA_LONGITUDE,
            mLongitude);

sendBroadcast(intent);
```
Listing 6.15 Intent per Broadcast versenden

6.5.2 Intent-Broadcasts mit Broadcast-Receivern abhören

Broadcast-Receiver (allgemein als Receiver bezeichnet) werden zum Empfang von Broadcast-Intents verwendet. Damit ein Receiver Broadcasts empfangen kann, muss er entweder im Programmcode oder im Anwendungsmanifest registriert sein: Im letzten Fall wird er als Manifest-Receiver bezeichnet. In beiden Fällen müssen Sie einen Intent-Filter verwenden, um anzugeben, auf welche Intent-Aktionen und Daten Ihr Receiver wartet.

Um einen neuen `BroadcastReceiver` anzulegen, erweitern Sie die Klasse `BroadcastReceiver` und überschreiben Sie die Event-Handler-Methode `onReceive`:

```
import android.content.BroadcastReceiver;
import android.content.Context;
import android.content.Intent;

public class MyBroadcastReceiver extends BroadcastReceiver {
  @Override
  public void onReceive(Context context, Intent intent) {
    //TODO Reagiere auf den empfangenen Intent
  }
}
```

Wenn ein Broadcast-Intent empfangen wird, der dem Intent-Filter entspricht, der zur Registrierung des Receivers verwendet wird, wird die Methode `onReceive` auf dem Haupt-Anwendungs-Thread ausgeführt. Alle nicht-trivialen Arbeiten sollten nach dem Aufruf von `goAsync` – wie in Kapitel 11 beschrieben – asynchron ausgeführt werden.

In jedem Fall muss die gesamte Verarbeitung innerhalb des Broadcast-Receivers innerhalb von 10 Sekunden abgeschlossen sein, andernfalls wird das System ihn als nicht ansprechbar betrachten und versuchen, ihn zu beenden.

Um dies zu vermeiden, erstellen die `BroadcastReceiver` in der Regel einen Hintergrundjob oder starten einen gebundenen Service, um potenziell lang laufende Tasks zu starten, oder die enthaltene übergeordnete Activity kann Benutzeroberfläche aktualisieren oder eine Benachrichtigung auslösen, um den Benutzer über empfangene Änderungen zu informieren.

6.5 | Intents und Broadcast-Empfänger

Listing 6.16 zeigt, wie man einen `BroadcastReceiver` implementiert, der die Daten und einige Extras aus dem Broadcast-Intent extrahiert und damit eine `Notification` auslöst. In den folgenden Abschnitten erfahren Sie, wie Sie ihn im Programmcode oder in Ihrem Anwendungsmanifest registrieren.

```java
public class LifeformDetectedReceiver
  extends BroadcastReceiver {

  public static final String NEW_LIFEFORM_ACTION
    = "com.professionalandroid.alien.action.NEW_LIFEFORM_ACTION";
  public static final String EXTRA_LIFEFORM_NAME
    = "EXTRA_LIFEFORM_NAME";
  public static final String EXTRA_LATITUDE = "EXTRA_LATITUDE";
  public static final String EXTRA_LONGITUDE = "EXTRA_LONGITUDE";
  public static final String FACE_HUGGER = "facehugger";

  private static final int NOTIFICATION_ID = 1;

  @Override
  public void onReceive(Context context, Intent intent) {
    // Ermittle die Lifeform-Details aus dem Intent.
    String type = intent.getStringExtra(EXTRA_LIFEFORM_NAME);
    double lat = intent.getDoubleExtra(EXTRA_LATITUDE, Double.NaN);
    double lng = intent.getDoubleExtra(EXTRA_LONGITUDE, Double.NaN);

    if (type.equals(FACE_HUGGER)) {
      NotificationManagerCompat notificationManager =
        NotificationManagerCompat.from(context);

      NotificationCompat.Builder builder =
        new NotificationCompat.Builder(context);

      builder.setSmallIcon(R.drawable.ic_alien)
          .setContentTitle("Face Hugger Detected")
          .setContentText(Double.isNaN(lat) || Double.isNaN(lng) ?
                 "Location Unknown" :
                 "Located at " + lat + "," + lng);

      notificationManager.notify(NOTIFICATION_ID, builder.build());
    }
  }
}
```

Listing 6.16 Einen Broadcast-Receiver implementieren

6.5.3 Broadcast-Receiver aus dem Programm registrieren

Receiver, die auf Broadcasts reagieren, die von Ihrer eigenen Anwendung gesendet werden, und solche, die die Benutzeroberfläche einer Activity ändern, werden normalerweise dynamisch im Programmcode registriert. Ein programmgesteuerter registrierter Receiver kann nur dann auf Broadcast-Intents reagieren, wenn die Anwendungskomponente läuft, in der er registriert ist.

Dies ist nützlich, wenn das Verhalten des Empfängers eng an eine bestimmte Komponente gebunden ist – zum Beispiel an eine Komponente, die die Oberflächenelemente einer Activity aktualisiert. In diesem Fall empfiehlt es sich, den Receiver innerhalb der Handler-Methode onStart zu registrieren und ihn während des onStop zu deinstallieren.

Listing 6.17 zeigt, wie man einen BroadcastReceiver im Programmcode mit der Klasse IntentFilter an- und abmeldet.

```
private IntentFilter filter =
  new IntentFilter(LifeformDetectedReceiver.NEW_LIFEFORM_ACTION);

private LifeformDetectedReceiver receiver =
  new LifeformDetectedReceiver();

@Override
public void onStart() {
  super.onStart();

  // Registriere den Broadcast-Receiver.
  registerReceiver(receiver, filter);
}

@Override
public void onStop() {
  // Abmelden des Broadcast-Receivers
  unregisterReceiver(receiver);

  super.onStop();
}
```
Listing 6.17 Registrieren und Abmelden eines Broadcast-Receivers

6.5.4 Broadcast-Receiver im Application-Manifest registrieren

Statisch in Ihrem Applikationsmanifest registrierte Broadcast-Receiver sind immer aktiv und empfangen Broadcast-Intents, auch wenn Ihre Applikation beendet wurde oder

6.5 | Intents und Broadcast-Empfänger

nicht gestartet wurde. Ihre Applikation wird automatisch gestartet, wenn ein passender `Intent` gesendet wird.

Um einen Broadcast-Receiver in das Anwendungsmanifest aufzunehmen, fügen Sie innerhalb des Knotens `application` ein `receiver`-Tag hinzu, das den Klassennamen des zu registrierenden Broadcast-Receivers angibt. Der `receiver`-Knoten muss einen `intent-filter`-Tag enthalten, der die zu überwachende Aktion angibt:

```xml
<receiver android:name=".LifeformDetectedReceiver">
  <intent-filter>
    <action android:name=
      "com.professionalandroid.alien.action.NEW_LIFEFORM_ACTION"
    />
  </intent-filter>
</receiver>
```

Mit den Manifest-Receivern können Sie ereignisgesteuerte Anwendungen erstellen, die auf Broadcast-Events reagieren, auch wenn Ihre Anwendung geschlossen oder beendet wurde. Wenn ein `Intent` häufig gesendet wird, kann dies dazu führen, dass Ihre Anwendung wiederholt aufwacht, was zu einem erheblichen Akku-Verbrauch führen kann.

Um dieses Risiko zu minimieren, können viele `Intents` des Systems, wie beispielsweise der Akku-Stand oder Änderungen der Konnektivität, von Manifest-Receivern ausgeschlossen werden.

6.5.5 Manifest-Receiver zur Laufzeit verwalten

Mit dem `PackageManager` können Sie mit der Methode `setComponentEnabledSetting` jeden beliebigen Manifest-Receiver Ihrer Anwendung zur Laufzeit aktivieren und deaktivieren. Sie können diese Technik verwenden, um jede Anwendungskomponente (einschließlich Activities und Services) zu aktivieren oder zu deaktivieren, aber sie ist besonders nützlich für Manifest-Receiver.

Um den durch Ihre Anwendung verursachten potenziellen Akkuverbrauch zu minimieren, empfiehlt es sich, Manifest-Receiver zu deaktivieren, die auf gängige Broadcasts (insbesondere Systemereignisse) hören, wenn Ihre Anwendung nicht auf diese Events reagieren muss.

Listing 6.18 zeigt, wie man einen Manifest-Receiver zur Laufzeit aktiviert und deaktiviert.

```
ComponentName myReceiverName =
  new ComponentName(this,LifeformDetectedReceiver.class);
PackageManager pm = getPackageManager();
```

```
// Manifest Receiver aktivieren
pm.setComponentEnabledSetting(myReceiverName,
  PackageManager.COMPONENT_ENABLED_STATE_ENABLED,
  PackageManager.DONT_KILL_APP);

// Manifest Receiver deaktivieren
pm.setComponentEnabledSetting(myReceiverName,
  PackageManager.COMPONENT_ENABLED_STATE_DISABLED,
  PackageManager.DONT_KILL_APP);
```
Listing 6.18 Manifest-Receiver dynamisch umschalten

6.5.6 Gerätezustandsänderungen durch Broadcast-Intents beobachten

Viele der Systemdienste senden Intents, um Änderungen im Gerätezustand zu signalisieren. Sie können diese Broadcasts überwachen, um Ihren eigenen Projekten Funktionen hinzuzufügen, die auf Events wie dem erfolgreichen Booten des Geräts, Zeitzonenänderungen, Änderungen im Dock-Status und dem Akkuzustand basieren.

Eine umfassende Liste der von Android standardmäßig verwendeten und übertragenen Broadcast-Aktionen finden Sie unter *developer.android.com/reference/android/content/Intent.html*.

In den folgenden Abschnitten wird untersucht, wie man Intent-Filter erstellt, um Broadcast-Receiver zu registrieren, die auf einige dieser Systemereignisse reagieren können, und wie man die Gerätezustandsinformationen entsprechend ausliest.

Dock-Zustände überwachen

Einige Android-Geräte können in einem Auto-Dock oder einem Desk-Dock angedockt werden, wobei das Desk-Dock analog (Low-End) oder digital (High-End) sein kann.

Indem Sie einen Receiver registrieren, um auf das Intent.ACTION_DOCK_EVENT (android.intent.action.ACTION_DOCK_EVENT) zu überwachen, können Sie den Docking-Status und den Typ des Docks auf Geräten, die Docks unterstützen, bestimmen:

```
<action android:name="android.intent.action.ACTION_DOCK_EVENT"/>
```

Das Dock-Event Broadcast-Intent ist sticky, das heißt, Sie erhalten beim Aufruf von registerReceiver den aktuellen Dock-Status, auch wenn kein Empfänger angegeben ist. Listing 6.19 zeigt, wie man den aktuellen Docking-Status aus dem Intent extrahiert, der durch den Aufruf von registerReceiver mit dem Intent.ACTION_DOCK_EVENT-Intent zurückgegeben wird. Der Aufruf von registerReceiver gibt null zurück, wenn das Gerät Docking nicht unterstützt.

6.5 | Intents und Broadcast-Empfänger

```
boolean isDocked = false;
boolean isCar = false;
boolean isDesk = false;

IntentFilter dockIntentFilter =
  new IntentFilter(Intent.ACTION_DOCK_EVENT);
Intent dock = registerReceiver(null, dockIntentFilter);

if (dock != null) {
  int dockState = dock.getIntExtra(Intent.EXTRA_DOCK_STATE,
              Intent.EXTRA_DOCK_STATE_UNDOCKED);

  isDocked = dockState != Intent.EXTRA_DOCK_STATE_UNDOCKED;
  isCar    = dockState == Intent.EXTRA_DOCK_STATE_CAR;
  isDesk   = dockState == Intent.EXTRA_DOCK_STATE_DESK ||
             dockState == Intent.EXTRA_DOCK_STATE_LE_DESK ||
             dockState == Intent.EXTRA_DOCK_STATE_HE_DESK;
}
```
Listing 6.19 Den Andockzustand bestimmen

Akkuzustand und Änderungen der Datenkonnektivität überwachen

Vor der Einführung des Job-Schedulers war der häufigste Grund, den Akkuzustand und die Datenkonnektivität zu überwachen, große Downloads oder ähnlich zeitaufwändige, akkustrapazierende Prozesse zu verzögern, bis das Gerät an ein entsprechendes Datennetz angeschlossen oder geladen wurde.

Kapitel 11 über Hintergrundprozesse beschreibt, wie Sie mit dem Job-Scheduler und dem Firebase-Job-Dispatcher Jobs anhand von Kriterien wie Netzwerkkonnektivität und Akkuladezustand planen, als eine effizientere und umfassendere Lösung als die manuelle Überwachung dieser Zustandsänderungen.

Um Änderungen des Akkuzustands und des Ladezustands innerhalb einer Activity zu überwachen, können Sie einen Receiver mit einem `IntentFilter` registrieren, der auf die `Intent.ACTION_BATTERY_CHANGED`-Broadcast durch den `BatteryManager` wartet.

```
IntentFilter batIntentFilter = new IntentFilter(Intent.ACTION_BATTERY_CHANGED);
Intent battery = context.registerReceiver(null, batIntentFilter);
int status = battery.getIntExtra(BatteryManager.EXTRA_STATUS, -1);
boolean isCharging =
  status == BatteryManager.BATTERY_STATUS_CHARGING ||
  status == BatteryManager.BATTERY_STATUS_FULL;
```
Listing 6.20 Batterie- und Ladezustandsinformationen ermitteln

Sie können die Akku-Lade-Aktion nicht innerhalb eines Manifest-Receivers registrieren. Sie können jedoch die Verbindung und Trennung von einer Stromquelle und einem niedrigen Batteriestand mit den folgenden Aktions-Strings überwachen, denen jeweils android.intent.action vorangestellt wird:

- ACTION_BATTERY_LOW
- ACTION_BATTERY_OKAY
- ACTION_POWER_CONNECTED
- ACTION_POWER_DISCONNECTED

Änderungen des Akkuzustands treten regelmäßig auf, so dass es allgemein empfehlenswert ist, keine Receiver für diese Broadcasts zu registrieren, es sei denn, Ihre Anwendung bietet speziell auf diese Änderungen bezogene Funktionen an.

Um Änderungen in der Netzwerkverbindung zu überwachen, registrieren Sie einen Broadcast-Receiver in Ihrer Anwendung, um auf die Aktion ConnectivityManager.CONNECTIVITY_ACTION zu warten (Anwendungen, die auf Android 7.0 Nougat [API Level 24] und höher abzielen, werden diese Übertragung nicht empfangen, wenn sie den Receiver in ihrem Manifest angeben).

Der Connectivity-Change-Broadcast ist nicht sticky und enthält keine zusätzlichen Informationen zur Änderung. Um Details zum aktuellen Verbindungsstatus zu ermitteln, müssen Sie den ConnectivityManager verwenden (siehe Listing 6.21).

```
String svcName = Context.CONNECTIVITY_SERVICE;
ConnectivityManager cm =
  (ConnectivityManager)context.getSystemService(svcName);

NetworkInfo activeNetwork = cm.getActiveNetworkInfo();
boolean isConnected = activeNetwork.isConnectedOrConnecting();
boolean isMobile = activeNetwork.getType() ==
                   ConnectivityManager.TYPE_MOBILE;
```

Listing 6.21 Informationen über den Verbindungsstatus ermitteln

6.6 Einführung in den Local-Broadcast-Manager

Der LocalBroadcastManager wurde in die Android Support Library eingeführt, um den Prozess der Registrierung, des Sendens und des Empfangens von Intents, die nur zwischen Komponenten innerhalb Ihrer Anwendung gesendet werden, zu vereinfachen.

Aufgrund des reduzierten Sendeumfangs ist die Verwendung des LocalBroadcastManagers effizienter als das Senden eines globalen Broadcasts.

6.6 | Intents und Broadcast-Empfänger

Es stellt auch sicher, dass der von Ihnen gesendete `Intent` nicht von anderen Anwendungen empfangen werden kann, so dass keine Gefahr besteht, dass private oder sensible Daten verloren gehen.

Ebenso können andere Anwendungen keine Broadcasts an Ihre Receiver senden, was das Risiko ausschließt, dass diese Receiver zu Sicherheitslücken werden. Der angegebene Broadcast-Receiver kann auch für globale Intent-Broadcasts verwendet werden.

Um den `LocalBroadcastManager` nutzen zu können, müssen Sie zunächst die Android Support Library in Ihre Anwendung einbinden, wie in Kapitel 2 beschrieben.

Rufen Sie die Methode `LocalBroadcastManager.getInstance` auf, um eine Instanz des `LocalBroadcastManager` zu erhalten:

```
LocalBroadcastManager lbm = LocalBroadcastManager.getInstance(this);
```

Um einen `LocalBroadcastReceiver` zu registrieren, verwenden Sie die Methode `registerReceiver` des `LocalBroadcastManagers`, so wie Sie einen globalen Receiver registrieren würden, indem Sie einen `BroadcastReceiver` und einen `IntentFilter` übergeben (siehe Listing 6.22).

```
@Override
public void onResume() {
  super.onResume();

  // Registriere den Broadcast-Receiver.
  LocalBroadcastManager lbm = LocalBroadcastManager.getInstance(this);
  lbm.registerReceiver(receiver, filter);
}

@Override
public void onPause() {
  // Deregistriere den Receiver
  LocalBroadcastManager lbm = LocalBroadcastManager.getInstance(this);
  lbm.unregisterReceiver(receiver);

  super.onPause();
}
```
Listing 6.22 Registrieren und Abmelden eines lokalen Broadcast-Receivers

Um ein lokales Broadcast-Intent zu übertragen, verwenden Sie die Methode `sendBroadcast` des `LocalBroadcastManagers`:

```
lbm.sendBroadcast(new Intent(LOCAL_ACTION));
```

Der `LocalBroadcastManager` enthält auch eine Methode `sendBroadcastSync`, die synchron arbeitet und so lange blockiert, bis jeder registrierte Receiver den Broadcast-Intent verarbeitet hat.

6.6.1 Einführung in Pending-Intents

Die Klasse `PendingIntent` bietet einen Mechanismus zum Erstellen von `Intents`, die vom System oder einer anderen Anwendung zu einem späteren Zeitpunkt im Namen Ihrer Anwendung ausgelöst werden können.

Ein `PendingIntent` wird üblicherweise verwendet, um `Intents` zu verpacken, die als Reaktion auf ein zukünftiges Event ausgelöst werden, zum Beispiel wenn ein Benutzer eine Notification anspricht.

> **Hinweis**
> `PendingIntents` führen den gepackten `Intent` mit den gleichen Berechtigungen und der gleichen Identität aus, als ob Sie es selbst in Ihrer eigenen Anwendung ausgeführt hätten.

Die Klasse `PendingIntent` bietet statische Methoden, um `PendingIntents` zu konstruieren, die zum Starten einer Activity, zum Starten eines Services oder zum Senden eines `Intents` verwendet werden:

```
int requestCode = 0;
int flags = 0;

// Starte eine Activity
Intent startActivityIntent = new Intent(this, MyOtherActivity.class);
PendingIntent.getActivity(this, requestCode,
                    startActivityIntent, flags);

// Starte einen Service
Intent startServiceIntent = new Intent(this, MyService.class);
PendingIntent.getService(this, requestCode,
                    startServiceIntent, flags);

// Sende einen Intent
Intent broadcastIntent = new Intent(NEW_LIFEFORM_ACTION);
PendingIntent.getBroadcast(this, requestCode,
                    broadcastIntent, flags);
```

6.6 | Intents und Broadcast-Empfänger

Die Klasse `PendingIntent` enthält statische Konstanten, die verwendet werden können, um Flags zum Aktualisieren oder Abbrechen vorhandener Pending Intents anzugeben, die Ihrer angegebenen Aktion entsprechen, sowie um anzugeben, ob diese `Intents` nur einmal auszulösen sind. Die verschiedenen Optionen werden bei der Einführung von Notifications in Kapitel 11 näher untersucht.

Kapitel 7
Internet-Ressourcen verwenden

Inhalt
■ Verbindung zu Internet-Ressourcen
■ Nutzung von asynchronen Tasks zum Herunterladen und Verarbeiten von Internet-Ressourcen auf Hintergrund-Threads
■ Verwenden von View-Model und Live-Data zum Speichern und Beobachten von Daten
■ Parsen von XML-Ressourcen
■ Parsen von JSON-Feeds
■ Verwenden des Download-Managers zum Herunterladen von Dateien
■ Minimierung des Akkuverbrauchs bei der Datenübertragung

Die Code-Downloads für dieses Kapitel finden Sie unter www.wrox.com. Der Code für dieses Kapitel ist in die folgenden wichtigen Beispiele unterteilt:

■ Snippets_ch7.zip

■ Earthquake_ch7.zip

7.1 Mit dem Internet verbinden

Einer der mächtigsten Aspekte moderner intelligenter Geräte ist ihre Fähigkeit, sich mit Internet-Diensten zu verbinden und die Informationen – oder diese Dienste – den Benutzern in eigenen Anwendungen zur Verfügung zu stellen.

7.2 | Internet-Ressourcen verwenden

Dieses Kapitel stellt Androids Internet-Konnektivitätsmodell und Techniken zum effizienten Herunterladen und Parsen von Daten vor. Sie erfahren, wie man eine Verbindung zu einer Internet-Ressource herstellt und wie man den SAX-Parser, XML-Pull-Parser und JSON-Reader verwendet, um Daten-Feeds zu analysieren. Android erwartet, dass Sie alle Netzwerkaufgaben auf einem Hintergrund-Thread ausführen, ebenso erfahren Sie, wie Sie dies effizient mit einer Kombination aus View-Modellen, Live-Data und asynchronen Tasks tun können.

Ein Erdbeben-Monitoring-Beispiel zeigt, wie man all diese Merkmale miteinander verbindet.

In diesem Kapitel wird auch der Download-Manager vorgestellt, und Sie erfahren, wie Sie ihn zum Planen und Verwalten von lang laufenden gemeinsamen Downloads verwenden können. Außerdem werden Sie mit dem Job-Scheduler vertraut gemacht und lernen die besten Verfahren kennen um sicherzustellen, dass Ihre Downloads schnell und effizient sind und den Akku nicht unnötig strapazieren.

Schließlich stellt dieses Kapitel einige beliebte Internet-Cloud-Services vor, die Sie nutzen können, um Ihren Android-Anwendungen zusätzliche Cloud-basierte Funktionen hinzuzufügen.

7.2 Internet-Ressourcen verbinden, herunterladen und parsen

Über die Netzwerk-APIs von Android können Sie eine Verbindung zu fernen Server-Endpunkten herstellen, HTTP-Anfragen stellen und Serverergebnisse und Datenfeeds verarbeiten – einschließlich der Möglichkeit, Daten mit einem Parser wie SAX, dem XML-Pull-Parser oder dem JSON-Reader zu extrahieren und zu verarbeiten.

Moderne mobile Endgeräte bieten eine Reihe von Alternativen für den Zugang zum Internet. Im Großen und Ganzen bietet Android zwei Verbindungstechniken für die Internet-Konnektivität, die jeweils automatisch der Anwendungsschicht angeboten werden – Sie müssen nicht angeben, welche Verbindung beim Herstellen einer Internetverbindung verwendet werden soll:

- Mobiles Internet: GPRS, EDGE, 3G, 4G und LTE Internetzugang sind über Carrier verfügbar, die mobile Daten anbieten.

- Wi-Fi: Private und öffentliche Wi-Fi-Zugangspunkte.

Wenn Sie in Ihrer Anwendung Internet-Ressourcen verwenden, denken Sie daran, dass die Datenverbindungen Ihrer Benutzer von der verfügbaren Kommunikationstechnologie abhängig sind. EDGE- und GSM-Verbindungen haben bekanntermaßen niedrige

Bandbreiten, während eine Wi-Fi-Verbindung in einer mobilen Umgebung unzuverlässig sein kann.

Optimieren Sie die Qualität, indem Sie die übertragene Datenmenge stets minimieren und sicherstellen, dass Ihre Anwendung robust genug ist, um Netzwerkausfälle und Bandbreiten-/Latenzbeschränkungen zu bewältigen.

7.2.1 Warum eine native Internetanwendung erstellen?

Da ein Webbrowser auf den meisten intelligenten Geräten verfügbar ist, könnten Sie sich fragen, ob es irgendeinen Grund gibt, native internetbasierte Anwendungen zu erstellen, wenn Sie stattdessen eine webbasierte Version erstellen könnten.

Obwohl mobile Webbrowser immer leistungsfähiger werden, gibt es immer noch eine Reihe von Vorteilen, wenn es darum geht, native Thick- und Thin-Client-Anwendungen zu erstellen, anstatt sich auf vollständig webbasierte Lösungen zu verlassen:

- Bandbreite: Statische Ressourcen wie Bilder, Layouts und Sounds können auf Geräten mit Bandbreitenbeschränkungen teuer sein. Durch die Erstellung einer nativen Anwendung können Sie den Bandbreitenbedarf auf veränderte Daten beschränken.

- Offline-Verfügbarkeit: Bei einer browserbasierten Lösung kann eine instabile Internetverbindung zu unregelmäßiger Anwendungsverfügbarkeit führen. Eine native Anwendung kann Daten und Benutzeraktionen zwischenspeichern, um so viel Funktionalität wie möglich ohne eine Live-Verbindung bereitzustellen, und mit der Cloud synchronisieren, wenn eine Verbindung wiederhergestellt wird.

- Latenz: Durch den Aufbau einer nativen Anwendung können Sie die Vorteile einer geringeren Latenzzeit für Benutzerinteraktionen nutzen und sicherstellen, dass die Benutzerführung mit dem Betriebssystem und anderen Erst- und Drittanbieteranwendungen konsistent ist.

- Reduzierung des Akkuverbrauchs: Jedes Mal, wenn Ihre Anwendung eine Verbindung zu einem Server herstellt, wird die Funkverbindung eingeschaltet (oder bleibt eingeschaltet). Eine native Anwendung kann ihre Verbindungen bündeln, wodurch die Anzahl der initiierten Verbindungen minimiert wird. Je länger der Zeitraum zwischen den Netzwerkanfragen wird, desto länger kann die Funkverbindung weggelassen werden und desto geringer ist die Auswirkung auf die Akkulaufzeit.

- Native Funktionen: Android-Geräte sind mehr als nur Plattformen für den Betrieb eines Browsers. Sie umfassen standortbezogene Dienste, Notifications, Widgets, Kameras, Bluetooth-Funkgeräte, Hintergrunddienste und Hardware-Sensoren. Durch die Erstellung einer nativen Anwendung können Sie die online verfügbaren

Daten mit den auf dem Gerät verfügbaren Hardware-Features kombinieren, um eine bessere Nutzungsqualität zu gewährleisten.

7.2.2 Mit einer Internet-Ressource verbinden

Bevor Sie auf Internet-Ressourcen zugreifen können, müssen Sie Ihrem Anwendungsmanifest einen INTERNET-Nutzungsberechtigungsknoten hinzufügen, wie im folgenden XML-Ausschnitt gezeigt:

```
<uses-permission android:name="android.permission.INTERNET"/>
```

Listing 7.1 zeigt das Grundmuster für das Öffnen einer Internet-Datenverbindung und das Empfangen eines Datenstroms von einem Data-Feed.

```
try {
  URL url = new URL(myFeed);

  // Erzeuge eine HTTP-URL-Verbindung
  URLConnection connection = url.openConnection();
  HttpURLConnection httpConnection = (HttpURLConnection) connection;

  int responseCode = httpConnection.getResponseCode();
  if (responseCode == HttpURLConnection.HTTP_OK) {
    InputStream in = httpConnection.getInputStream();
    processStream(in);
  }
  httpConnection.disconnect();
} catch (MalformedURLException e) {
  Log.e(TAG, "Malformed URL Exception.", e);
} catch (IOException e) {
  Log.e(TAG, "IO Exception.", e);
}
```

Listing 7.1 Öffnen eines Internet-Datenstroms

> **Hinweis**
>
> Auf Android führt der Versuch, Netzwerkoperationen auf dem Haupt-Oberflächen-Thread durchzuführen, zu einer NetworkOnMainThreadException. Um eine Verbindung zu einer Internet-Ressource herzustellen, müssen Sie dies von einem Hintergrund-Thread aus tun. Der nächste Abschnitt beschreibt eine beispielhafte Technik zum Verschieben von Netzwerkoperationen in Hintergrund-Threads unter Verwendung einer Kombination von View-Modellen, Live-Data und asynchronen Task-Klassen.

Android enthält mehrere Klassen, die Ihnen bei der Netzwerkkommunikation helfen. Sie sind in den Packages java.net.* und android.net.* verfügbar.

7.2.3 Netzwerkoperationen mit View-Modellen, Live-Data und asynchronen Tasks ausführen

Es ist immer sinnvoll, potenziell zeitraubende Aufgaben wie Netzwerkoperationen in einem Hintergrund-Thread durchzuführen. Dadurch wird sichergestellt, dass Sie den Oberflächen-Thread nicht blockieren, was Ihre Anwendung ruckartig oder unansprechbar machen würde. Auf Android wird diese Vorgehensweise für Netzwerkoperationen durch die NetworkOnMainThreadException durchgesetzt, die ausgelöst wird, wenn eine Netzwerkoperation auf dem Haupt-Oberflächen-Thread versucht wird.

> **Warnung**
>
> In Kapitel 11 erfahren Sie eine Vielzahl von Möglichkeiten, Operationen in Hintergrund-Threads zu verschieben. Sie werden auch mit APIs zur effizienten Zeitsteuerung von Hintergrund-Netzwerkoperationen vertraut gemacht, darunter der Job Scheduler, der GCM Network Manager und der Firebase Job Dispatcher.

Innerhalb Ihrer Activity können Sie einen neuen Thread erstellen und ausführen, wie im folgenden Programmcode gezeigt. Wenn Sie Nachrichten an den Oberflächen-Thread senden wollen, rufen Sie runOnUiThread auf und wenden Ihre Oberflächenänderungen in einem anderen Runnable an:

```
Thread t = new Thread(new Runnable() {
  public void run() {
    // Perform Network operations and processing.
    final MyDataClass result = loadInBackground();
    // Syncrhonise with the UI thread to post changes.
    runOnUiThread(new Runnable() {
      @Override
      public void run() {
        deliverResult(result);
      }
    });
  }
});
t.start();
```

Alternativ können Sie die Vorteile der AsyncTask-Klasse nutzen, die diesen Prozess für Sie kapselt. Eine AsyncTask ermöglicht es Ihnen, eine Operation zu definieren, die im

7.2 | Internet-Ressourcen verwenden

Hintergrund ausgeführt werden soll, und stellt Event-Handler zur Verfügung, mit denen Sie den Fortschritt überwachen und die Ergebnisse auf dem Oberflächen-Thread veröffentlichen können.

AsyncTask übernimmt die gesamte Thread-Erstellung, -Verwaltung und -Synchronisation, so dass Sie eine asynchrone Task erstellen können, die aus einer Verarbeitung im Hintergrund und Oberflächen-Updates besteht, die sowohl während der Verarbeitung als auch nach deren Abschluss durchgeführt werden.

Um eine neue AsyncTask anzulegen, erweitern Sie die Klasse AsyncTask und geben die zu verwendenden Parametertypen an, wie in diesem Beispielcode gezeigt:

```java
private class MyAsyncTask extends AsyncTask<String, Integer, String> {
  @Override
  protected String doInBackground(String... parameter) {
    // In Hintergrund-Thread verschoben
    String result = "";
    int myProgress = 0;
    int inputLength = parameter[0].length();
    // Führe Hintergrund-Task aus, aktualisiere myProgress
    for (int i = 1; i <= inputLength; i++) {
      myProgress = i;
      result = result + parameter[0].charAt(inputLength-i);
      try {
        Thread.sleep(100);
      } catch (InterruptedException e) { }
      // Sende aktuellen Stand an onProgressUpdate
      publishProgress(myProgress);
    }
    // Der Wert, der an onPostExecute zurückgegeben wird
    return result;
  }

  @Override
  protected void onProgressUpdate(Integer... progress) {
    // Synchronisiert mit Oberflächen-Thread
    // Aktualisiere Fortschrittsbalken oder andere Elemente
  }

  @Override
  protected void onPostExecute(String result) {
    // Synchronisiert mit Oberflächen-Thread
    // Aktualisiere Fortschrittsbalken oder andere Elemente
  }
}
```

Nachdem Sie eine `AsyncTask` implementiert haben, führen Sie sie aus, indem Sie eine neue Instanz erstellen und `execute` aufrufen, wobei Sie alle erforderlichen Parameter übergeben:

```
String input = "redrum ... redrum";
new MyAsyncTask().execute(input);
```

Jede `AsyncTask`-Instanz kann nur einmal ausgeführt werden. Wenn Sie versuchen, `execute` ein zweites Mal aufzurufen, wird eine Exception ausgelöst.

Diese Ansätze haben mehrere signifikante Einschränkungen, die sich aus dem in Kapitel 3 beschriebenen Activity Lebenszyklus ergeben. Wie Sie wissen, kann eine Activity (und ihre Fragmente) zerstört und neu erstellt werden, wenn sich die Gerätekonfiguration ändert. Infolgedessen kann ein Benutzer, der den Bildschirm dreht, Ihren laufenden Netzwerk-Thread (oder `AsyncTask`) unterbrechen, der zusammen mit seiner übergeordneten Activity zerstört wird.

Bei Threads, die durch eine Benutzeraktion gestartet werden, wird der Vorgang wirksam abgebrochen. Für Threads, die innerhalb der Lifecycle-Handler der Activity initiiert werden – wie `onCreate` oder `onStart` – werden sie neu erstellt und erneut ausgeführt, wenn die Activity neu erstellt wird – möglicherweise wird dieselbe Netzwerkoperation mehrmals ausgeführt. Dies kann zu doppelten Datenübertragungen und damit zu einer kürzeren Akkulaufzeit führen.

Ein besserer Ansatz ist die Verwendung der Klassen `ViewModel` und `LiveData` als Teil der Android Architecture Components. Alle mit einer Activity oder einem Fragment verknüpften `ViewModels` sind so konzipiert, dass sie über Konfigurationsänderungen hinweg bestehen bleiben und die Daten, die sie abspeichern, effektiv im Zwischenspeicher abgelegt werden. Die Daten innerhalb eines `ViewModels` werden in der Regel als `LiveData` zurückgegeben.

`LiveData` ist eine lebenszyklusfähige Klasse, die dazu dient, Anwendungsdaten zu speichern und zu aktualisieren. Lebenszyklus-Bewusstsein bedeutet, dass `LiveData` nur Aktualisierungen an Beobachter innerhalb von Anwendungskomponenten senden, die sich in einem aktiven Lebenszykluszustand befinden.

Um `ViewModel` und `LiveData` verwenden zu können, müssen Sie zunächst Android Architecture Components zur *build.gradle*-Datei Ihres App-Moduls hinzufügen:

```
dependencies {
  [... Existierende Abhängigkeitseinträge ...]
  implementation "android.arch.lifecycle:extensions:1.1.0"
}
```

7.2 | Internet-Ressourcen verwenden

Listing 7.2 zeigt eine einfache `ViewModel`-Implementierung, die die Vorteile der Standard Mutable Live Data Klasse nutzt. Sie verwendet eine `AsyncTask`, um eine Internet-Ressource im Hintergrund herunterzuladen und zu analysieren, und gibt das Ergebnis als `LiveData` zurück, die eine Liste von Strings darstellen.

```java
public class MyViewModel extends AndroidViewModel {
  private static final String TAG = "MyViewModel";

  private final MutableLiveData<List<String>> data;

  public MyViewModel(Application application) {
    super(application);
  }

  public LiveData<List<String>> getData() {
    if (data == null)
      data = new MutableLiveData<List<String>>();
      loadData();
    }
    return data;
  }

  private void loadData() {
    new AsyncTask<Void, Void, List<String>>() {
      @Override
      protected List<String> doInBackground(Void... voids) {
        ArrayList<String> result = new ArrayList<>(0);

        String myFeed = getApplication().getString(R.string.my_feed);
        try {
          URL url = new URL(myFeed);

          // Erzeuge eine HTTP URL-Verbindung
          URLConnection connection = url.openConnection();
          HttpURLConnection httpConnection = (HttpURLConnection) connection;

          int responseCode = httpConnection.getResponseCode();
          if (responseCode == HttpURLConnection.HTTP_OK) {
            InputStream in = httpConnection.getInputStream();
            // Verarbeite den Input-Stream zu einer Ergebnisliste
            result = processStream(in);
          }
          httpConnection.disconnect();
        } catch (MalformedURLException e) {
```

```
            Log.e(TAG, "Malformed URL Exception.", e);
        } catch (IOException e) {
            Log.e(TAG, "IO Exception.", e);
        }
        return result;
    }

    @Override
    protected void onPostExecute(List<String> data) {
        // Aktualisiere den LiveData-Wert
        data.setValue(data);
        }
    }.execute();
  }
}
```

Listing 7.2 Live-Daten innerhalb eines View-Modells beim Herunterladen auf einen Hintergrund-Thread mit einer AsyncTask

Um ein `ViewModel` in Ihrer Anwendung zu verwenden, müssen Sie zuerst eine neue Instanz Ihres `ViewModels` innerhalb der Activity oder des Fragments erstellen (oder die vorhandene zurückgeben), die die `LiveData` beobachten soll.

Verwenden Sie die statische Methode of der Klasse `ViewModelProviders` und übergeben Sie ihr die aktuelle Anwendungskomponente, um die verfügbaren `ViewModels` abzurufen, und verwenden Sie die Methode get, um das gewünschte `ViewModel` anzugeben:

```
MyViewModel myViewModel = ViewModelProviders.of(this)
                                    .get(MyViewModel.class);
```

Sobald Sie einen Verweis auf Ihr `ViewModel` haben, müssen Sie einen `Observer` hinzufügen, um die darin enthaltenen `LiveData` zu erhalten. Rufen Sie getData im `ViewModel` auf und fügen Sie dann mit der Methode observe eine `Observer`-Implementierung hinzu, deren onChanged-Handler immer dann ausgelöst wird, wenn sich die zugrunde liegenden Daten ändern:

```
myViewModel.getData()
          .observe(this, new Observer<List<String>>() {
  @Override
  public void onChanged(@Nullable List<String> data) {
    // TODO Wenn die Daten des ViewModel empfangen werden,
    // aktualisiere die Oberfläche
  }
});
```

7.2 | Internet-Ressourcen verwenden

Der vollständige Prozess, um ein `ViewModel` für Ihre Activity zu erhalten, die `LiveData` anzufordern und auf Änderungen zu beobachten, ist in Listing 7.3 dargestellt.

```
@Override
protected void onCreate(Bundle savedInstanceState) {
  super.onCreate(savedInstanceState);
  setContentView(R.layout.activity_main);

  // Erhalten (oder Erzeugen) einer Instanz des View-Modells
  MyViewModel myViewModel = ViewModelProviders.of(this)
                                       .get(MyViewModel.class);

  // Hole aktuelle Daten und überwache die Änderungen
  myViewModel.getData()
          .observe(this, new Observer<List<String>>() {
    @Override
    public void onChanged(@Nullable List<String> data) {
      // Aktualisiere Benutzeroberfläche um die geladenen Daten.
      // Gibt gecachte Daten nach einer Konfigurationsänderung
      // automatisch zurück und wird erneut ausgelöst, wenn das
      // zugrunde liegende Live Data-Objekt geändert wird.
    }
  });
}
```

Listing 7.3 Verwendung von Live-Daten und eines View-Modells aus einer Activity

Da Ihr `ViewModel`-Lebenszyklus auf Ihrer Anwendung und nicht auf der übergeordneten Activity oder dem Fragment basiert, wird die Ladefunktion des `ViewModels` nicht durch eine Änderung der Gerätekonfiguration unterbrochen.

Ebenso werden Ihre Ergebnisse implizit über Gerätekonfigurationsänderungen hinweg zwischengespeichert. Nach einer Drehung, wenn `observe` auf den Daten des `ViewModels` aufgerufen wird, wird sofort die letzte Ergebnismenge über den `onChanged`-Handler zurückgegeben – ohne dass die `loadData`-Methode des `ViewModel` aufgerufen wird. Dies spart viel Zeit und Akkuleistung, da doppelte Netzwerk-Downloads und die damit verbundene Verarbeitung entfallen.

In Kapitel 11 werden Ihnen leistungsfähigere APIs für die Zeitsteuerung von Hintergrund-Netzwerkoperationen vorgestellt, die Timing und Gerätezustand berücksichtigen, um die Effizienz Ihrer Netzwerkübertragungen zu verbessern.

7.2.4 Parsen von XML mit dem XML-Pull-Parser

Obwohl detaillierte Anweisungen zum Parsen von XML und zur Interaktion mit bestimmten Webservices den Rahmen dieses Buches sprengen, ist es wichtig, die verfügbaren Technologien zu verstehen.

Dieser Abschnitt gibt einen kurzen Überblick über den XML-Pull-Parser. Die folgenden Abschnitte zeigen die Verwendung des DOM-Parsers und des JSON-Readers zum Abrufen von Erdbebendetails aus dem United-States-Geological-Survey (USGS).

Die XML-Pull-Parser-API ist in den folgenden Bibliotheken verfügbar:

```
org.xmlpull.v1.XmlPullParser;
org.xmlpull.v1.XmlPullParserException;
org.xmlpull.v1.XmlPullParserFactory;
```

Die Bibliotheken ermöglichen es, ein XML-Dokument in einem einzigen Durchgang zu analysieren. Im Gegensatz zum DOM-Parser stellt der Pull-Parser die Elemente Ihres Dokuments in einer sequenziellen Abfolge von Events und Tags dar.

Ihre Position im Dokument wird durch das aktuelle Event repräsentiert. Sie können das aktuelle Event ermitteln, indem Sie `getEventType` aufrufen. Jedes Dokument beginnt mit dem Event `START_DOCUMENT` und endet mit `END_DOCUMENT`.

Um die Tags durchzugehen, rufen Sie einfach `next` auf, wodurch Sie eine Reihe von aufeinander abgestimmten (und oft verschachtelten) `START_TAG`- und `END_TAG`-Ereignissen durchlaufen. Sie können den Namen jedes Tags extrahieren, indem Sie `getName` aufrufen und den Text zwischen den einzelnen Tags mit `getNextText` extrahieren.

Listing 7.4 zeigt, wie man den XML-Pull-Parser verwendet, um Details aus der von der Google-Places-API zurückgegebenen POI-Liste (Points of Interest) zu erhalten.

```
private void processStream(InputStream inputStream) {
  // Erzeuge einen XML Pull Parser.
  XmlPullParserFactory factory;
  try {
    factory = XmlPullParserFactory.newInstance();
    factory.setNamespaceAware(true);
    XmlPullParser xpp = factory.newPullParser();

    // Weise einen Input-Stream zu
    xpp.setInput(inputStream, null);
    int eventType = xpp.getEventType();
```

7.2 | Internet-Ressourcen verwenden

```
        // Variable für die ermittelten Tag-Namen
        String name;

        // Wiederhole, bis das Ende des Dokuments erreicht ist
        while (eventType != XmlPullParser.END_DOCUMENT) {
          // Prüfe auf das Start-Tag
          if (eventType == XmlPullParser.START_TAG &&
              xpp.getName().equals("result")) {
            eventType = xpp.next();
            // Verarbeite jedes Ergebnis im result-Tag
            while (!(eventType == XmlPullParser.END_TAG &&
                xpp.getName().equals("result"))) {
              // Suche nach dem name-Tag im result-Tag
              if (eventType == XmlPullParser.START_TAG &&
                  xpp.getName().equals("name")) {
                // Entnehme den Namen des POI
                name = xpp.nextText();
                doSomethingWithName(name);
              }
              // Weiter zum nächsten Tag
              eventType = xpp.next();
            }
            // Tue etwas mit jedem POI-Namen
          }
          // Weiter zum nächsten result-Tag
          eventType = xpp.next();
        }
      } catch (XmlPullParserException e) {
        Log.e("PULLPARSER", "XML Pull Parser Exception", e);
      } catch (IOException e) {
        Log.e("PULLPARSER", "IO Exception", e);
      }
    }
```
Listing 7.4 Parsen mit dem XML Pull Parser

7.2.5 Anschluss des Earthquake Viewers an das Internet

In diesem Beispiel erweitern Sie den `EarthquakeViewer`, den Sie in Kapitel 3 begonnen und in Kapitel 5 verbessert haben. Sie ersetzen die Dummy-Array-Liste der Erdbeben durch eine echte Liste, indem Sie eine Verbindung zu einem Erdbeben-Feed herstellen, diesen herunterladen und analysieren, damit sie in Ihrem Listen-Fragment angezeigt werden kann.

Der Erdbeben-XML-Feed wird hier vom DOM-Parser geparst. Es gibt mehrere Alternativen, darunter den im vorherigen Abschnitt beschriebenen XML-Pull-Parser. Alternativ können Sie den JSON-Feed mit Hilfe der `JsonReader`-Klasse analysieren, wie im folgenden Abschnitt gezeigt wird.

1. Für dieses Beispiel wird das eintägige USGS-Atom-Feed für Erdbeben mit einer Magnitude größer als 2,5 auf der Richterskala verwendet. Fügen Sie den Speicherort Ihres Feeds als externe String-Ressource in der Ressourcendatei *Strings.xml* im Ordner *res/values* hinzu. Auf diese Weise können Sie gegebenenfalls einen anderen Feed basierend auf dem Gebietsschema eines Benutzers angeben:

   ```
   <resources>
     <string name="app_name">Earthquake</string>
     <string name="earthquake_feed">
       https://earthquake.usgs.gov/earthquakes/feed/v1.0/summary/2.5_day.atom
     </string>
   </resources>
   ```

2. Bevor Sie auf diesen Feed zugreifen können, muss Ihre Anwendung eine Berechtigung für den Internetzugang beantragen. Fügen Sie die Internet-Nutzungserlaubnis ganz oben in Ihre Manifestdatei ein:

   ```
   <?xml version="1.0" encoding="utf-8"?>
   <manifest xmlns:android="http://schemas.android.com/apk/res/android"
             package="com.professionalandroid.apps.earthquake">

     <uses-permission android:name="android.permission.INTERNET"/>

     [... application Knoten ...]

   </manifest>
   ```

3. Unser Internetzugang muss über einen Hintergrund-Thread erfolgen, und die Ergebnisse sollten bei Änderungen der Gerätekonfiguration erhalten bleiben. Verwenden Sie dazu `ViewModel` und `LiveData`. Fügen Sie zunächst eine Abhängigkeit zu den Lebenszykluserweiterungen der Android Architecture Components zu Ihrer Gradle-Build-Datei hinzu:

   ```
   dependencies {
     [... Existierende Abhängigkeitsknoten ...]
     implementation "android.arch.lifecycle:extensions:1.1.0"
   }
   ```

4. Erstellen Sie ein neues `EarthquakeViewModel`, das `AndroidViewModel` erweitert und eine `MutableLiveData`-Variable enthält, die eine `List` von `Earthquakes`

7.2 | Internet-Ressourcen verwenden

darstellt. Dieses `ViewModel` wird zwischengespeichert und über Konfigurationsänderungen hinweg gepflegt. Erstellen Sie eine `getEarthquakes`-Methode, die überprüft, ob unsere Erdbebenliste bereits mit `LiveData` gefüllt ist, wenn nicht, werden die Erdbeben aus dem Feed geladen:

```java
public class EarthquakeViewModel extends AndroidViewModel {
  private static final String TAG = "EarthquakeUpdate";

  private MutableLiveData<List<Earthquake>> earthquakes;

  public EarthquakeViewModel(Application application) {
    super(application);
  }

  public LiveData<List<Earthquake>> getEarthquakes() {
    if (earthquakes == null) {
      earthquakes = new MutableLiveData<List<Earthquake>>();
      loadEarthquakes();
    }
    return earthquakes;
  }

  // Lade die Erdbebendaten asynchron vom Feed
  public void loadEarthquakes() {
  }
}
```

5. Ändern Sie die Methode `loadEarthquakes`, um den Erdbeben-Feed herunterzuladen und zu analysieren. Dies muss auf einem Hintergrund-Thread geschehen, also implementieren Sie eine `AyncTask`, um diesen Prozess zu vereinfachen. Im Hintergrund extrahieren Sie jedes Erdbeben und analysieren Sie die Details, um die ID, das Datum, die Größe, den Link und den Ort zu erhalten. Sobald der Feed geparst wurde, aktualisieren Sie den `onPostExecute`-Handler, um den Wert der variablen Live-Daten festzulegen, die unsere Liste der Erdbeben darstellen. Dadurch werden alle registrierten Observer benachrichtigt und erhalten die aktualisierte Liste:

```java
public void loadData() {
  new AsyncTask<Void, Void, List<Earthquake>>() {
    @Override
    protected List<Earthquake> doInBackground(Void... voids) {
      // ArrayList der ausgelesenen Erdbeben
      ArrayList<Earthquake> earthquakes = new ArrayList<>(0);
```

7.2 | Internet-Ressourcen verbinden, herunterladen und parsen

```
// Hole das XML
URL url;
try {
  String quakeFeed =
    getApplication().getString(R.string.earthquake_feed);
  url = new URL(quakeFeed);

  URLConnection connection;
  connection = url.openConnection();

  HttpURLConnection httpConnection = (HttpURLConnection)connection;
  int responseCode = httpConnection.getResponseCode();

  if (responseCode == HttpURLConnection.HTTP_OK) {
    InputStream in = httpConnection.getInputStream();

    DocumentBuilderFactory dbf =
      DocumentBuilderFactory.newInstance();
    DocumentBuilder db = dbf.newDocumentBuilder();

    // Parse den Erdbeben-Feed
    Document dom = db.parse(in);
    Element docEle = dom.getDocumentElement();

    // Ermittle eine Liste der Erdbebeneinträge
    NodeList nl = docEle.getElementsByTagName("entry");
    if (nl != null && nl.getLength() > 0) {
      for (int i = 0 ; i < nl.getLength(); i++) {
        // Prüfe, ob das Laden unterbrochen wurde. Dann gebe
        // zurück, was bisher da ist.
        if (isCancelled()) {
          Log.d(TAG, "Loader Cancelled");
          return earthquakes;
        }
        Element entry =
          (Element)nl.item(i);
        Element id =
          (Element)entry.getElementsByTagName("id").item(0);
        Element title =
          (Element)entry.getElementsByTagName("title").item(0);
        Element g =
          (Element)entry.getElementsByTagName("georss:point")
                     .item(0);
```

7.2 | Internet-Ressourcen verwenden

```java
Element when =
  (Element)entry.getElementsByTagName("updated").item(0);
Element link =
  (Element)entry.getElementsByTagName("link").item(0);

String idString = id.getFirstChild().getNodeValue();
String details = title.getFirstChild().getNodeValue();
String hostname = "http://earthquake.usgs.gov";
String linkString = hostname + link.getAttribute("href");

String point = g.getFirstChild().getNodeValue();
String dt = when.getFirstChild().getNodeValue();
SimpleDateFormat sdf =
  new SimpleDateFormat("yyyy-MM-dd'T'hh:mm:ss.SSS'Z'");
Date qdate = new GregorianCalendar(0,0,0).getTime();
try {
  qdate = sdf.parse(dt);
} catch (ParseException e) {
  Log.e(TAG, "Date parsing exception.", e);
}

String[] location = point.split(" ");
Location l = new Location("dummyGPS");
l.setLatitude(Double.parseDouble(location[0]));
l.setLongitude(Double.parseDouble(location[1]));

String magnitudeString = details.split(" ")[1];
int end =  magnitudeString.length()-1;
double magnitude =
  Double.parseDouble(magnitudeString.substring(0, end));

if (details.contains("-"))
  details = details.split("-")[1].trim();
else
  details = "";

final Earthquake earthquake = new Earthquake(idString,
                                             qdate,
                                             details, l,
                                             magnitude,
                                             linkString);
```

```
                // Das neue Erdbeben an die Liste anhängen
                earthquakes.add(earthquake);
              }
            }
          }
          httpConnection.disconnect();
        } catch (MalformedURLException e) {
          Log.e(TAG, "MalformedURLException", e);
        } catch (IOException e) {
          Log.e(TAG, "IOException", e);
        } catch (ParserConfigurationException e) {
          Log.e(TAG, "Parser Configuration Exception", e);
        } catch (SAXException e) {
          Log.e(TAG, "SAX Exception", e);
        }
        // Gebe das Ergebnis-Array zurück
        return earthquakes;
      }

      @Override
      protected void onPostExecute(List<Earthquake> data) {
        // Aktualisiere die Live Data mit der neuen Liste
        earthquakes.setValue(data);
      }
    }.execute();
  }
```

6. Ändern Sie die `EarthquakeMainActivity`, um die Dummy-Daten zu entfernen und stattdessen Ihr neues `EarthquakeViewModel` zu verwenden. Aktualisieren Sie zunächst die Handler-Methode `onCreate` der Activity, entfernen Sie die Dummy-Daten und verwenden Sie die statische Methode des `ViewModelProviders`, um die aktuelle Instanz Ihres `EarthquakeViewModels` abzurufen. Fügen Sie einen `Observer` zu `LiveData` hinzu, die von Ihrem `ViewModel` zurückgegeben werden – er setzt die `EarthquakeListFragment` Erdbebenliste, wenn Ihre Activity erstellt wird, und erneut, wenn die Liste der geparsten Erdbeben aktualisiert wird:

```
EarthquakeViewModel earthquakeViewModel;

@Override
protected void onCreate(Bundle savedInstanceState) {
  super.onCreate(savedInstanceState);
  setContentView(R.layout.activity_earthquake_main);
```

7.2 | Internet-Ressourcen verwenden

```
FragmentManager fm = getSupportFragmentManager();

// Android fügt alle Fragmente, die zuvor nach einer
// Konfigurationsänderung hinzugefügt wurden, automatisch
// wieder hinzu, aber nur, wenn es sich
// nicht um einen automatischen Neustart handelt.
if (savedInstanceState == null) {
  FragmentTransaction ft = fm.beginTransaction();
  mEarthquakeListFragment = new EarthquakeListFragment();
  ft.add(R.id.main_activity_frame, mEarthquakeListFragment,
        TAG_LIST_FRAGMENT);
  ft.commitNow();
} else {
  mEarthquakeListFragment =
    (EarthquakeListFragment)fm.findFragmentByTag(TAG_LIST_FRAGMENT);
}

// Liefert das EarthquakeViewModel für diese Activity
earthquakeViewModel = ViewModelProviders.of(this)
                        .get(EarthquakeViewModel.class);

// Holt die Daten des ViewModel und überwacht alle Änderungen
earthquakeViewModel.getEarthquakes()
            .observe(this, new Observer<List<Earthquake>>() {
  @Override
  public void onChanged(@Nullable List<Earthquake> earthquakes) {
    // Update der Fragment-Liste, wenn neue ViewModel-Daten erhalten wurden
    if (mEarthquakeListFragment != null)
      mEarthquakeListFragment.setEarthquakes(earthquakes);
  }
});
}
```

7. Wenn Sie Ihr Projekt ausführen, sollten Sie eine `RecyclerView` sehen, die die Erdbeben der letzten 24 Stunden mit einer Stärke von mehr als 2,5 zeigt (Abbildung 7.1).

8. Die Erdbebendaten werden vom View-Modell zwischengespeichert, so dass sie bei Änderungen der Gerätekonfiguration erhalten bleiben und erst nach einem Neustart der App aktualisiert werden. Lassen Sie uns die Anwendung aktualisieren, damit die Benutzer die Erdbebenliste mit dem »swipe-to-refresh«-Muster aktualisieren können. Aktualisieren Sie die Layout-Ressource *fragment_earthquake_list.xml*, um ein `SwipeRefreshLayout` als Parent der RecyclerView einzubinden:

Internet-Ressourcen verbinden, herunterladen und parsen | 7.2

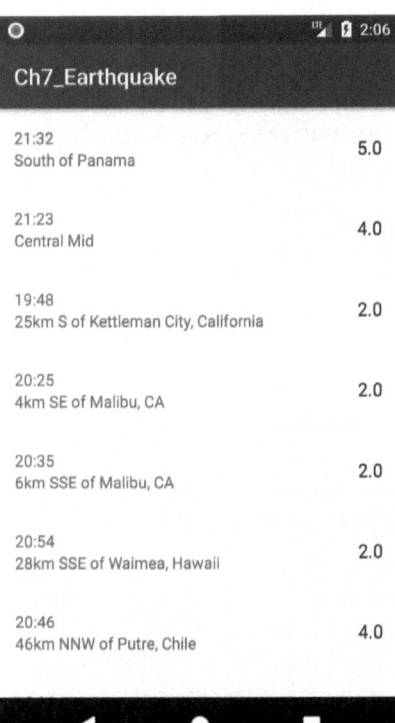

Abbildung 7.1 Erdbeben-Liste

```
<?xml version="1.0" encoding="utf-8"?>
<android.support.v4.widget.SwipeRefreshLayout
    xmlns:android="http://schemas.android.com/apk/res/android"
    android:id="@+id/swiperefresh"
    android:layout_width="match_parent"
    android:layout_height="match_parent">
    <android.support.v7.widget.RecyclerView
        xmlns:android="http://schemas.android.com/apk/res/android"
        xmlns:app="http://schemas.android.com/apk/res-auto"
        android:id="@+id/list"
        android:layout_width="match_parent"
        android:layout_height="match_parent"
        android:layout_marginLeft="16dp"
        android:layout_marginRight="16dp"
        app:layoutManager="LinearLayoutManager"
    />
</android.support.v4.widget.SwipeRefreshLayout>
```

7.2 | Internet-Ressourcen verwenden

9. Aktualisieren Sie onCreateView innerhalb des Erdbebenlistenfragments, um einen Verweis auf das in Schritt 8 hinzugefügte SwipeRefreshLayout zu erhalten, und aktualisieren Sie onViewCreated, um dem SwipeRefreshLayout einen RefreshListener zuzuweisen, der eine neue updateEarthquakes-Methode aufruft, wenn die Aktion zum Aktualisieren ausgeführt wird:

```java
private SwipeRefreshLayout mSwipeToRefreshView;

@Override
public View onCreateView(LayoutInflater inflater, ViewGroup container,
                        Bundle savedInstanceState) {
  View view = inflater.inflate(R.layout.fragment_earthquake_list,
                        container, false);

  mRecyclerView = (RecyclerView) view.findViewById(R.id.list);
  mSwipeToRefreshView = view.findViewById(R.id.swiperefresh);
  return view;
}

@Override
public void onViewCreated(View view, Bundle savedInstanceState) {
  super.onViewCreated(view, savedInstanceState);

  // Lege den Recycler View Adapter fest
  Context context = view.getContext();
  mRecyclerView.setLayoutManager(new LinearLayoutManager(context));
  mRecyclerView.setAdapter(mEarthquakeAdapter);

  // Lege den SwipetoRefresh-View fest
  mSwipeToRefreshView.setOnRefreshListener(new
    SwipeRefreshLayout.OnRefreshListener() {
    @Override
    public void onRefresh() {
      updateEarthquakes();
    }
  });
}

protected void updateEarthquakes() {
}
```

10. Ändern Sie die Methode `setEarthquakes`, um die visuelle Indikatoranzeige `refreshing` zu deaktivieren, wenn ein Update empfangen wurde:

```java
public void setEarthquakes(List<Earthquake> earthquakes) {
  for (Earthquake earthquake: earthquakes) {
    if (!mEarthquakes.contains(earthquake)) {
      mEarthquakes.add(earthquake);
      mEarthquakeAdapter.notifyItemInserted(
        mEarthquakes.indexOf(earthquake));
    }
  }
  mSwipeToRefreshView.setRefreshing(false);
}
```

11. Das Update selbst wird vom `EarthquakeViewModel` durchgeführt, mit dem wir über die übergeordnete Activity kommunizieren. Definieren Sie einen neuen `OnListFragmentInteractionListener` innerhalb des `EarthquakeListFragment`; er sollte eine Methode `onListFragmentRefreshRequested` enthalten, die aufgerufen wird, wenn wir eine Aktualisierung über die in Schritt 9 hinzugefügte Methode `updateEarthquakes` anfordern:

```java
public interface OnListFragmentInteractionListener {
  void onListFragmentRefreshRequested();
}

private OnListFragmentInteractionListener mListener;

@Override
public void onAttach(Context context) {
  super.onAttach(context);
  mListener = (OnListFragmentInteractionListener) context;
}

@Override
public void onDetach() {
  super.onDetach();
  mListener = null;
}

protected void updateEarthquakes() {
  if (mListener != null)
    mListener.onListFragmentRefreshRequested();
}
```

7.2 | Internet-Ressourcen verwenden

12. Wenden Sie sich wieder der EarthquakeMainActivity zu und lassen Sie sie das in Schritt 11 definierte Interface implementieren. Verwenden Sie das EarthquakeViewModel, um bei Bedarf eine Aktualisierung zu erzwingen:

```
public class EarthquakeMainActivity extends AppCompatActivity implements
  EarthquakeListFragment.OnListFragmentInteractionListener {

  @Override
  public void onListFragmentRefreshRequested() {
    updateEarthquakes();
  }

  private void updateEarthquakes() {
    // Fordere ViewModel auf, die Erdbeben vom USGS-Feed zu laden
    earthquakeViewModel.loadEarthquakes();
  }

  [... Existierende Klassen-Definition ...]
}
```

13. Sie sollten auch eine Aktualisierungsaktion als Menüeintrag oder in der Aktionsleiste Ihrer Anwendung hinzufügen, um Benutzer zu unterstützen, die möglicherweise keine Wischgeste ausführen können. Beispielsweise könnten dazu Benutzer gehören, die die Möglichkeiten der Barrierefreiheit nutzen und Aktionen über externe Geräte, wie Tastaturen und D-Pads, auslösen. Wie das geht, zeigen wir in Kapitel 13.

7.2.6 JSON mit dem JSON-Parser auswerten

Dieser Abschnitt gibt einen kurzen Überblick über den JSON-Parser und zeigt, wie er verwendet werden kann, um Erdbebendetails aus dem JSON-Feed des United States Geological Survey (USGS) zu parsen. Die URL Lautet:

earthquake.usgs.gov/earthquakes/feed/v1.0/summary/2.5_day.geojson

Wie beim XML-Parsing in den vorangegangenen Abschnitten, sind detaillierte Anweisungen zum Parsen von JSON nicht in diesem Buch enthalten, aber bei vielen APIs, die jetzt JSON-Feeds bereitstellen, ist es wichtig, die Konzepte einzuführen.

Wie der Pull-Parser ermöglicht der JSON-Parser das Parsen eines Dokuments in einem einzigen Durchgang, wobei die Elemente des Dokuments in einer sequenziellen Reihe von Objekten, Arrays und Werten dargestellt werden.

Internet-Ressourcen verbinden, herunterladen und parsen | **7.2**

Um einen rekursiven Parser zu erstellen, müssen Sie zunächst eine Einstiegsmethode erstellen, die einen Input-Stream und einen neuen JSON-Reader erzeugt:

```
private List<Earthquake> parseJson(InputStream in) throws IOException {

  // Erzeuge einen JsonReader, um den Input zu parsen
  JsonReader reader =
    new JsonReader(new InputStreamReader(in, "UTF-8"));
    // TODO Den InputStread parsen
}
```

Die Daten in jedem JSON-Feed werden als Namen und Werte gespeichert, strukturiert durch Objekte und Arrays. JSON-Objekte werden analog dazu verwendet, um Objekte zu kodieren, die semantisch zusammenhängende Werte zusammenfassen. JSON unterstützt auch Arrays, um mehrere Werte oder Objekte zusammenzufassen.

Beispielsweise enthält der USGS-Feed einen Typwert, Metadaten und Bounding-Box-Objekte auf der Wurzelebene sowie ein Array von mehreren Merkmalsobjekten, die jedes Erdbeben darstellen. Jedes Merkmalsobjekt enthält dann Werte für Typ und ID sowie Objekte zur Gruppierung von Erdbebeneigenschaften und Geometriedetails. Das Geometrieobjekt wiederum enthält einen Wert für den Geometrietyp und eine Reihe von Werten, die den Breitengrad, Längengrad und die Tiefe jedes Erdbebens darstellen. Diese Struktur ist in Abbildung 7.2 teilweise dargestellt.

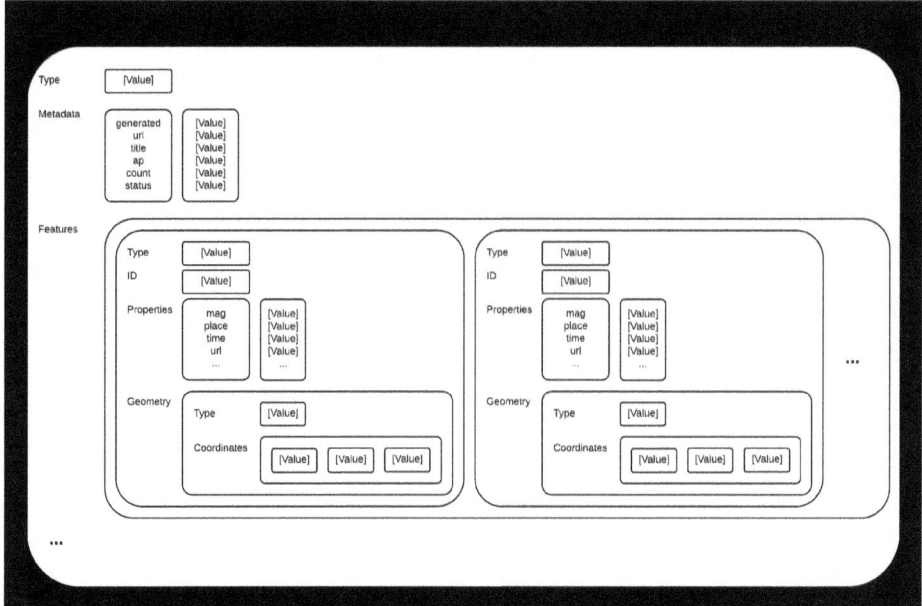

Abbildung 7.2 JSON-Struktur des USGS-Feeds

7.2 | Internet-Ressourcen verwenden

Um diese Strukturen zu parsen, erstellen Sie Handler-Methoden, die jedes Objekt und Array innerhalb des JSON-Textes durchlaufen.

Für die Objektstruktur-Handlermethoden rufen Sie zunächst die Methode beginObject Ihres JsonReader-Objekts auf, um die öffnende Klammer zu konsumieren. Verwenden Sie dann die Methode hasNext, um eine while-Schleife zu steuern, in der Sie Werte oder weitere Objekte (oder Arrays) extrahieren können. Verwenden Sie die Methode endObject, um die schließende Klammer des Objekts zu lesen, wenn das Objekt vollständig gelesen wurde:

```
private MyObject readMyObject(JsonReader reader) throws IOException {
  // Variable für den Rückgabewert
  String myValue = null;

  // Öffnende Klammer konsumieren
  reader.beginObject();

  // Traversiert Werte, Objekte und Arrays dieses Objekts
  while (reader.hasNext()) {
    // Suche den nächsten Namen
    String name = reader.nextName();

    // Hole die Werte, die auf Namengleichheit passen
    if (name.equals("my_value")) {
      myValue = reader.nextString();

    // Ignoriere alle unerwarteten Werte
    } else {
      reader.skipValue();
    }
  }

  // Konsumiere die schließende Klammer
  reader.endObject();

  // Gebe das geparste Objekt zurück
  return new MyObject(myValue);
}
```

Arrays werden ähnlich behandelt, wobei die Methoden beginArray und endArray verwendet werden, um die öffnenden beziehungsweise schließenden Klammern zu konsumieren. Die Werte innerhalb eines Arrays sind homogen, so dass Sie jeden Wert einfach zu einer Liste hinzufügen können:

```
public List<Double> readDoublesArray(JsonReader reader)
  throws IOException {

  List<Double> doubles = new ArrayList<Double>();

  reader.beginArray();

  while (reader.hasNext()) {
    doubles.add(reader.nextDouble());
  }

  reader.endArray();
  return doubles;
}
```

Wenn ein verschachteltes Objekt oder Array gefunden wird, übergeben Sie einfach das `JsonReader`-Objekt an die entsprechende Parsing-Methode.

Wenn ein unbekannter Name gefunden wird, können Sie `skipValue` aufrufen, um die verschachtelten Tokens des Wertes rekursiv zu überspringen.

Listing 7.5 zeigt, wie man mit dem JSON-Parser Details aus dem JSON-Feed der Magnitude 2.5+-Erdbeben des letzten Tages extrahiert, das von der USGS geliefert wurde.

```
private List<Earthquake> parseJson(InputStream in) throws IOException {

  // Erzeuge einen JsonReader und parse den Input
  JsonReader reader =
    new JsonReader(new InputStreamReader(in, "UTF-8"));

  try {
    // Erzeuge eine leere Liste von Earthquakes
    List<Earthquake> earthquakes = null;

    // Der Wurzelknoten des Erdbeben-JSON-Feeds ist ein Objekt,
    // das wir analysieren müssen.
    reader.beginObject();
    while (reader.hasNext()) {
      String name = reader.nextName();
      //   Wir sind nur an einem Teilobjekt interessiert: Das Array
```

7.2 | Internet-Ressourcen verwenden

```
        //  von Erdbeben, die als "feature" gekennzeichnet sind.
        if (name.equals("features")) {
          earthquakes = readEarthquakeArray(reader);
        } else {
          // Ignoriere alle anderen Wurzelwerte und -objekte
          reader.skipValue();
        }
      }
      reader.endObject();

      return earthquakes;

    } finally {
      reader.close();
    }
  }

  // Durchlaufe das Earthquake-Array
  private List<Earthquake> readEarthquakeArray(JsonReader reader)
    throws IOException {

    List<Earthquake> earthquakes = new ArrayList<Earthquake>();

    // Die Details der Erdbeben werden in einem Array gespeichert
    reader.beginArray();
    while (reader.hasNext()) {
      // Durchlaufe das Array, parse jedes Earthquake
      earthquakes.add(readEarthquake(reader));
    }
    reader.endArray();

    return earthquakes;
  }

  // Parse jedes Earthquake-Objekt innerhalb des Earthquake-Arrays.
  public Earthquake readEarthquake(JsonReader reader) throws IOException {
    String id = null;
    Location location = null;
    Earthquake earthquakeProperties = null;
```

```
    reader.beginObject();
    while (reader.hasNext()) {
      String name = reader.nextName();
      if (name.equals("id")) {
        // Die ID wird als Wert gespeichert
        id = reader.nextString();
      } else if (name.equals("geometry")) {
        // Der Ort wird als geometrisches Objekt gespeichert,
        // das geparst werden muss.
        location = readLocation(reader);
      } else if (name.equals("properties")) {
        // Die meisten Earthquake-Details sind in einem
        // Properties-Objekt abgelegt, das geparst werden muss
        earthquakeProperties = readEarthquakeProperties(reader);
      } else {
        reader.skipValue();
      }
    }
    reader.endObject();

    // Konstruiere ein neues Earthquake aus den geparsten Details
    return new Earthquake(id,
                          earthquakeProperties.getDate(),
                          earthquakeProperties.getDetails(),
                          location,
                          earthquakeProperties.getMagnitude(),
                          earthquakeProperties.getLink());
}

// Parse das Properties-Objekt für jedes Earthquake Objekt
// innerhalb des Earthquake Arrays.
public Earthquake readEarthquakeProperties(JsonReader reader) throws IOException {
    Date date = null;
    String details = null;
    double magnitude = -1;
    String link = null;

    reader.beginObject();
    while (reader.hasNext()) {
      String name = reader.nextName();
      if (name.equals("time")) {
```

7.2 | Internet-Ressourcen verwenden

```
      long time = reader.nextLong();
      date = new Date(time);
    } else if (name.equals("place")) {
      details = reader.nextString();
    } else if (name.equals("url")) {
      link = reader.nextString();
    } else if (name.equals("mag")) {
      magnitude = reader.nextDouble();
    } else {
      reader.skipValue();
    }
  }
  reader.endObject();
  return new Earthquake(null, date, details, null, magnitude, link);
}

// Parse das Koordinatenobjekt, um die Location zu ermitteln
private Location readLocation(JsonReader reader) throws IOException {
  Location location = null;

  reader.beginObject();
  while (reader.hasNext()) {
    String name = reader.nextName();
    if (name.equals("coordinates")) {
      // Die Ortskoordinaten sind in einem Double-Array gespeichert
      List<Double> coords = readDoublesArray(reader);
      location = new Location("dummy");
      location.setLatitude(coords.get(0));
      location.setLongitude(coords.get(1));
    } else {
      reader.skipValue();
    }
  }
  reader.endObject();
  return location;
}

// Parse ein Array von Double-Werten
public List<Double> readDoublesArray(JsonReader reader) throws IOException {
  List<Double> doubles = new ArrayList<Double>();
```

```
reader.beginArray();
while (reader.hasNext()) {
  doubles.add(reader.nextDouble());
}
reader.endArray();
return doubles;
}
```
Listing 7.5 Parsen von JSON mit dem JSON Parser

7.3 Den Download-Manager verwenden

Der Download-Manager ist ein Service, der die Handhabung von lang laufenden Downloads optimiert, indem er die HTTP-Verbindung verwaltet und Änderungen an der Verbindung und Systemneustarts überwacht, um sicherzustellen, dass jeder Download erfolgreich abgeschlossen wird.

Vom Download-Manager verwaltete Downloads werden an einem global zugänglichen Ort gespeichert, so dass sie nicht für datenschutzrelevante Downloads geeignet sind.

Es empfiehlt sich, den Download-Manager zu verwenden, wenn ein Download umfangreich ist – und daher wahrscheinlich im Hintergrund zwischen den Benutzersitzungen fortgesetzt wird, wenn ein erfolgreicher Abschluss wichtig ist oder wenn die heruntergeladene Datei mit anderen Anwendungen (wie etwa einem Bild oder einer PDF) geteilt wird.

> **Hinweis**
>
> Standardmäßig werden vom Download-Manager heruntergeladene Dateien im freigegebenen Download-Cache-Verzeichnis (`Environment.getDownloadCacheDirectory`) gespeichert, das heißt, sie sind für andere Anwendungen verfügbar und werden vom System gelöscht, wenn es Platz benötigt. Ebenso werden sie über die Download-App verwaltet, was bedeutet, dass Ihre Downloads von Benutzern manuell gelöscht werden können. Sie können diese Voreinstellungen wie später in diesem Abschnitt beschrieben ändern.

Um auf den `DownloadManager` zuzugreifen, fordern Sie den `DOWNLOAD_SERVICE` mit der Methode `getSystemService` an:

```
DownloadManager downloadManager =
  (DownloadManager)getSystemService(Context.DOWNLOAD_SERVICE);
```

Da der Download-Manager das Internet verwendet, muss Ihre Anwendung die `INTERNET`-Berechtigung in ihrem Manifest anfordern, um den `DownloadManager` verwenden zu können:

```
<uses-permission android:name="android.permission.INTERNET"/>
```

7.3.1 Dateien herunterladen

Um einen Download anzufordern, erstellen Sie ein neues Objekt von `DownloadManager.Request`, indem Sie die URI der herunterzuladenden Datei angeben und an die Methode enqueue des Download-Managers übergeben, wie in Listing 7.6 gezeigt.

```
DownloadManager downloadManager =
  (DownloadManager)getSystemService(Context.DOWNLOAD_SERVICE);

Uri uri = Uri.parse(
  "http://developer.android.com/shareables/icon_templates-v4.0.zip");

DownloadManager.Request request = new DownloadManager.Request(uri);
long reference = downloadManager.enqueue(request);
```
Listing 7.6 Dateien mit dem Download-Manager herunterladen

Sie können den zurückgegebenen Referenzwert verwenden, um zukünftige Aktionen durchzuführen oder den Download abzufragen, einschließlich der Überprüfung seines Status oder des Abbruchs.

Sie können einen HTTP-Header zu Ihrer Anfrage hinzufügen oder den vom Server zurückgegebenen MIME-Typ überschreiben, indem Sie `addRequestHeader` beziehungsweise `setMimeType` über Ihr `Request`-Objekt aufrufen.

Sie können auch die Verbindungsbedingungen angeben, unter denen der Download ausgeführt werden soll. Mit der Methode `setAllowedNetworkTypes` können Sie Downloads auf WLAN oder mobile Netzwerke beschränken. Mit den Methoden `setAllowedOverRoaming` und `setAllowedOverMetered` können Sie Downloads verhindern, während das Smartphone über Roaming oder über eine kostenpflichtige Verbindung läuft.

Der folgende Ausschnitt zeigt, wie Sie sicherstellen können, dass eine große Datei nur dann heruntergeladen wird, wenn Sie per WLAN verbunden sind:

```
request.setAllowedNetworkTypes(Request.NETWORK_WIFI);
```

Nach dem Aufruf von `enqueue` beginnt der Download, sobald die passende Verbindung verfügbar und der Download-Manager frei ist.

7.3 | Den Download-Manager verwenden

> **Hinweis**
>
> Android Virtual Devices enthalten keine virtualisierte WLAN-Hardware, so dass Downloads, die nur auf WLAN beschränkt sind, in die Warteschlange gestellt werden, aber nie mit dem Herunterladen beginnen.

Standardmäßig werden laufende und abgeschlossene Downloads als Notifications angezeigt. Sie sollten einen Broadcast-Receiver erstellen, der auf die Aktion ACTION_NOTIFICATION_CLICKED wartet, die immer dann gesendet wird, wenn ein Benutzer einen Download aus dem Notification-Tray oder der App Downloads auswählt. Er enthält ein EXTRA_NOTIFICATION_CLICK_DOWNLOAD_IDS Extra, das die Referenz-ID des ausgewählten Downloads enthält.

Wenn der Download abgeschlossen ist, sendet der DownloadManager die Aktion ACTION_DOWNLOAD_COMPLETE mit einer zusätzlichen EXTRA_DOWNLOAD_ID, die die Referenz-ID des abgeschlossenen Datei-Downloads angibt, wie in Listing 7.7 gezeigt.

```java
public class DownloadsReceiver extends BroadcastReceiver {
  @Override
  public void onReceive(Context context, Intent intent) {
    String extraNotificationFileIds =
      DownloadManager.EXTRA_NOTIFICATION_CLICK_DOWNLOAD_IDS;
    String extraFileId = DownloadManager.EXTRA_DOWNLOAD_ID;
    String action = intent.getAction();

    if (DownloadManager.ACTION_DOWNLOAD_COMPLETE.equals(action)) {
      long reference = intent.getLongExtra(extraFileId,-1);
      if (myDownloadReference == reference) {
        // Tue etwas mit der heruntergeladenen Datei
      }
    }
    else if (DownloadManager.ACTION_NOTIFICATION_CLICKED.equals(action)) {
      long[] references = intent.getLongArrayExtra(extraNotificationFileIds);
      for (long reference : references)
        if (myDownloadReference == reference) {
          // Antworte dem Benutzer, der die Notification anwählt
        }
    }
  }
}
```

Listing 7.7 Implementierung eines Broadcast-Empfängers für die Verarbeitung von Download Manager-Broadcasts

7.3 | Internet-Ressourcen verwenden

Der Download-Manager lädt Ihre Dateien während der Benutzer-Sessions Ihrer Anwendung weiter, selbst nach einen Neustart des Smartphones. Daher ist es wichtig, dass Sie die Download-Referenznummern speichern, um sicherzustellen, dass sich Ihre Anwendung diese merkt.

Aus dem gleichen Grund sollten Sie Ihre Broadcast-Receiver für Notification-Klicks und Download-Abschlüsse innerhalb des Manifests registrieren, wie in Listing 7.8 gezeigt, da es keine Garantie gibt, dass Ihre Anwendung ausgeführt wird, wenn ein Benutzer eine Download-Benachrichtigung auswählt oder der Download abgeschlossen ist.

```
<receiver
  android:name="com.professionalandroid.apps.MyApp.DownloadsReceiver">
  <intent-filter>
    <action
      android:name="android.intent.action.DOWNLOAD_NOTIFICATION_CLICKED" />
    <action
      android:name="android.intent.action.DOWNLOAD_COMPLETE" />
  </intent-filter>
</receiver>
```

Listing 7.8 Registrieren eines Broadcast-Empfängers für Download-Manager-Broadcasts

Sobald der Download abgeschlossen ist, können Sie die Methode `openDownloadedFile` des `DownloadManagers` verwenden, um einen `ParcelFileDescriptor` für Ihre Datei zu erhalten, oder die ID verwenden, um den `DownloadManager` abzufragen und Metadaten-Details zu erhalten.

Mehr über die Handhabung von Dateien erfahren Sie in Kapitel 8.

7.3.2 Anpassen von Download-Manager-Notifications

Standardmäßig werden laufende Notifications für jede Datei angezeigt, während sie vom Download-Manager heruntergeladen wird. Jede Notification zeigt den aktuellen Download-Fortschritt und den Dateinamen an (Abbildung 7.3).

Der Download-Manager ermöglicht es Ihnen, die angezeigte Notification für jede Download-Anfrage anzupassen, einschließlich des vollständigen Ausblendens. Das folgende Ausschnitt zeigt, wie man die Methoden `setTitle` und `setDescription` verwendet, um den Text, der in der Download-Notification zum Herunterladen der Datei angezeigt wird, anzupassen. Abbildung 7.4 zeigt das Ergebnis.

```
request.setTitle("Hive Husks");
request.setDescription("Downloading Splines for Reticulation");
```

Den Download-Manager verwenden | **7.3**

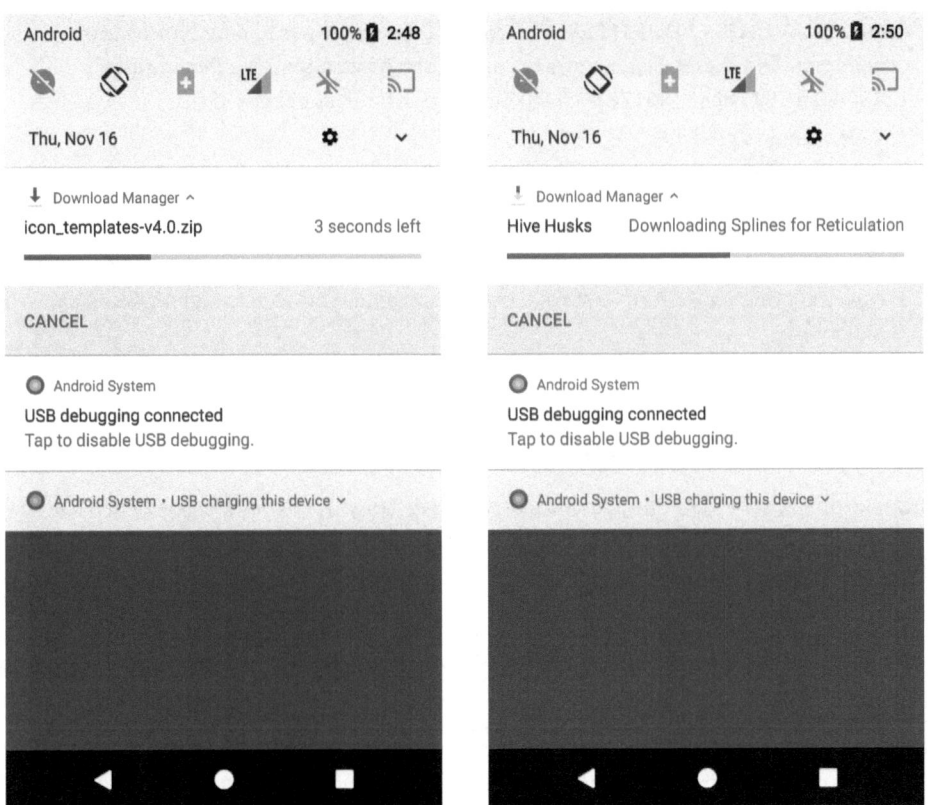

Abbildung 7.3 Download-Notifications   **Abbildung 7.4** Download-Notifications

Mit der Methode `setNotificationVisibility` können Sie steuern, wann und ob eine Notification für Ihren Download angezeigt werden soll, indem Sie eines der folgenden Flags verwenden:

- `Request.VISIBILITY_VISIBLE`: Eine laufende Notification wird für die Dauer des Downloads angezeigt. Sie wird entfernt, sobald der Download abgeschlossen ist. Dies ist die Standardoption.

- `Request.VISIBILITY_VISIBLE_NOTIFY_COMPLETED`: Eine laufende Notification wird während des Downloads angezeigt und wird nach Abschluss des Downloads so lange angezeigt, bis sie ausgewählt oder verworfen wird.

- `Request.VISIBILITY_VISIBLE_NOTIFY_ONLY_COMPLETION`: Nur bei Verwendung von `addCompletedDownload` zum Hinzufügen einer bereits heruntergeladenen Datei zum Download-Datenbanksystem verwendbar. Wenn ausgewählt, wird eine Notification angezeigt, nachdem die Datei hinzugefügt wurde.

317

7.3 | Internet-Ressourcen verwenden

- `Request.VISIBILITY_HIDDEN`: Für diesen Download wird keine Notification angezeigt. Um dieses Flag zu setzen, muss Ihre Anwendung die Berechtigung `DOWNLOAD_WITHOUT_NOTIFICATION` in ihrem Manifest haben:

```
<uses-permission
  android:name="android.permission.DOWNLOAD_WITHOUT_NOTIFICATION"/>
```

> **Hinweis**
> Weitere Informationen zum Erstellen eigener angepasster Notifications finden Sie in Kapitel 11.

7.3.3 Festlegen eines Download-Speicherorts

Standardmäßig werden alle Download-Manager-Downloads im freigegebenen Download-Cache mit vom System generierten Dateinamen gespeichert, wo sie automatisch vom System oder manuell von Benutzern gelöscht werden können.

Alternativ kann ein Download-Request eine URI zu einem bestimmten Download-Speicherort angeben. In diesem Fall muss sich der Speicherort auf einem externen Speicher befinden, und entsprechend muss Ihre Anwendung die Berechtigung `WRITE_EXTERNAL_STORAGE` in ihrem Manifest definiert haben:

```
<uses-permission android:name="android.permission.WRITE_EXTERNAL_STORAGE"/>
```

Der folgende Code-Ausschnitt zeigt, wie man einen beliebigen Pfad auf dem externen Speicher angeben kann:

```
request.setDestinationUri(Uri.fromFile(f));
```

Wenn die heruntergeladene Datei spezifisch für Ihre Anwendung ist, können Sie sie im externen Speicherverzeichnis Ihrer Anwendung ablegen. Beachten Sie, dass die Zugriffskontrolle nicht auf diesen Ordner angewendet wird und andere Anwendungen darauf zugreifen können. Wenn Ihre Anwendung deinstalliert wird, werden auch die in diesen Ordnern gespeicherten Dateien entfernt.

Der folgende Programm-Ausschnitt beschreibt das Speichern einer Datei im externen Download-Verzeichnis Ihrer Anwendung:

```
request.setDestinationInExternalFilesDir(this,
  Environment.DIRECTORY_DOWNLOADS, "bugdroid.png");
```

Für Dateien, die für andere Anwendungen freigegeben werden können oder sollen – insbesondere solche, die Sie mit dem Medien-Scanner scannen möchten – können Sie einen

Speicherort im öffentlichen Ordner auf dem externen Speicher angeben. Das folgende Beispiel fordert eine Datei im öffentlichen Musikordner an:

```
request.setDestinationInExternalPublicDir(Environment.DIRECTORY_MUSIC,
    "android_anthem.mp3");
```

> **Hinweis**
>
> Lesen Sie Kapitel 8 für weitere Details über den externen Speicher und die statischen Umgebungsvariablen, die Sie verwenden können, um Verzeichnisse darin anzugeben.

Berücksichtigen Sie, dass vom Download-Manager heruntergeladene Dateien standardmäßig nicht vom Media Scanner gescannt werden, so dass sie möglicherweise nicht in Anwendungen wie Fotogalerien und Musik-Playern angezeigt werden.

Um heruntergeladene Dateien scanfähig zu machen, rufen Sie `allowScanningBy MediaScanner` auf dem `Request`-Objekt auf, bevor es vom Download-Manager angefordert wird:

```
request.allowScanningByMediaScanner();
```

Standardmäßig werden Ihre Dateien von der Download-App des Systems angezeigt und verwaltet. Wenn Sie dies nicht wünschen, können Sie `setVisibleInDownloadsUi` aufrufen und `false` übergeben:

```
request.setVisibleInDownloadsUi(false);
```

7.3.4 Abbrechen und Entfernen von Downloads

Mit der `remove`-Methode des `DownloadManagers` können Sie einen ausstehenden Download abbrechen, einen laufenden Download abbrechen oder einen abgeschlossenen Download löschen.

Wie im folgenden Code-Ausschnitt gezeigt, akzeptiert die `remove`-Methode Download-IDs als optionale Argumente, so dass Sie einen oder mehrere Downloads zum Abbrechen angeben können:

```
downloadManager.remove(fileRef1, fileRef2, fileRef3);
```

Die Methode `remove` gibt die Anzahl der erfolgreich abgebrochenen Downloads zurück. Wenn ein Download abgebrochen wird, werden alle zugehörigen Dateien – sowohl teilweise als auch vollständig – entfernt.

7.3.5 Abfrage des Download Managers

Sie können den `DownloadManager` abfragen, um den Status, den Fortschritt und die Details Ihrer Download-Anfragen zu finden, indem Sie die Methode `query` verwenden, die einen `Cursor` zur Liste der Downloads zurückgibt.

> **Hinweis**
>
> Die `Cursor`-Klasse stellt ein Datenkonstrukt dar, das von Android verwendet wird, um Daten zurückzugeben, die normalerweise in einer Content-Provider- oder SQLite-Datenbank gespeichert sind. In Kapitel 10 erfahren Sie mehr über `ContentProvider`, `Cursor` und wie Sie die darin gespeicherten Daten finden.

Die Methode `query` nimmt ein `DownloadManager.Query`-Objekt als Parameter. Verwenden Sie die Methode `setFilterById` für ein `Query`-Objekt, um eine Folge von Download-Referenz-IDs anzugeben, oder verwenden Sie die Methode `setFilterByStatus`, um einen Download-Status mit Hilfe einer der Konstanten `DownloadManager.STATUS_*` zu filtern, um laufende, angehaltene, fehlgeschlagene oder erfolgreiche Downloads anzugeben.

Der `DownloadManager` enthält eine Reihe von static String-Konstanten `COLUMN_*`, mit denen Sie den Ergebnis-`Cursor` abfragen können. Sie können Details zu jedem Download finden, einschließlich Status, Dateigröße, bisher heruntergeladene Bytes, Titel, Beschreibung, URI, Medientyp und Medienanbieter-Download-URI.

Zusätzlich enthält der `DownloadManager` die Methoden `getUriForDownloadedFile` und `openDownloadedFile`. Listing 7.9 erweitert Listing 7.7, um zu demonstrieren, wie man den URI oder `ParcelFileDescriptor` von abgeschlossenen Downloads aus einem `BroadcastReceiver` heraus findet, der zum Empfangen von Download-Vervollständigungen registriert ist.

```
@Override
public void onReceive(Context context, Intent intent) {

  DownloadManager downloadManager =
    (DownloadManager)getSystemService(Context.DOWNLOAD_SERVICE);

  String extraNotificationFileIds =
    DownloadManager.EXTRA_NOTIFICATION_CLICK_DOWNLOAD_IDS;
  String extraFileId = DownloadManager.EXTRA_DOWNLOAD_ID;
  String action = intent.getAction();

  if (DownloadManager.ACTION_DOWNLOAD_COMPLETE.equals(action)) {
    long reference = intent.getLongExtra(extraFileId,-1);
```

7.3 | Den Download-Manager verwenden

```
    if (myDownloadReference == reference) {
      DownloadManager.Query myDownloadQuery = new DownloadManager.Query();
      myDownloadQuery.setFilterById(reference);

      Cursor myDownload = downloadManager.query(myDownloadQuery);
      if (myDownload.moveToFirst()) {
        int fileIdIdx =
          myDownload.getColumnIndex(DownloadManager.COLUMN_ID);

        long fileId = myDownload.getLong(fileIdIdx);

        Uri fileUri = downloadManager.getUriForDownloadedFile(fileId);
        // Tue etwas mit der heruntergeladenen Datei
      }
      myDownload.close();
    }
  }
  else if (DownloadManager.ACTION_NOTIFICATION_CLICKED.equals(action)) {
    long[] references = intent.getLongArrayExtra(extraNotificationFileIds);
    for (long reference : references)
      if (myDownloadReference == reference) {
        // Reagiere auf Benutzer, der Download-Notification auswählt
        try {
          ParcelFileDescriptor fileDescriptor =
            downloadManager.openDownloadedFile(reference);
        } catch (FileNotFoundException e) {
          Log.e(TAG, "Downloaded file open error.", e);
        }
      }
    }
  }
}
```

Listing 7.9 Details zu abgeschlossenen Downloads finden

Für Downloads, die entweder angehalten wurden oder fehlgeschlagen sind, können Sie die Spalte COLUMN_REASON abfragen, um die als ganze Zahl dargestellte Ursache zu finden.

Im Falle von STATUS_PAUSED-Downloads können Sie den Ursachencode interpretieren, indem Sie eine der static Konstanten DownloadManager.PAUSED_ verwenden, um festzustellen, ob der Download angehalten wurde, während Sie auf eine Netzwerkverbindung, eine WLAN-Verbindung oder einen erneuten Versuch warten.

Für STATUS_FAILED-Downloads können Sie die Fehlerursache mit Hilfe der DownloadManager.ERROR_-Codes ermitteln. Mögliche Fehlercodes sind das Feh-

7.3 | Internet-Ressourcen verwenden

len eines Speichergeräts, unzureichender freier Speicherplatz, doppelte Dateinamen oder HTTP-Fehler.

Listing 7.10 zeigt, wie man eine Liste der aktuell pausierten Downloads findet und ermittelt den Grund, warum der Download angehalten wurde, den Dateinamen, seinen Titel und den aktuellen Fortschritt.

```
// Hole den Download Manager Service
String serviceString = Context.DOWNLOAD_SERVICE;
DownloadManager downloadManager;
downloadManager = (DownloadManager)getSystemService(serviceString);

// Erzeuge eine Query für einen pausierten Download
DownloadManager.Query pausedDownloadQuery = new DownloadManager.Query();
pausedDownloadQuery.setFilterByStatus(DownloadManager.STATUS_PAUSED);

// Ermittle den Download Manager für pausierte Downloads
Cursor pausedDownloads = downloadManager.query(pausedDownloadQuery);

// Ermittle den Spaltenindex für die benötigten Daten
int reasonIdx = pausedDownloads.getColumnIndex(DownloadManager.COLUMN_REASON);
int titleIdx = pausedDownloads.getColumnIndex(DownloadManager.COLUMN_TITLE);
int fileSizeIdx = pausedDownloads.getColumnIndex(
                    DownloadManager.COLUMN_TOTAL_SIZE_BYTES);
int bytesDLIdx = pausedDownloads.getColumnIndex(
                    DownloadManager.COLUMN_BYTES_DOWNLOADED_SO_FAR);

// Iteriere über den Result-Cursor
while (pausedDownloads.moveToNext()) {
  // Ermittle die benötigten Daten vom Cursor
  String title = pausedDownloads.getString(titleIdx);
  int fileSize = pausedDownloads.getInt(fileSizeIdx);
  int bytesDL = pausedDownloads.getInt(bytesDLIdx);

  // Übersetze den Pausengrund in einen lesbaren Text
  int reason = pausedDownloads.getInt(reasonIdx);
  String reasonString = "Unknown";
  switch (reason) {
    case DownloadManager.PAUSED_QUEUED_FOR_WIFI :
      reasonString = "Waiting for WiFi."; break;
    case DownloadManager.PAUSED_WAITING_FOR_NETWORK :
      reasonString = "Waiting for connectivity."; break;
    case DownloadManager.PAUSED_WAITING_TO_RETRY :
      reasonString = "Waiting to retry."; break;
    default : break;
  }
```

```
// Erzeuge eine Statuszusammenfassung
StringBuilder sb = new StringBuilder();
sb.append(title).append("\n");
sb.append(reasonString).append("\n");
sb.append("Downloaded ").append(bytesDL).append(" / " ).append(fileSize);

// Zeige den Status
Log.d("DOWNLOAD", sb.toString());
}

// Schließe den Result-Cursor
pausedDownloads.close();
```

Listing 7.10 Details zu angehaltenen Downloads finden

7.4 Akkuschonendes Herunterladen von Dateien

Drahtlose Datenverbindungen belasten den Akku erheblich. Die Devices für Mobil- und WLAN-Datenverbindungen verbrauchen viel Strom, nicht nur für die Datenübertragung, sondern auch für den Betrieb und die Wartung von Netzwerkverbindungen.

Das Timing und die Vorgehensweise beim Herunterladen von Daten kann einen erheblichen Einfluss auf die Akkulaufzeit haben, daher ist es wichtig, dass Sie wissen, wie sich Ihr Verbindungsmodell auf die zugrunde liegende Funkhardware auswirkt, um den mit der Netzwerkaktivität verbundenen Akkuverbrauch zu minimieren.

> **Hinweis**
>
> Wie man die Auswirkungen von Netzwerkverbindungen und Datenübertragungen reduziert, erfahren Sie unter »Reducing Network Battery Drain« unter der URL *developer.android.com/training/performance/battery/network*.

Wenn Sie mobil Daten senden oder empfangen, verbrauchen Sie viel Energie. Die Kommunikation zum Provider zur Bereitstellung von Konnektivität bewirkt eine zusätzliche Latenzzeit. Das hat zur Folge, dass das Mobil-Device zwischen verschiedenen Leistungsmodi wechselt, um Energie zu sparen und Latenzzeiten zu minimieren.

Ein übliches 3G-Netzwerk umfasst typischerweise drei Energiezustände:

- Volle Leistung: Wird verwendet, wenn eine Verbindung aktiv Daten überträgt.

- Niedriger Stromverbrauch: Wird kurzzeitig (etwa 5 Sekunden) nach Abschluss einer Übertragung aktiviert. Es verbraucht etwa 50 Prozent der Leistung einer vollständigen Verbindung, hat aber eine verbesserte Startlatenz im Vergleich zum Standby-Modus.

7.4 | Internet-Ressourcen verwenden

- Standby: Der Zustand der minimalen Leistungsaufnahme, der nach einer angemessenen Zeit (etwa 15 Sekunden) aktiviert wird, in der kein Netzwerkverkehr stattgefunden hat.

Jedes Mal, wenn Sie eine neue Verbindung herstellen oder zusätzliche Daten herunterladen, riskieren Sie, das Mobil-Device aus dem Standby-Modus zu wecken und so die Zeit zu verlängern, die es im Full- und Low-Power-Modus verbringt.

Um ein entgegengesetztes Beispiel zu verwenden, kann der Aufbau häufiger, kurzlebiger Verbindungen, die kleine Datenmengen herunterladen, dramatisch negative Auswirkungen auf die Akkus haben. Durch die Übertragung von Daten alle 15 Sekunden kann das Mobilfunknetz-Device konstant auf voller Leistung gehalten werden.

Die Lösung besteht darin, die Häufigkeit und Größe Ihrer Datenübertragungen zu reduzieren. Sie können die folgenden Techniken verwenden, um die Akku-Belastung Ihrer Anwendung zu minimieren:

- Daten zwischenspeichern und komprimieren: Vermeiden Sie es, Daten häufiger als nötig herunterzuladen, indem Sie sie lokal speichern oder zwischenspeichern. Minimieren Sie die Übertragungsdauer, indem Sie die Daten an der Serverquelle effizient komprimieren, bevor Sie sie an Ihr Gerät übertragen.

- Erwägen Sie WLAN- statt Mobilfunkverbindungen: Das WLAN-Device kann deutlich weniger Strom verbrauchen als das Mobilfunk-Device. Bei großen Dateien und auch dort, wo die Aktualität nicht so wichtig ist, sollten Sie die Übertragung verzögern, bis das Gerät über WLAN verbunden ist.

- Aggressiver Prefetch: Je mehr Daten Sie in einer einzigen Verbindung herunterladen, desto seltener muss das Netzwerk-Device eingeschaltet werden, um mehr Daten herunterzuladen. Dies muss mit dem Herunterladen von zu vielen Daten ausgeglichen werden, die nicht verwendet werden.

- Bündeln Sie Ihre Verbindungen und Downloads: Anstatt zeitlich unkritische Daten wie beispielsweise Analysen beim Empfang zu versenden, bündeln Sie sie und planen Sie sie für die gleichzeitige Übertragung mit anderen Verbindungen, etwa beim Aktualisieren von Inhalten oder beim Prefetching von Daten. Denken Sie daran, dass jede neue Verbindung das Potenzial hat, das Netzwerk-Device einzuschalten.

- Bestehende Verbindungen wiederverwenden statt neue zu erstellen: Die Verwendung vorhandener Verbindungen, anstatt neue für jede Übertragung zu initiieren, kann die Netzwerkleistung drastisch verbessern, die Latenzzeit reduzieren und es dem Netzwerk ermöglichen, intelligent auf Staus und damit verbundene Probleme zu reagieren.

- Verwenden Sie serverinitiierte Updates anstelle von regelmäßigen Downloads: Jedes Mal, wenn Sie eine Verbindung herstellen, schalten Sie das Funk-Device möglicherweise ein, auch wenn Sie am Ende keine neuen Daten herunterladen. Lassen Sie Ihren Server jeden Client benachrichtigen, wenn neue Daten über Firebase Cloud Messaging heruntergeladen werden müssen (siehe Kapitel 11).

- Planen Sie regelmäßige Downloads so selten wie möglich: Wenn regelmäßige Updates erforderlich sind, ist es empfehlenswert, die Standard-Aktualisierungsfrequenz so niedrig wie möglich einzustellen. Für Benutzer, die ihre Updates häufiger benötigen, bieten Sie Optionen an, die es ihnen ermöglichen, die Akkulaufzeit im Austausch für Aktualität zu opfern.

Android bietet eine Reihe von APIs, die Sie bei der effizienten Durchführung von Datenübertragungen unterstützen, insbesondere die Android-Frameworks Job-Scheduler, GCM Network-Manager und Firebase Job-Dispatcher.

> **Hinweis**
>
> In Kapitel 11 näher erläutert, stellen die drei hier beschriebenen Alternativen Varianten der gleichen Android-API dar. Der Job-Scheduler ist eine Framework-API, die in Android 5.0 Lollipop (API Level 21) eingeführt wurde. GCM Network-Manager ist eine abwärtskompatible API, die über die Google Play-Dienste verfügbar ist und kürzlich durch die Firebase Job-Dispatcher-Bibliothek ersetzt wurde. Sowohl der Job-Dispatcher als auch der Netzwerk-Manager verwenden den Android Job-Scheduler auf Geräten, auf denen er verfügbar ist.

Diese APIs bieten Ihnen die Möglichkeit, Hintergrunddatenübertragungen innerhalb Ihres Anwendungsprozesses intelligent einzuplanen. Als globale Dienste können sie Übertragungen von mehreren Anwendungen stapeln und verschieben, um die Gesamtbelastung für die Akkus zu minimieren.

Sie bieten:

- Zeitplan für einmalige oder periodische Downloads
- Automatisches Zurücksetzen und Fehlerwiederholung
- Aufrechterhaltung der geplanten Übertragungen zwischen Geräte-Neustarts
- Zeitplanung basierend auf der Art der Netzwerkverbindung und dem Ladestatus des Geräts

Wir erkunden jede dieser APIs im Detail in Kapitel 11.

7.5 Einführung in Internet Services und Cloud Computing

Software as a Service (SaaS) und Cloud Computing werden immer beliebter, da Unternehmen die Kosten für Installation, Upgrade und Wartung ihrer eigenen Hardware sparen. Das Ergebnis sind eine Reihe von Rich-Internet-Services und Cloud-Ressourcen, mit denen Sie mobile Anwendungen erstellen und verbessern können.

7.5 | Internet-Ressourcen verwenden

Die Idee, eine mittlere Schicht zur Reduzierung der Client-seitigen Belastung zu verwenden, ist nicht neu, und glücklicherweise gibt es viele internetbasierte Optionen, um Ihre Anwendungen mit dem Service-Level zu versorgen, den Sie benötigen.

Die schiere Menge der verfügbaren Internet-Dienste macht es unmöglich, sie alle hier aufzulisten (geschweige denn sie im Detail zu betrachten), aber die folgende Liste zeigt einige der ausgereifteren und gängigeren Internet-Dienste, die derzeit verfügbar sind. Da Android in erster Linie von Google entwickelt wird, werden die Cloud-Plattform-Angebote von Google besonders gut unterstützt, wie im folgenden Abschnitt zusammengefasst wird:

- Google Cloud Platform Compute Services: Eine Vielzahl von Services für den Betrieb von Cloud-basierten Servern, darunter die Compute Engine für den Betrieb großer Workloads auf virtuellen Maschinen, die App Engine-Plattform für den Aufbau skalierbarer mobiler Backends und die Container Engine für den Betrieb von Docker-Containern (powered by Kubernetes).

- Google Cloud Platform Storage und BigQuery: Eine Reihe von Produkten für die Speicherung von Daten in der Cloud, darunter Cloud Storage für die Speicherung von Objekten mit globalem Edge-Caching, Cloud Spanner und Cloud SQL für relationale Datenbanken, die SQL-Abfragen unterstützen, Cloud Bigtable für massiv skalierbare NoSQL-Datenbanken und Cloud Datastore for NoSQL, schemafreie Datenbanken (entwickelt für die Speicherung nicht-relationaler Daten). Sie bieten auch BigQuery, ein vollständig verwaltetes, kostengünstiges Enterprise Data Warehouse für die Datenanalyse im Petabyte-Bereich.

- Google Machine Learning APIs: Google bietet eine Reihe von Machine Intelligence APIs, die auf seinen maschinellen Lernfunktionen basieren. Dazu gehören eine Vision-API, die den Inhalt von Bildern verstehen kann, eine Sprach-API für erweiterte Spracherkennung, eine Natural Language-API, die Erkenntnisse aus unstrukturiertem Text gewinnt, und eine Translate-API für die programmgesteuerte Übersetzung von Text in Echtzeit.

- Amazon Web Services: Amazon bietet eine Reihe von Cloud-basierten Diensten an, einschließlich einer ähnlichen Palette von Diensten für Cloud-Computing und -Speicherung, einschließlich verteilter Speicherlösungen (S3) und Elastic Compute Cloud (EC2).

Eine genauere Betrachtung dieser Produkte liegt außerhalb des Rahmens dieses Buches. Kapitel 11 enthält jedoch einige zusätzliche Informationen darüber, wie Sie Google Cloud Messaging verwenden können, um das clientseitige Polling durch servergesteuerte Updates zu ersetzen.

Kapitel 8
Dateien, Speicher-Status und Benutzereinstellungen

> **Inhalt**
>
> - Anwendungsdaten mit SharedPreferences dauerhaft speichern
> - Anwendungseinstellungen verwalten und PreferenceScreens erstellen
> - Activity-Instanzdaten zwischen Sitzungen speichern
> - ViewModel und LiveData verwenden
> - Statische Dateien als externe Ressourcen einbinden
> - Dateien speichern und laden und das lokale Dateisystem verwalten
> - Anwendungsdatei Caches verwenden
> - Dateien in öffentlichen Verzeichnissen ablegen
> - Dateien zwischen Anwendungen austauschen
> - Dateien aus anderen Anwendungen aufrufen

Wrox.com-Code-Downloads für dieses Kapitel

Die Code-Downloads für dieses Kapitel finden Sie unter www.wrox.com. Der Code für dieses Kapitel ist in die folgenden Hauptbeispiele unterteilt:

- Snippets_ch8.zip
- Earthquake_ch8.zip

8.1 Dateien, Zustände und Einstellungen speichern

Das Speichern und Laden von Daten ist für die meisten Anwendungen unerlässlich. Dieses Kapitel stellt einige der einfachsten und vielseitigsten Daten-Persistenz- und Datei-Sharing-Techniken in Android vor: SharedPreferences, Instance-State-Bundles, lokale Dateien und das Storage Access Framework.

Eine Activity sollte mindestens den Status ihrer Benutzeroberfläche (UI) speichern, bevor sie inaktiv wird, um sicherzustellen, dass die gleiche Oberfläche beim Neustart der Activity angezeigt wird. Es ist auch wahrscheinlich, dass Sie Benutzereinstellungen und Benutzeraktionen speichern müssen.

Androids nicht-deterministische Activities und Anwendungslebenszyklen machen die dauerhafte Speicherung des Oberflächenstatus und der Anwendungsdaten zwischen den Sitzungen besonders wichtig, da die App möglicherweise beendet und neu gestartet worden sein kann, bevor sie wieder in den Vordergrund tritt.

In Kapitel 9 über Datenbanken und in Kapitel 10 über Inhaltsanbieter und Suchen werden wir Mechanismen zur Speicherung komplexer, strukturierter Daten betrachten – aber für das Speichern einfacher Werte oder Dateien innerhalb Ihrer Anwendung bietet Android mehrere Alternativen, die jeweils für einen bestimmten Bedarf optimiert sind:

- **Gespeicherter Anwendungs-Oberflächenstatus**: Activities und Fragmente beinhalten spezialisierte Event-Handler, die den aktuellen Oberflächenzustand aufzeichnen, wenn Ihre Anwendung in den Hintergrund verschoben wird.

- **SharedPreferences**: Beim Speichern von Oberflächenstatus, Benutzereinstellungen oder Anwendungseinstellungen benötigen Sie einen schlanken Mechanismus, um einen festgelegten Satz von Werten zu speichern. Mit SharedPreferences können Sie Gruppen von Name-Wert-Paaren einfacher Daten als benannte Präferenzen speichern.

- **Dateien**: Manchmal ist das Schreiben und Lesen von Dateien die einzige Möglichkeit, insbesondere beim Speichern von Binärdaten wie Bildern, Audio und Video. Mit Android können Sie Dateien auf den internen oder externen Medien des Geräts erstellen, laden und freigeben sowie temporäre Caches unterstützen. Der FileProvider und das Storage Access Framework bieten auch die Möglichkeit, Dateien mit anderen Anwendungen zu teilen und auf sie zuzugreifen.

8.2 Activity- und Fragment Instance-State mit den Lifecycle-Handlern sichern und wiederherstellen

Um den Zustand von Instanzvariablen innerhalb von Activities und Fragmenten zu speichern, stellt Android die Handler-Methode onSaveInstanceState zur Verfügung, um Daten, die mit dem Oberflächenzustand verbunden sind, über Sitzungen hinweg zu speichern.

Activity- und Fragment Instance-State mit den Lifecycle-Handlern sichern und wiederherstellen | 8.2

Während der Status für jede View mit android:id automatisch vom Framework gespeichert und wiederhergestellt wird, sind Sie für das Speichern und Wiederherstellen aller anderen Instanzvariablen verantwortlich, die für die Neuerstellung und Wiederherstellung der Benutzeroberfläche benötigt werden.

Die Handler-Methode onSaveInstanceState wurde speziell für den Fall entwickelt, dass die Activity durch die Laufzeit innerhalb einer einzelnen Benutzersitzung beendet wird – entweder um Ressourcen für Vordergrundapplikationen freizugeben oder um Neustarts aufgrund von Änderungen der Hardwarekonfiguration zu ermöglichen.

Wenn Sie den Event-Handler onSaveInstanceState einer Activity überschreiben, verwenden Sie den Bundle-Parameter, um Instanzvariablen zu speichern, die sich auf Ihre Benutzeroberfläche beziehen, indem Sie die put-Methoden verwenden, die jedem primitiven Typ zugeordnet sind. Denken Sie daran, immer die Methode der Basisklasse über super aufzurufen, um den Standardzustand zu speichern:

```java
private static final String SEEN_WARNING_KEY = "SEEN_WARNING_KEY";

// Hat der Benutzer während dieser Sitzung eine Warnung gesehen?
private boolean mSeenWarning = false;

@Override
public void onSaveInstanceState(Bundle saveInstanceState) {
  // Sichere den mit der Oberfläche verbundenen Status.
  saveInstanceState.putBoolean(SEEN_WARNING_KEY,
                               mSeenWarning);

  super.onSaveInstanceState(saveInstanceState);
}
```

Dieser Handler wird ausgelöst, wenn eine Activity ihren aktiven Lebenszyklus beendet, aber nur, wenn sie nicht explizit durch einen Aufruf von finish beendet wird. Dadurch wird ein konsistenter Activity-Zustand zwischen den aktiven Lebenszyklen einer einzelnen Benutzersitzung sichergestellt.

Das gespeicherte Bundle wird an die Methoden onRestoreInstanceState und onCreate übergeben, wenn die Anwendung neu gestartet wird:

```java
@Override
public void onCreate(Bundle savedInstanceState) {
  super.onCreate(savedInstanceState);
  setContentView(R.layout.main);
```

8.3 | Dateien, Speicher-Status und Benutzereinstellungen

```
    if (savedInstanceState != null &&
       savedInstanceState.containsKey(SEEN_WARNING_KEY)) {
      mSeenWarning = savedInstanceState.getBoolean(SEEN_WARNING_KEY);
    }
  }
```

Wird eine Activity vom Benutzer durch Drücken des Back-Buttons explizit geschlossen oder programmgesteuert beendet, wird das derzeitige Instanzstatus Bundle beim nächsten Erzeugen der Activity nicht an `onCreate` oder `onRestoreInstanceState` übergeben. Daten, die über Benutzer-Sessions hinweg persistiert bleiben sollen, sollten mit Hilfe von `SharedPreferences` gespeichert werden, wie in den folgenden Abschnitten beschrieben wird.

Die Benutzeroberfläche vieler Anwendungen wird in Fragmenten gekapselt. Dementsprechend enthalten Fragmente auch einen `onSaveInstanceState`-Handler, der ähnlich wie sein Activity-Pendant funktioniert.

Der Instanzzustand, der in diesem Bundle gespeichert ist, wird als Parameter an die Handler `onCreate`, `onCreateView` und `onActivityCreated` des Fragments übergeben.

Für Fragmente mit einer Oberflächenkomponente gelten die gleichen Techniken wie für alle Fragmente: Sie sollten ihren Oberflächenstatus wiederherstellen, wenn eine Activity zerstört und neu gestartet wird, um eine Änderung der Hardwarekonfiguration, wie beispielsweise die Änderung der Bildschirmorientierung, zu handhaben. Da Android die Fragmente automatisch neu erstellt, sollten alle Fragmente, die innerhalb der Methode `onCreate` einer Activity programmgesteuert hinzugefügt werden, nur hinzugefügt werden, wenn der Parameter `savedInstanceState` null ist, um doppelte Fragmente zu vermeiden (siehe Listing 8.1).

```
@Override
public void onCreate(Bundle savedInstanceState) {
  super.onCreate(savedInstanceState);
  setContentView(R.layout.main);

  if (savedInstanceState == null) {
    FragmentTransaction ft = getSupportFragmentManager().beginTransaction();
    ft.add(R.id.fragment_container, new MainFragment());
    ft.commit();
  }
}
```
Listing 8.1 Ein Fragment in `onCreate` hinzufügen

8.3 Instanzstatus mit kopflosen Fragmenten und ViewModel beibehalten

Activities und Fragmente wurden entwickelt, um Oberflächendaten anzuzeigen und auf Benutzerinteraktionen zu reagieren. Sie werden bei jeder Änderung der Gerätekonfiguration zerstört und neu erstellt – am häufigsten, wenn der Bildschirm gedreht wird.

Wenn Sie in diesen Oberflächenkomponenten Daten speichern oder zeitraubende asynchrone Operationen durchführen, zerstört ein Benutzer, der den Bildschirm dreht, diese Daten und unterbricht alle laufenden Prozesse.

Dies kann zu Doppelarbeit, erhöhter Latenz und redundanter Verarbeitung führen. Darum ist es sinnvoll, die Anwendungsdaten und die Verarbeitung aus den Activities in eine Klasse zu verschieben, die beim Neustart der Gerätekonfiguration erhalten bleibt.

`ViewModels` und kopflose Fragmente (Headless Fragments) bieten zwei solcher Mechanismen, die sicherstellen, dass Daten über Konfigurationsänderungen hinweg erhalten bleiben, während gleichzeitig sichergestellt wird, dass Ihre Activity- oder Fragment-Oberfläche ohne das Risiko von Speicherlecks aktualisiert werden kann.

8.3.1 ViewModel und LiveData

`ViewModel` und `LiveData` wurden in Kapitel 7 als Teil einer Möglichkeit eingeführt, Netzwerkoperationen in Hintergrund-Threads durchzuführen. Sie sollten verwendet werden, um den Zustand über alle Gerätekonfigurationen hinweg aufrechtzuerhalten.

`ViewModel` wurde speziell entwickelt, um oberflächenbezogene Daten so zu speichern und zu verwalten, dass sie auch bei Konfigurationsänderungen erhalten bleiben. `ViewModel` bieten eine einfache Möglichkeit, die angezeigten Daten von der Kontrollelemente-Logik zu trennen, die zum Fragment oder zur Activity gehört. Daher ist es eine gute Idee, alle Ihre Daten, die Geschäftslogik und jeden Code, der nicht direkt mit den Elementen zusammenhängt, aus Ihrer Activity oder Ihrem Fragment in ein `ViewModel` zu verschieben.

Da ein `ViewModel` bei Konfigurationsänderungen erhalten bleibt, sind die Daten, die es enthält, sofort für eine neu erstellte `Activity` oder Fragment Instanz verfügbar.

Die in einem `ViewModel` gespeicherten Daten werden typischerweise als `LiveData` zurückgegeben, eine Klasse, die speziell für die Aufnahme einzelner Datenfelder für `ViewModel` entwickelt wurde.

`LiveData` ist eine lebenszyklusfähige Klasse, die dazu dient, überwachte Updates für Anwendungsdaten bereitzustellen. Lebenszyklusfähig bedeutet, dass `LiveData` nur Updates an `Observer` innerhalb von App-Komponenten sendet, die sich in einem aktiven

8.3 | Dateien, Speicher-Status und Benutzereinstellungen

Lebenszyklus-Zustand befinden. Manchmal ist es sinnvoll, eine eigene LiveData-Klasse zu erstellen, aber in den meisten Fällen ist die Klasse MutableLiveData ausreichend.

Jede MutableLiveData-Instanz kann für einen eigenen Datentyp deklariert werden:

```
private final MutableLiveData<List<String>> data;
```

In Ihrem ViewModel können Sie den von Ihren LiveData gespeicherten Wert mit der Methode setValue ändern, während Sie sich im Haupt-Oberflächen-Thread befinden:

```
data.setValue(data);
```

Alternativ können Sie postValue verwenden, um die Benutzeroberfläche von einem Hintergrund-Thread aus zu aktualisieren, der eine Task in einen Haupt-Thread schreibt, um die Aktualisierung durchzuführen.

Wenn der Wert eines LiveData-Objekts geändert wird, wird der neue Wert an alle aktiven Observer gesendet, wie später in diesem Abschnitt beschrieben.

Ein Observer, der von einer Activity oder einem Fragment hinzugefügt wurde, wird automatisch entfernt, wenn die entsprechende Activity oder das Fragment zerstört wird, so dass Sie die LiveData sicher überwachen können, ohne sich Gedanken über Speicherlecks machen zu müssen.

Das ViewModel und die zugehörigen LiveData-Klassen sind als Teil der Android Architecture Components-Bibliothek verfügbar, daher müssen Sie zunächst eine Dependency zur *build.gradle*-Datei Ihres Anwendungsmoduls hinzufügen:

```
dependencies {
  [... Existierende Dependency-Knoten ...]
  implementation "android.arch.lifecycle:extensions:1.1.1"
}
```

Der folgende Ausschnitt zeigt den Rahmencode für eine einfache ViewModel-Implementierung unter Verwendung eines Standard MutableLiveData-Objekts zum Speichern von benutzeroberflächenbezogenen Daten. Es verwendet außerdem eine AsyncTask, um das Hintergrund-Threading zu kapseln, das zum Laden der zugehörigen Daten erforderlich ist:

```
public class MyViewModel extends AndroidViewModel {
  private static final String TAG = "MyViewModel";

  private final MutableLiveData<List<String>> data;

  public MyViewModel(Application application) {
    super(application);
  }
```

8.3 | Instanzstatus mit kopflosen Fragmenten und ViewModel beibehalten

```java
public LiveData<List<String>> getData() {
  if (data == null)
    data = new MutableLiveData<List<String>>();
    loadData();
  }
  return data;
}

// Asynchrones Laden und Aktualisieren der LiveData
public void loadData() {
  new AsyncTask<Void, Void, List<String>>() {
    @Override
    protected List<String> doInBackground(Void... voids) {
      ArrayList<String> result = new ArrayList<>(0);
      // TODO Lade die Daten des Hintergrund-Threads.
      return result;
    }

    @Override
    protected void onPostExecute(List<String> data) {
      // Aktualisiere die LiveData-Werte.
      data.setValue(data);
    }
  }.execute();
}
}
```

Um ein `ViewModel` in Ihrer Anwendung verwenden zu können, müssen Sie zunächst eine neue oder die vorhandene Instanz von `ViewModel` aus einer Activity oder einem Fragment heraus erstellen.

Die Klasse `ViewModelProviders` enthält eine statische Methode `of`, die verwendet werden kann, um alle zu einem bestimmten Kontext gehörenden `ViewModels` abzurufen:

```
ViewModelProvider providers = ViewModelProviders.of(this);
```

Verwenden Sie dann die Methode `get`, um das gewünschte `ViewModel` anzugeben:

```
MyViewModel myViewModel = providers.get(MyViewModel.class);
```

Sobald Sie eine Referenz auf Ihr `ViewModel` haben, greifen Sie auf eines der darin enthaltenen `LiveData`-Felder zu und verwenden die Methode `observe`, um einen `Observer` hinzuzufügen, der Updates über den Handler `onChanged` erhält, wenn der Observer hinzugefügt wird, und erneut, wenn sich die zugrunde liegenden Daten ändern. Dies geschieht typischerweise innerhalb der Handler-Methode `onCreate` Ihrer Activity oder Ihres Fragments:

8.3 | Dateien, Speicher-Status und Benutzereinstellungen

```
myViewModel.getData().observe(this,
  new Observer<List<String>>() {
    @Override
    public void onChanged(@Nullable List<String> data) {
      // TODO Wenn neue ViewModel-Daten empfangen werden,
      // aktualisiere die Oberfläche.
    }
  }
);
```

Da Ihr `ViewModel`-Lebenszyklus auf Ihrer Anwendung basiert und nicht auf der entsprechenden Activity oder dem entsprechenden Fragment, wird die Ladefunktion des `ViewModels` nicht durch eine Änderung der Gerätekonfiguration unterbrochen.

Ebenso werden Ihre Ergebnisse implizit über Gerätekonfigurationsänderungen hinweg zwischengespeichert. Nach einer Drehung, wenn `observe` auf den Daten des `ViewModels` aufgerufen wird, wird sofort die letzte Ergebnismenge über den Handler `onChanged` zurückgegeben, ohne dass die Methode `loadData` des `ViewModels` aufgerufen wird.

8.3.2 Kopflose Fragmente

Vor der Verfügbarkeit von `ViewModel` über die Android-Architekturkomponenten waren kopflose Fragmente (Headless Fragments) nützliche Mechanismen, um den Instanzstatus bei Änderungen der Gerätekonfiguration zu erhalten.

Fragmente müssen keine Benutzeroberfläche enthalten – ein »kopfloses« Fragment kann durch Rückgabe von `null` innerhalb der Methode `onCreateView` erzeugt werden (dies ist die Standardimplementierung). Kopflose Fragmente, die über Activity-Neustarts erhalten bleiben, können verwendet werden, um eigenständige Operationen zu kapseln, die Zugriff auf Lebenszyklus-Methoden benötigen oder die nach einer Konfigurationsänderung nicht zusammen mit der Activity beendet und neu gestartet werden sollten.

> **Hinweis**
>
> Die Einführung von `ViewModel` und `LiveData` hat die Verwendung von kopflosen Fragmenten zur Speicherung von Zustandsinformationen bei Änderungen der Gerätekonfiguration weitgehend überflüssig gemacht. Details sind hier als Referenz enthalten, da Sie diesen Ansatz wahrscheinlich in Anwendungen finden werden, die vor der Einführung von Android Architecture Components entwickelt wurden.

Sie können anfordern, dass Ihre `Fragment`-Instanz über Konfigurationsänderungen hinweg erhalten bleibt, indem Sie `setRetainInstance` innerhalb der Handler-Methode onCreate eines Fragments aufrufen. Dadurch wird der Lebenszyklus der Fragment-Instanz von ihrer übergeordneten Activity getrennt, was bedeutet, dass sie nicht zusammen mit ihrer übergeordneten Activity beendet und neu gestartet wird:

```
@Override
public void onCreate(Bundle savedInstanceState) {
  super.onCreate(savedInstanceState);

  // Erhalte dieses Fragment über Konfigurationsänderungen
  setRetainInstance(true);
}

@Override
public View onCreateView (LayoutInflater inflater,
                         ViewGroup container,
                         Bundle savedInstanceState){
  return null;
}
```

Daher werden die Handler-Methoden onDestroy und onCreate für ein erhaltenes Fragment nicht aufgerufen, wenn sich die Gerätekonfiguration ändert und die angehängte Activity zerstört und neu erstellt wird. Dies kann eine erhebliche Effizienzsteigerung bringen, wenn Sie den Großteil Ihrer Objekterstellung in die onCreate-Handler-Methode dieses Fragments verschieben.

Beachten Sie, dass die restlichen Lebenszyklus-Handler des Fragments, einschließlich onAttach, onCreateView, onActivityCreated, onStart, onResume und der entsprechenden Tear-Down-Handler, weiterhin basierend auf dem Lebenszyklus der übergeordneten Activity aufgerufen werden.

Da kopflose Fragmente keine View haben, können sie nicht durch Hinzufügen eines <fragment>-Tags zu Ihrem Layout erstellt werden. Sie müssen programmgesteuert erstellt werden.

Fragment-Instanzen bleiben nur dann erhalten, wenn sie aktiv sind, was bedeutet, dass diese nur mit Fragmenten verwendet werden können, die nicht auf dem Back-Stack liegen.

> **Hinweis**
>
> Kopflose Fragmente, die ihre Instanz erhalten, sollten keine Referenzen auf die Eltern-Activity oder Objekte, die eine Referenz auf diese Activity enthalten (wie etwa eine View in ihrem Layout), enthalten. Dies kann zu einem Speicherleck führen, wenn die Activity zerstört wird. Die Garbage Collection kann nicht aktiv werden, da das zurückgehaltene Fragment eine Referenz auf die Activity hat.

8.4 SharedPreferences erstellen und speichern

Mit der Klasse `SharedPreferences` können Sie benannte Maps für Name-Wert-Paare erstellen, die über Sitzungen hinweg persistiert und zwischen Anwendungskomponenten ausgetauscht werden können, die innerhalb derselben Anwendungs-Sandbox ausgeführt werden, aber für andere Anwendungen nicht zugänglich sind.

Um `SharedPreferences` zu erstellen oder zu ändern, rufen Sie `getSharedPreferences` im aktuellen `Context` (Basisklasse von `Activity` und `Fragment`) auf und übergeben den Namen der zu ändernden `SharedPreferences`:

```
SharedPreferences prefs = getSharedPreferences(MY_PREFS,
                                               Context.MODE_PRIVATE);
```

In den meisten Fällen können Sie die vorgegebene `SharedPreferences`-Datei verwenden, indem Sie die statische Methode `getDefaultSharedPreferences` aus dem `PreferenceManager` aufrufen:

```
Context context = getApplicationContext();
SharedPreferences prefs =
  PreferenceManager.getDefaultSharedPreferences(context);
```

Um `SharedPreferences` zu ändern, verwenden Sie die Klasse `SharedPreferences.Editor`. Holen Sie sich das Editor-Objekt, indem Sie die Methode `edit` über das zu ändernde `SharedPreferences`-Objekt aufrufen:

```
SharedPreferences.Editor editor = prefs.edit();
```

Verwenden Sie put<*Typ*>-Methoden, um die dem angegebenen Namen zugeordneten Werte einzufügen oder zu aktualisieren:

```
// Speichere primitive Typen im SharedPreferences-Objekt.
editor.putBoolean("isTrue", true);
editor.putFloat("lastFloat", 1f);
editor.putInt("wholeNumber", 2);
editor.putLong("aNumber", 31);
editor.putString("textEntryValue", "Not Empty");
```

Um Änderungen zu speichern, rufen Sie `apply` oder `commit` auf dem `Editor`-Objekt auf, um die Änderungen asynchron beziehungsweise synchron zu speichern:

```
// Übernehme die Änderungen
editor.apply();
```

Hinweis

Das Speichern von Bearbeitungen in SharedPreferences führt zu Festplatten-I/O und sollte auf dem Haupt-Thread vermieden werden. Da die Methode apply ein sicheres asynchrones Schreiben des SharedPreference.Editor auf einen separaten Thread bewirkt, ist sie die bevorzugte Technik zum Speichern von SharedPreferences.

Wenn Sie eine Erfolgsbestätigung benötigen, können Sie die Methode commit aufrufen, die den aufrufenden Thread blockiert und true zurückgibt, sobald der Schreibvorgang erfolgreich war.

Android 6.0 Marshmallow (API Level 23) hat eine neue Cloud-Backup-Funktion eingeführt, die standardmäßig (aber mit Benutzerberechtigung) fast alle von einer Anwendung erstellten Daten in der Cloud sichert, einschließlich SharedPreferences-Dateien. Wenn ein Benutzer Ihre Anwendung auf einem neuen Gerät installiert, stellt das System diese Backup-Daten automatisch wieder her.

Wenn Sie gerätespezifische SharedPreferences-Werte haben, die nicht mit dem Auto-Backup von Android gesichert werden sollen, müssen diese in einer separaten Datei gespeichert werden, die mit Hilfe einer XML-Datei zur Definition des Backup-Schemas im Ressourcenordner *res/xml* ausgeschlossen werden kann. Sie müssen dazu den vollständigen Dateinamen der SharedPreferences angeben, die die Erweiterung *.xml* enthält:

```xml
<?xml version="1.0" encoding="utf-8"?>
<full-backup-content>
  <exclude domain="sharedpref" path="supersecretlaunchcodes.xml"/>
</full-backup-content>
```

Dieses Schema weisen Sie Ihrer Anwendung zu, indem Sie es mit dem Attribut android:fullBackupContent im application-Knoten Ihres Anwendungsmanifests angeben:

```xml
<application ...
  android:fullBackupContent="@xml/appbackupscheme">
</application>
```

Weitere Details zu Auto-Backup, einschließlich der Dateien, die es sichert, und wie man Auto-Backup deaktiviert, werden später in diesem Kapitel behandelt.

8.5 SharedPreferences zurückholen

Um auf SharedPreferences zuzugreifen, sie zu bearbeiten und zu speichern, verwenden Sie die Methode getSharedPreferences.

Verwenden Sie die typsicheren Methoden get<*Typ*>, um die Werte zu erhalten. Jeder Getter erwartet als Parameter einen Schlüssel und einen Standardwert. Letzterer wird zurückgegeben, wenn kein Wert für diesen Schlüssel gespeichert wurde:

```
// Liefere die gespeicherten Werte.
boolean isTrue = prefs.getBoolean("isTrue", false);
float lastFloat = prefs.getFloat("lastFloat", 0f);
int wholeNumber = prefs.getInt("wholeNumber", 1);
long aNumber = prefs.getLong("aNumber", 0);
String stringPreference = prefs.getString("textEntryValue", "");
```

Sie können eine Map aller verfügbaren SharedPreferences-Schlüsselwerte erhalten, indem Sie getAll aufrufen, oder die Existenz eines bestimmten Schlüssels überprüfen, indem Sie die Methode contains aufrufen:

```
Map<String, ?> allPreferences = prefs.getAll();
boolean containsLastFloat = prefs.contains("lastFloat");
```

8.6 Einführung in den OnSharedPreferenceChangeListener

Sie können den OnSharedPreferenceChangeListener implementieren, um einen Callback aufzurufen, wenn ein bestimmter SharedPreferences-Wert hinzugefügt, entfernt oder geändert wird.

Dies ist besonders nützlich für Activities und Services, die das SharedPreferences-Framework verwenden, um Anwendungseinstellungen festzulegen. Mit diesem Handler können Ihre Anwendungskomponenten auf Änderungen der Benutzereinstellungen hören und ihre Benutzeroberflächen oder ihr Verhalten nach Bedarf aktualisieren.

Registrieren Sie Ihre OnSharedPreferenceChangeListener mit der zu überwachenden SharedPreferences:

```
public class MyActivity extends Activity implements
  OnSharedPreferenceChangeListener {

  @Override
  public void onCreate(Bundle savedInstanceState) {
    super.onCreate(savedInstanceState);
```

```
// Registriere diesen OnSharedPreferenceChangeListener
// bei einer beliebigen SharedPreferences-Instanz.
SharedPreferences prefs =
  PreferenceManager.getDefaultSharedPreferences(this);
prefs.registerOnSharedPreferenceChangeListener(this);
}

public void onSharedPreferenceChanged(SharedPreferences prefs,
                      String key) {
  // TODO Überprüfe die SharedPreference und die
  // Schlüsselparameter und ändere die Benutzeroberfläche
  // oder das Verhalten entsprechend.
  }
}
```

8.7 Auto-Backup von Anwendungsdateien und SharedPreferences konfigurieren

Eingeführt als Teil von Android 6.0 Marshmallow (API Level 23), sichert Auto-Backup automatisch maximal 25 MB an Dateien, Datenbanken und `SharedPreferences`, die von Ihrer Anwendung erstellt wurden, durch Verschlüsselung und Hochladen auf das Google Drive-Konto des Benutzers, so dass es automatisch wiederhergestellt werden kann, wenn die Anwendung auf einem neuen Gerät installiert wird, oder nach dem Zurücksetzen eines Geräts.

Automatische Backups finden höchstens alle 24 Stunden statt, wenn das Gerät mit Wi-Fi verbunden ist, aufgeladen wird und sich im Leerlauf befindet.

> **Hinweis**
>
> Damit das Auto-Backup auf einem bestimmten Gerät aktiviert werden kann, müssen die Google-Services verfügbar sein und der Benutzer muss sich dafür entschieden haben. Die Datenspeicherung ist für Sie und den Nutzer kostenfrei und die gespeicherten Daten werden nicht auf das persönliche Google Drive-Kontingent des Nutzers angerechnet.

Wenn Ihre Anwendung vom gleichen Benutzer auf einem neuen Gerät installiert wird oder wenn die Anwendung auf demselben Gerät neu installiert wird, verwendet das System den letzten Backup-Snapshot, um Ihre Anwendungsdaten wiederherzustellen.

8.7 | Dateien, Speicher-Status und Benutzereinstellungen

Standardmäßig werden fast alle Ihre Anwendungsdateien gesichert, mit Ausnahme folgender Dateien:

- Die temporären Cache-Verzeichnisse, die von `getCacheDir` und `getCodeCacheDir` zurückgegeben werden.
- Externer Speicher, außer denjenigen Dateien, die in dem von `getExternalFilesDir` zurückgegebenen Verzeichnis gespeichert sind.
- Das von `getNoBackupFilesDir` zurückgegebene Verzeichnis.

Sie können auch eine Backup-Schema-XML-Datei mit dem Tag `full-backup-content` definieren. Damit können Sie Dateien bestimmen, die in die automatische Sicherung einbezogen oder von ihr ausgeschlossen werden sollen. Die Angabe eines expliziten `include`-Tags bewirkt, dass nicht darin aufgeführte Dateien auch nicht gesichert werden:

```xml
<?xml version="1.0" encoding="utf-8"?><full-backup-content>
  <include domain=["file" | "database" | "sharedpref" | "external" | "root"]
      path="[relative file path string]" />
  <exclude domain=["file" | "database" | "sharedpref" | "external" | "root"]
      path="[relative file path string]" />
</full-backup-content>
```

Wie hier gezeigt, muss jedes `include`- oder `exclude`-Tag ein Attribut `domain` enthalten, das das Wurzelverzeichnis für eine Datei dieser Domäne und den Pfad zur Datei, einschließlich Dateierweiterung, relativ zu diesem Domänenwurzelverzeichnis, angibt. Datei gilt:

- `root` ist das Wurzelverzeichnis der Anwendung.
- `file` ist das Verzeichnis, das von der Methode `getFilesDir` zurückgegeben wird.
- `database` ist der Standardspeicherort für SQL-Datenbanken, wie von `getDatabasePath` zurückgegeben.
- `sharedpref` gibt eine `SharedPreferences` XML-Datei an, die von `getSharedPreferences` zurückgegeben wird.
- `external` entspricht einer Datei im Verzeichnis von `getExternalFilesDir`.

Dieses folgende Beispiel schließt eine Datenbankdatei von der automatischen Sicherung aus:

```xml
<?xml version="1.0" encoding="utf-8"?>
<full-backup-content>
  <exclude domain="database" path="top_secret_launch_codes.db"/>
</full-backup-content>
```

Sobald Ihr Backup-Schema definiert ist, speichern Sie es im Verzeichnis *res/xml* und verknüpfen es mit der Anwendung über das Attribut `android:fullBackupContent` im `application`-Knoten Ihres Manifests:

```
<application ...
    android:fullBackupContent="@xml/mybackupscheme">
</application>
```

Sie können aber auch das Attribut `android:allowBackup` innerhalb des `application`-Knotens des Manifests auf `false` setzen. Damit deaktivieren Sie die automatische Datensicherung ganz:

```
<application ...
    android:allowBackup="false">
</application>
```

Obwohl es möglich ist, die automatische Datensicherung zu deaktivieren, wird dies nicht empfohlen, da dies für Benutzer, die zwischen den Geräten wechseln, lästig ist. Die meisten Benutzer erwarten, dass die Anwendung ihre Einstellungen sichert und sich diese für die Installation der Anwendung auf einem neuen Gerät merkt. Aus diesem Grund ist `allowBackup` standardmäßig auf `true` gesetzt. Stellen Sie sicher, dass Sie einen alternativen Backup-Mechanismus eingerichtet haben, wenn Sie die eingebaute Datensicherung von Android deaktivieren.

8.8 Preference-Benutzeroberflächen erstellen

Android bietet ein XML-gesteuertes Framework zur Erstellung von systemähnlichen Einstellungs-Bildschirmen für Ihre Anwendungen. Durch die Verwendung dieses Frameworks können Sie eine Benutzeroberfläche für Benutzereinstellungen erstellen, die mit denjenigen konsistent ist, die sowohl in systemeigenen als auch in Anwendungen von Drittanbietern verwendet werden.

Das hat zwei entscheidende Vorteile:

- Die Benutzer sind mit dem Layout und der Verwendung der Einstellungsbildschirme vertraut.
- Sie können Einstellungen aus anderen Anwendungen (einschließlich Systemeinstellungen, wie beispielsweise Standorteinstellungen) in die Einstellungen Ihrer Anwendung integrieren.

Das Präferenz-Framework besteht aus zwei Hauptkomponenten:

- **PreferenceScreen-Layout**: Eine XML-Datei, die die Hierarchie der in Ihrem PreferenceScreen angezeigten Elemente definiert. Es gibt den anzuzeigenden Text und die zugehörigen Steuerelemente, die zulässigen Werte und die für die einzelnen Steuerelemente zu verwendenden SharedPreference-Schlüssel an.

- **PreferenceFragment**: PreferenceScreens werden in einem PreferenceFragment oder PreferenceFragmentCompat bereitgestellt. Es entfaltet die XML-Dateien des PreferenceScreens, verwaltet Präferenzdialogfelder und verarbeitet Übergänge zu anderen PreferenceScreens.

8.8.1 Verwenden der Preference-Support-Bibliothek

Die Framework-Klasse PreferenceFragment muss zu einer PreferenceActivity hinzugefügt werden, was bedeutet, dass Sie keine Activity-Klassen wie AppCompatActivity verwenden können. Daher ist es empfehlenswert, die PreferenceFragmentCompat-Klasse aus der Preference Support Library zu verwenden, die es Ihnen erlaubt, ein PreferenceFragment zu jeder Activity hinzuzufügen – was wir im weiteren Verlauf dieses Kapitels tun werden.

Wenn Sie bereits die Android Support Library wie in Kapitel 2 beschrieben heruntergeladen haben, müssen Sie lediglich eine Gradle-Dependency für die Preference Support Library hinzufügen, um diese Funktionen nutzen zu können.

Öffnen Sie Ihre *build.gradle*-Datei und fügen Sie die Fragment Support Library zum Abschnitt dependencies hinzu:

```
dependencies {
  [... Existierende dependencies ...]
  implementation "com.android.support:preference-v14:27.1.0"
}
```

8.8.2 Layout eines PreferenceScreens in XML definieren

Im Gegensatz zu normalen Oberflächenlayouts werden Einstellungs-Definitionen im Ressourcenordner *res/xml* gespeichert.

Obwohl sie konzeptionell den in Kapitel 5 beschriebenen Layout-Ressourcen der Benutzeroberfläche ähneln, verwenden die Layouts des PreferenceScreens einen speziellen Satz von Steuerelementen, die speziell für PreferenceScreens entwickelt wurden. Diese systemeigenen Einstellungen werden im nächsten Abschnitt beschrieben.

Jedes Preference-Layout ist als Hierarchie definiert, beginnend mit einem PreferenceScreen-Element:

```xml
<?xml version="1.0" encoding="utf-8"?>
<PreferenceScreen
  xmlns:android="http://schemas.android.com/apk/res/android">
</PreferenceScreen>
```

Sie können Elemente des `PreferenceScreens` verschachteln, wobei jeder verschachtelte Schirm als ein auswählbares Element repräsentiert wird, das beim Antippen einen neuen Bildschirm anzeigt.

Jeder `PreferenceScreen` kann eine beliebige Kombination von `PreferenceCategory`- und `Preference`-Elementen enthalten.

`PreferenceCategory`-Elemente, wie im folgenden Ausschnitt gezeigt, werden verwendet, um den `PreferenceScreen` in Unterkategorien aufzuteilen:

```xml
<PreferenceCategory
  android:title="My Preference Category"/>
```

Abbildung 8.1 zeigt beispielsweise die auf dem Bildschirm »Google-Einstellungen« verwendeten Kategorien »My Account« und »Services«.

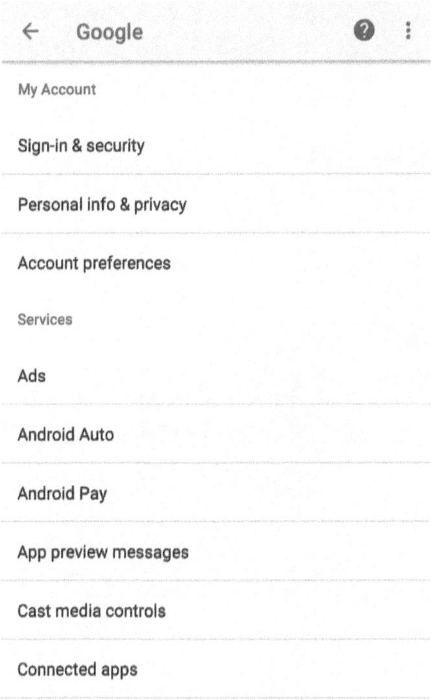

Abbildung 8.1 PreferenceScreen

8.8 | Dateien, Speicher-Status und Benutzereinstellungen

Preference-Elemente werden verwendet, um die Präferenzen selbst festzulegen und anzuzeigen. Die spezifischen Attribute, die für jedes Preference-Element verwendet werden, variieren, aber jedes enthält mindestens die folgenden:

- android:key: Der SharedPreference-Schlüssel, für den der ausgewählte Wert aufgezeichnet wird.
- android:title: Der Text, der angezeigt wird, um die Präferenz zu repräsentieren.
- android:summary: Die längere Textbeschreibung wird in einer kleineren Schrift unterhalb des Titeltexts angezeigt.
- android:defaultValue: Der Standardwert, der angezeigt (und ausgewählt) wird, wenn dem zugehörigen Präferenzschlüssel kein Präferenzwert zugewiesen wurde.

Listing 8.2 zeigt einen Beispiel-PreferenceScreen, der eine PreferenceCategory und eine SwitchPreference enthält.

```xml
<?xml version="1.0" encoding="utf-8"?>
<PreferenceScreen
  xmlns:android="http://schemas.android.com/apk/res/android">
  <PreferenceCategory
    android:title="My Preference Category">
    <SwitchPreference
      android:key="PREF_BOOLEAN"
      android:title="Switch Preference"
      android:summary="Switch Preference Description"
      android:defaultValue="true"
    />
  </PreferenceCategory>
</PreferenceScreen>
```

Listing 8.2 Ein einfaches Layout des Präferenzbildschirms

Wenn er angezeigt wird, erscheint dieser Einstellungsbildschirm wie in Abbildung 8.2. Wie Sie einen Einstellungsbildschirm anzeigen, erfahren Sie später in diesem Kapitel.

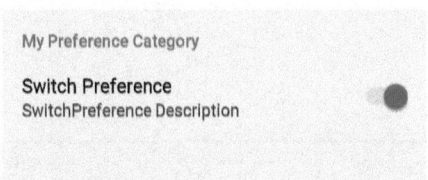

Abbildung 8.2 Der eigene Einstellungsbildschirm

Systemeigene Preference-Elemente

Android enthält mehrere Preference-Elemente, mit denen Sie Ihre Präferenzbildschirme erstellen können:

- CheckBoxPreference: Ein Kontrollkästchen für Standardeinstellungen, die sie auf true oder false setzen können.

- SwitchPreference: Ein boolescher Schalter mit zwei Zuständen, der als Ein- oder Ausschalter angezeigt wird, um die Einstellungen auf true oder false zu setzen. Wird in der Regel der CheckBoxPreference vorgezogen.

- EditTextPreference: Ermöglicht es Benutzern, einen String-Wert als Präferenz einzugeben. Wenn Sie den Präferenztext zur Laufzeit auswählen, wird ein TextEntry-Dialogfeld angezeigt.

- ListPreference: Das Präferenz Äquivalent eines Spinners. Wenn Sie diese Einstellung auswählen, wird ein Dialogfeld mit einer Liste von Werten angezeigt, aus denen Sie auswählen können. Sie können separate Arrays angeben, die unterschiedliche Anzeigetexte und Selektionswerte enthalten.

- MultiSelectListPreference: Dies ist das Äquivalent zu einer Checkbox-Liste, mit der Benutzer mehrere Einträge aus einer Liste von Optionen auswählen können.

- RingtonePreference: Eine spezielle Listen-Preference, die die Liste der verfügbaren Klingeltöne zur Benutzerauswahl anzeigt. Dies ist besonders nützlich, wenn Sie einen Bildschirm zur Konfiguration der Benachrichtigungseinstellungen erstellen.

Sie können eine Kombination der Preference-Elemente verwenden, um Ihre PreferenceScreen-Hierarchie aufzubauen. Alternativ können Sie Ihre eigenen spezialisierten Preference-Elemente erstellen, indem Sie die Klasse Preference (oder eine der Unterklassen von Preference aus der obigen Liste) erweitern.

> **Hinweis**
>
> Weitere Details zu den Preference-Elementen finden Sie unter developer.android.com/reference/android/support/v7/preference/Preference.html.

Hinzufügen von Systemeinstellungen zu Ihren PreferenceScreens mit Hilfe von Intents

Zusätzlich zu Ihren eigenen PreferenceScreens können Ihre Hierarchien Preference-Screens aus anderen Anwendungen oder – nützlicher noch – die Systemeinstellungen enthalten.

8.8 | Dateien, Speicher-Status und Benutzereinstellungen

Sie können jede Activity innerhalb Ihres Einstellungsdialogs mit einem `Intent` aufrufen. Wenn Sie ein `Intent`-Element innerhalb einer `PreferenceScreen`-Definition hinzufügen, interpretiert das System dies als Aufforderung, `startActivity` mit der angegebenen Action aufzurufen. Der folgende XML-Ausschnitt fügt einen Link zu den Anzeigeeinstellungen des Systems hinzu:

```xml
<?xml version="1.0" encoding="utf-8"?>
<PreferenceScreen
  xmlns:android="http://schemas.android.com/apk/res/android">
  <PreferenceCategory
    android:title="My Preference Category">
    <Preference
      android:title="Intent preference"
      android:summary="System preference imported using an intent"
      <intent android:action="android.settings.DISPLAY_SETTINGS"/>
    </Preference>
  </PreferenceCategory>
</PreferenceScreen>
```

Die Klasse `android.provider.Settings` enthält eine Reihe von `android.settings.*`-Konstanten, die verwendet werden können, um die Bildschirmdialoge der Systemeinstellungen einschließlich Bluetooth, Standort und Konnektivität aufzurufen. Sie können alle verfügbaren `Intent`-Aktionen unter *d.android.com/reference/android/provider/Settings.html* einsehen.

Eigene PreferenceScreens dem System zur Verfügung stellen

Um Ihre eigenen `PreferenceScreens` für den Aufruf mit dieser Technik verfügbar zu machen, fügen Sie einfach einen `intent-filter` zum Manifesteintrag für Ihre Preference-Activity hinzu (im folgenden Abschnitt detailliert beschrieben):

```xml
<activity android:name=".UserPreferences" android:label="My User Preferences">
  <intent-filter>
    <action android:name="com.paad.myapp.ACTION_USER_PREFERENCE" />
    <category android:name="android.intent.category.DEFAULT" />
  </intent-filter>
</activity>
```

Die häufigste Anwendung dieser Technik ist die Verwaltung der Netzwerknutzung. Seit Android 4.0 Ice Cream Sandwich (API Level 14) ermöglichen die Systemeinstellungen es den Benutzern, Hintergrunddaten pro Anwendung zu deaktivieren. Sie können eine

Preference-Activity angeben, die bei Auswahl dieser Einstellung angezeigt wird, indem Sie einen `intent-filter` für `ACTION_MANAGE_NETWORK_USAGE` hinzufügen:

```xml
<activity android:name=".DataPreferences" android:label="Data Preferences">
  <intent-filter>
    <action android:name="android.intent.action.MANAGE_NETWORK_USAGE" />
    <category android:name="android.intent.category.DEFAULT" />
  </intent-filter>
</activity>
```

Die zugehörige Preference-Activity sollte Einstellungen für Ihre Anwendung bereitstellen, die eine feinkörnige Kontrolle über die Verwendung von Daten durch Ihre Anwendung – insbesondere im Hintergrund – ermöglichen, so dass Benutzer eher die Datennutzung ändern können als Hintergrunddaten vollständig deaktivieren zu müssen.

Typische Einstellungen in dieser Preference-Activity sind die Aktualisierungsfrequenz, die Anforderungen für nicht gebührenpflichtige (Wi-Fi) Verbindungen und der Ladestatus. In Kapitel 11 über das Arbeiten im Hintergrund erfahren Sie, wie Sie mit dem Job-Scheduler diese Einstellungen auf Ihre Hintergrund-Updates anwenden können.

8.8.3 Einführung in das Preference-Fragment

Die Klasse `PreferenceFragment` erhält die zuvor definierten `PreferenceScreens`. Um ein eigenes `PreferenceFragment` zu erstellen, erweitern Sie die Klasse `PreferenceFragment`. Es empfiehlt sich, die Fragmente der Support-Bibliothek zu verwenden. In diesem Fall erweitern Sie die Klasse `PreferenceFragmentCompat`:

```
public class MyPreferenceFragment extends PreferenceFragmentCompat
```

Um die `PreferenceScreens` zu entfalten, überschreiben Sie `onCreatePreferences` und rufen `addPreferencesFromResource` auf (siehe Listing 8.3).

```java
import android.os.Bundle;
import android.support.v7.preference.PreferenceFragmentCompat;

public class MyPreferenceFragment extends PreferenceFragmentCompat {

  @Override
  public void onCreatePreferences(Bundle savedInstanceState, String rootKey) {
    setPreferencesFromResource(R.xml.preferences, rootkey);
  }
}
```
Listing 8.3 Ein `PreferenceFragment` erzeugen

Ihre Anwendung kann mehrere PreferenceFragments enthalten, die wie jedes andere Fragment in jede Activity aufgenommen und zur Laufzeit hinzugefügt, entfernt und ersetzt werden können. Nach der Konvention ist das PreferenceFragment das einzige Fragment, das innerhalb seiner übergeordneten Activity angezeigt wird.

Bevor Sie ein PreferenceFragment zu einer Activity hinzufügen können, müssen Sie auch ein preferenceTheme-Element in den style Ihrer Activity einfügen. Das folgende Beispiel verwendet den PreferenceThemeOverlay.v14.Material-Stil aus der Preferences Support Library:

```
<style name="AppTheme" parent="@style/Theme.AppCompat">
  <item name="colorPrimary">@color/primary</item>
  <item name="colorPrimaryDark">@color/primaryDark</item>
  <item name="colorAccent">@color/colorAccent</item>

  <item
    name="preferenceTheme">@style/PreferenceThemeOverlay.v14.Material
  </item>
</style>
```

> **Hinweis**
>
> Das im vorherigen Ausschnitt gezeigte preferenceTheme erfordert ein Gerät mit mindestens Android 4.0 Ice Cream Sandwich (API Level 14). Wenn Ihre Anwendung Geräte mit einer früheren Android-Plattform unterstützen muss, sollten Sie eine separate Stil-Definition erstellen, die den Wert @style/PreferenceThemeOverlay für das Attribut preferenceTheme verwendet.

8.9 Eine Preference-Activity für den EarthquakeMonitor anlegen

Im folgenden Beispiel bauen Sie eine Preference-Activity auf, um die Benutzereinstellungen für den EarthquakeMonitor festzulegen, den Sie im vorherigen Kapitel gesehen haben. Mit dieser Activity können Benutzer die Einstellungen für ihre persönlichen Wünsche konfigurieren. Sie haben die Möglichkeit, automatische Updates umzuschalten, die Häufigkeit der Updates zu kontrollieren und die minimale Erdbebenstärke zu filtern.

- Öffnen Sie das Erdbebenprojekt, das Sie zuletzt in Kapitel 7 geändert haben, und fügen Sie die Preferences Support Library API der Datei *build.gradle* des Anwendungsmoduls hinzu. Unser minimales SDK ist 16, so dass wir die Version v14 der Preference Support Library verwenden können:

  ```
  implementation 'com.android.support:preference-v14:27.1.0'
  ```

  Achten Sie darauf, dass die Versionsnummer hinter dem Doppelpunkt am Ende mit den anderen Dependencies der com.android.support exakt übereinstimmt, sonst gibt es Synchronisierungsfehler im Gradle.

Eine Preference-Activity für den EarthquakeMonitor anlegen | 8.9

- Fügen Sie der Datei *res/values/strings.xml* neue String-Ressourcen für die Labels hinzu, die im Einstellungsbildschirm angezeigt werden sollen. Fügen Sie außerdem einen String für den neuen Menüpunkt hinzu, mit dem die Benutzer den Einstellungsbildschirm öffnen können:

```xml
<resources>
  <string name="app_name">Earthquake</string>
  <string name="earthquake_feed">
    https://earthquake.usgs.gov/earthquakes/feed/v1.0/summary/2.5_day.atom
  </string>
  <string name="menu_update">Refresh Earthquakes</string>
  <string name="auto_update_prompt">Auto refresh?</string>
  <string name="update_freq_prompt">Refresh Frequency</string>
  <string name="min_quake_mag_prompt">Minimum Quake Magnitude</string>
  <string name="menu_settings">Settings</string>
</resources>
```

- Erstellen Sie vier Array-Ressourcen in einer neuen *res/values/arrays.xml*-Datei. Sie liefern die zu verwendenden Werte für die Aktualisierungshäufigkeit und die Mindestgröße der Spinner:

```xml
<?xml version="1.0" encoding="utf-8"?>
<resources>
  <string-array name="update_freq_options">
    <item>Every Minute</item>
    <item>5 minutes</item>
    <item>10 minutes</item>
    <item>15 minutes</item>
    <item>Every Hour</item>
  </string-array>
  <string-array name="update_freq_values">
    <item>1</item>
    <item>5</item>
    <item>10</item>
    <item>15</item>
    <item>60</item>
  </string-array>
  <string-array name="magnitude_options">
    <item>All Magnitudes</item>
    <item>Magnitude 3</item>
    <item>Magnitude 5</item>
    <item>Magnitude 6</item>
    <item>Magnitude 7</item>
    <item>Magnitude 8</item>
  </string-array>
```

8.9 | Dateien, Speicher-Status und Benutzereinstellungen

```xml
    <string-array name="magnitude_values">
        <item>0</item>
        <item>3</item>
        <item>5</item>
        <item>6</item>
        <item>7</item>
        <item>8</item>
    </string-array>
</resources>
```

- Erstellen Sie einen neuen XML-Ressourcenordner unter *res/xml*. Erstellen Sie darin eine neue Datei *userpreferences.xml*. Diese Datei definiert die Einstellungsoberfläche für die Erdbebenanwendung. Fügen Sie einen Schalter zur Anzeige des »Auto-Refresh«-Toggles und Listeneinstellungen zur Auswahl der Aktualisierungsrate und des Betragsfilters hinzu. Notieren Sie die Schlüsselwerte für jede Präferenz:

```xml
<?xml version="1.0" encoding="utf-8"?>
<PreferenceScreen
  xmlns:android="http://schemas.android.com/apk/res/android">
  <SwitchPreference
     android:key="PREF_AUTO_UPDATE"
     android:title="@string/auto_update_prompt"
     android:summary="Select to turn on automatic updating"
     android:defaultValue="true"
  />
  <ListPreference
     android:key="PREF_UPDATE_FREQ"
     android:title="@string/update_freq_prompt"
     android:summary="Frequency at which to refresh earthquake list"
     android:entries="@array/update_freq_options"
     android:entryValues="@array/update_freq_values"
     android:dialogTitle="Refresh frequency"
     android:defaultValue="60"
  />
  <ListPreference
     android:key="PREF_MIN_MAG"
     android:title="@string/min_quake_mag_prompt"
     android:summary="Select the minimum magnitude earthquake to display"
     android:entries="@array/magnitude_options"
     android:entryValues="@array/magnitude_values"
     android:dialogTitle="Magnitude"
     android:defaultValue="3"
  />
</PreferenceScreen>
```

Eine Preference-Activity für den EarthquakeMonitor anlegen | **8.9**

- Erstellen Sie eine neue Layout-Ressource *preferences.xml* im Ordner *res/layout* für die `PreferencesActivity`. Beachten Sie, dass es eine innere Klasse `PrefFragment` enthält, die in der `PreferencesActivty` definiert ist. Diese erstellen Sie im nächsten Schritt.

```xml
<?xml version="1.0" encoding="utf-8"?>
<FrameLayout
  xmlns:android="http://schemas.android.com/apk/res/android"
  android:layout_width="match_parent"
  android:layout_height="match_parent">
  <fragment
    android:id="@+id/preferences_fragment"
    android:layout_width="match_parent"
    android:layout_height="match_parent"
    android:name=
"com.professionalandroid.apps.earthquake.PreferencesActivity$PrefFragment"/>
</FrameLayout>
```

- Erstellen Sie die `PreferencesActivity`, indem Sie `AppCompatActivity` erweitern. Überschreiben Sie `onCreate`, um das in Schritt 5 erstellte Layout zu entfalten, und erstellen Sie eine statische `PrefFragment`-Klasse, die `PreferenceFragmentCompat` erweitert. Ihr Präferenzfragment enthält Ihren Präferenz-Bildschirm innerhalb der Preference Activity.

```java
import android.os.Bundle;
import android.support.v7.app.AppCompatActivity;
import android.support.v7.preference.PreferenceFragmentCompat;

public class PreferencesActivity extends AppCompatActivity {
  @Override
  public void onCreate(Bundle savedInstanceState) {
    super.onCreate(savedInstanceState);
    setContentView(R.layout.preferences);
  }

  public static class PrefFragment extends PreferenceFragmentCompat {
  }
}
```

- Überschreiben Sie innerhalb Ihrer `PrefFragment` Klasse die Methode `onCreatePreferences`, um die in Schritt 4 erstellte Datei *userpreferences.xml* zu entfalten:

```java
public static class PrefFragment extends PreferenceFragmentCompat {
```

351

8.9 | Dateien, Speicher-Status und Benutzereinstellungen

```java
    @Override
    public void onCreatePreferences(Bundle savedInstanceState,
                                    String rootKey) {
      setPreferencesFromResource(R.xml.userpreferences, null);
    }
  }
```

■ Fügen Sie innerhalb Ihrer `PreferencesActivity` public static String-Werte hinzu, die den in Schritt 4 verwendeten Preference-Schlüsseln entsprechen. Sie verwenden diese Zeichenfolgen, um auf die gemeinsamen Einstellungen zuzugreifen, die zum Speichern der einzelnen Einstellungswerte verwendet werden.

```java
public class PreferencesActivity extends AppCompatActivity {

  public static final String PREF_AUTO_UPDATE = "PREF_AUTO_UPDATE";
  public static final String USER_PREFERENCE = "USER_PREFERENCE";
  public static final String PREF_MIN_MAG = "PREF_MIN_MAG";
  public static final String PREF_UPDATE_FREQ = "PREF_UPDATE_FREQ";

  @Override
  public void onCreate(Bundle savedInstanceState) {
    super.onCreate(savedInstanceState);
    setContentView(R.layout.preferences);
  }
}
```

■ Öffnen Sie die Datei *res/values/styles.xml* und fügen Sie ein neues Element hinzu, das Ihr `PreferenceTheme` für die Verwendung des Overlays v14 Material Design `PreferenceTheme` definiert:

```xml
<style name="AppTheme" parent="@style/Theme.AppCompat">
  <item name="colorPrimary">@color/primary</item>
  <item name="colorPrimaryDark">@color/primaryDark</item>
  <item name="colorAccent">@color/colorAccent</item>

  <item
    name="preferenceTheme">@style/PreferenceThemeOverlay.v14.Material
  </item>
</style>
```

■ Das vervollständigt Ihre Preference-Activity. Öffnen Sie das Anwendungsmanifest und fügen Sie einen Eintrag für diese Activity hinzu, einschließlich eines Intent-Filters, der ausgelöst wird, wenn der Benutzer die Hintergrunddateneinstellungen der App in den Systemeinstellungen ändert.

```xml
<activity android:name=".PreferencesActivity">
  <intent-filter>
    <action android:name="android.intent.action.MANAGE_NETWORK_USAGE" />
    <category android:name="android.intent.category.DEFAULT" />
  </intent-filter>
</activity>
```

- Wenden Sie sich wieder der `EarthquakeMainActivity` zu und fügen Sie Unterstützung für die ausgewählten Preferences aus Ihrer Preference-Activity hinzu. Erstellen Sie zunächst einen Menüpunkt, um die Voreinstellungen anzuzeigen. Überschreiben Sie die Methode `onCreateOptionsMenu`, um ein neues Element einzufügen, das die Preference-Activity öffnet:

```java
private static final int MENU_PREFERENCES = Menu.FIRST+1;

@Override
public boolean onCreateOptionsMenu(Menu menu) {
  super.onCreateOptionsMenu(menu);

  menu.add(0, MENU_PREFERENCES, Menu.NONE, R.string.menu_settings);

  return true;
}
```

- Überschreiben Sie die Methode `onOptionsItemSelected`, um die Preference-Activity anzuzeigen, wenn der neue Menüpunkt aus Schritt 11 ausgewählt wird. Um die Preference-Activity zu starten, erstellen Sie einen expliziten Intent und übergeben ihn an die Methode `startActivityForResult`. Dadurch wird die Activity gestartet und die Klasse `EarthquakeMainActivity` benachrichtigt, wenn die Preference-Activity über den `onActivityResult`-Handler beendet ist.

```java
private static final int SHOW_PREFERENCES = 1;

public boolean onOptionsItemSelected(MenuItem item){
  super.onOptionsItemSelected(item);
  switch (item.getItemId()) {
    case MENU_PREFERENCES:
      Intent intent = new Intent(this, PreferencesActivity.class);
      startActivityForResult(intent, SHOW_PREFERENCES);
      return true;
  }
  return false;
}
```

8.9 | Dateien, Speicher-Status und Benutzereinstellungen

- Starten Sie Ihre Anwendung und wählen Sie SETTINGS aus dem Activity-Menü. Die Preference-Activity sollte angezeigt werden, wie in Abbildung 8.3 gezeigt.

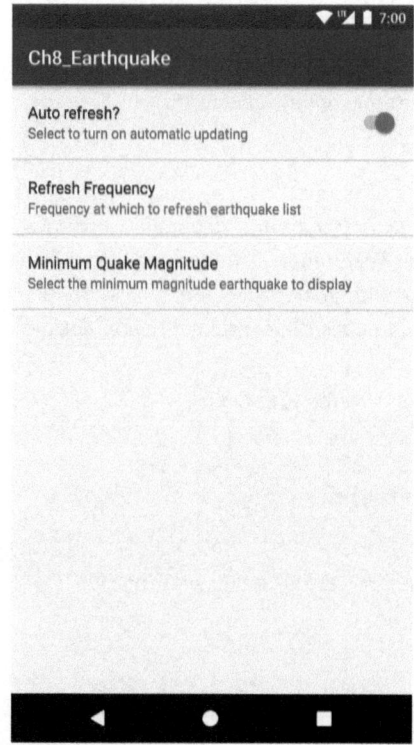

Abbildung 8.3 Earthquake-Einstellungen

- Es bleibt nur noch, die Einstellungen auf die Erdbeben-App-Funktionalität anzuwenden. Die Implementierung der automatischen Updates erfolgt im Kapitel 11, wo Sie erfahren, wie Sie den Job-Scheduler dafür einsetzen. Vorerst können Sie den Magnitudenfilter anwenden. Beginnen Sie mit der Erstellung einer neuen Methode updateFromPreferences im EarthquakeListFragment, die den minimalen Wert der gemeinsamen Präferenz liest:

```
private int mMinimumMagnitude = 0;

private void updateFromPreferences() {
  SharedPreferences prefs =
    PreferenceManager.getDefaultSharedPreferences(getContext());

  mMinimumMagnitude = Integer.parseInt(
    prefs.getString(PreferencesActivity.PREF_MIN_MAG, "3"));
}
```

- Wenden Sie den Magnitudenfilter an, indem Sie die Methode setEarthquakes aus dem EarthquakeListFragment ändern, um die minimale Magnitudeneinstellung zu aktualisieren, und überprüfen Sie die Magnitude jedes Erdbebens, bevor Sie es zur Liste hinzufügen:

```
public void setEarthquakes(List<Earthquake> earthquakes) {
  updateFromPreferences();

  for (Earthquake earthquake: earthquakes) {
    if (earthquake.getMagnitude() >= mMinimumMagnitude) {
      if (!mEarthquakes.contains(earthquake)) {
        mEarthquakes.add(earthquake);
        mEarthquakeAdapter.notifyItemInserted(
          mEarthquakes.indexOf(earthquake));
      }
    }
  }

  if (mEarthquakes != null && mEarthquakes.size() > 0)
    for (int i = mEarthquakes.size() - 1; i >= 0; i--) {
      if (mEarthquakes.get(i).getMagnitude() < mMinimumMagnitude) {
        mEarthquakes.remove(i);
        mEarthquakeAdapter.notifyItemRemoved(i);
      }
    }

  mSwipeToRefreshView.setRefreshing(false);
}
```

- Der letzte Schritt besteht darin, einen neuen OnSharedPreferenceChangeListener innerhalb der EarthquakeActivity zu erstellen, der die Earthquake-Liste neu auffüllt und den Magnitudenfilter auf der Grundlage der neuen Einstellung anwendet:

```
@Override
protected void onCreate(Bundle savedInstanceState) {

  [... Die bereits existierende onCreate Methode ...]

  // Registriere einen OnSharedPreferenceChangeListener
  SharedPreferences prefs =
    PreferenceManager.getDefaultSharedPreferences(this);
  prefs.registerOnSharedPreferenceChangeListener(mPrefListener);
}
```

8.11 | Dateien, Speicher-Status und Benutzereinstellungen

```
private SharedPreferences.OnSharedPreferenceChangeListener mPrefListener
  = new SharedPreferences.OnSharedPreferenceChangeListener() {
  @Override
  public void onSharedPreferenceChanged(SharedPreferences
                                        sharedPreferences,
                                        String key) {
    if (PreferencesActivity.PREF_MIN_MAG.equals(key)) {
      // Bestücke die Earthquake-Liste neu.
      earthquakeViewModel.loadEarthquakes();
    }
  }
};
```

8.10 Statische Dateien als Ressourcen einbinden

Wenn Ihre Anwendung externe Datei-Ressourcen benötigt, können Sie diese in Ihr Distributionspaket aufnehmen, indem Sie sie in den Ordner *res/raw* Ihrer Projektressourcenhierarchie legen.

Um auf diese schreibgeschützten Datei-Ressourcen zuzugreifen, rufen Sie die Methode `openRawResource` aus dem Resource-Objekt Ihrer Anwendung auf, um einen `InputStream` basierend auf der angegebenen Datei zu erhalten. Übergeben Sie den Dateinamen (ohne die Erweiterung) als Variablennamen aus der `R.raw`-Klasse, wie im folgenden Beispielcode gezeigt:

```
Resources myResources = getResources();
InputStream myFile = myResources.openRawResource(R.raw.myfilename);
```

Das Hinzufügen von Rohdateien zu Ihrer Ressourcenhierarchie ist eine ausgezeichnete Alternative für große, bereits existierende Datenquellen wie Wörterbücher, für die es nicht wünschenswert (oder sogar möglich) ist, sie in Android-Datenbanken zu konvertieren.

Mit dem Ressourcenmechanismus von Android können Sie alternative Ressourcendateien für verschiedene Sprachen, Standorte und Hardwarekonfigurationen angeben. Sie können beispielsweise eine Anwendung erstellen, die eine andere Wörterbuchressource auf der Grundlage der Spracheinstellungen des Benutzers lädt.

8.11 Arbeiten mit dem Dateisystem

Es ist ratsam, `SharedPreferences` oder eine Datenbank (genauer in Kapitel 9 beschrieben) zu verwenden, um Ihre Anwendungsdaten zu speichern, aber es kann trotzdem vorkommen, dass Sie Dateien direkt verwenden möchten, anstatt sich auf die verwalteten Mechanismen von Android zu verlassen – insbesondere bei der Arbeit mit Binärdateien.

8.11.1 Dateiverwaltungs-Tools

Android liefert einige grundlegende Dateiverwaltungs-Tools, die Ihnen beim Umgang mit dem Dateisystem helfen. Viele dieser Dienstprogramme befinden sich im Paket `java.io.File`.

Obwohl die vollständige Abdeckung der Java-Dateimanagement-Utilities den Rahmen dieses Buches sprengt, liefert Android einige spezialisierte Utilities für die Dateiverwaltung, die über den Application-`Context` verfügbar sind.

- `deleteFile`: Ermöglicht das Entfernen von Dateien, die von der aktuellen Anwendung erstellt wurden.
- `fileList`: Gibt ein String-Array zurück, das alle von der aktuellen Anwendung erstellten Dateien enthält.

Diese Methoden sind besonders nützlich, um temporäre Dateien zu bereinigen, die zurückbleiben, wenn Ihre Anwendung abstürzt oder unerwartet beendet wird.

8.11.2 Dateien im anwendungsspezifischen internen Speicher anlegen

Für jede Anwendung wird ein Datenverzeichnis auf dem internen Speicher bereitgestellt, in dem sie Dateien erstellen kann, die für die Anwendung privat und für andere Anwendungen nicht zugänglich sind. Dieses Datenverzeichnis und alle darin enthaltenen Dateien werden automatisch gelöscht, wenn die App deinstalliert wird.

Die beiden primären Unterverzeichnisse innerhalb dieses Datenverzeichnisses sind das Dateiverzeichnis und das Cache-Verzeichnis, die über die Methoden `getFilesDir` beziehungsweise `getCacheDir` Ihres `Context`s verfügbar sind.

> **Hinweis**
>
> Der zurückgegebene Pfad für diese Verzeichnisse kann sich im Laufe der Zeit ändern, daher sollten Sie nur relative Pfade zu Dateien in diesen Verzeichnissen speichern.

Der von `getFilesDir` zurückgegebene Speicherort ist der geeignete Ort, um persistente, private Dateien zu speichern, von denen Ihre Anwendung erwartet, dass sie verfügbar sind, bis sie entfernt werden.

Im Gegensatz dazu werden Dateien, die an dem von `getCacheDir` zurückgegebenen Speicherort gespeichert sind, möglicherweise vom System gelöscht, wenn der verfügbare Speicherplatz knapp wird, und sollten daher als temporärer Speicher angesehen werden. Daher werden diese Cache-Dateien nicht per Auto-Backup gesichert, ihr Fehlen oder Löschen sollte nicht dazu führen, Benutzerdaten zu verlieren, und Ihre Anwendung sollte darauf vorbereitet sein, dass diese Dateien jederzeit entfernt werden können.

8.11.3 Dateien auf anwendungsspezifischem externem Speicher anlegen

Neben dem Datenverzeichnis auf dem internen Speicher hat Ihre Anwendung auch Zugriff auf anwendungsspezifische Verzeichnisse auf dem externen Speicher. Ähnlich wie die zuvor beschriebenen internen Speicherverzeichnisse werden auch die in diesen anwendungsspezifischen externen Speicherverzeichnissen erstellten Dateien gelöscht, wenn die App deinstalliert wird.

Wenn wir uns auf externen Speicher beziehen, beziehen wir uns auf den freigegebenen Speicher oder Medienspeicher, auf den alle Anwendungen zugreifen können und der typischerweise an ein Computer-Dateisystem angeschlossen werden kann, wenn das Gerät über USB angeschlossen ist. Je nach Gerät kann dies eine separate Partition auf dem internen Speicher oder auf der SD-Karte sein. `Environment.isExternalStorageEmulated` gibt true zurück, wenn der interne Speicher und der externe Speicher von demselben zugrunde liegenden Speichergerät unterlegt sind.

Das Wichtigste beim Speichern von Dateien auf einem externen Speicher ist, dass keine Sicherheitsvorkehrungen für die hier gespeicherten Dateien getroffen werden. Jede Anwendung kann auf die auf dem externen Speicher abgelegten Dateien zugreifen, sie überschreiben oder löschen.

> **Hinweis**
>
> Es ist wichtig zu wissen, dass Dateien, die auf einem externen Speicherplatz gespeichert sind, nicht immer verfügbar sind. Wenn eine SD-Karte ausgeworfen wird oder das Gerät für den Zugriff über einen Computer angeschlossen ist, kann Ihre Anwendung keine Dateien auf dem externen Speicher lesen (oder erstellen).

Die `Context`-Methode `getExternalFilesDir` ist das Äquivalent zu `getFilesDir` und akzeptiert einen String-Parameter, der verwendet werden kann, um das Unterverzeichnis anzugeben, in dem die Dateien abgelegt werden sollen. Die Umgebungsklasse enthält eine Reihe von `DIRECTORY_Kategorie`-String-Konstanten, die Standardverzeichnisse darstellen, zum Beispiel für Bilder, Filme und Musikdateien.

Ähnlich wie beim internen Speicher können Sie mit `getExternalCacheDir` temporäre Dateien im externen Speicher ablegen. Beachten Sie, dass Android nicht immer den verfügbaren Speicherplatz auf dem externen Speicher überwacht, daher müssen Sie die Größe und das Alter Ihres Caches verwalten und Dateien löschen, wenn eine sinnvolle maximale Cache-Größe überschritten wird.

Für Geräte, die über mehrere externe Verzeichnisse verfügen, wie beispielsweise solche mit einem emulierten externen Speicher und einer separaten SD-Karte, hat Android 4.4 Kit Kat (API Level 19) die Methoden `getExternalFilesDirs` und `getExternalCacheDirs` hinzugefügt, die ein Array von Verzeichnissen zurückgeben, das Ihrer Anwendung Lese- und Schreibzugriff auf anwendungsspezifische Verzeichnisse auf jedem externen Speichergerät ermöglicht. Die ersten Verzeichnisse im Array entsprechen dem von `getExternalFilesDir` oder `getExternalCacheDir` zurückgegebenen Verzeichnis.

> **Hinweis**
>
> Vor Android 4.4 Kit Kat (API Level 19) muss Ihre Anwendung die Berechtigungen `READ_EXTERNAL_STORAGE` und `WRITE_EXTERNAL_STORAGE` besitzen, um einen beliebigen Ordner auf einem externen Speicher zu lesen beziehungsweise zu schreiben. Durch Hinzufügen von `android:maxSdkVersion="18"` zu den entsprechenden `uses-permission` Elementen können Sie sicherstellen, dass Sie diese »gefährlichen« Berechtigungen nur auf den früheren Plattform-Releases anfordern, die diese benötigen.

In den Anwendungsordnern gespeicherte Dateien sollten für die Eltern-Anwendung spezifisch sein und werden in der Regel vom Medienscanner nicht erkannt und daher nicht automatisch zur Medienbibliothek hinzugefügt.

Wenn Ihre Anwendung Dateien herunterlädt oder erstellt, die der Medienbibliothek hinzugefügt werden sollen, wie Bilder, Audio- oder Videodateien, sollten Sie sie an dem Ort speichern, der von der Methode `getExternalMediaDirs` in Android 6.0 Marshmallow (API Level 21) zurückgegeben wird, so dass sie automatisch vom Medienscanner eingelesen werden.

> **Hinweis**
>
> Da die Methode `getExternalMediaDirs` in Android 6.0 Marshmallow (API Level 21) eingeführt wurde, sollten Sie zur Unterstützung früherer Plattformversionen `MediaScannerConnection.scanFile` verwenden, um jede Datei, die auf einem externen Speicherplatz gespeichert ist, explizit der Mediendatenbank hinzuzufügen.

8.11.4 Zugriff auf öffentliche Verzeichnisse über Scoped Directory Access

Dateien, die wie zuvor beschrieben in den anwendungsspezifischen Verzeichnissen auf dem internen und externen Speicher abgelegt sind, werden beim Deinstallieren der App gelöscht. Anwendungen können jedoch auch Dateien in gemeinsamen öffentlichen Verzeichnissen speichern. Diese Dateien werden auch nach der Deinstallation der Anwendung beibehalten.

Aufgrund der gemeinsamen Natur dieser öffentlichen Verzeichnisse müssen Benutzer Ihrer Anwendung explizit Zugriff gewähren, bevor sie Dateien in diesen Verzeichnissen lesen oder schreiben kann. »Scoped Directory Access«, eingeführt in Android 7.0 Nougat (API Level 24), ist der Prozess, durch den Sie Zugriff auf diese freigegebenen

8.11 | Dateien, Speicher-Status und Benutzereinstellungen

öffentlichen Verzeichnisse auf einem bestimmten Speichervolumen anfordern können. Das primäre Speichervolumen ist das gleiche Speichermedium wie die zuvor beschriebenen anwendungsspezifischen externen Speicherverzeichnisse. Sekundäre Speichermedien können SD-Karten und temporär angeschlossene Speichergeräte wie USB-Geräte enthalten.

Ein bestimmtes `StorageVolume`-Objekt wird mit dem `StorageManager` abgerufen, wie im folgenden Beispiel gezeigt wird, das das primäre Speichervolumen mit der Methode `getPrimaryStorageVolume` abruft:

```
StorageManager sm =
  (StorageManager)getSystemService(Context.STORAGE_SERVICE);
StorageVolume volume = sm.getPrimaryStorageVolume();
```

Um auf ein bestimmtes öffentliches Verzeichnis zuzugreifen, rufen Sie `createAccessIntent` auf und übergeben einen Parameter, der das gewünschte Verzeichnis über eine der statischen Konstanten `Environment.DIRECTORY_` angibt:

```
Intent intent =
  volume.createAccessIntent(Environment.DIRECTORY_PICTURES);
```

Die Klasse `Environment` enthält eine Reihe von statischen String-Konstanten, mit denen Sie das öffentliche Verzeichnis angeben können, auf das Sie zugreifen möchten, einschließlich:

- `DIRECTORY_ALARMS`: Audiodateien, die als frei wählbare Alarmtöne zur Verfügung stehen sollen

- `DIRECTORY_DCIM`: Vom Gerät aufgenommene Bilder und Videos

- `DIRECTORY_DOCUMENTS`: Vom Benutzer erstellte Dokumente

- `DIRECTORY_DOWNLOADS`: Dateien, die vom Benutzer heruntergeladen wurden

- `DIRECTORY_MOVIES`: Videodateien, die Filme darstellen

- `DIRECTORY_MUSIC`: Audio-Dateien, die Musik repräsentieren

- `DIRECTORY_NOTIFICATIONS`: Audiodateien, die als vom Benutzer wählbare Benachrichtigungstöne verfügbar sein sollen

- `DIRECTORY_PICTURES`: Bilddateien

- `DIRECTORY_PODCASTS`: Audiodateien, die Podcasts darstellen

- `DIRECTORY_RINGTONES`: Audiodateien, die als frei wählbare Klingeltöne zur Verfügung stehen sollen

> **Hinweis**
>
> Bei der Verwendung von sekundären Speichervolumes ermöglicht die Übergabe von `null` für den Verzeichniswert den Zugriff auf das gesamte Speichervolumen. Diese Option ist für das primäre Speichervolumen nicht verfügbar. Der Zugriff auf die Wurzel des primären Speichers wird aufgrund der weitreichenden Folgen und der Sicherheit der persönlichen Dateien des Benutzers stark eingeschränkt.
>
> Sie können jedoch die Berechtigungen `READ_EXTERNAL_STORAGE` und `WRITE_EXTERNAL_STORAGE` zum Lesen und Schreiben eines beliebigen Verzeichnisses auf dem von `Environment.getExternalStorageDirectory` zurückgegebenen primären Datenträger anfordern.

Sobald Sie einen `Intent` durch den Aufruf der Methode `createAccessIntent` erhalten haben, übergeben Sie ihn an `startActivityForResult` (siehe Listing 8.4):

```
StorageManager sm =
  (StorageManager)getSystemService(Context.STORAGE_SERVICE);
StorageVolume volume = sm.getPrimaryStorageVolume();

Intent intent =
  volume.createAccessIntent(Environment.DIRECTORY_PICTURES);

startActivityForResult(intent, PICTURE_REQUEST_CODE);
```
Listing 8.4 Zugriff mit Scoped Directory Access beantragen

Dem Benutzer wird ein Dialogfeld wie in Abbildung 8.4 gezeigt, in dem er der Anwendung den Zugriff auf das angegebene Verzeichnis (und alle Unterverzeichnisse) auf dem angegebenen Speichervolumen gewähren kann. Wenn Benutzer die Anfrage zuvor abgelehnt haben, wird ihnen das »Nicht mehr fragen«-Kontrollkästchen angeboten, das, wenn es aktiviert ist, zu einer automatischen Ablehnung weiterer Anfragen für den gleichen Ort führt.

Abbildung 8.4 Berechtigungsabfrage

8.11 | Dateien, Speicher-Status und Benutzereinstellungen

Wenn der Benutzer Ihre Anfrage akzeptiert, hat der Callback zu onActivityResult einen Ergebniscode von RESULT_OK und getData gibt eine Dokumentenbaum-URI an das neu zugängliche Verzeichnis zurück, wie in Listing 8.5 beschrieben.

```
@Override
public void onActivityResult(int requestCode, int resultCode, Intent data) {
  if (requestCode == PICTURE_REQUEST_CODE && resultCode == RESULT_OK) {
    Uri documentTreeUri = data.getData();

    // Die URI ermöglicht den Zugriff auf die Dateien im Verzeichnis.
    handleDocumentTreeUri(documentTreeUri);
  }
}
```
Listing 8.5 Zugriff mit Scoped Directory Access erhalten

Im Gegensatz zu einem herkömmlichen java.io.File bietet eine Dokumenten-URI Zugriff auf Dateien über Methoden innerhalb der Klasse DocumentsContract und über einen ContentResolver zur Abfrage von Metadaten über die Datei. Ebenso müssen Sie openInputStream verwenden, um auf den Inhalt jedes Dokuments zuzugreifen (siehe Listing 8.6):

```
private void handleDocumentTreeUri(Uri documentTreeUri) {
  Uri childrenUri = DocumentsContract.buildChildDocumentsUriUsingTree(
    documentTreeUri, DocumentsContract.getDocumentId(documentTreeUri));
  try (Cursor children = getContentResolver().query(childrenUri,
    new String[] { DocumentsContract.Document.COLUMN_DOCUMENT_ID,
    DocumentsContract.Document.COLUMN_MIME_TYPE },
    null /* selection */,
    null /* selectionArgs */,
    null /* sortOrder */)) {
    if (children == null) {
      return;
    }

    while (children.moveToNext()) {
      String documentId = children.getString(0);
      String mimeType = children.getString(1);
      Uri childUri = DocumentsContract.buildDocumentUriUsingTree(
        documentTreeUri, documentId);
      if (DocumentsContract.Document.MIME_TYPE_DIR.equals(mimeType)) {
        handleDocumentTreeUri(childUri);
```

```
      } else {
        try (InputStream in =
          getContentResolver().openInputStream(childUri)) {
          // TODO Lese die Datei
        } catch (FileNotFoundException e) {
          Log.e(TAG, e.getMessage(), e);
        } catch (IOException e) {
          Log.e(TAG, e.getMessage(), e);
        }
      }
    }
  }
}
```

Listing 8.6 DocumentsContract zum Parsen eines Dokumentenbaums verwenden

Alternativ enthält die Support-Bibliothek eine Helferklasse `DocumentFile`, die die Datei-API auf Kosten des zusätzlichen Aufwands emuliert, wie in Listing 8.7 gezeigt.

```
private void handleDocumentTreeUri(Uri documentTreeUri) {
  DocumentFile directory = DocumentFile.fromTreeUri(
    this, // Context
    documentTreeUri);

  DocumentFile[] files = directory.listFiles();

  for (DocumentFile file : files) {
    if (file.isDirectory()) {
      handleDocumentTreeUri(file.getUri());
    } else {
      try (InputStream in =
          getContentResolver().openInputStream(file.getUri())) {
        // TODO Lese die Datei
      } catch (FileNotFoundException e) {
        Log.e(TAG, e.getMessage(), e);
      } catch (IOException e) {
        Log.e(TAG, e.getMessage(), e);
      }
    }
  }
}
```

Listing 8.7 Mit DocumentFile den Verzeichnisbaum durchsuchen

8.12 | Dateien, Speicher-Status und Benutzereinstellungen

Weitere Details zur Verwendung von Dokumenten-URIs und `DocumentsContract` finden Sie später in diesem Kapitel.

Standardmäßig bleibt jede Anforderung für den Scoped Directory Access nur für die aktuelle Sitzung bestehen. Wenn Ihre Anwendung persistenten Zugriff auf das angeforderte Verzeichnis benötigt, müssen Sie `ContentResolver.takePersistableUriPermission` aufrufen, was in der empfangenen Dokumentenbaum URI übergeben wird, und `FLAG_GRANT_READ_URI_PERMISSION` und/oder `FLAG_GRANT_WRITE_URI_PERMISSION`, um persistente Lese- und Schreibrechte anzufordern.

Wenn der Benutzer die Berechtigung erteilt, werden nachfolgende Zugriffsanforderungen automatisch und ohne Benutzerinteraktion oder Dialogfeld erfolgreich zurückgegeben. Dadurch kann Ihre Anwendung auch nach einem Neustart des Geräts über mehrere Sitzungen hinweg auf das Verzeichnis zugreifen:

```
@Override
public void onActivityResult(int requestCode, int resultCode, Intent data) {
  if (requestCode == PICTURE_REQUEST_CODE && resultCode == RESULT_OK) {
    Uri documentTreeUri = data.getData();

    // Persistiere den Zugriff auf das Verzeichnis für mehrfachen Zugriff
    getContentResolver().takePersistableUriPermission(documentTreeUri,
      Intent.FLAG_GRANT_READ_URI_PERMISSION);

    // Verwende die zurückgegebene URI, um auf die Dateien innerhalb
    // des Verzeichnisses zuzugreifen
    handleDocumentTreeUri(documentTreeUri);
  }
}
```

> **Hinweis**
> Scoped Directory Access wurde in Android 7.0 Nougat (API Level 24) eingeführt. Sie können mit der Methode `Environment.getExternalStoragePublicDirectory` auf die öffentlichen Verzeichnisse des primären Speichervolumens auf früheren Plattform-Releases zugreifen, die zum Lesen beziehungsweise Schreiben die Berechtigungen `READ_EXTERNAL_STORAGE` und `WRITE_EXTERNAL_STORAGE` benötigen.

8.12 Freigeben von Dateien über FileProvider

Die Android Support Library enthält die Klasse `FileProvider`, die speziell für die Umwandlung von Dateien in anwendungsspezifische Verzeichnisse in Content-URIs entwickelt wurde und es ermöglicht, diese mit anderen Anwendungen zu teilen.

8.12.1 Einen FileProvider erzeugen

Im Gegensatz zu Services oder Activities, die Sie erweitern und implementieren müssen, werden `FileProvider` über einen `provider`-Knoten direkt zu Ihrem Manifest hinzugefügt:

```xml
<provider
  android:name="android.support.v4.content.FileProvider"
  android:authorities="${applicationId}.files"
  android:grantUriPermissions="true"
  android:exported="false">
  <meta-data
    android:name="android.support.FILE_PROVIDER_PATHS"
    android:resource="@xml/filepaths"
  />
</provider>
```

Das Attribut `android:authorities` muss ein eindeutiger String sein, dem typischerweise die `applicationId` oder der Paketname der Anwendung vorangestellt wird. Gradle bietet einen Platzhalter ($applicationId), mit dem Sie die Anwendungs-ID einfügen können.

Jeder `FileProvider` erlaubt die Freigabe aus den Verzeichnissen, die Sie in der XML-Pfaddatei angeben, die Sie im Attribut `android:resource` des Metadatenknotens `android.support.FILE_PROVIDER_PATHS` angeben. Mit dieser XML-Datei können Sie beispielsweise Pfade relativ zu den internen und externen Dateien und Caches Ihrer Anwendung angeben:

```xml
<paths>
  <!-- Hier können beliebig viele Pfade deklariert werden~-->
  <files-path name="my_images" path="images/" />
  <cache-path name="internal_image_cache" path="imagecache/" />
  <external-files-path name="external_audio" path="audio/" />
  <external-cache-path name="external_image_cache" path="imagecache/" />
</paths>
```

Jeder Pfadknoten benötigt einen eindeutigen Namen für dieses Verzeichnis und seinen relativen Pfad.

8.12.2 Eine Datei über einen FileProvider freigeben

Um eine Datei über einen `FileProvider` freigeben zu können, müssen Sie zunächst eine Content-URI dafür erstellen. Sie können dies mit `FileProvider.getUriForFile` tun

8.13 | Dateien, Speicher-Status und Benutzereinstellungen

und in einem Kontext die Berechtigung, die Sie Ihrem Manifest hinzugefügt haben, und die Datei selbst übergeben:

```
File photosDirectory = new File(context.getFilesDir(), "images");
File imageToShare = new File(photosDirectory, "shared_image.png");

Uri contentUri = FileProvider.getUriForFile(context,
  BuildConfig.APPLICATION_ID + ".files", imageToShare);
```

Die Content-URI kann dann an einen ACTION_SEND-Intent angehängt werden, um sie mit einer anderen App zu teilen. Die Android Support Library enthält die Klasse ShareCompat, was dies einfach macht:

```
ShareCompat.IntentBuilder.from(activity)
  .setType("image/png")
  .setStream(contentUri)
  .startChooser();
```

> **Hinweis**
>
> Vor Android 4.1 Jellybean (API Level 16) müssen Sie auch setData(contentUri) und addFlags(Intent.FLAG_GRANT_READ_URI_PERMISSION) auf dem Intent aufrufen – wie später in diesem Kapitel beschrieben – um sicherzustellen, dass die empfangende App die Berechtigung zum Lesen der Content-URI hat. Dies geschieht für Sie bei ACTION_SEND ab API 16.

8.12.3 Eine Datei von einem FileProvider empfangen

Wenn Sie eine freigegebene Datei erhalten, können Sie über ContentResolver. openInputStream auf deren Inhalt zugreifen. Zum Beispiel, um eine Bitmap aus einer empfangenen Content-URI zu extrahieren:

```
Uri uri = ShareCompat.IntentReader.from(activity).getStream();
Bitmap bitmap;
try (InputStream in = getContentResolver().openInputStream(uri)) {
  bitmap = BitmapFactory.decodeStream(in);
} catch (IOException e) {
  Log.e(TAG, e.getMessage(), e);
}
```

8.13 Zugriff auf Dateien aus anderen Anwendungen über das Storage Access Framework

Das Storage Access Framework bietet eine systemweite Standard-Benutzeroberfläche, mit der Benutzer Dateien aus den externen öffentlichen Speicherverzeichnissen oder aus Anwendungen auswählen können, die Dateien bereitstellen, indem sie Document-Provider freigeben.

Diese Funktion ist nützlich für Anwendungen, die Dateien, insbesondere Bilder, einbinden möchten, die von diesen Anwendungen erstellt und gespeichert werden, wie zum Beispiel beim Verfassen einer E-Mail, beim Senden einer Textnachricht oder beim Veröffentlichen in Social Media.

Android bietet eine Reihe von integrierten Document-Providern, die den Zugriff auf Bilder, Videos und Audiodateien auf dem Gerät sowie auf den Inhalt aller externen öffentlichen Verzeichnisse, einschließlich solcher auf SD-Karten oder anderen externen Speichermedien, ermöglichen.

> **Hinweis**
>
> Document-Provider können verwendet werden, um den Zugriff auf extern gespeicherte Dateien zu ermöglichen – zum Beispiel Google Drive und Google Photos. Wenn Sie anderen Anwendungen Zugriff auf Dateien gewähren möchten, die von Ihrer Anwendung extern gespeichert sind, können Sie einen eigenen Document-Provider erstellen. Wie Sie Ihren eigenen Document-Provider aufbauen können, sprengt den Rahmen dieses Buches, aber Sie erfahren mehr darüber unter:
>
> d.android.com/guide/topics/providers/create-document-provider.html#custom.

Document-Provider, auf die über das Storage Access Framework zugegriffen wird, bieten Zugriff auf Dokumente, nicht auf herkömmliche Dateien.

Dokumente unterscheiden sich von Dateien dadurch, dass sie nicht durch Pfad und Dateinamen, sondern durch eine URI angesprochen werden. Sie bieten auch eine Abstraktionsebene über die üblichen Datei-APIs, um einen transparenten Zugriff auf Cloud-basierte Dateien zu ermöglichen.

Daher können Sie bei der Arbeit mit Dokumenten die `java.io`-APIs nicht verwenden. Stattdessen enthält die Klasse `DocumentsContract` die entsprechenden Methoden, die die ein URI-Dokument als Parameter akzeptieren.

> **Hinweis**
>
> Das Storage Access Framework wurde in Android 4.4 Kit Kat (API Level 19) hinzugefügt. Die nachfolgend beschriebene `ACTION_GET_CONTENT` kann jedoch auf allen Versionen von Android in Verbindung mit Apps verwendet werden, die eine Activity mit einem Intent Filter für `android.intent.action.GET_CONTENT` anbieten.

8.13 | Dateien, Speicher-Status und Benutzereinstellungen

8.13.1 Temporären Zugriff auf Dateien anfordern

Wenn Sie eine einmalige Aktion durchführen, wie zum Beispiel das Posten einer Datei auf Social Media, benötigen Sie nur temporären Zugriff auf die entsprechende Datei. Sie können Benutzern die Auswahl einer oder mehrerer Dateien ermöglichen, indem Sie die Aktion `ACTION_GET_CONTENT` innerhalb eines Intents verwenden:

```
Intent intent = new Intent(Intent.ACTION_GET_CONTENT);
intent.setType("image/*");
intent.addCategory(Intent.CATEGORY_OPENABLE);
intent.putExtra(Intent.EXTRA_ALLOW_MULTIPLE, true);
startActivityForResult(intent, REQUEST_IMAGES_CODE);
```

Mit `startActivityForResult` wird in diesem Intent das Storage Access Framework UI gestartet, das die verfügbaren Dateien anhand des im Intent angegebenen MIME-Typs mit `setType` filtert.

Android unterstützt sowohl offene Dateien (solche mit direkter Byte-Darstellung, auf die Sie mit `openInputStream` zugreifen können) als auch virtuelle Dateien (die keine Byte-Darstellung haben). Durch die Angabe von `CATEGORY_OPENABLE` mit `addCategory` stehen nur noch zu öffnende Dateien zur Auswahl.

Das Extra `EXTRA_ALLOW_MULTIPLE` ist optional und zeigt an, dass der Benutzer mehrere Dateien auswählen kann, um zur Anwendung zurückzukehren. Sie können dann `getClipData` verwenden, um die Liste der URIs abzurufen, die ausgewählt wurden, wenn der Ergebnis-Intent zurückgegeben wird. In allen Fällen ist die erste ausgewählte URI durch Aufruf von `getData` verfügbar.

> **Hinweis**
>
> Da `ACTION_GET_CONTENT` dem Storage Access Framework vorausging, werden Legacy-Anwendungen weiterhin im Storage Access Framework UI angezeigt. Seit API Level 19 sind Dateien, die mit dieser Technik zurückgegeben werden, Dokument-URIs; Legacy-Anwendungen geben jedoch einfache Dateien zurück. Daher können Sie nicht davon ausgehen, dass alle zurückgegebenen URIs Dokument-URIs sind. Um festzustellen, ob Sie eine Dokument-URI erhalten haben und die `DocumentsContract`-APIs verwenden können, verwenden Sie `DocumentsContract.isDocumentUri`.

8.13.2 Persistenten Zugriff auf Dateien anfordern

Wenn Sie persistenten Zugriff auf ausgewählte Dateien benötigen, sollten Sie `ACTION_OPEN_DOCUMENT` anstelle von `ACTION_GET_CONTENT` verwenden. Dies ermöglicht es Ihrer Anwendung, Aktualisierungen zu erhalten, wenn die Datei innerhalb des ursprünglichen Anbieters geändert wird.

Alle URIs, die bei Verwendung von ACTION_OPEN_DOCUMENT zurückgegeben werden, sind Dokument-URIs, die erweiterte Funktionen wie das Abrufen von Metadaten über die Datei (einschließlich des Namens und einer Zusammenfassung der Datei) sowie optionale Funktionen (wie das Abrufen einer Miniaturansicht) ermöglichen.

Außerdem können Sie die Datei mit Hilfe von Operationen wie Kopieren, Löschen, Verschieben, Entfernen oder Umbenennen verwalten. Sobald Sie die URI des Dokuments erhalten haben, müssen Sie ContentResolver.takePersistableUriPermission für jede URI aufrufen, um eine dauerhafte Berechtigung für den Zugriff auf die URI über Sitzungen und Geräte-Neustarts hinweg zu erhalten.

8.13.3 Zugriff auf Verzeichnisse beantragen

Der permanente Zugriff auf Dateien ermöglicht es einer Client-Anwendung, mit der Document-Provider-Anwendung synchron zu bleiben, ignoriert jedoch alle strukturellen Änderungen wie das Hinzufügen neuer Dateien oder neuer Unterverzeichnisse. ACTION_OPEN_DOCUMENT_TREE löst dieses Problem, indem es dem Benutzer erlaubt, ein Verzeichnis auszuwählen und Ihrer Anwendung persistenten Zugriff auf den gesamten Verzeichnisbaum zu gewähren, wie in Listing 8.8 beschrieben.

```
Intent intent = new Intent(Intent.ACTION_OPEN_DOCUMENT_TREE);
startActivityForResult(intent, REQUEST_DIRECTORY_CODE);
```

Listing 8.8 Zugriff auf ein Verzeichnis mit dem Storage Access Framework anfordern

Wenn ein Verzeichnis ausgewählt ist, erhalten Sie eine Dokumentenbaum-URI, mit der Sie alle Dateien in diesem Verzeichnis rekursiv auflisten können. Der gleiche Code, der für Scoped Directory Access in Listing 8.6 und 8.7 verwendet wird, kann verwendet werden, um die Ergebnisse von ACTION_OPEN_DOCUMENT_TREE zu analysieren.

8.13.4 Neue Dateien erzeugen

Indem Sie einen Intent erstellen, der die Aktion ACTION_CREATE_DOCUMENT verwendet, können Sie es Benutzern ermöglichen, einen Ort zum Speichern von Inhalten auszuwählen – sei es lokal oder bei einem Cloud-basierten Document Provider, der über das Storage Access Framework angeboten wird. Das einzige erforderliche Feld ist ein MIME-Typ, der mit setType gesetzt wird; Sie können jedoch einen vorgeschlagenen Initialnamen angeben, indem Sie einen EXTRA_TITLE-Zusatz hinzufügen. Damit Sie die Byte-Darstellung der neuen Datei schreiben können, wird zusätzlich CATEGORY_OPENABLE angegeben:

8.14 | Dateien, Speicher-Status und Benutzereinstellungen

```
Intent intent = new Intent(Intent.ACTION_CREATE_DOCUMENT);
intent.setType("image/png");
intent.addCategory(Intent.CATEGORY_OPENABLE);
intent.putExtra(Intent.EXTRA_TITLE, "YourImage.png");
startActivityForResult(intent, REQUEST_CREATE_IMAGE_CODE);
```

Wenn der Benutzer einen Speicherort für die neue Datei ausgewählt hat (entweder durch Auswahl einer vorhandenen Datei desselben MIME-Typs oder durch Auswahl eines neuen Dateinamens), wird eine Dokumenten-URI zurückgegeben, und der Inhalt der Datei kann mit `ContentResolver.openOutputStream` geschrieben werden. Sie können die persistente Berechtigung für den Zugriff auf die neu erstellte Datei beibehalten, indem Sie die zurückgegebene Content-URI an `ContentResolver.takePersistableUriPermission` übergeben, wie zuvor in diesem Kapitel beschrieben.

8.14 URI-basierte Berechtigungen verwenden

Android-Apps können Dateien nur in anwendungsspezifischen Verzeichnissen speichern und somit effektiv von allen anderen Apps abgrenzen. Diese nützliche Sicherheitseigenschaft würde normalerweise verhindern, dass Anwendungen Dateien an andere Anwendungen weitergeben; Android bietet jedoch eine Reihe von Techniken mit URI-basierten Berechtigungen, die es Ihrer Anwendung ermöglichen, temporären oder dauerhaften Zugriff auf ihre Dateien an andere Anwendungen zu gewähren.

URI-basierte Berechtigungen werden auf einzelne URIs angewendet, wobei jede URI eine bestimmte Datei oder ein bestimmtes Verzeichnis repräsentiert. Dies ermöglicht ein viel feinkörnigeres Sicherheitsmodell als Dateiberechtigungen.

URI-basierte Berechtigungen werden hinter den Kulissen verwendet, um Scoped Directory Access, File Provider und das zuvor in diesem Kapitel beschriebene Storage Access Framework zu aktivieren, so dass das Verständnis ihrer Funktionsweise nützlich sein kann.

Mit URI-basierten Berechtigungen kann eine Anwendung einer anderen Anwendung Zugriff auf eine bestimmte Datei oder ein bestimmtes Verzeichnis innerhalb ihrer Sandbox gewähren – sei es auf demselben Benutzerprofil oder auf einem Arbeitsprofil. Sie tun dies, indem Sie `FLAG_GRANT_READ_URI_PERMISSION` beziehungsweise `FLAG_GRANT_WRITE_URI_PERMISSION` in einen Intent einbinden, der an die Anwendung übergeben wird, die auf ihre Dateien zugreifen möchte:

```
Intent sendIntent = new Intent();
sendIntent.setAction(Intent.ACTION_VIEW);
sendIntent.setType("image/png");
```

```
sendIntent.setData(contentUri);
sendIntent.addFlags(Intent.FLAG_GRANT_READ_URI_PERMISSION);
startActivity(sendIntent);
```

> **Hinweis**
>
> Auf Android 4.2 Jellybean (API Level 17) und höheren Geräten wird FLAG_GRANT_READ_URI_PERMISSION automatisch für alle URIs hinzugefügt, die im EXTRA_STREAM des ACTION_SEND-Intents enthalten sind. Ebenso werden FLAG_GRANT_READ_URI_PERMISSION und FLAG_GRANT_WRITE_URI_PERMISSION automatisch zum EXTRA_OUTPUT eines ACTION_IMAGE_CAPTURE und ACTION_VIDEO_CAPTURE Intent hinzugefügt.

Mit FLAG_GRANT_PREFIX_URI_PERMISSION kann die Lese- oder Schreibberechtigung für alle URIs mit einem bestimmten Präfix kombiniert werden.

URI-basierte Berechtigungen sind kurzlebig – sobald die Komponente, die den Intent mit den URI-Berechtigungsflags erhalten hat, zerstört wird, wird der Zugriff auf diese URI widerrufen. Wenn jedoch die empfangende Komponente den Intent einschließlich der Flags zur Bearbeitung an einen Service weiterleitet, bleibt die Berechtigung solange gültig, bis beide Komponenten zerstört sind.

Wenn die sendende Anwendung FLAG_GRANT_PERSISTABLE_URI_PERMISSION mit dem Intent enthält, kann die Berechtigung mit ContentResolver.takePersistableUriPermission aufrechterhalten werden und wird solange beibehalten, bis die Anwendung releasePersistableUriPermission oder die sendende Anwendung Context.revokeUriPermission aufruft.

Diese fein abgestufte Kontrolle und die Fähigkeit einer sendenden Anwendung, Berechtigungen für Ressourcen an andere Anwendungen zu vergeben, machen URI-basierte Berechtigungen ideal für die gemeinsame Nutzung von Dateien zwischen Anwendungen.

Kapitel 9
Datenbanken anlegen und verwenden

Inhalt
■ Anwendungsdaten über die Room Persistence Library sichern
■ Hinzufügen, Ändern und Löschen gespeicherter Daten mit Room
■ Abfragen von Room-Datenbanken und Beobachten von Abfrageergebnissen mit LiveData
■ Datenbanken mit der SQLite-Bibliothek erstellen
■ Mit SQLiteOpenHelper SQLite-Datenbankzugriffe vereinfachen
■ Überprüfen des Datenbankinputs
■ Verwenden von ContentValues zum Hinzufügen, Ändern und Löschen von Datenbankeinträgen
■ Abfragen von Datenbankeinträgen mit Cursorn
■ Einführung der Firebase Realtime Datenbank
■ Hinzufügen, Ändern und Löschen von Daten in einer Firebase Datenbank
■ Abfragen und Überwachen von Änderungen an einer Firebase Datenbank

Wrox.com Code-Downloads für dieses Kapitel

Die Quelltexte für dieses Kapitel finden Sie unter www.wrox.com zum Download. Der Programmcode für dieses Kapitel ist in die folgenden Hauptbeispiele unterteilt:

- Snippets_ch9.zip
- Earthquake_ch9.zip

9.1 Einführung in die Speicherung strukturierter Daten in Android

Dieses Kapitel stellt die Speicherung strukturierter Daten in Android vor, beginnend mit der Room Persistence Library, bevor die zugrunde liegende relationale SQLite-Datenbank und die Firebase Realtime NoSQL-Datenbank untersucht werden.

Room bietet eine Abstraktionsschicht über SQLite, die es Ihnen ermöglicht, Ihre Anwendungsdaten mit Hilfe der leistungsstarken SQLite-Datenbank zu speichern und gleichzeitig die Komplexität der Verwaltung der Datenbank selbst zu abstrahieren.

Sie erfahren, wie Sie die Room-Datenbank definieren, abfragen und Transaktionen mit Data Access Objects (DAOs) durchführen. Außerdem sehen Sie, wie Sie mit `LiveData` Änderungen in den Abfrageergebnissen innerhalb der Datenschicht Ihrer Anwendung verfolgen können, wenn sich die zugrunde liegenden Daten ändern.

In diesem Kapitel werden auch die zugrunde liegenden SQLite-Datenbank-APIs vorgestellt. Mit SQLite können Sie vollständig gekapselte relationale Datenbanken für Ihre Anwendungen erstellen und diese zur Speicherung und Verwaltung komplexer, strukturierter Anwendungsdaten verwenden.

Jede Anwendung kann ihre eigenen SQLite-Datenbanken erstellen, über die sie die volle Kontrolle hat; alle Datenbanken sind privat und nur von der Anwendung aus zugänglich, die sie erstellt hat.

Zusätzlich zur relationalen Datenbankbibliothek SQLite können Sie mit der Firebase Realtime Database eine NoSQL-Datenbank erstellen und verwenden, deren Daten in Echtzeit über die Cloud synchronisiert werden.

Am Ende dieses Kapitels erfahren Sie, wie Sie eine Cloud-basierte Firebase Datenbank einbinden und verwenden, die ihren Inhalt als JSON-Baum auf jedem Gerät speichert und automatisch in Echtzeit mit dem Cloud-Server und jedem angeschlossenen Client synchronisiert.

9.2 Daten über die Room Persistence Library ablegen

Room ist eine Persistenz-Bibliothek, die das Hinzufügen einer strukturierten SQL-Datenbank zu Ihrer Anwendung vereinfacht. Room bietet eine Abstraktionsschicht über einem SQLite-Backend, wodurch es einfacher wird, eine Datenbank für die strukturierten Daten Ihrer Anwendung zu definieren und darauf zuzugreifen, während gleichzeitig die volle Leistungsfähigkeit von SQLite zur Verfügung steht.

Eine der Herausforderungen beim Einbinden einer Datenbank in Ihre Anwendung ist die Erstellung und Pflege eines Object Relation Mappings (ORMs). Ein ORM ist notwendig, denn während die Daten Ihrer Anwendung als Variablen in von Ihren Klassen definierten

Objekten gespeichert werden, speichern relationale Datenbanken Daten in Zeilen und Spalten innerhalb von Tabellen.

Daher müssen Sie immer dann, wenn Sie Daten in einer SQLite-Tabelle speichern möchten, zuerst die als Variablen gespeicherten Daten innerhalb jedes Objekts extrahieren und in eine Reihe von Werten entsprechend den Spalten Ihrer Tabelle konvertieren (unter Verwendung von Inhaltswerten). Ebenso erhalten Sie beim Extrahieren von Daten aus der Tabelle eine oder mehrere Zeilen von Werten (als Cursor), die in ein oder mehrere Objekte übersetzt werden müssen. Abbildung 9.1 zeigt die typische Zuordnung von Objekten zu Zeilen innerhalb von Tabellen.

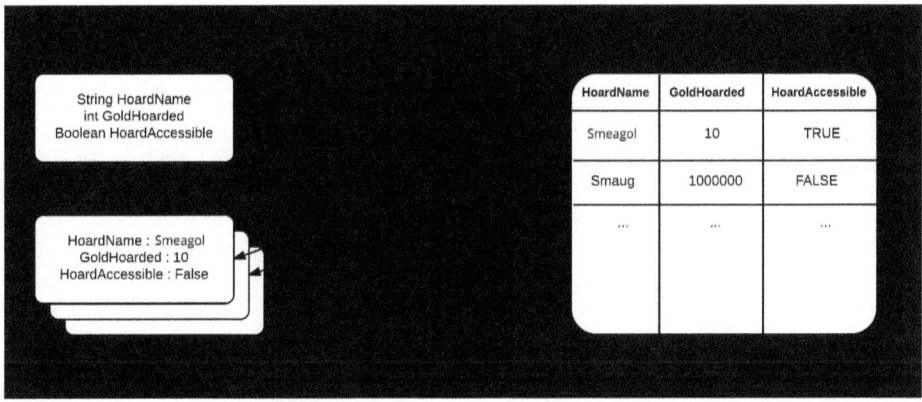

Abbildung 9.1 Object Relation Mapping

Die Erstellung und Pflege des ORM-Codes, der für die Übersetzung zwischen dem klassenbasierten Datenmodell Ihrer Anwendung und den Tabellen und Spalten der relationalen Datenbanken erforderlich ist, ist einer der fehleranfälligsten und zeitaufwändigsten Aspekte bei der Verwendung relationaler Datenbanken wie SQLite.

Room vereinfacht dies, indem Sie innerhalb Ihrer Klassendefinitionen Annotationen verwenden können, die Klassenvariablen auf Tabellenspalten und Methoden auf SQL-Anweisungen abbilden. Dadurch wird die zugrunde liegende Datenbank abstrahiert, wodurch Sie keine separate Liste von Tabellen- und Spaltennamen pflegen oder SQL-Anweisungen zum Einfügen, Löschen, Aktualisieren oder Abfragen von SQL-Anweisungen separat pflegen müssen.

Query-Annotationen verwenden SQL und bieten die volle Leistung von SQLite, während der Compiler jede Abfrage während der Kompilierung verifizieren kann. Wenn eine Query ungültige Feld- oder Spaltennamen hat, tritt anstelle eines Laufzeitfehlers ein Compiler-Fehler auf.

9.2 | Datenbanken anlegen und verwenden

9.2.1 Einbinden der Room Persistence Library

Die Room Persistence Library ist als Teil der Android Architecture Components Suite des Google-Maven-Repository verfügbar.

Um Ihrer Anwendung Room hinzuzufügen, stellen Sie zunächst sicher, dass Ihre Projektdatei *build.gradle* das Google-Maven-Repository innerhalb des `allprojects`-`repositories`-Knotens enthält:

```
allprojects {
  repositories {
    jcenter()
    maven { url 'https://maven.google.com' }
  }
}
```

Öffnen Sie die Datei *build.gradle* und fügen Sie die folgenden Abhängigkeiten der Room Library innerhalb des Knotens `dependencies` hinzu:

```
dependencies {
  [... Existierende dependencies ...]

  implementation "android.arch.lifecycle:extensions:1.0.0"
  implementation "android.arch.persistence.room:runtime:1.0.0"
  annotationProcessor "android.arch.persistence.room:compiler:1.0.0"
  testImplementation "android.arch.persistence.room:testing:1.0.0"
}
```

9.2.2 Eine Room-Datenbank definieren

Das Room-Persistenzmodell erfordert die Definition von drei Komponenten:

- **Entity**: Eine oder mehrere Klassen werden mit der Annotation `@Entity` versehen. Damit wird die Struktur einer Datenbanktabelle definiert, die zum Speichern von Instanzen der annotierten Klasse verwendet wird.

- **Data Access Object**: Eine Klasse mit der Annotation `@Dao` definiert die Methoden, die zum Ändern oder Abfragen der Datenbank verwendet werden.

- **Room Database**: Eine abstrakte Klasse, die mit der Annotation `@Database` versehen ist, die die Klasse `RoomDatabase` erweitert. Diese Klasse ist der Hauptzugriffspunkt für die zugrunde liegende SQLite-Verbindung und muss außerdem eine abstrakte Methode enthalten, die die Klasse `Data Access Object` und die Liste der in der Datenbank enthaltenen Entitäten zurückgibt.

Abbildung 9.2 zeigt die Beziehung zwischen dem Room-Persistenzmodell, der zugrunde liegenden Datenbank und Ihrer Anwendung.

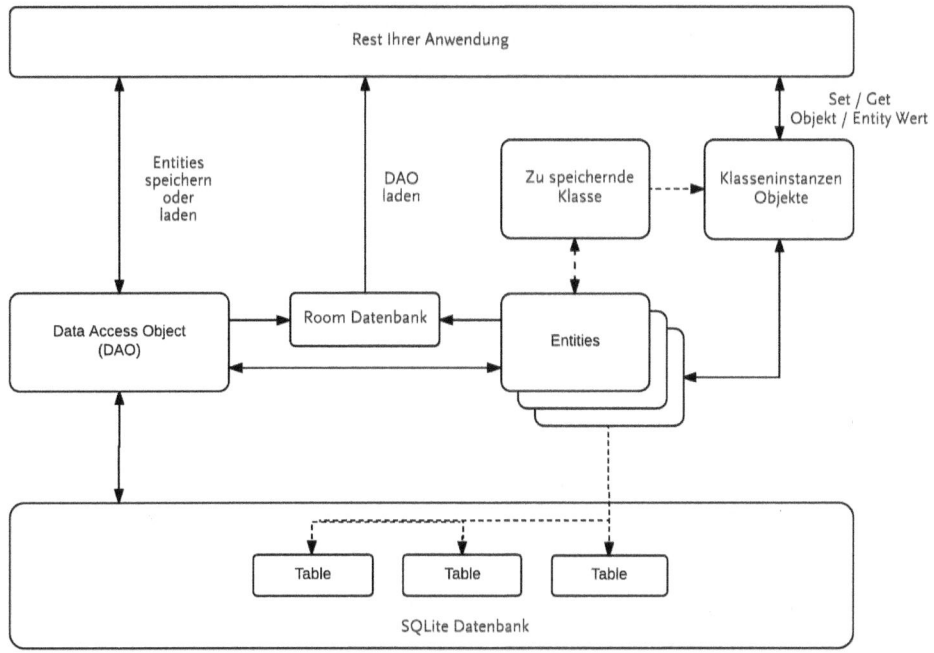

Abbildung 9.2 Room-Persistenzmodell, Datenbank und Anwendung

Als Entity deklarierte Klassen werden verwendet, um die Tabellen in der Datenbank zu definieren. Jede Entity muss ein Nicht-Null-Feld enthalten, das mit der Annotation @PrimaryKey als Primärschlüssel deklariert ist. Das folgende Beispiel erstellt eine Tabelle, die drei Spalten enthält, die den Namen des Hortes, die Menge des gehorteten Goldes und die Zugänglichkeit des Hortes enthalten, wobei der Name des Hortes der Primärschlüssel ist:

```
@Entity
public class Hoard {
  @NonNull
  @PrimaryKey
  public String HoardName;
  public int GoldHoarded;
  public boolean HoardAccessible;
}
```

Standardmäßig werden alle Public-Felder in die Tabellendefinition aufgenommen. Sie können die Annotation @Ignore verwenden, um Felder zu kennzeichnen, die nicht übernommen werden sollen.

9.2 | Datenbanken anlegen und verwenden

Um Felder, auf die über Getter und Setter zugegriffen wird, statt über öffentliche Variablen zu persistieren, können Sie die privaten Variablen annotieren, vorausgesetzt, die Getter und Setter verwenden die JavaBeans-Notation, wobei die Methoden für die Variable `foo` `getFoo` beziehungsweise `setFoo` wären (siehe Listing 9.1). Für boolesche Werte kann eine `isFoo`-Methode anstelle einer Get-Methode verwendet werden.

```java
@Entity
public class Hoard {
  @NonNull
  @PrimaryKey
  private String hoardName;
  private int goldHoarded;
  private boolean hoardAccessible;

  public String getHoardName() {
    return hoardName;
  }
  public void setHoardName(String hoardName) {
    this.hoardName = hoardName;
  }

  public int getGoldHoarded() {
    return goldHoarded;
  }
  public void setGoldHoarded(int goldHoarded) {
    this.goldHoarded = goldHoarded;
  }

  public boolean getHoardAccessible() {
    return hoardAccessible;
  }

  public void setHoardAccessible(boolean hoardAccessible) {
    this.hoardAccessible = hoardAccessible;
  }

  public Hoard(String hoardName, int goldHoarded, boolean hoardAccessible) {
    this.hoardName = hoardName;
    this.goldHoarded = goldHoarded;
    this.hoardAccessible = hoardAccessible;
  }
}
```
Listing 9.1 Eine Room-Entity definieren

Die Parameter für die Konstruktoren Ihrer Klasse sollten Namen und Typen enthalten, die den Entity-Feldern entsprechen, wie in Listing 9.1 gezeigt. Auch leere oder partielle Konstruktoren werden unterstützt.

Sobald Ihre Entities definiert sind, erstellen Sie eine abstrakte Klasse, die `RoomDatabase` erweitert und mit einer `@Database`-Annotation versehen wird, die eine Liste aller Entity-Klassen und die aktuelle Versionsnummer enthält (siehe Listing 9.2).

```
@Database(entities = {Hoard.class}, version = 1)
public abstract class HoardDatabase extends RoomDatabase{
}
```
Listing 9.2 Room-Datenbank definieren

Bevor Sie die Datenbank verwenden können, müssen Sie eine DAO-Klasse (Data Access Object) erstellen, die aus Ihrer Room-Datenbank zurückgegeben wird, wie im Abschnitt über die Room-Datenbank-Interaktionen mit Data-Access Objekten beschrieben wird.

9.2.3 Komplexe Objekte über Typkonverter persistieren

Room versucht, jedem Feld eine Spalte zuzuweisen, aber nur die primitiven Typen, die von SQLite-Booleans, Strings, Integers, Longs und Doubles unterstützt werden, funktionieren standardmäßig.

Für `public`-Attribute, die Klassenobjekte enthalten, können Sie die Annotation `@Ignore` verwenden, wie im folgenden Ausschnitt gezeigt, um ein Feld anzugeben, das nicht in der Datenbank gespeichert werden soll:

```
@Entity
public class Album {
  @NonNull
  @PrimaryKey
  public String albumName;
  public String artistName;
  @Ignore
  public Bitmap albumArt;
}
```

Wenn Sie den Inhalt eines Objekts in Ihrer Room-Datenbank sichern möchten, müssen Sie alternativ ein Paar Typkonverter-Methoden definieren – die mit der Annotation `@TypeConverter` markiert sind –, die zwischen dem im Attribut gespeicherten Objekt und einem einzelnen primitiven Wert hin- und herübersetzen können.

Der folgende Ausschnitt zeigt ein einfaches Paar von Typkonvertern, die zwischen einem `Date`-Objekt und einem `long`-Wert, der den Zeitstempel darstellt, übersetzen:

```
public class MyTypeConverters {
  @TypeConverter
  public static Date dateFromTimestamp(Long value) {
    return value == null ? null : new Date(value);
  }

  @TypeConverter
  public static Long dateToTimestamp(Date date) {
    return date == null ? null : date.getTime();
  }
}
```

Einmal definiert, können Sie die Annotation `@TypeConverters` verwenden, um die Typkonverter innerhalb einer oder mehrerer Klassen anzuwenden, die als Array-Wert definiert sind, wie im folgenden Beispiel zu sehen ist:

```
@TypeConverters({MyTypeConverters.class})
```

Normalerweise werden Sie die Annotation `@TypeConverters` auf die Room-Datenbank-Definition anwenden, wie in diesem Beispiel zu sehen ist:

```
@Database(entities = {Album.class}, version = 1)
@TypeConverters({MyTypeConverters.class})
public abstract class AlbumDatabase extends RoomDatabase{
}
```

Dadurch werden die Typkonverter innerhalb der angegebenen Klasse auf alle Entities und DAOs in der Datenbank angewendet.

Alternativ können Sie den Umfang der Typkonverter innerhalb einer Klasse auf eine oder mehrere bestimmte Entities, DAOs, bestimmte Entity-Felder, DAO-Methoden oder sogar einzelne DAO-Methodenparameter beschränken.

Als Ergebnis können Sie mehrere alternative Typkonverter – zwischen dem gleichen Objekt oder primitiven Typ-Paaren – erstellen, die auf verschiedene Elemente in Ihrer Room-Datenbank angewendet werden.

Weitere Informationen darüber, warum Room nicht automatisch Speicher- oder Objektreferenzen unterstützt, finden Sie in der Room-Dokumentation unter *d.android.com/training/data-storage/room/referencing-data.html*.

9.2.4 Room-Datenbank-Interaktionen über Data Access Objects definieren

Data Access Objects (DAO) sind Klassen zur Definition Ihrer Room-Datenbank-Interaktionen, einschließlich Methoden zum Einfügen, Löschen, Aktualisieren und Abfragen Ihrer Datenbank. Wenn Ihre Datenbank mehrere Tabellen enthält, ist es sinnvoll, mehrere DAO-Klassen zu haben, eine für jede Tabelle.

DAOs sind entweder als Interfaces oder abstrakte Klassen definiert, die mit der Annotation @Dao gekennzeichnet werden (siehe Listing 9.3).

```
@Dao
public interface HoardDAO {
}
```
Listing 9.3 Ein Room-Data Access Object definieren

Einmal definiert, stellen Sie es Ihrer Anwendung zur Verfügung, indem Sie der Klasse RoomDatabase eine neue abstrakte öffentliche Methode hinzufügen, die das neue DAO zurückgibt, wie in Listing 9.4 gezeigt, das Listing 9.2 erweitert.

```
@Database(entities = {Hoard.class}, version = 1)
public abstract class HoardDatabase extends RoomDatabase {
    public abstract HoardDAO hoardDAO();
}
```
Listing 9.4 Rückgabe eines DAO aus einer Room-Datenbank

Erstellen Sie in Ihrem DAO neue Methoden, um jede Ihrer Datenbankinteraktionen mit den Annotationen @Insert, @Update, @Delete und @Query zu ermöglichen.

Entities einfügen

Verwenden Sie die Annotation @Insert, um Methoden zu kennzeichnen, die ein neues Objekt der Entity-Instanz in Ihre Datenbank einfügen. Jede Einfügemethode kann einen oder mehrere Parameter (einschließlich Collections) des Typs der Entity akzeptieren, die durch dieses DAO repräsentiert wird.

Wie in Listing 9.5 zu sehen ist, können Sie mehrere Einfügemethoden verwenden und optional den onConflict-Annotations-Parameter verwenden, um eine Strategie zur Behandlung von Konflikten anzugeben, bei der das eingefügte Objekt den gleichen Primärschlüsselwert wie ein bereits gespeichertes Objekt hat.

```
@Dao
public interface HoardDAO {
  // Füge eine Liste von Hoards ein und ersetze
  // gespeicherte Hoards gleichen Namens
```

9.2 | Datenbanken anlegen und verwenden

```
    @Insert(onConflict = OnConflictStrategy.REPLACE)
    public void insertHoards(List<Hoard> hoards);

    // Füge einen neuen Hoard ein
    @Insert
    public void insertHoard(Hoard hoard);
}
```
Listing 9.5 Definieren einer Room-Datenbank-Insert-Methode innerhalb eines DOAs

Neben der in Listing 9.5 dargestellten Ersetzungsstrategie zur Konfliktlösung stehen folgende Alternativen zur Verfügung:

- ABORT: Abbrechen der laufenden Transaktion.
- FAIL: Die aktuelle Transaktion schlägt fehl.
- IGNORE: Ignorieren Sie die widersprüchlichen neuen Daten und setzen Sie die Transaktion fort.
- REPLACE: Überschreiben Sie den vorhandenen Wert mit dem neu gelieferten Wert und setzen Sie die Transaktion fort.
- ROLLBACK: Setzt die aktuelle Transaktion zurück und macht alle zuvor vorgenommenen Änderungen rückgängig.

Entities aktualisieren

Sie können Methoden erstellen, die in Ihrer Datenbank gespeicherte Objekte aktualisieren, indem Sie die @Update-Annotation verwenden (siehe Listing 9.6). Wie bei den Einfügemethoden kann jede Aktualisierungsmethode einen oder mehrere Entity-Parameter (einschließlich Collections) akzeptieren. Jeder übergebene Objektparameter wird mit dem Primärschlüssel vorhandener Datensätze abgeglichen und entsprechend aktualisiert.

```
@Update
public void updateHoards(Hoard... hoard);

@Update
public void updateHoard(Hoard hoard);
```
Listing 9.6 Definieren einer Room-Datenbank Update Methode innerhalb eines DOAs

Entities löschen

Um eine Methode zu definieren, die ein Objekt aus der Datenbank löscht oder entfernt, verwenden Sie die @Delete-Annotation (siehe Listing 9.7). Room verwendet den Primärschlüssel jedes empfangenen Parameters, um Entities in der Datenbank zu finden und zu entfernen.

```
@Delete
public void deleteHoard(Hoard hoard);

@Delete
public void deleteTwoHoards(Hoard hoard1, Hoard hoard2);
```
Listing 9.7 Definieren einer Room-Datenbank Löschmethode innerhalb eines DOAs

Wenn Sie alle Datenbankeinträge einer Tabelle entfernen möchten, verwenden Sie die Annotation @Query, die alle Einträge der Tabelle löscht:

```
@Query("DELETE FROM hoard")
public void deleteAllHoards();
```

Query Annotationen können verwendet werden, um beliebige SQL-Operationen auf Ihrer Room-Datenbank auszuführen, wie im folgenden Abschnitt demonstriert wird.

Abfragen an die Room Datenbank

Die mächtigste Annotation, die Sie innerhalb Ihrer DAO-Klasse verwenden können, ist @Query. Die @Query-Annotation ermöglicht es Ihnen, Lese- und Schreiboperationen auf der Datenbank mit den SQL-Anweisungen SELECT-, UPDATE- und DELETE durchzuführen, die im Annotationswert wie im folgenden Ausschnitt gezeigt definiert sind und beim Aufruf der zugehörigen Methode ausgeführt werden:

```
@Query("SELECT * FROM hoard")
public List<Hoard> loadAllHoards();
```

Jede @Query-SQL-Anweisung wird zur Compile-Zeit verifiziert, so dass bei einem Problem mit der Abfrage anstelle eines Laufzeitfehlers ein Compiler-Fehler auftritt.

Um Methodenparameter innerhalb der SELECT-Anweisung zu referenzieren, können Sie dem Parameternamen einen Doppelpunkt (:) voranstellen, wie in Listing 9.8 zu sehen, das zwei typische SELECT-Anweisungen zeigt – eine, die alle Datenbanktabelleneinträge zurückgibt, und eine andere, die eine bestimmte Zeile basierend auf einem Primärschlüsselwert zurückgibt.

```
// Liefere alle Hoards
@Query("SELECT * FROM hoard")
public List<Hoard> loadAllHoards();
```

9.2 | Datenbanken anlegen und verwenden

```
// Liefere einen benannten Hoard
@Query("SELECT * FROM hoard WHERE hoardName = :hoardName")
public Hoard loadHoardByName(String hoardName);
```
Listing 9.8 Abfragen einer Room Datenbank

Für SELECT-Abfragen, die eine oder mehrere Entities aus einer Tabelle zurückgeben, generiert Room automatisch den Code, der das Abfrageergebnis in den von Ihrer Methode angegebenen Rückgabetyp konvertiert.

Es ist auch möglich, Methodenparameter zu übergeben, die eine Liste oder ein Array von Werten enthalten, wie in Listing 9.9 gezeigt.

```
@Query("SELECT * FROM Hoard WHERE hoardName IN(:hoardNames)")
public List<Hoard> findByNames(String[] hoardNames);
```
Listing 9.9 Verwendung eines List Parameters bei der Abfrage einer Room-Datenbank

Room erstellt eine Abfrage, die jedes Element im Array oder in der Liste bindet, beispielsweise wenn der Parameter hoardNames in Listing 9.9 ein Array von drei Elementen ist, wird Room die Abfrage wie folgt ausführen:

```
SELECT * FROM Hoard WHERE hoardName IN(?, ?, ?)
```

Aus Effizienzgründen ist es oft wünschenswert, nur eine Teilmenge von Feldern oder Spalten aus der zugrunde liegenden Room-Datenbank zurückzugeben oder einen einzelnen berechneten Wert wie in diesem Beispiel zurückzugeben:

```
@Query("SELECT SUM(goldHoarded) FROM hoard")
public int totalGoldHoarded();
```

Um eine Teilmenge von Spalten oder Feldern zurückzugeben, erstellen Sie eine neue Klasse, die öffentliche Felder enthält, die den zurückgegebenen Spalten entsprechen, wie in diesem Ausschnitt zu sehen ist:

```
public class AnonymousHoard {
  public int goldHoarded;
  public boolean hoardAccessible;
}
```

Definieren Sie anschließend eine SELECT-Anweisung, die die zurückzugebenden Spalten angibt, und setzen Sie den Rückgabetyp der Methode auf eine Klasse, die öffentliche Felder enthält, die den zurückgegebenen Spaltennamen entsprechen, wie in Listing 9.10 zu erkennen ist.

```java
@Query("SELECT goldHoarded, hoardAccessible FROM hoard")
public List<AnonymousHoard> getAnonymousAmounts();

@Query("SELECT AVG(goldHoarded) FROM hoard")
public int averageGoldHoarded();
```

Listing 9.10 Rückgabe einer Teilmenge von Spalten aus einer Room-Datenbankabfrage

Wenn eine einzelne Zeile der Tabelle zurückgegeben wird, kann der Rückgabetyp ein beliebiger kompatibler Typ sein. Für Abfragen, die mehrere Zeilen liefern, können Sie eine `List` oder ein Array eines kompatiblen Typs verwenden. Es ist auch möglich, einen typenlosen Cursor zurückzugeben oder die Ergebnisse in ein `LiveData`-Objekt einzufügen, wie in einem späteren Abschnitt beschrieben.

Room überprüft die Rückgabe-Ergebnisse von `SELECT`-Abfragen, so dass Sie, wenn die Felder im Rückgabetyp der Methode nicht mit den Spaltennamen in der Abfrageantwort übereinstimmen, eine Warnung erhalten (wenn nur einige Feldnamen übereinstimmen) oder einen Fehler (wenn keine Feldnamen übereinstimmen).

9.2.5 Room-Datenbank-Interaktionen durchführen

Nachdem Sie die Entities, DAO- und Room-Datenbank-Klassen für Ihre Room-Datenbank definiert haben, können Sie mit der Methode `Room.databaseBuilder` interagieren und im Anwendungskontext Ihre Room-Datenbank und den für Ihre Datenbank zu verwendenden Dateinamen übergeben.

Das Anlegen und Verwalten einer Room-Datenbankinstanz ist ressourcenintensiv, daher ist es am besten, ein Singleton-Pattern zur Zugriffskontrolle zu verwenden (siehe Listing 9.11).

```java
public class HoardDatabaseAccessor {

  private static HoardDatabase HoardDatabaseInstance;
  private static final String HOARD_DB_NAME = "hoard_db";

  private HoardDatabaseAccessor() {}

  public static HoardDatabase getInstance(Context context) {
    if (HoardDatabaseInstance == null) {
      // Erzeuge oder öffne eine SQLite-Datenbank und gebe sie
      // als Room-Datenbankinstanz zurück
```

9.2 | Datenbanken anlegen und verwenden

```
        HoardDatabaseInstance = Room.databaseBuilder(context,
          HoardDatabase.class, HOARD_DB_NAME).build();
      }

      return HoardDatabaseInstance;
    }
}
```
Listing 9.11 Erstellen eines Room-Datenbank-Zugriff-Singleton

Sie können anschließend überall in Ihrem Code auf Ihre Room-Datenbank zugreifen und die DAO-Klassen zum Einfügen, Löschen, Aktualisieren und Abfragen Ihrer Datenbank verwenden (siehe Listing 9.12).

```
// Zugriff auf die Hoard-Datenbankinstanz
HoardDatabase hoardDb =
  HoardDatabaseAccessor.getInstance(getApplicationContext());

// Füge neue Hoards zur Datenbank hinzu
hoardDb.hoardDAO().insertHoard(new Hoard("Smeagol", 1, true));
hoardDb.hoardDAO().insertHoard(new Hoard("Smaug", 200000, false));

// Frage die Datenbank ab
int totalGold = hoardDb.hoardDAO().totalGoldHoarded();
List<Hoard> allHoards = hoardDb.hoardDAO().loadAllHoards();
```
Listing 9.12 Ausführen von Datenbank-Interaktionen mit Room

> **Hinweis**
>
> Wie beim Zugriff auf Internetressourcen erlaubt Room keine Datenbankinteraktionen auf dem Haupt-Oberflächen-Thread. Kapitel 11 über Arbeiten im Hintergrund stellt eine Reihe von Möglichkeiten vor, wie Sie Ihre Datenbank-Interaktionen sicher auf einen Hintergrund-Thread verschieben können.

9.2.6 Überwachung von Query-Ergebnisänderungen mit LiveData

Die LiveData-API ermöglicht es Ihnen, Aktualisierungen zu erhalten, wenn Änderungen an einer Datenbank zu Änderungen an den Ergebnissen einer Abfrage führen.

LiveData ist ein beobachtbarer Datenbesitzer, der den Lebenszyklus von Activities und Fragmenten respektiert, so dass ein beobachtetes LiveData-Objekt nur Observer aktualisiert, die sich in einem aktiven Lebenszykluszustand befinden.

Um `LiveData` zu verwenden, fügen Sie zunächst die Android Architecture Components Lifecycle-Erweiterungsbibliothek zu Ihrem Projekt hinzu, indem Sie die *build.gradle*-Datei Ihres Anwendungsmoduls so modifizieren, dass sie die folgende Dependency enthält:

```
implementation "android.arch.lifecycle:extensions:1.1.1"
```

Um das Observieren eines `QUERY`-Ergebnisses auf Änderungen zu ermöglichen, setzen Sie dessen Rückgabetyp auf `LiveData` und geben Sie den zu beobachtenden Typ an (siehe Listing 9.13).

```
@Query("SELECT * FROM hoard")
public LiveData<List<Hoard>> monitorAllHoards()
```

Listing 9.13 Erstellen einer beobachtbaren Abfrage mit `LiveData`

Um eine `LiveData`-Anfrage zu überwachen, implementieren Sie einen eigenen `Observer` des entsprechenden Typs, der die Handler-Methode `onChanged` überschreibt. Verwenden Sie das DAO Ihrer Datenbank, um eine Instanz des `LiveData`-Query-Ergebnisses zurückzugeben, und rufen Sie dessen `observe`-Methode auf, indem Sie den Besitzer des Lebenszyklus (normalerweise die Activity oder das Fragment, dessen Benutzeroberfläche von dem geänderten Query-Ergebnis betroffen ist) und Ihre `Observer`-Implementierung übergeben (siehe Listing 9.14).

Es ist allgemein sinnvoll, eine `LiveData`-Query aus der Handler-Methode `onCreate` einer Komponente heraus zu beobachten.

```
@Override
protected void onCreate(Bundle savedInstanceState) {
  super.onCreate(savedInstanceState);
  setContentView(R.layout.activity_main);

  // Der Observer, der bei LiveData-Änderungen getriggert wird
  final Observer<List<Hoard>> hoardObserver = new Observer<List<Hoard>>() {
    @Override
    public void onChanged(@Nullable final List<Hoard> updatedHoard) {
      // Aktualisiere die Oberfläche mit den Datenbankergebnissen
    }
  };

  // Überwache LiveData
  LiveData hoardLiveData =
    HoardDatabaseAccessor.getInstance(getApplicationContext())
                    .hoardDAO().monitorAllHoards();
  hoardLiveData.observe(this, hoardObserver);
}
```

Listing 9.14 Beobachten einer LiveData-Abfrage

9.3 | Datenbanken anlegen und verwenden

Der Aufruf von observe führt sofort dazu, dass der Handler onChanged des Observers ausgelöst wird und danach bei jeder Änderung der Daten in den zugrunde liegenden Tabellen erneut ausgelöst wird.

LiveData benachrichtigt nur aktive Observer über Änderungen, behandelt automatisch Änderungen des Activity- und Fragment-Lebenszyklus, verhindert Abstürze aufgrund gestoppter Activities und behandelt Konfigurationsänderungen sicher.

Sie können mehr über die Lifecycle Library und andere Android Architecture Components auf der Android Developers Seite erfahren:

developer.android.com/topic/libraries/architecture

9.3 Erdbeben mit einer Room-Datenbank ablegen

In diesem Beispiel modifizieren Sie die bestehende Beispielanwendung zur Erdbebenüberwachung, indem Sie eine Room-Datenbank erstellen, um die Erdbebendaten zwischen den Benutzersitzungen zu erhalten.

- Beginnen Sie damit, dass die *build.gradle*-Datei des Projekts das Google Maven-Repository innerhalb des Knotens allprojects.repositories enthält:

    ```
    allprojects {
      repositories {
        jcenter()
        maven { url 'https://maven.google.com' }
      }
    }
    ```

- Öffnen Sie dann die Datei *build.gradle* und fügen Sie Abhängigkeiten für die Bibliotheken Android Architecture Components Room und LiveData innerhalb des Knotens dependencies hinzu:

    ```
    dependencies {
      compile fileTree(include: ['*.jar'], dir: 'libs')
      androidTestCompile(
        'com.android.support.test.espresso:espresso-core:2.2.2', {
          exclude group: 'com.android.support', module: 'support-annotations'
      })
      compile 'com.android.support:appcompat-v7:26.1.0'
      compile 'com.android.support.constraint:constraint-layout:1.0.2'
      compile 'com.android.support:recyclerview-v7:26.1.0'
      compile 'com.android.support:preference-v14:26.1.0'
    ```

9.3 | Erdbeben mit einer Room-Datenbank ablegen

```
    implementation "android.arch.lifecycle:extensions:1.0.0"

    implementation "android.arch.persistence.room:runtime:1.0.0"
    annotationProcessor "android.arch.persistence.room:compiler:1.0.0"
    testImplementation "android.arch.persistence.room:testing:1.0.0"

    testCompile 'junit:junit:4.12'
}
```

- Sie werden Instanzen der Klasse Earthquake persistieren, also öffnen Sie sie jetzt, und markieren Sie die Klasse mit der Annotation @Entity. Nutzen Sie die Gelegenheit, das mId-Feld als Nicht-Null-Primärschlüssel zu kennzeichnen.

```
@Entity
public class Earthquake {
    @NonNull
    @PrimaryKey
    private String mId;
    private Date mDate;
    private String mDetails;
    private Location mLocation;
    private double mMagnitude;
    private String mLink;

    [... Bisherige Klassendefinitionen ...]
}
```

- Die Earthquake-Felder enthalten komplexe Datums- und Ortsobjekte. Erstellen Sie eine Klasse EarthquakeTypeConverters mit statischen Methoden, um zwischen Datumsobjekten und Long-Werten sowie Location-Objekten und String-Werten hin- und herzukonvertieren. Jede Methode muss mit der Annotation @TypeConverter versehen werden:

```
public class EarthquakeTypeConverters {
    @TypeConverter
    public static Date dateFromTimestamp(Long value) {
        return value == null ? null : new Date(value);
    }

    @TypeConverter
    public static Long dateToTimestamp(Date date) {
        return date == null ? null : date.getTime();
    }
    @TypeConverter
```

9.3 | Datenbanken anlegen und verwenden

```java
    public static String locationToString(Location location) {
      return location == null ?
              null : location.getLatitude() + "," +
                     location.getLongitude();
    }

    @TypeConverter
    public static Location locationFromString(String location) {
      if (location != null && (location.contains(","))) {
        Location result = new Location("Generated");
        String[] locationStrings = location.split(",");
        if (locationStrings.length == 2) {
          result.setLatitude(Double.parseDouble(locationStrings[0]));
          result.setLongitude(Double.parseDouble(locationStrings[1]));
          return result;
        }
        else return null;
      }
      else
        return null;
    }
}
```

- Erstellen Sie ein Interface `EarthquakeDAO`. Es sollte mit der Annotation `@Dao` deklariert werden und fungiert als unser Erdbeben-Tabellen Data Access Object. Mit per `@Insert` deklarierten Methoden werden ein Erdbeben oder eine Liste von Erdbeben eingefügt und Konflikte durch Ersetzen vorhandener Datenbankeinträge gelöst. Definieren Sie auch eine Abfragemethode, die `LiveData` mit einer Liste aller Erdbeben zurückgibt, indem Sie die `@Query`-Annotation mit einer SQL-Anweisung verwenden, die alle Zeilen der Erdbeben-Tabelle auswählt:

```java
@Dao
public interface EarthquakeDAO {
  @Insert(onConflict = OnConflictStrategy.REPLACE)
  public void insertEarthquakes(List<Earthquake> earthquakes);

  @Insert(onConflict = OnConflictStrategy.REPLACE)
  public void insertEarthquake(Earthquake earthquake);

  @Delete
  public void deleteEarthquake(Earthquake earthquake);

  @Query("SELECT * FROM earthquake ORDER BY mDate DESC")
  public LiveData<List<Earthquake>> loadAllEarthquakes();
}
```

Erdbeben mit einer Room-Datenbank ablegen | 9.3

- Schließen Sie das Datenbank-Setup ab, indem Sie eine neue abstrakte Klasse `EarthquakeDatabase` erstellen, die `RoomDatabase` erweitert. Sie sollte mit der Annotation `@Database` versehen werden, mit Werten, die die Klasse `Earthquake` als Entity und eine Versionsnummer des Datenbankschemas angeben. Verwenden Sie die Annotation `@TypeConverters`, um unsere `EarthquakeTypeConverters` aus Schritt 4 zu spezifizieren, und fügen Sie eine abstrakte Methode ein, die unser `EarthquakeDAO`-Datenzugriffsobjekt aus Schritt 5 zurückgibt:

```
@Database(entities = {Earthquake.class}, version = 1)
@TypeConverters({EarthquakeTypeConverters.class})
public abstract class EarthquakeDatabase extends RoomDatabase {
  public abstract EarthquakeDAO earthquakeDAO();
}
```

- Um mit der Datenbank zu interagieren, erstellen Sie eine Klasse `EarthquakeDatabaseAccessor`, die das Singleton-Pattern verwendet, um eine Instanz der in Schritt 6 definierten `EarthquakeDatabase` zurückzugeben:

```
public class EarthquakeDatabaseAccessor {

  private static EarthquakeDatabase EarthquakeDatabaseInstance;
  private static final String EARTHQUAKE_DB_NAME = "earthquake_db";

  private EarthquakeDatabaseAccessor() {}

  public static EarthquakeDatabase getInstance(Context context) {
    if (EarthquakeDatabaseInstance == null) {
      // Erzeuge oder öffne eine SQLite Datenbank und gebe sie
      // als Room-Datenbankinstanz zurück
      EarthquakeDatabaseInstance = Room.databaseBuilder(context,
        EarthquakeDatabase.class, EARTHQUAKE_DB_NAME).build();
    }

    return EarthquakeDatabaseInstance;
  }
}
```

- Ändern Sie nun die Methode `doInBackground` innerhalb der `AsyncTask` Ihres `EarthquakeViewModels`, um die neu eingelesene Liste der Erdbeben in der Datenbank mit Hilfe des `EarthquakeDatabaseAccessors` aus Schritt 7 zu speichern. Beachten Sie, dass unsere DAO-Insert-Methode so konfiguriert wurde, dass sie Kollisionen behandelt, indem sie vorhandene Zeilen ersetzt, um doppelte Einträge zu vermeiden:

9.3 | Datenbanken anlegen und verwenden

```
@Override
protected List<Earthquake> doInBackground(Void... voids) {
  // Ergebnis-ArrayList der geparsten Earthquakes.
  ArrayList<Earthquake> earthquakes = new ArrayList<>(0);

  [... Existierenden Earthquake Feed herunterladen und parsen ...]

  // Füge die neu geparsten Earthquakes ein
  EarthquakeDatabaseAccessor
    .getInstance(getApplication())
    .earthquakeDAO()
    .insertEarthquakes(earthquakes);

  // Gebe unser Ergebnis-Array zurück
  return earthquakes;
}
```

- Ändern Sie die Handler-Methode `onPostExecute` in Ihrer `AsyncTask` im `EarthquakeViewModel`. Die Methode `loadEarthquakes` übernimmt die Liste der analysierten Erdbeben nicht mehr direkt in unser `LiveData`-Feld, sondern ersetzt unsere `MutableLiveData` durch eine Abfrage der Datenbank:

  ```
  @Override
  protected void onPostExecute(List<Earthquake> data) {
  }
  ```

- Ändern Sie die Klassenvariable des View-Modells auf den Typ `LiveData` und ändern Sie die Methode `getEarthquakes`, um die Room-Datenbank abzufragen. Die `EarthquakeMainActivity` erwartet bereits `LiveData`, so dass keine weiteren Änderungen notwendig sind – der in `onCreate` definierte `onChanged`-Handler wird bei jeder Änderung der Room-Datenbank ausgelöst:

  ```
  private LiveData<List<Earthquake>> earthquakes;

  public LiveData<List<Earthquake>> getEarthquakes() {
    if (earthquakes == null) {
      // Lade die Earthquakes von der Datenbank
      earthquakes =
        EarthquakeDatabaseAccessor
          .getInstance(getApplication())
          .earthquakeDAO()
          .loadAllEarthquakes();
  ```

```
    // Lade die Earthquakes vom USGS-Feed
    loadEarthquakes();
  }

  return earthquakes;
}
```

- Der letzte Schritt besteht darin, den `OnSharedPreferenceChangeListener` der `EarthquakeMainActivity` zu modifizieren, der nun die Datenbank abfragen sollte (anstatt die Liste aus dem Feed zu aktualisieren), um die `RecyclerView` zu aktualisieren, wenn die Mindestgröße für die Anzeigeeinstellung geändert wird:

```
private SharedPreferences.OnSharedPreferenceChangeListener mPrefListener
  = new SharedPreferences.OnSharedPreferenceChangeListener() {
  @Override
  public void onSharedPreferenceChanged(SharedPreferences
                                          sharedPreferences,
                                        String key) {
    if (PreferencesActivity.PREF_MIN_MAG.equals(key)) {
      // Bestücke die RecyclerView-List neu
      List<Earthquake> earthquakes
        = earthquakeViewModel.getEarthquakes().getValue();

      if (earthquakes != null && mEarthquakeListFragment != null)
        mEarthquakeListFragment.setEarthquakes(earthquakes);
    }
  }
};
```

9.4 Arbeiten mit SQLite-Datenbanken

Die SQLite-APIs bieten direkten, einfachen Zugriff auf die SQLite-Datenbankbibliothek. Obwohl leistungsstark, kann die direkte Verwendung von SQLite erhebliche Mengen an Boilerplate-Code erfordern. Sie bietet auch keine Überprüfung zur Compile-Zeit von SQL-Abfragen, was das Risiko von Laufzeitfehlern erhöht.

Um den Prozess der Speicherung von Anwendungsdaten in SQLite-Datenbanken zu vereinfachen, hat Android die im vorherigen Abschnitt beschriebene Room Persistence Library eingeführt. Room bietet eine Abstraktionsschicht über SQLite und gilt nun als die empfohlene Vorgehensweise zum Speichern und Abfragen von Informationen für Ihre Anwendung.

Dennoch kann es Umstände geben, unter denen Sie Ihre eigene SQLite-Datenbank direkt erstellen oder darauf zugreifen wollen. Dieser Abschnitt geht davon aus, dass Sie mit

9.4 | Datenbanken anlegen und verwenden

SQL-Datenbanken vertraut sind und soll Ihnen helfen, dieses Wissen speziell auf SQLite-Datenbanken auf Android anzuwenden.

SQLite ist ein bewährtes SQL-basiertes relationales Datenbankmanagementsystem (RDBMS). Es ist:

- Open-Source
- standardkonform, implementiert den größten Teil des SQL-Standards
- schlank
- einstufig
- ACID-konform

Es wurde als kompakte C-Bibliothek implementiert, die als Teil des Android-Software-Stacks enthalten ist.

Da jede SQLite-Datenbank als Bibliothek implementiert ist und nicht als separat laufender Prozess ausgeführt wird, ist sie ein integrierter Bestandteil der Anwendung, die sie erstellt hat. Dies reduziert externe Abhängigkeiten, minimiert Latenzzeiten und vereinfacht das Sperren und Synchronisieren von Transaktionen.

SQLite ist schlank und leistungsstark und unterscheidet sich von vielen herkömmlichen SQL-Datenbank-Engines dadurch, dass jede Spalte lose typisiert ist, was bedeutet, dass Spaltenwerte nicht einem einzigen Typ entsprechen müssen; stattdessen wird jeder Wert in jeder Zeile einzeln typisiert. Daher ist bei der Zuweisung oder Extraktion von Werten aus jeder Spalte innerhalb einer Zeile keine Typprüfung erforderlich.

Android-Datenbanken werden im Ordner */data/data/<packagename>/databases* auf dem Gerät (oder Emulator) gespeichert.

> **Hinweis**
>
> Für eine umfassendere Beschreibung von SQLite, einschließlich seiner besonderen Stärken und Grenzen, besuchen Sie die offizielle Website unter *www.sqlite.org*.

Relationales Datenbankdesign ist ein großes Thema, das mehr Aufmerksamkeit verdient, als in diesem Buch möglich ist. Hervorzuheben ist, dass in Android nach wie vor die üblichen Vorgehensweisen für Datenbanken gelten. Insbesondere bei der Erstellung von Datenbanken für ressourcenbeschränkte Geräte wie Mobiltelefone ist es wichtig, die Daten zu normalisieren, um Redundanzen zu minimieren.

Die in diesem Kapitel ausführlich beschriebenen SQLite-Datenbanken sind nur eine von unzähligen Möglichkeiten, strukturierte Daten in Ihrer Anwendung zu speichern – eine umfassende Untersuchung der verfügbaren Datenbanktechnologien geht über den Rahmen dieses Buches hinaus.

9.4.1 Eingabevalidierung und SQL-Injektion

Unzureichende Überprüfung von Benutzereingaben ist eines der häufigsten Sicherheitsrisiken für Anwendungen, unabhängig von der zugrunde liegenden Plattform oder Datenbankimplementierung. Um diese Risiken zu minimieren, verfügt Android über mehrere Funktionen auf Plattformebene, die die potenziellen Auswirkungen von Eingabevalidierungsproblemen reduzieren.

Dynamische, String-basierte Sprachen wie SQL sind aufgrund ihrer Unterstützung für Escape-Zeichen und der Möglichkeit der Skriptinjektion besonders gefährdet.

Wenn Benutzerdaten innerhalb der Abfrage- oder Transaktionszeichenfolgen verwendet werden, die an eine SQLite-Datenbank (oder einen Content Provider) gesendet werden, kann SQL-Injection ein Problem sein. Die wichtigste Vorgehensweise besteht darin, Benutzerstrings immer mit den parametrisierten Abfragemethoden `query`, `insert`, `update` und `delete` zu übergeben, wie in den folgenden Abschnitten beschrieben. Dadurch wird das Potenzial für SQL-Injektionen aus nicht vertrauenswürdigen Quellen minimiert.

Die Verwendung parametrisierter Methoden ist nicht ausreichend, wenn der Selektionsparameter durch Verkettung von Benutzerdaten vor der Übergabe an die Methode aufgebaut wird. Stattdessen sollten Sie Fragezeichen (?) verwenden, um benutzerdefinierte Variablen anzuzeigen, die dann als Array von Strings mit dem Parameter `selectionargs` übergeben werden. Diese Selektionsargumente werden als Strings gebunden, wodurch das Risiko von Escape-Zeichen oder SQL-Injektion ausgeschlossen wird.

Hier erfahren Sie mehr über SQL-Injection und wie Sie die damit verbundenen Risiken minimieren können:

www.owasp.org/index.php/SQL_Injection.

9.4.2 Cursor und Content-Values

SQLite-Datenbank und Content-Provider-Abfrageergebnisse werden über Cursor-Objekte zurückgegeben. Anstatt eine Kopie der Ergebniswerte zu extrahieren und zurückzugeben, sind `Cursor` Zeiger auf die Ergebnismenge innerhalb der zugrunde liegenden Daten. `Cursor` bieten eine kontrollierte Möglichkeit, Ihre Position (Zeile) in der Ergebnismenge einer Abfrage zu steuern.

Die Klasse `Cursor` enthält eine Reihe von Navigations- und Interaktionsfunktionen, einschließlich, aber nicht beschränkt auf die folgenden:

- `moveToFirst`: Bewegt den `Cursor` in die erste Zeile des Abfrageergebnisses.
- `moveToNext`: Bewegt den `Cursor` in die nächste Zeile.

9.4 | Datenbanken anlegen und verwenden

- moveToPrevious: Bewegt den Cursor zur vorherigen Zeile.
- getCount: Gibt die Anzahl der Zeilen in der Ergebnismenge zurück.
- getColumnIndexOrThrow: Gibt den nullbasierten Index für die Spalte mit dem angegebenen Namen zurück (wirft eine Exception, wenn keine Spalte mit diesem Namen existiert).
- getColumnName: Gibt den Spaltennamen mit dem angegebenen Index zurück.
- getColumnNames: Gibt ein String-Array aller Spaltennamen im aktuellen Cursor zurück.
- moveToPosition: Bewegt den Cursor auf die angegebene Zeile.
- getPosition: Gibt die aktuelle Cursor-Zeilenposition zurück.

Wo Cursor Ergebnisse liefern, werden ContentValues verwendet, um Zeilen einzufügen oder zu aktualisieren. Jedes ContentValues-Objekt repräsentiert eine einzelne Tabellenzeile als Abbildung von Spaltennamen auf Werte.

9.4.3 Definieren eines Datenbankkontrakts

Es ist weise, die zugrunde liegende Datenbank zu kapseln und nur die öffentlichen Methoden und Konstanten freizulegen, die für die Interaktion mit den zugrunde liegenden Daten erforderlich sind, im Allgemeinen unter Verwendung dessen, was oft als Kontrakt oder Helfer-Klasse bezeichnet wird. Diese Klasse sollte Datenbankkonstanten enthalten, insbesondere Spaltennamen, die zum Füllen und Abfragen der Datenbank benötigt werden (siehe Listing 9.15).

```
public static class HoardContract {
  // Der Name der Index-Spalte (KEY) für where-Klauseln
  public static final String KEY_ID = "_id";

  // Name und Spaltenindex jeder Spalte in Ihrer Datenbank.
  // Diese sollten aussagekräftig gewählt sein.
  public static final String KEY_GOLD_HOARD_NAME_COLUMN =
    "GOLD_HOARD_NAME_COLUMN";
  public static final String KEY_GOLD_HOARD_ACCESSIBLE_COLUMN =
    "OLD_HOARD_ACCESSIBLE_COLUMN";
  public static final String KEY_GOLD_HOARDED_COLUMN =
    "GOLD_HOARDED_COLUMN";
}
```
Listing 9.15 Rahmencode für Kontraktklassenkonstanten

9.4.4 Einführung in den SQLiteOpenHelper

SQLiteOpenHelper ist eine abstrakte Klasse, die dazu dient, das bestmögliche Vorgehensmuster für das Erstellen, Öffnen und Aktualisieren von Datenbanken zu implementieren.

Durch die Implementierung eines SQLiteOpenHelper-Klasse können Sie die Logik kapseln und ausblenden, die verwendet wird, um zu entscheiden, ob eine Datenbank erstellt oder aktualisiert werden muss, bevor sie geöffnet wird, und sicherstellen, dass jede Operation effizient abgeschlossen wird.

Der SQLiteOpenHelper erleichtert dieses Verhalten, indem er Datenbankinstanzen zwischenspeichert, nachdem sie erfolgreich geöffnet wurden, so dass Sie unmittelbar vor dem Ausführen einer Abfrage oder Transaktion Anfragen zum Öffnen der Datenbank stellen können. Aus dem gleichen Grund ist es nicht notwendig, die Datenbank manuell zu schließen, bis die Activity beendet ist.

Listing 9.16 zeigt, wie man die Klasse SQLiteOpenHelper erweitert, indem man den Konstruktor, onCreate und onUpgrade überschreibt, um die Erstellung einer neuen Datenbank beziehungsweise ein Upgrade auf eine neue Version durchzuführen.

```
public static class HoardDBOpenHelper extends SQLiteOpenHelper {

  public static final String DATABASE_NAME = "myDatabase.db";
  public static final String DATABASE_TABLE = "GoldHoards";
  public static final int DATABASE_VERSION = 1;

  // SQL-Befehl zur Erzeugung der Datenbank
  private static final String DATABASE_CREATE =
    "create table " + DATABASE_TABLE + " (" + HoardContract.KEY_ID +
    " integer primary key autoincrement, " +
    HoardContract.KEY_GOLD_HOARD_NAME_COLUMN + " text not null, " +
    HoardContract.KEY_GOLD_HOARDED_COLUMN + " float, " +
    HoardContract.KEY_GOLD_HOARD_ACCESSIBLE_COLUMN + " integer);";

  public HoardDBOpenHelper(Context context, String name,
                    SQLiteDatabase.CursorFactory factory, int version)
  {
    super(context, name, factory, version);
  }

  // Wird aufgerufen, wenn keine Datenbank auf der Festplatte
  // vorhanden ist und die Helper-Klasse eine neue erstellen muss.
```

9.4 | Datenbanken anlegen und verwenden

```
@Override
public void onCreate(SQLiteDatabase db) {
  db.execSQL(DATABASE_CREATE);
}


// Wird aufgerufen, wenn eine falsche Datenbankversion vorliegt,
// was bedeutet, dass die Version der Datenbank auf der Festplatte
// auf die aktuelle Version aktualisiert werden muss.
@Override
public void onUpgrade(SQLiteDatabase db, int oldVersion,
                      int newVersion) {
  // Logge den Versions-Update
  Log.w("TaskDBAdapter", "Upgrading from version " +
                         oldVersion + " to " +
                         newVersion +
                         ", which will destroy all old data");

  // Upgrade der bestehenden Datenbank auf die neue Version.
  // Mehrere Vorgängerversionen können durch Vergleich der
  // Werte von oldVersion und newVersion behandelt werden.

  // Der einfachste Fall ist, die alte Tabelle zu löschen
  // und eine neue anzulegen.
  db.execSQL("DROP TABLE IF EXISTS " + DATABASE_TABLE);
  // Erzeuge eine neue
  onCreate(db);
  }
}
```
Listing 9.16 Implementierung eines SQLite Open Helper

> **Hinweis**
>
> In diesem Beispiel löscht onUpgrade einfach die bestehende Tabelle und ersetzt sie durch die neue Definition. Dies ist oft die einfachste und praktischste Lösung. Für wichtige Daten, die nicht mit einem Online-Dienst synchronisiert sind oder nur schwer wiederhergestellt werden können, kann ein besserer Ansatz darin bestehen, vorhandene Daten in die neue Tabelle zu migrieren.

Der in der Variablen DATABASE_CREATE in Listing 9.16 definierte SQL-String zur Datenbankerstellung erzeugt eine neue Tabelle, die einen Auto-Increment-Schlüssel enthält. Obwohl nicht unbedingt erforderlich, wird dringend empfohlen, dass alle Tabellen ein

Auto-Inkrement-Schlüsselfeld enthalten, um eine eindeutige Kennung für jede Zeile zu gewährleisten.

Wenn Sie Ihre Tabelle über einen `ContentProvider` freigeben möchten (siehe Kapitel 10), ist ein eindeutiges ID-Feld erforderlich.

9.4.5 Öffnen von Datenbanken mit dem SQLiteOpenHelper

Um mit dem `SQLiteOpenHelper` auf eine Datenbank zuzugreifen, rufen Sie `getWritableDatabase` oder `getReadableDatabase` auf, um eine Instanz der zugrunde liegenden Datenbank zu öffnen und zu erhalten.

Hinter den Kulissen, wenn die Datenbank nicht existiert, führt der Helfer seinen `onCreate`-Handler aus. Wenn sich die Datenbankversion geändert hat, wird der `onUpgrade`-Handler ausgelöst. In beiden Fällen gibt der Aufruf `getReadableDatabase` beziehungsweise `getWriteableDatabase` die gecachte, neu geöffnete, neu erstellte oder aktualisierte Datenbank zurück.

Beachten Sie, dass in Situationen, in denen die Datenbank existiert und zuvor geöffnet wurde, beide Methoden `getReadableDatabase` und `getWriteableDatabase` die gleiche, zwischengespeicherte beschreibbare Datenbankinstanz zurückgeben.

Um die Datenbank zu erstellen oder zu aktualisieren, muss sie zum Schreiben geöffnet werden. Daher sollten Sie immer zu versuchen, eine Datenbank zum Schreiben zu öffnen. Ein Aufruf von `getWritableDatabase` kann jedoch aufgrund von Speicherplatz- oder Berechtigungsproblemen fehlschlagen, daher sollten Sie bei Abfragen auf die Methode `getReadableDatabase` zurückzugreifen (siehe Listing 9.17).

```
HoardDBOpenHelper hoardDBOpenHelper = new HoardDBOpenHelper(context,
                        HoardDBOpenHelper.DATABASE_NAME, null,
                        HoardDBOpenHelper.DATABASE_VERSION);

SQLiteDatabase db;
try {
  db = hoardDBOpenHelper.getWritableDatabase();
} catch (SQLiteException ex) {
  db = hoardDBOpenHelper.getReadableDatabase();
}
```

Listing 9.17 Datenbank mit SQLiteOpenHelper öffnen

Wenn eine Datenbank erfolgreich geöffnet wurde, wird sie von `SQLiteOpenHelper` gecacht, so dass Sie diese Methoden bei jeder Abfrage oder Transaktion in der Datenbank verwenden können (und sollten), anstatt die offene Datenbank in Ihrer Anwendung zu cachen.

9.4 | Datenbanken anlegen und verwenden

9.4.6 Datenbanken ohne den SQLiteOpenHelper öffnen und erstellen

Wenn Sie die Erstellung, das Öffnen und die Versionskontrolle Ihrer Datenbanken direkt ohne SQLiteOpenHelper verwalten möchten, können Sie die Methode openOrCreateDatabase vom Context der Anwendung verwenden, um die Datenbank selbst zu erzeugen:

```
SQLiteDatabase db = context.openOrCreateDatabase(DATABASE_NAME,
                                                 Context.MODE_PRIVATE,
                                                 null);
```

Dieser Ansatz prüft nicht, ob die Datenbank existiert oder welche Version sie ist, daher müssen Sie die Erstellungs- und Upgrade-Logik selbst handhaben – typischerweise mit der Methode execSQL der Datenbank, um Tabellen zu erstellen und zu löschen, sofern erforderlich.

9.4.7 Zeilen hinzufügen, aktualisieren und löschen

Die Klasse SQLiteDatabase stellt die Methoden insert, delete und update zur Verfügung, die die für diese Aktionen erforderlichen SQL-Anweisungen kapseln. Zusätzlich können Sie mit der Methode execSQL jede gültige SQL-Anweisung auf Ihren Datenbanktabellen ausführen, falls Sie diese oder andere Operationen manuell ausführen möchten.

Jedes Mal, wenn Sie die zugrunde liegenden Datenbankwerte ändern, sollten Sie den Abfrageergebnis-Cursor aktualisieren, indem Sie alle Abfragen erneut ausführen.

> **Hinweis**
>
> Datenbankoperationen sollten immer auf einem Hintergrund-Thread ausgeführt werden, um sicherzustellen, dass sie die Benutzeroberfläche nicht unterbrechen, wie in Kapitel 11 ausführlich beschrieben. Es ist auch empfehlenswert, Datenbankinteraktionen nicht direkt innerhalb von Activities oder Fragmenten zu behandeln. ViewModels sind speziell als ein Mechanismus zum Speichern von Datenbankergebnissen und zur Behandlung von Interaktionen konzipiert, so dass Datenbankoperationen bei Änderungen der Gerätekonfiguration nicht unterbrochen werden.

Zeilen einfügen

Um eine neue Zeile zu erstellen, konstruieren Sie ein ContentValues-Objekt und verwenden Sie dessen put-Methoden, um Name-Wert-Paare hinzuzufügen, die den jeweiligen Spaltennamen und den zugehörigen Wert darstellen.

Fügen Sie die neue Zeile ein, indem Sie die Content-Werte in die auf der Zieldatenbank aufgerufene `insert`-Methode mit dem Tabellennamen übergeben (siehe Listing 9.18).

```
// Erstelle eine neue Zeile mit Werten, um sie einzufügen.
ContentValues newValues = new ContentValues();

// Weise jeder Zeile Werte zu.
newValues.put(HoardContract.KEY_GOLD_HOARD_NAME_COLUMN, newHoardName);
newValues.put(HoardContract.KEY_GOLD_HOARDED_COLUMN, newHoardValue);
newValues.put(HoardContract.KEY_GOLD_HOARD_ACCESSIBLE_COLUMN,
                         newHoardAccessible);
// [ ... Wiederhole für jede Spalte / Wertepaar ... ]

// Füge die Zeile in die Tabelle ein
SQLiteDatabase db = hoardDBOpenHelper.getWritableDatabase();
db.insert(HoardDBOpenHelper.DATABASE_TABLE, null, newValues);
```
Listing 9.18 Einfügen einer neuen Zeile in eine SQLite-Datenbank

> **Hinweis**
>
> Der zweite Parameter, der in der in Listing 9.18 gezeigten `insert`-Methode verwendet wird, ist der sogenannte »Nullspalten-Hack«.
>
> Wenn Sie einer SQLite-Datenbank eine neue Zeile hinzufügen möchten, indem Sie ein leeres `ContentValues`-Objekt übergeben, müssen Sie auch den Namen einer Spalte übergeben, deren Wert explizit auf `null` gesetzt werden kann.
>
> Beim Einfügen einer neuen Zeile in eine SQLite-Datenbank müssen Sie immer mindestens eine Spalte und einen entsprechenden Wert explizit angeben, wobei letzterer `null` sein kann. Wenn Sie den Nullspalten-Hack-Parameter auf `null` setzen, wie in Listing 9.18 gezeigt, löst SQLite beim Einfügen eines leeren `ContentValues`-Objekts eine Exception aus.

Zeilen ändern

Sie ändern Zeilen auch über `ContentValues`. Erstellen Sie ein neues `ContentValues`-Objekt, indem Sie jeder Spalte, die Sie ändern möchten, mit den put-Methoden neue Werte zuweisen. Rufen Sie die Methode `update` der Datenbank auf und übergeben Sie den Tabellennamen, das geänderte `ContentValue`-Objekt und eine where-Klausel, die die zu ändernden Zeilen angibt (siehe Listing 9.19).

9.4 | Datenbanken anlegen und verwenden

```
// Erzeuge eine aktualisierte Zeile von ContentValues
ContentValues updatedValues = new ContentValues();

// Weise Werte für jede Zeile zu
updatedValues.put(HoardContract.KEY_GOLD_HOARDED_COLUMN, newHoardValue);
// [ ... Wiederhole für jede zu aktualisierende Zeile ... ]

// Geben Sie eine where-Klausel an, die definiert, welche
// Zeilen aktualisiert werden sollen
// Geben Sie where-Argumente nach Bedarf.
String where = HoardContract.KEY_ID + "=?";
String whereArgs[] = {hoardId};

// Aktualisieren Sie die durch den Index festgelegte Zeile
// mit neuen Werten
SQLiteDatabase db = hoardDBOpenHelper.getWritableDatabase();
db.update(HoardDBOpenHelper.DATABASE_TABLE, updatedValues,
          where, whereArgs);
```
Listing 9.19 Aktualisieren einer Datenbankzeile

Zeilen löschen

Um eine Zeile zu löschen, rufen Sie einfach die Methode `delete` über ein Datenbank-Objekt auf und geben den Tabellennamen und eine where-Klausel an, die die zu löschenden Zeilen beschreibt (siehe Listing 9.20).

```
// Geben Sie eine where-Klausel an, die bestimmt, welche
//  Zeile(n) gelöscht werden sollen.
// Geben Sie bei Bedarf where-Argumente an.
String where = HoardContract.KEY_GOLD_HOARDED_COLUMN + "=?";
String whereArgs[] = {hoardId};

// Lösche die Zeilen, die der where-Klausel entsprechen.
SQLiteDatabase db = hoardDBOpenHelper.getWritableDatabase();
db.delete(HoardDBOpenHelper.DATABASE_TABLE, where, whereArgs);
```
Listing 9.20 Löschen einer Datenbankzeile

9.4.8 Abfragen einer Datenbank

Um eine Abfrage auf ein SQLite-Datenbankobjekt auszuführen, verwenden Sie dessen Methode `query`, der Folgendes übergeben wird:

- Ein optionaler boolescher Wert, der angibt, ob die Ergebnismenge nur eindeutige Werte enthalten soll.
- Der Name der abzufragenden Tabelle.
- Eine Projektion als ein Array von Strings, die die Spalten angibt, die in die Ergebnismenge aufgenommen werden sollen.
- Eine `where`-Klausel, die die Kriterien definiert, die die zurückgegebenen Zeilen eingrenzt. Sie können Fragezeichen-Wildcards einfügen, die durch die Werte ersetzt werden, die als Parameter des Selektionsarguments übergeben werden.
- Ein Array von Selektionsargument-Strings, die die Fragezeichen-Wildcards in der `where`-Klausel ersetzen, gebunden als String-Werte.
- Eine `group by`-Klausel, die definiert, wie die resultierenden Zeilen gruppiert werden.
- Eine `having`-Klausel, die definiert, welche Zeilengruppen einbezogen werden sollen, wenn Sie eine `group-by`-Klausel angegeben haben.
- Ein String, der die Reihenfolge der zurückgegebenen Zeilen beschreibt.
- Ein String, der die maximale Anzahl von Zeilen in der Ergebnismenge begrenzt.

Jede Datenbankabfrage wird als `Cursor` zurückgegeben, wodurch Android Ressourcen effizienter verwalten kann, indem Zeilen- und Spaltenwerte bei Bedarf abgerufen und freigegeben werden.

> **Hinweis**
>
> Wie bereits erwähnt, sollten Datenbankoperationen immer im Hintergrund ausgeführt werden, wie in Kapitel 11 beschrieben, und Datenbankergebnisse und Interaktionen sollten durch ein `ViewModel` gekapselt werden, wie in Kapitel 8 beschrieben.

Listing 9.21 zeigt, wie man eine Auswahl von Zeilen aus einer SQLite-Datenbank zurückgibt.

```
HoardDBOpenHelper hoardDBOpenHelper =
  new HoardDBOpenHelper(context,
                       HoardDBOpenHelper.DATABASE_NAME, null,
                       HoardDBOpenHelper.DATABASE_VERSION);
```

9.4 | Datenbanken anlegen und verwenden

```
// Spezifiziere die Ergebnisspaltenprojektion. Gebe die
// Mindestmenge an Spalten zurück, die für die Anforderungen
// erforderlich ist.
String[] result_columns = new String[] {
  HoardContract.KEY_ID,
  HoardContract.KEY_GOLD_HOARD_ACCESSIBLE_COLUMN,
  HoardContract.KEY_GOLD_HOARDED_COLUMN };

// Spezifiziere die where-Klausel
String where = HoardContract.KEY_GOLD_HOARD_ACCESSIBLE_COLUMN + "=?";
String whereArgs[] = {"1"};

// Ersetze dies mit gültigen SQL-Befehlen, sofern notwendig
String groupBy = null;
String having = null;

// Hole die Daten in aufsteigender Folge
String order = HoardContract.KEY_GOLD_HOARDED_COLUMN + " ASC";

SQLiteDatabase db = hoardDBOpenHelper.getWritableDatabase();

Cursor cursor = db.query(HoardDBOpenHelper.DATABASE_TABLE,
  result_columns, where, whereArgs, groupBy, having, order);
```
Listing 9.21 Abfragen einer Datenbank

> **Hinweis**
>
> Es empfiehlt sich, bei jeder Abfrage oder Transaktion auf der Datenbank eine Datenbankinstanz anzufordern. Aus Gründen der Effizienz sollten Sie Ihre Datenbankinstanz nur dann schließen, wenn Sie glauben, dass Sie sie nicht mehr benötigen – typischerweise, wenn die Activity, die sie verwendet, gestoppt wird.

9.4.9 Werte aus einem Cursor extrahieren

Um Werte aus einem Cursor zu extrahieren, verwenden Sie zunächst die Methoden moveTo<Ziel>, um zur gewünschten Zeile zu gelangen. Verwenden Sie dann die typsichere Methode get<Typ> (einen Spaltenindex übergebend), um den in der aktuellen Zeile gespeicherten Wert für die angegebene Spalte zu erhalten.

Die Verwendung von Projektionen bedeutet, dass der Ergebnis-Cursor nur eine Teilmenge der gesamten in der abgefragten Tabelle verfügbaren Spalten enthalten darf, so dass der Index jeder Spalte für verschiedene Ergebnis-Cursor unterschiedlich sein kann. Um den aktuellen Index einer bestimmten Spalte innerhalb jedes Ergebnis-Cursors zu finden, verwenden Sie die Methoden `getColumnIndexOrThrow` und `getColumnIndex`.

Es empfiehlt sich, `getColumnIndexOrThrow` zu verwenden, wenn Sie eine Spalte erwarten:

```
try {
  int columnIndex =
    cursor.getColumnIndexOrThrow(HoardContract.KEY_GOLD_HOARDED_COLUMN);
  String columnValue = cursor.getString(columnIndex);
  // Tue etwas mit den Spaltenwerten
}
catch (IllegalArgumentException ex) {
  Log.e(TAG, ex.getLocalizedMessage());
}
```

Die Verwendung von `getColumnIndex` und die Überprüfung auf das Ergebnis –1, wie im folgenden Beispiel gezeigt, ist ein effizienteres Vorgehen als das Auffangen von Exceptions, wenn Sie davon ausgehen, dass die Spalte nicht immer existiert:

```
int columnIndex =
    cursor.getColumnIndex(HoardContract.KEY_GOLD_HOARDED_COLUMN);
if (columnIndex > -1) {
  String columnValue = cursor.getString(columnIndex);
  // Tue etwas mit den Spaltenwerten
}
else {
  // Tue etwas anderes, wenn die Spalte nicht existiert
}
```

Beachten Sie, dass sich die Spaltenindizes innerhalb eines gegebenen Ergebnis-Cursors nicht ändern, daher sollten Sie diese aus Effizienzgründen vor der Iteration über den Cursor bestimmen, um Ergebnisse zu extrahieren, wie in Listing 9.22 gezeigt.

> **Hinweis**
>
> Datenbankimplementierungen sollten statische Konstanten bereitstellen, die die Spaltennamen liefern, um den Prozess der Extraktion von Ergebnissen aus einem Cursor zu vereinfachen. Diese statischen Konstanten werden typischerweise innerhalb der Datenbank-Contract-Klasse bereitgestellt.

9.5 | Datenbanken anlegen und verwenden

Listing 9.22 zeigt, wie man über ein Ergebnis iteriert, um eine Spalte mit `float`-Werten zu extrahieren und zu mitteln.

```
float totalHoard = 0f;
float averageHoard = 0f;

// Finde den Index der verwendeten Spalte(n)
int GOLD_HOARDED_COLUMN_INDEX =
  cursor.getColumnIndexOrThrow(HoardContract.KEY_GOLD_HOARDED_COLUMN);

// Ermittle die Anzahl der Zeilen
int cursorCount = cursor.getCount();

// Iteriere über die Zeilen des Cursors.
// Der Cursor wird zunächst initialisiert. Nun können wir
// die Prüfung vermeiden, wenn es keine nächste Zeile gibt.
// Wenn der Ergebnis-Cursor leer ist, gebe false zurück.
while (cursor.moveToNext())
  totalHoard += cursor.getFloat(GOLD_HOARDED_COLUMN_INDEX);

// Ermittle den Durchschnitt - prüfe aber Division durch null
averageHoard = cursor.getCount() > 0 ?
                (totalHoard / cursorCount) : Float.NaN;

// Schließe am Ende den Cursor
cursor.close();
```

Listing 9.22 Werte aus einem Cursor extrahieren

Da SQLite-Datenbankspalten lose typisiert sind, können Sie bei Bedarf einzelne Werte in gültige Typen umwandeln. Beispielsweise können als `float` gespeicherte Werte als Strings ausgelesen werden.

Wenn Sie den Ergebnis-Cursor nicht mehr benötigen, sollten Sie ihn schließen, um Speicherlecks zu vermeiden und die Ressourcenbelastung Ihrer Anwendung zu reduzieren:

```
cursor.close();
```

9.5 Einführung in die Firebase Echtzeitdatenbank

Die Firebase Echtzeitdatenbank ist eine Cloud-gehostete NoSQL-Datenbank, deren Daten über alle Clients in Echtzeit synchronisiert werden und die für Abfragen und Transaktionen auf Ihrem Gerät verfügbar bleibt, selbst wenn Sie die Internetverbindung verlieren.

Dieser Ansatz für Datenbanken unterscheidet sich erheblich von den zuvor in diesem Kapitel beschriebenen SQLite-Datenbanken. SQLite-Datenbanken werden lokal erstellt und gespeichert und müssten mit einer Cloud-basierten Datenquelle synchronisiert werden, um eine Cloud-Kopie der Daten zu erhalten oder Daten über mehrere Geräte hinweg gemeinsam zu nutzen.

Während SQLite-Datenbanken relational sind und SQL-Anweisungen verwenden, um Abfragen und Transaktionen auszuführen, die Funktionen wie Joins über mehrere Tabellen hinweg enthalten können, arbeitet die Firebase Echtzeitdatenbank anders. Als NoSQL-Datenbank ist sie nicht relational und Sie interagieren mit ihr nicht über SQL-Anweisungen. Die Daten werden lokal auf jedem Gerät als JSON-Dateien gespeichert, die in Echtzeit mit dem Cloud-Host und wiederum mit jedem angeschlossenen Client synchronisiert werden.

Die Firebase Echtzeitdatenbank ist auf Reaktionsfähigkeit und Echtzeit-Aktualisierung optimiert, was sie ideal für Daten macht, die häufig von Benutzern gespeichert oder geändert werden und die kontinuierlich zwischen Geräten einschließlich Mobil- und Web-Clients synchronisiert werden müssen.

Obwohl eine gründliche Untersuchung der Möglichkeiten, die die Firebase Echtzeitdatenbank bietet, den Rahmen dieses Buches sprengt, werden wir in diesem Abschnitt den einfachen Fall des Hinzufügens zu Ihrem Android-Projekt und der Interaktion mit ihm beschreiben.

9.5.1 Firebase zu Ihrer Anwendung hinzufügen

Um die Firebase Echtzeitdatenbank zu Ihrer Anwendung hinzuzufügen, müssen Sie das Firebase SDK installieren, das Android 4.0 Ice Cream Sandwich (API Level 14) und Google Play Services Version 10.2.6 oder höher benötigt.

Android Studio enthält einen Firebase-Assistenten, um das Hinzufügen von Firebase Komponenten zu Ihrer Anwendung zu vereinfachen. Um es zu verwenden, wählen Sie TOOLS|FIREBASE, um das in Abbildung 9.3 gezeigte Assistentenfenster zu öffnen.

Erweitern Sie das Listenelement Echtzeitdatenbank und wählen Sie den Hyperlink SAVE AND RETRIEVE DATA, um den Firebase Echtzeitdatenbank-Assistenten anzuzeigen, wie in Abbildung 9.4 gezeigt.

Klicken Sie CONNECT TO FIREBASE an, und es öffnet sich ein Browserfenster, in dem Sie aufgefordert werden, ein Google-Konto für die Verbindung auszuwählen. Wenn Sie angemeldet sind, werden Sie aufgefordert, eine Reihe von Berechtigungen zu akzeptieren (siehe Abbildung 9.5).

9.5 | Datenbanken anlegen und verwenden

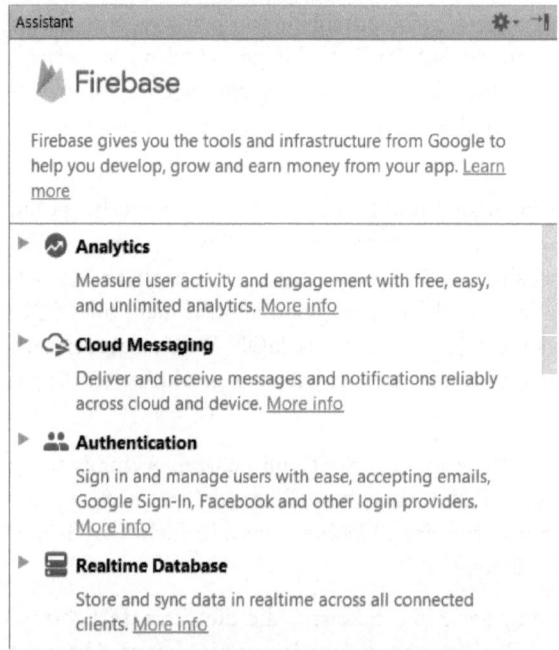

Abbildung 9.3 Der Firebase-Assistent

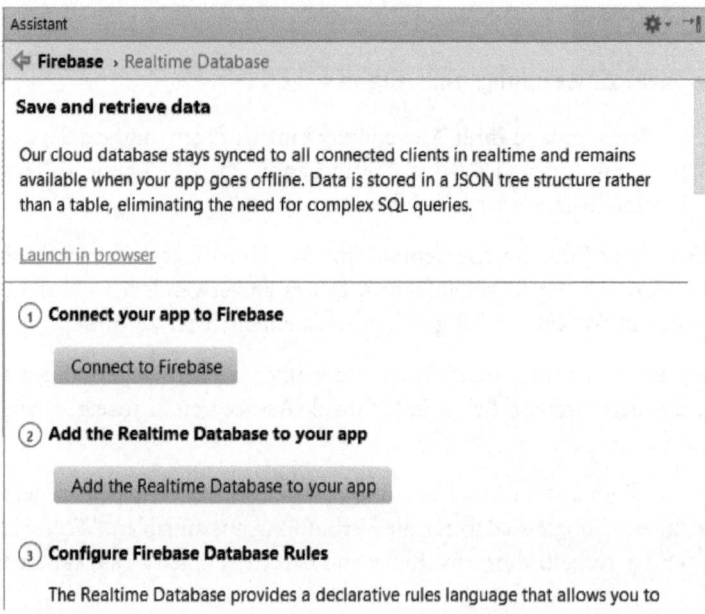

Abbildung 9.4 Der Firebase-Echtzeitdatenbank-Assistent

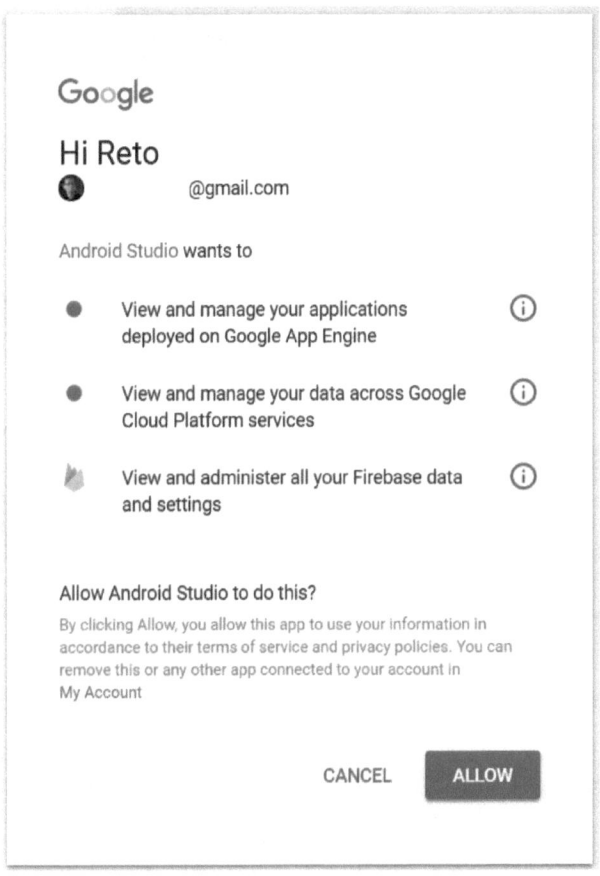

Abbildung 9.5 Berechtigungen akzeptieren

Sie sind nun bei Firebase in Android Studio angemeldet. Kehren Sie zu Android Studio zurück und Sie sehen einen Dialog, wie in Abbildung 9.6, in dem Sie ein neues Firebase-Projekt erstellen oder ein vorhandenes auswählen können, das Sie mit Ihrer Anwendung verwenden möchten.

Wenn Ihre Anwendung verbunden ist, können Sie ADD THE REALTIME DATABASE TO YOUR APP wählen, wodurch die Dependency des Firebase Gradle-Build-Skripts zu Ihrer *build.gradle*-Datei auf Projektebene hinzugefügt wird, das Firebase Plug-in for Gradle hinzugefügt wird und eine Dependency für die Firebase Datenbank-Bibliothek zu Ihrer *build.gradle*-Datei hinzugefügt wird.

9.5 | Datenbanken anlegen und verwenden

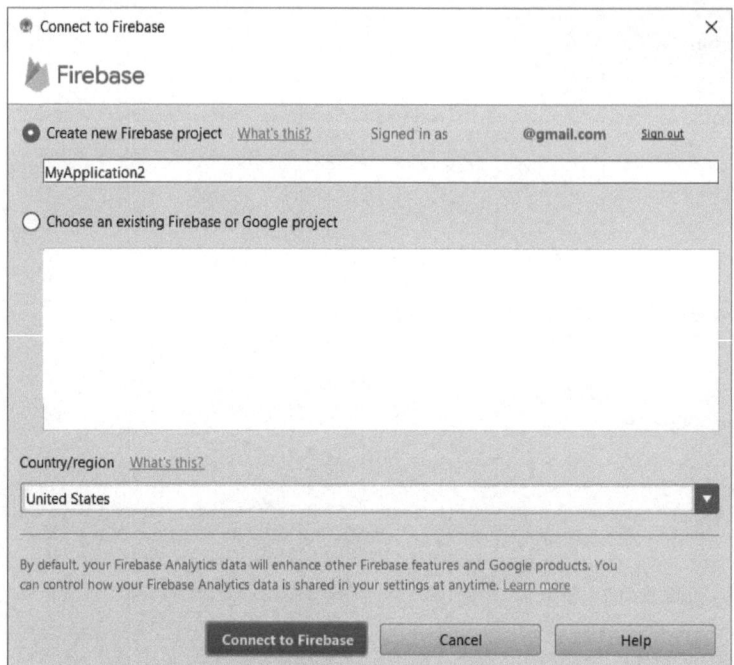

Abbildung 9.6 Firebase-Projekt erstellen

9.5.2 Definieren einer Firebase Datenbank und deren Zugriffsregeln

Im Gegensatz zu SQLite-Datenbanken ist die Firebase Datenbank in der Cloud angesiedelt, so dass wir die Firebase Console verwenden werden, um unsere Datenstruktur und Zugriffsregeln zu definieren.

Navigieren Sie in Ihrem Browser zu *console.firebase.google.com* und wählen Sie das zu Ihrer Android-App gehörende Projekt aus.

Wählen Sie in der linken Navigationsleiste das Element DEVELOP und dann die Option DATABASE, um die Konfigurationskonsole für die Echtzeitdatenbank anzuzeigen, wie in Abbildung 9.7 zu sehen ist.

Die Firebase Echtzeitdatenbank verwendet eine deklarative Regelsprache, um festzulegen, wie auf Ihre Daten zugegriffen werden soll.

Standardmäßig benötigen Firebase Datenbanken eine Firebase-Authentifizierung und gewähren allen authentifizierten Benutzern volle Lese- und Schreibrechte. Während der Entwicklung kann es nützlich sein, einen vollständigen nicht authentifizierten Zugriff zu erlauben, damit Sie Ihre Datenbank entwickeln können, bevor Sie die Authentifizierung abgeschlossen haben.

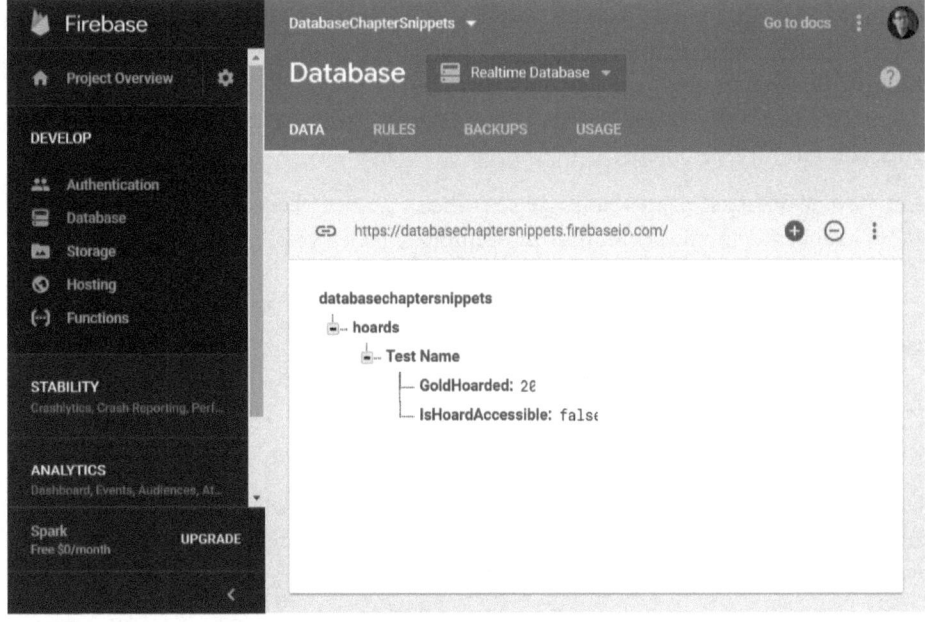

Abbildung 9.7 Konfigurationskonsole für die Echtzeitdatenbank

Um die Zugriffsregeln auf öffentlich zu setzen, wechseln Sie auf die Registerkarte RULES und setzen Sie die Lese- und Schreibelemente auf true:

```
{
  "rules": {
    ".read": true,
    ".write": true
  }
}
```

Sobald Sie eingerichtet sind, können Sie Ihre Regeln an Ihre Bedürfnisse anpassen. Stellen Sie daher sicher, dass Sie sicherere und angemessenere Regeln konfigurieren, bevor Sie Ihre Anwendung starten.

9.5.3 Hinzufügen, Ändern, Löschen und Abfragen von Daten einer Firebase Echtzeitdatenbank

Firebase Realtime Database Daten werden als JSON-Objekte gespeichert, wodurch ein Cloud-basierter JSON-Baum entsteht. Die Registerkarte DATA der Firebase Datenbank-Konsole zeigt Ihnen den aktuellen Status des JSON-Baums, der die Daten darstellt, die Sie in Ihrer Datenbank aufzeichnen.

9.5 | Datenbanken anlegen und verwenden

Im Gegensatz zu den zuvor in diesem Kapitel beschriebenen SQLite-Datenbanken gibt es keine Tabellen oder Datensätze. Wenn Sie neue Daten hinzufügen, werden sie zu einem Element im JSON-Baum, auf das über den zugehörigen Schlüssel zugegriffen werden kann. Sie können eigene Schlüssel, wie zum Beispiel eindeutige Benutzer-IDs, definieren oder von Firebase automatisch zur Verfügung stellen lassen.

Um in eine Firebase Datenbank zu schreiben, müssen Sie zuerst eine Instanz von `FirebaseDatabase` mit der statischen Methode `getInstance` abrufen:

```
FirebaseDatabase database = FirebaseDatabase.getInstance();
```

Verwenden Sie die Methode `getReference`, um Knoten auf Wurzelebene zu ermitteln, und die Methode `child`, um im Baum abzusteigen. Um einen Wert für einen bestimmten Knoten zu setzen, verwenden Sie die Methode `setValue`. Das Setzen des Wertes für einen Knoten oder ein Blattelement erzeugt automatisch alle Eltern-Knoten.

Das folgende Beispiel zeigt, wie man ein neues Element zu einer Firebase-Tabelle hinzufügt, indem man eine einfache Datenstruktur verwendet, die ähnliche Informationen wie die vorherigen SQLite-Beispiele speichert:

```
// Schreibe eine Nachricht an die Datenbank
FirebaseDatabase database = FirebaseDatabase.getInstance();

// Hole einen Knoten, der mit dem Wurzelknoten der Hoards-Liste
// korrespondiert
DatabaseReference listRootRef = database.getReference("hoards");

// Hole einen Knoten für unseren aktuellen Hoard
DatabaseReference itemRootRef = listRootRef.child(hoard.getHoardName());

// Setze die Werte für die Eigenschaften unseres Hoards
itemRootRef.child("hoardName").setValue(hoard.getHoardName());
itemRootRef.child("goldHoarded").setValue(hoard.getGoldHoarded());
itemRootRef.child("hoardAccessible").setValue(hoard.getHoardAccessible());
```

Abbildung 9.8 zeigt, wie diese Daten in einem JSON-Baum in der Firebase Console dargestellt werden.

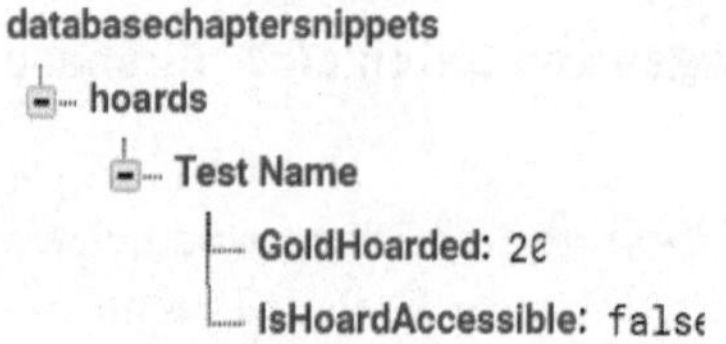

```
databasechaptersnippets
 └─ hoards
     └─ Test Name
         ├─ GoldHoarded: 28
         └─ IsHoardAccessible: false
```

Abbildung 9.8 Daten in einem JSON-Baum

Mit der Methode `setValue` können sowohl Objekte als auch Primitive übergeben werden. Wenn Sie ein Objekt übergeben, wird das Ergebnis aller seiner Getter als Unterknoten des zu speichernden Knotens gespeichert. Der folgende Ausschnitt ist das Äquivalent zum vorherigen, wobei ein Objekt verwendet wird, anstatt einzelne Werte zu übergeben:

```
// Schreibe eine Nachricht an die Datenbank
FirebaseDatabase database = FirebaseDatabase.getInstance();

// Hole einen Knoten, der mit dem Wurzelknoten der Hoards-Liste
// korrespondiert
DatabaseReference listRootRef = database.getReference("hoards");

// Hole einen Knoten für unseren aktuelen Hoard und setze
// seinen Wert
listRootRef.child(hoard.getHoardName()).setValue(hoard);
```

Beim Aufbau der Datenstruktur ist es wichtig, einige bewährte Vorgehensweisen zu beachten, einschließlich der Vermeidung verschachtelter Daten, der Reduzierung von Datenstrukturen und der Erstellung skalierbarer Daten. Um mehr darüber zu erfahren, wie man Daten in einer NoSQL-Datenbank wie Firebase strukturiert, lesen Sie den Firebase Leitfaden »Structure Your Database« unter *firebase.google.com/docs/docs/database/android/structure-data*.

Um einen Eintrag zu ändern, verwenden Sie einfach `setValue` wie beim Erstellen eines neuen Eintrags, und die vorherigen Werte werden mit den neuen Werten überschrieben.

Um einen Eintrag zu löschen, rufen Sie `removeValue` auf dem zu entfernenden Knoten oder Element auf:

```
DatabaseReference listRootRef = database.getReference("hoards");
listRootRef.child(hoard.getHoardName()).removeValue();
```

Sie fragen eine Firebase Datenbank ab, indem Sie der Datenbankreferenz einen `ValueEventListener` hinzufügen und dessen Methode `onDataChange` überschreiben:

```
FirebaseDatabase database = FirebaseDatabase.getInstance();
DatabaseReference listRootRef = database.getReference("hoards");

// Lese von der Datenbank
listRootRef.addValueEventListener(new ValueEventListener() {
  @Override
  public void onDataChange(DataSnapshot dataSnapshot) {
    // Diese Methode wird einmal mit dem Initial-Wert aufgerufen
    // und wieder, wenn die Daten hier aktualisiert werden.
    String key = dataSnapshot.getKey();
    String value = dataSnapshot.getValue().toString();
    Log.d(TAG, "Key is: " + key);
```

9.5 | Datenbanken anlegen und verwenden

```
      Log.d(TAG, "Value is: " + value);
    }

    @Override
    public void onCancelled(DatabaseError error) {
      // Das Lesen ist gescheitert
      Log.w(TAG, "Failed to read value.", error.toException());
    }
});
```

Dieser Handler wird sofort nach dem Verbinden des Listeners aufgerufen und jedes Mal, wenn die Daten für ihn und seine Kinder geändert werden. Als Ergebnis erhalten Sie Echtzeit-Aktualisierungen, wenn die Datenbank geändert wird, entweder innerhalb Ihrer Anwendung oder von einer externen Quelle wie dem Server oder einem anderen Client.

Um eine Firebase Datenbank an Android-Oberflächenelemente zu binden, müssen Sie eine lokale Kopie des Datenbankbaums speichern und den `ValueEventListener` verwenden, um Änderungen zu beobachten und anzuwenden.

Um diesen Prozess zu vereinfachen, hat das Firebase Team die FirebaseUI Open-Source-Bibliothek für Android entwickelt, die es Ihnen ermöglicht, gängige Oberflächenelemente wie die `RecyclerView` schnell mit Firebase APIs wie der Realtime Database oder Firebase Authentication zu verbinden. Die FirebaseUI-Bibliothek ist unter *github.com/firebase/firebaseui-android* verfügbar.

Mehr über die Firebase Echtzeitdatenbank erfahren Sie hier: *firebase.google.com/docs/Datenbank*.

Google hat auch ein neues Datenbanksystem, Cloud Firestore, in die öffentliche Beta freigegeben. Firestore ist eine hochskalierbare NoSQL-Cloud-Datenbank, die wie die Firebase Realtime Database dazu verwendet werden kann, Anwendungsdaten zwischen Servern und Client-Anwendungen in Echtzeit zu synchronisieren.

Firestore wurde speziell für eine hohe Skalierbarkeit entwickelt und unterstützt aussagekräftigere und effizientere Abfragen, einschließlich flacher Abfragen, bei denen nicht die gesamte Sammlung abgerufen werden muss, sowie Unterstützung für das Sortieren, Filtern und Begrenzen von Abfrageergebnissen. Es bietet auch eine nahtlose Integration mit anderen Firebase- und Google Cloud Platform-Produkten, einschließlich Cloud-Funktionen.

Neben Android-, Web- und iOS-SDKs sind Firestore-APIs in Node.js, Java, Python und Go verfügbar.

Da sich Firestore zum Zeitpunkt der Drucklegung dieses Buches in der Beta-Phase befindet, ist eine detailliertere Untersuchung nicht möglich. Mehr Details zu Firestore finden Sie unter *firebase.google.com/docs/firestore*.

Kapitel 10
Content-Provider und Suchen

Inhalt

- Content-Provider anlegen
- Verwendung von Content-Providern zur gemeinsamen Nutzung von Anwendungsdaten
- Einschränkung des gemeinsamen Datenzugriffs über Berechtigungen
- Abfragen und Durchführen von Transaktionen mit Datenbanken über Content-Provider
- Abfragen, Hinzufügen, Aktualisieren und Löschen von in Datenbanken gespeicherten Daten mit dem Content-Resolver
- Asynchrones Abfragen von Content-Providern über Cursor-Loader
- Verwenden des internen Anrufprotokolls, des Medienspeichers, der Kontakte und des Kalenders-Content-Providers
- Hinzufügen von Suchfunktionalitäten zu Ihren Anwendungen
- Bereitstellen von Suchvorschlägen für SearchViews

Wrox.com Code-Downloads für dieses Kapitel

Die wrox.com-Code-Downloads für dieses Kapitel finden Sie unter www.wrox.com. Der Code für dieses Kapitel ist in die folgenden wichtigen Beispiele unterteilt:

- Snippets_ch10.zip
- Earthquake_ch10.zip

10.1 Einführung in die Content-Provider

In diesem Kapitel erfahren Sie, wie Sie Content-Provider erstellen und verwenden, um strukturierte Daten innerhalb und zwischen Anwendungen austauschen und nutzen zu können, indem Sie eine Abstraktion von der zugrunde liegenden Datenspeichertechnik bereitstellen.

Sie sehen, wie Sie Content-Provider asynchron mit Hilfe von Cursor-Loadern abfragen können, um sicherzustellen, dass Ihre Anwendung während des Datenabrufs ansprechbar bleibt.

In Android ist der Zugriff auf eine Datenbank auf die Anwendung beschränkt, die sie erstellt hat, so dass Content-Provider eine Standardschnittstelle darstellen, über die Ihre Anwendungen Daten mit anderen Anwendungen austauschen und Daten aus anderen Anwendungen nutzen können – darunter viele der systemeigenen Datenbanken.

Content-Provider werden vom Android-Framework ausgiebig genutzt und geben Ihnen die Möglichkeit, Ihre eigenen Anwendungen mit systemeigenen Content-Providern wie Kontakten, Kalender und dem Media Store zu erweitern. Sie lernen, wie Sie Daten in diesen zentralen Android Content-Providern speichern und abrufen können, um Ihren Benutzern eine umfassendere, konsistentere und vollständig integrierte Nutzung bieten zu können.

Schließlich lernen Sie, wie Sie mit Hilfe von Content-Providern umfangreiche Suchoptionen anbieten können, einschließlich der Bereitstellung von Echtzeit-Suchvorschlägen in der `SearchView`.

10.2 Warum sollte ich Content-Provider verwenden?

Der Hauptgrund für den Einsatz eines Content-Providers besteht darin, den Datenaustausch zwischen den Anwendungen zu erleichtern. Mit Content-Providern können Sie granulare Datenzugriffsbeschränkungen definieren, so dass andere Anwendungen sicher auf die Daten Ihrer Anwendung zugreifen und diese ändern können.

Jede Anwendung mit den entsprechenden Berechtigungen kann möglicherweise Daten abfragen, hinzufügen, entfernen oder aktualisieren, die von einer anderen Anwendung über einen Content-Provider bereitgestellt werden, einschließlich der systemeigenen Android Content-Provider.

Indem Sie Ihre eigenen Content-Provider veröffentlichen, ermöglichen Sie es sich selbst (und möglicherweise auch anderen Entwicklern), Ihre Daten in andere Anwendungen einzubinden und zu erweitern. Content-Provider sind auch der Mechanismus, um Suchergebnisse für die `SearchView` bereitzustellen und Suchvorschläge in Echtzeit zu generieren.

Content-Provider sind auch nützlich, um Ihre Anwendungsschichten von den darunter liegenden Datenschichten zu entkoppeln, indem sie Ihre Datenbank kapseln und abstrahieren. Dieser Ansatz ist nützlich, um die Datenquelle von Ihrer Anwendung zu trennen, so dass Ihr Datenspeichermechanismus geändert oder ersetzt werden kann, ohne die Anwendungsschicht zu beeinflussen.

Wenn Sie nicht vorhaben, Ihre Anwendungsdaten zu verteilen, brauchen Sie keine Content-Provider zu verwenden. Viele Entwickler entscheiden sich jedoch immer noch dafür, Content-Provider auf ihren Datenbanken zu erstellen, damit sie die Vorteile einer konsistenten Abstraktionsschicht nutzen können. Content-Provider bieten Ihnen auch die Möglichkeit, verschiedene Serviceklassen für den Datenzugriff zu nutzen, insbesondere den Cursor-Loader, wie später in diesem Kapitel beschrieben.

Mehrere systemeigene Content-Provider wurden für den Zugriff durch Anwendungen von Drittanbietern zugänglich gemacht, darunter der Kontaktmanager, der Medienspeicher und der Kalender, wie später in diesem Kapitel beschrieben.

10.3 Content-Provider anlegen

Content-Provider sind eine Abstraktionsschicht über einer zugrunde liegenden Datenquelle, die eine Schnittstelle für die Veröffentlichung von Daten bietet, die mit einem Content-Resolver genutzt werden, möglicherweise über Prozessgrenzen hinweg. Content-Provider verwenden eine Schnittstelle zur Veröffentlichung und Nutzung von Daten, die auf einem einfachen URI-Adressierungsmodell mit dem Schema `content://` basiert.

Mit Content-Providern können Sie die Anwendungskomponenten, die Daten verarbeiten, von ihren zugrunde liegenden Datenquellen entkoppeln und so einen generischen Mechanismus bereitstellen, über den Anwendungen ihre Daten gemeinsam nutzen oder von anderen zur Verfügung gestellte Daten nutzen können.

Sie ermöglichen den gemeinsamen Datenzugriff über Anwendungsgrenzen hinweg und unterstützen die Verwendung von granularen Datenzugriffsbeschränkungen, so dass andere Anwendungen sicher auf Ihre Anwendungsdaten zugreifen und diese ändern können.

Sie legen einen Content-Provider an, indem Sie die abstrakte Klasse `ContentProvider` erweitern (siehe Listing 10.1).

10.3 | Content-Provider und Suchen

```java
public class MyHoardContentProvider extends ContentProvider {

  @Override
  public boolean onCreate() {
    return false;
  }

  @Nullable
  @Override
  public Cursor query(@NonNull Uri uri,
                      @Nullable String[] projection,
                      @Nullable String selection,
                      @Nullable String[] selectionArgs,
                      @Nullable String sortOrder) {
    // TODO Führe die Anfrage aus und liefere den Cursor
    return null;
  }

  @Nullable
  @Override
  public String getType(@NonNull Uri uri) {
    // TODO Liefere den MIME-Typ der Anfrage
    return null;
  }

  @Nullable
  @Override
  public Uri insert(@NonNull Uri uri, @Nullable ContentValues values) {
    // TODO Füge die Content Values ein und liefere die URI des Records
    return null;
  }

  @Override
  public int delete(@NonNull Uri uri,
                    @Nullable String selection,
                    @Nullable String[] selectionArgs) {
    // TODO Lösche die passenden Records und liefere deren Anzahl
    return 0;
  }
```

```
    @Override
    public int update(@NonNull Uri uri,
                      @Nullable ContentValues values,
                      @Nullable String selection,
                      @Nullable String[] selectionArgs) {
      // TODO Aktualisiere die passenden Records durch die übergebenen
      //      Content Values und liefere deren Anzahl.
      return 0;
    }
}
```
Listing 10.1 Anlegen eines neuen Content-Providers

In den folgenden Abschnitten erfahren Sie, wie Sie den `onCreate`-Handler implementieren, um die zugrunde liegende Datenquelle zu initialisieren und die Methoden query, getType, insert, update und delete zu aktualisieren, um die vom Content-Resolver verwendete Schnittstelle zur Interaktion mit den Daten zu implementieren.

10.3.1 Erstellen der Datenbank des Content-Providers

Um die Datenquelle zu initialisieren, auf die Sie über den `ContentProvider` zugreifen möchten, überschreiben Sie die Methode onCreate, wie in Listing 10.2 gezeigt. Wenn Sie eine SQLite-Datenbank verwenden, kann dies mit einer `SQLiteOpenHelper`-Implementierung, wie im vorherigen Kapitel beschrieben, durchgeführt werden.

```
private HoardDB.HoardDBOpenHelper mHoardDBOpenHelper;

@Override
public boolean onCreate() {
  // Erstelle die zugrunde liegende Datenbank.
  // Verschiebe das Öffnen der Datenbank, bis eine Abfrage
  // oder Transaktion durchgeführt werden muss.
  mHoardDBOpenHelper =
    new HoardDB.HoardDBOpenHelper(getContext(),
                                  HoardDB.HoardDBOpenHelper.DATABASE_NAME,
                                  null,
                                  HoardDB.HoardDBOpenHelper.DATABASE_VERSION);
  return true;
}
```
Listing 10.2 Erstellen der Datenbank des Content-Providers

10.3 | Content-Provider und Suchen

Wir werden weiterhin eine SQLite-Datenbank für alle unsere Beispiele der zugrunde liegenden Datenbanken in diesem Kapitel verwenden, aber denken Sie daran, dass die Datenbankimplementierung, die Sie wählen, beliebig ist. Sie können eine Cloud-basierte Datenbank, eine vollständig speicherbasierte Datenbank oder eine alternative SQL- oder No-SQL-Datenbank-Bibliothek verwenden. Später in diesem Kapitel werden wir einen Content-Provider über eine Room-Datenbank erstellen, um Suchergebnisse für das fortlaufende Erdbeben-Beispiel bereitzustellen. Weitere Informationen zur Verwendung von SQLite finden Sie in Kapitel 9.

10.3.2 Content-Provider registrieren

Wie Activities und Services sind Content-Provider Anwendungskomponenten, die in Ihrem Anwendungsmanifest registriert werden müssen, bevor der Content-Resolver sie entdecken und nutzen kann. Dazu verwenden Sie ein provider-Tag, das ein name-Attribut, das den Klassennamen des Providers beschreibt, und ein authorities-Tag enthält.

Verwenden Sie das authorities-Tag, um die Basis-URI des Providers zu definieren. Die Authority eines Content-Providers wird vom Content-Resolver als Adresse verwendet, um die Datenbank zu finden, mit der Sie arbeiten möchten.

Jede Authority des Content-Providers muss eindeutig sein, daher ist es sinnvoll, den URI-Pfad auf Ihren Package-Namen zu beziehen. Das allgemeine Format für die Definition der Authority eines Content-Providers ist wie folgt:

<tld>.<Domainname>.provider.<Anwendungsname>

Dabei steht tld für Top Level Domain, also de in Deutschland oder com für Unternehmen in den USA. Der Domainname ist häufig der Firmenname. Er sollte eindeutig sein und darum bietet sich der Name der Web-Domain an. Am Schluss folgt der Name Ihrer App.

Das fertige provider-Tag sollte dem in Listing 10.3 entsprechen.

```
<provider android:name=".MyHoardContentProvider"
        android:authorities="com.professionalandroid.provider.hoarder"/>
```
Listing 10.3 Registrierung eines Content-Providers im Anwendungsmanifest

10.3.3 Veröffentlichen der URI-Adresse Ihres Content-Providers

Gemäß der Konvention sollte jeder Content-Provider seine Authority durch eine öffentliche statische CONTENT_URI-Eigenschaft offenlegen, die einen Datenpfad zum primären Inhalt enthält, wie in Listing 10.4 gezeigt.

Content-Provider anlegen | 10.3

```
public static final Uri CONTENT_URI =
  Uri.parse("content://com.professionalandroid.provider.hoarder/lairs");
```
Listing 10.4 Veröffentlichung Ihrer Content-Provider-Authority

Diese Content-URIs werden beim Zugriff auf Ihren Content-Provider über einen Content-Resolver verwendet, wie in den folgenden Abschnitten gezeigt. Eine Abfrage mit diesem Format stellt eine Anfrage für alle Datensätze dar, während eine angehängte nachgestellte /<nummer>, wie im folgenden Ausschnitt gezeigt, eine Anfrage für einen bestimmten Datensatz darstellt:

```
content://com.professionalandroid.provider.hoarder/lairs/5
```

Es ist ratsam, den Zugang zu Ihrem Provider in beiden Fällen zu unterstützen. Dazu fügen Sie am einfachsten einen UriMatcher zu Ihrer ContentProvider-Implementierung hinzu, um URIs zu analysieren, ihre Formate zu bestimmen und die bereitgestellten Details zu ermitteln.

Listing 10.5 zeigt das Implementierungsmuster für die Definition eines UriMatchers, der anhand der Form einer URI erkennt, ob eine URI eine Anforderung für alle Daten oder für einen einzelnen Datensatz ist.

```
// Erzeuge die Konstanten für die Unterscheidung zwischen den
// verschiedenen URI-Anfragen.
private static final int ALLROWS = 1;
private static final int SINGLE_ROW = 2;

private static final UriMatcher uriMatcher;

// Bestückt das UriMatcher-Objekt, wobei eine URI mit der
// Endung 'elemente' einer Anfrage für alle Elemente entspricht
// und 'elemente/[zeilenID]' einen einzelnen Satz darstellt.
static {
  uriMatcher = new UriMatcher(UriMatcher.NO_MATCH);
  uriMatcher.addURI("com.professionalandroid.provider.hoarder",
    "lairs", ALLROWS);
  uriMatcher.addURI("com.professionalandroid.provider.hoarder",
    "lairs/#", SINGLE_ROW);
}
```
Listing 10.5 Der UriMatcher stellt fest, ob die Anforderung für alle oder einen einzelnen Datensatz gilt

Sie können die gleiche Technik verwenden, um alternative URIs innerhalb desselben Content-Providers, die unterschiedliche Teilmengen von Daten oder verschiedene Tabellen innerhalb Ihrer Datenbank repräsentieren, freizugeben.

10.3.4 Implementierung von Content-Provider-Abfragen

Um Anfragen durch Ihren `ContentProvider` zu unterstützen, müssen Sie die Methoden `query` und `getType` überschreiben. Der `ContentResolver` verwendet diese Methoden, um auf die dahinterliegenden Daten zuzugreifen, ohne deren Struktur oder Implementierung zu kennen. Diese Methoden ermöglichen es Anwendungen, Daten über Anwendungsgrenzen hinweg gemeinsam zu nutzen, ohne dass für jede Datenquelle eine spezifische Schnittstelle veröffentlicht werden muss.

In diesem Kapitel zeigen wir, wie Sie mit einem Content-Provider auf eine SQLite-Datenbank zugreifen können, aber mit diesen Methoden können Sie auf jede beliebige Datenquelle (einschließlich Room, Dateien, Anwendungsinstanzvariablen oder Cloud-basierte Datenbanken) zugreifen.

Nachdem Sie mit dem `UriMatcher` zwischen vollständigen Tabellen- und Einzelzeilenabfragen unterschieden haben, können Sie die Abfrageanforderungen verfeinern und mit der Klasse `SQLiteQueryBuilder` auf einfache Weise zusätzliche Selektionsbedingungen auf eine Abfrage anwenden.

Android 4.1 Jelly Bean (API Level 16) erweitert die Abfragemethode um einen `CancellationSignal`-Parameter:

```
CancellationSignal mCancellationSignal = new CancellationSignal();
```

Durch die Verwendung eines Abbruchsignals können Sie dem Content-Provider mitteilen, dass Sie die aktuell laufende Abfrage abbrechen möchten, indem Sie die Abbruchmethode des Abbruchsignals aufrufen:

```
mCancellationSignal.cancel();
```

Aus Gründen der Abwärtskompatibilität erfordert Android, dass Sie auch die Methode `query` implementieren, die den Parameter `CancellationSignal` nicht enthält (siehe Listing 10.6).

Listing 10.6 zeigt den Rahmencode für die Implementierung von Abfragen innerhalb eines Content-Providers unter Verwendung einer zugrunde liegenden SQLite-Datenbank, wobei ein `SQLiteQueryBuilder` verwendet wird, um jeden der Abfrageparameter, einschließlich des `CancellationSignals`, in eine Abfrage an die zugrunde liegende SQLite-Datenbank zu übergeben.

Content-Provider anlegen | 10.3

```java
@Nullable
@Override
public Cursor query(@NonNull Uri uri,
                    @Nullable String[] projection,
                    @Nullable String selection,
                    @Nullable String[] selectionArgs,
                    @Nullable String sortOrder) {
  return query(uri, projection, selection, selectionArgs, sortOrder, null);
}

@Nullable
@Override
public Cursor query(@NonNull Uri uri,
                    @Nullable String[] projection,
                    @Nullable String selection,
                    @Nullable String[] selectionArgs,
                    @Nullable String sortOrder,
                    @Nullable CancellationSignal cancellationSignal) {
  // Öffne die Datenbank
  SQLiteDatabase db;
  try {
    db = mHoardDBOpenHelper.getWritableDatabase();
  } catch (SQLiteException ex) {
    db = mHoardDBOpenHelper.getReadableDatabase();
  }

  // Ersetze dies durch einen SQL-Befehl, wenn notwendig
  String groupBy = null;
  String having = null;

  // Benutze einen SQLiteQueryBuilder für eine einfachere
  // Datenbank-Anfrage
  SQLiteQueryBuilder queryBuilder = new SQLiteQueryBuilder();

  // Wenn dies eine Einzelabfrage ist, begrenze die Ergebnismenge
  switch (uriMatcher.match(uri)) {
    case SINGLE_ROW :
      String rowID = uri.getLastPathSegment();
      queryBuilder.appendWhere(HoardDB.HoardContract.KEY_ID + "=" + rowID);
    default: break;
  }
```

10.3 | Content-Provider und Suchen

```
// Nenne Tabelle, auf der die Abfrage ausgeführt werden soll.
// Dies kann eine bestimmte Tabelle oder ein Join sein.
queryBuilder.setTables(HoardDB.HoardDBOpenHelper.DATABASE_TABLE);

// Nenne wenn nötig ein Limit für die Anzahl der Ergebnisse
String limit = null;

// Führe die Anfrage aus
Cursor cursor = queryBuilder.query(db, projection, selection,
  selectionArgs, groupBy, having, sortOrder, limit, cancellationSignal);

// Gebe den Cursor für die Ergebnisse zurück
return cursor;
}
```
Listing 10.6 Implementierung von Abfragen innerhalb eines Content-Providers

Wenn eine laufende Abfrage abgebrochen wird, löst SQLite eine `OperationCanceled Exception` aus. Wenn Ihr Content-Provider keine SQLite-Datenbank verwendet, müssen Sie mit einem `onCancelListener`-Handler auf Abbruchsignale reagieren und diese selbst bearbeiten:

```
cancellationSignal.setOnCancelListener(
  new CancellationSignal.OnCancelListener() {
    @Override
    public void onCancel() {
      // TODO Reagiere, falls Anfrage abgebrochen wird
    }
  }
);
```

Nachdem Sie Abfragen implementiert haben, müssen Sie auch einen MIME-Typ angeben, der den Typ der zurückgegebenen Daten angibt. Überschreiben Sie die Methode `getType`, um einen String zurückzugeben, der Ihren Datentyp eindeutig beschreibt.

Der zurückgegebene Typ sollte zwei Formate enthalten, eines für einen einzelnen Eintrag und ein weiteres für alle Einträge, die diesen Formaten folgen:

- Einzelner Eintrag:

  `vnd.android.cursor.item/vnd.<companyname>.<contenttype>`

- Alle Einträge:

  `vnd.android.cursor.dir/vnd.<companyname>.<contenttype>`

Listing 10.7 zeigt, wie man die Methode `getType` überschreibt, um den korrekten MIME-Typ basierend auf der übergebenen URI zurückzugeben.

```
@Nullable
@Override
public String getType(@NonNull Uri uri) {
  // Gebe den String mit dem MIME-Typ für eine
  // Content-Provider URI zurück
  switch (uriMatcher.match(uri)) {
    case ALLROWS:
      return "vnd.android.cursor.dir/vnd.professionalandroid.lairs";
    case SINGLE_ROW:
      return "vnd.android.cursor.item/vnd.professionalandroid.lairs";
    default:
      throw new IllegalArgumentException("Unsupported URI: " + uri);
  }
}
```
Listing 10.7 Rückgabe eines Content-Provider MIME-Typs

10.3.5 Content-Provider-Transaktionen

Um das Löschen, Einfügen und Aktualisieren von Transaktionen auf Ihrem Content-Provider zu unterstützen, überschreiben Sie die entsprechenden Methoden `delete`, `insert` und `update`.

Wie bei `query` werden diese Methoden von Content-Resolvern verwendet, um Transaktionen mit den dahinterliegenden Daten durchzuführen, ohne deren Implementierung zu kennen.

Bei der Durchführung von Transaktionen, die den Datenbestand verändern, ist es sinnvoll, die Methode `notifyChange` des `ContentResolvers` aufzurufen. Dies benachrichtigt alle Content-Observer, die für einen bestimmten Cursor mit der Methode `Cursor.registerContentObserver` registriert sind, dass die zugrunde liegende Tabelle (oder ein bestimmter Datensatz) entfernt, hinzugefügt oder aktualisiert wurde.

Listing 10.8 zeigt den Rahmencode für die Implementierung von Transaktionen innerhalb eines Content-Providers auf einer zugrunde liegenden SQLite-Datenbank.

```
@Override
public int delete(@NonNull Uri uri,
                  @Nullable String selection,
                  @Nullable String[] selectionArgs) {
```

10.3 | Content-Provider und Suchen

```java
    // Öffne eine les- und schreibbare Datenbank, um die
    // Transaktion zu unterstützen.
    SQLiteDatabase db = mHoardDBOpenHelper.getWritableDatabase();

    // Wenn dies eine Einzel-URI ist, schränke das Löschen auf den
    // angegebenen Datensatz ein.
    switch (uriMatcher.match(uri)) {
      case SINGLE_ROW :
        String rowID = uri.getLastPathSegment();
        selection = KEY_ID + "=" + rowID
                    + (!TextUtils.isEmpty(selection) ?
                       " AND (" + selection + ')' : "");
      default: break;
    }

    // Um die Anzahl der gelöschten Elemente zurückzugeben, müssen Sie
    // eine where-Klausel angeben. Um alle Sätze zu löschen und einen
    // zurückzugeben, übergebe den Wert "1".
    if (selection == null)
      selection = "1";

    // Führe die Löschung aus.
    int deleteCount = db.delete(HoardDB.HoardDBOpenHelper.DATABASE_TABLE,
                            selection, selectionArgs);

    // Informiere alle Observer über die Änderung im Data Set.
    getContext().getContentResolver().notifyChange(uri, null);

    // Gebe die Zahl der gelöschten Einheiten zurück.
    return deleteCount;
}

@Nullable
@Override
public Uri insert(@NonNull Uri uri, @Nullable ContentValues values) {

    // Öffne eine les- und schreibbare Datenbank, um die
    // Transaktion zu unterstützen.
    SQLiteDatabase db = mHoardDBOpenHelper.getWritableDatabase();
```

```java
    // Um leere Sätze zur Datenbank hinzuzufügen, indem Sie ein
    // leeres Content-Values-Objekt übergeben, muss der Name einer
    // Spalte, die explizit auf null gesetzt werden kann, mit dem
    // Parameter nullColumnHack angegeben werden.
    String nullColumnHack = null;

    // Fügt die Werte in die Tabelle.
    long id = db.insert(HoardDB.HoardDBOpenHelper.DATABASE_TABLE,
                        nullColumnHack, values);

    // Erzeugt und gibt die URI des eingefügten Satzes zurück.
    if (id > -1) {
      Uri insertedId = ContentUris.withAppendedId(CONTENT_URI, id);

      // Informiert die Observer über die Änderung im Data Set.
      getContext().getContentResolver().notifyChange(insertedId, null);

      return insertedId;
    }
    else
      return null;
}

@Override
public int update(@NonNull Uri uri,
                  @Nullable ContentValues values,
                  @Nullable String selection,
                  @Nullable String[] selectionArgs) {

    // Öffne eine les- und schreibbare Datenbank, um die
    // Transaktion zu unterstützen.
    SQLiteDatabase db = mHoardDBOpenHelper.getWritableDatabase();

    // Ist das die URI eines Satzes? Nur den angegebenen Satz löschen!
    switch (uriMatcher.match(uri)) {
      case SINGLE_ROW :
        String rowID = uri.getLastPathSegment();
        selection = KEY_ID + "=" + rowID
                    + (!TextUtils.isEmpty(selection) ?
                        " AND (" + selection + ')' : "");
      default: break;
    }
```

10.3 | Content-Provider und Suchen

```
    // Führt Update aus.
    int updateCount = db.update(HoardDB.HoardDBOpenHelper.DATABASE_TABLE,
                        values, selection, selectionArgs);

    // Informiert die Observer über die Änderung im Data Set.
    getContext().getContentResolver().notifyChange(uri, null);

    return updateCount;
}
```
Listing 10.8 Content-Provider Implementierungen `insert`, `update` und `delete`

> **Hinweis**
>
> Bei der Arbeit mit Content-URIs enthält die Klasse `ContentUris` die bequeme Methode `withAppendedId`, um einfach eine bestimmte Datensatz-ID an die `CONTENT_URI` eines Content-Providers anzuhängen. Dies wird in Listing 10.8 verwendet, um die URI von neu eingefügten Datensätzen zu erzeugen.

10.3.6 Gemeinsame Nutzung von Dateien über einen Content-Provider

Anstatt große Dateien innerhalb Ihres Content-Providers zu speichern, sollten Sie sie in einer Tabelle als voll qualifizierte URIs in einer anderen Datei auf dem Dateisystem darstellen.

Um Dateien in Ihre Tabelle aufzunehmen, fügen Sie eine Spalte mit der Bezeichnung _data ein, die den Pfad zu der durch diesen Datensatz repräsentierten Datei enthält. Diese Spalte sollte nicht direkt von Client-Anwendungen verwendet werden. Überschreiben Sie stattdessen den `openFile`-Handler innerhalb Ihres `ContentProviders`, um einen `ParcelFileDescriptor` bereitzustellen, wenn der Content-Resolver eine mit diesem Datensatz verknüpfte Datei anfordert, indem Sie einen URI-Pfad angeben.

Um diesen Prozess zu vereinfachen, enthält Android die Methode `openFileHelper`, die den Content-Provider nach dem in der Spalte _data gespeicherten Dateipfad fragt und einen `ParcelFileDescriptor` erstellt und zurückgibt (siehe Listing 10.9).

```
@Nullable
@Override
public ParcelFileDescriptor openFile(@NonNull Uri uri, @NonNull String mode)
    throws FileNotFoundException {

    return openFileHelper(uri, mode);
}
```
Listing 10.9 Dateien von einem Content-Provider zurückgeben

> **Hinweis**
>
> Da die Dateien, die mit Datensätzen in der Datenbank verknüpft sind, auf dem Dateisystem und nicht in der Datenbanktabelle gespeichert werden, ist es wichtig zu überlegen, wie sich das Löschen eines Datensatzes auf die zugrunde liegende Datei auswirken sollte.

Ein besserer Ansatz für den gemeinsamen Dateizugriff zwischen Anwendungen ist das Storage Access Framework, das in Android 4.4 KitKat (API Level 19) eingeführt wurde. Das Storage Access Framework ist in Kapitel 8 ausführlich beschrieben.

10.3.7 Hinzufügen von Berechtigungsanforderungen zu Content-Providern

Der Hauptzweck von Content-Providern ist die gemeinsame Nutzung von Daten mit anderen Anwendungen. Standardmäßig kann jede Anwendung, die die richtigen URIs kennt, mit dem Content-Resolver auf Ihren Content-Provider zugreifen und dessen Daten abfragen oder Transaktionen durchführen.

Wenn Sie nicht die Absicht haben, Ihren Content-Provider anderen Anwendungen zugänglich zu machen, setzen Sie das Attribut android:export auf false, um den Zugriff nur auf Ihre Anwendung zu beschränken:

```
<provider
  android:name=".MyHoardContentProvider"
  android:authorities="com.professionalandroid.provider.hoarder"
  android:exported="false">
</provider>
```

Alternativ können Sie Lese- und Schreibzugriffe auf Ihre Provider über Berechtigungen einschränken.

Beispielsweise benötigen systemeigene Android-Content-Provider, die sensible Informationen wie Kontaktdaten und Anrufprotokolle enthalten, Lese- und Schreibrechte für den Zugriff auf ihre Inhalte (systemeigene Content-Provider werden später näher beschrieben).

Die Verwendung von Berechtigungen verhindert, dass bösartige Anwendungen Daten beschädigen, Zugang zu sensiblen Informationen erhalten oder Hardware-Ressourcen oder externe Kommunikationskanäle übermäßig (oder unbefugt) nutzen.

Die häufigste Verwendung von Berechtigungen bei Content-Providern besteht darin, den Zugriff nur auf Anwendungen zu beschränken, die mit derselben Signatur versehen sind. Das bedeutet, dass andere Anwendungen, die Sie erstellt und freigegeben haben, darüber zusammenarbeiten können.

10.3 | Content-Provider und Suchen

Dazu müssen Sie zunächst im Anwendungsmanifest sowohl der Anfrager-App als auch der Content-Provider-App eine Berechtigung anlegen, die als Schutzniveau »signature« angibt:

```
<permission
  android:name="com.professionalandroid.provider.hoarder.ACCESS_PERMISSION"
  android:protectionLevel="signature">
</permission>
```

Fügen Sie auch den entsprechenden `uses-permission`-Eintrag in jedem Manifest hinzu:

```
<uses-permission
  android:name="com.professionalandroid.provider.hoarder.ACCESS_PERMISSION"
/>
```

Zusätzlich zur Signaturschutzstufe, die den Zugriff auf Anwendungen mit derselben Signatur einschränkt, können Berechtigungen definiert werden, die normale oder gefährliche Schutzstufen erfordern. Normale Berechtigungen werden dem Benutzer bei der Installation angezeigt, während gefährliche Berechtigungen die Akzeptanz des Benutzers zur Laufzeit erfordern.

Weitere Informationen zum Erstellen und Verwenden eigener Berechtigungen finden Sie in Kapitel 20.

Nachdem Sie eine Berechtigung definiert haben, können Sie diese anwenden, indem Sie den Manifesteintrag des Content-Providers ändern und die erforderliche Berechtigung zum Lesen oder Schreiben dem Provider angeben. Sie können unterschiedliche Berechtigungen für den Lese- oder Schreibzugriff angeben oder nur für den einen oder anderen Zugriff benötigen:

```
<provider
  android:name=".MyHoardContentProvider"
  android:authorities="com.professionalandroid.provider.hoarder"
  android:writePermission=
    "com.professionalandroid.provider.hoarder.ACCESS_PERMISSION"
/>
```

Es ist auch möglich, Apps mit temporären Berechtigungen zu versehen, auf einen bestimmten Datensatz zuzugreifen oder ihn mit Intents zu ändern. Dies funktioniert, indem die anfordernde Anwendung einen Intent an die Anwendung des Content-Providers sendet, die dann einen Intent zurückgibt, der die entsprechenden Berechtigungen für eine bestimmte URI enthält, die so lange dauert, bis die aufrufende Activity beendet ist.

Um temporäre Berechtigungen zu unterstützen, setzen Sie zunächst das Attribut `android:grantUriPermissions` im Manifesteintrag Ihres Providers auf true:

```
<provider
  android:name=".MyHoardContentProvider"
  android:authorities="com.professionalandroid.provider.hoarder"
  android:writePermission=
    "com.professionalandroid.provider.hoarder.ACCESS_PERMISSION"
  android:grantUriPermissions="true"
/>
```

Dadurch können Sie allen URIs, die für den Zugriff auf Ihren Provider verwendet werden, temporäre Berechtigungen erteilen. Alternativ können Sie den Unterknoten `grant-uri-permission` innerhalb Ihres `provider`-Knotens verwenden, um ein bestimmtes Pfadmuster oder Präfix zu definieren.

Stellen Sie innerhalb Ihrer Anwendung Funktionen zur Verfügung, die auf einen Intent einer anderen Anwendung warten (wie in Kapitel 6 beschrieben). Wenn ein solcher Intent empfangen wird, zeigen Sie eine Benutzeroberfläche an, um die angeforderte Aktion zu unterstützen, und geben einen Intent mit einer URI an den betroffenen ausgewählten Datensatz zurück, indem Sie entweder das Flag `FLAG_GRANT_READ_URI_PERMISSION` oder `FLAG_GRANT_WRITE_URI_PERMISSION` setzen:

```
protected void returnSelectedRecord(int rowId) {
  Uri selectedUri =
    ContentUris.withAppendedId(MyHoardContentProvider.CONTENT_URI,
                      rowId);

  Intent result = new Intent(Intent.ACTION_PICK, selectedUri);
  result.addFlags(FLAG_GRANT_READ_URI_PERMISSION);

  setResult(RESULT_OK, result);
  finish();
}
```

Mit diesem Ansatz bietet Ihre Anwendung die Vermittlung zwischen dem Benutzer, der die Anwendung von Drittanbietern nutzt, und Ihrem Content-Provider – zum Beispiel durch die Bereitstellung einer Benutzeroberfläche, die es dem Benutzer ermöglicht, einen Datensatz auszuwählen oder Daten zu ändern.

Dadurch wird das Risiko eines Datenverlusts oder einer Beschädigung eingeschränkt, indem die Menge der abgerufenen Daten begrenzt wird und sichergestellt wird, dass Ihre Anwendung – und damit auch der Benutzer – in der Lage ist, alle unerwünschten Zugriffe oder Änderungen rückgängig zu machen. Daher muss die anfragende Anwendung keine speziellen Berechtigungen anfordern, wenn sie einen Intent zum Abfragen oder Ändern von Daten verwendet.

Der Ansatz, mit Intents temporäre Berechtigungen zu vergeben, wird umfassend genutzt, um den Zugang zu systemeigenen Content-Providern zu ermöglichen, wie es im Abschnitt über die systemeigenen Content-Provider beschrieben wird.

10.4 Zugriff auf Content-Provider mit Content-Resolvern

Jede Anwendung enthält eine Instanz `ContentResolver`, auf die mit der Methode `getContentResolver` wie folgt zugegriffen werden kann:

```
ContentResolver cr = getContentResolver();
```

Content-Resolver werden zur Abfrage und Durchführung von Transaktionen auf Content-Provider verwendet. Der Content-Resolver liefert Methoden zur Abfrage und Ausführung von Transaktionen auf Content-Provider, wobei eine URI verwendet wird, die angibt, welcher Content-Provider verwendet werden soll.

Die URI eines Content-Providers ist seine Authority, wie sie durch seinen Manifest-Eintrag definiert und typischerweise als statische Konstante in der Content-Provider-Implementierung veröffentlicht wird.

Wie im vorherigen Abschnitt beschrieben, akzeptieren Content-Provider normalerweise zwei Formen von URIs – eine für Anfragen auf alle Daten und eine andere, die nur eine einzige Datenzeile angibt. Das Formular für letzteres hängt den Datensatz-Bezeichner (in der Form `/<rowID>`) an die Basis-URI an.

10.4.1 Content-Provider abfragen

Content-Provider-Abfragen haben eine sehr ähnliche Form wie SQLite-Datenbankabfragen. Abfrageergebnisse werden als Cursor über eine Ergebnismenge zurückgegeben und es werden die Werte extrahiert, wie im vorherigen Kapitel über SQLite-Datenbanken beschrieben.

Dem Aufruf der Methode `query` des Objekts von `ContentResolver` übergeben Sie folgende Parameter:

- Eine URI zu dem Content-Provider, den Sie abfragen möchten.

- Eine Projektion, die die Spalten aufzählt, die in der Ergebnismenge erscheinen sollen.

- Eine where-Klausel, die die zurückzugebenden Datensätze definiert. Sie sollten Fragezeichen-Wildcards einfügen, die durch die Werte ersetzt werden, die im Parameter für das Selektionsargument übergeben werden.
- Ein Array von Selektionsargument-Strings, die die Wildcards in der where-Klausel ersetzen.
- Ein String, der die Reihenfolge der zurückgegebenen Datensätze beschreibt.

Listing 10.10 zeigt, wie man einen `ContentResolver` verwendet, um eine Abfrage an einen Content-Provider zu stellen.

```
// Ermittle den Content-Resolver.
ContentResolver cr = getContentResolver();

// Gibt die Ergebnisspaltenprojektion an. Liefert die
// Mindestspaltenmenge zurück, die die Anforderungen erfüllt.
String[] result_columns = new String[] {
  HoardDB.HoardContract.KEY_ID,
  HoardDB.HoardContract.KEY_GOLD_HOARD_ACCESSIBLE_COLUMN,
  HoardDB.HoardContract.KEY_GOLD_HOARDED_COLUMN };

// Spezifiziert die where-Klausel zur Eingrenzung des Ergebnisses.
String where = HoardDB.HoardContract.KEY_GOLD_HOARD_ACCESSIBLE_COLUMN
               + "=?";
String[] whereArgs = {"1"};

// ORDER-SQL-Kommando, falls erforderlich
String order = null;

// Liefere die ermittelten Datensätze zurück.
Cursor resultCursor = cr.query(MyHoardContentProvider.CONTENT_URI,
                       result_columns, where, whereArgs, order);
```

Listing 10.10 Content-Provider mit dem Content-Resolver abfragen

In diesem Beispiel wird die Abfrage mit den Spaltennamen durchgeführt, die als statische Konstanten in der Klasse `HoardContract` und in der Klasse `MyHoardContentProvider` als `CONTENT_URI` bereitstehen. Eine Drittanbieteranwendung kann die gleiche Abfrage ausführen, sofern sie die Content-URI und die Spaltennamen kennt und die entsprechenden Berechtigungen besitzt.

Die meisten Content-Provider enthalten auch ein Shortcut-URI-Muster, mit dem Sie einen bestimmten Datensatz ansprechen können, indem Sie eine Datensatz-ID an

10.4 | Content-Provider und Suchen

die Content-URI anhängen. Sie können die statische Methode `withAppendedId` der `ContentUris`-Klasse verwenden, um dies zu vereinfachen (siehe Listing 10.11).

```
private Cursor queryRow(int rowId) {
  // Ermittle den Content-Resolver.
  ContentResolver cr = getContentResolver();

  // Gibt die Ergebnisspaltenprojektion an. Liefert die
  // Mindestspaltenmenge zurück, die die Anforderungen erfüllt.
  String[] result_columns = new String[] {
    HoardDB.HoardContract.KEY_ID,
    HoardDB.HoardContract.KEY_GOLD_HOARD_NAME_COLUMN,
    HoardDB.HoardContract.KEY_GOLD_HOARDED_COLUMN };

  // Hänge eine Datensatz-ID an die URI, um einen Satz anzusprechen.
  Uri rowAddress =
    ContentUris.withAppendedId(MyHoardContentProvider.CONTENT_URI,
                               rowId);

  // Diese Werte sind null, da ein einzelner Datensatz gefragt ist.
  String where = null;
  String[] whereArgs = null;
  String order = null;

  // Liefere den ermittelten Datensatz zurück.
  return cr.query(rowAddress, result_columns, where, whereArgs, order);
}
```
Listing 10.11 Content-Provider nach einem bestimmten Datensatz abfragen

Um Werte aus einem Ergebnis-Cursor zu extrahieren, verwenden Sie die gleichen Techniken, die im vorherigen Kapitel beschrieben wurden, indem Sie die Methoden `moveTo<Ziel>` in Kombination mit den Methoden `get<Typ>` verwenden, um Werte aus der angegebenen Zeile und Spalte zu ermitteln.

Listing 10.12 erweitert den Code von Listing 10.11, indem es über einen Ergebnis-Cursor iteriert und den Namen des größten Hoards anzeigt.

```
float largestHoard = 0f;
String largestHoardName = "No Hoards";

// Finde den Index der verwendeten Spalten.
int GOLD_HOARDED_COLUMN_INDEX = resultCursor.getColumnIndexOrThrow(
  HoardDB.HoardContract.KEY_GOLD_HOARDED_COLUMN);
```

```
int HOARD_NAME_COLUMN_INDEX = resultCursor.getColumnIndexOrThrow(
  HoardDB.HoardContract.KEY_GOLD_HOARD_NAME_COLUMN);

// Iteriert die Cursorreihen. Der Cursor wird zuerst initialisiert.
// Gibt es einen "nächsten" Datensatz? Ist der Ergebnis-Cursor leer,
// wird false zurückgegeben.
while (resultCursor.moveToNext()) {
  float hoard = resultCursor.getFloat(GOLD_HOARDED_COLUMN_INDEX);
  if (hoard > largestHoard) {
    largestHoard = hoard;
    largestHoardName = resultCursor.getString(HOARD_NAME_COLUMN_INDEX);
  }
}

// Schließt zum Abschluss den Cursor
resultCursor.close();
```
Listing 10.12 Werte aus einem Content-Provider-Ergebnis-Cursor lesen

Wenn Sie mit der Verwendung des Cursors fertig sind, ist es wichtig, ihn zu schließen, um Speicherlecks zu vermeiden und die Ressourcenlast Ihrer Anwendung zu reduzieren:

```
resultCursor.close();
```

Weitere Beispiele für die Suche nach Inhalten finden Sie später in diesem Kapitel, wenn die systemeigenen Android Content-Provider im entsprechenden Abschnitt vorgestellt werden.

> **Hinweis**
>
> Die Ausführung von Datenbankabfragen kann viel Zeit in Anspruch nehmen. Standardmäßig führt der Content-Resolver Queries – wie auch alle anderen Transaktionen – auf dem Hauptanwendungsthread aus.
>
> Damit Ihre Anwendung reibungslos läuft und reaktionsfähig bleibt, müssen Sie alle Abfragen asynchron ausführen, wie später in diesem Kapitel beschrieben.

10.4.2 Abfragen abbrechen

Android 4.1 Jelly Bean (API Level 16) erweitert die `ContentResolver`-Methode query um einen Parameter `CancellationSignal`:

```
CancellationSignal mCancellationSignal = new CancellationSignal();
```

Die Android Support Library enthält eine `ContentResolverCompat`-Klasse, die es Ihnen ermöglicht, Abfragen rückwärtskompatibel abzubrechen:

10.4 | Content-Provider und Suchen

```
Cursor resultCursor = ContentResolverCompat.query(cr,
                    MyHoardContentProvider.CONTENT_URI,
                    result_columns, where, whereArgs, order,
                    mCancellationSignal);
```

Ein `CancellationSignal` ermöglicht es Ihnen durch seine Methode `cancel`, einen Content-Provider zu benachrichtigen, dass Sie eine Abfrage abbrechen möchten:

```
mCancellationSignal.cancel();
```

Wenn die Abfrage während der Ausführung abgebrochen wird, wird eine `OperationCanceledException` ausgelöst.

10.4.3 Asynchrones Abfragen von Inhalten mit einem Cursor-Loader

Datenbankoperationen können zeitaufwändig sein, daher ist es besonders wichtig, dass keine Datenbank- oder Content-Provider-Abfragen oder -Transaktionen auf dem Hauptanwendungs-Thread durchgeführt werden.

Um den Prozess der Verwaltung von Cursorn zu vereinfachen, die korrekte Synchronisation mit dem Oberflächen-Thread zu gewährleisten und sicherzustellen, dass alle Abfragen auf einem Hintergrund-Thread stattfinden, stellt Android die Klasse `Loader` zur Verfügung.

`Loader` und der Loader-Manager werden verwendet, um das asynchrone Laden von Hintergrunddaten zu vereinfachen. `Loader` erstellen einen Hintergrund-Thread, in dem Ihre Datenbankabfragen und Transaktionen ausgeführt werden, bevor sie mit dem Oberflächen-Thread synchronisiert werden und Ihre verarbeiteten Daten über Callback-Handler zurückgeben.

Der Loader-Manager enthält ein einfaches Caching, das sicherstellt, dass die `Loader` nicht durch einen Neustart der Activity aufgrund von Änderungen der Gerätekonfiguration unterbrochen werden, und dass die `Loader` über die Activity- und Fragment-Lebenszyklusereignisse informiert sind. Dies stellt sicher, dass `Loader` entfernt werden, wenn die übergeordnete Activity oder das Fragment dauerhaft zerstört werden.

Die Klasse `AsyncTaskLoader` kann erweitert werden, um beliebige Daten aus beliebigen Datenquellen zu laden. Von besonderem Interesse ist die Klasse `CursorLoader`. Der `CursorLoader` wurde speziell entwickelt, um asynchrone Abfragen bei Content-Providern zu unterstützen, die einen Ergebnis-Cursor und Benachrichtigungen über Updates an den zugehörigen Provider zurückgeben.

> **Hinweis**
>
> Um prägnanten und gekapselten Code zu erhalten, zeigen nicht alle Beispiele in diesem Kapitel explizit einen `CursorLoader`, der bei der Erstellung einer Content-Provider-Abfrage verwendet wird – was schlecht ist und uns nicht gefällt. Für Ihre Anwendungen ist es wichtig, immer einen `CursorLoader` – oder eine andere Hintergrund-Threading-Technik – zu verwenden, wenn Sie Abfragen oder Transaktionen auf Content-Providern oder Datenbanken durchführen.

Der `CursorLoader` übernimmt alle Verwaltungsaufgaben, die für die Verwendung eines Cursors erforderlich sind, einschließlich der Verwaltung des Cursor-Lebenszyklus, um sicherzustellen, dass Cursor geschlossen werden, wenn die Activity beendet wird.

Cursor-Loader beobachten auch Änderungen in der zugrunde liegenden Abfrage, so dass Sie keine eigenen Content-Observer implementieren müssen.

Cursor-Loader-Callbacks implementieren

Um einen Cursor-Loader zu verwenden, legen Sie eine Implementierung von `LoaderManager.LoaderCallbacks` an. Loader-Callbacks werden über Generics implementiert, daher sollten Sie bei der Implementierung Ihrer eigenen Cursor den expliziten Typ angeben, der geladen wird:

```
LoaderManager.LoaderCallbacks<Cursor> loaderCallback
  = new LoaderManager.LoaderCallbacks<Cursor>() {

  @Override
  public Loader<Cursor> onCreateLoader(int id, Bundle args) {
    return null;
  }

  @Override
  public void onLoadFinished(Loader<Cursor> loader, Cursor data) {}

  @Override
  public void onLoaderReset(Loader<Cursor> loader) {}
};
```

Wenn Sie nur eine einzige Loader-Implementierung innerhalb Ihres Fragments oder Ihrer Activity benötigen, tun Sie dies in der Regel, indem Sie diese Komponente das Interface implementieren lassen:

```
public class MyActivity extends AppCompatActivity
                   implements LoaderManager.LoaderCallbacks<Cursor>
```

10.4 | Content-Provider und Suchen

Die Loader-Callbacks bestehen aus drei Handlern:

- onCreateLoader: Wird bei der Initialisierung des Loaders aufgerufen, sollte dieser Handler ein neues CursorLoader-Objekt erzeugen und zurückgeben. Die Argumente des CursorLoader-Konstruktors entsprechen denen, die für die Ausführung einer Abfrage mit dem Content-Resolver erforderlich sind. Dementsprechend werden bei der Ausführung dieses Handlers die von Ihnen angegebenen Abfrageparameter verwendet, um eine Abfrage mit dem Content-Resolver durchzuführen. Beachten Sie, dass ein CancellationSignal nicht erforderlich ist (oder unterstützt wird). Stattdessen erzeugt der CursorLoader ein eigenes CancellationSignal-Objekt, das durch den Aufruf von cancelLoad ausgelöst werden kann.

- onLoadFinished: Wenn der Loader-Manager die asynchrone Abfrage beendet hat, wird der onLoadFinished-Handler mit dem Ergebnis-Cursor als Parameter übergeben. Verwenden Sie diesen Cursor, um Adapter und andere Oberflächenelemente zu aktualisieren.

- onLoaderReset: Wenn der Loader-Manager Ihren CursorLoader zurücksetzt, wird onLoaderReset aufgerufen. Innerhalb dieses Handlers sollten Sie Referenzen auf die von der Abfrage zurückgegebenen Daten freigeben und die Benutzeroberfläche entsprechend zurücksetzen. Der Cursor wird vom Loader-Manager geschlossen, daher sollten Sie nicht versuchen, ihn selbst zu schließen.

Listing 10.13 zeigt eine Rahmenimplementierung der Cursor-Loader-Callbacks.

```
public Loader<Cursor> onCreateLoader(int id, Bundle args) {
  // Konstruiere die Query in Form eines Cursor Loaders.
  // Verwende den id-Parameter, um verschiedene Loader zu
  // konstruieren und zurückzugeben.
  String[] projection = null;
  String where = null;
  String[] whereArgs = null;
  String sortOrder = null;

  // Erfrage URI
  Uri queryUri = MyHoardContentProvider.CONTENT_URI;

  // Erzeuge den CursorLoader
  return new CursorLoader(this, queryUri, projection,
                          where, whereArgs, sortOrder);
}
```

```
public void onLoadFinished(Loader<Cursor> loader, Cursor cursor) {
  // Hier auf dem UI-Thread aktualisiere UI mit den geladenen Daten.
  // Gebe gecachte Daten zurück, wenn der InitLoader nach einer
  // Konfigurationsänderung aufgerufen wird.
}

public void onLoaderReset(Loader<Cursor> loader) {
  // Behandele alle notwendigen Aufräumarbeiten, wenn der Loader
  // oder dessen übergeordnetes System vollständig zerstört ist,
  // beispielsweise wenn die Anwendung beendet wird.
  // Der Cursor Loader wird den zugrunde liegende Ergebnis-Cursor
  // schließen, das muss also nicht selbst gemacht werden.
}
```

Listing 10.13 Loader-Callbacks implementieren

Cursor-Loader initialisieren, neu starten und abbrechen

Um einen neuen Loader zu initialisieren, rufen Sie die Methode `initLoader` des Loader-Managers auf und übergeben eine Referenz auf Ihre Loader-Callback-Implementierung, ein optionales Argument `Bundle` und eine Loader-Kennung. Wie im Rest des Buches werden wir auch hier die Support Library Version des Loader-Managers verwenden, um die Abwärtskompatibilität zu gewährleisten. Beachten Sie auch, dass in diesem Ausschnitt die umgebende Activity die Loader-Callbacks implementiert:

```
Bundle args = null;
// Initialisiere Loader. "this" ist die umgebende Activity,
// die den Callback implementiert.
getSupportLoaderManager().initLoader(LOADER_ID, args, this);
```

Dies geschieht in der Regel innerhalb der `onCreate`-Methode der Host Activity (bzw. des `onActivityCreated`-Handlers bei Fragmenten).

Wenn ein Loader, der dem verwendeten Bezeichner entspricht, nicht bereits existiert, wird er wie im vorherigen Abschnitt beschrieben innerhalb des zugehörigen `onCreateLoader`-Handlers des Loader-Callbacks angelegt.

In den meisten Fällen ist das alles, was nötig ist. Der Loader-Manager verwaltet den Lebenszyklus der von Ihnen initialisierten Loader und der zugrunde liegenden Queries und der daraus resultierenden Cursor, einschließlich aller Änderungen in den Abfrageergebnissen.

Wenn Ihr Loader während einer Gerätekonfigurationsänderung abgeschlossen wird, wird der Ergebnis-Cursor in die Warteschlange gestellt und Sie erhalten ihn über onLoadFinished, sobald die übergeordnete Activity oder das Fragment neu erstellt wurden.

Nachdem ein Loader erstellt wurde, werden Ihre Ergebnisse über Gerätekonfigurationsänderungen hinweg zwischengespeichert. Wiederholte Aufrufe von initLoader geben sofort die letzte Ergebnismenge über den onLoadFinished-Handler zurück – ohne dass die Methode onStartLoading des Loaders aufgerufen wird. Dies spart viel Zeit und Akkustrom, da doppelte Datenbankzugriffe und die damit verbundene Verarbeitung entfallen.

Wenn Sie den vorherigen Loader verwerfen und neu anlegen wollen, verwenden Sie die Methode restartLoader:

```
getSupportLoaderManager().restartLoader(LOADER_ID, args, this);
```

Dies ist in der Regel nur dann erforderlich, wenn sich Ihre Abfrageparameter ändern – wie beispielsweise Suchanfragen, Sortierreihenfolge oder Filterparameter.

Wenn Sie einen CursorLoader abbrechen wollen, während er läuft, können Sie seine Methode cancelLoad aufrufen:

```
getSupportLoaderManager().getLoader(LOADER_ID).cancelLoad();
```

Sie lösen ein internes CancellationSignal im CursorLoader aus, das wiederum an den zugehörigen Content-Provider weitergeleitet wird.

10.4.4 Hinzufügen, Löschen und Aktualisieren von Inhalten

Um Transaktionen auf Content-Providern durchzuführen, verwenden Sie die Methoden insert, delete und update auf dem Content-Resolver. Wie Abfragen müssen Content-Provider-Transaktionen explizit in einen Hintergrund-Thread verschoben werden, um das Blockieren des Oberflächen-Threads mit potenziell zeitaufwändigen Operationen zu vermeiden.

Inhalt einfügen

Der Content-Resolver bietet zwei Methoden, um neue Datensätze in einen Content Provider einzufügen: insert und bulkInsert. Beide Methoden akzeptieren die URI des Content-Providers, in den Sie einfügen; die Methode insert nimmt ein einzelnes neues ContentValues-Objekt und die Methode bulkInsert ein Array davon.

Die Methode insert gibt eine URI auf den neu hinzugefügten Datensatz zurück, während die Methode bulkInsert die Anzahl der erfolgreich hinzugefügten Datensätze zurückgibt.

Listing 10.14 zeigt, wie Sie mit der Insert-Methode neue Datensätze zu einem Content-Provider hinzufügen können.

```
// Erzeuge einen neuen Datensatz
ContentValues newValues = new ContentValues();

// Fülle jeden Datensatz mit Werten
newValues.put(HoardDB.HoardContract.KEY_GOLD_HOARD_NAME_COLUMN,
    newHoardName);
newValues.put(HoardDB.HoardContract.KEY_GOLD_HOARDED_COLUMN,
    newHoardValue);
newValues.put(HoardDB.HoardContract.KEY_GOLD_HOARD_ACCESSIBLE_COLUMN,
    newHoardAccessible);

// Hole den Content-Resolver
ContentResolver cr = getContentResolver();

// Füge den Datensatz in die Tabelle ein
Uri newRowUri = cr.insert(MyHoardContentProvider.CONTENT_URI,
                          newValues);
```
Listing 10.14 Neue Datensätze in einen Content-Provider einfügen

Inhalt löschen

Um einen einzelnen Datensatz zu löschen, rufen Sie `delete` im Content-Resolver auf und übergeben die URI des Datensatzes, den Sie entfernen möchten. Alternativ können Sie eine where-Klausel angeben, um mehrere Datensätze zu entfernen. Aufrufe zum Löschen geben die Anzahl der entfernten Datensätze zurück. Listing 10.15 zeigt, wie man eine Anzahl von Datensätzen löscht, die einer bestimmten Bedingung entsprechen.

```
// Nenne die where-Klausel, die bestimmt, welche Zeile(n) gelöscht
// werden sollen. Gebe bei Bedarf an, wo Argumente notwendig sind.
String where = HoardDB.HoardContract.KEY_GOLD_HOARDED_COLUMN +
               "=" + 0;
String[] whereArgs = null;

// Hole den Content-Resolver.
ContentResolver cr = getContentResolver();

// Lösche die passenden Zeilen.
int deletedRowCount =
    cr.delete(MyHoardContentProvider.CONTENT_URI, where, whereArgs);
```
Listing 10.15 Datensätze aus einem Content-Provider löschen

10.4 | Content-Provider und Suchen

Inhalte aktualisieren

Sie können Datensätze mit der Methode `update` des Content-Resolvers aktualisieren. Die Methode `update` nimmt die URI des Ziel-Content-Providers, ein `ContentValues`-Objekt, das Spaltennamen auf aktualisierte Werte abbildet, und eine `where`-Klausel, die angibt, welche Datensätze aktualisiert werden sollen.

Bei der Aktualisierung wird jeder Datensatz, der mit der `where`-Klausel übereinstimmt, mit den angegebenen Inhaltswerten aktualisiert und die Anzahl der erfolgreichen Aktualisierungen wird zurückgegeben.

Alternativ können Sie einen bestimmten Datensatz aktualisieren, indem Sie dessen eindeutige URI angeben (siehe Listing 10.16).

```
// Erzeuge eine URI, die die angegebenen Zeile angibt
Uri rowURI =
  ContentUris.withAppendedId(MyHoardContentProvider.CONTENT_URI,
                   hoardId);

// Erzeuge den Zeileninhalt durch Zuweisung von Werten für jede Zeile
ContentValues updatedValues = new ContentValues();
updatedValues.put(HoardDB.HoardContract.KEY_GOLD_HOARDED_COLUMN,
                  newHoardValue);
// [ ... Wiederhole für jede zu aktualisierende Spalte ... ]

// Wird eine bestimmte Zeile angegeben, ist keine Selektionsklausel
// erforderlich.
String where = null;
String[] whereArgs = null;

// Hole den Content-Resolver.
ContentResolver cr = getContentResolver();
// Aktualisiere die angegebene Zeile
int updatedRowCount =
  cr.update(rowURI, updatedValues, where, whereArgs);
```
Listing 10.16 Aktualisieren eines Datensatzes in einem Content-Provider

10.4.5 Auf in Content-Providern gespeicherte Dateien zugreifen

Im vorherigen Abschnitt wurde beschrieben, wie man Dateien in einem Content-Provider ablegt. Um auf eine in einem Content-Provider gespeicherte Datei zuzugreifen oder eine neue Datei einzufügen, verwenden Sie die Methoden `openOutputStream` oder `openInputStream` des Content-Resolvers.

10.4 Zugriff auf Content-Provider mit Content-Resolvern

Übergeben Sie die URI des Content-Provider-Datensatzes, der die gewünschte Datei enthält. Der Content-Provider verwendet seine `openFile`-Implementierung, um Ihre Anfrage zu interpretieren und einen Input- oder Output-Stream an die angeforderte Datei zurückzugeben (siehe Listing 10.17).

```java
public void addNewHoardWithImage(int rowId, Bitmap hoardImage) {
  // Erzeuge eine URI, die die angegebenen Zeile angibt
  Uri rowURI =
    ContentUris.withAppendedId(MyHoardContentProvider.CONTENT_URI, rowId);

  // Hole den Content-Resolver
  ContentResolver cr = getContentResolver();

  try {
    // Öffne den OutputStream über die URI des Datensatzes
    OutputStream outStream = cr.openOutputStream(rowURI);
    // Komprimiere die Bitmap und speichere sie im Provider
    hoardImage.compress(Bitmap.CompressFormat.JPEG, 80, outStream);
  }
  catch (FileNotFoundException e) {
    Log.d(TAG, "No file found for this record.");
  }
}

public Bitmap getHoardImage(long rowId) {
  Uri myRowUri =
    ContentUris.withAppendedId(MyHoardContentProvider.CONTENT_URI, rowId);

  try {
    // Öffne den InputStream über die URI des Datensatzes
    InputStream inStream =
      getContentResolver().openInputStream(myRowUri);

    // Lege eine Kopie des Bitmaps an
    Bitmap bitmap = BitmapFactory.decodeStream(inStream);
    return bitmap;
  }
  catch (FileNotFoundException e) {
    Log.d(TAG, "No file found for this record.");
  }

  return null;
}
```

Listing 10.17 Lesen und Schreiben von Dateien von einem und in einen Content-Provider

10.4.6 Zugriff auf zulassungsbeschränkte Content-Provider

Viele Content-Provider benötigen spezielle Berechtigungen, bevor Sie sie lesen und schreiben können. Zum Beispiel haben systemeigene Content-Provider, die sensible Informationen wie Kontaktdaten und Anrufprotokolle enthalten, sowohl Lese- als auch Schreibrechte. Die systemeigenen Content-Provider werden in einem eigenen Abschnitt näher beschrieben.

Um einen Content-Provider abzufragen oder zu ändern, für den eine Berechtigung erforderlich ist, müssen Sie die entsprechenden Schreib-/Leseberechtigungen in Ihrem Manifest angeben:

```
<uses-permission android:name="android.permission.READ_CONTACTS"/>
<uses-permission android:name="android.permission.WRITE_CALL_LOG"/>
```

Manifestberechtigungen werden vom Benutzer im Rahmen des regulären Installationsablaufs vergeben. Mit Android 6.0 Marshmallow (API Level 23) wurde jedoch eine zusätzliche Anforderung für gefährliche Berechtigungen eingeführt – einschließlich solcher, die den Zugriff auf potenziell sensible Informationen schützen.

Gefährliche Berechtigungen bedürfen der ausdrücklichen Zustimmung des Benutzers beim ersten Zugriff innerhalb der App über Berechtigungsnachfragen zur Laufzeit.

Jedes Mal, wenn Sie versuchen, auf einen durch eine gefährliche Berechtigung geschützten Content-Provider zuzugreifen, müssen Sie die Methode `ActivityCompat.checkSelfPermission` verwenden und die entsprechende Berechtigungskonstante übergeben, um festzustellen, ob Sie Zugriff auf den Provider haben. Er gibt `PERMISSION_GRANTED` zurück, wenn die Benutzerberechtigung erteilt wurde, oder `PERMISSION_DENIED`, wenn der Benutzer den Zugriff abgelehnt oder noch nicht gewährt hat:

```
if (permission==PERMISSION_GRANTED) {
  // Zugriff auf den Content-Provider
} else {
  // Erbitte die Erlaubnis oder zeige einen Dialog, der
  // erklärt, warum die Funktion nicht verfügbar ist.
}
```

Wenn Sie keine Berechtigung erhalten haben, können Sie die Methode `shouldShowRequestPermissionRationale` der Klasse `ActivityCompat` verwenden, um festzustellen, ob dies das erste Mal ist, dass diese Anwendung dem Benutzer eine Anfrage für diese Berechtigung mit einem negativen Ergebnis vorgelegt hat – oder ob der Benutzer bereits eine Anfrage abgelehnt hat. Im letzteren Fall können Sie erwägen, einen zusätzlichen Kontext anzugeben, der beschreibt, warum Sie die angeforderte

Berechtigung benötigen, bevor Sie sie erneut mit dem Berechtigungsanforderungsdialog
präsentieren:

```
if (ActivityCompat.shouldShowRequestPermissionRationale(
    this, Manifest.permission.READ_CALL_LOG)) {
  // TODO Zusätzliche Begründung für die angeforderte Berechtigung anzeigen
}
```

Um den Permission-Request-Dialog zur Laufzeit des Systems anzuzeigen, rufen Sie die Methode `ActivityCompat.requestPermission` auf und geben Sie die erforderlichen Berechtigungen an:

```
ActivityCompat.requestPermissions(this,
    new String[]{Manifest.permission.READ_CONTACTS},
    CONTACTS_PERMISSION_REQUEST);
```

Diese Funktion läuft asynchron und zeigt einen Standard-Android-Dialog an, der nicht angepasst werden kann. Sie können eine Rückmeldung erhalten, ob der Benutzer Ihre Laufzeitanforderung angenommen oder abgelehnt hat, indem Sie die Handler-Methode `onRequestPermissionsResult` überschreiben:

```
@Override
public void onRequestPermissionsResult(int requestCode,
                                       @NonNull String[] permissions,
                                       @NonNull int[] grantResults) {
  super.onRequestPermissionsResult(requestCode, permissions, grantResults);
  // TODO Reagiere auf gewährte/abgelehnte Berechtigungen
}
```

Es ist üblich, auf diesen Rückruf zu reagieren, auch wenn die Erlaubnis erteilt wird, die Funktionalität auszuführen, die zuvor durch Ihre Berechtigungsprüfung geschützt war. Das Ergebnis für den Benutzer ist ein zwischengeschalteter Dialog, der angezeigt wird, bevor die angeforderte Aktion abgeschlossen ist. Dies ist im Allgemeinen vorzuziehen, wenn Sie die Aktion erneut einleiten müssen; achten Sie jedoch darauf, keine endlose Schleife von Request-Denial-Request zu erzeugen.

10.5 Systemeigene Android Content-Provider verwenden

Android stellt mehrere systemeigene Content-Provider zur Verfügung, auf die Sie mit den in diesem Kapitel beschriebenen Techniken direkt zugreifen können. Das android.provider Paket enthält viele nützliche Content-Provider, darunter die folgenden:

10.5 | Content-Provider und Suchen

- Browser: Liest oder ändert den Browser und die Browsersuche.

- Kalender: Erstellt neue Ereignisse und löscht, aktualisiert und liest vorhandene Kalendereinträge. Dazu gehört das Ändern der Teilnehmerlisten und das Setzen von Erinnerungen.

- Anrufprotokoll und blockierte Nummern: Der Anrufprotokollanbieter speichert die Anrufhistorie, einschließlich eingehender und ausgehender Anrufe, verpasster Anrufe und Anrufdetails sowie Anrufer-IDs und Anrufdauer. Blockierte Nummern zeigt eine Tabelle mit blockierten Nummern und E-Mail-Adressen an.

- Kontakte: Ermöglicht das Abrufen, Ändern oder Speichern von Kontaktdaten.

- Media Store: Bietet einen zentralen, verwalteten Zugriff auf die Multimedia-Inhalte auf Ihrem Gerät, einschließlich Audio, Video und Bilder. Sie können Ihre eigenen Multimedia-Inhalte im Media Store speichern und global verfügbar machen, wie Sie in Kapitel 17 über Audio, Video und die Verwendung der Kamera sehen werden.

Wenn möglich, sollten Sie die systemeigenen Content-Provider verwenden, anstatt sie zu duplizieren, wenn Sie eine Anwendung erstellen, die die systemeigenen Anwendungen, die diese Provider verwenden, ergänzt oder ersetzt.

10.5.1 Zugriff auf die Anrufprotokolle

Das Android `CallLog` enthält Informationen über getätigte und empfangene Anrufe. Der Zugriff auf `CallLog` ist durch das `READ_CALL_LOG` Manifest `uses-permission` geschützt:

```
<uses-permission android:name="android.permission.READ_CALL_LOG"/>
```

Für Android-Geräte mit Android 6.0 Marshmallow (API Level 23) und höher benötigen Sie zusätzlich die entsprechende Laufzeitberechtigung:

```
int permission = ActivityCompat.checkSelfPermission(this,
            Manifest.permission.READ_CALL_LOG);
```

Verwenden Sie den Content-Resolver, um die Tabelle `CallLog.Calls` über die statische Konstante `CONTENT_URI` abzufragen: `CallLog.Calls.CONTENT_URI`.

Das Anrufprotokoll wird verwendet, um alle eingehenden und ausgehenden Anrufe zu speichern, und zwar Datum und Uhrzeit der Anrufe, Telefonnummern und Anrufdauer, sowie zwischengespeicherte Werte für Anruferdetails wie Name, URI und Fotos. Listing 10.18 zeigt, wie Sie das Anrufprotokoll aller ausgehenden Anrufe abfragen können, wobei Name, Nummer und Dauer jedes Anrufs angezeigt werden.

```java
// Erstelle eine Projektion, die den Ergebnis-Cursor
// auf die gewünschten Spalten begrenzt.
String[] projection = {
  CallLog.Calls.DURATION,
  CallLog.Calls.NUMBER,
  CallLog.Calls.CACHED_NAME,
  CallLog.Calls.TYPE
};

// Nur ausgehende Anrufe zurücksenden
String where = CallLog.Calls.TYPE + "=?";
String[] whereArgs = {String.valueOf(CallLog.Calls.OUTGOING_TYPE)};

// Cursor über den CallLog-Calls-Provider holen
Cursor cursor =
  getContentResolver().query(CallLog.Calls.CONTENT_URI,
    projection, where, whereArgs, null);

// Ermittle den Index der Spalten
int durIdx = cursor.getColumnIndexOrThrow(CallLog.Calls.DURATION);
int numberIdx = cursor.getColumnIndexOrThrow(CallLog.Calls.NUMBER);
int nameIdx = cursor.getColumnIndexOrThrow(CallLog.Calls.CACHED_NAME);

// Initialisiere die Ergebnismenge
String[] result = new String[cursor.getCount()];

// Iteriere über den Ergebnis-Cursor
while (cursor.moveToNext()) {
  String durStr = cursor.getString(durIdx);
  String numberStr = cursor.getString(numberIdx);
  String nameStr = cursor.getString(nameIdx);

  result[cursor.getPosition()] = numberStr + " for " + durStr + "sec" +
                                 ((null == nameStr) ?
                                  "" : " (" + nameStr + ")");
  Log.d(TAG, result[cursor.getPosition()]);
}

// Schließe den Cursor
cursor.close();
```
Listing 10.18 Zugriff auf den CallLog Content-Provider

10.5.2 Den Media-Store Content-Provider verwenden

Der Android Media-Store ist ein Verzeichnis von Audio-, Video- und Bilddateien.

Wenn Sie dem Dateisystem eine neue Multimediadatei hinzufügen, sollte diese auch mit dem Content-Scanner, wie in Kapitel 17 beschrieben, dem Media-Store hinzugefügt werden. Dadurch wird sie anderen Anwendungen, einschließlich Media-Playern, zugänglich gemacht. In den meisten Fällen ist es nicht notwendig (oder sinnvoll), die Inhalte des Media-Store Content-Providers direkt zu ändern.

Um auf die im Media-Store verfügbaren Medien zuzugreifen, enthält die Klasse `MediaStore` die Unterklassen `Audio`, `Video` und `Images`, die wiederum Unterklassen enthalten, die zur Bereitstellung der Spaltennamen und Content-URIs für die entsprechenden Medienanbieter verwendet werden.

Der Media-Store trennt Medien, die sich auf dem internen und externen Datenträger des Geräts befinden. Jede `MediaStore`-Unterklasse stellt eine URI für die intern oder extern gespeicherten Medien unter Verwendung der Formulare zur Verfügung:

- `MediaStore.<mediatype>.Media.EXTERNAL_CONTENT_URI`

- `MediaStore.<mediatype>.Media.INTERNAL_CONTENT_URI`

Listing 10.19 zeigt einen einfachen Code-Ausschnitt, der verwendet wird, um den Songtitel und den Albumnamen für jedes auf dem externen Datenträger gespeicherte Audiostück zu finden.

```
// Hole einen Cursor über jede Audiodatei auf dem externen
// Datenträger und ermittle den Songtitel und den Albumnamen.
String[] projection = new String[] {
  MediaStore.Audio.AudioColumns.ALBUM,
  MediaStore.Audio.AudioColumns.TITLE
};

Uri contentUri = MediaStore.Audio.Media.INTERNAL_CONTENT_URI;

Cursor cursor =
  getContentResolver().query(contentUri, projection,
                             null, null, null);

// Ermittle den Index der benötigten Spalten
int albumIdx =
  cursor.getColumnIndexOrThrow(MediaStore.Audio.AudioColumns.ALBUM);
int titleIdx =
  cursor.getColumnIndexOrThrow(MediaStore.Audio.AudioColumns.TITLE);
```

```
// Erzeuge ein Array, um die Ergebnismenge zu speichern
String[] result = new String[cursor.getCount()];

// Iteriere über den Cursor und ermittle jeden Albumnamen und Songtitel
while (cursor.moveToNext()) {
  // Ermittle den Songtitel
  String title = cursor.getString(titleIdx);
  // Ermittle den Albumnamen
  String album = cursor.getString(albumIdx);

  result[cursor.getPosition()] = title + " (" + album + ")";
}

// Schließe den Cursor.
cursor.close();
```
Listing 10.19 Zugriff auf den Media Store Content-Provider

> **Hinweis**
>
> In Kapitel 17 erfahren Sie, wie Sie im Media-Store gespeicherte Audio- und Videoressourcen wiedergeben, indem Sie die URI eines bestimmten Multimedia-Elements angeben, sowie wie Sie Medien ordnungsgemäß zum Media-Store hinzufügen.

10.5.3 Den Content-Provider für Kontakte verwenden

Android stellt die vollständige Datenbank der Kontaktinformationen für jede Anwendung zur Verfügung, die die Berechtigung `READ_CONTACTS` erhalten hat.

Der `ContactsContract`-Provider bietet eine erweiterbare Datenbank mit kontaktbezogenen Informationen. Auf diese Weise können Benutzer mehrere Quellen für ihre Kontaktinformationen verwenden und kombinieren. Noch wichtiger ist, dass dies Entwicklern ermöglicht, die gespeicherten Daten für jeden Kontakt beliebig zu erweitern oder sogar ein alternativer Anbieter für Kontakte und Kontaktdaten zu werden.

Anstatt eine einzige, vollständig definierte Tabelle mit Kontaktdetailspalten bereitzustellen, verwendet der Contract-Provider ein dreistufiges Datenmodell, um Daten zu speichern, sie mit einem Kontakt zu verknüpfen und sie über die folgenden Unterklassen zu einer einzigen Person zusammenzufassen:

- Data: Jede Zeile in der zugrunde liegenden Tabelle definiert einen Satz von persönlichen Daten (Telefonnummern, E-Mail-Adressen usw.), getrennt durch den MIME-Typ. Obwohl es für jeden persönlichen Datentyp einen vordefinierten Satz

10.5 | Content-Provider und Suchen

von gemeinsamen Spaltennamen gibt (zusammen mit den entsprechenden MIME-Typen aus Unterklassen innerhalb von `ContactsContract.CommonDataKinds`), kann diese Tabelle verwendet werden, um beliebige Werte zu speichern.

Die Art der in einem bestimmten Datensatz gespeicherten Daten wird durch den für diesen Datensatz angegebenen MIME-Typ bestimmt. Eine Reihe von generischen Spalten wird dann verwendet, um bis zu 15 verschiedene Daten zu speichern, die je nach MIME-Typ variieren.

Beim Hinzufügen neuer Daten zur Datentabelle geben Sie einen Rohkontakt an, dem ein Datensatz zugeordnet wird.

- RawContacts: Benutzer können mehrere Kontaktkontoanbieter zu ihrem Gerät hinzufügen – zum Beispiel, wenn sie mehrere Google Mail-Konten hinzugefügt haben. Jeder Datensatz in der Tabelle `RawContacts` definiert ein Konto, dem eine Menge von Datenwerten zugeordnet ist.

- Contacts: Die Android Contacts-App sammelt und zeigt alle Kontakte von jedem Konto auf dem Gerät in einer einzigen Liste an. Es ist möglich, dass die gleiche Person als Kontakt in mehreren Konten enthalten ist. Beispielsweise kann Ihr Lebensgefährte als Eintrag in Ihren persönlichen und geschäftlichen Gmail-Konten erscheinen. Die Tabelle `Contacts` stellt die Zusammenfassung mehrerer Zeilen von `RawContacts` dar, die dieselbe Person beschreiben, so dass sie als ein Eintrag in der Android Contacts-App erscheinen.

Der Inhalt jeder dieser Tabellen wird wie in Abbildung 10.1 dargestellt zusammengefasst.

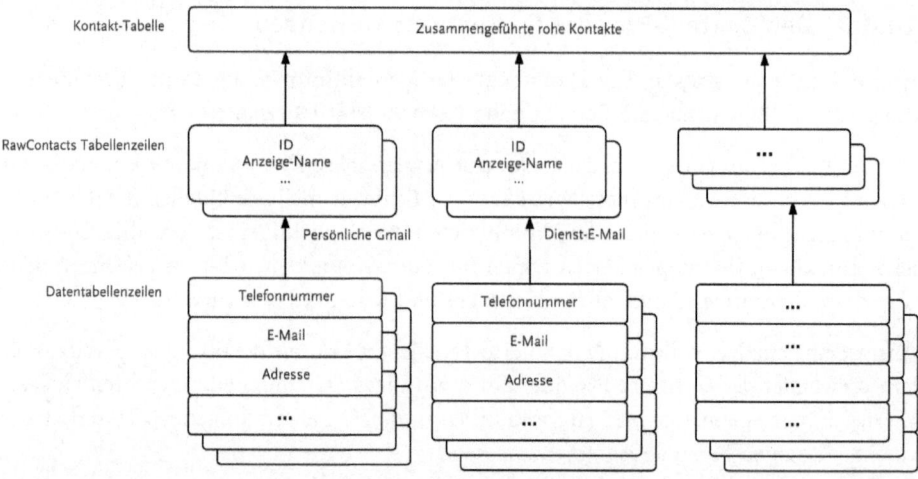

Abbildung 10.1 Kontakttabellen

Normalerweise werden Sie die Datentabelle verwenden, um Daten hinzuzufügen, zu löschen oder zu ändern, die zu einem bestehenden Kontaktkonto gespeichert sind, die Tabelle `RawContacts`, um Konten zu erstellen und zu verwalten, und sowohl die Kontakt- als auch die Datentabelle, um die Datenbank abzufragen, um Kontaktdaten zu auszulesen.

Kontaktdaten lesen

Um auf einen der `ContactsContract`-Provider zugreifen zu können, müssen Sie die Verwendungsberechtigung `READ_CONTACTS` in Ihr Anwendungsmanifest aufnehmen:

```
<uses-permission android:name="android.permission.READ_CONTACTS"/>
```

Android-Geräte mit Android 6.0 Marshmallow (API Level 23) benötigen zusätzlich die entsprechende Laufzeitberechtigung:

```
int permission = ActivityCompat.checkSelfPermission(this,
                Manifest.permission.READ_CONTACTS);
```

Verwenden Sie den Content-Resolver, um einen der drei zuvor beschriebenen `ContactsContracts`-Provider mit ihren jeweiligen statischen Konstanten `CONTENT_URI` abzufragen. Jede Klasse enthält ihre Spaltennamen als statische Eigenschaften.

Listing 10.20 fragt die Kontakt-Tabelle nach einem Cursor für jede Person im Adressbuch ab und erstellt ein Array von Strings, das den Namen und die eindeutige ID jedes Kontakts enthält.

```
// Erzeuge eine Projektion, die den Ergebnis-Cursor
// auf die benötigten Spalten begrenzt.
String[] projection = {
    ContactsContract.Contacts._ID,
    ContactsContract.Contacts.DISPLAY_NAME
};

// Hole einen Cursor über den Kontakt-Provider
Cursor cursor =
  getContentResolver().query(ContactsContract.Contacts.CONTENT_URI,
                    projection, null, null, null);

// Hole den Index der Spalten
int nameIdx =
  cursor.getColumnIndexOrThrow(ContactsContract.Contacts.DISPLAY_NAME);
int idIdx =
  cursor.getColumnIndexOrThrow(ContactsContract.Contacts._ID);
// Initialisiere die Ergebnismenge
String[] result = new String[cursor.getCount()];
```

10.5 | Content-Provider und Suchen

```
// Iteriere über die Ergebnismenge
while(cursor.moveToNext()) {
  // Ermittle den Namen
  String name = cursor.getString(nameIdx);
  // Ermittle die eindeutige ID
  String id = cursor.getString(idIdx);

  result[cursor.getPosition()] = name + " (" + id + ")";
}

// Schließe den Cursor.
cursor.close();
```
Listing 10.20 Auf ContactsContract Content-Provider zugreifen

Der `ContactsContract.Data`Content-Provider wird verwendet, um alle Kontaktdaten wie Adressen, Telefonnummern und E-Mail-Adressen zu speichern. In den meisten Fällen werden Sie wahrscheinlich nach Kontaktdaten fragen, die auf einem vollständigen oder teilweisen Kontaktnamen basieren.

Um diese Suche zu vereinfachen, stellt Android die Query-URI `ContactsContract.Contacts.CONTENT_FILTER_URI` zur Verfügung. Fügen Sie dieser Suche den vollständigen oder teilweisen Namen als zusätzliches Pfadsegment an die URI an. Um die zugehörigen Kontaktdaten zu extrahieren, suchen Sie den Wert `_ID` aus dem zurückgegebenen Cursor und verwenden Sie ihn, um eine Abfrage in der Datentabelle zu erstellen.

Der Inhalt jeder Spalte mit einer Zeile in der Tabelle Data hängt von dem für diese Zeile angegebenen MIME-Typ ab. Daher muss jede Abfrage in der Tabelle Data die Zeilen nach MIME-Typ filtern, um sinnvolle Daten zu erhalten.

Listing 10.21 zeigt, wie man die in den `CommonDataKinds` Unterklassen verfügbaren Spaltennamen verwendet, um den Anzeige-Namen und die Mobilfunknummer aus der Datentabelle für einen bestimmten Kontakt zu ermitteln.

```
ContentResolver cr = getContentResolver();
String[] result = null;

// Suche einen Kontakt anhand eines Teilmusters
String searchName = "otto";
Uri lookupUri =
  Uri.withAppendedPath(ContactsContract.Contacts.CONTENT_FILTER_URI,
                       searchName);
// Erzeuge eine Projektion über die benötigten Spaltennamen
String[] projection = new String[] {
  ContactsContract.Contacts._ID
};
```

```
// Ermittle einen Cursor, der die ID(s) der passenden Namen
// zurückgibt.
Cursor idCursor = cr.query(lookupUri,
  projection, null, null, null);

// Ermittle die erste passende ID, sofern existent
String id = null;
if (idCursor.moveToFirst()) {
  int idIdx =
    idCursor.getColumnIndexOrThrow(ContactsContract.Contacts._ID);
  id = idCursor.getString(idIdx);
}

// Schließe den Cursor.
idCursor.close();

// Erzeuge einen Cursor, der nach den Daten sucht, die
// mit der zurückgegebenen Kontakt-ID verknüpft sind.
if (id != null) {
  // Liefere alle PHONE-Daten für den Kontakt
  String where = ContactsContract.Data.CONTACT_ID +
    " = " + id + " AND " +
    ContactsContract.Data.MIMETYPE + " = '" +
    ContactsContract.CommonDataKinds.Phone.CONTENT_ITEM_TYPE +
    "'";

  projection = new String[] {
    ContactsContract.Data.DISPLAY_NAME,
    ContactsContract.CommonDataKinds.Phone.NUMBER
  };

  Cursor dataCursor =
    getContentResolver().query(ContactsContract.Data.CONTENT_URI,
      projection, where, null, null);

  // Hole die Indizes der benötigen Spalten
  int nameIdx =
    dataCursor.getColumnIndexOrThrow(ContactsContract.Data.DISPLAY_NAME);
  int phoneIdx =
    dataCursor.getColumnIndexOrThrow(
      ContactsContract.CommonDataKinds.Phone.NUMBER);

  result = new String[dataCursor.getCount()];
  while(dataCursor.moveToNext()) {
```

10.5 | Content-Provider und Suchen

```
    // Ermittle den Namen
    String name = dataCursor.getString(nameIdx);
    // Ermittle die Telefonnummer
    String number = dataCursor.getString(phoneIdx);

    result[dataCursor.getPosition()] = name + " (" + number + ")";
  }

  dataCursor.close();
}
```
Listing 10.21 Kontaktdaten für einen Kontaktnamen finden

Die Unterklasse `Contacts` bietet auch eine URI für die Suche nach einem Kontakt, der mit einer bestimmten Telefonnummer verknüpft ist. Diese Abfrage ist hochgradig optimiert, um schnelle Ergebnisse für die `Notification` der Caller-ID zu liefern.

Verwenden Sie `ContactsContract.PhoneLookup.CONTENT_FILTER_URI`, indem Sie die Nummer als zusätzliches Pfadsegment anhängen, wie in Listing 10.22 gezeigt.

```
String incomingNumber = "(555) 123-4567";
String result = "Not Found";

Uri lookupUri =
  Uri.withAppendedPath(ContactsContract.PhoneLookup.CONTENT_FILTER_URI,
                       incomingNumber);

String[] projection = new String[] {
  ContactsContract.Contacts.DISPLAY_NAME
};

Cursor cursor = getContentResolver().query(lookupUri,
  projection, null, null, null);

if (cursor.moveToFirst()) {
  int nameIdx =
    cursor.getColumnIndexOrThrow(ContactsContract.Contacts.DISPLAY_NAME);

  result = cursor.getString(nameIdx);
}

cursor.close();
```
Listing 10.22 Suche nach einer Caller-ID

Die Intents-API für den Contacts Content-Provider

Der `ContactsContract` Content-Provider bietet einen Intent-basierten Mechanismus, der einen Kontakt über eine bestehende Kontaktanwendung (normalerweise die systemeigene Kontaktanwendung) anzeigen, einfügen oder auswählen kann.

Dieser sinnvolle Ansatz hat den Vorteil, dass dem Benutzer eine einheitliche Oberfläche für die Ausführung derselben Aufgabe zur Verfügung steht, Unklarheiten vermieden werden und die allgemeine Benutzerfreundlichkeit verbessert wird. Da der Benutzer die Möglichkeit hat, die Aktion abzubrechen, ohne den Content-Provider zu beeinflussen, benötigen Sie keine besonderen Berechtigungen, um diese Technik zur Auswahl oder Erstellung neuer Kontakte zu verwenden.

Zugriff auf Kontakte über Intents

Um eine Liste der Kontakte anzuzeigen, aus der die Benutzer auswählen können, können Sie die Aktion `Intent.ACTION_PICK` verwenden und mit der Methode `setType` den MIME-Typ der Kontaktdaten angeben, die Sie verwenden möchten. Listing 10.23 erwartet die Auswahl eines Kontakts mit einer Telefonnummer.

```
private static int PICK_CONTACT = 0;

private void pickContact() {
  Intent intent = new Intent(Intent.ACTION_PICK);
  intent.setType(ContactsContract.CommonDataKinds.Phone.CONTENT_TYPE);
  startActivityForResult(intent, PICK_CONTACT);
}
```
Listing 10.23 Kontaktauswahl

Dadurch wird eine `ListView` der verfügbaren Kontakte angezeigt (wie in Abbildung 10.2 zu sehen ist).

Wenn der Benutzer einen Kontakt auswählt, wird dieser als Lookup-URI innerhalb der Dateneigenschaft des zurückgegebenen Intents zurückgegeben. Um bestimmte Kontaktdetails abzurufen, verwenden Sie den Content-Resolver, um eine Abfrage mit Hilfe der Lookup-URI durchzuführen, und extrahieren Sie die erforderlichen Details wie in dieser Erweiterung zu Listing 10.23 zu sehen:

```
@Override
protected void onActivityResult(int requestCode, int resultCode, Intent data) {
  super.onActivityResult(requestCode, resultCode, data);
  if ((requestCode == PICK_CONTACT) && (resultCode == RESULT_OK)) {
    Uri selectedContact = data.getData();
```

10.5 | Content-Provider und Suchen

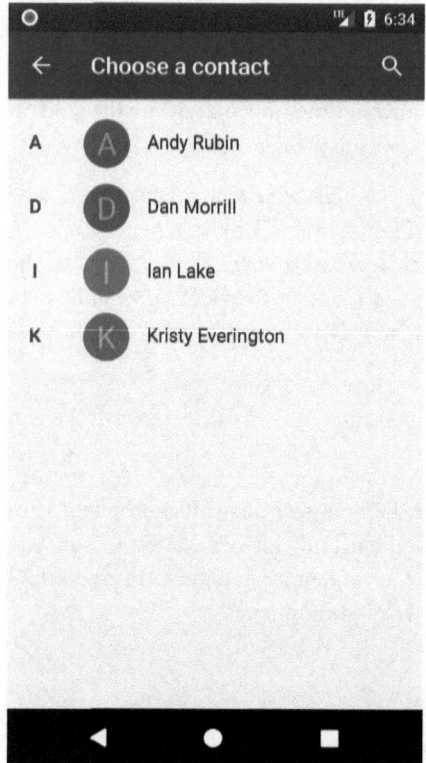

Abbildung 10.2 Kontaktliste

```
      Cursor cursor = getContentResolver().query(selectedContact,
        null, null, null, null);
      // Wenn der Cursor gültig ist, hole die Telefonnummer
      if (cursor != null && cursor.moveToFirst()) {
        int numberIndex = cursor.getColumnIndex(
          ContactsContract.CommonDataKinds.Phone.NUMBER);
        String number = cursor.getString(numberIndex);

        int nameIndex = cursor.getColumnIndex(
          ContactsContract.CommonDataKinds.Identity.DISPLAY_NAME);
        String name = cursor.getString(nameIndex);

        // TODO Tue etwas mit dem Namen und der Telefonnummer
      }
    }
  }
```

Die Kontakt-App delegiert Lese- und Schreibrechte auf diese Content-URI für die Lebensdauer Ihrer Activity, das heißt, Sie können damit auf die zugehörigen Daten zugreifen, ohne eine spezielle Berechtigung anzufordern.

Einfügen oder Ändern von Kontakten mit Intents

Um einen neuen Kontakt einzufügen, verwenden Sie einen Intent, der eine Telefonnummer oder E-Mail-Adresse angibt, zusammen mit Extras, die das neue Kontaktformular vorab belegen.

Die Aktion `ContactsContract.Intents.SHOW_OR_CREATE_CONTACT` durchsucht den Contacts-Provider nach einer bestimmten E-Mail-Adressen- oder Telefonnummer-URI und bietet an, nur dann einen neuen Eintrag einzufügen, wenn kein Kontakt mit der angegebenen Kontaktadresse existiert. Wenn der Kontakt existiert, wird er angezeigt.

Verwenden Sie die Konstanten in der Klasse `ContactsContract.Intents.Insert`, um Intent-Extras einzufügen, die verwendet werden können, um Kontaktdetails wie Name, Firma, E-Mail, Telefonnummer, Notizen und Postadresse des neuen Kontakts vorzubelegen, wie in Listing 10.24 gezeigt.

```
Intent intent =
  new Intent(ContactsContract.Intents.SHOW_OR_CREATE_CONTACT,
             ContactsContract.Contacts.CONTENT_URI);
intent.setData(Uri.parse("tel:(650)253-0000"));

intent.putExtra(ContactsContract.Intents.Insert.COMPANY, "Google");
intent.putExtra(ContactsContract.Intents.Insert.POSTAL,
  "1600 Amphitheatre Parkway, Mountain View, California");

startActivity(intent);
```
Listing 10.24 Einen neuen Kontakt mit einem Intent einfügen

10.5.4 Den Calendar Content-Provider verwenden

Android 4.0 (API Level 14) hat eine unterstützte API für den Zugriff auf den Calendar Content-Provider eingeführt. Die Kalender-API ermöglicht das Einfügen, Anzeigen und Bearbeiten der gesamten Kalenderdatenbank und bietet Zugriff auf Kalender, Veranstaltungen, Teilnehmer und Ereignisse.

Wie der `ContactsContract`-Content-Provider ist auch der Calendar Content-Provider so konzipiert, dass er mehrere synchronisierte Konten unterstützt. Als Ergebnis können Sie wählen, ob Sie aus bestehenden Kalenderanwendungen und -konten lesen und zu diesen beitragen, einen alternativen Kalenderanbieter entwickeln, indem Sie einen Kalender-Synchronisationsadapter erstellen, oder eine alternative Kalenderanwendung erstellen.

Den Kalender abfragen

Der Calendar Provider verlangt, dass Sie die `uses-permission` von `READ_CALENDAR` in Ihr Anwendungsmanifest aufnehmen:

```
<uses-permission android:name="android.permission.READ_CALENDAR"/>
```

Android-Geräte mit Android 6.0 Marshmallow (API Level 23) benötigen ebenfalls die entsprechende Laufzeitberechtigung:

```
int permission = ActivityCompat.checkSelfPermission(this,
                 Manifest.permission.READ_CALENDAR);
```

Verwenden Sie den Content-Resolver, um eine beliebige Tabelle des Calendar Providers über deren statische Konstante `CONTENT_URI` abzufragen. Jede Tabelle wird innerhalb der Klasse `CalendarContract` angezeigt, einschließlich:

- `Calendars`: Die Kalenderanwendung kann mehrere Kalender anzeigen, die mehreren Konten zugeordnet sind. Diese Tabelle enthält jeden Kalender, der angezeigt werden kann, sowie Details wie Anzeigename, Zeitzone und Farbe des Kalenders.
- `Events`: Die Tabelle `Events` enthält einen Eintrag für jedes geplante Kalenderereignis, einschließlich Name, Beschreibung, Ort und Start- und Endzeiten.
- `Instances`: Jedes Ereignis hat eine oder (bei wiederkehrenden Ereignissen) mehrere Instanzen. Die Tabelle `Instances` wird mit Einträgen gefüllt, die durch den Inhalt der Tabelle `Events` erzeugt werden, und enthält eine Referenz auf das Ereignis, das sie erzeugt hat.
- `Attendees`: Jeder Eintrag in der Tabelle `Attendees` repräsentiert einen einzelnen Teilnehmer einer Veranstaltung. Jeder Teilnehmer kann einen Namen, eine E-Mail-Adresse und einen Anwesenheitsstatus angeben und ob es sich um optionale oder erforderliche Gäste handelt.
- `Reminders`: Ereigniserinnerungen werden in der Tabelle `Reminders` dargestellt, wobei jede Zeile eine Erinnerung für ein bestimmtes Ereignis darstellt.

Jede Klasse enthält ihre Spaltennamen als statische Properties.

Listing 10.25 fragt die Tabelle Events für jedes Ereignis ab und erstellt ein Array von Strings, das den Namen und die eindeutige ID jedes Ereignisses enthält.

```
// Erzeuge eine Projektion, die den Ergebnis-Cursor
// auf die benötigten Spalten begrenzt.
String[] projection = {
    CalendarContract.Events._ID,
    CalendarContract.Events.TITLE
};

// Hole einen Cursor über den Event-Provider
Cursor cursor =
  getContentResolver().query(CalendarContract.Events.CONTENT_URI,
                      projection, null, null, null);

// Ermittle den Index der Spalten
int nameIdx =
 cursor.getColumnIndexOrThrow(CalendarContract.Events.TITLE);
int idIdx = cursor. getColumnIndexOrThrow(CalendarContract.Events._ID);

// Initialisiere die Ergebnismenge
String[] result = new String[cursor.getCount()];

// Iteriere über den Ergebnis-Cursor
while(cursor.moveToNext()) {
   // Ermittle den Namen
   String name = cursor.getString(nameIdx);
   // Ermittle die eindeutige ID
   String id = cursor.getString(idIdx);

   result[cursor.getPosition()] = name + " (" + id + ")";
 }

// Schließe den Cursor.
cursor.close();
```
Listing 10.25 Abfrage der Tabelle Events

Kalendereinträge über Intents anlegen

Der Calendar Content-Provider enthält einen Intent-basierten Mechanismus, der es Ihnen ermöglicht, allgemeine Aktionen ohne spezielle Berechtigungen durchzuführen, indem Sie die Calendar-Anwendungsoberfläche ausnutzen. Mit Intents können Sie die

10.5 | Content-Provider und Suchen

Kalenderanwendung zu einem bestimmten Zeitpunkt öffnen, Ereignisdetails anzeigen und ein neues Ereignis einfügen.

> **Hinweis**
>
> Zum Zeitpunkt der Drucklegung beschreibt die Android-Dokumentation auch die Unterstützung für die Bearbeitung von Kalendereinträgen mit Intents. Leider funktioniert dieser Mechanismus derzeit nicht wie beschrieben. Um Kalendereinträge zu bearbeiten, können Sie entweder direkt mit dem Content-Provider arbeiten oder den Eintrag anzeigen und den Benutzer auffordern, die Änderungen an der Veranstaltung selbst vorzunehmen.

Wie die Contacts-API ist die Verwendung von Intents der beste Ansatz zur Bearbeitung von Kalendereinträgen und sollte, wenn möglich, der direkten Änderung der zugrunde liegenden Tabellen vorgezogen werden.

Mit der Aktion `Intent.ACTION_INSERT` und der Angabe von `CalendarContract.Events.CONTENT_URI` können Sie neue Ereignisse zu einem bestehenden Kalender hinzufügen, ohne spezielle Berechtigungen zu benötigen.

Der Intent kann Extras enthalten, die jedes der Ereignisattribute definieren, einschließlich Titel, Start- und Endzeit, Ort und Beschreibung (siehe Listing 10.26). Wenn ausgelöst wird, wird der Intent von der Kalenderanwendung empfangen, die einen neuen Eintrag erstellt, der mit den angegebenen Daten vorbelegt ist.

```
// Erzeuge einen Intent für die Einfügung
Intent intent = new Intent(Intent.ACTION_INSERT,
                           CalendarContract.Events.CONTENT_URI);

// Füge die Ereignisdetails zum Kalender hinzu
intent.putExtra(CalendarContract.Events.TITLE, "Bucherscheinung!");
intent.putExtra(CalendarContract.Events.DESCRIPTION,
                "Professional Android!");
intent.putExtra(CalendarContract.Events.EVENT_LOCATION, "Wrox.com");

Calendar startTime = Calendar.getInstance();
startTime.set(2018, 6, 19, 0, 30);
intent.putExtra(CalendarContract.EXTRA_EVENT_BEGIN_TIME,
                startTime.getTimeInMillis());

intent.putExtra(CalendarContract.EXTRA_EVENT_ALL_DAY, true);

// Benutze die Calendar-App, um das Ereignis zu speichern
startActivity(intent);
```

Listing 10.26 Einfügen eines neuen Kalenderereignisses mit einem Intent

Um ein Kalenderereignis anzuzeigen, müssen Sie zuerst seine Datensatz-ID kennen. Um diese zu finden, müssen Sie, wie bereits in diesem Abschnitt beschrieben, den Event-Content-Provider abfragen.

Wenn Sie die ID des Ereignisses haben, das Sie anzeigen möchten, erstellen Sie einen neuen `Intent` mit der Aktion `Intent.ACTION_VIEW` und einer `Uri`, die die Datensatz-ID des Ereignisses an das Ende der `CONTENT_URI` der Tabelle `Events` anhängt (siehe Listing 10.27).

```
// Erstelle eine URI, die ein bestimmtes Ereignis über seine
// Zeilen-ID adressiert. Erstelle damit einen neuen Edit-Intent.
long rowID = 760;
Uri uri = ContentUris.withAppendedId(
  CalendarContract.Events.CONTENT_URI, rowID);

Intent intent = new Intent(Intent.ACTION_VIEW, uri);

// Verwendet die Calendar-App für das Sichten des Eintrags.
startActivity(intent);
```

Listing 10.27 Anzeigen eines Kalenderereignisses mit einem Intent

Um ein bestimmtes Datum und eine bestimmte Uhrzeit anzuzeigen, sollte die URI die Form `content://com.android.calendar/time/[Millisekunden seit Epoche]` haben (siehe Listing 10.28).

```
// Erstelle eine URI, die einen Zeitpunkt für die Anzeige vorgibt.
Calendar startTime = Calendar.getInstance();
startTime.set(2012, 2, 13, 0, 30);

Uri uri = Uri.parse("content://com.android.calendar/time/" +
  String.valueOf(startTime.getTimeInMillis()));
Intent intent = new Intent(Intent.ACTION_VIEW, uri);

// Verwende die Calendar-App, um die Zeit anzuzeigen.
startActivity(intent);
```

Listing 10.28 Anzeige einer Uhrzeit im Kalender mit einem Intent

10.6 Suche zu der Anwendung hinzufügen

Wenn Sie die Inhalte Ihrer Anwendung in der Suche auftauchen lassen, erreichen Sie damit einfach, aber wirkungsvoll, dass Ihre Inhalte leicht auffindbar sind und das Benutzerinteresse steigt. Auf mobilen Geräten ist Geschwindigkeit alles, und die Suche hilft den Benutzern, schnell die Inhalte zu finden, die sie in Ihrer Anwendung benötigen.

10.6 | Content-Provider und Suchen

Android bietet ein Framework, das Ihnen hilft, eine Suchfunktion in Ihrer App einzusetzen, die mit dem System und anderen Anwendungen konsistent ist.

Sie können Suchfunktionen für Ihre Anwendung auf verschiedene Arten bereitstellen, aber die beste Lösung ist die `SearchView`, die als Aktion in der App-Leiste enthalten ist, wie in der erweiterten Form in Abbildung 10.3 dargestellt.

Abbildung 10.3 Erweiterte Suchansicht

Es ist möglich, die `SearchView` überall in Ihrem Activity-Layout hinzuzufügen, obwohl die App-Leiste bei weitem der häufigste Ort ist.

Eine `SearchView` kann so konfiguriert werden, dass Suchvorschläge während der Eingabe angezeigt werden, was einen leistungsstarken Mechanismus zur Verbesserung der Reaktionsfähigkeit Ihrer Anwendung bietet.

Bevor Sie eine `SearchView` innerhalb Ihrer Anwendung aktivieren können, müssen Sie festlegen, was gesucht wird und wie die Ergebnisse angezeigt werden sollen.

10.6.1 Definition der Such-Meta-Daten

Der erste Schritt bei der Verwendung der System-Suchfunktionen besteht darin, eine XML-Datei für `searchable` zu erstellen, die die Einstellungen definiert, die von der `SearchView` verwendet werden.

Erstellen Sie eine neue `searchable`-XML-Ressource im Verzeichnis *res/xml* Ihres Projekts. Wie in Listing 10.29 gezeigt, müssen Sie das Attribut `android:label` (typischerweise Ihren Anwendungsnamen) und ein Attribut `android:hint` angeben, damit die Benutzer verstehen, wonach sie suchen können. Der Hinweis erfolgt typischerweise in Form von »Suche nach[Inhaltstyp oder Produktname]«. Der Hinweis muss eine Referenz auf eine String-Ressource sein. Wenn Sie eine String-Konstante verwenden, wird diese nicht angezeigt.

```xml
<?xml version="1.0" encoding="utf-8"?>
<searchable
  xmlns:android="http://schemas.android.com/apk/res/android"
  android:label="@string/app_name"
  android:hint="@string/search_hint">
</searchable>
```

Listing 10.29 Definition von Metadaten für die Suche in Anwendungen

Im Abschnitt über das Bereitstellen von Suchvorschlägen per Content-Provider weiter unten in diesem Kapitel erfahren Sie, wie Sie Ihre `searchable`-Konfiguration ändern können, um Suchvorschläge innerhalb des Such-Frameworks Ihrer Anwendung bereitzustellen.

10.6.2 Erstellen einer Activity für Suchergebnisse

Wenn eine Suche über die `SearchView` ausgeführt wird, startet sie die zugehörige Suchergebnis-Activity, die die Suchanfrage als Intent erhält. Ihre Suchergebnis-Activity muss dann die Suchanfrage aus dem Intent auslesen, die Suche durchführen und die Ergebnisse präsentieren.

Die Suchergebnis-Activity kann jede beliebige Benutzeroberfläche verwenden, ist aber üblicherweise eine einfache Ergebnisliste, die in der Regel über eine `RecyclerView` implementiert wird. Sie sollten Ihre Suchergebnisse auf `singleTop` setzen, um sicherzustellen, dass dieselbe Instanz wiederholt verwendet wird, anstatt für jede Suche eine neue Instanz zu erstellen und die Suchergebnisse auf dem Back-Stack zu stapeln.

Um anzuzeigen, dass eine Activity zur Bereitstellung von Suchergebnissen verwendet wird, schließen Sie einen für die SEARCH-Aktion registrierten `intent-filter` ein:

```
<intent-filter>
  <action android:name="android.intent.action.SEARCH" />
</intent-filter>
```

Sie müssen außerdem ein Tag `meta-data` einfügen, das ein Namensattribut enthält, das `android.app.searchable` angibt, und ein entsprechendes Ressourcenattribut, das die im vorherigen Abschnitt beschriebene `searchable`-XML-Ressource angibt.

Listing 10.30 zeigt einen einfachen Application-Manifest-Eintrag für eine Suchergebnis-Activity.

```
<activity
  android:name=".MySearchActivity"
  android:label="Hoard Search"
  android:launchMode="singleTop">
  <intent-filter>
    <action android:name="android.intent.action.SEARCH" />
  </intent-filter>
  <meta-data
    android:name="android.app.searchable"
    android:resource="@xml/hoard_search"
  />
</activity>
```

Listing 10.30 Registrieren einer Suchergebnis-Activity

10.6 | Content-Provider und Suchen

Eine Suche startet Ihre Suchergebnis-Activity. Die Suchanfrage ist im Launch-Intent verfügbar, zugänglich über das `SearchManager.QUERY`-Extra (siehe Listing 10.31).

```java
@Override
public void onCreate(Bundle savedInstanceState) {
  super.onCreate(savedInstanceState);
  setContentView(R.layout.activity_my_search);

  // Analysiere den Launch-Intent für die Suche und
  // zeige die Ergebnisse an.
  parseIntent();
}

@Override
protected void onNewIntent(Intent intent) {
  super.onNewIntent(intent);

  // Wenn die Such-Activity existiert und eine andere
  // Suche ausgeführt wird, setze den Start-Intent auf
  // den erhaltenen Such-Intent und führe die Suche aus.
  setIntent(intent);
  parseIntent();
}

private void parseIntent() {
  Intent searchIntent = getIntent();
  // Wenn die Activity gestartet wurde, um eine Suchanfrage
  // zu bedienen, entnehme die Suchanfrage.
  if (Intent.ACTION_SEARCH.equals(searchIntent.getAction())) {
    String searchQuery = searchIntent.getStringExtra(SearchManager.QUERY);
    // Führe die Suche durch.
    performSearch(searchQuery);
  }
}

private void performSearch(String searchQuery) {
    // TODO Führe die Suche aus und aktualisiere die Oberfläche,
    // um die Ergebnisse anzuzeigen.
}
```

Listing 10.31 Auslesen der Suchanfrage

Wenn Ihre Suchergebnis-Activity eine neue Suchanfrage erhält, führen Sie die Suche aus und zeigen die Ergebnisse innerhalb der Activity an. Wie Sie Ihre Suchanfrage implementieren und deren Ergebnisse anzeigen, hängt von Ihrer Anwendung ab, was Sie suchen und wo der durchsuchbare Inhalt gespeichert ist.

10.6.3 Suche nach einem Content-Provider

Die Verwendung eines Content-Providers zur Speicherung der Daten, die Sie durchsuchbar machen möchten, hat eine Reihe von Vorteilen. Einer der wichtigsten ist die Möglichkeit, Suchvorschläge in Echtzeit bereitzustellen, wie später in diesem Kapitel beschrieben.

Wenn Sie Ergebnisse von einem Content-Provider bereitstellen, ist es sinnvoll, einen `CursorLoader` zu verwenden, um eine Abfrage auszuführen und das Ergebnis an die Benutzeroberfläche zu binden. In den meisten Fällen möchten Sie den Benutzern die Möglichkeit bieten, ein Suchergebnis auszuwählen und zu einem geeigneten Teil Ihrer Anwendung zu navigieren, um damit zu arbeiten.

Listing 10.32 zeigt, wie man eine Suchergebnis-Activity erstellt, die einen Content-Provider durchsucht, den Ergebnis-Cursor in einer `RecyclerView` anzeigt und einen `ClickListener` hinzufügt, mit dem ein Benutzer ein Suchergebnis auswählen kann. Der Kürze halber sind die Layout-Ressourcen für die Activity und die Suchergebnisse nicht in dieser Liste enthalten.

```
public class MySearchActivity extends AppCompatActivity
                    implements LoaderManager.LoaderCallbacks<Cursor> {

  private static final String QUERY_EXTRA_KEY = "QUERY_EXTRA_KEY";

  private MySearchResultRecyclerViewAdapter mAdapter;

  @Override
  public void onCreate(Bundle savedInstanceState) {
    super.onCreate(savedInstanceState);
    setContentView(R.layout.searchresult_list);

    // Setze den Adapter
    mAdapter = new MySearchResultRecyclerViewAdapter(null, mListener);

    // Aktualisiere die RecyclerView
    RecyclerView resultsRecyclerView = findViewById(R.id.list);
    resultsRecyclerView.setLayoutManager(new LinearLayoutManager(this));
    resultsRecyclerView.setAdapter(mAdapter);
```

10.6 | Content-Provider und Suchen

```java
    // Initialisiere den Cursor-Loader.
    getSupportLoaderManager().initLoader(0, null, this);
  }

  @Override
  protected void onNewIntent(Intent intent) {
    super.onNewIntent(intent);

    // Wenn die Such-Activity existiert und eine andere
    // Suche ausgeführt wird, setze den Start-Intent auf
    // den erhaltenen Such-Intent und führe die Suche aus.
    setIntent(intent);

    getSupportLoaderManager().restartLoader(0, null, this);
  }

  public Loader<Cursor> onCreateLoader(int id, Bundle args) {
    // Entnehme der Intent die Suchanfrage.
    String query = getIntent().getStringExtra(SearchManager.QUERY);

    // Erzeuge eine neue Anfrage in der Form eines Cursor-Loaders.
    String[] projection = {
      HoardDB.HoardContract.KEY_ID,
      HoardDB.HoardContract.KEY_GOLD_HOARD_NAME_COLUMN,
      HoardDB.HoardContract.KEY_GOLD_HOARDED_COLUMN
    };

    String where = HoardDB.HoardContract.KEY_GOLD_HOARD_NAME_COLUMN
                 + " LIKE ?";
    String[] whereArgs = {"%" + query + "%"};

    String sortOrder = HoardDB.HoardContract.KEY_GOLD_HOARD_NAME_COLUMN +
                       " COLLATE LOCALIZED ASC";

    // Erzeuge einen Cursor-Loader.
    return new CursorLoader(this, MyHoardContentProvider.CONTENT_URI,
                            projection, where, whereArgs, sortOrder);
  }

  public void onLoadFinished(Loader<Cursor> loader, Cursor cursor) {
    // Ersetze den Ergebnis-Cursor, der vom Cursor-Adapter angezeigt
    // wird, durch die neue Ergebnismenge.
    mAdapter.setCursor(cursor);
  }
```

```java
public void onLoaderReset(Loader<Cursor> loader) {
  // Entferne den existierenden Ergebnis-Cursor vom List-Adapter.
  mAdapter.setCursor(null);
}

private OnListItemInteractionListener mListener =
  new OnListItemInteractionListener() {
  @Override
  public void onListItemClick(Uri selectedContent) {
    // TODO Wenn ein Element angeklickt wurde, öffne eine
    // Activity, um weitere Details anzuzeigen.
  }
};

public class MySearchResultRecyclerViewAdapter
  extends RecyclerView.Adapter<MySearchResultRecyclerViewAdapter.ViewHolder>
{
  private Cursor mValues;
  private OnListItemInteractionListener mClickListener;

  private int mHoardIdIndex = -1;
  private int mHoardNameIndex = -1;
  private int mHoardAmountIndex = -1;

  public MySearchResultRecyclerViewAdapter(Cursor items,
    OnListItemInteractionListener clickListener) {

    mValues = items;
    mClickListener = clickListener;
  }

  public void setCursor(Cursor items) {
    mValues = items;

    if (items != null) {
      mHoardIdIndex =
        items.getColumnIndex(HoardDB.HoardContract.KEY_ID);
      mHoardNameIndex =
        items.getColumnIndex(
          HoardDB.HoardContract.KEY_GOLD_HOARD_NAME_COLUMN);
```

10.6 | Content-Provider und Suchen

```java
      mHoardAmountIndex =
        items.getColumnIndex(
          HoardDB.HoardContract.KEY_GOLD_HOARDED_COLUMN);
  }

  notifyDataSetChanged();
}

@Override
public ViewHolder onCreateViewHolder(ViewGroup parent, int viewType) {
  View view = LayoutInflater.from(parent.getContext())
              .inflate(R.layout.searchresult_item, parent, false);

  return new ViewHolder(view);
}

@Override
public void onBindViewHolder(final ViewHolder holder, int position) {
  if (mValues != null) {
    // Bewege den Cursor an die richtige Position, extrahiere
    // die Suchergebniswerte und weise sie der Benutzeroberfläche
    // für jedes Suchergebnis zu.
    mValues.moveToPosition(position);
    holder.mNameView.setText(mValues.getString(mHoardNameIndex));
    holder.mAmountView.setText(mValues.getString(mHoardAmountIndex));

    // Erzeuge eine URI, die auf dieses Suchergebniselement zeigt.
    int rowId = mValues.getInt(mHoardIdIndex);
    final URI rowAddress =
      ContentUris.withAppendedId(MyHoardContentProvider.CONTENT_URI,
        rowId);

    // Gebe die URI zu diesem Suchergebniselement zurück, wenn es
    // angeklickt wurde.
    holder.mView.setOnClickListener(new View.OnClickListener() {
      @Override
      public void onClick(View v) {
        mClickListener.onListItemClick(rowAddress);
      }
    });
  }
}
```

```java
    @Override
    public int getItemCount() {
      if (mValues != null)
        return mValues.getCount();
      else
        return 0;
    }

    // ViewHolder wird als Vorlage verwendet, um die
    // Benutzeroberfläche für jedes Suchergebnis zu kapseln.
    public class ViewHolder extends RecyclerView.ViewHolder {
      public final View mView;
      public final TextView mNameView;
      public final TextView mAmountView;

      public ViewHolder(View view) {
        super(view);
        mView = view;
        mNameView = view.findViewById(R.id.id);
        mAmountView = view.findViewById(R.id.content);
      }
    }
  }

  // Interface, um das Verhalten zu kapseln, wenn ein
  // Benutzer auf ein Suchergebnis klickt.
  public interface OnListItemInteractionListener {
    void onListItemClick(Uri selectedContent);
  }
}
```

Listing 10.32 Durchführen einer Suche und Anzeigen der Ergebnisse

10.6.4 Das SearchView-Widget verwenden

Das `SearchView`-Widget erscheint und verhält sich ähnlich wie eine `EditText`-View, ist aber dazu gedacht, Suchvorschläge anzubieten und Suchanfragen innerhalb Ihrer Anwendung zu starten.

Sie können die `SearchView` überall in Ihrer View-Hierarchie hinzufügen und auf die gleiche Weise konfigurieren. Dabei empfiehlt es sich, sie als Action-View innerhalb der App-Leiste hinzuzufügen (siehe Listing 10.33).

10.6 | Content-Provider und Suchen

```xml
<menu xmlns:android="http://schemas.android.com/apk/res/android"
    xmlns:app="http://schemas.android.com/apk/res-auto"
    xmlns:tools="http://schemas.android.com/tools"
    tools:context=
       "com.professionalandroid.apps.databasechaptersnippets.MainActivity">
  <item android:id="@+id/search_view"
      android:title="@string/search_label"
      app:showAsAction="collapseActionView|ifRoom"
      app:actionViewClass="android.support.v7.widget.SearchView" />
</menu>
```
Listing 10.33 Hinzufügen einer SearchView zur App-Leiste

Abbildung 10.4 zeigt eine eingeklappte SearchView mit einem Lupensymbol innerhalb einer App-Leiste. Mehr über die App-Leiste erfahren Sie in Kapitel 12.

Abbildung 10.4 Eingeklappte SearchView

Um eine SearchView zu konfigurieren, um Ihre Suchergebnisse anzuzeigen, müssen Sie zuerst einen neuen meta-data-Tag zum Manifesteintrag der Activity hinzufügen, die die SearchView enthält, indem Sie den Wert android.app.default_searchable zu unserer Search Activity setzen, wie in Listing 10.34 gezeigt.

```xml
<activity
  android:name=".MainActivity"
  android:label="@string/app_name"
  android:theme="@style/AppTheme.NoActionBar">
  <intent-filter>
    <action android:name="android.intent.action.MAIN"/>
    <category android:name="android.intent.category.LAUNCHER"/>
  </intent-filter>
  <meta-data
    android:name="android.app.default_searchable"
    android:value=".MySearchActivity" />
</activity>
```
Listing 10.34 Binden einer SearchView an Ihre Searchable Activity

Extrahieren Sie in der Suchergebnis-Activity einen Verweis auf Ihre SearchableInfo mit der Methode getSearchableInfo des SearchManagers. Verwenden Sie die Methode setSearchableInfo der SearchView, um dieses Objekt an Ihre SearchView zu binden (siehe Listing 10.35).

```
@Override
public boolean onCreateOptionsMenu(Menu menu) {
  // Entfalte das Optionsmenü.
  MenuInflater inflater = getMenuInflater();
  inflater.inflate(R.menu.menu_main, menu);

  // Suche mit dem SearchManager nach der SearchableInfo, die
  // zu dieser Activity gehört.
  SearchManager searchManager =
    (SearchManager) getSystemService(Context.SEARCH_SERVICE);
  SearchableInfo searchableInfo =
    searchManager.getSearchableInfo(getComponentName());

  SearchView searchView =
    menu.findItem(R.id.search_view).getActionView();
  searchView.setSearchableInfo(searchableInfo);
  searchView.setIconifiedByDefault(false);

  return true;
}
```
Listing 10.35 Binden einer SearchView an Ihre Searchable Activity

Wenn eine Verbindung besteht, sendet Ihre SearchView die eingegebene Suchanfrage zur Ausführung und Ergebnisanzeige an die Such-Activity.

Standardmäßig wird die SearchView als Symbol angezeigt, das sich bei Berührung erweitert, um das Eingabefeld für die Suche anzuzeigen. Mit der Methode setIconifiedByDefault können Sie dies deaktivieren und immer das Eingabefeld anzeigen lassen:

```
searchView.setIconifiedByDefault(false);
```

Außerdem wird standardmäßig eine Suchanfrage gestartet, wenn der Benutzer die Eingabetaste drückt. Sie können auch eine Schaltfläche anzeigen, um eine Suche mit der Methode setSubmitButtonEnabled durchzuführen:

```
searchView.setSubmitButtonEnabled(true);
```

10.6 | Content-Provider und Suchen

10.6.5 Bereitstellen von Suchvorschlägen über einen Content-Provider

Eine der interessantesten Neuerungen bei der Suche ist die Bereitstellung von Echtzeit-Suchvorschlägen bei der Eingabe von Suchanfragen.

Suchvorschläge zeigen eine Liste der möglichen Suchergebnisse unterhalb der `SearchView` an, wenn Benutzer ihre Suchanfragen eingeben (siehe Abbildung 10.5).

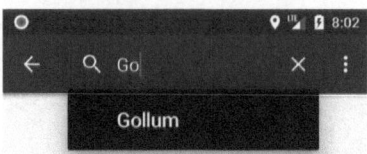

Abbildung 10.5 Suchergebnisse einer `SearchView`

Die Benutzer können dann direkt aus dieser Liste einen Vorschlag auswählen, der es uns ermöglicht, diesen Fall direkt zu bearbeiten, anstatt die Liste der möglichen Suchergebnisse wie im vorherigen Abschnitt gezeigt anzuzeigen. Suchvorschlagsselektionen müssen noch von der Suchergebnis-Activity behandelt werden, können aber möglicherweise eine neue Activity starten, ohne dass die Suchergebnis-Activity angezeigt wird.

Wenn Sie Suchvorschläge machen möchten, müssen Sie einen Content-Provider anlegen (oder ändern), um Suchanfragen zu erhalten und Vorschläge mit der erwarteten Projektion zu erhalten. Geschwindigkeit ist entscheidend für Echtzeit-Suchergebnisse; in vielen Fällen ist es ratsam, eine separate Tabelle zu erstellen, die speziell für die Speicherung und Bereitstellung von Vorschlägen gedacht ist.

Um Suchvorschläge zu unterstützen, konfigurieren Sie Ihren Content-Provider so, dass er bestimmte URI-Pfade als Suchanfragen erkennt. Listing 10.36 zeigt einen `UriMatcher`, der innerhalb eines Content-Providers verwendet wird, um eine angeforderte URI mit den bekannten Suchpfadwerten zu vergleichen.

```
private static final UriMatcher uriMatcher;

// Die Konstanten, die die verschiedenen URI-Anfragen unterscheiden
private static final int ALLROWS = 1;
private static final int SINGLE_ROW = 2;
private static final int SEARCH = 3;

static {
  uriMatcher = new UriMatcher(UriMatcher.NO_MATCH);
  uriMatcher.addURI("com.professionalandroid.provider.hoarder",
    "lairs", ALLROWS);
```

10.6 | Suche zu der Anwendung hinzufügen

```
  uriMatcher.addURI("com.professionalandroid.provider.hoarder",
    "lairs/#", SINGLE_ROW);

  uriMatcher.addURI("com.professionalandroid.provider.hoarder",
    SearchManager.SUGGEST_URI_PATH_QUERY, SEARCH);
  uriMatcher.addURI("com.professionalandroid.provider.hoarder",
    SearchManager.SUGGEST_URI_PATH_QUERY + "/*", SEARCH);
  uriMatcher.addURI("com.professionalandroid.provider.hoarder",
    SearchManager.SUGGEST_URI_PATH_SHORTCUT, SEARCH);
  uriMatcher.addURI("com.professionalandroid.provider.hoarder",
    SearchManager.SUGGEST_URI_PATH_SHORTCUT + "/*", SEARCH);
}
```
Listing 10.36 Erkennen von Suchvorschlägen in Content-Providern

Verwenden Sie den `UriMatcher`, um den Suchvorschlag-MIME-Typ für Suchanfragen mit dem `getType`-Handler zurückzugeben, wie in Listing 10.37 gezeigt.

```
@Nullable
@Override
public String getType(@NonNull Uri uri) {
  // Gebe einen String zurück, der den MIME-Typ
  // eines Content-Providers identifiziert.
  switch (uriMatcher.match(uri)) {
    case ALLROWS:
      return "vnd.android.cursor.dir/vnd.paad.lairs";
    case SINGLE_ROW:
      return "vnd.android.cursor.item/vnd.paad.lairs";
    case SEARCH :
      return SearchManager.SUGGEST_MIME_TYPE;
    default:
      throw new IllegalArgumentException("Unsupported URI: " + uri);
  }
}
```
Listing 10.37 Rückgabe des richtigen MIME-Typs für Suchergebnisse

Der `SearchManager` fordert Suchvorschläge an, indem er eine Abfrage bei Ihrem Content-Provider startet und den aktuellen Suchbegriff als letztes Element im URI-Pfad übergibt. Um Vorschläge zurückzugeben, muss Ihr Content-Provider einen Cursor mit einem Satz vordefinierter Spalten zurückgeben.

Es werden zwei Spalten benötigt: `SUGGEST_COLUMN_TEXT_1`, was den Suchergebnistext anzeigt, und `_id`, was die eindeutige Zeilen-ID angibt. Sie können auch eine weitere

10.6 | Content-Provider und Suchen

Spalte mit Text und einem Symbol angeben, das entweder links oder rechts neben dem Textergebnis angezeigt wird.

Listing 10.38 zeigt, wie man eine Projektion erstellt, die einen Cursor zurückgibt, der für Suchvorschläge geeignet ist.

```
private static final HashMap<String, String> SEARCH_SUGGEST_PROJECTION_MAP;
static {
  SEARCH_SUGGEST_PROJECTION_MAP = new HashMap<String, String>();

  // Ordne die ID-Colum "_id" zu.
  SEARCH_SUGGEST_PROJECTION_MAP.put("_id",
    HoardDB.HoardContract.KEY_ID + " AS " + "_id");

  // Ordne das Suchfeld dem ersten TextField der Vorschläge zu.
  SEARCH_SUGGEST_PROJECTION_MAP.put(
    SearchManager.SUGGEST_COLUMN_TEXT_1,
    HoardDB.HoardContract.KEY_GOLD_HOARD_NAME_COLUMN +
      " AS " + SearchManager.SUGGEST_COLUMN_TEXT_1);
}
```

Listing 10.38 Erstellen einer Projektion für die Rückgabe von Suchvorschlägen

Um die Abfrage durchzuführen, die die Suchvorschläge liefert, verwenden Sie den UriMatcher innerhalb Ihrer Abfrageimplementierung, indem Sie die Projektions-Map in der Form der vorherigen Listings anwenden, wie in Listing 10.39 zu sehen ist.

```
@Nullable
@Override
public Cursor query(Uri uri, String[] projection, String selection,
                    String[] selectionArgs, String sortOrder) {

  // Öffne die Datenbank.
  SQLiteDatabase db = null;
  try {
    db = mHoardDBOpenHelper.getWritableDatabase();
  } catch (SQLiteException ex) {
    db = mHoardDBOpenHelper.getReadableDatabase();
  }

  // Ersetze dies durch gültige SQL-Befehle, wenn nötig.
  String groupBy = null;
  String having = null;
```

Suche zu der Anwendung hinzufügen | 10.6

```
// Der SQLite Query Builder vereinfacht die Erzeugung der
// Datenbankanfrage.
SQLiteQueryBuilder queryBuilder = new SQLiteQueryBuilder();

// Bei einer Zeilenabfrage begrenze das Ergebnis auf die
// übergebene Zeile.
switch (uriMatcher.match(uri)) {
  case SINGLE_ROW :
    String rowID = uri.getLastPathSegment();
    queryBuilder.appendWhere(HoardDB.HoardContract.KEY_ID + "=" + rowID);
  case SEARCH :
    String query = uri.getLastPathSegment();
    queryBuilder.appendWhere(
      HoardDB.HoardContract.KEY_GOLD_HOARD_NAME_COLUMN +
      " LIKE \"%" + query + "%\"");
    queryBuilder.setProjectionMap(SEARCH_SUGGEST_PROJECTION_MAP);
    break;
  default: break;
}

// Nenne die Tabelle, auf der die Abfrage ausgeführt werden soll.
// Dies kann eine bestimmte Tabelle aber auch ein Join sein.
queryBuilder.setTables(HoardDB.HoardDBOpenHelper.DATABASE_TABLE);

// Führe die Anfrage aus.
Cursor cursor = queryBuilder.query(db, projection, selection,
  selectionArgs, groupBy, having, sortOrder);

// Gebe den Ergebnis-Cursor zurück.
return cursor;
}
```
Listing 10.39 Rückgabe von Suchvorschlägen für eine Anfrage

Der letzte Schritt ist die Aktualisierung Ihrer `searchable`-XML-Ressource wie in Listing 10.40 gezeigt. Sie müssen die Berechtigung des Content-Providers angeben, der für die Bereitstellung von Suchvorschlägen für die `SearchView` verwendet wird. Dies kann derselbe Content-Provider sein, der für die regelmäßige Suche verwendet wird (wenn Sie die Spalten nach Bedarf zugeordnet haben), oder ein völlig anderer Provider.

Es ist auch nützlich, sowohl ein `searchSuggestIntentAction`- als auch ein `searchSuggestIntentData`-Attribut anzugeben. Diese Attribute werden verwendet,

10.6 | Content-Provider und Suchen

um einen Intent zu erstellen, der ausgelöst wird, wenn der Benutzer einen Suchvorschlag auswählt, der die Intent-Aktion und die Basis-URI angibt, die im Datenwert des Intents verwendet wird.

```
<?xml version="1.0" encoding="utf-8"?>
<searchable
  xmlns:android="http://schemas.android.com/apk/res/android"
  android:label="@string/app_name"
  android:hint="@string/search_hint"

  android:searchSuggestAuthority=
    "com.professionalandroid.provider.hoarder"

  android:searchSuggestIntentAction="android.intent.action.VIEW"
  android:searchSuggestIntentData=
    "content://com.professionalandroid.provider.hoarder/lairs">
</searchable>
```

Listing 10.40 Konfigurieren einer durchsuchbaren Ressource für Suchvorschläge

Wenn Sie eine Intent-Aktion und eine Basis-URI innerhalb der searchable-Ressource angeben, sollten Sie Ihre Projektion aktualisieren und eine Spalte namens SearchManager.SUGGEST_COLUMN_INTENT_DATA_ID hinzufügen, die die Zeilen-ID enthält, die an die Basis-URI angehängt wird (siehe Listing 10.41).

```
private static final HashMap<String, String> SEARCH_SUGGEST_PROJECTION_MAP;
static {
  SEARCH_SUGGEST_PROJECTION_MAP = new HashMap<String, String>();

  // Ordne die ID-Colum "_id" zu.
  SEARCH_SUGGEST_PROJECTION_MAP.put("_id",
    HoardDB.HoardContract.KEY_ID + " AS " + "_id");

  // Ordne das Suchfeld dem ersten TextField der Vorschläge zu.
  SEARCH_SUGGEST_PROJECTION_MAP.put(
    SearchManager.SUGGEST_COLUMN_TEXT_1,
    HoardDB.HoardContract.KEY_GOLD_HOARD_NAME_COLUMN +
      " AS " + SearchManager.SUGGEST_COLUMN_TEXT_1);

  // Ordne die Spalten-ID der Daten-ID des Vorschlags zu. Dies wird
  // mit der in der Searchable-Definition angegebenen Basis-URI
  // kombiniert, um den Datenwert für den Selection-Intent zu liefern.
```

```
    SEARCH_SUGGEST_PROJECTION_MAP.put(
      SearchManager.SUGGEST_COLUMN_INTENT_DATA_ID,
      KEY_ID + " AS " + SearchManager.SUGGEST_COLUMN_INTENT_DATA_ID);
}
```

Listing 10.41 Aktualisierung einer Suchvorschlagsprojektion mit Intentdaten

Es ist auch möglich, eindeutige Aktionen und Daten-URIs für jeden Suchvorschlag anzugeben, indem Sie die Konstanten SUGGEST_COLUMN_INTENT_ACTION und SUGGEST_COLUMN_INTENT_DATA des Suchmanagers verwenden.

10.6.6 Suche in der Datenbank des Erdbebenmonitors

Im folgenden Beispiel fügen Sie dem Erdbebenprojekt Suchfunktionen hinzu, indem Sie der Aktionsleiste eine SearchView hinzufügen, die Suchvorschläge unterstützt:

1. Öffnen Sie zunächst das Erdbeben-Projekt und erstellen Sie eine neue Klasse EarthquakeSearchProvider, die ContentProvider erweitert. Sie wird ausschließlich zur Generierung von Suchvorschlägen für Ihre SearchView verwendet. Fügen Sie die erforderlichen Stubs ein, die die Methoden onCreate, getType, query, insert, delete und update überschreiben:

```
public class EarthquakeSearchProvider extends ContentProvider {
  @Override
  public boolean onCreate() {
    return false;
  }

  @Nullable
  @Override
  public Cursor query(@NonNull Uri uri, @Nullable String[] projection,
                      @Nullable String selection,
                      @Nullable String[] selectionArgs,
                      @Nullable String sortOrder) {
    return null;
  }

  @Nullable
  @Override
  public String getType(@NonNull Uri uri) {
    return null;
  }
```

10.6 | Content-Provider und Suchen

```
    @Nullable
    @Override
    public Uri insert(@NonNull Uri uri, @Nullable ContentValues values) {
      return null;
    }

    @Override
    public int delete(@NonNull Uri uri, @Nullable String selection,
                      @Nullable String[] selectionArgs) {
      return 0;
    }

    @Override
    public int update(@NonNull Uri uri, @Nullable ContentValues values,
                      @Nullable String selection,
                      @Nullable String[] selectionArgs) {
      return 0;
    }
  }
```

2. Fügen Sie einen UriMatcher hinzu, mit dem Sie Anfragen mit unterschiedlichen URI-Mustern bearbeiten können. Da Sie diesen ContentProvider ausschließlich für Suchvorschläge verwenden, müssen Sie nur Übereinstimmungen für diese Abfragetypen angeben:

```
private static final int SEARCH_SUGGESTIONS = 1;

// Ordne das UriMatcher-Objekt zu, erkenne Suchanfragen.
private static final UriMatcher uriMatcher;
static {
  uriMatcher = new UriMatcher(UriMatcher.NO_MATCH);
  uriMatcher.addURI("com.professionalandroid.provider.earthquake",
    SearchManager.SUGGEST_URI_PATH_QUERY, SEARCH_SUGGESTIONS);
  uriMatcher.addURI("com.professionalandroid.provider.earthquake",
    SearchManager.SUGGEST_URI_PATH_QUERY + "/*", SEARCH_SUGGESTIONS);
  uriMatcher.addURI("com.professionalandroid.provider.earthquake",
    SearchManager.SUGGEST_URI_PATH_SHORTCUT, SEARCH_SUGGESTIONS);
  uriMatcher.addURI("com.professionalandroid.provider.earthquake",
    SearchManager.SUGGEST_URI_PATH_SHORTCUT + "/*", SEARCH_SUGGESTIONS);
}
```

3. Überschreiben Sie auch die Methode getType des ContentProviders, um den MIME-Typ für Suchvorschläge zurückzugeben:

```java
@Nullable
@Override
public String getType(@NonNull Uri uri) {
  switch (uriMatcher.match(uri)) {
    case SEARCH_SUGGESTIONS :
      return SearchManager.SUGGEST_MIME_TYPE;
    default:
      throw new IllegalArgumentException("Unsupported URI: " + uri);
  }
}
```

4. Anstatt direkt auf eine SQLite-Datenbank zuzugreifen, verwenden Sie die in Kapitel 9 erstellte Room-Datenbank, um Suchen durchzuführen. Vergewissern Sie sich, dass Sie innerhalb der `onCreate`-Handler-Methode darauf zugreifen können, und geben Sie `true` zurück:

```java
@Override
public boolean onCreate() {
  EarthquakeDatabaseAccessor
    .getInstance(getContext().getApplicationContext());
  return true;
}
```

5. Öffnen Sie die Klasse `EarthquakeDAO` und fügen Sie eine neue Abfragemethode hinzu, die einen `Cursor` mit Suchvorschlägen basierend auf einer als Parameter übergebenen Teilabfrage zurückgibt. Suchvorschlagsspalten benötigen bestimmte Namen und es ist derzeit leider nicht möglich, statische Konstanten oder übergebene Parameter bei der Definition für den Spaltenalias zu verwenden. Stattdessen, obwohl nicht ideal, werden die benötigten String-Konstanten hart kodiert. Vielleicht befällt Sie danach das Bedürfnis, sich zu reinigen.

```java
@Query("SELECT mId as _id, " +
          "mDetails as suggest_text_1, " +
          "mId as suggest_intent_data_id " +
       "FROM earthquake " +
       "WHERE mDetails LIKE :query " +
       "ORDER BY mdate DESC")
public Cursor generateSearchSuggestions(String query);
```

6. Fügen Sie noch innerhalb des `EarthquakeDAO` eine weitere Abfragemethode hinzu, die einen Query-String-Parameter enthält. Diese Methode liefert vollständige Suchergebnisse als `LiveData`-Objekt, das eine `List` von `Earthquakes` enthält, die der Abfrage entsprechen:

10.6 | Content-Provider und Suchen

```
@Query("SELECT * " +
        "FROM earthquake " +
        "WHERE mDetails LIKE :query " +
        "ORDER BY mdate DESC")
public LiveData<List<Earthquake>> searchEarthquakes(String query);
```

7. Wenden Sie sich wieder dem `ContentProvider` zu und implementieren Sie die Methode `query`. Überprüfen Sie, ob die empfangene URI die Form einer Anfrage nach Suchvorschlägen hat, und wenn ja, fragen Sie die Room-Datenbank mit der aktuellen Teilabfrage ab:

```
@Nullable
@Override
public Cursor query(@NonNull Uri uri, @Nullable String[] projection,
                    @Nullable String selection,
                    @Nullable String[] selectionArgs,
                    @Nullable String sortOrder) {

  if (uriMatcher.match(uri) == SEARCH_SUGGESTIONS) {
    String searchQuery = "%" + uri.getLastPathSegment() + "%";

    EarthquakeDAO earthquakeDAO
      = EarthquakeDatabaseAccessor
         .getInstance(getContext().getApplicationContext())
         .earthquakeDAO();

    Cursor c = earthquakeDAO.generateSearchSuggestions(searchQuery);

    // Gebe einen Cursor auf die SearchSuggestions zurück.
    return c;
  }
  return null;
}
```

8. Fügen Sie nun den `ContentProvider` zum Manifest hinzu. Beachten Sie, dass dieser `ContentProvider` sehr eingeschränkt ist. Er bietet keine Möglichkeit, Datensätze einzufügen, zu löschen oder zu aktualisieren – und er unterstützt auch keine Anfragen, die über die Bereitstellung von Suchvorschlägen hinausgehen:

```
<provider android:name=".EarthquakeSearchProvider"
          android:authorities=
            "com.professionalandroid.provider.earthquake"/>
```

9. Öffnen Sie die Ressourcendatei *strings.xml* (im Ordner *res/values*) und fügen Sie neue String-Ressourcen hinzu, die das Label für die Suche, den Earthquake-Button und den Hinweis zur Text-Eingabe beschreiben:

```
<resources>
  [... Existierende String-Ressourcen ...]
  <string name="search_label">Search</string>
  <string name="search_hint">Search for earthquakes...</string>
</resources>
```

10. Erstellen Sie eine neue Datei *searchable.xml* im Ordner *res/xml*, die die Metadaten für den EarthquakeSearchProvider definiert. Verwenden Sie den search_hint String aus Schritt 9 als Hinweswert und den app_name String als Labelwert. Beachten Sie, dass der Labelwert mit dem im Manifest angegebenen Application-Label übereinstimmen muss. Setzen Sie auch die Berechtigung zur Generierung von Suchvorschlägen auf die Berechtigung des Earthquake Search Providers und konfigurieren Sie die Attribute searchSuggestIntentAction und searchSuggestIntentData:

```
<?xml version="1.0" encoding="utf-8"?>
<searchable
  xmlns:android="http://schemas.android.com/apk/res/android"
  android:label="@string/app_name"
  android:hint="@string/search_hint"

  android:searchSuggestAuthority=
    "com.professionalandroid.provider.earthquake"
  android:searchSuggestIntentAction="android.intent.action.VIEW"
  android:searchSuggestIntentData=
    "content://com.professionalandroid.provider.earthquake/earthquakes">
</searchable>
```

11. Erstellen Sie nun eine neue leere EarthquakeSearchResultActivity, welche die AppCompatActivity erweitert:

```
public class EarthquakeSearchResultActivity
            extends AppCompatActivity {

  @Override
  protected void onCreate(Bundle savedInstanceState) {
    super.onCreate(savedInstanceState);
    setContentView(R.layout.activity_earthquake_search_result);
  }
}
```

10.6 | Content-Provider und Suchen

12. Die Liste der Ergebnisse der Erdbebensuche wird in einer `RecyclerView` angezeigt, die Ihr bestehendes Layout der Erdbebenliste und den `RecyclerView-Adapter` verwendet. Ändern Sie das Layout für die in Schritt 11 erstellte `EarthquakeSearchResultActivity`, um eine `RecyclerView` einzubinden:

```xml
<?xml version="1.0" encoding="utf-8"?>
<android.support.v7.widget.RecyclerView
    xmlns:android="http://schemas.android.com/apk/res/android"
    xmlns:app="http://schemas.android.com/apk/res-auto"
    android:id="@+id/search_result_list"
    android:layout_width="match_parent"
    android:layout_height="match_parent"
    android:layout_marginLeft="16dp"
    android:layout_marginRight="16dp"
    app:layoutManager="LinearLayoutManager"
/>
```

13. Ändern Sie die Methode `onCreate` innerhalb der `EarthquakeSearchResultActivity`, um den `EarthquakeRecyclerViewAdapter` auf die `RecyclerView` anzuwenden, die die Suchergebnisliste anzeigt:

```java
private ArrayList<Earthquake> mEarthquakes = new ArrayList< >();

private EarthquakeRecyclerViewAdapter mEarthquakeAdapter
    = new EarthquakeRecyclerViewAdapter(mEarthquakes);

@Override
protected void onCreate(Bundle savedInstanceState) {
  super.onCreate(savedInstanceState);
  setContentView(R.layout.activity_earthquake_search_result);

  RecyclerView recyclerView = findViewById(R.id.search_result_list);
  recyclerView.setLayoutManager(new LinearLayoutManager(this));
  recyclerView.setAdapter(mEarthquakeAdapter);
}
```

14. Einige der nächsten Schritte erfordern Lambda-Funktionen, also stellen Sie sicher, dass Ihr Projekt auf Java 1.8 ausgerichtet ist. Öffnen Sie die Datei *build.gradle* des App-Moduls und bestätigen Sie, dass die Optionen für die Ziel- und Quellkompatibilität innerhalb des Android-Knotens auf 1.8 gesetzt sind:

```
android {
  [... Existierende Android Knotenwerte ...]
```

```
    compileOptions {
        targetCompatibility 1.8
        sourceCompatibility 1.8
    }
}
```

15. Wenden Sie sich wieder der `EarthquakeSearchResultActivity` zu und fügen Sie einen neuen `LiveData`-Observer hinzu, der die `ArrayList` von `Earthquake` aktualisiert, die in der `RecyclerView` angezeigt wird. Erstellen Sie auch eine neue `MutableLiveData`, die die aktuelle Suchanfrage speichert, und eine `setSearchQuery`-Methode, die diese Anfrage modifiziert:

```
MutableLiveData<String> searchQuery;

private void setSearchQuery(String query) {
  searchQuery.setValue(query);
}

private final Observer<List<Earthquake>> searchQueryResultObserver
  = updatedEarthquakes -> {
    // Aktualisiere den Bildschirm mit den Anfrageergebnissen.
    mEarthquakes.clear();
    if (updatedEarthquakes != null)
      mEarthquakes.addAll(updatedEarthquakes);
    mEarthquakeAdapter.notifyDataSetChanged();
  };
```

16. Um den Prozess der Anwendung aktualisierter Suchbegriffe zu vereinfachen, können wir `Transformations.switchMap` verwenden. Diese Methode modifiziert automatisch die zugrunde liegenden Daten einer `LiveData`-Variablen aufgrund von Änderungen in einer anderen. Wenden Sie eine Switch-Map an, die die `LiveData`-Variable `searchQuery` überwacht, und aktualisieren Sie die `LiveData`-Variable `searchResults`, indem Sie die Datenbank mit dem aktualisierten Suchbegriff abfragen. Verwenden Sie dann den Observer aus Schritt 15, um Änderungen in den `LiveData`-Liste `searchResults` zu verfolgen. Schließlich extrahieren Sie die Suchanfrage aus dem Intent, der die Activity gestartet hat, und übergeben Sie sie an die Methode `setSearchQuery`.

```
LiveData<List<Earthquake>> searchResults;

@Override
protected void onCreate(Bundle savedInstanceState) {
  super.onCreate(savedInstanceState);
```

10.6 | Content-Provider und Suchen

```
setContentView(R.layout.activity_earthquake_search_result);

RecyclerView recyclerView = findViewById(R.id.search_result_list);
recyclerView.setLayoutManager(new LinearLayoutManager(this));
recyclerView.setAdapter(mEarthquakeAdapter);

// Initialisiere die Suchanfragen-Live-Data.
searchQuery = new MutableLiveData<>();
searchQuery.setValue(null);

// Verbinde die Suchanfragen-Live-Data mit den Ergebnis-Live-Data.
// Konfiguriere die Switch-Map durch Datenbankabfrage so, dass
// eine Änderung in der Anfrage die Ergebnisse aktualisiert.
searchResults = Transformations.switchMap(searchQuery,
    query -> EarthquakeDatabaseAccessor
                .getInstance(getApplicationContext())
                .earthquakeDAO()
                .searchEarthquakes("%" + query + "%"));

// Beobachte Änderungen in den Ergebnis-Live-Data.
searchResults.observe(EarthquakeSearchResultActivity.this,
                      searchQueryResultObserver);

// Ermittle den Anfrage-Term und aktualisiere die Anfrage-Live-Data.
String query = getIntent().getStringExtra(SearchManager.QUERY);
setSearchQuery(query);
}
```

17. Überschreiben Sie auch die Handler-Methode onNewIntent, um die Suchanfrage zu aktualisieren, wenn eine neue Suchanfragen-Intent empfangen wird:

```
@Override
protected void onNewIntent(Intent intent) {
  super.onNewIntent(intent);

  // Wenn die Search-Activity existiert und eine weitere Suche
  // durchgeführt wird, setze den Start Intent auf den empfangenen
  // Search Intent.
  setIntent(intent);

  // Ermittle die Anfrage und aktualisiere die Live-Data.
  String query = getIntent().getStringExtra(SearchManager.QUERY);
  setSearchQuery(query);
}
```

18. Öffnen Sie das Manifest der Anwendung und ändern Sie das Element
    EarthquakeSearchResultActivity, indem Sie den Startmodus `singleTop` wählen
    und einen `intent-filter` für die SEARCH-Aktion hinzufügen. Sie müssen außerdem
    ein `meta-data`-Tag hinzufügen, das die *searchable.xml*-Ressource angibt, die Sie in
    Schritt 10 erstellt haben:

    ```xml
    <activity
      android:name=".EarthquakeSearchResultActivity"
      android:launchMode="singleTop">
      <intent-filter>
        <action android:name="android.intent.action.SEARCH" />
      </intent-filter>
      <meta-data
        android:name="android.app.searchable"
        android:resource="@xml/searchable"
      />
    </activity>
    ```

19. Fügen Sie noch im Manifest ein neues `meta-data`-Tag zur
    EarthquakeMainActivity hinzu, um die EarthquakeSearchResultsActivity als
    Standard-Suchanbieter anzugeben:

    ```xml
    <activity android:name=".EarthquakeMainActivity">
      <intent-filter>
        <action android:name="android.intent.action.MAIN"/>
        <category android:name="android.intent.category.LAUNCHER"/>
      </intent-filter>
      <meta-data
        android:name="android.app.default_searchable"
        android:value=".EarthquakeSearchResultActivity"
      />
    </activity>
    ```

20. Fügen Sie nun eine `SearchView` in die App-Leiste der EarthquakeMainActivity
    als Action-Button ein. Erstellen Sie eine neue *options_menu.xml*-Ressource im Ordner *res/menu*, die einen Menüpunkt für die Anzeigeeinstellungen sowie eine neue
    `SearchView` enthält:

    ```xml
    <?xml version="1.0" encoding="utf-8"?>
    <menu xmlns:app="http://schemas.android.com/apk/res-auto"
          xmlns:android="http://schemas.android.com/apk/res/android">
      <item android:id="@+id/settings_menu_item"
            android:title="Settings" />
    ```

10.6 | Content-Provider und Suchen

```xml
        <item android:id="@+id/search_view"
            android:title="@string/search_label"
            app:showAsAction="collapseActionView|ifRoom"
            app:actionViewClass="android.support.v7.widget.SearchView" />
</menu>
```

21. Wenden Sie sich wieder der `EarthquakeMainActivity` zu und ändern Sie die Handler-Methode `onCreateOptionsMenu`, um die neue XML-Menüdefinition zu entfalten, bevor Sie die `SearchView` mit Ihrer `searchable`-Definition verbinden:

```java
@Override
public boolean onCreateOptionsMenu(Menu menu) {
  super.onCreateOptionsMenu(menu);

  // Entfalte das Optionsmenü.
  MenuInflater inflater = getMenuInflater();
  inflater.inflate(R.menu.options_menu, menu);

  // Verwende den SearchManager, um die der Search-Result-Activity
  // zugehörige SearchableInfo zu finden.
  SearchManager searchManager =
    (SearchManager) getSystemService(Context.SEARCH_SERVICE);

  SearchableInfo searchableInfo = searchManager.getSearchableInfo(
    new ComponentName(getApplicationContext(),
                      EarthquakeSearchResultActivity.class));

  SearchView searchView =
    (SearchView)menu.findItem(R.id.search_view).getActionView();
  searchView.setSearchableInfo(searchableInfo);
  searchView.setIconifiedByDefault(false);

  return true;
}
```

22. Ändern Sie die Methode `onOptionsItemSelected`, um den Menüpunktbezeichner aus der in Schritt 19 erstellten XML-Definition zu verwenden:

```java
public boolean onOptionsItemSelected(MenuItem item) {
  super.onOptionsItemSelected(item);
  switch (item.getItemId()) {
    case R.id.settings_menu_item:
      Intent intent = new Intent(this, PreferencesActivity.class);
      startActivityForResult(intent, SHOW_PREFERENCES);
```

```
        return true;
    }
    return false;
}
```

23. Wenn Sie die Anwendung starten, können Sie nun eine Suche starten, indem Sie auf den Button SEARCH der Aktionsleiste tippen und eine Abfrage eingeben. Als letzten Schritt ändern Sie die Suchergebnisabfrage, um den Fall zu behandeln, dass ein Benutzer einen Suchvorschlag auswählt. Vorerst werden Sie das Suchergebnis so anzeigen, als ob der Benutzer den gesamten Suchstring abgeschlossen hätte. Wenden Sie sich zunächst wieder der `EarthquakeDAO` zu und fügen Sie eine neue Abfragemethode `getEarthquake` hinzu, die eine eindeutige Earthquake-ID nimmt und `LiveData` mit dem passenden Erdbeben zurückgibt:

```
@Query("SELECT * " +
       "FROM earthquake " +
       "WHERE mId = :id " +
       "LIMIT 1")
public LiveData<Earthquake> getEarthquake(String id);
```

24. Fügen Sie dann innerhalb der `EarthquakeSearchResultActivity` eine neue `MutableLiveData`-Variable mit der Bezeichnung `selectedSearchSuggestionId` hinzu, die die ID des ausgewählten Suchvorschlags speichert. Erstellen Sie eine Methode `setSelectedSearchSuggestion`, die die LiveData `selectedSearchSuggestionId` basierend auf der aus einem Content-Provider-URI extrahierten Earthquake-ID modifiziert, und erstellen Sie einen Observer, der den Suchbegriff anhand der aus dem ausgewählten Suchvorschlag extrahierten Details setzt:

```
MutableLiveData<String> selectedSearchSuggestionId;

private void setSelectedSearchSuggestion(Uri dataString) {
  String id = dataString.getPathSegments().get(1);
  selectedSearchSuggestionId.setValue(id);
}

final Observer<Earthquake> selectedSearchSuggestionObserver
  = selectedSearchSuggestion -> {
    // Aktualisiere die Suchanfrage entsprechend dem ausgewählten
    // Suchvorschlag.
    if (selectedSearchSuggestion != null) {
      setSearchQuery(selectedSearchSuggestion.getDetails());
    }
  };
```

10.6 | Content-Provider und Suchen

25. Ändern Sie die Handler-Methode `onCreate`, um den ausgewählten LiveData-Suchvorschlag Id zu initialisieren und wiederholen Sie den Vorgang ab Schritt 16, um eine SwitchMap anzuwenden. Dieser sollte die LiveData selectedSearchSuggestionId überwachen und die LiveData-Variable selectedSearchSuggestion aktualisieren, indem er die Datenbank mit der Id des ausgewählten Vorschlags abfragt. Überprüfen Sie auch die Aktion der View, die gesendet wird, wenn ein vorgeschlagenes Suchergebnis ausgewählt wird. In diesem Fall wenden Sie den Observer aus Schritt 24 auf die LiveData selectedSearchSuggestion an, und verwenden Sie die setSelectedSearchSuggestion, um die ausgewählte Suchvorschlags-ID zu extrahieren und zu setzen.

```
LiveData<Earthquake> selectedSearchSuggestion;

@Override
protected void onCreate(Bundle savedInstanceState) {
  super.onCreate(savedInstanceState);
  setContentView(R.layout.activity_earthquake_search_result);

  RecyclerView recyclerView = findViewById(R.id.search_result_list);
  recyclerView.setLayoutManager(new LinearLayoutManager(this));
  recyclerView.setAdapter(mEarthquakeAdapter);

  // Initialisiere die Suchanfragen-Live-Data.
  searchQuery = new MutableLiveData<>();
  searchQuery.setValue(null);

  // Verbinde die Suchanfragen-Live-Data mit der Ergebnis-Live-Data.
  // Konfiguriere die Switch-Map durch Datenbankabfrage so, dass
  // eine Änderung in der Anfrage die Ergebnisse aktualisiert.
  searchResults = Transformations.switchMap(searchQuery,
    query -> EarthquakeDatabaseAccessor
             .getInstance(getApplicationContext())
             .earthquakeDAO()
             .searchEarthquakes("%" + query + "%"));

  // Beobachte Änderungen in den Ergebnis-Live-Data.
  searchResults.observe(EarthquakeSearchResultActivity.this,
                        searchQueryResultObserver);
```

```
   // Initialisiere die ausgewählten Searchsuggestion-Id-Live-Data.
   selectedSearchSuggestionId = new MutableLiveData<>();
   selectedSearchSuggestionId.setValue(null);

   // Verbinde die ausgewählten Searchsuggestion-Id-Live-Data
   // mit den Searchsuggestion-Live-Data.
   // Konfiguriere den Switch Map durch eine Datenbankabfrage so,
   // dass eine Änderung der ID des ausgewählten Suchvorschlags
   // die Live-Data aktualisiert.
   selectedSearchSuggestion =
     Transformations.switchMap(selectedSearchSuggestionId,
        id -> EarthquakeDatabaseAccessor
                .getInstance(getApplicationContext())
                .earthquakeDAO()
                .getEarthquake(id));

   // Wenn die Activity durch eine SearchSuggestion gestartet wurde
   if (Intent.ACTION_VIEW.equals(getIntent().getAction())) {
     selectedSearchSuggestion.observe(this,
                                    selectedSearchSuggestionObserver);
     setSelectedSearchSuggestion(getIntent().getData());
   }
   else {
     // Wenn die Activity durch eine SearchQuery gestartet wurde
     String query = getIntent().getStringExtra(SearchManager.QUERY);
     setSearchQuery(query);
   }
}
```

26. Ändern Sie schließlich den Handler onNewIntent, um auch nach der Action-View zu suchen, um entweder den ausgewählten Suchvorschlag oder die Suchanfrage zu aktualisieren:

```
@Override
protected void onNewIntent(Intent intent) {
  super.onNewIntent(intent);

  // Wenn die Search-Activity existiert und eine weitere Suche
  // durchgeführt wird, setze den Start Intent auf den empfangenen
  // Search Intent.
  setIntent(intent);
```

10.6 | Content-Provider und Suchen

```
if (Intent.ACTION_VIEW.equals(getIntent().getAction())) {
  // Aktualisiere die gewählte SearchSuggestion-Id.
  setSelectedSearchSuggestion(getIntent().getData());
}
else {
  // Ermittle die Anfrage und aktualisiere die SearchQuery-Live-Data.
  String query = getIntent().getStringExtra(SearchManager.QUERY);
  setSearchQuery(query);
}
}
```

Wir werden in späteren Kapiteln auf die Earthquake-App zurückkommen, um Funktionen hinzuzufügen, die die Auswahl eines Suchergebnisses unterstützen.

Kapitel 11
Im Hintergrund arbeiten

Inhalt

- `AsyncTask` zur Ausführung von Hintergrundaufgaben verwenden
- Erstellen von Hintergrund-Threads und Verwenden von Handlern zur Synchronisation mit dem Oberflächen-Thread
- Beauftragen von Hintergrundjobs mit dem Job-Scheduler und dem `FirebaseJobDispatcher`
- Hintergrundarbeit mit dem `WorkManager` einplanen
- Notifications anzeigen und die Priorität von Notifications einstellen
- Erstellen von Notification-Aktionen und Reagieren auf Benutzerinteraktionen
- Empfangen von Server-initiierten Nachrichten mit Firebase Cloud Messaging
- Firebase Notifications verwenden
- Verwenden von Alarmen zum Starten von Anwendungsereignissen
- Erstellen von gebundenen und Vordergrund-Services

Wrox.com Code-Downloads für dieses Kapitel

Die Code-Downloads für dieses Kapitel finden Sie unter www.wrox.com. Der Code für dieses Kapitel ist in die folgenden Hauptbeispiele unterteilt:

- Snippets_ch11.zip
- Earthquake_ch11_Part1.zip
- Earthquake_ch11_Part2.zip

11.1 Im Hintergrund arbeiten

Um den Kompromiss zwischen zeitnahen, latenzarmen App-Daten-Aktualisierungen und längerer Akkulaufzeit auszugleichen, bietet Android eine Reihe von APIs und bewährten Verfahrensmustern zur Unterstützung laufender Hintergrundaufgaben, die die Akkulaufzeit verbessern.

Standardmäßig werden alle Activities, Services und Broadcast-Receiver auf dem Haupt-Oberflächen-Thread der Anwendung ausgeführt. Damit Ihre Anwendungen während der Ausführung lang laufender Aufgaben reagieren können, lernen Sie in diesem Kapitel, alle nicht trivialen Aufgaben, die nicht direkt mit der Aktualisierung der Benutzeroberfläche zusammenhängen, mit den Klassen `HandlerThread` und `AsyncTask` auf Hintergrund-Threads zu verschieben.

Es scheint sinnvoll, dass beim Ausschalten des Bildschirms keine Anwendungen ausgeführt und keine Daten übertragen werden sollten. In der Praxis würde ein solcher extremer Ansatz jedoch zu einer deutlich schlechteren Bedienbarkeit führen, da er eine Vielzahl von zeitkritischen Updates und Verhaltensweisen verzögert. Die richtige Balance zwischen längerer Akkulaufzeit und geringerer Aktualisierungslatenz zu finden, ist eine der größten Herausforderungen bei der Entwicklung für mobile Geräte.

Wir erwarten, dass Alarme für alles – von Telefonanrufen über SMS-Nachrichten bis hin zu eingehenden Sofortnachrichten – sofort empfangen werden (und entsprechend gemeldet werden). Wir erwarten, dass wir jeden Morgen geweckt werden, dass E-Mails rechtzeitig ankommen und die Musik weiterspielt – auch wenn der Bildschirm ausgeschaltet ist und das Smartphone in der Tasche ist.

Um den Stromverbrauch bei laufenden Hintergrundaufgaben zu minimieren, hat Android 5.0 Lollipop (API Level 21) den Job-Scheduler eingeführt. Sie erfahren, wie Sie mit dem Job-Scheduler Hintergrundaufgaben (oder »Jobs«), die von mehreren Anwendungen im gesamten System eingeplant werden, abarbeiten. Der Job-Scheduler führt Jobs zeitweise und in einer Reihenfolge aus, um den damit verbundenen Stromverbrauch unter Berücksichtigung von Einschränkungen wie Netzverfügbarkeit und Ladezustand zu minimieren.

Um eine abwärtskompatible API für Geräte mit Android 4.0 Ice Cream Sandwich (API Level 14) oder höher bereitzustellen, lernen Sie den `FirebaseJobDispatcher` kennen, der auf Geräten mit Google Play-Diensten verfügbar ist. Sie werden auch in den `WorkManager` eingeführt, der als Teil der Android-Architekturkomponenten verfügbar ist und dynamisch den besten Weg zur Ausführung von Hintergrundaufgaben auswählt – Threads, Job-Scheduler, `FirebaseJobDispatcher` oder den Alarm-Manager, abhängig von Faktoren wie dem Anwendungsstatus und der Plattform-API-Ebene basiert.

Wenn Anwendungen Hintergrundaufgaben ausführen, haben sie oft keine sichtbare Benutzeroberfläche, um dem Benutzer Feedback zu geben. In diesem Kapitel erfahren Sie, wie Sie `Notifications` verwenden, um die Benutzer zu informieren, wenn sich Ihre Anwendung im Hintergrund befindet, sowie optional Benutzeraktionen in Bezug auf diese Informationen bereitzustellen.

Der effizienteste Weg, um Hintergrundaufgaben im Zusammenhang mit der Aktualisierung Ihrer Anwendung von einem entfernten Server aus durchzuführen, besteht darin, sich darauf zu verlassen, dass der Server selbst Informationen oder Nachrichten direkt an jedes Gerät sendet. Sie werden sehen, wie Sie dies mit Firebase Cloud Messaging und Firebase Notifications als Alternative zum Client-seitigen Polling implementieren.

In diesem Kapitel wird auch der Alarm-Manager vorgestellt, ein Mechanismus, mit dem Intents zu bestimmten Zeiten außerhalb des Lebenszyklus Ihrer Anwendung ausgelöst werden können. Ein Alarm wird auch dann ausgelöst, wenn seine Besitzeranwendung geschlossen wurde. Er kann ein Gerät aus dem Ruhezustand wecken, so dass Sie erfahren, wie Sie mit Alarmen Aktionen basierend auf einer bestimmten Zeit oder einem bestimmten Zeitintervall auslösen können.

Schließlich kann für die laufende Bearbeitung, die direkt mit dem Benutzer interagiert, wie beispielsweise die Musikwiedergabe oder das Hochladen von Dateien, ein Vordergrund-Service erforderlich sein. Sie erfahren, wie Sie Vordergrunddienste verwenden, die die erforderliche Notification enthalten, die Benutzern die Möglichkeit gibt, lang laufende Hintergrundvorgänge zu stoppen, zu steuern und zu beobachten.

11.2 Hintergrund-Threads einsetzen

Alle Android-Anwendungskomponenten – einschließlich Activities, Services und Broadcast-Receiver – laufen auf dem Haupt-Thread. Dadurch kann eine zeitaufwändige Verarbeitung in jeder Komponente alle anderen Komponenten blockieren, einschließlich aller laufenden Services und der sichtbaren Activities.

Activities, die nicht innerhalb von fünf Sekunden auf ein Eingabe-Ereignis reagieren (wie das Berühren des Bildschirms), und Broadcast-Receiver, die ihre `onReceive`-Handler nicht innerhalb von zehn Sekunden abschließen, werden als nicht ansprechbar angesehen.

Sie wollen dieses Szenario nicht nur vermeiden, sondern ihm auch nicht nahekommen. In der Praxis bemerken Anwender bereits Eingabeverzögerungen und Pausen der Benutzeroberfläche von mehr als ein paar hundert Millisekunden.

Die Reaktionsfähigkeit ist eines der wichtigsten Leistungsmerkmale für Android-Anwendungen. Um sicherzustellen, dass Ihre Anwendung schnell auf Benutzerinteraktionen oder Systemereignisse reagiert, sollte Ihre Anwendung Hintergrund-Threads für alle

11.2 | Im Hintergrund arbeiten

nicht-trivialen Verarbeitungen verwenden, die nicht direkt mit Komponenten der Benutzeroberfläche interagieren. Es ist besonders wichtig, dass lang laufende Operationen wie Dateizugriffe, Netzwerkabfragen, Datenbanktransaktionen und komplexe Berechnungen auf Hintergrund-Threads ausgeführt werden.

Die `AsyncTask`-Klasse ist ein Wrapper um Standard-Java-Threading. Sie kapselt das häufigste Muster der Ausführung von Hintergrundarbeit auf einem untergeordneten Thread, bevor sie mit dem Oberflächen-Thread synchronisiert wird, um den Fortschritt und das Endergebnis zu liefern. Eine `AsyncTask` ermöglicht es Ihnen, Hintergrundaufgaben sequenziell, parallel oder über Ihren eigenen Thread-Pool auszuführen.

Wenn Sie mehr Kontrolle über Ihre Threads benötigen oder nicht mit dem Oberflächen-Thread synchronisieren müssen, wenn die Arbeit abgeschlossen ist, kann die Klasse `HandlerThread` verwendet werden, um einen Thread zu erstellen, über den Komponenten Arbeit an die Klasse `Handler` senden können.

11.2.1 AsyncTasks zur asynchronen Ausführung von Tasks verwenden

Die Klasse `AsyncTask` implementiert das beste Verfahren, um zeitraubende Operationen auf einen Hintergrund-Thread zu verlagern und dann mit dem Oberflächen-Thread zu synchronisieren, um Aktualisierungen zu melden, und erneut, wenn die Verarbeitung abgeschlossen ist.

`AsyncTasks` haben kein eingebautes Verständnis für den Lebenszyklus der Komponenten, in denen sie ausgeführt werden. Das bedeutet, wenn Sie eine `AsyncTask` in einer Activity erstellen, sollten Sie sie entweder als statisch definieren (und sicherstellen, dass sie keinen starken Bezug zu einer Activity oder ihren Views hat), oder Sie sollten sie abbrechen, wenn die Activity zerstört wird.

AsyncTasks anlegen

Jede `AsyncTask`-Implementierung kann Parametertypen angeben, die für Eingabeparameter, Fortschrittsmeldungs-Werte und den zurückgegebenen Ergebniswert verwendet werden sollen. Wenn Sie für Ihre Implementierung keine Eingabeparameter, keine Aktualisierung oder kein Endergebnis benötigen, geben Sie `void` für einen oder alle erforderlichen Typen an.

Um eine eigene `AsyncTask` zu erstellen, erweitern Sie die Klasse `AsyncTask` und geben Sie die zu verwendenden Parametertypen an, wie im Beispiel-Code von Listing 11.1 zu sehen ist.

```java
// Die Views in der Benutzeroberfläche, die der AsyncTask
// aktualisieren soll
private ProgressBar asyncProgress;
private TextView asyncTextView;

private class MyAsyncTask extends AsyncTask<String, Integer, String> {
  @Override
  protected String doInBackground(String... parameter) {
    // In den Background-Thread verschoben
    String result = "";
    int myProgress = 0;

    int inputLength = parameter[0].length();

    // Hintergrundverarbeitung ausführen, myProgress aktualisieren
    for (int i = 1; i <= inputLength; i++) {
      myProgress = i;
      result = result + parameter[0].charAt(inputLength-i);
      try {
        Thread.sleep(100);
      } catch (InterruptedException e) { }
      publishProgress(myProgress);
    }

    // Gib Wert zurück, der onPostExecute übergeben werden soll
    return result;
  }

  @Override
  protected void onPreExecute() {
    // Synchronisiert mit Oberflächen-Thread.
    // Aktualisiere die Benutzeroberfläche, um anzuzeigen,
    // dass das Laden im Hintergrund stattfindet.
    asyncProgress.setVisibility(View.VISIBLE);
  }

  @Override
  protected void onProgressUpdate(Integer... progress) {
    // Synchronisiert mit Oberflächen-Thread
    // Fortschrittsbalken, Benachrichtigung oder andere
    // Oberflächen-Elemente aktualisieren
    asyncProgress.setProgress(progress[0]);
  }
```

11.2 | Im Hintergrund arbeiten

```
@Override
protected void onPostExecute(String result) {
  // Synchronisiert mit Oberflächen-Thread
  // Ergebnisse über Oberflächenaktualisierung, Dialog
  // oder Notifications melden
  asyncProgress.setVisibility(View.GONE);
  asyncTextView.setText(result);
  }
}
```
Listing 11.1 Eine asynchrone Task-Definition

Ihre Unterklasse sollte die folgenden Ereignisbehandler überschreiben:

- doInBackground: Diese Methode wird auf einem Hintergrund-Thread ausgeführt, also platzieren Sie Ihren lang laufenden Code hier und versuchen Sie nicht, innerhalb dieses Handlers mit Oberflächenobjekten zu interagieren. Sie benötigt einen Satz von Parametern des in Ihrer Klassenimplementierung definierten Typs.
Unmittelbar vor dem Aufruf dieser Methode wird die Methode onPreExecute aufgerufen. Sie können dann die Methode publishProgress innerhalb dieses Handlers verwenden, um Parameterwerte an den onProgressUpdate-Handler zu übergeben. Wenn Ihre Hintergrundaufgabe abgeschlossen ist, geben Sie das Endergebnis zurück, das als Parameter an den onPostExecute-Handler übergeben wird – von wo aus Sie die Benutzeroberfläche entsprechend aktualisieren können.

- onPreExecute: Überschreiben Sie diesen Handler, um die Benutzeroberfläche unmittelbar vor der Ausführung von doInBackground zu aktualisieren. Zum Beispiel, um einen Fortschrittsbalken zum Laden anzuzeigen.
Dieser Handler wird beim Ausführen mit dem Oberflächen-Thread synchronisiert, so dass Sie Oberflächenelemente sicher modifizieren können.

- onProgressUpdate: Überschreiben Sie diesen Handler, um die Benutzeroberfläche mit Zwischenfortschritts-Updates zu aktualisieren. Dieser Handler erhält die an publishProgress übergebenen Parameter (typischerweise aus dem doInBackground Handler).
Dieser Handler wird beim Ausführen mit dem Oberflächen-Thread synchronisiert, so dass Sie Oberflächenelemente sicher modifizieren können.

- onPostExecute: Wenn doInBackground abgeschlossen ist, wird sein Rückgabewert an diesen Eventhandler übergeben.
Dieser Handler wird beim Ausführen mit dem Oberflächen-Thread synchronisiert, so dass Sie diesen Handler sicher verwenden können, um alle Oberflächenkomponenten zu aktualisieren, wenn Ihre AsyncTask abgeschlossen ist.

AsyncTasks ausführen

Nachdem Sie eine `AsyncTask` implementiert haben, führen Sie sie aus, indem Sie eine neue Instanz erstellen und darüber die Methode `execute` aufrufen (siehe Listing 11.2). Sie können eine Reihe von Parametern übergeben, die jeweils dem in Ihrer Implementierung angegebenen Typ entsprechen.

```
String input = "redrum ... redrum";
new MyAsyncTask().execute(input);
```

Listing 11.2 Ausführen einer asynchronen Task

> **Hinweis**
>
> Jede `AsyncTask`-Instanz kann nur einmal ausgeführt werden. Wenn Sie versuchen, `execute` ein zweites Mal aufzurufen, wird eine Exception ausgelöst.

Standardmäßig werden `AsyncTasks` mit dem `AsyncTask.SERIAL_EXECUTOR` ausgeführt, was dazu führt, dass alle `AsyncTask`-Instanzen innerhalb Ihrer Anwendung seriell auf demselben Hintergrund-Thread laufen. Sie können dieses Verhalten mit der Methode `executeOnExecutor` anstelle von `execute` ändern, wodurch Sie einen alternativen Executor angeben können.

Wenn Sie den `AsyncTask.THREAD_POOL_EXECUTOR` wie in Listing 11.3 beschrieben angeben, wird ein neuer Thread-Pool erstellt, der entsprechend der Anzahl der auf dem Gerät verfügbaren CPUs dimensioniert ist, und Ihre `AsyncTasks` werden parallel ausgeführt.

```
String input = "redrum ... redrum";
new MyAsyncTask().executeOnExecutor(AsyncTask.THREAD_POOL_EXECUTOR, input);
```

Listing 11.3 Parallele Ausführung einer asynchronen Task

Sie können auch Ihre eigene `Executor`-Implementierung übergeben oder die statischen Methoden der `Executor`-Klasse wie `newFixedThreadPool` verwenden, um einen neuen `Executor` zu erstellen – in diesem Fall einen, der eine feste Anzahl von Threads wiederverwendet.

AsyncTasks in einem Broadcast-Receiver verwenden

Wie in Kapitel 6 über Intents und Broadcast-Receiver beschrieben, kann ein Broadcast-Receiver Callbacks von anderen Anwendungen empfangen und eine gewisse Menge an Arbeit im Hintergrund verarbeiten.

Wie bei allen Komponenten läuft seine Methode `onReceive` auf dem Haupt-Oberflächen-Thread der Anwendung. Durch den Aufruf von `goAsync` innerhalb von `onReceive`

11.2 | Im Hintergrund arbeiten

können Sie die Arbeit für bis zu zehn Sekunden auf einen Hintergrund-Thread verschieben, bevor sie als nicht antwortend beendet wird.

Listing 11.4 zeigt, wie eine `AsyncTask` in diesem Zusammenhang nützlich sein kann. Es bietet eine einfache Möglichkeit, die Hintergrundarbeit innerhalb von `doInBackground` zu verwalten, und verwendet den `onPostExecute`-Handler, um die Methode `finish` auf dem `BroadcastReceiver.PendingResult` bei Bedarf aufzurufen, um anzuzeigen, dass die asynchrone Hintergrundarbeit abgeschlossen ist.

```java
public class BackgroundBroadcastReceiver extends BroadcastReceiver {

  @Override
  public void onReceive(Context context, final Intent intent) {
    final PendingResult result = goAsync();
    new AsyncTask<Void, Void, Boolean>() {
      @Override
      protected Boolean doInBackground(Void... voids) {
        // Erledige die Hintergrundarbeit, verwalte den Intent.
        return true;
      }

      @Override
      protected void onPostExecute(Boolean success) {
        result.finish();
      }
    }.executeOnExecutor(AsyncTask.THREAD_POOL_EXECUTOR);
  }
}
```

Listing 11.4 Asynchrone Verarbeitung innerhalb eines Broadcast-Receivers mit AsyncTask

11.2.2 Manuelle Thread-Erstellung mit Handler-Threads

Eine `AsyncTask` ist eine nützliche Abkürzung für die Ausführung einmaliger Aufgaben, aber Sie müssen möglicherweise auch Ihre eigenen Threads erstellen und verwalten, um die Hintergrundverarbeitung durchzuführen. Dies ist oft der Fall, wenn Sie lang laufende oder zusammenhängende Threads haben, die eine subtilere oder komplexere Verwaltung erfordern, als dies mit `AsyncTask` möglich ist.

Ein `Thread` an sich ist einer `AsyncTask` sehr ähnlich, da er ein einzelnes `Runnable` ausführt und dann stoppt. Um einen persistenten `Thread` bereitzustellen, der als Queue für Hintergrundaufgaben verwendet werden kann, bietet Android eine spezielle Unterklasse, den `HandlerThread`.

Ein `HandlerThread` wird von einem `Looper` am Leben erhalten, einer Klasse, die eine Warteschlange eingehender Arbeit verwaltet. Die Arbeit kann dann als `Runnable` in den Arbeitsvorrat aufgenommen und an einen `Handler` gesendet werden (siehe Listing 11.5).

```
private HandlerThread mWorkerThread;
private Handler mHandler;

@Override
public void onCreate(Bundle savedInstanceState) {
  super.onCreate(savedInstanceState);
  mWorkerThread = new HandlerThread("WorkerThread");
  mWorkerThread.start();
  mHandler = new Handler(mWorkerThread.getLooper());
}

// Diese Methode wird auf dem Haupt-Thread aufgerufen
private void doBackgroundExecution() {
  mHandler.post(new Runnable() {
    public void run() {
      // [ ... Zeitintensive Aktionen ... ]
    }
  });
}

@Override
public void onDestroy() {
  super.onDestroy();
  mWorkerThread.quitSafely();
}
```

Listing 11.5 Verschieben der Ausführung in einen Hintergrund-Handler-Thread

Mehrere `Runnables`, die an denselben `HandlerThread` gepostet werden, werden sequenziell ausgeführt. Um sicherzustellen, dass alle Ressourcen des Threads ordnungsgemäß bereinigt werden, müssen Sie `quit` (was den Thread stoppt, nachdem das aktuelle Runnable beendet wurde, und alle in der Warteschlange befindlichen Runnables löscht) oder `quitSafely` (wodurch alle in der Warteschlange befindlichen Runnables beendet werden können) aufrufen, um die Ressourcen des Threads zu bereinigen.

`Handler` können Informationen über Threads hinweg mit der Klasse `Message` senden. Eine `Message` wird mit den Methoden `obtainMessage` des `Handler`-Objekts (die einen Pool von Messages verwenden, um unnötige Objekterstellung zu vermeiden) oder der Hilfsmethode `sendEmptyMessage` aufgebaut.

11.2 | Im Hintergrund arbeiten

Eine leere `Message` enthält einen einzelnen Integer-Code in ihrem `what`-Feld, während eine empfangene `Message`-Instanz über ihre Methode `setData` auch ein Bündel von Informationen enthalten kann, was sie zu einem nützlichen Mechanismus für das Senden von Informationen zwischen Handlern macht.

Wenn Sie eine neue `Message` an einen `Handler` senden, wird die Methode `handleMessage` auf dem Thread ausgeführt, dem der `Handler` zugeordnet ist (siehe Listing 11.6).

```
private static final int BACKGROUND_WORK = 1;

private HandlerThread mWorkerThread;
private Handler mHandler;

@Override
public void onCreate(Bundle savedInstanceState) {
  super.onCreate(savedInstanceState);
  mWorkerThread = new HandlerThread("WorkerThread");
  mWorkerThread.start();
  mHandler = new Handler(mWorkerThread.getLooper(),
    new Handler.Callback() {
      @Override
      public void handleMessage(Message msg) {
        if (msg.what == BACKGROUND_WORK) {
          // [ ... Zeitintensive Aktionen ... ]
        }
        // andernfalls behandle einen anderen Messagetyp
      }
    });
}

// Diese Methode wird auf dem Haupt-Thread aufgerufen
private void backgroundExecution() {
  mHandler.sendEmptyMessage(BACKGROUND_WORK);
}

@Override
public void onDestroy() {
  super.onDestroy();
  mWorkerThread.quitSafely();
}
```

Listing 11.6 Senden von Informationen zwischen Threads mit Nachrichten

Operationen, die direkt mit Objekten interagieren, die auf dem Oberflächen-Thread erstellt wurden (wie etwa Views), oder die Nachrichten anzeigen (wie etwa Toasts), müssen immer auf dem Haupt-Thread aufgerufen werden. Innerhalb einer Activity können Sie die Methode `runOnUiThread` verwenden, um ein `Runnable` auf dem gleichen Thread wie die Activity-Oberfläche auszuführen, wie im folgenden Codeausschnitt gezeigt:

```
runOnUiThread(new Runnable() {
  public void run() {
    // Aktualisiere View oder anderes Activity-Element.
  }
});
```

Der Oberflächen-Thread hat, genau wie ein Handler-Thread, einen zugehörigen Looper (`Looper.getMainLooper`). Damit können Sie einen `Handler` anlegen und Methoden direkt an den Oberflächen-Thread senden.

Die Klasse `Handler` ermöglicht es Ihnen auch, Nachrichten zu einem bestimmten Zeitpunkt mit den Methoden `postDelayed` und `postAtTime` zu verzögern beziehungsweise auszuführen:

```
// Starte die Arbeit nach einer Sekunde
handler.postDelayed(aRunnable, 1000);
```

```
// Starte die Arbeit, wenn das Gerät seit 5 Minuten in Betrieb ist.
int upTime = 1000*60*5;
handler.postAtTime(aRunnable, SystemClock.uptimeMillis()+upTime);
```

11.3 Hintergrundjobs schedulen

Anwendungen, die Aufgaben im Hintergrund ausführen, gehören zu den leistungsfähigsten Features von Android, aber auch zu denjenigen, die am ehesten zu einem erheblichen Akkuverbrauch führen. Wenn mehrere Anwendungen aufwachen und das Gerät wach halten, kann die erwartete Lebensdauer des Akkus deutlich reduziert werden.

Die JobScheduler API wurde in Android 5.0 Lollipop (API Level 21) eingeführt, um als Koordinator für alle Hintergrundarbeiten zu dienen, die von jeder Anwendung auf einem Gerät angefordert werden. Es stapelt effektiv die Hintergrundjobs mehrerer Anwendungen und führt so zu Effizienzsteigerungen sowohl bei der Akku- als auch bei der Speichernutzung, was die Gesamtauswirkungen jedes einzelnen Hintergrundjobs reduziert.

Vor kurzem hat Android Architecture Components den Work-Manager eingeführt, der die gleichen Funktionen wie der Job-Scheduler bietet, mit dem Vorteil der rückwärtskompatiblen Unterstützung für frühere Plattformversionen.

11.3 | Im Hintergrund arbeiten

Wie in Kapitel 7 über die Verwendung von Internetressourcen beschrieben wird, führt jede Netzwerkanfrage, die während der Verbindung über ein Mobilfunknetz gestellt wird, dazu, dass das Mobilfunkgerät in einen Zustand höherer Leistungsaufnahme übergeht und dort für einige Zeit bleibt. Dies kann dazu führen, dass das Funk-System bei schlecht getakteten Datenübertragungen, die ohne Kontext von mehreren Anwendungen initiiert werden, über einen längeren Zeitraum einen hohen Stromverbrauch aufweist.

Durch die Bündelung von Netzwerkdatenübertragungen aus mehreren Anwendungen, die im gleichen Zeitfenster stattfinden, vermeidet der Job-Scheduler den Energieverlust, der durch das mehrmalige Einschalten und Anhalten des Funksystems entsteht. Der Job-Scheduler kapselt auch die optimalen Vorgehensweisen von Hintergrundjobs. Es enthält Wake-Locks, um sicherzustellen, dass Ihre Aufträge abgeschlossen sind, prüft (und überwacht) die Netzwerkkonnektivität und es werden Aufträge verschoben und erneut versucht, wenn sie fehlschlagen.

Ebenso können Sie festlegen, dass Ihre geplanten Aufträge nur dann ausgeführt werden, wenn das Gerät mit Wi-Fi verbunden ist oder bis das Gerät geladen wird, wie später in diesem Kapitel beschrieben.

Der Job-Scheduler reduziert auch den Gesamtspeicherverbrauch des Systems. Wie in Kapitel 3 über die Activities beschrieben, verwaltet Android den Systemspeicher hauptsächlich durch das Beenden von Anwendungsprozessen, bis genügend Speicher vorhanden ist, um die Prozesse mit der höchsten Priorität zu unterstützen. Auf Geräten mit Android 7.0 Nougat (API Level 24) optimiert der Job-Scheduler die Arbeit im Hintergrund, indem er Jobs auf Basis des verfügbaren Speichers serialisiert und ordnet, wodurch das Risiko, dass Hintergrundaufgaben beendet werden, effektiv reduziert wird – eine hohe Wahrscheinlichkeit, wenn mehrere Hintergrundaufgaben gleichzeitig ausgeführt werden sollen.

11.3.1 Einen Job-Service für den Job-Scheduler anlegen

Um den Job-Scheduler nutzen zu können, muss Ihre Anwendung einen `JobService` enthalten, der die Methode `onStartJob` überschreibt. Innerhalb dieser Methode nehmen Sie den Code auf, der den auszuführenden Hintergrundjob implementiert, während der `JobService` selbst vom System-Job-Scheduler zum Schedulen und Ausführen von Jobs verwendet wird.

Sie können mehrere `JobServices` in Ihre Anwendung einbinden, daher ist es empfehlenswert, für jeden Jobtyp, den Ihre Anwendung benötigt, einen eigenen zu erstellen.

Listing 11.7 zeigt eine einfache `JobService`-Implementierung; der Job-Scheduler ruft `onStartJob` auf dem Haupt-Oberflächen-Thread auf, wenn festgestellt wird, dass Ihr Job beginnen soll.

```
import android.app.job.JobParameters;
import android.app.job.JobService;

public class SimpleJobService extends JobService {
  @Override
  public boolean onStartJob(JobParameters params) {
    // Arbeite direkt im Haupt-Thread.

    // Gebe false zurück, wenn keine zeitraubende Arbeit
    // mehr auf einem Hintergrund-Thread zu erledigen ist.
    return false;

    // Andernfalls starte einen Thread und gebe true zurück.
  }

  @Override
  public Boolean onStopJob(JobParameters params) {
    // Gibt false zurück, wenn der Job nicht neu geplant werden muss.
    return false;
  }
}
```

Listing 11.7 Eine einfache JobService-Klasse

Wenn Ihre Hintergrundarbeit im Haupt-Thread schnell und sicher abgeschlossen werden kann, können Sie `false` von `onStartJob` zurückgeben, um anzuzeigen, dass keine weitere Arbeit zu erledigen ist; in diesem Fall wird `onStopJob` nicht aufgerufen.

In den meisten Fällen wie etwa beim Zugriff auf Internetdaten, beim Ausführen von Datenbankoperationen oder Dateizugriffen muss Ihr Job asynchron ausgeführt werden. Sie können dies tun, indem Sie in `onStartJob` einen neuen Thread erstellen und starten, indem Sie die zuvor in diesem Kapitel beschriebenen Techniken verwenden. In diesem Fall müssen Sie `true` von `onStartJob` zurückgeben, um anzuzeigen, dass weitere Arbeiten noch nicht abgeschlossen sind.

Wenn die Arbeit am Hintergrund-Thread abgeschlossen ist, müssen Sie die Methode `jobFinished` des `JobService` aufrufen und alle Job-Parameter übergeben, die mit dem abgeschlossenen Job verknüpft sind, sowie einen booleschen Parameter, der angibt, ob der Job erfolgreich beendet wurde oder neu eingeplant werden soll.

Listing 11.8 zeigt, wie dieser asynchrone Ansatz mit einer `AsyncTask` implementiert werden kann, die in `onStartJob` erstellt und gestartet wird. Es verschiebt unsere Verarbeitung in einen Hintergrund-Thread und liefert einen passenden Callback, um Er-

11.3 | Im Hintergrund arbeiten

folg oder Misserfolg anzuzeigen – und durch die Verwendung der `AsyncTask`-Methode `cancel` können wir den Kontrakt des Aufrufs von `onStopJob` erfüllen.

```
import android.app.job.JobParameters;
import android.app.job.JobService;

public class BackgroundJobService extends JobService {
  private AsyncTask<Void, Void, Boolean> mJobTask = null;

  @Override
  public boolean onStartJob(final JobParameters params) {
    // TODO Arbeite direkt auf dem Haupt-Thread

    // Führe zusätzliche Arbeiten im Hintergrund-Thread aus
    mJobTask = new AsyncTask<Void, Void, Boolean>() {
      @Override
      protected Boolean doInBackground(Void... voids) {
        // TODO Erledige die Hintergrundarbeit

        // Liefere true wenn der Job erfolgreich war oder
        // false, wenn er aufgrund eines Fehlers verschoben
        // werden soll
        return true;
      }

      @Override
      protected void onPostExecute(Boolean success) {
        // Verschiebe den Job, wenn er nicht erfolgreich war
        jobFinished(params, !success);
      }
    };

    mJobTask.executeOnExecutor(AsyncTask.THREAD_POOL_EXECUTOR);

    // Es muss true zurückgegeben werden, um anzuzeigen, dass
    // die Arbeit im Hintergrund noch läuft
    return true;
  }

  @Override
  Public boolean onStopJob(JobParameters params) {
```

```
    if (mJobTask != null) {
      mJobTask.cancel(true);
    }
    // Wenn der Job unterbrochen wurde, verschiebe ihn
    return true;
  }
}
```
Listing 11.8 Ein Job-Service mit einer AsyncTask

Durch den Aufruf von `jobFinished` melden Sie dem Job-Scheduler, dass Ihr Hintergrundjob beendet ist, wodurch das Wake-Lock aufgehoben wird und das Gerät in den Standby-Modus zurückkehren kann.

Ist der `JobService` nur für einen einzelnen Job zuständig, genügt eine einzige `AsyncTask`. Wenn Sie mehrere Jobs vom gleichen `JobService` ausführen, sollten Sie stattdessen eine Map mit `AsyncTasks` pflegen.

Zwischen der Rückgabe von `true` von `onStartJob` und dem Aufruf von `jobFinished` kann das System `onStopJob` aufrufen, um anzuzeigen, dass eine Änderung des Systems stattgefunden hat, so dass die Anforderungen, die Sie beim Einplanen des Jobs angegeben haben, nicht mehr erfüllt werden. Zum Beispiel, wenn Sie ein Ladegerät benötigen und das Gerät nicht angeschlossen ist, oder wenn Sie eine unbegrenzte Verbindung angefordert haben und das Wi-Fi-Signal verloren geht.

Wenn die Methode `onStopJob` ausgelöst wird, sollten Sie alle laufenden Prozesse abbrechen, da das System das Wake-Lock, das für Ihre Anwendung gehalten wird, freigibt, wodurch Ihr Thread gestoppt werden kann. Mit dem Rückgabewert, den Sie in `onStopJob` angeben, können Sie festlegen, ob Ihr Job neu eingeplant werden soll, wenn Ihre Bedingungen wieder erfüllt sind.

`JobService` erweitert die Anwendungskomponente `Service`, so dass Sie, wie alle `Service`-Implementierungen, jede Ihrer `JobServices` in Ihr Anwendungsmanifest aufnehmen müssen (siehe Listing 11.9).

```
<service
  android:name=".SimpleJobService"
  android:permission="android.permission.BIND_JOB_SERVICE"
  android:exported="true"/>
<service
  android:name=".BackgroundJobService"
  android:permission="android.permission.BIND_JOB_SERVICE"
  android:exported="true"/>
```
Listing 11.9 Hinzufügen eines `JobService` zum Anwendungsmanifest

11.3.2 Jobs mit dem Job-Scheduler planen

Nachdem Sie Ihren Job durch die Implementierung eines `JobService` definiert haben, planen Sie mit dem `JobScheduler` ein, wann und unter welchen Umständen er ausgeführt werden soll.

Der `JobScheduler` ist ein Systemdienst, auf den Sie mit der Methode `getSystemService` über `Context.JOB_SCHEDULER_SERVICE` zugreifen können:

```java
JobScheduler jobScheduler
  = (JobScheduler) context.getSystemService(Context.JOB_SCHEDULER_SERVICE);
```

Um einen Job einzuplanen, verwenden Sie die Methode `schedule` des `JobSchedulers`, indem Sie ein `JobInfo`-Objekt übergeben, mit dem Sie den Zeitraum und die Bedingungen festlegen, unter denen Ihr Job ausgeführt werden soll.

Um ein `JobInfo`-Objekt zu erstellen, verwenden Sie den `JobInfo.Builder`. Der `JobInfo.Builder` benötigt zwei obligatorische Parameter: eine Integer, welche die Job-ID angibt, und den `ComponentName` für Ihre `JobService`-Implementierung. Ein gängiges Muster zur Kapselung der Logik der Einplanung eines Jobs ist die Einbindung einer statischen Methode in Ihre JobService-Implementierung (siehe Listing 11.10).

```java
// Kann jede Zahl sein, solange sie in der App eindeutig ist
private static final int BACKGROUND_UPLOAD_JOB_ID = 13;

public static void scheduleBackgroundUpload(Context context) {
  // Greife auf den Job-Scheduler zu
  JobScheduler jobScheduler = (JobScheduler)
    context.getSystemService(Context.JOB_SCHEDULER_SERVICE);

  // Hole eine Referenz zu meiner JobService-Implementierung
  ComponentName jobServiceName = new ComponentName(
    context, BackgroundJobService.class);

  // Baue eine JobInfo, um meinen JobServer zu starten
  jobScheduler.schedule(
    new JobInfo.Builder(BACKGROUND_UPLOAD_JOB_ID, jobServiceName)
         .setRequiredNetworkType(JobInfo.NETWORK_TYPE_UNMETERED)
         .setRequiresCharging(true)
         // Warte max einen Tag vor der Lockerung des Netzwerkgrenzen
         .setOverrideDeadline(TimeUnit.DAYS.toMillis(1))
         .build());
```

Listing 11.10 Planen eines Jobs, der ein unbegrenztes Netzwerk und eine Aufladung erfordert

Die angegebene Job-ID ist eine eindeutige Kennung für einen bestimmten Job. Die Ausführung eines neuen Jobs mit der gleichen Job-ID hat Vorrang vor allen zuvor geplanten Jobs. Ebenso können Sie diese Job-ID an die Methode `cancel` des `JobSchedulers` übergeben, um einen mit dieser Kennung geplanten Job abzubrechen.

> **Hinweis**
>
> Beachten Sie, dass Sie mehrere Jobs mit demselben `JobService` planen können, indem Sie mehrere `JobInfo`-Objekte mit unterschiedlichen Job-IDs anlegen. Die zum Schedulen eines Jobs verwendete Job-ID können Sie innerhalb Ihres `JobService` mit der Methode `getJobId` aus den übergebenen Job-Parametern beziehen.

Der zur Erstellung Ihrer `JobInfo` verwendete `Builder` unterstützt eine Vielzahl von optionalen Beschränkungen, die das Timing und die Systembedingungen festlegen, die bestimmen, wann und ob Ihr Job ausgeführt werden soll. Dazu gehören:

- `setRequiredNetworkType`: Definiert einen obligatorischen Netzwerktyp für Ihren Job. Als Netzwerktyp kommen in Frage:
  - `NETWORK_TYPE_NONE`: Die Standardoption, das heißt, es ist keine Netzwerkverbindung erforderlich.
  - `NETWORK_TYPE_ANY`: Erfordert eine beliebige Netzwerkverbindung.
  - `NETWORK_TYPE_UNMETERED`: Erfordert eine unbegrenzte Netzwerkverbindung, also eine Verbindung, deren Datenvolumen vermutlich nicht berechnet wird (normalerweise Wi-Fi).
  - `NETWORK_TYPE_NOT_ROAMING`: Erfordert eine Netzwerkverbindung (Wi-Fi oder Mobilfunk), die nicht im Roaming-Modus ist. Nur bei Android 7.0 (API Level 24) oder höher.
  - `NETWORK_TYPE_METERED`: Erfordert eine gebührenpflichtige Netzwerkverbindung (normalerweise eine Mobilfunkverbindung). Nur für Android 8.0 Oreo (API Level 26) oder höher verfügbar.
- `setRequiresCharging`: Beschränkt die Ausführung Ihres Jobs darauf, nur dann ausgeführt zu werden, wenn das Gerät an das Stromnetz angeschlossen ist und lädt.
- `setRequiresDeviceIdle`: Schränkt Ihren Job so ein, dass er nur ausgeführt wird, wenn das Gerät nicht verwendet wird und seit einiger Zeit nicht mehr verwendet wird.
- `addTriggerContentUri`: Zeigt an, dass Ihr Job ausgelöst werden soll, wenn sich eine bestimmte `content://`-URI ändert (typischerweise, wenn sich eine Datenbank geändert hat). Nur auf Geräten mit Android 7.0 Nougat (API Level 24) oder höher verfügbar.

11.3 | Im Hintergrund arbeiten

- `setPeriodic`: Plant die Wiederholung des Jobs mit einer Häufigkeit, die nicht größer als der angegebene Zeitraum ist.

- `setMinimumLatency`: Erfordert, dass der Job frühestens nach Ablauf der angegebenen Zeit ausgeführt wird. Dies kann nicht mit einem periodischen Job kombiniert werden.

- `setOverrideDeadline`: Gibt eine Zeitspanne an, nach der der Job ausgeführt werden muss, auch wenn die anderen Bedingungen nicht erfüllt sind. Sie können überprüfen, ob dies in Ihrem `JobService` geschehen ist, indem Sie den Wert des Job-Parameters `isOverrideDeadlineExpired` überprüfen.

Listing 11.10 plant einen Job, der eine unbegrenzte Netzwerkverbindung und ein Ladegerät erfordert, so dass er für einen einmaligen Upload von Informationen geeignet ist, die nicht zeitkritisch sind.

> **Hinweis**
>
> Es ist unbedingt ratsam, `setOverrideDeadline` immer dann zu verwenden, wenn Sie ein Kriterium festlegen, das einen bestimmten Netzwerktyp erfordert, da es Benutzer gibt, die sich nie mit Wi-Fi verbinden werden, und solche, die sich nie mit einem Mobilfunknetz verbinden werden. Erwägen Sie, Ihren Job mit entspannten Anforderungen an die Netzwerkkonnektivität umzuplanen, wenn der Termin für die Überschreitung der Frist erreicht ist.

Zusätzlich zu den Bedingungen für die Ausführung eines Jobs können Sie den `JobInfo.Builder` verwenden, um das korrekte Verhalten bei Ausfall eines Jobs oder bei einem Neustart des Geräts vor Ausführung des Jobs anzuzeigen.

Wie in Listing 11.11 zu sehen ist, können Sie `setBackoffCriteria` verwenden, um die Backoff-Wiederholungsrichtlinie anzupassen, indem Sie die Länge eines anfänglichen Backoffs und entweder eine lineare oder eine exponentielle Backoff-Strategie definieren. Standardmäßig verwendet der Job-Scheduler einen 30 Sekunden langen Initialwert mit linearem Backoff. Sie können `setPersisted` auch verwenden, um anzugeben, ob ein Job beim Neustart des Geräts beibehalten werden soll.

```
jobScheduler.schedule(
    new JobInfo.Builder(BACKGROUND_UPLOAD_JOB_ID, jobServiceName)
            // Fordere eine Netzwerkverbindung
            .setRequiredNetworkType(JobInfo.NETWORK_TYPE_ANY)
            // Fordere, dass das Gerät nicht verwendet wird
            .setRequiresDeviceIdle(true)
            // Zwinge Job die Einschränkungen nach einem Tag zu ignorieren
            .setOverrideDeadline(TimeUnit.DAYS.toMillis(1))
```

```
// Versuche es nach 30 Sekunden mit linearem Backoff
.setBackoffCriteria(30000, JobInfo.BACKOFF_POLICY_LINEAR)
// Wiedereinstellen, wenn das Gerät neu gebootet wird
.setPersisted(true)
.build());
```

Listing 11.11 Schedulen eines Jobs mit angepassten Backoff-Kriterien

Der `JobInfo.Builder` bietet auch die Methode `setExtras`, mit der Sie zusätzliche Daten an Ihre `JobInfo` senden können.

11.3.3 Jobs mit dem FirebaseJobDispatcher planen

Der Job-Scheduler wurde in Android 5.0 Lollipop (API Level 21) eingeführt. Der `FirebaseJobDispatcher` wurde zur Unterstützung von Geräten mit Android 4.0 Ice Cream Sandwich (API Level 14) und höher entwickelt.

Auf Android 7.0 Nougat (API Level 24) und höheren Geräten übergibt der `FirebaseJobDispatcher` die Verantwortung für das Scheduling von Jobs an das Framework Job-Scheduler, um die zukünftige Kompatibilität mit systemweiten Hintergrundoptimierungen sicherzustellen und gleichzeitig die Abwärtskompatibilität für frühere Plattformversionen zu erhalten.

> **Hinweis**
>
> Der Job-Dispatcher erfordert, dass Google Play-Dienste auf dem Gerät laufen. Unter der folgenden URL erfahren Sie mehr über den `FirebaseJobDispatcher`:
> github.com/firebase/firebase-jobdispatcher-android.

Um den `FirebaseJobDispatcher` in Ihr Projekt einzubinden, fügen Sie eine Dependency zu Ihrer App Module *build.gradle* Datei hinzu:

```
dependencies {
  implementation 'com.firebase:firebase-jobdispatcher:0.8.5'
}
```

Der `FirebaseJobDispatcher` enthält eine `JobService`-Klasse als Teil des `com.firebase.jobdispatcher`-Packages anstelle des `com.android.job`-Packages des Frameworks. Wie beim Job-Scheduler können Sie auch beim Job-Dispatcher die Methoden `onStartJob` und `onStopJob` überschreiben.

In Fällen, in denen Sie nur einen einzelnen Job gleichzeitig auf einem Hintergrund-Thread ausführen müssen, bietet der Job-Dispatcher eine Klasse `SimpleJobService`, der die

11.3 | Im Hintergrund arbeiten

Methoden onStartJob und onStopJob für Sie implementiert. Sie überschreiben stattdessen nur die Methode onRunJob, die auf einem Hintergrund-Thread aufgerufen wird, wie in Listing 11.12 zu sehen ist:

```
import com.firebase.jobdispatcher.JobParameters;
import com.firebase.jobdispatcher.SimpleJobService;

public class FirebaseJobService extends SimpleJobService {
  @Override
  public int onRunJob(final JobParameters job) {
    // TODO Erledige die Hintergrundarbeit
    // RESULT_FAIL_RETRY für das Zurückstellen des Jobs
    // oder RESULT_FAIL_NORETRY um aufzugeben
    return RESULT_SUCCESS;
  }
}
```
Listing 11.12 Einen SimpleJobService implementieren

Nachdem Sie Ihren Job-Dispatcher-JobService erstellt haben, können Sie ihn zu Ihrem Anwendungsmanifest hinzufügen (siehe Listing 11.13).

```xml
<service
  android:name=".FirebaseJobService"
  android:exported="false">
  <intent-filter>
    <action android:name="com.firebase.jobdispatcher.ACTION_EXECUTE"/>
  </intent-filter>
</service>
```
Listing 11.13 FirebaseJobDispatcher JobService zum Anwendungsmanifest hinzufügen

Der Job-Dispatcher erlaubt es Ihnen, viele der gleichen Beschränkungen zu definieren wie der Job-Scheduler, und zwar mit der neuen Methode des Job-Dispatchers (siehe Listing 11.14), die den gleichen Job wiederherstellt, der zuvor mit dem Job-Scheduler in Listing 11.10 definiert wurde.

```java
// Kann ein beliebiger String sein
private static final String BACKGROUND_UPLOAD_JOB_TAG = "background_upload";

public static void scheduleBackgroundUpload(Context context) {
  FirebaseJobDispatcher jobDispatcher =
    new FirebaseJobDispatcher(new GooglePlayDriver(context));
```

```
jobDispatcher.mustSchedule(
    jobDispatcher.newJobBuilder()
        .setTag(BACKGROUND_UPLOAD_JOB_TAG)
        .setService(FirebaseJobService.class)
        .setConstraints(
            Constraint.ON_UNMETERED_NETWORK,
            Constraint.DEVICE_CHARGING)
        .setTrigger(Trigger.executionWindow(
            0, // Kann sofort starten
            (int) TimeUnit.DAYS.toSeconds(1))) // wait at most a day
        .build());
}
```

Listing 11.14 Einen Job, der ein unbegrenztes Netzwerk und ein angeschlossenes Ladegerät erfordert, mit dem `FirebaseJobDispatcher` planen

Die Abwärtskompatibilität und Gleichwertigkeit zum Job-Scheduler ermöglicht es Ihnen, ein System zu schreiben, um Hintergrundaufträge zu bearbeiten, die auf allen Geräten mit Google Play-Diensten funktionieren.

11.3.4 Einsatz des Work-Managers

Der Work-Manager ist eine Android-Architekturkomponente, die eine umfangreiche, abwärtskompatible Möglichkeit bietet, die Funktionen des Plattform-Job-Schedulers zu nutzen.

Wie der Job-Scheduler ist auch der Work-Manager für Arbeiten gedacht, die auch dann erledigt werden müssen, wenn Ihre Anwendung geschlossen wurde. Hintergrundarbeiten, die abgebrochen werden können, wenn Ihre Anwendung geschlossen oder durch das Laufzeitsystem beendet wird, sollten mit `Handler`, `Thread` oder `ThreadPool` behandelt werden, wie bereits in diesem Kapitel beschrieben.

Wenn die Arbeit in den Hintergrund gestellt wurde, bestimmt der Work-Manager die beste verfügbare Alternative zur Ausführung der geplanten Arbeit: die neueste verfügbare Version des Plattform-Job-Schedulers, der `FirebaseJobDispatcher` oder sogar der Alarm-Manager. Die geplante Arbeit wird garantiert ausgeführt, auch wenn Ihre Anwendung beendet oder das Gerät neu gestartet wurde.

> **Hinweis**
> Zum Zeitpunkt der Erstellung dieses Buches war der Work-Manager ein Alpha-Release. Deshalb ist es sehr wahrscheinlich, dass sich API und Funktionalität noch ändern.

11.3 | Im Hintergrund arbeiten

Um den Work-Manager zu verwenden, fügen Sie eine Dependency der Android-Architecture-Components-WorkManager-Bibliothek und (optional) der `WorkManager-FirebaseJobDispatcher`-Bibliothek zur *build.gradle*-Datei Ihres Anwendungsmoduls hinzu:

```
dependencies {
  implementation "android.arch.work:work-runtime:1.0.0-alpha03"
  implementation "android.arch.work:work-firebase:1.0.0-alpha03"
  androidTestImplementation "android.arch.work:work-testing:1.0.0-alpha03"
}
```

Die Work-Manager-API ähnelt dem Job-Scheduler und dem `FirebaseJobDispatcher`. Beginnen Sie mit der Erweiterung der Klasse `Worker` und überschreiben Sie deren Methode `doWork`. Damit implementieren Sie die Aufgabe, die im Hintergrund ausgeführt werden soll. Geben Sie `Worker.Result.SUCCESS` zurück, um anzuzeigen, dass die Aufgabe im Hintergrund erfolgreich abgeschlossen wurde, `FAILURE`, um anzuzeigen, dass sie fehlgeschlagen ist und nicht erneut versucht werden sollte, oder `RETRY`, um dem `WorkManager` zu signalisieren, dass der `Worker` zu einem späteren Zeitpunkt erneut ausgeführt werden sollte:

```
public class MyBackgroundWorker extends Worker {

  @Override
  public Worker.Result doWork() {
    // TODO Erledige die Hintergrundtätigkeit

    // SUCCESS, wenn die Aufgabe erfolgreich erledigt wurde
    return Result.SUCCESS;

    // RETRY, um sie erneut einzustellen
    // FAILURE, um einen endgültigen Fehler anzuzeigen
  }
}
```

Nachdem Sie einen `Worker` definiert haben, fordern Sie eine Instanz des `WorkManager` an, um Ihren `Worker` mit einem `OneTimeWorkRequest` oder `PeriodicWorkRequest` auszuführen, um eine einmalige beziehungsweise wiederholte Anforderung zu planen:

```
// Plane eine einmalige Ausführung des Hintergrund-Jobs
OneTimeWorkRequest myOneTimeWork =
  new OneTimeWorkRequest.Builder(MyBackgroundWorker.class)
    .build();
```

```
// Plane eine wiederholte Ausführung alle 12 Stunden
PeriodicWorkRequest myPeriodicWork =
  new PeriodicWorkRequest.Builder(MyBackgroundWorker.class,
                                  12, TimeUnit.HOURS)
    .build();

// Einhängen der Arbeitsaufträge
WorkManager.getInstance().enqueue(myOneTimeWork);
WorkManager.getInstance().enqueue(myPeriodicWork);
```

Sobald Ihren `WorkRequest` in die Warteschlange gestellt wurde, plant der `WorkManager` eine Zeit für die Ausführung des angegebenen `Workers` auf der Grundlage der verfügbaren Systemressourcen und der von Ihnen festgelegten Einschränkungen. Wenn keine Einschränkungen angegeben wurden (wie im vorherigen Code-Ausschnitt), wird der `WorkManager` den `Worker` normalerweise sofort ausführen. Alternativ können Sie den `ConstraintBuilder` verwenden, um einen `Constraint` zu erstellen, der die Anforderungen – einschließlich Akku-Ladung und Speicherplatz, Lade- und Leerlaufstatus und Netzwerkverbindungstyp – festlegt und ihn mit der Methode `setConstraints` Ihrem `WorkRequest` zuweist:

```
Constraints myConstraints = new Constraints.Builder()
  .setRequiresDeviceIdle(true)
  .setRequiresCharging(true)
  .build();

OneTimeWorkRequest myWork =
  new OneTimeWorkRequest.Builder(MyBackgroundWorker.class)
    .setConstraints(myConstraints)
    .build();

WorkManager.getInstance().enqueue(myWork);
```

Der `WorkManager` bietet auch Unterstützung für die Verkettung von Workern und die Verwendung von `LiveData` zur Überwachung des `WorkStatus` und der zugehörigen Ausgabewerte.

Durch die Verkettung können Sie `WorkRequests` sequenztiell einplanen und so ein Abhängigkeitsdiagramm zwischen unabhängigen `WorkRequests` erstellen.

Um eine neue verkettete Sequenz zu erstellen, verwenden Sie die Methode `beginWith` des `WorkManagers`, indem Sie den ersten auszuführenden `WorkRequest` übergeben. Dies gibt ein `WorkContinuation`-Objekt zurück, dessen Methode `then` es erlaubt, den nächsten

11.3 | Im Hintergrund arbeiten

WorkRequest hinzuzufügen, und so weiter. Wenn die Sequenzdefinition abgeschlossen ist, rufen Sie die Methode enqueue auf dem letzten WorkContinuation-Objekt auf:

```
WorkManager.getInstance()
  .beginWith(myWork)
  .then(mySecondWork)
  .then(myFinalWork)
  .enqueue();
```

Jede Methode beginWith und then kann mehrere WorkRequest-Objekte annehmen, die dann alle parallel ausgeführt werden und abgeschlossen sein müssen, bevor der nächste Worker (oder eine Gruppe von Workern) ausgeführt wird. Es ist sogar möglich, noch komplexere Sequenzen zu erstellen, indem man mehrere Ketten miteinander verbindet. Dazu verwendet man die Methode combine von WorkContinuation.

In jedem Fall unterliegt jeder Worker weiterhin allen von Ihnen zugewiesenen Einschränkungen, und ein permanenter Ausfall eines Workers in der Kette beendet die gesamte Sequenz.

Der aktuelle Status eines angeforderten WorkRequests wird über einen WorkStatus innerhalb eines LiveData-Objekts gemeldet und kann durch Aufruf der Methode getStatusById auf einer WorkManager-Instanz überwacht werden, wobei die eindeutige ID des zu überwachenden WorkRequests übergeben wird:

```
WorkManager.getInstance().getStatusById(myWork.getId())
  .observe(lifecycleOwner, workStatus -> {
    if (workStatus != null) {
      // TODO Tue etwas mit dem aktuellen Status
    }
  });
```

Wenn der WorkRequest abgeschlossen ist, können Sie alle ausgegebenen Data-Objekte extrahieren, die innerhalb Ihrer Worker-Implementierung zugewiesen wurden:

```
@Override
public Worker.Result doWork() {
  // TODO Erledige die Hintergrundaufgaben

  Data outputData = new Data.Builder()
                        .putInt(KEY_RESULT, result)
                        .build();
  setOutputData(outputData);

  return Result.SUCCESS;
}
```

Um an die ausgegebenen `Data`-Objekte zu gelangen, verwenden Sie die Methode `getOutputData` der Klasse `WorkStatus` und geben die erforderlichen Schlüssel an:

```
if (workStatus != null && workStatus.getState().isFinished()) {
  int myResult = workStatus.getOutputData()
                     .getInt(KEY_RESULT, defaultValue));
}
```

Um einen eingereihten `WorkRequest` abzubrechen, übergeben Sie deren eindeutige UUID an die Methode `cancelWorkById` des `WorkManagers`:

```
UUID myWorkId = myWork.getId();
WorkManager.getInstance().cancelWorkById(myWorkId);
```

11.3.5 Ein Beispiel für einen Job-Service zur Erdbebenüberwachung

In diesem Kapitel modifizieren wir das Beispiel Earthquake, das wir in Kapitel 7 begonnen haben (und in den Kapiteln 8 und 9 weiter verbessert haben). In diesem Beispiel verschieben Sie die Erdbebenaktualisierungs- und Bearbeitungsfunktionalität in eine eigene `SimpleJobService`-Komponente.

> **Hinweis**
>
> Zum Zeitpunkt der Erstellung dieses Buches war der im vorherigen Abschnitt beschriebene Android Architecture Components Work-Manager noch im Alpha-Stadium. In diesem Beispiel wird daher der Einsatz des `FirebaseJobDispatchers` demonstriert. Als Übung empfehlen wir Ihnen, dieses Beispiel zu erweitern und stattdessen den Work-Manager zu verwenden.

1. Ergänzen Sie Ihre *build.gradle*-Datei, um eine Dependency auf `FirebaseJobDispatcher` hinzuzufügen:

   ```
   dependencies {
     [... Existierende Dependencies ...]

       implementation 'com.firebase:firebase-jobdispatcher:0.8.5'
   }
   ```

2. Ändern Sie die Datei *res/values/arrays.xml*, um realistischere Frequenzoptionen zu verwenden. Häufigeres Laden als alle 15 Minuten sollte nur als Reaktion auf Push-Meldungen erfolgen, die später in diesem Kapitel beschrieben werden:

11.3 | Im Hintergrund arbeiten

```xml
<string-array name="update_freq_options">
  <item>Every 15 minutes</item>
  <item>Every hour</item>
  <item>Every 4 hours</item>
  <item>Every 12 hours</item>
  <item>Every 24 hours</item>
</string-array>
<string-array name="update_freq_values">
  <item>15</item>
  <item>60</item>
  <item>240</item>
  <item>720</item>
  <item>1440</item>
</string-array>
```

3. Erstellen Sie eine Klasse `EarthquakeUpdateJobService`, die `SimpleJobService` erweitert und eine Netzwerkverbindung für den Job anfordert:

```java
package com.professionalandroid.apps.earthquake;

import com.firebase.jobdispatcher.Constraint;
import com.firebase.jobdispatcher.FirebaseJobDispatcher;
import com.firebase.jobdispatcher.GooglePlayDriver;
import com.firebase.jobdispatcher.JobParameters;
import com.firebase.jobdispatcher.SimpleJobService;

public class EarthquakeUpdateJobService extends SimpleJobService {
  private static final String TAG = "EarthquakeUpdateJob ";
  private static final String UPDATE_JOB_TAG = "update_job";
  private static final String PERIODIC_JOB_TAG = "periodic_job";

  public static void scheduleUpdateJob(Context context) {
    FirebaseJobDispatcher jobDispatcher =
      new FirebaseJobDispatcher(new GooglePlayDriver(context));

    jobDispatcher.schedule(jobDispatcher.newJobBuilder()
      .setTag(UPDATE_JOB_TAG)
      .setService(EarthquakeUpdateJobService.class)
      .setContraints(Constraint.ON_ANY_NETWORK)
      .build());
  }
```

```java
@Override
public int onRunJob(final JobParameters job) {
  return RESULT_SUCCESS;
}
}
```

4. Fügen Sie diesen neuen Service zum Manifest hinzu, indem Sie ein neues service-Tag innerhalb des Knotens application hinzufügen:

```xml
<service android:name=".EarthquakeUpdateJobService"
  android:exported="true">
  <intent-filter>
    <action
      android:name="com.firebase.jobdispatcher.ACTION_EXECUTE/>
    </action>
  </intent-filter>
</service>
```

5. Verschieben Sie den XML-Parsing-Code aus der Methode doInBackground innerhalb der AsyncTask, die in der loadEarthquakes-Methode des EarthquakeViewModel definiert ist, in die onRunJob-Methode im EarthquakeUpdateJobService. Nutzen Sie die Gelegenheit, auch eine Methode scheduleNextUpdate zu erstellen, die aufgerufen werden soll, nachdem die analysierten Earthquakes der Datenbank hinzugefügt wurden:

```java
@Override
public int onRunJob(final JobParameters job) {
  // Ergebnis-ArrayList der geparsten Earthquakes
  ArrayList<Earthquake> earthquakes = new ArrayList<>();

  // Hole XML
  URL url;
  try {
    String quakeFeed = getString(R.string.quake_feed);
    url = new URL(quakeFeed);

    URLConnection connection;
    connection = url.openConnection();

    HttpURLConnection httpConnection = (HttpURLConnection)connection;
    int responseCode = httpConnection.getResponseCode();

    if (responseCode == HttpURLConnection.HTTP_OK) {
      InputStream in = httpConnection.getInputStream();
```

11.3 | Im Hintergrund arbeiten

```
DocumentBuilderFactory dbf
  = DocumentBuilderFactory.newInstance();
DocumentBuilder db = dbf.newDocumentBuilder();

// Parse den Earthquake-Feed
Document dom = db.parse(in);
Element docEle = dom.getDocumentElement();

// Hole eine Liste für jeden Earthquake-Eintrag
NodeList nl = docEle.getElementsByTagName("entry");
if (nl != null && nl.getLength() > 0) {
  for (int i = 0 ; i < nl.getLength(); i++) {
    Element entry = (Element)nl.item(i);
    Element title
      = (Element)entry.getElementsByTagName("title").item(0);
    Element g
      = (Element)entry.getElementsByTagName("georss:point")
          .item(0);
    Element when
      = (Element)entry.getElementsByTagName("updated").item(0);
    Element link
      = (Element)entry.getElementsByTagName("link").item(0);

    String details = title.getFirstChild().getNodeValue();
    String hostname = "http://earthquake.usgs.gov";
    String linkString = hostname + link.getAttribute("href");

    String point = g.getFirstChild().getNodeValue();
    String dt = when.getFirstChild().getNodeValue();
    SimpleDateFormat sdf
      = new SimpleDateFormat("yyyy-MM-dd'T'hh:mm:ss'Z'");
    Date qdate = new GregorianCalendar(0,0,0).getTime();
    try {
      qdate = sdf.parse(dt);
    } catch (ParseException e) {
      Log.e(TAG, "Date parsing exception.", e);
    }

    String[] location = point.split(" ");
    Location l = new Location("dummyGPS");
    l.setLatitude(Double.parseDouble(location[0]));
    l.setLongitude(Double.parseDouble(location[1]));

    String magnitudeString = details.split(" ")[1];
    int end =   magnitudeString.length()-1;
```

```
            double magnitude
              = Double.parseDouble(magnitudeString.substring(0, end));

            if (details.contains("-"))
              details = details.split(",")[1].trim();
            else
              details = "";

            final Earthquake earthquake = new Earthquake(
              idString, qdate, details, 1,
              magnitude, linkString);

            // Füge das Earthquake zur Ergebnis-ArrayList hinzu.
            earthquakes.add(earthquake);
          }
        }
      }
      httpConnection.disconnect();

      EarthquakeDatabaseAccessor
        .getInstance(getApplicationContext())
        .earthquakeDAO()
        .insertEarthquakes(earthquakes);

      scheduleNextUpdate();

      return RESULT_SUCCESS;
    } catch (MalformedURLException e) {
      Log.e(TAG, "Malformed URL Exception", e);
      return RESULT_FAIL_NORETRY;
    } catch (IOException e) {
      Log.e(TAG, "IO Exception", e);
      return RESULT_FAIL_RETRY;
    } catch (ParserConfigurationException e) {
      Log.e(TAG, "Parser Configuration Exception", e);
      return RESULT_FAIL_NORETRY;
    } catch (SAXException e) {
      Log.e(TAG, "SAX Exception", e);

      return RESULT_FAIL_NORETRY;
    }
  }

  private void scheduleNextUpdate() {
  }
```

11.3 | Im Hintergrund arbeiten

6. Ändern Sie die Methode `loadEarthquakes` innerhalb der Klasse `EarthquakeViewModel` so, dass die statische Methode `scheduleUpdateJob` innerhalb des `EarthquakeUpdateJobService` aufgerufen wird, um den Job auszuführen:

```
public void loadEarthquakes() {
  EarthquakeUpdateJobService.scheduleUpdateJob(getApplication());
}
```

7. Zurück zum `EarthquakeUpdateJobService`. Ändern Sie die Methode `scheduleNextUpdate`, um einen periodischen Job zu erstellen, der verwendet wird, um die Erdbebenliste regelmäßig zu aktualisieren, wenn der Benutzer dies eingestellt hat:

```
private void scheduleNextUpdate() {
  if (job.getTag().equals(UPDATE_JOB_TAG)) {
    SharedPreferences prefs =
      PreferenceManager.getDefaultSharedPreferences(this);
    int updateFreq = Integer.parseInt(
      prefs.getString(PreferencesActivity.PREF_UPDATE_FREQ, "60"));
    boolean autoUpdateChecked =
      prefs.getBoolean(PreferencesActivity.PREF_AUTO_UPDATE, false);

    if (autoUpdateChecked) {
      FirebaseJobDispatcher jobDispatcher =
        new FirebaseJobDispatcher(new GooglePlayDriver(context));

      jobDispatcher.schedule(jobDispatcher.newJobBuilder()
        .setTag(PERIODIC_JOB_TAG)
        .setService(EarthquakeUpdateJobService.class)
        .setConstraints(Constraint.ON_ANY_NETWORK)
        .setReplaceCurrent(true)
        .setRecurring(true)
        .setTrigger(Trigger.executionWindow(
          updateFreq*60 / 2,
          updateFreq*60))
        .setLifetime(Lifetime.FOREVER)
        .build());
    }
  }
}
```

Wenn jetzt die `EarthquakeMainActivity` gestartet wird, startet sie den `EarthquakeUpdateJobService`, der weiterhin Jobs wie die Aktualisierung der Datenbank im Hintergrund startet, selbst wenn die Activity unterbrochen oder geschlossen wurde.

Da das `EarthquakeListFragment` die Datenbank beobachtet, wird jedes neue `Earthquake` automatisch der Liste hinzugefügt.

11.4 Mit Notifications Benutzer benachrichtigen

Notifications, wie in Abbildung 11.1 dargestellt, sind ein leistungsstarker Mechanismus, der es Ihrer Anwendung ermöglicht, wichtige, zeitnahe Informationen mit den Benutzern zu kommunizieren, selbst wenn keine der Activities Ihrer Anwendung sichtbar sind.

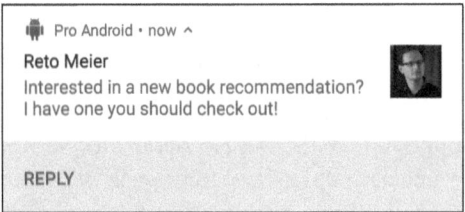

Abbildung 11.1 Notification

Während es wahrscheinlich ist, dass die Benutzer ihre Smartphones immer dabei haben werden, ist es ziemlich unwahrscheinlich, dass sie ihnen oder Ihrer App jederzeit Aufmerksamkeit schenken. In der Regel haben die Benutzer mehrere Apps im Hintergrund geöffnet, die sie nicht beachten werden.

Je nach Priorität können Notifications visuell über der aktiven Activity angezeigt werden, können Sounds, Lichter oder ein Statusleistensymbol auslösen oder komplett passiv sein und erst sichtbar werden, wenn die Notification-Schublade geöffnet wird.

Es ist auch möglich, das Aussehen und die Interaktivität jeder Notification oder Gruppe von Notifications mit Hilfe von Notification-Styles und Actions grundlegend zu ändern. Actions fügen der Notification-Oberfläche interaktive Steuerelemente hinzu, die es Benutzern ermöglichen, auf Notifications zu reagieren, ohne Ihre App öffnen zu müssen.

Notifications sind der bevorzugte Mechanismus für unsichtbare Anwendungskomponenten (insbesondere Job-Services), um Benutzer über aufgetretene Ereignisse zu informieren, die eine zeitnahe Reaktion erfordern können. Sie werden auch eingesetzt, um einen laufenden Service mit Vordergrundpriorität anzuzeigen, wie später in diesem Kapitel beschrieben.

11.4 | Im Hintergrund arbeiten

11.4.1 Der NotificationManager

Der `NotificationManager` ist ein Systemdienst zur Verwaltung von `Notifications`. Um eine konsistente Bedienung über alle API-Ebenen hinweg zu gewährleisten, stellt die Support-Bibliothek eine Klasse `NotificationManagerCompat` zur Verfügung, die Sie anstelle des Framework-eigenen `NotificationManager` verwenden sollten, wenn Sie `Notifications` veröffentlichen.

Der Support-Library-NotificationManager kann wie in Listing 11.15 gezeigt aufgerufen werden.

```
NotificationManagerCompat notificationManager =
   NotificationManagerCompat.from(context);
```
Listing 11.15 Einsatz des NotificationManagers

Mit dem `NotificationManager` können Sie neue Notifications auslösen, bestehende ändern oder nicht mehr benötigte Notifications stornieren.

Jede `Notification` wird durch eine eindeutige Integer-ID und ein optionales String-Tag identifiziert, mit dem festgelegt wird, ob eine neue `Notification` erstellt oder eine bestehende `Notification` aktualisiert werden soll. Ebenso werden diese Eigenschaften verwendet, um festzulegen, welche `Notification` storniert werden soll.

11.4.2 Arbeiten mit den Notification-Channels

Ab Android 8.0 Oreo (API Level 26) müssen alle Notifications einem Notification-Channel zugeordnet sein. Jeder Notification-Channel hat mindestens eine eindeutige ID und einen für den Benutzer sichtbaren Namen, aber sie werden auch verwendet, um eine Standardpriorität, Ton, Licht und Vibration für alle Notifications zu definieren, die an diesen Notification-Channel gesendet werden.

Nachdem Sie einen `NotificationChannel` erstellt und eine `Notification` an ihn gesendet haben, kann der Benutzer die Einstellungen dieses Channels ändern – einschließlich der Erhöhung oder Senkung der Priorität aller zukünftigen `Notifications`, die an diesen Channel gesendet werden.

Daher ist es wichtig, die richtige Granularität der Notification-Channels zu erstellen und die Standardwerte so einzustellen, dass sie mit den Erwartungen der Mehrheit Ihrer Benutzer übereinstimmen. Beispielsweise sollten Notifications für Nachrichten, die von anderen Benutzern empfangen werden, in einem separaten Notification-Channel mit höherer Priorität als die von Notifications für Service-Updates liegen.

Wenn verschiedene Notification-Typen innerhalb desselben Notification-Channels gemischt werden, ist es viel wahrscheinlicher, dass Benutzer die Priorität dieses Channels deaktivieren oder herabsetzen, entsprechend den Erwartungen für die Notifications mit der niedrigsten Priorität, die sie erhalten.

In den meisten Fällen hat eine App eine feste Anzahl von Notification-Channels, jeder mit einer statischen String-ID. Diese Art von Notification-Channel wird in Listing 11.16 gezeigt. Beachten Sie, dass Sie Ihre Notification-Channels mit dem System-NotificationManager und ausschließlich auf Geräten mit Android 8.0 oder höher erstellen müssen.

```
private static final String MESSAGES_CHANNEL = "messages";

public void createMessagesNotificationChannel(Context context) {
  if (Build.VERSION.SDK_INT >= Build.VERSION_CODES.O) {
    CharSequence name = context
      .getString(R.string.messages_channel_name);

    NotificationChannel channel = new NotificationChannel(
      MESSAGES_CHANNEL,
      name,
      NotificationManager.IMPORTANCE_HIGH);

    NotificationManager notificationManager =
      context.getSystemService(NotificationManager.class);
    notificationManager.createNotificationChannel(channel);
  }
}
```
Listing 11.16 Einen NotificationChannel erzeugen

Diese Methode sollte dann vor jeder Notification aufgerufen werden, um sicherzustellen, dass der entsprechende Notification Channel angelegt wird.

Da die Android-System-Benutzeroberfläche es ermöglicht, die Einstellungen für jeden Notification-Channel direkt anzupassen, sind auf Android 8.0 oder höheren Geräten keine Benutzeroberfläche oder Einstellungen innerhalb Ihrer Anwendung erforderlich. Sie können jedoch erwägen, diese Einstellungen in Ihrer App für Benutzer älterer Versionen von Android bereitzustellen.

Für Android 8.0 oder höhere Geräte sollten Sie statt der Notification-Einstellungen in Ihrer App die Benutzer auf den Bildschirm mit den System-Notification-Einstellungen umleiten:

```
Intent intent = new Intent(Settings.ACTION_CHANNEL_NOTIFICATION_SETTINGS);
intent.putExtra(Settings.EXTRA_APP_PACKAGE, context.getPackageName());
startActivity(intent);
```

11.4.3 Notifications erzeugen

Zusätzlich zu einem Notification Channel muss jede Notification drei primäre Elemente enthalten: ein kleines Symbol, einen Titel und einen beschreibenden Text.

Das kleine Symbol wird in der Statusleiste angezeigt und sollte sofort als Symbol für Ihre Anwendung erkennbar sein. Ein kleines Symbol sollte 24x24dp groß und weiß auf transparentem Hintergrund sein.

> **Hinweis**
>
> Auf Android 5.0 Lollipop (API Level 21) oder höheren Geräten sollten Sie eine Vektorgrafik (Vektor Drawable) für Ihr kleines Symbol verwenden, damit es vom System auf jede beliebige Größe skaliert werden kann. Vector Drawables werden in Kapitel 12 ausführlich besprochen.

Kleine Symbole sind in der Regel vereinfachte Versionen des Start-Symbols Ihrer Anwendung und sollten immer mit der in Ihrer Anwendung verwendeten Symbolgestaltung übereinstimmen, damit die Benutzer sie in der Statusleiste erkennen.

Der Hauptinhalt einer Notification wird auf zwei Zeilen aufgeteilt, wie in Abbildung 11.2 dargestellt.

Abbildung 11.2 Textinhalte einer Notification

Die erste Zeile ist der Titel, darunter der Text.

Mit diesen Feldern ist es möglich, eine einfache Notification mit einem `NotificationCompat.Builder` zu erstellen und eine Notification mit notify zu posten, wie in Listing 11.17 zu sehen ist.

```
final int NEW_MESSAGE_ID = 0;

createMessagesNotificationChannel(context);
NotificationCompat.Builder builder = new NotificationCompat.Builder(
  Context, MESSAGES_CHANNEL);

// Diese wären in einer echten App dynamisch
String title = "Reto Meier";
String text = "Interessiert an einer Buchempfehlung?"
            + " Ich hätte da etwas für Sie!";
```

```
builder.setSmallIcon(R.drawable.ic_notification)
    .setContentTitle(title)
    .setContentText(text);

notificationManager.notify(NEW_MESSAGE_ID, builder.build());
```
Listing 11.17 Notification anlegen und versenden

Der Titel sollte alle notwendigen Informationen enthalten, damit der Benutzer die Bedeutung der Notification versteht. Er wird immer in einer einzigen Zeile angezeigt, deshalb sollte die Länge des Titels möglichst unter 30 Zeichen bleiben, um sicherzustellen, dass er vollständig angezeigt wird.

Beispielsweise sollten Notifications, die eingehende Nachrichten von einer anderen Person anzeigen, den Namen des Absenders im Titel anzeigen. Vermeiden Sie es immer, den Namen Ihrer App im Titel zu verwenden. Er ist redundant. Der App-Name wird außerdem im Header auf Android 7.0 Nougat (API Level 24) und höheren Geräten angezeigt.

Der Inhaltstext liefert den Kontext und weiterführende Informationen. In unserem Beispiel wäre der Inhaltstext die zuletzt empfangene Nachricht. In allen Fällen sollte der Inhaltstext nicht bereits im Titel vorhandene Informationen duplizieren. Es ist auch empfehlenswert, die Methode `setColor` zu verwenden, um eine Farbe für Ihre Notification anzugeben, die mit dem Branding Ihrer Anwendung übereinstimmt:

```
builder.setColor(ContextCompat.getColor(context, R.color.colorPrimary));
```

Zwischen Android 5.0 Lollipop (API Level 21) und Android 6.0 Marshmallow (API Level 23) wird diese Farbe als Hintergrundfarbe für das kleine Symbol auf einer Benachrichtigung verwendet. Seit Android 7.0 Nougat (API Level 24) wird die angegebene Farbe für das kleine Symbol, den App-Namen und alle von Ihnen verwendeten Aktionen verwendet (siehe Abbildung 11.3).

Abbildung 11.3 Notification-Farbe

In beiden Fällen sollte die von Ihnen gewählte Farbe einen Kontrast zu der hellen Hintergrundfarbe des Notification-Trays bilden.

Notifications unterstützen auch die Verwendung großer Symbole. Das große Symbol wird in einer geöffneten Notification angezeigt und bietet zusätzlichen Kontext neben dem Inhaltstitel und den Texten (siehe Abbildung 11.4).

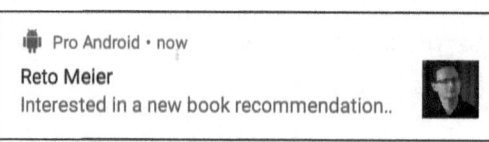

Abbildung 11.4 Großes Symbol

Sie können ein großes Symbol mit Hilfe einer Bitmap setzen, die an die Methode `setLargeIcon` des `Builders` übergeben wird:

```
builder.setLargeIcon(profilePicture);
```

Auf das Antippen einer Notification reagieren

In fast allen Fällen sollte eine Notification auf das Antippen des Benutzers reagieren, indem sie die entsprechende App öffnet und zum richtigen Kontext navigiert, damit der Benutzer entweder mehr Details erfährt oder eine Antwort geben kann.

Um das Tippen zu unterstützen, kann jede Notification einen Content-Intent enthalten, der mit der Methode `setContentIntent` des `NotificationBuilders` angegeben wird. Diese Methode benötigt einen `PendingIntent`, der die entsprechende Activity starten soll.

In den meisten Fällen wird eine Benachrichtigung auf eine bestimmte Activity innerhalb Ihrer App verweisen – etwa um eine E-Mail zu lesen oder ein Bild anzusehen. In diesem Fall ist es wichtig, auch den richtigen Back-Stack zu erstellen, um sicherzustellen, dass die Navigation so erfolgt, wie es die Benutzer bei der Verwendung des Back-Buttons erwarten würden.

Um dies zu erreichen, sollten Sie die `TaskStackBuilder`-Klasse wie in Listing 11.18 gezeigt verwenden:

```
// Dies könnte jeder Intent sein. Hier verwenden wir die
// Launcher Activity als ein einfaches Beispiel
Intent launchIntent = context.getPackageManager()
  .getLaunchIntentForPackage(context.getPackageName());

PendingIntent contentIntent = TaskStackBuilder.create(context,
  .addNextIntentWithParentStack(launchIntent)
  .getPendingIntent(0, PendingIntent.FLAG_UPDATE_CURRENT);
builder.setContentIntent(contentIntent);
```

Listing 11.18 Einen Content Intent zum Start einer Activity hinzufügen

Standardmäßig ist für Activities keine übergeordnete Activity deklariert, was bedeutet, dass das Antippen der Notification keinen zusätzlichen Back-Stack erzeugt. Während dies für Ihre Start-Activity zutrifft, sollte eine übergeordnete Activity für alle anderen Activities in Ihrer App gesetzt werden. Das Verfahren zur Einstellung der übergeordneten Activity ist in Kapitel 12 beschrieben.

Um eine Notification abzubrechen, wenn sie angetippt wird, können Sie die Notification mit setAutoCancel automatisch abbrechen lassen:

```
builder.setAutoCancel(true);
```

Die Rückweisung einer Notification behandeln

Benutzer können Notifications ablehnen, indem sie sie einzeln wegwischen oder alle auf einmal löschen. Sie können einen Delete-Intent mit der Methode setDeleteIntent im Builder angeben, der an Ihre Anwendung gesendet wird, wenn eine Notification nicht angeklickt oder abgebrochen wird.

Dies ist nützlich, wenn Sie Löschungen über mehrere Geräte hinweg synchronisieren oder den internen Status Ihrer App ändern müssen. Der hier angegebene Pending-Intent sollte fast immer auf einen Broadcast-Receiver zeigen, der die Verarbeitung im Hintergrund durchführen kann, oder bei Bedarf einen Hintergrundjob starten:

```
Intent intent = new Intent(context, DeleteReceiver.class);

// Füge Extras oder eine Daten-URI hinzu, die diese Notification
// eindeutig definiert.
PendingIntent deleteIntent = PendingIntent.getBroadcast(context, 0,
  intent, PendingIntent.FLAG_UPDATE_CURRENT);

builder.setDeleteIntent(deleteIntent);
```

Expanded Notification Styles verwenden

Android 4.1 Jelly Bean (API Level 16) hat die Möglichkeit eingeführt, Notifications zu erstellen, die erweitert werden können, um zusätzliche Informationen anzuzeigen und Benutzeraktionen einzuschließen. Android bietet mehrere erweiterte Notification-Styles:

- BigTextStyle: Zeigt mehrere Zeilen Text an.
- BigPictureStyle: Zeigt ein großes Bild innerhalb der erweiterten Notification an.
- MessagingStyle: Zeigt Nachrichten an, die als Teil von Gesprächen empfangen wurden.
- MediaStyle: Zeigt Informationen zur Medienwiedergabe und bis zu fünf Aktionen zur Steuerung der Medienwiedergabe an.
- InboxStyle: Zeigt eine zusammenfassende Notification an, die mehrere Notifications repräsentiert.

Jeder Notification-Style bietet eine andere Benutzeroberfläche und einen anderen Funktionsumfang, wie in Abbildung 11.5 zu sehen und unten beschrieben.

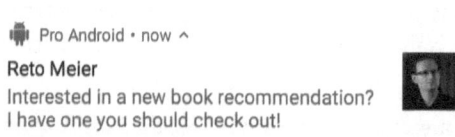

Abbildung 11.5 Notification-Style

Der am weitesten verbreitete ist der `BigTextStyle`, der mehrere statt einer Textzeilen anzeigt. Verwendet wird die Methode `bigText` aus `BigTextStyle`.

Listing 11.19 zeigt, wie man `BigTextStyle` mit der Methode `setStyle` des Notification-Builders anwendet.

```
builder.setSmallIcon(R.drawable.ic_notification)
  .setContentTitle(title)
  .setContentText(text)
  .setLargeIcon(profilePicture)
  .setStyle(new NotificationCompat.BigTextStyle().bigText(text));
```

Listing 11.19 Big Text Style auf eine Notification anwenden

Für rein visuelle Inhalte kann mit Hilfe des BigPictureStyle ein großes Bild mit der bigPicture-Methose spezifiziert werden, wie in Listing 11.20 zu sehen.

```
builder.setSmallIcon(R.drawable.ic_notification)
  .setContentTitle(title)
  .setContentText(text)
  .setLargeIcon(profilePicture)
  .setStyle(new NotificationCompat.BigPictureStyle().bigPicture(aBigBitmap));
```

Listing 11.20 Big Picture Style auf eine Notification anwenden

Für Notifications, die von Messaging-Apps veröffentlicht werden – insbesondere solche mit Gesprächen zwischen mehreren Personen – können Sie den `MessagingStyle` verwenden.

Wenn Sie diesen Stil verwenden, geben Sie eine Zeichenfolge an, die im Listing 11.21 in der Variablen `userDisplayName` steckt, um den aktuellen Benutzer darzustellen, und einen Satz von Nachrichten mit der Methode `addMessage`.

```
builder
  .setShowWhen(true) // Zeige wann die Notification gesendet wurde
  .setStyle(new NotificationCompat.MessagingStyle(userDisplayName)
    .addMessage("Hi Reto!", message1TimeInMillis, "Ian Lake")
```

```
.addMessage("Wie geht's?", message2TimeInMillis, "Ian Lake")
.addMessage("Wirklich gut, Danke!", message3TimeInMillis, null));
```

Listing 11.21 MessagingStyle-Notification erstellen

Für Medienwiedergabeanwendungen bietet eine `MediaStyle`-Notification einen schnellen Zugriff auf bis zu fünf Aktionen (wie Abspielen, Pause, nächster oder vorheriger Titel). Dieser Stil wird ausführlich in Kapitel 17 beschrieben.

`InboxStyle`-Notifications sind besonders nützlich, um eine zusammenfassende Notification zu erstellen, und werden später in diesem Kapitel beschrieben.

11.4.4 Die Priorität einer Notification setzen

Die Priorität, die einer Notification beigemessen wird, entspricht ihrer relativen Bedeutung für die Benutzer und dem Grad der Unterbrechung des Betriebs.

Die Notifications mit der niedrigsten Priorität (wie beispielsweise Wettervorhersagen) werden nur angezeigt, wenn das Notification-Tray erweitert wird, während die Notifications mit der höchsten Priorität (wie eingehende Anrufe) Geräusche, Lichter und Vibrationen auslösen und die »Bitte nicht stören!«-Einstellungen des Benutzers möglicherweise umgehen.

Wichtigkeit eines Notification-Channels einstellen

Auf Android 8.0 Oreo (API Level 26) oder höheren Geräten wird die Priorität einer Notification durch die Wichtigkeit auf dem Notification-Channel festgelegt:

```
channel.setImportance(NotificationManager.IMPORTANCE_HIGH);
```

Die voreingestellte Wichtigkeit, `IMPORTANCE_DEFAULT`, bewirkt, dass Notifications in der Statusleiste als Symbol angezeigt werden und der Benutzer gewarnt wird. Standardmäßig wird der Standard-Sound verwendet, aber Sie können auch einen benutzerdefinierten Sound, eine Vibration oder ein Lichtmuster angeben, wie unten beschrieben.

Für zeitkritische Alarme, wie etwa eingehende Kommunikationsmeldungen von Chat-Diensten, sollten Sie einen Kanal mit `IMPORTANCE_HIGH` verwenden. Notifications von Kanälen dieser Priorität (oder höher) »spähen« auf den Bildschirm des Benutzers (wenn der Bildschirm eingeschaltet ist), wie in Abbildung 11.6 gezeigt.

Abbildung 11.6 Notification höherer Priorität

Alternativ ist `IMPORTANCE_LOW` für nicht zeitkritische Informationen geeignet. Ein Statusleistensymbol wird weiterhin angezeigt, aber es werden keine Signale, Vibrationen oder Lichter verwendet.

Für wissenswerte Informationen, die den Benutzer überhaupt nicht stören sollen, sollte `IMPORTANCE_MIN` verwendet werden. Diese Notifications werden nicht als Symbole in der Statusleiste angezeigt; sie werden nur am unteren Rand des Notification-Trays angezeigt, wenn es aufgeklappt ist.

Das Notification-Priority-System verstehen

Vor Android 8.0 wird die Priorität einer Notification mit der Methode `setPriority` im Notification-Builder festgelegt:

```
builder.setPriority(NotificationCompat.PRIORITY_HIGH);
```

Die Rangfolge entspricht den Prioritätsstufen der Notification-Channels, mit einer Ausnahme: ein `PRIORITY_MAX` war ebenfalls verfügbar. Grundsätzlich sollte `PRIORITY_MAX` nicht verwendet werden, außer für die kritischsten und zeitkritischsten Notifications wie eingehende Anrufe, die sofort bearbeitet werden müssen.

- `PRIORITY_HIGH`-Äquivalent zu `IMPORTANCE_HIGH`.
- `PRIORITY_DEFAULT`-Äquivalent zu `IMPORTANCE_DEFAULT`.
- `PRIORITY_LOW`-Äquivalent zu `IMPORTANCE_LOW`.
- `PRIORITY_MIN`-Äquivalent zu `IMPORTANCE_MIN`.

> **Hinweis**
>
> Im Gegensatz zu Notification Channels beschränkt das Setzen der Priorität auf eine Notification nicht die Arten von Alarmen, die Sie der Notification hinzufügen können. Bleiben Sie mit den Notification-Channels konsistent, indem Sie `PRIORITY_LOW`- oder `PRIORITY_MIN`-Notifications keinen Signalton, keine Vibrationen oder Lichter hinzufügen.

Sound, Vibration und Licht zu Notifications hinzufügen

Notification-Channels mit der Priorität `IMPORTANCE_DEFAULT` oder höher können den Benutzer über Sound, Vibration oder Licht alarmieren.

Standardmäßig wird nur der voreingestellte Benachrichtigungston verwendet. Das Standard-Vibrations- oder Lichtmuster kann durch Aufruf der entsprechenden Methoden beim Aufbau des Notification-Channel hinzugefügt werden:

```
channel.enableVibration(true);
channel.enableLights(true);
```

Vor Android 8.0 ist die einfachste und konsistenteste Möglichkeit, Ihren Notifications Sounds, Lichter und Vibrationen hinzuzufügen, die Verwendung der Standardeinstellungen. Mit der Methode `setDefaults` im Notification-Builder können Sie die folgenden Konstanten kombinieren:

- `NotificationCompat.DEFAULT_SOUND`
- `NotificationCompat.DEFAULT_VIBRATE`
- `NotificationCompat.DEFAULT_LIGHTS`

Der folgende Beispielcode weist einer Notification die Standardeinstellungen für Sound und Vibration zu:

```
builder.setDefaults(NotificationCompat.DEFAULT_SOUND |
                    NotificationCompat.DEFAULT_VIBRATE);
```

Wenn Sie alle vorgegebenen Werte verwenden möchten, können Sie die Konstante `NotificationCompat.DEFAULT_ALL` verwenden.

Sound, Vibrationsmuster und LED-Farbe und -Rate können mit den Methoden `setSound`, `setVibrationPattern` und `setLightColor` auf dem Notification-Channel aus den Standardwerten angepasst werden.

Im Allgemeinen werden Sounds aus der Klasse `RingtoneManager` ausgewählt, die die Vorgaben des Benutzers respektiert. Ein benutzerdefiniertes Vibrationsmuster kann mit Hilfe eines Arrays von `long`-Werten spezifiziert werden, die abwechseln zwischen den Millisekunden, die eingeschaltet bleiben sollen, und den Millisekunden, die ausgeschaltet bleiben sollen. Die Farbe der LED kann ebenfalls angepasst werden, und vor Android 8.0 können Sie mit zwei Ganzzahlen auch die Rate einstellen, mit der die LED blinkt – die Anzahl der Millisekunden, in denen die LED eingeschaltet ist, und dann die Anzahl der Millisekunden, in denen sie ausgeschaltet ist.

Listing 11.22 erstellt eine Notification, die den `RingtoneManager` verwendet, um einen passenden Sound zu erhalten, das Telefon insgesamt dreimal über einen Zeitraum von 5 Sekunden vibrieren und die LED schnell rot blinken zu lassen.

```
// Für Geräte mit Android 8.0 oder höher
channel.setSound(
  RingtoneManager.getDefaultUri(RingtoneManager.TYPE_NOTIFICATION));
channel.setVibrationPattern(new long[] { 1000, 1000, 1000, 1000, 1000});
channel.setLightColor(Color.RED);

// Für Geräte mit Android 7.1 oder niedriger
builder.setPriority(NotificationCompat.PRIORITY_HIGH)
       .setSound(
           RingtoneManager.getDefaultUri(RingtoneManager.TYPE_NOTIFICATION))
       .setVibrate(new long[] { 1000, 1000, 1000, 1000, 1000 })
       .setLights(Color.RED, 0, 1);
```

Listing 11.22 Alerts einer Notification anpassen

> **Hinweis**
>
> Jedes Gerät kann unterschiedliche Beschränkungen hinsichtlich der Ansteuerung der LED haben. Wenn die von Ihnen angegebene Farbe nicht verfügbar ist, wird eine möglichst genaue Annäherung verwendet. Bei der Verwendung von LEDs zur Übertragung von Informationen an den Benutzer ist diese Beschränkung zu beachten und zu vermeiden, dass diese Informationen nur auf diese Weise zur Verfügung gestellt werden.

Damit der Ton und das Vibrieren nur beim ersten Senden der Notification auftreten und nicht jedes Mal, wenn die Notification aktualisiert wird, können Sie `setOnlyAlertOnce` mit dem Parameter `true` aufrufen:

```
builder.setOnlyAlertOnce(true);
```

»Bitte nicht stören«

Seit Android 5.0 Lollipop (API Level 21) können Benutzer einstellen, welche Notifications sie im »Bitte nicht stören«-Modus (»Do Not Disturb« oder »Priority Only«) mit Ton, Vibration und Licht warnen können.

Bei der Entscheidung, ob diese Alarmierungsmechanismen zulässig sind, während der »Bitte nicht stören«-Modus aktiv ist, verwendet der Notification-Manager zwei Metadaten: die Kategorie der Notification und die Person, deren Aktion die Notification ausgelöst hat.

Die Kategorie einer Notification wird mit der Methode `setCategory` gesetzt:

```
builder.setCategory(NotificationCompat.CATEGORY_EVENT);
```

Die Klasse `Notification` enthält eine Reihe von Kategoriekonstanten, darunter `CATEGORY_ALARM`, `CATEGORY_REMINDER`, `CATEGORY_EVENT`, `CATEGORY_MESSAGE` und `CATEGORY_CALL`. Indem Sie die richtige Kategorie einstellen, stellen Sie sicher, dass die Systemeinstellungen des Benutzers zum Aktivieren oder Deaktivieren bestimmter Kategorien im »Bitte nicht stören«-Modus eingehalten werden.

Für einige Notification-Kategorien, insbesondere für Nachrichten und Anrufe, können Benutzer festlegen, dass Notifications nur von bestimmten Personen – nämlich ihren markierten Kontakten – zugelassen werden.

Sie können Personen an die `Notification` anhängen, indem Sie `addPerson` verwenden und eine von drei Arten von URIs übergeben (siehe Listing 11.23):

- Ein `CONTENT_LOOKUP_URI` oder der »permanente« Link zu einem einzelnen Kontakt bereits im `ContactsContent`-Provider des Benutzers

- Ein tel: Schema für Telefonnummern, das `ContactsContract.PhoneLookup` verwendet, um den zugehörigen Benutzer zu finden

- Ein mailto: Schema für E-Mail-Adressen

```
builder.setCategory(NotificationCompat.CATEGORY_CALL)
       .addPerson("tel:5558675309");
```
Listing 11.23 Notification-Kategorie und Absender festlegen

11.4.5 Notification-Aktionen hinzufügen

Erweiterte Notifications ermöglichen es Ihnen außerdem, den Benutzern bis zu drei weitere Aktionen anzubieten. Beispielsweise kann eine E-Mail-Notification eine Aktion zum Archivieren oder Löschen enthalten.

Jede der Notification hinzugefügte Aktion muss eine einzigartige Funktionalität bieten, ohne die Aktion beim Antippen der Notification zu duplizieren. Aktionen sind nur verfügbar, wenn die Notification erweitert wurde. Daher ist es empfehlenswert, sicherzustellen, dass jede in der erweiterten Notification verfügbare Aktion auch in der Activity verfügbar ist, die beim Antippen der Notification gestartet wird.

Jede Notification-Aktion hat einen Titel, ein Symbol (32x32dp, weiß auf transparentem Hintergrund) und einen `PendingIntent`. Auf Geräten mit Android 7.0 Nougat (API Level 24) oder höher wird das Symbol nicht in der erweiterten Notification angezeigt, aber es wird auf Geräten wie Android Wear und früheren Versionen von Android verwendet.

Fügen Sie mit der Methode `addAction` im `NotificationBuilder` neue Aktionen zu einer Notification hinzu (siehe Listing 11.24).

```
Intent deleteAction = new Intent(context, DeleteBroadcastReceiver.class);
deleteAction.setData(emailUri);

PendingIntent deleteIntent = PendingIntent.getBroadcast(context, 0,
  deleteAction, PendingIntent.FLAG_UPDATE_CURRENT);

builder.addAction(
  new NotificationCompat.Action.Builder(
    R.drawable.delete,
    context.getString(R.string.delete_action),
    deleteIntent).build());
```
Listing 11.24 Eine Notification-Aktion hinzufügen

11.4 | Im Hintergrund arbeiten

> **Hinweis**
>
> Nachdem eine Aktion ausgelöst wurde, liegt es in der Verantwortung der empfangenden Komponente, die Notification gegebenenfalls zu stornieren. Der `setAutoCancel`-Mechanismus gilt nur, wenn der Benutzer die Notification selbst antippt.

Der Notification-Builder bietet zusätzliche Unterstützung für Aktionen auf Android Wear durch die Klasse `Action.WearableExtender`. Mit der Methode `setHintDisplayActionInline` können Sie schnell auf eine primäre Aktion auf Android Wear-Geräten zugreifen:

```
builder.addAction(
  new NotificationCompat.Action.Builder(
    R.drawable.archive,
    context.getString(R.string.archive_action),
    archiveIntent)
  .extend(new NotificationCompat.Action.WearableExtender()
    .setHintDisplayActionInline(true))
  .build());
```

Der `WearableExtender` kann auch verwendet werden, um die Übergangsanimation auf Android Wear weiter zu verbessern, indem die `setHintLaunchesActivity` mit `true` als Parameter aufgerufen wird, die eine »Opened on the phone«-Animation abspielt, wenn sie auf `true` gesetzt wird.

11.4.6 Direkte Antwort-Aktionen hinzufügen

Die im vorherigen Abschnitt beschriebenen Aktionen beschränken sich auf das Auslösen eines vordefinierten Intents, wenn eine Aktion ausgewählt wird. Android 7.0 Nougat (API Level 24) und Android Wear erweitern dies durch die Einführung von Direktantwortaktionen (»Direct Reply Actions«), die es Benutzern ermöglichen, auf eine Benachrichtigung zu reagieren, indem sie Text direkt aus der Benachrichtigung selbst eingeben, wie in Abbildung 11.7 zu sehen ist.

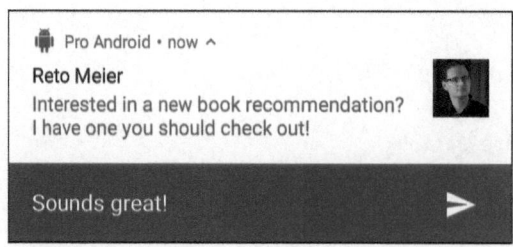

Abbildung 11.7 Direktantwortaktion

Direktantwortaktionen sind besonders nützlich, wenn die häufigste Antwort des Benutzers auf eine Notification eine kurze Antwort ist, wie zum Beispiel die Antwort auf eine eingehende Notification. Aus diesem Grund werden Direktantwortaktionen typischerweise mit dem `MessagingStyle` gepaart.

Um Ihrer Notification eine Direktantwortaktion hinzuzufügen, fügen Sie der Aktion ein `RemoteInput`-Objekt hinzu (siehe Listing 11.25).

```
// Der Schlüssel, mit dem später die Antwort abgerufen wird
final String KEY_TEXT_REPLY = "KEY_TEXT_REPLY";

Intent replyAction = new Intent(context, ReplyBroadcastReceiver.class);
replyAction.setData(chatThreadUri);
PendingIntent replyIntent = PendingIntent.getBroadcast(context, 0,
  replyAction, PendingIntent.FLAG_UPDATE_CURRENT);

// Erzeuge das RemoteInput-Objekt
RemoteInput remoteInput = new RemoteInput.Builder(KEY_TEXT_REPLY)
  .setLabel(context.getString(R.string.reply_hint_text))
  .build();

builder.addAction(
  new NotificationCompat.Action.Builder(
    R.drawable.reply,
    context.getString(R.string.reply_action),
    replyIntent)
    .addRemoteInput(remoteInput)
    .setAllowGeneratedReplies(true)
    .extend(new NotificationCompat.Action.WearableExtender()
      .setHintDisplayActionInline(true))
    .build());
```

Listing 11.25 Eine direkte Antwortaktion hinzufügen

Eine einfache Möglichkeit, um Programme auf Android Wear-Geräten zu verbessern, besteht darin, generierte Antworten mit `setAllowGeneratedReplies` zu aktivieren. Generierte Antworten versuchen, wahrscheinliche Benutzerantworten vorherzusagen, so dass der Benutzer eine vorgegebene Antwort auswählen kann, anstatt explizit etwas eingeben (oder sagen) zu müssen.

Wenn Benutzer ihre Antwort eingeben, wird sie mit dem Schlüssel, mit dem Sie den `RemoteInput` erstellt haben, in Ihren `PendingIntent` aufgenommen. Sie können den Text innerhalb Ihrer Anwendung mit der statischen Methode `RemoteInput.getResultsFromIntent` ermitteln, um ein `Bundle` zu erhalten, aus dem Sie den eingegebenen Text des Benutzers auslesen können:

```
Bundle remoteInput = RemoteInput.getResultsFromIntent(intent);
CharSequence message = remoteInput != null
  ? remoteInput.getCharSequence(KEY_TEXT_REPLY)
  : null;
```

Unmittelbar nachdem die Anwender ihre Antwort eingegeben haben, fügt Android einen Fortschritts-Dreher hinzu, um anzuzeigen, dass Ihre Anwendung die Antwort verarbeitet. Sobald Sie die Eingaben des Benutzers erhalten und bearbeiten, müssen Sie die Notification so aktualisieren, dass sie deren Eingaben widerspiegelt und der Fortschritts-Dreher entfernt wird.

Wenn Sie den `MessagingStyle` verwenden, können Sie dies tun, indem Sie eine Nachricht mit `addMessage` hinzufügen. Für jeden anderen Notification-Style verwenden Sie `setRemoteInputHistory` wie hier gezeigt:

```
// Wenn es mehrere Antworten gibt, sollte die
// jüngste die erste im Array sein.
builder.setRemoteInputHistory(new CharSequence[] { lastReply });
```

11.4.7 Mehrere Notifications gruppieren

Anstatt mehrere einzelne Notifications (beispielsweise eine per E-Mail) zu versenden, ist es in der Regel besser, mehrere Notifications in einer einzigen Gruppe zu bündeln. Dies stellt sicher, dass die Benutzer ein Notification-Tray behalten, die auf einen Blick verständlich ist und nicht mit mehreren Notifications aus einer einzigen Anwendung überschwemmt wird.

Ein Ansatz besteht darin, eine einzige Notification zu haben, die so geändert wird, dass sie mehrere Elemente enthält, die sie ausgelöst haben; der geringe verfügbare Platz begrenzt jedoch die Informationen, die Sie anzeigen können.

Ein besserer Ansatz ist es, mehrere individuelle Notifications aus Ihrer App zu bündeln. Diese gruppierten Notifications erscheinen in der gleichen Größe wie eine einzelne Notification, wie in Abbildung 11.8 gezeigt, können jedoch erweitert werden, so dass ein Benutzer mehrere einzelne Notifications innerhalb dieser Gruppe anzeigen und mit ihnen interagieren kann.

Notifications können zu einer Gruppe hinzugefügt werden, indem Sie `setGroup` im `Builder` aufrufen und einen String übergeben, der einen eindeutigen Schlüssel für jede Gruppe bereitstellt:

Mit Notifications Benutzer benachrichtigen | **11.4**

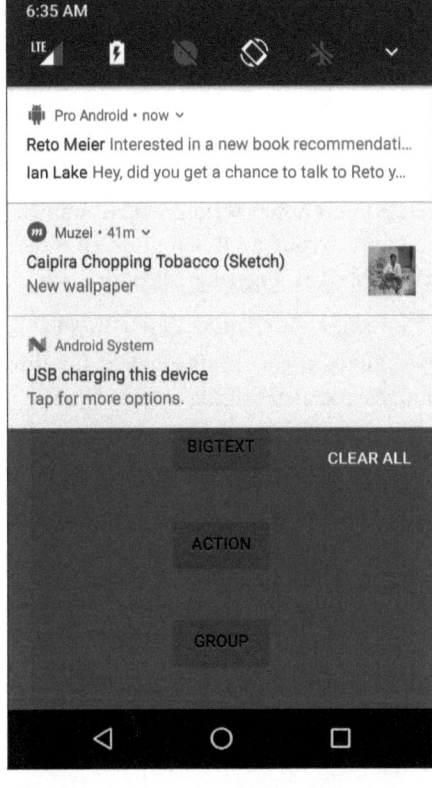

Abbildung 11.8 Mehrere Notifications gruppiert

```
String accountName = "reto@example.com";
builder.setGroup(accountName);
```

> **Hinweis**
>
> Auf Android 7.0 Nougat (API Level 24) und höheren Geräten wird die Notification-Gruppierung automatisch für jede Anwendung erzwungen, die mehr als vier einzelne Notifications veröffentlicht.

Für jede Gruppe müssen Sie auch eine Gruppenzusammenfassung (Summary-Notification) posten – eine Notification, die den gleichen `setGroup`-Aufruf hat und auch `setGroupSummary(true)` aufruft (siehe Listing 11.26).

```
InboxStyle inboxStyle = new NotificationCompat.InboxStyle();
for (String emailSubject : emailSubjects)
  inboxStyle.addLine(emailSubject);
```

```
builder.setSubText(accountName)
  .setGroup(accountName)
  .setGroupSummary(true)
  .setStyle(inboxStyle);
```
Listing 11.26 Eine InboxStyle Gruppenzusammenfassung (Summary-Notification) bauen

Auf Geräten mit Android 7.0 Nougat (API Level 24) und höher wird diese zusammenfassende Notification nur verwendet, um den `ContentIntent` zu füllen und den Intent und den Untertext, der beim Zusammenklappen des `Bundles` angezeigt wird, zu löschen.

Auf Android 6.0 Marshmallow (API Level 23) und früheren Geräten, auf denen keine Notification-Bündelung verfügbar ist, wird dieses `Bundle` jedoch als einziges für Ihre App angezeigt. Dies macht den `InboxStyle` zum geeignetsten Stil, da er eine einzeilige Zusammenfassung jeder Notification liefert, auf die zugegriffen werden kann, wenn der Benutzer auf die Summary-Notification klickt.

Dies bedeutet, dass Ihre Summary-Notification genügend Informationen enthalten sollte, um auch ohne die Kind-Notifications nützlich zu sein, und jedes Mal, wenn eine Notification innerhalb der Gruppe erstellt, aktualisiert oder gelöscht wird, sollte auch die Summary-Notification aktualisiert werden, um den aktuellen Summary-Status wiederzugeben.

11.4.8 Notification zum Erdbebenmonitor hinzufügen

Das folgende Beispiel erweitert den `EarthquakeUpdateJobService`, um eine Notification für das schwerste neue Erdbeben nach einer Aktualisierung auszulösen. Die Notification zeigt die Stärke und den Ort im Notification-Tray an und die Auswahl der Notification öffnet die `EarthquakeActivity`.

1. Fügen Sie der Datei *res/values/strings.xml* einen String `earthquake_channel_name` hinzu:

   ```
   <string name="earthquake_channel_name">New earthquake!</string>
   ```

2. Fügen Sie im `EarthquakeUpdateJobService` neue Konstanten hinzu, die wir für die Erstellung jeder Notification verwenden werden:

   ```
   private static final String NOTIFICATION_CHANNEL = "earthquake";
   public static final int NOTIFICATION_ID = 1;
   ```

3. Noch innerhalb des `EarthquakeUpdateJobService`, fügen Sie eine Methode `createNotificationChannel` hinzu, um einen wichtigen Kanal mit Vibration und Licht zu definieren, der für etwas so Wichtiges wie ein neues Erdbeben geeignet ist:

11.4 | Mit Notifications Benutzer benachrichtigen

```
private void createNotificationChannel() {
  if (Build.VERSION.SDK_INT >= Build.VERSION_CODES.O) {
    CharSequence name = getString(R.string.earthquake_channel_name);

    NotificationChannel channel = new NotificationChannel(
      NOTIFICATION_CHANNEL,
      name,
      NotificationManager.IMPORTANCE_HIGH);
    channel.enableVibration(true);
    channel.enableLights(true);

    NotificationManager notificationManager =
      getSystemService(NotificationManager.class);
    notificationManager.createNotificationChannel(channel);
  }
}
```

4. Erstellen Sie ein Notification-Symbol mit dem Namen `notification_icon` und speichern Sie es in Ihrem Verzeichnis *res/drawable*, indem Sie den Menüpunkt NEW | VECTOR ASSET im Android Studio auswählen. Wählen Sie für das Symbol das Material-Symbol `vibration`. Verwenden Sie die Standardgröße 24x24dp (das ist die richtige Größe für Notification Symbole). Bearbeiten Sie die resultierende Datei *notification_icon.xml*, um `fillColor` in #FFF (weiß) zu ändern:

```
<vector
  xmlns:android="http://schemas.android.com/apk/res/android"
  android:width="24dp"
  android:height="24dp"
  android:viewportWidth="24.0"
  android:viewportHeight="24.0">
  <path
    android:fillColor="#FFF"
    android:pathData="M0,15h2L2,9L0,9v6z
      M3,17h2L5,7L3,7v10zM22,9v6h2L24,9h-2z
      M19,17h2L21,7h-2v10z
      M16.5,3h-9C6.67,3 6,3.67 6,4.5v15
      c0,0.83 0.67,1.5 1.5,1.5h9
      c0.83,0 1.5,-0.67 1.5,-1.5v-15
      c0,-0.83 -0.67,-1.5 -1.5,-1.5z
      M16,19L8,19L8,5h8v14z"/>
</vector>
```

5. Erstellen Sie eine neue Methode `broadcastNotification`, die `createNotificationChannel` aufruft, und erstellen Sie dann die `NotificationBuilder`-Instanz mit einem `Earthquake`-Objekt:

```java
private void broadcastNotification(Earthquake earthquake) {
  createNotificationChannel();

  Intent startActivityIntent = new Intent(this,
    EarthquakeMainActivity.class);
  PendingIntent launchIntent = PendingIntent.getActivity(this, 0,
    startActivityIntent, PendingIntent.FLAG_UPDATE_CURRENT);

  final NotificationCompat.Builder earthquakeNotificationBuilder
    = new NotificationCompat.Builder(this, NOTIFICATION_CHANNEL);

  earthquakeNotificationBuilder
    .setSmallIcon(R.drawable.notification_icon)
    .setColor(ContextCompat.getColor(this, R.color.colorPrimary))
    .setDefaults(NotificationCompat.DEFAULT_ALL)
    .setVisibility(NotificationCompat.VISIBILITY_PUBLIC)
    .setContentIntent(launchIntent)
    .setAutoCancel(true)
    .setShowWhen(true);

  earthquakeNotificationBuilder
    .setWhen(earthquake.getDate().getTime())
    .setContentTitle("M:" + earthquake.getMagnitude())
    .setContentText(earthquake.getDetails())
    .setStyle(new NotificationCompat.BigTextStyle()
      .bigText(earthquake.getDetails()));

  NotificationManagerCompat notificationManager
    = NotificationManagerCompat.from(this);

  notificationManager.notify(NOTIFICATION_ID,
    earthquakeNotificationBuilder.build());
}
```

6. Um die Benutzer nicht durch die Notification für bereits empfangene Erdbeben zu unterbrechen, müssen wir alle neu ausgewerteten Erdbeben mit denen in der Datenbank vergleichen.

a) Erstellen Sie in der Klasse `EarthquakeDAO` eine Methode `loadAllEarthquakesBlocking`, die verwendet wird, um alle Erdbeben beim Aufruf aus dem Hintergrund-Thread, auf dem `onRunJob` läuft, synchron zurückzugeben:

```
@Query("SELECT * FROM earthquake ORDER BY mDate DESC")
List<Earthquake> loadAllEarthquakesBlocking();
```

b) Zurück zur Klasse `EarthquakeUpdateJobService`. Erstellen Sie eine Methode `findLargestNewEarthquake`, um die beiden Listen von `Earthquakes` zu vergleichen:

```
private Earthquake findLargestNewEarthquake(
  List<Earthquake> newEarthquakes) {

  List<Earthquake> earthquakes = EarthquakeDatabaseAccessor
    .getInstance(getApplicationContext())
    .earthquakeDAO()
    .loadAllEarthquakesBlocking();

  Earthquake largestNewEarthquake = null;

  for (Earthquake earthquake : newEarthquakes) {
    if (earthquakes.contains(earthquake)) {
      continue;
    }
    if (largestNewEarthquake == null
      || earthquake.getMagnitude() >
      largestNewEarthquake.getMagnitude()) {
      largestNewEarthquake = earthquake;
    }
  }
  return largestNewEarthquake;
}
```

7. Ändern Sie die Methode `onRunJob`, um eine neue Notification zu versenden, wenn der wiederkehrende Job ein neues Erdbeben findet, das größer als die vom Benutzer angegebene Mindestgröße ist. Fügen Sie einen Aufruf auf `broadcastNotification` unmittelbar vor dem Aufruf hinzu, um die neuen `Earthquakes` in die Datenbank einzufügen:

11.5 | Im Hintergrund arbeiten

```
public int onRunJob(final JobParameters job) {
  [... Existierender onRunJob ...]

  if (job.getTag().equals(PERIODIC_JOB_TAG)) {
    Earthquake largestNewEarthquake
      = findLargestNewEarthquake(earthquakes);

    SharedPreferences prefs =
      PreferenceManager.getDefaultSharedPreferences(this);
    int minimumMagnitude = Integer.parseInt(
      prefs.getString(PreferencesActivity.PREF_MIN_MAG, "3"));

    if (largestNewEarthquake != null
      && largestNewEarthquake.getMagnitude() >= minimumMagnitude) {
      // Löse eine Notification aus
      broadcastNotification(quake);
    }
  }

  [... Existierender onRunJob ...]
}
```

11.5 Firebase Cloud-Messaging

Firebase Cloud-Messaging (FCM) kann verwendet werden, um Notifications oder Datennachrichten direkt aus der Cloud oder von Ihrem Server an Ihre App, die auf mehreren Geräten läuft, zu »pushen«. Mit FCM können Sie bequem per Fernzugriff Notifications versenden, Ihre App über Updates von Daten auf dem Server informieren oder Daten direkt an Ihre App senden.

Die Verwendung von FCM ermöglicht es Ihnen, die mit der Synchronisierung von Updates für Ihre App verbundene Akku-Belastung deutlich zu reduzieren (etwa durch den Empfang neuer E-Mails oder Änderungen an Ihrem Kalender). Dies ist eine Alternative zum Client-seitigen Polling, bei dem Ihre App das Gerät aufweckt, um nach Server-Updates zu suchen. Die Verwendung eines Push-Modells für Updates stellt sicher, dass Ihre Anwendung das Gerät nur dann für Updates aufweckt, wenn es weiß, dass diese verfügbar sind.

Dieser Ansatz sorgt auch dafür, dass zeitkritische, Server-seitige Nachrichten, wie zum Beispiel neue Chat-Nachrichten, von denen Benutzer erwarten, dass sie sofort auf ihren Geräten angezeigt werden, zeitnäher zugestellt werden.

Ihre Apps können FCM-Nachrichten empfangen, auch wenn sie nicht laufen oder wenn das Gerät im Ruhezustand ist. FCM-Nachrichten können Notifications direkt anzeigen oder Ihre App aus der Ferne aufwecken, indem sie eine eigene Notification anzeigen, ihre Benutzeroberfläche basierend auf den empfangenen Nachrichtendaten aktualisieren oder einen Hintergrundjob starten, der eine Synchronisation mit den aktualisierten Serverdaten durchführt.

Bevor Sie Firebase Cloud-Messaging in Ihrer App verwenden können, muss die API zunächst als Gradle-Abhängigkeit hinzugefügt werden. Beachten Sie, dass die Versionsnummer im folgenden Codeausschnitt durch die neueste Version von Firebase Cloud-Messaging ersetzt werden sollte:

```
dependencies {
  implementation 'com.google.firebase:firebase-messaging:17.0.0'
}
```

> **Hinweis**
>
> Firebase Cloud Messaging ersetzt die zuvor veröffentlichte API »Google Cloud Messaging« (GCM). In diesem Kapitel beschreiben wir die Funktionen, die nur mit FCM verfügbar sind, und empfehlen, dass Sie bei Verwendung von GCM so bald wie möglich auf FCM aktualisieren.
>
> FCM wird als Teil des Firebase SDK vertrieben, so dass es häufiger aktualisiert werden kann als die Android-Plattform. Wir empfehlen, dass Sie immer das neueste Firebase SDK verwenden; die neueste Version und Dokumentation finden Sie unter *firebase.google.com/docs/cloud-messaging/android/client*.

11.5.1 Notifications mit Firebase Notifications remote auslösen

Eine der leistungsfähigsten Funktionen von Firebase Cloud-Messaging ist die Firebase Notifications-API.

Aufbauend auf Firebase Cloud-Messaging können Firebase Notifications direkt von der Firebase Konsole unter `console.firebase.google.com` (siehe Abbildung 11.9) an Ihre Anwendung gesendet werden, ohne dass Sie Server- oder Client-seitigen Code schreiben müssen.

Über die Konsole können Sie Firebase-Notifications an alle Ihre Benutzer senden, eine Untermenge basierend auf Eigenschaften wie der App-Version oder einem einzelnen Gerät oder einer Gruppe von Geräten, die zu einem bestimmten Benutzer gehören.

Wenn Sie eine Firebase-Notification erstellen, können Sie den Nachrichtentext, der als Inhaltstitel der Notification angezeigt wird, den Inhaltstext über das Notification-Feld `Title` und eine Zustellzeit angeben, wie in Abbildung 11.10 gezeigt.

11.5 | Im Hintergrund arbeiten

Abbildung 11.9 Firebase Konsole

Listing 11.27 zeigt die Metadaten-Eigenschaften, die Sie Ihrem Anwendungsmanifest hinzufügen sollten: das kleine Symbol, die Notification-Farbe und den Notification-Channel.

```
<meta-data
  android:name="com.google.firebase.messaging.default_notification_icon"
  android:value="@drawable/ic_notification" />
<meta-data
  android:name="com.google.firebase.messaging.default_notification_color"
  android:value="@color/colorPrimary" />
<meta-data
  android:name="com.google.firebase.messaging.default_notification_channel_id"
  android:value="@string/default_notification_channel" />
```
Listing 11.27 Firebase Notification-Metadaten festlegen

Der Content-Intent, der ausgelöst wird, wenn ein Benutzer die Notification berührt, wird immer auf Ihre Haupt-Start-Activity gesetzt.

Wenn Sie eine Firebase Notification von der Konsole aus senden, können Sie optional den Sound aktivieren, der den Standard Notification Klingelton zur Notification hinzufügt. Firebase Notifications sind standardmäßig auf hohe Priorität eingestellt. Wenn Ihre Nachricht also nicht zeitkritisch ist, sollten Sie die Priorität auf normal reduzieren.

Firebase Notifications an ein Topic senden

Firebase Notifications können auch an Geräte gesendet werden, die ein bestimmtes Topic abonniert haben. Sie können diese Topics innerhalb Ihrer App definieren, indem Sie die Möglichkeit bieten, Ihre Benutzer basierend auf beliebiger Geschäftslogik, App-Status oder expliziter Benutzerauswahl zu unterteilen.

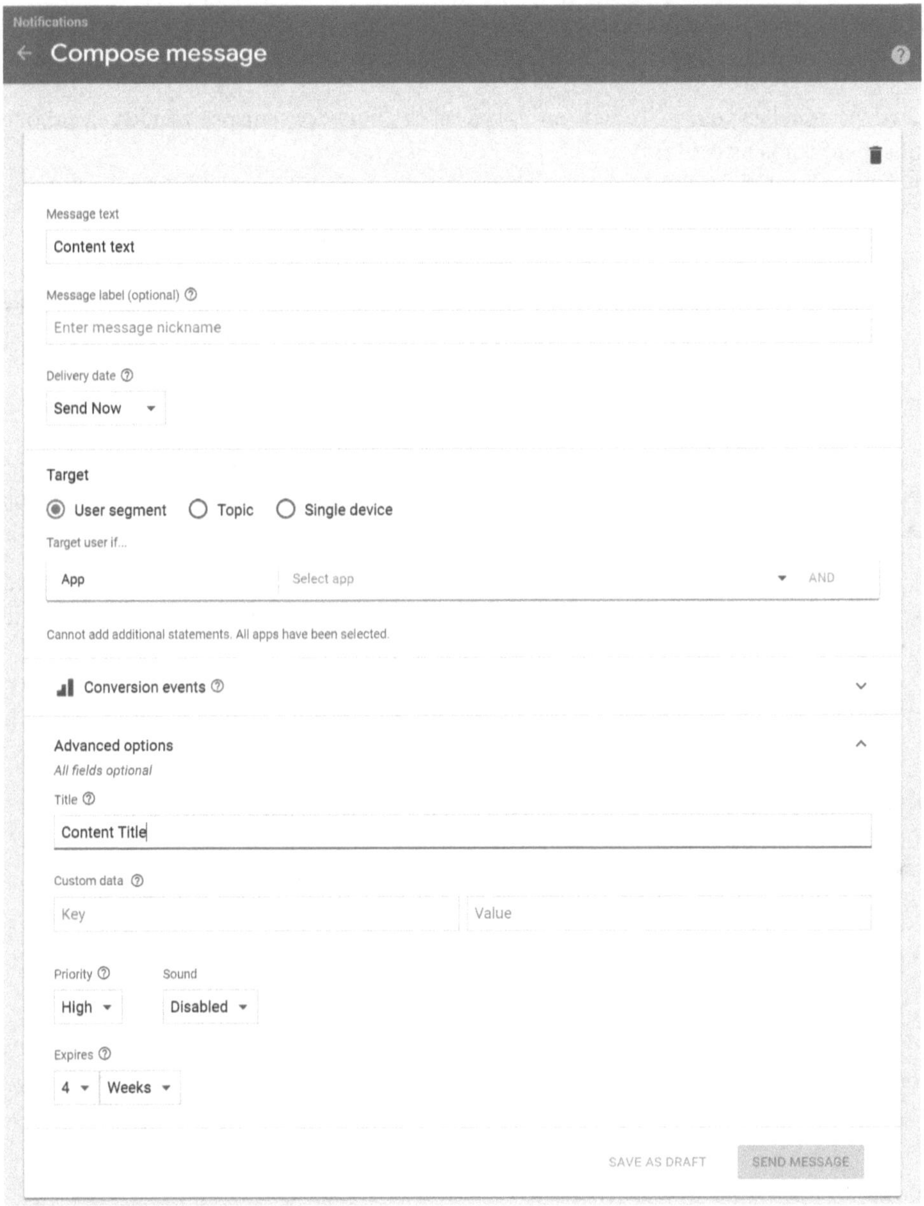

Abbildung 11.10 Firebase-Notification

Innerhalb Ihrer App können Sie ein bestimmtes Topic mit der Methode `subscribeToTopic` abonnieren, indem Sie einen String, der einen Topic-Namen repräsentiert, an eine Instanz der Klasse `FirebaseMessaging` übergeben:

11.5 | Im Hintergrund arbeiten

```
FirebaseMessaging.getInstance()
  .subscribeToTopic("imminent_missile_attack");
```

Das Abbestellen eines Topics erfolgt ähnlich mit der entsprechenden Methode unsubscribeFromTopic:

```
FirebaseMessaging.getInstance()
  .unsubscribeFromTopic("imminent_missile_attack");
```

Sobald eine Anwendung ein neues Topic abonniert hat, ist es in der Firebase-Konsole verfügbar und kann als Ziel für Firebase-Notifications verwendet werden.

Firebase-Notifications im Vordergrund empfangen

Firebase-Notifications wurden entwickelt, um Notifications anzuzeigen, und wie die zuvor in diesem Kapitel beschriebenen Notifications werden sie nur angezeigt, wenn keine Activities Ihrer App aktiv sind.

Um Firebase-Notifications zu empfangen, während Ihre App im Vordergrund steht, müssen Sie einen `FirebaseMessagingService` erstellen, der die Methode `onMessageReceived` überschreibt (siehe Listing 11.28).

```
public class MyFirebaseMessagingService
  extends FirebaseMessagingService {

  @Override
  public void onMessageReceived(RemoteMessage message) {
    RemoteMessage.Notification notification = message.getNotification();

    if (notification != null) {
      String title = notification.getTitle();
      String body = notification.getBody();

      // Sende die eigene Notification mit NotificationCompat.Builder
      // oder sende die Information an Ihre Benutzeroberfläche.
    }
  }
}
```

Listing 11.28 Firebase Notification Callbacks handhaben

Innerhalb dieses Callbacks können Sie die empfangenen Notification-Details auslesen und entweder eine Notification erstellen oder Ihre aktuelle Activity aktualisieren, um die Nachricht inline anzuzeigen.

Sobald Sie den Service erstellt haben, müssen Sie ihn in Ihrem Manifest registrieren, einschließlich eines Intent-Filters für `com.google.firebase.MESSAGING_EVENT` (siehe Listing 11.29).

```xml
<service android:name=".MyFirebaseMessagingService">
  <intent-filter>
    <action android:name="com.google.firebase.MESSAGING_EVENT" />
  </intent-filter>
</service>
```

Listing 11.29 Den FirebaseMessagingService registrieren

11.5.2 Datenempfang per Firebase Cloud-Messaging

Zusätzlich zu den in den vorherigen Abschnitten beschriebenen Notifications kann Firebase Cloud-Messaging (FCM) auch verwendet werden, um Ihre App-Daten in Form von Schlüssel-/Wert-Paaren zu versenden.

Der einfachste Fall ist das Anhängen von benutzerdefinierten Daten an eine Firebase-Notification, die in den Extras des Content-Intents empfangen wird, wenn der Benutzer Ihre Notification auswählt (siehe Listing 11.30).

```java
Intent intent = getIntent();
if (intent != null) {
  String value = intent.getStringExtra("your_key");
  // Ändere das Verhalten basierend auf dem Wert, wie etwa
  // das Starten der entsprechenden Deep Link Activity.
}
```

Listing 11.30 Daten aus einer Firebase-Notification auslesen

Die gleichen Daten sind vom Callback `onMessageReceived` innerhalb Ihres Firebase Messaging-Service verfügbar, der die Methode `getData` verwendet (siehe Listing 11.31).

```java
@Override
public void onMessageReceived(RemoteMessage message) {
  Map<String,String> data = message.getData();

  if (data != null) {
    String value = data.get("your_key");

    // Sende die eigene Notification mit NotificationCompat.Builder
    // oder sende die Informationen an die Benutzeroberfläche.
  }
}
```

Listing 11.31 Datenempfang über den Firebase Messaging-Service

11.6 | Im Hintergrund arbeiten

Wenn Sie Ihren eigenen Server erstellen oder die Firebase Admin API verwenden, ist es möglich, eine Nachricht zu senden, die nur Daten und keine Notification enthält. In diesen Fällen führt jede Nachricht zu einem Callback von `onMessageReceived`, unabhängig davon, ob sich Ihre App im Vordergrund oder im Hintergrund befindet, so dass Sie die volle Kontrolle über das Verhalten Ihrer App haben und die gesamte Notification API nutzen oder eine zusätzliche Hintergrundverarbeitung auslösen können.

> **Hinweis**
>
> Weitere Informationen zum Aufbau eines Firebase Cloud-Messaging-Servers finden Sie unter *firebase.google.com/docs/cloud-messaging/server* und weitere Informationen zur Firebase Admin API unter *firebase.google.com/docs/cloud-messaging/admin*.

11.6 Alarm

Ein Alarm ist ein Mittel, um einen Intent zu vorbestimmten Zeiten zu feuern. Im Gegensatz zu Handlern arbeiten Alarme außerhalb des Bereichs Ihrer App, so dass Sie sie verwenden können, um Anwendungsereignisse oder Aktionen auszulösen, auch nachdem Ihre App geschlossen wurde. Im Gegensatz zu Job-Scheduler, `FirebaseJobDispatcher` und Work-Manager können Alarme so eingestellt werden, dass sie zu exakten Zeiten ausgelöst werden, weshalb sie sich besonders für Kalenderereignisse oder Wecker eignen.

> **Hinweis**
>
> Für zeitgesteuerte Operationen, die nur während der Lebensdauer Ihrer Apps auftreten, ist die Verwendung der Klasse `Handler` in Kombination mit `postDelayed` und Threads ein besserer Ansatz als die Verwendung von Alarmen, da Android dadurch eine genauere Kontrolle über die Systemressourcen erhält. Alarme bieten einen Mechanismus, um die Lebensdauer Ihrer Apps zu verkürzen, indem Sie geplante Events auslagern.

Die Alarme bleiben auch dann aktiv, wenn der Prozess Ihrer App beendet wird. Alarme werden jedoch beim Neustart des Geräts gelöscht und müssen manuell neu erstellt werden.

Alarmoperationen werden über den `AlarmManager` abgewickelt, ein Systemdienst, auf den über `getSystemService` zugegriffen wird.

```
AlarmManager alarmManager =
  (AlarmManager) getSystemService(Context.ALARM_SERVICE);
```

11.6.1 Alarme erzeugen, setzen und stornieren

Um einen neuen Alarm zu erstellen, der zu einem bestimmten Zeitpunkt ausgelöst wird, verwenden Sie die Methode `setExactAndAllowWhileIdle` und geben Sie als Alarmtyp `RTC_WAKEUP` an, dazu einen Auslösezeitpunkt und eine `PendingIntent`, die ausgelöst werden soll. Wenn der von Ihnen angegebene Auslösezeitpunkt für den Alarm in der Vergangenheit liegt, wird der Alarm sofort ausgelöst.

Listing 11.32 zeigt, wie man einen Alarm erzeugt.

```
// Hole die Referenz auf den Alarm Manager
AlarmManager alarmManager =
  (AlarmManager)getSystemService(Context.ALARM_SERVICE);

// Bestimme den Auslösezeitpunkt
Calendar calendar = Calendar.getInstance();
calendar.set(Calendar.MINUTE, 0);
calendar.set(Calendar.SECOND, 0);
calendar.set(Calendar.MILLISECOND, 0);
calendar.add(Calendar.HOUR, 1);
long time = calendar.getTimeInMillis();

// Erzeuge einen PendingIntent
String ALARM_ACTION = "ALARM_ACTION";
Intent intentToFire = new Intent(ALARM_ACTION);
PendingIntent alarmIntent = PendingIntent.getBroadcast(this, 0,
  intentToFire, 0);

// Setze den Alarm
alarmManager.setExactAndAllowWhileIdle(AlarmManager.RTC_WAKEUP,
  time, alarmIntent);
```

Listing 11.32 Erstellen eines Alarms, der zur vollen Stunde ausgelöst wird

Wenn der Alarm ausgelöst wird, wird der von Ihnen angegebene `PendingIntent` gesendet. Die Einstellung eines zweiten Alarms mit demselben `PendingIntent` ersetzt den vorherigen Alarm.

Um einen Alarm abzubrechen, rufen Sie die Methode `cancel` über den `AlarmManager` auf, indem Sie den `PendingIntent` übergeben, den Sie nicht mehr auslösen möchten (siehe Listing 11.33):

```
alarmManager.cancel(alarmIntent);
```

Listing 11.33 Alarm abbrechen

Wenn Sie mehrere genaue Alarme in Ihrer App verwalten müssen (beispielsweise mehrere zukünftige Wecker), ist es am besten, nur den nächsten Alarm zu verwalten. Wenn Ihr Broadcast-Receiver feuert, sollte er auf den ausgelösten Alarm reagieren und auch den nächsten einstellen. Dies stellt sicher, dass das System jederzeit möglichst wenige Alarme verwalten muss.

11.6.2 Einen Wecker stellen

Alarme sind trotz des Namens nicht sichtbar; nur Alarme, die über `setAlarmClock` gesetzt wurden (siehe Listing 11.34), werden dem Benutzer angezeigt, typischerweise innerhalb der Uhr-App.

```
// Erstelle einen Pending Intent für die Anzeige oder Bearbeitung des Alarms,
// wenn das Weckersymbol berührt wird.
Intent alarmClockDetails = new Intent(this, AlarmClockActivity.class);
PendingIntent showIntent = PendingIntent.getActivity(this, 0,
  alarmClockDetails, 0);

// Stelle den Wecker, der das alarmIntent auslöst.
alarmManager.setAlarmClock(
  new AlarmManager.AlarmClockInfo(time, showIntent),
  alarmIntent);
```
Listing 11.34 Einen Wecker erzeugen

Sie können den nächsten geplanten Wecker mit der Methode `getNextAlarmClock` des `AlarmManagers` abrufen.

Das System verlässt den Energiesparmodus einige Minuten vor dem Start eines Weckers und stellt sicher, dass Apps die Möglichkeit haben, neue Daten abzurufen, bevor die Benutzer ihr Gerät in die Hand nehmen.

11.7 Services

Während kleinere Hintergrundaufgaben am besten mit einem Broadcast-Receiver erledigt werden und der `JobService` (oder Work-Manager) für die Stapelverarbeitung von Hintergrundaufgaben bevorzugt wird, gibt es Fälle, in denen Ihre App weit über den Lebenszyklus einer bestimmten Activity hinaus weiterlaufen muss. Diese Art von länger laufenden Vorgängen, die im Hintergrund ablaufen, bilden den Schwerpunkt von Services.

Die meisten Services haben ihren Lebenszyklus an andere Komponenten gebunden, die als gebundene Services bezeichnet werden. Viele der in diesem Buch vorgestellten Dienste sind Erweiterungen von gebundenen Diensten, wie der in diesem Kapitel vorgestellte

`JobService`. Der `JobService` ist an das System gebunden und wird nach Abschluss der Arbeiten gelöst, so dass er beendet werden kann.

Services, die einen unbegrenzten Lebenszyklus haben, können aktiv bleiben, wenn keine Activity sichtbar ist. Diese werden als »gestartete Services« bezeichnet. Diese Art von Service sollte als Vordergrund-Service gestartet werden, der sicherstellt, dass sie vom System eine hohe Priorität erhalten (um zu vermeiden, dass sie wegen zu wenig Speicherplatz abgebrochen werden) und dass der Benutzer über eine erforderliche Notification über die Hintergrundarbeit informiert ist.

> **Warnung**
>
> Vor Android 8.0 Oreo (API Level 26) konnten gestartete Services aus einer Idle- oder Hintergrund-App aufgerufen werden und unbegrenzt weiterlaufen. Android 8.0 hat neue Einschränkungen eingeführt, um gestartete Dienste zu begrenzen. Dies betrifft insbesondere die Möglichkeit, Dienste auf Vordergrund-Apps, Vordergrund-Services und auf einem begrenzten Fenster von mehreren Minuten zu starten, nachdem eine Anwendung in den Hintergrund verschoben wurde oder eine hochpriorisierte Firebase Cloud Messaging-(FCM-)Nachricht empfangen, eine Broadcast-Nachricht empfangen oder einen `PendingIntent` aus einer Notification ausgeführt hat.
>
> Sie sollten die Verwendung von Services vermeiden, wenn es eine Alternative gibt – insbesondere der Job-Scheduler gilt als eine bewährte Alternative für das Scheduling von Operationen, die im Hintergrund ausgeführt werden sollen.

11.7.1 Bound Services

Services können an andere Komponenten gebunden werden, wobei letztere eine Referenz auf eine Instanz der ersteren beibehalten, so dass Sie Methodenaufrufe auf dem laufenden Service wie auf jeder anderen instanziierten Klasse durchführen können.

Die Bindung ist nützlich für Komponenten, die von einer detaillierten Schnittstelle zu einem Service profitieren würden oder bei denen die Service-Lebensdauer direkt an seine Client-Komponente(n) gebunden ist. Diese starke Kopplung wird oft als Basis für eine übergeordnete API, wie beispielsweise den JobService, verwendet, der die direkte Kommunikation zwischen zwei gebundenen Komponenten nutzt. Dieselbe Fähigkeit kann innerhalb Ihrer eigenen Anwendung verwendet werden, um eine detaillierte Schnittstelle zwischen zwei Komponenten, wie zum Beispiel einem Service und Ihrer Activity, bereitzustellen.

Ein gebundener Service hat einen Lebenszyklus, der untrennbar mit einem oder mehreren `ServiceConnection`-Objekten verbunden ist, die Anwendungskomponenten darstellen, an die er gebunden ist; ein gebundener Service lebt, bis sich alle seine Clients von ihm lösen.

11.7 | Im Hintergrund arbeiten

Um die Bindung für einen Service zu unterstützen, implementieren Sie die Methode onBind und geben die aktuelle Instanz des zu bindenden Service zurück (siehe Listing 11.35).

```
public class MyBoundService extends Service {
  private final IBinder binder = new MyBinder();

  @Override
  public IBinder onBind(Intent intent) {
    return binder;
  }

  public class MyBinder extends Binder {
    MyBoundService getService() {
      return MyBoundService.this;
    }
  }
}
```
Listing 11.35 Einen gebundenen Service implementieren

Die Verbindung zwischen dem Service und einer anderen Komponente wird durch eine ServiceConnection realisiert.

Um einen Service an eine andere Anwendungskomponente zu binden, müssen Sie eine ServiceConnection erstellen, die die Methoden onServiceConnected und onServiceDisconnected überschreibt, um eine Referenz auf die Service-Instanz zu erhalten, nachdem eine Verbindung hergestellt wurde (siehe Listing 11.36).

```
// Referenz auf den Service
private MyBoundService serviceRef;

// Verwaltet die Connection zwischen Service und Activity
private ServiceConnection mConnection = new ServiceConnection() {
  public void onServiceConnected(ComponentName className,
                                 IBinder service) {
    // Wird bei erfolgreichem Verbindungsaufbau aufgerufen
    serviceRef = ((MyBoundService.MyBinder)service).getService();
  }

  public void onServiceDisconnected(ComponentName className) {
    // Empfangen, wenn sich der Service unerwartet abmeldet
    serviceRef = null;
  }
};
```
Listing 11.36 Eine ServiceConnection für einen gebundenen Service anlegen

Um die Verbindung herzustellen, rufen Sie `bindService` innerhalb Ihrer Activity auf, indem Sie einen expliziten Intent übergeben, der den zu verbindenden Service und eine Instanz einer `ServiceConnection`-Implementierung auswählt.

Sie können auch eine Reihe von Verbindungs-Flags angeben (siehe Listing 11.37). In diesem Beispiel geben Sie an, dass der Ziel-Service beim Initiieren der Verbindung angelegt werden soll. Im Allgemeinen tun Sie dies in der Methode `onCreate` Ihrer Activity. Der entsprechende Aufruf von `unbindService` wird in der Methode `onDestroy` durchgeführt.

```
Intent bindIntent = new Intent(MyActivity.this, MyBoundService.class);
bindService(bindIntent, mConnection, Context.BIND_AUTO_CREATE);
```
Listing 11.37 An einen Service binden

Der letzte Parameter von `bindService` ist ein Flag, das verwendet und kombiniert werden kann, wenn ein Service an eine Anwendung gebunden wird:

- `BIND_ADJUST_WITH_ACTIVITY`: Veranlasst, dass die Priorität des Dienstes entsprechend der relativen Bedeutung der Activity, an die er gebunden ist, angepasst wird. Dies hat zur Folge, dass das Laufzeitsystem die Priorität des Services erhöht, wenn die Activity im Vordergrund steht.

- `BIND_ABOVE_CLIENT` und `BIND_IMPORTANT`: Geben an, dass der gebundene Service für den bindenden Client so wichtig ist, dass er ein Vordergrundprozess werden soll, wenn sich der Client im Vordergrund befindet – im Falle von `BIND_ABOVE_CLIENT` geben Sie an, dass das Laufzeitsystem die Activity bei geringer Speicherkapazität vor dem gebundenen Service beenden soll.

- `BIND_NOT_FOREGROUND`: Stellt sicher, dass der gebundene Dienst nie in Vordergrund-Priorität gebracht wird. Standardmäßig erhöht die Bindung eines Services seine relative Priorität.

- `BIND_WAIVE_PRIORITY`: Gibt an, dass die Bindung des angegebenen Services seine Priorität nicht ändern sollte.

Wenn der Service gebunden wurde, sind alle seine öffentlichen Methoden und Eigenschaften über das `serviceBinder`-Objekt verfügbar, das von der Methode `onServiceConnected` bezogen wird.

Android-Anwendungen teilen (normalerweise) keinen Speicher, aber in einigen Fällen möchte Ihre Anwendung möglicherweise mit Services interagieren (und sich an diese binden), die in verschiedenen Anwendungsprozessen ausgeführt werden.

Sie können mit einem Service kommunizieren, der in einem anderen Prozess läuft, indem Sie die Android Interface Definition Language (AIDL) verwenden. AIDL definiert die

11.7 | Im Hintergrund arbeiten

Schnittstelle des Services in Form von Primitiven auf Betriebssystemebene, die es Android ermöglichen, Objekte über Prozessgrenzen hinweg zu übertragen. AIDL-Definitionen sind unter *developer.android.com/guide/components/aidl.html* beschrieben.

11.7.2 Einen gestarteten Service erzeugen

Ein gestarteter Service kann getrennt von anderen Anwendungskomponenten gestartet und gestoppt werden. Während der Lebenszyklus eines gebundenen Services explizit an die Komponenten gebunden ist, an die er gebunden ist, muss der Lebenszyklus eines gestarteten Services explizit verwaltet werden.

Ohne Intervention kann ein gestarteter Dienst mehrere Minuten lang Systemressourcen beanspruchen, auch wenn er keine aktive Arbeit leistet, und seine hohe Priorität hat Auswirkungen auf die Bemühungen des Systems, ihn zu beenden (und die Anwendung, die ihn enthält).

> **Hinweis**
>
> Vor Android 8.0 Oreo (API Level 26) können die Services auf unbegrenzte Zeit im Hintergrund laufen, was die Ressourcen der Geräte beansprucht und eine schlechtere Bedienbarkeit bewirkt. Android 8.0 hat dieses Verhalten so geändert, dass die Services nicht mehr laufen, wenn ihre App nach einigen Minuten im Hintergrund läuft. Dieses neue Verhalten mildert zwar die Auswirkungen schlecht verwalteter Hintergrunddienste, aber es ist von entscheidender Bedeutung, dass Sie Maßnahmen ergreifen, um Ihre Services unabhängig von der Zielplattform ordnungsgemäß zu verwalten.

Gestartete Services sollten sparsam eingesetzt werden, typischerweise in Fällen, in denen sie Benutzerinteraktivität bieten, die ohne sichtbare Benutzeroberfläche erfolgt – so dass sie auch dann weiterlaufen sollte, wenn der Benutzer die Activities Ihrer App in den Hintergrund verschiebt. Wo immer möglich, ist es empfehlenswert, übergeordnete APIs zu verwenden, die gebundene Services – wie den Job-Scheduler oder Firebase Cloud-Messaging – nutzen, die die Vorteile der Service-Architektur ausschöpfen, ohne dass Sie die Service-Lebenszyklen manuell verwalten müssen.

Die häufigste Verwendung für die Erstellung eines eigenen gestarteten Services ist die Erstellung von Vordergrund-Services. Vordergrund-Services haben die gleiche Priorität wie eine aktive Vordergrund-Activity, wodurch sichergestellt ist, dass sie aufgrund von geringem Speicherplatz mit ziemlicher Sicherheit nicht entfernt werden. Dies ist nützlich, wenn Sie eine Anwendung erstellen, die mit dem Benutzer interagiert, ohne dass eine Benutzeroberfläche immer sichtbar ist, wie beispielsweise ein Musik-Player oder eine Turn-by-Turn-Navigation.

Android erlaubt es Ihnen, Services zu erstellen, die sowohl gebunden als auch gestartet sind. Ein häufiges Beispiel ist die Audiowiedergabe, wie sie in Kapitel 17 über Audio, Video und Kameras beschrieben wird.

Services erzeugen

Jede Erweiterung der Klasse `Service` muss die Methode `onBind` implementieren (siehe Listing 11.38). Im Falle eines gestarteten Services kann diese Methode `null` zurückgeben, was bedeutet, dass sich kein Aufrufer an den Service binden kann.

```
import android.app.Service;
import android.content.Intent;
import android.os.IBinder;

public class MyService extends Service {
  @Override
  public IBinder onBind(Intent intent) {
    return null;
  }
}
```

Listing 11.38 Der Rahmen einer Klasse `Service`

Um sicherzustellen, dass Ihr Service nur von Ihrer eigenen Anwendung gestartet und gestoppt werden kann, fügen Sie ein `permission`-Attribut zu seinem `service`-Knoten in Ihrem Anwendungsmanifest hinzu:

```
<service android:enabled="true"
         android:name=".MyService"
         android:permission="com.paad.MY_SERVICE_PERMISSION"/>
```

Dies setzt voraus, dass alle Anwendungen von Drittanbietern eine `uses-Permission` in ihre Manifeste aufnehmen, um auf Ihren Service zugreifen zu können. Mehr über das Erstellen und Verwenden von Permissions erfahren Sie in Kapitel 20.

Services starten und stoppen

Um einen Service zu starten, rufen Sie `startService` auf. Services erfordern, dass Sie immer einen expliziten `Intent` verwenden, indem Sie die Klasse zum Starten einbinden. Wenn der Service Zugriffsrechte benötigt, die Ihre Anwendung nicht hat, löst der Aufruf von `startService` eine `SecurityException` aus.

11.7 | Im Hintergrund arbeiten

> **Warnung**
>
> Auf Android 8.0 Oreo (API Level 26) und höheren Versionen führt der Aufruf von `startService` im Hintergrund (normalerweise von einem Broadcast-Receiver oder einem `PendingIntent`) zu einer `IllegalStateException`. Sie müssen stattdessen `startForegroundService` verwenden und `startForeground` innerhalb des Services innerhalb von fünf Sekunden aufrufen, um einen Vordergrund-Service zu starten, während sich Ihre Anwendung im Hintergrund befindet. Weitere Informationen zu den neuen Diensten finden Sie im Abschnitt über das Erstellen von Services.

Alle Informationen, die dem Intent hinzugefügt werden (siehe Listing 11.39), sind in der Methode `onStartCommand` des Services verfügbar.

```
// MyService explizit starten
Intent intent = new Intent(this, MyService.class);
intent.setAction("Upload");
intent.putExtra("TRACK_NAME", "Best of Chet Haase");
startService(intent);
```

Listing 11.39 Einen Service starten

Um einen Service zu stoppen, rufen Sie `stopService` auf, indem Sie einen Intent verwenden, der den zu beendenden Service definiert (auf die gleiche Weise, wie Sie den zu startenden Service angegeben haben), siehe Listing 11.40.

```
stopService(new Intent(this, MyService.class));
```

Listing 11.40 Einen Service stoppen

Aufrufe zu `startService` verschachteln sich nicht, so dass ein einziger Aufruf zu `stopService` den laufenden Service beendet, egal wie oft `startService` aufgerufen wurde.

Seit Android 8.0 werden alle nicht im Vordergrund gestarteten Dienste automatisch vom System gestoppt, nachdem Ihre App in den Hintergrund geht, als ob Sie `stopService` aufgerufen hätten. Dadurch wird verhindert, dass gestartete Services die System-Performance beeinträchtigen, lange nachdem der Benutzer die App in den Hintergrund gestellt hat. Wenn Ihr Service fortgesetzt werden soll, während sich Ihre Activity im Hintergrund befindet, müssen Sie einen Vordergrund-Service starten, wie später in diesem Kapitel beschrieben.

Das Neustartverhalten von Services steuern

Die Handler-Methode `onStartCommand` wird immer dann aufgerufen, wenn ein Service über `startService` gestartet wird, so dass er innerhalb des Lebenszyklus eines Services mehrfach ausgeführt werden kann. Sie sollten sicherstellen, dass Ihr Service dies berücksichtigt.

Sie sollten die Handler-Methode `onStartCommand` überschreiben, um die von Ihrem Dienst gekapselte Aufgabe auszuführen (oder den laufenden Betrieb zu starten). Sie können auch das Neustartverhalten Ihres Services innerhalb dieser Methode festlegen.

Wie alle Komponenten werden Services auf dem Haupt-Thread der Anwendung gestartet, was bedeutet, dass jede Verarbeitung in der Methode `onStartCommand` auf dem Oberflächen-Thread stattfindet. Das Standardmuster für die Implementierung eines Services besteht darin, einen neuen Thread oder eine `AsyncTask` (wie oben in diesem Kapitel beschrieben) von `onStartCommand` aus zu erstellen und auszuführen, um die Verarbeitung im Hintergrund durchzuführen, und dann den Service zu stoppen, wenn er abgeschlossen ist.

Listing 11.41 erweitert den in Listing 11.38 gezeigten Rahmencode um die Methode `onStartCommand`. Beachten Sie, dass sie einen Wert zurückgibt, der steuert, wie das System reagiert, wenn der Service neu gestartet wird, falls er durch das Laufzeitsystem vor Abschluss beendet wird.

```
@Override
public int onStartCommand(Intent intent, int flags, int startId) {
  // TODO Starte die Arbeit im Hintergrund-Thread
  return START_STICKY;
}
```

Listing 11.41 Das Neustartverhalten des Services überschreiben

Mit diesem Muster kann `onStartCommand` schnell abgeschlossen werden, und Sie können das Neustartverhalten steuern, indem Sie eine der folgenden Service-Konstanten zurückgeben:

- `START_STICKY`: Dies ist das Standardverhalten und zeigt an, dass das System `onStartCommand` immer dann aufrufen sollte, wenn Ihr Service nach Beendigung durch das Laufzeitsystem neu gestartet wird. Beachten Sie, dass bei einem Neustart der an `onStartCommand` übergebene Intent-Parameter `null` ist.
  Dieser Modus wird typischerweise für Services verwendet, die ihre eigenen Zustände verwalten und die bei Bedarf explizit gestartet und gestoppt werden (über `startService` und `stopService`).

11.7 | Im Hintergrund arbeiten

- **START_NOT_STICKY**: Dieser Modus wird für Services verwendet, die zur Verarbeitung bestimmter Aktionen oder Befehle gestartet werden. Normalerweise verwenden sie `stopSelf`, um den Befehl abzubrechen, sobald er abgeschlossen ist.
  Nach Beendigung durch das Laufzeitsystem starten Services, die auf diesen Modus eingestellt sind, nur dann neu, wenn Startaufrufe anstehen. Wenn seit der Beendigung des Services keine `startService`-Aufrufe erfolgt sind, wird der Service beendet, ohne dass ein Aufruf von `onStartCommand` erfolgt.

- **START_REDELIVER_INTENT**: Unter bestimmten Umständen möchten Sie sicherstellen, dass die von Ihrem Service angeforderten Befehle ausgeführt werden – zum Beispiel, wenn es auf Aktualität ankommt.
  Dieser Modus ist eine Kombination der ersten beiden; wenn der Dienst durch das Laufzeitsystem beendet wird, wird er nur dann neu gestartet, wenn Startaufrufe anstehen oder der Prozess vor dem Aufruf von `stopSelf` beendet wurde. Im letzteren Fall wird ein Aufruf von `onStartCommand` erfolgen, der im ursprünglichen Intent übergeben wird, dessen Verarbeitung nicht ordnungsgemäß abgeschlossen wurde.

Beachten Sie, dass jeder Modus erfordert, dass Sie Ihren Service explizit durch einen Aufruf von `stopService` oder `stopSelf` beenden, wenn die Verarbeitung abgeschlossen ist. Beide Methoden werden später in diesem Kapitel näher erläutert.

Der Restart-Modus, den Sie in Ihrem `onStartCommand`-Rückgabewert angeben, wirkt sich auf die Parameterwerte aus, die ihm bei nachfolgenden Aufrufen übergeben werden. Zunächst wird es der Intent der Parameter sein, den Sie an `startService` übergeben haben, um Ihren Service zu starten. Nach systemseitigem Neustart ist er entweder `null`, im Falle des `START_STICKY`-Modus, oder der ursprüngliche Intent, wenn der Modus auf `START_REDELIVER_INTENT` gesetzt ist.

Mit dem Parameter `flag` können Sie feststellen, wie der Service gestartet wurde. Insbesondere stellen Sie fest, ob einer der folgenden Fälle zutrifft:

- **START_FLAG_REDELIVERY**: Zeigt an, dass der Intent-Parameter eine erneute Zustellung ist, die dadurch verursacht wird, dass das Laufzeitsystem den Service beendet hat, bevor er durch einen Aufruf von `stopSelf` explizit gestoppt wurde.

- **START_FLAG_RETRY**: Zeigt an, dass der Service nach einem vorzeitigen Abbruch neu gestartet wurde. Er wird übergeben, wenn der Service zuvor auf `START_STICKY` gesetzt wurde.

Selbstbeendende Services

Indem Sie den Service explizit stoppen, wenn die Verarbeitung abgeschlossen ist, erlauben Sie dem System, die ansonsten erforderlichen Ressourcen wiederherzustellen, um ihn am Laufen zu halten.

Wenn Ihr Service die Aktionen oder die Verarbeitung abgeschlossen hat, für die er gestartet wurde, sollten Sie ihn beenden, indem Sie einen Anruf bei stopSelf tätigen. Sie können stopSelf entweder ohne Parameter aufrufen, um einen sofortigen Stopp zu erzwingen, oder indem Sie einen startId-Wert übergeben, um sicherzustellen, dass die Verarbeitung für jede bisher aufgerufene Instanz von startService abgeschlossen wurde.

Vordergrund-Services erzeugen

In Fällen, in denen Ihr Service direkt mit dem Benutzer interagiert, kann es angebracht sein, seine Priorität auf das Äquivalent einer neuen Activity zu heben. Sie können dies tun, indem Sie Ihren Service so einstellen, dass er im Vordergrund läuft, indem Sie seine Methode startForeground aufrufen.

Da erwartet wird, dass die Vordergrund-Services direkt mit dem Benutzer interagieren (etwa durch das Abspielen von Musik), müssen die Aufrufe von startForeground eine Notification angeben, die so lange angezeigt wird, wie Ihr Service im Vordergrund läuft.

> **Hinweis**
>
> Das Verschieben eines Services in den Vordergrund macht es für das Laufzeitsystem unmöglich, ihn zu beenden, um Ressourcen freizugeben. Wenn mehrere nicht abschaltbare Services gleichzeitig ausgeführt werden, kann es für das System extrem schwierig sein, sich von ressourcenschwachen Situationen zu erholen. Verwenden Sie diese Technik nur dann, wenn dies für die ordnungsgemäße Funktion Ihres Services notwendig ist, und halten Sie den Service auch dann nur so lange im Vordergrund, wie es unbedingt erforderlich ist.

Da die Notification vom Benutzer nicht manuell abgewiesen werden kann, während Ihr Service im Vordergrund steht, empfiehlt es sich, innerhalb der Notification eine Aktion vorzusehen, mit der der Benutzer den laufenden Betrieb abbrechen oder stoppen kann. Es empfiehlt sich auch, den Content-Intent zu einer Activity zu bringen, in der die Benutzer den laufenden Service verwalten oder beenden können.

Wenn Ihr Service keine Vordergrundpriorität mehr benötigt, können Sie ihn zurück in den Hintergrund setzen und optional die laufende Notification mit der Methode stopForeground entfernen. Die Notification wird automatisch abgebrochen, wenn Ihr Dienst endet oder beendet wird.

Kapitel 12
Umsetzung der Android-Design-Philosophie

Inhalt

- Gestaltung von für jeden Bildschirm optimierten Benutzeroberflächen
- Erstellung skalierbarer Image-Assets in XML
- Verständnis der Prinzipien des Material-Designs
- Verwendung von Papier und Tinte als Metaphern in Ihren Oberflächendesigns
- Orientierungshilfe durch Farbe und Schlüssellinien
- Kontinuität durch Bewegung
- Anpassen der App-Leiste
- Anzeige von gruppierten Inhalten mit Karten
- Verwendung des Floating Action-Buttons

Wrox.com Code-Downloads für dieses Kapitel

Die Code-Downloads für dieses Kapitel finden Sie unter www.wrox.com. Der Code für dieses Kapitel ist in die folgenden Hauptbeispiele unterteilt:

- Snippets_ch12.zip
- Earthquake_ch12.zip

12.1 Die-Android-Design Philosophie

In Kapitel 5 lernten Sie die Grundlagen der Erstellung von Benutzeroberflächen in Android mit einer Einführung in Layouts und Views kennen. Diese funktionalen Fähigkeiten sind die Grundlage für die Erstellung der Benutzeroberfläche für alle Anwendungen, aber das Erstellen einer erfolgreichen Android-App erfordert ein tieferes Verständnis der Designprinzipien von Android und der Dinge, die beim Erstellen Ihrer Benutzeroberfläche zu beachten sind.

Dieses Kapitel führt Sie in einige bewährte Verfahren und Techniken ein, mit denen Sie auf einer Vielzahl von Geräten überzeugende und ästhetisch ansprechende Benutzerführungen schaffen können.

Sie werden mit den besten Verfahren zur Erstellung von auflösungs- und dichteunabhängigen Benutzeroberflächen vertraut gemacht und erfahren, wie Sie mit Drawables skalierbare Bildinhalte erstellen – einschließlich Vektorzeichnungen.

Als nächstes tauchen Sie ein in die Material-Design-Philosophie, die die Grundlage für alle modernen visuellen Designs von Android bildet. Sie erfahren, wie Sie die Prinzipien des Material-Designs auf Ihre Anwendung anwenden, einschließlich der Erstellung von Bildschirmelementen, die physische Papierbögen widerspiegeln, wie Sie den Benutzer durch Farben und Schlüssellinien führen und wie Bewegung für Kontinuität sorgen kann, die dem Benutzer das Verständnis erleichtert.

Schließlich erfahren Sie, wie Sie drei gängige Material-Design-Oberflächenelemente verwenden: Die App-Leiste, Karten, um Inhalte und Aktionen visuell zu gruppieren, und die Floating Action Buttons (FABs) – ein hochkarätiger, kreisförmiger Button, um eine einzelne wichtige Aktion innerhalb Ihrer Benutzeroberfläche hervorzuheben.

> **Hinweis**
>
> Als Designphilosophie entwickelt sich das Material-Design ständig weiter. Um die neuesten, vollständigen Details rund um das Material-Design sowie weitere Anleitungen für die Gestaltung und Implementierung Ihrer Benutzeroberflächen im Einklang mit dieser Philosophie zu erhalten, lesen Sie bitte die Richtlinien auf der Material-Design-Website unter *material.io/guidelines*.

12.2 Gestalten für alle Bildschirmarten

Die ersten vier Android-Mobiltelefone waren alle mit identischen 3,2"-HVGA-Bildschirmen ausgestattet, was das Oberflächendesign relativ einfach machte. Seitdem sind Zehntausende von verschiedenen Android-Geräten entstanden, was zu Tausenden von verschiedenen Kombinationen von Bildschirmgrößen und Pixeldichten geführt hat – von tragbaren Geräten über Smartphones und Tablets bis hin zu Fernsehern. Dies hat dazu beigetragen, Android bei den Verbrauchern unglaublich beliebt zu machen, stellt aber eine Herausforderung für Designer dar.

Damit die Benutzer mit einem beliebigen Android-Gerät zurechtkommen, sollte die Benutzeroberflächen so gestaltet sein, dass die Anwendungen auf einer Vielzahl von Auflösungen und physikalischen Bildschirmgrößen ausgeführt werden können. Es ist nicht praktikabel, benutzerdefinierte Oberflächenlayouts für jede mögliche Variante zu erstellen, daher bedeutet dies in der Praxis, Anwendungsschnittstellen mit der Erwartung zu entwerfen und zu erstellen, dass sie auf einer unendlich großen Anzahl von Geräten verwendet werden können.

Das bedeutet, dass Bildmaterial bereitgestellt wird, das nach Möglichkeit skaliert werden kann, und zwar in einer Vielzahl von Pixeldichten, wo dies nicht möglich ist. Es bedeutet, Layouts zu erstellen, die innerhalb eines bekannten Auflösungsbereichs skaliert werden können, und mehrere Layouts zu definieren, die für eine Vielzahl unterschiedlicher Größenbereiche und Interaktionsmodelle optimiert sind.

Die folgenden Abschnitte beschreiben, welche Bildschirme Sie berücksichtigen müssen und wie Sie sie unterstützen können. Anschließend erfahren Sie, wie Sie sicherzustellen, dass Ihre Anwendungen auflösungs- und dichteunabhängig und für verschiedene Bildschirmgrößen und -layouts optimiert sind.

> **Hinweis**
>
> Die Android Developer-Seite enthält einige hervorragende Tipps zur Unterstützung mehrerer Bildschirmtypen. Sie finden diese Dokumentation unter *d.android.com/guide/ practices/screens_support.html*.

12.2.1 Auflösungsunabhängigkeit

Die Pixeldichte eines Displays wird als Funktion der physikalischen Bildschirmgröße und -auflösung berechnet und bezieht sich auf die Anzahl der physikalischen Pixel auf einem Display im Verhältnis zur physikalischen Größe dieses Displays. Sie wird typischerweise in Punkten pro Zoll (dpi, dots per inch) gemessen.

Einsatz von dichteunabhängigen Pixeln

Aufgrund der Unterschiede in Bildschirmgröße und Auflösung bei Android-Geräten kann die gleiche Anzahl von Pixeln unterschiedlichen physikalischen Größen auf verschiedenen Geräten auf Basis der dpi des Bildschirms entsprechen.

Wie Sie in Kapitel 5 erfahren haben, ist es nicht möglich, durch die Angabe von Pixeln einheitliche Layouts zu erstellen. Stattdessen verwendet Android dichteunabhängige Pixel (dp), um Bildschirmdimensionen anzugeben, die so skaliert werden, dass sie auf

Bildschirmen mit den gleichen physikalischen Abmessungen, aber mit unterschiedlichen Pixeldichten angezeigt werden.

In der Praxis entspricht ein dichteunabhängiges Pixel einem Pixel auf einem 160dpi-Bildschirm. Beispielsweise erscheint eine als 2dp breite Zeile als 3 Pixel auf einem Display mit 240dpi (oder 7 Pixel auf einem Pixel XL).

Wenn Sie Ihre Benutzeroberfläche anlegen, sollten Sie immer dichteunabhängige Pixel verwenden und keine Layoutabmessungen, Ansichtsgrößen oder Zeichnungsabmessungen mit Rohpixelwerten definieren.

Neben den dp-Einheiten verwendet Android auch ein skalierbares Pixel (sp) für den Sonderfall der Schriftgrößen. Skalierbare Pixel verwenden die gleiche Basiseinheit wie dichteunabhängige Pixel, können aber je nach bevorzugter Textgröße weiter skaliert werden.

Ressourcen-Qualifizierer für die Pixeldichte

Kapitel 4 führte Sie in das Android-Ressourcen-Framework ein, das eine parallele Verzeichnisstruktur zum Einbinden von Ressourcen wie Drawables in Ihre Anwendung verwendet.

Das Verzeichnis *res/drawable* ist für Grafiken gedacht, die mit allen Pixeldichten arbeiten, wie zum Beispiel Vector-Drawables und andere skalierbare Grafikobjekte, die später in diesem Kapitel beschrieben werden. Es wird dringend empfohlen, diese Art von Grafiken nach Möglichkeit zu verwenden, da sie automatisch auf alle Pixeldichten skaliert werden, ohne dass Sie zusätzliche Ressourcen bereitstellen müssen. Dies hilft Ihnen, die Größe Ihrer Anwendung zu reduzieren und die Zukunftskompatibilität zu verbessern.

Es wird Umstände geben, unter denen skalierbare Grafiken nicht verwendet werden können, und Sie müssen Bitmap-Bilder in Ihre Anwendung einfügen. Die Skalierung von Bitmap-Bildern kann entweder zu Detailverlusten (bei der Verkleinerung) oder zu Pixelfehlern (bei der Vergrößerung) führen. Um sicherzustellen, dass Ihre Benutzeroberfläche scharf, klar und frei von Artefakten ist, können Sie für jede Pixeldichtekategorie optimierte Bildbestände erstellen und einbinden:

- *res/drawable-mdpi*: Medium-Density Ressourcen für Bildschirme ca. 160dpi
- *res/drawable-hdpi*: High-Density Ressourcen für Bildschirme ca. 240dpi
- *res/drawable-xhdpi*: Extra-high Density Ressourcen für Bildschirme ca. 320dpi
- *res/drawable-xxhdpi*: Extra-extra-high Density Ressourcen für Bildschirme ca. 480dpi

- *res/drawable-xxxhdpi*: Extra-extra-extra-extra high Density Ressourcen für Bildschirme ca. 640dpi

- *res/drawable-nodpi*: Wird für Ressourcen verwendet, die unabhängig von der Dichte des Hostbildschirms nicht skaliert werden dürfen.

Die Einbeziehung mehrerer Bitmap-Größen verursacht Kosten in Form einer erhöhten Größe Ihrer Anwendung. Während diese Pixeldichte-Buckets Ihnen einen groben Satz von Dichten zum Ziel geben, gibt es außerdem Geräte, die zwischen diesen generischen Buckets existieren; wenn eine bestimmte Auflösung nicht verfügbar ist, skaliert Android automatisch Ihre Bitmaps für diese Geräte und zieht es vor, sie zu verkleinern.

12.2.2 Unterstützung und Optimierung für verschiedene Bildschirmgrößen

Android-Geräte gibt es in unzähligen Formen und Größen (bisher vor allem Vierecke und Kreise), daher ist es wichtig, dass Ihre Layouts nicht nur unterschiedliche Bildschirmgrößen, Ausrichtungen und Seitenverhältnisse unterstützen, sondern auch entsprechend optimiert sind.

Es ist weder praktisch noch wünschenswert, für jede mögliche Bildschirmkonfiguration ein eigenes Layout zu erstellen. Stattdessen empfiehlt sich ein zweistufiger Ansatz:

- Stellen Sie sicher, dass alle Ihre Layouts in einem vernünftigen Rahmen skalierbar sind.
- Erstellen Sie eine Reihe von alternativen Layouts, deren Grenzen sich überlappen, so dass alle möglichen Bildschirmkonfigurationen abgedeckt sind.

Dieser Ansatz ähnelt dem der meisten Websites und Desktop-Anwendungen. Nach einem Ausflug zu Seiten mit fester Breite in den 1990er Jahren skalieren die meisten Websites nun so, dass sie dem verfügbaren Platz auf dem Desktop-Browser nutzen und eine alternative CSS-Definition bieten, um ein optimiertes Layout basierend auf der verfügbaren Fenstergröße zu bieten.

Dasselbe gilt für mobile Geräte. Nach diesen ersten Geräten waren die Entwickler gezwungen, den gleichen Ansatz von flexiblen Layouts zu verwenden. Wir erstellen nun optimierte Layouts für verschiedene Bildschirmgrößenbereiche, die jeweils skalierbar sind, um Abweichungen innerhalb dieses Bereichs zu berücksichtigen.

Skalierbare Layouts erstellen

Die vom Framework bereitgestellten Layouts wurden in Kapitel 5 ausführlich beschrieben. Sie wurden entwickelt, um die Implementierung von Oberflächen zu unterstützen, die an den verfügbaren Platz angepasst sind. In jedem Fall sollten Sie es vermeiden, die Position Ihrer Layout-Elemente absolut zu definieren.

In den meisten Fällen bietet das `ConstraintLayout` die leistungsfähigste und flexibelste Variante, da es komplexe Layouts unterstützt, die sonst eine Verschachtelung von Layouts erfordern würden.

Für sehr einfache Benutzeroberflächen kann das `LinearLayout` verwendet werden, um eine einfache Spalte oder Zeile darzustellen, die die verfügbare Breite beziehungsweise Höhe des Bildschirms ausfüllt, während das `RelativeLayout` verwendet werden kann, um die Position jedes Bedienelements in Bezug auf die übergeordnete Activity und die anderen im Layout verwendeten Elemente zu definieren.

Bei der Definition der Höhe oder Breite Ihrer skalierbaren Bedienelemente (wie Buttons und TextViews) ist es sinnvoll, konkrete Dimensionen zu vermeiden. Stattdessen können Sie die Höhe und Breite von Views über die Attribute `wrap_content` oder `match_parent` festlegen:

```
<Button
  android:id="@+id/button"
  android:layout_width="match_parent"
  android:layout_height="wrap_content"
  android:text="@string/buttonText"
/>
```

Das `wrap_content`-Flag ermöglicht es der View, seine Größe auf Basis des ihm potenziell zur Verfügung stehenden Platzes zu definieren, während das `match_parent`-Flag das Element nach Bedarf expandieren lässt, um den verfügbaren Platz zu füllen.

Die Entscheidung, welches Bildelement bei Änderung der Bildgröße vergrößert oder verkleinert werden soll, ist einer der wichtigsten Faktoren bei der Optimierung Ihrer Layouts für variable Bildgrößen.

Optimierung von Layouts für verschiedene Bildschirmtypen

Neben der Bereitstellung skalierbarer Layouts sollten Sie auch die Erstellung alternativer Layoutdefinitionen in Betracht ziehen, die für unterschiedliche Bildschirmgrößen optimiert sind.

Auf einem 3 Zoll QVGA Smartphone-Display gibt es einen erheblichen Unterschied zu einem 4K 10 Zoll Tablet. Auch und gerade bei Geräten mit signifikanten Seitenverhältnissen kann ein Layout, das im Querformat gut funktioniert, ungeeignet sein, wenn das Gerät ins Hochformat gedreht wird.

Ein Layout zu erstellen, das sich an den verfügbaren Platz anpasst, ist ein guter erster Schritt; es ist auch empfehlenswert, darüber nachzudenken, wie Sie den zusätzlichen Platz (oder den Effekt des reduzierten Platzes) nutzen können, um eine bessere Nutzerführung zu schaffen.

Mit der Einführung der Multi-Window-Unterstützung in Android 7.0 Nougat (API Level 24) kann die für Ihre Anwendung verfügbare Bildschirmgröße nur einen Bruchteil der gesamten Bildschirmgröße ausmachen. Dies, kombiniert mit einem Spektrum von Geräten, die große Smartphones und kleine Tablets umfassen, erlaubt es Ihnen, Ihre Layouts auf der Grundlage des verfügbaren Platzes zu optimieren, anstatt sie nur für eine bestimmte Gerätekategorie zu entwerfen.

Das Android Ressourcen-System ermöglicht es Ihnen, alternative Layouts zu erstellen und alternative Dimensionen bereitzustellen. Ihre Standard-Layouts und -Dimensionen sollten in den Ressourcenverzeichnissen *res/layout* und *res/values* platziert werden. Diese werden verwendet, wenn der kleinste verfügbare Bildschirmplatz vorhanden ist. Sie können dann alternative Layouts und Dimensionen bereitstellen, indem Sie zusätzliche Ressourcen-Qualifizierer für größere Bildschirme verwenden.

Für die meisten Anwendungen wird die verfügbare Breite der einflussreichste Faktor sein, der Ihr Layout-Design beeinflusst. Eine einzelne Spalte von Elementen könnte auf einem Telefon im Hochformat gut aussehen, wird aber mit zunehmender Breite immer weniger glücklich, wie es beim Drehen in die Querformatrichtung geschieht, und dann noch deutlicher auf einem größeren Tablet.

Dies führt zu einem natürlichen System von »Sollbruchstellen«, spezifischen Breiten, bei denen die Skalierung nicht mehr wirksam ist und Sie eine grundlegendere Änderung Ihres Layouts benötigen. Um dies zu unterstützen, stellt das Android Ressourcensystem den Ressourcen-Qualifizierer w zur Verfügung, der eine minimale unterstützte Breite angibt.

Ein Layout im *res/layout-w600dp* wird anstelle eines im *res/layout* verwendet, wenn die verfügbare Breite über 600dp liegt.

> **Hinweis**
>
> 600dp ist einer der häufigsten Anhaltspunkte, da es die erste Breite ist, bei der Sie ernsthaft in Betracht ziehen würden, zwei Ebenen der Inhaltshierarchie (etwa eine Liste von Elementen und die Details eines einzelnen Elements) gleichzeitig auf dem Bildschirm zu haben.

In einigen Fällen erfordert Ihre Benutzeroberfläche eine Mindesthöhe, beispielsweise in Fällen, in denen Sie einen vertikal scrollenden Container mit hochauflösenden Bildern haben. Bei ungenügender Höhe kann es vorkommen, dass der Benutzer nicht in der Lage ist, ein vollständiges Bild auf einmal zu sehen! Android stellt dafür den Ressourcen-Qualifizierer h zur Verfügung, beispielsweise *res/layout-h480dp*.

12.2 | Umsetzung der Android-Design-Philosophie

Die Verwendung von Höhen- und Breitenmodifikatoren ermöglicht es Ihnen, verschiedene Geräte zu berücksichtigen und die Rotation von Quer- zu Hochformat auf einem beliebigen Gerät durchzuführen. Zusätzlich zu diesen Modifikatoren kann der Ressource-Qualifizierer sw verwendet werden, um die kleinste Breite auf dem Gerät zu verarbeiten.

Im Gegensatz zu Breite und Höhe ändert sich die kleinste Abmessung nicht, wenn ein Gerät gedreht wird. Es ist immer der kleinste Wert von Breite und Höhe. Dies ist sehr nützlich beim Aufbau einer rotations-unempfindlichen Benutzeroberfläche – ein Konzept, bei dem alle Operationen in jeder Ausrichtung verfügbar sind und die grundlegenden Nutzungsmuster über die gesamte Rotation hinweg konsistent sind.

Dies ist umso wichtiger im Multi-Fenster-Modus, wo »Querformat« und »Hochformat« nicht an die Ausrichtung des Geräts gebunden sind, sondern daran, ob die verfügbare Breite größer ist als die Höhe (Querformat) oder umgekehrt (Hochformat).

Abbildung 12.1 zeigt, wie jeder der zuvor beschriebenen Werte einem realen Gerät im Standard- und Mehrfenstermodus entspricht.

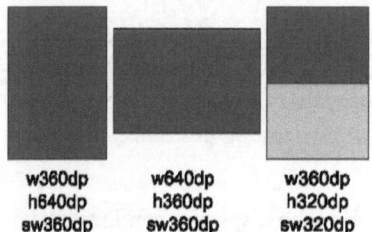

Abbildung 12.1 Hoch- und Querformat

Durch die Erstellung einer rotations-unempfindlichen Benutzeroberfläche stellen Sie sicher, dass kleine Anpassungen an der Größe Ihrer Anwendung nicht zu großen Änderungen der Benutzeroberfläche führen, die für die Benutzer desorientierend sein könnten. Eine natürliche Ordnung entsteht bei der Strukturierung Ihrer Layouts und Dimensionen, wenn größere strukturelle Oberflächenänderungen an kleinste Breiten und kleinere Änderungen an Breiten- oder Höhenkantenpunkte gebunden sind. Wie bei jedem anderen Ressourcen-Qualifizierer können Sie diese Qualifizierer kombinieren, so dass Sie ein Layout bereitstellen können, das für die Verwendung optimiert ist, wenn ein Bildschirm jetzt eine bestimmte Breite hat, und die Möglichkeit hat, nicht kleiner als ein anderer Wert zu sein, wenn er gedreht wird.

Beispielsweise ist der folgende Ressourcenordner für eine 800dp breite Anzeige optimiert, vorausgesetzt, dass die Bildschirmbreite bei Drehung nicht kleiner als 600dp ist, wie in Abbildung 12.2 gezeigt:

```
res/layout-sw600dp-w800dp
```

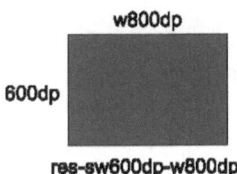

Abbildung 12.2 Ressourcenordner

Layouts in diesem Ordner würden die gleiche größere Struktur der Benutzeroberfläche mit Layouts in der *res/layout-sw600dp* teilen, um eine rotationsunempfindliche Benutzeroberfläche bereitzustellen, aber einige kleinere Strukturänderungen bieten, um die Vorteile der zusätzlichen Breite zu nutzen.

12.2.3 Erstellen skalierbarer Grafik-Assets

Android enthält eine Reihe von einfachen Drawable-Ressourcentypen, die vollständig in XML definiert werden können. Dazu gehören die Klassen `ColorDrawable`, `ShapeDrawable` und `VectorDrawable`. Diese Ressourcen werden im Ordner *res/drawable* gespeichert.

Wenn diese Drawables in XML definiert sind und Sie ihre Attribute über dichteunabhängige Pixel angeben, können diese Drawables zur Laufzeit dynamisch skaliert werden, um sie korrekt darzustellen, ohne Skalierungsartefakte und unabhängig von Bildschirmgröße, Auflösung oder Pixeldichte.

Wie Sie in Kapitel 14 sehen werden, können Sie diese Drawables in Kombination mit transformativen Drawables und Composite-Drawables verwenden. Zusammen können sie zu dynamischen, skalierbaren Oberflächenelementen führen, die weniger Ressourcen benötigen und auf jedem Bildschirm scharf erscheinen.

Android unterstützt auch NinePatch PNG-Bilder, die später in diesem Abschnitt beschrieben werden und es Ihnen ermöglichen, die Teile eines Bitmap-Bildes zu markieren, die gedehnt werden können.

ColorDrawable

Ein `ColorDrawable`, das einfachste der XML-definierten Drawables, ermöglicht es Ihnen, ein Bildobjekt auf der Basis einer einzelnen Volltonfarbe anzugeben. `ColorDrawables`, wie dieses durchgehend rote Drawable, werden als XML-Dateien mit dem Farb-Tag im Ordner *res/drawable* definiert:

```
<color xmlns:android="http://schemas.android.com/apk/res/android"
    android:color="#FF0000"
/>
```

12.2 | Umsetzung der Android-Design-Philosophie

Shape-Drawable

Mit Shape-Drawable-Ressourcen können Sie einfache primitive Formen definieren, indem Sie deren Abmessungen, Hintergrund und Kontur mit dem `shape`-Tag definieren.

Jedes Shape besteht aus einem Typ (angegeben über das `shape`-Attribut), Attributen, die die Dimensionen dieses Shapes definieren, und Unterknoten, die das Padding, den Stroke (Kontur) und die Hintergrundfarbe festlegen.

Android unterstützt derzeit die folgenden Shape-Typen als Werte für das Shape-Attribut:

- `line`: Eine horizontale Linie, die die Breite der übergeordneten View überspannt. Die Breite und der Stil der Linie werden durch den `stroke` des Shapes beschrieben.
- `oval`: Eine einfache ovale Form.
- `rectangle`: Eine einfache rechteckige Form. Unterstützt auch einen Unterknoten `corners`, der ein `radius`-Attribut verwendet, um ein abgerundetes Rechteck zu erzeugen.
- `ring`: Unterstützt die Attribute `innerRadius` und `thickness`, um den Innenradius der Ringform bzw. deren Dicke festzulegen. Alternativ können Sie `innerRadiusRatio` und `thicknessRatio` verwenden, um den Innenradius bzw. die Dicke des Rings im Verhältnis zu seiner Breite zu definieren (wobei ein Innenradius von einem Viertel der Breite den Wert 4 verwenden würde).

Verwenden Sie den Unterknoten `stroke`, um eine Kontur für Ihre Shapes zu erhalten, die durch die Attribute `width` und `color` näher beschrieben werden.

Sie können auch einen Knoten `padding` einfügen, um den Inhalt der View, die dieses Shape-Drawable verwendet, automatisch einzufügen, um Überschneidungen zwischen dem Inhalt und der Kontur des Shapes zu vermeiden.

Sinnvollerweise können Sie einen Unterknoten einbinden, um die Hintergrundfarbe festzulegen. Im einfachsten Fall wird über den Knoten `solid`, einschließlich des Attributs `color`, eine vollflächige Hintergrundfarbe definiert.

Das folgende Beispiel zeigt ein rechteckiges Shape-Drawable mit einer vollflächigen Füllung, abgerundeten Kanten, 5dp Outline und 10dp Padding. Abbildung 12.3 zeigt das Ergebnis.

```xml
<?xml version="1.0" encoding="utf-8"?>
<shape xmlns:android="http://schemas.android.com/apk/res/android"
  android:shape="rectangle">
    <solid
      android:color="#f0600000"/>
```

```
    <stroke
      android:width="5dp"
      android:color="#00FF00"/>
    <corners
      android:radius="15dp" />
    <padding
      android:left="10dp"
      android:top="10dp"
      android:right="10dp"
      android:bottom="10dp"
    />
</shape>
```

Abbildung 12.3 Ein rechteckiges Shape-Drawable

Vector-Drawables

Android 5.0 Lollipop (API Level 21) führte das `VectorDrawable` ein, um kompliziertere, benutzerdefinierte Shapes zu definieren. Die Vector Support Library ist auch für die Verwendung von Vector-Drawables in Apps verfügbar, die mindestens Android 4.0 Ice Cream Sandwich (API Level 14) unterstützen.

> **Hinweis**
>
> Für ältere Versionen von Android, die Vector-Drawables nicht unterstützen, kann Vector Asset Studio Ihre Vector-Drawables in mehrere Bitmaps umwandeln, die für jeden Bildschirmdichtebereich optimiert sind.

Vector-Drawables werden mit dem `vector`-Tag definiert und benötigen vier zusätzliche Attribute. Sie müssen `height` und `width` angeben, um die tatsächliche Größe des Drawables (seine Standardgröße) anzuzeigen, und `viewportWidth` und `viewportHeight`, um die Größe der virtuellen Canvas zu definieren, auf der der Pfad des Vektors gezeichnet wird.

12.2 | Umsetzung der Android-Design-Philosophie

Während Sie in der Regel ein Vector-Drawable mit identischer Höhe und Breite und den entsprechenden ViewPort erstellen, ist es oft sinnvoll, doppelte Vector-Drawables mit unterschiedlichen Werten für Höhe und Breite zu erstellen.

Dies liegt daran, dass das Android-System einen einzigen Bitmap-Cache für jedes Vector-Drawable erstellt, um die Performance des Wiederaufbaus zu optimieren. Wenn Sie sich mehrfach auf dasselbe Vector-Drawable beziehen und dabei verschiedene Größen angeben, wird die Bitmap jedes Mal neu erstellt und neu gezeichnet, wenn eine andere Größe benötigt wird. Daher ist es effizienter, mehrere Vektorzeichnungen zu erstellen, eine für jede gewünschte Größe.

Innerhalb des `vector`-Tags wird das Shape über das Element `path` definiert. Die Farbe des Shapes wird durch das `fillColor`-Attribut bestimmt, während das `pathData`-Attribut die gleiche Syntax wie SVG-Pfadelemente verwendet, um beliebige Shapes oder Linien zu definieren. Das folgende Beispiel erzeugt die in Abbildung 12.4 gezeigte Form:

```
<?xml version="1.0" encoding="utf-8"?>
<vector xmlns:android="http://schemas.android.com/apk/res/android"
  android:height="256dp"
  android:width="256dp"
  android:viewportWidth="32"
  android:viewportHeight="32">
  <path
    android:fillColor="#8f00"
    android:pathData="M20.5,9.5
            c-1.955,0,-3.83,1.268,-4.5,3
            c-0.67,-1.732,-2.547,-3,-4.5,-3
            C8.957,9.5,7,11.432,7,14
            c0,3.53,3.793,6.257,9,11.5
            c5.207,-5.242,9,-7.97,9,-11.5
            C25,11.432,23.043,9.5,20.5,9.5z" />
</vector>
```

Abbildung 12.4 Ein VectorShape

Die Attribute `strokeColor` und `strokeWidth` geben die Farbe und Breite der Kontur des Shapes an oder, wenn keine Füllfarbe angegeben ist, die Farbe und Breite der gezeichneten Linie.

Android Studio enthält ein Tool namens »Vector Asset Studio« (siehe Abbildung 12.5), das über den Menüpunkt NEW|VECTOR ASSET zugänglich ist und das den Import von Scalable Vector Graphic (SVG)- und Adobe Photoshop Document (PSD)-Dateien in Ihr Projekt als Vector-Drawable Ressourcen unterstützt.

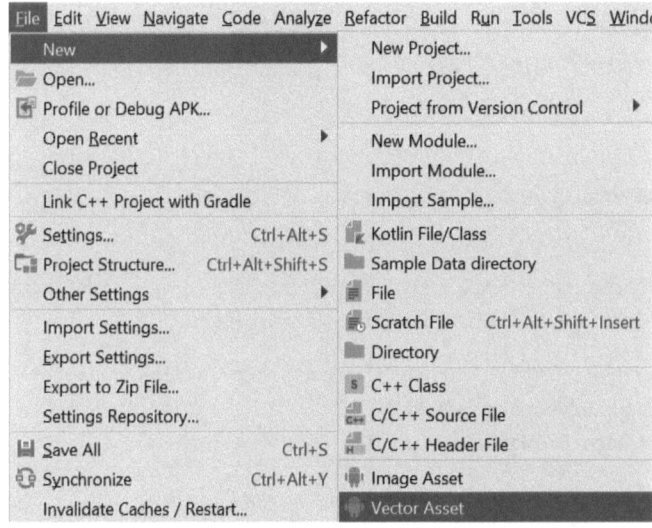

Abbildung 12.5 Vector Asset Studio

Weitere Details zu den SVG-Pfadelementen finden Sie unter

www.w3.org/TR/SVG/paths.html#PathData.

Vector-Drawables animieren

Vector-Drawables unterstützen auch Animationen durch die passend benannte Klasse `AnimatedVectorDrawable`. Wenn Sie eine Animation erstellen, ist es wichtig, den Namen auf jedem Pfad zu setzen, den Sie animieren möchten – so können Sie ihn beim Erstellen der Animation referenzieren. Wenn Sie mehrere Pfade haben, die zusammen animiert werden müssen, können Sie alle Pfade innerhalb eines benannten Gruppenelements setzen und alle Pfade gleichzeitig skalieren, drehen oder übersetzen.

Wenn Sie ein `AnimatedVectorDrawable`-Objekt erstellen, können Sie das Vector-Drawable direkt in ihre Definition aufnehmen:

12.2 | Umsetzung der Android-Design-Philosophie

```
<animated-vector xmlns:android="http://schemas.android.com/apk/res/android"
  xmlns:aapt="http://schemas.android.com/aapt">
  <aapt:attr name="android:drawable">
    <vector
        android:height="256dp"
        android:width="256dp"
        android:viewportWidth="32"
        android:viewportHeight="32">
      <path
        android:name="heart"
        [... Vector Drawable Pfad-Definition ...]
      />
    </vector>
  </aapt:attr>
  [... Rest der AnimatedVectorDrawable-Definition ...]
</animated-vector>
```

Alternativ können Sie ein vorhandenes Vector-Drawable referenzieren, indem Sie dem Wurzel-`animated-vector`-Element ein Drawable-Attribut hinzufügen:

```
<animated-vector xmlns:android="http://schemas.android.com/apk/res/android"
  android:drawable="@drawable/vectordrawable">
  [... Rest der AnimatedVectorDrawable-Definition ...]
</animated-vector>
```

Sie können dann eine Reihe von Animationen hinzufügen, indem Sie `target`-Elemente hinzufügen, wobei das `name`-Attribut innerhalb des `target`-Elements den Namen im Vector-Drawable angibt, auf den sich die Animation bezieht:

```
<animated-vector xmlns:android="http://schemas.android.com/apk/res/android"
  xmlns:aapt="http://schemas.android.com/aapt">
  <aapt:attr name="android:drawable">
    <vector
        android:height="256dp"
        android:width="256dp"
        android:viewportWidth="32"
        android:viewportHeight="32">
      <path
        android:name="heart"
        [... Vector-Drawable Pfad-Definition ...]
      />
    </vector>
  </aapt:attr>
```

```
<target android:name="heart">
  [... Animationsdefinition folgt hier ...]
</target>

</animated-vector>
```

Mit dem Knoten `objectAnimator` können Sie eine einfache Animation definieren. Das Timing jeder Animation wird durch die `duration` in Millisekunden und einen optionalen `startOffset` (auch in Millisekunden) bestimmt. Das `path`- oder `group`-Attribut, das animiert wird, wird durch das `propertyName`-Attribut gesetzt. Die Anfangs- und Endwerte werden durch die Attribute `valueFrom` und `valueTo` gesetzt (siehe Listing 12.1). Abbildung 12.6 zeigt den Endzustand der Animation.

```
<?xml version="1.0" encoding="utf-8"?>
<animated-vector xmlns:android="http://schemas.android.com/apk/res/android"
  xmlns:aapt="http://schemas.android.com/aapt">
  <aapt:attr name="android:drawable">
    <vector
      android:height="256dp"
      android:width="256dp"
      android:viewportWidth="32"
      android:viewportHeight="32">
      <path
        android:name="heart"
        android:fillColor="#8f00"
        android:pathData="M20.5,9.5
                  c-1.955,0,-3.83,1.268,-4.5,3
                  c-0.67,-1.732,-2.547,-3,-4.5,-3
                  C8.957,9.5,7,11.432,7,14
                  c0,3.53,3.793,6.257,9,11.5
                  c5.207,-5.242,9,-7.97,9,-11.5
                  C25,11.432,23.043,9.5,20.5,9.5z" />
    </vector>
  </aapt:attr>

  <target android:name="heart">
    <aapt:attr name="android:animation">
      <objectAnimator
        android:duration="1000"
        android:propertyName="fillColor"
        android:valueFrom="#8f00"
        android:valueTo="#ffc0cb"
```

12.2 | Umsetzung der Android-Design-Philosophie

```
            android:interpolator="@android:interpolator/fast_out_slow_in" />
      </aapt:attr>
    </target>
</animated-vector>
```
Listing 12.1 Ein einfach animiertes Vector-Drawable

Abbildung 12.6 Ein einfach animiertes Vector-Drawable

Mit dem Attribut `interpolator` können Sie die Änderungsrate zwischen den Werten innerhalb der Animation steuern. Wenn Sie mehrere Animationen haben, die das gleiche Timing haben, können Sie sie alle in ein `set`-Element aufnehmen.

Innerhalb Ihrer Anwendung rufen Sie mit der Methode `ContextCompat.getDrawable` einen Verweis auf animierte Vektorzeichnungen ab, indem Sie die Ressourcen-ID (Dateiname) Ihrer animierten Vektorzeichnung übergeben:

```
AnimatedVectorDrawable avd =
  (AnimatedVectorDrawable)ContextCompat.getDrawable(context,
                                                   R.drawable.avd);
```

Wenn Sie die Android Support Library verwenden, um `AnimatedVectorDrawables` zu unterstützen, müssen Sie stattdessen die zugehörige Methode `create` verwenden:

```
AnimatedVectorDrawableCompat avd =
  (AnimatedVectorDrawableCompat)AnimatedVectorDrawableCompat.create(
                                                   context,
                                                   R.drawable.avd);
```

In beiden Fällen können Sie dann das `AnimatedVectorDrawable` in jeder Operation verwenden, die ein `Drawable` akzeptiert, und `start` aufrufen, um die Animation auszulösen:

```
imageView.setImageDrawable(avd);
avd.start();
```

NinePatch-Drawables

NinePatch-Bilder (oder dehnbare Bilder) sind PNG-Dateien, die die Teile eines Bildes markieren, die gedehnt werden können. Sie werden in den *res/drawable*-Verzeichnissen unter Dateinamen mit der Endung *.9.png* gespeichert:

res/drawable/stretchable_background.9.png

NinePatches verwenden einen Ein-Pixel-Rahmen, um den Bereich des Bildes zu definieren, der bei einer Vergrößerung des Bildes gedehnt werden kann. Dies macht sie besonders nützlich für die Erstellung von Hintergründen für Views oder Activities, die eine variable Größe haben können.

Um einen NinePatch zu erstellen, zeichnen Sie schwarze Ein-Pixel-Linien, die dehnbare Bereiche entlang des linken und oberen Bildrands darstellen, wie in Abbildung 12.7 gezeigt.

Abbildung 12.7 NinePatch

Die Größe der nicht markierten Abschnitte wird nicht geändert, und die relative Größe jedes der markierten Abschnitte bleibt gleich, wie in Abbildung 12.8 zu sehen ist.

Abbildung 12.8 Nicht markierte Bereiche im NinePatch

Um die Erstellung von NinePatch-Bildern für Ihre Anwendung zu vereinfachen, enthält Android Studio ein WYSIWIG-Draw-9-Patch-Tool. Um es zu verwenden, klicken Sie mit der rechten Maustaste auf das PNG-Bild, aus dem Sie ein NinePatch-Bild erstellen möchten, und klicken Sie dann auf CREATE 9-PATCH FILE.

12.3 Einführung in das Material-Design

Material-Design ist Googles Designphilosophie und -sprache für mobile Plattformen und das Web. Es bietet eine Reihe von Leitfäden und Spezifikationen, die eine Anleitung für die Erstellung eines modernen Look and Feel für Anwendungen bieten.

Material-Design wurde zum Standarddesign des Android Systems und der Kernanwendungen in Android 5.0 Lollipop (API Level 21), aber viele der zugehörigen APIs und Designkomponenten sind jetzt in der Android Support Library verfügbar. Damit ist das Material-Design der De-facto-Design-Standard für alle Android-Geräte, unabhängig von der API-Ebene.

Als sich entwickelnde Designphilosophie ist es unmöglich, die gesamte Bandbreite des Material-Designs innerhalb der Grenzen dieses Buches abzudecken. Wir werden jedoch ein Verständnis für die Kernkonzepte des Material-Designs entwickeln und einige der häufigsten ikonischen Komponenten vorstellen, die seine Philosophie verkörpern.

In Kapitel 13 werden wir auf das Material-Design zurückkommen und die praktischen Aspekte der Umsetzung eines Designs anhand seiner zugrunde liegenden Philosophie untersuchen.

> **Hinweis**
>
> Material-Design ist eine sich ständig weiterentwickelnde Designsprache. Egal, ob Sie ein Android-Designer oder -Entwickler sind, lesen Sie die neuesten, vollständigen Materialspezifikationen unter *material.io/guidelines*.

12.3.1 Denken in Papier und Tinte

Das Grundprinzip des Material-Designs ist »Material ist die Metapher«. Obwohl klar ist, dass alles, was auf dem Bildschirm sichtbar ist, eine digitale Darstellung ist, ist es unser Ziel, diese digitale Umgebung mit unseren Erwartungen an reale Materialien in Einklang zu bringen.

Im Material-Design wird jede dargestellte View so dargestellt, als wäre sie auf einem physischen Material angeordnet – einem konzeptionellen Blatt Papier. Jedes Blatt des virtuellen Materials ist flach und 1 dp dick, genau wie ein Blatt Papier. Wie in der realen Welt, wo Sie Papier stapeln können, wird jedes Stück virtuelles Material in einer 3D-Umgebung dargestellt und hat eine Höhe (definiert über das Höhenattribut), die Ihrem fertigen Layout das Aussehen von Tiefe verleiht.

Views mit einer höheren Position werden über denen mit einer niedrigeren Position angezeigt und sollten Schatten auf die Views unter ihnen werfen.

Daher spielt die Höhe eine bedeutende Rolle bei der strukturellen Gestaltung Ihres Oberflächenlayouts, wobei globale Navigationselemente auf einer höheren Ebene als der Activity-spezifische Inhalt platziert werden. Viele der in Kapitel 13 beschriebenen systemeigenen Navigationselemente haben ihre Standardhöhen nach diesem Prinzip eingestellt.

Aufbauend auf der Metapher des Kernmaterials schreibt das Material-Design vor, dass alles, was in Ihrer Oberfläche gezeichnet wird, als Tinte auf den Materialoberflächen erscheinen soll.

Dieses Konzept wird bei der Handhabung von Touch-Feedback deutlich. Jedes Mal, wenn eine Taste des Material-Designs berührt wird, erzeugt sie eine Welligkeit, die auf die Stelle zentriert ist, die der Benutzer berührt hat. Das standardmäßige Touch-Feedback der Hintergründe von `selectableItemBackground` erzeugt die gleiche Welligkeit, wodurch es einfach ist, es auf Ihre eigenen berührbaren Bildschirmelemente anzuwenden, wie in Listing 12.2 gezeigt.

```xml
<?xml version="1.0" encoding="utf-8"?>
<LinearLayout xmlns:android="http://schemas.android.com/apk/res/android"
    android:layout_width="match_parent"
    android:layout_height="match_parent"
    android:orientation="vertical"
    android:clickable="true"
    android:background="?attr/selectableItemBackground">
  <TextView
      android:layout_width="match_parent"
      android:layout_height="wrap_content"
      android:text="Click me!" />
  <TextView
      android:layout_width="match_parent"
      android:layout_height="wrap_content"
      android:text="Klicken auf das Layout erzeugt einen Welleneffekt" />
</LinearLayout>
```

Listing 12.2 Ein Material-Design Welligkeit Layout

Wie Tinte fließt die Welligkeit nur zu dem Material, auf dem sie sich befindet. Wenn Ihr klickbares Layout jedoch nur ein Teil eines größeren Teils des Endlosmaterials ist, sollten Sie die Verwendung von `selectableItemBackgroundBorderless` in Betracht ziehen, damit sich die Tintenwelligkeit außerhalb der Grenzen der einzelnen View ausbreiten kann.

12.3.2 Verwendung von Farbe und Schlüssellinien als Leitfaden

Das zweite Prinzip des Material-Designs ist es, klar, prägnant und zielgerichtet zu sein.

Jedes Element Ihres Designs sollte eine bewusste Wahl sein, nicht nur um gut auszusehen, sondern auch um die Hierarchie und Wichtigkeit jedes Elements Ihrer Anwendung durchzusetzen und so die Anwender auf ihrem Weg innerhalb Ihrer Anwendung zu unterstützen und zu leiten.

Farben in Ihrer Anwendung einsetzen

Eine der stärksten Gestaltungsoptionen, die Sie treffen können, ist die Verwendung von Farbe.

Eine monochromatische Benutzeroberfläche birgt das Risiko, mehr als nur ein wenig langweilig zu sein und macht es dem Benutzer außerdem schwer, die wichtigsten Views zu identifizieren, mit denen er wahrscheinlich arbeiten wird. Ein Design, das jede Farbe des Spektrums verwendet, kann auffällig sein, aber auch schrill und genauso schwer zu verstehen wie eine schwarz-weiße Benutzeroberfläche.

Ein besserer Ansatz ist es, eine komplementäre Farbpalette zu erstellen, die Sie in Ihrer Anwendung verwenden können. Diese Farbpalette sollte auf einer Primär-Signatur-Farbe, einer dunkleren Variante und einer Akzentfarbe basieren.

Material-Design ermutigt Sie, immer den Inhalt in den Vordergrund zu stellen. Eine starke Primärfarbe kann als subtiles Markenzeichen fungieren, wodurch sich die App einzigartig und unverwechselbar anfühlt – ohne explizite Branding-Elemente, die ansonsten wertvolle Bildschirmflächen belegen würden, die der Darstellung Ihrer Inhalte gewidmet sein sollten.

Die dunklere Variante Ihrer Primärfarbe wird häufig verwendet, um die Statusleiste einzufärben, um sie visuell vom Inhalt Ihrer Anwendung zu trennen.

Die Akzentfarbe sollte deutlich, aber komplementär zu Ihrer Grundfarbe sein; sie wird verwendet, um die Aufmerksamkeit auf wichtige Views innerhalb Ihrer Benutzeroberfläche zu lenken, wie beispielsweise bewegliche Aktions-Buttons, Links im Fließtext oder als Markierungsfarbe in einer `TextEntry`-View.

> **Hinweis**
> Beispiele für die Farbauswahl finden Sie in den Farbpaletten des Material-Designs unter *material.io/guidelines/style/color.html#color-color-palette*.

Sie können diese Farben in Ihre Anwendung integrieren, indem Sie ein eigenes Theme (Thema) erstellen. Ein Theme ist eine Sammlung von Attributen, die Sie über das android:theme-Attribut Ihres `activity`-Knotens oder über das `application`-Element in Ihrem Anwendungsmanifest auf alle Activities Ihrer Anwendung anwenden können.

Ein einfaches Theme, das die gerade beschriebene Farbpalette enthält, besteht aus einer Datei *res/values/colors.xml*, die eine `colorPrimary`, `colorPrimaryDark` und einen `colorAccent` enthält.

Diese Farben werden dann verwendet, um ein Theme innerhalb einer *res/values/styles.xml* Ressource zu konstruieren:

```xml
<?xml version="1.0" encoding="utf-8"?>
<resources>
  <style name="AppTheme" parent="Theme.AppCompat">
    <item name="colorPrimary">@color/primary</item>
    <item name="colorPrimaryDark">@color/primary_dark</item>
    <item name="colorAccent">@color/accent</item>
  </style>
</resources>
```

Das Theme kann dann auf Ihre gesamte Anwendung angewendet werden, indem Sie `android:theme="@style/AppTheme"` in Ihrem Anwendungselement im Manifest hinzufügen:

```xml
<application
  android:theme="@style/AppTheme">

  [... Rest des application Knotens ...]
</application>
```

Dies führt dazu, dass die App-Leiste und die Statusleiste am oberen Rand jeder Activity entsprechend der `colorPrimary` beziehungsweise `colorPrimaryDark` eingefärbt werden.

Im vorhergehenden Ausschnitt verwenden wir ein übergeordnetes Theme von `Theme.AppCompat`. Dieses Theme wird von der Android Support Library bereitgestellt und enthält eine konsistente Basis für die Anwendung eines Material-Style-Theme für alle API-Ebenen, ohne dass Sie jedes Element selbst definieren müssen.

Wir gehen in Kapitel 13 genauer darauf ein, wie Themes in Ihrer App verwendet werden können.

Ausrichten auf Schlüssellinien

Die Reduzierung des visuellen Rauschens Ihres Layouts ist entscheidend, um die Aufmerksamkeit auf seine kritischen Elemente zu lenken. Beim Material-Design werden

12.3 | Umsetzung der Android-Design-Philosophie

Techniken des traditionellen Druckdesigns verwendet – eine der wichtigsten ist die Ausrichtung der Inhalte auf die Schlüssellinien.

Eine Schlüssellinie (Keyline) ist eine vertikale oder horizontale Linie zur Ausrichtung von Elementen, insbesondere von Texten. Indem Sie alles an einer Reihe von Schlüssellinien ausrichten, können Benutzer das Layout und den Inhalt Ihrer Anwendung einfach erfassen und finden, wonach sie suchen.

Eine Reihe von Schlüssellinien und Abmessungen sind in den Material-Design-Spezifikationen festgelegt. Die wichtigsten sind die horizontalen Ränder an den Kanten des Bildschirms und der linke Rand des Inhalts vom Bildschirmrand, wie in Abbildung 12.9 zu sehen ist.

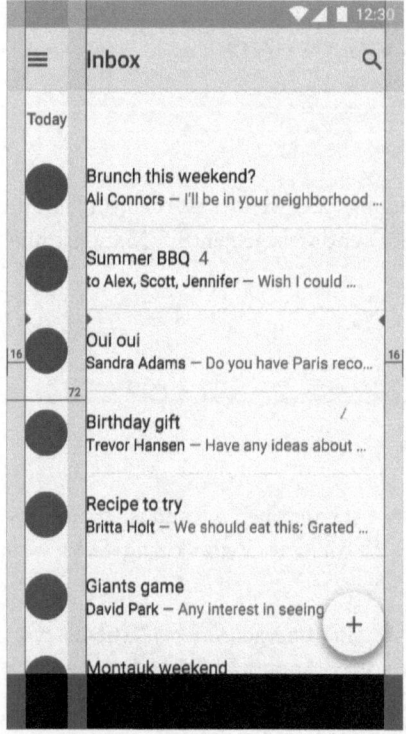

Abbildung 12.9 Schlüssellinien und Abmessungen

Die horizontalen Ränder, die durch Material-Design für mobile Geräte definiert sind, betragen 16 dp, während sie für Tablets auf 24 dp erweitert werden. Der linke Rand des Bildschirms ist 72 dp auf dem Smartphone und 80 dp auf dem Tablet.

Mit mehr Platz auf größeren Geräten können Sie den verfügbaren Platz besser ausnutzen und verhindern, dass Inhalte zu nah am Bildschirmrand erscheinen.

Der linke Rand des Inhalts bezieht sich in erster Linie auf den Text, um sicherzustellen, dass er mit dem Titel der Symbolleiste übereinstimmt. Symbole und runde Figuren sollten an dem horizontalen Rand von 16 dp ausgerichtet sein.

> **Hinweis**
>
> Weitere Details zu den Schlüssellinien, die das Material-Design ausmachen, finden Sie unter
>
> *material.io/guidelines/layout/metrics-keylines.html*.

12.3.3 Kontinuität durch Bewegung

Das dritte und letzte Prinzip des Material-Designs ist, dass Bewegung eine Bedeutung hat.

Beim Experimentieren mit Bewegung ist es verlockend, alles zu bewegen, einfach weil man es kann. Tun Sie das nicht. Unnötige Bewegung lenkt bestenfalls ab und frustriert im schlimmsten Fall. Niemand will ein Berührungsziel über den Bildschirm jagen. Material-Design erfordert einen disziplinierten Umgang mit Bewegung innerhalb Ihrer Benutzeroberfläche, wobei jede Bewegung bewusst so gestaltet ist, dass sie die Augen und die Aufmerksamkeit des Benutzers lenkt.

Die oben beschriebene Wellenanimation wird selbst als eine Form der Bewegung betrachtet, die dem Benutzer Feedback geben soll. Es ist ein gängiges Muster im Material-Design, dass die Handlungen eines Benutzers Bewegung auslösen.

Die animierten Vector-Drawables, die zuvor in diesem Kapitel besprochen wurden, sind ein Beispiel dafür, wie Aktionen und Feedback miteinander verknüpft werden können. Beispielsweise kann eine Audio-Player-Anwendung den Play-Button in einen Pause-Button animieren, indem sie ein animiertes Vektor-Drawable zum Übergang zwischen sich gegenseitig ausschließenden, aber eng verwandten Zuständen verwendet.

Die Sichtbarkeit der View mit dem Enthüllungseffekt animieren

Um eine visuelle Konsistenz für Benutzeraktionen zu gewährleisten, die zu neuen Views führen, bietet Android die Methode `ViewAnimationUtils.createCircularReveal` für Geräte mit Android 5.0 Lollipop (API Level 21) oder höher. Dies erzeugt eine Animation, die eine View anzeigt (oder ausblendet), indem sie innerhalb eines Kreises mit einem wachsenden (oder schrumpfenden) Radius abgeschnitten wird.

12.3 | Umsetzung der Android-Design-Philosophie

Je nachdem, wo Sie die Enthüllungsanimation (Reveal-Animation) zentrieren, kann dies ein wenig Mathematik erfordern, wie in Listing 12.3 zu sehen ist.

```
final View view = findViewById(R.id.hidden_view);

// Zentriere die Enthüllung in der Mitte der View.
int centerX = view.getWidth() / 2;
int centerY = view.getHeight() / 2;

// Ermittle, welcher Radius die View abdeckt.
float coveringRadius = (float) Math.hypot(centerX, centerY);

// Baue die kreisförmige Enthüllung.
Animator anim = ViewAnimationUtils.createCircularReveal(
  view,
  centerX,
  centerY,
  0,              // Initialer Radius
  coveringRadius  // Überdeckender Endradius
);

// Mache die View vor dem Start der Animation sichtbar.
view.setVisibility(View.VISIBLE);
anim.start();
```
Listing 12.3 Kreisförmige Enthüllung zur Darstellung einer View

Der gleiche Ansatz kann umgekehrt verwendet werden, um eine Ansicht auszublenden, wie in Listing 12.4 zu sehen ist.

```
// Baue die kreisförmige Enthüllung.
Animator anim = ViewAnimationUtils.createCircularReveal(
  view,
  centerX,
  centerY,
  coveringRadius, // Anfangsradius
  0               // Endradius
);

anim.addListener(new AnimatorListenerAdapter() {
  @Override
```

```
    public void onAnimationEnd(Animator animation) {
      // Mache die View nur am Ende der Animation unsichtbar.
      view.setVisibility(View.INVISIBLE);
    }
  });

  anim.start();
```
Listing 12.4 Kreisförmige Enthüllung zum Ausblenden einer Ansicht

Erstellen von geteilten Element-Activity-Übergängen

Normalerweise werden die größten Übergänge innerhalb Ihrer Anwendung zwischen den Activities bewegt. Android 5.0 Lollipop (API Level 21) führte gemeinsame Activity-Übergänge (Transitions) ein, die eine visuelle Kontinuität für kritische Views bieten, die in beiden Activities vorhanden sind – dynamisch von ihrer ursprünglichen Position in der ersten Activity zu ihrer endgültigen Position in der nächsten.

Um die Vorteile der gemeinsamen Element-Activity-Übergänge zu nutzen, fügen Sie das Attribut `android:transitionName` zu Views innerhalb der Layouts beider Activities hinzu, um die Views für die Animation zu verknüpfen:

```
<?xml version="1.0" encoding="utf-8"?>
<LinearLayout xmlns:android="http://schemas.android.com/apk/res/android"
    android:layout_width="match_parent"
    android:layout_height="wrap_content"
    android:orientation="vertical">
  <ImageView
    android:id="@+id/avatar_view"
    android:transitionName="avatar_view_transition"
    android:layout_width="match_parent"
    android:layout_height="wrap_content"/>
  <TextView
    android:id="@+id/username_view"
    android:transitionName="username_view_transition"
    android:layout_width="match_parent"
    android:layout_height="wrap_content"/>
</LinearLayout>

<?xml version="1.0" encoding="utf-8"?>
<LinearLayout xmlns:android="http://schemas.android.com/apk/res/android"
    android:layout_width="match_parent"
    android:layout_height="wrap_content"
    android:orientation="horizontal">
```

```xml
<ImageView
  android:id="@+id/avatar_view"
  android:transitionName="avatar_view_transition"
  android:layout_width="wrap_content"
  android:layout_height="match_parent"/>
<TextView
  android:id="@+id/username_view"
  android:transitionName="username_view_transition"
  android:layout_width="wrap_content"
  android:layout_height="match_parent"/>
</LinearLayout>
```

Um einen animierten Übergang zwischen zwei Activities zu aktivieren, übergeben Sie ein `Bundle`, das aus der Methode `makeSceneTransitionAnimation` der Klasse `ActivityOptionsCompat` erstellt wurde, und übergeben es an `Pair`-Instanzen, die die Views im Layout Ihrer aktuellen Activity repräsentieren, sowie `transitionName`, zu dem sie wechseln (ermittelt durch Übergabe jeder View an die Methode `ViewCompat.getTransitionName`, siehe Listing 12.5).

```
Intent intent = new Intent(context, SecondActivity.class);

Bundle bundle = ActivityOptionsCompat.makeSceneTransitionAnimation(
                this,
                Pair.create((View)avatarView,
                        ViewCompat.getTransitionName(avatarView)),
                Pair.create((View)userNameView,
                        ViewCompat.getTransitionName(userNameView))
        ).toBundle();

startActivity(intent, bundle);
```
Listing 12.5 Initiieren eines gemeinsamen Elements-Activity-Übergangs

Sie können die gleiche Animation umgekehrt anwenden, wenn die zweite Activity geschlossen wird, indem Sie `ActivityCompat.finishAfterTransition` anstelle von `finish` aufrufen.

12.4 Material-Design Bedienelemente

Neben den Leitsätzen führt Material-Design eine Reihe neuer Bedienelemente ein. Sie werden häufig in der gesamten System-Oberfläche und in den Kernanwendungen verwendet. Indem Sie diese Elemente in Ihre Anwendung integrieren, machen Sie sie für neue Benutzer leichter verständlich und konsistenter mit dem System und anderen Anwendungen von Drittanbietern unter Verwendung der Material-Design-Philosophie.

12.4.1 Die App-Leiste

Die App-Leiste, die früher als Aktionsleiste bezeichnet wurde, verläuft oben in der App, wie in Abbildung 12.10 zu sehen ist.

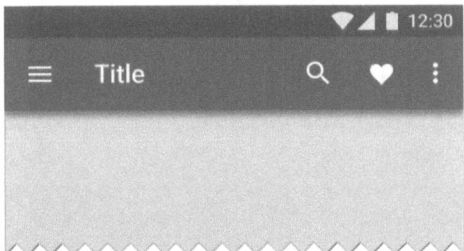

Abbildung 12.10 Die App-Leiste

Ihre herausragende Position ganz oben auf Ihrer Benutzeroberfläche bewirkt, dass sie oft das erste ist, was ein Benutzer sieht und liest. Aus diesem Grund dient Ihre App-Leiste als Anker für Ihre Benutzeroberfläche und bietet Benutzern einen vertrauten Ort, an den sie zurückkehren können, wenn sie sich nicht sicher sind, wohin sie navigiert haben.

Die App-Leiste wird automatisch mit dem Attribut colorPrimary eingefärbt, das durch das Theme Ihrer App definiert ist, und bietet einen subtilen Hinweis darauf, welche App der Benutzer geöffnet hat.

Achten Sie bei der Definition eines Themes darauf, dass Sie ein übergeordnetes Theme (parent theme) zuweisen, das einen starken Kontrast zwischen Ihrer colorPrimary und der in der App-Leiste verwendeten Textfarbe anzeigt. Sie können dies sicherstellen, indem Sie eine der folgenden Optionen auswählen:

- Theme.AppCompat: Verwenden Sie diese Option, wenn Sie einen dunklen Hintergrund für Ihre Benutzeroberfläche und eine dunkle colorPrimary haben. Die Textfarben werden hell sein, um mit den dunklen Hintergründen zu kontrastieren.
- Theme.AppCompat.Light: Verwenden Sie diese Option bei hellem Hintergrund und Primärfarbe; es liefert dunklen Text.
- Theme.AppCompat.Light.DarkActionBar: Diese Option passt zum hellen Theme, invertiert aber die Farben speziell für die App-Leiste.

12.4 | Umsetzung der Android-Design-Philosophie

> **Hinweis**
>
> Die Verwendung dieser Themes ist kritisch, wenn Sie die eingebaute App-Leiste verwenden. Kapitel 13 behandelt die Verwendung einer Symbolleiste als App-Leiste und bietet alternative Themes, die die hier beschriebene Standard-App-Leiste explizit entfernen.

Der bekannteste Text, der mit der App-Leiste angezeigt wird, ist das android:title-Attribut aus dem Manifesteintrag jeder Activity. Es bietet Benutzern einen visuellen Wegweiser, wo sie sich innerhalb Ihrer Anwendung befinden, indem es sie beim Wechsel zwischen den Activities aktualisiert.

Um den Titel per Programm zu ändern, rufen Sie die Methode getSupportActionBar aus Ihrer AppCompatActivity auf, um die App-Leiste abzurufen, und rufen Sie setTitle auf, um einen neuen Wert anzugeben:

```
String title = "Neuer Titel";
getSupportActionBar().setTitle(title);
```

Die App-Leiste enthält auch eine Navigationsschaltfläche, die am häufigsten zum Navigieren in der Navigationshierarchie Ihrer App verwendet wird.

Das Ziel der »nach oben«-Navigation unterscheidet sich von der Back-Taste. Wo die Back-Taste den Benutzer genau an die vorherige Position zurückbringen soll (einschließlich der Wiederherstellung des Status der vorherigen Activity), sollte das Drücken von »nach oben« als Notausstieg dienen.

Es sollte den Benutzer immer zu einer bestimmten Activity in einem erneuerten Zustand bewegen; wiederholtes Drücken nach oben sollte den Benutzer schließlich zur Hauptstart-Activity führen.

Die Aufwärtsnavigation wird durch die Definition der übergeordneten Activity erstellt. Betrachten wir eine einfache Anwendung, die eine MainActivity hat, die typischerweise zur CategoryActivity führt, was wiederum zu einer DetailActivity führt.

Wie in Abbildung 12.11 zu sehen ist, hat die MainActivity kein übergeordnetes Element, während die CategoryActivity ein übergeordnetes Element in MainActivity und DetailActivity ein übergeordnetes Element in CategoryActivity hat. Als Ergebnis sollte der Up-Button von den sehr spezifischen Inhalten (einer Detail-View) in der Inhaltshierarchie bis zum Erreichen der MainActivity übergehen.

Sie können die übergeordnete Activity jeder Activity in Ihrem Anwendungsmanifest mit dem Attribut android:parentActivityName angeben. Das Attribut parentActivityName wurde in Android 4.1 Jelly Bean (API Level 16) eingeführt, daher müssen Sie auch ein meta-data-Element hinzufügen, um frühere Versionen der Plattform zu unterstützen:

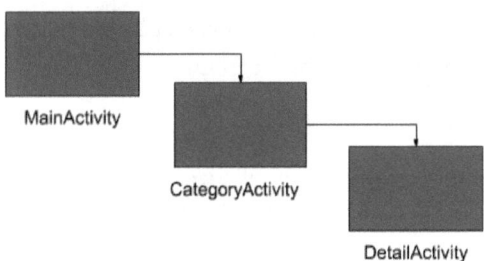

Abbildung 12.11 Hierarchie der Activities

```xml
<application ...>
   ...

   <activity
       android:name="com.example.MainActivity" ...>
       ...
   </activity>

   <activity
       android:name="com.example.CategoryActivity"
       android:parentActivityName="com.example.MainActivity"
       ...>
       ...
     <!-- Wird für Android 4.0 oder davor benötigt -->
     <meta-data
         android:name="android.support.PARENT_ACTIVITY"
         android:value="com.example.MainActivity" />
   </activity>

   <activity
       android:name="com.example.DetailActivity"
       android:parentActivityName="com.example.CategoryActivity"
       ...>
       ...
     <!-- Wird für Android 4.0 oder davor benötigt -->
     <meta-data
         android:name="android.support.PARENT_ACTIVITY"
         android:value="com.example.CategoryActivity" />
   </activity>

</application>
```

12.4 | Umsetzung der Android-Design-Philosophie

Um die Up-Taste auf Ihrer App-Leiste zu aktivieren, rufen Sie `setDisplayHomeAsUpEnabled(true)` innerhalb des `onCreate` Handlers jeder Activity auf.

```
getSupportActionBar().setDisplayHomeAsUpEnabled(true);
```

In Fällen, in denen es mehrere Instanzen einer vorgegebenen übergeordneten Activity geben kann, müssen Sie dem Intent mehr Details beifügen, um sicherzustellen, dass Sie zur richtigen Activity gelangen.

Sie erreichen dies, indem Sie `getSupportParentActivityIntent` überschreiben und die entsprechenden Extras hinzufügen. Beispielsweise kann das obige Beispiel `DetailActivity` ein zusätzliches Extra an seine Parent-Activity `CategoryActivity` übergeben, um sicherzustellen, dass die richtige Kategorie angezeigt wird:

```
@Override
public Intent getSupportParentActivityIntent() {
  // Hole den Intent von parentActivityName.
  Intent intent = super.getSupportParentActivityIntent();
  // Füge die benötigte Information hinzu, um die
  // CategoryActivity neu anzulegen.
  intent.putExtra(CategoryActivity.EXTRA_CATEGORY_ID, mCategoryId);
  return intent;
}
```

12.4.2 Anwendung des Material-Designs auf den Earthquake Monitor

Die Standardprojektvorlagen in Android Studio bieten das richtige Gerüst, um Material-Design in Ihre Anwendung einzubinden, aber das persönliche Erscheinungsbild der Anwendung ist etwas, das diesem Gerüst hinzugefügt werden muss. Der Erdbeben-Monitor, der über die vorangegangenen Kapitel gebaut wurde, bildet da keine Ausnahme.

Sie aktualisieren das Standard-Theme, um neue Farben zu verwenden, verwenden den Image-Asset-Assistenten, um ein App-Symbol zu erstellen, und stellen sicher, dass jede Activity die entsprechende »Up«-Hierarchie hat.

1. Öffnen Sie das Earthquake-Projekt und ändern Sie die Farben in der Datei *res/values/colors.xml*:

```xml
<?xml version="1.0" encoding="utf-8"?>
<resources>
  <color name="colorPrimary">#D32F2F</color>
  <color name="colorPrimaryDark">#9A0007</color>
  <color name="colorAccent">#448AFF</color>
</resources>
```

2. Öffnen Sie den Image-Asset-Assistenten, indem Sie FILE| NEW|IMAGE ASSET wählen. Stellen Sie sicher, dass der Symboltyp auf Startsymbol eingestellt ist, ändern Sie die folgenden Optionen und klicken Sie dann auf FINISH, um das neue Startsymbol anzuwenden:

   a) Für die Vordergrundebene ändern Sie den Asset-Typ in Clip Art und wählen das Vibrationssymbol. Ändern Sie die Farbe auf FFF und ändern Sie die Größe des Symbols auf 80 Prozent.

   b) Für die Hintergrundebene ändern Sie den Asset-Typ auf Farbe und verwenden Sie die Farbe D32F2F.

3. Öffnen Sie *AndroidManifest.xml* und fügen Sie übergeordnete Activities zu PreferencesActivity und EarthquakeSearchResultActivity hinzu:

```
<activity
  android:name=".PreferencesActivity"
  android:parentActivityName=".EarthquakeMainActivity">
  <intent-filter>
    <action
      android:name="android.intent.action.MANAGE_NETWORK_USAGE"/>
      <category android:name="android.intent.category.DEFAULT"/>
  </intent-filter>
  <meta-data
    android:name="android.support.PARENT_ACTIVITY"
    android:value=".EarthquakeMainActivity" />
</activity>

<activity
  android:name=".EarthquakeSearchResultActivity"
  android:launchMode="singleTop"
  android:parentActivityName=".EarthquakeMainActivity">
  <intent-filter>
    <action android:name="android.intent.action.SEARCH" />
  </intent-filter>
  <meta-data
    android:name="android.app.searchable"
    android:resource="@xml/searchable"
    />
  <meta-data
    android:name="android.support.PARENT_ACTIVITY"
    android:value=".EarthquakeMainActivity" />
</activity>
```

4. Ändern Sie die `PreferenceActivity`, um `setDisplayHomeAsUpEnabled(true)` nach dem Aufruf von `setContentView` aufzurufen:

```
@Override
public void onCreate(Bundle savedInstanceState) {
  super.onCreate(savedInstanceState);
  setContentView(R.layout.preferences);

  getSupportActionBar().setDisplayHomeAsUpEnabled(true);
}
```

5. Ändern Sie auch `EarthquakeSearchResultActivity`, um `setDisplayHomeAsUpEnabled(true)` nach dem Aufruf von `setContentView` aufzurufen:

```
@Override
public void onCreate(Bundle savedInstanceState) {
  super.onCreate(savedInstanceState);
  setContentView(R.layout.activity_earthquake_search_result);

  getSupportActionBar().setDisplayHomeAsUpEnabled(true);

  [... Bisherige onCreate Methode ...]
}
```

12.4.3 Verwendung von Karten zur Anzeige von Inhalten

Unabhängig von Ihrer Design-Philosophie sollte der Inhalt immer im Mittelpunkt Ihrer Anwendung stehen; die Strukturierung dieser Inhalte hilft dem Benutzer, sich auch darauf zu konzentrieren.

Eine Karte, wie sie in Abbildung 12.12 zu sehen ist, ist ein erhabenes Stück Material mit abgerundeten Ecken, das Informationen und Aktionen zu einem einzelnen Theme zusammenfasst.

Wenn alle Elemente ähnlich sind und schnelles Durchsuchen wichtig ist, funktionieren eine traditionelle Liste oder ein Raster von Inhalten gut. Karten kommen zur Geltung, wenn es viele verschiedene Elemente gibt, viele Aktionen, die mit jedem Inhalt verbunden sind, oder wenn es wichtig ist, dass Benutzer einzelne Karten entfernen können.

Die `CardView`-Klasse, die als Teil der Android Support Library angeboten wird, bietet eine Umsetzung des Kartenkonzepts, einschließlich der visuellen Elemente einschließlich abgerundeter Ecken und Ansichten. Um `CardViews` in Ihrer Anwendung verwenden zu

Abbildung 12.12 Kartendarstellung

können, müssen Sie eine dependency für die CardView-Bibliothek in die *build.gradle*-Datei Ihres Anwendungsmoduls einfügen:

```
implementation 'com.android.support:cardview-v7:26.1.0'
```

CardView erweitert FrameLayout, so dass alle in Kapitel 5 vorgestellten Layouttechniken beim Platzieren von Inhalten innerhalb einer CardView Anwendung finden, mit Ausnahme von Padding. In den CardViews sollten Sie das Attribut contentPadding anstelle von padding verwenden, um sicherzustellen, dass nur der Inhalt innerhalb der Karte nach innen aufgefüllt wird und nicht der Rand der Karte.

> **Hinweis**
>
> Vor Android 5.0 Lollipop (API Level 21) hat CardView alle Inhalte mit Padding versehen, anstatt sie an den abgerundeten Ecken abzuschneiden. Sie können dies mit setPreventCornerOverlap(false) deaktivieren. Wenn Ihre CardView auf allen API-Ebenen identisch aussehen soll, können Sie das Padding auf API 21+-Geräten mit setUseCompatPadding(true) aktivieren.

Die Karten sind modular aufgebaut. Jede Karte wird aus einem Satz von gemeinsamen Inhaltsblöcken zusammengesetzt, die in einer bestimmten Reihenfolge von oben nach unten hinzugefügt werden, wie in Abbildung 12.13 dargestellt, einschließlich:

- Ein optionaler Header (nicht abgebildet) mit einem Avatar-Bild, Titel und Untertitel für Karten, die einer Person zugeordnet sind.
- Rich Media im Seitenverhältnis 16:9 oder 1:1.

12.4 | Umsetzung der Android-Design-Philosophie

- Ein Primärtitel und Untertitel (wenn nicht mit einem »Personenkopf«). Damit wird der Inhalt der Karte beschrieben.
- Mehrere Zeilen unterstützender Text.
- Aktionen – entweder linksbündiger Text oder rechtsbündige Symbole.

Erweiterter unterstützender Text kann durch Hinzufügen einer Erweiterungsaktion verwendet werden, die zusätzlichen Inhalt am unteren Rand der Karte anzeigt.

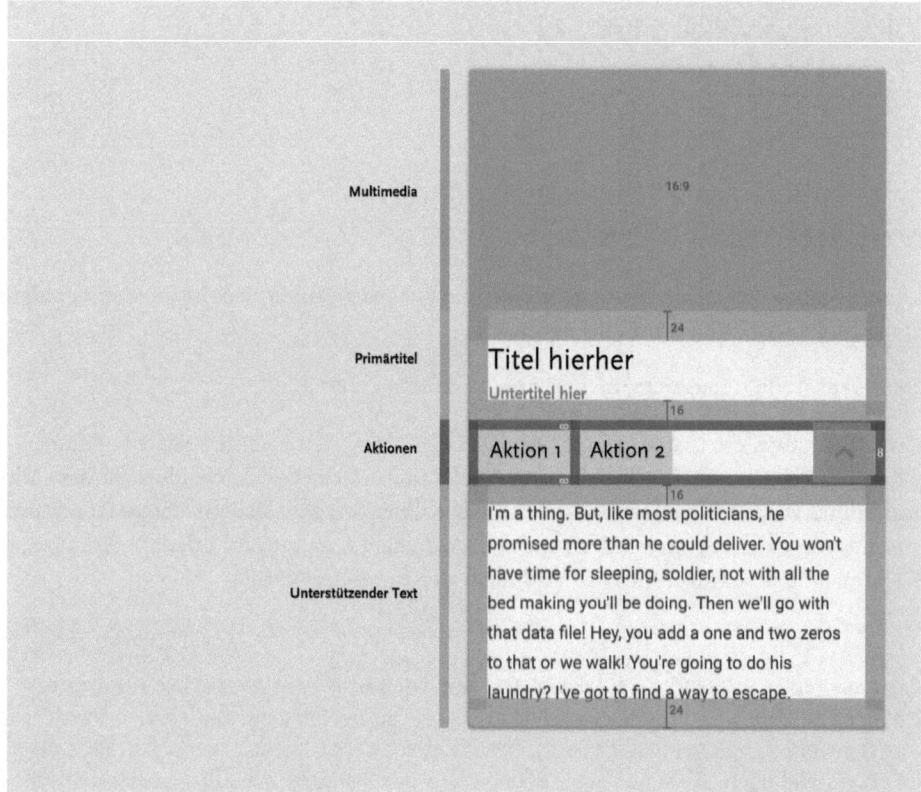

Abbildung 12.13 Aufbau von Karten

> **Hinweis**
> Beispiele für Karten und deren Inhalt finden Sie unter
> material.io/guidelines/components/cards.html#cards-content

Listing 12.6 zeigt eine einfache Karte, die ein 16:9-Bild, einen Primärtitel und Untertitel sowie zwei Aktionen enthält.

```xml
<?xml version="1.0" encoding="utf-8"?>
<android.support.v7.widget.CardView
    xmlns:android="http://schemas.android.com/apk/res/android"
    xmlns:app="http://schemas.android.com/apk/res-auto"
    android:layout_width="match_parent"
    android:layout_height="match_parent">
  <android.support.constraint.ConstraintLayout
      android:layout_width="match_parent"
      android:layout_height="match_parent">
    <ImageView
      android:id="@+id/image"
      android:layout_width="0dp"
      app:layout_constraintDimensionRatio="16:9"
      app:layout_constraintLeft_toLeftOf="parent"
      app:layout_constraintRight_toRightOf="parent"
      app:layout_constraintTop_toTopOf="parent" />
    <TextView
      android:id="@+id/title"
      android:layout_width="0dp"
      android:layout_height="wrap_content"
      android:paddingTop="24dp"
      android:paddingLeft="16dp"
      android:paddingRight="16dp"
      app:layout_constraintLeft_toLeftOf="parent"
      app:layout_constraintRight_toRightOf="parent"
      app:layout_constraintTop_toBottomOf="@id/image"
      android:textAppearance="@style/TextAppearance.AppCompat.Headline" />
    <TextView
      android:id="@+id/subtitle"
      android:layout_width="0dp"
      android:layout_height="wrap_content"
      android:padding="16dp"
      app:layout_constraintLeft_toLeftOf="parent"
      app:layout_constraintRight_toRightOf="parent"
      app:layout_constraintTop_toBottomOf="@id/title"
      android:textAppearance="@style/TextAppearance.AppCompat.Body2" />
```

12.4 | Umsetzung der Android-Design-Philosophie

```xml
    <Button
      android:id="@+id/first_action"
      android:layout_width="wrap_content"
      android:layout_height="wrap_content"
      android:layout_marginTop="8dp"
      android:layout_marginLeft="8dp"
      android:layout_marginBottom="8dp"
      app:layout_constraintLeft_toLeftOf="parent"
      app:layout_constraintTop_toBottomOf="@id/subtitle"
      app:layout_constraintBottom_toBottomOf="parent"
      android:text="@string/first_action_text"
      style="?borderlessButtonStyle" />
    <Button
      android:id="@+id/second_action"
      android:layout_width="wrap_content"
      android:layout_height="wrap_content"
      android:layout_margin="8dp"
      app:layout_constraintLeft_toRightOf="@id/first_action"
      app:layout_constraintTop_toBottomOf="@id/subtitle"
      app:layout_constraintBottom_toBottomOf="parent"
      android:text="@string/second_action_text"
      style="?borderlessButtonStyle" />
  </android.support.constraint.ConstraintLayout>
</android.support.v7.widget.CardView>
```
Listing 12.6 Eine CardView-Implementierung

12.4.4 Floating-Action-Button

Der in Abbildung 12.14 gezeigte Floating-Action-Button (FAB) ist ein typisches Element des Material-Designs, das die Aufmerksamkeit auf die wichtigste Aktion lenkt, die der Benutzer innerhalb einer Activity ergreifen kann.

Ein Floating-Action-Button wird als kreisförmiges Symbol mit einer größeren Höhe dargestellt, die über dem Rest der Benutzeroberfläche schwebt und mit der Akzentfarbe Ihrer Anwendung eingefärbt ist. Der Floating-Action-Button sollte deutlich hervorstechen und es dem Benutzer ermöglichen, die Aktion leicht zu identifizieren und zu finden.

Die Android Design Support Library enthält die Klasse `FloatingActionButton`, die die Material-Design-Spezifikationen für einen Floating-Action-Button implementiert. Sie unterstützt sowohl die Standardgröße von 56 dp als auch die Mini-Größe von 40 dp mit dem Attribut `fabSize`.

Material-Design Bedienelemente | **12.4**

Abbildung 12.14 Floating Action Button

In fast allen Fällen ist die Standardgröße am besten geeignet. Die einzige Ausnahme ist, wenn Sie andere Elemente wie Avatarbilder (die ebenfalls 40 dp sind) haben, an denen sich der Floating-Action-Button ausrichten sollte. In beiden Fällen ist das Symbol, das es enthält, ein 24 dp-Quadrat.

Im Gegensatz zu anderen Views, bei denen die Sichtbarkeit mit `setVisibility` eingestellt wird, empfiehlt es sich, die Methoden `show` und `hide` zu verwenden, um die Sichtbarkeit des Floating-Action-Button zu steuern. Dies animiert den Floating-Action-Button, indem er von einem Radius von 0 nach oben beziehungsweise wieder nach unten auf einen Radius von 0 skaliert wird.

Die typischste Position für einen Floating-Action-Button auf Smartphone-Layouts ist in die untere rechte Ecke, mit 16 dp Abstand von den Rändern. Bei größeren Geräten ist die untere rechte Ecke weniger ideal, da sie viel weiter von der Stelle entfernt ist, die der Benutzer normalerweise zuerst sieht: typischerweise oben links.

12.4 | Umsetzung der Android-Design-Philosophie

Wo Sie den Floating-Action-Button positionieren, ist letztendlich eine Design-Entscheidung. Sie sollten aber bedenken, dass nicht jede Anwendung, und schon gar nicht jede Activity, einen Floating-Action-Button benötigt. Wenn es keine primäre Aktion gibt, sollten Sie es vermeiden, einen Floating-Action-Button einzubauen.

Kapitel 13
Moderne Android-Benutzerführung

> **Inhalt**
>
> - Erstellen und Anwenden von Themes auf Benutzeroberflächen
> - Erstellen von Menüs und App-Leisten-Aktionen
> - Verwendung von Action-Views und Action-Providern
> - Anpassen der App-Leiste über Toolbars
> - Implementierung fortgeschrittener Scroll-Techniken
> - Verwendung von Registerkarten, unteren Navigationsleisten und der Navigationsschublade für eine effektive Handhabung
> - Alarmierung des Benutzers mit Dialogen, Toasts und Snackbars

Wrox.com Code-Downloads für dieses Kapitel

Die Code-Downloads für dieses Kapitel finden Sie unter *www.wrox.com*. Der Code für dieses Kapitel ist in die folgenden Hauptbeispiele unterteilt:

- Snippets_ch13.zip
- Earthquake_ch13_part1.zip
- Earthquake_ch13_part2.zip

13.1 Die moderne Android-Oberfläche

Um Ihnen zu helfen, eine Benutzeroberfläche (UI) zu erstellen, die stilvoll und einfach zu bedienen ist und eine gute Benutzerführung bietet, die mit der zugrunde liegenden Plattform und anderen Anwendungen übereinstimmt, zeigt dieses Kapitel Techniken zur Erweiterung der Benutzerführung über Layouts und Oberflächenkomponenten hinaus.

Dies beginnt mit einer Erkundung der AppCompat-API, die als Teil der Android Support Library bereitgestellt wird und die es ermöglicht, ein konsistentes, modernes Erscheinungsbild für Ihre App über alle Android-API-Ebenen hinweg mit Hilfe von Themes zu erstellen.

Die in Kapitel 5 vorgestellte App-Leiste ist ein wichtiger Bestandteil Ihrer Anwendung. In diesem Kapitel erfahren Sie, wie Sie diese durch Hinzufügen von Menüs und Aktionen weiter anpassen können. Sie lernen auch, Toolbars zu verwenden, um die App-Leiste in Ihren eigenen Layouts zu ersetzen und die davon unterstützten Funktionen, einschließlich spezieller Scroll-Techniken, zu nutzen.

Wenn Ihre App über einen einzigen Bildschirm hinauswächst, müssen Sie ein Navigationsmuster bereitstellen, um die Benutzerinteraktion zu erleichtern. Tabs sind ein Muster, das es dem Benutzer erlaubt, einfach zwischen den Top-Level-Activities zu wechseln, während eine untere Navigationsleiste dauerhaften Zugriff auf drei bis fünf Top Level Activities bietet, wodurch eine Navigationsleiste es dem Benutzer ermöglicht, sich ausschließlich auf den Inhalt zu konzentrieren, während die einfache Navigation dennoch leicht zugänglich ist.

Zusätzlich zur Navigation werden Sie in Techniken eingeführt, mit denen Benutzer auf außergewöhnliche Umstände aufmerksam gemacht werden. Modale Dialoge zwingen den Benutzer, Probleme zu behandeln, bevor er seine Arbeit fortsetzt, während Toasts einen Mechanismus für völlig nicht-interaktive, schwebende Nachrichten bieten. Die Snackbar bietet einen nicht-modalen Alarm, der interaktiv ist und die Wiederherstellung von potenziell destruktiven Interaktionen durch eine einzige Aktion vereinfacht.

13.2 Konsistente, moderne Benutzeroberflächen mit AppCompat erstellen

Die Android-Plattform entwickelt sich ständig weiter, und die vorherrschende Designsprache entwickelt sich mit ihr. Jede Android-Version führt neue Oberflächenmuster, Elemente und Funktionen ein.

Die AppCompat-API ist in der Android Support Library verfügbar und bietet eine einzige, abwärtskompatible API, mit der Entwickler eine einheitliche, moderne Benutzeroberfläche für alle Versionen von Android anbieten können.

AppCompat bietet eine Reihe von Themes, die jeweils mit `Theme.AppCompat` vorangestellt sind. Um die Fähigkeit von AppCompat zu nutzen, das Erscheinungsbild Ihrer Anwendung abwärtskompatibel zu machen, müssen Sie ein neues Theme erstellen, das eines dieser AppCompat-Themes als Basis verwendet – und die `AppCompatActivity` innerhalb Ihrer Anwendung beim Erstellen neuer Activities erweitert.

AppCompat stellt eine Reihe von Attributen zur Verfügung, die den gleichen Namen wie die Framework-Äquivalente haben. Zum Beispiel definiert `android:colorAccent` die Akzentfarbe für viele Views auf Android 5.0 Lollipop (API Level 21) und höheren Geräten. Um das gleiche Verhalten auf älteren Versionen von Android zu erzeugen – als `android:colorAccent` nicht verfügbar war – können Sie stattdessen das `colorAccent`-Attribut innerhalb Ihres Theme verwenden.

In Fällen, in denen ein Attribut sowohl in AppCompat als auch im Framework vorhanden ist, sollten Sie immer das AppCompat-Äquivalent wählen, um die Kompatibilität über alle API-Ebenen hinweg sicherzustellen.

Hinweis
Wenn Sie Standard-Views wie `TextView` oder `CheckBox` erweitern, um benutzerdefiniertes Verhalten zu implementieren, oder Views programmgesteuert erstellen, stellen Sie sicher, dass Sie Views aus dem Package `android.support.v7.widget` wie `AppCompatTextView` und `AppCompatCheckBox` erweitern (oder erstellen).

13.2.1 Themes mit AppCompat erstellen und anwenden

In Kapitel 12 über die Android Design-Philosophie wurden Sie mit der Notwendigkeit vertraut gemacht, eine grundlegende Farbpalette für Ihre App mit `colorPrimary`, `colorPrimaryDark` und `colorAccent` innerhalb des Themes Ihrer Anwendung zu definieren. Sie können ähnliche Techniken verwenden, um das Aussehen der Views Ihrer App weiter anzupassen, ohne dass Sie eigene Views erweitern oder erstellen müssen.

Um den »normalen« Zustand von Komponenten wie einem nicht ausgewählten `EditText`, `Checkbox` und `RadioButton` zu steuern, können Sie das Attribut `colorControlNormal` überschreiben. Der Standardwert für dieses Attribut ist `?android:attr/textColorSecondary`.

Der aktivierte oder markierte Zustand für Checkboxen und Radio-Buttons kann von `colorControlActivated` separat gesteuert werden, wenn Sie die Standardfarbe von `?attr/colorAccent` überschreiben möchten.

Schließlich steuert das Attribut `colorControlHighlight` die Riffelfärbung. In fast allen Fällen sollte die Standardfarbe 20 Prozent Weiß (#33ffffff) für dunkle Themes und 12 Prozent Schwarz (#1f00000000) für helle Themes beibehalten werden.

Listing 13.1 zeigt ein benutzerdefiniertes Theme, das benutzerdefinierte View-Farben angibt.

```xml
<resources>
  <style name="AppTheme"
    parent="Theme.AppCompat.Light.DarkActionBar">
    <item name="colorPrimary">@color/colorPrimary</item>
    <item name="colorPrimaryDark">@color/colorPrimaryDark</item>
    <item name="colorAccent">@color/colorAccent</item>
  </style>

  <!-- Implizit übergeordnet ist hier AppTheme -->
  <style name="AppTheme.Custom">
    <item name="colorControlNormal">
      @color/colorControlNormal</item>
    <item name="colorControlActivated">
      @color/colorControlActivated</item>
  </style>
</resources>
```
Listing 13.1 Ein Custom-Theme für View definieren

Einmal definiert, kann ein Theme zum Anwendungsmanifest hinzugefügt werden, wo es auf die gesamte Anwendung (über das Attribut `android:theme` auf dem Element `application`) oder eine bestimmte Activity (über das Attribut `android:theme` auf dem Element `activity`) angewendet werden kann:

```xml
<application
  android:theme="@style/AppTheme">
  <activity
    android:theme="@style/AppTheme.Custom" />
</application>
```

13.2.2 Theme-Overlays für bestimmte Views erstellen

Es ist auch möglich, ein Theme auf eine bestimmte View (und ihre Kinder) anzuwenden, indem das Attribut `android:theme` auf eine einzelne View innerhalb einer Layoutdefinition angewendet wird.

Im Gegensatz zu Themes, die auf der Anwendungs- oder Activity-Ebene angewendet werden, sollten Themes, die direkt auf Views angewendet werden, ein übergeordnetes Theme von `ThemeOverlay.AppCompat` haben (und nicht `Theme.AppCompat`).

Theme-Overlays sind so konzipiert, dass sie auf das Basis-Theme von `AppCompat` angewendet werden und nur bestimmte Elemente betreffen und Attribute ignorieren, die nur auf der Activity-Ebene anwendbar sind.

Die beiden häufigsten Theme-Overlays sind `ThemeOverlay.AppCompat.Light` und `ThemeOverlay.AppCompat.Dark`. Das helle Theme ändert die Hintergrundfarben, Textfarben und Hervorhebungsfarben so, dass sie für einen hellen Hintergrund geeignet sind, und das dunkle Thema macht dasselbe, wenn es einen dunklen Hintergrund verwendet.

Dieser Ansatz kann besonders nützlich sein, wenn Sie einen Teil Ihres Bildschirms mit Ihrer Primärfarbe einfärben und mit Text überlagern, der lesbar sein muss:

```xml
<!-- Durch ein Dark-ThemeOverlay ist gesichert, dass
    der Text auf dunklen Hintergründen lesbar ist -->
<FrameLayout
  android:layout_width="match_parent"
  android:layout_height="wrap_content"
  android:background="?attr/colorPrimary"
  android:theme="@style/ThemeOverlay.AppCompat.Dark">
  [... Rest der Layout Definitionen ...]
</FrameLayout>
```

Ein benutzerdefiniertes Theme-Overlay wird wie jedes andere Theme definiert. Beginnen Sie damit, ein übergeordnetes Theme mit dem übergeordneten Attribut zu deklarieren, und geben Sie dann alle Attribute an, die Sie ändern möchten:

```xml
<style name="ThemeOverlay.AccentSecondary"
       parent="ThemeOverlay.AppCompat">
  <item name="colorAccent">@color/accent_secondary</item>
</style>
```

13.3 Ein Menü und Aktionen zur App-Leise hinzufügen

Die App-Leiste, die in den meisten Apps standardmäßig enthalten ist, ist ein nützliches Element, auf dem Funktionen aufgesetzt werden können. Für allgemeine Aktionen, die mit der gesamten Activity verbunden sind, oder für ein Fragment, das den größten Teil des Bildschirms einnimmt, können Sie ein Menü definieren, das in der App-

Leiste in Form von Symbolen oder in einem Überlaufmenü angezeigt wird (siehe Abbildung 13-1).

Abbildung 13.1 Die App-Leiste

13.3.1 Eine Menü-Ressource definieren

Menüs werden als XML-Ressourcen definiert und im Ordner *res/menu* Ihres Projekts gespeichert. Dies gibt Ihnen die Möglichkeit, verschiedene Menüs für alternative Hardwarekonfigurationen, Bildschirmgrößen, Sprachen oder Android-Versionen zu erstellen.

Jedes Menü besteht aus einem menu-Tag am Wurzelknoten und einer Reihe von item-Tags, die jeweils einen Menüpunkt spezifizieren. Der android:title ist das, was dem Benutzer angezeigt wird. Jede Menühierarchie muss als separate Datei angelegt werden.

Jedes Element sollte auch eine android:id haben, die Sie innerhalb Ihrer Anwendung verwenden werden, um festzustellen, welcher Menüpunkt angetippt wurde (siehe Listing 13.2).

```
<menu xmlns:android="http://schemas.android.com/apk/res/android">
  <item
    android:id="@+id/action_settings"
    android:title="@string/action_settings" />
  <item
    android:id="@+id/action_about"
    android:title="@string/action_about" />
</menu>
```
Listing 13.2 Ein Menü in XML definieren

Standardmäßig werden Menüpunkte im Überlaufmenü angezeigt. Um einen Menüpunkt in die App-Leiste aufzunehmen, müssen Sie das Attribut app:showAsAction hinzufügen, das steuert, wo der Menüpunkt angezeigt wird:

- always: Erzwingt, dass der Menüpunkt immer als Aktion in der App-Leiste angezeigt wird.

- `ifRoom`: Zeigt an, dass der Menüpunkt als Aktion angezeigt werden soll, sofern in der App-Leiste genügend Platz für die Anzeige vorhanden ist. Es empfiehlt sich, diese Option vorzuziehen, um dem System bei der Anzeige von Aktionen mehr Flexibilität zu geben.

- `never`: Der Standardwert, der sicherstellt, dass der Menüpunkt nur im Überlaufmenü angezeigt wird.

> **Hinweis**
>
> `app:showAsAction` ist ein Beispiel für ein AppCompat-Äquivalent zum Framework `android:showAsAction`. Sie sollten immer `app:showAsAction` verwenden, wenn Sie AppCompat verwenden.

Für jeden Menüpunkt, der `always` oder `ifRoom` verwendet, sollten Sie auch ein `android:icon`-Attribut angeben.

Wird der Menüpunkt im Überlaufmenü angezeigt, erscheint nur der Texttitel. Wird der Menüpunkt als Teil der App-Leiste angezeigt, erscheint er als Symbol (durch langes Drücken wird der Titel kurz angezeigt). Indem Sie einen `withText`-Modifikator (durch ein | getrennt) einfügen, werden sowohl das Symbol als auch der Titel in der App-Leiste angezeigt. Diese Kombination sollte nur selten und nur bei ausreichend Platz verwendet werden.

```
<menu xmlns:android="http://schemas.android.com/apk/res/android"
  xmlns:app="http://schemas.android.com/apk/res/res-auto">
  <item
    android:id="@+id/action_filter"
    android:icon="@drawable/action_filter"
    android:title="@string/action_filter"
    app:showAsAction="ifRoom|withText"
  />
</menu>
```

Die Anzeige von Menüpunkten als Aktionen in der App-Leiste sollte für diejenigen reserviert sein, die sehr häufig verwendet werden, die für Benutzer von entscheidender Bedeutung sind oder die aufgrund der in ähnlichen Anwendungen verfügbaren Aktionen besonders erwartet werden.

Generische und selten verwendete Menüpunkte, wie beispielsweise Einstellungen, Hilfe oder Info, sollten niemals als Aktionspunkte dargestellt werden.

13.3.2 Ein Menü zu einer Activity hinzufügen

Um ein Menü einer Activity zuzuordnen, müssen Sie zuerst Ihre Menu-XML-Ressource in eine Menu-Instanz entfalten, indem Sie die Methode onCreateOptionsMenu der Activity überschreiben. Sie müssen true zurückgeben, um Ihr Menü anzuzeigen (false versteckt das Menü vollständig), siehe Listing 13.3.

```
@Override
public boolean onCreateOptionsMenu(Menu menu) {
  // Immer super.onCreateOptionsMenu() aufrufen, damit
  // dieser Aufruf auch an Fragmente gesendet wird.
  super.onCreateOptionsMenu(menu);

  MenuInflater inflater = getMenuInflater();
  inflater.inflate(R.menu.my_menu, menu);

  return true;
}
```
Listing 13.3 Ein Menü zu einer Activity hinzufügen

Wie bei Layouts ist es auch hier möglich, Menüpunkte programmgesteuert zu erstellen und mit der Methode add dem Menüobjekt hinzuzufügen. Die beim Erstellen dieser dynamischen Menüpunkte verwendete ID muss immer größer oder gleich der Konstanten Menu.FIRST sein, um Konflikte mit zuvor entfalteten Menüpunkten zu vermeiden.

13.3.3 Ein Menü zu einem Fragment hinzufügen

Menüs können auch mit Fragmenten verknüpft werden. Fragment-Menüs sind nur dann in der App-Leiste sichtbar, wenn das Hauptfragment sichtbar ist. Auf diese Weise können Sie die verfügbaren Aktionen dynamisch an den angezeigten Inhalt anpassen.

Fragment-Menüs sollten in der Methode onCreateOptionsMenu des Fragments entfaltet werden. Im Gegensatz zu Activities müssen Sie jedoch auch setHasOptionsMenu(true) in der Methode onCreate des Fragments aufrufen, siehe Listing 13.4.

```
@Override
public void onCreate(Bundle savedInstanceState) {
  super.onCreate(savedInstanceState);
  setHasOptionsMenu(true);
}
```

```
@Override
public void onCreateOptionsMenu(Menu menu, MenuInflater inflater) {
  inflater.inflate(R.menu.my_menu, menu);
}
```
Listing 13.4 Ein Menü zu einem Fragment hinzufügen

13.3.4 Dynamische Änderung von Menüpunkten

Wenn Sie die Methode `onPrepareOptionsMenu` Ihrer Activity oder Ihres Fragments überschreiben, können Sie ein Menü basierend auf dem aktuellen Status einer Anwendung zur Laufzeit ändern, unmittelbar bevor das Menü angezeigt wird. Auf diese Weise können Sie Menüpunkte dynamisch deaktivieren oder aktivieren, die Sichtbarkeit einstellen und sogar Text ändern.

Um Menüelemente dynamisch zu ändern, können Sie entweder eine Referenz auf sie aus der Methode `onCreateOptionsMenu` heraus aufzeichnen, wenn sie erstellt werden, oder Sie können die Methode `findItem` auf dem Menüobjekt verwenden, siehe Listing 13.5:

```
@Override
public boolean onPrepareOptionsMenu(Menu menu) {
  super.onPrepareOptionsMenu(menu);

  MenuItem menuItem = menu.findItem(R.id.action_filter);

  // Ändere Menüpunkte
  menuItem.setVisible(false);

  return true;
}
```
Listing 13.5 Dynamische Änderung von Menüpunkten

13.3.5 Auf die Menüpunktauswahl reagieren

Android verwaltet die Aktionen der App-Leiste und des Überlaufmenüs mit einem einzigen Event-Handler, `onOptionsItemSelected`. Der ausgewählte Menüpunkt wird als `MenuItem`-Parameter an diese Methode übergeben.

Um auf die Menüpunktauswahl zu reagieren, vergleichen Sie den Wert `item.getItemId` mit den Ressourcenbezeichnern in Ihrer Menü-XML-Definition (oder den Menüpunktbezeichnern, die Sie beim programmgesteuerten Füllen des Menüs verwendet haben), wie in Listing 13.6 zu sehen ist, und führen die entsprechende Aktion aus.

```
public boolean onOptionsItemSelected(MenuItem item) {
  // Ermittle, welcher Menüpunkt gewählt wurde
  switch (item.getItemId()) {

    // Vergleiche mit jedem bekannten Menüpunkt
    case (R.id.action_settings):
      [ ... Führe die Aktionen des Menü-Handlers aus ... ]
      return true;

    // Gebe alle unbehandelten Menüpunkte an
    // super.onOptionsItemSelected weiter. So ist sicher,
    // dass der Aufwärtspfeil und die Fragment-Menüpunkte
    // ordnungsgemäß versendet werden.
    default: return super.onOptionsItemSelected(item);
  }
}
```
Listing 13.6 Auf die Menüpunktauswahl reagieren

Wenn Sie Menüpunkte aus einem Fragment heraus erstellt haben, können Sie wählen, ob Sie diese innerhalb der Methode `onOptionsItemSelected` der Activity oder des Fragments behandeln möchten. Beachten Sie, dass die Activity den ausgewählten Menüpunkt zuerst erhält und dass das Fragment ihn nicht erhält, wenn die Activity ihn behandelt und `true` zurückgibt.

13.3.6 Action-Views und Action-Provider hinzufügen

Um Fälle zu unterstützen, in denen ein einfaches Symbol nicht ausreicht, können Menüpunkte auch ein beliebiges Layout anzeigen. Es gibt zwei Varianten: eine `collapsibleActionView` und einen `ActionProvider`.

Wenn ein Symbol (und/oder Text) als Aufforderung geeignet ist, aber eine umfangreichere Oberfläche benötigt wird, nachdem es ausgewählt wurde, sollten Sie ein `app:actionLayout`- oder `app:actionViewClass`-Attribut zu Ihrer Menüelementdefinition hinzufügen.

Das Attribut `app:actionLayout` eignet sich, wenn Sie ein Menüpunkt-Layout als Layout-Ressource definiert haben, während `app:actionViewClass` für eine einzelne View (oder View-Gruppe) optimiert ist.

Ein Menü und Aktionen zur App-Leiste hinzufügen | 13.3

Fügen Sie den Wert `collapseActionView` zu Ihrem Attribut `app:showAsAction` hinzu, um sicherzustellen, dass Ihr Menüpunkt die angegebene `collapsibleActionView` verwendet, siehe Listing 13.7.

```xml
<menu xmlns:android="http://schemas.android.com/apk/res/android"
  xmlns:app="http://schemas.android.com/apk/res-auto">
  <item
    android:id="@+id/action_search"
    android:icon="@drawable/action_search"
    android:title="@string/action_search"
    app:showAsAction="ifRoom|collapseActionView"
    app:actionViewClass="android.support.v7.widget.SearchView" />
</menu>
```

Listing 13.7 Action-View zu einem Menüpunkt hinzufügen

Wenn der Menüpunkt angetippt wird, wird er so erweitert, dass er die App-Leiste füllt, siehe Abbildung 13.2.

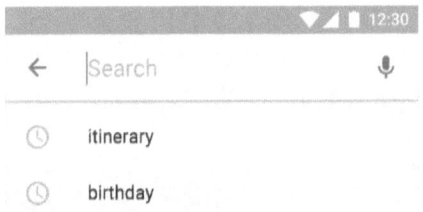

Abbildung 13.2 Erweiterter Menüpunkt

Nach dem Hinzufügen müssen Sie Methoden implementieren, um auf Benutzerinteraktionen mit der zusammenklappbaren Aktionsansicht zu reagieren. Dies geschieht typischerweise innerhalb der Methode `onCreateMenuOptions`:

```java
MenuItem searchItem = menu.findItem(R.id.action_search);
SearchView searchView = (SearchView) searchItem.getActionView();

searchView.setOnSearchClickListener(new OnClickListener() {
  public void onClick(View v) {
    // TODO Reagiere auf das Anwählen des Buttons
  }
});
```

Das Beispiel in Listing 13.7 verwendet die `SearchView`, die implementiert ist, um Callbacks zu empfangen, wenn sie komprimiert oder expandiert wird. Wenn Sie Ihr eigenes benutzerdefiniertes Layout verwenden, sollten Sie sicherstellen, dass es auch diesen Ansatz implementiert. Alternativ können Sie einen `OnActionExpandListener` über die Methode `setOnActionExpandListener` setzen.

In Fällen, in denen das benutzerdefinierte Layout jederzeit in der App-Leiste sichtbar bleiben soll, können Sie einen `ActionProvider` verwenden. Der `ActionProvider` wird über das Attribut `app:actionProviderClass` an einen Menüpunkt angehängt und ist für die Anzeige des entsprechenden Layouts und die Handhabung der Benutzerinteraktionen verantwortlich.

Listing 13.8 demonstriert das Hinzufügen eines `MediaRouteActionProviders` – eines `ActionProviders` zur Unterstützung der Google Cast Integration, der den Verbindungsstatus und die Auswahl von Cast-Geräten verwaltet.

```xml
<menu xmlns:android="http://schemas.android.com/apk/res/android"
  xmlns:app="http://schemas.android.com/apk/res-auto">
  <item
    android:id="@+id/action_media_route"
    android:title="@string/action_cast"
    app:showAsAction="always"
    app:actionProviderClass="android.support.v7.app.MediaRouteActionProvider"
  />
</menu>
```

Listing 13.8 ActionProvider zu einem Menüpunkt hinzufügen

13.4 Über die Standard-Anwendungsleiste hinausgehen

Jede Activity, die ein `Theme.AppCompat`-Theme anwendet, zeigt standardmäßig eine App-Leiste im AppCompat-Stil an. Sie können dies anpassen, indem Sie die Zuständigkeiten der App-Leiste an eine Toolbar delegieren, die Sie direkt zu Ihrem Activity-Layout hinzufügen können.

Diese Flexibilität macht es möglich, das Scrollverhalten zu nutzen, wie beispielsweise das Scrollen der Toolbar »off screen« als Teil Ihres Inhalts-Scrollings, um mehr Platz für die Anzeige von Inhalten zu bieten.

Toolbars unterstützen die gleiche Funktionalität wie die App-Leiste, einschließlich der »nach oben«-Navigation, eines Activity-Titels, Menüpunkt-Aktionen und des Overflow-Menüs.

13.4.1 App-Leiste durch eine Toolbar ersetzen

Um eine Toolbar zu einer Activity hinzuzufügen, müssen Sie zunächst die Standard-App-Leiste deaktivieren, indem Sie ein `NoActionBar`-Theme wie `Theme.AppCompat.NoActionBar` oder `Theme.AppCompat.Light.NoActionBar` auf Ihre Activity im Manifest anwenden:

```
android:theme="@style/Theme.AppCompat.NoActionBar"
```

Fügen Sie innerhalb des Activity-Layouts ein Toolbar-Element hinzu, das am oberen Rand des Bildschirms ausgerichtet und auf die Größe der App-Leiste abgestimmt ist:

```
<android.support.v7.widget.Toolbar
  android:id="@+id/toolbar"
  android:layout_width="match_parent"
  android:layout_height="?attr/actionBarSize"
/>
```

Geben Sie innerhalb der Handler-Methode `onCreate` Ihrer Activity die Toolbar in Ihrem Layout an, die als Ersatz für die App-Leiste mit der Methode `setSupportActionBar` verwendet werden soll (siehe Listing 13.9). Alle Menüpunkte, die in der Methode `onCreateOptionsMenu` hinzugefügt wurden, werden dann zu Ihrer Toolbar hinzugefügt und angezeigt.

```
@Override
public void onCreate(Bundle savedInstanceState) {
  super.onCreate(savedInstanceState);
  setContentView(R.layout.basic_toolbar_activity);
  Toolbar toolbar = findViewById(R.id.toolbar);
  setSupportActionBar(toolbar);
}
```
Listing 13.9 Eine Toolbar als App-Leiste festlegen

Die Toolbar ist als Teil der Android Design Support Library verfügbar. Bevor sie verwendet werden kann, müssen Sie die Android Design Support Library zur Datei *build.gradle* Ihres App-Moduls hinzufügen:

```
implementation 'com.android.support:design:27.0.2'
```

Listing 13.10 zeigt, wie Sie das Aussehen der Standard-App-Leiste für Ihre Toolbar gestalten können, indem Sie die Toolbar in ein `AppBarLayout` einbinden, das Teil der Android Design Support Library ist. Das `AppBarLayout` setzt automatisch die Hintergrundfarbe auf den Wert Ihrer `colorPrimary`-Ressource und fügt die richtige Höhe hinzu;

das `AppBarLayout` sollte immer verwendet werden, wenn Sie eine Toolbar verwenden, um die App-Leiste zu ersetzen. Um die richtigen Text- und Symbolfarben einzustellen, wählen Sie ein Theme aus:

- `ThemeOverlay.AppCompat.ActionBar`: Setzt das richtige Styling, um eine `SearchView` zu unterstützen, und setzt das `colorControlNormal` auf `android:textColorPrimary`.

- `ThemeOverlay.AppCompat.Dark.ActionBar`: Wie oben, setzt aber die Textfarben für die Verwendung auf einem dunklen Hintergrund hell.

- `ThemeOverlay.AppCompat.Light.ActionBar`: Wie beim ersten Element, setzt aber die Textfarben für die Verwendung auf einem hellen Hintergrund auf dunkel.

```
<!-- Sicherstellen, dass der Text auf einem dunklen
Primärfarbhintergrund lesbar ist: Dark ThemeOverlay verwenden! -->
<android.support.design.widget.AppBarLayout
  android:layout_width="match_parent"
  android:layout_height="wrap_content"
  android:theme="@style/ThemeOverlay.AppCompat.Dark.ActionBar">

  <Toolbar
    android:id="@+id/toolbar"
    android:layout_width="match_parent"
    android:layout_height="?attr/actionBarSize"/>
</android.support.design.widget.AppBarLayout>
```
Listing 13.10 Eine Toolbar passend zur App-Leiste gestalten

13.4.2 Fortgeschrittene Scrolling-Techniken für Toolbars

Während App-Leisten und Toolbars den Benutzern wichtige Informationen und prioritäre Aktionen präsentieren, sind sie auch Teil des »Chrome« der App – und stehlen so dem Inhalt Platz, der immer priorisiert werden sollte. Um diese beiden Überlegungen in Einklang zu bringen, enthält das Material-Design eine Reihe von Techniken, die verwendet werden können, um das Verhalten der Toolbar beim Scrollen von App-Inhalten zu verändern.

> **Hinweis**
>
> Vieles von dem, was in diesem Abschnitt beschrieben wird, beruht auf dem Verständnis verschiedener Gesten und Bewegungen. Es ist sinnvoll, Videos dieser Effekte auf der Material-Design Seite unter *material.io/guidelines/patterns/scrolling-techniques.html* anzusehen.

Scroll-Techniken beinhalten oft die Interaktion zwischen mehreren Views: der zu scrollenden View und jeder View (oder Views), die auf das Scrollen reagiert (normalerweise die Toolbar, die Ihre App-Leiste ersetzt).

Damit diese Interaktion richtig koordiniert wird, muss jede betroffene View das direkte Kind eines `CoordinatorLayouts` sein. Das `CoordinatorLayout` wird verwendet, um Verhalten an bestimmte Views über das Attribut `app:layout_behavior` in ihrem Layoutelement anzuhängen. Jedes Verhalten kann Touch-Events, Fenster-Insets, Bemaßungen und Layout sowie verschachtelte Scroll-Events für die betroffene View abfangen, ohne dass Sie eine Unterklasse der View erstellen müssen, um diese zusätzliche Funktionalität hinzuzufügen.

> **Hinweis**
>
> Weitere Informationen zu Behaviors und Beispiele für benutzerdefinierte Behaviors finden Sie unter *medium.com/google-developers/intercepting-everything-with-coordinatorlayout-behaviors-8c6adc140c26*.

Die grundlegendste Scroll-Technik ist, dass die Toolbar »off-screen« scrollt, so dass sie verschwindet, wenn der Benutzer mit dem Scrollen des Inhalts beginnt, und dass sie dann auf den Bildschirm zurückscrollt, wenn der Benutzer in die entgegengesetzte Richtung scrollt.

Dies wird erreicht, indem Sie Ihre Toolbar innerhalb eines `AppBarLayouts` platzieren und das `ScrollingViewBehavior` zu der zu scrollenden View hinzufügen (normalerweise eine `RecyclerView` oder verschachtelte `ScrollView`), siehe Listing 13.11.

```
<android.support.design.widget.CoordinatorLayout
  xmlns:android="http://schemas.android.com/apk/res/android"
  xmlns:app="http://schemas.android.com/apk/res-auto"
  android:layout_width="match_parent"
  android:layout_height="match_parent">

  <!-- Ihre scrollbare View -->
  <android.support.v7.widget.RecyclerView
    android:layout_width="match_parent"
    android:layout_height="match_parent"
    app:layout_behavior="@string/appbar_scrolling_view_behavior" />

  <!-- AppBarStyle Toolbar -->
  <android.support.design.widget.AppBarLayout
    android:layout_width="match_parent"
    android:layout_height="wrap_content"
    android:theme="@style/ThemeOverlay.AppCompat.Dark.ActionBar">
```

```xml
    <android.support.v7.widget.Toolbar
      android:layout_width="match_parent"
      android:layout_height="wrap_content"
      app:layout_scrollFlags="scroll|snap|enterAlways" />
  </android.support.design.widget.AppBarLayout>
</android.support.design.widget.CoordinatorLayout>
```

Listing 13.11 Eine Toolbar aus dem Bildschirm scrollen

Während die `RecyclerView` scrollt, bewirkt in diesem Layout das daran angehängte `ScrollingViewBehavior`, dass das `AppBarLayout` auf der Grundlage des `app:layout_scrollFlags`-Attributs in jeder der Kind-Views des `AppBarLayouts` reagiert. Dieses Flag steuert das Verhalten der View beim Ein- und Ausschalten des Bildschirms:

- `scroll`: Erforderlich für jede View, die ohne dieses Kennzeichen vom Bildschirm scrollen soll – bleibt immer oben auf dem Bildschirm.

- `snap`: Wenn ein Scroll-Event endet, werden Views mit diesem Flag an den nächsten Rand gescrollt, um sicherzustellen, dass sie entweder vollständig sichtbar sind oder komplett aus dem Bildschirm gescrollt werden.

- `enterAlways`: Zeigt an, dass die View bei jedem umgekehrten (abwärts gerichteten) Scroll-Event sofort mit dem Eintritt in den Bildschirm beginnt. Dies ermöglicht das »quick return«-Muster, ohne das der Benutzer in der `RecyclerView` ganz nach oben scrollen müsste, bevor die Toolbar wieder in den Rahmen gescrollt wird.

- `enterAlwaysCollapsed`: Kann zu `enterAlways` hinzugefügt werden, um sicherzustellen, dass die View nur auf ihre »zusammengeklappte« Höhe zurückgescrollt wird, wie später in diesem Abschnitt beschrieben.

- `exitUntilCollapsed`: Wenn Sie aus dem Bildschirm scrollen, wird die View zunächst »komprimiert«, bevor sie den Bildschirm verlässt.

Das `AppBarLayout` unterstützt mehrere Kinder, die ähnlich einem vertikalen `LinearLayout` angeordnet sind. Jede View, die das Scroll-Flag enthält, muss ohne dieses über Views positioniert werden. Dadurch wird sichergestellt, dass die Views immer vom oberen Bildrand gescrollt werden.

Die `Collapsed`-Flags sind nützlich, wenn Sie eine View haben, die zunächst eine größere Höhe hat (gesetzt mit `android:layout_height`), aber eine kleinere Mindesthöhe mit `android:minHeight`. Dieses Muster wird oft in Kombination mit dem `CollapsingToolbarLayout` gefunden (siehe Listing 13.12). Es bietet eine feinkörnige Kontrolle darüber, welche Elemente zusammenklappen und welche an den oberen Rand des Layouts der zusammenklappenden Toolbar »angeheftet« werden sollen.

Über die Standard-Anwendungsleiste hinausgehen | 13.4

```xml
<android.support.design.widget.AppBarLayout
    android:layout_width="match_parent"
    android:layout_height="192dp"
    android:theme="@style/ThemeOverlay.AppCompat.Dark.ActionBar">

    <android.support.design.widget.CollapsingToolbarLayout
      android:layout_width="match_parent"
      android:layout_height="match_parent"
      app:layout_scrollFlags="scroll|exitUntilCollapsed">

      <android.support.v7.widget.Toolbar
        android:layout_width="match_parent"
        android:layout_height="?attr/actionBarSize"
        app:layout_collapseMode="pin" />
    </android.support.design.widget.CollapsingToolbarLayout>
</android.support.design.widget.AppBarLayout>
```
Listing 13.12 Zusammenklappende Toolbar

Das `AppBarLayout` hat eine feste Höhe, die erweiterte Höhe. Die Höhe der Toolbar wird auf `attr/actionBarSize` gesetzt, was die Standardhöhe der App-Leiste ist. Das Collapsing Toolbar Layout stellt sicher, dass der Titeltext korrekt animiert wird, während die View zusammenklappt und sich vom unteren Rand der View an die entsprechende Stelle in der Toolbar bewegt, wo der Navigations-Button und die Aktionen mit dem `app:layout_collapseMode="pin"` angeheftet sind.

Das Collapsing Toolbar Layout unterstützt mehrere Kinder, die wie ein `FrameLayout` angeordnet sind. Dies ist nützlich, wenn eine zusätzliche `ImageView` als »Hero-Image« hinter der erweiterten App-Leiste hinzugefügt wird. Verwenden Sie das Attribut `app:layout_collapseMode="parallax"`, um das Image mit einer anderen Geschwindigkeit zu scrollen als der scrollende Inhalt, um einen Parallaxe-Effekt zu erzielen:

```xml
<android.support.design.widget.AppBarLayout
    android:layout_width="match_parent"
    android:layout_height="192dp"
    android:theme="@style/ThemeOverlay.AppCompat.Dark.ActionBar">

    <android.support.design.widget.CollapsingToolbarLayout
      android:layout_width="match_parent"
      android:layout_height="match_parent"
      app:layout_scrollFlagts="scroll|exitUntilCollapsed">

      <ImageView
        android:id="@+id/hero_image"
        android:layout_width="match_parent"
```

13.5 | Moderne Android-Benutzerführung

```
            android:layout_height="match_parent"
            app:layout_collapseMode="parallax" />

        <android.support.v7.widget.Toolbar
            android:id="@+id/toolbar"
            android:layout_width="match_parent"
            android:layout_height="?attr/actionBarSize"
            app:layout_collapseMode="pin" />
    </android.support.design.widget.CollapsingToolbarLayout>
</android.support.design.widget.AppBarLayout>
```

13.4.3 Einbinden von Menüs ohne die App-Leiste

Die App-Leiste ist der erste Ort, an dem Benutzer nach Aktionen suchen, die sich auf Ihre App beziehen, aber ihr Top-Level-Kontext macht sie zu einem ungeeigneten Ort für Aktionen, die nur mit einem Teil Ihres Layouts verbunden sind. Dies kann zum Beispiel bei großen Layouts der Fall sein, die für Tablets optimiert sind.

Um Aktionen für einen bestimmten Teil Ihres Layouts bereitzustellen, können Sie eine Toolbar speziell für diese Region einbinden. Aktionen können über `inflateMenu` oder programmgesteuert über die Methode `getMenu` der Toolbar hinzugefügt werden. Jeder ausgewählte Menüpunkt löst einen Callback zum `OnMenuItemClickListener` aus, den Sie mit dem Aufruf von `setOnMenuItemClickListener` der Toolbar eingestellt haben.

Wenn Sie Navigationssymbol oder Titel nicht benötigen, können Sie alternativ die `ActionMenuView` verwenden. Ähnlich wie in der Toolbar können Sie Menüpunkte mit der Methode `getMenu` hinzufügen und mit `setOnMenuItemClickListener` einen `MenuItemClickListener` zuweisen (siehe Listing 13.13).

```
MenuInflater menuInflater = getMenuInflater();
menuInflater.inflate(actionMenuView.getMenu(), R.menu.action_menu);
actionMenuView.setOnMenuItemClickListener(new OnMenuItemClickListener() {
  public boolean onMenuItemClick(MenuItem item) {
    switch (item.getItemId()) {
      case (R.id.action_menu_item) :
        // TODO Reagiere auf Menü-Klicks
        return true;
      default: return false;
    }
  }
});
```

Listing 13.13 Ein Menü zu einer ActionMenuView hinzufügen

13.5 Verbesserung der App-Leiste des Erdbeben-Monitors

Im folgenden Beispiel wird die Anwendung zur Erdbebenüberwachung, die Sie in Kapitel 12 über die Android-Design-Philosophie auf den neuesten Stand gebracht haben, um eine Toolbar und Scroll-Techniken erweitert:

1. Ändern Sie die App-Datei *build.gradle*, um die Design Support Library einzubinden:

   ```
   dependencies {
     compile fileTree(include: ['*.jar'], dir: 'libs')
     androidTestCompile(
       'com.android.support.test.espresso:espresso-core:2.2.2', {
       exclude group: 'com.android.support', module: 'support-annotations'
     })

     compile 'com.android.support:appcompat-v7:27.0.2'
     compile 'com.android.support:design:27.0.2'
     compile 'com.android.support.constraint:constraint-layout:1.0.2'
     compile 'com.android.support:recyclerview-v7:27.0.2'
     compile 'com.android.support:preference-v14:27.0.2'

     implementation 'com.firebase:firebase-jobdispatcher:0.8.5'

     implementation "android.arch.lifecycle:extensions:1.0.0"

     implementation "android.arch.persistence.room:runtime:1.0.0"
     annotationProcessor "android.arch.persistence.room:compiler:1.0.0"
     testImplementation "android.arch.persistence.room:testing:1.0.0"

     testCompile 'junit:junit:4.12'
   }
   ```

2. Ändern Sie die *styles.xml*-Ressource und fügen Sie ein neues AppTheme.NoActionBar-Theme hinzu:

   ```
   <style name="AppTheme.NoActionBar"
     parent="Theme.AppCompat.Light.NoActionBar">
     <item name="colorPrimary">@color/colorPrimary</item>
     <item name="colorPrimaryDark">@color/colorPrimaryDark</item>
     <item name="colorAccent">@color/colorAccent</item>
   </style>
   ```

13.5 | Moderne Android-Benutzerführung

3. Ändern Sie den Eintrag in der *AndroidManifest.xml* für `EarthquakeMainActivity`, um das neue Theme aus Schritt 2 zu verwenden:

```
<activity
  android:name=
    "com.professionalandroid.apps.earthquake.EarthquakeMainActivity"
  android:theme="@style/AppTheme.NoActionBar">
  <intent-filter>
    <action android:name="android.intent.action.MAIN"/>
    <category android:name="android.intent.category.LAUNCHER"/>
  </intent-filter>
  <meta-data
    android:name="android.app.default_searchable"
    android:value=".EarthquakeSearchResultActivity"
    />
</activity>
```

4. Ändern Sie das Layout von *activity_earthquake_main.xml*, um ein `CoordinatorLayout`, `AppBarLayout` und eine Toolbar zu verwenden, indem Sie die Scroll-Flags `scroll`, `enterAlways` und `snap` verwenden, so dass die Toolbar aus dem Bildschirm scrollt, sofort zurückkehrt, wenn der Benutzer nach oben scrollt, und nicht nur teilweise sichtbar ist:

```
<?xml version="1.0" encoding="utf-8"?>
<android.support.design.widget.CoordinatorLayout
  xmlns:android="http://schemas.android.com/apk/res/android"
  xmlns:app="http://schemas.android.com/apk/res-auto"
  android:layout_width="match_parent"
  android:layout_height="match_parent">

  <android.support.design.widget.AppBarLayout
    android:layout_width="match_parent"
    android:layout_height="wrap_content"
    android:theme="@style/ThemeOverlay.AppCompat.Dark.ActionBar">

    <android.support.v7.widget.Toolbar
      android:id="@+id/toolbar"
      android:layout_width="match_parent"
      android:layout_height="wrap_content"
      app:layout_scrollFlags="scroll|enterAlways|snap"/>
  </android.support.design.widget.AppBarLayout>
```

```xml
<FrameLayout
    android:id="@+id/main_activity_frame"
    android:layout_width="match_parent"
    android:layout_height="match_parent"
    app:layout_behavior="@string/appbar_scrolling_view_behavior"/>
</android.support.design.widget.CoordinatorLayout>
```

5. Ändern Sie die Methode onCreate in der Activity Earthquake, um die Toolbar als App-Leiste festzulegen:

```java
@Override
protected void onCreate(Bundle savedInstanceState) {
  super.onCreate(savedInstanceState);
  setContentView(R.layout.activity_earthquake_main);

  Toolbar toolbar = findViewById(R.id.toolbar);
  setSupportActionBar(toolbar);

  [... Bisherige Methode onCreate ...]
}
```

Während ein statisches Bild keinen sichtbaren Unterschied zeigt, wird das Scrollen in der Erdbebenliste dazu führen, dass die App-Leiste außerhalb des Bildschirms scrollt, um sicherzustellen, dass die Benutzer den maximalen Platz für die Interaktion mit dem Inhalt haben. Durch die Verwendung des enterAlways Scroll-Flags kehrt die App-Leiste zurück, sobald der Benutzer zurückscrollt, was einen schnellen Zugriff auf das Überlaufmenü und die SearchView ermöglicht.

13.6 Navigationsmuster

Apps gibt es in vielen verschiedenen Größen und Komplexitäten, was zu einer Reihe von verschiedenen Mustern führt, die den Benutzern die Navigation in Ihrer Anwendung erleichtern.

Drei primäre Navigationsmuster sind gebräuchlich:

- Registerkarten ermöglichen es Benutzern, zwischen gleichwertigen Top-Level-Bildschirmen zu wechseln.

- Eine untere Navigationsleiste, die immer sichtbar drei bis fünf allgemein unabhängige Top-Level-Bildschirme vorweist.

- Navigationsschubladen, auf die in der Regel nur durch manuelles Öffnen zugegriffen werden kann, sind geeignet für Anwendungen, die einen Primärbildschirm und mehrere unabhängige Sekundärbildschirme haben.

13.6.1 Navigation mit Registerkarten

Registerkarten sind ein effektives Navigationsmuster, wenn Sie zwei gleichwertige Top-Level Views haben. Wenn Sie Registerkarten verwenden, können Sie zwischen diesen Views wechseln, indem Sie entweder auf die Registerkarte tippen oder zwischen den Views wechseln.

Registerkarten werden mit `TabLayout` angezeigt und befinden sich immer am oberen Bildschirmrand, wie in Abbildung 13.3 gezeigt.

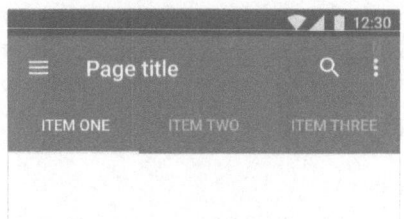

Abbildung 13.3 Registerkarten

Registerkarten sind in der Regel als zweite untergeordnete View eines `AppBarLayouts` unter einer Toolbar enthalten, siehe Listing 13.14.

Die Wischfunktionalität wird durch die Einbindung eines `ViewPagers` bereitgestellt.

```
<android.support.design.widget.CoordinatorLayout
  xmlns:android="http://schemas.android.com/apk/res/android"
  xmlns:app="http://schemas.android.com/apk/res-auto"
  android:layout_width="match_parent"
  android:layout_height="match_parent">

  <!-- Your Main Content View -->
  <android.support.v4.view.ViewPager
    android:id="@+id/view_pager"
    android:layout_width="match_parent"
    android:layout_height="match_parent"
    app:layout_behavior="@string/appbar_scrolling_view_behavior" />

  <android.support.design.widget.AppBarLayout
    android:layout_width="match_parent"
    android:layout_height="wrap_content"
    android:theme="@style/ThemeOverlay.AppCompat.Dark.ActionBar">

    <android.support.v7.widget.Toolbar
      android:layout_width="match_parent"
```

```xml
      android:layout_height="wrap_content"
      app:layout_scrollFlags="scroll|snap|enterAlways" />

    <android.support.design.widget.TabLayout
      android:id="@+id/tab_layout"
      android:layout_width="match_parent"
      android:layout_height="wrap_content" />
  </android.support.design.widget.AppBarLayout>
</android.support.design.widget.CoordinatorLayout>
```
Listing 13.14 Einsatz von Registerkarten für die App-Navigation

Das `TabLayout` in Listing 13.14 enthält keine `app:layout_scrollFlags`. Als Ergebnis bleiben die Registerkarten sichtbar, wenn der Benutzer scrollt.

Der im `ViewPager` angezeigte Inhalt wird mit einem `PagerAdapter` gefüllt. Standardmäßig füllt der `PagerAdapter` eine einzelne View für jede Seite auf. Beim Arbeiten mit Registerkarten ist es jedoch oft bequemer, den `FragmentPagerAdapter` zu verwenden und ein Fragment zur Darstellung jeder Seite zu verwenden.

Diese Struktur erlaubt es jedem Fragment, über `onCreateOptionsMenu` Aktionen hinzuzufügen, die nur sichtbar sind, wenn die zugehörige Registerkarte ausgewählt ist.

Um einen `FragmentPagerAdapter` zu erstellen, erweitern Sie `FragmentPagerAdapter` und überschreiben Sie `getCount`, um die Anzahl der Seiten zurückzugeben, und `getItem`, um das entsprechende Fragment für eine bestimmte Position zurückzugeben.

Um Ihren `FragmentPagerAdapter` mit Registerkarten-Navigation zu verwenden, müssen Sie auch `getPageTitle` überschreiben, um einen Titel für eine bestimmte Position zurückzugeben, der im Registerkarten-Layout angezeigt wird.

Wenn Sie einen `ViewPager` und ein `TabLayout` für Ihre Hauptnavigation mit einem festen Satz von Elementen verwenden, können `getItem` und `getPageTitle` einfache Wechselanweisungen sein, die Positionen zu festen Daten zuordnen, siehe Listing 13.15.

```java
class FixedTabsPagerAdapter extends FragmentPagerAdapter {
  public FixedTabsPagerAdapter(FragmentManager fm) {
    super(fm);
  }

  @Override
  public int getCount() {
    return 2;
  }
```

13.6 | Moderne Android-Benutzerführung

```
@Override
public Fragment getItem(int position) {
  switch(position) {
    case 0:
      return new HomeFragment();
    case 1:
      return new ProfileFragment();
    default:
      return null;
  }
}

@Override
public CharSequence getPageTitle(int position) {
  // Um Internationalisierung zu unterstützen, verwende
  // String-Ressourcen für folgende Titel.
  switch(position) {
    case 0:
      return "Home";
    case 1:
      return "Profile";
    default:
      return null;
  }
}
}
```

Listing 13.15 Fragment Pager Adapter für ein Tab-Layout erstellen

Verbinden Sie Ihren `PagerAdapter` und Ihren `ViewPager` mit der Methode `setAdapter` und rufen Sie dann `setupWithViewPager` im `TabLayout` auf, um die richtigen Registerkarten zu erstellen. Vergewissern Sie sich, dass die Registerkartenauswahl die ausgewählte Seite ändert und dass das Durchblättern der Seiten die ausgewählte Registerkarte aktualisiert, siehe Listing 13.16.

```
@Override
public void onCreate(Bundle savedInstanceState) {
  super.onCreate(savedInstanceState);
  setContentView(R.layout.app_bar_tabs);

  ViewPager viewPager = findViewById(R.id.view_pager);
  PagerAdapter pagerAdapter =
    new FixedTabsPagerAdapter(getSupportFragmentManager());
```

```
    viewPager.setAdapter(pagerAdapter);

    TabLayout tabLayout = findViewById(R.id.tab_layout);
    tabLayout.setupWithViewPager(viewPager);
}
```
Listing 13.16 Viewer-Pager mit einem Tab-Layout verbinden

Das Navigieren zwischen den Registerkarten wirkt sich nicht auf den jeweiligen Backstack aus, so dass das Drücken der Back-Taste die Registerkarten-Navigation nicht umkehrt. Daher sollten einzelne Seiten keine interne Navigation oder Backstack-Historie enthalten – die gesamte Navigation sollte durch Öffnen eines Dialogs (wie später in diesem Kapitel beschrieben) oder durch eine neue Activity erfolgen.

Wenn Sie diese Richtlinien befolgen, haben Sie immer eine konsistente Benutzerführung, wenn Sie auf die Back-Taste tippen.

> **Hinweis**
>
> Obwohl wir uns auf `TabLayout` und `ViewPager` als High-Level-Navigationsmuster konzentriert haben, können beide Komponenten an vielen anderen Stellen in Ihrer Anwendung verwendet werden. Zum Beispiel können scrollbare Registerkarten über das Attribut `app:tabMode="scrollable"` nützlich sein, um eine große Menge von Elementen in Kategorien aufzuteilen (man denke daran, `FragmentStatePagerAdapter` zu erweitern, um nur wenige Fragmente im Speicher zu behalten, anstatt alle). Weitere Informationen finden Sie unter *developer.android.com/training/implementing-navigation/lateral.html*.

13.6.2 Implementierung einer unteren Navigationsleiste

Eine untere Navigationsleiste, wie in Abbildung 13.4 gezeigt, wird am unteren Rand des Bildschirms angezeigt. Benutzer können zwischen den Views wechseln, indem sie auf das gewünschte Element tippen.

Abbildung 13.4 Untere Navigationsleiste

Die Benutzer werden in der Regel von oben nach unten lesen, so dass dieses Layout mehr Gewicht auf den Inhalt legt, während gleichzeitig sichergestellt ist, dass die Top-Level-Views verfügbar sind.

13.6 | Moderne Android-Benutzerführung

Untere Navigationsleisten sind ideal, wenn Ihre Anwendung drei bis fünf Top-Level-Navigationsziele hat, die von ähnlicher Bedeutung, aber im Allgemeinen unabhängig voneinander sind.

Im Gegensatz zu Registerkarten sollte ein Navigationsmuster der unteren Navigationsleiste das Wechseln zwischen Views nicht unterstützen, und Übergänge sollten vom aktuellen Element zum neuen überblenden, anstatt eine seitliche Animation zum »Hineinrutschen« zu verwenden.

Infolgedessen kann jede der in der unteren Navigation verfügbaren Views das Wisch-Verhalten unterstützen. Zum Beispiel können Sie eine E-Mail aus einer Liste löschen oder scrollbare Registerkarten einbetten, um Inhalte zu kategorisieren.

Die Auswahl eines unteren Navigationspunkts sollte den Taskstatus dieser View zurücksetzen, anstatt einen vorherigen Zwischenzustand (zum Beispiel Scrollposition) wiederherzustellen.

Die in der unteren Navigationsleiste angezeigten Elemente sind als Menüs definiert (siehe Listing 13.17). Jedes Element wird über Elemente definiert, wobei das Attribut `android:id` später verwendet wird, um zu identifizieren, welches Element ausgewählt wurde. Die Attribute `android:icon` und `android:title` werden verwendet, um den Titel und das Symbol für die Elemente der unteren Navigationsleiste zu füllen.

```xml
<menu xmlns:android="http://schemas.android.com/apk/res/android"
  xmlns:app="http://schemas.android.com/apk/res-auto">
  <item
    android:id="@+id/nav_home"
    android:icon="@drawable/nav_home"
    android:title="@string/nav_home" />
  <item
    android:id="@+id/nav_profile"
    android:icon="@drawable/nav_profile"
    android:title="@string/nav_profile" />
  <item
    android:id="@+id/nav_notifications"
    android:icon="@drawable/nav_notifications"
    android:title="@string/nav_notifications" />
</menu>
```

Listing 13.17 Menü für die untere Navigationsleiste definieren

Um eine untere Navigationsleiste hinzuzufügen, fügen Sie ein `BottomNavigationView`-Element, das Teil der Android Design Support Library ist, zu Ihrem Layout hinzu. Verwenden Sie das Attribut `app:menu`, um eine Menü-Ressource zuzuordnen, die die verfügbaren Auswahlmöglichkeiten definiert, siehe Listing 13.18.

```xml
<android.support.design.widget.CoordinatorLayout
  xmlns:android="http://schemas.android.com/apk/res/android"
  xmlns:app="http://schemas.android.com/apk/res-auto"
  android:layout_width="match_parent"
  android:layout_height="match_parent">

  <!-- Der Haupt-Inhalt-View -->
  <FrameLayout
    android:id="@+id/main_content"
    android:layout_width="match_parent"
    android:layout_height="match_parent"
    android:layout_marginBottom="56dp"
    app:layout_behavior="@string/appbar_scrolling_view_behavior" />

  <android.support.design.widget.AppBarLayout
    android:layout_width="match_parent"
    android:layout_height="wrap_content"
    android:background="?attr/colorPrimary"
    android:theme="@style/ThemeOverlay.AppCompat.Dark.ActionBar">

    <android.support.v7.widget.Toolbar
      android:id="@+id/toolbar"
      android:layout_width="match_parent"
      android:layout_height="wrap_content"
      app:layout_scrollFlags="scroll|snap|enterAlways" />
  </android.support.design.widget.AppBarLayout>

  <android.support.design.widget.BottomNavigationView
    android:id="@+id/bottom_nav"
    android:layout_width="match_parent"
    android:layout_height="56dp"
    android:layout_gravity="bottom"
    app:menu="@menu/bottom_nav_menu" />
</android.support.design.widget.CoordinatorLayout>
```
Listing 13.18 Eine untere Navigations-View zu einem Layout hinzufügen

Setzen Sie einen `OnNavigationItemSelectedListener` auf die untere `NavigationView`, um auf Änderungen der Auswahl zu hören. Jede Auswahl sollte zu einer `FragmentTransaction` führen, die den aktuell angezeigten Inhalt durch ein neues Fragment basierend auf der Auswahl ersetzt.

13.6 | Moderne Android-Benutzerführung

Ein `OnNavigationItemReselectedListener` ist auch verfügbar, um Callbacks zu empfangen, wenn das aktuell ausgewählte Element erneut ausgewählt wird. Nach der Konvention sollte die Auswahl des aktuell ausgewählten Elements den Inhalt nach oben scrollen. Listing 13.19 implementiert dies, indem jedes Fragment `ScrollableFragment` erweitert wird, was eine einzige Methode – `scrollToTop` – hinzufügt.

```java
private static final String CURRENT_ITEM_KEY = "current_item";
// Das könnte in onSaveInstanceState() per CURRENT_ITEM_KEY
// gespeichert werden.
int mCurrentItem = R.id.nav_home;

@Override
public void onCreate(Bundle savedInstanceState) {
  super.onCreate(savedInstanceState);
  setContentView(R.layout.app_bar_bottom_nav);

  // Stelle die ID der aktuellen Registerkarte wieder her.
  if (savedInstanceState != null) {
    mCurrentItem = savedInstanceState.getInt(CURRENT_ITEM_KEY);
  }

  BottomNavigationView bottomNav = findViewById(R.id.bottom_nav);
  bottomNav.setOnNavigationItemSelectedListener(
    new OnNavigationItemSelectedListener() {
      @Override
      public boolean onNavigationItemSelected(MenuItem item) {
        FragmentManager fm = getSupportFragmentManager();
        // Erzeuge das Fragment des ausgewählten Elements.
        Fragment newFragment;
        switch(item.getItemId()) {
          case R.id.nav_home:
            newFragment = new HomeFragment();
            getSupportActionBar().setTitle(R.string.nav_home);
            break;
          case R.id.nav_profile:
            newFragment = new ProfileFragment();
            getSupportActionBar().setTitle(R.string.nav_profile);
            break;
          case R.id.nav_notifications:
            newFragment = new NotificationsFragment();
            getSupportActionBar().setTitle(R.string.nav_notifications);
            break;
          default: break;
        }
```

```
      // Ersetze das aktuelle Fragment durch das gewählte Element.
      fm.beginTransaction()
        .replace(R.id.main_content, newFragment)
        .setTransition(FragmentTransaction.TRANSIT_FRAGMENT_FADE)
        .commit();
    }
    return true;
  }
});

bottomNav.setOnNavigationItemReselectedListener(
  new OnNavigationItemReselectedListener() {
    @Override
    public boolean onNavigationItemReselected(MenuItem item) {
      // Scrolle an den Anfang der aktuellen Registerkarte, wenn
      // sie Scrollen unterstützt. Dies kann auf viele Arten geschehen:
      // Dieser Code setzt voraus, dass alle Fragmente eine
      // ScrollableFragment Unterklasse implementieren.
      ScrollableFragment fragment =
        (ScrollableFragment) fm.findFragmentById(R.id.main_content);
      fragment.scrollToTop();
    }
  });
}
```

Listing 13.19 Auf die Elementauswahl-Events der unteren Navigation reagieren

Wie bei Registerkarten sollte die Navigation in der unteren Navigationsleiste nicht zum Backstack hinzugefügt werden, und das Drücken der Back-Taste sollte eine Auswahl nicht rückgängig machen.

13.6.3 Navigationsschublade

Die in Abbildung 13.5 gezeigte Navigationsschublade ist normalerweise ausgeblendet, bis der Benutzer das Navigationssymbol in der App-Leiste antippt.

Abbildung 13.5 Navigationssymbol

13.6 | Moderne Android-Benutzerführung

Da die Navigationsoptionen standardmäßig ausgeblendet sind, ist dieses Muster besonders geeignet, wenn ein einzelner Hauptbildschirm wesentlich wichtiger ist als die anderen. Es unterstützt auch App-Architekturen, die sechs oder mehr gleichwertige Top-Level-Bildschirme benötigen.

Die Klasse `NavigationView`, die ebenfalls Teil der Android Design Support Library ist, stellt die Benutzeroberfläche für eine Navigations-Schublade zur Verfügung. Wie die untere Navigations-View wird diese Navigations-View über eine Menü-Ressource gefüllt, entweder über das `app:menu`-Attribut in Ihrer Layout-XML-Ressource oder programmgesteuert über die Methoden `inflateMenu` oder `getMenu`. Verwenden Sie bei der Erstellung Ihrer Menüdefinition Menügruppen über das Attribut `android:checkableBehavior="single"`, siehe Listing 13.20.

```xml
<menu xmlns:android="http://schemas.android.com/apk/res/android"
  xmlns:app="http://schemas.android.com/apk/res-auto">
  <group android:checkableBehavior="single">
    <item
      android:id="@+id/nav_home"
      android:icon="@drawable/nav_home"
      android:title="@string/nav_home"
      android:checked="true" />
    <item
      android:id="@+id/nav_account"
      android:icon="@drawable/nav_account"
      android:title="@string/nav_account" />
    <item
      android:id="@+id/nav_settings"
      android:icon="@drawable/nav_settings"
      android:title="@string/nav_settings" />
    <item
      android:id="@+id/nav_about"
      android:icon="@drawable/nav_about"
      android:title="@string/nav_about" />
  </group>
</menu>
```

Listing 13.20 Menü für eine Navigations-View definieren

Auf diese Weise kann jeweils nur ein Menüpunkt ausgewählt werden, und der Aufruf von `setChecked` auf einem anderen Menüpunkt deaktiviert automatisch die vorherige Auswahl.

Die `NavigationView` unterstützt auch das Attribut `app:headerLayout` (und die entsprechende Methode `addHeaderView`), um Header hinzuzufügen, die über allen folgenden Menüpunkten angezeigt werden. Der Header kann mit der Methode `getHeaderView` im Code abgerufen werden.

Für größere Bildschirm-Oberflächen kann eine `NavigationView` in das Layout eingebunden werden und dauerhaft als seitliche Navigationsleiste sichtbar gemacht werden (siehe Abbildung 13.6).

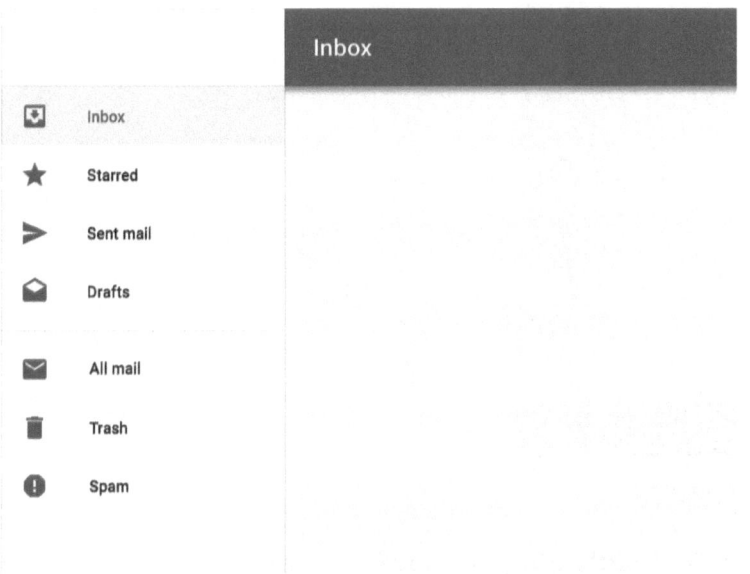

Abbildung 13.6 Seitliche Navigationsleiste

In den meisten Fällen, in denen die Seitennavigation verwendet wird, ist es jedoch üblich, eine `NavigationView` innerhalb eines `DrawerLayouts` zu verwenden. Die Verwendung eines `DrawerLayouts` ermöglicht es dem Benutzer, vom linken Bildschirmrand aus die Schublade zu öffnen und in die entgegengesetzte Richtung zu streichen, um die Schublade zu schließen.

Dies ermöglicht es auch, die temporäre Seitennavigation zu öffnen und zu schließen, indem die Navigationsleiste auf der linken Seite der App-Leiste ausgewählt wird, wodurch die `NavigationView` über dem Inhalt erscheint, während der Benutzer einen neuen Bildschirm der obersten Ebene auswählt, siehe Abbildung 13.7.

Die erste untergeordnete View eines Drawer-Layouts sollte immer das Haupt-Layout sein, das immer sichtbar ist. Dieses Layout enthält das `CoordinatorLayout`, `AppBarLayout` und das Layout oder die View, die Ihren Inhalt enthalten wird,

13.6 | Moderne Android-Benutzerführung

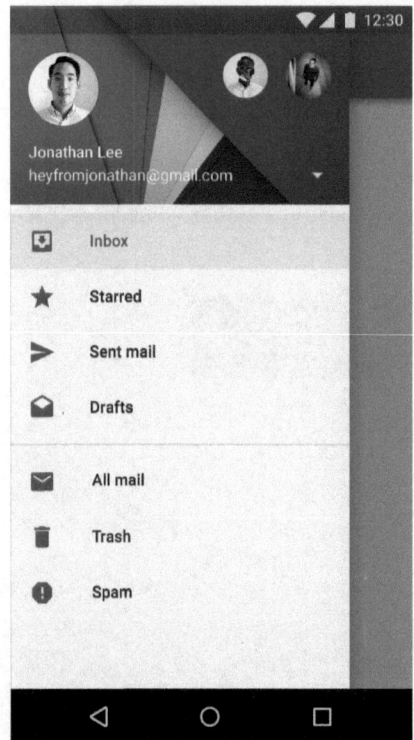

Abbildung 13.7 Seitennavigation

siehe Listing 13.21. Die Einstellung `android:fitsSystemWindows="true"` sowohl im `DrawerLayout` als auch in der `NavigationView` stellt sicher, dass die Navigations-Schublade unterhalb der Statusleiste gezeichnet wird – wie in den Material-Design-Richtlinien vorgeschlagen.

```
<android.support.v4.widget.DrawerLayout
  xmlns:android="http://schemas.android.com/apk/res/android"
  xmlns:app="http://schemas.android.com/apk/res-auto"
  android:id="@+id/drawer_layout"
  android:layout_height="match_parent"
  android:layout_width="match_parent"
  android:fitsSystemWindows="true">

  <!-- Haupt-Inhalt-View -->
  <android.support.design.widget.CoordinatorLayout
    android:layout_width="match_parent"
    android:layout_height="match_parent">
```

```xml
<FrameLayout
    android:id="@+id/main_content"
    android:layout_width="match_parent"
    android:layout_height="match_parent"
    app:layout_behavior="@string/appbar_scrolling_view_behavior" />

<android.support.design.widget.AppBarLayout
    android:layout_width="match_parent"
    android:layout_height="wrap_content"
    android:background="?attr/colorPrimary"
    android:theme="@style/ThemeOverlay.AppCompat.Dark.ActionBar">

    <android.support.v7.widget.Toolbar
        android:layout_width="match_parent"
        android:layout_height="wrap_content"
        app:layout_scrollFlags="scroll|snap|enterAlways" />
</android.support.design.widget.AppBarLayout>
</android.support.design.widget.CoordinatorLayout>

<!-- Seitennavigations-View -->
<android.support.design.widget.NavigationView
    android:id="@+id/nav_view"
    android:layout_height="match_parent"
    android:layout_width="wrap_content"
    android:layout_gravity="start"
    android:fitsSystemWindows="true"
    app:headerLayout="@layout/nav_header"
    app:menu="@menu/side_nav_menu"/>
</android.support.v4.widget.DrawerLayout>
```

Listing 13.21 Ein Layout mit einem `DrawerLayout` und einer `NavigationView` erstellen

Um das Navigationssymbol der App-Leiste mit der Navigations-Schublade zu verbinden, verwenden Sie den `ActionBarDrawerToggle`. Um sicherzustellen, dass der Status des `ActionBarDrawerToggle` korrekt aktualisiert wird, müssen Sie `onPostCreate` und `onConfigurationChanged` überschreiben, einschließlich eines Aufrufs der Methode `syncState`.

Durch den Aufruf der Methode `onOptionsItemSelected` aus der Methode `onOptionsMenuSelected` der Activity heraus (siehe Listing 13.22) wird die Sichtbarkeit der Navigations-Schublade umgeschaltet.

13.6 | Moderne Android-Benutzerführung

```java
private ActionBarDrawerToggle mDrawerToggle;

@Override
public void onCreate(Bundle savedInstanceState) {
  super.onCreate(savedInstanceState);
  setContentView(R.layout.app_bar_side_nav);

  // Sicherstellen, dass die Navigationstaste sichtbar ist
  getSupportActionBar().setDisplayHomeAsUpEnabled(true);

  DrawerLayout drawerLayout = findViewById(R.id.drawer_layout);
  mDrawerToggle = new ActionBarDrawerToggle(this,
    drawerLayout,
    R.string.drawer_open_content_description,
    R.string.drawer_closed_content_description);
}

@Override
public void onPostCreate(Bundle savedInstanceState) {
  super.onPostCreate(savedInstanceState);
  mDrawerToggle.syncState();
}

@Override
public void onConfigurationChanged(Configuration newConfig) {
  super.onConfigurationChanged(newConfig);
  mDrawerToggle.syncState();
}

@Override
public boolean onOptionsMenuSelected(MenuItem item) {
  if (mDrawerToggle.onOptionsMenuSelected(item)) {
    return true;
  }

  // Eigene Auswahllogik für die Menüpunkte
  return super.onOptionsMenuSelected(item);
}
```
Listing 13.22 App-Leiste mit der Navigations-Schublade verbinden

Wenn ein Element der `NavigationView` ausgewählt ist, wird der Callback in `OnNavigationItemSelectedListener` aufgerufen. Innerhalb dieses Handlers sollte der empfangene Menüpunkt mit dem aktuell sichtbaren Bildschirm verglichen und dann die Schublade geschlossen werden, bevor der Übergang zum neu gewählten Bildschirm (falls er sich von dem aktuell angezeigten unterscheidet) beginnt.

Der Inhaltsübergang sollte erst beginnen, wenn die Schublade vollständig geschlossen ist. Dies reduziert den Aufwand, da mehrere gleichzeitige Animationen vermieden werden und die Benutzer besser verstehen können, was sich ändert.

Listing 13.23 zeigt, wie man den `ActionBarDrawerToggle` konfiguriert, indem man einen `DrawerListener` implementiert, einer Schnittstelle, die Callbacks für das Öffnen und Schließen der Schublade ermöglicht.

Beachten Sie, dass der Haupt-Inhaltsübergang und verwandte Ereignisse wie das Aktualisieren des Titels in der App-Leiste innerhalb der Methode `onDrawerClosed` ausgeführt werden.

```java
private int mSelectedItem = 0;
private ActionBarDrawerToggle mDrawerToggle;

@Override
public void onCreate(Bundle savedInstanceState) {
  super.onCreate(savedInstanceState);
  setContentView(R.layout.app_bar_side_nav);

  // Der Navigations-Button soll sichtbar sein
  getSupportActionBar().setDisplayHomeAsUpEnabled(true);

  final DrawerLayout drawerLayout = findViewById(R.id.drawer_layout);

  mDrawerToggle = new ActionBarDrawerToggle(this,
                    drawerLayout,
                    R.string.drawer_open_content_description,
                    R.string.drawer_closed_content_description) {

    @Override
    public void onDrawerClosed(View view) {
      // Erzeuge das Fragment des ausgewählten Items
      Fragment newFragment;
      switch(mSelectedItem) {
        case R.id.nav_home:
          newFragment = new HomeFragment();
          getSupportActionBar().setTitle(R.string.nav_home);
          break;
```

13.6 | Moderne Android-Benutzerführung

```java
        case R.id.nav_account:
          newFragment = new AccountFragment();
          getSupportActionBar().setTitle(R.string.nav_account);
          break;
        case R.id.nav_settings:
          newFragment = new SettingsFragment();
          getSupportActionBar().setTitle(R.string.nav_settings);
          break;
        case R.id.nav_about:
          newFragment = new AboutFragment();
          getSupportActionBar().setTitle(R.string.nav_about);
          break;
        default:
          return;
      }
      // Ersetze das aktuelle Fragment durch das gewählte Item
      fm.beginTransaction()
        .replace(R.id.main_content, newFragment)
        .setTransition(FragmentTransaction.TRANSIT_FRAGMENT_FADE)
        .commit();
      // Setze das gewählte Item zurück
      mSelectedItem = 0;
    }
  };

  final NavigationView navigationView = findViewById(R.id.nav_view);

  navigationView.setNavigationItemSelectedListener(
    new OnNavigationItemSelectedListener() {
      @Override
      public boolean onNavigationItemSelected(MenuItem item) {
        mSelectedItem = item.getItemId();
        item.setChecked(true);
        drawerLayout.closeDrawer(navigationView);
      }
    });
}
```

Listing 13.23 Die App-Leiste und die Navigations-Schublade verbinden

13.6.4 Navigationsmuster kombinieren

Oft kann es sinnvoll sein, mehrere Navigationsmuster zu kombinieren. Wenn Sie beispielsweise Registerkarten verwenden, ist es üblich, eine oder zwei zusätzliche sekundäre Views als App-Leisten-Aktionen verfügbar zu haben (beispielsweise Einstellungen und Info). Wenn Sie drei oder mehr dieser sekundären Views haben, können Sie eine Navigations-Schublade hinzufügen, siehe Abbildung 13.8.

Abbildung 13.8 Kombinierte Navigationsmuster

Dadurch erhält der Benutzer einen visuellen Hinweis (in Form des Schubladensymbols), dass zusätzliche Bildschirme verfügbar sind, ohne von den Registerkarten abzulenken, die im Mittelpunkt der Benutzerführung stehen sollten.

Wenn Sie eine untere Navigationsleiste verwenden, sollten Sie auch eine Navigationsleiste verwenden, wenn es drei oder mehr sekundäre Ansichten gibt, siehe Abbildung 13.9.

In beiden Beispielen sollte die Navigations-Schublade nicht die Elemente enthalten, die innerhalb des primären Navigationselements verfügbar sind.

13.7 Registerkarten zum Erdbeben-Monitor hinzufügen

Lassen Sie uns das Beispiel der Erdbebenüberwachung verbessern, indem wir die Registerkarten-Navigation integrieren. Die beiden Registerkarten sind die bestehende Liste der Erdbeben und eine zweite Registerkarte, die verwendet wird, um eine Karte der Erdbebenorte anzuzeigen.

In diesem Beispiel fügen wir die Navigationselemente hinzu. Die Karte selbst wird in Kapitel 15 hinzugefügt.

1. Erstellen Sie zunächst das Layout für das Fragment, das zur Darstellung der Karte verwendet wird, indem Sie ein neues Layout *fragment_earthquake_map.xml* im Ordner *res/layout* erstellen. Eine TextView dient als Platzhalter, bis wir in Kapitel 15 eine Karte hinzufügen:

13.7 | Moderne Android-Benutzerführung

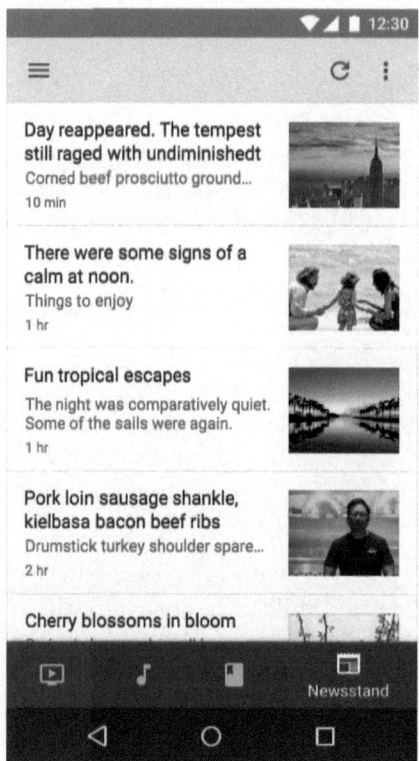

Abbildung 13.9 Kombinierte Navigationsmuster mit Navigationsleiste

```
<?xml version="1.0" encoding="utf-8"?>
<FrameLayout xmlns:android="http://schemas.android.com/apk/res/android"
  android:layout_width="match_parent"
  android:layout_height="match_parent">
  <TextView
    android:layout_width="match_parent"
    android:layout_height="match_parent"
    android:gravity="center"
    android:text="Map Goes Here!"
  />
</FrameLayout>
```

2. Erstellen Sie eine Klasse `EarthquakeMapFragment`, die `Fragment` erweitert und die Handler-Methode `onCreateView` überschreibt, um das `fragment_earthquake_map` Layout aus Schritt 1 zu entfalten:

13.7 | Registerkarten zum Erdbeben-Monitor hinzufügen

```
public class EarthquakeMapFragment extends Fragment {

  @Override
  public View onCreateView(@NonNull LayoutInflater inflater,
      ViewGroup container, Bundle savedInstanceState) {
    return inflater.inflate(R.layout.fragment_earthquake_map,
        container, false);
  }
}
```

3. Auf größeren Bildschirmen, wie etwa bei einem Tablet, können wir die Liste und die Karte nebeneinander anzeigen. Erstellen Sie eine Variante des Layouts *activity_earthquake_main.xml* im Ordner *res/layout-sw720dp*, die wir für Displays mit mindestens 720dp Bildschirmbreite optimieren. Dieses Layout zeigt das `EarthquakeListFragment` und das `EarthquakeMapFragment` nebeneinander an und begrenzt die Breite des Listenfragments auf die Hälfte der minimalen Breite für dieses Layout (360dp). Mit dem zusätzlich verfügbaren Bildschirmplatz können wir auch ein erweitertes Toolbar-Muster verwenden, das mit einem `AppBarLayout` aufgebaut ist, das doppelt so hoch ist wie eine normale Toolbar auf Tablets (64dp), einem `CollapsingToolbarLayout` und einer Toolbar:

```xml
<?xml version="1.0" encoding="utf-8"?>
<android.support.design.widget.CoordinatorLayout
  xmlns:android="http://schemas.android.com/apk/res/android"
  xmlns:app="http://schemas.android.com/apk/res-auto"
  android:layout_width="match_parent"
  android:layout_height="match_parent">

  <android.support.design.widget.AppBarLayout
    android:layout_width="match_parent"
    android:layout_height="128dp"
    android:theme="@style/ThemeOverlay.AppCompat.Dark.ActionBar">

    <android.support.design.widget.CollapsingToolbarLayout
      android:layout_width="match_parent"
      android:layout_height="match_parent">
      <android.support.v7.widget.Toolbar
        android:id="@+id/toolbar"
        android:layout_width="match_parent"
        android:layout_height="?attr/actionBarSize"/>
    </android.support.design.widget.CollapsingToolbarLayout>
  </android.support.design.widget.AppBarLayout>
```

13.7 | Moderne Android-Benutzerführung

```xml
    <LinearLayout
      android:layout_width="match_parent"
      android:layout_height="match_parent"
      android:baselineAligned="false"
      android:orientation="horizontal"
      app:layout_behavior="@string/appbar_scrolling_view_behavior">

      <fragment
        android:id="@+id/EarthquakeListFragment"
        android:name=
          "com.professionalandroid.apps.earthquake.EarthquakeListFragment"
        android:layout_width="360dp"
        android:layout_height="match_parent"/>
      <fragment
        android:id="@+id/EarthquakeMapFragment"
        android:name=
          "com.professionalandroid.apps.earthquake.EarthquakeMapFragment"
        android:layout_width="0dp"
        android:layout_weight="1"
        android:layout_height="match_parent"
        android:layout_weight="1"/>
    </LinearLayout>
</android.support.design.widget.CoordinatorLayout>
```

4. Auf kleineren Bildschirmen, wie bei einem Smartphone, wird immer nur die Liste oder die Karte angezeigt. Ändern Sie die Datei *strings.xml*, um die Beschriftungen für die neuen Registerkarten hinzuzufügen:

```xml
<string name="tab_list">List</string>
<string name="tab_map">Map</string>
```

5. Ändern Sie das Layout *activity_earthquake_main.xml* im Ordner *res/layout* und fügen Sie einen `ViewPager` hinzu, der die Liste und die Kartenfragmente enthält. Nutzen Sie diese Gelegenheit auch, um ein `TabLayout` zum `AppBarLayout` hinzuzufügen:

```xml
<?xml version="1.0" encoding="utf-8"?>
<android.support.design.widget.CoordinatorLayout
  xmlns:android="http://schemas.android.com/apk/res/android"
  xmlns:app="http://schemas.android.com/apk/res-auto"
  android:layout_width="match_parent"
  android:layout_height="match_parent">
```

13.7 Registerkarten zum Erdbeben-Monitor hinzufügen

```xml
<android.support.design.widget.AppBarLayout
  android:layout_width="match_parent"
  android:layout_height="wrap_content"
  android:theme="@style/ThemeOverlay.AppCompat.Dark.ActionBar">

  <android.support.v7.widget.Toolbar
    android:id="@+id/toolbar"
    android:layout_width="match_parent"
    android:layout_height="wrap_content"
    app:layout_scrollFlags="scroll|enterAlways|snap" />

  <android.support.design.widget.TabLayout
    android:id="@+id/tab_layout"
    android:layout_width="match_parent"
    android:layout_height="wrap_content" />
</android.support.design.widget.AppBarLayout>

<android.support.v4.view.ViewPager
  android:id="@+id/view_pager"
  android:layout_width="match_parent"
  android:layout_height="match_parent"
  app:layout_behavior="@string/appbar_scrolling_view_behavior"/>
</android.support.design.widget.CoordinatorLayout>
```

6. Fügen Sie nun Navigationsunterstützung hinzu, um zwischen der Liste und der Karte zu wechseln. Erstellen Sie in Ihrer `EarthquakeMainActivity` einen `FragmentPagerAdapter`, der die Liste als erste Registerkarte und die Karte als zweite anzeigt:

```java
class EarthquakeTabsPagerAdapter extends FragmentPagerAdapter {

  EarthquakeTabsPagerAdapter(FragmentManager fm) {
    super(fm);
  }

  @Override
  public int getCount() {
    return 2;
  }

  @Override
  public Fragment getItem(int position) {
```

13.7 | Moderne Android-Benutzerführung

```
      switch(position) {
        case 0:
          return new EarthquakeListFragment();
        case 1:
          return new EarthquakeMapFragment();
        default:
          return null;
      }
    }

    @Override
    public CharSequence getPageTitle(int position) {
      switch(position) {
        case 0:
          return getString(R.string.tab_list);
        case 1:
          return getString(R.string.tab_map);
        default:
          return null;
      }
    }
  }
```

7. Noch innerhalb der `EarthquakeMainActivity`, ändern Sie die Methode `onCreate`, um den `FragmentTransactionCode` zu entfernen, und richten Sie stattdessen die Registerkarten-Navigation ein, wenn der `ViewPager` erkannt wird, indem Sie den `PagerAdapter` aus Schritt 6 verwenden:

```
@Override
public void onCreate(Bundle savedInstanceState) {
  super.onCreate(savedInstanceState);
  setContentView(R.layout.activity_earthquake_main);
  Toolbar toolbar = findViewById(R.id.toolbar);
  setSupportActionBar(toolbar);

  ViewPager viewPager = findViewById(R.id.view_pager);
  if (viewPager != null) {
    PagerAdapter pagerAdapter =
      new EarthquakeTabsPagerAdapter(getSupportFragmentManager());
    viewPager.setAdapter(pagerAdapter);
```

```
    TabLayout tabLayout = findViewById(R.id.tab_layout);
    tabLayout.setupWithViewPager(viewPager);
}

[... Existierender Code, um Daten zu Laden und zu überwachen ...]
}
```

Abbildung 13.10 zeigt links die App, wie sie auf einem Smartphone läuft, wo sie die App-Leiste mit zwei Registerkarten anzeigt, und auf einem Tablet-Gerät, wo die beiden Fragmente nebeneinander angezeigt werden.

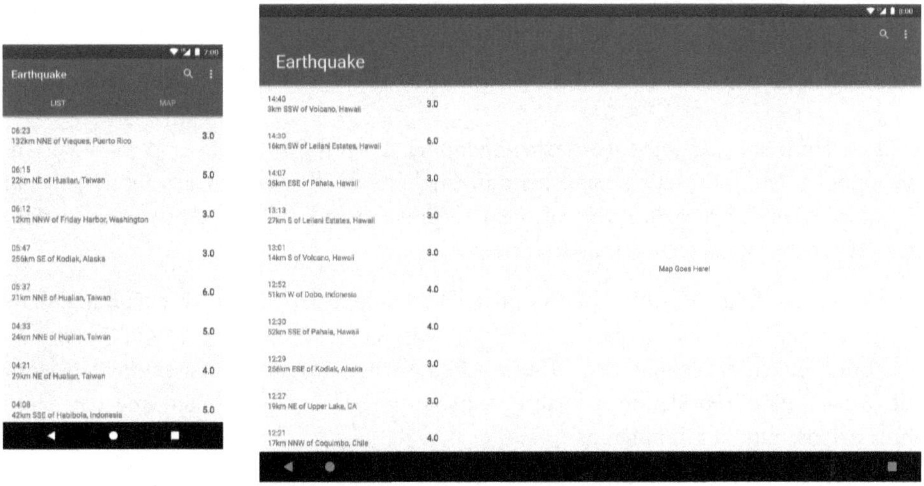

Abbildung 13.10 Registerkarten für die Erdbeben

13.8 Den richtigen Grad der Unterbrechung wählen

In Kapitel 11 wurden Sie in die Notifications eingeführt, um Benutzern wichtige Informationen anzuzeigen, während sich Ihre Anwendung im Hintergrund befindet. Android bietet auch eine Reihe von Mechanismen, mit denen Sie den Benutzer informieren und sogar unterbrechen können, während Ihre App im Vordergrund steht, darunter Dialoge, Toastmeldungen und Snackbars.

Wann immer möglich, sollte Ihre Anwendung es den Benutzern ermöglichen, ihren regulären Workflow ungehindert fortzusetzen. In Ausnahmefällen kann es jedoch sinnvoll sein, die Benutzer zu unterbrechen, um sie über ein wesentliches Ereignis oder eine Änderung zu informieren.

Beachten Sie, dass jede Unterbrechung oder signifikante Änderung des Erscheinungsbilds Ihrer Anwendung mit Kosten verbunden ist; Benutzer müssen die Änderungen und gegebenenfalls die Aktionen, die sie als Reaktion ausführen müssen, bearbeiten.

13.8.1 Einen Dialog anstoßen

Android-Dialoge sind teilweise transparente, schwebende Fenster, die die Benutzeroberfläche, die sie gestartet hat, teilweise verdecken, siehe Abbildung 13.11.

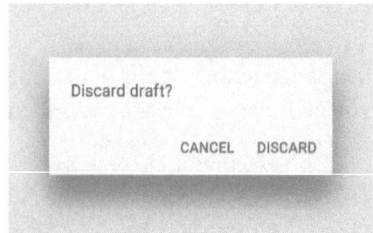

Abbildung 13.11 Dialog

Dialoge sind eine gängige Oberflächenmetapher in Desktop-, Web- und mobilen Anwendungen. Modale Dialoge sind die aufdringlichsten der verfügbaren Optionen, um Benutzer zu unterbrechen, Informationen zu präsentieren und eine Antwort zu verlangen, bevor die Benutzer fortfahren können.

Im Hinblick auf das Android UX-Design sollten Dialoge verwendet werden, um globale Ereignisse auf Systemebene darzustellen, wie beispielsweise die Anzeige von Systemfehlern oder die Unterstützung der erforderlichen Kontenauswahl. Es ist empfehlenswert, die Verwendung von Dialogen in Ihren Anwendungen einzuschränken und den Grad ihrer Anpassung zu minimieren.

Erstellen Sie Dialoge, indem Sie die Klasse `AppCompatDialogFragment` erweitern, eine Fragment-Unterklasse, die das gesamte `AppCompat`-Styling enthält und das Speichern und Wiederherstellen des Dialogs bei Konfigurationsänderungen entsprechend handhabt.

Die meisten Dialoge fallen in eine Reihe von Standard-Dialog-Kategorien:

- Eine Bestätigungsmeldung mit positiven und negativen Antwort-Buttons
- Eine Single-Choice-Liste von Elementen, die der Benutzer auswählen kann
- Eine Mehrfachauswahlliste mit Ankreuzfeldern

Diese Standardfälle können über einen `AlertDialog` abgedeckt werden. Um die Vorteile der Standard-AlertDialog-Oberfläche zu nutzen, müssen Sie ein neues `AlertDialog.Builder`-Objekt innerhalb der Methode `onCreateDialog` Ihres `AppCompatDialogFragments` erstellen, bevor Sie Werte für den Titel, die anzuzeigende Nachricht und optional für alle erforderlichen Buttons, Auswahlpunkte und Texteingabefelder zuweisen, siehe Listing 13.24.

Wenn Sie auf einen der beiden Buttons klicken, wird der Dialog nach dem Ausführen des angehängten `OnClickListeners` geschlossen.

```java
public class PitchBlackDialogFragment extends AppCompatDialogFragment {
  @Override
  public Dialog onCreateDialog(Bundle savedInstanceState) {
    AlertDialog.Builder builder = new AlertDialog.Builder(getActivity());

    builder.setTitle("It is Pitch Black")
      .setMessage("You are likely to be eaten by a Grue.")
      .setPositiveButton(
        "Move Forward",
        new DialogInterface.OnClickListener() {
          @Override
          public void onClick(DialogInterface dialog, int arg1) {
            eatenByGrue();
          }
        })
      .setNegativeButton(
        "Go Back",
        new DialogInterface.OnClickListener(){
          @Override
          public void onClick(DialogInterface dialog, int arg1) {
            // do nothing
          }
        });
    // Erzeuge den AltertDialog und gebe das Ergebnis zurück
    return builder.create();
  }
}
```

Listing 13.24 Einen Alarm-Dialog in einem AppCompatDialogFragment konfigurieren

Verwenden Sie die Methode `setCancelable`, um zu bestimmen, ob der Benutzer den Dialog durch Drücken des Back-Buttons schließen kann, ohne eine Auswahl zu treffen. Wenn Sie den Dialog abbrechen möchten, können Sie die Methode `onCancel` im `AppCompatDialogFragment` überschreiben, um auf dieses Ereignis zu reagieren.

Es ist auch möglich, einen vollständig benutzerdefinierten Dialog zu erstellen, indem Sie die Methode `onCreateView` überschreiben und Ihr eigenes Layout entfalten.

Ob Sie einen vollständig benutzerdefinierten Dialog, einen `AlertDialog` oder eine der anderen spezialisierten `Dialog`-Unterklassen wie `DatePickerDialog` oder `TimePickerDialog` verwenden, der Dialog wird durch Aufruf der Methode `show` angezeigt, siehe Listing 13.25.

```java
String tag = "warning_dialog";
DialogFragment dialogFragment = new PitchBlackDialogFragment();

dialogFragment.show(getSupportFragmentManager(), tag);
```
Listing 13.25 Ein Dialog-Fragment anzeigen

13.8.2 Lasst uns einen Toast ausbringen

Am anderen Ende des Unterbrechungsspektrums befinden sich Toast-Meldungen. Toasts sind vorübergehende Benachrichtigungen, die den Fokus nicht stehlen, mit denen nicht interagiert werden kann und die nicht modal sind. Sie erscheinen, zeigen eine kurze Nachricht an und verschwinden dann.

Angesichts dieser Einschränkungen sollten sie nur zur Bestätigung der Aktion eines Benutzers unmittelbar nach ihrem Auftreten oder für Meldungen auf Systemebene verwendet werden. Sie sollten nur angezeigt werden, wenn eine aktive Activity Ihrer App sichtbar ist.

Die Klasse `Toast` enthält eine statische Methode `makeText`, die ein Standard-Toast-Anzeigefenster erzeugt. Um einen neuen Toast zu erzeugen, übergeben Sie den aktuellen Kontext, den anzuzeigenden Text und die Dauer der Anzeige (`LENGTH_SHORT` oder `LENGTH_LONG`) an die Methode `makeText`. Nachdem Sie einen Toast erstellt haben, können Sie ihn anzeigen, indem Sie `show` aufrufen, siehe Listing 13.26.

```
Context context = this;
String msg = "To health and happiness!";
int duration = Toast.LENGTH_SHORT;

Toast toast = Toast.makeText(context, msg, duration);

// Denken Sie daran: Sie müssen immer show() aufrufen!
toast.show();
```
Listing 13.26 Einen Toast anzeigen

Abbildung 13.12 zeigt einen Toast. Er bleibt ca. 2 Sekunden auf dem Bildschirm, bevor er ausgeblendet wird. Die Anwendung dahinter bleibt voll ansprechbar und interaktiv, während der Toast sichtbar ist.

Abbildung 13.12 Toast

13.8 Den richtigen Grad der Unterbrechung wählen

> **Hinweis**
>
> Eine Toast-Meldung muss immer auf dem Oberflächen-Thread erstellt und angezeigt werden. Stellen Sie sicher, dass Ihre Benutzeroberfläche immer noch sichtbar ist und auf dem Oberflächen-Thread angezeigt wird, wenn Sie einen Toast nach Abschluss der Hintergrundarbeit erstellen, zum Beispiel in der Methode `onPostExecute` einer `AsyncTask`.

13.8.3 Ablaufunterbrechungen mit Snackbars

Eine Snackbar ermöglicht es Ihnen, Unterbrechungen direkt in Ihre Benutzeroberfläche einzubauen, indem Sie eine temporäre View verwenden, die von unten nach oben animiert wird, siehe Abbildung 13-13.

Abbildung 13.13 Snackbar

Benutzer können wählen, ob sie eine Snackbar sofort wegwischen möchten oder ob sie automatisch aus- und wieder verschwinden soll, ähnlich wie bei einem Toast.

Die Snackbar-API, die als Teil der Android Design Support Library verfügbar ist, enthält eine Methode `make`, die eine View, den anzuzeigenden Text und die Dauer der Anzeige benötigt. Im Gegensatz zu Toasts bieten Snackbars auch die Möglichkeit, eine einzelne Aktion mit der Methode `setAction` hinzuzufügen, siehe Listing 13.27.

```
Snackbar snackbar = Snackbar.make(coordinatorLayout, "Deleted",
                                  Snackbar.LENGTH_LONG);

// Definiere die Action
snackbar.setAction("Undo", new View.OnClickListener() {
  @Override
  public void onClick(View view) {
    // Löschung rückgängig machen
  }
});
```

13.8 | Moderne Android-Benutzerführung

```
// Reaktion auf die Ablehnung der Snackbar
snackbar.addCallback(new Snackbar.Callback() {
  @Override
  public void onDismissed(Snackbar transientBottomBar, int event) {
    // Beende die Löschung
  }
});

// Zeige die Snackbar
snackbar.show();
```
Listing 13.27 Eine Snackbar erstellen und zeigen

Dies wird oft verwendet, um den Benutzern eine Undo-Funktion anzubieten, die destruktive Aktionen rückgängig macht. Wenn ein Benutzer beispielsweise ein Objekt löscht, kann es zum Löschen markiert werden, während die Snackbar angezeigt wird. Ein Callback wird mit der Methode `addCallback` hinzugefügt. Wenn Sie die Aktion »Undo« wählen, machen Sie die Markierung zum Löschen des Objekts rückgängig, während der Callback `onDismissed` die Löschung durchführen würde.

Die Position der Snackbar hängt davon ab, über welche View Sie `make` aufrufen. Wenn die View, die Sie übergeben, ein `CoordinatorLayout` oder ein Unter-Layout von `CoordinatorLayout` ist (entweder direkt oder indirekt), wird die Snackbar am unteren Rand dieses `CoordinatorLayouts` positioniert. Wenn kein `CoordinatorLayout` gefunden wird, wird die Snackbar am unteren Ende Ihrer Activity positioniert.

> 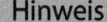 **Hinweis**
>
> Wenn eine Snackbar mit einem `CoordinatorLayout` verwendet wird, können Benutzer sie wegwischen, und jeder `FloatingActionButton`, der die eingehende Snackbar möglicherweise überlappen würde, wird reibungslos neben der Snackbar animiert.

Der Snackbar-Mechanismus reduziert Risiken und Ängste Ihrer Benutzer, indem er das Potenzial eines Fehlers eliminiert, der eine unbeabsichtigte und nicht wiederherstellbare zerstörerische Aktion verursacht, ohne erfahrene Benutzer immer wieder zu unterbrechen.

Sie sollten unbedingt überlegen, ob Sie die blockierende Sicherheitsabfrage »Sind Sie sicher?« durch Snackbars mit Wiederherstellungsaktionen ersetzen, da dies sowohl neuen Benutzern als auch erfahrenen Benutzern ermöglicht, bei Bedarf ihre Arbeit wiederherzustellen, ohne ihren Workflow ständig zu unterbrechen.

Kapitel 14
Erweiterte Anpassung der Benutzeroberfläche

Inhalt

- Anwendungen barrierefrei machen
- Verwendung der Text-to-Speech- und Spracherkennungsbibliotheken
- Steuerung der Gerätevibration
- Auf dem ganzen Bildschirm
- Verwenden von Eigenschaftsanimatoren
- Erweiterte Canvas-Zeichnung
- Behandlung von Touch-Ereignissen
- Erweiterte Drawable-Ressourcen
- Kopieren, Einfügen und die Zwischenablage

Wrox.com Code-Downloads für dieses Kapitel

Die Code-Downloads für dieses Kapitel finden Sie unter www.wrox.com. Der Code für dieses Kapitel ist in die folgenden wichtigen Beispiele unterteilt:

- Snippets_ch14.zip
- Compass_ch14.zip

14.1 Die Benutzerführung erweitern

Material-Design dient als Grundlage für die Struktur, die Benutzeroberfläche und die Interaktionsmuster, die für eine großartige Benutzerführung (User Experience: UX) auf Android sorgen, aber es ist nur eine Basis, auf der man aufbauen kann.

In diesem Kapitel lernen Sie, über das Wesentliche hinauszudenken und Anwendungen zu entwickeln, die Sinn und Zweck mit Schönheit und Einfachheit verbinden, auch (oder gerade) wenn sie komplexe Funktionen bieten. Außerdem erfahren Sie, wie Sie sicherstellen können, dass Ihre App allen Nutzern, einschließlich derjenigen, die bei der Nutzung ihrer Geräte die Vorteile der Barrierefreiheit nutzen, eine großartige Benutzerführung bietet.

Als Erstes werden Sie mit den Text-to-Speech-, Spracherkennungs- und Vibrations-APIs vertraut gemacht, um die Interaktionsmöglichkeiten für Benutzer zu erweitern.

Um den Benutzer weiter in Ihre App einzubinden, entdecken Sie dann, die Sichtbarkeit der Systemoberfläche einschließlich der Statusleiste und der Navigationsleiste am oberen beziehungsweise unteren Bildschirmrand zu steuern.

Außerdem erfahren Sie, wie Sie mit Hilfe von Eigenschaftsanimationen individuelle Views ändern können und wie Sie die in Kapitel 5 erstellten benutzerdefinierten Views mit Hilfe fortschrittlicher Canvas-Zeichnungstechniken und Ihrer eigenen Touch-Ereignisbehandlung verbessern können.

14.2 Barrierefreiheit unterstützen

Ein wichtiger Teil der Erstellung einer überzeugenden Benutzeroberfläche ist es, sicherzustellen, dass sie von allen genutzt werden kann, auch von Menschen mit Behinderungen, die eine spezielle Interaktion mit ihren Geräten erfordern.

Die Accessibility APIs bieten alternative Interaktionsmethoden für Benutzer mit visuellen, physischen oder altersbedingten Behinderungen, die eine vollständige Interaktion mit einem Touchscreen erschweren.

In Kapitel 5 haben Sie erfahren, wie Sie Ihre eigenen Views barrierefrei und navigierbar machen können. Dieser Abschnitt fasst einige der bewährtesten Verfahren zusammen, um sicherzustellen, dass Ihre gesamte Benutzerführung barrierefrei ist.

14.2.1 Navigation ohne Touchscreen unterstützen

Während physische Richtungssteuerungen wie D-Pads und Pfeiltasten auf Geräten nicht mehr üblich sind, werden sie mit den Accessibility Services emuliert, was sie für viele Benutzer zum wichtigsten Navigationsmittel macht.

Um sicherzustellen, dass Ihre Benutzeroberfläche ohne Touchscreen navigierbar ist, ist es wichtig, dass Ihre Anwendung jeden dieser Eingabemechanismen unterstützt.

Der erste Schritt besteht darin, sicherzustellen, dass jede Eingabe-View fokussierbar und klickbar ist. Das Drücken der Mittel- oder OK-Taste sollte sich dann auf die fokussierte Steuerung genauso auswirken wie das Berühren über den Touchscreen.

Es ist sinnvoll anzuzeigen, wenn ein Steuerelement den Eingabefokus hat, damit der Benutzer weiß, mit welchem Steuerelement er gerade arbeitet. Alle im Android SDK enthaltenen Views sind fokussierbar.

Die Android Laufzeitsystem bestimmt die Fokus-Reihenfolge für jedes Steuerelement in Ihrem Layout basierend auf einem Algorithmus, der den nächsten Nachbarn in einer bestimmten Richtung findet. Sie können diese Reihenfolge manuell mit den Attributen `android:nextFocusDown`, `android:nextFocusLeft`, `android:nextFocusRight` und `android:nextFocusUp` für jede View innerhalb Ihrer Layoutdefinition überschreiben. Es ist sinnvoll, sicherzustellen, dass aufeinanderfolgende Navigationsbewegungen in entgegengesetzte Richtungen Sie an Ihren ursprünglichen Standort zurückbringen.

14.2.2 Eine Textbeschreibung für jede View erstellen

Der Kontext ist von entscheidender Bedeutung bei der Gestaltung Ihrer Benutzeroberfläche. Button-Bilder, Textbeschriftungen oder sogar die relative Position der einzelnen Steuerelemente können verwendet werden, um den Zweck jeder Eingabe-View anzuzeigen.

Um sicherzustellen, dass Ihre Anwendung barrierefrei ist, überlegen Sie, wie ein Benutzer ohne visuellen Kontext navigieren und Ihre Benutzeroberfläche bedienen kann. Zur Unterstützung kann jede View ein `android:contentDescription`-Attribut enthalten, das Benutzern vorgelesen werden kann, die die Accessibility-Sprachwerkzeuge aktiviert haben:

```
<Button
    android:id="@+id/pick_contact_button"
    android:layout_width="match_parent"
    android:layout_height="wrap_content"
    android:text="@string/pick_contact_button"
    android:contentDescription="@string/pick_contact_button_description"
/>
```

14.3 | Erweiterte Anpassung der Benutzeroberfläche

Jede View innerhalb Ihres Layouts, die den Fokus halten kann, sollte eine Inhaltsbeschreibung haben, die den gesamten Kontext bietet, den ein Benutzer benötigt, um damit umzugehen.

14.3 Android Text-to-Speech

Die Text-to-Speech-(TTS-)Bibliotheken, auch bekannt als Sprachsynthese, ermöglichen es einer App, synthetisierte Sprache auszugeben und so mit ihrem Benutzer zu »sprechen«.

Aufgrund von Speicherplatzbeschränkungen auf einigen Android-Geräten sind die Sprachpakete nicht immer auf jedem Gerät vorinstalliert. Bevor Sie die TTS-Engine verwenden, sollten Sie sich vergewissern, dass die Sprachpakete installiert sind.

Um nach den TTS-Bibliotheken zu suchen, starten Sie eine neue Activity für ein Ergebnis mit der Aktion `ACTION_CHECK_TTS_DATA` aus der Klasse `TextToSpeech.Engine`:

```
Intent intent = new Intent(TextToSpeech.Engine.ACTION_CHECK_TTS_DATA);
startActivityForResult(intent, TTS_DATA_CHECK);
```

Die Handler-Methode `onActivityResult` empfängt `CHECK_VOICE_DATA_PASS`, wenn die Sprachdaten erfolgreich installiert wurden. Wenn die Sprachdaten derzeit nicht verfügbar sind, starten Sie eine neue Activity mit der Aktion `ACTION_INSTALL_TTS_DATA` der TTS-Klasse `Engine`, um die Installation zu starten:

```
Intent installVoice = new Intent(Engine.ACTION_INSTALL_TTS_DATA);
startActivity(installVoice);
```

Nachdem Sie bestätigt haben, dass die Sprachdaten verfügbar sind, müssen Sie eine neue `TextToSpeech`-Instanz erstellen und initialisieren. Sie können das neue `TextToSpeech`-Objekt erst verwenden, wenn die Initialisierung abgeschlossen ist. Übergeben Sie einen `OnInitListener` an den Konstruktor, der nach der Initialisierung der TTS-Engine ausgelöst wird:

```
boolean ttsIsInit = false;
TextToSpeech tts = null;

protected void onActivityResult(int requestCode,
                                int resultCode, Intent data) {
  if (requestCode == TTS_DATA_CHECK) {
    if (resultCode == Engine.CHECK_VOICE_DATA_PASS) {
      tts = new TextToSpeech(this, new OnInitListener() {
```

```
      public void onInit(int status) {
        if (status == TextToSpeech.SUCCESS) {
          ttsIsInit = true;
          // TODO Sprich!
        }
      }
    });
  }
 }
}
```

Nach der Initialisierung von `TextToSpeech` können Sie die Methode `speak` verwenden, um Sprachdaten mit der Standard-Audioausgabe des Geräts zu synthetisieren:

```
Bundle parameters = null;
String utteranceId = null; // Funktioniert mit setOnUtteranceProgressListener
tts.speak("Hallo Android", TextToSpeech.QUEUE_ADD, parameters, utteranceId);
```

Die Methode `speak` ermöglicht es Ihnen, entweder die Sprachausgabe zur bestehenden Warteschlange hinzuzufügen oder die Warteschlange zu leeren und sofort zu sprechen.

Mit den Methoden `setPitch` und `setSpeechRate` können Sie den Klang der Sprachausgabe beeinflussen. Jede Methode akzeptiert einen Float-Parameter, der die Tonhöhe bzw. die Geschwindigkeit der Sprachausgabe ändert.

Sie können auch die Aussprache Ihrer Sprachausgabe mit der Methode `setLanguage` ändern. Diese Methode benötigt einen Locale-Parameter, um das Land und die Sprache des zu sprechenden Textes anzugeben. Dies beeinflusst die Art und Weise, wie der Text gesprochen wird, um sicherzustellen, dass die richtige Sprache und die richtigen Aussprachemodelle verwendet werden.

Wenn Sie mit dem Sprechen fertig sind, verwenden Sie `stop`, um die Sprachausgabe anzuhalten, und `shutdown`, um die TTS-Ressourcen freizugeben:

```
tts.stop();
tts.shutdown();
```

Listing 14.1 ermittelt, ob die TTS-Sprachbibliothek installiert ist, initialisiert eine neue TTS-Engine und verwendet sie, um in britischem Englisch zu sprechen.

```
private static int TTS_DATA_CHECK = 1;

private TextToSpeech tts = null;
private boolean ttsIsInit = false;
```

14.4 | Erweiterte Anpassung der Benutzeroberfläche

```java
private void initTextToSpeech() {
  Intent intent = new Intent(Engine.ACTION_CHECK_TTS_DATA);
  startActivityForResult(intent, TTS_DATA_CHECK);
}

protected void onActivityResult(int requestCode,
                                int resultCode, Intent data) {
  if (requestCode == TTS_DATA_CHECK) {
    if (resultCode == Engine.CHECK_VOICE_DATA_PASS) {
      tts = new TextToSpeech(this, new OnInitListener() {
        public void onInit(int status) {
          if (status == TextToSpeech.SUCCESS) {
            ttsIsInit = true;
            if (tts.isLanguageAvailable(Locale.UK) >= 0)
              tts.setLanguage(Locale.UK);
            tts.setPitch(0.8f);
            tts.setSpeechRate(1.1f);
            speak();
          }
        }
      });
    } else {
      Intent installVoice = new Intent(Engine.ACTION_INSTALL_TTS_DATA);
      startActivity(installVoice);
    }
  }
}

private void speak() {
  if (tts != null && ttsIsInit) {
    tts.speak("Hello, Android old chap!", TextToSpeech.QUEUE_ADD, null);
  }
}

@Override
public void onDestroy() {
  if (tts != null) {
    tts.stop();
    tts.shutdown();
  }
  super.onDestroy();
}
```

Listing 14.1 Text-To-Speech einsetzen

14.4 Spracherkennung

Android unterstützt Spracheingabe und Spracherkennung mit der Klasse `RecognizerIntent`. Diese API ermöglicht es Ihnen, die Spracheingabe in Ihre Anwendung über den Standard-Spracheingabedialog zu übernehmen, wie in Abbildung 14.1 dargestellt.

Abbildung 14.1 Standard-Spracheingabedialog

Damit Ihre App Spracheingabe nutzen kann, muss sie die Berechtigung `RECORD_AUDIO` besitzen:

```
<uses-permission android:name="android.permission.RECORD_AUDIO"/>
```

> **Hinweis**
> Die Berechtigung `RECORD_AUDIO` ist eine gefährliche Berechtigung, die auf Android 6.0 Marshmallow (API Level 23) und höheren Geräten zur Laufzeit angefordert werden muss.

Um die Spracherkennung zu initialisieren, rufen Sie `startNewActivityForResult` auf und übergeben einen `Intent`, der die Aktionen `RecognizerIntent.ACTION_RECOGNIZE_SPEECH` oder `RecognizerIntent.ACTION_WEB_SEARCH` vorgibt. Die erste Aktion ermöglicht es Ihnen, die Spracheingabe innerhalb Ihrer Anwendung zu empfangen, während die zweite Aktion es Ihnen erlaubt, eine Websuche oder Sprachausgabe über die nativen Anbieter auszulösen.

Der Start-Intent muss das Extra `RecognizerIntent.EXTRA_LANGUAGE_MODEL` enthalten, um das Sprachmodell anzugeben, das zum Parsen des Audiosignals verwendet wird. Dies kann entweder `LANGUAGE_MODEL_FREE_FORM` oder `LANGUAGE_MODEL_WEB_SEARCH` sein. Beide sind als statische Konstanten der Klasse `RecognizerIntent` verfügbar.

Sie können auch eine Reihe von optionalen Extras angeben, um die Sprache, die Anzahl der möglichen Ergebnisse und die Prompt-Anzeige mit den folgenden Konstanten von `RecognizerIntent` zu steuern:

14.4 | Erweiterte Anpassung der Benutzeroberfläche

- **EXTRA_LANGUAGE**: Gibt eine Sprachkonstante aus der Klasse `Locale` an, um eine andere Eingabesprache als die Gerätevoreinstellung zu verwenden. Sie können den aktuellen Standard ermitteln, indem Sie die statische Methode `getDefault` in der Klasse `Locale` aufrufen.

- **EXTRA_MAXRESULTS**: Verwendet einen ganzzahligen Wert, um die Anzahl der möglichen Erkennungsergebnisse zu begrenzen.

- **EXTRA_PROMPT**: Gibt eine Zeichenfolge an, die im Spracheingabedialog (siehe Abbildung 14.1) angezeigt wird, um den Benutzer zum Sprechen aufzufordern.

> **Hinweis**
>
> Die Engine, die die Spracherkennung handhabt, ist möglicherweise nicht in der Lage, gesprochene Eingaben aus allen verfügbaren Sprachen der Klasse `Locale` zu verstehen. Nicht alle Geräte unterstützen die Spracherkennung. In solchen Fällen ist es generell möglich, die Spracherkennungsbibliothek aus dem Google Play Store herunterzuladen.

14.4.1 Spracherkennung für die Spracheingabe verwenden

Wenn Sie für Ihre Anwendung Spracherkennung als Eingabe verwenden, rufen Sie `startNewActivityForResult` mit der Aktion `RecognizerIntent.ACTION_RECOGNIZE_SPEECH` auf, siehe Listing 14.2.

```
Intent intent = new Intent(RecognizerIntent.ACTION_RECOGNIZE_SPEECH);
// Freie Eingabeform festlegen
intent.putExtra(RecognizerIntent.EXTRA_LANGUAGE_MODEL,
            RecognizerIntent.LANGUAGE_MODEL_FREE_FORM);
intent.putExtra(RecognizerIntent.EXTRA_PROMPT,
            "or forever hold your peace");
intent.putExtra(RecognizerIntent.EXTRA_MAX_RESULTS, 1);
intent.putExtra(RecognizerIntent.EXTRA_LANGUAGE, Locale.ENGLISH);
startActivityForResult(intent, VOICE_RECOGNITION);
```
Listing 14.2 Spracherkennungsanfrage initiieren

Wenn der Benutzer mit dem Sprechen fertig ist, analysiert und verarbeitet die Spracherkennungs-Engine das resultierende Audiomaterial und gibt die Ergebnisse über die Handler-Methode `onActivityResult` als ArrayList von Strings im Extra `EXTRA_RESULTS` zurück, siehe Listing 14.3.

```
@Override
protected void onActivityResult(int requestCode,
                                int resultCode,
                                Intent data) {
  if (requestCode == VOICE_RECOGNITION && resultCode == RESULT_OK) {
    ArrayList<String> results =
      data.getStringArrayListExtra(RecognizerIntent.EXTRA_RESULTS);

    float[] confidence =
data.getFloatArrayExtra(RecognizerIntent.EXTRA_CONFIDENCE_SCORES);

    // TODO Verarbeite die erkannten Sprach-Strings
  }}
```
Listing 14.3 Die Ergebnisse einer Spracherkennungsanfrage ermitteln

Jeder in der `ArrayList` zurückgegebene String stellt eine mögliche Übereinstimmung für die Spracheingabe dar. Sie können das Sicherheitspotenzial der Erkennungs-Engine in jedem Ergebnis mit Hilfe des in dem Extra `EXTRA_CONFIDENCE_SCORES` zurückgegebenen Float-Arrays ermitteln. Jeder Wert im Array ist ein Zuverlässigkeitswert zwischen 0 (kein Vertrauen) und 1 (hohes Vertrauen), dass die Sprache korrekt erkannt wurde.

14.4.2 Spracherkennung für die Suche verwenden

Wird die Spracherkennung zur Erleichterung der Suche verwendet, können Sie die Aktion `RecognizerIntent.ACTION_WEB_SEARCH` verwenden, um ein Web-Suchergebnis anzuzeigen oder eine andere Art von Sprachaktion basierend auf der Sprache des Benutzers auszulösen, siehe Listing 14.4.

```
Intent intent = new Intent(RecognizerIntent.ACTION_WEB_SEARCH);
intent.putExtra(RecognizerIntent.EXTRA_LANGUAGE_MODEL,
            RecognizerIntent.LANGUAGE_MODEL_WEB_SEARCH);
startActivityForResult(intent, 0);
```
Listing 14.4 Die Ergebnisse einer Spracherkennungsanfrage ermitteln

14.5 Vibration kontrollieren

In Kapitel 11 über das Arbeiten im Hintergrund haben Sie erfahren, wie Sie Notifications erstellen, die mit Hilfe von Vibrationen das Feedback auf Ereignisse bereichern können. In manchen Fällen möchten Sie das Gerät unabhängig von Notifications vibrieren lassen.

Zum Beispiel ist das Vibrieren des Geräts eine ausgezeichnete Möglichkeit, haptisches Feedback zu geben, und ist besonders als Feedback-Mechanismus für Spiele beliebt.

14.6 | Erweiterte Anpassung der Benutzeroberfläche

Um die Vibrationen der Geräte zu steuern, benötigen Ihre Anwendungen die Berechtigung VIBRATE:

```
<uses-permission android:name="android.permission.VIBRATE"/>
```

Die Gerätevibration wird über den Vibrator Service gesteuert, der über die Methode getSystemService zugänglich ist:

```
String vibratorService = Context.VIBRATOR_SERVICE;
Vibrator vibrator = (Vibrator)getSystemService(vibratorService);
```

Nicht alle Geräte enthalten einen Vibrator (beispielsweise Fernseher), rufen Sie also die Methode hasVibrator auf, um festzustellen, ob Sie einen anderen Mechanismus einsetzen sollten, um dem Benutzer Feedback zu geben:

```
boolean hasVibrator = vibrator.hasVibrator();
```

Rufen Sie die Methode vibrate, um ein Gerät vibrieren zu lassen. Sie können entweder eine Schwingungsdauer oder ein Muster aus abwechselnden Schwingungs- und Pausensequenzen zusammen mit einem optionalen Index-Parameter übergeben, der das Muster ab dem angegebenen Index wiederholt:

```
long[] pattern = {1000, 2000, 4000, 8000, 16000 };
vibrator.vibrate(pattern, 0);     // Vibrationsmuster ausführen
Vibrator.vibrate(pattern, -1);    // Vibrationsmuster einmalig ausführen
vibrator.vibrate(1000);           // Eine Sekunde lang vibrieren
```

Um die Vibration abzubrechen, rufen Sie die Methode cancel auf. Das Beenden Ihrer Anwendung löscht automatisch jede von ihr ausgelöste Vibration:

```
vibrator.cancel();
```

14.6 Den Vollbildschirm nutzen

Wenn und nur wenn Sie eine Anwendung erstellen, die vollständig fesselnd ist, kann es sinnvoll sein, dass Ihre Anwendung den gesamten Bildschirm einnimmt und die Systemoberfläche einschließlich der Statusleiste am oberen Rand des Bildschirms und aller Steuerelemente auf dem Bildschirm ausblendet oder verdeckt. Beispiele für solch immersive Anwendungen sind Spiele wie Ego-Racer oder -Shooter, E-Learning-Anwendungen und Videoplayer.

Um die Sichtbarkeit der Navigationsleiste auf Mobiltelefonen oder das Aussehen der Systemleiste in Tablets zu steuern, können Sie die Methode setSystemUiVisibility auf jeder in Ihrer Aktivitätshierarchie sichtbaren View verwenden. Das Flag SYSTEM_

`UI_FLAG_HIDE_NAVIGATION` blendet die Navigationsleiste aus, während das Flag `SYSTEM_UI_FLAG_FULLSCREEN` dazu führt, dass die Statusleiste ausgeblendet wird.

Standardmäßig wird bei jeder Benutzerinteraktion mit der Activity die Navigationsleiste angezeigt, und beim Herunterziehen vom oberen Bildschirmrand wird die Statusleiste angezeigt, wodurch die Flags zurückgesetzt werden. Dies ist für Anwendungen wie Videoplayer geeignet, bei denen Sie eine minimale Benutzerinteraktion erwarten.

Android 4.4 Kit Kat (API Level 19) hat die Fähigkeit hinzugefügt, wirklich fesselnde Eindrücke zu bieten, selbst wenn der Benutzer mit Ihrer Activity interagiert. Dazu kommen zwei zusätzliche Flags:

- `SYSTEM_UI_FLAG_IMMERSIVE`: Im Immersive-Modus können Benutzer mit der Activity interagieren, indem sie vom oberen Bildschirmrand nach unten streichen, um das versteckte System-Benutzerinterface zu öffnen und den Immersive-Modus zu verlassen. Dies passt zu einem Buch oder Newsreader, bei dem Benutzer die Activity berühren müssen, um zu blättern oder Seiten zu wechseln.

- `SYSTEM_UI_FLAG_IMMERSIVE_STICKY`: Ähnlich wie im Immersive-Modus kann der Benutzer vollständig mit der Activity interagieren. Beim Herunterziehen wird die Systemoberfläche jedoch nur temporär angezeigt, bevor sie sich automatisch wieder versteckt. Dies eignet sich für eine Spiel- oder Zeichenanwendung, die eine seltene Verwendung der Systemoberfläche verlangt.

Wenn Sie nur diese Flags verwenden, wird die Position Ihrer Views angepasst, wenn das Systembenutzerinterface ein- oder ausgeblendet wird. Um Ihr Oberflächendesign zu stabilisieren, können Sie die zusätzlichen Flags `SYSTEM_UI_FLAG_LAYOUT_FULLSCREEN`, `SYSTEM_UI_FLAG_LAYOUT_HIDE_NAVIGATION` und `SYSTEM_UI_FLAG_LAYOUT_STABLE` verwenden, um die Activity so zu gestalten, als wäre das Systembenutzerinterface immer ausgeblendet:

```
private void hideSystemUI() {
  // Verberge die Navigations- und Statusleiste, verwende IMMERSIVE.
  // Die _LAYOUT-Flags halten das Layout stabil.
  getWindow().getDecorView().setSystemUiVisibility(
    View.SYSTEM_UI_FLAG_LAYOUT_STABLE
    | View.SYSTEM_UI_FLAG_LAYOUT_HIDE_NAVIGATION
    | View.SYSTEM_UI_FLAG_LAYOUT_FULLSCREEN
    | View.SYSTEM_UI_FLAG_HIDE_NAVIGATION // Navigationsleiste ausblenden
    | View.SYSTEM_UI_FLAG_FULLSCREEN      // Statusleiste ausblenden
    | View.SYSTEM_UI_FLAG_IMMERSIVE);
}
// Zeige die System-UI, die _LAYOUT-Flags halten das Layout stabil.
private void showSystemUI() {
```

14.7 Erweiterte Anpassung der Benutzeroberfläche

```
  getWindow().getDecorView().setSystemUiVisibility(
    View.SYSTEM_UI_FLAG_LAYOUT_STABLE
    | View.SYSTEM_UI_FLAG_LAYOUT_HIDE_NAVIGATION
    | View.SYSTEM_UI_FLAG_LAYOUT_FULLSCREEN);
}
```

Es empfiehlt sich, Änderungen innerhalb der Benutzeroberfläche mit Änderungen in der Sichtbarkeit der Navigation zu synchronisieren. Beispielsweise können Sie die App-Leiste und andere Navigationssteuerelemente aus- und einblenden, wenn Sie den Vollbildmodus aktivieren oder deaktivieren.

Sie können dies tun, indem Sie einen `OnSystemUiVisibilityChangeListener` in einer View registrieren, normalerweise der View, die Sie zur Steuerung der Navigationsvisibilität verwenden, siehe Listing 14.5.

```
myView.setOnSystemUiVisibilityChangeListener(
  new OnSystemUiVisibilityChangeListener() {

  public void onSystemUiVisibilityChange(int visibility) {
    if (visibility == View.SYSTEM_UI_FLAG_VISIBLE) {
      // TODO Zeige Action- und Statusleiste
    }
    else {
      // TODO Verberge Action- und Statusleiste
    }
  }
});
```

Listing 14.5 Auf Änderungen in der Sichtbarkeit der Systemoberfläche reagieren

Beachten Sie, dass die `SYSTEM_UI`-Flags immer dann zurückgesetzt werden, wenn der Benutzer Ihre Anwendung verlässt (und später zu ihr zurückkehrt). Daher ist das Timing der Aufrufe zum Setzen dieser Flags wichtig, um sicherzustellen, dass sich die Benutzeroberfläche immer in dem von Ihnen erwarteten Zustand befindet. Es wird empfohlen, dass Sie alle `SYSTEM_UI`-Flags innerhalb der Handler-Methoden `onResume` und `onWindowFocusChanged` setzen und zurücksetzen.

14.7 Property-Animationen

In Kapitel 12 über die Android-Design-Philosophie haben Sie erfahren, wie Sie Animationen und gemeinsam genutzte Elemente für Activity-Übergänge erstellen können, um größere Übergänge in Ihrer Anwendung zu erstellen. Wenn es darum geht, einzelne Views zu animieren, können Sie Property-Animatoren verwenden.

Ein Property-Animator modifiziert direkt jede Property – visuell oder anderweitig – zum Übergang von einem Wert zum anderen, über einen bestimmten Zeitraum, unter Verwendung eines Interpolationsalgorithmus Ihrer Wahl, und wiederholt ihn bei Bedarf. Der Wert kann eine beliebige Variable oder ein beliebiges Objekt sein, von einer regulären Ganzzahl bis zu einer komplexen Klasseninstanz.

Sie können Property-Animatoren verwenden, um einen reibungslosen Übergang für alles in Ihrem Code zu erstellen. Die Ziel-Property muss nicht einmal etwas Visuelles sein. Property-Animationen sind effektive Iteratoren, die mit Hilfe eines Hintergrund-Timers einen Wert entsprechend einem gegebenen Interpolationspfad über einen bestimmten Zeitraum inkrementieren oder dekrementieren.

Dies ist ein unglaublich mächtiges Werkzeug, das für alles verwendet werden kann, von einem einfachen View-Effekt (wie zum Beispiel Verschieben, Skalieren oder Ausblenden einer View) bis hin zu komplexen Animationen, einschließlich Layoutänderungen zur Laufzeit und geschwungenen Übergängen.

Property-Animationen erzeugen

Die einfachste Technik zur Erstellung von Property-Animationen ist die Verwendung eines `ObjectAnimator`-Objekts. Die Klasse `ObjectAnimator` enthält die statischen Methoden `ofFloat`, `ofInt` und `ofObject`, um auf einfache Weise eine Animation zu erstellen, die die angegebene Eigenschaft des Zielobjekts zwischen den angegebenen Werten überträgt:

```
String propertyName = "alpha";
float from = 1f;
float to = 0f;
ObjectAnimator anim = ObjectAnimator.ofFloat(targetObject, propertyName,
                                              from, to);
// Starte nun die Animation!
anim.start();
```

Alternativ können Sie einen einzelnen Wert angeben, um die Property von ihrem aktuellen Wert zu ihrem endgültigen Wert zu animieren:

```
ObjectAnimator anim = ObjectAnimator.ofFloat(targetObject, propertyName, to);
anim.start();
```

> **Hinweis**
>
> Um eine bestimmte Property zu animieren, müssen auf dem zugrunde liegenden Objekt entsprechende Getter- und Setter-Funktionen vorhanden sein. Im vorhergehenden Beispiel muss das Zielobjekt `getAlpha`- und `setAlpha`-Methoden enthalten, die einen Float-Wert zurückgeben beziehungsweise akzeptieren.

14.7 | Erweiterte Anpassung der Benutzeroberfläche

Um eine Property eines anderen Typs als Integer oder Float anzusprechen, verwenden Sie die Methode `ofObject`. Diese Methode setzt voraus, dass Sie eine Implementierung der Klasse `TypeEvaluator` liefern. Implementieren Sie die Methode `evaluate`, um ein Objekt zurückzugeben, das zurückgegeben werden soll, wenn die Animation einen bestimmten Bruchteil des Weges durch die Animation zwischen dem Start- und dem Endobjekt darstellt:

```
TypeEvaluator<MyClass> evaluator = new TypeEvaluator<MyClass>() {
  public MyClass evaluate(float fraction,
                          MyClass startValue,
                          MyClass endValue) {
    MyClass result = new MyClass();
    // TODO Modifiziere das neue Objekt so, dass es den angegebenen
    // Bruchteil zwischen Start- und Endwert darstellt.
    return result;
  }
};

// Animiere zwischen zwei Instanzen
ValueAnimator oa
  = ObjectAnimator.ofObject(evaluator, myClassFromInstance, myClassToInstance);

oa.setTarget(myClassInstance);
oa.start();
```

Standardmäßig läuft jede Animation einmal mit einer Dauer von 300 ms. Verwenden Sie die Methode `setDuration`, um die Zeit zu ändern, die der Interpolator zum Abschluss des Übergangs verwenden soll:

```
anim.setDuration(500);
```

Sie können die Methoden `setRepeatMode` und `setRepeatCount` verwenden, um die Animation entweder mehrfach oder unendlich oft anzuwenden:

```
anim.setRepeatCount(ValueAnimator.INFINITE);
```

Sie können den Wiederholungsmodus so einstellen, dass die Animation entweder von Anfang an neu gestartet oder umgekehrt angewendet wird:

```
anim.setRepeatMode(ValueAnimator.REVERSE);
```

Um den gleichen `ObjectAnimator` als eine XML Ressource zu erhalten, erstellen Sie eine neue XML-Datei im Ordner *res/animator*:

```
<objectAnimator xmlns:android="http://schemas.android.com/apk/res/android"
  android:valueTo="0"
  android:propertyName="alpha"
  android:duration="500"
  android:valueType="floatType"
  android:repeatCount="-1"
  android:repeatMode="reverse"
/>
```

Der Dateiname kann dann als Resource-Identifier verwendet werden. Um ein bestimmtes Objekt mit einer XML-Animator-Ressource zu beeinflussen, verwenden Sie die Methode `AnimatorInflator.loadAnimator`, übergeben im aktuellen Kontext die Ressourcen-ID der zu verwendenden Animation, um eine Kopie des `ObjectAnimators` zu erhalten, und verwenden dann die Methode `setTarget`, um sie auf ein Objekt anzuwenden:

```
Animator anim = AnimatorInflater.loadAnimator(context, resID);
anim.setTarget(targetObject);
```

Standardmäßig verwendet der Interpolator für den Übergang zwischen den Start- und Endwerten jeder Animation einen nichtlinearen `AccelerateDecelerateInterpolator`, der den Effekt der Beschleunigung zu Beginn des Übergangs und der Verzögerung bei Annäherung an das Ende bietet.

Sie können die Methode `setInterpolator` verwenden, um einen der folgenden SDK-Interpolatoren anzuwenden:

- `AccelerateDecelerateInterpolator`: Die Änderungsgeschwindigkeit beginnt und endet langsam, beschleunigt sich aber in der Mitte.

- `AccelerateInterpolator`: Die Änderungsrate beginnt langsam, beschleunigt sich aber in der Mitte.

- `AnticipateInterpolator`: Die Änderung beginnt rückwärts und wirbelt dann vorwärts.

- `AnticipateOvershootInterpolator`: Die Änderung beginnt rückwärts, wirbelt nach vorne, überschreitet den Zielwert und geht schließlich auf den Endwert zurück.

- `BounceInterpolator`: Die Änderung prallt am Ende ab.

- `CycleInterpolator`: Die Änderung wird nach einem sinusförmigen Muster wiederholt.

- `DecelerateInterpolator`: Die Änderungsrate beginnt schnell und verzögert sich dann.

14.7 | Erweiterte Anpassung der Benutzeroberfläche

- `LinearInterpolator`: Die Änderungsrate ist konstant.
- `OvershootInterpolator`: Die Änderung wirbelt vorwärts, überschreitet den letzten Wert und kommt dann zurück.
- `PathInterpolator`: Die Änderung folgt einem Path-Objekt, das sich von Punkt (0, 0) bis (1, 1) erstreckt. Die x-Koordinate entlang des Pfades ist der Eingabewert und die Ausgabe ist die y-Koordinate der Linie an diesem Punkt:

```
anim.setInterpolator(new OvershootInterpolator());
```

Sie können auch Ihre eigene `TimeInterpolator`-Klasse erweitern, um einen benutzerdefinierten Interpolationsalgorithmus festzulegen.

Um eine Animation auszuführen, müssen Sie deren Methode `start` aufrufen:

```
anim.start();
```

Property-Animation-Sets erzeugen

Android verfügt über die Klasse `AnimatorSet`, um die Erstellung komplexer, zusammenhängender Animationen zu erleichtern:

```
AnimatorSet bouncer = new AnimatorSet();
```

Um eine neue Animation zu einem `AnimatorSet` hinzuzufügen, verwenden Sie die Methode `play`. Diese gibt ein `AnimatorSet.Builder`-Objekt zurück, mit dem Sie festlegen können, wann die neue Animation in Bezug auf das vorhandene Set abgespielt werden soll:

```
AnimatorSet mySet = new AnimatorSet();
mySet.play(firstAnimation).before(concurrentAnim1);
mySet.play(concurrentAnim1).with(concurrentAnim2);
mySet.play(lastAnim).after(concurrentAnim2);
```

Verwenden Sie die Methode `start`, um die Animationssequenz auszuführen:

```
mySet.start();
```

AnimationListeners einsetzen

Mit der Klasse `Animator.AnimationListener` können Sie Event-Handler erstellen, die ausgelöst werden, wenn eine Animation beginnt, endet, wiederholt oder abgebrochen wird:

```
Animator.AnimatorListener animListener = new AnimatorListener() {

  public void onAnimationStart(Animator animation) {
    // TODO autogenerierter Methoden-Stub
  }

  public void onAnimationRepeat(Animator animation) {
    // TODO autogenerierter Methoden-Stub
  }

  public void onAnimationEnd(Animator animation) {
    // TODO autogenerierter Methoden-Stub
  }

  public void onAnimationCancel(Animator animation) {
    // TODO autogenerierter Methoden-Stub
  }
};
```

Um einen `AnimationListener` auf Ihre Property-Animation anzuwenden, verwenden Sie die Methode `addListener`:

```
anim.addListener(animListener);
```

14.8 Verbessern Sie Ihre Views

Benutzerdefinierte Views wurden in Kapitel 5 vorgestellt und können als wichtiges Unterscheidungsmerkmal zwischen einem Meer von Standard-Apps dienen, wenn sie richtig verwendet werden – Überbeanspruchung führt oft zu zusätzlicher Benutzerverwirrung, da sie mit benutzerdefinierten Steuerelementen und neuen Oberflächenelementen überfordert sind.

Bei der Erstellung benutzerdefinierter Views ist es wichtig, dass dieses zusätzliche Risiko durch eine deutlich verbesserte Benutzerführung ausgeglichen wird. Dies kann durch verbesserte visuelle Effekte oder durch intuitive Interaktionen mit Touch-Events geschehen.

14.8.1 Erweitertes Canvas-Zeichnen

Sie wurden in Kapitel 5 in die Klasse `Canvas` eingeführt. Dort erfuhren Sie, wie Sie über die eingebauten Views hinausgehen und individuelle Benutzeroberflächen erstellen können. In diesem Abschnitt erfahren Sie mehr über `Canvas` und profitieren von erweiterten visuellen Oberflächeneffekten wie Shadern und Transluzenz.

14.8 | Erweiterte Anpassung der Benutzeroberfläche

Das Konzept der Leinwand (englisch Canvas) ist eine gängige Metapher in der Grafikprogrammierung und besteht in der Regel aus drei grundlegenden Zeichenkomponenten:

- `Canvas`: Liefert die Zeichenmethoden, mit denen Grafikprimitive auf die darunter liegende Bitmap gemalt werden.
- `Paint`: Auch als Pinsel oder Brush bezeichnet. Sie können mit `Paint` festlegen, wie ein Grafikprimitiv auf der Bitmap gezeichnet wird.
- `Bitmap`: Die Oberfläche, auf der gezeichnet wird.

Die meisten der in diesem Kapitel beschriebenen fortgeschrittenen Techniken beinhalten Variationen und Modifikationen am `Paint`-Objekt, die es Ihnen ermöglichen, den ansonsten flachen Rasterzeichnungen Tiefe und Textur hinzuzufügen.

Die Android Zeichen-API unterstützt Transluzenz, Gradientenfüllungen, abgerundete Rechtecke und Anti-Aliasing. Diese Zeichen-APIs verwenden einen traditionellen Raster-Algorithmus. Das Ergebnis dieses Rasteransatzes ist eine verbesserte Effizienz, aber das Ändern eines `Paint`-Objekts wirkt sich nicht auf bereits gezeichnete Primitive aus, sondern nur auf neue Elemente.

Was können Sie zeichnen?

Die Klasse `Canvas` kapselt die `Bitmap`, die als Oberfläche für Ihre künstlerischen Bemühungen verwendet wird. Sie zeigt auch die Zeichenmethoden, die zur Umsetzung Ihrer Entwürfe verwendet werden.

Ohne auf die einzelnen Zeichenmethoden einzugehen, gibt die folgende Liste einen Vorgeschmack auf die verfügbaren Primitive:

- `drawARGB`/`drawRGB`/`drawColor`: Füllt die Leinwand mit einer Farbe.
- `drawArc`: Zeichnet einen Bogen zwischen zwei Winkeln innerhalb eines durch ein Rechteck begrenzten Bereichs.
- `drawBitmap`: Zeichnet eine `Bitmap` auf die `Canvas`. Sie können das Aussehen der Ziel-Bitmap ändern, indem Sie eine Zielgröße angeben oder eine Matrix verwenden, um sie zu transformieren.
- `drawBitmapMesh`: Zeichnet eine `Bitmap` mit einem Netz, mit dem Sie das Aussehen des Ziels durch Verschieben von Punkten innerhalb des Netzes verändern können.
- `drawCircle`: Zeichnet einen Kreis mit einem bestimmten Radius, der auf einen bestimmten Punkt zentriert ist.
- `drawLine[s]`: Zeichnet eine Linie (oder eine Reihe von Linien) zwischen zwei Punkten.
- `drawOval`: Zeichnet ein Oval, das durch das angegebene Rechteck begrenzt wird.
- `drawPaint`: Füllt die gesamte `Canvas` mit der angegebenen Farbe.

- `drawPath`: Zeichnet den angegebenen `Path` (Pfad). Ein `Path`-Objekt wird häufig verwendet, um eine Sammlung von Grafikprimitiven in einem einzigen Objekt zu speichern.
- `drawPicture`: Zeichnet ein Bildobjekt innerhalb des angegebenen Rechtecks.
- `drawRect`: Zeichnet ein Rechteck.
- `drawRoundRect`: Zeichnet ein Rechteck mit abgerundeten Kanten.
- `drawText`: Zeichnet einen Text-String auf der Leinwand. Die Schriftart, Größe, Farbe und Rendering-Eigenschaften werden im `Paint`-Objekt festgelegt, das zum Rendern des Textes verwendet wird.
- `drawTextOnPath`: Zeichnet Text, der einem bestimmten Pfad folgt (wird bei Verwendung der Hardwarebeschleunigung nicht unterstützt).
- `drawVertices`: Zeichnet eine Reihe von Tri-Patches, die als eine Reihe von Vertex-Punkten angegeben sind (wird nicht unterstützt, wenn Hardwarebeschleunigung verwendet wird).

Bei jeder Zeichenmethode können Sie ein `Paint`-Objekt angeben, um es zu rendern. In den folgenden Abschnitten erfahren Sie, wie Sie `Paint`-Objekte erstellen und ändern, um das Beste aus Ihren Zeichnungen herauszuholen.

Das Beste aus Ihren Zeichnungen herausholen

Die Klasse `Paint` stellt einen Pinsel und eine Palette dar. Sie können wählen, wie die Grafikprimitive, die Sie auf der Leinwand zeichnen, mit den im vorherigen Abschnitt beschriebenen Zeichenmethoden dargestellt werden sollen. Durch Ändern des `Paint`-Objekts können Sie Farbe, Stil, Schriftart und Spezialeffekte beim Zeichnen steuern.

Hinweis
Nicht alle hier beschriebenen `Paint`-Optionen sind verfügbar, wenn Sie die Hardwarebeschleunigung zur Verbesserung der 2D-Zeichnungsleistung verwenden. Daher ist es wichtig zu prüfen, wie sich die Hardwarebeschleunigung auf Ihre 2D-Zeichnung auswirkt.

Mit `setColor` können Sie die Farbe eines `Paint`-Objekts bestimmen, während Sie mit dem Stil eines `Paint`-Objekts (gesteuert über `setStyle`) festlegen können, ob Sie nur die Kontur eines Zeichenobjekts (`STROKE`), nur den gefüllten Teil (`FILL`) oder beide (`STROKE_AND_FILL`) zeichnen möchten.

Über diese einfachen Steuerelemente hinaus unterstützt die `Paint`-Klasse auch Transparenz und kann mit einer Vielzahl von Shadern, Filtern und Effekten modifiziert werden, um eine reichhaltige Palette komplexer Farben und Pinsel bereitzustellen.

14.8 | Erweiterte Anpassung der Benutzeroberfläche

In den folgenden Abschnitten erfahren Sie, welche Features die Klasse `Paint` bietet und wie Sie diese nutzen können. In diesen Abschnitten wird skizziert, was erreicht werden kann (zum Beispiel Gradienten und Randprägungen), ohne alle denkbaren Alternativen aufzulisten.

Transparenz

Alle Farben in Android enthalten eine Opazitätskomponente (Alphakanal). Sie definieren einen Alpha-Wert für eine Farbe, wenn Sie sie mit den Methoden `argb` oder `parseColor` erzeugen:

```
// Rot und zu 50 Prozent transparent
int opacity = 127;
int intColor = Color.argb(opacity, 255, 0, 0);
int parsedColor = Color.parseColor("#7FFF0000");
```

Alternativ können Sie die Deckkraft eines vorhandenen `Paint`-Objekts mit der Methode `setAlpha` einstellen:

```
// zu 50 Prozent transparent
int opacity = 127;
myPaint.setAlpha(opacity);
```

Wenn Sie eine Farbe erzeugen, die nicht zu 100 Prozent deckend (opaque) ist, bedeutet das, dass jedes Primitiv, das mit ihr gezeichnet wird, teilweise transparent ist. Was auch immer darunter gezeichnet wird, ist teilweise sichtbar.

Sie können Transparenzeffekte in jeder Klasse oder Methode verwenden, die Farben wie Paint-Farben, Shader und Maskenfilter verwendet.

Shaders

Durch Erweitern der Klasse `Shader` können Sie Paints erstellen, die gezeichnete Objekte mit mehr als einer Volltonfarbe füllen.

Die häufigste Anwendung von Shadern ist die Definition von Gradientenfüllungen. Gradienten sind eine ausgezeichnete Möglichkeit, 2D-Zeichnungen mit Tiefe und Textur zu versehen. Android enthält drei Gradient-Shader sowie einen Bitmap-Shader und einen Compose-Shader.

Der Versuch, Maltechniken zu beschreiben, ist von Natur aus zwecklos, so dass Abbildung 14.2 zeigt, wie jeder Shader funktioniert. Von links nach rechts sind `LinearGradient`, `RadialGradient` und `SweepGradient` dargestellt.

Verbessern Sie Ihre Views | **14.8**

> **Hinweis**
>
> In Abbildung 14.2 fehlt der `ComposeShader`, mit dem Sie ein Composite aus mehreren Shadern erstellen können, aber auch der `BitmapShader`, mit dem Sie einen Pinsel basierend auf einem Bitmap-Bild erstellen können.

Abbildung 14.2 Shader

Gradient-Shader erzeugen

Mit Gradient-Shadern können Sie Zeichnungen mit einem interpolierten Farbbereich füllen. Sie können den Gradienten auf zwei Arten definieren. Die erste ist ein einfacher Übergang zwischen zwei Farben:

```
int colorFrom = Color.BLACK;
int colorTo = Color.WHITE;

LinearGradient myLinearGradient =
  new LinearGradient(x1, y1, x2, y2,
                     colorFrom, colorTo, TileMode.CLAMP);
```

Eine weitere Möglichkeit besteht darin, eine komplexere Reihe von Farben festzulegen, die in bestimmten Proportionen verteilt sind:

```
int[] gradientColors = new int[3];
gradientColors[0] = Color.GREEN;
gradientColors[1] = Color.YELLOW;
gradientColors[2] = Color.RED;
```

14.8 | Erweiterte Anpassung der Benutzeroberfläche

```
float[] gradientPositions = new float[3];
gradientPositions[0] = 0.0f;
gradientPositions[1] = 0.5f;
gradientPositions[2] = 1.0f;

RadialGradient radialGradientShader
  = new RadialGradient(centerX, centerY,
                       radius,
                       gradientColors,
                       gradientPositions,
                       TileMode.CLAMP);
```

Mit jedem Gradient-Shader (Linear, Radial und Sweep) können Sie die Gradientenfüllung mit einer dieser beiden Techniken definieren.

Shader auf Paint anwenden

Um einen Shader beim Zeichnen zu verwenden, wenden Sie ihn mit der Methode setShader auf ein Paint an:

```
shaderPaint.setShader(myLinearGradient);
```

Alles, was Sie mit diesem Paint zeichnen, wird mit dem von Ihnen angegebenen Shader und nicht mit der Farbe gefüllt.

Der Kachelmodus

Die Pinselgrößen der Gradienten-Shader werden mit Hilfe von explizit begrenzten Rechtecken oder Mittelpunktpunkten und Radiuslängen definiert; der Bitmap-Shader impliziert eine Pinselgröße durch seine Bitmap-Größe.

Wenn der von Ihrem Shader-Pinsel definierte Bereich kleiner ist als der zu füllende Bereich, bestimmt der TileMode (Kachelmodus), wie der verbleibende Bereich abgedeckt wird. Sie können festlegen, welcher TileMode mit den folgenden statischen Konstanten verwendet werden soll:

- CLAMP: Verwendet die Randfarben des Shaders, um den zusätzlichen Raum zu füllen.
- MIRROR: Spiegelt das Shader-Bild horizontal und vertikal, so dass jedes Bild mit dem letzten Bild zusammenfällt.
- REPEAT: Wiederholt das Shader-Bild horizontal und vertikal, spiegelt es aber nicht.

Maskenfilter

Mit den `MaskFilter`-Klassen können Sie Ihrem `Paint` Kanteneffekte zuweisen. Maskenfilter werden nicht unterstützt, wenn die `Canvas` hardwarebeschleunigt ist.

Erweiterungen von `MaskFilter` wenden Transformationen auf den Alpha-Kanal eines `Paint`-Objekts entlang seines äußeren Randes an. Android enthält die folgenden `MaskFilter`:

- `BlurMaskFilter`: Legt einen Unschärfegrad und einen Radius fest, um die Ränder Ihrer Farbe zu glätten.

- `EmbossMaskFilter`: Legt die Richtung der Lichtquelle und die Umgebungshelligkeit fest, um einen Prägeeffekt hinzuzufügen.

Um einen `MaskFilter` anzuwenden, verwenden Sie die Methode `setMaskFilter`, der Sie ein `MaskFilter`-Objekt übergeben:

```
// Setze die Richtung der Lichtquelle
float[] direction = new float[]{ 1, 1, 1 };
// Setze die Umgebungshelligkeit
float light = 0.4f;
// Setze den anzuwendenden Spiegelungsgrad
float specular = 6f;
// Setze den Unschärfegrad
float blur = 3.5f;
EmbossMaskFilter emboss = new EmbossMaskFilter(direction, light,
                                               specular, blur);

// Wende die Mask an
if (!canvas.isHardwareAccelerated())
  myPaint.setMaskFilter(emboss);
```

Farbfilter

Während `MaskFilter` Transformationen des Alpha-Kanals eines `Paints` sind, wendet ein `ColorFilter` eine Transformation auf jeden der RGB-Kanäle an. Alle von `ColorFilter` abgeleiteten Klassen ignorieren den Alpha-Kanal bei der Durchführung ihrer Transformationen.

Android enthält drei Farbfilter:

- `ColorMatrixColorFilter`: Hiermit können Sie eine 4 x 5 ColorMatrix festlegen, die auf ein `Paint` angewendet werden soll. Farbmatrizen werden häufig verwendet, um die Bildverarbeitung programmgesteuert durchzuführen und sind nützlich, da sie Verkettungstransformationen mittels Matrixmultiplikation unterstützen.

- `LightingColorFilter`: Multipliziert die RGB-Kanäle mit der ersten Farbe, bevor die zweite Farbe hinzugefügt wird. Das Ergebnis jeder Transformation wird zwischen 0 und 255 fixiert.

- `PorterDuffColorFilter`: Hiermit können Sie eine der 18 Porter-Duff-Regeln für die digitale Bildkomposition verwenden, um eine bestimmte Farbe auf das Bild anzuwenden. Die Porter-Duff-Regeln sind unter *developer.android.com/reference/android/graphics/PorterDuff.Mode.html* definiert.

Wenden Sie Farbfilter mit der Methode `setColorFilter` an:

```
myPaint.setColorFilter(new LightingColorFilter(Color.BLUE, Color.RED));
```

Pfad-Effekte

Die bisher beschriebenen Effekte wirken sich auf die Art und Weise aus, wie das `Paint` eine Zeichnung füllt. Pfad-Effekte werden verwendet, um zu steuern, wie sein Umriss (Strich) gezeichnet wird.

Mit Pfad-Effekten können Sie das Aussehen der Ecken einer Form ändern und das Aussehen der Kontur steuern. Pfad-Effekte sind besonders nützlich für das Zeichnen von Pfad-Primitiven, können aber über die Methode `setPathEffect` auf jedes `Paint` angewendet werden:

```
borderPaint.setPathEffect(new CornerPathEffect(5));
```

Android enthält mehrere Pfad-Effekte, einschließlich der folgenden:

- `CornerPathEffect`: Lässt Sie scharfe Ecken in Form eines Primitivs glätten, indem Sie sie durch abgerundete Ecken ersetzen.

- `DashPathEffect`: Anstatt eine durchgezogene Kontur zu zeichnen, können Sie den `DashPathEffect` verwenden, um eine Kontur aus gestrichelten Linien (Strichen/Punkten) zu erstellen. Sie können ein beliebiges Wiederholungsmuster von festen/leeren Liniensegmenten angeben.

- `DiscretePathEffect`: Ähnlich dem `DashPathEffect`, jedoch mit zusätzlicher Zufälligkeit. Gibt die Länge jedes Segments und den Grad der Abweichung vom ursprünglichen Pfad an, der beim Zeichnen verwendet werden soll.

- `PathDashPathEffect`: Ermöglicht es Ihnen, eine neue Form (Path) zu definieren, die als Stempel verwendet wird, um den ursprünglichen Pfad zu umreißen.

Mit den folgenden Effekten können Sie mehrere Pfadeffekte zu einem einzigen `Paint` kombinieren:

- `SumPathEffect`: Fügt einem Path nacheinander zwei Effekte hinzu, so dass jeder Effekt auf den ursprünglichen Path angewendet wird und die beiden Ergebnisse kombiniert werden.
- `ComposePathEffect`: Wendet zuerst einen Effekt an und wendet dann den zweiten Effekt auf das Ergebnis des ersten an.

Pfad-Effekte, die die Form des zu zeichnenden Objekts verändern, verändern den Bereich der betroffenen Form. Dadurch wird sichergestellt, dass alle Fülleffekte, die auf die gleiche Form angewendet werden, innerhalb der neuen Grenzen gezeichnet werden.

Ändern des Transfermodus

Ändern Sie den `Xfermode` eines `Paints`, um die Art und Weise zu beeinflussen, wie es neue Farben auf die bereits auf der Leinwand gemalte Farbe aufträgt. Unter normalen Umständen wird beim Malen auf eine bestehende Zeichnung die neue Form darüber gelegt. Wenn die neue Farbe völlig undurchsichtig ist, verdeckt sie die darunter liegende Farbe völlig; wenn sie teilweise transparent ist, färbt sie die darunter liegende Farbe ein.

Der `PorterDuffXfermode` ist ein leistungsfähiger Transfermodus, mit dem Sie jede der 18 Porter-Duff-Regeln für die Bildkomposition verwenden können, um zu steuern, wie die Farbe mit dem vorhandenen Leinwandbild interagiert.

Um Transfermodi anzuwenden, verwenden Sie die Methode `setXferMode`:

```
PorterDuffXfermode mode = new PorterDuffXfermode(
                              PorterDuff.Mode.DST_OVER);
borderPen.setXfermode(mode);
```

Verbesserung der Qualität mit Anti-Aliasing

Wenn Sie ein `Paint`-Objekt erstellen, können Sie mehrere Flags übergeben, die die Art und Weise beeinflussen, wie das `Paint`-Objekt gerendert wird. Eine der interessantesten ist das `ANTI_ALIAS_FLAG`, das dafür sorgt, dass diagonale Linien, die mit dieser Farbe gezeichnet werden, anti-aliased sind, um ein glattes Aussehen zu geben (auf Kosten der Geschwindigkeit).

Anti-Aliasing ist besonders wichtig beim Zeichnen von Text, da Anti-Aliasing-Text wesentlich einfacher zu lesen ist. Um noch glattere Texteffekte zu erzeugen, können Sie den `SUBPIXEL_TEXT_FLAG` verwenden, der Subpixel-Anti-Aliasing anwendet.

```
Paint paint = new Paint(Paint.ANTI_ALIAS_FLAG|Paint.SUBPIXEL_TEXT_FLAG);
```

14.8 | Erweiterte Anpassung der Benutzeroberfläche

Sie können diese beiden Flags auch manuell mit den Methoden `setSubpixelText` und `setAntiAlias` setzen:

```
myPaint.setSubpixelText(true);
myPaint.setAntiAlias(true);
```

Empfehlungen für das Zeichnen auf der Canvas

2D-Zeichenvorgänge neigen dazu, den Prozessor zu belasten. Ineffiziente Grafikoperationen können den Oberflächen-Thread blockieren und die Reaktionszeit der Anwendung beeinträchtigen. Dies gilt insbesondere für ressourcenbeschränkte mobile Endgeräte.

In Kapitel 5 haben Sie erfahren, wie Sie Ihre eigenen Views erstellen, indem Sie die Methode `onDraw` einer `View`-abgeleiteten Klasse überschreiben. Um sicherzustellen, dass Sie am Ende nicht eine schicke Anwendung haben, die aber nicht ansprechbar, verzögert oder »hakelig« ist, sollten Sie sich des Ressourcenverbrauchs und der CPU-Zykluskosten Ihrer `onDraw`-Methode bewusst sein.

Anstatt mich auf allgemeine Prinzipien zu konzentrieren, beschreibe ich einige Android-spezifische Überlegungen, um sicherzustellen, dass Sie Views erstellen können, die gut aussehen und dennoch interaktiv bleiben. (Die Liste ist nicht vollständig.)

- **Berücksichtigen Sie Größe und Ausrichtung.** Wenn Sie Ihre Views und Overlays entwerfen, achten Sie darauf, wie sie bei verschiedenen Auflösungen, Pixeldichten und Größen aussehen. Testen Sie dies.

- **Erstellen Sie statische Objekte nur einmal.** Objekterstellung und Garbage Collection sind besonders kostspielig. Wenn möglich, erstellen Sie Zeichenobjekte wie Paint-Objekte, Paths und Shader einmal, anstatt sie jedes Mal neu zu erstellen, wenn die View invalidiert wird.

- **Denken Sie daran, dass `onDraw` teuer ist.** Die `onDraw`-Methode ist ein teurer Vorgang, der Android zwingt, mehrere Bildkompositions- und Bitmap-Konstruktionsoperationen durchzuführen. Viele der folgenden Punkte schlagen Möglichkeiten vor, das Aussehen Ihrer Canvas zu ändern, ohne dass Sie die Methode `redraw` aufrufen müssen:
    - **Erstellen von Canvas-Transformationen.** Verwenden Sie Canvas-Transformationen wie `rotate` und `translate`, um die komplexe relationale Positionierung von Elementen auf Ihrer Canvas zu vereinfachen. Anstatt beispielsweise jedes Textelement um ein Ziffernblatt zu drehen und zu positionieren, drehen Sie die Canvas einfach um 22,5 Grad und zeichnen den Text an der gleichen Stelle.

- **Verwenden Sie Animationen.** Überlegen Sie, ob Sie mit Animationen vordefinierte Transformationen Ihrer View durchführen möchten, anstatt sie manuell neu zu zeichnen. Scale-, Rotation- und Translation-Animationen können in jeder View innerhalb einer Activity ausgeführt werden und bieten eine ressourceneffiziente Möglichkeit, Zoom-, Rotations- oder Shake-Effekte bereitzustellen.

- **Verwenden Sie Bitmaps, Vector Drawables, NinePatches und Drawable Resources.** Es ist weniger rechenintensiv, eine vorgerenderte Bitmap zu einer Canvas hinzuzufügen, als sie von Grund auf neu zu zeichnen. Wenn möglich, sollten Sie ein Drawable wie eine Bitmap, ein skalierbares NinePatch, Vector Drawable oder statisches XML Drawable verwenden, anstatt es zur Laufzeit dynamisch zu erstellen.

- **Vermeiden Sie es, zu übermalen.** Eine Kombination aus Rasterbildern und layered Views kann dazu führen, dass viele Ebenen übereinander gezeichnet werden. Bevor Sie eine Ebene oder ein Objekt zeichnen, überprüfen Sie, ob sie durch eine darüber liegende Ebene vollständig verdeckt wird. Es ist empfehlenswert, nicht mehr als die 2,5-fache Anzahl von Pixeln auf dem Bildschirm pro Frame zu zeichnen. Transparente Pixel zählen auch – und sind aufwändiger zu zeichnen als deckende Farben.

14.8.2 Eine Kompassansicht als Beispiel

In Kapitel 5 haben Sie eine einfache Oberfläche für einen Kompass erstellt. Im folgenden Beispiel nehmen Sie einige wesentliche Änderungen an der Methode `onDraw` der `CompassView` vor, um aus einem einfachen, flachen Kompass einen mit dynamischem künstlichem Horizont zu schaffen (siehe Abbildung 14.3). Da das Bild in Abbildung 14.3 auf Schwarzweiß beschränkt ist, müssen Sie das Kontrollelement selbst erstellen, um es in seiner vollen Technicolor-Pracht zu sehen.

1. Fügen Sie zunächst Eigenschaften hinzu, um die Pitch- und Rollwerte in der Klasse `CompassView` zu speichern:

   ```
   private float mPitch;

   public void setPitch(float pitch) {
     mPitch = pitch;
     sendAccessibilityEvent(AccessibilityEvent.TYPE_VIEW_TEXT_CHANGED);
   }

   public float getPitch() {
     return mPitch;
   }

   private float mRoll;
   ```

14.8 | Erweiterte Anpassung der Benutzeroberfläche

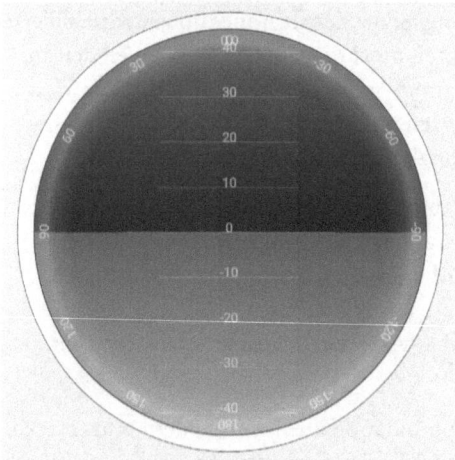

Abbildung 14.3 Kompass

```
public void setRoll(float roll) {
  mRoll = roll;
  sendAccessibilityEvent(AccessibilityEvent.TYPE_VIEW_TEXT_CHANGED);
}

public float getRoll() {
  return mRoll;
}
```

2. Ändern Sie die Ressourcendatei *colors.xml*, um Farbwerte für den Randgradienten, die Kompassglas-Schattierung, den Himmel und den Boden einzufügen. Aktualisieren Sie auch die Farben für den Rahmen und die Frontmarkierungen:

```
<?xml version="1.0" encoding="utf-8"?>
<resources>
  <color name="background_color">#F000</color>
  <color name="marker_color">#FFFF</color>
  <color name="text_color">#FFFF</color>

  <color name="shadow_color">#7AAA</color>
  <color name="outer_border">#FF444444</color>
  <color name="inner_border_one">#FF323232</color>
  <color name="inner_border_two">#FF414141</color>
  <color name="inner_border">#FFFFFFFF</color>
  <color name="horizon_sky_from">#FFA52A2A</color>
  <color name="horizon_sky_to">#FFFFC125</color>
```

```
<color name="horizon_ground_from">#FF5F9EA0</color>
<color name="horizon_ground_to">#FF00008B</color>
</resources>
```

3. Die `Paint`- und `Shader`-Objekte, die für den Himmel und den Boden im künstlichen Horizont verwendet werden, werden basierend auf der Größe der aktuellen View erstellt, so dass sie nicht statisch sein können wie die `Paint`-Objekte, die Sie in Kapitel 5 erstellt haben. Anstatt `Paint`-Objekte zu erstellen, aktualisieren Sie den Konstruktor der Klasse `CompassView`, um die von Ihnen verwendeten Gradienten-Arrays und Farben zu erzeugen. Der vorhandene Code der Methode kann weitgehend erhalten bleiben, mit einigen Änderungen an den Variablen `textPaint`, `circlePaint` und `markerPaint`, wie im folgenden Code zu sehen ist:

```
int[] borderGradientColors;
float[] borderGradientPositions;

int[] glassGradientColors;
float[] glassGradientPositions;

int skyHorizonColorFrom;
int skyHorizonColorTo;
int groundHorizonColorFrom;
int groundHorizonColorTo;

public CompassView(Context context, AttributeSet attrs,
                   int defStyleAttr) {
  super(context, attrs, defStyleAttr);
  setFocusable(true);
  final TypedArray a = context.obtainStyledAttributes(attrs,
    R.styleable.CompassView, defStyleAttr, 0);
  if (a.hasValue(R.styleable.CompassView_bearing)) {
    setBearing(a.getFloat(R.styleable.CompassView_bearing, 0));
  }

  Context c = this.getContext();
  Resources r = this.getResources();

  circlePaint = new Paint(Paint.ANTI_ALIAS_FLAG);
  circlePaint.setColor(ContextCompat.getColor(c,
    R.color.background_color));
  circlePaint.setStrokeWidth(1);
  circlePaint.setStyle(Paint.Style.STROKE);
```

14.8 | Erweiterte Anpassung der Benutzeroberfläche

```
        northString = r.getString(R.string.cardinal_north);
        eastString = r.getString(R.string.cardinal_east);
        southString = r.getString(R.string.cardinal_south);
        westString = r.getString(R.string.cardinal_west);

        textPaint = new Paint(Paint.ANTI_ALIAS_FLAG);
        textPaint.setColor(ContextCompat.getColor(c,
          R.color.text_color));
        textPaint.setFakeBoldText(true);
        textPaint.setSubpixelText(true);
        textPaint.setTextAlign(Align.LEFT);
        textPaint.setTextSize(30);

        textHeight = (int)textPaint.measureText("yY");

        markerPaint = new Paint(Paint.ANTI_ALIAS_FLAG);
        markerPaint.setColor(r.getColor(R.color.marker_color));
        markerPaint.setAlpha(200);
        markerPaint.setStrokeWidth(1);
        markerPaint.setStyle(Paint.Style.STROKE);
        markerPaint.setShadowLayer(2, 1, 1, ContextCompat.getColor(c,
          R.color.shadow_color));
    }
```

4. Erstellen Sie dann die radialen Farbverlaufs- und Positionsfelder, die verwendet werden, um die halbtransparente »Glaskuppel« zu erzeugen, die sich auf der View befindet, um ihr die Illusion von Tiefe zu verleihen:

```
    public CompassView(Context context, AttributeSet attrs,
      int defStyleAttr) {

        [ ... Existierender Code ... ]

        glassGradientColors = new int[5];
        glassGradientPositions = new float[5];

        int glassColor = 245;
        glassGradientColors[4] = Color.argb(65, glassColor,
                                      glassColor, glassColor);
        glassGradientColors[3] = Color.argb(100, glassColor,
                                      glassColor, glassColor);
        glassGradientColors[2] = Color.argb(50, glassColor,
                                      glassColor, glassColor);
```

```
    glassGradientColors[1] = Color.argb(0, glassColor,
                                    glassColor, glassColor);
    glassGradientColors[0] = Color.argb(0, glassColor,
                                    glassColor, glassColor);
    glassGradientPositions[4] = 1-0.0f;
    glassGradientPositions[3] = 1-0.06f;
    glassGradientPositions[2] = 1-0.10f;
    glassGradientPositions[1] = 1-0.20f;
    glassGradientPositions[0] = 1-1.0f;
}
```

5. Schließlich holen Sie sich die Farben, mit denen Sie die linearen Verläufe erzeugen, die den Himmel und den Boden im künstlichen Horizont darstellen:

```
public CompassView(Context context, AttributeSet attrs,
    int defStyleAttr) {

    [ ... Existierender Code ... ]

    skyHorizonColorFrom = ContextCompat.getColor(c,
        R.color.horizon_sky_from);
    skyHorizonColorTo = ContextCompat.getColor(c,
        R.color.horizon_sky_to);

    groundHorizonColorFrom = ContextCompat.getColor(c,
        R.color.horizon_ground_from);
    groundHorizonColorTo = ContextCompat.getColor(c,
        R.color.horizon_ground_to);
}
```

6. Bevor Sie beginnen, das Zifferblatt zu zeichnen, erstellen Sie eine neue enum, die jede der Himmelsrichtungen aufnimmt:

```
private enum CompassDirection { N, NNE, NE, ENE,
                                E, ESE, SE, SSE,
                                S, SSW, SW, WSW,
                                W, WNW, NW, NNW }
```

7. Nun müssen Sie die bestehende onDraw-Methode vollständig ersetzen. Sie beginnen damit, einige größenbasierte Werte zu ermitteln, einschließlich der Mitte der View, des Radius des Kreises und der Rechtecke, die die äußeren (Überschrift) und inneren (Neigung und Drehung) Flächenelemente umschließen. Ersetzen Sie zunächst die bestehende onDraw-Methode:

```
@Override
protected void onDraw(Canvas canvas) {
```

8. Berechnen Sie die Breite des äußeren (Beschriftungs-)Rings anhand der Größe der Schriftart, mit der die Überschriftenwerte gezeichnet werden:

   ```
   float ringWidth = textHeight + 4;
   ```

9. Berechnen Sie die Höhe und Breite der View, und verwenden Sie diese Werte, um den Radius der inneren und äußeren Skalenscheibe zu bestimmen, sowie um die Begrenzungsrahmen für jede Fläche zu erstellen:

   ```
   int height = getMeasuredHeight();
   int width = getMeasuredWidth();

   int px = width/2;
   int py = height/2;
   Point center = new Point(px, py);

   int radius = Math.min(px, py)-2;

   RectF boundingBox = new RectF(center.x - radius,
                                 center.y - radius,
                                 center.x + radius,
                                 center.y + radius);

   RectF innerBoundingBox = new RectF(center.x - radius + ringWidth,
                                      center.y - radius + ringWidth,
                                      center.x + radius - ringWidth,
                                      center.y + radius - ringWidth);

   float innerRadius = innerBoundingBox.height()/2;
   ```

10. Wenn die Dimensionen der View festgelegt sind, ist es an der Zeit, die Faces zu zeichnen.

    Beginnen Sie von der unteren Schicht an der Außenseite und arbeiten Sie sich nach innen und oben, beginnend mit der Außenseite (Beschriftung). Erstellen Sie einen neuen `RadialGradient` Shader mit den Farben und Positionen, die Sie in Schritt 5 definiert haben, und weisen Sie diesen Shader einem neuen `Paint` zu, bevor Sie ihn zum Zeichnen eines Kreises verwenden:

    ```
    RadialGradient borderGradient = new RadialGradient(px, py, radius,
       borderGradientColors, borderGradientPositions, TileMode.CLAMP);

    Paint pgb = new Paint();
    pgb.setShader(borderGradient);

    Path outerRingPath = new Path();
    outerRingPath.addOval(boundingBox, Direction.CW);

    canvas.drawPath(outerRingPath, pgb);
    ```

Verbessern Sie Ihre Views | **14.8**

11. Jetzt müssen Sie den künstlichen Horizont zeichnen. Sie tun dies, indem Sie die kreisförmige Fläche in zwei Abschnitte unterteilen, von denen einer den Himmel und der andere den Boden darstellt. Der Anteil der einzelnen Abschnitte hängt von der aktuellen Neigung ab.

    Erstellen Sie zunächst die Objekte Shader und Paint, die zum Zeichnen des Himmels und der Erde verwendet werden:

    ```
    LinearGradient skyShader = new LinearGradient(center.x,
        innerBoundingBox.top, center.x, innerBoundingBox.bottom,
        skyHorizonColorFrom, skyHorizonColorTo, TileMode.CLAMP);

    Paint skyPaint = new Paint();
    skyPaint.setShader(skyShader);

    LinearGradient groundShader = new LinearGradient(center.x,
        innerBoundingBox.top, center.x, innerBoundingBox.bottom,
        groundHorizonColorFrom, groundHorizonColorTo, TileMode.CLAMP);

    Paint groundPaint = new Paint();
    groundPaint.setShader(groundShader);
    ```

12. Normalisieren Sie die Neigungs- und Rollwerte, um sie innerhalb von +/-90 Grad beziehungsweise +/-180 Grad zu halten:

    ```
    float tiltDegree = mPitch;
    while (tiltDegree > 90 || tiltDegree < -90) {
        if (tiltDegree > 90) tiltDegree = -90 + (tiltDegree - 90);
        if (tiltDegree < -90) tiltDegree = 90 - (tiltDegree + 90);
    }

    float rollDegree = mRoll;
    while (rollDegree > 180 || rollDegree < -180) {
        if (rollDegree > 180) rollDegree = -180 + (rollDegree - 180);
        if (rollDegree < -180) rollDegree = 180 - (rollDegree + 180);
    }
    ```

13. Erstellen Sie Pfade, die jedes Segment des Kreises (Boden und Himmel) ausfüllen. Der Anteil der einzelnen Segmente sollte sich auf die eingespannte Teilung beziehen:

    ```
    Path skyPath = new Path();
    skyPath.addArc(innerBoundingBox,
                -tiltDegree,
                (180 + (2 * tiltDegree)));
    ```

14.8 | Erweiterte Anpassung der Benutzeroberfläche

14. Drehen Sie die Canvas um die Mitte in die entgegengesetzte Richtung zur aktuellen Drehung, und zeichnen Sie die Himmels- und Bodenpfade mit den Farben, die Sie in Schritt 4 erstellt haben:

```
canvas.save();
canvas.rotate(-rollDegree, px, py);
canvas.drawOval(innerBoundingBox, groundPaint);
canvas.drawPath(skyPath, skyPaint);
canvas.drawPath(skyPath, markerPaint);
```

15. Als nächstes kommt die Skalen-Markierung. Beginnen Sie mit der Berechnung der Start- und Endpunkte für die horizontalen Horizontmarkierungen:

```
int markWidth = radius / 3;
int startX = center.x - markWidth;
int endX = center.x + markWidth;
```

16. Um die Horizontwerte besser ablesbar zu machen, sollten Sie darauf achten, dass die Neigungsskala immer mit dem aktuellen Wert beginnt. Der folgende Code berechnet die Position der Oberfläche zwischen Boden und Himmel auf der Horizontfläche:

```
double h = innerRadius*Math.cos(Math.toRadians(90-tiltDegree));
double justTiltY = center.y - h;
```

17. Ermitteln Sie die Anzahl der Pixel, die jeden Grad der Neigung repräsentieren:

```
float pxPerDegree = (innerBoundingBox.height()/2)/45f;
```

18. Iterieren Sie über 180 Grad, zentriert auf den aktuellen Neigungswert, um eine gleitende Skala der möglichen Neigung zu erhalten:

```
for (int i = 90; i >= -90; i -= 10) {
    double ypos = justTiltY + i*pxPerDegree;

    // Zeige die Skala nur in der inneren Fläche
    if ((ypos < (innerBoundingBox.top + textHeight)) ||
        (ypos > innerBoundingBox.bottom - textHeight))
      continue;

    // Zeichne Linie und Neigungswinkel für jeden Skalenschritt
    canvas.drawLine(startX, (float)ypos,
                    endX, (float)ypos,
                    markerPaint);
    int displayPos = (int)(tiltDegree - i);
    String displayString = String.valueOf(displayPos);
    float stringSizeWidth = textPaint.measureText(displayString);
```

```
canvas.drawText(displayString,
                (int)(center.x-stringSizeWidth/2),
                (int)(ypos)+1,
                textPaint);
}
```

19. Zeichnen Sie eine dickere Linie an der Schnittstelle Erde/Himmel. Ändern Sie die Strichstärke des `MarkerPaint`-Objekts, bevor Sie die Linie zeichnen (und setzen Sie sie dann auf den vorherigen Wert zurück):

    ```
    markerPaint.setStrokeWidth(2);
    canvas.drawLine(center.x - radius / 2,
                    (float)justTiltY,
                    center.x + radius / 2,
                    (float)justTiltY,
                    markerPaint);
    markerPaint.setStrokeWidth(1);
    ```

20. Um das genaue Ablesen der Drehung zu erleichtern, sollten Sie einen Pfeil zeichnen und einen Text-String anzeigen, der den Wert anzeigt.

    Erstellen Sie einen neuen Pfad und verwenden Sie die Methoden `moveTo`/`lineTo`, um einen offenen Pfeil zu erzeugen, der gerade nach oben zeigt. Zeichnen Sie den Pfad und einen Text-String, der die aktuelle Drehung anzeigt:

    ```
    // Zeichne den Pfeil
    Path rollArrow = new Path();
    rollArrow.moveTo(center.x - 3, (int)innerBoundingBox.top + 14);
    rollArrow.lineTo(center.x, (int)innerBoundingBox.top + 10);
    rollArrow.moveTo(center.x + 3, innerBoundingBox.top + 14);
    rollArrow.lineTo(center.x, innerBoundingBox.top + 10);
    canvas.drawPath(rollArrow, markerPaint);

    // Zeichne den String
    String rollText = String.valueOf(rollDegree);
    double rollTextWidth = textPaint.measureText(rollText);
    canvas.drawText(rollText,
                    (float)(center.x - rollTextWidth / 2),
                    innerBoundingBox.top + textHeight + 2,
                    textPaint);
    ```

21. Drehen Sie die Canvas wieder nach oben, so dass Sie den Rest der Markierungen zeichnen können:

    ```
    canvas.restore();
    ```

14.8 | Erweiterte Anpassung der Benutzeroberfläche

22. Zeichnen Sie die Skalenmarkierungen, indem Sie die Canvas jeweils um 10 Grad drehen, alle 30 Grad einen Wert zeichnen und ansonsten eine Markierung zeichnen. Wenn Sie die Fläche fertiggestellt haben, drehen Sie die Canvas in ihre aufrechte Position zurück:

```
canvas.save();
canvas.rotate(180, center.x, center.y);

for (int i = -180; i < 180; i += 10) {
  // Zeichne einen Wert alle 30 Grad
  if (i % 30 == 0) {
    String rollString = String.valueOf(i*-1);
    float rollStringWidth = textPaint.measureText(rollString);
    PointF rollStringCenter =
      new PointF(center.x-rollStringWidth/2,
                 innerBoundingBox.top+1+textHeight);
    canvas.drawText(rollString,
                    rollStringCenter.x, rollStringCenter.y,
                    textPaint);
  }

  // Ansonsten zeichne eine Markierungslinie
  else {
    canvas.drawLine(center.x, (int)innerBoundingBox.top,
                    center.x, (int)innerBoundingBox.top + 5,
                    markerPaint);
  }

  canvas.rotate(10, center.x, center.y);
}
canvas.restore();
```

23. Der letzte Schritt ist das Zeichnen der Markierungen um die Außenkante:

```
canvas.save();
canvas.rotate(-1*(mBearing), px, py);

double increment = 22.5;

for (double i = 0; i < 360; i += increment) {
  CompassDirection cd = CompassDirection.values()
                  [(int)(i / 22.5)];
  String headString = cd.toString();

  float headStringWidth = textPaint.measureText(headString);
```

```
    PointF headStringCenter =
      new PointF(center.x - headStringWidth / 2,
                 boundingBox.top + 1 + textHeight);

    if (i % increment == 0)
      canvas.drawText(headString,
                      headStringCenter.x, headStringCenter.y,
                      textPaint);
    else
      canvas.drawLine(center.x, (int)boundingBox.top,
                      center.x, (int)boundingBox.top + 3,
                      markerPaint);

    canvas.rotate((int)increment, center.x, center.y);
  }

  canvas.restore();
```

24. Wenn die Skalenscheibe fertig ist, können Sie noch ein paar Feinheiten hinzufügen.

    Beginnen Sie, indem Sie eine »Glaskuppel« über der Oberseite anbringen, um die Illusion einer Skalenscheibe zu erzeugen. Erstellen Sie mit dem zuvor erstellten radialen Gradienten-Array ein neues `Shader`- und `Paint`-Objekt. Benutzen Sie diese, um einen Kreis über die Innenfläche zu zeichnen, der es aussehen lässt, als wäre sie mit Glas bedeckt:

    ```
    RadialGradient glassShader =
      new RadialGradient(px, py, (int)innerRadius,
                         glassGradientColors,
                         glassGradientPositions,
                         TileMode.CLAMP);
    Paint glassPaint = new Paint();
    glassPaint.setShader(glassShader);

    canvas.drawOval(innerBoundingBox, glassPaint);
    ```

25. Es bleiben nur noch zwei weitere Kreise als saubere Ränder für die inneren und äußeren Skalenscheibengrenzen. Drehen Sie dann die Canvas wieder aufrecht und beenden Sie die `onDraw`-Methode:

    ```
    // Zeichne den äußeren Ring
    canvas.drawOval(boundingBox, circlePaint);

    // Zeichne den inneren Ring
    circlePaint.setStrokeWidth(2);
    canvas.drawOval(innerBoundingBox, circlePaint);
    }
    ```

14.8 | Erweiterte Anpassung der Benutzeroberfläche

14.8.3 Interaktive Steuerelemente erzeugen

Das primäre Interaktionsmodell für Android-Geräte ist der Touch-Screen, aber – wie oben im Abschnitt Barrierefreiheit erwähnt – man kann dies nicht als selbstverständlich ansehen. Da sich Android auch weiterhin auf Geräte wie Fernseher und Laptops ausdehnt, muss Ihre Anwendung berücksichtigen, dass Benutzereingaben auch von D-Pads, Tastaturen und Mäusen stammen können.

Die Herausforderung für Sie als Entwickler besteht darin, intuitive Benutzeroberflächen zu erstellen, die das Beste aus jeder verfügbaren Eingabehardware machen und gleichzeitig so wenig Hardwareabhängigkeiten wie möglich einführen.

Die in diesem Abschnitt beschriebenen Techniken zeigen, wie Sie mit den folgenden Event-Handlern in Views und Activities auf Benutzereingaben über Touchscreen-Tipps und Tastendrücke achten (und darauf reagieren) können:

- onTouchEvent: Der Touchscreen-Eventhandler, der ausgelöst wird, wenn der Touchscreen berührt, losgelassen oder gezogen wird.
- onKeyDown: Wird aufgerufen, wenn eine beliebige Hardware-Taste gedrückt wird.
- onKeyUp: Wird aufgerufen, wenn eine beliebige Hardware-Taste losgelassen wird.

Den Touchscreen einsetzen

Die physische Größe und die Abmessungen mobiler Geräte sind unweigerlich an die Größe ihrer Touchscreens gebunden, so dass es keine Überraschung sein sollte, dass es bei der Touchscreen-Eingabe um Finger geht – ein Konstruktionsprinzip, das davon ausgeht, dass die Benutzer ihre Finger statt eines speziellen Stifts verwenden, um den Bildschirm zu berühren und durch die Benutzeroberfläche zu navigieren.

Fingerbasierte Berührung macht die Interaktion weniger präzise und basiert oft mehr auf Bewegung als auf einfachem Kontakt. Die systemeigenen Anwendungen von Android nutzen in großem Umfang fingerbasierte Touchscreen-Benutzeroberflächen – einschließlich der Verwendung von Drag-Drop-Bewegungen, um durch Listen zu scrollen, zwischen Bildschirmen zu blättern oder Aktionen auszuführen.

Android unterstützt zwei Arten von Touch-Interaktionen: traditionelle Touch-Interaktionen mit einem Finger oder Stift und »Faketouch«, wobei eine Trackpad- oder Mauseingabe als Touch-Eingabe interpretiert wird. Standardmäßig benötigen alle Android-Anwendungen Faketouch-Unterstützung, so dass sie mit Geräten wie Fernsehern und Laptops ohne Touchscreen kompatibel sind.

Wenn Sie möchten, dass Ihre Anwendung nur auf Geräten mit einem echten Touchscreen verfügbar ist, müssen Sie dies in Ihrem Manifest durch Hinzufügen von required="true" beim Feature android.hardware.touchscreen angeben:

```
<manifest xmlns:android=http://schemas.android.com/apk/res/android
          ... >
  <uses-feature android:name="android.hardware.touchscreen"
                android:required="true" />
</manifest>
```

Um eine View oder Activity zu erstellen, die eine Touchscreen-Interaktion (einschließlich Faketouch) verwendet, überschreiben Sie die Handler-Methode onTouchEvent:

```
@Override
public boolean onTouchEvent(MotionEvent event) {
  return super.onTouchEvent(event);
}
```

Geben Sie true zurück, wenn Sie den Druck auf den Bildschirm bedient haben; andernfalls geben Sie false zurück, um Ereignisse durch den View-Stack zu leiten, bis die Berührung erfolgreich verarbeitet wurde.

Single- und Multiple-Touch-Ereignisse verarbeiten

Für jede Geste wird die Handler-Methode onTouchEvent mehrmals ausgelöst. Beginnend mit dem Berühren des Bildschirms, mehrmals, während das System die aktuelle Fingerposition verfolgt, und schließlich noch einmal, wenn der Kontakt endet.

Android unterstützt die Verarbeitung einer beliebigen Anzahl von gleichzeitigen Touch-Ereignissen. Jedem Touch-Ereignis wird eine eigene Pointer-Kennung zugewiesen, die im Parameter MotionEvent der Handler-Methode onTouchEvent referenziert wird.

Rufen Sie getAction im MotionEvent-Parameter auf, um den Ereignistyp zu finden, der den Handler ausgelöst hat. Für ein einzelnes Touch-Gerät oder das erste Touch-Ereignis auf einem Multi-Touch-Gerät können Sie die Konstanten ACTION_UP, ACTION_DOWN, ACTION_MOVE, ACTION_CANCEL beziehungsweise ACTION_OUTSIDE verwenden, um den Ereignistyp zu finden:

```
@Override
public boolean onTouchEvent(MotionEvent event) {
  int action = event.getAction();
  switch (action) {
    case (MotionEvent.ACTION_DOWN):
      // Touchscreen berührt
      return true;
```

14.8 | Erweiterte Anpassung der Benutzeroberfläche

```
    case (MotionEvent.ACTION_MOVE):
      // Kontakt bewegte sich über den Schirm
      return true;
    case (MotionEvent.ACTION_UP):
      // Touchscreen-Berührung endete
      return true;
    case (MotionEvent.ACTION_CANCEL):
      // Touch-Event abgebrochen
      return true;
    case (MotionEvent.ACTION_OUTSIDE):
      // Es gab eine Bewegung außerhalb der
      // Grenzen des aktuellen Elements.
      return true;
    default: return super.onTouchEvent(event);
  }
}
```

Um Touch-Ereignisse von mehreren Pointern zu verfolgen, müssen Sie die Konstanten MotionEvent.ACTION_MASK und MotionEvent.ACTION_POINTER_INDEX_MASK verwenden, um das Touch-Ereignis (entweder ACTION_POINTER_DOWN oder ACTION_POINTER_UP) beziehungsweise die Pointer-ID, die es ausgelöst hat, zu finden. Rufen Sie getPointerCount auf, um herauszufinden, ob es sich um ein Multi-Touch-Ereignis handelt:

```
@Override
public boolean onTouchEvent(MotionEvent event) {
  int action = event.getAction();

  if (event.getPointerCount() > 1) {
    int actionPointerId = action & MotionEvent.ACTION_POINTER_INDEX_MASK;
    int actionEvent = action & MotionEvent.ACTION_MASK;
    // Tue etwas mit der Pointer-ID und dem Event
  }
  return super.onTouchEvent(event);
}
```

Das MotionEvent enthält auch die Koordinaten des aktuellen Bildschirmkontakts. Sie können auf diese Koordinaten mit den Methoden getX und getY zugreifen. Diese Methoden geben die Koordinate relativ zur antwortenden View oder Activity zurück.

Bei Multi-Touch-Ereignissen enthält jedes MotionEvent die aktuelle Position jedes Pointers. Um die Position eines bestimmten Pointers zu finden, übergeben Sie dessen Index an die Methoden getX oder getY. Beachten Sie, dass sein Index nicht mit der Pointer-ID übereinstimmt. Um den Index für einen bestimmten Pointer zu finden, verwenden Sie die Methode `findPointerIndex` und übergeben die Pointer-ID, deren Index Sie benötigen:

```
int xPos = -1;
int yPos = -1;

if (event.getPointerCount() > 1) {
  int actionPointerId = action & MotionEvent.ACTION_POINTER_INDEX_MASK;
  int actionEvent = action & MotionEvent.ACTION_MASK;

  int pointerIndex = event.findPointerIndex(actionPointerId);
  xPos = (int)event.getX(pointerIndex);
  yPos = (int)event.getY(pointerIndex);
}
else {
  // Einzelnes Touch-Event
  xPos = (int)event.getX();
  yPos = (int)event.getY();
}
```

Der Motion-Event-Parameter enthält auch den Druck, der auf den Bildschirm ausgeübt wird. Dieser kann über die Methode `getPressure` ermittelt werden, die einen Wert zwischen 0 (kein Druck) und 1 (Normaldruck) liefert.

Sie verwenden die Methode `getToolType`, um festzustellen, ob das Touch-Ereignis von einem Finger, einer Maus, einem Stift oder einem Radierer stammt, so dass Sie sie unterschiedlich behandeln können.

Schließlich können Sie mit der Methode `getSize` auch die normierte Größe der aktuellen Kontaktfläche bestimmen. Diese Methode gibt einen Wert zwischen 0 und 1 zurück, wobei 0 eine genaue Messung anzeigt und 1 ein mögliches »Fat Touch«-Ereignis, bei dem der Benutzer möglicherweise nicht beabsichtigt hat, etwas zu drücken.

> **Hinweis**
>
> Abhängig von der Kalibrierung der Hardware können Werte größer als 1 zurückgegeben werden.

Bewegungsverfolgung

Immer wenn sich die aktuelle Kontaktposition, der Druck oder die Größe ändern, wird die Methode `onTouchEvent` mit einer `ACTION_MOVE`-Aktion aufgerufen.

Der `MotionEvent`-Parameter kann zusätzlich zu den zuvor beschriebenen Feldern auch historische Werte enthalten. Diese Historie stellt alle Bewegungsereignisse dar, die zwi-

14.8 | Erweiterte Anpassung der Benutzeroberfläche

schen dem zuvor behandelten `onTouchEvent` und diesem aufgetreten sind, so dass Android schnelle Bewegungsänderungen puffern kann, um eine feinkörnige Erfassung der Bewegungsdaten zu ermöglichen.

Sie können den Umfang der Historie ermitteln, indem Sie `getHistorySize` aufrufen, was die Anzahl der für das aktuelle Ereignis verfügbaren Bewegungspositionen zurückgibt. Sie können dann die Zeiten, Drücke, Größen und Positionen der einzelnen historischen Ereignisse erhalten, indem Sie eine Reihe von `getHistorical*`-Methoden verwenden und den Positionsindex übergeben. Beachten Sie, dass Sie wie bei den zuvor beschriebenen Methoden `getX` und `getY` einen Pointer-Indexwert übergeben können, um historische Touch-Ereignisse für mehrere Cursor zu verfolgen:

```
int historySize = event.getHistorySize();

if (event.getPointerCount() > 1) {
  int actionPointerId = action & MotionEvent.ACTION_POINTER_ID_MASK;
  int pointerIndex = event.findPointerIndex(actionPointerId);
  for (int i = 0; i < historySize; i++) {
    float pressure = event.getHistoricalPressure(pointerIndex, i);
    float x = event.getHistoricalX(pointerIndex, i);
    float y = event.getHistoricalY(pointerIndex, i);
    float size = event.getHistoricalSize(pointerIndex, i);
    long time = event.getHistoricalEventTime(i);
    // TODO Tue etwas mit jedem Punkt
  }
}
else {
  for (int i = 0; i < historySize; i++) {
    float pressure = event.getHistoricalPressure(i);
    float x = event.getHistoricalX(i);
    float y = event.getHistoricalY(i);
    float size = event.getHistoricalSize(i);
    // TODO Tue etwas mit jedem Punkt
  }
}
```

Das normale Muster für die Behandlung von Bewegungsereignissen besteht darin, jedes der historischen Ereignisse zuerst zu verarbeiten, gefolgt von den aktuellen Bewegungsereigniswerten, siehe Listing 14.6.

```
@Override
public boolean onTouchEvent(MotionEvent event) {

  int action = event.getAction();
```

```
  switch (action) {
    case (MotionEvent.ACTION_MOVE):
    {
      int historySize = event.getHistorySize();
      for (int i = 0; i < historySize; i++) {
        float x = event.getHistoricalX(i);
        float y = event.getHistoricalY(i);
        processMovement(x, y);
      }

      float x = event.getX();
      float y = event.getY();
      processMovement(x, y);

      return true;
    }
  }

  return super.onTouchEvent(event);
}
private void processMovement(float x, float y) {
  // TODO Tue etwas mit der Bewegung
}
```
Listing 14.6 Touchscreen-Bewegungsereignisse verarbeiten

OnTouchListener

Sie können auf Touch-Ereignisse warten, ohne eine bestehende View zu erweitern, indem Sie einen OnTouchListener mit der Methode setOnTouchListener an ein beliebiges View-Objekt anhängen:

```
myView.setOnTouchListener(new OnTouchListener() {
  public boolean onTouch(View view, MotionEvent event) {
    // TODO Antworte auf das Bewegungs-Event
    return false;
  }
});
```

14.8.4 Geräte-Tasten, Buttons und D-Pad

Button- und Tastendruck-Events aller Hardwaretasten werden von den Handler-Methoden onKeyDown und onKeyUp der aktiven Activity oder der fokussierten View behandelt. Dazu gehören die Tastaturtasten, das D-Pad und der Back-Button. Die einzige Ausnahme ist der Home-Key, der reserviert ist, um sicherzustellen, dass Benutzer niemals innerhalb einer Anwendung blockiert werden können.

Damit Ihre View oder Activity auf Tastendruck reagiert, überschreiben Sie die Handler-Methoden `onKeyUp` und `onKeyDown`:

```
@Override
public boolean onKeyDown(int keyCode, KeyEvent event) {
  // Bearbeite das Event "Taste herunterdrücken".
  // Gebe true zurück, wenn die Behandlung erfolgte.
  return false;
}


@Override
public boolean onKeyUp(int keyCode, KeyEvent event) {
  // Bearbeite das Event "Taste loslassen".
  // Gebe true zurück, wenn die Behandlung erfolgte.
  return false;
}
```

Der Parameter `keyCode` enthält den Wert der gedrückten Taste. Vergleichen Sie ihn mit den statischen Keycode-Werten der Klasse `KeyEvent`, um eine tastenspezifische Verarbeitung durchzuführen.

> **Hinweis**
>
> Sie sollten niemals bedingungslos `true` in den Methoden `onKeyUp` oder `onKeyDown` zurückgeben, da dies dazu führt, dass Tastenereignisse auf Systemebene fälschlicherweise von Ihrer App konsumiert werden und dadurch bestimmte Ereignisse wie zum Beispiel Media-Button-Ereignisse nicht an die entsprechende Musik-App gesendet werden. Geben Sie `true` nur zurück, wenn Sie das `KeyEvent` behandeln.

Der Parameter `KeyEvent` enthält auch die Methoden `isCtrlPressed`, `isAltPressed`, `isShiftPressed`, `isFunctionPressed` und `isSymPressed`, um festzustellen, ob die Tasten Control, Alt, Shift, Funktion oder Symbol auch gehalten werden. Die statische Methode `isModifierKey` akzeptiert den `keyCode` und ermittelt, ob dieses Tastenereignis durch Drücken einer dieser Modifier-Tasten ausgelöst wurde.

OnKeyListener

Um auf Tastendrücke innerhalb bestehender Views in Ihren Activities zu reagieren, implementieren Sie einen `OnKeyListener` und weisen Sie ihn mit der Methode `setOnKeyListener` einer View zu. Anstatt eine separate Methode für Tastendruck- und

Tastenfreigabe-Ereignisse zu implementieren, verwendet der `OnKeyListener` eine einzige Handler-Methode, nämlich `onKey`:

```
myView.setOnKeyListener(new OnKeyListener() {
  public boolean onKey(View v, int keyCode, KeyEvent event) {
    // TODO Process key press event, return true if handled
    return false;
  }
});
```

Verwenden Sie den Parameter `keyCode`, um die gedrückte Taste zu ermitteln. Aus dem `KeyEvent`-Parameter wird abgelesen, ob die Taste gedrückt oder losgelassen wurde, wobei `ACTION_DOWN` einen Tastendruck darstellt und `ACTION_UP` die Freigabe signalisiert.

14.9 Zusammengesetzte Drawable Ressourcen

In Kapitel 12 über die Android-Design-Philosophie haben Sie eine Reihe von skalierbaren Drawable-Ressourcen untersucht, darunter Shapes, Farben und Vektoren. Dieser Abschnitt stellt eine Reihe von zusätzlichen XML-definierten Drawables vor.

Zusammengesetzte Drawables werden verwendet, um andere Drawable-Ressourcen zu kombinieren und zu manipulieren. Sie können jede Drawable-Ressource innerhalb der folgenden zusammengesetzten Ressourcendefinitionen verwenden, einschließlich Bitmaps, Shapes und Farben. Ebenso können Sie diese neuen Drawables gegenseitig verwenden und sie wie alle anderen Drawable Assets den Views zuweisen.

14.9.1 Transformative Drawables

Sie können vorhandene Drawable-Ressourcen mit den passend benannten Klassen `ScaleDrawable` und `RotateDrawable` skalieren und drehen. Diese transformativen Drawables sind besonders nützlich, um Fortschrittsbalken zu erstellen oder Views zu animieren:

- `ScaleDrawable`: Verwenden Sie im Tag `scale` die Attribute `scaleHeight` und `scaleWidth`, um die Zielhöhe beziehungsweise -breite relativ zum Begrenzungsrahmen des ursprünglichen Drawables zu definieren. Verwenden Sie das Attribut `scaleGravity`, um den Ankerpunkt für das skalierte Bild zu kontrollieren:

```
<?xml version="1.0" encoding="utf-8"?>
<scale xmlns:android="http://schemas.android.com/apk/res/android"
  android:drawable="@drawable/icon"
  android:scaleHeight="100%"
  android:scaleWidth="100%"
  android:scaleGravity="center_vertical|center_horizontal"
/>
```

- **RotateDrawable**: Verwenden Sie im Tag `rotate` die Attribute `fromDegrees` und `toDegrees`, um den Anfangs- beziehungsweise Enddrehwinkel um einen Drehpunkt zu definieren. Definieren Sie den Pivot mit den Attributen `pivotX` und `pivotY` und geben Sie einen Prozentsatz der Breite beziehungsweise Höhe des Drawables in nn%-Notation an:

```xml
<?xml version="1.0" encoding="utf-8"?>
<rotate xmlns:android="http://schemas.android.com/apk/res/android"
    android:drawable="@drawable/icon"
    android:fromDegrees="0"
    android:toDegrees="90"
    android:pivotX="50%"
    android:pivotY="50%"
/>
```

Um die Skalierung und Drehung zur Laufzeit anzuwenden, verwenden Sie die Methode `setImageLevel` auf das `View`-Objekt, welches das Drawable enthält, um zwischen den Start- und Endwerten auf einer Skala von 0 bis 10.000 zu wechseln. Auf diese Weise können Sie ein einzelnes Drawable definieren, das an bestimmte Umstände angepasst werden kann, wie zum Beispiel einen Pfeil, der in mehrere Richtungen zeigen kann.

Beim Durchlaufen von Ebenen stellt die Ebene 0 den Startwinkel (oder das kleinste Skalenergebnis) dar. Die Stufe 10.000 stellt das Ende der Transformation dar (der Endwinkel oder die höchste Skala). Wenn Sie die Bildebene nicht angeben, wird sie standardmäßig auf 0 gesetzt:

```java
ImageView rotatingImage
  = findViewById(R.id.RotatingImageView);
ImageView scalingImage
  = findViewById(R.id.ScalingImageView);

// Rotiere das Image um 50 Prozent auf dem Weg zu seiner
// endgültigen Ausrichtung.
rotatingImage.setImageLevel(5000);

// Skaliere das Image um 50 Prozent auf dem Weg zu seiner
// endgültigen Größe
scalingImage.setImageLevel(5000);
```

14.9.2 LayerDrawables

Ebenso können Sie `LayerDrawables` als Quelle für die im vorherigen Abschnitt beschriebenen transformativen Drawable-Ressourcen oder die folgenden State-List- und Level-List-Drawables verwenden.

LayerDrawables werden über das Knoten-Tag `layer-list` definiert. Erstellen Sie innerhalb dieses Tags einen neuen Elementknoten mit dem Attribut `drawable`, um hinzuzufügende Drawables anzugeben. Jedes Drawable wird in Indexreihenfolge gestapelt, wobei das erste Element im Array am unteren Ende des Stapels steht:

```xml
<?xml version="1.0" encoding="utf-8"?>
<layer-list xmlns:android="http://schemas.android.com/apk/res/android">
  <item android:drawable="@drawable/bottomimage"/>
  <item android:drawable="@drawable/image2"/>
  <item android:drawable="@drawable/image3"/>
  <item android:drawable="@drawable/topimage"/>
</layer-list>
```

14.9.3 State-List-Drawable

Ein State-List-Drawable ist eine zusammengesetzte Ressource, die es Ihnen ermöglicht, ein anderes Drawable anzugeben, das basierend auf dem Zustand der View, der es zugewiesen wurde, angezeigt wird.

Die meisten systemeigenen Android Views verwenden State-List-Drawables, einschließlich des auf Buttons verwendeten Bildes und des Hintergrunds, der für Standard-`ListViewItems` verwendet wird.

Um ein State-List-Drawable zu definieren, erstellen Sie eine XML-Datei mit einem Wurzel-Tag `selector`. Fügen Sie eine Reihe von Elementknoten hinzu, von denen jeder ein `android:state_`-Attribut und ein `android:drawable`-Attribut verwendet, um einem bestimmten Zustand ein bestimmtes Drawable zuzuweisen:

```xml
<selector xmlns:android="http://schemas.android.com/apk/res/android">
<item android:state_pressed="true"
      android:drawable="@drawable/widget_bg_pressed"/>
  <item android:state_focused="true"
      android:drawable="@drawable/widget_bg_selected"/>
  <item android:state_window_focused="false"
      android:drawable="@drawable/widget_bg_normal"/>
  <item android:drawable="@drawable/widget_bg_normal"/>
</selector>
```

Jedes Statusattribut kann auf `true` oder `false` gesetzt werden, so dass Sie für jede Kombination der folgenden List-View-State ein anderes Drawable angeben können:

- `android:state_pressed`: Gedrückt oder nicht gedrückt.
- `android:state_focused`: Hat Fokus oder hat keinen Fokus.

- `android:state_hovered` (In API Level 11 eingeführt): Schwebt der Cursor über der View oder nicht.

- `android:state_selected`: Ausgewählt oder nicht ausgewählt.

- `android:state_checkable`: Kann oder kann nicht überprüft werden.

- `android:state_checked`: Ist oder ist nicht geprüft.

- `android:state_enabled`: Freigegeben oder nicht freigegeben.

- `android:state_activated`: Aktiviert oder deaktiviert.

- `android:state_window_focused`: Das übergeordnete Fenster hat Fokus oder nicht.

Bei der Entscheidung, welches Drawable für eine bestimmte View angezeigt werden soll, wendet Android das erste Element in der State-Liste an, das dem aktuellen Status des Objekts entspricht. Daher sollte Ihr Standardwert der letzte in der Liste sein.

14.9.4 Level-List-Drawable

Mit Hilfe eines Level-List-Drawables können Sie ein Array von Drawable-Ressourcen erstellen, indem Sie jedem Layer einen ganzzahligen Indexwert zuweisen. Verwenden Sie den Knoten `level-list`, um ein neues Level-Liste Drawable zu erstellen, indem Sie `item`-Knoten verwenden, um jede Ebene zu definieren, mit `android:drawable` und `android:maxLevel`-Attributen, die das Drawable für jede Ebene und den entsprechenden Index definieren:

```xml
<level-list xmlns:android="http://schemas.android.com/apk/res/android">
  <item android:maxLevel="0"  android:drawable="@drawable/earthquake_0"/>
  <item android:maxLevel="1"  android:drawable="@drawable/earthquake_1"/>
  <item android:maxLevel="2"  android:drawable="@drawable/earthquake_2"/>
  <item android:maxLevel="4"  android:drawable="@drawable/earthquake_4"/>
  <item android:maxLevel="6"  android:drawable="@drawable/earthquake_6"/>
  <item android:maxLevel="8"  android:drawable="@drawable/earthquake_8"/>
  <item android:maxLevel="10" android:drawable="@drawable/earthquake_10"/>
</level-list>
```

Um auszuwählen, welches Bild im Code angezeigt werden soll, rufen Sie `setImageLevel` in der View auf, die die Level-List-Drawable-Ressource anzeigt, und übergeben den Index des Drawables, das Sie anzeigen möchten:

```
imageView.setImageLevel(5);
```

Die View zeigt das Bild an, das dem Index entspricht, mit einem Wert, der gleich oder größer als der angegebene ist.

14.10 Kopieren, Einfügen und die Zwischenablage

Android bietet volle Unterstützung für Kopier- und Einfügeoperationen in (und zwischen) Android-Anwendungen mit dem `ClipboardManager`:

```
ClipboardManager clipboard =
    (ClipboardManager)getSystemService(CLIPBOARD_SERVICE);
```

Die Zwischenablage unterstützt Text-Strings, URIs (typischerweise auf ein Content-Provider-Element gerichtet) und Intents (zum Kopieren von Anwendungsverknüpfungen). Um ein Objekt in die Zwischenablage zu kopieren, erstellen Sie ein `ClipData`-Objekt, das eine `ClipDescription` enthält, die die Metadaten des kopierten Objekts und eine beliebige Anzahl von `ClipData.Item`-Objekten beschreibt, wie im folgenden Abschnitt beschrieben. Sie können es mit der Methode `setPrimaryClip` in die Zwischenablage einfügen:

```
clipboard.setPrimaryClip(newClip);
```

Die Zwischenablage kann immer nur ein einziges `ClipData`-Objekt enthalten. Das Kopieren eines neuen Objekts ersetzt das zuvor gehaltene Zwischenablageelement. Sie können also weder davon ausgehen, dass Ihre Anwendung als letzte etwas in die Zwischenablage kopiert hat, noch dass sie die einzige Anwendung ist, die es einfügt.

14.10.1 Daten in das Clipboard kopieren

Die Klasse `ClipData` enthält eine Reihe von statischen Servicemethoden, um die Erstellung typischer `ClipData`-Objekte zu vereinfachen. Verwenden Sie die Methode `newPlainText`, um ein `ClipData` zu erstellen, das den angegebenen String enthält, die Beschreibung auf das angegebene Label setzt und den MIME-Typ auf `MIMETYPE_TEXT_PLAIN` setzt:

```
ClipData newClip = ClipData.newPlainText("copied text","Hallo, Android!");
```

Verwenden Sie für Content-Provider-basierte Elemente die Methode `newUri`, indem Sie einen Content-Resolver, ein Label und eine URI angeben, aus denen die Daten eingefügt werden sollen:

```
ClipData newClip = ClipData.newUri(getContentResolver(),"URI", myUri);
```

14.10.2 Daten aus dem Clipboard einfügen

Um eine gute Benutzerführung zu erreichen, sollten Sie eine Einfüge-Option in Ihrer Benutzeroberfläche aktivieren und deaktivieren, je nachdem, ob Daten in die Zwischen-

14.10 | Erweiterte Anpassung der Benutzeroberfläche

ablage kopiert wurden. Sie können dies tun, indem Sie den Clipboard-Service mit der Methode `hasPrimaryClip` abfragen:

```
if (!(clipboard.hasPrimaryClip())) {
  // TODO Deaktiviere die Einfüge-Option
}
```

Es ist auch möglich, den Datentyp des aktuell in der Zwischenablage befindlichen `ClipData`-Objekts abzufragen. Verwenden Sie die Methode `getPrimaryClip Description`, um die Metadaten für die Clipboard-Daten zu extrahieren, und geben Sie mit der Methode `hasMimeType` den MIME-Typ an, den Sie in Ihre Anwendung einfügen möchten:

```
if (!(clipboard.getPrimaryClipDescription().hasMimeType(MIMETYPE_TEXT_PLAIN)))
{
  // TODO Deaktiviere die Option Einfügen, wenn der Clipboard-Inhalt
  // nicht vom unterstützten Typ ist.
}
else
{
  // TODO Aktiviere die Option Einfügen, wenn der Clipboard-Inhalt
  // vom unterstützten Typ ist.
}
```

Um auf die Daten selbst zuzugreifen, verwenden Sie die Methode `getItemAt` und übergeben Sie den Index des Objekts, das Sie abrufen möchten:

```
ClipData.Item item = clipboard.getPrimaryClip().getItemAt(0);
```

Sie können Text, URI oder Intents mit den Methoden `getText`, `getUri` und `getIntent` extrahieren:

```
CharSequence pasteData = item.getText();
Intent pastIntent = item.getIntent();
Uri pasteUri = item.getUri();
```

Es ist auch möglich, den Inhalt eines beliebigen Zwischenablageelements einzufügen, selbst wenn Ihre Anwendung nur Text unterstützt. Mit der Methode `coerceToText` können Sie den Inhalt eines `ClipData.Item`-Objekts in einen String umwandeln:

```
CharSequence pasteText = item.coerceToText(this);
```

Kapitel 15
Standort, Kontextsensitivität und Kartografie

Inhalt
■ Installation und Nutzung von Google Play-Diensten
■ Ermittlung und Aktualisierung des physischen Geräte-Standorts
■ Verwendung des Emulators zum Testen der ortsabhängigen Funktionalität
■ Einstellung und Überwachung von Geofences
■ Das Auffinden von Adressen und Adressorten mit dem Geocoder
■ Hinzufügen von interaktiven Karten zu Ihrer Anwendung
■ Ändern der Position der Kartenkamera
■ Anzeige des Benutzerstandorts auf einer Karte
■ Hinzufügen von Markierungen, Shapes und Bildüberlagerungen zu Karten
■ Sensibilisierung für den Benutzerkontext durch Awareness-Snapshots
■ Setzen und Überwachen von Contextual-Awareness-Fences

Wrox.com Code-Downloads für dieses Kapitel

Die Code-Downloads für dieses Kapitel finden Sie unter www.wrox.com. Der Code für dieses Kapitel ist in die folgenden wichtigen Beispiele unterteilt:

■ Snippets_ch15.zip

■ WhereAmI_ch15_part1.zip

15.2 | Standort, Kontextsensitivität und Kartografie

- WhereAmI_ch15_part2.zip
- WhereAmI_ch15_part3.zip
- WhereAmI_ch15_part4.zip
- Earthquake_ch15.zip

15.1 Standorte, Karten und Kontextsensitivität zu Ihren Anwendungen hinzufügen

Es ist nicht verwunderlich, dass einige der verlockendsten APIs diejenigen sind, die es Ihnen ermöglichen, den physischen Standort, die Umgebung und den Kontext des Benutzers zu finden, zu verknüpfen und abzubilden. In diesem Kapitel erfahren Sie, wie Sie Google Play-Dienste installieren und nutzen können, um die Vorteile dieser leistungsstarken und effizienten APIs zu nutzen.

Location-Services ermöglichen es Ihnen, den aktuellen Standort des Geräts zu finden und Aktualisierungen zu erhalten, wenn er sich ändert. Sie erfahren, wie Sie mit dem Fused-Location-Provider die Vorteile der zugrunde liegenden GPS-, Zell- oder Wi-Fi-basierten Ortungstechnologien nutzen können. Außerdem erfahren Sie mehr über die ortsbezogenen Legacy-Plattform-Services (LPS) und wie Sie diese nutzen können, wenn Google Play-Dienste nicht verfügbar sind.

Mit Hilfe der Google Maps-API, die ebenfalls Bestandteil der Google Play-Services-Bibliothek ist, können Sie kartenbasierte Activities mit Google Maps als Element der Benutzeroberfläche erstellen. Sie haben vollen Zugriff auf die Karte, die es Ihnen ermöglicht, die Kameraposition zu steuern, die Zoomstufe zu ändern und Karten mit Markern, Shapes und Bildüberlagerungen zu versehen – sowie Benutzerinteraktionen zu verwalten.

Karten und ortsbezogene Dienste verwenden Breiten- und Längengrad, um geografische Orte zu bestimmen, aber Ihre Benutzer denken eher in Bezug auf eine Straßenadresse. Android enthält einen Geocoder, mit dem Sie zwischen Breiten- und Längengradwerten und realen Adressen hin- und herkonvertieren können.

Schließlich werden Sie mit der Awareness-API vertraut gemacht, die Ihnen hilft, Änderungen im Kontext Ihres Benutzers zu verstehen und darauf zu reagieren. Die Awareness-API kombiniert den Gerätestatus mit den Ergebnissen von einem Dutzend verschiedener Sensoren und zusätzlichen webbasierten Umweltinformationen wie etwa Wetterdaten. Es ermöglicht den schnellen und akkuschonenden Zugriff auf diese Informationen durch Schnappschüsse oder »Fences«.

15.2 Einführung in die Google Play-Services

Das Google Play Services SDK (oft auch als Play-Services oder GMS bezeichnet) ist eine Reihe von Bibliotheken, die Sie in Ihre Projekte integrieren können, um auf über 20 Google-eigene Funktionen wie Location-Services, Google Maps und die Awareness-APIs zuzugreifen – jede davon wird in diesem Kapitel beschrieben.

Wie das in Kapitel 2 vorgestellte Support-Paket ersetzen oder erweitern die APIs der Google Play-Dienste häufig die Funktionen der Framework-API und helfen Ihnen so, eine ständig aktualisierte Benutzerführung zu gewährleisten – ebenso wie die Vorteile neuer Funktionen, Fehlerbehebungen und Effizienzsteigerungen.

Wie die Versionen der Android Support Library und der SDK-Plattform werden neue Versionen der Google Play-Services-Client-Bibliothek über den Android SDK Manager bereitgestellt. Google Play-Dienste wie die Support-Bibliothek werden allerdings viel häufiger aktualisiert als das Android-Plattform-SDK.

Wenn die Google Play-Dienste aktualisiert werden, können auf diesem Wege Fehlerbehebungen und Verbesserungen in Ihre Anwendung einfließen. Dazu müssen Sie die neue Versionen des SDK herunterladen und Ihre Abhängigkeiten auf die neuesten Versionen verweisen lassen. Die Google Play-Dienstebibliotheken arbeiten mit der Google Play-Diensteanwendung zusammen, die automatisch über den Google Play-Store verteilt und aktualisiert wird. Die Google Play-Services-App läuft als Hintergrunddienst auf unterstützten Geräten.

Im Gegensatz zur Android Support Library sind die Google Play-Dienste nicht auf allen Android-Geräten verfügbar. Da das Google Play Services SDK vom Google Play Services APK abhängt, das über den Google Play Store bereitgestellt wird, müssen beide auf dem Gerät installiert sein, damit Ihre Anwendung das SDK erfolgreich nutzen kann.

> **Hinweis**
>
> Aufgrund der Abhängigkeit des Google Play Services SDK vom Google Play Store müssen Sie, wenn Sie die Veröffentlichung über andere Vertriebskanäle planen, möglicherweise alternative Implementierungen für Funktionen, die von den Google Play-Services abhängen, hinzufügen. Wenn Sie planen, Ihre Anwendung ausschließlich über den Google Play Store zu vertreiben, können Sie davon ausgehen, dass Google Play-Dienste verfügbar sind, jedoch nicht unbedingt die für Ihre Anwendung erforderliche Version.
>
> Um Sie zu unterstützen, können die Google Play-Dienste Probleme wie fehlende, deaktivierte oder veraltete Google Play-Dienste zur Laufzeit beheben.

Es ist empfehlenswert, das Google Play-Dienste-SDK anstelle der Framework-API-Bibliotheken zu verwenden, wenn das Gerät in der Lage ist, diese zu unterstützen.

15.2 | Standort, Kontextsensitivität und Kartografie

15.2.1 Google Play-Services zur Anwendung hinzufügen

Um Google Play-Services in Ihr Projekt zu integrieren, laden Sie zunächst das Google Play-Services-SDK herunter.

Öffnen Sie in Android Studio den SDK-Manager (Abbildung 15.1), der über eine Verknüpfung in der Symbolleiste oder im Einstellungsdialog von Android Studio verfügbar ist. Er bietet eine Registerkarte für SDK-Plattformen und SDK-Tools.

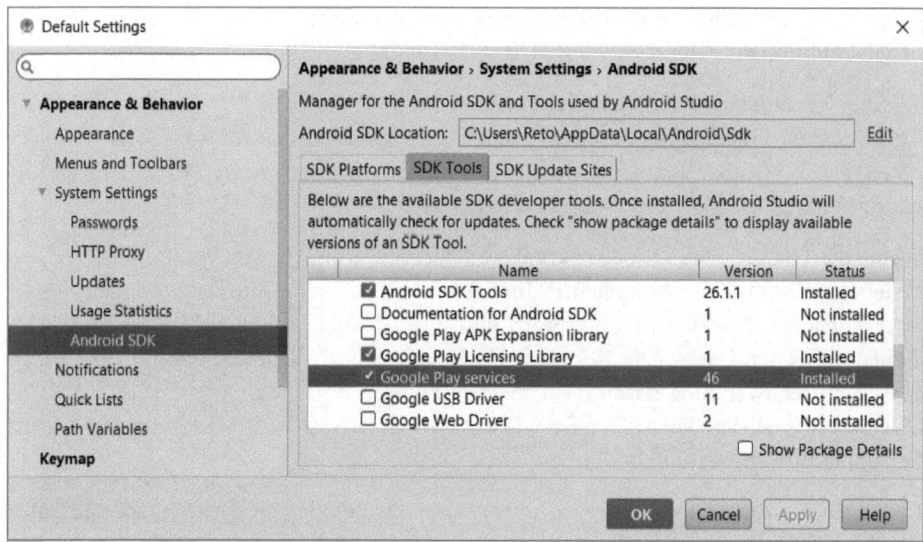

Abbildung 15.1 Integration des Google-Play-Services

Die Registerkarte SDK-Tools zeigt an, welches SDK, welche Plattform und welche Build-Tools Sie heruntergeladen haben, sowie das Support-Repository, den Emulator und das Google Play-Services-SDK.

Stellen Sie sicher, dass das Kontrollkästchen GOOGLE PLAY SERVICES aktiviert ist, und klicken Sie auf APPLY oder OK, um das SDK herunterzuladen und zu installieren.

Sobald das SDK installiert ist, können Sie es als Dependency zum Projekt Ihrer Anwendung hinzufügen, indem Sie die *build.gradle*-Datei Ihres Anwendungsmoduls innerhalb des Abhängigkeitsknotens verwenden:

```
dependencies {
    ...
    implementation 'com.google.android.gms:play-services:11.8.0'
}
```

Einführung in die Google Play-Services | 15.2

> **Hinweis**
>
> Die in Ihrem Dependency Node angegebene Versionsnummer muss der Version des heruntergeladenen und installierten Google Play-Services-SDK entsprechen. Wenn Sie neuere Versionen des SDK installieren, müssen Sie den Dependency-Knoten entsprechend aktualisieren.

Alternativ können Sie auch die Projektstruktur-Oberfläche von Android Studio verwenden, wie in Abbildung 15.2 gezeigt. Klicken Sie auf FILE|PROJECT STRUCTURE, wählen Sie APP im Bereich MODULES der linken Navigation und wählen Sie dann die Registerkarte DEPENDENCIES. Fügen Sie eine neue Bibliothek hinzu, indem Sie das grüne »+«-Symbol auswählen und die gewünschte Bibliothek angeben.

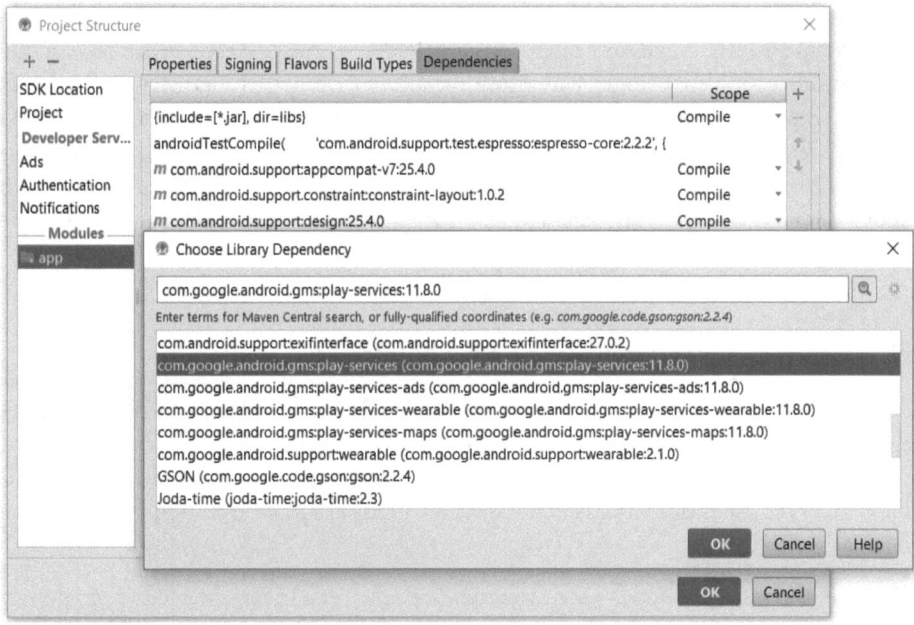

Abbildung 15.2 Dependencies aus Android-Studio einstellen

Das Google Play-Services-SDK enthält mehr als 20 einzelne Bibliotheken, von denen jede eine API für einen bestimmten Google-Service bietet. Die Dependency-Deklaration im vorhergehenden Ausschnitt enthält alle Google Play-Services-Bibliotheken, viele davon werden Sie möglicherweise nicht verwenden.

Stattdessen ist es empfehlenswert, nur die Bibliotheken einzubinden, die Sie in Ihrer Anwendung einsetzen möchten, wie in Listing 15.1 zu sehen ist. Dort werden nur die Bibliotheken Location, Maps und Awareness hinzugefügt. Aktualisieren Sie die hier angegebene Versionsnummer, um der SDK-Version zu entsprechen, gegen die Sie entwickeln.

15.2 | Standort, Kontextsensitivität und Kartografie

```
dependencies {
    ...
    implementation 'com.google.android.gms:play-services-awareness:11.8.0'
    implementation 'com.google.android.gms:play-services-maps:11.8.0'
    implementation 'com.google.android.gms:play-services-location:11.8.0'
}
```
Listing 15.1 Hinzufügen von Google Play-Diensten als App-Abhängigkeiten

Eine vollständige Liste der verfügbaren Google Play-Services-Bibliotheken und deren *build.gradle*-Beschreibungen finden Sie unter:

developers.google.com/android/guides/setup.

Beachten Sie, dass wir eine Dependency zu einer bestimmten Version von Google Play-Services hinzufügen. Neue Versionen der Google Play Services APK werden regelmäßig automatisch über den Google Play Store an alle unterstützten Geräte verteilt. Es ist ratsam, Ihre App-Dependencies auf die neueste Version der Google Play-Services zu aktualisieren, damit Sie die Vorteile von Bugfixes, neuen Funktionen und Effizienzverbesserungen nutzen können. Um die Version der von Ihrer Anwendung verwendeten Google Play-Services zu aktualisieren, installieren Sie das Update-SDK und ändern Sie Ihren Dependency-Knoten entsprechend.

15.2.2 Verfügbarkeit von Google Play Services feststellen

Der Google Play-Dienste APK wird auf allen Android-Geräten mit Google Play bereitgestellt und aktualisiert. Da es seine Zeit dauern kann, bis Updates auf alle Geräte gelangen, ist es möglich, dass das Gerät eines Benutzers eine aktualisierte Version Ihrer Anwendung erhält, bevor es das Google Play-Dienste-Update erhält, von dem Ihre Anwendung abhängt.

Wenn Sie die Google Maps- oder Location-Services verwenden oder den GoogleApi-Client nutzen, um eine Verbindung zu einem der anderen Google Services herzustellen, wird die API Situationen regeln, in denen auf einem kompatiblen Gerät ein veraltetes, fehlendes oder deaktiviertes Google Play-Services-APK ausgeführt wird.

Bei Problemen, die vom Benutzer zur Laufzeit behoben werden können, wird ein Dialog mit Anweisungen zur Fehlerbehebung angezeigt.

Wenn Sie Ihre Anwendung außerhalb des Google Play-Ökosystems verteilen möchten, kann diese auf einem Gerät installiert und ausgeführt werden, das keine Google Play-Dienste enthält oder unterstützt; in diesem Fall müssen Sie überlegen, wie Sie mit den fehlenden Bibliotheken verfahren.

Für einige, wie etwa standortbezogene Dienste, können Sie möglicherweise auf die Funktionalität der Plattform zurückgreifen. In anderen Fällen, wie beispielsweise bei den Google Maps-Karten, können Sie auf eine alternative Bibliothek wie Open-Street-Map zurückgreifen. Im extremsten Fall, wenn kritische Funktionen Google Play-Dienste erfordern, können Sie einen Fehler anzeigen, die Funktionalität deaktivieren oder sogar ein Beenden der Anwendung erzwingen. Sie können die Verfügbarkeit (oder das Fehlen) von Google Play-Diensten erkennen, indem Sie die Methode isGooglePlayServicesAvailable in der Klasse GoogleApiAvailability verwenden, wie in Listing 15.2 zu sehen ist.

```
GoogleApiAvailability availability = GoogleApiAvailability.getInstance();
int result = availability.isGooglePlayServicesAvailable(this);
if (result != ConnectionResult.SUCCESS) {
  if (!availability.isUserResolvableError(result))
    // TODO Google Play Dienste sind nicht verfügbar
}
```

Listing 15.2 Prüfen, ob Google Play-Dienste verfügbar sind

15.3 Gerätestandort über Google Location-Services suchen

Die Location-Services-Bibliothek, die über die Google Play-Dienste angeboten wird, bietet einen optimalen Wrapper für eine Reihe verschiedener Plattformtechnologien, die zum Auffinden und Überwachen des Standorts eines Geräts verwendet werden. Die Google Play Location-Services vereinfachen nicht nur den Prozess der Nutzung von Ortungsdiensten innerhalb Ihrer Anwendung, sondern bieten auch eine drastische Verbesserung der Genauigkeit und Akku-Effizienz.

Hinweis	
Das Android-Framework umfasst standortbezogene Dienste über den Location-Manager, wie im Abschnitt über die Verwendung der ortsbezogenen Dienste der Legacy-Plattform beschrieben. Aus Gründen der Effizienz und Genauigkeit werden die Standort-APIs der Google Play-Dienste gegenüber den APIs der Legacy-Plattform stark bevorzugt und sollten nach Möglichkeit verwendet werden.	

Mit dem Location-Service können Sie Folgendes tun:

- Den aktuellen Standort ermitteln
- Der Bewegung folgen
- Geofences zur Erkennung von Bewegungen in und aus einem bestimmten Bereich setzen

15.3 | Standort, Kontextsensitivität und Kartografie

Der Zugriff auf die Location-Services erfolgt über die Google Play-Service-Positionsbibliothek, die als Dependency zur *build.gradle*-Datei Ihres App-Moduls hinzugefügt werden muss, nachdem Sie die Google Play-Services wie oben in diesem Kapitel beschrieben installiert haben:

```
dependencies {
  [... Andere dependencies ...]
  implementation 'com.google.android.gms:play-services-location:11.8.0'
}
```

> **Hinweis**
>
> Die im vorherigen Ausschnitt genannte Versionsnummer war die neueste Version, als dieses Buch geschrieben wurde. Sie sollten immer die neueste verfügbare Version der Bibliothek in Ihrer Anwendung verwenden.

Um den aktuellen Speicherort des Geräts zu erhalten, ist eines von zwei uses-permission-Tags in Ihrem Manifest erforderlich, die den Grad der Ortsgenauigkeit angeben, den Sie benötigen:

- Fine steht für hohe Genauigkeit und ermöglicht es Ihnen, die bestmögliche Position in der von der Hardware unterstützten maximalen Auflösung zu erhalten.

- Coarse stellt eine geringe Genauigkeit dar, wodurch die Auflösung der zurückgegebenen Positionsergebnisse auf etwa einen Stadtblock begrenzt wird.

Der folgende Ausschnitt zeigt, wie Sie die Fine- und Coarse-Berechtigungen in Ihrem Anwendungsmanifest anfordern können; beachten Sie, dass das Anfordern und Erteilen der Berechtigung Fine implizit die Berechtigung Coarse gewährt:

```
<uses-permission android:name="android.permission.ACCESS_FINE_LOCATION"/>
<uses-permission android:name="android.permission.ACCESS_COARSE_LOCATION"/>
```

Beide Standortberechtigungen sind als gefährlich gekennzeichnet, was bedeutet, dass Sie, wie in Listing 15.3 gezeigt, die Berechtigung des Benutzers zur Laufzeit prüfen und gegebenenfalls anfordern müssen, bevor Sie die Standortergebnisse erhalten können.

```
int permission = ActivityCompat.checkSelfPermission(this,
  Manifest.permission.ACCESS_FINE_LOCATION);

if (permission == PERMISSION_GRANTED) {
  // TODO Greife auf die ortsgebundene Dienste zu
} else {
```

```
// Fordere genaue Standort-Erlaubnis an
if (ActivityCompat.shouldShowRequestPermissionRationale(
  this, Manifest.permission.ACCESS_FINE_LOCATION)) {
  // TODO Zeige die Begründung für die Berechtigung an
}
ActivityCompat.requestPermissions(this,
  new String[]{Manifest.permission.ACCESS_FINE_LOCATION},
  LOCATION_PERMISSION_REQUEST);
}
```

Listing 15.3 Beantragung der genauen Standortgenehmigung zur Laufzeit

Die Methode `requestPermissions` läuft asynchron und zeigt einen Standard-Android-Dialog an, der nicht angepasst werden kann. Sie können einen Callback erhalten, wenn der Benutzer Ihre Laufzeitanforderung angenommen oder abgelehnt hat, indem Sie die Handler-Methode `onRequestPermissionsResult` überschreiben:

```
@Override
public void onRequestPermissionsResult(int requestCode,
                                        @NonNull String[] permissions,
                                        @NonNull int[] grantResults) {
  super.onRequestPermissionsResult(requestCode, permissions, grantResults);
  // TODO Reagiere auf die akzeptierte oder abgelehnte Berechtigung
}
```

Es ist üblich, auf diesen Callback zu reagieren und bei Erteilung einer Berechtigung die Funktionalität auszuführen, die zuvor durch die Berechtigungsprüfung geschützt war.

Verwenden Sie den Fused-Location-Provider (FLP), um den Standort des Geräts zu finden oder zu verfolgen. Der FLP verwendet eine Kombination aus Software und Hardware (einschließlich Wi-Fi, GPS und anderen auf dem Gerät verfügbaren Sensoren), um den aktuellen Standort auf eine Weise zu bestimmen, die sowohl die Genauigkeit als auch die Akkulaufzeit optimiert.

Um auf den Fused-Location-Provider zuzugreifen, fordern Sie eine Instanz des `FusedLocationProviderClient` an, indem Sie die statische Methode `getFusedLocationProviderClient` aus der Klasse `LocationServices` aufrufen, wie in Listing 15.4 zu sehen ist.

```
FusedLocationProviderClient fusedLocationClient;
fusedLocationClient = LocationServices.getFusedLocationProviderClient(this);
```

Listing 15.4 Zugriff auf den Fused-Location-Provider

15.3 | Standort, Kontextsensitivität und Kartografie

15.3.1 Mit dem Emulator die ortsabhängige Funktionalität testen

Alle standortbezogenen Funktionen sind davon abhängig, dass die Geräte-Hardware den aktuellen Standort ermitteln kann. Wenn Sie mit dem Emulator entwickeln und testen, wird Ihre Hardware virtualisiert und Sie bleiben wahrscheinlich am selben Ort.

Um dies zu kompensieren, enthält Android Hooks, mit denen Sie Bewegungen emulieren können, um standortbasierte Anwendungen zu testen.

Die virtuelle Position des Emulators aktualisieren

Verwenden Sie die Registerkarte LOCATION im Fenster EXTENDED CONTROLS des Emulators, wie in Abbildung 15.3 zu sehen ist, um einen neuen Standort direkt in den Emulator zu übernehmen.

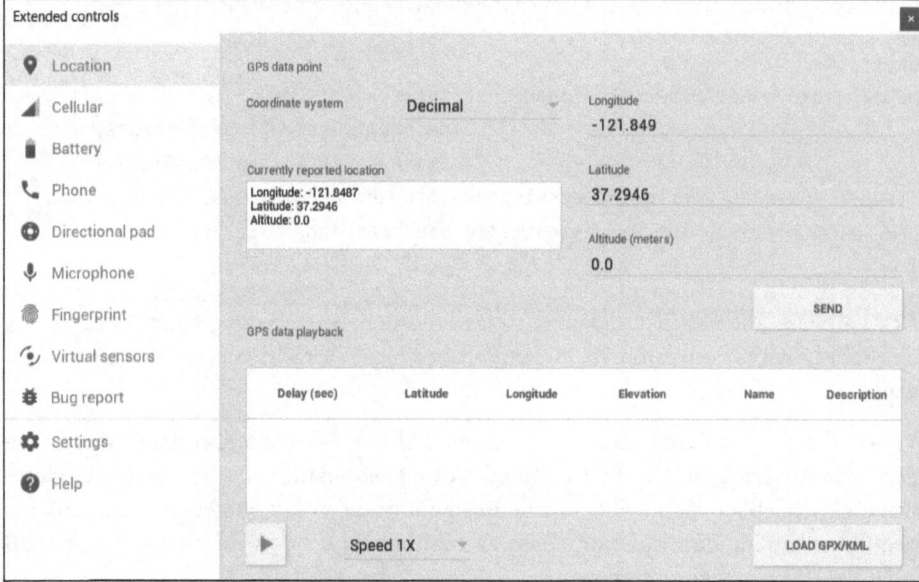

Abbildung 15.3 Der Standort des Emulators

Sie können eine Koordinate aus Breiten- und Längengrad im Dezimal- oder Sexagesimalformat zusammen mit einem Höhenwert angeben. Alternativ klicken Sie auf den Button LOAD GPX/KML, um eine Datei im Format Keyhole Markup Language (KML) oder GPS Exchange Format (GPX) zu importieren. Nach dem Laden können Sie zu bestimmten Wegpunkten (Locations) springen oder jede Folge von Wegpunkten mit bis zu fünffacher Geschwindigkeit wiedergeben.

> **Hinweis**
>
> Die meisten GPS-Systeme zeichnen Track-Dateien mit GPX auf, während KML in großem Umfang online verwendet wird, um geografische Informationen zu definieren. Sie können Ihre eigene KML-Datei von Hand schreiben oder mit Hilfe von Google Earth einen Pfad zwischen den Standorten erstellen.

Location-Services auf dem Emulator aktivieren

Die von den Standort-APIs zurückgegebenen Standortergebnisse werden nicht aktualisiert, es sei denn, mindestens eine Anwendung hat Standortaktualisierungen angefordert. Ebenso werden die im vorherigen Abschnitt beschriebenen Techniken zur Aktualisierung der Position des Emulators nur dann wirksam, wenn mindestens eine Anwendung eine Aktualisierung der Position per GPS angefordert hat.

Wenn der Emulator zum ersten Mal gestartet wird, kann das Ergebnis, das von der aktuellen Position zurückgegeben wird, `null` sein.

Um sicherzustellen, dass alle Location-Services aktiviert sind und Standortaktualisierungen empfangen werden, sollten Sie die Google Maps-Anwendung im Emulator starten und die in Abbildung 15.4 gezeigten Anweisungen bezüglich des Standorts übernehmen.

15.3.2 Den letzten bekannten Ort finden

Eine der mächtigsten Anwendungen der Location-Services ist es, den physischen Standort des Geräts zu finden. Die Genauigkeit des zurückgegebenen Speicherorts hängt von der verfügbaren Hardware, den von Ihrer Anwendung angeforderten und gewährten Berechtigungen und den Systemstandorteinstellungen des Benutzers ab.

Mit dem Fused-Location-Provider können Sie über die Methode `getLastLocation` den letzten vom Gerät empfangenen Positions-Fix finden.

> **Hinweis**
>
> Das zugrunde liegende Android-Framework umfasst mehrere Location-Provider mit unterschiedlichem Stromverbrauch und unterschiedlicher Genauigkeit, wie beispielsweise GPS, Wi-Fi und Mobilfunknetz. Location-Provider werden später in diesem Kapitel beschrieben.
>
> Zusätzlich zu einer verbesserten Genauigkeit und Effizienz bietet der Fused-Location-Provider den Vorteil, dass er den zuletzt gefundenen Standortwert eines beliebigen Anbieters mit der besten Genauigkeit zurückgibt, die innerhalb der Einschränkungen der Standortberechtigungen Ihrer Anwendung verfügbar ist. Wenn der letzte verfügbare Ort genauer ist, als Ihre Anwendung aufnehmen kann, wird die Genauigkeit des Ergebnisses »verschmiert«, um die Privatsphäre des Benutzers zu schützen.

15.3 | Standort, Kontextsensitivität und Kartografie

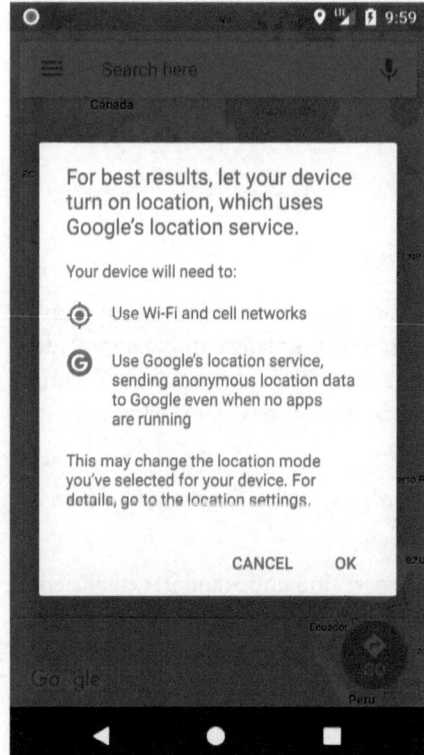

Abbildung 15.4 Standortaktualisierung im Emulator

Der Location-Service verwendet die Tasks-API, die es einfacher macht, asynchrone Operationen zu erstellen, und verwaltet den zugrunde liegenden Verbindungsprozess zwischen Ihrer Anwendung und dem Location-Service, einschließlich der Lösung für einige Verbindungsfehler.

Um den Wert der Location zu erhalten, fügen Sie der zurückgegebenen Task einen OnSuccessListener mit der Methode addOnSuccessListener hinzu (siehe Listing 15.5). Der neue OnSuccessListener sollte einen Location-Typ verwenden und die Handler-Methode onSuccess implementieren.

```
FusedLocationProviderClient fusedLocationClient;
fusedLocationClient = LocationServices.getFusedLocationProviderClient(this);
fusedLocationClient.getLastLocation()
  .addOnSuccessListener(this, new OnSuccessListener<Location>() {
    @Override
    public void onSuccess(Location location) {
      // In einigen seltenen Fällen kann dies null sein.
```

```
      if (location != null) {
        // TODO Tue etwas mit der zurückgegebenen Location
      }
    }
  });
```

Listing 15.5 Abrufen des letzten bekannten Gerätestandorts

Ebenso können Sie die Methode `addOnFailureListener` verwenden, um einen `OnFailureListener` hinzuzufügen, dessen `onFailure`-Methode ausgelöst wird, wenn der Location-Service einen letzten bekannten Location-Wert nicht erfolgreich zurückgeben kann:

```
fusedLocationClient.getLastLocation()
  .addOnSuccessListener(this, new OnSuccessListener<Location>() {
    @Override
    public void onSuccess(Location location) {
      // In einigen seltenen Fällen kann dies null sein.
      if (location != null) {
        // TODO Tue etwas mit der zurückgegebenen Location.
      }
    }
  })
  .addOnFailureListener(this, new OnFailureListener() {
    @Override
    public void onFailure(@NonNull Exception e) {
      // TODO Tue etwas mit der zurückgegebenen Location
    }
  });
```

> **Warnung**
>
> Wenn Sie den letzten Standort anfordern, wird der Location-Service nicht aufgefordert, die aktuelle Position zu finden. Wenn das Gerät die aktuelle Position nicht kürzlich aktualisiert hat, kann sie veraltet sein. In einigen seltenen Fällen kann es vorkommen, dass ein letzter Location-Wert nicht existiert, in diesem Fall wird `null` zurückgegeben.

Das zurückgegebene `Location`-Objekt enthält alle verfügbaren Positionsinformationen des Providers, der es geliefert hat. Dies kann die gewonnene Zeit, die Genauigkeit der gefundenen Koordinate und deren Breitengrad, Längengrad, Peilung, Höhe und Geschwindigkeit beinhalten. Alle diese Eigenschaften sind über Get-Methoden auf dem `Location`-Objekt verfügbar.

15.3 | Standort, Kontextsensitivität und Kartografie

15.3.3 Das »Wo bin ich«-Beispiel

Das folgende Beispiel enthält eine Activity, die den letzten bekannten Standort des Geräts mit Hilfe des Fused-Location-Providers aus der Google Play Services Location Services-Bibliothek findet.

> **Hinweis**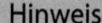
>
> Damit dieses Beispiel funktioniert, muss das Testgerät (oder der Emulator) mindestens ein Location-Update aufgezeichnet haben. Dies wird am einfachsten erreicht, indem Sie die Google Maps-Anwendung starten und eine Standort-Aktualisierung senden, wie zuvor in diesem Kapitel beschrieben.

1. Erstellen Sie ein Projekt `WhereAmI` mit einer leeren `WhereAmIActivity`. Dieses Beispiel verwendet feine Genauigkeit, daher müssen Sie das `uses-permission`-Tag für `ACCESS_FINE_LOCATION` in Ihr Anwendungsmanifest aufnehmen. Wir werden auch die `CCESS_COARSE_LOCATION` hinzufügen:

```xml
<?xml version="1.0" encoding="utf-8"?>
<manifest xmlns:android="http://schemas.android.com/apk/res/android"
          package="com.professionalandroid.apps.whereami">

  <uses-permission
    android:name="android.permission.ACCESS_COARSE_LOCATION"
  />
  <uses-permission
      android:name="android.permission.ACCESS_FINE_LOCATION"
  />

  <application
    android:allowBackup="true"
    android:icon="@mipmap/ic_launcher"
    android:label="@string/app_name"
    android:roundIcon="@mipmap/ic_launcher_round"
    android:supportsRtl="true"
    android:theme="@style/AppTheme">
    <activity android:name=".WhereAmIActivity">
      <intent-filter>
        <action android:name="android.intent.action.MAIN"/>
        <category android:name="android.intent.category.LAUNCHER"/>
      </intent-filter>
    </activity>
  </application>

</manifest>
```

2. Fügen Sie eine Abhängigkeit zur Location-Bibliothek in der Datei *build.gradle* des App-Moduls hinzu:

```
dependencies {
  implementation fileTree(dir: 'libs', include: ['*.jar'])
  implementation 'com.android.support:appcompat-v7:27.1.0'
  implementation 'com.android.support.constraint:constraint-layout:1.0.2'
  testImplementation 'junit:junit:4.12'
  androidTestImplementation 'com.android.support.test:runner:1.0.1'
  androidTestImplementation 'com.android.support.test.espresso:espresso-core:3.0.1'

  implementation 'com.google.android.gms:play-services-location:11.8.0'
}
```

Mit einer gewissen Wahrscheinlichkeit wird die Versionsnummer der Location-Bibliothek nicht zu Ihrer Umgebung passen. In solch einem Fall sollten Sie die neueste Version über Android Studio einfügen lassen.

a) Wählen Sie FILE|PROJECT STRUCTURE. Es erscheint ein Dialog.

b) Aus der linken Liste klicken Sie auf den Punkt APP.

c) Auf der rechten Seite wählen Sie den Reiter DEPENDENCIES.

d) Rechts oben finden Sie einen Button mit einem Pluszeichen.

e) Beim Anklicken erscheint ein Menü. Wählen Sie LIBRARY DEPENDENY.

f) Im Folgedialog befindet sich eine Eingabezeile für einen Suchbegriff. Geben Sie »com.google.android.gms:play-services« und wählen Sie den passenden Eintrag.

g) Bestätigen Sie die Dialoge und es erscheint ein Eintrag mit einer aktuell gültigen Version. Ergänzen Sie »com.google.android.gms:play-services« zu »com.google.android.gms:play-services-location«, um nicht mehr einzubinden als nötig.

3. Ändern Sie die Layout-Ressource *activity_where_am_i.xml* in ein `LinearLayout` und fügen Sie ein `android:id`-Attribut für das `TextView`-Steuerelement hinzu, so dass Sie von der Activity aus darauf zugreifen können:

```
<?xml version="1.0" encoding="utf-8"?>
<LinearLayout
  xmlns:android="http://schemas.android.com/apk/res/android"
  xmlns:app="http://schemas.android.com/apk/res-auto"
  xmlns:tools="http://schemas.android.com/tools"
  android:layout_width="match_parent"
  android:layout_height="match_parent"
```

15.3 | Standort, Kontextsensitivität und Kartografie

```
        android:orientation="vertical"
        tools:context="com.professionalandroid.apps.whereami.WhereAmIActivity">
        <TextView
          android:id="@+id/myLocationText"
          android:layout_width="match_parent"
          android:layout_height="wrap_content"
          android:padding="16dp"
          android:text="Hello World!"/>
    </LinearLayout>
```

4. Überschreiben Sie die Methode `onCreate` der `WhereAmIActivity`, um zu bestätigen, dass Google Play-Dienste auf diesem Gerät verfügbar sind (oder sein könnten), und beziehen Sie einen Verweis auf die TextView aus dem Layout:

```
private static final String ERROR_MSG
  = "Google Play Dienste nicht verfügbar.";

private TextView mTextView;

@Override
protected void onCreate(Bundle savedInstanceState) {
  super.onCreate(savedInstanceState);
  setContentView(R.layout.activity_where_am_i);
  mTextView = findViewById(R.id.myLocationText);

  GoogleApiAvailability availability
    = GoogleApiAvailability.getInstance();
  int result = availability.isGooglePlayServicesAvailable(this);
  if (result != ConnectionResult.SUCCESS) {
    if (!availability.isUserResolvableError(result)) {
      Toast.makeText(this, ERROR_MSG, Toast.LENGTH_LONG).show();
    }
  }
}
```

5. Wir werden die aktuelle Position jedes Mal aktualisieren, wenn die Anwendung sichtbar wird, also überschreiben Sie die Methode `onStart`, um die Laufzeitberechtigung für den Zugriff auf die Genauigkeit der Position zu prüfen. Fügen Sie die Stub-Methode `getLastLocation` zum Aufruf hinzu, wenn die Berechtigung erteilt oder abgelehnt wird:

```
private static final int LOCATION_PERMISSION_REQUEST = 1;

@Override
protected void onStart() {
  super.onStart();

  // Prüfe die Erlaubnis, auf hochgenaue Ortung zuzugreifen.
  int permission = ActivityCompat.checkSelfPermission(this,
    Manifest.permission.ACCESS_FINE_LOCATION);

  // Ist die Erlaubnis erteilt, hole die letzte Position.
  if (permission == PERMISSION_GRANTED) {
    getLastLocation();
  } else {
    // Ist die Erlaubnis noch nicht erteilt, frage danach.
    ActivityCompat.requestPermissions(this,
      new String[]{Manifest.permission.ACCESS_FINE_LOCATION},
      LOCATION_PERMISSION_REQUEST);
  }
}

@Override
public void onRequestPermissionsResult(int requestCode,
                                       @NonNull String[] permissions,
                                       @NonNull int[] grantResults) {
  super.onRequestPermissionsResult(requestCode, permissions,
                                   grantResults);

  if (requestCode == LOCATION_PERMISSION_REQUEST) {
    if (grantResults[0] != PERMISSION_GRANTED)
      Toast.makeText(this, "Coarse Location Only",
                     Toast.LENGTH_LONG).show();
    getLastLocation();
  }
}

private void getLastLocation() {
}
```

6. Implementieren Sie nun die Methode `getLastLocation`. Holen Sie sich eine Referenz auf den `FusedLocationProvider` und verwenden Sie die Methode `getLastLocation`, um die letzte bekannte Position zu finden. Erstellen Sie eine leere Methode `updateTextView`, die die zurückgegebene Position übernimmt und

15.3 | Standort, Kontextsensitivität und Kartografie

die `TextView` aktualisiert. Es sei angemerkt, dass der Location-Service in der Lage ist, mehrere potenzielle Probleme mit der Google Play-Diensten-APK zu erkennen und zu beheben, so dass wir die Verbindungs- oder Fehlerfälle innerhalb unseres Codes nicht bearbeiten müssen:

```
private void getLastLocation() {
  FusedLocationProviderClient fusedLocationClient;
  fusedLocationClient =
    LocationServices.getFusedLocationProviderClient(this);

  if (
    ActivityCompat
    .checkSelfPermission(this, ACCESS_FINE_LOCATION)
     ==PERMISSION_GRANTED ||
    ActivityCompat
    .checkSelfPermission(this, ACCESS_COARSE_LOCATION)
     ==PERMISSION_GRANTED) {
       fusedLocationClient.getLastLocation()
       .addOnSuccessListener(this, new OnSuccessListener<Location>() {
         @Override
         public void onSuccess(Location location) {
           updateTextView(location);
         }
       });
    }
}

private void updateTextView(Location location) {
}
```

7. Implementieren Sie schließlich die Methode `updateTextView`, um den Breiten- und Längengrad von jedem Ort zu ermitteln und in der TextView anzuzeigen:

```
private void updateTextView(Location location) {
  String latLongString = "No location found";
  if (location != null) {
    double lat = location.getLatitude();
    double lng = location.getLongitude();
    latLongString = "Lat:" + lat + "\nLong:" + lng;
  }

  mTextView.setText(latLongString);
}
```

Ihre Activity sollte im Betrieb wie in Abbildung 15.5 aussehen.

Abbildung 15.5 Standortaktualisierung im Emulator

15.3.4 Standortwechsel-Updates anfordern

In den meisten Fällen ist es unwahrscheinlich, dass die letzte bekannte Position für Ihre Bedürfnisse ausreicht. Der Wert ist wahrscheinlich nicht nur schnell veraltet, sondern die meisten ortsabhängigen Anwendungen müssen auch auf Benutzerbewegungen reagieren – und die Abfrage des Location-Services für die letzte bekannte Position zwingt ihn nicht zur Aktualisierung.

Die Methode requestLocationUpdates wird verwendet, um über einen LocationCallback regelmäßige Aktualisierungen des Geräte-Standorts anzufordern. Der Standort-Callback informiert Sie auch über Änderungen bei der Verfügbarkeit von Standortinformationen.

Die Methode requestLocationUpdates verarbeitet ein LocationRequest-Objekt, das Informationen liefert, die der Fused-Location-Provider verwendet, um den effizientes-

15.3 | Standort, Kontextsensitivität und Kartografie

ten Weg zu finden, um Ergebnisse in der erforderlichen Genauigkeit und Präzision zu erhalten.

Um die Effizienz zu optimieren und den Kosten- und Stromverbrauch zu minimieren, können Sie eine Reihe von Kriterien für Ihre Anwendung festlegen:

- `setPriority`: Ermöglicht es Ihnen, die relative Wichtigkeit der Reduzierung des Stromverbrauchs und der Erzielung genauer Ergebnisse unter Verwendung einer der folgenden Konstanten anzugeben:
  - `PRIORITY_HIGH_ACCURACY` Zeigt an, dass hohe Genauigkeit Priorität hat. Daher wird der FLP versuchen, eine möglichst genaue Position zu erhalten, was mit einem erhöhten Stromverbrauch verbunden ist. Dies kann Ergebnisse bis auf wenige Meter genau liefern und wird typischerweise für Karten- und Navigationsanwendungen verwendet.
  - `PRIORITY_BALANCED_POWER_ACCURACY` – Versucht, Genauigkeit und Leistungsaufnahme auszugleichen, was zu einer Genauigkeit innerhalb eines Stadtblocks oder auf etwa 100 Meter führt.
  - `PRIORITY_LOW_POWER` Zeigt an, dass ein niedriger Stromverbrauch die Priorität ist. Daher sind grobe Standortaktualisierungen mit einer Genauigkeit von ca. 10 Kilometern auf Stadtebene akzeptabel.
  - `PRIORITY_NO_POWER` Zeigt an, dass Ihre Anwendung keine Standortaktualisierungen auslösen soll, sondern Standortaktualisierungen durch andere Anwendungen erhalten soll.
- `setInterval`: Ihre bevorzugte Aktualisierungsrate in Millisekunden. Dadurch wird der Location-Service gezwungen, zu versuchen, den Standort mit dieser Geschwindigkeit zu aktualisieren. Updates können weniger häufig sein, wenn es nicht möglich ist, den Standort zu bestimmen, oder häufiger, wenn andere Anwendungen häufiger Updates erhalten.
- `setFastestInterval`: Die schnellste Aktualisierungsrate, die Ihre Anwendung unterstützen kann. Geben Sie dies an, wenn häufigere Updates zu Oberflächenproblemen oder Datenüberlauf innerhalb Ihrer Anwendung führen können.

Listing 15.6 zeigt den Rahmencode für die Definition einer Location-Request, die alle 5 Sekunden eine hochgenaue Aktualisierung fordert. Beachten Sie, dass Sie einen Looper-Parameter angeben können. Dadurch können Sie die Callbacks für einen bestimmten Thread einplanen – das Setzen des Parameters auf `null` zwingt ihn dazu, zum aufrufenden Thread zurückzukehren.

```
LocationCallback mLocationCallback = new LocationCallback() {
  @Override
  public void onLocationResult(LocationResult locationResult) {
```

```
    for (Location location : locationResult.getLocations()) {
      // TODO Reagiere auf neu eintreffende Standorte
    }
  }
};

private void startTrackingLocation() {
  if (
    ActivityCompat
      .checkSelfPermission(this, ACCESS_FINE_LOCATION)==PERMISSION_GRANTED ||
    ActivityCompat
      .checkSelfPermission(this, ACCESS_COARSE_LOCATION)==PERMISSION_GRANTED) {

    FusedLocationProviderClient locationClient =
      LocationServices.getFusedLocationProviderClient(this);

    LocationRequest request = new LocationRequest()
      .setPriority(LocationRequest.PRIORITY_HIGH_ACCURACY)
      .setInterval(5000); // Aktualisiere alle 5 Sekunden

    locationClient.requestLocationUpdates(request, mLocationCallback, null);
  }
}
```

Listing 15.6 Anforderung von Standort-Updates über einen Location Request

Wenn ein neues Location-Update empfangen wird, führt der zugehörige Location-Callback die Methode `onLocationResult` aus.

Es ist möglich, mehrere Locations innerhalb eines Location-Result-Parameters zu empfangen. Dies geschieht, wenn Sie die maximale Wartezeit auf mehr als das Doppelte des Aktualisierungsintervalls einstellen:

```
LocationRequest request = new LocationRequest()
  .setPriority(LocationRequest.PRIORITY_HIGH_ACCURACY)
  .setInterval(5000)         // Prüfe Änderungen alle 5s
  .setMaxWaitTime(25000); // App kann bis zu 25s auf Updates warten
```

Die maximale Wartezeit gibt an, wie lange Ihre Anwendung maximal warten kann, bevor sie Standortaktualisierungen erhält. Ab diesem Zeitpunkt erhält sie einen Stapel aller neuen Standorte, die in diesem Intervall empfangen wurden. Dies kann die Effizienz Ihrer Anwendung verbessern, wenn Sie Updates in einem kurzen Intervall erhalten wollen, aber die Benutzeroberfläche nicht sofort aktualisieren müssen, etwa wenn Sie einen Pfad verfolgen, beispielsweise beim Wandern oder Laufen.

Um die Kosten für die Akkulaufzeit zu minimieren, sollten Sie Updates in Ihrer Anwendung nach Möglichkeit deaktivieren, insbesondere wenn Ihre Anwendung nicht sichtbar

15.3 | Standort, Kontextsensitivität und Kartografie

ist und Standortaktualisierungen nur zur Aktualisierung der Benutzeroberfläche einer Aktivität verwendet werden. Sie können die Performance weiter verbessern, indem Sie die minimale Zeit und den Abstand zwischen den Updates so groß wie möglich gestalten.

Um einen Location-Request zu entfernen, rufen Sie removeLocationUpdates auf und übergeben die entsprechende Location-Callback-Instanz. Im Allgemeinen ist es empfehlenswert, Standortaktualisierungen innerhalb der Methode onStop zu deaktivieren (siehe Listing 15.7), die ausgelöst wird, wenn Ihre Benutzeroberfläche nicht mehr sichtbar ist.

```
@Override
protected void onStop () {
  super.onStop();

  FusedLocationProviderClient fusedLocationClient =
    LocationServices.getFusedLocationProviderClient(this);

  fusedLocationClient.removeLocationUpdates(mLocationCallback);
}
```
Listing 15.7 Stornierung von Standortaktualisierungen

Wenn Sie Standortanforderungen entfernen, wenn die Activity beendet wird, müssen Sie verfolgen, wann Updates aktiviert wurden, um sicherzustellen, dass sie neu gestartet werden, wenn die Activity aufgrund einer Konfigurationsänderung neu gestartet wird. Details zur Aufrechterhaltung des Applikationsstatus finden Sie in Kapitel 8.

Empfang von Standortaktualisierungen mit Pending Intents

In seltenen Fällen kann es erforderlich sein, dass Ihre Anwendung weiterhin Standortaktualisierungen erhält, wenn sie im Hintergrund läuft. Um dies zu unterstützen, ermöglicht Ihnen der Fused-Location-Provider die Verwendung von PendingIntents zum Empfang von Updates anstelle des Location-Callbacks.

> **Hinweis**
>
> Das häufigste Beispiel dafür, dass eine Anwendung weiterhin Updates erhält, während sie im Hintergrund läuft, ist eine Anwendung mit einem Vordergrunddienst – wie beispielsweise einer Echtzeit-Fahrernavigation, die weiterhin hochgenaue Updates mit kurzer Frequenz empfängt. Wenn Sie jedoch einen Vordergrunddienst verwenden, ist es trotzdem empfehlenswert, den Location-Callback wie im vorherigen Abschnitt beschrieben zu verwenden.

Beim Empfang von Standortaktualisierungen im Hintergrund ist es wichtig, die Auswirkungen auf die Akkulaufzeit zu minimieren. Dabei ist es üblich, die Priorität auf niedrige

15.3 Gerätestandort über Google Location-Services suchen

oder keine zu setzen. Um die Akkulaufzeit weiter zu verbessern, beschränkt das System auf Geräten mit Android 8.0 Oreo (API Level 26) oder neuer die Aktualisierungen der Hintergrundstandorte strikt und Ihre Anwendung wird nur wenige Male pro Stunde aktualisiert.

Anstatt einen Location-Callback zu erstellen, können Sie einen `PendingIntent` angeben, der ausgelöst wird, wenn sich der Standort ändert oder sich der Verfügbarkeitsstatus des Standorts ändert. Übergeben Sie den empfangenen `Intent` an die Methoden `hasResult` und `extractResult`, um festzustellen, ob er ein neues Positionsergebnis enthält beziehungsweise um das Positionsergebnis zu extrahieren.

> **Hinweis**
>
> Um sicherzustellen, dass Ihre Anwendung keine sensiblen Standortinformationen preisgibt, sollten Sie sich an einen bestimmten Broadcast-Receiver wenden, wie in Listing 15.8 zu sehen ist.

Listing 15.8 zeigt, wie ein `PendingIntent` erstellt wird, der einen Broadcast-Receiver dazu veranlasst, neue Standortaktualisierungen durchzuführen.

```java
FusedLocationProviderClient fusedLocationClient
    = LocationServices.getFusedLocationProviderClient(this);

LocationRequest request = new LocationRequest()
                    .setInterval(60000*10)
// Aktualisiere alle 10 Minuten
                    .setPriority(LocationRequest.PRIORITY_NO_POWER);

final int locationUpdateRC = 0;
int flags = PendingIntent.FLAG_UPDATE_CURRENT;
Intent intent = new Intent(this, MyLocationUpdateReceiver.class);
PendingIntent pendingIntent =
    PendingIntent.getBroadcast(this, locationUpdateRC, intent, flags);

fusedLocationClient.requestLocationUpdates(request, pendingIntent);
```

Listing 15.8 Anforderung von Standortaktualisierungen mit einem Pending Intent

Denken Sie daran, dass Sie Ihren Broadcast-Receiver dem Anwendungsmanifest hinzufügen müssen, bevor er die `PendingIntents` empfangen kann.

Um Standortaktualisierungen zu stoppen, rufen Sie `removeLocationUpdates` auf, wie im folgenden Code gezeigt, und übergeben Sie den `PendingIntent`, den Sie nicht mehr senden möchten:

```java
fusedLocationClient.removeLocationUpdates(pendingIntent);
```

15.3 | Standort, Kontextsensitivität und Kartografie

Verfallskriterien für Aktualisierungen definieren

Nicht jede App erfordert kontinuierliche Standortaktualisierungen. In manchen Fällen ist nur eine einzige Standortkorrektur erforderlich, oder Aktualisierungen sind nur für kurze Zeit erforderlich, um einen angemessenen Kontext für die von ihnen bereitgestellten Funktionen oder Informationen bereitzustellen.

Bei der Definition Ihrer Standortanfrage können Sie mehrere zusätzliche Kriterien angeben, die die Anzahl der empfangenen Standortaktualisierungen begrenzen und die Standortanfrage automatisch entfernen, sobald das Limit erreicht ist:

- `setExpirationDuration`: Aktualisierungen verfallen nach der angegebenen Dauer in Millisekunden.

- `setExpirationTime`: Aktualisierungen verfallen, wenn die abgelaufene Echtzeit seit dem Booten des Geräts (in Millisekunden) erreicht ist.

- `setNumUpdates`: Es wird nur die angegebene Anzahl von Aktualisierungen empfangen.

Das folgende Beispiel zeigt einen (unwahrscheinlichen) Location-Request, der eine Ablaufdauer, Zeit und feste Anzahl von Aktualisierungen angibt:

```
LocationRequest request = new LocationRequest()
  .setExpirationDuration(3600000)
// Läuft in 1 Std ab
  .setExpirationTime(SystemClock.elapsedRealtime()+360000))   // Läuft in 1 Std ab
  .setNumUpdates(10)      // Empfange 10 Updates
  .setInterval(60000)     // Aktualisiere jede Minute
  .setPriority(LocationRequest.PRIORITY_NO_POWER);
```

Wenn Sie weitere Aktualisierungen erhalten möchten, nachdem eine Ablaufbedingung erfüllt ist, müssen Sie erneut Standortaktualisierungen anfordern.

Hintergrund-Standortaktualisierungsbeschränkungen

Um die Auswirkungen von Location-Updates auf die Akkulaufzeit zu reduzieren, hat Android 8.0 Oreo (API Level 26) strenge Beschränkungen für die Häufigkeit eingeführt, mit der Apps Location-Updates empfangen können, während sie sich im Hintergrund befinden. Insbesondere Anwendungen, die keine aktiven Activities oder Dienste im Vordergrund haben, werden nur wenige Male pro Stunde aktualisiert. Diese neuen Beschränkungen gelten für alle Anwendungen auf Geräten mit Android 8.0 oder höher, unabhängig vom Ziel-SDK Ihrer Anwendungen.

Vordergrundapplikationen erhalten weiterhin Aktualisierungen in der von Ihnen festgelegten Rate. Dazu gehören Anwendungen mit einer sichtbaren Activity oder mit einem laufenden Vordergrund-Service. Location-Requests mit der Angabe einer maximalen Wartezeit erhalten Stapel von Aktualisierungen in dem reduzierten Intervall, was dies zu einem nützlichen Ansatz macht, wenn Ihre Anwendung häufige Aktualisierungen erfordert, diese aber nicht in Echtzeit benötigt.

Alternativ wurde die Geofencing-API für den Hintergrundbetrieb optimiert. Sie empfängt häufiger Übergangsereignisse als Location-Updates vom FusedLocation-Provider. Zum Vergleich: Geofences werden alle paar Minuten auf Übergänge überprüft.

15.3.5 Geräte-Standort-Einstellungen ändern

Die Kombination aus der von Ihnen angeforderten Berechtigung für die Standortgenauigkeit und der Priorität Ihrer Standortanfrage gibt den Grad der Standortgenauigkeit und Präzision an, den Ihre Anwendung erfordert. Dies entspricht in der Regel einem oder mehreren Hardware-Geräten, die zur Standortbestimmung verwendet werden, wie etwa Wi-Fi oder GPS.

Aus Gründen der Privatsphäre und der Akku-Effizienz kann der Benutzer seinen bevorzugten Standortmodus auswählen, wie in Abbildung 15.6 gezeigt.

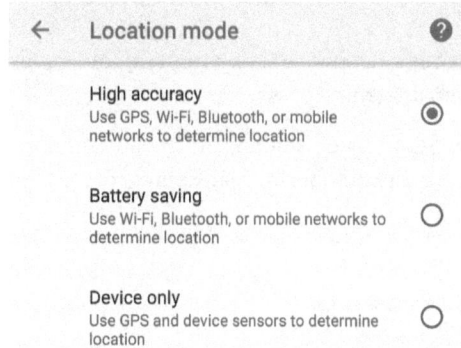

Abbildung 15.6 Standortmodus wählen

Daher ist es möglich, dass Ihre Anwendung bei der Anforderung von Standortaktualisierungen durch die Systemeinstellungen daran gehindert wird, die Genauigkeit der benötigten Standortdaten zu erhalten; beispielsweise kann die GPS- oder Wi-Fi-Suche deaktiviert werden.

Um sicherzustellen, dass Ihre Anwendung die Positionsergebnisse mit der erforderlichen Genauigkeit erhält, können Sie die Google Play-Services-Settings-API verwenden, um

15.3 | Standort, Kontextsensitivität und Kartografie

die aktuellen systemweiten Positionseinstellungen der Benutzer zu überprüfen und sie aufzufordern, ihre Auswahl bei Bedarf zu ändern.

Verwenden Sie den statischen `LocationSettingsRequest.Builder`, um jedes der Location-Request-Objekte hinzuzufügen, die Ihre Anwendung zur Anforderung von Location-Updates verwendet.

Holen Sie sich eine Instanz des `LocationServices-SettingsClient` mit der Methode `getSettingsClient`, und verwenden Sie dessen `checkLocationSettings`-Methode, um eine Aufgabe zu starten, die eine `LocationSettingsResponse` liefert, siehe Listing 15.10.

```
// Ermittle den Settings-Client.
SettingsClient client = LocationServices.getSettingsClient(this);


// Erzeuge ein LocationSettingsRequest und füge die eigene Anforderung hinzu.
LocationSettingsRequest.Builder builder =
  new LocationSettingsRequest.Builder().addLocationRequest(request);


// Prüfe, ob die Location-Settings den Anforderungen genügen.
Task<LocationSettingsResponse> task =
  client.checkLocationSettings(builder.build());
```

Listing 15.9 Prüfung, ob die aktuellen Standort-Einstellungen Ihren Anforderungen entsprechen

Sie können die Ergebnisse der `LocationSettings-ResponseTask` ermitteln, indem Sie die Methoden `onSuccess` und `onFailure` hinzufügen.

Eine erfolgreiche Antwort zeigt an, dass die Standort-Einstellungen für die Standortanfrage Ihrer Anwendung ausreichen, damit Sie Ihre Standortaktualisierungen einleiten können, siehe Listing 15.11.

```
task.addOnSuccessListener(this,
  new OnSuccessListener<LocationSettingsResponse>() {
    @Override
    public void onSuccess(LocationSettingsResponse locationSettingsResponse) {
      // Standorteinstellungen entsprechen den Anforderungen des
      // Location Request.
      startTrackingLocation();
    }
});
```

Listing 15.10 Einen Handler erstellen, wenn die Ortseinstellungen Ihren Anforderungen entsprechen

Wenn die Handler-Methode `onFailure` des `OnFailureListeners` ausgelöst wird, zeigt sie an, dass die aktuellen Systemstandorteinstellungen möglicherweise nicht den Anforderungen entsprechen, die Sie in Ihren Location-Requests angegeben haben. Sie können den Statuscode aus der zurückgegebenen Ausnahme extrahieren, um Ihren nächsten Schritt zu bestimmen. Ein Status von `RESOLUTION_REQUIRED` zeigt an, dass das Problem durch eine Benutzeraktion behoben werden könnte, während `SETTINGS_CHANGE_UNAVAILABLE` anzeigt, dass das Problem nicht behoben werden kann:

```
int statusCode = ((ApiException) e).getStatusCode();

switch (statusCode) {
  case CommonStatusCodes.RESOLUTION_REQUIRED:
    // Problem kann vom Benutzer behoben werden
    break;
  case LocationSettingsStatusCodes.SETTINGS_CHANGE_UNAVAILABLE:
    // Problem kann nicht vom Benutzer behoben werden
    break;
  default: break;
}
```

Im ersten Fall können Sie den Benutzer auffordern, die Positionseinstellungen entsprechend Ihren Anforderungen zu ändern, indem Sie `startResolutionForResult` über die vom `onFailure`-Handler empfangene `ResolvableApiException` aufrufen:

```
ResolvableApiException resolvable = (ResolvableApiException) e;
resolvable.startResolutionForResult(MainActivity.this, CHECK_SETTINGS);
```

Es wird ein Dialogfeld angezeigt, wie in Abbildung 15.7 zu sehen, in dem der Benutzer aufgefordert wird, die Positionseinstellungen nach Bedarf zu ändern.

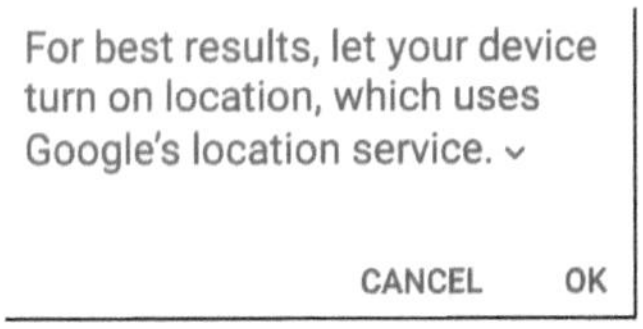

For best results, let your device turn on location, which uses Google's location service. ⌄

CANCEL   OK

Abbildung 15.7 Positionseinstellungen ändern

Der vollständige Rahmencode für eine `OnFailureListener`-Implementierung, die einen Benutzerdialog anzeigt, der eine Änderung der Standorteinstellungen erfordert, ist in Listing 15.12 dargestellt.

15.3 | Standort, Kontextsensitivität und Kartografie

```
task.addOnFailureListener(this, new OnFailureListener() {
  @Override
  public void onFailure(@NonNull Exception e) {
    // Entnehme der Exception den Fehlerstatus-Code
    int statusCode = ((ApiException) e).getStatusCode();
    switch (statusCode) {
      case CommonStatusCodes.RESOLUTION_REQUIRED:
        // Ortseinstellungen entsprechen nicht den Anforderungen des
        // Location Requests, können aber durch Benutzerauswahl in
        // einem Dialog aufgelöst werden.
        try {
          // Zeige Dialog zur Auflösung des Standort-Problems
          ResolvableApiException resolvable = (ResolvableApiException) e;
          resolvable.startResolutionForResult(MainActivity.this,
            REQUEST_CHECK_SETTINGS);
        } catch (IntentSender.SendIntentException sendEx) {
          Log.e(TAG, "Location Settings resolution failed.", sendEx);
        }
        break;
      case LocationSettingsStatusCodes.SETTINGS_CHANGE_UNAVAILABLE:
        // Die Ortseinstellungen entsprechen nicht den Anforderungen
        // des Location Requests und können nicht mit einem
        // Benutzerdialog aufgelöst werden.
        // TODO Starte Überwachung von Standortaktualisierungen
        // trotzdem oder breche ab.
        break;
    }
  }
});
```

Listing 15.11 Anfordern von Benutzeränderungen an den Standorteinstellungen

Das Ergebnis der Interaktion des Benutzers mit dem Dialog wird in der Methode onActivityResult zurückgegeben, siehe Listing 15.13.

Wenn das Ergebnis RESULT_OK ist, zeigt es an, dass die gewünschten Änderungen an den Einstellungen vorgenommen wurden, und es steht Ihnen frei, Standortaktualisierungen anzufordern. Wenn RESULT_CANCELED empfangen wird, hat der Benutzer entschieden, die gewünschten Änderungen nicht zu übernehmen.

```
@Override
protected void onActivityResult(int requestCode, int resultCode, Intent data){
  final LocationSettingsStates states =
    LocationSettingsStates.fromIntent(data);
```

```
if (requestCode == REQUEST_CHECK_SETTINGS) {
  switch (resultCode) {
    case Activity.RESULT_OK:
      // TODO Es liegen Änderungen vor.
      break;
    case Activity.RESULT_CANCELED:
      // TODO Es liegen keine Änderungen vor.
      // TODO Prüfe Zustände, ob trotzdem Standort-Updates
      // angefordert werden sollten.
      break;
    default: break;
  }
 }
}
```

Listing 15.12 Bearbeitung der Benutzerantwort auf die Anfrage zur Änderung der Standorteinstellungen

Wenn der Benutzer die gewünschten Einstellungen ablehnt, müssen Sie entscheiden, wie die App reagieren soll. Sie können versuchen, die Positionsergebnisse abzufragen, wenn Sie wissen, dass die Genauigkeit geringer ist als gewünscht, die Funktionalität, die die Aktualisierungen erfordert, deaktivieren oder – in extremen Fällen – einen Fehler anzeigen und die Anwendung beenden.

Um die Entscheidung für den besten Ansatz zu erleichtern, können Sie zusätzliche Standort-Einstellungszustände aus dem `Intent` extrahieren, der an die Handler-Methode `onActivityResult` zurückgegeben wird:

```
final LocationSettingsStates states =
  LocationSettingsStates.fromIntent(data);
```

Die `LocationSettingsStates` enthalten eine Reihe von Methoden, die die Verfügbarkeit und Verwendbarkeit von standortbezogener Unterstützung anzeigen, einschließlich dem Standort selbst, GPS, Mobilfunknetz/Wi-Fi und BLE.

15.3.6 Aktualisierung im »Wo bin ich«-Beispiel

Im folgenden Beispiel wird das »Wo bin ich«-Projekt erweitert, um Ihre aktuelle Position zu aktualisieren, indem Sie auf Ortsänderungen mit einem 5-Sekunden-Intervall achten:

- Öffnen Sie die `WhereAmIActivity` im `WhereAmI`-Projekt. Ändern Sie die Methode `onCreate`, um einen neuen `LocationRequest` zu erstellen, der eine hohe Genauigkeit und ein Aktualisierungs-Intervall von 5 Sekunden hat:

15.3 | Standort, Kontextsensitivität und Kartografie

```
    private LocationRequest mLocationRequest;

    @Override
    protected void onCreate(Bundle savedInstanceState) {
      super.onCreate(savedInstanceState);
      setContentView(R.layout.activity_where_am_i);
      mTextView = findViewById(R.id.myLocationText);

      GoogleApiAvailability availability
        = GoogleApiAvailability.getInstance();
      int result = availability.isGooglePlayServicesAvailable(this);
      if (result != ConnectionResult.SUCCESS) {
        if (!availability.isUserResolvableError(result)) {
          Toast.makeText(this, ERROR_MSG, Toast.LENGTH_LONG).show();
        }
      }

      mLocationRequest = new LocationRequest()
          .setInterval(5000)
          .setPriority(LocationRequest.PRIORITY_HIGH_ACCURACY);
    }
```

- Erstellen Sie ein Objekt der Klasse `LocationCallback`, das die Methode `onLocationResult` überschreibt, um darin die Methode `updateTextView` aufzurufen, welche die `TextView` aktualisiert, sobald eine `Location`-Aktualisierung empfangen wird:

```
    LocationCallback mLocationCallback = new LocationCallback() {
      @Override
      public void onLocationResult(LocationResult locationResult) {
        Location location = locationResult.getLastLocation();
        if (location != null) {
          updateTextView(location);
        }
      }
    };
```

- Erstellen Sie eine neue Methode `requestLocationUpdates`, die eine Anforderung zum Empfang von Location-Aktualisierungen mit dem in Schritt 1 definierten Location-Request und dem Location-Callback aus Schritt 2 initiiert:

```
    private void requestLocationUpdates() {
      if (ActivityCompat
```

15.3 | Gerätestandort über Google Location-Services suchen

```
    .checkSelfPermission(this, ACCESS_FINE_LOCATION)
     ==PERMISSION_GRANTED ||
    ActivityCompat
    .checkSelfPermission(this, ACCESS_COARSE_LOCATION)
     ==PERMISSION_GRANTED) {

  FusedLocationProviderClient fusedLocationClient
    = LocationServices.getFusedLocationProviderClient(this);

  fusedLocationClient.requestLocationUpdates(mLocationRequest,
    mLocationCallback, null);
  }
}
```

- Ändern Sie die Methode onStart, um die Systemstandorteinstellungen mit den Anforderungen unserer Standortanfrage zu vergleichen. Wenn die Einstellungen kompatibel sind oder nicht aufgelöst werden können, rufen Sie die Methode requestLocationUpdates aus Schritt 3 auf. Wenn sie nicht unseren Anforderungen entsprechen, aber durch Benutzeraktionen aufgelöst werden können, zeigen Sie einen Dialog an, in dem die Benutzer aufgefordert werden, ihre Einstellungen entsprechend zu ändern:

```
public static final String TAG = "WhereAmIActivity";
private static final int REQUEST_CHECK_SETTINGS = 2;

@Override
protected void onStart() {
  super.onStart();

  // Gibt es die Berechtigung auf hochgenaue Feinortung?
  int permission = ActivityCompat.checkSelfPermission(this,
    ACCESS_FINE_LOCATION);

  // Wenn erlaubt, hole den letzten Standort.
  if (permission == PERMISSION_GRANTED) {
    getLastLocation();
  } else {
    // Wenn keine Berechtigung vorliegt, fordere sie an.
    ActivityCompat.requestPermissions(this,
      new String[]{ACCESS_FINE_LOCATION},
      LOCATION_PERMISSION_REQUEST);
  }
```

15.3 | Standort, Kontextsensitivität und Kartografie

```java
// Ist die LocationSetting mit dem LocationRequest kompatibel?
LocationSettingsRequest.Builder builder =
  new LocationSettingsRequest.Builder()
        .addLocationRequest(mLocationRequest);

SettingsClient client = LocationServices.getSettingsClient(this);

Task<LocationSettingsResponse> task =
  client.checkLocationSettings(builder.build());

task.addOnSuccessListener(this,
  new OnSuccessListener<LocationSettingsResponse>() {
  @Override
  public void onSuccess(LocationSettingsResponse
                        locationSettingsResponse) {
    // LocationSetting erfüllt den LocationRequest.
    // Fordere LocationUpdates an!
    requestLocationUpdates();
  }
});

task.addOnFailureListener(this, new OnFailureListener() {
  @Override
  public void onFailure(@NonNull Exception e) {
    // Entnehme den Fehlerstatus aus der Exception.
    int statusCode = ((ApiException) e).getStatusCode();
    switch (statusCode) {
      case CommonStatusCodes.RESOLUTION_REQUIRED:
        try {
          // Starte Dialog, um die Standorteinstellungen zu klären.
          ResolvableApiException resolvable
            = (ResolvableApiException) e;
          resolvable.startResolutionForResult(WhereAmIActivity.this,
            REQUEST_CHECK_SETTINGS);
        } catch (IntentSender.SendIntentException sendEx) {
          Log.e(TAG, "Location Settings resolution failed.", sendEx);
        }
        break;
      case LocationSettingsStatusCodes.SETTINGS_CHANGE_UNAVAILABLE:
        // Standorteinstellungen können vom Benutzer nicht geklärt werden.
        // Frage dennoch nach LocationUpdates.
```

```
            Log.d(TAG, "Location Settings can't be resolved.");
            requestLocationUpdates();
            break;
        }
      }
   });
}
```

- Überschreiben Sie die Handler-Methode `onActivityResult`, um auf eine Rückkehr aus dem möglicherweise in Schritt 4 angezeigten Dialog zu warten. Wenn der Benutzer die angeforderten Änderungen akzeptiert, fordern Sie Standortaktualisierungen an. Wenn sie abgelehnt werden, überprüfen Sie, ob irgendwelche Standortservices verfügbar sind, und fordern Sie Aktualisierungen an, wenn dies der Fall ist:

```
@Override
protected void onActivityResult(int requestCode,
                                int resultCode,Intent data){
   final LocationSettingsStates states =
     LocationSettingsStates.fromIntent(data);

   if (requestCode == REQUEST_CHECK_SETTINGS) {
     switch (resultCode) {
       case Activity.RESULT_OK:
         // Änderungsanforderung erfüllt, fordere Standort-Update an.
         requestLocationUpdates();
         break;
       case Activity.RESULT_CANCELED:
         // Änderungsanforderung nicht erfüllt.
         Log.d(TAG, "Requested settings changes declined by user.");
         // Standort-Services verfügbar? Dann fordere Update an.
         if (states.isLocationUsable())
           requestLocationUpdates();
         else
           Log.d(TAG, "No location services available.");
         break;
       default: break;
     }
   }
}
```

Wenn Sie die Anwendung ausführen und den Standort des Geräts ändern, sehen Sie die daraus folgende Aktualisierung der `TextView`.

15.3.7 Sinnvolle Verwendung des Standorts

Die Integration des Benutzerstandorts in Ihre Anwendungen ermöglichen leistungsstarke Personalisierungs- und Kontextualisierungsfunktionen, die einzigartige Features ermöglichen. Diese leistungsstarken Funktionen müssen gegen die Auswirkungen auf die Akkulaufzeit und die Privatsphäre des Benutzers abgewogen werden.

Um die Vorteile dieser Funktionen zu nutzen, ohne den Akku des Geräts zu entladen, sollten Sie die folgenden Faktoren berücksichtigen:

- Akkulaufzeit gegenüber Genauigkeit: Je mehr Priorität Sie der Genauigkeit einräumen, desto schneller wird Ihre Anwendung den Akku entladen. Überlegen Sie, wie genau Ihre Standortdaten sein müssen, und ändern Sie die Anforderungen zur Laufzeit, um die Auswirkungen auf die Akkulaufzeit zu minimieren.

- Aktualisierungsrate minimieren: Verlangsamte Aktualisierungen können den Akkuverbrauch erheblich reduzieren, für den Preis weniger zeitnaher Aktualisierungen.

- Das schnellste Intervall ändern: Die Vergrößerung des schnellsten Intervalls ist nützlich, wenn Ihre Anwendung eine zeitaufwändige Operation durchführt, die verhindert, dass sie weitere Standortaktualisierungen verarbeitet. Erhöhen Sie diesen Wert, damit die Location-Services Standortaktualisierungen zwischenspeichern können, bis Ihre App sie verarbeiten kann. Sobald die langanhaltende Arbeit beendet ist, setzen Sie das schnellste Intervall zurück auf einen schnelleren Wert.

- Abbestellen, wenn es angebracht ist: Ihre Anwendung sollte sich immer von Aktualisierungen abmelden, wenn sie nicht benötigt werden. Dies ist besonders wichtig, wenn Standortaktualisierungen Ihre Benutzeroberfläche aktualisieren aber Ihre Activity nicht mehr sichtbar ist.

Der Zugriff auf den aktuellen Standort des Benutzers führt zu wichtigen Überlegungen bezüglich des Datenschutzes. Daher ist es wichtig, dass Ihre Anwendung Standortdaten so behandelt, dass die Privatsphäre der Benutzer gewahrt bleibt:

- Ermitteln Sie den aktuellen Standort und fordern Sie Standortaktualisierungen nur dann an, wenn dies für das Funktionieren Ihrer Anwendung unbedingt erforderlich ist. Wenn möglich, erlauben Sie Benutzern, ortsabhängige Funktionen abzulehnen, während Sie den Rest Ihrer Anwendung verwenden.

- Informieren Sie die Nutzer darüber, wie und warum die Nutzung ihres Standorts notwendig ist.

- Benachrichtigen Sie Benutzer, wenn Sie ihren Standort verfolgen und ob und wie diese Standortinformationen verwendet, übertragen und gespeichert werden.

- Vermeiden Sie das Speichern oder Übertragen des Benutzerstandorts. Wenn Speicherung und Übertragung notwendig sind, treffen Sie alle Vorkehrungen, um zu verhindern, dass andere Anwendungen auf diese Informationen zugreifen können.
- Achten Sie darauf, dass keine Standortinformationen durch Sendeabsichten oder ungesicherte Datenbanken verloren gehen.
- Respektieren Sie die Benutzereinstellungen und Systemeinstellungen. Ermöglichen Sie es Benutzern, Standortaktualisierungen innerhalb Ihrer Anwendung zu deaktivieren, und bieten Sie so viel Funktionalität wie möglich, selbst wenn Benutzer die Genauigkeit des Standorts einschränken.

15.4 Einstellen und Verwalten von Geofences

Geofences werden durch einen bestimmten Breiten- und Längengrad definiert, kombiniert mit einem effektiven Radius. Mit Geofences können Sie PendingIntents einstellen, die aufgrund der Nähe des Benutzers zu bestimmten Orten abgefeuert werden. Ihre Anwendung kann bis zu 100 Geofences pro Gerätebenutzer angeben.

> **Hinweis**
>
> Intern verwendet Geofences den Fused-Location-Provider mit unterschiedlichen Genauigkeitsprioritäten, je nachdem, wie nah Sie am äußeren Rand Ihres Zielgebiets sind. Dadurch können der Stromverbrauch und die Kosten minimiert werden, wenn der Alarm aufgrund der Entfernung von der Zielgebietsschnittstelle unwahrscheinlich ist.

Die Geofence-API ist Teil der Google Play-Service Location Services-Bibliothek, die nach der Installation der Google Play-Dienste, wie bereits in diesem Kapitel beschrieben, als Dependency zur *build.gradle*-Datei Ihres App-Moduls hinzugefügt werden muss:

```
dependencies {
    ...
    implementation 'com.google.android.gms:play-services-location:11.8.0'
}
```

Die Geofence-API setzt voraus, dass die Berechtigung für den genauen Standort in Ihrem Anwendungsmanifest definiert ist:

```
<uses-permission android:name="android.permission.ACCESS_FINE_LOCATION" />
```

Als gefährliche Berechtigung muss vor dem Setzen einer Geofence auch der Zugriff auf den genauen Standort zur Laufzeit beantragt werden:

15.4 | Standort, Kontextsensitivität und Kartografie

```
// Gibt es die Berechtigung für die genaue Standortbestimmung?
int permission = ActivityCompat.checkSelfPermission(this,
  Manifest.permission.ACCESS_FINE_LOCATION);

// Bei gültiger Berechtigung, hole den letzten Standort.
if (permission == PERMISSION_GRANTED) {
  setGeofence();
} else {
  // Fehlt die Berechtigung, fordere sie an.
  ActivityCompat.requestPermissions(this,
    new String[]{Manifest.permission.ACCESS_FINE_LOCATION},
    LOCATION_PERMISSION_REQUEST);
}
```

Um eine Geofence zu setzen, fordern Sie eine Instanz von `GeofencingClient` an, indem Sie die statische Methode `getGeofencingClient` aus der Klasse `LocationServices` aufrufen, siehe Listing 15.14.

```
GeofencingClient geofencingClient =
  LocationServices.getGeofencingClient(this);
```
Listing 15.13 Zugriff auf GeofencingClient

Wie in Listing 15.15 gezeigt, können Sie mit der Klasse `Geofence.Builder` eine Geofence um einen bestimmten Ort definieren. Geben Sie eine eindeutige ID, den Mittelpunkt (unter Verwendung von Längen- und Breitengraden), einen Radius um diesen Punkt, eine Ablauffrist und die Übergangsarten an, die dazu führen, dass der `PendingIntent` ausgelöst wird: Eingang, Ausgang und Verweilzeit.

```
Geofence newGeofence = new Geofence.Builder()
  .setRequestId(id) // Eindeutiger Name
  .setCircularRegion(location.getLatitude(),
                    location.getLongitude(),
                    30) // 30 meter Radius
  .setExpirationDuration(Geofence.NEVER_EXPIRE) // Oder Ablauffrist in ms
  .setLoiteringDelay(10*1000)                   // Verweilzeit nach 10 s
  .setNotificationResponsiveness(10*1000)       // Benachrichtigung in 10 s
  .setTransitionTypes(Geofence.GEOFENCE_TRANSITION_DWELL)
  .build();
```
Listing 15.14 Eine Geofence definieren

Die Latenzzeit gibt die Zeit (in Millisekunden) an, die das Gerät innerhalb des Radius liegen muss, bevor der Übergangstyp vom Eintritt zur Verweildauer wechselt, während die Benachrichtigungsreaktion es Ihnen erlaubt, Ihre bevorzugte Latenzzeit zwischen einem Übergang und dem Auslösen eines Intents anzugeben. Der Standardwert ist 0, aber ein großer Wert kann die Batterieleistung deutlich verbessern.

15.4 Einstellen und Verwalten von Geofences

Um eine Geofence hinzuzufügen, müssen Sie einen `GeofencingRequest` und einen zu startenden `PendingIntent` an den Geofencing Client übergeben.

Erstellen Sie den `GeofencingRequest` mit dem `GeofencingRequest.Builder`, indem Sie entweder eine Liste der Geofences oder eine individuelle Geofence (siehe Listing 15.16) hinzufügen. Sie können auch den Anfangs-Trigger angeben, der nützlich sein kann, wenn Sie bei der Eingabe der Geofence triggern und einen Trigger empfangen möchten, wenn sich das Gerät beim Erstellen der Geofence bereits im Nahbereich befindet.

```
GeofencingRequest geofencingRequest = new GeofencingRequest.Builder()
  .addGeofence(newGeofence)
  .setInitialTrigger(GeofencingRequest.INITIAL_TRIGGER_DWELL)
  .build();
```

Listing 15.15 Einen Geofencing Request erzeugen

Um den zu startenden Intent anzugeben, verwenden Sie einen `PendingIntent`, eine Klasse, die einen Intent in einer Art Methodenzeiger umhüllt, wie in Kapitel 6 beschrieben:

```
Intent intent = new Intent(this, GeofenceBroadcastReceiver.class);
PendingIntent geofenceIntent = PendingIntent.getBroadcast(this, -1,
                                                          intent, 0);
```

Listing 15.17 zeigt, wie eine Geofencing-Anfrage mit dem `GeofencingClient` initiiert wird, wobei der spezifizierte `PendingIntent` angegeben wird, der gesendet werden soll, wenn die Geofence ausgelöst wird. Sie können `OnSuccessListener` und `OnFailureListener` verwenden, um zu beobachten, ob der Versuch, die Geofence hinzuzufügen, erfolgreich war.

```
geofencingClient.addGeofences(geofencingRequest, geofenceIntent)
  .addOnSuccessListener(this, new OnSuccessListener<Void>() {
    @Override
    public void onSuccess(Void aVoid) {
      // TODO Geofence hinzugefügt
    }
  })
  .addOnFailureListener(this, new OnFailureListener() {
    @Override
    public void onFailure(@NonNull Exception e) {
      Log.d(TAG, "Adding Geofence failed", e);
      // TODO Hinzufügen von Geofence gescheitert
    }
  });
```

Listing 15.16 Einen Geofence Request einleiten

15.4 | Standort, Kontextsensitivität und Kartografie

Wenn der Location-Service feststellt, dass die Geofence-Radiusgrenze überschritten wurde, wird der `PendingIntent` ausgelöst. Abhängig von Ihrem `PendingIntent` kann ein Broadcast-Receiver aktiviert werden (siehe Listing 15.18).

```
public class GeofenceBroadcastReceiver extends BroadcastReceiver {

  private static final String TAG = "GeofenceReceiver";

  @Override
  public void onReceive(Context context, Intent intent) {
    GeofencingEvent geofencingEvent = GeofencingEvent.fromIntent(intent);
    if (geofencingEvent.hasError()) {
      int errorCode = geofencingEvent.getErrorCode();
      String errorMessage =
        GeofenceStatusCodes.getStatusCodeString(errorCode);
      Log.e(TAG, errorMessage);
    } else {
      // Hole die Übergangsart
      int geofenceTransition = geofencingEvent.getGeofenceTransition();

      // Ein Ereignis kann mehrere Geofences auslösen.
      // Ermittle die Geofence, das ausgelöst wurde.
      List<Geofence> triggeringGeofences =
        geofencingEvent.getTriggeringGeofences();

      // TODO Reagiere auf die Geofence-Übergänge
    }
  }
}
```

Listing 15.17 Einen Geofence Broadcast Receiver erstellen

Sie können das `GeofencingEvent` auslesen, indem Sie den empfangenen `Intent` an die Methode `fromIntent` des `GeofencingEvents` übergeben. Mit Hilfe des `GeofencingEvents` können Sie feststellen, welche Fehler aufgetreten sind – sowie die Art des Übergangs und die Liste der Geofences, die den Intent-Broadcast ausgelöst haben.

Geofences werden automatisch entfernt, sobald ihre Zeit abgelaufen ist, oder Sie können sie manuell mit der Methode `removeGeofences` des `GeofenceClients` entfernen, indem Sie entweder eine Liste der Identifikations-Strings oder den `PendingIntent`, der den zu entfernenden Geofences zugeordnet ist, übergeben:

```
geofencingClient.removeGeofences(geofenceIntent);
```

> **Hinweis**
>
> Zum Zeitpunkt der Erstellung dieses Buches war es nicht möglich, Geofences mit dem Android-Emulator zu testen, da sie nie auslösen. Um Geofences zu testen, müssen Sie diese derzeit auf einem physikalischen Gerät ausführen. Wenn Sie vermeiden möchten, dass Sie sich selbst bewegen müssen, aktivieren Sie in den Einstellungen der Entwickleroptionen auf Ihrem Gerät die Option »Attrappenorte zulassen« (Allow mock locations) und fügen Sie die Berechtigung ACCESS_MOCK_LOCATION in Ihrem Manifest hinzu. Damit können Sie Mock-Locations an Ihre App senden, wie unter *d.android.com/guide/topics/location/strategies.html#MockData* beschrieben.

Einmal hinzugefügt, bleiben Geofences innerhalb des Location Services-Prozesses aktiv, auch wenn Ihre Anwendung vom System geschlossen oder beendet wird. Sie bleiben bestehen, außer im Falle eines Neustarts des Geräts, einer Deinstallation Ihrer Anwendung, einer vom Benutzer initiierten Löschung Ihrer Anwendungsdaten (oder der Daten der Google Play-Dienste) oder wenn Sie einen GEOFENCE_NOT_AVAILABLE-Fehler erhalten.

Android 8.0 Oreo (API Level 26) führte strenge Beschränkungen für die Häufigkeit ein, mit der Anwendungen Standortaktualisierungen empfangen können, während sie sich im Hintergrund befinden. Da die Geofencing-API jedoch für den Hintergrundbetrieb optimiert wurde, empfängt sie häufiger Übergangsereignisse als Location-Updates vom Fused-Location-Provider, während sich Ihre Anwendung im Hintergrund befindet – normalerweise alle paar Minuten.

Nichtsdestotrotz kann der Empfang von Standortaktualisierungen innerhalb Ihrer Anwendung einen erheblichen Einfluss auf den Stromverbrauch haben, ebenso wie die Einstellung mehrerer Geofences, die häufig ausgelöst werden können. Um die damit verbundene Akku-Belastung zu minimieren, stellen Sie die Reaktionsfähigkeit der Benachrichtigung auf einen möglichst langsamen Wert ein und vergrößern Sie den Geofence-Radius auf mindestens 150 Meter, so dass das Gerät seinen Standort nicht so oft überprüfen muss.

15.5 Verwendung der standortbasierten Dienste der Legacy-Plattform

Zusätzlich zu den Google Play-Services Location Services enthält das Android-Framework standortbezogene Dienste, die auf allen Android-Geräten verfügbar sind. Die Google Play Location Library nutzt diese Plattform-APIs, um ihre Funktionalität zu implementieren.

Der Fused-Location-Provider implementiert viele der in diesem Abschnitt beschriebenen Empfehlungen, um die Effizienz des Akkus zu erhöhen und die Genauigkeit der Standortbestimmung zu erhöhen, so dass er die empfohlene API verwendet, wann immer dies möglich ist.

15.5 | Standort, Kontextsensitivität und Kartografie

»Location-Based Services« ist ein Oberbegriff, der die verschiedenen Technologien beschreibt, die von der Plattform verwendet werden, um den aktuellen Standort eines Geräts zu ermitteln. Die beiden wichtigsten LBS-Elemente sind:

- Location-Manager: Bietet eine Verbindung zu den standortbezogenen Diensten.
- Location-Provider: Jeder dieser Anbieter stellt eine andere Ortungstechnologie dar, die zur Bestimmung des aktuellen Standorts des Geräts verwendet wird.

Mit dem Location-Manager können Sie Folgendes tun:

- Ihren jetzigen Standort ermitteln
- Bewegung folgen
- Verfügbare Location-Provider finden
- Den Status des GPS-Empfängers überwachen

Der Zugriff auf die Location Based Services erfolgt über den `LocationManager`. Eine Referenz auf den `LocationManager` erhalten Sie, wenn Sie die Methode `getSystemService` mit dem Parameter `LOCATION_SERVICE` aufrufen:

```
LocationManager locationManager
  = (LocationManager) getSystemService(Context.LOCATION_SERVICE);
```

Wie bei der Google Play-Services Location Services-Bibliothek benötigen die Platform Location-Based Services eine oder mehrere Uses-Permission-Tags in Ihrem Manifest:

```
<uses-permission android:name="android.permission.ACCESS_FINE_LOCATION"/>
<uses-permission android:name="android.permission.ACCESS_COARSE_LOCATION"/>
```

Als gefährliche Berechtigungen erfordern sowohl genaue als auch ungefähre Standortzugriffe, dass der Benutzer Laufzeitberechtigungen akzeptiert, bevor Ihre Anwendung Standortinformationen über die standortbasierten Dienste abrufen kann.

15.5.1 Einen Location-Provider auswählen

Je nach Gerät können Sie verschiedene Technologien nutzen, um den aktuellen Standort zu ermitteln. Jede Technologie, die als Location-Provider verfügbar ist, bietet verschiedene Möglichkeiten – einschließlich unterschiedlicher Leistungsaufnahme, Genauigkeit und der Möglichkeit, Höhen-, Geschwindigkeits- oder Richtungsinformationen zu bestimmen.

> **Hinweis**
>
> Der Fused-Location-Provider, der von der im vorherigen Abschnitt beschriebenen Google Play-Location-Library bereitgestellt wird, enthält alle verfügbaren Location-Provider, um die genauesten Ortungsergebnisse mit dem geringsten Akkuverbrauch zu liefern.

Location-Provider finden

Die Klasse `LocationManager` enthält statische String-Konstanten, die den Providernamen für drei Location-Provider zurückgeben:

- GPS_PROVIDER
- NETWORK_PROVIDER
- PASSIVE_PROVIDER

> **Hinweis**
>
> Der GPS-Provider benötigt ebenso wie der passive Provider eine genaue Genehmigung, während der Netzwerk-Provider (Zellen-ID/Wi-Fi) nur ungenau ist.

Um eine Liste der Namen aller verfügbaren Provider zu erhalten (basierend auf der auf dem Gerät verfügbaren Hardware und den der Anwendung gewährten Berechtigungen), rufen Sie `getProviders` auf und geben Sie an, ob alle oder nur die aktivierten Provider zurückgegeben werden sollen:

```
boolean enabledOnly = true;
List<String> providers = locationManager.getProviders(enabledOnly);
```

Location-Provider über die Angabe von Kriterien suchen

In den meisten Szenarien ist es unwahrscheinlich, dass Sie explizit einen Location-Provider wählen wollen. Es ist besser, Ihre Anforderungen zu spezifizieren und Android die beste Technologie bestimmen zu lassen.

Verwenden Sie die Klasse `Criteria`, um die Anforderungen eines Anbieters in Bezug auf Genauigkeit, Stromverbrauch (niedrig, mittel, hoch), finanzielle Kosten und die Fähigkeit, Werte für Höhe, Geschwindigkeit und Richtung zurückzugeben, festzulegen:

```
Criteria criteria = new Criteria();
criteria.setAccuracy(Criteria.ACCURACY_COARSE);
criteria.setPowerRequirement(Criteria.POWER_LOW);
criteria.setAltitudeRequired(false);
criteria.setBearingRequired(false);
criteria.setSpeedRequired(false);
criteria.setCostAllowed(true);
```

Die an die Methode `setAccuracy` übergebenen Grob- beziehungsweise Feinwerte stellen ein subjektives Maß an Genauigkeit dar, wobei FINE für GPS oder besser steht und COARSE für jede Technologie, die wesentlich weniger genau ist.

Es ist auch möglich, zusätzliche Kriterien anzugeben, um mehr Kontrolle über die Genauigkeit zu erhalten, die Sie benötigen, einschließlich horizontaler (Breiten- und Längengrad), vertikaler (Höhe), Geschwindigkeits- und Peilgenauigkeit:

15.5 | Standort, Kontextsensitivität und Kartografie

```
criteria.setHorizontalAccuracy(Criteria.ACCURACY_HIGH);
criteria.setVerticalAccuracy(Criteria.ACCURACY_MEDIUM);

criteria.setBearingAccuracy(Criteria.ACCURACY_LOW);
criteria.setSpeedAccuracy(Criteria.ACCURACY_LOW);
```

In Bezug auf die horizontale und vertikale Genauigkeit ist eine hohe Genauigkeit eine Voraussetzung für bis auf 100 m korrekte Ergebnisse. Anbieter mit geringer Genauigkeit sind auf mehr als 500 m genau, während Anbieter mit mittlerer Genauigkeit eine Genauigkeit zwischen 100 und 500 m darstellen.

Bei der Angabe der Genauigkeitsanforderungen für Peilung und Geschwindigkeit sind nur die Parameter ACCURACY_LOW und ACCURACY_HIGH gültig.

Nachdem Sie die erforderlichen Kriterien definiert haben, können Sie mit getBestProvider den am besten passenden Location-Provider oder mit getProviders alle möglichen Übereinstimmungen auslesen. Das folgende Beispiel demonstriert die Verwendung von getBestProvider, um den besten Provider für Ihre Criteria zu ermitteln, bei dem Sie das Ergebnis auf die aktuell aktivierten Provider beschränken können:

```
String bestProvider = locationManager.getBestProvider(criteria, true);
```

In den meisten Fällen, wenn mehr als ein Location-Provider Ihre Kriterien erfüllt, wird derjenige mit der höchsten Genauigkeit zurückgegeben. Wenn kein Location-Provider Ihren Anforderungen entspricht, werden die Kriterien in der folgenden Reihenfolge gelockert, bis ein Provider gefunden wird:

- Stromverbrauch
- Genauigkeit der zurückgegebenen Position
- Genauigkeit von Peilung, Geschwindigkeit und Höhe
- Verfügbarkeit von Peilung, Geschwindigkeit und Höhe

Das Kriterium, ein Gerät mit monetären Kosten zuzulassen, wird nie implizit gelockert. Wird kein Provider gefunden, wird null zurückgegeben.

Um eine Liste der Namen aller Anbieter zu erhalten, die Ihren Kriterien entsprechen, verwenden Sie getProviders. Sie akzeptiert ein Criteria-Objekt als Parameter und gibt eine Liste von Strings zurück, die alle Location-Provider enthält, die diesem Objekt entsprechen. Wie beim Aufruf von getBestProvider gibt diese Methode, wenn keine passenden Provider gefunden werden, null oder eine leere Liste zurück:

```
List<String> matchingProviders = locationManager.getProviders(criteria,
                                                                false);
```

Ermitteln der Fähigkeiten des Location-Providers

Um die Instanz eines bestimmten Providers zu erhalten, rufen Sie `getProvider` auf und übergeben den Namen:

```
String providerName = LocationManager.GPS_PROVIDER;

LocationProvider gpsProvider
  = locationManager.getProvider(providerName);
```

Dies ist nur nützlich, um die Fähigkeiten eines bestimmten Anbieters zu erhalten – insbesondere die Genauigkeit und die Leistungsanforderungen durch die Methoden `getAccuracy` und `getPowerRequirement`.

In den folgenden Abschnitten benötigen die meisten Methoden des Location-Managers nur einen Providernamen oder ein Kriterium, um standortbezogene Funktionen auszuführen.

15.5.2 Den letzten bekannten Standort finden

Sie können den letzten von einem bestimmten Location-Provider erhaltenen Standort mit der Methode `getLastKnownLocation` finden, indem Sie den Namen des Location-Providers übergeben. Das folgende Beispiel findet die letzte vom GPS-Provider vorgenommene Standortbestimmung:

```
String provider = LocationManager.GPS_PROVIDER;
Location location = locationManager.getLastKnownLocation(provider);
```

> **Hinweis**
>
> Die Methode `getLastKnownLocation` fordert den Location-Provider nicht auf, die aktuelle Position zu aktualisieren. Wenn das Gerät die aktuelle Position nicht kürzlich aktualisiert hat, ist dieser Wert möglicherweise veraltet oder nicht vorhanden.

Das zurückgegebene `Location`-Objekt enthält alle verfügbaren Positionsinformationen des Providers, der es geliefert hat. Dies kann die Zeit, zu der es ermittelt wurde, die Genauigkeit der gefundenen Position und deren Breite, Länge, Peilung, Höhe und Geschwindigkeit umfassen. Alle diese Eigenschaften sind über Get-Methoden auf dem `Location`-Objekt verfügbar.

15.5.3 Anforderung von Standortänderungen

Die Methode requestLocationUpdates des LocationManagers wird verwendet, um regelmäßige Aktualisierungen von Standortänderungen mit Hilfe eines LocationListeners anzufordern. LocationListener enthalten auch Handler-Methoden, die aufgrund von Änderungen des Status und der Verfügbarkeit eines Providers ausgelöst werden.

Die Methode requestLocationUpdates akzeptiert entweder einen bestimmten Location-Provider-Namen oder eine Reihe von Kriterien, um den zu verwendenden Provider zu bestimmen. Um die Effizienz zu optimieren und den Kosten- und Stromverbrauch zu minimieren, können Sie auch die minimale Zeit und den minimalen Abstand zwischen den Aktualisierungen der Standortwechsel festlegen:

```
String provider = LocationManager.GPS_PROVIDER;

int t = 5000;      // Millisekunden
int distance = 5;  // Meter

LocationListener myLocationListener = new LocationListener() {

  public void onLocationChanged(Location location) {
    // Informiere Anwendung über einen neuen Standort.
  }

  public void onProviderDisabled(String provider){
    // Informiere Anwendung, wenn der Provider abgeschaltet wurde.
  }

  public void onProviderEnabled(String provider){
    // Informiere Anwendung, wenn der Provider eingeschaltet wurde.
  }

  public void onStatusChanged(String provider, int status,
                              Bundle extras){
    // Informiere Anwendung, wenn sich der Hardware-Status ändert.
  }
};

locationManager.requestLocationUpdates(provider, t, distance,
                                    myLocationListener);
```

Wenn die minimalen Zeit- und Entfernungswerte überschritten werden, führt der angeschlossene LocationListener seine onLocationChanged-Methode aus.

Verwendung der standortbasierten Dienste der Legacy-Plattform | 15.5

> **Hinweis**
> Sie können mehrere Standortaktualisierungen anfordern, die auf den gleichen oder verschiedene `LocationListener` mit unterschiedlichen Mindestzeit- und Entfernungsschwellenwerten oder Location-Providern zeigen.

Es ist auch möglich, einen `PendingIntent` anzugeben, der gesendet wird, wenn sich der Standort ändert oder sich der Status des Standortproviders oder die Verfügbarkeit ändern, anstatt einen `LocationListener` zu verwenden. Der neue Standort wird als Extra mit dem Schlüssel `KEY_LOCATION_CHANGED` gespeichert:

```
String provider = LocationManager.GPS_PROVIDER;

int t = 5000;      // Millisekunden
int distance = 5;  // Meter

final int locationUpdateRC = 0;
int flags = PendingIntent.FLAG_UPDATE_CURRENT;

Intent intent = new Intent(this, MyLocationUpdateReceiver.class);
PendingIntent pendingIntent = PendingIntent.getBroadcast(this,
  locationUpdateRC, intent, flags);

locationManager.requestLocationUpdates(provider, t,
                                       distance, pendingIntent);
```

> **Hinweis**
> Um sicherzustellen, dass Ihre Anwendung keine sensiblen Standortinformationen verliert, müssen Sie entweder einen speziellen Broadcast-Receiver anvisieren oder Berechtigungen für den Empfang Ihrer Standort-Aktualisierungsabsichten einfordern. Weitere Informationen über das Anwenden von Berechtigungen auf Broadcast-Intents finden Sie in Kapitel 20.

Wenn `PendingIntents` für Standortänderungen ausgestrahlt werden, müssen Sie einen Broadcast-Receiver erstellen, der auf Änderungen in der Übertragung des Standorts hört:

```
public class MyLocationUpdateReceiver extends BroadcastReceiver {

  @Override
  public void onReceive(Context context, Intent intent) {
    String key = LocationManager.KEY_LOCATION_CHANGED;
    Location location = (Location)intent.getExtras().get(key);
      // TODO Tue etwas mit dem neuen Standort
  }
}
```

15.5 | Standort, Kontextsensitivität und Kartografie

Um Standortaktualisierungen zu stoppen, rufen Sie `removeUpdates` auf, wie der folgenden Code zeigt. Übergeben Sie entweder die Instanz von `LocationListener` oder den `PendingIntent`, den nicht mehr angestoßen werden soll:

```
locationManager.removeUpdates(myLocationListener);
locationManager.removeUpdates(pendingIntent);
```

Um die Belastung für den Akku zu reduzieren, sollten Sie Aktualisierungen in Ihrer App nach Möglichkeit deaktivieren, insbesondere in Fällen, in denen Ihre App nicht sichtbar ist und Standortänderungen nur zur Aktualisierung der Benutzeroberfläche einer Activity verwendet werden. Sie können die Performance weiter verbessern, indem Sie die minimale Zeit und den Abstand zwischen den Aktualisierungen so groß wie möglich gestalten.

Wenn die Aktualität kein wesentlicher Faktor ist, können Sie den Passive-Location-Provider verwenden, wie im folgenden Beispiel gezeigt wird:

```
String passiveProvider = LocationManager.PASSIVE_PROVIDER;
locationManager.requestLocationUpdates(passiveProvider, 0, 0,
                                       myLocationListener);
```

Der Passive-Location-Provider empfängt Standortaktualisierungen, wenn und nur wenn eine andere Anwendung sie anfordert, so dass Ihre Anwendung passiv Aktualisierungen empfangen kann, ohne einen Location-Provider zu aktivieren.

Da die Aktualisierungen von jedem beliebigen Location-Provider kommen können, muss Ihre Anwendung die Berechtigung `ACCESS_FINE_LOCATION` anfordern, um den Passive-Location-Provider zu verwenden. Rufen Sie `getProvider` auf der vom registrierten `LocationListener` empfangenen `Location` auf, um festzustellen, welcher Location-Provider jede Aktualisierung generiert hat.

15.5.4 Empfehlungen für die Legacy Location-Based Services

Bei der Nutzung der Plattform-standortbezogenen Dienste innerhalb Ihrer Anwendung sollten Sie dieselben Faktoren berücksichtigen, die bereits zuvor beschrieben wurden. Darüber hinaus müssen Sie bei den standortbezogenen Diensten der Plattform die folgenden zusätzlichen Faktoren berücksichtigen, die vom Fused-Location-Provider automatisch behandelt werden:

- Startzeit: In einer mobilen Umgebung kann die Zeit, die benötigt wird, um einen initialen Standort zu erhalten, einen dramatischen Einfluss auf die Benutzerzufriedenheit haben – insbesondere dann, wenn Ihre Anwendung einen Standort erfordert. GPS kann beispielsweise eine erhebliche Startzeit haben, die Sie vielleicht entschärfen müssen.

- Provider-Verfügbarkeit: Benutzer können die Bereitstellung von Location-Providern umschalten, so dass Ihre Anwendung Änderungen im Status des Location-Providers beobachten muss, um sicherzustellen, dass immer die beste Option verwendet wird.

Nachdem Sie anhand von `Criteria` den besten verfügbaren Provider für den Empfang von Standortaktualisierungen ausgewählt haben, müssen Sie Änderungen in der Verfügbarkeit von Location-Providern verfolgen, um sicherzustellen, dass der ausgewählte Provider verfügbar und die beste Wahl bleibt.

Das folgende Beispiel zeigt, wie Sie den Status des ausgewählten Providers sicherstellen können, indem Sie dynamisch zu einem neuen Provider wechseln, falls der bisherige nicht mehr verfügbar ist, und zu einer besseren Option wechseln, falls diese aktiviert ist:

```java
public class DynamicProvidersActivity extends Activity {
  private LocationManager locationManager;
  private final Criteria criteria = new Criteria();
  private static final int minUpdateTime = 30*1000; // 30 Sekunden
  private static final int minUpdateDistance = 100; // 100 Meter

  private static final String TAG = "DYNAMIC_LOCATION";
  private static final int LOCATION_PERMISSION_REQUEST = 1;

  @Override
  public void onCreate(Bundle savedInstanceState) {
    super.onCreate(savedInstanceState);
    setContentView(R.layout.activity_dynamic_providers);

    // Ermittle Referenz auf den Location-Manager
    locationManager
      = (LocationManager)getSystemService(Context.LOCATION_SERVICE);

    // Spezifiziere Location Provider Criteria
    criteria.setAccuracy(Criteria.ACCURACY_FINE);
    criteria.setPowerRequirement(Criteria.POWER_LOW);
    criteria.setAltitudeRequired(true);
    criteria.setBearingRequired(true);
    criteria.setSpeedRequired(true);
    criteria.setCostAllowed(true);

    criteria.setHorizontalAccuracy(Criteria.ACCURACY_HIGH);
    criteria.setVerticalAccuracy(Criteria.ACCURACY_MEDIUM);
    criteria.setBearingAccuracy(Criteria.ACCURACY_LOW);
    criteria.setSpeedAccuracy(Criteria.ACCURACY_LOW);
  }
```

```java
@Override
protected void onStop() {
  super.onStop();
  unregisterAllListeners();
}

@Override
protected void onStart() {
  super.onStart();
  registerListener();
}

private void registerListener() {
  unregisterAllListeners();
  String bestProvider =
    locationManager.getBestProvider(criteria, false);
  String bestAvailableProvider =
    locationManager.getBestProvider(criteria, true);

  Log.d(TAG, bestProvider + " / " + bestAvailableProvider);

  // Prüfe Berechtigung
  if (ActivityCompat
        .checkSelfPermission(this, ACCESS_FINE_LOCATION) !=
                                        PERMISSION_GRANTED ||
      ActivityCompat
        .checkSelfPermission(this, ACCESS_COARSE_LOCATION) !=
                                        PERMISSION_GRANTED) {
    permissionsRequest();
  }

  if (bestProvider == null)
    Log.d(TAG, "No Location Providers exist.");
  else if (bestProvider.equals(bestAvailableProvider))
    locationManager.requestLocationUpdates(bestAvailableProvider,
      minUpdateTime, minUpdateDistance,
      bestAvailableProviderListener);
  else {
    locationManager.requestLocationUpdates(bestProvider,
      minUpdateTime, minUpdateDistance, bestProviderListener);

    if (bestAvailableProvider != null)
      locationManager.requestLocationUpdates(bestAvailableProvider,
        minUpdateTime, minUpdateDistance,
        bestAvailableProviderListener);
```

Verwendung der standortbasierten Dienste der Legacy-Plattform | 15.5

```
    else {
      List<String> allProviders = locationManager.getAllProviders();
      for (String provider : allProviders)
        locationManager.requestLocationUpdates(provider, 0, 0,
          bestProviderListener);
      Log.d(TAG, "No Location Providers available.");
    }
  }
}

private void unregisterAllListeners() {
  locationManager.removeUpdates(bestProviderListener);
  locationManager.removeUpdates(bestAvailableProviderListener);
}

private void permissionsRequest() {
  if (ActivityCompat.shouldShowRequestPermissionRationale(
    this, ACCESS_FINE_LOCATION)) {
    // TODO Zeige zusätzliche Begründung für das Anfordern
    // der Berechtigung.
  }
  ActivityCompat.requestPermissions(this,
    new String[]{ACCESS_FINE_LOCATION, ACCESS_COARSE_LOCATION},
    LOCATION_PERMISSION_REQUEST);
}

@Override
public void onRequestPermissionsResult(int requestCode,
                                       @NonNull String[] permissions,
                                       @NonNull int[] grantResults) {
  super.onRequestPermissionsResult(requestCode, permissions, grantResults);

  if (requestCode == LOCATION_PERMISSION_REQUEST) {
    if (grantResults[0] != PERMISSION_GRANTED) {
      Log.d(TAG, "Location Permission denied.");
      // TODO Reagiere auf die abgelehnte Berechtigung
    } else {
      registerListener();
    }
  }
}

private void reactToLocationChange(Location location) {
  // TODO Reagiere auf den Standortwechsel
}
```

15.6 | Standort, Kontextsensitivität und Kartografie

```
private LocationListener bestProviderListener
  = new LocationListener() {

  public void onLocationChanged(Location location) {
    reactToLocationChange(location);
  }

  public void onProviderDisabled(String provider) {
  }

  public void onProviderEnabled(String provider) {
    registerListener();
  }

  public void onStatusChanged(String provider,
                              int status, Bundle extras) {}
};

private LocationListener bestAvailableProviderListener =
  new LocationListener() {
    public void onProviderEnabled(String provider) {
    }

    public void onProviderDisabled(String provider) {
      registerListener();
    }

    public void onLocationChanged(Location location) {
      reactToLocationChange(location);
    }

    public void onStatusChanged(String provider,
                                int status, Bundle extras) {}
};
}
```

15.6   Der Einsatz von Geocoder

Die Geokodierung ermöglicht es Ihnen, in beide Richtungen zwischen Straßenadressen und Längen-/Breitengrad-Kartenkoordinaten zu übersetzen. Dies kann Ihnen einen erkennbaren Kontext für die Orte und Koordinaten geben, die in ortsbezogenen Diensten und kartenbasierten Aktivitäten verwendet werden.

Die Klasse `Geocoder` bietet Zugriff auf zwei Geokodierfunktionen:

- Vorwärtsgeokodierung: Ermittelt die Breite und Länge einer Adresse.
- Umgekehrte Geokodierung: Ermittelt die Straßenadresse für einen bestimmten Breiten- und Längengrad.

Die Ergebnisse dieser Aufrufe werden mit Hilfe eines Gebietsschemas in einen Kontext gesetzt (zur Definition Ihres gewohnten Ortes und Ihrer Sprache). Das folgende Beispiel zeigt, wie Sie das Gebietsschema bei der Erstellung Ihres Geocoders bestimmen. Wenn Sie kein Gebietsschema angeben, wird die Standardeinstellung des Geräts übernommen:

```
Geocoder geocoder = new Geocoder(this, Locale.getDefault());
```

Beide Geokodierungsfunktionen liefern eine Liste von `Address`-Objekten. Jede Liste kann mehrere mögliche Ergebnisse enthalten, bis zu einer Grenze, die Sie bei einem Anruf angeben.

Jede `Address` ist mit so vielen Details bestückt, wie der Geocoder auflösen kann. Dies kann den Breitengrad, den Längengrad, die Telefonnummer und immer detailliertere Adressangaben von Land zu Straße und Hausnummer beinhalten.

> **Hinweis**
>
> Geocoder-Anfragen werden synchron ausgeführt, so dass sie den aufrufenden Thread blockieren. Es ist wichtig, diese Suchanfragen in einen Hintergrund-Thread zu verschieben, wie in Kapitel 11 gezeigt.

Der Geocoder verwendet einen Webservice, um seine Suchanfragen zu implementieren, die möglicherweise nicht auf allen Android-Geräten enthalten sind. Verwenden Sie die Methode `isPresent`, um festzustellen, ob eine Geocoder-Implementierung auf einem bestimmten Gerät vorhanden ist:

```
boolean geocoderExists = Geocoder.isPresent();
```

Wenn keine `Geocoder`-Implementierung auf dem Gerät vorhanden ist, liefern die in den folgenden Abschnitten beschriebenen Vorwärts- und Rückwärts-Geocoding-Abfragen eine leere Liste.

Da die Suchanfragen zur Geokodierung auf dem Server durchgeführt werden, benötigt Ihre Anwendung auch die Internet-Nutzungsberechtigung in ihrem Manifest:

```
<uses-permission android:name="android.permission.INTERNET"/>
```

Der zur Implementierung des Geocoders verwendete Webservice kann je nach Gerät variieren, ist aber meist die Google Maps API. Beachten Sie, dass diese Hintergrunddienste

15.6 | Standort, Kontextsensitivität und Kartografie

Beschränkungen hinsichtlich der Anzahl und Häufigkeit von Anfragen haben können. Die Grenzen des auf Google Maps basierenden Dienstes umfassen:

- Maximal 2.500 Anfragen pro Tag und Gerät
- Nicht mehr als 50 QPS (Abfragen pro Sekunde)

Die Einschränkungen der Google Maps Geocoding API sind unter der folgenden URL näher beschrieben:

developers.google.com/maps/documentation/geocoding/geocoding-strategies?csw=1#quota-limits.

Um die Wahrscheinlichkeit einer Quotenüberschreitung zu minimieren, empfiehlt es sich, Techniken wie Caching einzusetzen, um die Anzahl der Geokodierungsanfragen zu reduzieren.

15.6.1 Rückwärts geokodieren

Die umgekehrte Geokodierung liefert Straßenadressen für Standorte, die durch Breiten-Längen-Paare angegeben sind. Es ist ein praktischer Weg, um einen erkennbaren Kontext für die Standorte zu erhalten, die von standortbezogenen Diensten zurückgegeben werden.

Um eine Rückwärtssuche durchzuführen, übergeben Sie die Breiten- und Längengrade an die Methode `getFromLocation` eines `Geocoder`-Objekts und es wird eine Liste möglicher Adressübereinstimmungen zurückgegeben. Wenn der Geocoder keine Adressen für die angegebene Koordinate auflösen konnte, gibt er `null` zurück.

Listing 15.19 zeigt, wie man einen bestimmten Ort rückwärts geokodiert und die Anzahl der möglichen Adressen auf die besten zehn begrenzt.

```
private void reverseGeocode(Location location) {

  double latitude = location.getLatitude();
  double longitude = location.getLongitude();
  List<Address> addresses = null;

  Geocoder gc = new Geocoder(this, Locale.getDefault());
  try {
    addresses = gc.getFromLocation(latitude, longitude, 10);
  } catch (IOException e) {
    Log.e(TAG, "Geocoder I/O Exception", e);
  }
}
```

Listing 15.18 Reverse-Geokodierung eines gegebenen Ortes

Die Genauigkeit und Granularität von Rückwärtsabfragen hängt vollständig von der Qualität der Daten in der Geokodierungsdatenbank ab, so dass die Qualität der Ergebnisse je nach Land und Region stark variieren kann.

15.6.2 Vorwärts geokodieren

Die Vorwärtsgeokodierung (oder auch nur Geokodierung) ermittelt Kartenkoordinaten für einen gegebenen Standort.

> **Hinweis**
>
> Was ein gültiger Ort ist, hängt davon ab, in welchem Gebietsschema Sie suchen. In der Regel enthält es regelmäßige Straßenadressen mit unterschiedlicher Granularität (von Land zu Land, Name und Nummer), Postleitzahlen, Bahnhöfe, Sehenswürdigkeiten und Krankenhäuser. Als allgemeiner Leitfaden gilt, dass gültige Suchbegriffe den Adressen und Orten ähneln, die Sie in eine Google Maps-Suche eingeben können.

Um eine Adresse zu geokodieren, rufen Sie die Methode `getFromLocationName` über ein `Geocoder`-Objekt auf. Geben Sie eine Zeichenfolge an, die die Adresse beschreibt, für die Sie die Koordinaten und die maximale Anzahl der Ergebnisse zurückgeben möchten, und geben Sie optional ein geografisches Begrenzungsfeld an, auf das Sie Ihre Suchergebnisse beschränken können:

```
List<Address> result = geocoder.getFromLocationName(streetAddress, 5);
```

Die zurückgegebene Liste der Adressen kann mehrere mögliche Übereinstimmungen für den genannten Ort enthalten. Jede Adresse enthält den Breiten- und Längengrad und alle zusätzlichen Adressinformationen, die für diese Koordinaten verfügbar sind. Dies ist nützlich, um zu bestätigen, dass der richtige Ort aufgelöst wurde, und um bei der Suche nach Orientierungspunkten Ortsangaben zu machen.

> **Hinweis**
>
> Wie bei der umgekehrten Geokodierung wird, wenn keine Übereinstimmungen gefunden werden, `null` zurückgegeben. Die Verfügbarkeit, Genauigkeit und Granularität der Geokodierungsergebnisse hängt vollständig von der für das gesuchte Gebiet verfügbaren Datenbank ab.

Bei Vorwärts-Suchvorgängen ist das bei der Instanziierung des Geocoders angegebene `Locale` besonders wichtig. Das `Locale` liefert den geografischen Kontext für die Interpretation Ihrer Suchanfragen, da die gleichen Ortsnamen in mehreren Gebieten existieren können.

Wenn möglich, wählen Sie ein regionales Gebietsschema, um Mehrdeutigkeiten bei Ortsnamen zu vermeiden, und versuchen Sie, so viele Adressdetails wie möglich anzugeben, wie in Listing 15.20 gezeigt.

15.6 | Standort, Kontextsensitivität und Kartografie

```
Geocoder geocoder = new Geocoder(this, Locale.US);
String streetAddress = "160 Riverside Drive, New York, New York";

List<Address> locations = null;
try {
  locations = geocoder.getFromLocationName(streetAddress, 5);
} catch (IOException e) {
  Log.e(TAG, "Geocoder I/O Exception", e);
}
```
Listing 15.19 Eine Adresse geokodieren

Für noch spezifischere Ergebnisse können Sie Ihre Suche auf einen geografischen Bereich einschränken, indem Sie den unteren linken und oberen rechten Breiten- und Längengrad wie hier gezeigt angeben:

```
List<Address> locations = null;
try {
  locations = geocoder.getFromLocationName(streetAddress, 10,
                               llLat, llLong, urLat, urLong);
} catch (IOException e) {
  Log.e(TAG, "IO Exception", e);
}
```

Dieses Überladen ist besonders nützlich, wenn Sie mit einer Karte arbeiten, so dass Sie die Suche auf den sichtbaren Bereich beschränken können.

15.6.3 Geokodierung im »Wo bin ich«-Beispiel

In diesem Beispiel erweitern Sie das Projekt `WhereAmI` um die aktuelle Straßenadresse und aktualisieren diese, wenn sich das Gerät bewegt.

1. Beginnen Sie, indem Sie das Manifest so modifizieren, dass es die Berechtigung zur Nutzung des Internets enthält:

   ```
   <uses-permission android:name="android.permission.ACCESS_COARSE_LOCATION" />
   <uses-permission android:name="android.permission.ACCESS_FINE_LOCATION" />

   <uses-permission android:name="android.permission.INTERNET"/>
   ```

2. Öffnen Sie dann die `WhereAmIActivity`. Erstellen Sie eine neue Methode `geoCodeLocation`, die eine `Location` als Parameter erwartet und einen String zurückgibt:

```java
private String geocodeLocation(Location location) {
  String returnString = "";
  return returnString;
}
```

3. Überprüfen Sie innerhalb der neuen Methode, ob der Geocoder verfügbar ist, und wenn ja, instanziieren Sie ein neues `Geocoder`-Objekt und übergeben Sie den Parameter `Location` an die Methode `getFromLocation` des Geocoders, um die Straßenadresse zu finden und zurückzugeben:

```java
private String geocodeLocation(Location location) {
  String returnString = "";

  if (location == null) {
    Log.d(TAG, "No Location to Geocode");
    return returnString;
  }

  if (!Geocoder.isPresent()) {
    Log.e(TAG, "No Geocoder Available");
    return returnString;
  } else {
    Geocoder gc = new Geocoder(this, Locale.getDefault());
    try {
      List<Address> addresses
        = gc.getFromLocation(location.getLatitude(),
                             location.getLongitude(),
                             1); // Ein Ergebnis
      StringBuilder sb = new StringBuilder();
      if (addresses.size() > 0) {
        Address address = addresses.get(0);

        for (int i = 0; i < address.getMaxAddressLineIndex(); i++)
          sb.append(address.getAddressLine(i)).append("\n");

        sb.append(address.getLocality()).append("\n");
        sb.append(address.getPostalCode()).append("\n");
        sb.append(address.getCountryName());
      }
      returnString = sb.toString();
    } catch (IOException e) {
      Log.e(TAG, "I/O Error Geocoding.", e);
    }
    return returnString;
  }
}
```

15.7 | Standort, Kontextsensitivität und Kartografie

4. Aktualisieren Sie die Methode `updateTextView`, um jeden Ort zu geokodieren und das Ergebnis an unsere TextView anzuhängen:

```
private void updateTextView(Location location) {
  String latLongString = "No location found";
  if (location != null) {
    double lat = location.getLatitude();
    double lng = location.getLongitude();
    latLongString = "Lat:" + lat + "\nLong:" + lng;
  }

  String address = geocodeLocation(location);

  String outputText = "Your Current Position is:\n" + latLongString;
  if (!address.isEmpty())
    outputText += "\n\n" + address;

  mTextView.setText(outputText);
}
```

Wenn Sie das Beispiel jetzt ausführen, sollte es wie in Abbildung 15.8 dargestellt aussehen.

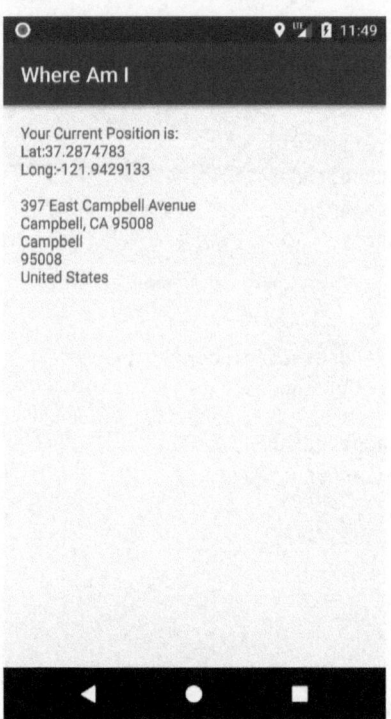

Abbildung 15.8 Wo bin ich – geokodiert

15.7 Kartenbasierte Activities anlegen

Eine der eingängigsten Möglichkeiten, einen Kontext für einen Standort oder eine Adresse bereitzustellen, ist die Verwendung einer Karte. Mit einer `GoogleMap` aus einem `MapFragment` heraus können Sie Activities erstellen, die eine interaktive Karte enthalten.

Google Maps bietet die Möglichkeit, Markierungen, Shapes und Bildüberlagerungen an geografische Orte anzuheften. Darüber hinaus bietet Google Maps eine vollständige Programmsteuerung der Kartendarstellung, mit der Sie Kamerawinkel, Zoom, Positionsziel und Anzeigemodi kontrollieren können – einschließlich der Option, eine Satelliten- oder Geländedarstellung anzuzeigen und das Aussehen der Karte zu gestalten.

Der Zugriff auf die Google Maps-API erfolgt über die Google Play-Services-Maps-Bibliothek, die nach der Installation der Google Play-Dienste (wie bereits in diesem Kapitel beschrieben) als Dependency zu der *build.gradle*-Datei Ihres App-Moduls hinzugefügt werden muss:

```
dependencies {
    ...
    implementation 'com.google.android.gms:play-services-maps:11.8.0'
}
```

Achten Sie darauf, dass alle Dependencies der Play-Services die gleiche Versionsnummer haben.

15.7.1 Den Map-API-Key beschaffen

Um eine `GoogleMap` in Ihrer Anwendung verwenden zu können, müssen Sie zunächst einen API-Schlüssel von der Google API-Konsole beschaffen. Sie finden die Konsole unter der folgenden URL:

developers.google.com/maps/documentation/android-api/signup.

Hier erfahren Sie weitere Details, wie Sie einen API-Key erlangen können. Zunächst klicken Sie auf GET STARTED. Sie können anschließend verschiedene Google-Maps-Plattformen anwählen (Maps, Routes, Places). Nach der Bestätigung der Lizenzbedingungen werden Sie aufgefordert, die Google Cloud Plattform kostenlos zu testen. Dazu benötigen Sie eine Kreditkarte. Nach Aussagen der Website ist zumindest der Test kostenlos. Welche Kosten in Zukunft auf Sie zukommen, entnehmen Sie bitte den Google-Seiten.

Folgen Sie der Anleitung, um Ihr Projekt zu registrieren und aktivieren Sie die Google Maps Android API, um einen generischen, unbeschränkten Schlüssel für Ihre App-Entwicklung zu erhalten, wie in Abbildung 15.9 zu sehen ist.

15.7 | Standort, Kontextsensitivität und Kartografie

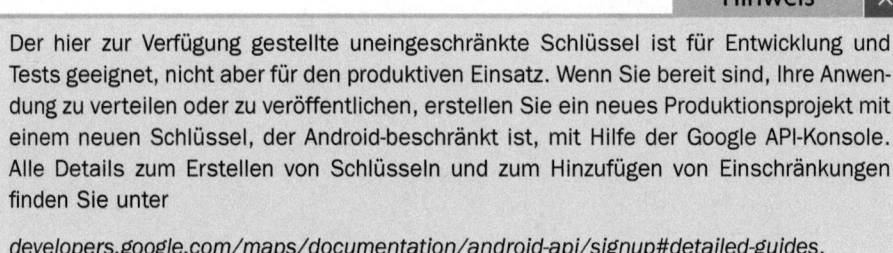

Abbildung 15.9 Map-API-Key

> **Hinweis**
>
> Der hier zur Verfügung gestellte uneingeschränkte Schlüssel ist für Entwicklung und Tests geeignet, nicht aber für den produktiven Einsatz. Wenn Sie bereit sind, Ihre Anwendung zu verteilen oder zu veröffentlichen, erstellen Sie ein neues Produktionsprojekt mit einem neuen Schlüssel, der Android-beschränkt ist, mit Hilfe der Google API-Konsole. Alle Details zum Erstellen von Schlüsseln und zum Hinzufügen von Einschränkungen finden Sie unter
>
> *developers.google.com/maps/documentation/android-api/signup#detailed-guides*.

Kopieren Sie den Schlüsselwert, da Sie ihn zu Ihrem Projekt hinzufügen müssen, bevor Sie die Google Map verwenden können.

Sobald Sie Ihren API-Schlüssel erhalten haben, fügen Sie ihn zu Ihrem Anwendungsmanifest hinzu, indem Sie einen neuen Metadaten-Knoten unmittelbar vor dem schließenden Application-Tag hinzufügen, wie in Listing 15.21 gezeigt.

```
<meta-data
  android:name="com.google.android.geo.API_KEY"
  android:value="[YOUR_API_KEY]"
/>
```

Listing 15.20 Hinzufügen des Karten-API-Schlüssels zum Anwendungsmanifest

15.7.2 Kartenbasierte Activity anlegen

Um Karten in Ihren Anwendungen verwenden zu können, müssen Sie eine Activity erstellen, die ein `MapFragment` oder `SupportMapFragment` innerhalb des Layouts enthält. Letzteres ermöglicht es Ihnen, ein `MapFragment` einzubinden, wenn Sie den Support-Library `FragmentManager` verwenden. Diese Vorgehensweise ist durchaus sinnvoll, weswegen es in den Beispielen verwendet wird.

Kartenbasierte Activities anlegen | **15.7**

Das `MapFragment` enthält eine `GoogleMap`, mit der Sie die Karten-Benutzeroberfläche verändern können.

Der einfachste Weg, eine neue kartenbasierte Activity zu Ihrem Projekt in Android Studio hinzuzufügen, ist die Auswahl des Menüpunkte FILE | NEW | ACTIVITY | GALLERY und die Auswahl der GOOGLE MAPS ACTIVITY, wie in Abbildung 15.10 dargestellt.

Abbildung 15.10 Erstellen einer Google Maps Activity

Hinweis

Wenn Sie den gerade beschriebenen Assistenten-Mechanismus verwenden, um eine Map-Activity zu Ihrem Projekt hinzuzufügen, können Sie den Schritt des Hinzufügens Ihres API-Schlüssels direkt zu Ihrem Manifest überspringen, wie in Listing 15.21 beschrieben. Stattdessen erstellt der Assistent eine *google_maps_api.xml* Ressourcendatei, in die Sie Ihren API-Schlüssel einfügen können.

Der Assistent erstellt ein Layout, das ein `SupportMapFragment` und eine `Activity` enthält, die den Code für das Entfalten des Fragments und die Vorbereitung der Karte für die Anzeige und Verwendung enthält. Alternativ können Sie auch ein eigenes Layout erstellen und ein `SupportMapFragment` einfügen, wie in Listing 15.22 gezeigt.

15.7 | Standort, Kontextsensitivität und Kartografie

```
<fragment
  android:id="@+id/map"
  android:name="com.google.android.gms.maps.SupportMapFragment"
  android:layout_width="match_parent"
  android:layout_height="match_parent"
/>
```
Listing 15.21 Hinzufügen eines Support-Map-Fragments zu Ihrem Layout

Die Activity, die das Layout mit dem SupportMapFragment entfaltet, muss FragmentActivity erweitern und OnMapReadyCallback implementieren. Holen Sie sich innerhalb der Handler-Methode onCreate einen Verweis auf das MapFragment und rufen Sie getMapAsync auf, um eine asynchrone Anfrage für den Zugriff auf die GoogleMap zu starten. Implementieren Sie dann die Handler-Methode onMapReady, die benachrichtigt wird, wenn die GoogleMap verwendet werden kann (siehe Listing 15.23).

```
import android.support.v4.app.FragmentActivity;
import android.os.Bundle;
import com.google.android.gms.maps.GoogleMap;
import com.google.android.gms.maps.OnMapReadyCallback;
import com.google.android.gms.maps.SupportMapFragment;

public class MapsActivity extends FragmentActivity
                         implements OnMapReadyCallback {

  private GoogleMap mMap;

  @Override
  protected void onCreate(Bundle savedInstanceState) {
    super.onCreate(savedInstanceState);
    setContentView(R.layout.activity_maps);
    // Hole das SupportMapFragment und fordere das GoogleMap-Objekt an.
    SupportMapFragment mapFragment =
      (SupportMapFragment)getSupportFragmentManager()
        .findFragmentById(R.id.map);
    mapFragment.getMapAsync(this);
  }

  /**
   * Dieser Callback wird ausgelöst, wenn die Karte einsatzbereit
   * ist. Wenn die Google Play-Dienste nicht auf dem Gerät installiert
   * sind, wird der Benutzer aufgefordert, sie im SupportMapFragment
   * zu installieren. Diese Methode wird erst ausgelöst, wenn der
   * Nutzer die Google Play-Dienste installiert hat und zur App zurückkehrt.
   */
```

```
  @Override
  public void onMapReady(GoogleMap googleMap) {
    mMap = googleMap;

    // TODO Manipuliere die Karte
  }
}
```
Listing 15.22 Zugriff auf eine Google Map innerhalb Ihrer Activity

15.7.3 Google Maps konfigurieren

Standardmäßig zeigt die `MapView` die Standard-Straßenkarte wie in Abbildung 15.11 dargestellt.

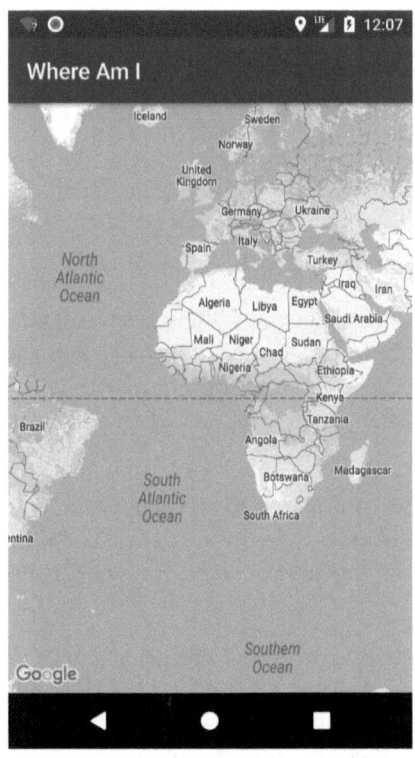

Abbildung 15.11 Standard-Straßenkarte in der `MapView`

Alternativ können Sie eine Satelliten-, Gelände- oder Hybridansicht sowie optional 3D-Gebäude, Indoor-Karten und eine Verkehrsübersicht gemäß dem folgenden Code-Ausschnitt anzeigen:

15.7 | Standort, Kontextsensitivität und Kartografie

```
mMap.setMapType(GoogleMap.MAP_TYPE_NORMAL);
// mMap.setMapType(GoogleMap.MAP_TYPE_SATELLITE);
// mMap.setMapType(GoogleMap.MAP_TYPE_TERRAIN);
// mMap.setMapType(GoogleMap.MAP_TYPE_HYBRID);

mMap.setBuildingsEnabled(true);
mMap.setIndoorEnabled(true);
mMap.setTrafficEnabled(true);
```

Sie können auch `getUiSettings` verwenden, um die aktuellen Karten-Oberflächeneinstellungen zu erhalten und sie nach Bedarf anzupassen:

```
mMap.getUiSettings().setCompassEnabled(false);
mMap.getUiSettings().setAllGesturesEnabled(false);
mMap.getUiSettings().setIndoorLevelPickerEnabled(false);
mMap.getUiSettings().setMapToolbarEnabled(false);
mMap.getUiSettings().setRotateGesturesEnabled(false);
mMap.getUiSettings().setScrollGesturesEnabled(false);
mMap.getUiSettings().setTiltGesturesEnabled(false);
mMap.getUiSettings().setZoomControlsEnabled(false);
mMap.getUiSettings().setZoomGesturesEnabled(false);
```

15.7.4 Ändern der Kameraposition bei Kamera-Updates

Die Perspektive der Kartendarstellung lässt sich am besten mit einer künstlichen Kamera beschreiben, die auf eine Mercator-Projektion der Erdoberfläche zeigt. Benutzer können die Kamera durch eine Reihe von Gesten bewegen, drehen und neigen, um zu bestimmen, welchen Teil der Karte sie sehen möchten, mit welcher Zoomstufe, Ausrichtung und mit welchem Winkel.

Sie können die Kameraperspektive mit Hilfe der `CameraUpdateFactory` und `CameraPosition.Builder` aus dem Programm heraus ändern, um `CameraUpdates` zu erzeugen, die an die Methoden `moveCamera` oder `animateCamera` von `GoogleMap` übergeben werden können.

Das Ziel der Kamera ist die Breiten-/Längengrad-Koordinate in der Mitte der angezeigten Karte. Sie können ein `CameraUpdate` erstellen, das das Ziel der Kamera mit Hilfe der statischen Methode `newLatLng` der `CameraUpdateFactory` modifiziert, indem Sie ein `LatLng`-Objekt übergeben, das die neuen Breiten- und Längengrade angibt:

```
Double lat = 37.422006;
Double lng = -122.084095;
LatLng latLng = new LatLng(lat, lng);
CameraUpdate cameraUpdate = CameraUpdateFactory.newLatLng(latLng);
```

15.7 | Kartenbasierte Activities anlegen

Sie können einstellen, wie viel von der Welt auf der Google Map sichtbar ist, indem Sie die Zoomstufe der Kamera anpassen, die als Fließkommazahl zwischen 1, was den breitesten (oder entferntesten) Zoom darstellt, und 21, die engste (nächste) Ansicht.

Jede ganzzahlige Vergrößerung der Zoomstufe verdoppelt die Breite der sichtbaren Welt. Jedoch muss die Zoomstufe keine ganze Zahl sein. Die maximale Zoomstufe, die für einen bestimmten Standort verfügbar ist, hängt von einer Reihe von Faktoren ab, einschließlich der Auflösung der Google-Karten und der verfügbaren Bilder für den sichtbaren Bereich, den Kartentyp und die Bildschirmgröße. Sie können den maximalen Zoom finden, indem Sie die Methode `getMaxZoomLevel` von `GoogleMap` aufrufen.

Die folgende Aufstellung zeigt den ungefähren Detaillierungsgrad, der einem Bereich von Zoom-Stufen entspricht:

- 1: Welt
- 5: Landmasse, Kontinent
- 10: Stadt
- 15: Straßen
- 20: Gebäude

Um die Zoomstufe der Kamera zu ändern, verwenden Sie die statischen Methoden `zoomIn` oder `zoomOut` der `CameraUpdateFactory`, um die Zoomstufe um 1 zu erhöhen oder zu verringern, oder `zoomTo`, um den Zoom auf eine bestimmte Stufe einzustellen. Alternativ können Sie mit der Methode `newLatLngZoom` ein `CameraUpdate` erstellen, das auf eine neue Position in einer bestimmten Zoomstufe zielt:

```
Double lat = 37.422006;
Double lng = -122.084095;
LatLng latLng = new LatLng(lat, lng);
CameraUpdate cameraUpdate = CameraUpdateFactory.newLatLngZoom(latLng, 16);
```

Wenn Sie einen bestimmten Bereich anzeigen möchten, der durch Längen- und Breitengrade begrenzt ist, können Sie die Methode `newLatLngBounds` der `CameraUpdateFactory` verwenden, um ein Paar Breiten-/Längengrad-Punkte anzugeben, die den gesamten anzuzeigenden Bereich definieren. Alternativ können Sie den `LatLngBounds.Builder` verwenden, um mehrere Punkte hinzuzufügen und die kleinste Bounding-Box zu erzeugen, die alle enthält:

```
mMap.setOnMapLoadedCallback(new GoogleMap.OnMapLoadedCallback() {
    @Override
    public void onMapLoaded() {
```

15.7 | Standort, Kontextsensitivität und Kartografie

```
        Double firstLat = 20.288193;
        Double firstLng = -155.881057;
        LatLng firstLatLng = new LatLng(firstLat, firstLng);

        Double secondLat = 18.871097;
        Double secondLng = -154.747620;
        LatLng secondLatLng = new LatLng(secondLat, secondLng);

        LatLngBounds llBounds = LatLngBounds.builder()
                        .include(firstLatLng)
                        .include(secondLatLng)
                        .build();

        int padding = 16;
        CameraUpdate bUpdate = CameraUpdateFactory.newLatLngBounds(llBounds,
                                                                    padding);
    }
});
```

Da diese Methode die Größe der Karte kennen muss, um den korrekten Rahmen und die Zoomstufe zu bestimmen, muss die View mit der Karte ausgelegt sein, bevor diese Methode aufgerufen werden kann. Um sicherzustellen, dass das Layout abgeschlossen ist, können Sie einen Handler zum Warten auf den `OnMapLoadedCallback` auf das `Map`-Objekt hinzufügen, sobald die Handler-Methode `onMapReady` aufgerufen wurde.

Um die Richtung (Rotation) oder Neigung (Winkel) der Kamera zu ändern, verwenden Sie CameraPosition.builder, um eine `CameraPosition` zu erzeugen, die an die statische Methode `newCameraPosition` der `CameraUpdateFactory` übergeben wird:

```
CameraPosition cameraPosition = CameraPosition.builder()
  .bearing(0)
  .target(latLng)
  .tilt(10)
  .zoom(15)
  .build();

CameraUpdate posUpdate
  = CameraUpdateFactory.newCameraPosition(cameraPosition);
```

Mit `CameraPosition.builder` können Sie jeden Aspekt der `CameraPosition` festlegen, einschließlich Ziel, Zoom, Peilung und Neigung. Umgekehrt können Sie die aktuelle

CameraPosition mit der Methode getCameraPosition von GoogleMap ermitteln und die Positionselemente extrahieren.

Nachdem Sie ein neues CameraUpdate erstellt haben, müssen Sie es entweder mit den Methoden moveCamera oder animateCamera auf das GoogleMap-Objekt anwenden (siehe Listing 15.24).

```
mMap.setOnMapLoadedCallback(new GoogleMap.OnMapLoadedCallback() {
  @Override
  public void onMapLoaded() {
    Double firstLat = 20.288193;
    Double firstLng = -155.881057;
    LatLng firstLatLng = new LatLng(firstLat, firstLng);

    Double secondLat = 18.871097;
    Double secondLng = -154.747620;
    LatLng secondLatLng = new LatLng(secondLat, secondLng);

    LatLngBounds llBounds = LatLngBounds.builder()
                    .include(firstLatLng)
                    .include(secondLatLng)
                    .build();

    CameraUpdate bUpdate = CameraUpdateFactory.newLatLngBounds(llBounds, 0);
    mMap.animateCamera(bUpdate);
  }
});
```
Listing 15.23 Bewegen der Google Maps-Kamera

Die Methode moveCamera bewirkt, dass die Kamera sofort an die neue Position und Ausrichtung »springt«, während animateCamera einen sanften Übergang von der aktuellen zur neuen Kameraposition verwendet. Sie können optional die Dauer der Animation festlegen.

Animierte Kamera-Aktualisierungen können unterbrochen werden: entweder durch eine Benutzergeste oder durch einen Aufruf von stopAnimation. Wenn Sie über eine erfolgreiche Beendigung oder Unterbrechung informiert werden möchten, können Sie einen optionalen CancelableCallback (siehe Listing 15.25) übergeben.

```
int duration = 2000; // 2 Sekunden

mMap.animateCamera(bUpdate, duration, new GoogleMap.CancelableCallback() {
```

15.7 | Standort, Kontextsensitivität und Kartografie

```
@Override
public void onFinish() {
  // TODO Die Kamera-Aktualisierung wurde erfolgreich abgeschlossen.
}

@Override
public void onCancel() {
  // TODO Die Kamera-Aktualisierungs-Animation wurde abgebrochen.
}
});
```
Listing 15.24 Animieren eines Google Maps Kamera-Updates

15.7.5 Kartierung im »Wo bin ich«-Beispiel

Das folgende Code-Beispiel erweitert das `WhereAmI`-Projekt nochmals. Dieses Mal fügen Sie eine Karten-Funktionalität hinzu, indem Sie ein `MapFragment` hinzufügen. Wenn sich der Standort des Geräts ändert, zentriert sich die Karte automatisch auf die neue Position.

1. Ändern Sie die Datei *build.gradle* Ihres Anwendungsmoduls, um eine Dependency von der Google Play-Service-Maps-Bibliothek aufzunehmen:

```
dependencies {
  implementation fileTree(dir: 'libs', include: ['*.jar'])
  implementation 'com.android.support:appcompat-v7:27.1.0'
  implementation 'com.android.support.constraint:constraint-layout:1.0.2'
  testImplementation 'junit:junit:4.12'
  androidTestImplementation 'com.android.support.test:runner:1.0.1'
  androidTestImplementation 'com.android.support.test.espresso:espresso-core:3.0

  implementation 'com.google.android.gms:play-services-location:11.8.0'
  implementation 'com.google.android.gms:play-services-maps:11.8.0'
}
```

2. Surfen Sie zu *developers.google.com/maps/documentation/android-api/signup*, um ein neues Projekt anzulegen und einen API-Schlüssel zu erhalten. Ändern Sie das Anwendungsmanifest, um einen neuen Metadatenknoten einzubinden, und geben Sie Ihren API-Schlüssel entsprechend ein:

```
<?xml version="1.0" encoding="utf-8"?>
<manifest xmlns:android="http://schemas.android.com/apk/res/android"
        package="com.professionalandroid.apps.whereami">
```

Kartenbasierte Activities anlegen | **15.7**

```xml
<uses-permission
  android:name="android.permission.ACCESS_COARSE_LOCATION"
/>
<uses-permission
  android:name="android.permission.ACCESS_FINE_LOCATION"
/>
<uses-permission android:name="android.permission.INTERNET"/>

<application
  android:allowBackup="true"
  android:icon="@mipmap/ic_launcher"
  android:label="@string/app_name"
  android:roundIcon="@mipmap/ic_launcher_round"
  android:supportsRtl="true"
  android:theme="@style/AppTheme">
  <activity android:name=".WhereAmIActivity">
    <intent-filter>
      <action android:name="android.intent.action.MAIN"/>

      <category android:name="android.intent.category.LAUNCHER"/>
    </intent-filter>
  </activity>
  <meta-data
    android:name="com.google.android.geo.API_KEY"
    android:value="[YOUR_API_KEY]"
  />
</application>
</manifest>
```

3. Ändern Sie die `WhereAmIActivity`, um `OnMapReadyCallback` zu implementieren, und fügen Sie die Handler-Methode `onMapReady` entsprechend hinzu. Er sollte die übergebene `GoogleMap` einer Attribut-Variablen zuweisen:

```java
public class WhereAmIActivity extends AppCompatActivity
                       implements OnMapReadyCallback {

  private GoogleMap mMap;

  @Override
  public void onMapReady(GoogleMap googleMap) {
    mMap = googleMap;
  }

  [ ... existierender Activity Code ... ]
}
```

15.7 | Standort, Kontextsensitivität und Kartografie

4. Ändern Sie die Layout-Ressource *activity_where_am_i.xml*, um ein `SupportMapFragment` unterhalb der vorhandenen `TextView` einzufügen:

```xml
<?xml version="1.0" encoding="utf-8"?>
<LinearLayout
  xmlns:android="http://schemas.android.com/apk/res/android"
  xmlns:app="http://schemas.android.com/apk/res-auto"
  xmlns:tools="http://schemas.android.com/tools"
  android:layout_width="match_parent"
  android:layout_height="match_parent"
  android:orientation="vertical"
  tools:context="com.professionalandroid.apps.whereami.WhereAmIActivity">
  <TextView
    android:id="@+id/myLocationText"
    android:layout_width="match_parent"
    android:layout_height="wrap_content"
    android:padding="16dp"
    android:text="Hello World!"/>
  <fragment
    android:id="@+id/map"
    android:name="com.google.android.gms.maps.SupportMapFragment"
    android:layout_width="match_parent"
    android:layout_height="match_parent"/>
</LinearLayout>
```

5. Wenden Sie sich wieder der `WhereAmIActivity` zu und ändern Sie die Methode `onCreate`, um einen Verweis auf das `MapFragment` zu ermitteln und einen Verweis auf die `GoogleMap` anzufordern:

```
@Override
protected void onCreate(Bundle savedInstanceState) {
  super.onCreate(savedInstanceState);
  setContentView(R.layout.activity_where_am_i);
  mTextView = findViewById(R.id.myLocationText);

  // Hole das SupportMapFragment und fordere das GoogleMap-Objekt an.
  SupportMapFragment mapFragment =
    (SupportMapFragment)getSupportFragmentManager()
    .findFragmentById(R.id.map);
  mapFragment.getMapAsync(this);

  GoogleApiAvailability availability
    = GoogleApiAvailability.getInstance();
```

Kartenbasierte Activities anlegen | 15.7

```
    int result = availability.isGooglePlayServicesAvailable(this);
    if (result != ConnectionResult.SUCCESS) {
      if (!availability.isUserResolvableError(result)) {
        Toast.makeText(this, ERROR_MSG, Toast.LENGTH_LONG).show();
      }
    }

    mLocationRequest = new LocationRequest()
      .setInterval(5000)
      .setPriority(LocationRequest.PRIORITY_HIGH_ACCURACY);
}
```

6. Wenn die Anwendung nun ausgeführt wird, sollte der ursprüngliche Adresstext mit einer `MapView` darunter angezeigt werden, wie in Abbildung 15.12 gezeigt.

Abbildung 15.12 Where Am I mit MapView

15.7 | Standort, Kontextsensitivität und Kartografie

7. Ändern Sie nun die Methode onMapReady, um die Satellitenansicht anzuzeigen und auf Gebäudeebene zu zoomen:

```
@Override
public void onMapReady(GoogleMap googleMap) {
  mMap = googleMap;

  mMap.setMapType(GoogleMap.MAP_TYPE_SATELLITE);
  mMap.animateCamera(CameraUpdateFactory.zoomTo(17));
}
```

8. Der letzte Schritt besteht darin, den LocationCallback zu ändern, um die Karte wieder auf den aktuellen Standort zu zentrieren:

```
LocationCallback mLocationCallback = new LocationCallback() {
  @Override
  public void onLocationResult(LocationResult locationResult) {
    Location location = locationResult.getLastLocation();
    if (location != null) {
      updateTextView(location);
      if (mMap != null) {
        LatLng latLng = new LatLng(location.getLatitude(),
                                   location.getLongitude());
        mMap.animateCamera(CameraUpdateFactory.newLatLng(latLng));
      }
    }
  }
};
```

15.7.6 Anzeige der aktuellen Position mit dem My Location-Layer

Der My Location-Layer zeigt den aktuellen Standort des Geräts auf der Google Map, dargestellt als blinkende blaue Markierung. Durch Hinzufügen des My Location-Layers wird auch der My Location-Button aktiviert, der als Fadenkreuz oben rechts auf der Karte angezeigt wird, wie in Abbildung 15.13 gezeigt.

Wenn Sie den My Location-Button anklicken, wird das Kameraziel erneut auf den letzten bekannten Standort des Geräts zentriert.

Der My Location-Layer hängt vom Fused-Location-Provider ab, um den Standort des Geräts anzugeben, und erfordert daher entweder grobe oder feine Standortberechtigungen, die in Ihrem Anwendungsmanifest angefordert werden müssen und vom Benutzer zur Laufzeit vergeben wurden, bevor der Layer aktiviert werden kann:

Kartenbasierte Activities anlegen | 15.7

Abbildung 15.13 Map mit My Location Layer

```
if (ActivityCompat.checkSelfPermission(this,
      Manifest.permission.ACCESS_FINE_LOCATION)
      == PackageManager.PERMISSION_GRANTED ||
    ActivityCompat.checkSelfPermission(this,
      Manifest.permission.ACCESS_COARSE_LOCATION)
      == PackageManager.PERMISSION_GRANTED) {
  mMap.setMyLocationEnabled(true);
}
```

Weitere Informationen zu den Standortberechtigungen finden Sie in früheren Abschnitten.

15.7.7 Interaktive Kartenmarkierungen anzeigen

Sie können einer Google Map (Abbildung 15.14) mit der Methode `addMarker` interaktive, anpassbare Markierungen hinzufügen, indem Sie ein `MarkerOptions`-Objekt übergeben, das eine Breiten-/Längenposition angibt, an der die Markierung platziert werden soll:

```
Double lat = -32.0;
Double lng = 115.5;
LatLng position = new LatLng(lat, lng);

Marker newMarker = mMap.addMarker(new MarkerOptions().position(position));
```

15.7 | Standort, Kontextsensitivität und Kartografie

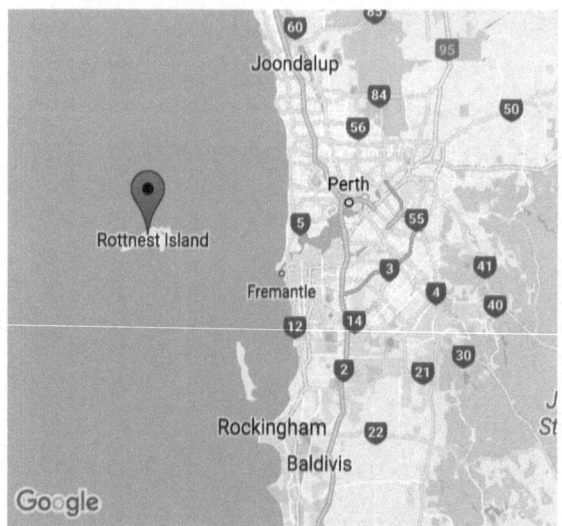

Abbildung 15.14 Map-Markierungen

Wenn ein Marker ausgewählt ist, wird die Kartensymbolleiste angezeigt, die dem Benutzer eine Verknüpfung zum Anzeigen oder Navigieren zu der Position des Markers in der Google Maps-Anwendung bietet. Um die Symbolleiste zu deaktivieren, ändern Sie die Einstellungen der Google Maps-Benutzeroberfläche:

```
mMap.getUiSettings().setMapToolbarEnabled(false);
```

Durch die Bereitstellung eines Titels und eines Ausschnittstexts, wie in Listing 15.26 gezeigt, können Marker interaktiv werden.

```
Marker newMarker = mMap.addMarker(new MarkerOptions()
                    .position(latLng)
                    .title("Honeymoon Location")
                    .snippet("This is where I had my honeymoon!"));
```
Listing 15.25 Hinzufügen eines Markers zu einer Google Map

Wenn ein Benutzer einen bestimmten Marker anwählt, wird ein Informationsfenster mit dem zugehörigen Titel und Beschreibungstext angezeigt, wie in Abbildung 15.15 gezeigt.

`GoogleMap` übernimmt für Sie das Zeichnen, Platzieren, die Klickbehandlung, die Fokussierung und die Layout-Optimierung der einzelnen Marker. Um einen Marker zu entfernen, müssen Sie beim Hinzufügen eine Referenz auf ihn pflegen und seine Methode `remove` aufrufen:

```
newMarker.remove();
```

Kartenbasierte Activities anlegen | **15.7**

Abbildung 15.15 Marker anwählen

Standardmäßig zeigt der Marker das Standard-Symbol »Google Maps« an, das durch Änderung der Farbe oder durch ein benutzerdefiniertes Bild ersetzt werden kann.

Um die Farbe eines Markersymbols zu ändern oder ein benutzerdefiniertes Markersymbol zu verwenden, verwenden Sie die Methode `icon` der `MarkerOptions`. Es wird ein `BitmapDescriptor` benötigt, der mit der `BitmapDescriptorFactory` erstellt werden kann.

Um die Farbe des Standard-Markersymbols zu ändern, verwenden Sie die Methode `defaultMarker`, der ein Farbton übergeben wird, entweder als Wert zwischen 0 und 360 oder einen der vordefinierten Farbtöne, die als Konstanten der `BitmapDescriptorFactory` verfügbar sind:

```
BitmapDescriptor icon
  = BitmapDescriptorFactory.defaultMarker(BitmapDescriptorFactory.HUE_GREEN);

Marker newMarker = mMap.addMarker(new MarkerOptions()
                        .position(latLng)
                        .icon(icon));
```

Um die Transparenz der Marker zu ändern, verwenden Sie die Methode `alpha`, um einen Transparenz-Wert zwischen 0 (transparent) und 1 (deckend) anzuzeigen:

```
Marker newMarker = mMap.addMarker(new MarkerOptions()
                        .position(latLng)
                        .alpha(0.6f));
```

15.7 | Standort, Kontextsensitivität und Kartografie

Wenn Sie das Marker-Symbol vollständig ersetzen möchten, können Sie die verschiedenen Methoden aus der `BitmapDescriptorFactory` verwenden, um eine Bitmap aus einer Datei, einem Pfad, einer Ressource, einem Asset oder einem `Bitmap`-Objekt auszuwählen:

```
BitmapDescriptor icon
  = BitmapDescriptorFactory.fromResource(R.mipmap.ic_launcher);

Marker newMarker = mMap.addMarker(new MarkerOptions()
                                        .position(latLng)
                                        .icon(icon));
```

Standardmäßig werden Markierungen in Bezug auf den Bildschirm angezeigt, was bedeutet, dass das Drehen, Kippen oder Zoomen der Karte das Aussehen der Markierung nicht verändert.

Mit der Methode `flat` können Sie die Ausrichtung des Markers so einstellen, dass er sich gegen die Karte richtet, so dass er sich dreht und die Perspektive ändert, wenn die Karte gedreht oder gekippt wird:

```
Marker newMarker = mMap.addMarker(new MarkerOptions()
                                        .position(latLng)
                                        .flat(true));
```

Es ist auch möglich, einen Marker um einen bestimmten Ankerpunkt zu drehen, indem man eine Kombination der Methoden `anchor` und `rotation` innerhalb der `MarkerOptions` verwendet. Die Drehung wird in Grad im Uhrzeigersinn gemessen und der Anker stellt den Drehpunkt im Verhältnis zur Größe des Bildes in horizontaler und vertikaler Richtung dar:

```
Marker newMarker = mMap.addMarker(new MarkerOptions()
                                        .position(latLng)
                                        .anchor(0.5, 0.5)
                                        .rotation(90));
```

Es ist auch möglich, das Verhalten eines Markers bei Auswahl und das Aussehen des angezeigten Infofensters anzupassen.

Um das Verhalten der Markerauswahl zu ändern, fügen Sie einen `OnMarkerClickListener` zur `GoogleMap` hinzu. Der `onMarkerClick`-Handler erhält eine Instanz des ausgewählten Markers. Geben Sie `true` zurück, wenn Ihr Handler das Standardverhalten ersetzen soll, oder `false`, wenn das Infofenster noch angezeigt werden soll:

```
mMap.setOnMarkerClickListener(new GoogleMap.OnMarkerClickListener() {
  @Override
  public boolean onMarkerClick(Marker marker) {
    if (marker.equals(newMarker)) {
      // TODO Reagiere auf die Marker-Auswahl
    }
    // Gebe false zurück, um den Info-Bildschirm zu zeigen
    return false;
  }
});
```

Um das Aussehen des Infofensters zu ändern, verwenden Sie die Methode `setInfoWindowAdapter` von `GoogleMap`, indem Sie eine Implementierung der Schnittstelle `InfoWindowAdapter` übergeben, um eine gefüllte `View` zu definieren, die für den als Parameter übergebenen Marker verwendet werden soll:

```
mMap.setInfoWindowAdapter(new GoogleMap.InfoWindowAdapter() {
  @Override
  public View getInfoWindow(Marker marker) {
    // TODO Definiere eine View, um das Standard-Info-Fenster
    // vollständig zu ersetzen.
    return myView;
  }

  @Override
  public View getInfoContents(Marker marker) {
    // TODO Definiere eine View, die das Innere des Infofensters ersetzt.
    return myView;
  }
});
```

Das Zurückgeben einer `View` aus dem `getInfoWindow`-Handler ersetzt das gesamte Infofenster, während das Zurückgeben einer `View` nur aus dem `getInfoContents`-Handler den gleichen Rahmen und Hintergrund wie das Standardinfofenster behält und nur den Inhalt ersetzt. Wenn `null` von beiden Handlern zurückgegeben wird, wird das Standard-Infofenster angezeigt.

15.7.8 Formen zu Google Maps hinzufügen

Zusätzlich zu den Markern ermöglicht Google Maps die Überlagerung von Linien, Polygonen und Kreisen auf der Kartenoberfläche. Sie können Sichtbarkeit, Z-Reihenfolge, Füllfarbe, Linienkappen, Fugentypen und Strichstärke, Stil und Farbe für jedes Shape einstellen.

15.7 | Standort, Kontextsensitivität und Kartografie

Sie können mehrere Shapes über jede Karte zeichnen und optional eine oder mehrere Benutzerberührungen vornehmen lassen. Alle drei Shape-Typen (Kreise, Polygone und Polylinien) sind veränderbar, das heißt, sie können angepasst (oder gelöscht) werden, nachdem sie erstellt und der Karte hinzugefügt wurden.

Die einfachste verfügbare Form ist ein Kreis, dargestellt als Zielbreite/-länge mit einem Radius in Metern. Der Kreis wird als geografisch genaue Projektion auf die Erdoberfläche gezeichnet. Abhängig von der Größe und Position des Kreises und dem aktuellen Zoom kann die von der `GoogleMap` verwendete Mercator-Projektion dazu führen, dass der Kreis als Ellipse erscheint.

Um einen Kreis zu Ihrer Karte hinzuzufügen, erstellen Sie ein neues `CircleOptions`-Objekt, in dem Sie den Mittelpunkt und den Radius des Kreises sowie zusätzliche Einstellungen wie Füllfarbe oder Strichstärke angeben:

```
CircleOptions circleOptions = new CircleOptions()
                    .center(new LatLng(37.4, -122.1))
                    .radius(1000) // 1000 Meter
                    .fillColor(Color.argb(50, 255, 0, 0))
                    .strokeColor(Color.RED);
```

Übergeben Sie die `CircleOptions` an die `addCircle`-Methode von `GoogleMap`. Beachten Sie, dass diese ein veränderliches `Circle`-Objekt zurückgibt, das zur Laufzeit geändert werden kann:

```
Circle circle = mMap.addCircle(circleOptions);
```

Sie können eine unregelmäßig begrenzte Form erzeugen, indem Sie ein Polygon mit der Klasse `PolygonOptions` definieren. Verwenden Sie die Methode `add`, um eine Reihe von Breiten-/Längenpaaren zu definieren, die jeweils einen Punkt in der Form definieren. Die Standardfüllung ist transparent, also geben Sie die Füll-, Strich- und Fugentypen an, um das Aussehen der Form zu ändern:

```
PolygonOptions polygonOptions = new PolygonOptions()
                    .add(new LatLng(66.992803, -26.369462),
                        new LatLng(51.540138, -2.990557),
                        new LatLng(50.321568, -6.066729),
                        new LatLng(49.757089, -5.231768),
                        new LatLng(50.934844, 1.425947),
                        new LatLng(52.873063, 2.107099),
                        new LatLng(56.124692, -1.738115),
                        new LatLng(67.569820, -13.625322))
                    .fillColor(Color.argb(44,00,00,44));
```

Beachten Sie, dass das Polygon automatisch den letzten Punkt mit dem ersten verbindet, so dass Sie es nicht selbst schließen müssen. Sie können auch die Methode `PolygonOptions.addAll` verwenden, um eine Liste von `LatLng`-Objekten zu liefern.

Mit der `addHole`-Methode können Sie komplexe Formen wie gefüllte Ringe oder Donuts erstellen, indem Sie mehrere Pfade kombinieren. Nachdem Sie die äußere Form definiert haben, verwenden Sie die `addHole`-Methode, um einen zweiten, vollständig geschlossenen, kleineren Pfad zu definieren:

```
List<LatLng> holePoints = new ArrayList<>();
holePoints.add(new LatLng(53.097936, -2.331377));
holePoints.add(new LatLng(52.015946, -2.067705));
holePoints.add(new LatLng(52.117943, 0.383657));
holePoints.add(new LatLng(53.499125, -1.088511));

mMap.addPolygon(new PolygonOptions()
            .add(new LatLng(66.992803, -26.369462),
                new LatLng(51.540138, -2.990557),
                new LatLng(50.321568, -6.066729),
                new LatLng(49.757089, -5.231768),
                new LatLng(50.934844, 1.425947),
                new LatLng(52.873063, 2.107099),
                new LatLng(56.124692, -1.738115),
                new LatLng(67.569820, -13.625322))
            .fillColor(Color.argb(44,00,00,44))
            .addHole(holePoints);
```

Nach dem Zeichnen sieht es so aus, als ob ein Abschnitt des umgebenden Polygons entfernt wurde.

Standardmäßig wird das Polygon als gerade Linie auf der Mercator-Projektion gezeichnet, die zur Darstellung der `GoogleMap` verwendet wird. Sie können die Methode `geodesic` innerhalb der `PolygonOptions` verwenden, um jedes Segment so zu zeichnen, dass es den kürzesten Weg entlang der Erdoberfläche darstellt. Geodätische Segmente erscheinen in der Regel als gekrümmte Linien, wenn sie auf der `GoogleMap` betrachtet werden:

```
PolygonOptions polygonOptions = new PolygonOptions()
            .add(new LatLng(66.992803, -26.369462),
                new LatLng(51.540138, -2.990557),
                new LatLng(50.321568, -6.066729),
                new LatLng(49.757089, -5.231768),
                new LatLng(50.934844, 1.425947),
                new LatLng(52.873063, 2.107099),
```

15.7 | Standort, Kontextsensitivität und Kartografie

```
            new LatLng(56.124692, -1.738115),
            new LatLng(67.569820, -13.625322))
    .fillColor(Color.argb(44,00,00,44))
    .geodesic(true);
```

Fügen Sie jedes `Polygon` mit der Methode `addPolygon` zu Ihrer `GoogleMap` hinzu, indem Sie die `PolygonOptions` übergeben. Es wird ein veränderliches `Polygon`-Objekt zurückgegeben, das zur Laufzeit geändert werden kann:

```
Polygon polygon = mMap.addPolygon(polygonOptions);
```

Wenn Sie einen Bereich nicht einschließen möchten, können Sie eine Polylinie erstellen, die eine Reihe von verbundenen Liniensegmenten basierend auf einer Reihe von Breiten-/Längenpaaren zeichnet.

Eine Polylinie wird ähnlich wie ein Polygon definiert, jedoch werden die Enden nicht verbunden und die Form kann nicht gefüllt werden. Erstellen Sie ein neues `PolyLineOptions`-Objekt, indem Sie die Punkte einzeln oder als Liste mit der für Polygone beschriebenen Methode addieren:

```
PolylineOptions polylineOptions = new PolylineOptions()
            .add(new LatLng(66.992803, -26.369462),
                new LatLng(51.540138, -2.990557),
                new LatLng(50.321568, -6.066729),
                new LatLng(49.757089, -5.231768),
                new LatLng(50.934844, 1.425947),
                new LatLng(52.873063, 2.107099),
                new LatLng(56.124692, -1.738115),
                new LatLng(67.569820, -13.625322))
            .geodesic(true);
```

Polyliniensegmente können geodätisch sein und Sie können für sie die Farbe und den Stil des Strichs, die Verbindungsarten und die Endkappen definieren. Verwenden Sie nach der Definition die Methode `addPolyline`, um die `PolylineOptions` zu Ihrer `GoogleMap` hinzuzufügen:

```
Polyline polyline = mMap.addPolyline(polylineOptions);
```

Standardmäßig reagiert keine der Formen auf Benutzerberührungen, jedoch enthält jede Klasse `Shape` eine Methode `setClickable`, die sie anklickbar machen kann:

```
polyline.setClickable(true);
circle.setClickable(true);
polygon.setClickable(true);
```

Um auf Shape-Klicks zu reagieren, verwenden Sie setOnCircleClickListener, setOnPolygonClickListener und setOnPolylineClickListener, um Kreis-, Polygon- und Polyline-Click-Listener hinzuzufügen. Die Klick-Handler für jeden Listener empfangen eine Instanz des angeklickten Shapes:

```
mMap.setOnCircleClickListener(new OnCircleClickListener() {
  @Override
  public void onCircleClick(Circle circle) {
    // TODO Reagiere auf den Kreis, der angeklickt wurde.
  }
});
```

Wenn sich mehrere Shapes oder Marker am Berührungspunkt überlappen, wird das Click-Ereignis zuerst an die Marker gesendet, dann an jedes Shape (in z-Index-Reihenfolge), bis ein Marker oder ein Shape mit einem Klick-Handler gefunden wird – es wird höchstens ein Handler ausgelöst.

15.7.9 Bildüberlagerungen zu Google Maps hinzufügen

Zusätzlich zu den Markern und Formen ist es auch möglich, ein GroundOverlay zu erstellen, das ein Bild, das an Breiten-/Längengrad-Koordinaten angeknüpft ist, über einen Ausschnitt der Karte legt.

Um ein GroundOverlay hinzuzufügen, erstellen Sie eine neue GroundOverlayOption, indem Sie das zu überlagernde Bild als BitmapDescriptor sowie die Position angeben, an der das Bild platziert werden soll. Die Bildposition kann entweder als LatLng-Anker am Südwestpunkt mit einer Breite (und optional Höhe) oder als LatLngBounds angegeben werden, die sowohl den Südwest- als auch den Nordost-Anker enthalten:

```
LatLng rottnest = new LatLng(40.714086, -74.228697);
GroundOverlayOptions rottnestOverlay = new GroundOverlayOptions()
  .image(BitmapDescriptorFactory.fromResource(R.drawable.rottnest_wa_1902))
  .position(rottnest, 8600f, 6500f);
```

> **Hinweis**
>
> Die Länge und Breite von GroundOverlays müssen eine Zweierpotenz betragen. Wenn Ihr Quellbild nicht dieser Anforderung entspricht, wird es angepasst.

Um das GroundOverlay auf die GoogleMap anzuwenden, rufen Sie die addGroundOverlay-Methode auf, indem Sie die GroundOverlayOptions übergeben:

```
GroundOverlay groundOverlay = mMap.addGroundOverlay(rottnestOverlay);
```

Sie können ein GroundOverlay jederzeit entfernen, indem Sie dessen Methode remove aufrufen:

```
groundOverlay.remove();
```

15.7.10 Markierungen und Formen zu »Wo bin ich« hinzufügen

Diese letzte Änderung des `WhereAmI`-Projekts fügt jedes Mal, wenn sich die Position ändert, einen neuen Marker hinzu und aktualisiert eine Polylinie, die jeden Marker verbindet.

Wir werden diese Gelegenheit auch nutzen, um den My Location-Layer zu aktivieren, um den aktuellen Standort des Geräts anzuzeigen.

1. Erstellen Sie neue Attribut-Variablen, um eine Liste von Markern und die Polylinie zu speichern:

```
private List<Marker> mMarkers = new ArrayList<>();
private Polyline mPolyline;
```

2. Erweitern Sie den `onMapReady`-Handler, um den My Location-Layer zu aktivieren und eine neue Polylinie ohne Punkte zu erstellen:

```
@Override
public void onMapReady(GoogleMap googleMap) {
  mMap = googleMap;

  mMap.setMapType(GoogleMap.MAP_TYPE_SATELLITE);
  mMap.animateCamera(CameraUpdateFactory.zoomTo(17));

  if (ActivityCompat.checkSelfPermission(this,
      Manifest.permission.ACCESS_FINE_LOCATION)
        == PackageManager.PERMISSION_GRANTED ||
      ActivityCompat.checkSelfPermission(this,
      Manifest.permission.ACCESS_COARSE_LOCATION)
        == PackageManager.PERMISSION_GRANTED) {
    mMap.setMyLocationEnabled(true);
  }

  PolylineOptions polylineOptions = new PolylineOptions()
                        .color(Color.CYAN)
                        .geodesic(true);
  mPolyline = mMap.addPolyline(polylineOptions);
}
```

3. Erweitern Sie den `LocationCallback`, um an jedem Standort einen neuen Marker hinzuzufügen, indem Sie im Infofenster das Datum und die Uhrzeit des Hinzufügens und seinen Platz in der Sequenz anzeigen:

```
LocationCallback mLocationCallback = new LocationCallback() {
```

```java
@Override
public void onLocationResult(LocationResult locationResult) {
  Location location = locationResult.getLastLocation();
  if (location != null) {
    updateTextView(location);
    if (mMap != null) {
      LatLng latLng = new LatLng(location.getLatitude(),
                                 location.getLongitude());
      mMap.animateCamera(CameraUpdateFactory.newLatLng(latLng));

      Calendar c = Calendar.getInstance();
      String dateTime
        = DateFormat.format("MM/dd/yyyy HH:mm:ss",
                            c.getTime()).toString();

      int markerNumber = mMarkers.size()+1;
      mMarkers.add(mMap.addMarker(new MarkerOptions()
                                  .position(latLng)
                                  .title(dateTime)
                                  .snippet("Marker #" + markerNumber +
                                           " @ " + dateTime)));
    }
  }
}
};
```

4. Erweitern Sie ein letztes Mal das `LocationCallback` dahingehend, dass die Polylinie so modifiziert wird, dass sie jede Markerposition verbindet:

```java
LocationCallback mLocationCallback = new LocationCallback() {
  @Override
  public void onLocationResult(LocationResult locationResult) {
    Location location = locationResult.getLastLocation();
    if (location != null) {
      updateTextView(location);
      if (mMap != null) {
        LatLng latLng = new LatLng(location.getLatitude(),
                                   location.getLongitude());
        mMap.animateCamera(CameraUpdateFactory.newLatLng(latLng));
        Calendar c = Calendar.getInstance();
        String dateTime
          = DateFormat.format("MM/dd/yyyy HH:mm:ss",
                              c.getTime()).toString();
```

15.8 | Standort, Kontextsensitivität und Kartografie

```
            int markerNumber = mMarkers.size()+1;
            mMarkers.add(mMap.addMarker(new MarkerOptions()
                                    .position(latLng)
                                    .title(dateTime)
                                    .snippet("Marker #" + markerNumber +
                                            " @ " + dateTime)));

            List<LatLng> points = mPolyline.getPoints();
            points.add(latLng);
            mPolyline.setPoints(points);
        }
      }
    }
};
```

Wenn Ihre Anwendung ausgeführt wird, zeigt sie Ihren aktuellen Gerätestandort mit einem blauen Punkt unter Verwendung des My Location-Overlays an, wobei Marker an jedem empfangenen Standort mit einer blauen Polylinie verbunden sind, wie in Abbildung 15.16 gezeigt.

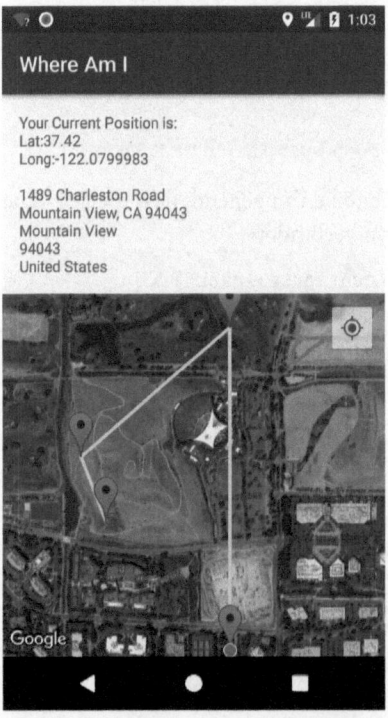

Abbildung 15.16 Wo bin ich mit Polylinie

15.8 Das Erdbeben-Beispiel kartieren

Die folgende Schritt-für-Schritt-Anleitung zeigt, wie Sie dem Earthquake-Projekt, das Sie zuletzt in Kapitel 13 gesehen haben, eine Karte hinzufügen können, um die jüngsten Erdbeben anzuzeigen.

1. Laden Sie zunächst das Google Play-Services-SDK herunter und fügen Sie eine Dependency zur Maps-Bibliothek in der Datei *build.gradle* des App-Moduls hinzu:

```
dependencies {
  compile fileTree(include: ['*.jar'], dir: 'libs')
  androidTestCompile(
    'com.android.support.test.espresso:espresso-core:2.2.2', {
    exclude group: 'com.android.support', module: 'support-annotations'
  })
  testCompile 'junit:junit:4.12'


  compile 'com.android.support:appcompat-v7:27.0.2'
  compile 'com.android.support:design:27.0.2'
  compile 'com.android.support.constraint:constraint-layout:1.0.2'
  compile 'com.android.support:recyclerview-v7:27.0.2'
  compile 'com.android.support:preference-v14:27.0.2'

  implementation "android.arch.persistence.room:runtime:1.0.0"
  annotationProcessor "android.arch.persistence.room:compiler:1.0.0"
  testImplementation "android.arch.persistence.room:testing:1.0.0"
  implementation "android.arch.lifecycle:extensions:1.1.1"

  implementation 'com.firebase:firebase-jobdispatcher:0.8.5'


  implementation 'com.google.android.gms:play-services-maps:11.8.0'
}
```

2. Surfen Sie zu *developers.google.com/maps/documentation/android-api/signup*, um ein neues Projekt zu erstellen und einen API-Schlüssel zu erhalten. Ändern Sie das Anwendungsmanifest, um einen neuen Metadatenknoten unmittelbar vor dem schließenden `application`-Tag einzufügen, und geben Sie Ihren API-Schlüssel entsprechend ein:

```
<meta-data
  android:name="com.google.android.geo.API_KEY"
  android:value="[Your API Key Goes Here]"
/>
```

15.8 | Standort, Kontextsensitivität und Kartografie

3. Ändern Sie das `EarthquakeMapFragment`, um `OnMapReadyCallback` zu implementieren, und fügen Sie die Methode `onMapReady` entsprechend hinzu. Dies sollte die übergebene `GoogleMap` einer Attribut-Variablen zuweisen:

```
public class EarthquakeMapFragment extends Fragment
                                    implements OnMapReadyCallback {

  private GoogleMap mMap;

  @Override
  public void onMapReady(GoogleMap googleMap) {
    mMap = googleMap;
  }

  [ ... existing Fragment code ... ]
}
```

4. Ändern Sie die Layout-Ressource *fragment_earthquake_map.xml* und ersetzen Sie das vorhandene `FrameLayout` und die `TextView` durch ein `SupportMapFragment`:

```
<fragment
  xmlns:android="http://schemas.android.com/apk/res/android"
  xmlns:map="http://schemas.android.com/apk/res-auto"
  xmlns:tools="http://schemas.android.com/tools"
  android:id="@+id/map"
  android:name="com.google.android.gms.maps.SupportMapFragment"
  android:layout_width="match_parent"
  android:layout_height="match_parent"
/>
```

5. Wenden Sie sich wieder dem `EarthquakeMapFragment` zu und überschreiben Sie die Methode `onViewCreated`, um einen Verweis auf das `MapFragment` zu bekommen und einen Verweis auf die `GoogleMap` anzufordern:

```
@Override
public void onViewCreated(@NonNull View view,
                          Bundle savedInstanceState) {
  super.onViewCreated(view, savedInstanceState);

  // Hole das SupportMapFragment und fordere das GoogleMap-Objekt an.
  SupportMapFragment mapFragment
    = (SupportMapFragment)getChildFragmentManager()
                    .findFragmentById(R.id.map);
  mapFragment.getMapAsync(this);
}
```

15.8 | Das Erdbeben-Beispiel kartieren

An dieser Stelle sollte das Starten Ihrer Anwendung die `MapView` entweder in der Ansicht des Tablets oder, wenn die Registerkarte Map auf einem Smartphone ausgewählt ist, sichtbar machen.

6. Erstellen Sie eine neue Methode `updateFromPreferences`, identisch mit der gleichen Methode aus dem `EarthquakeListFragment`, die die aktuelle Benutzereinstellung für die Mindestgröße des anzuzeigenden Erdbebens ermittelt:

```java
private int mMinimumMagnitude = 0;

private void updateFromPreferences() {
  SharedPreferences prefs =
    PreferenceManager.getDefaultSharedPreferences(getContext());

  mMinimumMagnitude = Integer.parseInt(
    prefs.getString(PreferencesActivity.PREF_MIN_MAG, "3"));
}
```

7. Erstellen Sie eine neue Methode `setEarthquakeMarkers`, die über eine Liste von `Earthquakes` iteriert, für jedes einen Marker erstellt und dann alle vorherigen Marker entfernt, die nicht mehr angezeigt werden sollen:

```java
Map<String, Marker> mMarkers = new HashMap<>();

public void setEarthquakeMarkers(List<Earthquake> earthquakes) {
  updateFromPreferences();

  Map<String, Earthquake> newEarthquakes = new HashMap<>();

  // Füge Marker für jedes Erdbeben oberhalb der Schwelle hinzu.
  for (Earthquake earthquake : earthquakes) {
    if (earthquake.getMagnitude() >= mMinimumMagnitude) {
      newEarthquakes.put(earthquake.getId(), earthquake);

      if (!mMarkers.containsKey(earthquake.getId())) {
        Location location = earthquake.getLocation();
        Marker marker = mMap.addMarker(
          new MarkerOptions()
            .position(new LatLng(location.getLatitude(),
                                 location.getLongitude()))
            .title("M:" + earthquake.getMagnitude()));

        mMarkers.put(earthquake.getId(), marker);
      }
    }
  }
  // Entferne alle Marker für Erdbeben, die nicht mehr angezeigt
  // werden sollen.
```

15.8 | Standort, Kontextsensitivität und Kartografie

```
      for (Iterator<String> iterator = mMarkers.keySet().iterator();
          iterator.hasNext();) {
        String earthquakeID = iterator.next();
        if (!newEarthquakes.containsKey(earthquakeID)) {
          mMarkers.get(earthquakeID).remove();
          iterator.remove();
        }
      }
    }
```

8. Überschreiben Sie die Handler-Methode `onMapReady`, um die `LiveData` aus dem `EarthquakeViewModel` zu überwachen, die Änderungen in der zugrunde liegenden Erdbebendatenbank darstellen; rufen Sie die Methode `setEarthquakeMarkers` aus Schritt 7 auf, um die Map-Marker entsprechend zu aktualisieren:

```
@Override
public void onMapReady(GoogleMap googleMap) {
  mMap = googleMap;

  // Rufe das Earthquake View Model für dieses Fragment ab.
  earthquakeViewModel = ViewModelProviders.of(this)
                          .get(EarthquakeViewModel.class);

  // Hole die Daten aus dem View Model und verfolge alle Änderungen.
  earthquakeViewModel.getEarthquakes()
    .observe(this, new Observer<List<Earthquake>>() {
      @Override
      public void onChanged(@Nullable List<Earthquake> earthquakes) {
        // Aktualisiere die Oberfläche um die Datenbankergebnisse.
        if (earthquakes != null)
          setEarthquakeMarkers(earthquakes);
      }
    });
}
```

9. Erstellen Sie einen neuen `OnSharedPreferenceChangeListener`, der die Marker aktualisiert, wenn der Benutzer seinen minimalen Erdbebenwert ändert, und registrieren Sie ihn im `onActivityCreated`-Handler:

```
@Override
public void onActivityCreated(Bundle savedInstanceState) {
  super.onActivityCreated(savedInstanceState);
  // Registriere den OnSharedPreferenceChangeListener.
  SharedPreferences prefs =
    PreferenceManager.getDefaultSharedPreferences(getContext());

  prefs.registerOnSharedPreferenceChangeListener(mPListener);
}
```

Das Erdbeben-Beispiel kartieren | 15.9

```
private SharedPreferences.OnSharedPreferenceChangeListener mPListener
  = new SharedPreferences.OnSharedPreferenceChangeListener() {
    @Override
    public void onSharedPreferenceChanged(SharedPreferences
                                          sharedPreferences,
                                          String key) {
      if (PreferencesActivity.PREF_MIN_MAG.equals(key)) {
        // Marker neu aufbauen
        List<Earthquake> earthquakes
          = earthquakeViewModel.getEarthquakes().getValue();

        if (earthquakes != null)
          setEarthquakeMarkers(earthquakes);
      }
    }
  };
```

Wenn Sie die Anwendung ausführen und die Registerkarte MAP anzeigen, sollte Ihre Anwendung so wie in Abbildung 15.17 dargestellt erscheinen.

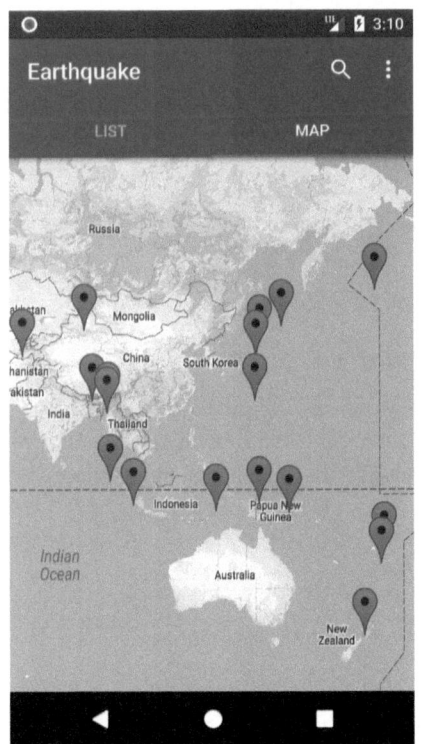

Abbildung 15.17 Earthquake

15.9 Kontextabhängigkeit hinzufügen

Die Awareness-API kombiniert mehrere Signale, einschließlich Standort, Benutzerkontext und Umgebung, um einen Mechanismus bereitzustellen, der es Ihnen ermöglicht, Ihrer Anwendung kontextbasierte Funktionen hinzuzufügen, ohne die Systemressourcen zu beeinträchtigen.

Es gibt zwei Varianten der Awareness API: Snapshot und Fences; beide sind auf Effizienz optimiert – vor allem auf Akkulaufzeit durch Caching und anwendungsübergreifende Optimierungen.

Die Snapshot-API bietet eine Momentaufnahme der aktuellen Umgebung des Benutzers. Awareness Fences – ähnlich wie bei Geofences (weiter oben in diesem Kapitel beschrieben) – lassen Rückrufe auf Basis einer Kombination von spezifischen Kontext-Signalen zu, deren Bedingungen erfüllt sein müssen.

Die Awareness API unterstützt derzeit bis zu sieben verschiedene Kontextsignale:

- Zeit: Das lokale Zeitfenster, in dem eine Fence ausgelöst werden kann, definiert als bestimmte Zeit oder semantische Beschreibungen (etwa »Feiertage« oder »Dienstag«).
- Standort: Der physische Benutzerstandort, der als Entfernung von einem bestimmten Breiten-/Längengradziel definiert ist.
- Benutzeraktivität: Welche Aktivität der Benutzer ausübt.
- Beacons in der Nähe: Die physische Nähe bestimmter Beacons.
- Orte: Unternehmen und Sehenswürdigkeiten in der Nähe, wie sie von der Google Places-API definiert werden.
- Gerätestatus: Derzeit beschränkt auf den Zustand der Kopfhörerverbindung.
- Umweltbedingungen: Derzeit auf das lokale Wetter beschränkt.

Der Zugriff auf die Awareness-API wird von der Awareness-Bibliothek der Google Play-Services bereitgestellt, die als Dependency zur *build.gradle*-Datei Ihres App-Moduls hinzugefügt werden muss, nachdem Sie die Google Play-Services installiert haben, wie zuvor in diesem Kapitel beschrieben:

```
dependencies {
  [... Existierende Dependencies ...]
  implementation 'com.google.android.gms:play-services-awareness:11.8.0'
}
```

Bei einer dynamischen API, die über Google Play-Dienste verfügbar ist, sollten Sie damit rechnen, dass die Anzahl der verfügbaren Signale mit der Zeit zunimmt.

15.9.1 Verbinden mit dem Google Play-Services-API-Client und Abrufen von API-Schlüsseln

Wie viele der Google-APIs aus der Google Play-Services-Bibliothek erfordert auch die Awareness-API, dass Sie eine Instanz der Klasse `GoogleApiClient` erstellen und verbinden. Der `GoogleApiClient` verwaltet die Netzwerkverbindung zwischen dem Gerät des Nutzers und den Google Services, die Sie verwenden möchten.

Sie können die Verbindung des `GoogleApiClients` selbst verwalten, es ist jedoch sinnvoller, stattdessen den automatischen Verbindungsverwaltungsmechanismus zu verwenden.

Wenn Ihr automatisch verwalteter `GoogleApiClient` versucht, eine Verbindung zu den Google-APIs herzustellen, zeigt er Benutzerdialoge an, um zu versuchen, alle vom Benutzer lösbaren Verbindungsfehler zu beheben.

Für Probleme, die nicht behoben werden können, lassen Sie Ihre Activity das `OnConnectionFailedListener`-Interface implementieren, dessen Methode `onConnectionFailed` verwendet wird, um Sie über nicht behebbare Fehler zu informieren.

Erstellen Sie eine Instanz des `GoogleApiClients` mit dem `GoogleApiClient.Builder` innerhalb der Handler-Methode `onCreate` Ihrer Activity und geben Sie die gewünschten Google-APIs zusammen mit der Activity und dem `OnConnectionFailedListener` für die automatische Management-Funktionalität an, wie im Rahmencode in Listing 15.27 zu sehen ist.

```
public class MainActivity extends AppCompatActivity
            implements GoogleApiClient.OnConnectionFailedListener {

  private static final String TAG = "CONTEXT_ACTIVITY";

  GoogleApiClient mGoogleApiClient;

  @Override
  protected void onCreate(Bundle savedInstanceState) {
    super.onCreate(savedInstanceState);
    setContentView(R.layout.activity_main);

    mGoogleApiClient = new GoogleApiClient.Builder(this)
                    .addApi(Awareness.API)
                    .enableAutoManage(this, // FragmentActivity
                              this) // OnConnectionFailedListener
                    .build();
  }
```

15.9 | Standort, Kontextsensitivität und Kartografie

```
@Override
public void onConnectionFailed(@NonNull ConnectionResult connectionResult){
   Log.e(TAG, "Failed to connect to Google Services: " +
           connectionResult.getErrorMessage() +
           " (" + connectionResult.getErrorCode() + ")");
   // TODO Fehlgeschlagene Verbindung behandeln
}
```
Listing 15.26 Verbinden mit dem GoogleApiClient

Bei automatischer Verwaltung verbindet sich Ihr `GoogleApiClient` automatisch während `onStart` und trennt die Verbindung nach `onStop`.

Die Awareness-API nutzt mehrere Google-Services. Um Snapshots zu extrahieren oder Fences mit Daten aus diesen Diensten zu erstellen, müssen Sie API-Schlüssel für jeden dieser Dienste beschaffen und sie in Ihr Anwendungsmanifest aufnehmen. In erster Linie benötigen Sie einen Schlüssel für die Awareness API von *developers.google.com/awareness/android-api/get-a-key*.

Fügen Sie diesen unmittelbar vor dem schließenden `application`-Tag, das in einem `meta-data`-Knoten eingeschlossen ist, zu Ihrem Anwendungsmanifest hinzu, wie im folgenden Ausschnitt zu sehen ist:

```
<meta-data
 android:name="com.google.android.awareness.API_KEY"
 android:value="[YOUR_API_KEY]"
/>
```

Die vorhergehende URL enthält Details zum Abruf von API-Schlüsseln für die Places- und Nearby-(Beacons-)APIs, die auf die gleiche Weise wie der Awareness-API-Schlüssel hinzugefügt werden können:

```
<meta-data
 android:name="com.google.android.geo.API_KEY"
 android:value="[YOUR_API_KEY]"
/>

<meta-data
 android:name="com.google.android.nearby.messages.API_KEY"
 android:value="[YOUR_API_KEY]"
/>
```

15.9.2 Awareness-Snapshots verwenden

Awareness-Snapshots ermöglichen es Ihnen, Details über den aktuellen Kontext des Benutzers aus mehreren Diensten abzurufen. Dies ist so optimiert, dass es schnell Ergebnisse liefert und gleichzeitig den Akkuverbrauch und die Speicherauslastung minimiert.

Die Awareness-API verwendet zwischengespeicherte Werte für die Daten, die mit jedem Dienst verbunden sind. Wenn es keine Daten gibt oder die Daten veraltet sind, verwendet sie Sensorik und Inferenz, um neue Werte zurückzugeben.

Um Snapshot-Kontext-Signalwerte zu erhalten, verwenden Sie eine der Get-Methoden der Klasse `Awareness.SnapshotApi`, die in Ihrem `GoogleApiClient` übergeben wird.

Hängen Sie ein mit dem Ergebnistyp parametrisiertes `ResultCallBack` an. Der zurückgegebene Wert wird an den `onResult`-Handler übergeben. Rufen Sie `getStatus` auf, um festzustellen, ob die Suche erfolgreich war, und wenn ja, extrahieren Sie das Ergebnis mit dem Getter (siehe Listing 15.28).

```
Awareness.SnapshotApi.getDetectedActivity(mGoogleApiClient)
  .setResultCallback(new ResultCallback<DetectedActivityResult>() {
    @Override
    public void onResult(@NonNull DetectedActivityResult
                                    detectedActivityResult) {
      if (!detectedActivityResult.getStatus().isSuccess()) {
        Log.e(TAG, "Current activity unknown.");
      } else {
        ActivityRecognitionResult ar =
          detectedActivityResult.getActivityRecognitionResult();
        DetectedActivity probableActivity = ar.getMostProbableActivity();
        // TODO Tue etwas mit der entdeckten Benutzer-Activity
      }
    }
  });
```

Listing 15.27 Abrufen von Snapshot-Kontext-Signal-Ergebnissen

Die Snapshot-API enthält statische Get-Methoden, die jedem der verfügbaren Kontextsignale entsprechen. Die zurückgegebenen Werte stimmen mit den Klassen und Werten überein, die zurückgegeben werden, wenn Sie die zugrunde liegenden Services direkt abfragen. Beachten Sie auch, dass einige dieser Methoden Manifest- und Laufzeitberechtigungen benötigen:

- `getBeaconState`: Liefert den Zustand der nahegelegenen Beacons durch Rückgabe eines `BeaconStateResults`. Rufen Sie `getBeaconState` auf, um Beacon-Details zu erhalten. Benötigt die Manifestberechtigung `ACCESS_FINE_LOCATION` und die Laufzeitberechtigung.

- `getDetectedActivity`: Gibt die erkannte körperliche Aktivität des Benutzers (Laufen, Gehen usw.) zurück, indem ein `DetectedActivityResultat` zurückgegeben wird. Extrahieren Sie die Ergebnisse der Aktivitätserkennung, indem Sie `getActivityRecognitionResult` aufrufen. Erfordert die Manifestberechtigung `ACTIVITY_RECOGNITION`.

- `getHeadphoneState`: Zeigt an, ob die Kopfhörer gerade angeschlossen sind, indem ein `HeadphoneStateResult`-Objekt zurückgegeben wird, über das Sie `getState` aufrufen müssen, um festzustellen, ob die Kopfhörer `PLUGGED_IN` oder `UNPLUGGED` sind.

- `getLocation`: Gibt die letzte bekannte Position des Benutzers unter Verwendung eines `LocationResults` zurück. Der Location-Wert kann mit `getLocation` ausgelesen werden. Benötigt die Manifestberechtigung `ACCESS_FINE_LOCATION` und die Laufzeitberechtigung.

- `getPlaces`: Gibt eine Liste der nahegelegenen Orte, wie beispielsweise Geschäfte und Sehenswürdigkeiten, innerhalb eines `PlacesResults` zurück. Rufen Sie `getPlaceLikelihoods` auf, um eine Liste potenzieller Orte zu erhalten, die nach der Wahrscheinlichkeit geordnet ist. Benötigt die Manifestberechtigung `ACCESS_FINE_LOCATION` und die Laufzeitberechtigung.

- `getWeather`: Gibt die Wetterbedingungen an Ihrem aktuellen Standort innerhalb eines `WeatherResults` zurück. Rufen Sie `getWeather` auf, um ein Wetterobjekt zu extrahieren, das die Temperatur, die »gefühlte« Temperatur, die Luftfeuchtigkeit, den Taupunkt und eine Reihe von beschreibenden Wetterbedingungen enthält. Benötigt die Manifestberechtigung `ACCESS_FINE_LOCATION` und die Laufzeitberechtigung.

Alle Details zu den einzelnen Snapshot-Methoden mit Beispielen zum Extrahieren der Daten finden Sie auf der Website von Google Developer unter

developers.google.com/awareness/android-api/snapshot-get-data.

15.9.3 Setzen und Überwachen von Awareness Fences

Awareness Fences ermöglichen es Ihrer App, sich an die sich verändernde Umgebung des Benutzers anzupassen, indem sie eine Reihe von Bedingungen definieren, die, wenn sie erfüllt ist, einen Callback auslösen, auch wenn sich Ihre App im Hintergrund befindet.

Das Konzept des Awareness-»Zauns« ist eine Erweiterung der Geofences, die bereits in diesem Kapitel beschrieben wurde. Während eine Geofence auf der Nähe des Benutzers zu einem bestimmten Ort basiert, erweitern Awareness Fences den Auslöser um

Kontextabhängigkeit hinzufügen | **15.9**

Kontextbedingungen wie Zeit, nahegelegene Beacons, Kopfhörerstatus und die aktuelle Aktivität des Benutzers.

Jedes dieser Signale kann mit logischen Operatoren kombiniert werden, so dass Sie benutzerdefinierte Fences definieren können, die auf Kombinationen von Kriterien basieren, wie zum Beispiel:

- Beginnt zu laufen, während Ihre Kopfhörer an einem Wochenendnachmittag angeschlossen sind.
- Beginnt an einem Wochentag morgens von einem bestimmten Ort wegzufahren.
- Bewegt sich mittwochs zwischen 8.00 und 9.00 Uhr in Reichweite eines Beacons.

Awareness-Fences werden als Instanzen der `AwarenessFence`-Klasse gespeichert. Sie können für jeden der verfügbaren Context-Trigger neue `AwarenessFences` anlegen, indem Sie die in den folgenden Klassen verfügbaren statischen Methoden verwenden:

- `BeaconFence`: Verwenden Sie die Methoden `found`, `lost` und `near`, um ein oder mehrere Beacons anzugeben, die mit den angegebenen `TypeFilter`-Objekten übereinstimmen. Erfordert die Berechtigung `ACCESS_FINE_LOCATION`.
- `DetectedActivityFence`: Verwenden Sie die Methoden `starting`, `stopping` und `during`, um anzuzeigen, dass der Benutzer gerade begonnen hat, gerade gestoppt hat oder gerade eine bestimmte Aktivität ausführt. Erkennbare Aktivitäten sind `IN_VEHICLE`, `ON_BICYCLE`, `ON_FOOT`, `RUNNING`, `WALKING` oder `STILL`. Erfordert die Berechtigung `ACTIVITY_RECOGNITION`.
- `HeadphoneFence`: Verwenden Sie die Methoden `pluggingIn`, `unplugging` und `during`, um anzuzeigen, dass die Kopfhörer gerade angeschlossen wurden, einfach nur abgezogen wurden oder gerade angeschlossen sind.
- `LocationFence`: funktioniert wie die Geofence. Verwenden Sie die Methoden `entering`, `exiting` und `in`. Geben Sie Breitengrad, Längengrad, Radius und Verweilzeit an, um anzuzeigen, dass der Benutzer den angegebenen Bereich für die angegebene Verweilzeit betreten, verlassen oder innerhalb des angegebenen Bereichs geblieben ist.
- `TimeFence`: Bietet eine Vielzahl von statischen Methoden, mit denen Sie semantische und spezifische Tage und Zeiten angeben können:
    - `aroundTimeInstant`: Geben Sie einen Zeitpunkt und einen Start- und Stopp-Offset um diese Zeit an.
    - `inDailyInterval`: Geben Sie eine tägliche Start- und Stoppzeit innerhalb einer bestimmten Zeitzone an.
    - `inInterval`: Geben Sie eine absolute einmalige Start- und Stoppzeit an.

15.9 | Standort, Kontextsensitivität und Kartografie

- **inIntervalofDay**: Geben Sie eine sich wiederholende Start- und Stoppzeit für einen bestimmten Wochentag in einer bestimmten Zeitzone an.

- **inTimeInterval**: Geben Sie ein bestimmtes semantisches Zeitintervall an, beispielsweise Wochentag, Morgen, Nachmittag, Abend, Nacht, Wochentag, Wochenende oder Feiertag.

Zum Beispiel zeigt Listing 15.29 Awareness Fences basierend auf jedem der Kontextsignale.

```
// Nahe einem der Beacons
BeaconState.TypeFilter typeFilter
  = BeaconState.TypeFilter.with("com.professionalandroid.apps.beacon",
                                 "my_type");
AwarenessFence beaconFence = BeaconFence.near(typeFilter);

// Während des Laufens
AwarenessFence activityFence
  = DetectedActivityFence.during(DetectedActivityFence.WALKING);

// Wenn ein Kopfhörer angeschlossen ist
AwarenessFence headphoneFence = HeadphoneFence.pluggingIn();

// Innerhalb eines Kilometers um diese Stelle für länger als 1 Minute
double lat = 37.4220233;
double lng = -122.084252;
double radius = 1000;    // meters
long dwell = 60000;      // milliseconds.
AwarenessFence locationFence = LocationFence.in(lat, lng, radius, dwell);

// morgens
AwarenessFence timeFence =
  TimeFence.inTimeInterval(TimeFence.TIME_INTERVAL_MORNING);

// Während des Urlaubs
AwarenessFence holidayFence =
  TimeFence.inTimeInterval(TimeFence.TIME_INTERVAL_HOLIDAY);
```

Listing 15.28 Awareness Fences erzeugen

Um mehrere Awareness-Fences zu kombinieren, verwenden Sie die statischen Methoden and, or und not innerhalb der Klasse `AwarenessFence`, wie in Listing 15.30 zu sehen ist.

```
// Auslösen, wenn Kopfhörer angeschlossen sind und morgens entweder
// innerhalb eines Kilometers des Ortes oder in der Nähe eines meiner
// Beacons gelaufen wird - aber nicht im Urlaub.
AwarenessFence morningWalk = AwarenessFence
                            .and(activityFence,
                                 headphoneFence,
                                 timeFence,
                                 AwarenessFence.or(locationFence,
                                                   beaconFence),
                                 AwarenessFence.not(holidayFence));
```
Listing 15.29 Awareness Fences kombinieren

Wie bei Geofences sendet eine `AwarenessFence` einen `PendingIntent`, der zum Auslösen eines Broadcast-Receivers verwendet werden kann. Wenn Sie mehrere `AwarenessFences` haben, können Sie für jede einen eigenen `PendingIntent` erstellen. Aus Effizienzgründen ist es jedoch empfehlenswert, einen einzigen `PendingIntent` mit jeweils einem eindeutigen Schlüssel-String zu verwenden, der bei der Registrierung der Fence angegeben wird:

```
int flags = PendingIntent.FLAG_UPDATE_CURRENT;
Intent intent = new Intent(this, WalkFenceReceiver.class);
PendingIntent awarenessIntent = PendingIntent.getBroadcast(this, -1,
                                                intent, flags);
```

Um eine `AwarenessFence` hinzuzufügen, müssen Sie einen `FenceUpdateRequest` erstellen, der die Fences, die Sie hinzufügen möchten, den `PendingIntent`, der gesendet werden soll, wenn die `AwarenessFence` ausgelöst wird, und eine eindeutige Kennung enthält.

Erstellen Sie mit dem `FenceUpdateRequest.Builder` eine oder mehrere `AwarenessFences`, wie in Listing 15.31 zu sehen.

```
FenceUpdateRequest fenceUpdateRequest = new FenceUpdateRequest.Builder()
    .addFence(WALK_FENCE_KEY, morningWalk, awarenessIntent)
    .build();
```
Listing 15.30 Erstellen einer Update-Anfrage für eine AwarenessFence

Listing 15.32 zeigt, wie Sie die `AwarenessFences` Ihrer Anwendung aktualisieren können, indem Sie Ihren `FenceUpdateRequest` an die Methode `updateFences` der Fence-API übergeben. Sie können den `setResultCallback` verwenden, um einen `onResult` Callback zu erhalten, der den Erfolg oder Misserfolg des Update-Requests anzeigt.

15.9 | Standort, Kontextsensitivität und Kartografie

```
Awareness.FenceApi.updateFences(
  mGoogleApiClient,
  fenceUpdateRequest)
  .setResultCallback(new ResultCallback<Status>() {
    @Override
    public void onResult(@NonNull Status status) {
      if(!status.isSuccess()) {
        Log.d(TAG, "Fence could not be registered: " + status);
      }
    }
  });
```
Listing 15.31 Eine Awareness Fence hinzufügen

Wenn der Awareness Service feststellt, dass jede Ihrer Bedingungen erfüllt ist, löst der `PendingIntent` aus. Der `PendingIntent` wird auch sofort nach dem Hinzufügen ausgelöst, unabhängig vom Zustand jeder Bedingung; dies ermöglicht es Ihnen, den Ausgangszustand zu entnehmen.

Wenn die `PendingIntent` empfangen wurde, können Sie den aktuellen Zustand der Fence mit der Klasse `FenceState` untersuchen, die Sie mit der Methode `FenceState.extract` aus dem Intent auslesen:

```
FenceState fenceState = FenceState.extract(intent);
```

Um `AwarenessFence`-Benachrichtigungen zu empfangen, erstellen und registrieren Sie einen Broadcast-Receiver, wie in Listing 15.33 gezeigt.

```
public class WalkFenceReceiver extends BroadcastReceiver {

  @Override
  public void onReceive(Context context, Intent intent) {
    FenceState fenceState = FenceState.extract(intent);

    String fenceKey = fenceState.getFenceKey();
    int fenceStatus = fenceState.getCurrentState();

    if (fenceKey.equals(WALK_FENCE_KEY)) {
      if (fenceStatus == FenceState.TRUE) {
        // TODO Reagiere auf getriggerte Fence
      }
    }
  }
}
```
Listing 15.32 Auf Awareness-Fence-Trigger-Intent-Broadcasts warten

Um eine `AwarenessFence` zu entfernen, verwenden Sie die `removeFence`-Methode innerhalb des `FenceUpdateRequests`, indem Sie entweder den eindeutigen Schlüssel oder den `PendingIntent` angeben, der mit einer Fence verbunden ist. Übergeben Sie den resultierenden `FenceUpdateRequest` an die `updateFences`-Methode der Fence-API, wie in Listing 15.34 zu sehen.

```
FenceUpdateRequest fenceUpdateRequest = new FenceUpdateRequest.Builder()
  .removeFence(WalkFenceKey)
  .build();

Awareness.FenceApi.updateFences(
  mGoogleApiClient,
  fenceUpdateRequest)
  .setResultCallback(new ResultCallback<Status>() {
      @Override
      public void onResult(@NonNull Status status) {
        if(!status.isSuccess()) {
          Log.d(TAG, "Fence could not be removed: " + status);
        }
      }
    });
```
Listing 15.33 Eine Awareness Fence entfernen

15.9.4 Awareness-Empfehlungen

Das Hinzufügen von kontextueller Awareness in Ihre Anwendung bedeutet, dass Sie Ihre Benutzer bitten, Ihnen diese Informationen anzuvertrauen. Je mehr Kontext Sie verlangen, desto mehr Vertrauen fordern Sie – denken Sie daran, dass es schwierig ist, dieses Vertrauen aufzubauen, aber sehr leicht zu verlieren – selbst wenn das, was Sie tun, eher verwirrend oder obskur als bösartig ist.

Um dieses Vertrauen aufrechtzuerhalten, ist es wichtig, mit den Kontextinformationen verantwortungsvoll umzugehen, so dass die Kontrolle und die Privatsphäre der Benutzer bestmöglich geschützt sind. Beim Streben nach Freude ist es wichtig, die Benutzer nicht zu enttäuschen, zu schockieren oder zu überraschen.

Im Folgenden finden Sie eine Auswahl von Empfehlungen, die Ihnen helfen sollen, dieses Vertrauen zu erhalten:

- Sagen Sie Ihren Benutzern, was Sie tun, warum Sie es tun, und wenn möglich, lassen Sie sie nein sagen.

- Erklären Sie immer, wie Sie deren Kontext verwenden und was Sie mit den Daten machen – sowohl auf dem Gerät als auch vor allem, wenn diese Daten gespeichert oder übertragen werden.

15.9 | Standort, Kontextsensitivität und Kartografie

- Übertragen oder speichern Sie keine Orts- oder Kontaktdaten, es sei denn, dies ist für den Benutzer klar und ein wichtiger Teil der Funktionalität Ihrer Anwendung.

- Wenn Sie Kontextdaten speichern, machen Sie es den Benutzern einfach und leicht, diese zu löschen – sowohl auf ihrem Gerät als auch auf Ihren Servern.

- Schreiben Sie eine klare Datenschutzrichtlinie, die für Benutzer leicht zu finden und zu verstehen ist.

- Ihre Anwendung sollte ein intuitiver Freund sein, kein gruseliger Stalker; verwenden Sie Awareness, um die Qualität der Benachrichtigungen zu verbessern, nicht um Ihre Benutzer zu spammen.

Kapitel 16
Hardware-Sensoren

Inhalt

- Verwendung des Sensor-Managers
- Vorstellung der verschiedenen Sensortypen
- Entdeckung der verfügbaren Sensoren und ihrer Möglichkeiten
- Dynamische Sensoren aufspüren und einsetzen
- Empfehlungen für den Einsatz von Sensoren
- Testen von Sensoren mit dem Emulator
- Die natürliche Ausrichtung eines Geräts finden
- Wiederherstellen des Ausrichtungsbezugsrahmens eines Geräts
- Sensoren überwachen und Sensorwerte interpretieren
- Einsatz von Sensoren zur Überwachung der Bewegung und Ausrichtung eines Geräts
- Einsatz von Sensoren zur Überwachung der Geräteumgebung
- Einsatz von Sensoren zur Überwachung der Vitalparameter eines Benutzers
- Benutzeraktivitätsverfolgung mit Hilfe der Aktivitätserkennung

16.1 | Hardware-Sensoren

Wrox.com Code-Downloads für dieses Kapitel

Die wrox.com-Code-Downloads für dieses Kapitel finden Sie unter www.wrox.com unter der Registerkarte Download-Code. Der Code für dieses Kapitel ist in die folgenden Hauptbeispiele unterteilt:

- Snippets_Ch16.zip
- Weatherstation.zip
- GForceMeter.zip
- Compass_Ch16.zip

16.1 Android-Sensoren

Android-Geräte sind viel mehr als einfache Kommunikations- und Web-Browsing-Plattformen; sie sind extra-sensorische Eingabegeräte, die Bewegung, Umwelt und Körpersensoren nutzen, um die Wahrnehmung Ihrer Benutzer zu erweitern.

Sensoren, die physikalische und Umgebungseigenschaften erfassen, bieten einen spannenden Weg für Innovationen, die den Nutzen mobiler Anwendungen verbessern. Die Integration einer immer reichhaltigeren Auswahl an Sensor-Hardware in moderne Geräte bietet neue Möglichkeiten für Benutzerinteraktion und Anwendungsentwicklung, einschließlich erweiterter oder virtueller Realität, bewegungsbasierter Datenerfassung und Umgebungsanpassungen.

Dieses Kapitel führt Sie in die derzeit in Android verfügbaren Sensoren ein und zeigt Ihnen, wie Sie diese mit dem Sensor-Manager überwachen können.

Sehen Sie sich genauer an, wie Sie Bewegungen und Veränderungen in der Geräteausrichtung bestimmen – unabhängig von der natürlichen Ausrichtung des Geräts.

Erforschen Sie die Umgebungssensoren, einschließlich der Verwendung des Barometers zur Erfassung der aktuellen Höhe, des Lichtsensors zur Bestimmung der Wolkenbedeckung und des Temperatursensors zur Messung der Umgebungstemperatur.

Schließlich lernen Sie die Körpersensoren kennen, die direkt an den Benutzer angeschlossen sind und zur Bestimmung von Vitalparametern, wie zum Beispiel der Herzfrequenz, und zur Überwachung der aktuellen körperlichen Aktivität des Benutzers verwendet werden können.

16.1.1 Der Sensor-Manager

Der Sensor-Manager dient zur Verwaltung der auf Android-Geräten verfügbaren Sensor-Hardware. Verwenden Sie `getSystemService`, um eine Referenz auf den `SensorManager`-Service zu erhalten:

```
SensorManager sensorManager
    = (SensorManager)getSystemService(Context.SENSOR_SERVICE);
```

Anstatt direkt mit der Sensor-Hardware zu interagieren, arbeiten Sie mit einer Reihe von `Sensor`-Objekten, die diese Hardware repräsentieren. Diese `Sensor`-Objekte beschreiben die Eigenschaften des Hardware-Sensors, den sie repräsentieren, einschließlich Typ, Name, Hersteller und Angaben zur Genauigkeit und Reichweite.

Die Klasse `Sensor` enthält eine Reihe von Konstanten, die beschreiben, welcher Typ von Hardware-Sensor durch ein bestimmtes Sensorobjekt repräsentiert wird. Diese Konstanten haben die Form von `Sensor.TYPE_` gefolgt vom Namen eines unterstützten Sensors. Der folgende Abschnitt beschreibt jeden unterstützten Sensortyp, danach erfahren Sie, wie Sie diese Sensoren finden und verwenden können.

16.1.2 Android-Sensoren verstehen

Die Verfügbarkeit bestimmter Sensoren hängt von der Plattformversion und der im Gerät vorhandenen Hardware ab. In einem späteren Abschnitt über das Entdecken und Identifizieren von Sensoren werden Sie sehen, wie Sie feststellen können, welche Sensoren für Ihre Anwendung auf einem bestimmten Gerät verfügbar sind.

Sensoren lassen sich grundsätzlich in zwei Kategorien einteilen: physikalische Hardware-Sensoren und virtuelle Sensoren.

Hardware-Sensoren, wie die Licht- und Luftdrucksensoren, melden die Ergebnisse direkt von einem für diesen Zweck entwickelten physikalischen Hardware-Sensor. Diese hardwarebasierten Sensoren arbeiten in der Regel unabhängig voneinander und melden die Ergebnisse einer bestimmten Hardware und wenden in der Regel keine Filterung oder Glättung an.

Virtuelle Sensoren werden verwendet, um vereinfachte, korrigierte oder zusammengesetzte Sensordaten so darzustellen, dass sie in einigen Anwendungen einfacher zu verwenden sind. Sensoren wie der Rotationsvektor und Linearbeschleunigungssensoren sind Beispiele für virtuelle Sensoren, die eine geglättete und gefilterte Kombination von Beschleunigungssensoren, Magnetfeldsensoren und Gyroskopen verwenden können, anstatt der Ausgabe eines bestimmten Hardware-Sensors.

Unter Umständen bietet Android virtuelle Sensoren an, die auf einem bestimmten Hardware-Sensor basieren. Zum Beispiel gibt es virtuelle Gyroskope und Orientierungs-

16.1 | Hardware-Sensoren

sensoren, die versuchen, die Qualität und Leistung ihrer jeweiligen Hardware zu verbessern; dies beinhaltet die Verwendung von Filtern und die Ausgabe mehrerer Sensoren, um die Rohdaten zu glätten, zu korrigieren oder zu filtern.

Umgebungssensoren

Umgebungssensoren werden verwendet, um die physikalische Umgebung zu überwachen, einschließlich der aktuellen Temperatur, des Lichtpegels und des atmosphärischen Drucks.

- `Sensor.TYPE_AMBIENT_TEMPERATURE`: Eingeführt in Android 4.0 (API Level 14), ist dies ein Thermometer, das die Raumtemperatur in Grad Celsius anzeigt.

- `Sensor.TYPE_GRAVITY`: Ein dreiachsiger Schwerkraftsensor, der die aktuelle Richtung und Größe der Schwerkraft in drei Achsen in $\frac{m}{s^2}$ zurückgibt. Der Schwerkraftsensor wird typischerweise als virtueller Sensor ausgeführt, indem ein Tiefpassfilter auf die Ergebnisse des Beschleunigungssensors angewendet wird.

- `Sensor.TYPE_LIGHT`: Ein Umgebungslichtsensor, der einen einzelnen Wert zurückgibt, der die Umgebungsbeleuchtung in Lux beschreibt. Ein Lichtsensor wird typischerweise vom System verwendet, um die Bildschirmhelligkeit dynamisch zu verändern.

- `Sensor.TYPE_MAGNETIC_FIELD`: Ein Magnetometer, das das aktuelle Magnetfeld in Mikro-Tesla (μT) in drei Achsen ermittelt.

- `Sensor.TYPE_PRESSURE`: Ein Atmosphärendrucksensor (Barometer), der den aktuellen Atmosphärendruck in Millibar (mbar) als Einzelwert liefert. Der Drucksensor kann verwendet werden, um die Höhe mit Hilfe der Methode `getAltitude` im `SensorManager` zu bestimmen, um den atmosphärischen Druck an zwei Orten zu vergleichen. Barometer können auch in der Wettervorhersage eingesetzt werden, indem sie Veränderungen des atmosphärischen Drucks am gleichen Ort über die Zeit messen.

- `Sensor.TYPE_PROXIMITY`: Ein Näherungssensor, der den Abstand zwischen dem Gerät und dem Zielobjekt in Zentimetern anzeigt. Wie ein Zielobjekt ausgewählt wird und welche Entfernungen unterstützt werden, hängt von der Hardware-Implementierung des Näherungsdetektors ab.

- `Sensor.TYPE_RELATIVE_HUMIDITY`: Ein relativer Feuchtesensor, der die relative Feuchte in Prozent zurückgibt. Dieser Sensor wurde in Android 4.0 (API Level 14) eingeführt.

Bewegungs- und Ausrichtungssensoren

Bewegungs- und Ausrichtungssensoren helfen Ihnen, Gerätebewegungen und Änderungen in der physikalischen Ausrichtung des Geräts zu verfolgen. Mit diesen Sensoren können Sie die relative Ausrichtung des Geräts auf allen drei Achsen, die Beschleunigung und die Bewegung des Geräts (oder das Fehlen davon) bestimmen.

- `Sensor.TYPE_ACCELEROMETER`: Ein dreiachsiger Beschleunigungssensor, der die aktuelle Beschleunigung entlang von drei Achsen in m/s² (Meter pro Sekunde, pro Sekunde) zurückliefert.

- `Sensor.TYPE_GYROSCOPE`: Ein dreiachsiger Kreisel, der die Drehrate des Geräts um drei Achsen in Bogenmaß pro Sekunde zurückgibt. Sie können die Rotationsgeschwindigkeit über die Zeit integrieren, um die aktuelle Ausrichtung des Geräts zu bestimmen; in der Regel ist es jedoch besser, diese in Kombination mit anderen Sensoren (typischerweise den Beschleunigungssensoren) zu verwenden, um eine geglättete und korrigierte Ausrichtung zu erhalten. Mehr über das Gyroskop erfahren Sie später in diesem Kapitel.

- `Sensor.TYPE_LINEAR_ACCELERATION`: Ein dreiachsiger linearer Beschleunigungssensor, der die Beschleunigung abzüglich der Schwerkraft in drei Achsen in $\frac{m}{s^2}$ zurückgibt. Wie der Schwerkraftsensor wird die lineare Beschleunigung typischerweise als virtueller Sensor über den Beschleunigungssensorausgang realisiert. In diesem Fall wird zur Bestimmung der linearen Beschleunigung ein Hochpassfilter auf den Ausgang des Beschleunigungssensors angewendet.

- `Sensor.TYPE_ROTATION_VECTOR`: Gibt die Ausrichtung des Geräts als Kombination eines Winkels um eine Achse zurück. Sie wird typischerweise als Eingabe für die Methode `getRotationMatrixFromVector` aus dem `SensorManager` verwendet, um den zurückgegebenen Rotationsvektor in eine Rotationsmatrix umzuwandeln. Der Rotationsvektor ist typischerweise als virtueller Sensor implementiert, der die Ergebnisse mehrerer Sensoren, wie beispielsweise der Beschleunigungssensoren und des Gyroskops, kombinieren und korrigieren kann, um eine gleichmäßigere Rotationsmatrix zu erhalten.

- `Sensor.TYPE_GEOMAGNETIC_ROTATION_VECTOR`: Eine Alternative zum Rotationsvektor, der als virtueller Sensor mit dem Magnetometer und nicht mit dem Gyroskop realisiert ist. Dadurch verbraucht er weniger Strom, hat aber mehr Rauschen und wird am besten im Freien eingesetzt. Eingeführt in Android 4.4 (API Level 19).

- `Sensor.TYPE_POSE_6DOF`: Ein Pose-Sensor mit 6 Freiheitsgraden; ähnlich dem Rotationsvektor, jedoch mit einer zusätzlichen Deltaverschiebung von einem beliebigen Referenzpunkt. Dies ist ein Hochleistungssensor, von dem erwartet wird, dass er genauer ist als der Rotationsvektor. Eingeführt in Android 7.0 (API Level 24).

16.1 | Hardware-Sensoren

- `Sensor.TYPE_MOTION_DETECT`: Ein virtueller Sensor, der einen Wert von 1,0 zurückgibt, wenn er feststellt, dass das Gerät mindestens 5 Sekunden lang in Bewegung war, mit einer maximalen Latenz von weiteren 5 Sekunden. Eingeführt in Android 7.0 (API Level 24).

- `Sensor.TYPE_STATIONARY_DETECT`: Ein virtueller Sensor, der einen Wert von 1,0 zurückgibt, wenn er feststellt, dass das Gerät mindestens 5 Sekunden lang stationär war, mit einer maximalen Latenz von weiteren 5 Sekunden. Eingeführt in Android 7.0 (API Level 24).

- `Sensor.TYPE_SIGNIFICANT_MOTION`: Ein One-Shot-Sensor, der ausgelöst wird, wenn eine signifikante Gerätebewegung erkannt wird, und sich dann automatisch deaktiviert, um weitere Ergebnisse zu verhindern. Dies ist ein Wakeup-Sensor, das heißt, er überwacht weiterhin Änderungen, während das Gerät schläft, und weckt das Gerät, wenn eine Bewegung erkannt wird. Eingeführt in Android 4.3 (API Level 18).

Körper- und Trainingssensoren

Mit neuer Hardware wie Uhren und Fitnessmonitoren, die über Geräte wie Android Wear erhältlich sind, steht ein neuer Satz externer Sensoren zur Verfügung. Körpersensoren werden normalerweise auf oder in der Nähe des Körpers des Benutzers platziert, so dass Sie Körper- und Gesundheitsdaten wie Herzschlag, Herzfrequenz und Schrittzahl erfassen können.

- `Sensor.TYPE_HEART_BEAT`: Ein Sensor, der Herzschläge überwacht und einen einzelnen Wert zurückgibt, wenn ein Herzschlag-Spitzenwert erkannt wird, der dem positiven Spitzenwert im QRS-Komplex eines EKG-Signals entspricht. Eingeführt in Android 7.0 (API Level 24).

- `Sensor.TYPE_HEART_RATE`: Ein Herzfrequenzmonitor, der einen einzelnen Wert zurückgibt, der die Herzfrequenz des Benutzers in Schlägen pro Minute (bpm) beschreibt. Eingeführt in Android 4.4 (API Level 20).

- `Sensor.TYPE_LOW_LATENCY_OFFBODY_DETECT`: Gibt einen einzelnen Wert zurück, wenn ein tragbares Gerät den Kontakt mit dem Körper einer Person erhält oder verliert. Eingeführt in Android 8.0 (API Level 26.)

- `Sensor.TYPE_STEP_COUNTER`: Gibt die kumulative Anzahl der Schritte zurück, die seit dem letzten Neustart des Geräts erkannt wurden. Dieser Sensor ist als Low-Power-Hardware-Sensor ausgeführt, mit dem Schritte über einen langen Zeitraum kontinuierlich verfolgt werden können. Im Gegensatz zu den meisten der beschriebenen Sensoren sollten Sie diesen Sensor nicht abmelden, wenn Ihre Activity gestoppt wird, wenn Sie mit dem Zählen der Schritte fortfahren möchten, während sich Ihre Anwendung im Hintergrund befindet. Eingeführt in Android 4.4 (API Level 19).

- `Sensor.TYPE_STEP_DETECTOR`: Gibt bei jedem Schritt einen Einzelwert von 1,0 zurück, der dem Fuß entspricht, der den Boden berührt. Wenn Sie die Anzahl der Schritte verfolgen wollen, ist der Schrittzähler-Sensor besser geeignet. Eingeführt in Android 4.4 (API Level 19).

16.1.3 Sensoren entdecken und identifizieren

Sie können mit der Methode `getDefaultSensor` des `SensorManagers` feststellen, ob ein bestimmter Sensortyp auf dem Gerät verfügbar ist, indem Sie die entsprechende Konstante `Sensor.TYPE_` übergeben. Wenn kein Sensor dieses Typs verfügbar ist, wird `null` zurückgegeben. Wenn ein oder mehrere Sensoren verfügbar sind, wird die Standardimplementierung zurückgegeben.

Listing 16.1 zeigt, wie man feststellen kann, ob ein Atmosphärendrucksensor verfügbar ist.

```
SensorManager sensorManager
  = (SensorManager) getSystemService(Context.SENSOR_SERVICE);

if (sensorManager.getDefaultSensor(Sensor.TYPE_PRESSURE) != null){
  // TODO Barometer ist verfügbar
} else {
  // TODO Kein Barometer verfügbar
}
```
Listing 16.1 Feststellung, ob ein Sensortyp verfügbar ist

> **Hinweis**
>
> Wenn ein Sensor für die Funktion Ihrer Anwendung erforderlich ist, können Sie ihn im Manifest der Anwendung als erforderliche Eigenschaft angeben, wie in Kapitel 4 beschrieben.

Wie der Name schon sagt, gibt die Methode `getDefaultSensor` den Standardsensor eines bestimmten Typs zurück, daher ist es bemerkenswert, dass einige Android-Geräte mehrere unabhängige Hardware-Sensoren oder virtuelle Sensoren eines bestimmten Typs haben können.

Um jeden auf der Geräte-Plattform verfügbaren Sensor zu ermitteln, rufen Sie die Methode `getSensorList` des Sensor-Managers auf und übergeben einen Sensortyp oder `Sensor.TYPE_ALL`, um eine Liste aller Sensoren zu erhalten:

```
List<Sensor> allSensors = sensorManager.getSensorList(Sensor.TYPE_ALL);
```

16.1 | Hardware-Sensoren

Um eine Liste aller verfügbaren Sensoren eines bestimmten Typs zu finden, geben Sie die Sensorkonstanten für den gewünschten Sensortyp an, wie im folgenden Code gezeigt, der alle verfügbaren Gyroskope ermittelt:

```
List<Sensor> gyroscopes = sensorManager.getSensorList(Sensor.TYPE_GYROSCOPE);
```

Nach Konvention werden alle Hardware-Sensoren-Implementierungen am Anfang der Liste zurückgegeben, gefolgt von virtuellen Implementierungen, was jedoch nicht garantiert ist. Seit Android 5.0 (API Level 21) ist der Standardsensor der erste Sensor in dieser Liste, der kein Wakeup-Sensor ist (es sei denn, der Sensor ist per Definition ein Wakeup-Sensor). Der Unterschied zwischen Wakeup- und Nicht-Wakeup-Sensoren ist in einem entsprechenden Abschnitt später beschrieben.

Sie können auch eine überladene Implementierung von `getDefaultSensor` verwenden, die sowohl einen Sensortyp als auch eine boolesche Variable akzeptiert, die angibt, ob Sie speziell einen Wakeup-Sensor benötigen:

```
Sensor wakeupProximitySensor =
    sensorManager.getDefaultSensor(Sensor.TYPE_PROXIMITY, TRUE);
```

Android 7.0 Nougat (API Level 24) führte das Konzept der dynamischen Sensoren ein, hauptsächlich zur Unterstützung der Android Things Plattform. Dynamische Sensoren verhalten sich wie herkömmliche Sensoren, können aber zur Laufzeit angeschlossen oder getrennt werden.

Mit der Methode `isDynamicSensorDiscoverySupported` des `SensorManagers` können Sie feststellen, ob dynamische Sensoren auf der aktuellen Geräte-Plattform verfügbar sind. Um festzustellen, ob ein bestimmter Sensor dynamisch ist, rufen Sie die Methode `isDynamicSensor` auf.

Um eine Liste der verfügbaren dynamischen Sensoren zurückzugeben, können Sie `getDynamicSensorList` auf die gleiche Weise wie zuvor für alle Sensoren verwenden, indem Sie `Sensor.TYPE_ALL` angeben, um alle dynamischen Sensoren oder die Sensortypkonstanten für einen bestimmten Sensortyp zurückzugeben:

```
if (sensorManager.isDynamicSensorDiscoverySupported()) {
  List<Sensor> allDynamicSensors
    = sensorManager.getDynamicSensorList(Sensor.TYPE_ALL);
  // TODO Tue etwas mit der Liste der dynamischen Sensoren
}
```

Da sie zur Laufzeit hinzugefügt oder entfernt werden können, kann sich das Ergebnis des `getDynamicSensor`-Aufrufs ändern, während Ihre App läuft.

Android-Sensoren | 16.1

Um das Hinzufügen oder Entfernen von dynamischen Sensoren zu verfolgen, können Sie einen `DynamicSensorCallback` implementieren und beim `SensorManager` registrieren, wie im folgenden Code gezeigt:

```
SensorManager.DynamicSensorCallback dynamicSensorCallback =
  new SensorManager.DynamicSensorCallback() {
  @Override
  public void onDynamicSensorConnected(Sensor sensor) {
    super.onDynamicSensorConnected(sensor);
    // TODO Reagiere auf den neu verbundenen Sensor
  }

  @Override
  public void onDynamicSensorDisconnected(Sensor sensor) {
    super.onDynamicSensorDisconnected(sensor);
    // TODO Reagiere auf den Sensor, der gerade abgetrennt wird
  }
};

sensorManager.registerDynamicSensorCallback(dynamicSensorCallback);
```

16.1.4 Die Fähigkeiten von Sensoren bestimmen

Wenn es mehrere Sensorimplementierungen für einen bestimmten Sensortyp gibt, können Sie entscheiden, welche der zurückgegebenen Sensoren verwendet werden sollen, indem Sie die zurückgegebenen Sensoren abfragen und ihre Fähigkeiten vergleichen.

Jeder Sensor stellt Methoden zur Verfügung, um seinen Namen, den Stromverbrauch im aktiven Zustand (in mA), die minimale Verzögerungslatenz (minimale Verzögerung zwischen zwei nachfolgenden Ereignissen in Mikrosekunden), die maximale Reichweite und Auflösung (in den Einheiten seiner Rückgabewerte), die Modulversion und den Herstellerstring zu melden:

```
String name = sensor.getName();
float power = sensor.getPower();
float maxRange = sensor.getMaximumRange();
float resolution = sensor.getResolution();
float minLatency = sensor.getMinDelay();
int version = sensor.getVersion();
String vendor = sensor.getVendor();

Log.d(TAG, "Sensor " + name + " (" + vendor + ":" + version +
        ") Power:" + power + ", Range: " + maxRange +
        ", Resolution: " + resolution + ", Latency: " + minLatency);
```

16.1 | Hardware-Sensoren

Es kann sinnvoll sein, die verfügbaren Sensoren zu untersuchen und mit ihnen zu experimentieren, um die für Ihre Bedürfnisse am besten geeignete Implementierung zu nutzen. In vielen Fällen kann die Glättung, Filterung und Korrektur der virtuellen Sensoren bessere Ergebnisse für Ihre Anwendungen liefern als die Standard-Hardwareergebnisse.

Der folgende Code-Ausschnitt zeigt, wie man einen Lichtsensor mit der höchsten maximalen Reichweite und dem geringsten Leistungsbedarf auswählt:

```
List<Sensor> lightSensors
  = sensorManager.getSensorList(Sensor.TYPE_LIGHT);

Sensor bestLightSensor
  = sensorManager.getDefaultSensor(Sensor.TYPE_LIGHT);

if (bestLightSensor != null)
  for (Sensor lightSensor : lightSensors) {
    float range = lightSensor.getMaximumRange();
    float power = lightSensor.getPower();

    if (range >= bestLightSensor.getMaximumRange())
      if (power < bestLightSensor.getPower() ||
          range > bestLightSensor.getMaximumRange())
        bestLightSensor = lightSensor;
  }
```

Android 5.0 Lollipop (API Level 21) hat eine Unterstützung für das Ermitteln der maximalen Verzögerungslatenz eingeführt, die die langsamste Frequenz zurückgibt, die von diesem Sensor unterstützt wird – normalerweise entsprechend dem Zeitpunkt, an dem die Batch-FIFO-Warteschlange (First-In-First-Out) voll sein wird. Ignorieren Sie diesen Wert, wenn er 0 oder einen negativen Wert zurückgibt:

```
float maxLatency = sensor.getMaxDelay();
```

API Level 21 führt auch das Konzept eines Berichtsmodus für jeden Sensor ein. Durch den Aufruf der Methode `getReportingMode` eines Sensors können Sie bestimmen, wie er seine Ergebnisse, dargestellt als eine der folgenden Rückgabekonstanten, ausgibt:

- **REPORTING_MODE_CONTINUOUS**: Ereignisse werden mindestens mit der konstanten Rate zurückgegeben, die durch den bei der Registrierung eines Listeners verwendeten Ratenparameter definiert ist (wie im folgenden Abschnitt beschrieben).

- **REPORTING_MODE_ON_CHANGE**: Ereignisse werden nur dann zurückgegeben, wenn sich der Wert ändert, begrenzt auf nicht mehr als den bei der Registrierung eines Listeners verwendeten Ratenparameter.

- `REPORTING_MODE_ONE_SHOT`: Ereignisse werden nur einmal gemeldet, wenn das Ereignis erkannt wird. Sensoren dieses Typs werden überwacht, indem ein Trigger-Listener und nicht ein Event-Listener angefordert wird, wie im folgenden Abschnitt beschrieben.

- `REPORTING_MODE_SPECIAL_TRIGGER`: Wird von Sensoren verwendet, die spezielle Trigger haben, die nicht kontinuierlich, einmalig oder änderungsgetriggert sind; zum Beispiel Schrittdetektoren, die Ergebnisse liefern, wenn ein Schritt erkannt wird.

16.1.5 Wakeup- und Nicht-Wakeup-Sensoren

Wenn Ihre Anwendung kein Wake-Lock hält, führt eine Zeit der Nicht-Interaktion dazu, dass der Anwendungsprozessor des Systems in einen Energiesparmodus wechselt, um die Batterie zu schonen (Wake-Locks können verwendet werden, um den Prozessor zu zwingen, aktiv zu bleiben).

Wenn der Prozessor in den Energiesparmodus wechselt, verbrauchen Nicht-Wakeup-Sensoren weiterhin Strom und erzeugen Ereignisse, aber sie wecken den Prozessor nicht, damit Ihre Anwendung sie empfangen und verarbeiten kann. Stattdessen werden sie in ihre Hardware-FIFO-Datenwarteschlange gestellt, falls vorhanden.

Ältere Ereignisse gehen verloren, wenn die maximale Größe der Warteschlange erreicht ist, das heißt, Sie riskieren den Verlust von Daten, die zu erheblichen Energiekosten gesammelt wurden. Daher ist es empfehlenswert, die Sensorergebnisse innerhalb der `onResume`- beziehungsweise `onPause`-Methoden Ihrer Activity zu starten und zu stoppen. Dadurch wird sichergestellt, dass Ihre Sensoren nur dann Strom beziehen, wenn die Activity aktiv ist.

Umgekehrt wecken Sensoren den Prozessor, wenn ihre FIFO-Puffer voll sind oder wenn sie die maximale Latenzzeit erreichen, die Sie bei der Anforderung von Updates angeben. Das Aufwecken des Prozessors erhöht den Energieverbrauch erheblich. Je größer die von Ihnen angegebene Latenzzeit, desto geringer ist die Akkubelastung durch den Einsatz des Sensors. Der Ablauf der Anforderung von Updates wird im folgenden Abschnitt beschrieben.

Mit der Methode `isWakeupSensor` können Sie feststellen, ob ein bestimmter Sensor ein Wakeup-Sensor ist:

```
boolean isWakeup = sensor.isWakeUpSensor();
```

Sie können die maximale FIFO-Warteschlangengröße für einen Sensor mit der Methode `maxFifoEventCount` ermitteln.

16.1.6 Überwachung der Sensorergebnisse

Wie Sie die von einem Sensor gemessenen Werte überwachen, hängt von dem Berichtsmodus ab, den dieser Sensor verwendet.

Für die meisten Sensoren – das sind die, die kontinuierlich, bei Änderungen oder durch einen speziellen Trigger ausgelöst werden – erhalten Sie Sensor-Ereignisse, indem Sie einen `SensorEventListener` implementieren und ihn mit der Methode `registerListener` des `SensorManagers` registrieren.

Überschreiben Sie die Handler-Methode `onSensorChanged`, um neue Sensorwerte zu empfangen, und `onAccuracyChanged`, um auf Änderungen in der Genauigkeit eines Sensors zu reagieren, wie im Rahmencode in Listing 16.2 zu sehen ist.

```
final SensorEventListener mySensorEventListener = new SensorEventListener() {
  public void onSensorChanged(SensorEvent sensorEvent) {
    // TODO Reagiere auf das neue Sensor-Ergebnis
  }

  public void onAccuracyChanged(Sensor sensor, int accuracy) {
    // TODO Reagiere auf den Genauigkeitswechsel des Sensors
  }
};
```
Listing 16.2 SensorEventListener-Rahmencode

Der von der `onSensorChanged`-Methode empfangene `SensorEvent`-Parameter enthält die folgenden vier Eigenschaften, um jedes Sensorereignis zu beschreiben:

- `sensor`: Das `Sensor`-Objekt, das das Ereignis ausgelöst hat.

- `accuracy`: Die Genauigkeit des Sensors beim Auftreten des Ereignisses (wie im nächsten Listing beschrieben).

- `values`: Ein Float-Array, das die neuen beobachteten Werte enthält. Im folgenden Abschnitt werden die für jeden Sensortyp zurückgegebenen Werte erläutert.

- `timestamp`: Die Zeit (in Nanosekunden), zu der das Sensorereignis stattfand.

Mit der Methode `onAccuracyChanged` können Sie Änderungen in der Genauigkeit eines Sensors separat überwachen.

In beiden Handler-Methoden stellt die Variable `accuracy` die Genauigkeit des Sensors unter Verwendung einer der folgenden `SensorManager`-Konstanten dar:

- `SENSOR_STATUS_ACCURACY_LOW`: Zeigt an, dass der Sensor Daten mit geringer Genauigkeit liefert und kalibriert werden muss.

- **SENSOR_STATUS_ACCURACY_MEDIUM**: Zeigt an, dass die Sensordaten von mittlerer Genauigkeit sind und dass die Kalibrierung die Genauigkeit der berichteten Ergebnisse verbessern könnte.

- **SENSOR_STATUS_ACCURACY_HIGH**: Zeigt an, dass der Sensor Daten mit der höchstmöglichen Genauigkeit liefert.

- **SENSOR_STATUS_UNRELIABLE**: Zeigt an, dass die Sensordaten unzuverlässig sind, was bedeutet, dass entweder eine Kalibrierung erforderlich ist oder zurzeit keine Messungen möglich sind.

- **SENSOR_STATUS_NO_CONTACT**: Zeigt an, dass die Sensordaten unzuverlässig sind, weil der Sensor den Kontakt zu dem, was er misst, verloren hat (beispielsweise hat der Herzfrequenzmesser keinen Kontakt zum Benutzer).

Um auf `SensorEvents` zu reagieren, registrieren Sie einen `SensorEventListener` im `SensorManager`. Geben Sie den zu beobachtenden `Sensor` und die minimale Frequenz an, mit der Sie Aktualisierungen erhalten möchten, entweder in Mikrosekunden oder mit einer der Konstanten `SensorManager.SENSOR_DELAY_`, siehe Listing 16.3.

```
Sensor sensor = sensorManager.getDefaultSensor(Sensor.TYPE_PROXIMITY);
sensorManager.registerListener(mySensorEventListener,
                               sensor,
                               SensorManager.SENSOR_DELAY_NORMAL);
```

Listing 16.3 Einen SensorEventListener registrieren

Die von Ihnen gewählte Rate ist nicht bindend; der Sensor-Manager kann Ergebnisse schneller oder langsamer liefern, als Sie angegeben haben, obwohl er in der Regel schneller ist. Um die damit verbundenen Ressourcenkosten für den Einsatz des Sensors in Ihrer Anwendung zu minimieren, ist es empfehlenswert, die langsamste akzeptable Rate zu wählen.

Sie können (und müssen) Ihre `SensorEventListener` abmelden, wenn Ihre Anwendung keine Aktualisierungen mehr benötigt:

```
sensorManager.unregisterListener(mySensorEventListener);
```

Android 4.4 KitKat (API Level 19) hat eine überladene Methode `registerListener` eingeführt (siehe Listing 16.4), die es Ihnen auch erlaubt, eine maximale Reporting-Latenzzeit anzugeben, die die längste Zeit (in Mikrosekunden) darstellt, die die Ereignisse verzögert werden können.

16.1 | Hardware-Sensoren

```
Sensor sensor = sensorManager.getDefaultSensor(Sensor.TYPE_PROXIMITY);
sensorManager.registerListener(mySensorEventListener,
                               sensor,
                               SensorManager.SENSOR_DELAY_NORMAL,
                               10000000);
```
Listing 16.4 Registrierung eines SensorEventListeners mit einer maximalen Latenzzeit

Die Angabe einer großen Reporting-Latenzzeit ist eine effektive Möglichkeit, den Akkuverbrauch beim Einsatz von Wakeup-Sensoren zu reduzieren.

Bei One-Shot-Sensoren, wie beispielsweise dem Signifikanten-Bewegung-Melder, sollten Sie Aktualisierungen überwachen, indem Sie einen `TriggerEventListener` anstelle des `SensorEventListeners` implementieren und die Handler-Methode `onTrigger` überschreiben, siehe Listing 16.5.

```
TriggerEventListener triggerEventListener = new TriggerEventListener() {
  @Override
  public void onTrigger(TriggerEvent event) {
    // TODO Reagiere auf Trigger-Event
  }
};
```
Listing 16.5 TriggerEventListener-Rahmencode

Der `TriggerEvent`-Parameter, der vom `onTrigger`-Handler entgegengenommen wird, enthält die folgenden Eigenschaften, um jedes `TriggerEvent` zu beschreiben:

- `sensor`: Das `Sensor`-Objekt, das das Event ausgelöst hat.
- `values`: Ein Float-Array, das die neuen beobachteten Werte enthält. Im folgenden Abschnitt werden die für jeden Sensortyp zurückgegebenen Werte erläutert.
- `timestamp`: Die Zeit (in Nanosekunden), zu der das `SensorEvent` stattfand.

Um auf `SensorEvents` zu reagieren, registrieren Sie Ihren `TriggerEventListener` beim `SensorManager` und geben Sie den zu beobachtenden Sensor an, siehe Listing 16.6.

```
Sensor sensor = sensorManager.getDefaultSensor(Sensor.TYPE_SIGNIFICANT_MOTION);
sensorManager.requestTriggerSensor(triggerEventListener, sensor);
```
Listing 16.6 Registrieren eines TriggerEventListeners

Anders als kontinuierliche oder On-Change-Sensoren, die mehrere Ereignisse liefern, wenn sich ihre Werte ändern, geben One-Shot-Trigger-Sensoren ein Ereignis nur einmal zurück. Wenn der Sensor die Triggerbedingung erkennt, wird der `TriggerEventListener` ausgelöst und die Trigger-Sensoranforderung automatisch abgebrochen.

Um weitere `TriggerEvents` für den gleichen Sensor zu empfangen, müssen Sie `requestTriggerSensor` erneut aufrufen. Wenn Sie kein `TriggerEvent` erhalten haben und Ihre Anwendung nicht mehr darauf reagieren muss, sollten Sie Ihre `TriggerEventListener` manuell abbrechen:

```
sensorManager.cancelTriggerSensor(triggerEventListener, sensor);
```

Android 7.0 Nougat (API Level 24) unterstützt nun auch Sensoren, die über den zuvor beschriebenen Genauigkeitsstatus hinausgehen und Werte-Arrays zurückgeben. Mit der Methode `isAdditionalInfoSupported` können Sie feststellen, ob ein Sensor in der Lage ist, diese zusätzlichen Informationen zu melden.

Wenn ein Sensor in der Lage ist, `SensorAdditionalInfo` zurückzugeben, können Sie den neuen `SensorEventCallback` verwenden, eine Erweiterung des `SensorEventListeners`, der zusätzliche Callback-Handler enthält, siehe Listing 16.7.

```
SensorEventCallback sensorEventCallback = new SensorEventCallback() {
  @Override
  public void onSensorChanged(SensorEvent event) {
    super.onSensorChanged(event);
    // TODO Beobachte Sensor-Änderungen
  }

  @Override
  public void onAccuracyChanged(Sensor sensor, int accuracy) {
    super.onAccuracyChanged(sensor, accuracy);
    // TODO Reagiere auf Wechsel in der Sensorgenauigkeit
  }

  @Override
  public void onFlushCompleted(Sensor sensor) {
    super.onFlushCompleted(sensor);
    // Der FIFO dieses Sensors wurde gelöscht
  }

  @Override
  public void onSensorAdditionalInfo(SensorAdditionalInfo info) {
    super.onSensorAdditionalInfo(info);
    // TODO Überwache zusätzliche Sensor-Informationen
  }
};

sensorManager.registerListener(sensorEventCallback, sensor,
                   SensorManager.SENSOR_DELAY_NORMAL);
```

Listing 16.7 Registrierung eines Sensor Event Callbacks zum Empfang von Sensor Additional Info

16.1 | Hardware-Sensoren

Die Handler-Methoden `onSensorChanged` und `onAccuracyChanged` für den `SensorEventCallback` verhalten sich identisch zum zuvor beschriebenen `SensorEventListener`. Zusätzlich können Sie die Handler-Methoden `onFlushCompleted` und `onSensorAdditionalInfo` überschreiben.

Verwenden Sie die Handler-Methode `onFlushCompleted`, um benachrichtigt zu werden, wenn die Methode `flush` des `SensorManagers` aufgerufen und abgeschlossen wurde:

```
sensorManager.flush(sensorEventCallback);
```

Wenn diese Methode aufgerufen wird, wird der FIFO aller Sensoren, die dem übergebenen `SensorEventListener` zugeordnet sind, geleert. Infolgedessen werden Ereignisse, die sich derzeit in der FIFO-Warteschlange des Sensors befinden, an den Listener zurückgegeben, als ob die angegebene maximale Berichtslatenz abgelaufen wäre.

Der Parameter der Methode `onSensorAdditionalInfo` enthält ein `SensorAdditionalInfo`-Objekt als Parameter, das zusätzliche Informationen über den aktuellen Zustand des Sensors enthält:

- `intValues` und `floatValues`: Integer- und Float-Arrays, die Payload-Werte für den Sensor enthalten können, wie durch den Informationstyp beschrieben.

- `type`: Sensoren können mehrere Arten von zusätzlichen Sensorinformationen zurückgeben. Sie sind in einem Datenblock zusammengefasst. Jeder Block wird durch die Typen `TYPE_FRAME_BEGIN` und `TYPE_FRAME_END` gebunden, zwischen denen Daten für mehrere weitere Typen zurückgegeben werden können, und die Ergebnisse werden über die Integer- oder Float-Arrays zur Verfügung gestellt. Der Typ der aktuell zurückgegebenen Daten kann durch den Typwert identifiziert werden, der einem der folgenden Werte entspricht:

    - `TYPE_FRAME_BEGIN` und `TYPE_FRAME_END` markieren Anfang und Ende dieses Rahmens von Zusatzinformationen.

    - `TYPE_INTERNAL_TEMPERATURE`: Die interne Sensortemperatur wird in Grad Celsius als erster Wert im `floatValues`-Array zurückgegeben.

    - `TYPE_SAMPLING`: Die rohe Abtastperiode in Sekunden wird als erster Wert im Float-Array zurückgegeben; und der geschätzte Abtast-Zeit-Jitter wird als Standardabweichung zurückgegeben, die im zweiten Wert im Float-Array verfügbar ist.

    - `TYPE_SENSOR_PLACEMENT`: Die physikalische Position und der Winkel des Sensors relativ zum geometrischen Sensor des Geräts. Die Werte werden als homogene Matrix in den ersten zwölf Werten des Float-Arrays zurückgegeben.

    - `TYPE_UNTRACKED_DELAY`: Die durch die Datenverarbeitung (beispielsweise Filterung oder Glättung) verursachten Verzögerungen der Sensorergebnisse, die in den Zeitstempeln des Sensorereignisses nicht berücksichtigt wurden. Der erste Float-Array-Wert ist die geschätzte Verzögerung, der zweite Wert ist die geschätzte Standardabweichung der geschätzten Verzögerungen.

- TYPE_VEC3_CALIBRATION: Der Vektor-Kalibrierparameter, der die Kalibrierung eines Sensors mit Dreielement-Vektorausgang darstellt. Gibt eine homogene Matrix in den ersten 12 Werten des Float-Arrays zurück, die jede lineare Transformation beschreibt, einschließlich Rotation, Skalierung, Scherung und Verschiebung.

- serial: Jeder innerhalb eines Frames zurückgegebene Informationstyp wird fortlaufend nummeriert, wobei der serielle Wert die Sequenznummer innerhalb des Frames identifiziert.

Ein Sensor kann für jeden neuen Sensorwert mehrere Sensor-Zusatzinfo-Werte zurückgeben, die den verschiedenen möglichen Info-Typen entsprechen. Die Sammlung von Werten wird als Frame (Rahmen) bezeichnet. Daher wird die Handler-Methode onSensorAdditionalInfo wahrscheinlich für jeden onSensorChanged-Trigger mehrfach ausgelöst.

16.1.7 Sensorwerte interpretieren

Die Länge und Zusammensetzung des Wertearrays innerhalb des SensorEvent-Parameters, der an den onSensorChanged-Handler übergeben wird, hängt von der Art des zu überwachenden Sensors ab. Die Details werden im Folgenden zusammengefasst. Weitere Details zum Einsatz des Beschleunigungssensors und der Orientierungs-, Magnetfeld-, Kreisel- und Umweltsensoren finden Sie in den folgenden Abschnitten.

> **Hinweis**
>
> Die Android-Dokumentation beschreibt die von jedem Sensortyp zurückgegebenen Werte mit einigen zusätzlichen Kommentaren unter der URL d.android.com/referenz/android/hardware/SensorEvent.html.

- TYPE_ACCELEROMETER
  Werte:
  - value[0]: X-Achse (seitlich)
  - value[1]: Y-Achse (längs)
  - value[2]: Z-Achse (vertikal)

  Beschleunigung in drei Achsen in $\frac{m}{s^2}$. Beachten Sie, dass diese Werte im Ruhezustand die Erdbeschleunigung beinhalten.

16.1 | Hardware-Sensoren

- **TYPE_GRAVITY**
  Werte:
  - value[0]: X-Achse (seitlich)
  - value[1]: Y-Achse (längs)
  - value[2]: Z-Achse (vertikal)

  Schwerkraft in drei Achsen in $\frac{m}{s^2}$. Der Sensor-Manager enthält einen Satz von Gravitationskonstanten in der Form `SensorManager.GRAVITY_`

- **TYPE_RELATIVE_HUMIDITY**
  Wert: value[0]: Relative Luftfeuchtigkeit
  Relative Luftfeuchtigkeit in Prozent.

- **TYPE_LINEAR_ACCELERATION**
  Werte:
  - value[0]: X-Achse (seitlich)
  - value[1]: Y-Achse (längs)
  - value[2]: Z-Achse (vertikal)

  Lineare Beschleunigung in drei Achsen in $\frac{m}{s^2}$, ohne Schwerkraft.

- **TYPE_GYROSCOPE**
  Werte:
  - value[0]: X-Achse
  - value[1]: Y-Achse
  - value[2]: Z-Achse

  Drehrate um drei Achsen in Bogenmaß/Sekunde (rad/s).

- **TYPE_ROTATION_VECTOR** und **TYPE_GEOMAGNETIC_ROTATION_VECTOR**
  Werte:
  - values[0]: x∗sin(θ/2)
  - values[1]: y∗sin(θ/2)
  - values[2]: z∗sin(θ/2)
  - values[3]: cos(θ/2)
  - values[4]: Geschätzte Steuerkursgenauigkeit (in Bogenmaß)

  Die Geräteorientierung wird als Drehwinkel um eine Achse in Grad beschrieben. Beachten Sie, dass der dritte Wert bis API 18 optional und der vierte nicht verfügbar war. Beide werden nun immer zurückgegeben.

- **TYPE_MAGNETIC_FIELD**
  Werte:
  - value[0]: X-Achse (seitlich)
  - value[1]: Y-Achse (längs)
  - value[2]: Z-Achse (vertikal)

  Umgebungsmagnetfeld gemessen in Mikrotesla (µT) über drei Achsen.

- **TYPE_LIGHT**
  Wert: value[0]: Ausleuchtung
  Umgebungslicht gemessen in Lux (lx). Der Sensor-Manager enthält eine Reihe von Konstanten, die verschiedene Standardbeleuchtungen der Form `SensorManager.LIGHT_` darstellen.

- **TYPE_PROXIMITY**
  Wert: value[0]: Entfernung
  Entfernung vom Ziel in Zentimetern (cm). Einige Sensoren sind nur in der Lage, binäre »weit«- oder »nah«-Werte zurückzugeben, die als maximaler Bereich für den ersten und als kleinerer Wert für den zweiten dargestellt werden.

- **TYPE_AMBIENT_TEMPERATURE**
  Wert: value[0]: Temperatur
  Umgebungstemperatur gemessen in Grad Celsius.

- **TYPE_POSE_6DOF**
  Werte:
  - value[0]: $x*\sin(\theta/2)$
  - value[1]: $y*\sin(\theta/2)$
  - value[2]: $z*\sin(\theta/2)$
  - value[3]: $\cos(\theta/2)$
  - value[4]: Verschiebung entlang der X-Achse aus einem beliebigen Ursprung.
  - value[5]: Verschiebung entlang der Y-Achse aus einem beliebigen Ursprung.
  - value[6]: Verschiebung entlang der Z-Achse aus einem beliebigen Ursprung.
  - value[7]: Delta-Quaternionendrehung $x*\sin(\theta/2)$
  - value[8]: Delta-Quaternionendrehung $y*\sin(\theta/2)$
  - value[9]: Delta-Quaternionendrehung $z*\sin(\theta/2)$
  - value[10]: Delta-Quaternionendrehung $\cos(\theta/2)$
  - value[11]: Deltaverschiebung entlang der X-Achse.

16.2 | Hardware-Sensoren

- value[12]: Deltaverschiebung entlang der Y-Achse.
- value[13]: Deltaverschiebung entlang der Z-Achse.
- value[14]: Laufende Nummer

Eine Rotation, ausgedrückt als Quaternion und eine Translation, ausgedrückt in SI-Einheiten. Enthält auch Rotations- und Translationsdeltas, die die Veränderung der Pose seit der vorherigen Pose anzeigen.

- **TYPE_STATIONARY_DETECT**
Wert: value[0]: 1,0
Ereignis, das anzeigt, dass das Gerät mindestens 5 Sekunden lang stillgestanden hat.

- **TYPE_MOTION_DETECT**
Wert: value[0]: 1,0
Ereignis, das anzeigt, dass sich das Gerät seit mindestens 5 Sekunden in Bewegung befindet.

- **TYPE_HEART_BEAT**
Wert: value[0]: Richtigkeit und Vertrauen
Vertrauen (0 bis 1), dass der zugehörige Zeitstempel den positiven Peak im QRS-Komplex eines EKG-Signals, das einen Herzschlag anzeigt, korrekt darstellt.

- **TYPE_LOW_LATENCY_OFFBODY_DETECT**
Wert: value[0]: Status »am Körper«
Anzeige, ob das Gerät in Kontakt mit dem Körper ist. 1,0 steht für »am Körper«, 0,0 für »nicht am Körper«.

- **TYPE_SIGNIFICANT_MOTION**
Wert: value[0]: 1,0
Ereignis, das anzeigt, dass das Gerät eine signifikante Bewegung registriert hat.

- **TYPE_HEART_RATE**
Wert: value[0]: Herzfrequenz
Die Herzfrequenz des Benutzers in Schlägen pro Minute (bpm).

- **TYPE_STEP_COUNTER**
Wert: value[0]: Schrittzahl
Kumulative Anzahl der Schritte seit dem letzten Neustart des Geräts.

- **TYPE_STEP_DETECTOR**
Wert: value[0]: 1,0
Ereignis, das dem Moment entspricht, in dem ein Fuß den Boden berührt.

16.2 Testen von Sensoren mit dem Android Virtual Device und Emulator

Die Verfügbarkeit bestimmter Sensoren hängt stark von der Hardware ab, die auf den einzelnen Geräten verfügbar ist. Um beim Testen zu helfen, enthalten das Android Virtual Device und der Emulator eine Reihe von virtuellen Sensorsteuerungen, die Hardware-Sensoren emulieren und Werte über den Sensor Manager zurückgeben.

Sie können die von den Sensoren des Emulators zurückgegebenen Werte über den erweiterten Steuerungsbildschirm steuern, siehe Abbildung 16.1.

Der Emulator unterstützt derzeit virtualisierte Sensoren zur Simulation von Bewegung und Rotation durch den Beschleunigungssensor, Magnetometer und Rotationsvektorsensoren sowie Umgebungssensoren einschließlich Umgebungstemperatur, Näherung, Lichtstärke, Atmosphärendruck und relativer Luftfeuchtigkeit.

16.3 Empfehlungen für die Arbeit mit Sensoren

Die Verwendung von Sensoren in Ihren Anwendungen kann unglaublich leistungsstark sein; wie alle guten Dinge hat auch ihr Einsatz einen Preis – in erster Linie die Kosten für einen erhöhten Akkubedarf.

Sie sollten mehrere Empfehlungen befolgen, um sicherzustellen, dass Sie das Beste aus den Sensoren des Geräts herausholen, ohne dass sich dies insgesamt negativ auf die Nutzung auswirkt:

- **Vergewissern Sie sich immer, dass Sensoren vorhanden sind, bevor Sie sie nutzen.** Das Android-Framework setzt nicht voraus, dass Android-Geräte einen bestimmten Sensor aufweisen. Die große Vielfalt an Geräten, Formfaktoren und Herstellern führt dazu, dass Sie nicht davon ausgehen können, dass ein bestimmter Sensor verfügbar ist.

- **Bieten Sie Alternativen zum Sensoreingang.** Wenn Sie Sensoren verwenden, um Ihrer Anwendung mit Daten zu versorgen, ist es sinnvoll, einen anderen Mechanismus anzubieten, um Geräte zu berücksichtigen, die diese Sensoren nicht unterstützen.

- **Verwenden Sie keine »deprecated« Sensortypen.** Aus historischen Gründen enthält das Framework mehrere Sensortypen und praktische Methoden, die inzwischen veraltet sind und durch genauere und effizientere Alternativen ersetzt wurden.

- **Seien Sie zurückhaltend bei der Auswahl der Sensor-Reporting-Frequenzen.** Entscheiden Sie sich immer für die langsamstmögliche Aktualisierungsrate. Wenn Ihre Anwendung nicht jedes empfangene Sensorergebnis verwendet, verschwendet sie Ressourcen und Akkukapazität.

16.3 | Hardware-Sensoren

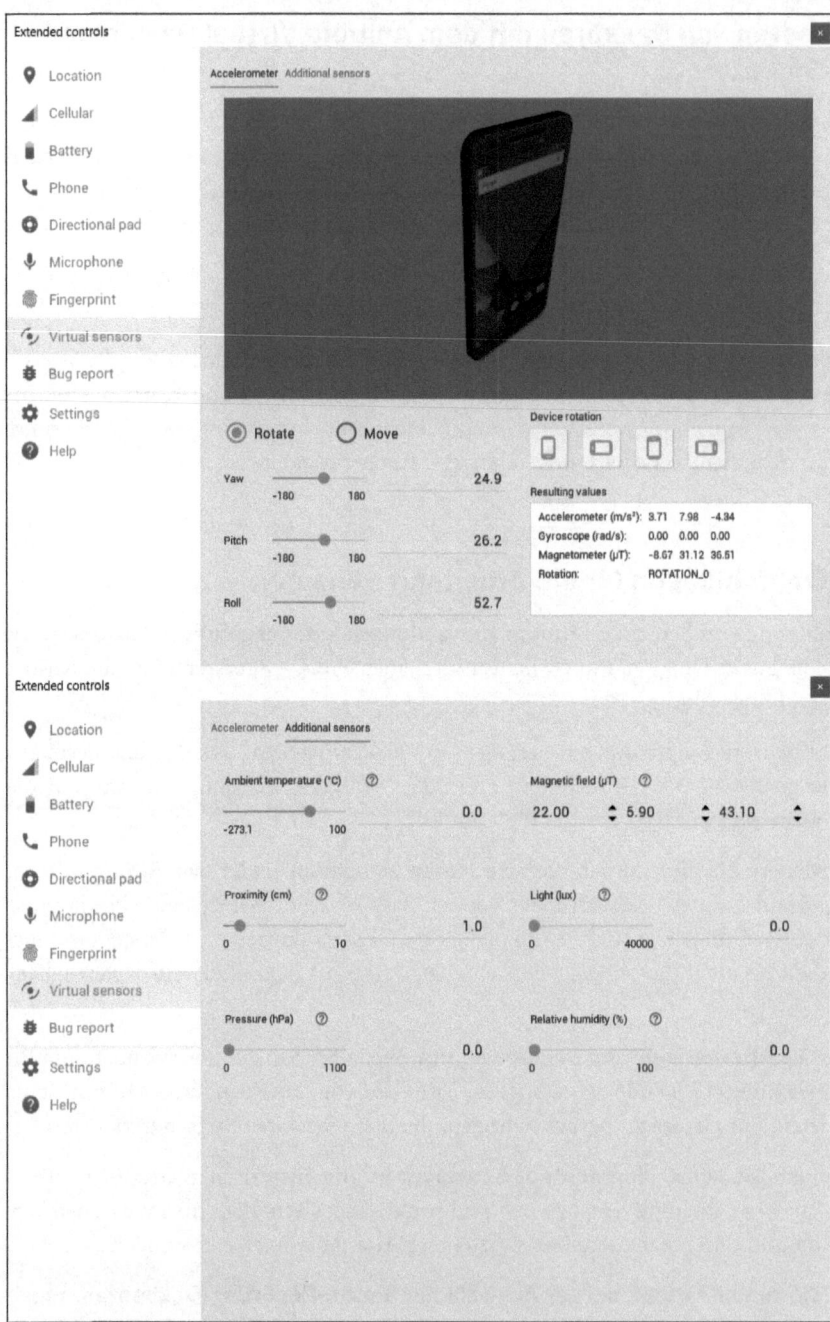

Abbildung 16.1 Steuerungsbildschirm Emulator

- **Blockieren Sie den Handler onSensorChanged nicht.** Die hohe Frequenz, mit der einige Sensoren neue Werte zurückgeben können, bedeutet, dass Sie die Arbeit innerhalb des Handlers onSensorChanged einschränken sollten, um sicherzustellen, dass Sie ihn nicht am Empfang neuer Ergebnisse hindern.

- **Entfernen Sie die Registrierung Ihrer SensorEventListener.** Die wichtigste Regel, der Sie folgen müssen, ist sicherzustellen, dass alle Ihre Sensor-Listener nicht mehr registriert sind, wenn Sie sie nicht mehr benötigen, um Daten zu sammeln. Wenn Sie Sensordaten zur Änderung der Benutzeroberfläche verwenden, sollten Sie den Listener immer dann abmelden, wenn die Activity angehalten wird.

16.4 Bewegung und Ausrichtung eines Geräts überwachen

Sensoren wie Beschleunigungssensor, Kompass und Gyroskop ermöglichen es, die Richtung, Orientierung und Bewegung des Geräts zu nutzen, um neue und innovative Eingabemechanismen anzubieten.

Die Verfügbarkeit bestimmter Sensoren hängt von der Hardware- und Softwareplattform ab, auf der Ihre Anwendung läuft. Ein 70 Zoll-Flachbildschirm ist schwer zu heben und umständlich zu manövrieren, so dass es unwahrscheinlich ist, dass Android-TVs Orientierungs- und Bewegungssensoren enthalten.

Wo vorhanden, können Bewegungs- und Orientierungssensoren von Ihrer Anwendung eingesetzt werden, um ...

- ... die Ausrichtung des Geräts zu bestimmen.
- ... auf Orientierungsveränderungen zu reagieren.
- ... auf Bewegung oder Beschleunigung zu reagieren.
- ... zu verstehen, in welche Richtung sich der Benutzer bewegt.
- ... Gesten basierend auf Bewegung, Rotation oder Beschleunigung zu überwachen.

Dies eröffnet Ihnen interessante Möglichkeiten für Ihre Anwendungen. Durch die Überwachung von Orientierung, Richtung und Bewegung können Sie ...

- ... die Richtung oder Orientierung des Geräts mit einer Karte, einer Kamera und einem ortsbezogenen Dienst verwenden, um Anwendungen mit erweiterter Realität zu erstellen.
- ... den Rotationsvektor und die Pose-Sensoren einsetzen, um Virtual-Reality-Anwendungen mit niedriger Latenz zu erstellen.
- ... überwachen, ob ein Gerät fallen gelassen, geworfen oder aufgehoben wurde.

16.4 | Hardware-Sensoren

- ... Bewegung oder Vibration messen.
- ... App-Interfaces erstellen, die physische Gesten und Bewegung als Eingabe verwenden.
- ... Orientierungs- und Linearbeschleunigungssensoren zur Überwachung der körperlichen Aktivität und Bewegung einsetzen, um die Fitness zu kontrollieren.

16.4.1 Die natürliche Ausrichtung eines Geräts bestimmen

Bevor Sie die Orientierung des Geräts berechnen können, müssen Sie zunächst seine Ruhestellung (natürliche Orientierung) verstehen. Die natürliche Orientierung eines Geräts ist die Position, an der die Orientierung auf allen drei Achsen 0 ist. Die natürliche Ausrichtung kann entweder hoch- oder querformatig sein, ist aber typischerweise durch die Platzierung von Markenzeichen und Hardware-Buttons erkennbar.

Für ein typisches Smartphone ist die natürliche Ausrichtung mit dem Gerät auf der Rückseite auf einem Schreibtisch, wobei die Oberseite des Geräts nach Norden zeigt.

Kreativer kann man sich vorstellen, dass man sich während des Höhenflugs auf einem Triebwerksrumpf befindet. Ein Android-Gerät wurde an den Rumpf vor Ihnen angeschnallt. In seiner natürlichen Ausrichtung zeigt der Bildschirm nach oben in den Raum, die Oberseite des Geräts zeigt zur Nase der Ebene, und die Ebene bewegt sich nach Norden, wie in Abbildung 16.2 gezeigt.

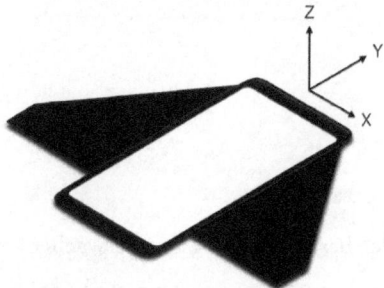

Abbildung 16.2 Natürliche Ausrichtung

> **Hinweis**
>
> Bevor Sie sich auf den Weg zu einem Flugplatz machen, sollten Sie wissen, dass dieses Beispiel eine nützliche Metapher für das Verständnis des Standard-Referenzrahmens darstellt. Der in den meisten Android-Geräten enthaltene elektronische Kompass und Beschleunigungssensor machen sie ungeeignet für die Bestimmung von Kurs, Neigung und Drehung eines fliegenden Flugzeugs. Es ist übrigens auch unsicher, während des Fluges auf einem Triebwerksrumpf zu sitzen.

Android kann das Display nach Belieben drehen; die zuvor beschriebenen Sensorachsen ändern sich jedoch nicht, wenn sich das Gerät dreht. Dadurch können Anzeige- und Geräteausrichtung unterschiedlich sein.

Sensorwerte werden immer relativ zur natürlichen Ausrichtung des Geräts zurückgegeben, während Ihre Anwendung wahrscheinlich die aktuelle Ausrichtung relativ zur Displayorientierung wissen möchte. Wenn Ihre Anwendung Geräteorientierung oder lineare Beschleunigung als Eingang verwendet, kann es daher erforderlich sein, die Sensoreingänge auf der Grundlage der Displayorientierung relativ zur natürlichen Ausrichtung anzupassen. Dies ist besonders wichtig, da die natürliche Ausrichtung der meisten frühen Android-Handys Hochformat (Portrait) war; da die Palette der Android-Geräte jedoch um Tablets und Fernseher erweitert wurde, sind viele Android-Geräte (einschließlich Smartphones) natürlich ausgerichtet, wenn sich das Display im Querformat befindet.

Sie können die aktuelle Bildschirmrotation mit der Methode `getRotation` auf dem Standardanzeigeobjekt finden, siehe Listing 16.8.

```
WindowManager wm = (WindowManager)getSystemService(Context.WINDOW_SERVICE);
Display display = wm.getDefaultDisplay();
int rotation = display.getRotation();
switch (rotation) {
  case (Surface.ROTATION_0) : break;   // natürlich
  case (Surface.ROTATION_90) : break;  // auf der linken Seite
  case (Surface.ROTATION_180) : break; // kopfüber
  case (Surface.ROTATION_270) : break; // auf der rechten Seite
  default: break;
}
```

Listing 16.8 Bildschirmausrichtung relativ zur natürlichen Ausrichtung ermitteln

Beachten Sie, dass in einigen Fällen Android den Bildschirm nicht dreht, um das Gerät auf den Kopf zu stellen. Daher kann es sein, dass der Benutzer das Smartphone verkehrt herum hält, aber der Bildschirm wird immer noch bei der gleichen relativen Ausrichtung angezeigt (und als solcher gemeldet).

16.4.2 Beschleunigungssensoren

Beschleunigung ist definiert als die Änderungsrate der Geschwindigkeit, das bedeutet, dass Beschleunigungssensoren messen, wie schnell sich die Geschwindigkeit des Geräts in eine bestimmte Richtung ändert. Mit Hilfe eines Beschleunigungssensors können Sie die Bewegung und, noch nützlicher, die Geschwindigkeitsänderung dieser Bewegung in einer bestimmten Richtung (auch als Linearbeschleunigung bezeichnet) erfassen.

16.4 | Hardware-Sensoren

> **Hinweis**
>
> Beschleunigungssensoren werden auch als Schwerkraftsensoren bezeichnet, da sie die durch Bewegung und Schwerkraft verursachte Beschleunigung messen. Ein Beschleunigungssensor, der die Beschleunigung auf einer zur Erdoberfläche senkrechten Achse erfasst, wird daher $-9{,}8\,\frac{m}{s^2}$ anzeigen, wenn er sich im Ruhezustand befindet. (Dieser Wert steht als Konstante `SensorManager.STANDARD_GRAVITY` zur Verfügung.)

Im Allgemeinen sind Sie an Beschleunigungsänderungen relativ zu einem Ruhezustand oder an schnellen Bewegungen (gekennzeichnet durch schnelle Beschleunigungsänderungen) interessiert, wie beispielsweise Gesten, die als Benutzereingabe verwendet werden. Im ersten Fall müssen Sie das Gerät oft kalibrieren, um die Anfangsbeschleunigung zu berechnen und diese Effekte für zukünftige Ergebnisse zu berücksichtigen.

> **Hinweis**
>
> Beschleunigungssensoren messen keine Geschwindigkeit, so dass Sie die Geschwindigkeit nicht direkt auf der Basis eines einzigen Beschleunigungssensors messen können. Stattdessen müssen Sie die Beschleunigung über die Zeit integrieren, um die Geschwindigkeit zu ermitteln. Sie können dann die Geschwindigkeit über die Zeit integrieren, um die zurückgelegte Wegstrecke zu bestimmen.

16.4.3 Beschleunigungsänderungen erkennen

Beschleunigung ist ein Maß für die Geschwindigkeitsänderung, wobei Geschwindigkeit die Geschwindigkeit der Bewegung in eine bestimmte Richtung ist. Die Beschleunigung kann Ihnen sagen, wie viel schneller (oder langsamer) Sie sich bewegen, bietet aber an sich keine Informationen über die aktuelle Geschwindigkeit oder die Fahrtrichtung.

Dies hat zur Folge, dass die Verzögerung in einer bestimmten Richtung zu einem bestimmten Zeitpunkt das gleiche Ergebnis wie die Beschleunigung in die entgegengesetzte Richtung liefert.

Die Beschleunigung kann in drei Richtungen gemessen werden:

- Links-rechts (lateral)
- Vorwärts-rückwärts (longitudinal)
- Auf-ab (vertikal)

Der `SensorManager` meldet Änderungen des Beschleunigungssensors in allen drei Achsen.

Die Sensorwerte, die über die Eigenschaft `values` des `SensorEvent`-Parameters des `SensorEventListeners` zurückgegeben werden, stellen in dieser Reihenfolge die Quer-, Längs- und Vertikalbeschleunigung dar.

Abbildung 16.3 zeigt die Abbildung der drei gerichteten Beschleunigungsachsen in Bezug auf das ruhende Gerät in seiner natürlichen Ausrichtung. Für den Rest dieses Abschnitts wird auf die Bewegung des Geräts in Bezug auf seine natürliche Ausrichtung verwiesen, die entweder im Querformat oder im Hochformat erfolgen kann.

- **X-Achse (lateral)**: Seitliche Beschleunigung (links oder rechts), bei der positive Werte die Beschleunigung nach rechts (oder die Verzögerung nach links) und negative Werte die Beschleunigung nach links (oder die Verzögerung nach rechts) darstellen.

- **Y-Achse (longitudinal)**: Vorwärts- oder Rückwärtsbeschleunigung, bei der die Vorwärtsbeschleunigung, wie zum Beispiel des in Richtung seiner Oberseite geschobenen Geräts, durch einen positiven Wert und die Rückwärtsbeschleunigung durch negative Werte dargestellt wird. Verlangsamung in beide Richtungen ist umgekehrt – Verlangsamung während der Vorwärtsbewegung führt zu negativen Ergebnissen, und bei der Rückwärtsbewegung zu positiven Zahlen.

- **Z-Achse (vertikal)**: Aufwärts- oder Abwärtsbeschleunigung, wobei positiv für Aufwärtsbeschleunigung steht, wie zum Beispiel beim Anheben des Geräts. Im Ruhezustand in der natürlichen Ausrichtung des Geräts registriert der Vertikalbeschleunigungsmesser $-9,8\,\frac{m}{s^2}$ als Folge der Schwerkraft.

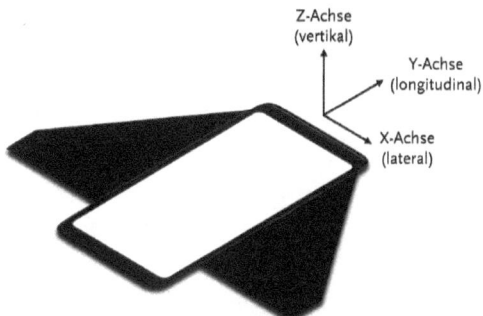

Abbildung 16.3 Beschleunigungsachsen

Wie bereits beschrieben, können Sie Änderungen in der Beschleunigung mit einem `SensorEventListener` überwachen. Registrieren Sie eine Implementierung von `SensorEventListener` im `SensorManager`, indem Sie ein `Sensor`-Objekt vom Typ `Sensor.TYPE_ACCELEROMETER` verwenden, um Aktualisierungen des Beschleunigungssensors anzufordern. Listing 16.9 registriert den Standard-Beschleunigungssensor mit der Standard-Aktualisierungsrate.

16.4 | Hardware-Sensoren

```
SensorManager sm = (SensorManager)getSystemService(Context.SENSOR_SERVICE);
int sensorType = Sensor.TYPE_ACCELEROMETER;
sm.registerListener(mySensorEventListener,
                    sm.getDefaultSensor(sensorType),
                    SensorManager.SENSOR_DELAY_NORMAL);
```
Listing 16.9 Einen Beschleunigungssensor überwachen

Ihr `SensorEventListener` sollte die Methode `onSensorChanged` implementieren, die ausgelöst wird, wenn die Beschleunigung in eine beliebige Richtung gemessen wird.

Die Methode `onSensorChanged` erhält ein `SensorEvent`, das einen Float-Array-Parameter enthält, der die in allen drei Achsen gemessene Beschleunigung enthält. Wenn ein Gerät in seiner natürlichen Ausrichtung gehalten wird, repräsentiert das erste Element die Querbeschleunigung, das zweite Element die Längsbeschleunigung und das letzte Element die Vertikalbeschleunigung, wie in der folgenden Ergänzung zu Listing 16.9 gezeigt:

```
final SensorEventListener mySensorEventListener = new SensorEventListener() {
  public void onSensorChanged(SensorEvent sensorEvent) {
    if (sensorEvent.sensor.getType() == Sensor.TYPE_ACCELEROMETER) {
      float xAxis_lateralA = sensorEvent.values[0];
      float yAxis_longitudinalA = sensorEvent.values[1];
      float zAxis_verticalA = sensorEvent.values[2];
      // TODO Beschleunigungsänderung auf App anwenden
    }
  }

  public void onAccuracyChanged(Sensor sensor, int accuracy) {}
};
```

16.4.4 Ein Schwerkraftmessgerät erzeugen

Im folgenden Beispiel erstellen Sie ein einfaches Gerät zur Messung der Gravitationskraft (g-Kraft) mit Hilfe der Beschleunigungssensoren, um die auf das Gerät wirkende Kraft zu bestimmen.

Die auf das Gerät im Ruhezustand ausgeübte Beschleunigungskraft beträgt $9,8\,\frac{m}{s^2}$ in Richtung Erdmittelpunkt. In diesem Beispiel neutralisieren Sie die Schwerkraft, indem Sie sie mit der Konstanten `SensorManager.STANDARD_GRAVITY` berücksichtigen. Wenn Sie diese Anwendung auf einem anderen Planeten einsetzen wollen, müssen Sie eine alternative Gravitationskonstante verwenden.

Bewegung und Ausrichtung eines Geräts überwachen | **16.4**

1. Erstellen Sie zunächst ein Projekt und nennen es `GForceMeter`, das eine rückwärts-kompatible leere Activity `ForceMeterActivity` enthält. Ändern Sie die Layout-Ressource der neuen Activity, um zwei zentrierte Zeilen mit großem, fettem Text anzuzeigen, die zur Anzeige der aktuellen g-Kraft und der maximal beobachteten g-Kraft verwendet werden:

    ```xml
    <?xml version="1.0" encoding="utf-8"?>
    <LinearLayout
      xmlns:android="http://schemas.android.com/apk/res/android"
      android:orientation="vertical"
      android:layout_width="match_parent"
      android:layout_height="match_parent">
      <TextView
        android:id="@+id/acceleration"
        android:gravity="center"
        android:layout_width="match_parent"
        android:layout_height="wrap_content"
        android:textStyle="bold"
        android:textSize="32sp"
        android:text="Aktuelle Beschleunigung"
        android:layout_margin="10dp"/>
      <TextView
        android:id="@+id/maxAcceleration"
        android:gravity="center"
        android:layout_width="match_parent"
        android:layout_height="wrap_content"
        android:textStyle="bold"
        android:textSize="40sp"
        android:text="Maximale Beschleunigung"
        android:layout_margin="10dp"/>
    </LinearLayout>
    ```

2. Erstellen Sie innerhalb der `ForceMeterActivity` Instanzvariablen, um Referenzen auf die `TextViews` und den `SensorManager` zu speichern. Erstellen Sie auch Variablen, um die aktuellen und maximalen Beschleunigungswerte aufzuzeichnen:

    ```java
    private SensorManager mSensorManager;
    private TextView mAccelerationTextView;
    private TextView mMaxAccelerationTextView;
    private float mCurrentAcceleration = 0;
    private float mMaxAcceleration = 0;
    ```

16.4 | Hardware-Sensoren

3. Fügen Sie eine Kalibrierkonstante hinzu, die die Erdbeschleunigung darstellt:

   ```
   private final double calibration = SensorManager.STANDARD_GRAVITY;
   ```

4. Erstellen Sie eine `SensorEventListener`-Implementierung, die die erkannte Beschleunigung entlang jeder Achse summiert und die Erdbeschleunigung negiert. Dies sollte die aktuelle (und eventuell maximale) Beschleunigung aktualisieren, wenn eine Änderung der Beschleunigung festgestellt wird:

   ```
   private final SensorEventListener mSensorEventListener
       = new SensorEventListener() {

     public void onAccuracyChanged(Sensor sensor, int accuracy) { }

     public void onSensorChanged(SensorEvent event) {
       double x = event.values[0];
       double y = event.values[1];
       double z = event.values[2];

       double a = Math.round(Math.sqrt(Math.pow(x, 2) +
                                       Math.pow(y, 2) +
                                       Math.pow(z, 2)));
       mCurrentAcceleration = Math.abs((float)(a-calibration));

       if (mCurrentAcceleration > mMaxAcceleration)
         mMaxAcceleration = mCurrentAcceleration;
     }
   };
   ```

5. Ändern Sie die Methode `onCreate`, um eine Referenz auf die beiden `TextViews` und den `SensorManager` zu erhalten:

   ```
   @Override
   protected void onCreate(Bundle savedInstanceState) {
     super.onCreate(savedInstanceState);
     setContentView(R.layout.activity_force_meter);

     mAccelerationTextView = findViewById(R.id.acceleration);
     mMaxAccelerationTextView = findViewById(R.id.maxAcceleration);
     mSensorManager =
       (SensorManager) getSystemService(Context.SENSOR_SERVICE);
   }
   ```

6. Überschreiben Sie die Methode `onResume`, um Ihren neuen Listener für die Aktualisierung des Beschleunigungssensors im `SensorManager` zu registrieren:

```
@Override
protected void onResume() {
  super.onResume();
  Sensor accelerometer
    = mSensorManager.getDefaultSensor(Sensor.TYPE_ACCELEROMETER);
  mSensorManager.registerListener(mSensorEventListener,
    accelerometer,
    SensorManager.SENSOR_DELAY_FASTEST);
}
```

7. Überschreiben Sie auch die zugehörige Methode `onPause`, um die Registrierung des `SensorEventListeners` aufzuheben, wenn die Activity nicht mehr aktiv ist:

```
@Override
protected void onPause() {
  mSensorManager.unregisterListener(mSensorEventListener);

  super.onPause();
}
```

8. Die Beschleunigungssensoren können hunderte Male pro Sekunde aktualisiert werden, so dass die Aktualisierung der `TextViews` bei jeder Änderung der Beschleunigung die Oberflächen-Event-Warteschlange schnell überfluten würde. Erstellen Sie stattdessen eine neue Methode `updateGUI`, die mit dem Oberflächen-Thread synchronisiert und die `TextViews` aktualisiert. Dies wird regelmäßig mit einem im nächsten Schritt eingeführten Timer durchgeführt:

```
private void updateGUI() {
  runOnUiThread(new Runnable() {
    public void run() {
      String currentG = mCurrentAcceleration /
                  SensorManager.STANDARD_GRAVITY
                  + "Gs";
      mAccelerationTextView.setText(currentG);
      mAccelerationTextView.invalidate();
      String maxG = mMaxAcceleration/SensorManager.STANDARD_GRAVITY
                  + "Gs";
      mMaxAccelerationTextView.setText(maxG);
      mMaxAccelerationTextView.invalidate();
    }
  });
}
```

16.4 | Hardware-Sensoren

9. Ändern Sie die Methode `onCreate`, um einen Timer zu erstellen, der die in Schritt 8 definierte Oberflächenaktualisierungsmethode alle 100 Millisekunden anstößt:

   ```
   @Override
   protected void onCreate(Bundle savedInstanceState) {
     super.onCreate(savedInstanceState);
     setContentView(R.layout.activity_force_meter);

     mAccelerationTextView = findViewById(R.id.acceleration);
     mMaxAccelerationTextView = findViewById(R.id.maxAcceleration);
     mSensorManager =
       (SensorManager) getSystemService(Context.SENSOR_SERVICE);


     Timer updateTimer = new Timer("gForceUpdate");
     updateTimer.scheduleAtFixedRate(new TimerTask() {
       public void run() {
         updateGUI();
       }
     }, 0, 100);
   }
   ```

10. Da diese Anwendung nur dann funktioniert, wenn das Gerät über einen Beschleunigungssensor verfügt, sollten Sie das Manifest so modifizieren, dass es einen Knoten `uses-feature` enthält, der die Anforderungen an die Hardware des Beschleunigungssensors festlegt:

    ```
    <uses-feature android:name="android.hardware.sensor.accelerometer" />
    ```

> **Hinweis**
>
> Alle Code-Ausschnitte in diesem Beispiel sind Teil des Kapitel-16-GForceMeter-Projekts, das unter *www.wrox.com*. heruntergeladen werden kann.

Wenn Sie fertig sind, werden Sie das ausprobieren wollen. Im Idealfall können Sie dies in einer F16 tun, während Maverick High-G-Manöver über dem Atlantik durchführt. Es ist bekannt, dass das schlecht endet, so dass Sie, wenn Sie darauf verzichten, mit dem Drehen im Kreis experimentieren können, während Sie Ihr Handy auf Armlänge halten. Denken Sie daran, Ihr Handy festzuhalten.

Die in diesem Beispiel durchgeführte Sensorverarbeitung entspricht im Wesentlichen der Vorverarbeitung durch den Linearbeschleunigungssensor. Aktualisieren Sie dieses Beispiel, um den linearen Beschleunigungssensor zu verwenden, anstatt die Ergebnisse des unbearbeiteten Beschleunigungssensors zu verarbeiten.

16.4.5 Geräteausrichtung bestimmen

Typischerweise wird die Ausrichtung eines Geräts anhand der kombinierten Ausgabe von Magnetometer, Beschleunigungssensoren und Gyroskop berechnet.

Wenn Sie ein wenig Trigonometrie betrieben haben, verfügen Sie über die notwendigen Fähigkeiten, um die Geräteausrichtung anhand der Ergebnisse dieser drei Sensoren zu berechnen. Wenn Ihnen die Trigonometrie genauso viel Spaß gemacht hat wie mir, werden Sie froh sein zu erfahren, dass Android diese Berechnungen für Sie durchführen kann.

Den Standardbezugsrahmen (Standard Reference Frame) verstehen

Anhand des Standardbezugsrahmens wird die Geräteausrichtung in drei Dimensionen erfasst, wie in Abbildung 16.4 gezeigt.

Abbildung 16.4 Beschleunigungsachsen

Der Standardbezugsrahmen wird relativ zur natürlichen Ausrichtung des Geräts definiert, wie zuvor in diesem Kapitel beschrieben.

Wenn man die Flugzeuganalogie fortsetzt und sich vorstellt, dass man sich während des Höhenflugs auf einem Triebwerksrumpf befindet, kommt die Z-Achse aus dem Bildschirm in Richtung Raum; die Y-Achse kommt aus dem oberen Teil des Geräts in Richtung der Nase des Flugzeugs; und die X-Achse geht in Richtung des Steuerbordflügels. Relativ dazu lassen sich Neigung, Drehung und Kurs wie folgt beschreiben:

- Neigung (Pitch): Der Winkel des Geräts um die X-Achse. Während des Horizontalfluges ist die Steigung 0; wenn die Nase nach oben zeigt, nimmt die Steigung zu. Er trifft 90, wenn der Strahl gerade nach oben gerichtet ist. Umgekehrt, wenn Sie die Nase nach unten über das Niveau hinaus winkeln, nimmt die Neigung ab, bis sie −90 erreicht, wenn Sie in Richtung des bevorstehenden Todes rasen. Wenn das Flugzeug auf den Rücken kippt, meldet der Pitch +/−180.

16.4 | Hardware-Sensoren

- Seitliche Drehung (Roll): Die seitliche Drehung des Geräts zwischen –90 und 90 Grad um die Y-Achse. Im waagerechten Flug ist die Drehung gleich null. Wenn Sie eine Drehung in Richtung Steuerbord (rechts) ausführen, erhöht sich die Drehung und erreicht 90, wenn die Flügel senkrecht zum Boden stehen. Wenn Sie fortfahren, erreichen Sie 180, wenn das Flugzeug auf dem Kopf steht. Das Drehen von der Ebene nach Backbord (links) verringert die Werte auf die gleiche Weise.

- Kurs (Azimut): Der Kurs (auch als Azimut, Richtung oder Gier bezeichnet) ist die Richtung, in die das Gerät um die Z-Achse zeigt, wobei 0/360 Grad magnetisch nach Norden, 90 Grad nach Osten, 180 Grad nach Süden und 270 Grad nach Westen ist. Änderungen im Kurs des Flugzeugs werden in Änderungen im Azimutwert reflektiert.

Orientierung mit den Rotationsvektorsensoren bestimmen

Das Android-Framework bietet eine Reihe von virtuellen Orientierungssensoren, die implementiert wurden, um die Ergebnisse mehrerer Hardware-Sensoren – einschließlich Beschleunigungssensor, Magnetometer und Gyroskop – zu kombinieren und zu korrigieren, um glattere, genauere Orientierungsergebnisse zu erzielen.

Die Rotationsvektor-Sensoren geben die Orientierung des Geräts als Vektor zurück, der einen Winkel um eine Achse beschreibt. Dieser Vektor kann vom `SensorManager` an die Methode `getRotationMatrixFromVector` übergeben werden, um einen Rotationsvektor in eine Rotationsmatrix umzuwandeln, aus der Sie mit der Methode `getOrientation` die Orientierung entlang jeder Achse extrahieren können.

Die drei Varianten des Rotationsvektorsensors, jeweils mit feinen Unterschieden, sind:

- `Sensor.TYPE_ROTATION_VECTOR`: Der in Android 2.3 (API Level 9) eingeführte Basis-Rotationsvektor-Sensor, der den Beschleunigungssensor und das Gyroskop zur Berechnung von Orientierungsänderungen verwendet.

- `Sensor.TYPE_GEOMAGNETIC_ROTATION_VECTOR`: Eine Alternative zum Rotationsvektor, die mit dem Magnetometer und nicht mit dem Gyroskop realisiert wird. Es verbraucht weniger Strom, hat aber mehr Rauschen und wird am besten im Freien eingesetzt. Eingeführt in Android 4.4 (API Level 19).

- `Sensor.TYPE_GAME_ROTATION_VECTOR`: Identisch zum Rotationsvektor Sensor, nur dass die Y-Achse nicht nach Norden zeigt, sondern auf eine andere Referenz, die um die gleiche Größenordnung wie der Kreisel um die Z-Achse driften darf. Eingeführt in Android 4.3 (API Level 18).

Listing 16.10 zeigt, wie man die Methoden `getRotationMatrixFromVector` und `getOrientation` verwendet, um die aktuelle Geräteausrichtung aus den Ergebnissen eines Rotationsvektorsensors zu extrahieren.

```
public void onSensorChanged(SensorEvent sensorEvent) {
  float[] rotationMatrix = new float[9];
  float[] orientation = new float[3];

  // Konvertiert den Ergebnisvektor in eine Rotationsmatrix.
  SensorManager.getRotationMatrixFromVector(rotationMatrix,
                            sensorEvent.values);

  // Extrahiert die Orientierung aus der Rotationsmatrix.
  SensorManager.getOrientation(rotationMatrix, orientation);
  Log.d(TAG, "Yaw: " + orientation[0]);   // Kurs
  Log.d(TAG, "Pitch: " + orientation[1]); // Neigung
  Log.d(TAG, "Roll: " + orientation[2]);  // Drehung
}
```

Listing 16.10 Berechnung der Geräteausrichtung mit dem Rotationsvektor

Beachten Sie, dass getOrientation seine Ergebnisse in Bogenmaß und nicht in Grad zurückgibt, wobei positive Werte eine Drehung gegen den Uhrzeigersinn um die Achse darstellen:

- values[0]: Der Kurs oder die Rotation um die Z-Achse ist null, wenn das Gerät magnetisch nach Norden weist.
- values[1]: Die Neigung oder Rotation um die X-Achse.
- values[2]: Die Drehung oder Rotation um die Y-Achse.

Berechnung der Orientierung mit Beschleunigungssensor, Magnetometer und Gyroskop

Es ist auch möglich, die aktuelle Geräteausrichtung anhand der ungefilterten Ergebnisse direkt vom Beschleunigungssensor, Magnetometer und Gyroskop zu bestimmen.

Da Sie mehrere Sensoren verwenden, müssen Sie einen SensorEventListener erstellen und registrieren, um jeden von ihnen zu überwachen. Innerhalb der onSensorChanged-Methoden für jeden SensorEventListener zeichnen Sie die empfangenen Werte-Array-Eigenschaften in separaten Feldvariablen auf, siehe Listing 16.11.

```
private float[] mAccelerometerValues;
private float[] mMagneticFieldValues;

final SensorEventListener mCombinedSensorListener = new SensorEventListener() {
  public void onSensorChanged(SensorEvent sensorEvent) {
```

16.4 | Hardware-Sensoren

```
    if (sensorEvent.sensor.getType() == Sensor.TYPE_ACCELEROMETER)
      mAccelerometerValues = sensorEvent.values;
    if (sensorEvent.sensor.getType() == Sensor.TYPE_MAGNETIC_FIELD)
      mMagneticFieldValues = sensorEvent.values;
  }

  public void onAccuracyChanged(Sensor sensor, int accuracy) {}
};
```
Listing 16.11 Beschleunigungssensor und Magnetometer überwachen

Registrieren Sie jeden Sensor beim `SensorManager`, wie in der folgenden Code-Erweiterung zu Listing 16.11 gezeigt; dieses Beispiel verwendet die Standard-Hardware und die Oberflächenaktualisierungsrate für beide Sensoren:

```
SensorManager sm = (SensorManager)getSystemService(Context.SENSOR_SERVICE);
Sensor aSensor = sm.getDefaultSensor(Sensor.TYPE_ACCELEROMETER);
Sensor mfSensor = sm.getDefaultSensor(Sensor.TYPE_MAGNETIC_FIELD);

sm.registerListener(mCombinedSensorListener,
                    aSensor,
                    SensorManager.SENSOR_DELAY_UI);

sm.registerListener(mCombinedSensorListener,
                    mfSensor,
                    SensorManager.SENSOR_DELAY_UI);
```

Um die aktuelle Orientierung aus diesen Sensorwerten zu berechnen, verwenden Sie die Methoden `getRotationMatrix` und `getOrientation` aus dem `SensorManager`, siehe Listing 16.12.

```
float[] values = new float[3];
float[] R = new float[9];
SensorManager.getRotationMatrix(R, null,
                                accelerometerValues,
                                magneticFieldValues);
SensorManager.getOrientation(R, values);

// Konvertierung von Bogenmaß in Grad, falls gewünscht
values[0] = (float) Math.toDegrees(values[0]); // Gier
values[1] = (float) Math.toDegrees(values[1]); // Neigung
values[2] = (float) Math.toDegrees(values[2]); // Drehung
```
Listing 16.12 Die aktuelle Orientierung mit dem Beschleunigungs- und Magnetometer ermitteln

16.4 | Bewegung und Ausrichtung eines Geräts überwachen

Wie im vorherigen Abschnitt gibt die Methode `getOrientation` ihre Ergebnisse in Bogenmaß zurück, wobei positive Werte die Drehung gegen den Uhrzeigersinn um die Achse in der Reihenfolge von Kurs, Neigung und Drehung um die Z-, X- und Y-Achse darstellen.

Viele Android-Geräte verfügen neben dem Beschleunigungssensor und dem Magnetometer auch über ein Gyroskop. Mit dem Gyroskop wird die Winkelgeschwindigkeit um eine bestimmte Achse in Bogenmaß pro Sekunde gemessen, wobei das gleiche Koordinatensystem wie beim Beschleunigungssensor verwendet wird.

Android-Gyroskope geben die Drehrate um drei Achsen zurück, wobei ihre Empfindlichkeit und ihre hochfrequenten Aktualisierungsraten für extrem glatte und genaue Aktualisierungen sorgen. Dies macht sie zu besonders guten Kandidaten für Anwendungen, die Änderungen in der Orientierung (im Gegensatz zur absoluten Orientierung) als Eingabemechanismus nutzen.

Da Gyroskope eher die Geschwindigkeit als die Richtung messen, müssen ihre Ergebnisse über die Zeit integriert werden, um die aktuelle Ausrichtung zu bestimmen, wie in Listing 16.13 gezeigt. Das berechnete Ergebnis stellt eine Änderung der Ausrichtung um eine bestimmte Achse dar, so dass Sie entweder kalibrieren oder zusätzliche Sensoren verwenden müssen, um die ursprüngliche Ausrichtung zu bestimmen.

```
final float nanosecondsPerSecond = 1.0f / 100000000.0f;
private long lastTime = 0;
final float[] angle = new float[3];

SensorEventListener myGyroListener = new SensorEventListener() {
  public void onSensorChanged(SensorEvent sensorEvent) {
    if (lastTime != 0) {
      final float dT = (sensorEvent.timestamp - lastTime) *
                       nanosecondsPerSecond;
      angle[0] += sensorEvent.values[0] * dT;
      angle[1] += sensorEvent.values[1] * dT;
      angle[2] += sensorEvent.values[2] * dT;
    }
    lastTime = sensorEvent.timestamp;
  }

  public void onAccuracyChanged(Sensor sensor, int accuracy) {}
};

SensorManager sm
  = (SensorManager)getSystemService(Context.SENSOR_SERVICE);
```

16.4 | Hardware-Sensoren

```
int sensorType = Sensor.TYPE_GYROSCOPE;
sm.registerListener(myGyroListener,
                sm.getDefaultSensor(sensorType),
                SensorManager.SENSOR_DELAY_NORMAL);
```
Listing 16.13 Berechnung einer Orientierungsänderung mit dem Gyroskop-Sensor

Orientierungswerte, die ausschließlich von einem Gyroskop abgeleitet werden, können aufgrund von Kalibrierfehlern und Rauschen immer ungenauer werden. Um diesem Effekt Rechnung zu tragen, werden Gyroskope häufig in Kombination mit anderen Sensoren – insbesondere Beschleunigungssensoren – eingesetzt, um glattere und genauere Orientierungsergebnisse zu erzielen.

Neuzuordnung des Orientierungsbezugsrahmens

Um die Geräteorientierung mit einem anderen Bezugsrahmen als der natürlichen Ausrichtung zu messen, verwenden Sie die Methode `remapCoordinateSystem` aus dem `SensorManager`. Dies geschieht typischerweise, um die Berechnungen zu vereinfachen, die erforderlich sind, um Anwendungen zu erstellen, die sowohl auf Geräten mit natürlicher Ausrichtung im Hochformat als auch im Querformat verwendet werden können.

Die Methode `remapCoordinateSystem` akzeptiert vier Parameter:

- Die anfängliche Rotationsmatrix, die mit `getRotationMatrix` bestimmt wurde, wie oben beschrieben
- Eine Variable, die verwendet wird, um die Ausgabe-(transformierte) Rotationsmatrix zu speichern
- Die transformierte X-Achse
- Die transformierte Y-Achse

Der `SensorManager` bietet eine Reihe von Konstanten, mit denen Sie die neu zugeordnete X- und Y-Achse relativ zum Bezugsrahmen festlegen können: `AXIS_X`, `XIS_Y`, `XIS_Z`, `XIS_MINUS_X`, `XIS_MINUS_Y` und `XIS_MINUS_Z`.

Listing 16.14 zeigt, wie der Bezugsrahmen so umgesetzt wird, dass die aktuelle Displayorientierung (Hoch- oder Querformat) als Bezugsrahmen für die Berechnung der aktuellen Geräteorientierung verwendet wird. Dies ist nützlich für Spiele oder Anwendungen, die entweder im Hoch- oder Querformat gesperrt sind, da das Gerät je nach natürlicher Ausrichtung des Geräts entweder 0 oder 90 Grad anzeigt. Durch Änderung des Bezugsrahmens können Sie sicherstellen, dass die von Ihnen verwendeten Orientierungswerte bereits die Ausrichtung der Anzeige relativ zur natürlichen Ausrichtung berücksichtigen.

```
// Bestimme die aktuelle Ausrichtung in Bezug auf die natürliche Ausrichtung.
WindowManager wm = (WindowManager) getSystemService(Context.WINDOW_SERVICE);
Display display = wm.getDefaultDisplay();
int rotation = display.getRotation();

int x_axis = SensorManager.AXIS_X;
int y_axis = SensorManager.AXIS_Y;

switch (rotation) {
  case (Surface.ROTATION_0): break;
  case (Surface.ROTATION_90):
    x_axis = SensorManager.AXIS_Y;
    y_axis = SensorManager.AXIS_MINUS_X;
    break;
  case (Surface.ROTATION_180):
    y_axis = SensorManager.AXIS_MINUS_Y;
    break;
  case (Surface.ROTATION_270):
    x_axis = SensorManager.AXIS_MINUS_Y;
    y_axis = SensorManager.AXIS_X;
    break;
  default: break;
}

SensorManager.remapCoordinateSystem(inR, x_axis, y_axis, outR);

// Hole die neuen, neu zugeordneten Orientierungswerte.
SensorManager.getOrientation(outR, values);
```

Listing 16.14 Neuzuordnung des Orientierungsbezugsrahmens auf Basis der natürlichen Ausrichtung des Geräts

16.4.6 Erstellen eines Kompasses und eines künstlichen Horizonts

In Kapitel 14 über die erweiterte Anpassung der Benutzeroberfläche haben Sie die `CompassView` verbessert, um Neigung, Drehung und Kurs anzuzeigen. In diesem Beispiel verbinden Sie schließlich Ihre `CompassView` mit den Hardware-Sensoren, um die Geräteausrichtung anzuzeigen.

1. Öffnen Sie das Kompass-Projekt, das Sie zuletzt in Kapitel 14 geändert haben, und öffnen Sie die `CompassActivity`. Verwenden Sie den `SensorManager`, um mit Hilfe des Rotationsvektors-Sensors auf Orientierungsänderungen zu achten. Fügen Sie

16.4 | Hardware-Sensoren

zunächst lokale Variablen hinzu, um die `CompassView`, den `SensorManager`, den Bildschirmrotationswert und die letzten Sensorergebnisse zu speichern:

```
private CompassView mCompassView;
private SensorManager mSensorManager;
private int mScreenRotation;
```

2. Erstellen Sie eine neue Methode `updateOrientation`, die Werte für Kurs, Neigung und Drehung verwendet, um die `CompassView` zu aktualisieren:

```
private void updateOrientation(float[] values) {
  if (mCompassView!= null) {
    mCompassView.setBearing(values[0]);
    mCompassView.setPitch(values[1]);
    mCompassView.setRoll(-values[2]);
    mCompassView.invalidate();
  }
}
```

3. Ergänzen Sie die Methode `onCreate`, um Referenzen auf `CompassView` und `SensorManager` zu erhalten. Bestimmen Sie auch die aktuelle Bildschirmausrichtung relativ zur natürlichen Geräteausrichtung und initialisieren Sie Kurs, Neigung und Drehung:

```
@Override
public void onCreate(Bundle savedInstanceState) {
  super.onCreate(savedInstanceState);
  setContentView(R.layout.main);

  mCompassView = findViewById(R.id.compassView);

  mSensorManager
    = (SensorManager) getSystemService(Context.SENSOR_SERVICE);
  WindowManager wm
    = (WindowManager) getSystemService(Context.WINDOW_SERVICE);

  Display display = wm.getDefaultDisplay();
  mScreenRotation = display.getRotation();

  mNewestValues = new float[] {0, 0, 0};
}
```

4. Erstellen Sie eine neue Methode `calculateOrientation`, um die Geräteausrichtung anhand der zuletzt empfangenen Rotationsvektorwerte auszuwerten. Denken Sie daran, die natürliche Ausrichtung des Geräts zu berücksichtigen, indem Sie gegebenenfalls den Bezugsrahmen neu zuordnen:

```
private float[] calculateOrientation(float[] values) {
  float[] rotationMatrix = new float[9];
  float[] remappedMatrix = new float[9];
  float[] orientation = new float[3];

  // Bestimme die Rotationsmatrix.
  SensorManager.getRotationMatrixFromVector(rotationMatrix, values);

  // Neuzuordnung der Koordinaten basierend auf der
  // natürlichen Geräteausrichtung.
  int x_axis = SensorManager.AXIS_X;
  int y_axis = SensorManager.AXIS_Y;

  switch (mScreenRotation) {
    case (Surface.ROTATION_90):
      x_axis = SensorManager.AXIS_Y;
      y_axis = SensorManager.AXIS_MINUS_X;
      break;
    case (Surface.ROTATION_180):
      y_axis = SensorManager.AXIS_MINUS_Y;
      break;
    case (Surface.ROTATION_270):
      x_axis = SensorManager.AXIS_MINUS_Y;
      y_axis = SensorManager.AXIS_X;
      break;
    default: break;
  }

  SensorManager.remapCoordinateSystem(rotationMatrix,
                                      x_axis, y_axis,
                                      remappedMatrix);


  // Ermittle die aktuelle, korrigierte Ausrichtung.
  SensorManager.getOrientation(remappedMatrix, orientation);

  // Umwandeln von Radiant in Grad.
  values[0] = (float) Math.toDegrees(orientation[0]);
  values[1] = (float) Math.toDegrees(orientation[1]);
  values[2] = (float) Math.toDegrees(orientation[2]);

  return values;
}
```

16.4 | Hardware-Sensoren

5. Erstellen Sie eine neue `updateGUI`-Methode, die mit dem Oberflächen-Thread synchronisiert und `updateOrientation` aufruft, um die `CompassView` zu aktualisieren. Dies wird regelmäßig mit einem im nächsten Schritt eingeführten Timer durchgeführt:

```java
private void updateGUI() {
  runOnUiThread(new Runnable() {
    public void run() {
      updateOrientation(mNewestValues);
    }
  });
}
```

6. Ändern Sie die Methode `onCreate`, um einen Timer zu erstellen, der die in Schritt 5 definierte Oberflächenaktualisierungsmethode sechzig Mal pro Sekunde auslöst:

```java
@Override
public void onCreate(Bundle savedInstanceState) {
  super.onCreate(savedInstanceState);
  setContentView(R.layout.main);

  mCompassView = findViewById(R.id.compassView);

  mSensorManager
    = (SensorManager) getSystemService(Context.SENSOR_SERVICE);
  WindowManager wm
    = (WindowManager) getSystemService(Context.WINDOW_SERVICE);

  Display display = wm.getDefaultDisplay();
  mScreenRotation = display.getRotation();

  mNewestValues = new float[] {0, 0, 0};

  Timer updateTimer = new Timer("compassUpdate");
  updateTimer.scheduleAtFixedRate(new TimerTask() {
    public void run() {
      updateGUI();
    }
  }, 0, 1000/60);
}
```

7. Implementieren Sie einen `SensorEventListener` als Feldvariable. Innerhalb seines `onSensorChanged` sollte er das letzte Sensorergebnis-Array aktualisieren, basierend auf dem Senden der empfangenen Sensorwerte zur Berechnung der Orientierung, erstellt in Schritt 4:

Bewegung und Ausrichtung eines Geräts überwachen | 16.5

```java
private final SensorEventListener mSensorEventListener
  = new SensorEventListener() {

  public void onSensorChanged(SensorEvent sensorEvent) {
    mNewestValues = calculateOrientation(sensorEvent.values);
  }

  public void onAccuracyChanged(Sensor sensor, int accuracy) {}
};
```

8. Überschreiben Sie `onResume` und `onPause`, um den `SensorEventListener` zu registrieren oder abzumelden, wenn die Activity aktiv beziehungsweise inaktiv wird:

```java
@Override
protected void onResume() {
  super.onResume();

  Sensor rotationVector
    = mSensorManager.getDefaultSensor(Sensor.TYPE_ROTATION_VECTOR);

  mSensorManager.registerListener(mSensorEventListener,
                    rotationVector,
                    SensorManager.SENSOR_DELAY_FASTEST);
}

@Override
protected void onPause() {
  mSensorManager.unregisterListener(mSensorEventListener);
  super.onPause();
}
```

Wenn Sie die Anwendung jetzt starten, sollten Sie die `CompassView` »zentriert« bei 0, 0, 0, 0 sehen, wenn das Gerät flach auf einem Tisch liegt und die Oberseite des Geräts nach Norden zeigt. Das Verschieben des Geräts sollte dazu führen, dass die `CompassView` dynamisch aktualisiert wird, wenn sich die Ausrichtung des Geräts ändert.

Wenn Sie das Gerät um 90 Grad drehen, wird sich der Bildschirm drehen und die `CompassView` wird entsprechend neu ausgerichtet. Sie können dieses Projekt erweitern, indem Sie die automatische Bildschirmrotation deaktivieren.

> **Hinweis**
> Alle Code-Ausschnitte in diesem Beispiel sind Teil des Kapitel-16-Compass-Projekts, das unter *www.wrox.com.* heruntergeladen werden kann.

16.5 Umgebungssensoren

Wie bei den Orientierungssensoren hängt die Verfügbarkeit bestimmter Umgebungssensoren von der Geräte-Hardware ab. Wo sie verfügbar sind, können Umgebungssensoren von Ihrer Anwendung verwendet werden für:

- Verbesserte Standorterkennung und höhenabhängige Track-Bewegungen
- Ändern der Bildschirmhelligkeit oder -funktionalität in Abhängigkeit vom Umgebungslicht
- Durchführung von Wetterbeobachtungen in der Umgebung
- Bestimmen, auf welchem Planeten sich das Gerät gerade befindet

16.5.1 Der Barometer-Sensor

Ein Barometer wird zur Messung des atmosphärischen Drucks verwendet. Die Einbindung dieses Sensors in einige Android-Geräte ermöglicht es dem Benutzer, seine aktuelle Höhe zu bestimmen und eventuell Wetteränderungen vorherzusagen.

Um Änderungen des Atmosphärendrucks zu überwachen, registrieren Sie eine Implementierung von SensorEventListener mit Hilfe eines Sensor-Objekts vom Typ Sensor.TYPE_PRESSURE. Der aktuelle atmosphärische Druck wird als erster (und einziger) Wert im Array der zurückgegebenen Werte in Hektopascal (hPa) zurückgegeben, was einer Messung in Millibar (mbar) entspricht.

Um die aktuelle Höhe in Metern zu berechnen, können Sie die statische Methode getAltitude aus dem SensorManager (siehe Listing 16.15) verwenden und mit dem aktuellen Druck und dem lokalen Druck auf Meereshöhe versorgen.

> **Hinweis**
>
> Um genaue Ergebnisse zu gewährleisten, sollten Sie einen lokalen Wert für den Luftdruck auf Meereshöhe verwenden, obwohl der SensorManager einen Wert für eine Standardatmosphäre über die Konstante PRESSURE_STANDARD_ATMOSPHERE als nützliche Näherung liefert.

```
final SensorEventListener myPressureListener = new SensorEventListener() {
  public void onSensorChanged(SensorEvent sensorEvent) {
    if (sensorEvent.sensor.getType() == Sensor.TYPE_PRESSURE) {
      float currentPressure = sensorEvent.values[0];
```

```
    // Berechne die Höhe
    float altitude = SensorManager.getAltitude(
      SensorManager.PRESSURE_STANDARD_ATMOSPHERE,
      currentPressure);
  }
}

  public void onAccuracyChanged(Sensor sensor, int accuracy) {}
};

SensorManager sm
  = (SensorManager)getSystemService(Context.SENSOR_SERVICE);
int sensorType = Sensor.TYPE_PRESSURE;
sm.registerListener(myPressureListener,
                    sm.getDefaultSensor(sensorType),
                    SensorManager.SENSOR_DELAY_NORMAL);
```

Listing 16.15 Ermittlung der aktuellen Höhe mit dem Barometer-Sensor

Es ist wichtig zu beachten, dass `getAltitude` die Höhe mit dem aktuellen atmosphärischen Druck relativ zum lokalen Meeresspiegel berechnet, nicht mit zwei beliebigen atmosphärischen Druckwerten. Um den Höhenunterschied zu berechnen, der durch zwei beobachtete Druckwerte dargestellt wird, müssen Sie die Höhe für jeden Druck bestimmen und die Differenz zwischen diesen Ergebnissen ermitteln, wie im folgenden Ausschnitt gezeigt wird:

```
float altitudeChange =
  SensorManager.getAltitude(SensorManager.PRESSURE_STANDARD_ATMOSPHERE,
                            newPressure) -
  SensorManager.getAltitude(SensorManager.PRESSURE_STANDARD_ATMOSPHERE,
                            initialPressure);
```

16.5.2 Eine Wetterstation basteln

Um die für Android-Geräte verfügbaren Umgebungssensoren vollständig zu erforschen, implementiert das folgende Projekt eine einfache Wetterstation, die den Luftdruck, die Umgebungstemperatur, die relative Luftfeuchtigkeit und das Umgebungslicht überwacht.

1. Erstellen Sie zunächst ein neues Projekt namens `WeatherStation`, das eine leere, rückwärtskompatible `WeatherStationActivity` enthält. Ändern Sie die resultierende `activity_weather_station` Layout-Ressource, um vier zentrierte Zeilen mit großem, fettem Text anzuzeigen, der zur Anzeige der aktuellen Temperatur, des barometrischen Drucks, der Luftfeuchtigkeit und des Wolkenpegels verwendet wird:

16.5 | Hardware-Sensoren

```xml
<?xml version="1.0" encoding="utf-8"?>
<LinearLayout
  xmlns:android="http://schemas.android.com/apk/res/android"
  android:orientation="vertical"
  android:layout_width="match_parent"
  android:layout_height="match_parent">
  <TextView
    android:id="@+id/temperature"
    android:gravity="center"
    android:layout_width="match_parent"
    android:layout_height="wrap_content"
    android:textStyle="bold"
    android:textSize="28sp"
    android:text="Temperature"
    android:layout_margin="10dp"/>
  <TextView
    android:id="@+id/pressure"
    android:gravity="center"
    android:layout_width="match_parent"
    android:layout_height="wrap_content"
    android:textStyle="bold"
    android:textSize="28sp"
    android:text="Pressure"
    android:layout_margin="10dp"/>
  <TextView
    android:id="@+id/humidity"
    android:gravity="center"
    android:layout_width="match_parent"
    android:layout_height="wrap_content"
    android:textStyle="bold"
    android:textSize="28sp"
    android:text="Humidity"
    android:layout_margin="10dp"/>
  <TextView
    android:id="@+id/light"
    android:gravity="center"
    android:layout_width="match_parent"
    android:layout_height="wrap_content"
    android:textStyle="bold"
    android:textSize="28sp"
    android:text="Light"
    android:layout_margin="10dp"/>
</LinearLayout>
```

16.5 | Umgebungssensoren

2. Erstellen Sie innerhalb der `WeatherStationActivity` Instanzvariablen, um Referenzen auf jede der drei `TextViews` und den `SensorManager` zu speichern. Erstellen Sie auch Variablen, um den zuletzt von jedem Sensor erfassten Wert aufzuzeichnen:

```
private SensorManager mSensorManager;
private TextView mTemperatureTextView;
private TextView mPressureTextView;
private TextView mHumidityTextView;
private TextView mLightTextView;

private float mLastTemperature = Float.NaN;
private float mLastPressure = Float.NaN;
private float mLastLight = Float.NaN;
private float mLastHumidity = Float.NaN;
```

3. Ergänzen Sie die Methode `onCreate`, um eine Referenz auf die `TextViews` und den `SensorManager` zu erhalten:

```
@Override
public void onCreate(Bundle savedInstanceState) {
  super.onCreate(savedInstanceState);
  setContentView(R.layout.activity_weather_station);

  mTemperatureTextView = findViewById(R.id.temperature);
  mPressureTextView = findViewById(R.id.pressure);
  mLightTextView = findViewById(R.id.light);
  mHumidityTextView = findViewById(R.id.humidity);
  mSensorManager
    = (SensorManager) getSystemService(Context.SENSOR_SERVICE);
}
```

4. Erstellen Sie eine `SensorEventListener`-Implementierung, die die Ergebnisse der einzelnen Druck-, Temperatur-, Luftfeuchtigkeits- und Lichtsensoren aufzeichnet. Sie sollte einfach den letzten beobachteten Wert aufzeichnen:

```
private final SensorEventListener mSensorEventListener
  = new SensorEventListener() {

public void onAccuracyChanged(Sensor sensor, int accuracy) { }

public void onSensorChanged(SensorEvent event) {
  switch (event.sensor.getType()) {
    case (Sensor.TYPE_AMBIENT_TEMPERATURE):
      mLastTemperature = event.values[0];
      break;
    case (Sensor.TYPE_RELATIVE_HUMIDITY):
      mLastHumidity = event.values[0];
      break;
```

16.5 | Hardware-Sensoren

```
        case (Sensor.TYPE_PRESSURE):
          mLastPressure = event.values[0];
          break;
        case (Sensor.TYPE_LIGHT):
          mLastLight = event.values[0];
          break;
        default: break;
      }
    }
  };
```

5. Überschreiben Sie die Handler-Methode `onResume`, um Ihren neuen Listener für Aktualisierungen mittels des `SensorManagers` zu registrieren. Atmosphärische und Umgebungsbedingungen werden sich mit der Zeit nur langsam ändern, so dass Sie eine relativ langsame Aktualisierungsrate wählen können. Sie sollten auch überprüfen, ob für jede der überwachten Bedingungen ein Standardsensor vorhanden ist und den Benutzer benachrichtigen, wenn ein oder mehrere Sensoren nicht verfügbar sind:

```
@Override
protected void onResume() {
  super.onResume();

  Sensor lightSensor = mSensorManager.getDefaultSensor(Sensor.TYPE_LIGHT);
  if (lightSensor != null)
    mSensorManager.registerListener(mSensorEventListener,
      lightSensor,
      SensorManager.SENSOR_DELAY_NORMAL);
  else
    mLightTextView.setText("Light Sensor Unavailable");

  Sensor pressureSensor =
    mSensorManager.getDefaultSensor(Sensor.TYPE_PRESSURE);
  if (pressureSensor != null)
    mSensorManager.registerListener(mSensorEventListener,
      pressureSensor,
      SensorManager.SENSOR_DELAY_NORMAL);
  else
    mPressureTextView.setText("Barometer Unavailable");

  Sensor temperatureSensor =
    mSensorManager.getDefaultSensor(Sensor.TYPE_AMBIENT_TEMPERATURE);
  if (temperatureSensor != null)
    mSensorManager.registerListener(mSensorEventListener,
      temperatureSensor,
      SensorManager.SENSOR_DELAY_NORMAL);
  else
    mTemperatureTextView.setText("Thermometer Unavailable");
```

```
    Sensor humiditySensor =
      mSensorManager.getDefaultSensor(Sensor.TYPE_RELATIVE_HUMIDITY);
    if (temperatureSensor != null)
      mSensorManager.registerListener(mSensorEventListener,
        humiditySensor,
        SensorManager.SENSOR_DELAY_NORMAL);
    else
      mHumidityTextView.setText("Humidity Sensor Unavailable");
  }
```

6. Überschreiben Sie die entsprechende Methode onPause, um die Registrierung des SensorEventListeners aufzuheben, wenn die Activity nicht mehr aktiv ist:

```
@Override
protected void onPause() {
  mSensorManager.unregisterListener(mSensorEventListener);
  super.onPause();
}
```

7. Erstellen Sie eine neue Methode updateGUI, die mit dem Oberflächen-Thread synchronisiert und die TextView aktualisiert. Dies wird regelmäßig mit einem im nächsten Schritt eingeführten Timer durchgeführt:

```
private void updateGUI() {
  runOnUiThread(new Runnable() {
    public void run() {
      if (!Float.isNaN(mLastPressure)) {
        mPressureTextView.setText(mLastPressure + "hPa");
        mPressureTextView.invalidate();
      }
      if (!Float.isNaN(mLastLight)) {
        String lightStr = "Sunny";
        if (mLastLight <= SensorManager.LIGHT_CLOUDY)
          lightStr = "Night";
        else if (mLastLight <= SensorManager.LIGHT_OVERCAST)
          lightStr = "Cloudy";
        else if (mLastLight <= SensorManager.LIGHT_SUNLIGHT)
          lightStr = "Overcast";
        mLightTextView.setText(lightStr);
        mLightTextView.invalidate();
      }
      if (!Float.isNaN(mLastTemperature)) {
        mTemperatureTextView.setText(mLastTemperature + "C");
        mTemperatureTextView.invalidate();
      }
```

16.6 | Hardware-Sensoren

```
          if (!Float.isNaN(mLastHumidity)) {
            mHumidityTextView.setText(mLastHumidity + "% Rel. Humidity");
            mHumidityTextView.invalidate();
          }
        }
      });
    }
```

8. Ergänzen Sie die Methode `onCreate` um einen Timer, der die in Schritt 7 definierte Methode `updateGUI` einmal pro Sekunde auslöst:

```
@Override
public void onCreate(Bundle savedInstanceState) {
  super.onCreate(savedInstanceState);
  setContentView(R.layout.activity_weather_station);

  mTemperatureTextView = (TextView)findViewById(R.id.temperature);
  mPressureTextView = (TextView)findViewById(R.id.pressure);
  mLightTextView = (TextView)findViewById(R.id.light);
  mHumidityTextView = (TextView)findViewById(R.id.humidity);
  mSensorManager =
    (SensorManager) getSystemService(Context.SENSOR_SERVICE);

  Timer updateTimer = new Timer("weatherUpdate");
  updateTimer.scheduleAtFixedRate(new TimerTask() {
    public void run() {
      updateGUI();
    }
  }, 0, 1000);
}
```

> **Hinweis**
> Alle Code-Ausschnitte in diesem Beispiel sind Teil des Kapitel-16-GForceMeter-Projekts, das unter *www.wrox.com* heruntergeladen werden kann.

16.6 Körpersensoren

Mit der Einführung von Android Wear wurde das Konzept von Android-Sensoren eingeführt, die nicht in das primäre Android-Gerät integriert sind. Stattdessen sind sie über Peripheriegeräte wie ein Android Wear-Gerät oder über Bluetooth LE ferngesteuert verfügbar.

Dadurch war es möglich, Körpersensoren wie den Herzfrequenzmesser in das Android-Framework zu integrieren. Körpersensoren benötigen zum Betrieb physischen Kontakt zum Benutzer. Da sie sensible persönliche Daten des Benutzers überwachen und melden, benötigen sie die Erlaubnis `BODY_SENSORS`, bevor sie die Ergebnisse von `getDefaultSensor` oder `getSensorsList` zurückgeben:

```
<uses-permission android:name="android.permission.BODY_SENSORS" />
```

Als gefährliche Berechtigung bedarf es neben einem Manifest-Eintrag der ausdrücklichen Zustimmung des Benutzers bei der ersten Verwendung durch eine Laufzeitberechtigungsanfrage.

Bevor Sie versuchen, einen Bodysensor zu finden, verwenden Sie die Methode `ActivityCompat.checkSelfPermission`, der Sie die Konstante `Manifest.permission.BODY_SENSORS` übergeben, um festzustellen, ob Ihnen Zugriff gewährt wurde. In diesem Fall wird `PERMISSION_GRANTED` zurückgegeben:

```
int permission = ActivityCompat.checkSelfPermission(this,
                 Manifest.permission.BODY_SENSORS);

if (permission==PERMISSION_GRANTED) {
  // Zugriff auf den Körpersensor
} else {
  if (ActivityCompat.shouldShowRequestPermissionRationale(
      this, Manifest.permission.BODY_SENSORS)) {
    // TODO Zusätzliche Begründung für die angeforderte
    // Berechtigung anzeigen.
  }
  // Fordere die Berechtigung an oder zeige einen Dialog,
  // der anzeigt, warum die Funktion nicht verfügbar ist.
}
```

Um den Berechtigungsanforderungsdialog anzuzeigen, rufen Sie die Methode `ActivityCompat.requestPermission` unter Angabe der erforderlichen Berechtigungen auf:

```
ActivityCompat.requestPermissions(this,
  new String[]{Manifest.permission.BODY_SENSORS},
  BODY_SENSOR_PERMISSION_REQUEST);
```

Diese Funktion läuft asynchron und zeigt einen Standard-Android-Dialog an, der nicht angepasst werden kann. Sie erhalten einen Callback, wenn der Benutzer Ihre Laufzeitanfrage angenommen oder abgelehnt hat, die vom `onRequestPermissionsResult`-Handler empfangen wird:

16.6 | Hardware-Sensoren

```
@Override
public void onRequestPermissionsResult(int requestCode,
                                       @NonNull String[] permissions,
                                       @NonNull int[] grantResults) {
  super.onRequestPermissionsResult(requestCode, permissions, grantResults);
  // TODO Reagiere auf zugestandene/entzogene Berechtigungen
}
```

Körpersensoren sind nur dann präzise und nützlich, wenn sie mit dem Körper in Berührung kommen, dessen Lebenszeichen überwacht werden. Deshalb ist es wichtig, die Genauigkeit von Körpersensoren immer zu überwachen. Wenn der Sensor keinen Kontakt zu einem Körper hat, gibt er SENSOR_STATUS_NO_CONTACT zurück:

```
if (sensorEvent.accuracy == SensorManager.SENSOR_STATUS_NO_CONTACT ||
    sensorEvent.accuracy == SensorManager.SENSOR_STATUS_UNRELIABLE) {
  // TODO Ignoriere Sensor-Ergebnisse
```

Listing 16.16 zeigt den Rahmencode für den Anschluss eines SensorEventListeners an einen Herzfrequenzsensor, der einen einzelnen Wert zurückgibt, der die Herzfrequenz des Benutzers in Schlägen pro Minute (bpm) beschreibt. Denken Sie daran, dass Sie zusätzlich zu diesem Code auch die Body-Sensor-Berechtigung zum Anwendungsmanifest hinzufügen müssen.

```
private static final int BODY_SENSOR_PERMISSION_REQUEST = 1;

private void connectHeartRateSensor() {
  int permission = ActivityCompat.checkSelfPermission(this,
    Manifest.permission.BODY_SENSORS);

  if (permission == PERMISSION_GRANTED) {
    // Wenn berechtigt, verbinde zum Event-Listener
    doConnectHeartRateSensor();
  } else {
    if (ActivityCompat.shouldShowRequestPermissionRationale(
      this, Manifest.permission.BODY_SENSORS)) {
      // TODO Zusätzliche Begründung für die angeforderte
      // Berechtigung anzeigen.
    }
    // Erfrage die Berechtigung
    ActivityCompat.requestPermissions(this,
      new String[]{Manifest.permission.BODY_SENSORS},
      BODY_SENSOR_PERMISSION_REQUEST);
  }
}
@Override
```

```java
public void onRequestPermissionsResult(int requestCode,
                                      @NonNull String[] permissions,
                                      @NonNull int[] grantResults) {
  super.onRequestPermissionsResult(requestCode, permissions, grantResults);

  if (requestCode == BODY_SENSOR_PERMISSION_REQUEST &&
      grantResults.length > 0 &&
      grantResults[0] == PERMISSION_GRANTED) {
    // Wenn berechtigt, verbinde zum Herzfrequenzsensor
    doConnectHeartRateSensor();
  } else {
    Log.d(TAG, "Body Sensor access permission denied.");
  }
}

private void doConnectHeartRateSensor() {
  SensorManager sm = (SensorManager)getSystemService(Context.SENSOR_SERVICE);
  Sensor heartRateSensor = sm.getDefaultSensor(Sensor.TYPE_HEART_RATE);

  if (heartRateSensor == null)
    Log.d(TAG, "No Heart Rate Sensor Detected.");
  else {
    sm.registerListener(mHeartRateListener, heartRateSensor,
                        SensorManager.SENSOR_DELAY_NORMAL);
  }
}

final SensorEventListener mHeartRateListener = new SensorEventListener() {
  public void onSensorChanged(SensorEvent sensorEvent) {
    if (sensorEvent.sensor.getType() == Sensor.TYPE_HEART_RATE) {

      if (sensorEvent.accuracy == SensorManager.SENSOR_STATUS_NO_CONTACT ||
          sensorEvent.accuracy == SensorManager.SENSOR_STATUS_UNRELIABLE) {
        Log.d(TAG, "Heart Rate Monitor not in contact or unreliable");
      } else {
        float currentHeartRate = sensorEvent.values[0];
        Log.d(TAG, "Heart Rate: " + currentHeartRate);
      }
    }
  }

  public void onAccuracyChanged(Sensor sensor, int accuracy) {}
};
```

Listing 16.16 Verbinden eines `SensorEventListener`s mit einem Pulsmesser

16.7 Erkennung der Benutzeraktivitäten

Mit der Activity-Recognition-API von Google können Sie nachvollziehen, welche Aktivitäten Ihre Benutzer in der physischen Welt ausführen. Durch die regelmäßige Analyse von kurzen Datenblöcken, die von Gerätesensoren empfangen werden, versucht die Aktivitätserkennung zu erkennen, welche Aktivitäten der Benutzer ausführt, einschließlich Gehen, Fahren, Radfahren und Laufen.

Der Zugriff auf die Activity-Recognition-API erfolgt über die Google Play-Services Location-Library, die als Dependency zur *build.gradle*-Datei Ihres App-Moduls hinzugefügt werden muss (nachdem Sie die Google Play-Services wie in Kapitel 15 beschrieben installiert haben):

```
dependencies {
    ...
    compile 'com.google.android.gms:play-services-location:11.8.0'
}
```

Sie müssen auch die Berechtigung `ACTIVITY_RECOGNITION` in Ihr Manifest aufnehmen:

```
<uses-permission
    android:name="com.google.android.gms.permission.ACTIVITY_RECOGNITION"
/>
```

Um Informationen über die aktuelle Aktivität des Benutzers zu erhalten, holen Sie sich zunächst eine Referenz des `ActivityRecognitionClient` mit der statischen Methode `ActivityRecognition.getClient` und übergeben diese in einem `Context`:

```
ActivityRecognitionClient activityRecognitionClient
    = ActivityRecognition.getClient(this);
```

Um Aktualisierungen anzufordern, verwenden Sie die Methode `requestActivity Updates`, die in einem bevorzugten Erkennungsintervall in Millisekunden einem `PendingIntent` übergeben wird, das ausgelöst wird, wenn eine Änderung der Benutzeraktivität erkannt wird. Typischerweise wird der `PendingIntent` verwendet, um einen Intent-Service zu starten, der auf die Änderung der Benutzeraktivität reagiert:

```
long updateFreq = 1000*60;

Intent startServiceIntent = new Intent(this, MyARService.class);
PendingIntent pendingIntent
    = PendingIntent.getService(this, ACTIVITY_RECOGNITION_REQUEST_CODE,
                               startServiceIntent, 0);

Task task
    = activityRecognitionClient.requestActivityUpdates(updateFreq,
                                                       pendingIntent);
```

Erkennung der Benutzeraktivitäten | 16.7

> **Hinweis**
>
> Die zurückgegebene Task kann verwendet werden, um den Erfolg des Aufrufs zu überprüfen, indem die Methoden addSuccessListener und addOnFailureListener verwendet werden, um OnSuccessListener beziehungsweise OnFailureListener hinzuzufügen.

Jede weitere Anfrage mit dem gleichen `PendingIntent` entfernt und ersetzt frühere Anfragen.

Die angegebene Aktualisierungsfrequenz bestimmt die Rate, mit der Änderungen in der Aktivität des Benutzers zurückgegeben werden; größere Werte führen zu weniger Aktualisierungen, was die Lebensdauer des Akkus verbessert, indem das Gerät geweckt und die Sensoren seltener eingeschaltet werden. Wie bei allen Sensoren ist es empfehlenswert, Aktualisierungen so selten wie möglich anzufordern.

Die angeforderte Aktualisierungsrate wird von der Activity-Recognition-API als Richtschnur verwendet; unter Umständen erhalten Sie häufiger Aktualisierungen (etwa wenn andere Anwendungen häufigere Aktualisierungen angefordert haben). Häufiger kann es sein, dass Sie seltener Aktualisierungen erhalten. Die API kann Aktualisierungen pausieren, um den Akku zu schonen, wenn sie feststellt, dass das Gerät über einen längeren Zeitraum nicht benutzt wurde, oder wenn der Bildschirm ausgeschaltet ist und sich das Gerät im Energiesparmodus befindet.

Um das Ergebnis der Aktivitätserkennung aus dem Intent zu ermitteln, wenn eine neue Benutzeraktivität erkannt wurde, verwenden Sie die Methode `extractResult`.

```
ActivityRecognitionResult activityResult = extractResult(intent);
```

Das zurückgegebene `ActivityRecognitionResult` enthält die Methode `getMostProbableActivity`, die eine `DetectedActivity` zurückgibt, die den Activity-Typ beschreibt, bei dem sie die höchste Sicherheit hat, dass sie ausgeführt wird:

```
DetectedActivity detectedActivity = activityResult.getMostProbableActivity();
```

Alternativ können Sie die Methode `getProbableActivities` verwenden, um eine Liste aller möglichen Activities zurückzugeben:

```
List<DetectedActivity> allActivities = activityResult.getProbableActivities();
```

Verwenden Sie für jede `DetectedActivity` die Methoden `getType` und `getConfidence`, um die Art der erkannten Aktivität beziehungsweise das prozentuale Vertrauen in dieses Ergebnis zu ermitteln:

16.7 | Hardware-Sensoren

```java
@Override
protected void onHandleIntent(@Nullable Intent intent) {
  ActivityRecognitionResult activityResult = extractResult(intent);

  DetectedActivity detectedActivity = activityResult.getMostProbableActivity();
  int activityType = detectedActivity.getType();
  int activityConfidence = detectedActivity.getConfidence(); /* Percent */

  switch (activityType) {
    case (DetectedActivity.IN_VEHICLE): /* TODO Driving */ break;
    case (DetectedActivity.ON_BICYCLE): /* TODO Cycling */ break;
    case (DetectedActivity.ON_FOOT)   : /* TODO On Foot */ break;
    case (DetectedActivity.STILL)     : /* TODO Still   */ break;
    case (DetectedActivity.WALKING)   : /* TODO Walking */ break;
    case (DetectedActivity.RUNNING)   : /* TODO Running */ break;
    case (DetectedActivity.UNKNOWN)   : /* TODO Unknown */ break;
    case (DetectedActivity.TILTING)   : {
      // TODO Gerätewinkel deutlich verändert
      break;
    }
    default : break;
  }
}
```

Wenn Sie keine Aktualisierungen von Aktivitätsänderungen mehr erhalten müssen, rufen Sie `removeActivityUpdates` auf und übergeben Sie den `PendingIntent`, mit dem Sie die Aktualisierungsergebnisse anfordern:

```
activityRecognitionClient.removeActivityUpdates(pendingIntent);
```

Beachten Sie, dass aktive Anfragen nach Aktualisierungen die Verbindung zu den Google Play-Diensten aktiv halten, daher ist es wichtig, die Anfrage nach Aktualisierungen explizit zu entfernen, wenn sie nicht mehr benötigt wird – sowohl um den Akkuverbrauch zu reduzieren als auch um die Vorteile des automatischen Verbindungsmanagements mit den Google Play-Diensten aufrechtzuerhalten.

Kapitel 17
Audio, Video und Verwendung der Kamera

Inhalt

- Wiedergabe von Audio und Video mit dem Media-Player
- Handhabung des Audio-Fokus
- Arbeiten mit einer Mediensitzung
- Erstellen von Mediensteuerelementen
- Audiowiedergabe im Hintergrund
- Verwendung des Media-Routers und des Cast-Application-Frameworks
- Media-Style-Notifications erstellen
- Aufnahme von Audio
- Aufzeichnen von Videos und Fotografieren mit Intents
- Vorschau von aufgezeichneten Videos und Anzeige von Live-Kamera-Streams
- Fotografieren und direktes Steuern der Kamera
- Hinzufügen von aufgezeichneten Medien zum Media-Store

Wrox.com Code-Downloads für dieses Kapitel

Den folgenden Code-Download für dieses Kapitel finden Sie unter *www.wrox.com* über die Registerkarte DOWNLOAD-CODE:

- Snippets_ch17.zip

17.1 Wiedergabe von Audio und Video und Verwendung der Kamera

Smartphones und Tablets sind so populär geworden, dass sie für viele Menschen alle anderen tragbaren elektronischen Geräte – einschließlich Kameras, Musik-Player und Audio-Recorder – vollständig ersetzt haben. Infolgedessen sind die Medien-APIs von Android, die es uns ermöglichen, Anwendungen zu entwickeln, die ein reichhaltiges Audio-, Video- und Kameraerlebnis bieten, immer leistungsfähiger und wichtiger geworden.

Dieses Kapitel begleitet Sie in die Android-APIs zur Steuerung der Audio- und Videoaufzeichnung und -wiedergabe, zur Steuerung des Audio-Fokus des Geräts und zur angemessenen Reaktion, wenn andere Anwendungen den Fokus nehmen oder der Ausgangskanal geändert wird (etwa wenn Kopfhörer abgezogen werden).

Außerdem erfahren Sie, wie Sie die Medien-Session-APIs verwenden können, um Informationen über Ihre Medienwiedergabe an das System und andere Anwendungen zu übermitteln sowie Wiedergabe, Pause und andere Medienereignisse von Benachrichtigungen, Headsets und angeschlossenen Geräten einschließlich Wear OS und Android Auto zu empfangen.

Sie lernen, wie Sie einen Audiowiedergabedienst erstellen und Ihre Benutzeroberfläche mit dem aktuellen Audiozustand synchronisieren. Außerdem erfahren Sie, wie wichtig der Lebenszyklus und der Status des Vordergrunds für die Audiowiedergabe sind und wie Sie Media-Style-Notifications erstellen.

Die beste Kamera ist die, die Sie greifbar haben, und für die meisten Menschen ist das ihre Smartphone-Kamera. Sie lernen, die Android-Kamera-APIs zum Fotografieren und Aufnehmen von Videos sowie zum Anzeigen des Live-Kamera-Feeds zu verwenden.

17.2 Wiedergabe von Audio und Video

Android 7.0 Nougat (API Level 24) unterstützt die folgenden Multimedia-Formate für die Wiedergabe als Teil des Frameworks (einige Geräte unterstützen auch die Wiedergabe zusätzlicher Dateiformate):

- Audio
  - AAC LC
  - HE-AACv1 (AAC+)
  - HE-AACv2 (Erweiterte AAC+)
  - AAC ELD (Enhanced Low Delay AAC)
  - AMR-NB
  - AMR-WB

- FLAC
- MP3
- MIDI
- Ogg Vorbis
- PCM/WAVE
- Opus
- Image oder Bild
  - JPEG
  - PNG
  - WEBP
  - GIF
  - BMP
- Video
  - H.263
  - H.264 AVC
  - H.265 HEVC
  - MPEG-4 SP
  - VP8
  - VP9

Die folgenden Netzwerkprotokolle werden für Streaming-Medien unterstützt:

- RTSP (RTP, SDP)
- Progressives HTTP/HTTPS-Streaming
- HTTP/HTTPS Live-Streaming (auf Geräten mit Android 3.0 oder höher)

> **Hinweis**
>
> Ausführliche Informationen zu den derzeit unterstützten Medienformaten und Empfehlungen zur Videokodierung und zum Audio-Streaming finden Sie auf der Seite »Supported Media Formats« auf der Android Developer-Dokumentationsseite:
>
> *developer.android.com/guide/topics/media/media-formats.html*.

17.2.1 Einführung in den Media-Player

Mit dem Media-Player können Sie Audio- und Video-Dateien wiedergeben, die in Anwendungsressourcen, lokalen Dateien, Content-Providern oder über eine Netzwerk-URL bereitgestellt werden. Die Klasse `MediaPlayer` ist als Teil des Android-Frameworks auf allen Geräten zur Unterstützung der Audio- und Videowiedergabe verfügbar.

> **Hinweis**
>
> Für Anwendungen, die Android 4.1 (API Level 16) oder höher unterstützen, ist die ExoPlayer-Bibliothek als Alternative zur Media-Player-API verfügbar. Details zur Verwendung des ExoPlayers werden später in diesem Kapitel beschrieben.

Die Verwaltung von Audio-/Video-Dateien und -Streams durch den Media-Player wird als Zustandsmaschine behandelt. Vereinfacht ausgedrückt lassen sich Übergänge durch die Zustandsmaschine wie folgt beschreiben:

1. Initialisieren Sie den Media-Player mit den abzuspielenden Medien.
2. Bereiten Sie den Media-Player für die Wiedergabe vor.
3. Starten Sie die Wiedergabe.
4. Halten Sie die Wiedergabe an oder stoppen Sie sie, bevor Sie sie beenden.
5. Die Wiedergabe ist abgeschlossen.

> **Hinweis**
>
> Eine detailliertere und ausführlichere Beschreibung des Media-Players finden Sie auf der Android-Entwicklerseite unter
>
> *developer.android.com/reference/android/media/MediaPlayer.html#StateDiagram*.

Um eine Medienressource abzuspielen, müssen Sie eine `MediaPlayer`-Instanz erstellen, diese mit einer Medienquelle initialisieren und für die Wiedergabe vorbereiten. Der `MediaPlayer` enthält eine Reihe von statischen `create`-Methoden, die alle drei Schritte kombinieren.

Alternativ können Sie die Methode `setDataSource` auf einer vorhandenen `MediaPlayer`-Instanz anwenden, wie in Listing 17.1 gezeigt. Diese Methode akzeptiert einen Dateipfad, eine Content-Provider-URI, einen Streaming-Media-URL-Pfad oder einen Datei-Deskriptor.

Da die Vorbereitung der Datenquelle mit potenziell teuren Operationen wie dem Abrufen von Daten über das Netzwerk und der Dekodierung des Datenstroms verbunden ist, sollten Sie die Methode `prepare` niemals auf dem Oberflächen-Thread aufrufen.

Setzen Sie stattdessen einen `MediaPlayer.OnPreparedListener` und verwenden Sie `prepareAsync`, um Ihre Benutzeroberfläche während der Vorbereitung auf die Medienwiedergabe ansprechbar zu halten.

```
MediaPlayer mediaPlayer = new MediaPlayer();
mediaPlayer.setDataSource("http://site.com/audio/mydopetunes.mp3");
mediaPlayer.setOnPreparedListener(myOnPreparedListener);
mediaPlayer.prepareAsync();
```
Listing 17.1 Wiedergabe mit dem MediaPlayer

Um Internet-Medien mit dem `MediaPlayer` zu streamen, muss Ihr Anwendungsmanifest die INTERNET-Berechtigung enthalten:

```
<uses-permission android:name="android.permission.INTERNET"/>
```

> **Warnung**
>
> Android unterstützt eine begrenzte Anzahl von gleichzeitigen `MediaPlayer`-Objekten, deren Nichtfreigabe zu Runtime-Exceptions führen kann, wenn das System keine `MediaPlayer`-Objekte mehr bietet. Wenn Sie die Wiedergabe beenden, rufen Sie die Freigabe Ihres `MediaPlayer`-Objekts auf, um die zugehörigen Ressourcen freizugeben:
>
> `mediaPlayer.release();`

Wenn ein Media-Player die Vorbereitung beendet hat, wird der Aufruf des Handlers `onPrepared` im zugehörigen `OnPreparedListener` ausgelöst, und Sie können die Methode `start` aufrufen, um die Wiedergabe des zugehörigen Mediums zu starten:

```
private MediaPlayer.OnPreparedListener myOnPreparedListener =
  new MediaPlayer.OnPreparedListener() {

  @Override
  public void onPrepared(MediaPlayer mp) {
    mp.start();
  }
};
```

Sobald die Wiedergabe begonnen hat, können Sie die Methoden `stop` und `pause` des `MediaPlayers` verwenden, um die Wiedergabe zu stoppen beziehungsweise anzuhalten.

Der `MediaPlayer` bietet auch die Methode `setDuration`, um die Länge des wiedergegebenen Mediums zu ermitteln und die Methode `getCurrentPosition`, um die Wiedergabeposition zu ermitteln. Verwenden Sie die Methode `seekTo`, um zu einer bestimmten Position im Medium zu springen.

17.2 | Audio, Video und Verwendung der Kamera

> **Hinweis**
>
> Der `MediaPlayer` ist ein relativ teuer zu erstellendes und zu wartendes Objekt, daher sollten Sie es vermeiden, mehrere Instanzen zu erstellen. Erwägen Sie die Verwendung der Klasse `SoundPool`, wenn Sie die Wiedergabe vieler Audio-Streams mit niedriger Latenz benötigen, wie es in einem Spiel mit Hintergrundmusik und mehreren Soundeffekten üblich wäre.

17.2.2 Verwenden des Media-Players für die Videowiedergabe

Die Schritte der Initialisierung, der Einstellung einer Wiedergabe-Quelle und der Vorbereitung zur Wiedergabe gelten sowohl für die Audio- als auch für die Videowiedergabe. Darüber hinaus erfordert die Videowiedergabe, dass Sie auch eine Oberfläche haben, auf der das Video angezeigt wird.

Dies geschieht in der Regel über ein `SurfaceView`-Objekt. Die Klasse `SurfaceView` ist ein Wrapper um einen `SurfaceHolder`, der wiederum ein Wrapper um das `Surface` ist, das dazu dient, visuelle Aktualisierungen von Hintergrund-Threads zu unterstützen.

> **Hinweis**
>
> Vor Android 7.0 (API Level 24) wurde jede `SurfaceView` in einem eigenen Fenster gerendert, getrennt vom Rest der Benutzeroberfläche. Im Gegensatz zu `View`-abgeleiteten Klassen konnte sie daher nicht verschoben, transformiert oder animiert werden. Als Alternative zu früheren Plattformversionen bietet die Klasse `TextureView` Unterstützung für diese Operationen, ist aber weniger stromsparend.

Um einen `SurfaceHolder` in Ihr Oberflächenlayout einzubinden, verwenden Sie die Klasse `SurfaceView`:

```xml
<?xml version="1.0" encoding="utf-8"?>
<LinearLayout
  xmlns:android="http://schemas.android.com/apk/res/android"
  android:layout_width="match_parent"
  android:layout_height="match_parent"
  android:orientation="vertical" >
  <SurfaceView
    android:id="@+id/surfaceView"
    android:layout_width="match_parent"
    android:layout_height="match_parent"
    android:layout_weight="30"
  />
```

```xml
<LinearLayout
  android:id="@+id/linearLayout1"
  android:layout_width="match_parent"
  android:layout_height="wrap_content"
  android:layout_weight="1">
  <Button
    android:id="@+id/buttonPlay"
    android:layout_width="wrap_content"
    android:layout_height="wrap_content"
    android:text="Play"
  />
  <Button
    android:id="@+id/buttonPause"
    android:layout_width="wrap_content"
    android:layout_height="wrap_content"
    android:text="Pause"
  />
  <Button
    android:id="@+id/buttonSkip"
    android:layout_width="wrap_content"
    android:layout_height="wrap_content"
    android:text="Skip"
  />
</LinearLayout>
</LinearLayout>
```

Verwenden Sie die Methode `setDisplay` des `MediaPlayers`, um ein `SurfaceHolder`-Objekt zuzuweisen, das Ihren Videoinhalt anzeigt.

Listing 17.2 zeigt den Rahmencode, der zur Initialisierung einer `SurfaceView` innerhalb Ihrer Activity verwendet wird, und weist ihn als Anzeigeziel für einen `MediaPlayer` zu.

```java
public class SurfaceViewVideoViewActivity extends Activity
  implements SurfaceHolder.Callback {

  static final String TAG = "VideoViewActivity";

  private MediaPlayer mediaPlayer;

  public void surfaceCreated(SurfaceHolder holder) {
    try {
      // Wenn das Surface erstellt ist, weise es als Display
      // zu und bereite eine Datenquelle vor.
      mediaPlayer.setDisplay(holder);
```

17.2 | Audio, Video und Verwendung der Kamera

```
      // Gebe Pfad, URL oder URI des Content Providers der
      // abzuspielenden Videoressource an.
      File file = new File(Environment.getExternalStorageDirectory(),
                           "sickbeatsvideo.mp4");
      mediaPlayer.setDataSource(file.getPath());

      mediaPlayer.prepare();
    } catch (IllegalArgumentException e) {
      Log.e(TAG, "Illegal Argument Exception", e);
    } catch (IllegalStateException e) {
      Log.e(TAG, "Illegal State Exception", e);
    } catch (SecurityException e) {
      Log.e(TAG, "Security Exception", e);
    } catch (IOException e) {
      Log.e(TAG, "IO Exception", e);
    }
  }

  public void surfaceDestroyed(SurfaceHolder holder) {
    mediaPlayer.release();
  }

  public void surfaceChanged(SurfaceHolder holder,
                             int format, int width, int height) { }

  @Override
  public void onCreate(Bundle savedInstanceState) {
    super.onCreate(savedInstanceState);

    setContentView(R.layout.surfaceviewvideoviewer);

    // Erzeuge einen Media-Player.
    mediaPlayer = new MediaPlayer();

    // Hole die Referenz auf die SurfaceView.
    final SurfaceView surfaceView =
      findViewById(R.id.surfaceView);

    // Konfiguriere die SurfaceView.
    surfaceView.setKeepScreenOn(true);

    // Konfiguriere den SurfaceHolder und registriere den Callback.
    SurfaceHolder holder = surfaceView.getHolder();
    holder.addCallback(this);
    holder.setFixedSize(400, 300);
```

```
    // Verbinde einen Play-Button.
    Button playButton = findViewById(R.id.buttonPlay);
    playButton.setOnClickListener(new OnClickListener() {
      public void onClick(View v) {
        mediaPlayer.start();
      }
    });

    // Verbinde einen Pause-Button.
    Button pauseButton = findViewById(R.id.buttonPause);
    pauseButton.setOnClickListener(new OnClickListener() {
      public void onClick(View v) {
        mediaPlayer.pause();
      }
    });

    // Füge einen Skip-Button hinzu.
    Button skipButton = findViewById(R.id.buttonSkip);
    skipButton.setOnClickListener(new OnClickListener() {
      public void onClick(View v) {
        mediaPlayer.seekTo(mediaPlayer.getDuration()/2);
      }
    });
  }
}
```

Listing 17.2 Initialisieren und Zuweisen einer SurfaceView zu einem Media-Player

SurfaceHolder werden asynchron erstellt, so dass Sie warten müssen, bis der Surface Created-Handler ausgelöst wurde, bevor Sie das zurückgegebene SurfaceHolder-Objekt dem MediaPlayer zuweisen, indem Sie das Interface SurfaceHolder.Callback implementieren.

Wie in Listing 17.2 gezeigt, wird setDataSource verwendet, um den Pfad, die URL oder die Content-Provider-URI einer abzuspielenden Videoressource anzugeben.

Nachdem Sie Ihre Medienquelle ausgewählt haben, rufen Sie die Methode prepare auf, um den MediaPlayer für die Wiedergabe zu initialisieren.

17.2.3 Verwendung von ExoPlayer für die Videowiedergabe

Für Anwendungen, die Android 4.1 (API Level 16) oder höher unterstützen, kann die Media-Player-API durch die ExoPlayer-Bibliothek ersetzt werden. ExoPlayer wurde von Google entwickelt, um ein konsistentes Erscheinungsbild, bessere Erweiterbarkeit und zusätzliche Formatunterstützung für die Medienwiedergabe auf allen Geräten mit Android 4.1 (API Level 16) oder höher zu bieten.

Die Exoplayer-Core-Bibliothek ist die einzige notwendige Dependency für die Integration des ExoPlayers in Ihre Anwendung; ExoPlayer bietet jedoch auch eine Reihe von Unterkomponenten, die zusätzliche Funktionalität bieten. Beispielsweise bietet die Exoplayer-UI-Bibliothek vorgefertigte Oberflächenkomponenten, die gängige Operationen einschließlich der Wiedergabesteuerung erheblich vereinfachen.

Um den ExoPlayer für die Videowiedergabe zu verwenden, müssen Sie die ExoPlayer-Core- und die UI-Bibliotheken als Dependencies zur *build.gradle*-Datei Ihres Anwendungsmoduls hinzufügen:

```
implementation "com.google.android.exoplayer:exoplayer-core:2.8.2"
implementation "com.google.android.exoplayer:exoplayer-ui:2.8.2"
```

Die ExoPlayer UI Bibliothek bietet eine `PlayerView`-Klasse, die sowohl die Playback-Oberfläche als auch die Playback-Steuerelemente einschließlich Wiedergabe, Pause, Schnellvorlauf, Rücklauf und eine Suchleiste zum Überspringen des Videos kapselt und die zu Ihrem Activity- oder Fragment-Layout hinzugefügt werden kann:

```xml
<?xml version="1.0" encoding="utf-8"?>
<FrameLayout
  xmlns:android="http://schemas.android.com/apk/res/android"
  android:layout_width="match_parent"
  android:layout_height="match_parent">
  <com.google.android.exoplayer2.ui.PlayerView
    android:id="@+id/player_view"
    android:layout_width="match_parent"
    android:layout_height="match_parent"
  />
</FrameLayout>
```

Listing 17.3 zeigt den Rahmencode, der zum Initialisieren einer `PlayerView` innerhalb Ihrer Activity und zum Starten der Videowiedergabe verwendet wird.

```java
public class SurfaceViewVideoViewActivity extends Activity {

  private PlayerView playerView;
  private SimpleExoPlayer player;

  @Override
  public void onCreate(Bundle savedInstanceState) {
    super.onCreate(savedInstanceState);
```

```java
    setContentView(R.layout.playerview);

    playerView = findViewById(R.id.player_view);
}

@Override
protected void onStart() {
    // Erzeuge einen ExoPlayer
    player = ExoPlayerFractory.newSimpleInstance(this,
        new DefaultTrackSelector());

    // Weise den ExoPlayer der PlayerView zu
    playerView.setPlayer(player);

    // Erzeuge eine DataSource.Factory, die HTTP-Content und
    // lokalen Content laden kann.
    DataSource.Factory dataSourceFactory = new DefaultDataSourceFactory(
        this,
        Util.getUserAgent(this, getString(R.string.app_name)));

    // Spezifiziere die zu abzuspielende URI
    File file = new File(Environment.getExternalStorageDirectory(),
                    "test2.mp4");
    ExtractorMediaSource mediaSource =
        new ExtractorMediaSource.Factory(dataSourceFactory)
        .createMediaSource(Uri.fromFile(file));

    // Lade die Media-Source
    player.prepare(mediaSource);

    // Starte die Wiedergabe automatisch nach Fertigstellung
    player.setPlayWhenReady(true);
}

@Override
protected void onStop() {
    playerView.setPlayer(null);
    player.release();
    player = null;
    super.onStop();
}
}
```

Listing 17.3 Abspielen eines Videos in der PlayerView

Mehr über den ExoPlayer erfahren Sie unter *github.com/google/ExoPlayer*.

17.2.4 Audio-Fokus anfordern und verwalten

Audio-Fokus ist die Umsetzung des Konzepts, dass immer nur eine App im Mittelpunkt des Hörens stehen kann. Dies können ein laufender Telefonanruf, ein abgespieltes Video oder vorübergehende Geräusche wie ein Benachrichtigungston oder eine Navigationsanweisung sein.

Die Soundausgabe ist ein inhärent gemeinsam genutzter Kanal. Da es schnell unverständlich wird, wenn in einem Raum mehrere Konversationen gleichzeitig geführt werden, ist es sinnvoll, dass es einen Audio-Fokus gibt, den man so regelt, dass nur einer spricht und dies von allen anderen respektiert wird.

Für Ihre App bedeutet das, dass Sie immer den Audio-Fokus anfordern, bevor Sie mit der Audiowiedergabe beginnen, den Audio-Fokus halten, bis die Wiedergabe beendet ist, und den Fokus freigeben, wenn eine andere Anwendung ihn anfordert.

Audio-Fokus anfordern

Um den Audio-Fokus vor Beginn der Wiedergabe anzufordern, verwenden Sie die Methode `requestAudioFocus` des `AudioManagers`. Bei der Anforderung des Audio-Fokus können Sie angeben, welchen Stream Sie benötigen (typischerweise `STREAM_MUSIC`) und wie lange Sie den Fokus benötigen – entweder kontinuierlich (etwa beim Abspielen von Musik) oder vorübergehend (etwa beim Bereitstellen von Navigationsanweisungen). Im letzteren Fall können Sie auch festlegen, ob Ihre vorübergehende Unterbrechung von der aktuell fokussierten Anwendung durch Verringerung der Lautstärke (»Ducking«) behandelt werden kann, bis Ihre Unterbrechung abgeschlossen ist.

Wenn Sie die Art des gewünschten Audio-Fokus festlegen, können andere Anwendungen besser auf den Verlust des Audio-Fokus reagieren, wie später in diesem Abschnitt beschrieben.

Listing 17.4 zeigt den Rahmencode für eine Activity, die einen laufenden Audio-Fokus für den Musik-Stream erfordert. Sie müssen auch ein `OnAudioFocusChangeListener`-Objekt angeben, mit dem Sie den Verlust des Audio-Fokus überwachen und entsprechend reagieren können (und das später in diesem Abschnitt näher beschrieben wird).

```
int result = am.requestAudioFocus(focusChangeListener,
            // Verwende den Music-Stream
            AudioManager.STREAM_MUSIC,
            // Erbitte kontinuierlichen Fokus
            AudioManager.AUDIOFOCUS_GAIN);
if (result == AudioManager.AUDIOFOCUS_REQUEST_GRANTED) {
  mediaPlayer.start();
}
```

Listing 17.4 Audio-Fokus anfordern

Wiedergabe von Audio und Video | 17.2

Es gibt Fälle – zum Beispiel wenn der Benutzer telefoniert – in denen eine Anforderung für den Audio-Fokus fehlschlägt. Daher sollten Sie die Wiedergabe nur dann starten, wenn Sie nach der Anforderung AUDIOFOCUS_REQUEST_GRANTED erhalten.

> **Hinweis**
>
> Ein Sonderfall sind die von Notifications erzeugten Töne. Android fordert automatisch einen temporären Audio-Fokus für Notification-Sounds an, die über setSound oder das DEFAULT_SOUND- oder DEFAULT_ALL-Flag für setDefaults hinzugefügt wurden. Es ist wichtig, diese Methoden für die Zuordnung von Audio zu Ihren Notifications zu verwenden, um sicherzustellen, dass Sie die »Nicht stören«-Einstellungen des Benutzers einhalten.

Auf Audio-Fokus-Änderungen reagieren

Der Audio-Fokus wird jeder Anwendung zugewiesen, die ihn anfordert. Das bedeutet, dass Ihre Anwendung den Audio-Fokus verliert, wenn eine andere Anwendung ihn anfordert.

Sie werden über den Verlust des Audio-Fokus durch die Handler-Methode onAudioFocusChange des AudioFocusChangeListeners informiert, den Sie bei der Anforderung des Audio-Fokus registriert haben, siehe Listing 17.5.

Der Parameter focusChange gibt die Art des Fokusverlusts an – entweder vorübergehend oder kontinuierlich – und ob das Ducking erlaubt ist.

Es ist ratsam, die Medienwiedergabe zu unterbrechen, wenn Sie den Audio-Fokus verlieren, oder, im Falle eines vorübergehenden Verlusts, der das Ducking unterstützt, die Lautstärke Ihres Audioausgangs zu verringern.

```
private OnAudioFocusChangeListener focusChangeListener =
  new OnAudioFocusChangeListener() {

  public void onAudioFocusChange(int focusChange) {
    AudioManager am =
      (AudioManager)getSystemService(Context.AUDIO_SERVICE);

    switch (focusChange) {
      case (AudioManager.AUDIOFOCUS_LOSS_TRANSIENT_CAN_DUCK) :
        // Dämpfe die Lautstärke während des Duckings.
        mediaPlayer.setVolume(0.2f, 0.2f);
        break;
```

```
            case (AudioManager.AUDIOFOCUS_LOSS_TRANSIENT) :
              mediaPlayer.pause();
              break;

            case (AudioManager.AUDIOFOCUS_LOSS) :
              mediaPlayer.stop();
              am.abandonAudioFocus(this);
              break;

            case (AudioManager.AUDIOFOCUS_GAIN) :
              // Setze die Lautstärke zurück und spiele weiter.
              mediaPlayer.setVolume(1f, 1f);
              mediaPlayer.start();
              break;

            default: break;
        }
    }
};
```

Listing 17.5 Reaktion auf den Verlust des Audio-Fokus

Im Falle eines vorübergehenden Fokusverlusts werden Sie benachrichtigt, wenn Sie den Fokus wiedererlangt haben, indem Sie ein `AudioManager.AUDIOFOCUS_GAIN`-Ereignis erhalten. Anschließend können Sie zur Wiedergabe Ihres Audios mit der vorherigen Lautstärke zurückkehren.

Für einen dauerhaften Fokusverlust sollten Sie die Wiedergabe stoppen und erst durch eine Benutzerinteraktion (beispielsweise durch Drücken der Wiedergabetaste in Ihrer Benutzeroberfläche) neu starten. Sie erhalten keine weiteren Callbacks an Ihren `OnAudioFocusChangeListener`, nachdem Sie den Audio-Fokus dauerhaft verloren haben.

Für Fälle, in denen Ihre Anwendung einen vorübergehenden Audio-Fokus anfordert, sollten Sie den `OnCompletionListener` des `MediaPlayers` verwenden, um zu erfahren, wann Ihr Audio fertig ist, damit Sie den Audio-Fokus rechtzeitig aufgeben können.

17.2.5 Anhalten der Wiedergabe bei Ausgangsänderungen

Wenn es sich bei dem aktuellen Ausgangsstrom um ein Headset handelt, bewirkt das Trennen der Anschlüsse automatisch eine Umschaltung auf die Lautsprecher des Geräts. Es wird empfohlen, die Audioausgabe unter diesen Umständen zu unterbrechen (oder zu reduzieren).

Erstellen Sie dazu einen Broadcast-Receiver, der den `AudioManager.ACTION_AUDIO_ BECOMING_NOISY`-Broadcast abhört und die Wiedergabe unterbricht:

```
private class NoisyAudioStreamReceiver extends BroadcastReceiver {
  @Override
  public void onReceive(Context context, Intent intent) {
    if (AudioManager.ACTION_AUDIO_BECOMING_NOISY.equals
      (intent.getAction())) {
      pauseAudioPlayback();
    }
  }
}
```

Da dieser Broadcast nur benötigt wird, wenn Ihre App aktiv Audio oder Video abspielt, ist es nicht angebracht, diesen Empfänger in Ihrem Manifest zu registrieren. Stattdessen sollten Sie eine Instanz Ihres `BroadcastReceivers` erstellen und diese programmgesteuert registrieren, wenn Sie die Wiedergabe starten (nach dem Empfang des Audio-Fokus) und die Registrierung aufheben, wenn Sie die Wiedergabe unterbrechen:

```
// Erzeuge den Receiver
NoisyAudioStreamReceiver mNoisyAudioStreamReceiver =
  new NoisyAudioStreamReceiver();

// Bei Wiedergabe
public void registerNoisyReceiver() {
  IntentFilter filter = new
    IntentFilter(AudioManager.ACTION_AUDIO_BECOMING_NOISY);
  registerReceiver(mNoisyAudioStreamReceiver, filter);
}

// Bei Pause
public void unregisterNoisyReceiver() {
  unregisterReceiver(mNoisyAudioStreamReceiver);
}
```

17.2.6 Auf die Lautstärkeregler reagieren

Um eine konsistente Benutzerführung zu gewährleisten, ist es wichtig, dass Ihre Anwendung das Drücken der Lautstärketasten richtig behandelt.

Standardmäßig wird mit den Lautstärketasten am Gerät oder an einem angeschlossenen Headset die Lautstärke des gerade wiedergegebenen Audio-Streams geändert.

Mit der Methode `setVolumeControlStream` der Activity – typischerweise innerhalb der `onCreate` Methode – können Sie festlegen, welcher Audiostream durch die Lautstärketasten gesteuert werden soll, während die aktuelle Activity aktiv ist:

```
@Override
public void onCreate(Bundle savedInstanceState) {
  super.onCreate(savedInstanceState);
  setContentView(R.layout.audioplayer);

  setVolumeControlStream(AudioManager.STREAM_MUSIC);
}
```

Sie können jeden der verfügbaren Audio-Streams angeben, aber wenn Sie den `MediaPlayer` verwenden, sollten Sie den `STREAM_MUSIC`-Stream angeben, um ihn zum Fokus der Lautstärketasten zu machen.

> **Warnung**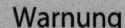
>
> Obwohl es auch möglich ist, Lautstärketasten direkt abzufragen, wird dies allgemein eher abgelehnt. Ein Benutzer kann die Lautstärke auf verschiedene Arten verändern, einschließlich der Hardwaretasten und der Software-Steuerung. Das manuelle Auslösen von Lautstärkeänderungen, die nur auf den Hardwaretasten basieren, kann dazu führen, dass Ihre Anwendung unerwartet reagiert und Ihre Benutzer frustriert. Frustrierte Benutzer verringern das Volumen Ihrer Anwendung, indem sie diese deinstallieren.

17.2.7 Mit einer Media-Session arbeiten

Die Media-Session-API bietet eine konsistente Schnittstelle für Ihre Anwendung, um Metadaten und Wiedergabesteuerungen für die von Ihrer Anwendung abgespielten Medien über alle dem System zur Verfügung stehenden Medienwiedergabemechanismen bereitzustellen.

Indem Sie eine Media-Session erstellen und auf die vom Benutzer ausgelösten Befehle reagieren, unterstützt Ihre Anwendung die Wiedergabe und Steuerung von angeschlossenen Geräten wie Bluetooth-fähigen Autos oder Headsets, WearOS und Android Auto. Alle diese können Metadaten über Ihre Medien abrufen und es dem Benutzer ermöglichen, die Wiedergabe zu steuern, ohne direkt mit seinem mobilen Gerät interagieren zu müssen, oder indem Sie Ihre App öffnen.

> **Hinweis**
>
> Einer der nützlichsten und gebräuchlichsten Clients für die Anzeige von Medienmetadaten und die Steuerung der Medienwiedergabe ist eine Notification. Wie Sie zu diesem Zweck benutzerdefinierte Notifications erstellen, erfahren Sie später in diesem Kapitel im Abschnitt über das Erstellen von Media-Style-Notifications.

Wiedergabesteuerung per Media-Session

Die Media-Session-API wird als Teil der Android Support Library bereitgestellt. Um eine Media-Session zu erstellen und zu initialisieren, erstellen Sie eine neue Instanz der `MediaSessionCompat`-Klasse aus der Methode `onCreate` Ihrer Activity heraus, indem Sie einen `Context` und einen `String` zur Protokollierung von Fehlermeldungen übergeben:

```
MediaSessionCompat mMediaSession = new MediaSessionCompat(context, LOG_TAG);
```

Um Mediensteuerelemente von Geräten wie Bluetooth-Headsets, WearOS und Android Auto zu erhalten, müssen Sie `setFlags` aufrufen und angeben, dass die `MediaSession` `MediaButtons` und Transportsteuerelemente verarbeiten soll:

```
mMediaSession.setFlags(
  MediaSessionCompat.FLAG_HANDLES_MEDIA_BUTTONS |
  MediaSessionCompat.FLAG_HANDLES_TRANSPORT_CONTROLS);
```

Der letzte Schritt ist das Erzeugen und Setzen einer Instanz der Klasse `MediaSessionCompat.Callback`. Die Callback-Methoden, die Sie innerhalb dieser Klasse implementieren, erhalten die `MediaButton`-Anfragen und ermöglichen es Ihnen, diese entsprechend zu beantworten:

```
mMediaSession.setCallback(new MediaSessionCompat.Callback() {
  @Override
  public void onPlay() {
    mediaPlayer.start();
  }

  @Override
  public void onPause() {
    mediaPlayer.pause();
  }

  @Override
  public void onSeekTo(long pos) {
    mediaPlayer.seekTo((int) pos);
  }
});
```

Um Callbacks zu erhalten, müssen Sie zunächst angeben, welche Aktionen Ihre `MediaSession` unterstützt. Sie können dies tun, indem Sie einen `PlaybackStateCompat` erstellen und ihn der Methode `setPlaybackState` übergeben:

17.2 | Audio, Video und Verwendung der Kamera

```
public void updatePlaybackState() {
  PlaybackStateCompat.Builder playbackStateBuilder =
    new PlaybackStateCompat.Builder();

  playbackStateBuilder
    // Verfügbare Aktionen
    .setActions(
      PlaybackStateCompat.ACTION_PLAY_PAUSE |
      PlaybackStateCompat.ACTION_PLAY |
      PlaybackStateCompat.ACTION_PAUSE |
      PlaybackStateCompat.ACTION_STOP |
      PlaybackStateCompat.ACTION_SEEK_TO)
    // Aktueller Wiedergabestatus
    .setState(
      PlaybackStateCompat.STATE_PLAYING,
      0,      // Spurposition in ms
      1.0f); // Wiedergabegeschwindigkeit
  mMediaSession.setPlaybackState(playbackStateBuilder.build());
}
```

> **Hinweis**
>
> Ein Wiedergabestatus hat zwei Komponenten: die von Ihnen unterstützten Aktionen und den aktuellen Status. Diese hängen zusammen, da in der Regel beide gleichzeitig geändert werden (beispielsweise Deaktivieren von ACTION_FAST_FORWARD bei STATE_BUFFERING).

Sie müssen den Wiedergabestatus Ihrer `MediaSession` immer dann aktualisieren, wenn sich der Status Ihres `MediaPlayers` ändert, um sicherzustellen, dass er synchron bleibt. Es wird zudem empfohlen, das `PlaybackStateCompat.Builder`-Objekt zu pflegen und nur inkrementelle Aktualisierungen durchzuführen, anstatt es jedes Mal neu zu erstellen.

Schließlich müssen Sie Ihre `MediaSession` aktivieren, indem Sie `setActive(true)` aufrufen, normalerweise nach dem Empfang des Audio-Fokus:

```
mMediaSession.setActive(true);
```

Rufen Sie entsprechend `setActive(false)` auf, nachdem Sie die Wiedergabe gestoppt und den Audio-Fokus aufgeben haben. Wenn Sie die Wiedergabe beendet haben, rufen Sie die Methode `release` über Ihr `MediaSession`-Objekt auf, um die zugehörigen Ressourcen freizugeben:

```
mMediaSession.release();
```

Metadaten über die Media-Session freigeben

Zusätzlich zur Steuerung der Wiedergabe können Sie die Media-Session-API verwenden, um mit der `setMetadata`-Methode Metadaten über die von Ihrer Anwendung wiedergegebenen Medien anzuzeigen, einschließlich Albumcover und Titelnamen und -dauer.

Verwenden Sie den `MediaMetadataCompat.Builder`, um das `MediaMetadataCompat`-Objekt zu erstellen, das die Metadaten für Ihre Medien enthält.

Verwenden Sie die Methode `putBitmap`, um über die Schlüssel `MediaMetadataCompat.METADATA_KEY_ART` oder `MediaMetadataCompat.METADATA_KEY_ALBUM_ART` eine zugehörige Bitmap anzugeben:

```
builder.putBitmap(MediaMetadataCompat.METADATA_KEY_ART, artworkthumbnail);
builder.putString(MediaMetadataCompat.METADATA_KEY_ART_URI,
                  fullSizeArtworkUri);
```

> **Warnung**
>
> Es entstehen erhebliche Kosten bei der Weitergabe von Bitmaps zwischen den Prozessen. Verwenden Sie unbedingt die Schlüssel METADATA_KEY_ART_URI und METADATA_KEY_ALBUM_ART_URI, um einem Bild in voller Größe eine weltweit lesbare URI hinzuzufügen, anstatt das Bild in voller Größe direkt einzubeziehen. Eine gute Faustregel ist, nur eine einzige Bitmap mit maximal 640x640 Pixeln einzubinden.

```
public void updateMetadata() {
  MediaMetadataCompat.Builder builder = new MediaMetadataCompat.Builder();

  builder.putString(MediaMetadataCompat.METADATA_KEY_ART_URI,
                    fullSizeArtworkUri);

  mMediaSession.setMetadata(builder.build());
```

Sie können auch die Titelnummer, die CD-Nummer, das Jahr der Aufnahme und die Dauer mit der Methode `putLong` mit den entsprechenden Konstanten `MediaMetadataCompat.METADATA_KEY_*` angeben:

```
builder.putLong(MediaMetadataCompat.METADATA_KEY_DURATION, duration);
```

Ebenso können Sie mit der `putString`-Methode den Albumnamen, den Albumkünstler, den Songtitel, den Autor, die Zusammenstellung, den Komponisten, das Veröffentlichungsdatum, das Genre und den Autor des aktuellen Mediums angeben:

```
builder.putString(MediaMetadataCompat.METADATA_KEY_ALBUM, album);
builder.putString(MediaMetadataCompat.METADATA_KEY_ARTIST, artist);
builder.putString(MediaMetadataCompat.METADATA_KEY_TITLE, title);
```

17.2 | Audio, Video und Verwendung der Kamera

> **Hinweis**
>
> Seit Android 5.0 (API Level 21) enthält das Framework eine MediaSession-Klasse. Es ist jedoch empfehlenswert, die MediaSessionCompat der Android Support Library zu verwenden, um ein konsistentes Verhalten über alle Plattformen hinweg zu gewährleisten und neue Funktionen und Bugfixes zu nutzen.

Anschluss der Media-Controls Ihrer Anwendung an die Media-Session mit dem Media-Controller

Die Verwendung der MediaSession-Callbacks zum Empfang der MediaButton-Anfragen, hilft Ihnen, wie bereits beschrieben, Ihren gesamten Media-Control-Code zu zentralisieren – und stellt sicher, dass das System konsistente Media-Controls über mehrere mögliche Schnittstellen (einschließlich Benachrichtigungen, WearOS und Android Auto) anzeigen kann.

Daher wird empfohlen, dass die Medienwiedergabesteuerung in Ihrer eigenen Benutzeroberfläche denselben Callback-Mechanismus wie andere Teile des Systems verwendet, so dass sie Befehle an die Media Session sendet, anstatt Ihren Media-Player direkt zu steuern.

Dies ist mit der Klasse MediaControllerCompat möglich. Erstellen Sie einen neuen Media-Controller mit der von Ihnen erstellten MediaSession:

```
// Nach Erstellung der Media Session
final MediaControllerCompat mediaController =
  new MediaControllerCompat(context, mMediaSession);
```

Schließen Sie dann die Media-Control-Buttons in Ihrer Benutzeroberfläche so an, dass sie beim Anklicken den MediaController verwenden, um Befehle an die MediaSession zu senden, anstatt die Medienwiedergabe direkt zu ändern:

```
// Verbinde einen Wiedergabe-Button
Button playButton = findViewById(R.id.buttonPlay);
playButton.setOnClickListener(new OnClickListener() {
  public void onClick(View v) {
    mediaController.getTransportControls().play();
  }
});

// Verbinde einen Pause-Button
Button pauseButton = findViewById(R.id.buttonPause);
```

```
pauseButton.setOnClickListener(new OnClickListener() {
  public void onClick(View v) {
    mediaController.getTransportControls().pause();
  }
});
```

17.3 Media-Router und Cast Application Framework

Die Media-Router-APIs bieten einen konsistenten Mechanismus, mit dem Ihre Benutzer die Videoanzeige und Audiowiedergabe drahtlos auf entfernte Geräte umleiten können. Dies ist am häufigsten als Google-Cast implementiert, eine Google Play-Services-API, die es Ihnen ermöglicht, Video oder Audio auf Google-Cast, Google-TV und Google Home-Geräte zu übertragen (casten).

Um Ihrer Anwendung Unterstützung für Google-Cast hinzuzufügen, müssen Sie die Dependencies für appcompat, Media Router und das Google Play-Services-Cast-Framework zu Ihrer App Module *build.gradle*-Datei hinzufügen:

```
dependencies {
  compile 'com.android.support:appcompat-v7:25.1.0'
  compile 'com.android.support:mediarouter-v7:25.1.0'
  compile 'com.google.android.gms:play-services-cast-framework:10.0.1'
}
```

Um einer Activity Cast-Funktionalität hinzuzufügen, erstellen Sie zunächst eine neue `OptionsProvider`-Implementierung, die die Google-Cast-Optionen definiert, und geben sie über ein `CastOptions`-Objekt aus dem `getCastOptions`-Handler zurück:

```
public class CastOptionsProvider implements OptionsProvider {
  @Override
  public CastOptions getCastOptions(Context context) {
    CastOptions castOptions = new CastOptions.Builder()
      .setReceiverApplicationId(CastMediaControlIntent
                       .DEFAULT_MEDIA_RECEIVER_APPLICATION_ID)
      .build();
    return castOptions;
  }

  @Override
  public List<SessionProvider> getAdditionalSessionProviders(Context context) {
    return null;
  }
}
```

17.3 | Audio, Video und Verwendung der Kamera

Nur die ID der Empfängeranwendung ist eine notwendige Option, da sie verwendet wird, um die Liste der verfügbaren Ziele zu filtern und die Empfängeranwendung auf dem ausgewählten Zielgerät zu starten, wenn eine Cast-Sitzung gestartet wird.

Das Ziel für die gerouteten Medien Ihrer Anwendung ist eine Cast-Receiver-Anwendung, eine HTML5/JavaScript-Anwendung, die auf einem Empfängergerät läuft, das die Benutzeroberfläche für die Anzeige des Inhalts Ihrer Anwendung und die Verarbeitung von Mediensteuerungsnachrichten bereitstellt.

Das Cast Application Framework enthält eine vorkonfigurierte Empfängeranwendung, die von Google bereitgestellt wird und mit `CastMediaControlIntent.DEFAULT_MEDIA_RECEIVER_APPLICATION_ID` als Anwendungs-ID verwendet werden kann.

Es ist auch möglich, einen eigenen Media-Receiver zu erstellen, obwohl das den Rahmen dieses Buches sprengt. Anweisungen zum Erstellen eines benutzerdefinierten Receivers finden Sie unter *developers.google.com/cast/docs/android_sender_setup*.

Sobald Ihr `OptionsProvider` definiert wurde, deklarieren Sie ihn in Ihrem Anwendungsmanifest mit einem Metadaten-Tag:

```
<meta-data
  android:name=
    "com.google.android.gms.cast.framework.OPTIONS_PROVIDER_CLASS_NAME"
  android:value="com.foo.CastOptionsProvider"
/>
```

Alle Interaktionen Ihrer Anwendung mit dem Cast Application Framework werden über das `CastContext`-Objekt koordiniert, auf das durch den Aufruf von `getSharedInstance` in der `CastContext`-Klasse zugegriffen wird – normalerweise innerhalb des `onCreate`-Handlers der Activity, von der aus Sie die Medien übertragen möchten:

```
CastContext mCastContext;

@Override
public void onCreate() {
  super.onCreate(savedInstanceState);
  setContentView(R.layout.activity_layout);

  mCastContext = CastContext.getSharedInstance(this);
}
```

Das Cast Application Framework stellt verschiedene Elemente der Benutzeroberfläche zur Verfügung, mit denen Sie eine Cast-Sitzung initiieren und ausführen können – einschließlich des Cast-Buttons und der Mini und Expanded Controller.

17.3 | Media-Router und Cast Application Framework

Der Cast-Button wird angezeigt, wenn Cast einen verfügbaren Receiver entdeckt, auf den Ihre Anwendung übertragen werden kann. Wenn der Benutzer auf die Cast-Button klickt, wird ein Dialogfeld angezeigt, in dem entweder alle verfügbaren Remote-Geräte oder die Metadaten, die mit dem aktuell besetzten Inhalt verknüpft sind, aufgelistet werden.

Der Cast-Button kann der App-Leiste Ihrer Aktivität als `MediaRouteActionProvider` hinzugefügt werden:

```xml
<menu xmlns:app="http://schemas.android.com/apk/res-auto"
    xmlns:android="http://schemas.android.com/apk/res/android">
  <item
    android:id="@+id/media_route_menu_item"
    android:title="@string/media_route_menu_title"
    app:actionProviderClass="android.support.v7.app.MediaRouteActionProvider"
    app:showAsAction="always" />
</menu>
```

Überschreiben Sie dann innerhalb der Fragmente oder Activities, aus denen Sie übertragen möchten, die Handler-Methode `onCreateOptionsMenu`, um den `MediaRouteButton` einzurichten:

```java
@Override public boolean onCreateOptionsMenu(Menu menu) {
  super.onCreateOptionsMenu(menu);
  getMenuInflater().inflate(R.menu.main, menu);
  CastButtonFactory.setUpMediaRouteButton(getApplicationContext(),
                          menu,
                          R.id.media_route_menu_item);
  return true;
}
```

Sie müssen dann einen `MediaRouteButton` zu Ihrem Activity-Layout hinzufügen:

```xml
<android.support.v7.app.MediaRouteButton
  android:id="@+id/media_route_button"
  android:layout_width="wrap_content"
  android:layout_height="wrap_content"
  android:layout_weight="1"
  android:mediaRouteTypes="user"
  android:visibility="gone"
/>
```

Verbinden Sie schließlich den `MediaRouteButton` mit dem Cast-Application-Framework innerhalb des `onCreate`-Handlers Ihrer Activity:

17.3 | Audio, Video und Verwendung der Kamera

```
CastContext mCastContext;
MediaRouteButton mMediaRouteButton;

@Override
protected void onCreate(Bundle savedInstanceState) {
  super.onCreate(savedInstanceState);
  setContentView(R.layout.activity_layout);

  mCastContext = CastContext.getSharedInstance(this);

  mMediaRouteButton = findViewById(R.id.media_route_button);
  CastButtonFactory.setUpMediaRouteButton(getApplicationContext(),
                                  mMediaRouteButton);
}
```

Sobald der Cast-Button zu Ihrer Activity hinzugefügt wurde, werden Sie eine `CastSession` verwenden, um das Medium (und die dazugehörigen Metadaten) anzugeben, das Ihre App übertragen wird.

Jede `CastSession` beginnt, wenn der Benutzer einen entfernten Empfänger aus dem Zielauswahldialog auswählt, und endet, wenn er den Cast (oder einen anderen Sender, der auf das gleiche Gerät überträgt) beendet.

Sitzungen werden vom `SessionManager` verwaltet; Sie können auf die aktuelle `CastSession` mit der Methode `getCurrentCastSession` im `CastContext` zugreifen, normalerweise innerhalb des `onResume`-Handlers Ihrer Activity.

```
CastContext mCastContext;
MediaRouteButton mMediaRouteButton;

CastSession mCastSession;
SessionManager mSessionManager;

@Override
protected void onCreate(Bundle savedInstanceState) {
  super.onCreate(savedInstanceState);
  setContentView(R.layout.activity_layout);

  mCastContext = CastContext.getSharedInstance(this);

  mMediaRouteButton = findViewById(R.id.media_route_button);
  CastButtonFactory.setUpMediaRouteButton(getApplicationContext(),
                                  mMediaRouteButton);

  mSessionManager = mCastContext.getSessionManager();
}
```

Media-Router und Cast Application Framework | 17.3

```
@Override
protected void onResume() {
  super.onResume();
  mCastSession = mSessionManager.getCurrentCastSession();
}

@Override
protected void onPause() {
  super.onPause();
  mCastSession = null;
}
```

Sie können auch einen `SessionManagerListener` an Ihre `SessionManager`-Instanz anhängen, um auf die Erstellung, Unterbrechung, Wiederaufnahme und Beendigung neuer `CastSessions` zu warten.

Nachdem der Benutzer eine `CastSession` eingerichtet hat, wird eine neue Instanz des `RemoteMediaClients` erstellt, auf die durch Aufruf von `getRemoteMediaClient` in der aktuellen `CastSession` zugegriffen werden kann.

Mit dem `RemoteMediaClient` können Sie den zu streamenden Inhalt und die Metadaten, die ihn beschreiben, über die Klasse `MediaMetadata` einstellen:

```
MediaMetadata movieMetadata =
  new MediaMetadata(MediaMetadata.MEDIA_TYPE_MOVIE);

movieMetadata.putString(MediaMetadata.KEY_TITLE, mCurrentMovie.getTitle());
movieMetadata.addImage(new WebImage(Uri.parse(mSelectedMedia.getImage(0))));
```

Definieren Sie die Medien, die auf dem Remote-Gerät abgespielt werden sollen, mit Hilfe des `MediaInfo.Builder`, indem Sie eine URL zum ausgewählten Inhalt, Details zum Format und Typ des Streams und die oben definierten Medienmetadaten angeben:

```
private void castMovie() {
  MediaInfo mediaInfo = new MediaInfo.Builder(mCurrentMovie.getUrl())
                     .setStreamType(MediaInfo.STREAM_TYPE_BUFFERED)
                     .setContentType("videos/mp4")
                     .setMetadata(movieMetadata)
                     .setStreamDuration(mCurrentMovie.getDuration()
                                  * 1000)
                     .build();

  RemoteMediaClient remoteMediaClient = mCastSession.getRemoteMediaClient();
  remoteMediaClient.load(mediaInfo, autoPlay, currentPosition);
}
```

Sie können dann die Medienwiedergabe auf dem Remote-Gerät über den `RemoteMediaClient` steuern.

Die Cast Design-Checkliste erfordert, dass Ihre Absenderanwendung einen Mini-Controller bereitstellt, der angezeigt wird, wenn der Benutzer von der primären Inhaltsseite wegnavigiert, und einen erweiterten Controller, der eine Vollbild-Benutzeroberfläche anzeigt, wenn der Benutzer auf die Medienbenachrichtigung oder den Mini-Controller klickt.

Der Mini-Controller ist als Fragment erhältlich, das am unteren Ende Ihrer Activities hinzugefügt werden kann:

```
<fragment
  android:id="@+id/castMiniController"
  android:layout_width="fill_parent"
  android:layout_height="wrap_content"
  android:layout_alignParentBottom="true"
  android:visibility="gone"
  class=
    "com.google.android.gms.cast.framework.media.widget.MiniControllerFragment"
/>
```

Der erweiterte Controller wird als abstrakte `ExpandedControllerActivity` zur Verfügung gestellt, welche Sie als Unterklasse zum Hinzufügen eines `CastButtons` verwenden müssen, wie unter *developers.google.com/cast/docs/android_sender_integrate#add_expanded_controller* beschrieben.

Detaillierte Anweisungen zum Anpassen der Controller und zur Integration der Cast-Steuerung über Benachrichtigungen finden Sie in der Google Cast SDK-Referenzdokumentation unter *developers.google.com/cast/docs/android_sender_setup*.

17.4 Audio-Wiedergabe im Hintergrund

Beim Abspielen von Videos ist die Wahrscheinlichkeit groß, dass Benutzer eine Activity im Vordergrund sehen. Die Audio-Wiedergabe erfolgt viel wahrscheinlicher, während Ihre App im Hintergrund läuft.

Um dies zu unterstützen, müssen Ihr `MediaPlayer` und Ihre `MediaSession` Teil eines Services sein, der weiterhin ausgeführt wird, wenn Ihre Activity nicht sichtbar ist (oder nicht einmal ausgeführt wird).

Android bietet die `MediaBrowserServiceCompat` und `MediaBrowserCompat` APIs, um die Trennung Ihres Audiowiedergabediensts von allen angeschlossenen Clients – einschließlich Ihrer Wiedergabe-Activity – zu vereinfachen.

Audio-Wiedergabe im Hintergrund | 17.4

> **Hinweis**
>
> Wie bei der Klasse `MediaSession` wurden auch bei Android 5.0 (API Level 21) eine `MediaBrowserService`- und eine `MediaBrowser`-Klasse eingeführt. Wir empfehlen jedoch die Verwendung von `MediaBrowserServiceCompat` und `MediaBrowserCompat` aus der Android Support Library und werden die Kompatibilitätsbibliotheksklassen in diesem Kapitel verwenden.

17.4.1 Aufbau eines Audiowiedergabe-Service

Listing 17.6 bietet die minimale Implementierung eines neuen Media Browser Services.

Sobald die `MediaSession` erstellt ist, verwenden Sie `setSessionToken`, um den `SessionToken` an unseren `MediaBrowserService` zu übergeben, und implementieren die beiden abstrakten Methoden `onGetRoot` und `onLoadChildren`.

Die Methoden `onGetRoot` und `onLoadChildren` unterstützen Android Auto und WearOS. Sie bieten eine Liste von Medienelementen, die der Benutzer aus den Benutzeroberflächen von Auto und Wear auswählen kann, um die Wiedergabe bestimmter Songs, Alben oder Künstler zu starten. Eine minimale Implementierung, wie im vorherigen Listing gezeigt, sollte ein Nicht-Null-Ergebnis von `onGetRoot` zurückgeben, da ein Null-Ergebnis dazu führt, dass Verbindungen fehlschlagen.

```java
public class MediaPlaybackService extends MediaBrowserServiceCompat {
  private static final String LOG_TAG = "MediaPlaybackService";

  private MediaSessionCompat mMediaSession;

  @Override
  public void onCreate() {
    super.onCreate();
    mMediaSession = new MediaSessionCompat(this, LOG_TAG);

    // Andere Initialisierungen wie setFlags, setCallback etc.

    setSessionToken(mMediaSession.getSessionToken());
  }

  @Override
  public BrowserRoot onGetRoot(@NonNull String clientPackageName,
                               int clientUid, Bundle rootHints) {
```

17.4 | Audio, Video und Verwendung der Kamera

```
    // Rückgabe null == keine Verbindung, also gebe etwas zurück
    return new BrowserRoot(
      getString(R.string.app_name), // Name sichtbar in Android Auto
      null);                         // Bundle optionaler Extras
  }

  @Override
  public void onLoadChildren(String parentId,
    Result<List<MediaBrowserCompat.MediaItem>> result) {

    // Soll der Benutzer Medieninhalte auf Android Auto oder Android Wear
    // durchsuchen dürfen, gebe diese Ergebnisse hier zurück.
    result.sendResult(new ArrayList<MediaBrowserServiceCompat.MediaItem>());
  }
}
```
Listing 17.6 Eine Implementierung des MediaBrowserServices

Beachten Sie, dass wir unsere `MediaSession` innerhalb der `onCreate`-Methode des Dienstes und nicht der Wiedergabe-Activity initialisieren. Dasselbe sollte für alle zuvor beschriebenen Medienwiedergabemechanismen getan werden, da wir die Kontrolle über die Medienwiedergabe auf diesen Service verlagern.

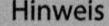

> **Hinweis**
>
> Weitere Informationen zur Implementierung der für die Unterstützung von Android Auto erforderlichen Browsing-APIs finden Sie unter *developer.android.com/training/auto/audio*.

Sobald Ihr `MediaBrowserService` erstellt wurde, müssen Sie ihn mit einem entsprechenden `android.media.browse.MediaBrowserService`-Intent-Filter zu Ihrem Manifest hinzufügen, um Ihre Activities und andere potenzielle Medienwiedergabe-Clients damit zu verbinden, siehe Listing 17.7.

```xml
<service android:name=".MediaPlaybackService"
         android:exported="true">
  <intent-filter>
    <action android:name="android.media.browse.MediaBrowserService" />
  </intent-filter>
</service>
```
Listing 17.7 Manifesteintrag für einen Media-Browser-Service

17.4.2 Eine Activity per MediaBrowser mit einem MediaBrowserDienst verbinden

Nachdem Sie Ihre `MediaSession` in einen `MediaBrowserService` verschoben haben, ist es wichtig, dass die Medienwiedergabe und -steuerung innerhalb Ihrer Activity synchron gehalten wird.

Während Ihre Activity keinen direkten Zugriff mehr auf den zugrunde liegenden `MediaPlayer` hat, kann sich Ihre Activity mit Ihrem `MediaBrowserService` verbinden und einen neuen Media-Controller über die MediaBrowserCompat-API erstellen, siehe Listing 17.8.

```java
private MediaBrowserCompat mMediaBrowser;
private MediaControllerCompat mMediaController;

@Override
protected void onCreate(Bundle savedInstanceState) {
  super.onCreate(savedInstanceState);
  setContentView(R.layout.main_activity);

  // Erzeuge die MediaBrowserCompat
  mMediaBrowser = new MediaBrowserCompat(
    this,
    new ComponentName(this, MediaPlaybackService.class),
    new MediaBrowserCompat.ConnectionCallback() {
      @Override
      public void onConnected() {
        try {
          // Konstruiere einen Media Controller aus einem Session-Token
          MediaSessionCompat.Token token = mMediaBrowser.getSessionToken();
          mMediaController = new MediaControllerCompat(
            MainActivity.this, token);
        } catch (RemoteException e) {
          Log.e(TAG, "Error creating controller", e);
        }
      }

      @Override
      public void onConnectionSuspended() {
        // Wir waren verbunden, sind es nun nicht mehr
      }
```

17.4 | Audio, Video und Verwendung der Kamera

```
      @Override
      public void onConnectionFailed() {
        // Verbindungsversuch scheiterte, prüfe ComponentName!
      }
    },
    null);
  mMediaBrowser.connect();
}

@Override
protected void onDestroy() {
  super.onDestroy();
  mMediaBrowser.disconnect();
}
```
Listing 17.8 Eine Verbindung zum Media-Browser-Dienst über die Activity herstellen

Innerhalb Ihrer Activity können Sie nun mit dem Media-Controller Medienbefehle wie Wiedergabe und Pause an die `MediaSession` senden, wie im vorherigen Abschnitt beschrieben. Die `MediaSession` sendet dann wiederum Ihre Befehle an den zugehörigen `MediaBrowserService`.

Der Media-Controller bietet außerdem APIs zum Abrufen der Medienmetadaten und des Wiedergabestatus aus der `MediaSession` mit den Methoden `getMetadata` beziehungsweise `getPlaybackState`.

Um sicherzustellen, dass Ihre Benutzeroberfläche mit Ihrem Service synchron bleibt, registrieren Sie einen `MediaControllerCompat.Callback` mit der Methode `register Callback` auf dem Media-Controller, wie in Listing 17.9 gezeigt. Dies stellt sicher, dass Sie einen Callback erhalten, wenn sich die Metadaten oder der Wiedergabestatus ändern, so dass Sie Ihre Benutzeroberfläche jederzeit auf dem neuesten Stand halten können.

```
@Override
public void onConnected() {
  try {
    // Wir erzeugen einen Media-Controller vom SessionToken
    MediaSessionCompat.Token token = mMediaBrowser.getSessionToken();
    mMediaController = new MediaControllerCompat(
      MainActivity.this, token);
    mMediaController.registerCallback(new MediaControllerCompat.Callback() {
      @Override
      public void onPlaybackStateChanged(PlaybackStateCompat state) {
        // Aktualisiere Oberfläche anhand der Wiedergabestatusänderung
      }
```

```
    @Override
    public void onMetadataChanged(MediaMetadataCompat metadata) {
      // Aktualisiere Oberfläche anhand der Media Metadata-Änderung
    }
  });

} catch (RemoteException e) {
  Log.e(TAG, "Error creating controller", e);
}
```

Listing 17.9 Synchronisierung der Benutzeroberfläche mit Wiedergabestatus und Metadatenänderungen

17.4.3 Lebenszyklus eines Media-Browser-Service

Wenn ein Media-Browser eine Verbindung zu Ihrem `MediaBrowserService` herstellt, bindet er sich an ihn und erstellt ihn bei Bedarf. So können Sie Ihre Medienwiedergabe vorbereiten und die Latenzzeit zwischen der Medienauswahl und der Wiedergabe minimieren. Beachten Sie jedoch, dass ein gebundener Dienst erst dann ausgeführt wird, wenn er gestartet wurde.

Da wir die Wiedergabesteuerung in unserer Activity von dem Medienwiedergabe-Service entkoppelt haben, wird der Service sich selbst starten und stoppen, basierend auf den Callbacks, die er von seiner `MediaSession` erhält und die ausgelöst werden, wenn die Activity-Oberfläche Wiedergabe-Befehle über den Media-Controller sendet.

In Listing 17.10 können Sie sehen, wie sich der `MediaBrowserService` nach dem Empfang eines Wiedergabe-Befehls, dem erfolgreichen Erreichen des Audio-Fokus und dem Beginn der Medienwiedergabe selbst startet.

Nach dem Start setzt Ihr Service die Wiedergabe fort, auch wenn die Wiedergabe-Activity geschlossen ist. Sobald der Service den Befehl zum Stoppen der Wiedergabe – von einer beliebigen Quelle – erhält, beendet er sich selbst mit `stopSelf`.

```
mMediaSession.setCallback(new MediaSessionCompat.Callback() {
  @Override
  public void onPlay() {
    AudioManager am = (AudioManager)getSystemService(Context.AUDIO_SERVICE);

    // Hole Audio-Focus für die Wiedergabe
    int result = am.requestAudioFocus(focusChangeListener,
                       AudioManager.STREAM_MUSIC,
                       AudioManager.AUDIOFOCUS_GAIN);
```

17.4 | Audio, Video und Verwendung der Kamera

```
    if (result == AudioManager.AUDIOFOCUS_REQUEST_GRANTED) {
      registerNoisyReceiver();
      mMediaSession.setActive(true);

      updateMetadata();
      updatePlaybackState();
      mediaPlayer.start();

      // Rufe startService, um den Service am Leben zu halten
      startService(new Intent(MediaPlaybackService.this,
                              MediaPlaybackService.class));
    }
  }

  @Override
  public void onStop() {
    AudioManager am = (AudioManager) getSystemService(Context.AUDIO_SERVICE);
    am.abandonAudioFocus();

    updatePlaybackState();
    mMediaSession.setActive(false);
    mediaPlayer.stop();

    // Rufe stopSelf, damit der Service zerstört werden kann, nun da
    // die Wiedergabe gestoppt ist.
    stopSelf();
  }
});
```

Listing 17.10 Wiedergabe auf einem MediaBrowserService starten

Wenn Ihre Wiedergabe-Activity vom Benutzer geschlossen wird, bevor die Medienwiedergabe gestartet wird, wird Ihr Service zerstört. Dadurch wird sichergestellt, dass Ihre App nicht unnötig Ressourcen im Hintergrund verbraucht, wenn gar keine Medien abgespielt werden.

17.4.4 Audio als Service im Vordergrund abspielen

Wie in Kapitel 11 über das Arbeiten im Hintergrund beschrieben, laufen Services standardmäßig im Hintergrund und können bei Bedarf beendet werden, um Ressourcen freizugeben. Unterbrechungen bei der Audiowiedergabe sind für den Benutzer sehr auffällig, daher ist es ratsam, Ihrem Service Priorität einzuräumen, wenn Sie mit der Medienwiedergabe beginnen, um die Möglichkeit einer Unterbrechung der Wiedergabe zu minimieren.

> **Hinweis**
>
> Services im Vordergrund erfordern, dass eine zugehörige Notification während der Ausführung sichtbar ist. Im folgenden Abschnitt über die Erstellung von Media-Style-Notifications erfahren Sie, wie Sie eine Notification für einen Media-Playback-Service erstellen.

Ihr Service sollte nur dann Vordergrundpriorität behalten, wenn er aktiv Audio abspielt, wie im folgenden Prozess beschrieben:

1. Rufen Sie `startForeground` (Übergeben Sie eine Media-Style-Notification) auf, wenn Sie mit der Medienwiedergabe beginnen.
2. Rufen Sie `stopForeground(false)` auf, wenn die Wiedergabe angehalten wird, um den Vordergrundstatus zu entfernen, aber die Notification beizubehalten.
3. Rufen Sie `stopForeground(true)` auf, wenn die Wiedergabe gestoppt ist, um den Vordergrundstatus zu entfernen und die Notification zu entfernen.

Dieser Ablauf ist in Listing 17.11 zu sehen, das Listing 17.10 so ändert, dass der gestartete Dienst als Vordergrund-Service eingestellt wird.

```java
mMediaSession.setCallback(new MediaSessionCompat.Callback() {
  @Override
  public void onPlay() {
    AudioManager am = (AudioManager)getSystemService(Context.AUDIO_SERVICE);

    // Hole Audio-Focus für die Wiedergabe
    int result = am.requestAudioFocus(focusChangeListener,
            AudioManager.STREAM_MUSIC,
            AudioManager.AUDIOFOCUS_GAIN);

    if (result == AudioManager.AUDIOFOCUS_REQUEST_GRANTED) {
      registerNoisyReceiver();
      mMediaSession.setActive(true);

      updateMetadata();
      updatePlaybackState();
      mediaPlayer.start();

      // Erzeuge Media Style Notification und starte Vordergrund-Service
      startForeground(NOTIFICATION_ID, buildMediaNotification());
    }
  }
}
```

17.4 Audio, Video und Verwendung der Kamera

```
@Override
public void onPause() {
  unregisterNoisyReceiver();
  updatePlaybackState();
  mediaPlayer.pause();

  // Stoppe den Vordergrund-Service, aber belasse die Notification
  stopForeground(false);
}

@Override
public void onStop() {
  AudioManager am = (AudioManager) getSystemService(Context.AUDIO_SERVICE);
  am.abandonAudioFocus();

  updatePlaybackState();
  mMediaSession.setActive(false);
  mediaPlayer.stop();

  // Stoppe den Vordergrund-Service und entferne die Notification
  stopForeground(true);

  // Rufe stopSelf, damit der Service zerstört werden kann, nun da
  // die Wiedergabe gestoppt ist.
  stopSelf();
  }
}
```
Listing 17.11 Vordergrund-Service für die Medienwiedergabe verwenden

17.4.5 Media-Style-Notifications erzeugen

Notifications sind einer der bequemsten und daher am häufigsten verwendeten Mechanismen zur Steuerung der Medienwiedergabe.

Wie in Kapitel 11 beschrieben, bietet Android eine Reihe von Vorlagen oder Styles für Benachrichtigungen – speziell mit dem `MediaStyle` zur Steuerung der Medienwiedergabe.

MediaStyle-Notifications betten die Steuerelemente für die Medienwiedergabe direkt in die Notification ein, so dass Benutzer die Medienwiedergabe sowohl in der komprimierten als auch in der erweiterten Form der Notification steuern können, wie in Abbildung 17.1 dargestellt.

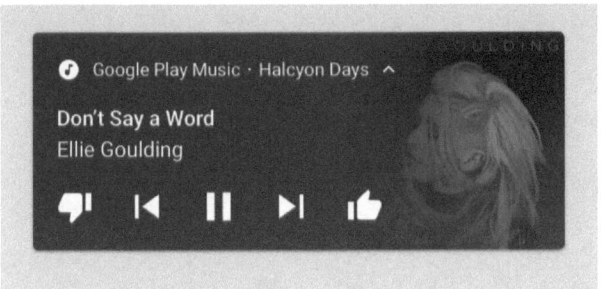

Abbildung 17.1 MediaStyle-Notification

Sie erstellen Ihre Notification mit dem `NotificationCompat.Builder`. Die primäre Quelle für die Erstellung Ihrer Notification sind die in Ihrer `MediaSession` verfügbaren Medienmetadaten; dies gewährleistet eine konsistente Darstellung der Medieninformationen über alle Mechanismen hinweg (einschließlich WearOS und Android Auto).

Verwenden Sie die Methode `getDescription`, um Titel, Untertitel, Beschreibung und Symbol aus den Medienmetadaten zu extrahieren und sie jeweils an die entsprechenden Set-Methoden im Notification-Builder zu übergeben.

Mit `setShowActionsInCompactView` können Sie festlegen, welche Wiedergabesteuerelemente (falls vorhanden) im komprimierten Modus erscheinen sollen.

Es ist wichtig, dass Sie auch den Token, der mit Ihrer `MediaSession` verbunden ist, an `setMediaSession` übergeben, da sonst Aktionen auf WearOS-Geräten nicht von Ihrer Anwendung empfangen werden.

Listing 17.12 zeigt die Erstellung einer typischen Media-Style-Notification.

```java
public Notification buildMediaNotification() {
  MediaControllerCompat controller = mMediaSession.getController();
  MediaMetadataCompat mediaMetadata = controller.getMetadata();
  MediaDescriptionCompat description = mediaMetadata.getDescription();

  NotificationCompat.Builder builder = new
                              NotificationCompat.Builder(context);

  // Beschreibungsmetadaten aus der Media-Session hinzufügen
  builder
    .setContentTitle(description.getTitle())
    .setContentText(description.getSubtitle())
    .setSubText(description.getDescription())
    .setLargeIcon(description.getIconBitmap())
    .setContentIntent(controller.getSessionActivity())
```

17.4 | Audio, Video und Verwendung der Kamera

```
      .setDeleteIntent(MediaButtonReceiver.buildMediaButtonPendingIntent(
        this, // Context
        PlaybackStateCompat.ACTION_STOP))
      .setVisibility(NotificationCompat.VISIBILITY_PUBLIC);

  // Branding aus Ihrer App hinzufügen
  builder
    .setSmallIcon(R.drawable.notification_icon)
    .setColor(ContextCompat.getColor(this, R.color.primary));

  // Aktionen hinzufügen
  builder
    .addAction(new NotificationCompat.Action(
      R.drawable.pause, getString(R.string.pause),
      MediaButtonReceiver.buildMediaButtonPendingIntent(
        this, PlaybackStateCompat.ACTION_PLAY_PAUSE)))
    .addAction(new NotificationCompat.Action(
      R.drawable.skip_to_next, getString(R.string.skip_to_next),
      MediaButtonReceiver.buildMediaButtonPendingIntent(
        this, PlaybackStateCompat.ACTION_SKIP_TO_NEXT)));

  // MediaStyle hinzufügen
  builder
    .setStyle(new NotificationCompat.MediaStyle()
    .setShowActionsInCompactView(0)
    .setMediaSession(mMediaSession.getSessionToken())

    // Diese beiden Zeilen sind nur bei minSdkVersion <API 21 notwendig
    .setShowCancelButton(true)
    .setCancelButtonIntent(MediaButtonReceiver.buildMediaButtonPendingIntent(
      this, PlaybackStateCompat.ACTION_STOP)));

  return builder.build();
}
```
Listing 17.12 Erstellen einer Media Style Notification

> **Hinweis**
>
> In den Android-Versionen vor Android 7.0 (API Level 24) wurde die mit `setColor` eingestellte Farbe als Hintergrundfarbe für die gesamte Notification verwendet. Stellen Sie sicher, dass der Text lesbar und die Farbe nicht zu hell ist; Ihre primäre dunkle Farbe ist in der Regel eine gute Wahl.

Wenn der Benutzer eine Notification oder eines der zugehörigen Steuerelemente auswählt, löst das `PendingIntents` aus, die von Ihrer Anwendung bearbeitet werden müssen. Dies kann mit dem `MediaButtonReceiver` aus der Android Support Library und der Methode `buildMediaButtonPendingIntent` geschehen.

Fügen Sie den `MediaButtonReceiver` zu Ihrem Manifest hinzu:

```
<receiver android:name="android.support.v4.media.session.MediaButtonReceiver">
  <intent-filter>
    <action android:name="android.intent.action.MEDIA_BUTTON" />
  </intent-filter>
</receiver>
```

Rufen Sie innerhalb Ihrer `MediaBrowserService`-Implementierung die Methode `handleIntent` des `MediaButtonReceivers` im `onStartCommand`-Handler auf:

```
@Override
public int onStartCommand(Intent intent, int flags, int startId) {
  MediaButtonReceiver.handleIntent(mMediaSession, intent);
  return super.onStartCommand(intent, flags, startId);
}
```

Mit dieser Technik werden Notification-Befehle in die `MediaSession` und den Media-Controller geleitet, so dass Sie sie so behandeln können, wie Sie sie in Ihrer Activity wiedergeben würden.

17.5 Audioaufnahmen mit dem Media Recorder

Die meisten Android-Geräte verfügen über ein Mikrofon und oft auch über mehrere Mikrofone, um einen Audioeingang zu gewährleisten (wichtig für den Einsatz von herkömmlichen Geräteanwendungen wie zum Beispiel Telefonieren). Das Mikrofon ist auch für Android-Anwendungen verfügbar, die über die `RECORD_AUDIO`-Berechtigung verfügen:

```
<uses-permission android:name="android.permission.RECORD_AUDIO"/>
```

> **Hinweis**
>
> Aus Datenschutzgründen wird die Berechtigung RECORD_AUDIO als gefährliche Berechtigung angesehen. Sie muss zur Laufzeit auf Geräten mit Android 6.0 (API Level 23) oder höher angefordert werden.

Mit der Klasse `MediaRecorder` können Sie Audiodateien aufnehmen, die in Ihren eigenen Anwendungen verwendet oder dem Media-Store hinzugefügt werden können.

17.5 | Audio, Video und Verwendung der Kamera

Mit dem `MediaRecorder` können Sie die Audioquelle, das Ausgabeformat und die Audio-Encoder festlegen, die bei der Aufnahme Ihrer Datei verwendet werden sollen.

Ähnlich wie der Media-Player verwaltet der Media-Recorder die Aufzeichnung als Zustandsmaschine. Das bedeutet, dass die Reihenfolge, in der Sie den Media-Recorder konfigurieren und verwalten, wichtig ist. Im einfachsten Fall lassen sich die Übergänge durch die Zustandsmaschine wie folgt beschreiben:

1. Erstellen Sie einen neuen `MediaRecorder`.
2. Geben Sie die Eingangsquellen an, von denen aufgezeichnet werden soll.
3. Geben Sie das Ausgabeformat und den Audio-Encoder an.
4. Wählen Sie eine Ausgabedatei aus.
5. Bereiten Sie den `MediaRecorder` für die Aufnahme vor.
6. Aufnehmen.
7. Beenden Sie die Aufnahme.

> **Hinweis**
>
> Eine ausführlichere und gründlichere Beschreibung des `MediaRecorder`-Zustandsautomaten finden Sie auf der Android-Entwicklerseite unter *developer.android.com/reference/android/media/MediaRecorder.html*.

Wenn Sie die Aufnahme Ihrer Medien beendet haben, rufen Sie `release` über Ihrem `MediaRecorder`-Objekt auf, um die zugehörigen Ressourcen freizugeben:

```
mediaRecorder.release();
```

Den Audio-Recorder konfigurieren

Wie im vorherigen Abschnitt beschrieben, müssen Sie vor der Aufnahme die Eingangsquelle angeben, das Ausgabeformat und den Audio-Encoder auswählen und eine Ausgabedatei zuweisen – und zwar in dieser Reihenfolge.

Mit der Methode `setAudioSource` können Sie eine statische Konstante `MediaRecorder.AudioSource` angeben, die die Audioquelle definiert. Für Audioaufnahmen ist dies fast immer `MediaRecorder.AudioSource.MIC`.

Nachdem Sie Ihre Eingangsquelle ausgewählt haben, müssen Sie das Ausgabeformat mit der Methode `setOutputFormat` mit einer Konstanten `MediaRecorder.OutputFormat` auswählen und die Methoden `setAudioEncoder` mit einer Audio-Encoder-Konstanten aus der Klasse `MediaRecorder.AudioEncoder` verwenden.

Audioaufnahmen mit dem Media Recorder | 17.5

Weisen Sie schließlich eine Datei zum Speichern der aufgezeichneten Medien mit der Methode `setOutputFile` zu, bevor Sie `prepare` aufrufen.

Listing 17.13 zeigt, wie Sie einen `MediaRecorder` so konfigurieren, dass er Audio vom Mikrofon aufnimmt und in eine Datei im externen Medienordner Ihrer Anwendung speichert (was ihn für andere Anwendungen verfügbar macht).

```
// Input-Quellen konfigurieren
mediaRecorder.setAudioSource(MediaRecorder.AudioSource.MIC);

// Ausgabeformat und Encoder festlegen
mediaRecorder.setOutputFormat(MediaRecorder.OutputFormat.THREE_GPP);
mediaRecorder.setAudioEncoder(MediaRecorder.AudioEncoder.AMR_NB);

// Ausgabedatei angeben
File mediaDir = getExternalMediaDirs()[0];
File outputFile = new File(getExternalMediaDirs()[0], "myaudiorecording.3gp");
mediaRecorder.setOutputFile(outputFile.getPath());

// Aufnahme vorbereiten
mediaRecorder.prepare();
```

Listing 17.13 Audioaufnahme mit dem Media Recorder vorbereiten

> **Warnung**
>
> Die Methode `setOutputFile` muss vor `prepare` und nach `setOutputFormat` aufgerufen werden, sonst wird eine `IllegalStateException` ausgelöst.

Kontrolle der Aufnahme

Nachdem Sie den Media Recorder konfiguriert und vorbereitet haben, können Sie jederzeit mit der Aufnahme beginnen, indem Sie die Startmethode aufrufen:

```
mediaRecorder.start();
```

Wenn Sie die Aufnahme beendet haben, rufen Sie `stop` auf, um die Wiedergabe zu beenden, gefolgt von `reset` und `release`, um die Ressourcen des Media Recorders freizugeben, siehe Listing 17.14.

```
mediaRecorder.stop();
mediaRecorder.reset();
mediaRecorder.release();
```

Listing 17.14 Beenden einer Audioaufnahme

Die resultierende Datei kann dann mit einem `MediaPlayer` abgespielt werden, wie zuvor in diesem Kapitel beschrieben.

17.6 Die Fotokamera

Da sich die Qualität und die Fähigkeiten der auf Android-Geräten verfügbaren Kamera-Hardware drastisch verbessern, kann die volle Nutzung dieser Hardware ein wichtiges Unterscheidungsmerkmal für Apps sein.

Die folgenden Abschnitte zeigen, wie Sie die Kamera konfigurieren, steuern und programmgesteuert in Ihren Anwendungen fotografieren können.

17.6.1 Mit Intents fotografieren

Der einfachste Weg, ein Bild aus Ihrer Anwendung heraus zu machen, ist, einen `Intent` mit der Aktion `MediaStore.ACTION_IMAGE_CAPTURE` zu starten:

```
startActivityForResult(
  new Intent(MediaStore.ACTION_IMAGE_CAPTURE), TAKE_PICTURE);
```

Dadurch wird eine Kamera-Anwendung zum Fotografieren gestartet. Diese bietet Ihren Benutzern die volle Funktionalität der Kamera, ohne dass Sie eine eigene Kamera-Anwendung schreiben müssen.

> **Hinweis**
>
> Dieser `Intent` ist nicht als Fallback gedacht, wenn der Benutzer die CAMERA-Berechtigung in Ihrer Anwendung verweigert. Benutzer, die eine Berechtigung ablehnen, signalisieren, dass sie nicht möchten, dass Ihre Anwendung diese Funktion verwendet, und Sie müssen das respektieren.

Sobald die Benutzer mit dem Bild zufrieden sind, wird das Ergebnis an Ihre Anwendung innerhalb des Intents zurückgegeben, das der `onActivityResult`-Handler erhält.

Standardmäßig wird das aufgenommene Bild als Thumbnail zurückgegeben, das als Roh-Bitmap innerhalb der Daten extra im zurückgegebenen Intent verfügbar ist.

Um ein vollständiges Bild zu erhalten, müssen Sie eine Ziel-URI angeben, in der es unter Verwendung der Datei `MediaStore.EXTRA_OUTPUT` in der Startabsicht gespeichert werden soll, wie in Listing 17.15 gezeigt.

```java
// Erzeuge eine Ausgabedatei
File outputFile = new File(
  context.getExternalFilesDir(Environment.DIRECTORY_PICTURES),
                        "test.jpg");
Uri outputUri = FileProvider.getUriForFile(context,
  BuildConfig.APPLICATION_ID + ".files", outputFile);

// Erzeuge den Intent
Intent intent = new Intent(MediaStore.ACTION_IMAGE_CAPTURE);
intent.putExtra(MediaStore.EXTRA_OUTPUT, outputUri);

// Starte die Kamera-App
startActivityForResult(intent, TAKE_PICTURE);
```
Listing 17.15 Ein Bild in voller Größe mit einem Intent anfordern

Das von der Kamera aufgenommene Bild in voller Größe wird dann an der angegebenen Stelle gespeichert. Es wird kein Thumbnail im Rückruf des Activity-Ergebnisses zurückgegeben, und die Daten des empfangenen Intents sind `null`.

Listing 17.16 zeigt, wie man `getParcelableExtra` verwendet, um ein Thumbnail zu extrahieren, wo eines zurückgegeben wird, oder um die gespeicherte Datei zu dekodieren, wenn ein Bild in voller Größe gespeichert wird.

```java
@Override
protected void onActivityResult(int requestCode,
                        int resultCode, Intent data) {
  if (requestCode == TAKE_PICTURE) {
    // Hat das Ergebnis ein Thumbnail?
    if (data != null) {
      if (data.hasExtra("data")) {
        Bitmap thumbnail = data.getParcelableExtra("data");
        imageView.setImageBitmap(thumbnail);
      }
    } else {
      // Gibt es kein Thumbnail, wird das Bild in der
      // Zielausgabe-URI gespeichert sein.

      // Vergrößere das Bild auf die Größe der Image View
      int width = imageView.getWidth();
      int height = imageView.getHeight();

      BitmapFactory.Options factoryOptions = new
        BitmapFactory.Options();
```

17.6 | Audio, Video und Verwendung der Kamera

```
            factoryOptions.inJustDecodeBounds = true;
            BitmapFactory.decodeFile(outputFile.getPath(),
                            factoryOptions);

            int imageWidth = factoryOptions.outWidth;
            int imageHeight = factoryOptions.outHeight;

            // Wie stark muss das Bild verkleinert werden?
            int scaleFactor = Math.min(imageWidth/width,
                            imageHeight/height);

            // Dekodiere die Bilddatei in eine Bitmap-Größe,
            // um die View zu füllen.
            factoryOptions.inJustDecodeBounds = false;
            factoryOptions.inSampleSize = scaleFactor;

            Bitmap bitmap =
              BitmapFactory.decodeFile(outputFile.getPath(),
                            factoryOptions);

            imageView.setImageBitmap(bitmap);
        }
      }
}
```
Listing 17.16 Bilder von einem Intent empfangen

Um Fotos, die Sie speichern, anderen Anwendungen zur Verfügung zu stellen, empfiehlt es sich, sie dem Medienspeicher hinzuzufügen – wie im entsprechenden Abschnitt beschrieben.

17.6.2 Direkte Steuerung der Kamera

Um direkt auf die Kamera-Hardware zugreifen zu können, müssen Sie die Berechtigung CAMERA zu Ihrem Anwendungsmanifest hinzufügen:

```
<uses-permission android:name="android.permission.CAMERA"/>
```

Hinweis
Aus Datenschutzgründen gilt die CAMERA-Berechtigung als gefährliche Berechtigung und muss daher zur Laufzeit auf Android 6.0 (API Level 23) und höheren Geräten angefordert werden.

Mit dem `CameraManager` können Sie alle angeschlossenen Kameras auflisten, deren Eigenschaften abfragen und ein oder mehrere Kamerageräte öffnen:

```
CameraManager cameraManager =
  (CameraManager) getSystemService(Context.CAMERA_SERVICE);
```

Sie können die Liste der Bezeichner für die aktuell angeschlossenen Kamerageräte mit `getCameraIdList` abrufen:

```
String[] cameraIds = cameraManager.getCameraIdList();
```

Android 5.0 (API Level 21) führte die Camera2-API ein, die die jetzt als deprecated geltende Camera API ablöste. Für den Rest dieses Kapitels werden wir uns auf die Funktionen der Camera2-API konzentrieren, so dass der erforderliche API-Level für die Verwendung dieser Features 21 ist.

Eigenschaften der Kamera

Jede Kamera hat eine Reihe von unveränderlichen Eigenschaften, die als Eigenschaften des Geräts bezeichnet werden. Diese Merkmale werden über die Klasse `CameraCharacteristics` gespeichert, auf die über den Aufruf der Methode `getCameraCharacteristics` des `CameraManagers` und die Übergabe der Kamera-Bezeichner zugegriffen werden kann:

```
CameraCharacteristics characteristics =
  cameraManager.getCameraCharacteristics(cameraId);
```

Die `CameraCharacteristics` enthalten die Eigenschaften der Kamera, einschließlich der Richtung des Objektivs, der automatischen Belichtungsmodi, der Autofokus-Modi, der Brennweiten, der Rauschunterdrückungsmodi und des ISO-Empfindlichkeitsbereichs.

Verwenden Sie die Eigenschaft `LENS_FACING`, um festzustellen, ob eine bestimmte Kamera nach hinten, vorne oder außerhalb des Geräts gerichtet ist, siehe Liste 17-17.

```
int facing = characteristics.get(CameraCharacteristics.LENS_FACING);
if (facing == CameraCharacteristics.LENS_FACING_BACK) {
  // Back-Kamera
} else if (facing == CameraCharacteristics.LENS_FACING_FRONT) {
  // Front-Kamera
} else {
  // extern: cameraCameraCharacteristics.LENS_FACING_EXTERNAL
}
```

Listing 17.17 Bestimmung der Richtung einer Kamera

17.6 | Audio, Video und Verwendung der Kamera

Diese Informationen sind sehr nützlich, um die richtige Kamera auszuwählen und die aufgenommenen Bilder nach Bedarf zu drehen (beispielsweise wird die nach vorne gerichtete Kamera gespiegelt).

Weitere Merkmale der Kamera sind:

- `SCALER_STREAM_CONFIGURATION_MAP`: Gibt eine `StreamConfigurationMap` zurück, die die von dieser Kamera unterstützten Ausgabeformate und -größen speichert, mit denen Sie die entsprechende Vorschaugröße und Bildaufnahmegröße einstellen können.

- `CONTROL_AF_AVAILABLE_MODES`: Gibt die verfügbaren Autofokus-Modi zurück, wobei `CONTROL_AF_MODE_OFF` nicht verfügbar ist und `CONTROL_AF_MODE_CONTINUOUS_PICTURE` und `CONTROL_AF_MODE_CONTINUOUS_VIDEO` für Bild- beziehungsweise Videoaufnahmen geeignet wären.

- `SENSOR_ORIENTATION`: Gibt die Ausrichtung des Sensors zurück, in der das Ausgangsbild gedreht werden muss, um auf dem Bildschirm des Geräts in seiner ursprünglichen Ausrichtung aufrecht zu stehen. Dies wird immer ein Vielfaches von 90 sein.

Die vollständige Liste der Kameraeigenschaften finden Sie in der Android-Entwicklerdokumentation:

developer.android.com/reference/android/hardware/camera2/CameraCharacteristics.html.

Verbindung zu einer Kamera herstellen

Um ein Bild aufzunehmen, müssen Sie eine Verbindung zu der Kamera herstellen, die Sie verwenden möchten. Sobald Sie eine zu verwendende Kamera identifiziert haben, öffnen Sie eine Verbindung mit der Methode `openCamera` von `CameraManager`, siehe Listing 17.18.

Das Öffnen einer Kamera ist ein asynchroner Vorgang, daher nimmt `openCamera` zusätzlich zur `CameraId`, die der zu öffnenden Kamera zugeordnet ist, auch einen `CameraDevice.StateCallback` vor.

Der Callback `onOpened` wird zurückgegeben, wenn die Verbindung geöffnet ist. Sie haben nun Zugriff auf ein einsatzbereites `CameraDevice`. Stellen Sie sicher, dass Sie `onError` und `onDisconnected` überschreiben, um Fehlerfälle richtig zu behandeln.

```
CameraDevice.StateCallback cameraDeviceCallback =
  new CameraDevice.StateCallback() {

  @Override
  public void onOpened(@NonNull CameraDevice camera) {
    mCamera = camera;
  }
```

```
    @Override
    public void onDisconnected(@NonNull CameraDevice camera) {
      camera.close();
      mCamera = null;
    }

    @Override
    public void onError(@NonNull CameraDevice camera, int error) {
      // Etwas ging schief! Melde es dem Benutzer.
      camera.close();
      mCamera = null;
      Log.e(TAG, "Camera Error: " + error);
    }
};

try {
    cameraManager.openCamera(cameraId, cameraDeviceCallback, null);
} catch (Exception e) {
    Log.e(TAG, "Unable to open the camera", e);
}
```
Listing 17.18 Öffnen einer Kamera

Kameraaufnahmeanfragen und die Kameravorschau

Sobald Sie eine offene Verbindung zu einem `CameraDevice` haben, können Sie Bilddaten anfordern, indem Sie eine `CameraCaptureSession` erstellen.

Die Android Camera2-API bietet eine Reihe von verschiedenen Session-Typen und Konfigurationen, einschließlich High-Speed (120fps)-Videoaufzeichnung, aber der gebräuchlichste Session-Typ kann mit der `createCaptureSession`-Methode erstellt werden.

Das Erstellen einer Sitzung ist ein teurer Vorgang, der oft Hunderte von Millisekunden dauert, da die Kamera-Hardware eingeschaltet und so konfiguriert wird, dass sie die Liste der Oberflächenobjekte verarbeitet, die die Kameraausgabe empfangen. Sie müssen sicherstellen, dass jede Fläche auf die entsprechende Größe eingestellt ist (mit den Werten aus dem Merkmal `SCALER_STREAM_CONFIGURATION_MAP`), bevor Sie Ihre Sitzung erstellen.

Sie sollten mindestens eine Vorschau dessen anzeigen, was von der Kamera aufgenommen wird, damit die Benutzer ihre Fotos zusammenstellen können. Die Kamera-Vorschau wird in der Regel auf einer `SurfaceView` innerhalb Ihrer Oberflächenhierarchie angezeigt.

17.6 | Audio, Video und Verwendung der Kamera

> **Hinweis**
>
> Vor Android 7.0 (API Level 24) wurde jede `SurfaceView` in einem eigenen Fenster gerendert, getrennt vom Rest der Benutzeroberfläche. Im Gegensatz zu `View`-abgeleiteten Klassen konnte sie daher nicht verschoben, transformiert oder animiert werden. Als Alternative zu früheren Plattformversionen bietet die Klasse `TextureView` Unterstützung für diese Operationen, ist aber weniger akkueffizient.

Um eine Vorschau anzuzeigen, müssen Sie einen `SurfaceHolder.Callback` implementieren, der auf die Konstruktion einer gültigen Fläche wartet (und seine Größe idealerweise mit `setFixedSize` einstellt):

```
SurfaceHolder.Callback surfaceHolderCallback = new SurfaceHolder.Callback() {
  @Override
  public void surfaceCreated(SurfaceHolder holder) {
    startCameraCaptureSession();
  }

  @Override
  public void surfaceDestroyed(SurfaceHolder holder) {}

  @Override
  public void surfaceChanged(SurfaceHolder holder, int format,
                             int width, int height) {}
};

mHolder.addCallback(surfaceHolderCallback);
mHolder.setFixedSize(400, 300);

try {
  cameraManager.openCamera(cameraId, cameraDeviceCallback, null);
} catch (Exception e) {
  Log.e(TAG, "Unable to open the camera", e);
}
```

Sobald Ihre Sitzung konfiguriert ist und Sie einen Callback auf `onConfigured` erhalten, können Sie mit der Anzeige der Daten fortfahren, indem Sie einen `CaptureRequest` an `setRepeatingRequest` übergeben, der anzeigt, dass Sie wiederholt neue Frames aufnehmen möchten.

Mit der Methode `createCaptureRequest` des `CameraDevice` können Sie einen `CaptureRequest.Builder` basierend auf einer Reihe von vordefinierten Vorlagen abrufen. Für eine Anzeigevorschau verwenden Sie `CameraDevice.TEMPLATE_PREVIEW` und `addTarget` mit dem gleichen `Surface`, mit dem Sie Ihre Sitzung erstellt haben:

```
CameraCaptureSession mCaptureSession;
CaptureRequest mPreviewCaptureRequest;

private void startCameraCaptureSession() {
  // Surface und Kamera müssen bereit sein
  if (mCamera == null || mHolder.isCreating()) {
    return;
  }

  Surface previewSurface = mHolder.getSurface();

  // Erzeuge den Vorschau-CaptureRequest.Builder
  mPreviewCaptureRequest = mCamera.createCaptureRequest(
    CameraDevice.TEMPLATE_PREVIEW);
  mPreviewCaptureRequest.setTarget(surface);

  CameraCaptureSession.StateCallback captureSessionCallback
    = new CameraCaptureSession.StateCallback() {

    @Override
    public void onConfigured(@NonNull CameraCaptureSession session) {
      mCaptureSession = session;
      try {
        mCaptureSession.setRepeatingRequest(
          mPreviewCaptureRequest.build(),
          null,  // optionaler CaptureCallback
          null); // optionaler Handler
      } catch (CameraAccessException | IllegalStateException e) {
        Log.e(TAG, "Capture Session Exception", e);
        // Behandle Fehler
      }
    }
  };

  try {
    mCamera.createCaptureSession(Arrays.asList(previewSurface),
      captureSessionCallback,
      null); // optionaler Handler
  } catch (CameraAccessException e) {
    Log.e(TAG, "Camera Access Exception", e);
  }
}
```

17.6 | Audio, Video und Verwendung der Kamera

Während das Template `CaptureRequest.Builder` eine Reihe von Standardeinstellungen bietet, können Sie hier auch den Autofokus-Modus (`CaptureRequest.CONTROL_AF_MODE`) oder den Flash-Modus (`CaptureRequest.CONTROL_AE_MODE_ON` und `CaptureRequest.FLASH_MODE`) einstellen, wobei Sie sicherstellen, dass nur die von den `CameraCharacteristics` zurückgegebenen Werte verwendet werden. Beachten Sie, dass Sie `setRepeatingRequest` erneut aufrufen müssen, nachdem Sie die `CaptureRequest`-Werte geändert haben.

Fotografieren

Benutzer erwarten bei jeder Kameraanwendung auch eine Kameravorschau. Das reicht aber normalerweise nicht aus. Wenn Sie im nächsten Schritt ein Foto machen möchten, müssen Sie beim Erstellen Ihrer `CaptureSession` ein zusätzliches `Surface` einfügen.

Dieses `Surface` kann mit Hilfe des `ImageReaders` erstellt werden, der ein `Surface` zur Verfügung stellt, das mit einem `CameraDevice.TEMPLATE_STILL_CAPTURE`-`CaptureRequest` und der Methode `capture` verwendet werden kann, die die von der Kamera erfassten Rohdaten zurückgibt.

Listing 17.19 zeigt den Rahmencode für die Aufnahme und Speicherung des JPEG-Bildes auf einem externen Speicher.

```java
private ImageReader mImageReader;
private ImageReader.onImageAvailableListener mOnImageAvailableListener;

@Override
public void onCreate(Bundle savedInstanceState) {
  super.onCreate(savedInstanceState);

  SurfaceHolder.Callback surfaceHolderCallback = new SurfaceHolder.Callback() {
    @Override
    public void surfaceCreated(SurfaceHolder holder) {
      startCameraCaptureSession();
    }

    @Override
    public void surfaceDestroyed(SurfaceHolder holder) {}

    @Override
    public void surfaceChanged(SurfaceHolder holder, int format,
                               int width, int height) {}
  };
```

Die Fotokamera | 17.6

```
    mHolder.addCallback(surfaceHolderCallback);
    mHolder.setFixedSize(400, 300);

    int largestWidth = 400;   // Lese von Characteristics
    int largestHeight = 300;  // Lese von Characteristics

    mOnImageAvailableListener
        = new ImageReader.OnImageAvailableListener() {
      @Override
      public void onImageAvailable(ImageReader reader) {
        try (Image image = reader.acquireNextImage()) {
          Image.Plane[] planes = image.getPlanes();
          if (planes.length > 0) {
            ByteBuffer buffer = planes[0].getBuffer();
            byte[] data = new byte[buffer.remaining()];
            buffer.get(data);
            saveImage(data);
          }
        }
      }
    };
    mImageReader = ImageReader.newInstance(largestWidth, largestHeight,
      ImageFormat.JPEG,
      2); // Die maximale Anzahl der zurückgegebenen Bilder
    mImageReader.setOnImageAvailableListener(mOnImageAvailableListener,
      null); // optionaler Handler

    try {
      cameraManager.openCamera(cameraId, cameraDeviceCallback, null);
    } catch (Exception e) {
      Log.e(TAG, "Unable to open the camera", e);
    }
  }

  private void takePicture() {
    try {
      CaptureRequest.Builder takePictureBuilder = mCamera.createCaptureRequest(
        CameraDevice.TEMPLATE_STILL_CAPTURE);
      takePictureBuilder.addTarget(mImageReader.getSurface());
      mCaptureSession.capture(takePictureBuilder.build(),
        null, // CaptureCallback
```

17.6 | Audio, Video und Verwendung der Kamera

```
      null); // optionaler Handler
  } catch (CameraAccessException e) {
    Log.e(TAG, "Error capturing the photo", e);
  }
}

private void saveImage(byte[] data) {
  // Sichere die JPEG Bilddaten auf dem externen Speicher
  FileOutputStream outStream = null;
  try {
    File outputFile = new File(
        getExternalFilesDir(Environment.DIRECTORY_PICTURES), "test.jpg");
    outStream = new FileOutputStream(outputFile);
    outStream.write(data);
    outStream.close();
  } catch (FileNotFoundException e) {
    Log.e(TAG, "File Not Found", e);
  } catch (IOException e) {
    Log.e(TAG, "IO Exception", e);
  }
}
```
Listing 17.19 Fotografieren

17.6.3 JPEG EXIF-Bilddetails lesen und schreiben

Die Klasse `ExifInterface` bietet Mechanismen zum Lesen und Ändern der in einer JPEG-Datei gespeicherten Metadaten des Exchangeable Image File Format (EXIF). Erstellen Sie eine neue Instanz von `ExifInterface`, indem Sie den vollständigen Dateinamen des Ziel-JPEGs an den Konstruktor übergeben:

```
ExifInterface exif = new ExifInterface(jpegfilename);
```

EXIF-Daten werden verwendet, um eine Vielzahl von Metadaten auf Fotos zu speichern, einschließlich Datum und Uhrzeit, Kameraeinstellungen (etwa Marke und Modell) und Bildeinstellungen (etwa Blende und Verschlusszeit) sowie Bildbeschreibungen und -orte.

Um ein EXIF-Attribut zu lesen, rufen Sie `getAttribute` über das `ExifInterface`-Objekt auf und übergeben den Namen des zu lesenden Attributs. Die `Exifinterface`-Klasse enthält eine Reihe von statischen `TAG_`-Konstanten, mit denen auf gängige EXIF-Metadaten zugegriffen werden kann. Um ein EXIF-Attribut zu ändern, verwenden Sie `setAttribute`, indem Sie den Namen des zu lesenden Attributs und den Wert, auf den es gesetzt werden soll, übergeben.

Listing 17.20 zeigt, wie man das Kameramodell aus einer auf dem externen Speicher gespeicherten Datei liest, bevor man die Angaben des Kameraherstellers ändert.

```
File file = new File(getExternalFilesDir(Environment.DIRECTORY_PICTURES),
    "test.jpg");

try {
  ExifInterface exif = new ExifInterface(file.getCanonicalPath());
  // Kameramodell lesen
  String model = exif.getAttribute(ExifInterface.TAG_MODEL);
  Log.d(TAG, "Model: " + model);
  // Kamerahersteller schreiben
  exif.setAttribute(ExifInterface.TAG_MAKE, "My Phone");
  // Sichern der geänderten Tags
  exif.saveAttributes();
} catch (IOException e) {
  Log.e(TAG, "IO Exception", e);
}
```
Listing 17.20 EXIF-Daten lesen und ändern

17.7 Videos aufnehmen

Android bietet zwei Möglichkeiten der Videoaufzeichnung innerhalb einer Anwendung.

Die einfachste Technik besteht darin, die Videokamera-Anwendung mit einem Intent zu starten. Mit dieser Option können Sie den Ausgabeplatz und die Videoaufzeichnungsqualität festlegen, während eine andere Videoaufzeichnungsanwendung die Benutzerführung und Fehlerbehandlung übernimmt. Dies ist der optimale Ansatz und sollte in den meisten Fällen verwendet werden, es sei denn, Sie bauen Ihren eigenen Videorekorder-Ersatz.

In Fällen, in denen Sie die Standard-Videokamera-Anwendung ersetzen möchten oder einfach eine feinere Kontrolle über die Benutzeroberfläche oder die Aufnahmeeinstellungen benötigen, können Sie die Klasse `MediaRecorder` verwenden.

17.7.1 Videoaufnamen per Intent

Der einfachste und beste Weg, eine Videoaufzeichnung zu starten, ist der `MediaStore.ACTION_VIDEO_CAPTURE`-Action-Intent.

17.7 | Audio, Video und Verwendung der Kamera

Das Starten einer neuen Activity mit diesem Intent startet eine Videorekoderanwendung, die es Benutzern ermöglicht, ihr Video abzuspielen, zu stoppen, zu überprüfen und erneut aufzunehmen. Wenn sie zufrieden sind, wird Ihrer Activity eine URI für das aufgezeichnete Video als Datenparameter des zurückgegebenen Intents zur Verfügung gestellt.

Ein Video-Capture-Action-Intent kann die folgenden drei optionalen Extras enthalten:

- `MediaStore.EXTRA_OUTPUT`: Standardmäßig wird das durch die Videoaufzeichnung aufgezeichnete Video im Standard-Medienspeicher gespeichert. Wenn Sie es an anderer Stelle ablegen möchten, können Sie mit diesem Zusatz eine alternative URI angeben.
- `MediaStore.EXTRA_VIDEO_QUALITY`: Mit der Videoaufnahme-Aktion können Sie eine Bildqualität mit einem ganzzahligen Wert festlegen. Derzeit gibt es zwei mögliche Werte: 0 für Videos mit niedriger (MMS) Qualität oder 1 für Videos mit hoher (volle Auflösung). Standardmäßig wird der hochauflösende Modus verwendet.
- `MediaStore.EXTRA_DURATION_LIMIT`: Die maximale Länge des aufgezeichneten Videos (in Sekunden).

Listing 17.21 zeigt, wie man die Video-Capture-Action verwendet, um ein neues Video aufzunehmen.

```
private static final int RECORD_VIDEO = 0;

private void startRecording() {
  // Erzeuge den Intent
  Intent intent = new Intent(MediaStore.ACTION_VIDEO_CAPTURE);

  // Starte die Kamera-App
  startActivityForResult(intent, RECORD_VIDEO);
}

@Override
protected void onActivityResult(int requestCode,
                                int resultCode, Intent data) {
  if (requestCode == RECORD_VIDEO) {
    VideoView videoView = findViewById(R.id.videoView);
    videoView.setVideoURI(data.getData());
    videoView.start();
  }
}
```

Listing 17.21 Videoaufnahme per Intent

17.7.2 Videoaufnahmen mit dem MediaRecorder

Die Aufnahme eines Videos in Ihrer App verwendet das gleiche Grundgerüst wie die Anzeige einer Kameravorschau und die Aufnahme eines Bildes. Anstatt jedoch ein einzelnes Bild mit einem `ImageReader` zu lesen, wird die Klasse `MediaRecorder` verwendet, um Videodateien mit Audio aufzuzeichnen, die in Ihren eigenen Anwendungen verwendet oder dem Media-Store hinzugefügt werden können.

Zusätzlich zu den `CAMERA`-Berechtigungen für den Zugriff auf die Kamera muss Ihr Anwendungsmanifest die Berechtigungen `RECORD_AUDIO` und `RECORD_VIDEO` enthalten:

```
<uses-permission android:name="android.permission.RECORD_AUDIO"/>
<uses-permission android:name="android.permission.RECORD_VIDEO"/>
<uses-permission android:name="android.permission.CAMERA"/>
```

> **Hinweis**
>
> Aus Datenschutzgründen gelten die Berechtigungen `CAMERA`, `RECORD_AUDIO` und `RECORD_VIDEO` als gefährliche Berechtigungen und müssen daher zur Laufzeit auf Android 6.0 (API Level 23) und höheren Geräten angefordert werden.

Die im Abschnitt über die Audioaufnahmen mit dem `MediaRecorder` beschriebene Zustandsmaschine des `MediaRecorders` gilt auch für die Videoaufzeichnung. Um Videoaufnahmen hinzuzufügen, müssen Sie die Videoquelle mit `setVideoSource` und den `VideoEncoder` mit `setVideoEncoder` festlegen, bevor Sie die Ausgabedatei einstellen, siehe Listing 17.22.

```
public void prepareMediaRecorder() {
    // Konfiguriere die Datenquelle
    mediaRecorder.setAudioSource(MediaRecorder.AudioSource.MIC);
    mediaRecorder.setVideoSource(MediaRecorder.VideoSource.SURFACE);

    // Lege das Ausgabeformat und den Encoder fest
    mediaRecorder.setOutputFormat(MediaRecorder.OutputFormat.MPEG_4);
    mediaRecorder.setAudioEncoder(MediaRecorder.AudioEncoder.AAC);
    mediaRecorder.setVideoEncoder(MediaRecorder.VideoEncoder.H264);

    // Benenne die Ausgabedatei
    File mediaDir = getExternalMediaDirs()[0];
    File outputFile = new File(mediaDir, "myvideorecording.mp4");
    mediaRecorder.setOutputFile(outputFile.getPath());

    // Bereite die Aufnahme vor
    mediaRecorder.prepare();
}
```

Listing 17.22 Videoaufzeichnung mit dem Media Recorder vorbereiten

17.7 | Audio, Video und Verwendung der Kamera

Da die Videoaufzeichnung ein kontinuierlicher Vorgang ist, funktioniert sie sehr ähnlich wie das Einrichten der Kameravorschau, aber anstatt eine `CameraCaptureSession` und einen `CaptureRequest` zu erstellen, die nur auf einem einzigen Surface ausgegeben werden, welches das Kameradisplay darstellt, geben Sie auch auf dem Surface des `MediaRecorders` aus, das über `getSurface` abgerufen werden kann.

Am besten verwenden Sie das Template `CameraDevice.TEMPLATE_RECORD`, wenn Sie Ihren `CaptureRequest` erstellen. Sobald der `CaptureRequest` mit `setRepeatingRequest` gestartet wurde, können Sie die Videoaufzeichnung starten, indem Sie `start` über Ihren `MediaRecorder` aufrufen, siehe Listing 17.23.

```
MediaRecorder mMediaRecorder = new MediaRecorder();
CaptureRequest.Builder mVideoRecordCaptureRequest;

void startVideoRecording() {
  // Vorschau-Surface und Kamera müssen bereit sein
  if (mCamera == null || mHolder.isCreating()) {
    return;
  }

  Surface previewSurface = mHolder.getSurface();

  prepareMediaRecorder();

  Surface videoRecordSurface = mediaRecorder.getSurface();

  // Erzeuge den Videoaufnahme CaptureRequest.Builder
  mVideoRecordCaptureRequest = mCamera.createCaptureRequest(
      CameraDevice.TEMPLATE_RECORD);
  // Füge Aufnahme- und Vorschau-Surface hinzu
  mVideoRecordCaptureRequest.addTarget(videoRecordSurface);
  mVideoRecordCaptureRequest.addTarget(previewSurface);

  CameraCaptureSession.StateCallback captureSessionCallback
      = new CameraCaptureSession.StateCallback() {
    @Override
    public void onConfigured(@NonNull CameraCaptureSession session) {
      mCaptureSession = session;
      try {
        mCaptureSession.setRepeatingRequest(
          mVideoRecordCaptureRequest.build(),
          null, // optional CaptureCallback
          null); // optional Handler
```

```
      mediaRecorder.start();
    } catch (CameraAccessException | IllegalStateException e) {
      // Fehler behandeln
    }
  }

  @Override
  public void onConfigureFailed(@NonNull CameraCaptureSession session) {
    // Fehler behandeln
  }
};

try {
  mCamera.createCaptureSession(
    Arrays.asList(previewSurface, videoRecordSurface),
    captureSessionCallback,
    null); // optionaler Handler
} catch (CameraAccessException e) {
  Log.e(TAG, "Camera Access Exception", e);
}
}
```

Listing 17.23 Videoaufnahme

Wenn die Aufnahme gestoppt wird, müssen Sie `stop` und `reset` über den `MediaRecorder` aufrufen. Sie sollten dann eine neue `CameraCaptureSession` starten, um die Vorschau so lange anzuzeigen, bis eine neue Videoaufnahme gestartet wird. Dadurch wird sichergestellt, dass die Kameraausgabe nicht mehr an das Surface des `MediaRecorders` gesendet wird und Sie können eine neue Ausgabedatei für das nächste Video vorgeben.

Wenn Sie die Aufnahme oder Vorschau aller Videos beenden (normalerweise in `onStop`), rufen Sie die Freigabe auf Ihrem `MediaRecorder` auf, um die zugehörigen Ressourcen freizugeben:

```
mediaRecorder.release();
```

17.8 Medien zum Media-Store hinzufügen

Standardmäßig sind von Ihrer Anwendung erstellte Mediendateien, die in privaten Anwendungsordnern gespeichert sind, für andere Anwendungen nicht verfügbar, mit Ausnahme der Dateien, die zu den `getExternalMediaDirs`-Verzeichnissen hinzugefügt wurden.

17.8 | Audio, Video und Verwendung der Kamera

Um Dateien in anderen Ordnern sichtbar zu machen, müssen Sie diese in den Media-Store einfügen. Android bietet dafür zwei Möglichkeiten. Der bevorzugte Ansatz ist, Ihre Datei mit dem Media-Scanner zu interpretieren und automatisch einzufügen. Alternativ können Sie einen neuen Datensatz manuell in den entsprechenden Content-Provider einfügen.

17.8.1 Medien mit den Media-Scanner einfügen

Wenn Sie neue Medien jeglicher Art aufgezeichnet haben, bietet die Klasse `MediaScannerConnection` die Methode `scanFile` als einfache Möglichkeit an, diese dem Media-Store hinzuzufügen, ohne den vollständigen Datensatz für den Media-Store Content-Provider erstellen zu müssen.

Bevor Sie die Methode `scanFile` verwenden können, um einen Inhalts-Scan Ihrer Datei zu starten, müssen Sie `connect` aufrufen und warten, bis die Verbindung zum Media-Scanner hergestellt ist. Dieser Aufruf ist asynchron, daher müssen Sie einen `MediaScannerConnectionClient` implementieren, der Sie benachrichtigt, wenn die Verbindung hergestellt wurde. Sie können dieselbe Klasse verwenden, um Sie zu benachrichtigen, wenn der Scan abgeschlossen ist, und dann die Verbindung zum Media-Scanner trennen.

Listing 17.24 zeigt den Rahmencode zum Erstellen eines neuen `MediaScannerConnectionClient`, der eine `MediaScannerConnection` definiert, mit der eine neue Datei zum Media-Store hinzugefügt wird.

```
private void mediaScan(final String filePath) {
  MediaScannerConnectionClient mediaScannerClient = new
    MediaScannerConnectionClient() {

    private MediaScannerConnection msc = null;

    {
      msc = new MediaScannerConnection(
        VideoCameraActivity.this, this);
      msc.connect();
    }

    public void onMediaScannerConnected() {
      // Gebe MIME-Typ an oder lasse den Media Scanner
      // einen anhand des Dateinamens einrichten.
      String mimeType = null;
      msc.scanFile(filePath, mimeType);
    }
```

```
    public void onScanCompleted(String path, Uri uri) {
      msc.disconnect();
      Log.d(TAG, "File added at: " + uri.toString());
    }
  };
}
```
Listing 17.24 Dateien mit dem Media Scanner zum Media Store hinzufügen

17.8.2 Medien manuell einfügen

Anstatt sich auf den Media-Scanner zu verlassen, können Sie neue Medien direkt zum Media-Store hinzufügen, indem Sie ein neues `ContentValues`-Objekt erstellen und es selbst in den entsprechenden Media-Store Content-Provider einfügen.

Die hier angegebenen Metadaten können Titel, Zeitstempel und Geokodierungsinformationen für Ihre neue Mediendatei enthalten:

```
ContentValues content = new ContentValues(3);
content.put(Audio.AudioColumns.TITLE, "TheSoundandtheFury");
content.put(Audio.AudioColumns.DATE_ADDED,
            System.currentTimeMillis() / 1000);
content.put(Audio.Media.MIME_TYPE, "audio/amr");
```

Außerdem müssen Sie den absoluten Pfad der hinzuzufügenden Mediendatei angeben:

```
content.put(MediaStore.Audio.Media.DATA, "/sdcard/myoutputfile.mp4");
```

Holen Sie sich Zugriff auf den `ContentResolver` der Anwendung und fügen Sie diese neue Zeile in den Media-Store ein:

```
ContentResolver resolver = getContentResolver();
Uri uri = resolver.insert(MediaStore.Video.Media.EXTERNAL_CONTENT_URI,
                          content);
```

Nachdem Sie die Mediendatei in den Media-Store eingefügt haben, sollten Sie ihre Verfügbarkeit mit einem Broadcast Intent wie folgt ankündigen:

```
sendBroadcast(new Intent(Intent.ACTION_MEDIA_SCANNER_SCAN_FILE, uri));
```

Kapitel 18
Kommunikation mit Bluetooth, NFC und Wi-Fi Peer-to-Peer

Inhalt

- Verwalten des Bluetooth-Adapters
- Entdecken von Bluetooth-Client-Geräten
- Datenübertragung über Bluetooth und Bluetooth LE (Low Energy)
- Erkennen von Wi-Fi Direct Peer-to-Peer-Geräten
- Datenübertragung über Wi-Fi Peer-to-Peer
- Scannen von NFC-Tags (Near Field Communication)
- Datenübertragung mit Android Beam

Wrox.com Code-Downloads für dieses Kapitel

Die Code-Downloads für dieses Kapitel finden Sie unter *www.wrox.com*. Der Code für dieses Kapitel findet sich in der Datei:

- Snippets_ch18.zip

18.1 Vernetzung und Peer-to-Peer-Kommunikation

In diesem Kapitel werden die Hardware-Kommunikationsfunktionen von Android und dabei insbesondere Bluetooth, Wi-Fi Peer-to-Peer, Near Field Communication (NFC) und die Android Beam API untersucht.

Das Android SDK enthält einen vollständigen Bluetooth-Stack, mit dem Sie Ihre Bluetooth-Einstellungen verwalten und überwachen, die Auffindbarkeit kontrollieren, nahegelegene Bluetooth-Geräte erkennen und Bluetooth als berührungslose Peer-to-Peer-Transportschicht für Ihre Anwendungen mit Bluetooth und Bluetooth LE (Low Energy) nutzen können.

Für Situationen, die eine schnellere oder breitere Datenübertragung erfordern, bietet Wi-Fi Peer-To-Peer (oder Wi-Fi Direct) eine Lösung für die Peer-to-Peer-Kommunikation zwischen zwei oder mehr Geräten, ohne dass ein zusätzlicher Zugriffspunkt erforderlich ist.

Android bietet Unterstützung für Nahbereichskommunikation über Near Field Communication (NFC), einschließlich des Lesens von Smart-Tags, und verwendet Android Beam, um direkt zwischen zwei NFC-fähigen Android-Geräten zu kommunizieren.

18.2 Datenübertragung über Bluetooth

Bluetooth ist ein Kommunikationsprotokoll für Peer-to-Peer-Kommunikation mit kurzer Reichweite und geringer Bandbreite.

Mit Hilfe der Bluetooth-API können Sie nach anderen Bluetooth-Geräten in Reichweite suchen und sich mit ihnen verbinden. Indem Sie eine Kommunikationsverbindung über Bluetooth-Sockets einrichten, können Sie dann Datenströme zwischen Geräten aus Ihren Anwendungen heraus senden und empfangen.

> **Hinweis**
>
> Zum Zeitpunkt der Drucklegung wird nur verschlüsselte Kommunikation zwischen Geräten unterstützt, das heißt, Sie können nur Verbindungen zwischen Geräten herstellen, die gekoppelt (paired) wurden.

18.2.1 Den lokalen Bluetooth-Geräteadapter verwalten

Der lokale Bluetooth-Adapter wird über die Klasse `BluetoothAdapter` gesteuert, die das Android-Gerät repräsentiert, auf dem Ihre Anwendung läuft.

Um auf den Standard-Bluetooth-Adapter zuzugreifen, rufen Sie `getDefaultAdapter` auf (siehe Listing 18.1). Einige Android-Geräte verfügen über mehrere Bluetooth-Adapter, obwohl es derzeit nur möglich ist, auf das Standardgerät zuzugreifen.

```
BluetoothAdapter bluetooth = BluetoothAdapter.getDefaultAdapter();
```
Listing 18.1 Zugriff auf den Standard-Bluetooth-Adapter

Die Klasse `BluetoothAdapter` verfügt über Methoden zum Auslesen und Einstellen der Eigenschaften der lokalen Bluetooth-Hardware.

18.2 | Datenübertragung über Bluetooth

Um eine der lokalen Bluetooth-Adapter-Eigenschaften zu lesen, eine Suche zu starten oder gebundene Geräte zu finden, müssen Sie die BLUETOOTH-Berechtigung in Ihr Anwendungsmanifest aufnehmen:

```
<uses-permission android:name="android.permission.BLUETOOTH"/>
```

Bluetooth-Scans können verwendet werden, um Informationen über den aktuellen Standort des Benutzers zu sammeln, so dass für die Verwendung von Bluetooth auch die Berechtigungen ACCESS_COARSE_LOCATION oder ACCESS_FINE_LOCATION in Ihrem Manifest angegeben werden müssen:

```
<uses-permission android:name="android.permission.ACCESS_COARSE_LOCATION"/>
```

Außerdem müssen Sie zur Laufzeit mindestens eine Standortberechtigung anfordern (wie in Kapitel 15 beschrieben).

Um eine der lokalen Geräteeigenschaften zu ändern, ist auch die Berechtigung BLUETOOTH_ADMIN erforderlich:

```
<uses-permission android:name="android.permission.BLUETOOTH_ADMIN"/>
```

Die Eigenschaften des BluetoothAdapters können nur gelesen und geändert werden, wenn der Bluetooth-Adapter aktuell eingeschaltet ist, wenn also sein Gerätezustand aktiviert ist.

Verwenden Sie die Methode isEnabled, um zu prüfen, ob das Gerät aktiviert ist. Danach können Sie mit den Methoden getName beziehungsweise getAddress auf den *freundlichen Namen* des Bluetooth-Adapters (eine beliebige Zeichenfolge, die Benutzer zur Identifizierung eines bestimmten Geräts festlegen können) und die Hardware-Adresse zugreifen:

```
if (bluetooth.isEnabled()) {
  String address = bluetooth.getAddress();
  String name = bluetooth.getName();
}
```

Wenn das Gerät ausgeschaltet ist, geben diese Methoden null zurück.

Wenn Sie die Berechtigung BLUETOOTH_ADMIN haben, können Sie den freundlichen Namen des Bluetooth-Adapters mit der Methode setName ändern:

```
bluetooth.setName("Blackfang");
```

Um eine genauere Beschreibung des aktuellen Bluetooth-Adapter-Status zu finden, verwenden Sie die Methode getState, die eine der folgenden BluetoothAdapter-Konstanten zurückgibt:

18.2 | Kommunikation mit Bluetooth, NFC und Wi-Fi Peer-to-Peer

- STATE_TURNING_ON
- STATE_ON
- STATE_TURNING_OFF
- STATE_OFF

Wenn Bluetooth gerade deaktiviert ist, können Sie den Benutzer auffordern, es zu aktivieren, indem Sie die statische Konstante `BluetoothAdapter.ACTION_REQUEST_ENABLE` als Aktionsparameter an die Methode `startActivityForResult` übergeben:

```
startActivityForResult(
  new Intent(BluetoothAdapter.ACTION_REQUEST_ENABLE), ENABLE_BLUETOOTH);
```

Abbildung 18.1 zeigt den resultierenden Systemdialog.

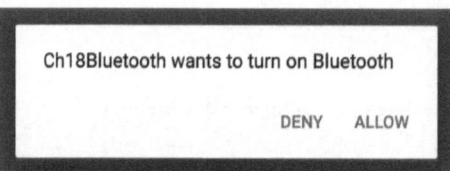

Abbildung 18.1 Bluetooth-Dialog

Verwenden Sie den Parameter `resultCode`, der in der Handler-Methode `onActivityResult` Ihrer Activity übergeben wird, um den Erfolg dieser Anforderung zu bestimmen (siehe Listing 18.2).

```
private BluetoothAdapter mBluetooth;
private static final int ENABLE_BLUETOOTH = 1;

private void initBluetooth() {
  if (!mBluetooth.isEnabled()) {
    // Benutzer soll Bluetooth freischalten
    Intent intent = new Intent(BluetoothAdapter.ACTION_REQUEST_ENABLE);
    startActivityForResult(intent, ENABLE_BLUETOOTH);
  } else {
    // Bluetooth ist aktiv, initialisiere die Oberfläche
    initBluetoothUI();
  }
}

protected void onActivityResult(int requestCode,
                                int resultCode, Intent data) {
  if (requestCode == ENABLE_BLUETOOTH)
```

```
    if (resultCode == RESULT_OK) {
      // Bluetooth ist aktiv, initialisiere die Oberfläche
      initBluetoothUI();
    }
  }
}
```
Listing 18.2 Bluetooth freischalten

18.2.2 Erkennbarkeit und das Erkennen anderer Geräte

Der Prozess, bei dem sich zwei Geräte finden, um eine Verbindung herzustellen, wird als Discovery (Entdeckung, Erkennung) bezeichnet. Bevor Sie einen Bluetooth-Sockel für die Kommunikation einrichten können, muss sich der lokale Bluetooth-Adapter mit dem entfernten Gerät verbinden. Bevor zwei Geräte sich koppeln und verbinden können, müssen sie sich erst erkennen.

> **Hinweis**
>
> Obwohl das Bluetooth-Protokoll Ad-hoc-Verbindungen für den Datentransfer unterstützt, ist dieser Mechanismus in Android derzeit nicht verfügbar. Android Bluetooth-Kommunikation wird derzeit nur zwischen gekoppelten Geräten unterstützt.

Gerät erkennbar machen

Damit ein anderes Android-Gerät Ihren lokalen Bluetooth-Adapter während eines Scans findet, müssen Sie sicherstellen, dass Ihr Bluetooth-Adapter auffindbar ist. Die Auffindbarkeit wird durch den Scanmodus angezeigt, der mit der Methode `getScanMode` über das `BluetoothAdapter`-Objekt ausgelesen wird. Die Methode gibt eine der folgenden BluetoothAdapter-Konstanten zurück:

- `SCAN_MODE_CONNECTABLE_DISCOVERABLE`: Abfrage-Scan und Seiten-Scan sind aktiviert. Das Gerät kann von jedem Bluetooth-Gerät entdeckt werden, das einen Discovery-Scan durchführt.

- `SCAN_MODE_CONNECTABLE`: Der Seiten-Scan ist aktiviert, der Abfrage-Scan nicht. Geräte, die sich zuvor mit dem Bluetooth-Adapter des Geräts gekoppelt und verbunden haben, können ihn jetzt finden, neue Geräte aber nicht.

- `SCAN_MODE_NONE`: Die Erkennbarkeit ist ausgeschaltet. Andere Geräte können den lokalen Bluetooth-Adapter nicht entdecken.

Aus Datenschutzgründen ist Bluetooth bei Android-Geräten standardmäßig deaktiviert. Um die Auffindbarkeit einzuschalten, müssen Sie die ausdrückliche Erlaubnis des Benutzers einholen; dazu starten Sie eine neue Activity mit der Aktion `ACTION_REQUEST_DISCOVERABLE` (siehe Listing 18.3).

18.2 | Kommunikation mit Bluetooth, NFC und Wi-Fi Peer-to-Peer

```
private static final int DISCOVERY_REQUEST = 2;

private void enable_discovery() {
  startActivityForResult(
    new Intent(BluetoothAdapter.ACTION_REQUEST_DISCOVERABLE),
    DISCOVERY_REQUEST);
}
```
Listing 18.3 Erkennbarkeit einschalten

Standardmäßig wird die Erkennbarkeit für zwei Minuten aktiviert. Sie können diese Einstellung ändern, indem Sie das Extra EXTRA_DISCOVERABLE_DURATION zum Start Intent hinzufügen und die Anzahl der Sekunden angeben, die die Erkennbarkeit dauern soll.

Der Benutzer wird durch einen Systemdialog aufgefordert, die Erkennbarkeit für die angegebene Dauer freizuschalten (siehe Abbildung 18.2).

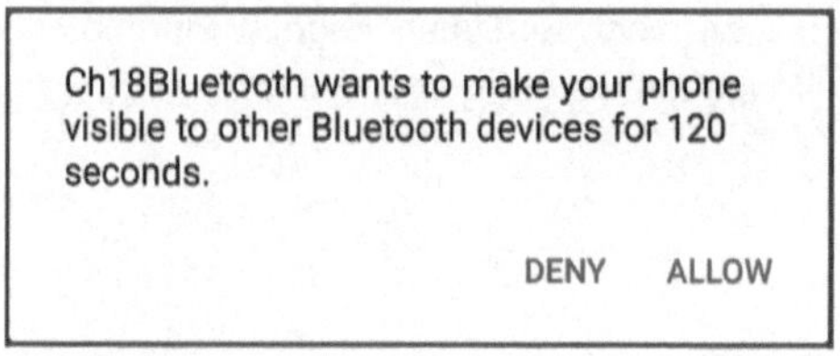

> Ch18Bluetooth wants to make your phone visible to other Bluetooth devices for 120 seconds.
>
> DENY   ALLOW

Abbildung 18.2 Bluetooth-Dialog

Um zu erfahren, ob der Benutzer Ihrer Bitte um die Freigabe der Erkennbarkeit stattgegeben hat oder nicht, überschreiben Sie die Handler-Methode onActivityResult (siehe Listing 18.4). Der übergebene Parameter resultCode enthält die Dauer der Erkennbarkeit oder die Konstante RESULT_CANCELED, wenn der Benutzer die Anfrage abgelehnt hat.

```
@Override
protected void onActivityResult(int requestCode,
                                int resultCode, Intent data) {
  if (requestCode == DISCOVERY_REQUEST) {
    if (resultCode == RESULT_CANCELED) {
      Log.d(TAG, "Discovery canceled by user.");
    }
  }
}
```
Listing 18.4 Erkennbarkeit prüfen und Zustimmung einholen

Datenübertragung über Bluetooth | **18.2**

Andere Geräte entdecken

Sobald ein Gerät erkennbar gesetzt wurde, kann es von einem anderen Gerät entdeckt werden. Um ein Gerät zu finden, starten Sie einen Suchlauf von Ihrem lokalen Bluetooth-Adapter aus.

> **Hinweis**
>
> Der Suchvorgang kann einige Zeit (bis zu 12 Sekunden) in Anspruch nehmen. Während dieser Zeit wird die Leistung Ihrer Bluetooth-Adapter-Kommunikation stark beeinträchtigt. Verwenden Sie die Techniken in diesem Abschnitt, um den Erkennbarkeitsstatus des Bluetooth-Adapters zu überprüfen und zu überwachen. Vermeiden Sie Bluetooth-Operationen mit hoher Bandbreite (einschließlich der Verbindung zu einem neuen entfernten Bluetooth-Gerät), während die Erkennung läuft.

Das Wissen, welche Bluetooth-Geräte in der Nähe sind, kann Informationen liefern, die zur Bestimmung des aktuellen Standorts des Benutzers verwendet werden können. Dementsprechend müssen Sie die Berechtigung `ACCESS_COARSE_LOCATION` in das Anwendungsmanifest aufnehmen und als Laufzeitberechtigung anfordern, bevor Sie die Geräteerkennung durchführen:

Mit der Methode `isDiscovering` können Sie feststellen, ob der lokale Bluetooth-Adapter bereits einen Scan durchführt.

Um den Suchvorgang zu starten, rufen Sie `startDiscovery` über den `BluetoothAdapter` auf:

```
if (mBluetooth.isEnabled() && !mBluetooth.isDiscovering())
  mBluetooth.startDiscovery();
```

Der Erkennungsprozess ist asynchron. Android sendet Intents, um Sie über den Beginn und das Ende der Suche zu informieren, sowie über Geräte, die während des Scans entdeckt wurden.

Sie können Änderungen im Erkennungsprozess überwachen, indem Sie Broadcast-Receiver anlegen, um auf die Broadcast Intents `ACTION_DISCOVERY_STARTED` und `ACTION_DISCOVERY_FINISHED` zu reagieren:

```
private void monitorDiscovery() {
  registerReceiver(discoveryMonitor,
    new IntentFilter(BluetoothAdapter.ACTION_DISCOVERY_STARTED));
  registerReceiver(discoveryMonitor,
    new IntentFilter(BluetoothAdapter.ACTION_DISCOVERY_FINISHED));
}
```

18.2 | Kommunikation mit Bluetooth, NFC und Wi-Fi Peer-to-Peer

```
BroadcastReceiver discoveryMonitor = new BroadcastReceiver() {
  @Override
  public void onReceive(Context context, Intent intent) {
    if (BluetoothAdapter.ACTION_DISCOVERY_STARTED
        .equals(intent.getAction())) {
      // Erkennungsprozess wurde gestartet
      Log.d(TAG, "Discovery started ...");
    }
    else if (BluetoothAdapter.ACTION_DISCOVERY_FINISHED
            .equals(intent.getAction())) {
      // Erkennung abgeschlossen
      Log.d(TAG, "Discovery Complete.");
    }
  }
};
```

Ermittelte Bluetooth-Geräte werden über Broadcast-Intents mit der Broadcast-Aktion `ACTION_FOUND` zurückgegeben.

Wie in Listing 18.5 zu sehen ist, enthält jeder Broadcast-Intent den Namen des gefundenen Geräts, das mit dem Extra `BluetoothDevice.EXTRA_NAME` indiziert ist, und einen unveränderlichen Bezeichner des anderen Bluetooth-Geräts als über das Extra `BluetoothDevice.EXTRA_DEVICE` erreichbares `BluetoothDevice Parcelable`-Objekt.

```
private BluetoothAdapter mBluetooth;
private List<BluetoothDevice> deviceList = new ArrayList<>();

private void startDiscovery() {
  if (ContextCompat.checkSelfPermission(this,
    Manifest.permission.ACCESS_COARSE_LOCATION)
    == PackageManager.PERMISSION_GRANTED) {

    mBluetooth = BluetoothAdapter.getDefaultAdapter();

    registerReceiver(discoveryResult,
                new IntentFilter(BluetoothDevice.ACTION_FOUND));

    if (mBluetooth.isEnabled() && !mBluetooth.isDiscovering()) {
      deviceList.clear();
      mBluetooth.startDiscovery();
    }
    else
```

```
    ActivityCompat.requestPermissions(this,
      new String[]{Manifest.permission.ACCESS_COARSE_LOCATION},
      REQUEST_ACCESS_COARSE_LOCATION);
}

BroadcastReceiver discoveryResult = new BroadcastReceiver() {
  @Override
  public void onReceive(Context context, Intent intent) {
    String remoteDeviceName =
      intent.getStringExtra(BluetoothDevice.EXTRA_NAME);

    BluetoothDevice remoteDevice =
      intent.getParcelableExtra(BluetoothDevice.EXTRA_DEVICE);

    deviceList.add(remoteDevice);

    Log.d(TAG, "Discovered " + remoteDeviceName);
  }
};
```

Listing 18.5 Entdecken von Bluetooth-Geräten

Jedes `BluetoothDevice`-Objekt, das durch die Discovery-Broadcasts zurückgegeben wird, steht für ein Bluetooth-Gerät, das erkannt wurde.

Der Discovery-Prozess verbraucht erhebliche Ressourcen, daher sollten Sie sicherstellen, dass Sie eine laufende Suche mit der Methode `cancelDiscovery` abbrechen, bevor Sie versuchen, eine Verbindung zu einem erkannten Gerät herzustellen.

18.2.3 Bluetooth-Kommunikation

Die Android Bluetooth-Kommunikations-APIs sind Wrapper um RFCOMM, das Bluetooth Radio-Frequence-Communications-Protokoll. RFCOMM unterstützt die serielle RS232-Kommunikation über das Logical Link Control and Adaptation Protocol (L2CAP).

In der Praxis bietet diese Buchstabensuppe einen Mechanismus zum Öffnen von Kommunikations-Sockets zwischen zwei gekoppelten Bluetooth-Geräten.

> **Hinweis**
>
> Bevor Ihre Anwendung zwischen den Geräten kommunizieren kann, müssen die Geräte gekoppelt (paired, bonded) werden. Wenn Sie versuchen, zwei nicht gekoppelte Geräte zu verbinden, werden die Benutzer aufgefordert, diese zu koppeln, bevor die Verbindung hergestellt wird.

18.2 | Kommunikation mit Bluetooth, NFC und Wi-Fi Peer-to-Peer

Sie können einen RFCOMM-Kommunikationskanal für die bidirektionale Kommunikation über die folgenden Klassen einrichten:

- `BluetoothServerSocket`: Der Socket wartet auf eine Verbindungsanfrage (`listen`) und initialisiert (`accept`) daraus eine Verbindung zwischen den Geräten. Um einen Handshake einzurichten, fungiert ein Gerät als Server.

- `BluetoothSocket`: Der Client stellt über diesen Socket eine Verbindung zu einem zuhörenden `BluetoothServerSocket` her. Ein Objekt dieser Klasse wird anderseits auch von der Methode `accept` des `BluetoothServerSocket` zurückgegeben, nachdem eine Verbindung hergestellt wurde. Sobald eine Verbindung hergestellt ist, werden Objekte der Klasse `BluetoothSocket` sowohl vom Server als auch vom Client zur Übertragung von Datenströmen verwendet.

Wenn Sie eine Anwendung erstellen, die Bluetooth als Peer-to-Peer-Transportschicht zwischen Geräten verwendet, müssen Sie sowohl einen `BluetoothServerSocket` zum Empfang von Verbindungen als auch einen `BluetoothSocket` implementieren, um einen neuen Kanal zu initiieren und die Kommunikation zu verwalten.

Einen BluetoothServerSocketListener öffnen

Ein `BluetoothServerSocket` wird verwendet, um eingehende `BluetoothSocket`-Verbindungsanfragen von anderen Bluetooth-Geräten entgegenzunehmen. Damit zwei Bluetooth-Geräte verbunden werden können, muss eines als Server fungieren (Bereitstehen und Annehmen eingehender Anfragen) und das andere als Client (Einleiten der Anfrage zur Verbindung mit dem Server). Nachdem beide verbunden sind, wird die Kommunikation zwischen Server- und Client-Gerät über eine `BluetoothSocket`-Instanz auf beiden Seiten abgewickelt.

Damit Ihr Bluetooth-Adapter als Server fungiert, rufen Sie die Methode `listenUsingRfcommWithServiceRecord` auf, um auf eingehende Verbindungsanfragen zu warten. Geben Sie einen Namen ein, um diesen Server zu identifizieren, zusammen mit einer universell eindeutigen Kennung (UUID):

```
String name = "meinbluetoothserver";
UUID uuid = UUID.randomUUID();

final BluetoothServerSocket btserver =
  bluetooth.listenUsingRfcommWithServiceRecord(name, uuid);
```

Die Methode gibt ein `BluetoothServerSocket`-Objekt zurück. Der `BluetoothSocket` des Clients, der sich mit diesem Server verbinden soll, muss die UUID des Servers kennen, um eine Verbindung herzustellen.

Rufen Sie die Methode `accept` über den `BluetoothServerSocket` auf, optional mit einem Timeout als Parameter, damit er auf Verbindungsanfragen wartet. Der Server blockiert nun, bis ein Client-`BluetoothSocket` mit einer passenden UUID versucht, eine Verbindung herzustellen:

```
// Blockiere bis ein Client eine Verbindung herstellt.
BluetoothSocket serverSocket = btserver.accept();
```

Wenn eine Verbindungsanfrage gestellt wird, die noch nicht mit dem lokalen Bluetooth-Adapter gekoppelt ist, werden die Benutzer auf beiden Geräten aufgefordert, eine Verbindungsanfrage zu akzeptieren, bevor der Aufruf akzeptiert wird. Diese Abfrage erfolgt über eine Notification (siehe Abbildung 18.3).

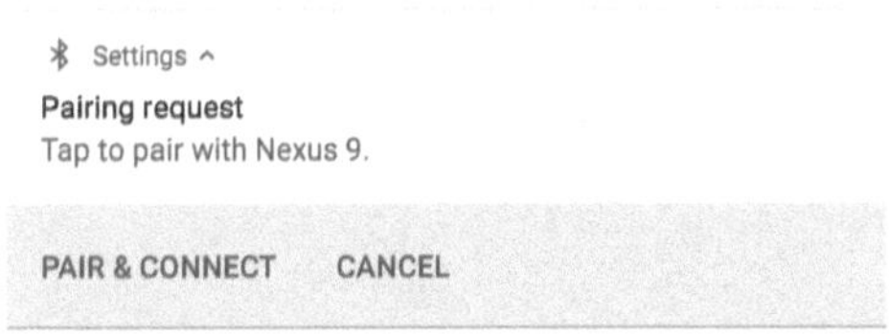

Abbildung 18.3 Bluetooth-Verbindungsanfrage

Wenn eine eingehende Verbindungsanfrage erfolgreich ist, gibt `accept` einen mit dem Client-Gerät verbundenen `BluetoothSocket` zurück. Sie können diesen Socket verwenden, um Daten zu übertragen, wie später in diesem Abschnitt gezeigt wird.

> **Warnung**
>
> `accept` ist eine blockierende Operation. Daher ist es wichtig, auf eingehende Verbindungsanfragen auf einem Hintergrund-Thread zu warten, anstatt den Oberflächen-Thread zu blockieren, bis eine Verbindung hergestellt wurde.

Es ist wichtig, dass Ihr Bluetooth-Adapter auffindbar ist, damit sich andere Bluetooth-Geräte mit ihm verbinden können. Listing 18.6 zeigt ein typisches Beispiel, das den Broadcast `ACTION_REQUEST_DISCOVERABLE` verwendet, um das Gerät auffindbar zu machen, bevor es auf eingehende Verbindungsanfragen für die übergebene Auffindbarkeitsdauer wartet.

```
private BluetoothAdapter mBluetooth;
private BluetoothSocket mBluetoothSocket;

private UUID startServerSocket() {
  UUID uuid = UUID.randomUUID();
  String name = "bluetoothserver";
```

18.2 | Kommunikation mit Bluetooth, NFC und Wi-Fi Peer-to-Peer

```
mBluetooth = BluetoothAdapter.getDefaultAdapter();
try {
  final BluetoothServerSocket btserver =
    mBluetooth.listenUsingRfcommWithServiceRecord(name, uuid);

  Thread acceptThread = new Thread(new Runnable() {
    public void run() {
      try {
        // Blockiere bis zum Verbindungsaufbau mit einem Client
        mBluetoothSocket = btserver.accept();
        // Warte auf Nachrichten zwischen den Sockets
        listenForMessages();
      } catch (IOException e) {
        Log.e(TAG, "Server connection IO Exception", e);
      }
    }
  });
  acceptThread.start();
} catch (IOException e) {
  Log.e(TAG, "Socket listener IO Exception", e);
}
return uuid;
}

private void listenForMessages() {
  // TODO Warte auf Nachrichten zwischen den Sockets
}
```
Listing 18.6 Auf Bluetooth Socket-Verbindungsanfragen warten

Bluetooth-Geräte für die Kommunikation auswählen

Um auf Client-Seite einen `BluetoothSocket` zu erstellen, verwenden Sie ein `BluetoothDevice`-Objekt, das den Ziel-Remote-Server repräsentiert.

Sie können eine Referenz auf ein entferntes Bluetooth-Gerät auf verschiedene Arten erhalten, mit einigen wichtigen Vorbehalten bezüglich der Geräte, mit denen Sie eine Kommunikationsverbindung herstellen können.

Damit ein `BluetoothSocket` eine Verbindung zu einem anderen Bluetooth-Gerät herstellen kann, müssen die folgenden Bedingungen erfüllt sein:

- Das andere Gerät muss erkennbar sein.
- Das andere Gerät muss Verbindungen über einen `BluetoothServerSocket` akzeptieren.

- Die beiden Geräte müssen gekoppelt werden (bonded, paired). Wenn die Geräte nicht gekoppelt sind, werden die Benutzer jedes Geräts aufgefordert, sie zu koppeln, wenn die Verbindungsanforderung gestartet wird.

Bluetooth-Geräteobjekte sind Proxies, die entfernte Geräte darstellen. Sie können sie nach den Eigenschaften der von ihnen repräsentierten entfernten Geräte abfragen und `BluetoothSocket`-Verbindungen initiieren.

Sie haben mehrere Möglichkeiten, `BluetoothDevices` im Code zu erhalten. In jedem Fall sollten Sie überprüfen, ob das Gerät, mit dem Sie sich verbinden wollen, erkennbar ist und (optional) feststellen, ob Sie mit ihm gekoppelt sind. Wenn Sie das Gerät nicht finden können, sollten Sie den Benutzer auffordern, die Erkennbarkeit des Geräts zu aktivieren.

In diesem Abschnitt haben Sie eine Technik kennengelernt, um erkennbare Bluetooth-Geräte zu finden. Mit der Methode `startDiscovery` und der Überwachung von `ACTION_FOUND`-Sendungen können Sie Broadcast Intents empfangen, die ein Extra `BluetoothDevice.EXTRA_DEVICE` enthalten, das das entdeckte Bluetooth-Gerät enthält.

Sie können auch die Methode `getRemoteDevice` auf Ihrem lokalen Bluetooth-Adapter verwenden, indem Sie die Hardware-Adresse des entfernten Bluetooth-Geräts angeben, mit dem Sie eine Verbindung herstellen möchten:

```
BluetoothDevice device = mBluetooth.getRemoteDevice("01:23:97:35:2F:AA");
```

Dies ist besonders nützlich, wenn Sie die Hardware-Adresse des Zielgeräts kennen, zum Beispiel wenn Sie eine Technologie wie Android Beam verwenden, um diese Informationen zwischen Geräten auszutauschen.

Um die Menge der aktuell gekoppelten Geräte zu finden, rufen Sie `getBondedDevices` auf dem lokalen Bluetooth-Adapter auf. Sie können das zurückgegebene Set abfragen, um herauszufinden, ob das Ziel-Bluetooth-Gerät bereits mit dem lokalen Bluetooth-Adapter gekoppelt ist:

```
Set<BluetoothDevice> bondedDevices = mBluetooth.getBondedDevices();

if (bondedDevices.contains(knownDevice)) {
  // TODO Zielgerät ist gekoppelt
}
```

18.2 | Kommunikation mit Bluetooth, NFC und Wi-Fi Peer-to-Peer

Client-Bluetooth-Verbindung öffnen

Um einen Kommunikationskanal mit einem anderen Gerät zu initiieren, erstellen Sie einen `BluetoothSocket`, indem Sie `createRfcommSocketToServiceRecord` auf dem `BluetoothDevice`-Objekt aufrufen, das das Zielgerät repräsentiert. Dazu übergeben Sie die UUID des entsprechenden offenen `BluetoothServerSocketListeners`.

Der zurückgegebene `BluetoothSocket` kann dann verwendet werden, um die Verbindung mit einem Aufruf von `connect` zu initiieren (siehe Listing 18.7).

> **Hinweis**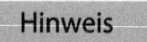
>
> `connect` ist eine blockierende Operation, daher müssen Verbindungsanforderungen auf einem Hintergrund-Thread initiiert werden, anstatt den Oberflächen-Thread zu blockieren, bis eine Verbindung hergestellt wurde.

```
private BluetoothSocket mBluetoothSocket;

private void connectToServerSocket(BluetoothDevice device, UUID uuid) {
  try{
    BluetoothSocket clientSocket
      = device.createRfcommSocketToServiceRecord(uuid);

    // Blockiere, bis Server-Verbindung akzeptiert wurde
    clientSocket.connect();

    // Sichere eine Referenz auf den Socket, um zu senden
    mBluetoothSocket = clientSocket;

    // Warte auf Nachrichten
    listenForMessages();
  } catch (IOException e) {
    Log.e(TAG, "Bluetooth client I/O Exception.", e);
  }
}
```
Listing 18.7 Einen BluetoothSocket erstellen

Wenn Sie versuchen, eine Verbindung zu einem Bluetooth-Gerät herzustellen, das noch nicht mit dem Gerät verbunden ist, werden die Benutzer aufgefordert, eine Pairing-Anfrage sowohl auf dem Server- als auch auf den Client-Gerät zu akzeptieren, bevor die Aufrufe `connect` und `accept` zurückkehren.

Daten über BluetoothSockets übertragen

Nachdem eine Verbindung hergestellt wurde, haben Sie sowohl auf dem Client als auch auf den Server-Geräten einen offenen Socket. Sie können ab diesem Zeitpunkt Daten über den BluetoothSocket zwischen den Geräten senden und empfangen.

Die Datenübertragung über BluetoothSockets erfolgt über InputStream- und OutputStream-Objekte, die Sie mit den entsprechend benannten Methoden getInputStream beziehungsweise getOutputStream von einem BluetoothSocket beziehen können.

Listing 18.8 zeigt zwei einfache Methoden: die erste, um einen String über einen OutputStream an ein anderes Gerät zu senden, und die zweite, um über einen InputStream auf eingehende Strings zu warten. Die gleiche Technik kann verwendet werden, um beliebige Streaming-Daten zu übertragen.

```
private void sendMessage(BluetoothSocket socket, String message) {
  OutputStream outputStream;

  try {
    outputStream = socket.getOutputStream();

    // Ein Stopp-Zeichen hinzufügen.
    byte[] byteArray = (message + " ").getBytes();
    byteArray[byteArray.length-1] = 0;

    outputStream.write(byteArray);
  } catch (IOException e) {
    Log.e(TAG, "Failed to send message: " + message, e);
  }
}

private boolean mListening = false;

private String listenForMessages(BluetoothSocket socket,
                                 StringBuilder incoming) {
  String result = "";
  mListening = true;

  int bufferSize = 1024;
  byte[] buffer = new byte[bufferSize];

  try {
    InputStream instream = socket.getInputStream();
    int bytesRead = -1;
```

```
    while (mListening) {
      bytesRead = instream.read(buffer);
      if (bytesRead != -1) {
        while ((bytesRead == bufferSize) &&
               (buffer[bufferSize-1] != 0)) {
          result = result + new String(buffer, 0, bytesRead - 1);
          bytesRead = instream.read(buffer);
        }
        result = result + new String(buffer, 0, bytesRead - 1);
        incoming.append(result);
      }
    }
  } catch (IOException e) {
    Log.e(TAG, "Message receive failed.", e);
  }
  return result;
}
```
Listing 18.8 Strings über BluetoothSockets senden und empfangen

18.2.4 Bluetooth-Profile

Zusätzlich zu dem im vorherigen Abschnitt beschriebenen generischen Ansatz enthält die Bluetooth-API auch Profile. Profile bieten eine spezielle Schnittstelle für die Kommunikation zwischen Geräten bestimmter Typen und Zwecke. Die Android Bluetooth API unterstützt die folgenden Profile:

- Headset: Erleichtert die Kommunikation zwischen dem Gerät und Bluetooth-Headsets über die Klasse BluetoothHeadset.

- A2DP: Das Advanced Audio Distribution Profile (A2DP) ermöglicht das Streaming von hochwertigem Audio zwischen Geräten über die Klasse BluetoothA2dp.

- Health Device: Das Bluetooth Health Device Profile (HDP) ermöglicht die Kommunikation mit Gesundheitsgeräten wie Herzfrequenzmonitoren.

Um ein Profil in Ihrer Anwendung zu verwenden, rufen Sie getProfileProxy über Ihren BluetoothAdapter auf und übergeben eine BluetoothProfile.ServiceListener-Implementierung. Wenn sich das entsprechende Gerät verbindet, wird die Handler-Methode onServiceConnected des ServiceListener-Objekts ausgelöst, die ein Proxy-Objekt bereitstellt, das zur Interaktion mit dem anderen Gerät verwendet werden kann:

```java
private BluetoothAdapter mBluetooth;
private BluetoothHeadset mBluetoothHeadset;

private BluetoothProfile.ServiceListener mProfileListener =
  new BluetoothProfile.ServiceListener() {

  public void onServiceConnected(int profile, BluetoothProfile proxy) {
    if (profile == BluetoothProfile.HEADSET) {
      mBluetoothHeadset = (BluetoothHeadset) proxy;
      // TODO Verwende Proxy zur Interaktion mit dem Headset
    }
  }

  public void onServiceDisconnected(int profile) {
    if (profile == BluetoothProfile.HEADSET) {
      // TODO Stoppe die Interaktion mit dem Headset über den Proxy
      mBluetoothHeadset = null;
    }
  }
};

private void connectHeadsetProfile () {
  // Hole den Default-Adapter
  mBluetooth = BluetoothAdapter.getDefaultAdapter();

  // Erstelle eine Verbindung mit dem Proxy
  mBluetooth.getProfileProxy(this, mProfileListener,
                     BluetoothProfile.HEADSET);
}

private void closeHeadsetProxy() {
  // Schließe die Proxy-Verbindung nach Gebrauch
  mBluetooth.closeProfileProxy(BluetoothProfile.HEADSET, mBluetoothHeadset);
}
```

Nach der Verbindung können Sie herstellerspezifische AT-Befehle verwenden, um das verbundene Gerät zu steuern, und sich entsprechend registrieren, um System-Broadcasts von herstellerspezifischen AT-Befehlen zu empfangen, die von dem Gerät gesendet werden.

Weitere Details, wie man jedes dieser Profile mit unterschiedlichen Hardware-Implementierungen nutzen kann, gehen über den Rahmen dieses Buches hinaus.

18.2.5 Bluetooth Low Energy

Bluetooth Low Energy (BLE) wurde entwickelt, um eine ähnliche Funktionalität wie herkömmliches Bluetooth zu bieten, jedoch mit deutlich geringerem Stromverbrauch. BLE ist für die Übertragung kleiner Datenmengen zwischen benachbarten Geräten optimiert und eignet sich daher ideal für die Interaktion zwischen einem Android-Gerät und Low-Power-Geräten wie Näherungssensoren, Herzfrequenzmessgeräten und Fitnessgeräten.

Im Gegensatz zum klassischen Bluetooth, bei dem jedes Gerät als Peer bezeichnet werden kann, basieren BLE-Verbindungen auf einem zentralen Gerät, das nach Peripheriegeräten sucht, die ihre Existenz anzeigen.

Daher benötigen Peripheriegeräte ein zentrales Gerät. Sie können nicht direkt miteinander kommunizieren.

Um Ihr Gerät mit BLE-Peripheriegeräten zu verbinden, verwenden die BLE-APIs denselben `BluetoothAdapter`, der in den vorherigen Abschnitten für die klassische Bluetooth-Kommunikation beschrieben wurde. Um nach Peripheriegeräten zu suchen, verwenden Sie `getBluetoothLeScanner`, um ein `BluetoothLeScanner`-Objekt zu empfangen. Sie starten einen Scan nach BLE-Geräten, indem Sie `startScan` aufrufen und eine `ScanCallback`-Implementierung übergeben:

```
private void leScan() {
  mBluetooth.getBluetoothLeScanner().startScan(scanCallback);
}

// Callback für den Geräte-Scan
private ScanCallback scanCallback =
  new ScanCallback() {
    @Override
    public void onScanResult(int callbackType, ScanResult result) {
      BluetoothDevice device = result.getDevice();
    }
  };
```

Die Handler-Methode `onScanResult` erhält ein `ScanResult`-Objekt als Parameter, das nach dem `BluetoothDevice`-Objekt befragt werden kann, das Sie für die Interaktion mit dem entdeckten entfernten BLE-Peripheriegerät verwenden.

Sobald Sie Peripheriegeräte entdeckt haben, werden Verbindungen und Kommunikation durch die Verwendung von Generic Attribute Profiles (GATT) koordiniert. Die Bluetooth SIG definiert viele Profile für Niedrigenergiegeräte, wobei jedes Profil angibt, wie jedes Gerät arbeitet, um die Anforderungen eines Profils zu erfüllen.

So definiert jedes GATT-Profil eine Spezifikation für das Senden und Empfangen von Attributen zwischen BLE-Geräten. Jedes Attribut ist für die Größe optimiert und als `BluetoothGattCharacteristics` und `BluetoothGattService` gegliedert.

Jedes `BluetoothGattCharacteristics` ist ein Einzelwert mit optionalen Deskriptoren, die einen Merkmalswert beschreiben (etwa durch Angabe einer Bezeichnung, eines zulässigen Bereichs oder einer Maßeinheit), der spezifisch für den Wert eines Merkmals ist.

Ein `BluetoothGattService` ist eine Sammlung von einem oder mehreren `BluetoothGattCharacteristics`, die die Funktionalität des Peripheriegeräts vollständig beschreiben. Zum Beispiel könnte ein Service »Heart Rate Monitor« ein Merkmal »heart rate measurement« beinhalten.

Eine umfassende Liste der bestehenden GATT-Profile und -Dienste ist abrufbar unter

www.bluetooth.com/specifications/gatt/services.

Um eine Verbindung zu einem erkannten Peripheriegerät herzustellen, rufen Sie `connectGatt` in einer `BluetoothGattCallback`-Implementierung auf:

```
BluetoothGatt mBluetoothGatt;

private void connectToGattServer(BluetoothDevice device) {
  mBluetoothGatt = device.connectGatt(this, false, mGattCallback);
}

private final BluetoothGattCallback mGattCallback =
  new BluetoothGattCallback() {
};
```

Die zurückgegebene `BluetoothGatt`-Instanz kann verwendet werden, um GATT-Operationen auf dem Peripheriegerät auszuführen, während Ihnen das Überschreiben der Handler-Methode `onConnectionStateChanged` erlaubt, zu verfolgen, wann die Verbindung erfolgreich hergestellt wurde, und an welcher Stelle Sie die Methode `discoverServices` verwenden können, um das Gerät nach verfügbaren GATT-Diensten abzufragen:

```
@Override
public void onConnectionStateChange(BluetoothGatt gatt,
                                    int status, int newState) {
  super.onConnectionStateChange(gatt, status, newState);
  if (newState == BluetoothProfile.STATE_CONNECTED) {
    mBluetoothGatt.discoverServices();
  } else if (newState == BluetoothProfile.STATE_DISCONNECTED) {
    Log.d(TAG, "Disconnected from GATT server.");
  }
}
```

18.2 | Kommunikation mit Bluetooth, NFC und Wi-Fi Peer-to-Peer

Die Service-Abfrage wird über die Handler-Methode onServicesDiscovered zurückgegeben:

```
@Override
public void onServicesDiscovered(BluetoothGatt gatt, int status) {
  super.onServicesDiscovered(gatt, status);
  for (BluetoothGattService service: gatt.getServices()) {
    Log.d(TAG, "Service: " + service.getUuid());
    for (BluetoothGattCharacteristic characteristic :
          service.getCharacteristics()) {
      Log.d(TAG, "Value: " + characteristic.getValue());
      for (BluetoothGattDescriptor descriptor :
            characteristic.getDescriptors()) {
        Log.d(TAG, descriptor.getValue().toString());
      }
    }
  }
  // TODO Es wurden neue Services entdeckt.
}
```

Der vorangegangene Ausschnitt wiederholt sich über jedes der Merkmale für jeden auf dem BLE-Peripheriegerät verfügbaren Service. Bei den meisten Peripheriegeräten ändern sich die Werte für jedes Merkmal im Laufe der Zeit. Anstatt jeden Wert abzufragen, ist es empfehlenswert, eine Notification anzufordern, wenn sich ein bestimmtes Merkmal mit Hilfe der Methode setCharacterNotification auf dem Bluetooth-Gatt-Proxy-Objekt ändert, wobei die zu überwachende Characteristic übergeben wird:

```
mBluetoothGatt.setCharacteristicNotification(characteristic, enabled);
```

Notifications für geänderte Werte werden an den Callback onCharacteristicChanged innerhalb Ihres BluetoothGattCallbacks gesendet:

```
@Override
public void onCharacteristicChanged(BluetoothGatt gatt,
            BluetoothGattCharacteristic characteristic) {
  super.onCharacteristicChanged(gatt, characteristic);
  // TODO Für ein Merkmal wurde ein aktualisierter Wert empfangen.
}
```

Sobald Ihre Anwendung die Interaktion mit einem BLE-Gerät beendet hat, rufen Sie die Methode close über das Bluetooth-Gatt-Proxy-Objekt auf, damit das System seine Ressourcen wieder freigeben kann:

```
mBluetoothGatt.close();
```

18.3 Übertragung von Daten über Wi-Fi Peer-to-Peer

Wi-Fi Peer-to-Peer (P2P), das kompatibel mit dem Wi-Fi Direct-Kommunikationsprotokoll ist, ist für Peer-to-Peer-Kommunikation mit mittlerer Reichweite und hoher Bandbreite über Wi-Fi ohne Zwischenzugriffspunkt konzipiert. Im Vergleich zu Bluetooth ist Wi-Fi Peer-to-Peer schneller, zuverlässiger und funktioniert über größere Entfernungen.

Mit den Wi-Fi-P2P-APIs können Sie nach anderen Wi-Fi-P2P-Geräten in Reichweite suchen und sich mit ihnen verbinden. Indem Sie eine Kommunikationsverbindung über Sockets initiieren, können Sie Datenströme zwischen unterstützten Geräten (einschließlich einiger Drucker, Scanner, Kameras und Fernseher) und zwischen Instanzen Ihrer Anwendung, die auf verschiedenen Geräten laufen, übertragen und empfangen, ohne dass eine Verbindung zum selben Netzwerk erforderlich ist.

Als Alternative zu Bluetooth mit hoher Bandbreite eignet sich Wi-Fi P2P besonders für Operationen wie Media-Sharing und Live-Media-Streaming.

18.3.1 Initialisierung des Wi-Fi Peer-to-Peer Frameworks

Um Wi-Fi P2P nutzen zu können, benötigt Ihre Anwendung die folgenden Berechtigungen in ihrem Manifest:

```
<uses-permission android:name="android.permission.CHANGE_NETWORK_STATE" />
<uses-permission android:name="android.permission.ACCESS_NETWORK_STATE" />
<uses-permission android:name="android.permission.ACCESS_WIFI_STATE"/>
<uses-permission android:name="android.permission.CHANGE_WIFI_STATE"/>
<uses-permission android:name="android.permission.INTERNET"/>
```

Wi-Fi Direct-Verbindungen werden über den Systemdienst `WifiP2pManager` initiiert und verwaltet:

```
wifiP2pManager =
  (WifiP2pManager)getSystemService(Context.WIFI_P2P_SERVICE);
```

Bevor Sie den `WifiP2pManager` verwenden können, müssen Sie einen Kanal zum Wi-Fi Direct-Framework mit Hilfe der Methode `initialize` des `WifiP2pManager` erstellen. Übergeben Sie den aktuellen Context, den Looper, auf dem Wi-Fi Direct-Ereignisse empfangen werden sollen, und einen `ChannelListener`, um auf den Verlust Ihrer Kanalverbindung zu reagieren (siehe Listing 18.9).

18.3 | Kommunikation mit Bluetooth, NFC und Wi-Fi Peer-to-Peer

```java
private WifiP2pManager mWifiP2pManager;
private WifiP2pManager.Channel mWifiDirectChannel;

private void initializeWiFiDirect() {
  mWifiP2pManager
    = (WifiP2pManager)getSystemService(Context.WIFI_P2P_SERVICE);

  mWifiDirectChannel = mWifiP2pManager.initialize(this, getMainLooper(),
    new WifiP2pManager.ChannelListener() {
      public void onChannelDisconnected() {
        Log.d(TAG, "Wi-Fi P2P channel disconnected.");
      }
    }
  );
}
```
Listing 18.9 Initialisierung von Wi-Fi Direct

Sie benötigen den zurückgegebenen Wi-Fi P2P-Kanal, wenn Sie mit dem Wi-Fi P2P-Framework interagieren wollen. Die Initialisierung des `WifiP2pManagers` wird innerhalb der Handler-Methode `onCreate` Ihrer Activity durchgeführt.

Die meisten Aktionen, die mit dem `WiFiP2pManager` durchgeführt werden (wie zum Beispiel Peer Discovery und Verbindungsversuche), zeigen sofort ihren Erfolg (oder Misserfolg) mit einem `ActionListener` an (siehe Listing 18.10). Im Erfolgsfall werden die mit diesen Aktionen verbundenen Rückgabewerte durch den Empfang von Broadcast Intents ermittelt, wie in den folgenden Abschnitten beschrieben.

```java
private ActionListener actionListener = new ActionListener() {
  public void onFailure(int reason) {
    String errorMessage = "WiFi Direct Failed: ";
    switch (reason) {
      case WifiP2pManager.BUSY :
        errorMessage += "Framework busy."; break;
      case WifiP2pManager.ERROR :
        errorMessage += "Internal error."; break;
      case WifiP2pManager.P2P_UNSUPPORTED :
        errorMessage += "Unsupported."; break;
      default:
        errorMessage += "Unknown error."; break;
    }
    Log.e(TAG, errorMessage);
  }
```

```
public void onSuccess() {
  // Erfolg!
  // Die Werte werden per Broadcast Intent zurückgegeben.
  }
};
```
Listing 18.10 Erstellen eines Wi-Fi P2P Manager ActionListeners

Sie können den Wi-Fi P2P-Status überwachen, indem Sie einen Broadcast-Receiver registrieren, der die Aktion `WifiP2pManager.WIFI_P2P_STATE_CHANGED_ACTION` empfängt:

```
IntentFilter p2pEnabledFilter = new
    IntentFilter(WifiP2pManager.WIFI_P2P_STATE_CHANGED_ACTION);

registerReceiver(p2pStatusReceiver, p2pEnabledFilter);
```

Der Intent, der vom zugehörigen Broadcast-Receiver empfangen wird (siehe Listing 18.12) enthält ein Extra `WifiP2pManager.EXTRA_WIFI_STATE`, das auf `WIFI_P2P_STATE_ENABLED` oder `WIFI_P2P_STATE_DISABLED` gesetzt wird.

```
BroadcastReceiver p2pStatusReceiver = new BroadcastReceiver() {
  @Override
  public void onReceive(Context context, Intent intent) {
    int state = intent.getIntExtra(
      WifiP2pManager.EXTRA_WIFI_STATE,
      WifiP2pManager.WIFI_P2P_STATE_DISABLED);

    switch (state) {
      case (WifiP2pManager.WIFI_P2P_STATE_ENABLED):
        // TODO Erkennungsoption in der Oberfläche aktivieren
        buttonDiscover.setEnabled(true);
        break;
      default:
        // TODO Erkennungsoption in der Oberfläche deaktivieren
        buttonDiscover.setEnabled(false);
    }
  }
};
```
Listing 18.11 Empfangen einer Wi-Fi Direct-Statusänderung

Innerhalb der Handler-Methode `onReceive` können Sie Ihre Benutzeroberfläche entsprechend der Zustandsänderung anpassen.

Nachdem Sie einen Kanal zum Wi-Fi P2P-Framework erstellt und Wi-Fi P2P auf diesem Gerät und seinen Peer-Geräten aktiviert haben, können Sie den Prozess der Erkennung und Verbindung zu Peers beginnen.

18.3.2 Peer-Erkennung

Um einen Scan nach Peers zu starten, rufen Sie die Methode discoverPeers des Wi-Fi P2P Managers auf, indem Sie den aktiven Kanal und einen ActionListener übergeben. Änderungen an der Peer-Liste werden als Intents mit der Aktion WifiP2pManager. WIFI_P2P_PEERS_CHANGED_ACTION übertragen. Die Peer-Discovery bleibt aktiv, bis eine Verbindung hergestellt oder die Peer-Discovery abgebrochen wird.

Wenn Sie einen Intent erhalten, der Sie über eine Änderung der Peer-Liste informiert, können Sie die aktuelle Liste der gefundenen Peers mit der Methode WifiP2pManager. requestPeers anfordern (siehe Listing 18.13).

```
private void discoverPeers() {
  IntentFilter intentFilter
    = new IntentFilter(WifiP2pManager.WIFI_P2P_PEERS_CHANGED_ACTION);
  registerReceiver(peerDiscoveryReceiver, intentFilter);
  mWifiP2pManager.discoverPeers(mWifiDirectChannel, actionListener);
}

BroadcastReceiver peerDiscoveryReceiver = new BroadcastReceiver() {
  @Override
  public void onReceive(Context context, Intent intent) {
    mWifiP2pManager.requestPeers(mWifiDirectChannel,
      new WifiP2pManager.PeerListListener() {
        public void onPeersAvailable(WifiP2pDeviceList peers) {
          // TODO Aktualisiere die Oberfläche mit der Peer-Liste
        }
      });
  }
};
```
Listing 18.12 Wi-Fi Direct Peers entdecken

Die Methode requestPeers akzeptiert einen PeerListListener, dessen Handler-Methode onPeersAvailable ausgeführt wird, wenn die Peer-Liste abgerufen wurde. Die Liste der Peers wird als WifiP2pDeviceList verfügbar sein, die Sie dann abfragen können, um den Namen und die Adresse aller verfügbaren Peer-Geräte zu finden.

18.3.3 Mit Peers verbinden

Um eine Wi-Fi P2P-Verbindung mit einem Peer-Gerät herzustellen, verwenden Sie die Methode connect des Wi-Fi P2P-Managers, indem Sie den aktiven Kanal, einen ActionListener und ein WifiP2pConfig-Objekt übergeben, das die Adresse eines Peers aus unserer Wi-Fi P2P-Geräteliste angibt, mit dem eine Verbindung hergestellt werden soll (siehe Listing 18.14).

```
private void connectTo(WifiP2pDevice peerDevice) {
  WifiP2pConfig config = new WifiP2pConfig();
  config.deviceAddress = peerDevice.deviceAddress;

  mWifiP2pManager.connect(mWifiDirectChannel, config, actionListener);
}
```
Listing 18.13 Anforderung einer Verbindung zu einem Wi-Fi-Direct-Peer

Wenn Sie versuchen, eine Verbindung herzustellen, wird das Zielgerät aufgefordert, diese zu akzeptieren. Auf Android-Geräten erfordert dies, dass der Benutzer die Verbindungsanfrage manuell über den in Abbildung 18.4 gezeigten Dialog akzeptiert.

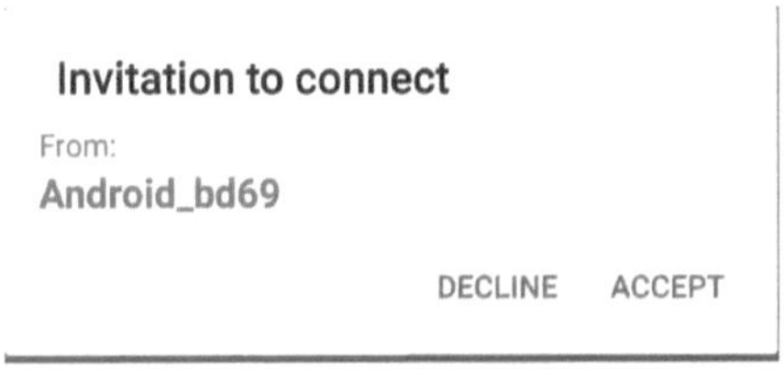

Abbildung 18.4 Wi-Fi-Peer-Verbindungsanfrage

Wenn das Gerät die Verbindungsanforderung akzeptiert, wird die erfolgreiche Verbindung über die Intent-Aktion `WifiP2pManager.WIFI_P2P_CONNECTION_CHANGED_ACTION` auf beide Geräte übertragen.

Das Broadcast-Intent wird ein `NetworkInfo`-Objekt enthalten, das im Extra `WifiP2pManager.EXTRA_NETWORK_INFO` enthalten ist. Sie können die `NetworkInfo` abfragen, ob die Änderung des Verbindungsstatus eine neue Verbindung oder eine Unterbrechung darstellt:

```
NetworkInfo networkInfo
  = (NetworkInfo)intent.getParcelableExtra(WifiP2pManager.EXTRA_NETWORK_INFO);
boolean connected = networkInfo.isConnected();
```

Im ersten Fall können Sie mit der Methode `WifiP2pManager.requestConnectionInfo` weitere Details zur Verbindung abfragen, indem Sie den aktiven Kanal und einen `ConnectionInfoListener` übergeben (siehe Listing 18.15).

18.3 | Kommunikation mit Bluetooth, NFC und Wi-Fi Peer-to-Peer

```
BroadcastReceiver connectionChangedReceiver = new BroadcastReceiver() {
  @Override
  public void onReceive(Context context, Intent intent) {
    // Entnehme die NetworkInfo.
    String extraKey = WifiP2pManager.EXTRA_NETWORK_INFO;
    NetworkInfo networkInfo =
      (NetworkInfo)intent.getParcelableExtra(extraKey);

    // Sind wir verbunden?
    if (networkInfo.isConnected()) {
      mWifiP2pManager.requestConnectionInfo(mWifiDirectChannel,
        new WifiP2pManager.ConnectionInfoListener() {
          public void onConnectionInfoAvailable(WifiP2pInfo info) {
            // Wenn die Verbindung steht ...
            if (info.groupFormed) {
              // Wenn dies der Server ist ...
              if (info.isGroupOwner) {
                // TODO Initialisiere den Server-Socket.
              }
              // Wenn dies der Client ist ...
              else if (info.groupFormed) {
                // TODO Initialisiere den Client-Socket.
              }
            }
          }
        });
    } else {
      Log.d(TAG, "Wi-Fi Direct Disconnected.");
    }
  }
};
```
Listing 18.14 Verbinden mit einem Wi-Fi Direct-Peer

Der `ConnectionInfoListener` startet seine Handler-Methode `onConnectionInfoAvailable`, wenn die Verbindungsdetails verfügbar werden, und übergibt ein `WifiP2pInfo`-Objekt, das diese Details enthält.

Beim Aufbau einer Verbindung wird eine Gruppe bestehend aus den verbundenen Peers gebildet. Der Initiator der Verbindung wird als Gruppenbesitzer zurückgegeben und übernimmt typischerweise (aber nicht unbedingt) die Rolle des Servers für die weitere Kommunikation.

> **Hinweis**
>
> Jede P2P-Verbindung wird als Gruppe betrachtet, auch wenn diese Verbindung ausschließlich zwischen zwei Peers besteht.

Nachdem Sie eine Verbindung hergestellt haben, können Sie Standard-TCP/IP-Sockets verwenden, um Daten zwischen den Geräten zu übertragen.

18.3.4 Daten zwischen Peers übertragen

Da die Besonderheiten einer bestimmten Datenübertragungsimplementierung den Rahmen dieses Buches sprengen, beschreibt dieser Abschnitt nur den grundlegenden Prozess der Datenübertragung zwischen angeschlossenen Geräten über Sockets.

Um eine Socket-Verbindung herzustellen, muss ein Gerät einen `ServerSocket` erstellen, der auf Verbindungsanforderungen wartet, und das andere Gerät muss einen Client-`Socket` erstellen, der Verbindungsanforderungen stellt.

Erstellen Sie einen neuen Server-seitigen Socket mit der Klasse `ServerSocket` und geben Sie einen Port an, auf dem Sie auf Anfragen warten können. Rufen Sie seine Methode `accept` asynchron auf, um auf eingehende Anfragen zu warten (siehe Listing 18.16).

```
Socket mServerClient;
int port = 8666;

private void startWifiDirectServer() {
  try {
    ServerSocket serverSocket = new ServerSocket(port);
    mServerClient = serverSocket.accept();
    // TODO Versende über mServerClient Nachrichten
  } catch (IOException e) {
    Log.e(TAG, e.getMessage(), e);
  }
}
```

Listing 18.15 Server-Socket erstellen

Um eine Verbindung vom Client-Gerät anzufordern, erstellen Sie einen `Socket` und verwenden Sie asynchron dessen Methode `connect`, indem Sie die Host-Adresse des Zielgeräts, einen Port für die Verbindung und einen Timeout für die Verbindungsanforderung angeben (siehe Listing 18.17).

18.4 | Kommunikation mit Bluetooth, NFC und Wi-Fi Peer-to-Peer

```java
int timeout = 10000;
int port = 8666;

private void startWifiDirectClient(String hostAddress) {
  Socket socket = new Socket();

  InetSocketAddress socketAddress
    = new InetSocketAddress(hostAddress, port);

  try {
    socket.bind(null);
    socket.connect(socketAddress, timeout);
    listenForWiFiMessages(socket);
  } catch (IOException e) {
    Log.e(TAG, "IO Exception.", e);
  }
}
```
Listing 18.16 Client-Socket erstellen

Wie der `ServerSocket`-Aufruf `accept` ist auch der Aufruf `connect` ein blockierender Aufruf, der nach dem Aufbau der Socket-Verbindung zurückkehrt, so dass beide immer aus dem Hintergrund aufgerufen werden müssen.

Nachdem die Sockets eingerichtet wurden, können Sie `InputStreams` und `OutputStreams` auf den Server- oder Client-seitigen Sockets erstellen, um Daten bidirektional zu senden und zu empfangen.

> **Hinweis**
>
> Netzwerkkommunikationen wie die hier beschriebenen sollten immer auf einem Hintergrund-Thread behandelt werden, um das Blockieren des Oberflächen-Threads zu vermeiden. Dies ist insbesondere beim Aufbau der Netzwerkverbindung der Fall, da sowohl die Server- als auch die Client-seitige Logik das Blockieren von Aufrufen beinhaltet, die die Benutzeroberfläche stören.

18.4 Near Field Communication

NFC ist eine kontaktlose Technologie zur Übertragung kleiner Datenmengen über sehr kurze Distanzen (typischerweise weniger als 4 Zentimeter).

NFC-Übertragungen können zwischen zwei NFC-fähigen Geräten oder zwischen einem Gerät und einem NFC-Tag erfolgen. Tags können von passiven Tags, die beim Scannen eine URL übertragen, bis hin zu komplexen Systemen, wie sie in NFC-Zahlungslösungen wie Google Pay verwendet werden, reichen.

NFC-Nachrichten in Android werden über das NFC Data Exchange Format (NDEF) verarbeitet.

Um NFC-Nachrichten lesen, schreiben oder verteilen zu können, benötigt Ihre Anwendung die NFC-Manifestberechtigung:

```
<uses-permission android:name="android.permission.NFC" />
```

18.4.1 NFC-Tags lesen

Wenn ein Android-Gerät zum Scannen eines NFC-Tags verwendet wird, dekodiert das System die eingehende Payload mit seinem eigenen Tag-Dispatch-System, das das Tag analysiert, die Daten kategorisiert und einen Intent verwendet, um eine Anwendung zum Empfang der Daten zu starten.

Damit Ihre Anwendung NFC-Daten empfängt, müssen Sie einen Activity-Intent-Filter hinzufügen, der auf eine der folgenden Intent-Aktionen wartet:

- **NfcAdapter.ACTION_NDEF_DISCOVERED**: Die höchste Priorität und spezifischste der NFC-Nachrichten. Intents mit dieser Aktion sind MIME-Typen oder URI-Daten. Es ist ratsam, diese Sendung zu überwachen, wann immer es möglich ist, da die zusätzlichen Daten es Ihnen ermöglichen, genauer zu definieren, auf welche Tags Sie reagieren sollen.

- **NfcAdapter.ACTION_TECH_DISCOVERED**: Diese Aktion wird gesendet, wenn die NFC-Technologie bekannt ist, aber das Tag keine Daten enthält oder Daten enthält, die nicht auf einen MIME-Typ oder eine URI abgebildet werden können.

- **NfcAdapter.ACTION_TAG_DISCOVERED**: Wenn ein Tag von einer unbekannten Technologie empfangen wird, wird es mit dieser Aktion gesendet.

Listing 18.18 zeigt, wie man eine Activity registriert, die nur auf NFC-Tags reagiert, die einer URI entsprechen, die auf meinen Blog zeigt.

```
<activity android:name=".BlogViewer">
  <intent-filter>
    <action android:name="android.nfc.action.NDEF_DISCOVERED"/>
    <category android:name="android.intent.category.DEFAULT"/>
    <data android:scheme="http"
          android:host="blog.radioactiveyak.com"/>
  </intent-filter>
</activity>
```

Listing 18.17 Auf NFC Tags reagieren

18.4 | Kommunikation mit Bluetooth, NFC und Wi-Fi Peer-to-Peer

Es ist ratsam, Ihre NFC-Intent-Filter so spezifisch wie möglich zu gestalten, um die Anzahl der Anwendungen, die auf ein bestimmtes NFC-Tag reagieren können, zu minimieren und die beste und schnellste Benutzerführung zu bieten.

In vielen Fällen reichen Intent-Daten/URI und MIME-Typ aus, damit Ihre Anwendung entsprechend reagieren kann. Bei Bedarf ist die von einer NFC-Message gelieferte Payload jedoch über Extras innerhalb des Intents, der Ihre Activity gestartet hat, verfügbar.

Das Extra `NfcAdapter.EXTRA_TAG` enthält ein rohes Tag-Objekt, das das gescannte Tag repräsentiert. Das Extra `NfcAdapter.EXTRA_TNDEF_MESSAGES` enthält ein Array von NDEF-Nachrichten (siehe Listing 18.19).

```
String action = getIntent().getAction();

if (NfcAdapter.ACTION_NDEF_DISCOVERED.equals(action)) {
  Parcelable[] messages
    = getIntent().getParcelableArrayExtra(NfcAdapter.EXTRA_NDEF_MESSAGES);

  if (messages != null) {
    for (Parcelable eachMessage : messages) {
      NdefMessage message = (NdefMessage) eachMessage;
      NdefRecord[] records = message.getRecords();

      if (records != null) {
        for (NdefRecord record : records) {
          String payload = new String(record.getPayload());
          Log.d(TAG, payload);
        }
      }
    }
  }
}
```

Listing 18.18 NFC Tag Nutzlasten auslesen

18.4.2 Das Dispatch-System im Vordergrund nutzen

Standardmäßig bestimmt das Tag-Dispatch-System basierend auf dem Standardprozess der Intent-Auflösung, welche Anwendung ein bestimmtes Tag erhalten soll. In diesem Prozess hat die Vordergrund-Activity keine Priorität gegenüber anderen Anwendungen. Wenn also alle Anwendungen registriert sind, um ein Tag des gescannten Typs zu erhalten, wird der Benutzer aufgefordert, die zu verwendende Anwendung auszuwählen, selbst wenn Ihre Anwendung zu diesem Zeitpunkt im Vordergrund steht.

Mit dem Vordergrund-Dispatch-System können Sie eine bestimmte Activity als vorrangig kennzeichnen, so dass sie zum Standardempfänger wird, wenn sie im Vordergrund steht. Das Vordergrund-Dispatching kann mit den Methoden enableForegroundDispatch und disableForegroundDispatch auf dem NfcAdapter umgeschaltet werden.

Das Vordergrund-Dispatching kann nur verwendet werden, wenn sich eine Activity im Vordergrund befindet, daher sollte es von Ihrem onResume- beziehungsweise onPause-Handler aus aktiviert und deaktiviert werden (siehe Listing 18.20). Die Parameter zur Aktivierung von enableForegroundDispatch werden im folgenden Beispiel beschrieben.

```
NfcAdapter mNFCAdapter;

@Override
protected void onNewIntent(Intent intent) {
  super.onNewIntent(intent);

  setIntent(intent);
  processIntent(intent);
}

@Override
public void onPause() {
  super.onPause();
  mNFCAdapter.disableForegroundDispatch(this);
}

@Override
public void onResume() {
  super.onResume();
  mNFCAdapter.enableForegroundDispatch(
    this,
    // Intent zum Verpacken des Tag-Intents
    nfcPendingIntent,
    // Array von IntentFiltern, um zu deklarieren, welche
    // Intents abgefangen werden sollen.
    intentFiltersArray,
    // Array von Tag-Technologien, die behandelt werden sollen
    techListsArray);
}
```

Listing 18.19 Aktivieren und Deaktivieren des Vordergrund-Dispatch-Systems

18.4 | Kommunikation mit Bluetooth, NFC und Wi-Fi Peer-to-Peer

Das `IntentFiltersArray` sollte die URIs oder MIME-Typen deklarieren, die Sie abfangen möchten. Alle empfangenen Tags, die diese Kriterien nicht erfüllen, werden mit dem Standard-Tag-Dispatching-System behandelt. Um eine gute Systemkonsistenz zu gewährleisten, ist es wichtig, dass Sie nur den Tag-Inhalt angeben, den Ihre Anwendung verarbeitet.

Sie können die erhaltenen Tags weiter verfeinern, indem Sie die zu behandelnden Technologien explizit angeben, typischerweise durch Hinzufügen der `NfcF`-Klasse.

Schließlich wird der Pending-Intent vom NFC-Adapter gefüllt, um das empfangene Tag direkt an Ihre Anwendung zu senden.

Listing 18.21 zeigt den Pending-Intent, das MIME-Typ-Array und das Technologie-Array, das verwendet wird, um das Vordergrund-Dispatching in Listing 18.20 zu ermöglichen.

```
private NfcAdapter mNFCAdapter;

private int NFC_REQUEST_CODE = 0;

private PendingIntent mNFCPendingIntent;
private IntentFilter[] mIntentFiltersArray;
private String[][] mTechListsArray;

@Override
protected void onCreate(Bundle savedInstanceState) {
  super.onCreate(savedInstanceState);
  setContentView(R.layout.activity_main);

  // Hole den NFC Adapter.
  NfcManager nfcManager = (NfcManager)getSystemService(Context.NFC_SERVICE);
  mNFCAdapter = nfcManager.getDefaultAdapter();

  // Erzeuge den PendingIntent.
  int flags = 0;
  Intent nfcIntent = new Intent(this, getClass());
  nfcIntent.addFlags(Intent.FLAG_ACTIVITY_SINGLE_TOP);

  mNFCPendingIntent =
    PendingIntent.getActivity(this, NFC_REQUEST_CODE, nfcIntent, flags);

  // Erstelle einen auf den URI- oder MIME-Typ beschränkten
  // Intent-Filter, um Tag-Scans abzufangen.
```

```
IntentFilter tagIntentFilter =
  new IntentFilter(NfcAdapter.ACTION_NDEF_DISCOVERED);
tagIntentFilter.addDataScheme("http");
tagIntentFilter.addDataAuthority("blog.radioactiveyak.com", null);
mIntentFiltersArray = new IntentFilter[] { tagIntentFilter };

// Erzeuge ein Array von zu behandelnden Technologies.
mTechListsArray = new String[][] {
  new String[] {
    NfcF.class.getName()
  }
};

// Verarbeite den Intent, der die Activity startet.
String action = getIntent().getAction();
if (NfcAdapter.ACTION_NDEF_DISCOVERED.equals(action))
  processIntent(getIntent());
}
```

Listing 18.20 Vordergrund-Dispatching-Parameter konfigurieren

18.5 Android Beam

Android Beam bietet einer Anwendung eine einfache API, um Daten zwischen zwei Android-Geräten per NFC zu übertragen, indem man sie einfach Rücken an Rücken platziert. Beispielsweise verwenden die systemeigenen Kontakte, Browser und YouTube-Apps Android Beam, um den aktuell angezeigten Kontakt, die Webseite beziehungsweise das Video freizugeben.

> **Hinweis**
>
> Um Nachrichten zu senden, muss Ihre Anwendung im Vordergrund stehen und das Gerät, das die Daten empfängt, darf nicht gesperrt sein.
>
> Android Beam wird initiiert, indem zwei NFC-fähige Android-Geräte aneinander gehalten werden. Der Benutzer erhält einen »Touch to Beam«-Dialog, mit dem er die Vordergrundapplikation auf das andere Gerät »beamen« kann.

Bei der Aktivierung von Android Beam für Ihre Anwendung können Sie die Payload der gesendeten Nachricht definieren. Wenn Sie die Nachricht nicht anpassen, wird die Standardaktion für Ihre Anwendung darin bestehen, sie auf dem Zielgerät zu starten. Wenn Ihre Anwendung nicht auf dem Zielgerät installiert ist, startet der Google Play Store und zeigt die Detailseite Ihrer Anwendung an.

18.5 | Kommunikation mit Bluetooth, NFC und Wi-Fi Peer-to-Peer

Um die Nachricht zu definieren, die Ihre Anwendung sendet, müssen Sie die NFC-Berechtigung im Manifest anfordern:

```
<uses-permission android:name="android.permission.NFC"/>
```

Der Prozess zur Definition einer eigenen benutzerdefinierten Payload wird wie folgt beschrieben:

1. Erstellen Sie ein `NdefMessage`-Objekt, das einen `NdefRecord` enthält, der Ihre Payload-Nachricht enthält.
2. Weisen Sie Ihre `NdefMessage` dem NFC-Adapter als Ihre Android Beam-Payload zu.
3. Konfigurieren Sie Ihre Anwendung so, dass sie auf eingehende Android Beam-Nachrichten wartet.

18.5.1 Erstellen von Android Beam-Nachrichten

Um eine `NdefMessage` zu erstellen, erstellen Sie ein `NdefMessage`-Objekt, das mindestens einen `NdefRecord` enthält, der die Payload enthält, die Sie an Ihre Anwendung auf dem Zielgerät übertragen möchten.

Beim Anlegen eines `NdefRecords` müssen Sie den Typ des Records, einen MIME-Typ, eine ID und eine Payload angeben. Sie können mehrere gängige Arten von `NdefRecord` verwenden, um Daten mit Android Beam zu übertragen. Beachten Sie, dass dies immer der erste Datensatz sein sollte, der zu jeder übertragenen Nachricht hinzugefügt wird.

Mit dem Typ `NdefRecord.TNF_MIME_MEDIA` können Sie eine absolute URI übertragen:

```
NdefRecord uriRecord = new NdefRecord(
  NdefRecord.TNF_ABSOLUTE_URI,
  "http://blog.radioactiveyak.com".getBytes(Charset.forName("US-ASCII")),
  new byte[0], new byte[0]);
```

Dies ist der häufigste `NdefRecord`, der mit Android Beam übertragen wird, da der empfangene Intent die gleiche Form hat wie jeder Intent, der zum Starten einer Activity verwendet wird. Der Intent-Filter, der verwendet wird, um zu entscheiden, welche NFC-Nachrichten eine bestimmte Activity erhalten soll, kann die Attribute `scheme`, `host` und `pathPrefix` verwenden.

Wenn Sie Nachrichten übertragen müssen, die Informationen enthalten, die nicht einfach als URI interpretiert werden können, unterstützt der Typ `NdefRecord.TNF_MIME_MEDIA` die Erstellung eines anwendungsspezifischen MIME-Typs und die Aufnahme der zugehörigen Payload-Daten:

```
String mimeType = "application/com.professionalandroid.apps.nfcbeam";
String payload = "Keine URI";
byte[] tagId = new byte[0];

NdefRecord mimeRecord
  = new NdefRecord(NdefRecord.TNF_MIME_MEDIA,
                   mimeType.getBytes(Charset.forName("US-ASCII")),
                   tagId,
                   payload.getBytes(Charset.forName("US-ASCII")));
```

Eine ausführlichere Übersicht über die verfügbaren `NdefRecord`-Typen und deren Verwendung finden Sie im Android Developer Guide unter *d.android.com/guide/topics/nfc/nfc.html#creating-records*.

Bei der Erstellung Ihrer `NdefMessage` ist es sinnvoll, zusätzlich zu Ihrem Payload-Record einen `NdefRecord` in Form eines Android Application Record (AAR) einzufügen. Dies garantiert, dass Ihre Anwendung auf dem Zielgerät gestartet wird und dass, wenn Ihre Anwendung nicht installiert ist, der Google Play Store gestartet wird, damit der Benutzer sie installieren kann.

Um einen AAR-`NdefRecord` zu erstellen, verwenden Sie die statische Methode `createApplicationRecord` der Klasse `NdefRecord` und geben den Package-Namen Ihrer Anwendung an:

```
NdefRecord.createApplicationRecord("com.professionalandroid.apps.nfcbeam")
```

Wenn Ihre `NdefRecord`-Objekte erstellt wurden, erstellen Sie eine neue `NdefMessage`, die in einem Array Ihrer `NdefRecord`-Objekte übergeben wird (siehe Listing 18.22).

```
String payload = "Zwei, die sich anbeamen";
String mimeType = "application/com.professionalandroid.apps.nfcbeam";
byte[] tagId = new byte[0];

NdefMessage nfcMessage = new NdefMessage(new NdefRecord[] {
  // Erzeuge die NFC-Payload
  new NdefRecord(NdefRecord.TNF_MIME_MEDIA,
                 mimeType.getBytes(Charset.forName("US-ASCII")),
                 tagId,
                 payload.getBytes(Charset.forName("US-ASCII"))),

  // Füge die AAR (Android Application Record) hinzu
  NdefRecord.createApplicationRecord("com.professionalandroid.apps.nfcbeam")
});
```

Listing 18.21 Erstellen einer Android Beam NdefMessage

18.5.2 Die Android Beam-Payload zuweisen

Sie geben Ihre Android Beam-Payload über den `NfcAdapter` an. Sie können auf den Standard-`NfcAdapter` über die statische Methode `getDefaultAdapter` der Klasse `NfcAdapter` zugreifen:

```
NfcAdapter nfcAdapter = NfcAdapter.getDefaultAdapter(this);
```

Sie haben zwei Möglichkeiten, die in Listing 18.23 erstellte `NdefMessage` als Android Beam-Payload Ihrer Anwendung anzugeben. Der einfachste Weg ist, mit der Methode `setNdefPushMessage` eine Nachricht zuzuweisen, die immer von der aktuellen Activity gesendet werden soll, wenn Android Beam gestartet wird. In der Regel nehmen Sie diese Zuordnung einmalig aus der Methode `onResume` Ihrer Activity heraus vor:

```
nfcAdapter.setNdefPushMessage(nfcMessage, this);
```

Eine bessere Alternative ist die Methode `setNdefPushMessageCallback`. Dieser Handler wird unmittelbar vor dem Beamen Ihrer Nachricht ausgelöst, so dass Sie den Inhalt der Nutzlast dynamisch auf der Grundlage des aktuellen Kontexts der Anwendung einstellen können, zum Beispiel, welches Video gerade angesehen wird, welche Webseite durchsucht wird oder welche Kartenkoordinaten zentriert sind (siehe Listing 18.23).

```
private void setBeamMessage() {
  NfcAdapter nfcAdapter = NfcAdapter.getDefaultAdapter(this);
  nfcAdapter.setNdefPushMessageCallback(
    new NfcAdapter.CreateNdefMessageCallback() {

      public NdefMessage createNdefMessage(NfcEvent event) {
        String payload = "Beam me up, Android!\n\n" +
                         "Beam Time: " + System.currentTimeMillis();

        NdefMessage message = createMessage(payload);

        return message;
      }
    }, this);
}

private NdefMessage createMessage(String payload) {
  String mimeType = "application/com.professionalandroid.apps.nfcbeam";
  byte[] tagId = new byte[0];

  NdefMessage nfcMessage = new NdefMessage(new NdefRecord[] {
```

```
    // Erzeuge die NFC Payload
    new NdefRecord(NdefRecord.TNF_MIME_MEDIA,
                mimeType.getBytes(Charset.forName("US-ASCII")),
                tagId,
                payload.getBytes(Charset.forName("US-ASCII"))),

    // Füge einen AAR (Android Application Record) hinzu
    NdefRecord.createApplicationRecord("com.professionalandroid.apps.nfcbeam")
    });

    return nfcMessage;
}
```
Listing 18.22 Die Android Beam-Message dynamisch einstellen

Wenn Sie sowohl eine statische als auch eine dynamische Nachricht über den Callback-Handler absetzen, wird nur die letztere übertragen.

18.5.3 Android Beam Messages empfangen

Android Beam-Nachrichten werden ähnlich wie NFC-Tags empfangen, wie bereits in diesem Kapitel beschrieben. Um die Payload zu erhalten, die Sie in Listing 18.22 und Listing 18.23 verpackt haben, fügen Sie zunächst einen neuen Intent-Filter zu Ihrer Activity hinzu (siehe Listing 18.24).

```
<intent-filter>
    <action android:name="android.nfc.action.NDEF_DISCOVERED"/>
    <category android:name="android.intent.category.DEFAULT"/>
    <data android:mimeType="application/com.professionalandroid.apps.nfcbeam"/>
</intent-filter>
```
Listing 18.23 Android Beam Intent Filter

Die zugehörige Activity wird auf dem Empfängergerät gestartet, wenn ein Android Beam gestartet wurde. Wenn Ihre Anwendung nicht installiert ist, wird der Google Play Store gestartet, damit der Benutzer sie herunterladen kann.

Die Beam-Daten werden mit der Aktion `NfcAdapter.ACTION_NDEF_DISCOVERED` und der Payload, die als Array von `NdfMessage` über das Extra `NfcAdapter.EXTRA_NDEF_MESSAGES` gespeichert ist, an Ihre Activity geliefert (siehe Listing 18.25).

18.5 | Kommunikation mit Bluetooth, NFC und Wi-Fi Peer-to-Peer

```
Parcelable[] messages
  = getIntent().getParcelableArrayExtra(NfcAdapter.EXTRA_NDEF_MESSAGES);

if (messages != null) {
  NdefMessage message = (NdefMessage) messages[0];
  if (message != null) {
    NdefRecord record = message.getRecords()[0];

    String payload = new String(record.getPayload());
    Log.d(TAG, "Payload: " + payload);
  }
}
```
Listing 18.24 Auslesen der Android Beam Payload

Typischerweise wird der Payload-String in Form einer URI vorliegen, so dass Sie ihn wie die in einem Intent gekapselten Daten auslesen und bearbeiten können, um die entsprechenden Video-, Webseiten- oder Kartenkoordinaten anzuzeigen.

Kapitel 19
In den Startbildschirm eindringen

Inhalt
■ Erstellen und Aktualisieren von Startbildschirm Widgets
■ Erstellen und Aktualisieren des Collection-basierten Startbildschirm Widgets
■ Live-Wallpaper erstellen
■ Erstellen von statischen und dynamischen App-Shortcuts
■ Aktualisieren und Entfernen von dynamischen App-Shortcuts

Wrox.com Code-Downloads für dieses Kapitel

Die Code-Downloads für dieses Kapitel finden Sie unter www.wrox.com auf der Registerkarte Download-Code. Der Code für dieses Kapitel ist in die folgenden Hauptbeispiele unterteilt:

- Snippets_ch19.zip
- Earthquake_ch19_Part1.zip
- Earthquake_ch19_Part2.zip

19.1 Den Startbildschirm anpassen

Mit Widgets, Live-Wallpapers und App-Shortcuts können Sie ein Stück Ihrer Anwendung direkt auf den Startbildschirm des Benutzers bringen, indem Sie diese Features in Ihre App integrieren:

19.2 | In den Startbildschirm eindringen

- Benutzer erhalten sofortigen Zugriff auf die Prioritätsfunktionalität.
- Benutzer können wichtige Informationen sehen, ohne eine Anwendung öffnen zu müssen.
- Benutzer erhalten einen Einstiegspunkt zu Ihren Anwendungen direkt auf dem Startbildschirm.

Ein Startbildschirm-Widget, Live-Wallpaper oder App-Shortcut erhöht die Benutzerfreundlichkeit, verringert die Wahrscheinlichkeit, dass eine Anwendung deinstalliert wird, und erhöht die Wahrscheinlichkeit, dass sie eingesetzt wird.

19.2 Startbildschirm-Widgets

Startbildschirm-Widgets, genauer gesagt AppWidgets, sind visuelle Anwendungskomponenten, die anderen Anwendungen hinzugefügt werden können. Die gebräuchlichste Variante von AppWidgets ist die Möglichkeit, ein interaktives Teil Ihrer Anwendung direkt in den Startbildschirm einzubetten. Ein gutes AppWidget liefert nützliche, prägnante und aktuelle Informationen bei minimalem Stromverbrauch.

Widgets können eigenständige Anwendungen sein, sind aber häufiger eine Funktion einer größeren Anwendung – wie zum Beispiel die Kalender- und Gmail-App-Widgets.

Abbildung 19.1 zeigt ein Beispiel für AppWidgets aus einigen Anwendungen von Google, die dem Startbildschirm hinzugefügt wurden.

> **Hinweis**
>
> Der spezifische Prozess zum Hinzufügen, Verschieben, Ändern der Größe und Entfernen von AppWidgets hängt vom Typ und der Version des auf Ihrem Gerät installierten Startbildschirms ab. Um ein AppWidget zum Startbildschirm der aktuellen Pixel- und Nexus-Starter hinzuzufügen, drücken Sie lange auf ein leeres Feld und wählen Sie Widgets. Sie erhalten eine Liste der verfügbaren Widgets, die Sie Ihrem Startbildschirm hinzufügen können.
>
> Nachdem Sie ein Widget hinzugefügt haben, können Sie es verschieben, indem Sie es lange drücken und über den Bildschirm ziehen. Um die Größe eines Widgets zu ändern, drücken Sie lange auf das Widget und lassen Sie es los. Sie sehen kleine Indikatoren an den Rändern des Widgets, die zur Größenänderung gezogen werden können.
>
> Entfernen Sie Widgets, indem Sie sie in das Mülltonnensymbol oder das Entfern-Label am oberen oder unteren Rand des Bildschirms ziehen.

Startbildschirm-Widgets | **19.2**

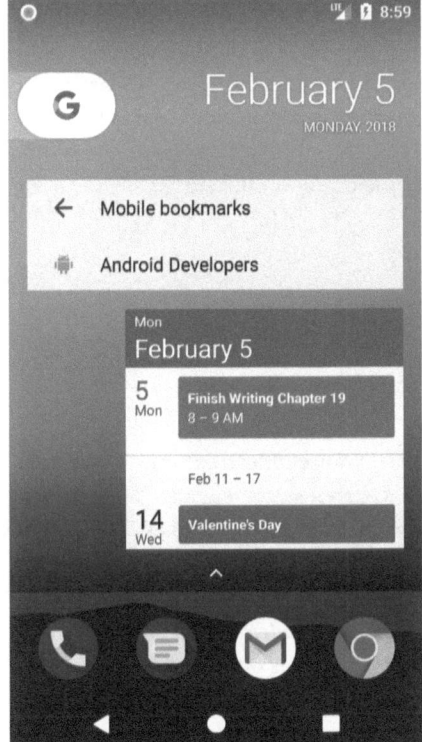

Abbildung 19.1 Widgets auf dem Startbildschirm

AppWidgets sind als BroadcastReceiver implementiert. Sie verwenden `RemoteViews`, um die Widget-Oberfläche zu modifizieren, die Sie innerhalb einer View-Hierarchie definieren, die von anderen Anwendungsprozessen betrieben wird.

Ein AppWidget benötigt drei Komponenten:

- Eine XML-Layout-Ressource zur Definition der Benutzeroberfläche
- Eine XML-Datei zur Beschreibung der AppWidget Metadaten
- Eine BroadcastReceiver-Erweiterung zur Implementierung des Widgets

Sie können beliebig viele Widgets für eine einzelne Anwendung erstellen oder eine Anwendung haben, die nur aus einem Widget besteht. Es ist sogar möglich, eine Anwendung ohne Widgets zu haben, was ein besonders einfaches Muster ist, das wir dem Leser als Übung überlassen.

Wenn ein Widget zu einer Anwendung hinzugefügt wird – wie zum Beispiel dem Startbildschirm – wird es im Prozess dieser übergeordneten Anwendung ausgeführt. Widgets wecken das Gerät aus dem Energiesparmodus, basierend auf der Aktualisierungsrate, um sicherzustellen, dass es auf dem neuesten Stand ist, wenn es das nächste Mal sichtbar ist. Dies kann einen erheblichen Einfluss auf die Akkulaufzeit haben, so dass Sie als Entwickler bei der Erstellung Ihrer Widgets besonders vorsichtig sein müssen, um die Aktualisierungsrate so niedrig wie möglich einzustellen, und dass der Code, der innerhalb der Aktualisierungsmethode ausgeführt wird, leicht und effizient ist.

19.2.1 Das Widget-Layout definieren

Der erste Schritt bei der Erstellung Ihres Widgets besteht darin, das Layout der Benutzeroberfläche (UI) zu entwerfen und zu implementieren.

Es gibt Design-Richtlinien für die Steuerung der Layoutgröße und des visuellen Stylings eines Widgets. Ersteres wird starr durchgesetzt, während letzteres nur eine Orientierungshilfe ist. Visuell werden Widgets oft neben anderen systemeigenen Widgets oder Widgets von Drittanbietern angezeigt, daher ist es wichtig, dass Ihre Widgets den Design-Standards entsprechen – insbesondere weil Widgets am häufigsten auf dem Startbildschirm verwendet werden. Sie finden die Details auf der Android Developers Widget Design Guidelines Seite, unter *developer.android.com/guide/practices/ui_guidelines/widget_design.html* und die Material Design Widget Guidelines unter *material.io/design/platform-guidance/android-widget.html#behavior*.

AppWidgets unterstützen transparente Hintergründe und erlauben die Verwendung von NinePatches und teilweise transparenten Drawable-Ressourcen. Es geht über den Rahmen dieses Buches hinaus, den von Google geförderten Widget-Stil im Detail zu beschreiben, aber beachten Sie die Beschreibungen, die unter den oben angegebenen Links zu den Richtlinien der Widget Benutzeroberfläche verfügbar sind.

Sie erstellen die Benutzeroberfläche Ihres Widgets wie andere visuelle Komponenten in Android, wie in Kapitel 5 beschrieben, jedoch mit einigen Einschränkungen. Am besten definieren Sie Ihr Widget-Layout mit Hilfe von XML als externe Layout-Ressource, aber es ist auch möglich, Ihre Benutzeroberfläche innerhalb der Methode `onCreate` des `BroadcastReceivers` programmgesteuert zu gestalten.

Aus Sicherheits- und Performancegründen werden AppWidget-Layouts in der Activity als `RemoteViews` entfaltet, die eine begrenzte Anzahl von Layouts und Views unterstützen.

Unterstützte Layouts sind beschränkt auf:

- `FrameLayout`
- `LinearLayout`

- RelativeLayout
- GridLayout

Die darin enthaltenen Views sind auf die folgenden beschränkt:

- Button
- Chronometer
- ImageButton
- ImageView
- ProgressBar
- TextView
- ViewFlipper

Im Abschnitt über die CollectionView-Widgets erfahren Sie auch, wie Sie die folgenden Collection-basierten Views in Ihren Widget-Layouts verwenden können:

- AdapterViewFlipper
- GridView
- ListView
- StackView

Listing 19.1 zeigt eine XML-Layout-Ressource zur Definition der Benutzeroberfläche eines AppWidgets. Beachten Sie, dass das Padding automatisch zu Ihren Widget-Layouts hinzugefügt wird, so dass Sie kein zusätzliches Padding innerhalb Ihres Layouts hinzufügen sollten. Beachten Sie auch, dass wir die Breite und Höhe des Layouts auf match_parent setzen. Wie Sie die Mindestgröße Ihres Widgets festlegen, erfahren Sie im folgenden Abschnitt.

```xml
<?xml version="1.0" encoding="utf-8"?>
<LinearLayout
  xmlns:android="http://schemas.android.com/apk/res/android"
  android:orientation="horizontal"
  android:layout_width="match_parent"
  android:layout_height="match_parent">
  <ImageView
    android:id="@+id/widget_image"
    android:layout_width="wrap_content"
    android:layout_height="wrap_content"
    android:src="@drawable/icon"
  />
```

19.2 | In den Startbildschirm eindringen

```
    <TextView
      android:id="@+id/widget_text"
      android:layout_width="fill_parent"
      android:layout_height="fill_parent"
      android:text="@string/widget_text"
    />
</LinearLayout>
```
Listing 19.1 AppWidget XML-Layout-Ressource

19.2.2 Widget-Größe und andere Meta-Daten definieren

Der Android-Startbildschirm ist in ein Raster von Zellen unterteilt, die je nach Gerät in Größe und Anzahl variieren. Es ist ratsam, eine minimale Höhe und Breite für Ihr Widget anzugeben, die erforderlich ist, um sicherzustellen, dass es in einem guten Standardzustand angezeigt wird.

Wenn Ihre Mindestabmessungen nicht mit den genauen Abmessungen der Zellen des Startbildschirms übereinstimmen, wird die Größe Ihres Widgets aufgerundet, um die Zellen zu füllen, in die es sich erstreckt.

Sie können die ungefähre minimale Höhe und Breite bestimmen, die erforderlich sind, um sicherzustellen, dass Ihr Widget in eine bestimmte Anzahl von Zellen passt:

```
Min. Höhe oder Breite = 70dp * (Zellenzahl) - 30dp
```

Sie geben die minimale Widget-Größe an, weisen ein Layout zu, legen die Aktualisierungsrate fest und definieren andere Widget-Einstellungen und Metadaten in der XML-Ressource Widget-Definition, die im Ordner *res/xml* Ihres Projekts gespeichert ist.

Verwenden Sie das Tag `appwidget-provider`, um die Widget-Metadaten mit den folgenden Attributen zu beschreiben:

- `initialLayout`: Die Layout-Ressource, die zur Definition des Oberflächenlayouts des Widgets verwendet werden soll.

- `minWidth` und `minHeight`: Die minimale Breite und minimale Höhe des Widgets.

- `resizeMode`: Mit der Einstellung des Resize-Modus können Sie die Richtung festlegen, in der das Widget in der Größe verändert werden kann. Verwenden Sie dazu eine Kombination aus horizontal und vertikal oder deaktivieren Sie die Größenänderung, indem Sie es auf none setzen. Es ist empfehlenswert, alle Größenanpassungsmodi für Ihr Widget zu unterstützen.

- `label`: Der Titel, der von Ihrem Widget im App Widget Picker verwendet wird.

- `updatePeriodMillis`: Der minimale Zeitraum zwischen Aktualisierungen von Widgets in Millisekunden. Android weckt das Gerät, um Ihr Widget mit dieser Rate zu aktualisieren, also sollten Sie mindestens eine Stunde angeben. Der AppWidget-Manager liefert nicht häufiger als alle 30 Minuten Updates. Weitere Einzelheiten zu dieser und anderen Aktualisierungstechniken finden Sie später in diesem Kapitel.

- `configure`: Sie können optional eine voll qualifizierte Activity angeben, die gestartet wird, wenn Ihr Widget zum Startbildschirm hinzugefügt wird. Diese Activity kann verwendet werden, um Widget-Einstellungen und Benutzereinstellungen festzulegen. Die Verwendung einer Konfigurations-Activity ist im Abschnitt über Widget-Konfigurations-Activities beschrieben.

- `icon`: Standardmäßig verwendet Android das Symbol Ihrer Anwendung, wenn Sie Ihr Widget im AppWidget-Picker präsentieren. Geben Sie eine Drawable Ressource an, um ein anderes Symbol zu verwenden.

- `previewImage`: Eine Drawable Ressource, die genau darstellt, wie Ihr Widget aussehen wird, wenn es zum Startbildschirm hinzugefügt wird. Dies wird vom AppWidget-Picker als Vorschau angezeigt.

Listing 19.2 zeigt die Widget-Definitionsressourcendatei für ein Widget, das mindestens zwei mal zwei Zellen groß ist, das einmal pro Stunde aktualisiert wird und die im vorherigen Abschnitt definierte Layout-Ressource verwendet.

```xml
<?xml version="1.0" encoding="utf-8"?>
<appwidget-provider
    xmlns:android="http://schemas.android.com/apk/res/android"
    android:initialLayout="@layout/my_widget_layout"
    android:minWidth="110dp"
    android:minHeight="110dp"
    android:label="@string/widget_label"
    android:updatePeriodMillis="360000"
    android:resizeMode="horizontal|vertical"
    android:previewImage="@drawable/widget_preview"
/>
```

Listing 19.2 App Widget-Provider-Definition

19.2.3 Das Widget implementieren

Widgets sind als `BroadcastReceiver` implementiert, die `IntentFilter` spezifizieren, die auf die Broadcast Intent Aktionen

- `AppWidget.ACTION_APPWIDGET_UPDATE`,
- `AppWidget.ACTION_APPWIDGET_DELETED`,

19.2 | In den Startbildschirm eindringen

- `AppWidget.ACTION_APPWIDGET_ENABLED` und
- `AppWidget.ACTION_APPWIDGET_DISABLED`

reagieren und die entsprechenden Aktionen ausführen.

Die Klasse `AppWidgetProvider` kapselt die Intent-Verarbeitung und stellt Ihnen Event-Handler für jede Intent-Aktion zur Verfügung (siehe Listing 19.3).

```
public class SkeletonAppWidget extends AppWidgetProvider {

  static void updateAppWidget(Context context,
                              AppWidgetManager appWidgetManager,
                              int appWidgetId) {

    // TODO Aktualisiere die Oberfläche des angegebenen Widgets
  }

  @Override
  public void onUpdate(Context context,
                       AppWidgetManager appWidgetManager,
                       int[] appWidgetIds) {
    // Iteriere die Widgets, erzeuge dabei ein RemoteView und
    // weise das modifizierte RemoteView jedem Widget zu.
    for (int appWidgetId : appWidgetIds)
      updateAppWidget(context, appWidgetManager, appWidgetId);
  }

  @Override
  public void onDeleted(Context context, int[] appWidgetIds) {
    // TODO Reagiere auf die Löschung des Widgets
    super.onDeleted(context, appWidgetIds);
  }

  @Override
  public void onDisabled(Context context) {
    // TODO Das Widget wurde deaktiviert
    super.onDisabled(context);
  }

  @Override
  public void onEnabled(Context context) {
    // TODO Das Widget wurde aktiviert
    super.onEnabled(context);
  }
}
```

Listing 19.3 AppWidget-Implementierung

Wie alle Anwendungskomponenten müssen Widgets zum Anwendungsmanifest hinzugefügt werden. Da sie als `BroadcastReceiver` implementiert sind, verwenden Sie das Tag `receiver` und fügen die folgenden zwei Elemente hinzu (siehe Listing 19.4):

- Ein `IntentFilter` für die Aktion `android.appwidget.action.APPWIDGET_UPDATE`

- Ein Metadatenknoten, der den Namen `android.appwidget.provider` mit der XML-Ressourcendatei des Appwidget-Providers verknüpft, die Ihre Widget-Einstellungen beschreibt

```
<receiver android:name=".SkeletonAppWidget">
  <intent-filter>
    <action android:name="android.appwidget.action.APPWIDGET_UPDATE" />
  </intent-filter>
  <meta-data
    android:name="android.appwidget.provider"
    android:resource="@xml/widget_settings"
  />
</receiver>
```
Listing 19.4 App Widget Manifest Knoten

19.2.4 Aktualisieren der Widget-Oberfläche mit dem AppWidgetManager und RemoteViews

Die Klasse `RemoteViews` wird als Proxy zu einer View-Hierarchie verwendet, die innerhalb des Prozesses einer anderen Anwendung betrieben wird. Dies fügt eine Sicherheitsebene hinzu, indem Sie eine Property ändern oder eine Methode auf einer View ausführen können, während sie in einer anderen Anwendung ausgeführt wird – aber ohne direkt mit ihr interagieren zu können.

Um das Aussehen der Views in Ihren Widgets zur Laufzeit zu aktualisieren, müssen Sie `RemoteViews` erstellen und ändern, um sie darzustellen, und diese Änderungen dann mit dem `AppWidgetManager` anwenden. Zu den unterstützten Änderungen gehören das Ändern der Sichtbarkeit, des Textes oder der Images einer View und das Hinzufügen von Click-Listenern.

RemoteViews erstellen und bearbeiten

Um ein `RemoteViews`-Objekt zu erzeugen, übergeben Sie den Namen des Packages Ihrer Anwendung und die Layout-Ressource, die Sie bearbeiten möchten, an den `RemoteViews`-Konstruktor (siehe Listing 19.5).

```
RemoteViews views = new RemoteViews(context.getPackageName(),
                        R.layout.widget_layout);
```
Listing 19.5 RemoteViews erzeugen

19.2 | In den Startbildschirm eindringen

`RemoteViews` enthalten eine Reihe von Methoden, die Zugriff auf viele der Eigenschaften und Methoden der von ihnen repräsentierten Views bieten.

Die vielseitigste dieser Methoden ist eine Sammlung von Set-Methoden, mit denen Sie einen Zielmethodennamen angeben können, der auf einer remote betriebenen View ausgeführt werden soll. Diese Methoden unterstützen die Übergabe eines einwertigen Parameters, einen für jeden primitiven Typ, einschließlich `boolean`, `integer`, `byte`, `char` und `float`, sowie Strings, Bitmaps, Bundles und URI-Parameter:

```
// Lege das ImageLevel für eine ImageView fest
views.setInt(R.id.widget_image_view, "setImageLevel", 2);
// Mache den Cursor einer TextView sichtbar
views.setBoolean(R.id.widget_text_view, "setCursorVisible", true);
// Weise einem ImageButton ein Image zu
views.setBitmap(R.id.widget_image_button, "setImageBitmap", myBitmap);
```

Die Änderungen, die Sie hier vornehmen, wirken sich nicht auf die laufenden Instanzen Ihrer Widgets aus, bis Sie sie anwenden, wie im folgenden Abschnitt beschrieben.

Eine Reihe von Methoden, die für bestimmte View-Klassen spezifisch sind, sind ebenfalls verfügbar, einschließlich Methoden zum Ändern von `TextViews`, `ImageViews` und `ProgressBars`:

```
// Aktualisiere eine TextView
views.setTextViewText(R.id.widget_text, "Updated Text");
views.setTextColor(R.id.widget_text, Color.BLUE);
// Aktualisiere eine ImageView
views.setImageViewResource(R.id.widget_image, R.drawable.icon);
// Aktualisiere einen ProgressBar
views.setProgressBar(R.id.widget_progressbar, 100, 50, false);
```

Sie können die Sichtbarkeit einer beliebigen View innerhalb eines `RemoteViews`-Layouts einstellen, indem Sie `setViewVisibility` aufrufen:

```
views.setViewVisibility(R.id.widget_text, View.INVISIBLE);
```

Bisher haben Sie das `RemoteViews`-Objekt, das die View-Hierarchie im AppWidget repräsentiert, modifiziert, aber nicht angewendet. Damit Ihre Änderungen wirksam werden, müssen Sie den `AppWidgetManager` verwenden.

RemoteViews auf Widgets anwenden

Um die Änderungen an `RemoteViews` zur Laufzeit auf Widgets anzuwenden, verwenden Sie die Methode `updateAppWidget` des `AppWidgetManagers`, indem Sie die Bezeichner

19.2 Startbildschirm-Widgets

eines oder mehrerer zu aktualisierenden Widgets und die zu verwendende View des Widgets übergeben:

`appWidgetManager.updateAppWidget(appWidgetIds, remoteViews);`

Überschreiben Sie die Handler-Methode `onEnabled` Ihres `AppWidgetProvider`-Objekts, um Änderungen an Ihrer Widget-Oberfläche vorzunehmen, wenn diese zum ersten Mal instanziiert und auf dem Startbildschirm des Benutzers platziert wird (siehe Listing 19.6).

Um zeitgesteuerte Aktualisierungen auf Ihre Widgets anzuwenden, überschreiben Sie die Handler-Methode `onUpdate`. Dieser Handler erhält den `AppWidgetManager` und das Array der zu aktualisierenden `AppWidget`-Instanz-IDs als Parameter. Es ist am besten, über das Widget-ID-Array zu iterieren, so dass Sie jedem Widget unterschiedliche Oberflächenwerte basierend auf seinem Bezeichner und allen zugehörigen Konfigurationseinstellungen zuweisen können (siehe Listing 19.6).

```
static void updateAppWidget(Context context,
                    AppWidgetManager appWidgetManager,
                    int appWidgetId) {

  // Erzeuge ein RemoteViews-Objekt
  RemoteViews views = new RemoteViews(context.getPackageName(),
                          R.layout.widget_layout);

  // TODO Aktualisiere die Oberfläche

  // Informiere den AppWidgetManager, dass er das Widget
  // mit dem RemoteViews-Objekt modifizieren soll.
  appWidgetManager.updateAppWidget(appWidgetId, views);
}

@Override
public void onUpdate(Context context,
                    AppWidgetManager appWidgetManager,
                    int[] appWidgetIds) {
  // Iteriere durch jedes Widget und erstelle ein RemoteViews-Objekt.
  // Wende dabei die geänderten RemoteViews auf jedes Widget an.
  for (int appWidgetId : appWidgetIds)
    updateAppWidget(context, appWidgetManager, appWidgetId);
}

@Override
public void onEnabled(Context context) {
  AppWidgetManager appWidgetManager =
    AppWidgetManager.getInstance(context);
```

19.2 | In den Startbildschirm eindringen

```
  ComponentName skeletonAppWidget =
    new ComponentName(context, SkeletonAppWidget.class);
  int[] appWidgetIds =
    appWidgetManager.getAppWidgetIds(skeletonAppWidget);

  updateAppWidgets(context, appWidgetManager, appWidgetIds, pendingResult);
}
```
Listing 19.6 Fernzugriff innerhalb des Update-Handlers des App Widget-Providers

Sie können Ihre Widgets auch direkt von einem Service, einer Activity oder einem BroadcastReceiver aus aktualisieren. Um dies zu tun, erhalten Sie eine Referenz auf den `AppWidgetManager`, indem Sie dessen statische Methode `getInstance` aufrufen und im aktuellen Kontext übergeben:

```
AppWidgetManager appWidgetManager
  = AppWidgetManager.getInstance(this);
```

Sie können dann die Methode `getAppWidgetIds` auf die `AppWidgetManager`-Instanz anwenden, um Bezeichner zu finden, die jede aktuell laufende Instanz des angegebenen AppWidgets repräsentieren:

```
// Ruft die Bezeichner für jede Instanz des gewählten Widgets ab.
ComponentName thisWidget = new ComponentName(this, SkeletonAppWidget.class);
int[] appWidgetIds = appWidgetManager.getAppWidgetIds(thisWidget);
```

Um die aktiven Widgets zu aktualisieren, können Sie dem gleichen Muster folgen, das in Listing 19.6 beschrieben ist:

```
for (int appWidgetId : appWidgetIds)
  SkeletonAppWidget.updateAppWidget(this, appWidgetManager, appWidgetId);
```

Beachten Sie, dass der zur Änderung der Widget-Oberfläche verwendete Code in der Methode `updateAppWidget` der Widget-Implementierung enthalten ist. Dies geschieht, um sicherzustellen, dass alle manuellen Änderungen, die Sie eventuell vornehmen, nicht beim nächsten Aktualisieren des Widgets rückgängig gemacht werden.

In allen Fällen ist es sinnvoll, dass das Widget seine eigenen Oberflächen-Updates basierend auf Änderungen an den zugrunde liegenden Daten, wie zum Beispiel einer Room-Datenbank oder Shared Preferences, durchführt.

Widgets werden interaktiv

AppWidgets erben die Berechtigungen der Prozesse, in denen sie ausgeführt werden, und die meisten Startbildschirmanwendungen werden mit vollen Berechtigungen ausgeführt, wodurch die potenziellen Sicherheitsrisiken erheblich sind. Als Ergebnis dieser Sicherheitsimplikationen wird die Interaktivität des Widgets sorgfältig kontrolliert.

Widget-Interaktion ist grundsätzlich auf das Folgende beschränkt:

- Hinzufügen eines `ClickListeners` zu einer oder mehreren Views
- Ändern der Benutzeroberfläche aufgrund von Selektionsänderungen
- Übergang zwischen Views innerhalb eines CollectionView-Widgets

> **Hinweis**
>
> Es gibt keine unterstützte Technik, um Text direkt in ein AppWidget einzugeben. Wenn Sie Texteingaben von Ihrem Widget benötigen, ist es am besten, dem Widget einen ClickListener hinzuzufügen, der eine Activity startet, um Eingaben entgegen zu nehmen.

Der einfachste und mächtigste Weg, um Ihrem Widget Interaktivität beizubringen, ist das Hinzufügen eines `ClickListeners` zu seinen Views. Dies geschieht mit der Methode `setOnClickPendingIntent` auf dem entsprechenden `RemoteViews`-Objekt. Verwenden Sie die Methode `updateAppWidget` des `AppWidgetManagers`, um die aktualisierten `RemoteViews` auf Ihre Widgets anzuwenden, wie bei jeder Änderung der Benutzeroberfläche.

Verwenden Sie diese Methode, um einen `PendingIntent` anzugeben, der ausgelöst wird, wenn der Benutzer auf die angegebene View klickt (siehe Listing 19.7).

```
// Erzeuge einen Intent, um eine Activity zu starten
Intent intent = new Intent(context, MainActivity.class);

// Verpacke ihn in einem PendingIntent, so dass er eine
// andere Anwendung bei Bedarf auslösen kann.
PendingIntent pendingIntent =
  PendingIntent.getActivity(context, 0, intent, 0);

// Löse den PendingIntent aus, wenn die zugehörige View
// angeklickt wird.
views.setOnClickPendingIntent(R.id.widget_text, pendingIntent);

appWidgetManager.updateAppWidget(appWidgetId, views);
```
Listing 19.7 App-Widget mit einem ClickListener versehen

`PendingIntents` (genauer beschrieben in Kapitel 6) ermöglichen es anderen Anwendungen, einen Intent im Auftrag Ihrer Anwendung zu starten. In diesem Fall erlaubt er der Anwendung, Activities oder Services zu starten oder einen Intent so zu senden, als ob er direkt aus Ihrer Anwendung ausgelöst wurde.

Mit dieser Technik können Sie `ClickListener` zu einer oder mehreren der in Ihrem Widget verwendeten Views hinzufügen, die möglicherweise mehrere Aktionen unterstützen.

19.2.5 Aktualisieren der Widget-Daten und der Benutzeroberfläche erzwingen

Widgets werden meist auf dem Startbildschirm angezeigt. Daher ist es wichtig, dass sie relevant und aktuell gehalten werden. Genauso wichtig ist es, diese Relevanz mit den Auswirkungen Ihres Widgets auf die Systemressourcen – insbesondere die Akkulaufzeit – in Einklang zu bringen. Es gibt verschiedene Techniken, um die Aktualisierungsrate Ihres Widgets zu verwalten.

Der einfachste Ansatz besteht darin, die minimale Aktualisierungsrate für ein Widget über das Attribut `updatePeriodMillis` in der XML-`AppwidgetProvider`-Definition des Widgets festzulegen. Dies wird in Listing 19.8 demonstriert, wo das Widget einmal pro Stunde aktualisiert wird.

```xml
<?xml version="1.0" encoding="utf-8"?>
<appwidget-provider
  xmlns:android="http://schemas.android.com/apk/res/android"
  android:initialLayout="@layout/widget_layout"
  android:minWidth="110dp"
  android:minHeight="110dp"
  android:label="@string/widget_label"
  android:resizeMode="horizontal|vertical"
  android:previewImage="@drawable/widget_preview"
  android:updatePeriodMillis="3600000"
/>
```

Listing 19.8 Mindest-Aktualisierungsrate des App Widgets einstellen

Wenn Sie diesen Wert setzen, wird ein sich wiederholender `BroadcastIntent` eingeplant, der die Handler-Methode `onUpdate` Ihres Widgets mit der angegebenen Rate auslöst.

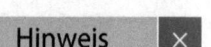

> **Hinweis**
>
> Das Gerät wacht auf, um diese Aktualisierungen abzuschließen, das heißt, sie werden auch dann abgeschlossen, wenn sich das Gerät im Standby-Modus befindet. Dies hat das Potenzial, dass erhebliche Ressourcen abfließen, daher ist es sehr wichtig, die Auswirkungen Ihrer Aktualisierungsrate zu berücksichtigen. In den meisten Fällen sendet das System nicht häufiger als alle 30 Minuten ein minimales Aktualisierungssignal.

19.2 | Startbildschirm-Widgets

Diese Technik sollte verwendet werden, um die unterste Rate zu definieren, mit der Ihr Widget aktualisiert werden muss. Im Allgemeinen ist die Verwendung eines Servers optimal, der normalerweise durch Firebase Cloud Messaging initiiert wird, wie in Kapitel 11 über Arbeiten im Hintergrund beschrieben. Wenn Aktualisierungen aufgrund von Client-seitigen Änderungen oder zeitabhängigen Triggern erforderlich sind, sollte die Aktualisierungsrate höchstens stündlich und idealerweise nicht mehr als ein bis zwei Mal pro Tag betragen.

`AppWidgets` sind als `BroadcastReceiver` implementiert, so dass Sie Updates und Aktualisierungen der Benutzeroberfläche auslösen können, indem Sie sie mit expliziten `BroadcastIntents` aus Ihrer Anwendung heraus ansprechen. Wenn Ihr Widget häufige Aktualisierungen benötigt, sollten Sie ein ereignisgesteuertes Modell implementieren, um es bei Bedarf zu aktualisieren, anstatt die Mindestabrufhäufigkeit zu erhöhen.

Listing 19.9 erstellt ein neues `BroadcastIntent`, das explizit auf das zuvor definierte Widget abzielt und gleichzeitig eine Aktion enthält, die es ihm erlaubt, zu verstehen, wie es reagieren soll.

```
Intent forceWidgetUpdate = new Intent(this, SkeletonAppWidget.class);
forceWidgetUpdate.setAction(SkeletonAppWidget.FORCE_WIDGET_UPDATE);
sendBroadcast(forceWidgetUpdate);
```

Listing 19.9 Ein Broadcast-Intent an ein App-Widget senden

Indem Sie die Handler-Methode `onReceive` des Widgets ändern (siehe Listing 19.10), können Sie auf diesen `BroadcastIntent` warten und ihn verwenden, um Ihr Widget zu aktualisieren.

```
public static String FORCE_WIDGET_UPDATE =
  "com.paad.mywidget.FORCE_WIDGET_UPDATE";

@Override
public void onReceive(Context context, Intent intent) {
  super.onReceive(context, intent);

  if (FORCE_WIDGET_UPDATE.equals(intent.getAction())) {
    // TODO Aktualisiere Widget
  }
}
```

Listing 19.10 App Widgets auf Basis von Broadcast Intents aktualisieren

Dieser Ansatz ist besonders nützlich, wenn Sie auf Datenaktualisierungen innerhalb Ihrer Anwendung oder eine Benutzeraktion wie das Anklicken von Buttons auf dem Widget selbst reagieren möchten.

19.2 | In den Startbildschirm eindringen

Um die in Ihrem Widget angezeigten Daten zu aktualisieren, müssen Sie unter Umständen Daten asynchron laden, beispielsweise solche, die in einer SQL- oder Room-Datenbank gespeichert sind. Da `AppWidgets` als `BroadcastReceiver` implementiert sind, können Sie die gleichen Techniken verwenden, um Receiver-Tasks asynchron auszuführen, um Ihr Widget zu aktualisieren.

Insbesondere können Sie `goAsync` aufrufen, um zu signalisieren, dass Sie eine asynchrone Operation durchführen werden, und das resultierende `PendingResult` an Ihre statische `update`-Methode übergeben (siehe Listing 19.11).

```
@Override
public void onReceive(final Context context, final Intent intent) {
  super.onReceive(context, intent);

  // Kündigt einen asynchronen Vorgang an.
  final PendingResult pendingResult = goAsync();

  if (FORCE_WIDGET_UPDATE.equals(intent.getAction())) {
    AppWidgetManager appWidgetManager =
      AppWidgetManager.getInstance(context);
    ComponentName skeletonAppWidget =
      new ComponentName(context, SkeletonAppWidget.class);
    int[] appWidgetIds =
      appWidgetManager.getAppWidgetIds(skeletonAppWidget);

    updateAppWidgets(context, appWidgetManager, appWidgetIds, pendingResult);
  }
}

static void updateAppWidgets(final Context context,
                             final AppWidgetManager appWidgetManager,
                             final int[] appWidgetIds,
                             final PendingResult pendingResult) {
  // Erzeuge einen Thread zum asynchronen Laden von Daten.
  Thread thread = new Thread() {
    public void run() {

      // TODO Lade die Daten von der Datenbank.
      // TODO Aktualisiere die Oberfläche.

      // Aktualisiere alle hinzugefügten Widgets.
      for (int appWidgetId : appWidgetIds)
        appWidgetManager.updateAppWidget(appWidgetId, views);
```

```
      if (pendingResult != null)
        pendingResult.finish();
    }
  };
  thread.start();
}

@Override
public void onUpdate(Context context,
                    AppWidgetManager appWidgetManager,
                    int[] appWidgetIds) {
  PendingResult pendingResult = goAsync();
  updateAppWidgets(context, appWidgetManager, appWidgetIds, pendingResult);
}

@Override
public void onEnabled(Context context) {
  final PendingResult pendingResult = goAsync();

  AppWidgetManager appWidgetManager =
    AppWidgetManager.getInstance(context);
  ComponentName skeletonAppWidget =
    new ComponentName(context, SkeletonAppWidget.class);
  int[] appWidgetIds =
    appWidgetManager.getAppWidgetIds(skeletonAppWidget);

  updateAppWidgets(context, appWidgetManager, appWidgetIds, pendingResult);
}
```

Listing 19.11 Ein App Widget mit asynchron geladenen Daten aktualisieren

19.2.6 Widget-Konfigurations-Activity erstellen und verwenden

Es ist oft nützlich, Benutzern die Möglichkeit zu geben, ein Widget zu konfigurieren, bevor sie es zu ihrem Startbildschirm hinzufügen. Richtig gemacht, können Sie es Benutzern ermöglichen, mehrere Instanzen desselben Widgets hinzuzufügen, jede mit einem etwas anderen Zweck – zum Beispiel das Wetter an verschiedenen Orten oder den Inhalt verschiedener E-Mail-Postfächer.

Eine `AppWidgetConfigurationActivity` wird sofort gestartet, wenn ein Widget zum Startbildschirm hinzugefügt wird. Dies kann jede Activity innerhalb Ihrer Anwendung sein, vorausgesetzt, sie hat einen `IntentFilter` für die Aktion `APPWIDGET_CONFIGURE`, wie in Listing 19.12 gezeigt.

19.2 | In den Startbildschirm eindringen

```xml
<activity
  android:name=".MyWidgetConfigurationActivity"
  android:label="@string/title_activity_my_widget_configuration">
  <intent-filter>
    <action android:name="android.appwidget.action.APPWIDGET_CONFIGURE"/>
  </intent-filter>
</activity>
```
Listing 19.12 AppWidgetConfigurationActivity Manifesteintrag

Um einem Widget eine `ConfigurationActivity` zuzuweisen, müssen Sie diese mit dem Tag `configure` zur Einstellungsdatei des `AppWidgetProviders` hinzufügen. Die Activity muss durch ihren vollqualifizierten Package-Namen spezifiziert werden, wie hier gezeigt:

```xml
<?xml version="1.0" encoding="utf-8"?>
<appwidget-provider
  xmlns:android="http://schemas.android.com/apk/res/android"
  android:initialLayout="@layout/widget_layout"
  android:minWidth="110dp"
  android:minHeight="110dp"
  android:label="@string/widget_label"
  android:updatePeriodMillis="360000"
  android:resizeMode="horizontal|vertical"
  android:previewImage="@mipmap/ic_launcher"
  android:configure=
    "com.professionalandroid.apps.widgetsnippets.MyWidgetConfigurationActivity"
  />
```

Der Intent, der die `ConfigurationActivity` startet, enthält eine `EXTRA_APPWIDGET_ID`, die die ID des zu konfigurierenden AppWidgets enthält.

Stellen Sie innerhalb der Activity einen Dialog zur Verfügung, der es dem Benutzer ermöglicht, die Konfiguration abzuschließen und zu bestätigen. Zu diesem Zeitpunkt sollte die Activity das Ergebnis auf `RESULT_OK` setzen und einen Intent zurückgeben. Der zurückgegebene Intent muss ein Extra enthalten, das die ID des Widgets beschreibt, das über die Konstante `EXTRA_APPWIDGET_ID` konfiguriert wird. Dieser Aufbau ist in Listing 19.13 dargestellt.

```java
private int appWidgetId = AppWidgetManager.INVALID_APPWIDGET_ID;

@Override
public void onCreate(Bundle savedInstanceState) {
  super.onCreate(savedInstanceState);
  setContentView(R.layout.activity_my_widget_configuration);
```

```java
  Intent intent = getIntent();
  Bundle extras = intent.getExtras();
  if (extras != null) {
    appWidgetId = extras.getInt(
      AppWidgetManager.EXTRA_APPWIDGET_ID,
      AppWidgetManager.INVALID_APPWIDGET_ID);
  }

  // Setze das Ergebnis auf abgebrochen, wenn der Benutzer die
  // Activity verlässt, ohne die Konfigurationseinstellungen
  // zu übernehmen. Das Widget wird nicht platziert.
  setResult(RESULT_CANCELED, null);
}

private void completedConfiguration() {
  // Sichere die Konfigurationseinstellungen für die Widget ID.

  // Informiere den WidgetManager, dass die Konfiguration fertig ist.
  Intent result = new Intent();
  result.putExtra(AppWidgetManager.EXTRA_APPWIDGET_ID, appWidgetId);
  setResult(RESULT_OK, result);
  finish();
}
```

Listing 19.13 Rahmen einer `AppWidgetConfigurationActivity`

Es liegt in Ihrer Verantwortung, die vom Benutzer gewählten Konfigurationsoptionen zu speichern und beim Aktualisieren von Widgets auf Basis der Widget-ID anzuwenden.

19.3 Ein Erdbeben-Widget erzeugen

Die folgenden Anweisungen, die das Erdbeben-Beispiel erweitern, zeigen Ihnen, wie Sie ein neues Startbildschirm-Widget erstellen, um Details zum letzten Erdbeben anzuzeigen. Die Benutzeroberfläche für dieses Widget ist einfach; wir lassen es als eine Übung für den Leser, sie anzupassen, damit sie den Widget-Richtlinien entspricht.

Wenn Sie das Widget fertiggestellt und dem Startbildschirm hinzugefügt haben, erscheint es, wie in Abbildung 19.2 zu sehen ist.

Mit einer Kombination der zuvor beschriebenen Aktualisierungstechniken wartet dieses Widget auf `BroadcastIntents`, die eine Aktualisierung ankündigen, und stellt die minimale Aktualisierungsrate ein, um sicherzustellen, dass es mindestens einmal pro Tag aktualisiert wird.

19.3 | In den Startbildschirm eindringen

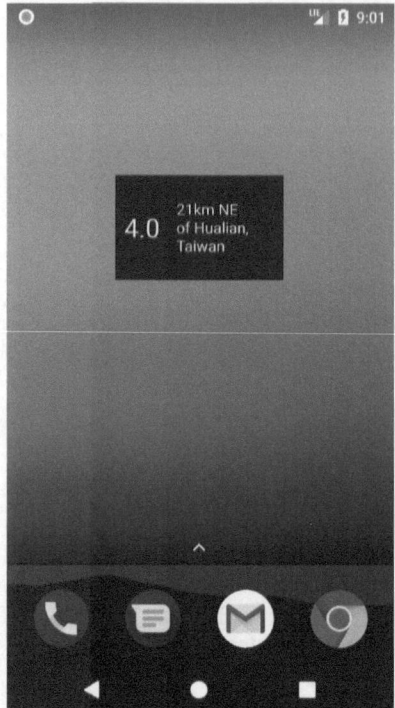

Abbildung 19.2 Das Erdbeben-Widget

1. Beginnen Sie damit, neue String-Ressourcen zu erstellen, die angezeigt werden, wenn kein Erdbeben vorliegt:

   ```
   <resources>
     [... Existierende Ressourcen ...]
     <string name="widget_blank_magnitude">---</string>
     <string name="widget_blank_details">No Earthquakes</string>
   </resources>
   ```

2. Erstellen Sie ein Layout für die Widget-Oberfläche als XML-Ressource. Speichern Sie die Datei *quake_widget.xml* im Ordner *res/layout*. Verwenden Sie ein LinearLayout zur Anordnung der TextViews, die die Größe und den Ort des Bebens anzeigen:

   ```
   <?xml version="1.0" encoding="utf-8"?>
   <LinearLayout
     xmlns:android="http://schemas.android.com/apk/res/android"
     android:orientation="horizontal"
     android:layout_width="match_parent"
     android:layout_height="match_parent"
     android:background="@color/colorPrimaryDark">
   ```

```xml
<TextView
    android:id="@+id/widget_magnitude"
    android:text="@string/widget_blank_magnitude"
    android:textColor="#FFFFFFFF"
    android:layout_width="wrap_content"
    android:layout_height="match_parent"
    android:textSize="24sp"
    android:padding="8dp"
    android:gravity="center_vertical"
/>
<TextView
    android:id="@+id/widget_details"
    android:layout_width="match_parent"
    android:layout_height="match_parent"
    android:gravity="center_vertical"
    android:padding="8dp"
    android:text="@string/widget_blank_details"
    android:textColor="#FFFFFFFF"
    android:textSize="14sp"
/>
</LinearLayout>
```

3. Erstellen Sie einen Rumpf für eine Klasse `EarthquakeWidget`, die `AppWidgetProvider` erweitert. Sie werden sich dieser Klasse wieder zuwenden, um Ihr Widget mit den neuesten Erdbeben-Details zu aktualisieren:

```java
public class EarthquakeWidget extends AppWidgetProvider {
}
```

4. Erstellen Sie eine neue Widget-Definitionsdatei, *quake_widget_info.xml*, und legen Sie sie in den Ordner *res/xml*. Setzen Sie die minimale Aktualisierungsrate auf einmal pro Tag und stellen Sie die Widget-Dimensionen auf zwei Zellen breit und eine Zelle hoch ein – 110dp x 40dp. Verwenden Sie das in Schritt 2 erstellte Widget-Layout für das Einstiegslayout:

```xml
<?xml version="1.0" encoding="utf-8"?>
<appwidget-provider
    xmlns:android="http://schemas.android.com/apk/res/android"
    android:initialLayout="@layout/quake_widget"
    android:minHeight="40dp"
    android:minWidth="110dp"
    android:resizeMode="horizontal|vertical"
    android:updatePeriodMillis="86400000">
</appwidget-provider>
```

19.3 | In den Startbildschirm eindringen

5. Fügen Sie Ihr Widget dem Anwendungsmanifest hinzu, einschließlich eines Verweises auf die in Schritt 4 erstellte Widget-Definitionsressource und der Registrierung eines `IntentFilters` für die `AppWidget`-Aktion:

```
<receiver android:name=".EarthquakeWidget">
  <intent-filter>
    <action android:name="android.appwidget.action.APPWIDGET_UPDATE" />
  </intent-filter>
  <meta-data
    android:name="android.appwidget.provider"
    android:resource="@xml/quake_widget_info"
  />
</receiver>
```

6. Ändern Sie die Klasse `EarthquakeDAO` und fügen Sie eine neue Methode hinzu, um die Erdbebendatenbank nach dem neuesten Erdbeben abzufragen:

```
@Query("SELECT * FROM earthquake ORDER BY mDate DESC LIMIT 1")
Earthquake getLatestEarthquake();
```

7. Wenden Sie sich wieder der Klasse `EarthquakeWidget` aus Schritt 2 zu und erstellen Sie eine statische Methode `updateAppWidgets`, die einen Hintergrund-Thread erstellt, um Widgets mit dem Ergebnis aus Schritt 6 zu aktualisieren. Wir rufen `finish` über den `PendingResult`-Parameter auf, um den Empfänger darüber zu informieren, dass die asynchrone Arbeit abgeschlossen ist:

```
static void updateAppWidgets(final Context context,
                             final AppWidgetManager appWidgetManager,
                             final int[] appWidgetIds,
                             final PendingResult pendingResult) {
  Thread thread = new Thread() {
    public void run() {

      Earthquake lastEarthquake
        = EarthquakeDatabaseAccessor.getInstance(context)
            .earthquakeDAO().getLatestEarthquake();

      pendingResult.finish();
    }
  };
  thread.start();
}
```

8. Erstellen Sie innerhalb der Methode updateAppWidget ein neues RemoteViews-Objekt, um den von den TextView-Elementen des Widgets angezeigten Text so einzustellen, dass er die Größe und den Ort des letzten Erdbebens anzeigt. Verwenden Sie auch die Methode setOnClickPendingIntent, um die Haupt-Activity des Erdbebens zu öffnen, wenn das Widget angeklickt wird:

```
static void updateAppWidgets(final Context context,
                    final AppWidgetManager appWidgetManager,
                    final int[] appWidgetIds,
                    final PendingResult pendingResult) {
  Thread thread = new Thread() {
    public void run() {

      Earthquake lastEarthquake
        = EarthquakeDatabaseAccessor.getInstance(context)
            .earthquakeDAO().getLatestEarthquake();

      boolean lastEarthquakeExists = lastEarthquake != null;

      String lastMag = lastEarthquakeExists ?
        String.valueOf(lastEarthquake.getMagnitude()) :
            context.getString(R.string.widget_blank_magnitude);

      String details = lastEarthquakeExists ?
        lastEarthquake.getDetails() :
        context.getString(R.string.widget_blank_details);

      RemoteViews views = new RemoteViews(context.getPackageName(),
                              R.layout.quake_widget);

      views.setTextViewText(R.id.widget_magnitude, lastMag);
      views.setTextViewText(R.id.widget_details, details);

      // Erzeuge einen PendingIntent, der die Haupt-Activity startet
      Intent intent = new Intent(context, EarthquakeMainActivity.class);
      PendingIntent pendingIntent =
        PendingIntent.getActivity(context, 0, intent, 0);

      views.setOnClickPendingIntent(R.id.widget_magnitude,
                              pendingIntent);
      views.setOnClickPendingIntent(R.id.widget_details,
                              pendingIntent);
```

19.3 | In den Startbildschirm eindringen

```
        // Aktualisiere alle hinzugefügten Widgets
        for (int appWidgetId : appWidgetIds)
          appWidgetManager.updateAppWidget(appWidgetId, views);

        pendingResult.finish();
      }
    };
    thread.start();
  }
```

9. Überschreiben Sie die Handler-Methode `onUpdate`. Verwenden Sie die Methode `goAsync`, um anzugeben, dass die Aktualisierungen asynchron behandelt werden, und rufen Sie `updateAppWidgets` auf, um jedes Widget zu aktualisieren, das ein Update erfordert:

```
@Override
public void onUpdate(Context context,
                     AppWidgetManager appWidgetManager,
                     int[] appWidgetIds) {
  PendingResult pendingResult = goAsync();
  updateAppWidgets(context, appWidgetManager,
                   appWidgetIds, pendingResult);
}
```

10. Überschreiben Sie auch die Handler-Methode `onEnabled`. Diese wird ausgelöst, wenn das erste Widget hinzugefügt wird, und anschließend, wenn alle verfügbaren Widgets für eine Anwendung aktiviert werden, nachdem sie deaktiviert wurden. Rufen Sie `goAsync` auf, bevor Sie `updateAppWidgets` aufrufen, wobei Sie alle aktuell platzierten Instanzen dieses Widgets übergeben:

```
@Override
public void onEnabled(Context context) {
  final PendingResult pendingResult = goAsync();

  AppWidgetManager appWidgetManager =
    AppWidgetManager.getInstance(context);
  ComponentName earthquakeWidget =
    new ComponentName(context, EarthquakeWidget.class);
  int[] appWidgetIds =
    appWidgetManager.getAppWidgetIds(earthquakeWidget);

  updateAppWidgets(context, appWidgetManager,
                   appWidgetIds, pendingResult);
}
```

Ihr Widget ist nun einsatzbereit und wird mit neuen Erdbebendetails aktualisiert, wenn es zum Startbildschirm hinzugefügt wird und danach alle 24 Stunden.

19.3 | Ein Erdbeben-Widget erzeugen

11. Erweitern Sie das Widget, um es zu aktualisieren, wenn die Erdbeben-Datenbank aktualisiert wird. Erstellen Sie innerhalb der Klasse `EarthquakeWidget` einen neuen Aktions-String, der in einem Intent verwendet wird, um anzuzeigen, dass ein neues `Earthquake` zur Datenbank hinzugefügt wurde. Überschreiben Sie die Methode `onReceive`, um eine Prüfung für diese Aktion hinzuzufügen, wenn ein neuer Intent empfangen wird, und verwenden Sie `updateAppWidgets`, um jedes platzierte Widget zu aktualisieren. Rufen Sie die Superklasse auf, um sicherzustellen, dass die Standard-Widget Event-Handler weiterhin ausgelöst werden:

```java
public static final String NEW_QUAKE_BROADCAST =
  "com.paad.earthquake.NEW_QUAKE_BROADCAST";

@Override
public void onReceive(Context context, Intent intent){
  super.onReceive(context, intent);

  if (NEW_QUAKE_BROADCAST.equals(intent.getAction())) {
    PendingResult pendingResult = goAsync();

    AppWidgetManager appWidgetManager =
      AppWidgetManager.getInstance(context);
    ComponentName earthquakeWidget =
      new ComponentName(context, EarthquakeWidget.class);
    int[] appWidgetIds =
      appWidgetManager.getAppWidgetIds(earthquakeWidget);

    updateAppWidgets(context, appWidgetManager,
                appWidgetIds, pendingResult);
  }
}
```

12. Ändern Sie innerhalb des `EarthquakeUpdateJobServices` die Methode `onRunJob`, um einen Intent an das `EarthquakeWidget` mit dem in Schritt 11 definierten Action-String zu senden. Beachten Sie, dass sich ein BroadcastReceiver seit API 26 nicht mehr registrieren kann, um auf einen impliziten Intent innerhalb des Manifests zu warten – stellen Sie also sicher, dass der Intent explizit auf die Klasse `EarthquakeWidget` zielt, und setzen Sie den Action-String:

```java
@Override
public int onRunJob(final JobParameters job) {
  // Ergebnis-ArrayList der gelesenen Earthquakes
  ArrayList<Earthquake> earthquakes = new ArrayList<>(0);
```

19.4 | In den Startbildschirm eindringen

```
URL url;
try {

  [... Lade und lese den Earthquake XML Feed ...]
  [... Bearbeite Notifications ...]

  EarthquakeDatabaseAccessor
    .getInstance(getApplicationContext())
    .earthquakeDAO()
    .insertEarthquakes(earthquakes);

  // Aktualisiere das Earthquake Widget
  Intent newEarthquake = new Intent(this, EarthquakeWidget.class);
  newEarthquake.setAction(EarthquakeWidget.NEW_QUAKE_BROADCAST);
  sendBroadcast(newEarthquake);

  [ ... Bearbeite das zukünftige Scheduling ... ]

  return RESULT_SUCCESS;
}
[... Exception Handling ...]
}
```

19.4 CollectionView Widgets

CollectionView Widgets wurden entwickelt, um Daten-Collections, die als Listen, Gitter oder Stapel dargestellt werden, in einer von drei unterstützten Views anzuzeigen:

- `ListView`: Eine traditionelle Scroll-Liste von Elementen. Jedes Element in der zugehörigen Collection wird als Zeile in einer vertikalen Liste angezeigt.

- `GridView`: Ein zweidimensionales Scroll-Gitter, in dem jedes Element innerhalb einer Zelle angezeigt wird. Sie können die Anzahl der Spalten, ihre Breite und den entsprechenden Abstand einstellen.

- `StackView`: Eine Flip-Card-View, die die untergeordneten Views als Stapel anzeigt. Der Stapel dreht sich automatisch durch seine Collection und verschiebt das oberste Element nach hinten, um das darunterliegende freizulegen. Benutzer können manuell zwischen den Elementen wechseln, indem sie nach oben oder unten blättern, um die vorherigen bzw. nächsten Elemente anzuzeigen.

Abbildung 19.3 zeigt jede dieser Views, die in Widgets verwendet werden, die dem Startbildschirm hinzugefügt wurden.

CollectionView Widgets | **19.4**

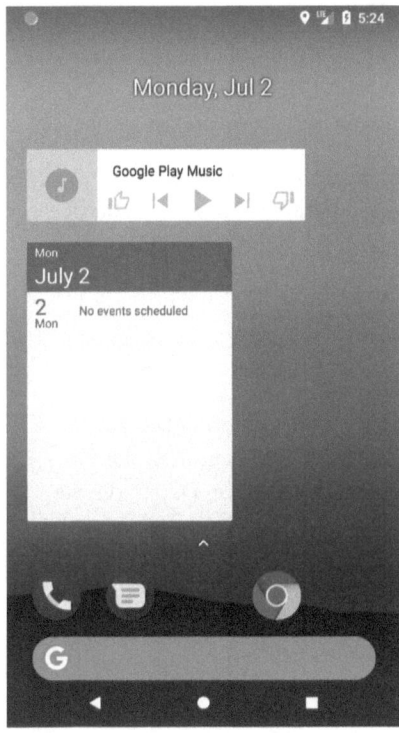

Abbildung 19.3 Collection-Views

Jede dieser Views erweitert die Klasse `AdapterView`. Daher wird die Benutzeroberfläche, die für die Anzeige jedes Elements in der Collection verwendet wird, mit dem von Ihnen angegebenen Layout definiert; die Benutzeroberfläche für jedes Element ist jedoch auf dieselben Views und Layouts beschränkt, die von App Widgets unterstützt werden:

- `FrameLayout`
- `LinearLayout`
- `RelativeLayout`
- `Button`
- `ImageButton`
- `ImageView`
- `ProgressBar`
- `TextView`
- `ViewFlipper`

19.4 | In den Startbildschirm eindringen

CollectionView Widgets können verwendet werden, um eine beliebige Collection von Daten anzuzeigen, aber sie sind besonders nützlich, um dynamische Widgets zu erstellen, die Daten aus einer Datenbank anzeigen.

CollectionView Widgets sind ähnlich wie normale AppWidgets implementiert – mit Hilfe von `AppWidgetProvider` Info-Dateien zur Konfiguration der Widget-Einstellungen, BroadcastReceivern zur Definition ihres Verhaltens und `RemoteViews` zur Änderung der Widgets zur Laufzeit.

Darüber hinaus benötigen Collection-basierte AppWidgets die folgenden Komponenten:

- Eine zusätzliche Layout-Ressource, die das Layout für jedes im Widget angezeigte Element definiert.
- Eine `RemoteViewsFactory`, die als Adapter für Ihr Widget dient, indem sie die Eintrag-Views füllt. Sie erstellt die `RemoteViews` anhand der Definition des Positionslayouts und füllt seine Elemente mit den zugrunde liegenden Daten, die Sie anzeigen möchten.
- Ein `RemoteViewsService`, der die `RemoteViewsFactory` instanziiert und verwaltet.

Mit diesen Komponenten können Sie die `RemoteViewsFactory` verwenden, um jede der Views zu erstellen und zu aktualisieren, die die Elemente in Ihrer Collection darstellen. Dieser Vorgang ist im Abschnitt über das Auffüllen von `CollectionView` Widgets mit einem `RemoteViewsService` beschrieben.

19.4.1 CollectionView Widget Layouts erstellen

CollectionView Widgets erfordern zwei Layout-Definitionen – eine, die entweder eine Stack-, List- oder GridView enthält, und eine andere, die das Layout beschreibt, das von jedem Element innerhalb des Stacks, der Liste oder des Gitters verwendet werden soll.

Wie bei normalen AppWidgets ist es empfehlenswert, Ihre Layouts als externe XML-Layout-Ressourcen zu definieren, wie in Listing 19.14 gezeigt.

```xml
<?xml version="1.0" encoding="utf-8"?>
<FrameLayout
  xmlns:android="http://schemas.android.com/apk/res/android"
  android:layout_width="match_parent"
  android:layout_height="match_parent">
  <StackView
    android:id="@+id/widget_stack_view"
    android:layout_width="match_parent"
    android:layout_height="match_parent"
  />
</FrameLayout>
```

Listing 19.14 Definition des Widget-Layouts für ein Stack-Widget

Listing 19.15 zeigt eine Beispiel-Layout-Ressource zur Beschreibung der Benutzeroberfläche jeder Karte, die vom StackView Widget angezeigt wird.

```xml
<?xml version="1.0" encoding="utf-8"?>
<RelativeLayout
   xmlns:android="http://schemas.android.com/apk/res/android"
   android:layout_width="match_parent"
   android:layout_height="match_parent"
   android:background="#FF555555">
   <TextView
      android:id="@+id/widget_text"
      android:layout_width="fill_parent"
      android:layout_height="wrap_content"
      android:layout_alignParentBottom="true"
      android:gravity="center_horizontal"
      android:text="Place holder text"
   />
   <TextView
      android:id="@+id/widget_title_text"
      android:layout_width="match_parent"
      android:layout_height="match_parent"
      android:layout_above="@id/widget_text"
      android:textSize="30sp"
      android:gravity="center"
      android:text="---"
   />
</RelativeLayout>
```

Listing 19.15 Definieren des Layouts für jedes Element in einem StackView Widget

Das Widget-Layout wird innerhalb der `AppWidgetProvider` Info-Ressource wie bei jedem anderen AppWidget verwendet. Das Item-Layout wird von einer `RemoteViewsFactory` verwendet, um die Views zu erstellen, mit denen jedes Item in der zugrunde liegenden Collection dargestellt wird.

19.4.2 CollectionView Items mit einer RemoteViewsFactory aktualisieren

Die `RemoteViewsFactory` erstellt und füllt die Views, die im `CollectionView`-Widget angezeigt werden, und bindet sie effektiv an die zugrunde liegende Data-Collection.

Um Ihre `RemoteViewsFactory` zu implementieren, erweitern Sie die Klasse `RemoteViewsFactory`.

19.4 | In den Startbildschirm eindringen

Ihre Implementierung sollte die eines benutzerdefinierten Adapters widerspiegeln, der die Stack-, List- oder GridView füllt. Listing 19.16 zeigt eine einfache Implementierung einer `RemoteViewsFactory`, die eine statische `ArrayList` verwendet, um ihre Views zu füllen. Beachten Sie, dass die `RemoteViewsFactory` nicht wissen muss, welche Art von CollectionView Widget verwendet wird, um jedes Element anzuzeigen.

```java
class MyRemoteViewsFactory implements RemoteViewsService.RemoteViewsFactory {

  private ArrayList<String> myWidgetText = new ArrayList<String>();
  private Context context;
  private Intent intent;
  private int widgetId;

  public MyRemoteViewsFactory(Context context, Intent intent) {
    // Optionale Konstruktor-Implementierung,
    // kann Referenzen auf Context und das aufrufende Widget erhalten.
    this.context = context;
    this.intent = intent;

    widgetId = intent.getIntExtra(AppWidgetManager.EXTRA_APPWIDGET_ID,
      AppWidgetManager.INVALID_APPWIDGET_ID);
  }

  // Richte beliebige Verbindungen/Cursor zur Datenquelle ein.
  // Umfangreiche Datenbewegungen wie Downloads sollten  auf
  // onDataSetChanged() oder getViewAt() verlagert werden.
  // Benötigt der Aufruf mehr als 20 Sek, wird eine ANR erzeugt.
  public void onCreate() {
    myWidgetText.add("The");
    myWidgetText.add("quick");
    myWidgetText.add("brown");
    myWidgetText.add("fox");
    myWidgetText.add("jumps");
    myWidgetText.add("over");
    myWidgetText.add("the");
    myWidgetText.add("lazy");
    myWidgetText.add("droid");
  }

  // Wird aufgerufen, wenn die zugrunde liegende Data-Collection
  // geändert wird. Verwende notifyAppWidgetViewDataChanged des
  // AppWidgetManagers, um diesen Handler auszulösen.
```

```java
public void onDataSetChanged() {
  // TODO Änderungen der Data-Collection bearbeiten
}

// Liefere die Anzahl der angezeigten Items
public int getCount() {
  return myWidgetText.size();
}

// Gibt true zurück, wenn die eindeutigen IDs der einzelnen
// Elemente stabil sind, das heißt sich zur Laufzeit nicht ändern.
public boolean hasStableIds() {
  return false;
}

// Gibt die eindeutige ID des Items für den index zurück
public long getItemId(int index) {
  return index;
}

// Anzahl der View-Definitionen, normalerweise 1
public int getViewTypeCount() {
  return 1;
}

// Optionale Lade-View. Wird angezeigt, bevor onDataSetChanged
// aufgerufen wird. null, um die Standardeinstellung zu verwenden.
public RemoteViews getLoadingView() {
  return null;
}

// Erzeuge und fülle View für den angegebenen index
public RemoteViews getViewAt(int index) {
  // Erzeuge View für den angegebenen index
  RemoteViews rv = new RemoteViews(context.getPackageName(),
                    R.layout.widget_collection_item_layout);

  // Fülle View mit zugrunde liegenden Daten
  rv.setTextViewText(R.id.widget_title_text,
            myWidgetText.get(index));
  rv.setTextViewText(R.id.widget_text, "View Number: " +
                    String.valueOf(index));
```

19.4 | In den Startbildschirm eindringen

```
        // Erstelle einen objektspezifisches Fill-in Intent, der die im
        // AppWidgetProvider erstellte PendingIntent-Vorlage ausfüllt.
        Intent fillInIntent = new Intent();
        fillInIntent.putExtra(Intent.EXTRA_TEXT, myWidgetText.get(index));
        rv.setOnClickFillInIntent(R.id.widget_title_text, fillInIntent);

        return rv;
    }

    // Schließe Verbindungen, Cursors oder andere persistente Zustände,
    // die in onCreate erstellt wurden.
    public void onDestroy() {
      myWidgetText.clear();
    }
}
```
Listing 19.16 Eine RemoteViewsFactory erzeugen

19.4.3 CollectionView Items mit einem RemoteViewsService aktualisieren

Der `RemoteViewsService` wird als Wrapper verwendet, der Ihre `RemoteViewsFactory` instanziiert und verwaltet, die wiederum verwendet wird, um jede der im `CollectionView`-Widget angezeigten Views wie im vorherigen Abschnitt beschrieben zu liefern.

Um einen `RemoteViewsService` zu erstellen, erweitern Sie die Klasse `RemoteViewsService` und überschreiben die Handler-Methode `onGetViewFactory`, um eine neue Instanz einer `RemoteViewsFactory` zurückzugeben (siehe Listing 19.17).

```
public class MyRemoteViewsService extends RemoteViewsService {

    @Override
    public RemoteViewsFactory onGetViewFactory(Intent intent) {
      return new MyRemoteViewsFactory(getApplicationContext(), intent);
    }

}
```
Listing 19.17 Einen RemoteViewsService anlegen

Wie bei jedem Service müssen Sie Ihren `RemoteViewsService` mit einem Tag service zu Ihrem Anwendungsmanifest hinzufügen. Um zu verhindern, dass andere Anwendungen auf Ihre Widgets zugreifen, müssen Sie die Berechtigung `android.permission.BIND_REMOTEVIEWS` angeben (siehe Listing 19.18).

```xml
<service
  android:name=".MyRemoteViewsService"
  android:permission="android.permission.BIND_REMOTEVIEWS">
</service>
```

Listing 19.18 Einen `RemoteViewsService` zum Manifest hinzufügen

19.4.4 Füllen eines CollectionView Widgets über einen RemoteViewsService

Wenn `RemoteViewsFactory` und `RemoteViewsService` fertig sind, müssen Sie nur noch die List-, Grid- oder StackView innerhalb Ihres AppWidget-Layouts an den `RemoteViewsService` binden. Sie tun dies mit einer `RemoteView`, typischerweise innerhalb einer statischen Update-Methode, die aus den Handler-Methoden `onUpdate` und `onEnabled` Ihrer App Widget-Implementierung aufgerufen wird.

Erstellen Sie eine neue `RemoteView`-Instanz wie beim Aktualisieren der Benutzeroberfläche eines Standard-AppWidgets. Verwenden Sie die Methode `setRemoteAdapter`, um Ihren `RemoteViewsService` an die jeweilige List-, Grid- oder StackView innerhalb des Widget-Layouts zu binden.

Der `RemoteViewsService` wird mit einem Intent angegeben, der einen zusätzlichen Wert enthält, der die ID des Widgets definiert, dem er zugeordnet ist:

```java
Intent intent = new Intent(context, MyRemoteViewsService.class);
intent.putExtra(AppWidgetManager.EXTRA_APPWIDGET_ID, appWidgetId);

views.setRemoteAdapter(R.id.widget_stack_view, intent);
```

Dieser Intent wird von der Handler-Methode `onGetViewFactory` innerhalb des `RemoteViewsService` empfangen, so dass Sie zusätzliche Parameter an den Service und die darin enthaltene Factory übergeben können.

Die Methode `setEmptyView` bietet die Möglichkeit, eine View anzugeben, die anstelle der `CollectionView` angezeigt werden soll, wenn (und nur wenn) die zugrunde liegende Data-Collection leer ist:

```java
views.setEmptyView(R.id.widget_stack_view, R.id.widget_empty_text);
```

Verwenden Sie nach Abschluss des Bindungsprozesses die Methode `updateAppWidget` des `AppWidgetManagers`, um die Bindung auf das angegebene Widget anzuwenden. Listing 19.19 zeigt das Standardmuster für die Anbindung eines Widgets an einen `RemoteViewsService`.

19.4 | In den Startbildschirm eindringen

```
static void updateAppWidget(Context context,
                    AppWidgetManager appWidgetManager,
                    int appWidgetId) {

    // Erzeuge RemoteViews
    RemoteViews views = new RemoteViews(context.getPackageName(),
                        R.layout.widget_collection_layout);

    // Binde dieses Widget an einen RemoteViewsService
    Intent intent = new Intent(context, MyRemoteViewsService.class);
    intent.putExtra(AppWidgetManager.EXTRA_APPWIDGET_ID, appWidgetId);
    views.setRemoteAdapter(R.id.widget_stack_view, intent);

    // Gebe eine View innerhalb der Widget Layout-Hierarchie an, die
    // angezeigt wird, wenn die gebundene Collection leer ist.
    views.setEmptyView(R.id.widget_stack_view, R.id.widget_empty_text);

    // TODO Passe diese Widgets-Benutzeroberfläche anhand von
    // Konfigurationseinstellungen usw. an.

    // Benachrichtige den AppWidgetManager, um das Widget über die
    // geänderte RemoteView zu aktualisieren.
    appWidgetManager.updateAppWidget(appWidgetId, views);
}
```
Listing 19.19 Einen `RemoteViewsService` an ein Widget binden

19.4.5 Elemente innerhalb eines CollectionView Widgets werden interaktiv

Aus Effizienzgründen ist es nicht möglich, jedem Element, das als Teil eines `Collection View`-Widgets angezeigt wird, ein eindeutiges `onClickPendingIntent` zuzuweisen. Verwenden Sie stattdessen `setPendingIntentTemplate`, um Ihrem Widget beim Aktualisieren der `RemoteViews` einen Vorlage-Intent zuzuweisen (siehe Listing 19.20).

```
Intent templateIntent = new Intent(context, MainActivity.class);

templateIntent.putExtra(AppWidgetManager.EXTRA_APPWIDGET_ID, appWidgetId);

PendingIntent templatePendingIntent = PendingIntent.getActivity(
    context, 0, templateIntent, PendingIntent.FLAG_UPDATE_CURRENT);

views.setPendingIntentTemplate(R.id.widget_stack_view,
                    templatePendingIntent);

appWidgetManager.updateAppWidget(appWidgetId, views);
```
Listing 19.20 Einen `ClickListener` zu einzelnen Elementen in einem CollectionView Widget mit einem `PendingIntent` hinzufügen

Dieser `PendingIntent` kann dann mit der Methode `setOnClickFillInIntent` des `RemoteViews`-Objekts, wie in Listing 19.21 gezeigt, innerhalb der Handler-Methode `getViewAt` Ihrer `RemoteViewsService`-Implementierung »ausgefüllt« werden.

```
// Erstelle den artikelspezifischen Fill-in-Intent, der die im
// AppWidgetProvider erstellte PendingIntent-Vorlage ausfüllt.
Intent fillInIntent = new Intent();
fillInIntent.putExtra(Intent.EXTRA_TEXT, myWidgetText.get(index));
rv.setOnClickFillInIntent(R.id.widget_title_text, fillInIntent);
```

Listing 19.21 Ausfüllen einer `PendingIntent` Vorlage für jedes Element, das in Ihrem CollectionView Widget angezeigt wird

Der `fillInIntent` wird mit der Methode `Intent.fillIn` auf den Vorlage-Intent angewendet. Er kopiert den Inhalt des `fillInIntent` in den Vorlage-Intent und ersetzt alle undefinierten Felder durch die durch den `fillInIntent` definierten Felder. Felder mit vorhandenen Daten werden nicht überschrieben.

Der resultierende `PendingIntent` wird per Broadcast versendet, wenn der Benutzer auf ein bestimmtes Element in Ihrem CollectionWidget klickt.

19.4.6 Das CollectionView-Widget auffrischen

Der `AppWidgetManager` enthält die Methode `notifyAppWidgetViewDataChanged`, mit der Sie eine zu aktualisierende Widget-ID (oder ein Array von IDs) zusammen mit der Ressourcen-ID für die `CollectionView` innerhalb dieses Widgets angeben können, dessen zugrunde liegende Datenquelle sich geändert hat:

```
appWidgetManager.notifyAppWidgetViewDataChanged(appWidgetIds,
    R.id.widget_stack_view);
```

Dadurch wird die Handler-Methode `onDataSetChanged` innerhalb der zugehörigen `RemoteViewsFactory` ausgeführt, gefolgt von den Metadatenaufrufen, einschließlich `getCount`, bevor jede der Views neu erstellt wird.

19.4.7 Ein Earthquake CollectionView-Widget erzeugen

In diesem Beispiel fügen Sie ein zweites Widget zur Erdbeben-Anwendung hinzu. Dieses verwendet ein `ListView`-basiertes `CollectionView` Widget, um eine Liste der letzten Erdbeben anzuzeigen.

1. Erstellen Sie zunächst ein Layout für das `CollectionView`-Widget Benutzerinterface als XML-Ressource. Speichern Sie die Datei *quake_collection_widget.xml* im Ordner *res/layout*. Verwenden Sie ein `FrameLayout`, das die `ListView` für die Anzeige der Erdbeben nutzt und eine `TextView` für die Anzeige, wenn die Sammlung leer ist:

19.4 | In den Startbildschirm eindringen

```xml
<?xml version="1.0" encoding="utf-8"?>
<FrameLayout
  xmlns:android="http://schemas.android.com/apk/res/android"
  android:layout_width="match_parent"
  android:layout_height="match_parent">
  <ListView
    android:id="@+id/widget_list_view"
    android:layout_width="match_parent"
    android:layout_height="match_parent"
  />
  <TextView
    android:id="@+id/widget_empty_text"
    android:layout_width="match_parent"
    android:layout_height="match_parent"
    android:gravity="center"
    android:text="@string/widget_blank_details"
  />
</FrameLayout>
```

2. Erstellen Sie eine neue Klasse `EarthquakeListWidget`, die `AppWidgetProvider` erweitert und das Standardmuster für die Aktivierung und Aktualisierung von Widgets implementiert. Sie werden sich dieser Klasse wieder zuwenden, um Ihr Widget an den `RemoteViewsService` zu binden, der die Views zur Verfügung stellt, die jedes Erdbeben anzeigen:

```java
public class EarthquakeListWidget extends AppWidgetProvider {

  @Override
  public void onUpdate(Context context,
                       AppWidgetManager appWidgetManager,
                       int[] appWidgetIds) {
    PendingResult pendingResult = goAsync();
    updateAppWidgets(context, appWidgetManager,
                     appWidgetIds, pendingResult);
  }

  @Override
  public void onEnabled(Context context) {
    final PendingResult pendingResult = goAsync();

    AppWidgetManager appWidgetManager =
      AppWidgetManager.getInstance(context);
```

```java
    ComponentName earthquakeListWidget =
      new ComponentName(context, EarthquakeListWidget.class);
    int[] appWidgetIds =
      appWidgetManager.getAppWidgetIds(earthquakeListWidget);

    updateAppWidgets(context, appWidgetManager,
                appWidgetIds, pendingResult);
  }

  static void updateAppWidgets(final Context context,
                    final AppWidgetManager appWidgetManager,
                    final int[] appWidgetIds,
                    final PendingResult pendingResult) {
    Thread thread = new Thread() {
      public void run() {

        // TODO Setze Widget-RemoteViews

        if (pendingResult != null)
          pendingResult.finish();
      }
    };
    thread.start();
  }
}
```

3. Erstellen Sie eine neue Widget-Definitionsdatei *quake_list_widget_info.xml* im Ordner *res/xml*. Setzen Sie die minimale Aktualisierungsrate auf einmal pro Tag, setzen Sie die Widget-Dimensionen auf zwei Zellen breit und eine Zelle hoch (110dp x 40dp), und machen Sie sie größenveränderbar. Verwenden Sie das in Schritt 1 erstellte Widget-Layout für das Einstiegslayout:

```xml
<?xml version="1.0" encoding="utf-8"?>
<appwidget-provider
  xmlns:android="http://schemas.android.com/apk/res/android"
  android:initialLayout="@layout/quake_collection_widget"
  android:minWidth="110dp"
  android:minHeight="40dp"
  android:updatePeriodMillis="8640000"
  android:resizeMode="vertical|horizontal"
/>
```

19.4 | In den Startbildschirm eindringen

4. Fügen Sie Ihr Widget dem Anwendungsmanifest hinzu, einschließlich eines Verweises auf die Widget-Definitionsressource, die Sie in Schritt 3 erstellt haben. Es sollte auch einen `IntentFilter` für die `AppWidget`-Aktualisierungsaktion erhalten:

```xml
<receiver
  android:name=".EarthquakeListWidget"
  android:label="Earthquake List">
  <intent-filter>
    <action android:name="android.appwidget.action.APPWIDGET_UPDATE" />
  </intent-filter>
  <meta-data
    android:name="android.appwidget.provider"
    android:resource="@xml/quake_list_widget_info"
  />
</receiver>
```

5. Erstellen Sie eine neue Klasse `EarthquakeRemoteViewsService`, die `RemoteViewsService` erweitert. Sie sollte eine interne Klasse `EarthquakeRemoteViewsFactory` enthalten, die `RemoteViewsFactory` erweitert und von der Handler-Methode `onGetViewFactory` des `EarthquakeRemoteViewsService` zurückgegeben werden sollte:

```java
public class EarthquakeRemoteViewsService extends RemoteViewsService {

  @Override
  public RemoteViewsFactory onGetViewFactory(Intent intent) {
    return new EarthquakeRemoteViewsFactory(this);
  }

  class EarthquakeRemoteViewsFactory implements RemoteViewsFactory {

    private Context mContext;

    public EarthquakeRemoteViewsFactory(Context context) {
      mContext = context;
    }

    public void onCreate() {
    }

    public void onDataSetChanged() {
    }
```

```
    public int getCount() {
      return 0;
    }

    public long getItemId(int index) {
      return index;
    }

    public RemoteViews getViewAt(int index) {
      return null;
    }

    public int getViewTypeCount() {
      return 1;
    }

    public boolean hasStableIds() {
      return true;
    }

    public RemoteViews getLoadingView() {
      return null;
    }

    public void onDestroy() {
    }
  }
}
```

6. Ändern Sie die Handler-Methode `onDataSetChanged`, um die Datenbank abzufragen:

```
private List<Earthquake> mEarthquakes;

public void onDataSetChanged() {
  mEarthquakes = EarthquakeDatabaseAccessor.getInstance(mContext)
              .earthquakeDAO().loadAllEarthquakesBlocking();
}
```

7. Die `EarthquakeRemoteViewsFactory` liefert die Views, die jedes `Earthquake` in der `ListView` des Widgets darstellen. Füllen Sie jeden der Methodenrümpfe, um die Daten aus der Erdbebenliste zu verwenden, um die View zu füllen, die jedes Element repräsentiert.

19.4 | In den Startbildschirm eindringen

a) Aktualisieren Sie zunächst die Methoden `getCount` und `getItemId`, um die Anzahl der Erdbeben in der Liste und eine eindeutige numerische Kennung für jedes Erdbeben zurückzugeben:

```
public int getCount() {
  if (mEarthquakes == null) return 0;
  return mEarthquakes.size();
}

public long getItemId(int index) {
  if (mEarthquakes == null) return index;
  return mEarthquakes.get(index).getDate().getTime();
}
```

b) Ändern Sie dann die Methode `getViewAt`. Hier werden die Views, mit denen jedes `Earthquake` in der `ListView` dargestellt wird, erstellt und bestückt. Erstellen Sie ein neues `RemoteViews`-Objekt unter Verwendung der Layoutdefinition, die Sie für das vorherige `EarthquakeWidget` erstellt haben, und füllen Sie es mit Daten aus dem angegebenen `Earthquake`:

```
public RemoteViews getViewAt(int index) {
  if (mEarthquakes != null) {
    // Hole das gesuchte Earthquake
    Earthquake earthquake = mEarthquakes.get(index);

    // Hole die darzustellenden Werte
    String id = earthquake.getId();
    String magnitude = String.valueOf(earthquake.getMagnitude());
    String details = earthquake.getDetails();

    // Erzeuge ein RemoteViews-Objekt und fülle damit die Liste
    RemoteViews rv = new RemoteViews(mContext.getPackageName(),
                        R.layout.quake_widget);

    rv.setTextViewText(R.id.widget_magnitude, magnitude);
    rv.setTextViewText(R.id.widget_details, details);

    // Erzeuge einen PendingIntent, der die Haupt-Activity startet
    Intent intent = new Intent(mContext, EarthquakeMainActivity.class);
    PendingIntent pendingIntent =
      PendingIntent.getActivity(mContext, 0, intent, 0);

    rv.setOnClickPendingIntent(R.id.widget_magnitude, pendingIntent);
    rv.setOnClickPendingIntent(R.id.widget_details, pendingIntent);
```

```
      return rv;
    } else {
      return null;
    }
  }
```

8. Fügen Sie den `EarthquakeRemoteViewsService` zu Ihrem Anwendungsmanifest hinzu, einschließlich einer Anforderung für die Berechtigung `BIND_REMOTEVIEWS`:

```
<service
  android:name=".EarthquakeRemoteViewsService"
  android:permission="android.permission.BIND_REMOTEVIEWS">
</service>
```

9. Wenden Sie sich wieder der Klasse `EarthquakeListWidget` zu und überschreiben Sie die Methode `updateAppWidgets`, um den `EarthquakeRemoteViewsService` an jedes Widget anzuhängen:

```
static void updateAppWidgets(final Context context,
                             final AppWidgetManager appWidgetManager,
                             final int[] appWidgetIds,
                             final PendingResult pendingResult) {
  Thread thread = new Thread() {
    public void run() {
      for (int appWidgetId: appWidgetIds) {
        // Erzeuge den Intent, der den EarthquakeRemoteViewsService
        // startet, welcher die ListView füllt.
        Intent intent =
          new Intent(context, EarthquakeRemoteViewsService.class);

        // Füge die AppWidget-ID zu den Intent-Extras hinzu
        intent.putExtra(AppWidgetManager.EXTRA_APPWIDGET_ID,
                        appWidgetId);

        // Instanziiere das RemoteViews-Objekt für das AppWidget Layout
        RemoteViews views
          = new RemoteViews(context.getPackageName(),
                            R.layout.quake_collection_widget);

        // Das RemoteViews-Objekt soll den RemoteViews-Adapter verwenden
        views.setRemoteAdapter(R.id.widget_list_view, intent);

        // Zeige die leere View, wenn die Collection keine Elemente hat
        views.setEmptyView(R.id.widget_list_view,
                           R.id.widget_empty_text);
```

19.4 | In den Startbildschirm eindringen

```
                // Der AppWidgetManager soll das Widget mit der geänderten
                // RemoteView aktualisieren.
                appWidgetManager.updateAppWidget(appWidgetId, views);
            }
            if (pendingResult != null)
                pendingResult.finish();
        }
    };
    thread.start();
}
```

10. Als letzten Schritt sollten Sie das Widget so erweitern, dass es immer dann aktualisiert wird, wenn ein neues `Earthquake` zur Datenbank hinzugefügt wird. Ändern Sie innerhalb des `EarthquakeUpdateJobServices` die Methode `onRunJob`, um einen Intent an das neue Widget zu senden:

```
@Override
public int onRunJob(final JobParameters job) {
  // Ergebnis-ArrayList der ermittelten Earthquakes.
  ArrayList<Earthquake> earthquakes = new ArrayList<>(0);

  URL url;
  try {

    [... Lade und werte den Earthquake XML-Feed aus ...]
    [... Bearbeite Notifications ...]

    EarthquakeDatabaseAccessor
      .getInstance(getApplicationContext())
      .earthquakeDAO()
      .insertEarthquakes(earthquakes);

    // Aktualisiere das Earthquake Widget
    Intent newEarthquake = new Intent(this, EarthquakeWidget.class);
    newEarthquake.setAction(EarthquakeWidget.NEW_QUAKE_BROADCAST);
    sendBroadcast(newEarthquake);

    // Aktualisiere das EarthquakeListWidget
    Intent newListEarthquake = new Intent(this,
                                          EarthquakeListWidget.class);
    newListEarthquake.setAction(EarthquakeWidget.NEW_QUAKE_BROADCAST);
    sendBroadcast(newListEarthquake);
```

```
    [... Bearbeite das zukünftige Scheduling ... ]

    return RESULT_SUCCESS;
  }
  [... Exception Handling ...]
}
```

11. Dann überschreiben Sie die Handler-Methode `onReceive` innerhalb des `EarthquakeListWidgets`, um auf den Update-Request Intent zu warten, und verwenden Sie die Methode `notifyAppWigetViewDataChanged` des `AppWidgetManagers`, um eine Aktualisierung der `ListView` auszulösen:

```
@Override
public void onReceive(final Context context, final Intent intent) {
  super.onReceive(context, intent);

  if (EarthquakeWidget.NEW_QUAKE_BROADCAST.equals(intent.getAction())) {
    AppWidgetManager appWidgetManager =
      AppWidgetManager.getInstance(context);
    ComponentName earthquakeListWidget =
      new ComponentName(context, EarthquakeListWidget.class);
    int[] appWidgetIds =
      appWidgetManager.getAppWidgetIds(earthquakeListWidget);

    // Informiere das EarthquakeList-Widget, damit es sich auffrischt
    final PendingResult pendingResult = goAsync();
    appWidgetManager.notifyAppWidgetViewDataChanged(appWidgetIds,
      R.id.widget_list_view);
  }
}
```

Abbildung 19.4 zeigt das `EarthquakeCollectionViewWidget`, das dem Startbildschirm hinzugefügt wurde.

19.5 Live-Wallpaper erzeugen

Mit Live-Wallpapers können Sie dynamische, interaktive Startseitenhintergründe erstellen. Live-Wallpapers verwenden eine `SurfaceView`, um eine dynamische Darstellung zu ermöglichen, die sich in Echtzeit ändert und mit der man interagieren kann. Ihr Live-Wallpaper kann auf Touchscreen-Ereignisse reagieren, so dass Benutzer direkt mit dem Hintergrund ihres Startbildschirms arbeiten können.

19.5 | In den Startbildschirm eindringen

Abbildung 19.4 EarthquakeCollectionViewWidget

Um ein neues Live-Wallpaper zu erstellen, benötigen Sie die folgenden drei Komponenten:

- Eine XML-Ressource, die die mit dem Live-Wallpaper verknüpften Metadaten beschreibt, insbesondere den Autor, die Beschreibung und ein Thumbnail, mit dem es aus dem Live-Wallpaper-Picker dargestellt wird.

- Eine WallpaperService-Implementierung, die Ihre WallpaperService.Engine einschließt, instanziiert und verwaltet.

- Eine WallpaperService.Engine-Implementierung (vom WallpaperService zurückgegeben), die die Benutzeroberfläche und das interaktive Verhalten Ihres Live-Wallpapers definiert. Die WallpaperService.Engine ist der Ort, an dem der Großteil Ihrer Live-Wallpaper-Implementierung leben wird.

19.5.1 Eine Live-Wallpaper-Ressourcendefinition erzeugen

Die Live-Wallpaper-Ressourcendefinition ist eine XML-Datei, die im Ordner *res/xml* gespeichert ist. Sein Ressourcenbezeichner ist sein Dateiname ohne die XML-Erweiterung. Verwenden Sie Attribute innerhalb eines Tags wallpaper, um den Autorennamen, die

Beschreibung und das Thumbnail zu definieren, die in der Live-Wallpaper-Galerie angezeigt werden sollen.

Listing 19.22 zeigt ein Beispiel einer Live-Wallpaper-Ressourcendefinition.

```xml
<wallpaper xmlns:android="http://schemas.android.com/apk/res/android"
  android:author="@string/author"
  android:description="@string/description"
  android:thumbnail="@drawable/wallpapericon"
/>
```

Listing 19.22 Live-Wallpaper-Ressourcendefinition

Beachten Sie, dass Sie Referenzen auf String-Ressourcen für die Werte der Autoren- und Beschreibungsattribute verwenden müssen. Stringliterale sind nicht gültig.

Sie können auch das Tag `settingsActivity` verwenden, um eine Activity anzugeben, die gestartet werden soll, um die Einstellungen des Live-Wallpapers zu konfigurieren, ähnlich wie die Konfigurations-Activity, die zur Konfiguration der `AppWidget`-Einstellungen verwendet wird:

```xml
<wallpaper xmlns:android="http://schemas.android.com/apk/res/android"
  android:author="@string/author"
  android:description="@string/description"
  android:thumbnail="@drawable/wallpapericon"
  android:settingsActivity="com.paad.mylivewallpaper.WallpaperSettings"
/>
```

Diese Activity wird unmittelbar vor dem Hinzufügen des Live-Wallpapers zum Startbildschirm gestartet, so dass der Benutzer die Wallpaper-Einstellungen konfigurieren kann.

19.5.2 Eine WallpaperService.Engine erzeugen

Die `SurfaceView`, die in Kapitel 14 vorgestellt wurde, ist eine spezielle Drawing-Canvas, die Aktualisierungen von Hintergrund-Threads unterstützt und somit ideal für die Erstellung flüssiger, dynamischer und interaktiver Grafiken ist.

Um Ihre eigene `WallpaperService.Engine` zu implementieren, erweitern Sie die Klasse `WallpaperService.Engine`, wie im Rahmencode in Listing 19.23 gezeigt. Beachten Sie, dass sie im Geltungsbereich einer `WallpaperService`-Klasse implementiert werden muss. Wir werden den `WallpaperService` im folgenden Abschnitt näher erläutern.

```java
public class MyWallpaperService extends WallpaperService {

  @Override
  public Engine onCreateEngine() {
    return new MyWallpaperServiceEngine();
  }
```

19.5 | In den Startbildschirm eindringen

```java
public class MyWallpaperServiceEngine extends WallpaperService.Engine {
  private static final int FPS = 30;
  private final Handler handler = new Handler();

  @Override
  public void onCreate(SurfaceHolder surfaceHolder) {
    super.onCreate(surfaceHolder);
    // TODO Führe die Initialisierung durch
  }

  @Override
  public void onOffsetsChanged(float xOffset, float yOffset,
                               float xOffsetStep, float yOffsetStep,
                               int xPixelOffset, int yPixelOffset) {
    super.onOffsetsChanged(xOffset, yOffset, xOffsetStep, yOffsetStep,
                     xPixelOffset, yPixelOffset);
    // Ausgelöst, wenn der Benutzer zwischen
    // Startbildschirm-Panels hin- und herwischt.
  }

  @Override
  public void onTouchEvent(MotionEvent event) {
    super.onTouchEvent(event);
    // Ausgelöst, wenn das Live-Wallpaper ein Touch-Event erhält
  }

  @Override
  public void onSurfaceCreated(SurfaceHolder holder) {
    super.onSurfaceCreated(holder);
    // TODO Surface wurde erstellt. Starte die Schleife,
    // die das Live-Wallpaper aktualisiert.
    drawFrame();
  }

  @Override
  public void onSurfaceDestroyed(SurfaceHolder holder) {
    handler.removeCallbacks(drawSurface);
    super.onSurfaceDestroyed(holder);
  }
  private synchronized void drawFrame() {
    final SurfaceHolder holder = getSurfaceHolder();

    if (holder != null && holder.getSurface().isValid()) {
      Canvas canvas = null;
      try {
        canvas = holder.lockCanvas();
```

```
      if (canvas != null) {
        // Zeichne auf der Canvas!
      }
    } finally {
      if (canvas != null && holder != null)
        holder.unlockCanvasAndPost(canvas);
    }

    // Nächsten Frame planen
    handler.removeCallbacks(drawSurface);
  }
  handler.postDelayed(drawSurface, 1000 / FPS);
}

// Runnable für das Zeichnen der Frames
private final Runnable drawSurface = new Runnable() {
  public void run() {
    drawFrame();
  }
};
 }
}
```

Listing 19.23 WallpaperService.Engine-Beispielcode

Sie müssen warten, bis die Initialisierung der Oberfläche – angezeigt durch den Aufruf der Handler-Methode `onSurfaceCreated` – abgeschlossen ist, bevor Sie mit dem Zeichnen beginnen können.

Nachdem die Oberfläche erstellt wurde, können Sie mit der Zeichenschleife beginnen, die die Benutzeroberfläche des Live-Wallpapers aktualisiert. Der Code in Listing 19.23 tut dies, indem er einen neuen Frame einplant, der am Ende der Zeichnung des vorherigen Frames gezeichnet wird. Die Rate der Neuzeichnungen in diesem Beispiel wird durch die angegebene Bildrate bestimmt.

Sie können auch die Methoden `onTouchEvent` und `onOffsetsChanged` überschreiben, um Ihren Live-Wallpapers Interaktivität hinzuzufügen.

19.5.3 Einen WallpaperService erzeugen

Während die gesamte Zeichnung und Interaktion für Live-Wallpapers in der `WallpaperService.Engine` abgewickelt wird, wird die Klasse `WallpaperService` verwendet, um diese `Engine` zu instanziieren, zu betreiben und zu verwalten.

Erweitern Sie die Klasse `WallpaperService` und überschreiben Sie die Handler-Methode `onCreateEngine`, um eine neue Instanz Ihrer benutzerdefinierten `Wallpaper Service.Engine` zurückzugeben (siehe Listing 19.24).

19.6 In den Startbildschirm eindringen

```
public class MyWallpaperService extends WallpaperService {
  @Override
  public Engine onCreateEngine() {
    return new MyWallpaperServiceEngine();
  }

  [... Wallpaper Engine Implementierung ...]

}
```
Listing 19.24 Einen `WallpaperService` erzeugen

Nachdem Sie den `WallpaperService` erstellt haben, fügen Sie ihn mit einem Tag `service` zu Ihrem Anwendungsmanifest hinzu.

Ein `WallpaperService` muss einen `IntentFilter` zum Abhören der Aktion `android.service.wallpaper.wallpaperService` und einen Metadatenknoten enthalten, der `android.service.wallpaper` als Namensattribut angibt und mit der im vorherigen Abschnitt beschriebenen Ressourcendatei über ein Ressourcenattribut verknüpft.

Ein `WallpaperService` muss auch die Berechtigung `android.permission.BIND_WALLPAPER` enthalten. Listing 19.35 zeigt, wie man den `WallpaperService` von Listing 19.34 zum Manifest hinzufügt.

```
<service
  android:name=".MyWallpaperService"
  android:permission="android.permission.BIND_WALLPAPER">
  <intent-filter>
    <action android:name=
      "android.service.wallpaper.WallpaperService" />
  </intent-filter>
  <meta-data
    android:name="android.service.wallpaper"
    android:resource="@xml/mylivewallpaper"
  />
</service>
```
Listing 19.25 Einen `WallpaperService` dem Manifest hinzufügen

19.6 App-Shortcuts erzeugen

Die in Android 7.1 Nougat (API Level 25) eingeführten App-Shortcuts ermöglichen es Ihnen, Shortcuts zu erstellen, die direkt vom Startbildschirm oder App Launcher auf die Funktionalität Ihrer Anwendung verweisen.

Wenn für eine bestimmte Anwendung unterstützt und verfügbar, werden App-Shortcuts durch langes Drücken des App-Icons im Launcher oder Startbildschirm angezeigt; sie erscheinen wie in Abbildung 19.5 gezeigt.

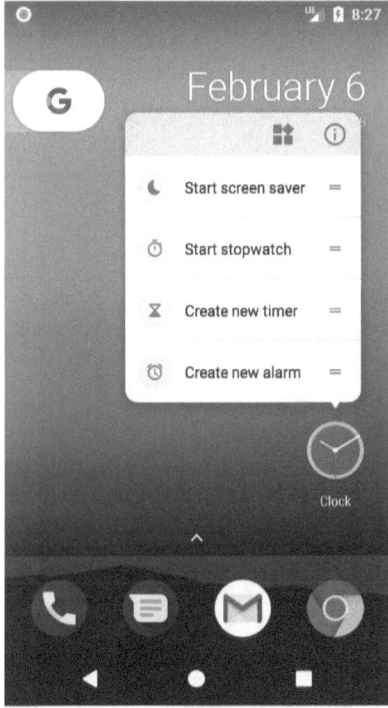

Abbildung 19.5 App-Shortcuts

Einmal sichtbar, kann ein Benutzer einen App-Shortcut durch langes Drücken, Ziehen und Ablegen eines bestimmten Shortcuts direkt auf dem Startbildschirm »anheften«.

Wenn Sie einen App-Shortcut auswählen, wird der zugehörige Intent gestartet und er wird zu einem Shortcut für eine Aufgabe, Aktion oder Funktionalität in Ihrer Anwendung. Jede Anwendung kann bis zu fünf Shortcuts gleichzeitig anbieten, obwohl die Design-Richtlinien dringend empfehlen, nur vier zu verwenden.

Durch die Bereitstellung eines leicht auffindbaren Shortcuts zu wichtigen Anwendungsfunktionen sind App-Shortcuts eine leistungsstarke Technik zur Steigerung der Benutzerfreundlichkeit. Wenn Sie Shortcuts erstellen, sollten Sie sich auf die wichtigsten Funktionen Ihrer Anwendung konzentrieren – insbesondere auf Aktionen, die komplex sind, mehrere Schritte erfordern oder zeitkritisch sind.

Zum Beispiel bietet Google App-Shortcuts zum Senden einer neuen Textnachricht, zum Navigieren zur Arbeit oder nach Hause, zum Aufnehmen eines Selfies und zum Anrufen eines bestimmten Kontakts.

19.6 | In den Startbildschirm eindringen

App-Shortcuts werden im Starter und Startbildschirm neben den Symbolen und App-Shortcuts des Systems und anderer Anwendungen von Drittanbietern angezeigt. Daher ist es wichtig, die Design-Richtlinien zu befolgen, um sicherzustellen, dass die von Ihren Shortcuts verwendeten Symbole visuell mit anderen Shortcuts übereinstimmen. Sie finden die Google App-Shortcut Designrichtlinien unter *commondatastorage.googleapis.com/androiddevelopers/shareables/design/app-shortcuts-design-guidelines.pdf*.

Android unterstützt zwei Alternativen zur Definition von App-Shortcuts: statisch und dynamisch, die in den folgenden Abschnitten beschrieben werden.

19.6.1 Statische App-Shortcuts

Statische Shortcuts werden verwendet, um Links zu generischen Kernfunktionen bereitzustellen, die immer relevant sind – wie zum Beispiel das Verfassen einer neuen Nachricht oder das Scharfschalten eines Alarms aus der Ferne. Wie der Name schon sagt, können statische Shortcuts zur Laufzeit nicht aus Ihrer Anwendung heraus geändert werden. Angesichts der begrenzten Anzahl von App-Shortcuts sollten Sie sicherstellen, dass Ihre statischen Shortcuts immer nützlich und relevant sind und dynamische Shortcuts verwenden, wenn dies nicht der Fall ist.

Statische App-Shortcuts werden als Ressourcen definiert und als XML-Dateien gespeichert. Nach der Konvention heißt diese Ressource-Datei *shortcuts.xml*. App-Shortcuts wurden auf API Level 25 eingeführt, daher ist es sinnvoll, sie im Ordner *res/xml-v25* zu speichern.

Erstellen Sie Ihre App-Shortcuts mit dem Tag `shortcuts` als Wurzelknoten, mit einem oder mehreren Tags `shortcut`, die jeweils einen statischen App-Shortcut angeben.

Wie in Listing 19.26 gezeigt, enthält dies einen eindeutigen Shortcut-Bezeichner, ein Symbol, Beschriftungen, eine deaktivierte Nachricht und den Intent zum Starten, wenn der Shortcut ausgewählt ist. Beachten Sie, dass Sie auch eine Kategorie angeben müssen – zum Zeitpunkt der Drucklegung war nur eine Kategorie, nämlich `conversation`, gültig.

```xml
<?xml version="1.0" encoding="utf-8"?>
<shortcuts xmlns:android="http://schemas.android.com/apk/res/android">
  <shortcut
    android:shortcutId="orbitnuke"
    android:enabled="true"
    android:icon="@drawable/nuke_icon"
    android:shortcutShortLabel="@string/orbitnuke_shortcut_short_label"
    android:shortcutLongLabel="@string/orbitnuke_shortcut_long_label"
    android:shortcutDisabledMessage="@string/orbitnuke_shortcut_disabled">
```

```xml
    <intent
      android:action="android.intent.action.VIEW"
      android:targetPackage="com.professionalandroid.apps.aliens"
      android:targetClass="com.professionalandroid.apps.aliens.NukeActivity"/>
    <categories android:name="android.shortcut.conversation" />
  </shortcut>
</shortcuts>
```

Listing 19.26 Statische App-Shortcuts definieren

Das Symbol und die Beschriftungen werden vom Launcher angezeigt, um jeden verfügbaren Shortcut darzustellen, wie in Abbildung 19.5 gezeigt. Der kurze Titel sollte etwa 10 Zeichen lang sein, während der lange Titel bis zu 25 Zeichen lang sein kann. Der lange Titel wird angezeigt, wenn genügend Platz vorhanden ist.

Wenn ein statischer Shortcut angeheftet und anschließend in einer späteren Version Ihrer Anwendung aus der Anwendung entfernt wird, bleiben alle angehefteten Instanzen Ihrer statischen Shortcuts auf dem Desktop, werden aber automatisch deaktiviert und es wird die angegebene deaktivierte Meldung angezeigt.

Nachdem Sie Ihre App-Shortcuts-Ressource definiert haben, müssen Sie diese Ihrer Anwendung hinzufügen, indem Sie die App-Shortcuts-Ressource Ihrer Start-Activity zuordnen. Dazu verwenden Sie ein `metadata`-Tag mit dem Namen der `android.app.shortcuts` (siehe Listing 19.27).

```xml
<activity
  android:name=".MainActivity">
  <intent-filter>
    <action android:name="android.intent.action.MAIN"/>
    <category android:name="android.intent.category.LAUNCHER"/>
  </intent-filter>
  <meta-data
    android:name="android.app.shortcuts"
    android:resource="@xml/shortcuts"
  />
</activity>
```

Listing 19.27 Die Shortcuts-Ressource zum Anwendungsmanifest hinzufügen

19.6.2 Dynamische App-Shortcuts

Dynamische Shortcuts können zur Laufzeit mit dem `ShortcutManager` System-Service generiert, geändert und entfernt werden:

```
ShortcutManager shortcutManager = getSystemService(ShortcutManager.class);
```

19.6 | In den Startbildschirm eindringen

Sie sollten sicherstellen, dass Ihre dynamischen Shortcuts die wahrscheinlich nützlichste Funktion im aktuellen Kontext darstellen, beispielsweise einen bestimmten Kontakt anrufen oder zu einem bestimmten Ort navigieren.

Um die Liste der verfügbaren dynamischen App-Shortcuts zur Laufzeit zu ändern, verwenden Sie die folgenden Methoden des `ShortcutManagers`:

- `setDynamicShortcuts`: Ersetzt die bestehende Liste der dynamischen App-Shortcuts durch eine neue Shortcut-Liste.
- `addDynamicShortcuts`: Fügt einen oder mehrere neue dynamische Shortcuts zur bestehenden Liste hinzu.
- `updateShortcuts`: Aktualisiert die dynamischen Shortcuts in der bestehenden Liste, basierend auf den Bezeichnern der übergebenen Liste.
- `removeDynamicShortcuts`: Entfernt die dynamischen Shortcuts in der vorhandenen Liste, entsprechend der übergebenen Liste der Bezeichner.
- `removeAllDynamicShortcuts`: Entfernt alle aktuell eingestellten dynamischen App-Shortcuts.

Um einen neuen Shortcut zum Hinzufügen oder Aktualisieren zu erstellen, verwenden Sie den `ShortcutInfo.Builder`, wie in Listing 19.28 gezeigt, um das Symbol, die Beschriftungen und den Start des Intents anzugeben. Beachten Sie, dass der Start-Intent eine Aktion enthalten muss, aber die Intent-Auflösung verwenden kann, anstatt auf eine bestimmte Activity zu zielen.

```
ShortcutManager shortcutManager
  = (ShortcutManager) getSystemService(Context.SHORTCUT_SERVICE);
Intent navIntent = new Intent(this, MainActivity.class);
navIntent.setAction(Intent.ACTION_VIEW);
navIntent.putExtra(DESTINATION_EXTRA, destination);

String id = "dynamicDest" + destination;

ShortcutInfo shortcut =
  new ShortcutInfo.Builder(this, id)
  .setShortLabel(destination)
  .setLongLabel("Navigate to " + destination)
  .setDisabledMessage("Navigation Shortcut Disabled")
  .setIcon(Icon.createWithResource(this, R.mipmap.ic_launcher))
  .setIntent(navIntent)
  .build();

shortcutManager.setDynamicShortcuts(Arrays.asList(shortcut));
```

Listing 19.28 Erstellen und Hinzufügen von dynamischen App-Shortcuts

Wenn Sie einen Shortcut an das Set übergeben oder dynamische Shortcuts hinzufügen, die bereits in der aktiven Liste vorhanden sind, wird dieser entsprechend aktualisiert.

Bei der Aktualisierung von dynamischen Shortcuts ist darauf zu achten, dass die semantische Bedeutung des Shortcuts erhalten bleibt. Wenn Ihr Shortcut beispielsweise eine Nachricht an eine bestimmte Person sendet, kann er aktualisiert werden, um ein aktualisiertes Profilbild für diese Person wiederzugeben, aber nicht, um eine Nachricht an eine andere Person zu senden. Wenn sich die semantische Bedeutung ändert, sollten Sie stattdessen den vorigen Shortcut entfernen und einen neuen mit einer neuen eindeutigen Kennung hinzufügen.

Dieser Vorgang ist wichtig, denn während Sie nur fünf Shortcuts zur Auswahl zur Verfügung haben, können Benutzer mehrere Shortcuts an ihren Desktop anheften, wie in Abbildung 19.6 gezeigt.

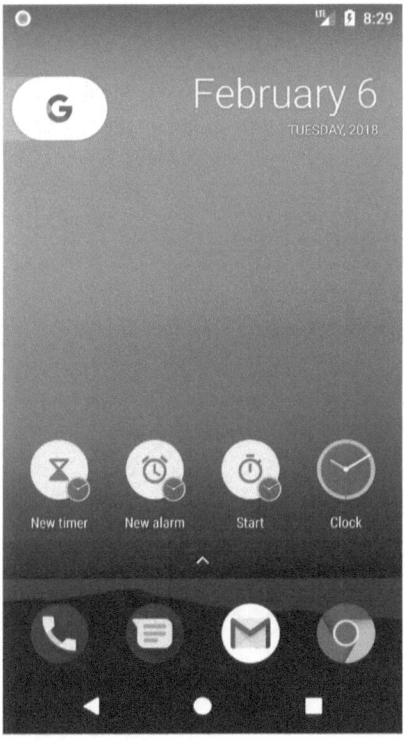

Abbildung 19.6 Shortcuts

Benutzer können so viele angeheftete Shortcuts zu ihren Desktops hinzufügen, wie sie wollen, und Sie können sie nicht programmgesteuert entfernen. Einmal angeheftet, sieht ein Shortcut weiterhin so aus und verhält sich wie ursprünglich definiert, auch wenn Sie ihn zur Laufzeit aus der dynamischen Liste entfernen; ein Aufruf von `updateShortcuts` kann jedoch weiterhin verwendet werden, um einen angehefteten Shortcut zu ändern, auch wenn er nicht mehr in der dynamischen Liste verfügbar ist.

Sie können einen angehefteten Shortcut für Benutzer zwar nicht entfernen, aber Sie können ihn unter Umständen, in denen ein zuvor angehefteter Shortcut nicht mehr gültig ist – beispielsweise wenn die Zielfunktionalität des Shortcut oder der zugehörige Inhalt aus Ihrer Anwendung entfernt wurde – können Sie mit `disableShortcuts` Shortcuts deaktivieren, indem Sie eine Liste von Bezeichnern zum Deaktivieren übergeben und optional eine Deaktivierungs-Meldung anzeigen lassen:

```
shortcutManager.disableShortcuts(Arrays.asList("Id1", "Id2"),
                                 "Functionality Removed");
```

19.6.3 App-Shortcut-Verwendung verfolgen

Die Reihenfolge – und in einigen Fällen auch die Verfügbarkeit – Ihrer App-Shortcuts kann je nach der Vorhersage des Launchers oder des Startbildschirms variieren, welche Shortcuts am ehesten zu einem bestimmten Zeitpunkt verwendet werden.

Diese Vorhersagen basieren auf der Nutzungshistorie jedes Shortcuts oder der zugrunde liegenden Funktionalität, zu der sie einen Shortcut bereitstellen.

Verwenden Sie die Methode `reportShortcutUsed` des `ShortcutManagers`, um anzuzeigen, dass der Benutzer eine Aktion ausgelöst hat, die durch einen Shortcut repräsentiert wird:

```
shortcutManager.reportShortcutUsed("Id1");
```

Sie sollten diesen Aufruf unabhängig davon machen, wie die Aktion gestartet wurde, um sicherzustellen, dass der Vorhersage-Mechanismus das Nutzungsverhalten von Aktionen, für die es Shortcuts gibt, vollständig aufzeichnet, so dass sie die am besten geeigneten Shortcuts zur richtigen Zeit anzeigen kann.

Kapitel 20
Fortgeschrittene Android-Entwicklung

Inhalt

- Absichern von Android durch Berechtigungen
- Authentifizierung mit dem Fingerabdrucksensor
- Sicherstellung der Vorwärts- und Rückwärtskompatibilität von Hard- und Software
- Verbesserung der Anwendungs-Performance durch StrictMode
- Anrufe einleiten und einen neuen Dialer erstellen
- Überwachung des Telefonzustands und eingehender Anrufe
- Verwendung von Intents zum Versenden von SMS- und MMS-Nachrichten
- Verwendung des SMS-Managers zum Versenden von SMS-Nachrichten
- Behandlung eingehender SMS-Nachrichten

Wrox.com Code-Downloads für dieses Kapitel

Die Code-Downloads für dieses Kapitel finden Sie unter www.wrox.com. Der Code für dieses Kapitel ist in die folgenden Hauptbeispiele unterteilt:

- Snippets_ch20.zip
- Emergency_Responder.zip

20.1 Fortgeschrittenes Android

Dieses Kapitel geht auf einige der Themen der vorangegangenen Kapitel noch einmal ein und stellt weiterführende Aspekte für Android-Entwickler vor.

Das Kapitel beginnt mit einem tieferen Einblick in die Sicherheit – insbesondere, wie Berechtigungen funktionieren und wie Sie Ihre eigenen Berechtigungen definieren und diese verwenden, um Ihre Anwendungen und die darin enthaltenen Daten zu schützen.

Als nächstes wird untersucht, wie Anwendungen erstellt werden können, die über verschiedene Hardware- und Softwareplattformen hinweg ab- und aufwärtskompatibel sind, sowie die Verwendung von StrictMode, um ineffizientes Verhalten in Ihren Anwendungen aufzudecken.

Sie werden auch mit den Android Telefonie-APIs vertraut gemacht und erfahren, wie Sie damit ausgehende Anrufe tätigen, den Telefonstatus überwachen und Broadcast-Intents für eingehende Anrufe empfangen können. Sie erkunden auch die SMS-Funktionalität von Android, die es Ihnen ermöglicht, SMS-Nachrichten aus Ihren Anwendungen heraus zu senden und zu empfangen. Mit Hilfe der Android-APIs können Sie Ihre eigene SMS-Client-Anwendung erstellen, um die als Teil des Software-Stacks verfügbaren systemeigenen Clients zu ersetzen. Alternativ können Sie die Messaging-Funktionen auch in Ihre eigenen Anwendungen integrieren.

20.2 Android paranoid

Ein Großteil der Sicherheit von Android wird durch den zugrunde liegenden Linux-Kernel gewährleistet. Anwendungsdateien und -ressourcen werden ihren Besitzern zur Verfügung gestellt, so dass sie für andere Anwendungen nicht zugänglich sind. Android verwendet Intents, Services und ContentProvider, um diese strengen Prozessgrenzen zu lockern und die Sicherheit auf Anwendungsebene zu gewährleisten.

Sie haben das Berechtigungssystem bereits verwendet, um den Zugriff auf systemeigene Services – einschließlich standortbasierter Dienste, systemeigener ContentProvider und der Kamera – unter Verwendung des Manifest-Tags uses-permission und Berechtigungsanfragen zur Laufzeit anzufordern.

Die folgenden Abschnitte geben einen detaillierteren Einblick in das Linux-Sicherheitsmodell und das Android-Berechtigungssystem. Für einen umfassenden Einblick bietet die Android-Dokumentation eine hervorragende Ressource, die die Sicherheitsmerkmale ausführlich beschreibt:

d.android.com/training/artikel/security-tips.html.

20.2.1 Linux-Kernel-Sicherheit

Jedem Android-Paket ist bei der Installation eine eindeutige Linux-Benutzerkennung zugeordnet. Dies hat den Effekt, dass der Prozess und die Ressourcen, die er erzeugt, durch Sandboxing so behandelt werden, dass er keine Auswirkungen auf andere Anwendungen hat (oder von diesen beeinflusst werden kann).

Aufgrund dieser Sicherheit auf Kernel-Ebene müssen Sie zusätzliche Schritte unternehmen, um zwischen Anwendungen zu kommunizieren oder auf die darin enthaltenen Dateien und Ressourcen zuzugreifen. ContentProvider, Intents, Services und AIDL-Schnittstellen wurden entwickelt, um Tunnel zu öffnen, durch die Informationen zwischen Anwendungen fließen können. Um sicherzustellen, dass Informationen nicht über die vorgesehenen Empfänger hinaus fließen, können Sie Android-Berechtigungen als Grenzschützer an beiden Enden verwenden, um den Datenfluss zu kontrollieren.

20.2.2 Genauere Betrachtung von Berechtigungen

Berechtigungen sind ein Sicherheitsmechanismus auf Anwendungsebene, mit dem Sie den Zugriff auf Anwendungskomponenten einschränken können. Berechtigungen werden verwendet, um zu verhindern, dass bösartige Anwendungen Daten beschädigen, Zugang zu sensiblen Informationen erhalten oder Hardware-Ressourcen oder externe Kommunikationskanäle übermäßig (oder unbefugt) nutzen.

Wie Sie in früheren Kapiteln erfahren haben, haben viele der systemeigenen Komponenten von Android Berechtigungsanforderungen. Die von den internen Android Activities und Services verwendeten Berechtigungsstrings sind als statische Konstanten in der Klasse `android.Manifest.permission` zu finden.

Um berechtigungsgeschützte Komponenten zu verwenden, müssen Sie Ihrem Anwendungsmanifest `uses-permission`-Tags hinzufügen und die von Ihrer Anwendung benötigten Berechtigungszeichenfolgen angeben.

Wenn ein Paket installiert ist, werden die in seinem Manifest angeforderten Berechtigungen analysiert und durch Prüfungen mit vertrauenswürdigen Autoritäten und Benutzer-Feedback vergeben (oder verweigert). In Android 6.0 Marshmallow (API Level 23) wurde eine zusätzliche Anforderung für Berechtigungen hinzugefügt, die als gefährlich gekennzeichnet sind – einschließlich solcher, die den Zugriff auf potenziell sensible Informationen wie PII (persönlich identifizierbare Informationen) und Standortdaten schützen.

Gefährliche Berechtigungen bedürfen der ausdrücklichen Genehmigung durch Berechtigungsanfragen zur Laufzeit, die vom Benutzer beim ersten Zugriff durch Ihre Anwendung akzeptiert werden müssen.

Jedes Mal, wenn Sie versuchen, auf Informationen zuzugreifen, die durch eine gefährliche Berechtigung geschützt sind, müssen Sie die Methode `ActivityCompat.checkSelfPermission` verwenden und die entsprechende Berechtigungskonstante übergeben, um festzustellen, ob der Zugriff gewährt wurde. Sie gibt `PERMISSION_GRANTED` zurück, wenn eine Benutzerberechtigung erteilt wurde, oder `PERMISSION_DENIED`, wenn der Benutzer den Zugriff abgelehnt (oder noch nicht gewährt) hat:

```
int permission = ActivityCompat.checkSelfPermission(this,
                Manifest.permission.READ_CONTACTS);

if (permission==PERMISSION_GRANTED) {
  // Greife auf den ContentProvider zu
} else {
  // Fordere die Berechtigung an oder
  // zeige einen Dialog, warum die Funktion nicht verfügbar ist.
}
```

Um den Systemdialog zur Berechtigungsanforderung zur Laufzeit anzuzeigen, rufen Sie die Methode `ActivityCompat.requestPermission` unter Angabe der gewünschten Berechtigungen auf:

```
ActivityCompat.requestPermissions(this,
  new String[]{Manifest.permission.READ_CONTACTS},
  CONTACTS_PERMISSION_REQUEST);
```

Diese Funktion zeigt einen Standard-Android-Dialog an, der nicht angepasst werden kann. Sie erfahren über einen Callback, ob der Benutzer Ihre Laufzeitanfrage angenommen oder abgelehnt hat. Das Ergebnis der Anfrage wird an die Handler-Methode `onRequestPermissionsResult` übergeben:

```
@Override
public void onRequestPermissionsResult(int requestCode,
                        @NonNull String[] permissions,
                        @NonNull int[] grantResults) {
  super.onRequestPermissionsResult(requestCode, permissions, grantResults);
  // TODO Reagiere auf die gewährten/verweigerten Berechtigungen
}
```

Berechtigungen deklarieren und durchsetzen

Sie können auch eigene Berechtigungen definieren und diese zum Schutz Ihrer eigenen Anwendungskomponenten vergeben.

Bevor Sie einer Anwendungskomponente eine neue Berechtigung zuweisen können, müssen Sie diese in Ihrem Manifest mit dem Tag `permission` definieren, siehe Listing 20.1.

```xml
<permission
  android:name="com.professionalandroid.DETONATE_DEVICE"
  android:protectionLevel="dangerous"
  android:label="Self Destruct"
  android:description="@string/detonate_description">
</permission>
```
Listing 20.1 Eine Berechtigung deklarieren

Innerhalb des `permission`-Tags können Sie die Zugriffsstufe angeben, die die Berechtigung erlaubt:

- `normal`: Kann bei der Installation gewährt werden, wenn es in einem Verwendungsberechtigungsknoten im Manifest einer Anwendung enthalten ist.
- `dangerous`: Muss vom Benutzer bei der ersten Verwendung innerhalb einer Anwendung ausdrücklich genehmigt werden.
- `signatur`: Kann nur einer Anwendung gewährt werden, die mit demselben Signaturzertifikat ausgestattet ist.

Sie können auch ein Label und eine externe Ressource mit der Beschreibung angeben, die die Risiken der Erteilung dieser Genehmigung erläutert.

Um benutzerdefinierte Berechtigungen für Komponenten innerhalb Ihrer Anwendung zu definieren, fügen Sie ein Berechtigungsattribut zu deren Manifestknoten hinzu. Berechtigungsbeschränkungen können in Ihrer gesamten Anwendung durchgesetzt werden, am sinnvollsten an den Anwendungsschnittstellen, wie zum Beispiel:

- `Activities`: Fügen Sie eine Berechtigung hinzu, um die Möglichkeit anderer Anwendungen einzuschränken, eine bestimmte Activity zu starten.
- `BroadcastReceiver`: Fügen Sie eine Berechtigung hinzu, um zu steuern, welche Anwendungen Intents an Ihren Receiver senden können.
- `Intents`: Fügen Sie eine Berechtigung hinzu, um zu steuern, welche BroadcastReceiver einen bestimmten Intent empfangen können.
- `ContentProvider`: Fügen Sie eine Berechtigung hinzu, um den Lesezugriff und/oder die Schreiboperationen auf Ihre ContentProvider zu beschränken.
- `Services`: Fügen Sie eine Berechtigung hinzu, um die Fähigkeit anderer Anwendungen zum Starten oder Anbinden an einen Service einzuschränken.

In jedem Fall können Sie der Anwendungskomponente im Manifest ein Berechtigungs-Attribut hinzufügen, das einen erforderlichen Berechtigungs-String für den Zugriff auf jede Komponente angibt. Listing 20.2 zeigt einen Manifestauszug, der die in Listing 20.1

definierte Berechtigung benötigt, um eine Activity, einen Service und einen Broadcast-Receiver zu starten.

```xml
<activity
  android:name=".MyActivity"
  android:label="@string/app_name"
  android:permission="com.professionalandroid.DETONATE_DEVICE">
</activity>

<service
  android:name=".MyService"
  android:permission="com.professionalandroid.DETONATE_DEVICE">
</service>

<receiver
  android:name=".MyReceiver"
  android:permission="com.professionalandroid.DETONATE_DEVICE">
</receiver>
```
Listing 20.2 Berechtigungsanfrage erzwingen

ContentProvider können `readPermission`- und `writePermission`-Attribute festlegen, um eine genauere Kontrolle über den Lese- und Schreibzugriff zu erhalten:

```xml
<provider
  android:name=".HitListProvider"
  android:authorities="com.professionalandroid.hitlistprovider"
  android:writePermission="com.professionalandroid.ASSIGN_KILLER"
  android:readPermission="com.professionalandroid.LICENSED_TO_KILL"
/>
```

Durchsetzung von Berechtigungen bei Broadcasting Intents

Zusätzlich zu den Berechtigungen für den Empfang von Intents durch Ihre Broadcast-Receiver können Sie jedem Intent, den Sie senden, eine Berechtigungsanforderung hinzufügen. Dies ist empfehlenswert bei der Übertragung von Intents, die sensible Informationen enthalten.

In solchen Fällen ist es ratsam, eine Signaturgenehmigung zu verlangen, um sicherzustellen, dass nur Anwendungen, die mit der gleichen Signatur wie die Host-Anwendung signiert sind, die Sendung empfangen können:

```xml
<permission
  android:name="com.professionalandroid.SECRET_DATA"
  android:protectionLevel="signature"
  android:label="Secret Data Transfer"
  android:description="@string/secret_data_description">
</permission>
```

Beim Aufruf von `sendBroadcast` können Sie den Berechtigungsstring angeben, der für einen `BroadcastReceiver` zum Empfang des Intents erforderlich ist:

```
sendBroadcast(myIntent, "com.professionalandroid.SECRET_DATA");
```

20.2.3 Schlüssel im Android Keystore speichern

Das Android-Keystore-System stellt einen Container zur Verfügung, in dem Anwendungen sensible kryptografische Schlüssel sicher aufbewahren und vor unberechtigten Zugriffen und Verwendungen schützen können. Der Keystore wurde entwickelt, um das Auslesen von Schlüsseln aus Anwendungsprozessen und aus dem Android-Gerät zu verhindern.

Als weiteren Schutz gegen die Möglichkeit der unbefugten Nutzung von Schlüsseln müssen Apps die autorisierte Verwendung der im Keystore gespeicherten Schlüssel festlegen, einschließlich Anforderungen an die Kryptografie, befristeter Autorisierungszeiten und der Anforderung, dass ein Benutzer vor dem Zugriff vorab authentifiziert wurde.

Der Zugriff auf den Android Keystore erfolgt über zwei APIs: die Keychain-API und den Android-Keystore-Provider. Die Keychain-API wurde entwickelt, um die Speicherung und den Zugriff auf systemweite Anmeldeinformationen zu unterstützen, so dass mehrere Anwendungen denselben Satz von Anmeldeinformationen mit Zustimmung des Benutzers verwenden können.

Alternativ ist der Android-Keystore-Provider für Anwendungen konzipiert, die ihre eigenen Zugangsdaten speichern und den Zugriff auf die App, die den Schlüssel speichert, einschränken. Im Gegensatz zur Keychain-API benötigen Anwendungen, die den Keystore-Provider verwenden, keine Benutzerinteraktion, um die gespeicherten Anmeldeinformationen abzurufen.

Details zum Erstellen, Speichern und Abrufen von Schlüsseln, die im Android-Keystore gespeichert werden sollen, gehen über den Rahmen dieses Buches hinaus. Weitere Informationen zu diesen Themen und dem Android-Keystore-System finden Sie unter

d.android.com/training/articles/keystore.html.

20.2.4 Fingerabdruck-Scanner

Android 6.0 Marshmallow (API Level 23) hat eine neue API zur Unterstützung der Benutzerauthentifizierung mit Fingerabdruck-Scannern auf dem Gerät eingeführt.

Um die Fingerabdruck-Authentifizierung in Ihre Anwendung einzubinden, müssen Sie zunächst die Berechtigung USE_FINGERPRINT zu Ihrem Manifest hinzufügen:

```
<uses-permission android:name="android.permission.USE_FINGERPRINT"/>
```

Holen Sie sich innerhalb Ihrer Anwendung eine Instanz der Klasse FingerprintManager mit der Methode getSystemService, der Sie FingerPrintManager.class übergeben.

Alternativ können Sie die Klasse FingerprintManagerCompat verwenden, um rückwärtskompatible Unterstützung zu bieten, indem Sie die Methode from verwenden, um eine Instanz basierend auf einem Context abzurufen:

```
mFingerprintManager = FingerprintManagerCompat.from(this);
```

Verwenden Sie den FingerprintManager, um Benutzer mit der Methode authenticate zu authentifizieren, indem Sie die optionalen Objekte CryptoObject und CancellationSignal zusammen mit einer AuthenticationCallback-Implementierung übergeben:

```
mFingerprintManager.authenticate(
  null, /* oder mCryptoObject*/
  0,    /* Flags */
  null, /* oder mCancellationSignal */
  mAuthenticationCallback,
  null);
```

Ein CancellationSignal kann erzeugt werden, um eine laufende Authentifizierung abzubrechen. Ein CryptoObject kann übergeben werden, wenn Sie die Fingerabdruck-Authentifizierung verwenden möchten, um den zugehörigen Keystore-Schlüssel als authentifiziert zu kennzeichnen. Wenn ein CryptoObjekt-Parameter bereitgestellt wird, wird er authentifiziert und innerhalb des AuthenticationResults des AuthenticationCallbacks zurückgegeben.

Die Ergebnisse werden an eine Implementierung der Klasse FingerprintManagerCompat.AuthenticationCallback mit den Handler-Methoden onAuthenticationError, onAuthenticationHelp, onAuthenticationFailed und onAuthenticationSucceeded übergeben:

```
FingerprintManagerCompat.\alb AuthenticationCallback mAuthenticationCallback
  = new FingerprintManagerCompat.AuthenticationCallback() {
```

```
@Override
public void onAuthenticationError(int errMsgId, CharSequence errString) {
    // TODO Bearbeite einen Authentication-Error
    Log.e(TAG, "Fingerprint authentication error: " + errString);
}

@Override
public void onAuthenticationHelp(int helpMsgId, CharSequence helpString) {
    // TODO Bearbeite Authentication-Hilfe
    Log.d(TAG, "Fingerprint authentication help required: " + helpString);
}

@Override
public void onAuthenticationFailed() {
    // TODO Bearbeite Authentication-Failure
    Log.d(TAG, "Fingerprint authentication failed.");
}

@Override
public void onAuthenticationSucceeded(
            FingerprintManagerCompat.AuthenticationResult result) {
    super.onAuthenticationSucceeded(result);
    // TODO Bearbeite Authentication-Erfolg
    Log.d(TAG, "Fingerprint authentication succeeded.");
}
};
```

Ihre Anwendung muss die Benutzeroberfläche für die Fingerabdruck-Authentifizierung mit dem standardmäßigen Android-Fingerabdrucksymbol implementieren.

Ein vollständiges Beispiel für die Verwendung der Fingerprint-API zur Authentifizierung eines Kaufvorgangs, einschließlich des Android-Fingerprint-Symbols (*ic_fp_40px.png*), finden Sie als Beispiel für einen Fingerprint Dialog unter:

github.com/googlesamples/android-FingerprintDialog.

20.3 Umgang mit unterschiedlicher Hard- und Softwareverfügbarkeit

Von Smartphones und Tablets bis hin zu Wearables und Fernsehern wird Android nun auf einer immer vielfältigeren Hardware-Kollektion eingesetzt. Jedes neue Gerät stellt potenziell eine Variation in der Hardwarekonfiguration oder der Softwareplattform dar. Diese Flexibilität ist ein wesentlicher Faktor für den Erfolg von Android, aber leider können Sie darum keine Annahmen über die Hardware oder Software treffen, die auf dem Gerät verfügbar ist, auf dem Ihre Anwendung installiert ist und läuft.

20.3 | Fortgeschrittene Android-Entwicklung

Um dies zu entschärfen, sind die Versionen der Android-Plattform aufwärtskompatibel – das bedeutet, dass in vielen Fällen Anwendungen, die vor der Verfügbarkeit einer bestimmten Hardware- oder Software-Innovation entwickelt wurden, weiterhin benutzt werden können, ohne dass Änderungen erforderlich sind.

Android-Plattform-Releases sind auch abwärtskompatibel, was bedeutet, dass Ihre Anwendung weiterhin auf neuer Hardware und Plattform-Releases arbeitet, ohne dass Sie sie jedes Mal aktualisieren müssen.

Durch die Kombination von Aufwärts- und Abwärtskompatibilität wird Ihre Android-Anwendung weiterhin funktionieren und möglicherweise sogar neue Hardware- und Softwarefunktionen nutzen, wenn sich die Plattform weiterentwickelt.

Allerdings enthält jede Plattform-Version neue APIs und Plattform-Features. Ebenso kann neue Hardware verfügbar werden. Jeder Fortschritt könnte Funktionen bereitstellen, die die Funktionen und die Benutzerfreundlichkeit Ihrer Anwendung verbessern könnten.

Um die Vorteile dieser neuen Funktionen nutzen zu können, ohne die Unterstützung für Hardware mit früheren Plattformen zu verlieren, müssen Sie sicherstellen, dass Ihre Anwendung auch abwärtskompatibel ist.

Ebenso bedeutet die große Auswahl an verschiedenen Android-Geräte-Hardwareplattformen, dass Sie keine Annahmen darüber treffen können, welche Hardware verfügbar sein könnte.

In den folgenden Abschnitten wird erläutert, wie Sie bestimmte Hardware bei Bedarf angeben, die Hardwareverfügbarkeit zur Laufzeit prüfen und Anwendungen erstellen, die abwärtskompatibel sind.

20.3.1 Erforderliche Hardware spezifizieren

Die Anforderungen an die Anwendungshardware lassen sich im Allgemeinen in zwei Kategorien einteilen: Hardware, die erforderlich ist, damit Ihre Anwendung einen Nutzen hat, und Hardware, die nützlich ist, wenn sie verfügbar ist, aber nicht unbedingt erforderlich ist. Ersteres gilt für Anwendungen, die auf einer bestimmten Hardware basieren – zum Beispiel ist eine Ersatzkamera-Anwendung auf einem Gerät ohne Kamera sinnlos.

Um ein bestimmtes Hardware-Feature als Voraussetzung für die Installation Ihrer Anwendung anzugeben, fügen Sie einen `uses-feature` Knoten zum Manifest hinzu:

```
<uses-feature android:name="android.hardware.sensor.compass"/>
<uses-feature android:name="android.hardware.camera"/>
```

Dies kann auch für Anwendungen verwendet werden, die nicht notwendigerweise eine bestimmte Hardware benötigen, die aber nicht für bestimmte Hardwarekonfigurationen entwickelt wurden, zum Beispiel ein Spiel, das Neigungssensoren oder einen Touchscreen zur Steuerung benötigt.

> **Hinweis**
>
> Je mehr Hardware-Einschränkungen Sie Ihren Anwendungen auferlegen, desto kleiner wird die potenzielle Zielgruppe. Daher ist es sinnvoll, Ihre Hardware-Einschränkungen auf solche zu beschränken, die zur Unterstützung der Kernfunktionalität erforderlich sind.

20.3.2 Hardware-Verfügbarkeit bestätigen

Für Hardware, die nützlich, aber nicht notwendig ist, müssen Sie die Hardware-Plattform zur Laufzeit abfragen, um festzustellen, welche Hardware verfügbar ist. Der `PackageManager` enthält eine Methode `hasSystemFeature`, die statische Konstanten mit dem Präfix `PackageManager.FEATURE_` als Parameter akzeptiert:

```
PackageManager pm = getPackageManager();
pm.hasSystemFeature(PackageManager.FEATURE_SENSOR_COMPASS);
```

Der `PackageManager` enthält eine Konstante für jede optionale Hardware, die es ermöglicht, Ihre Benutzeroberfläche und Funktionalität an die verfügbare Hardware anzupassen.

20.3.3 Rückwärtskompatible Anwendungen erstellen

Jede neue Version des Android SDK bringt neue Hardwareunterstützung, APIs, Fehlerbehebungen und Leistungsverbesserungen mit sich. Sie sollten Ihre Anwendungen so schnell wie möglich auf eine neue SDK-Version aktualisieren, um die Vorteile von deren neuen Funktionen zu nutzen und die verbesserte Nutzerfreundlichkeit für Besitzer neuer Android-Geräte zu gewährleisten.

Gleichzeitig ist es wichtig, dass Ihre Anwendungen abwärtskompatibel sind, um sicherzustellen, dass Benutzer von Geräten mit früheren Android-Plattformversionen diese weiterhin nutzen können – insbesondere da dies wahrscheinlich einen deutlich größeren Marktanteil als bei brandneuen Geräten haben wird.

Viele der Android-APIs – insbesondere Convenience-Klassen und Oberflächen-Klassen – werden innerhalb der eigenständigen Android Support- und Android Architecture Components-Bibliotheken oder, in einigen Fällen, der Google Play-Services-APIs verteilt. Wenn Funktionen nicht als Teil einer eigenständigen Bibliothek verfügbar sind,

20.3 | Fortgeschrittene Android-Entwicklung

müssen Sie neue Funktionen mit den hier beschriebenen Techniken integrieren, um mehrere Plattformversionen innerhalb desselben Pakets zu unterstützen.

Für jede beschriebene Technik ist es wichtig, die API-Ebene der zugrunde liegenden Plattform zu kennen.

> **Warnung**
>
> Das Importieren einer Klasse oder der Versuch, eine Methode aufzurufen, die in der zugrunde liegenden Plattform nicht verfügbar ist, führt zu einer Laufzeit-Exception, wenn die umschließende Klasse instanziiert oder die Methode aufgerufen wird.

Um dies zur Laufzeit zu ermitteln, können Sie die Konstante `android.os.Build.VERSION.SDK_INT` verwenden:

```
private static boolean nfc_beam_supported =
   android.os.Build.VERSION.SDK_INT > 14;
```

Der einfachste Weg, um festzustellen, welche API-Ebene für eine bestimmte Klasse oder Methode erforderlich ist, besteht darin, das Build-Ziel Ihres Projekts schrittweise zu senken und festzustellen, welche Klassen den Build unterbrechen.

Parallele Activities

Die einfachste, aber am wenigsten effiziente Alternative zur Gewährleistung der Abwärtskompatibilität besteht darin, separate Sätze von parallelen Activities, Services und `BroadcastReceivern` zu erstellen, die auf einer Basisklasse aufbauen, die mit der von Ihnen unterstützten Mindestversion der Android-Plattform kompatibel ist.

Wenn Sie explizite Intents verwenden, um Services oder Activities zu starten, können Sie den richtigen Satz von Komponenten zur Laufzeit auswählen, indem Sie die Plattform-Version überprüfen und die entsprechenden Services und Activities entsprechend ausrichten:

```
private static boolean nfc_beam_supported =
   android.os.Build.VERSION.SDK_INT > 14;

Intent startActivityIntent = null;

if (nfc_beam_supported)
  startActivityIntent = new Intent(this, NFCBeamActivity.class);
else
  startActivityIntent = new Intent(this, NonNFCBeamActivity.class);

startActivity(startActivityIntent);
```

Bei impliziten Intents und `BroadcastReceivern` können Sie ihren Manifest-Einträgen ein `android:enabled`-Tag hinzufügen, das sich auf eine boolesche Ressource bezieht:

```xml
<receiver
  android:name=".MediaControlReceiver"
  android:enabled="@bool/supports_remote_media_controller">
  <intent-filter>
    <action android:name="android.intent.action.MEDIA_BUTTON"/>
  </intent-filter>
</receiver>
```

Sie können dann alternative Ressourceneinträge auf API-Ebene anlegen:

```xml
res/values/bool.xml
  <bool name="supports_remote_media_controller">false</bool>

res/values-v14/bool.xml
  <bool name="supports_remote_media_controller">true</bool>
```

Interfaces und Fragmente

Interfaces sind der traditionelle Weg, um mehrere Implementierungen derselben Funktionalität zu unterstützen. Für Funktionen, die Sie auf der Grundlage neu verfügbarer APIs anders implementieren möchten, legen Sie ein Interface an, das die auszuführende Aktion definiert, und legen dann API-Level-spezifische Implementierungen an.

Überprüfen Sie zur Laufzeit die aktuelle Plattformversion, instanziieren Sie die entsprechende Klasse und verwenden Sie deren Methoden:

```java
IP2PDataXfer dataTransfer;

if (android.os.Build.VERSION.SDK_INT > 14)
  dataTransfer = new NFCBeamP2PDataXfer();
else
  dataTransfer = new NonNFCBeamP2PDataXfer();

dataTransfer.initiateP2PDataXfer();
```

Fragmente stellen eine stärker gekapselte Alternative zu parallelisierten Komponenten dar. Anstatt Activities zu duplizieren, verwenden Sie Fragmente – kombiniert mit der Ressourcenhierarchie – um eine konsistente Benutzeroberfläche zu erstellen, die für verschiedene Plattform-Releases und Hardware-Konfigurationen optimiert ist.

Der Großteil der Oberflächenlogik für Ihre Activities sollte in einzelnen Fragmenten und nicht in der Activity selbst enthalten sein. Daher müssen Sie nur alternative Fragmente erstellen, um verschiedene Funktionen freizugeben und zu nutzen und verschiedene Versionen desselben Layouts in ihren jeweiligen `res/layout-v[API-Level]`-Ordnern zu entfalten.

Die Interaktion zwischen und innerhalb von Fragmenten wird normalerweise in jedem Fragment beibehalten, so dass nur Code, der sich auf fehlende APIs bezieht, innerhalb der Activity geändert werden muss. Wenn jede Variante eines Fragments die gleiche Interface-Definition und ID implementiert, sollten Sie nicht mehrere Activities anlegen müssen, um mehrere Layouts und Fragmentdefinitionen zu unterstützen.

20.4 Optimierung der Oberflächen-Performance durch StrictMode

Die Ressourcenknappheit mobiler Geräte verstärkt den Effekt zeitraubender Operationen auf den Hauptanwendungs-Thread. Der Zugriff auf Netzwerkressourcen, das Lesen oder Schreiben von Dateien oder der Zugriff auf Datenbanken, wobei der Oberflächen-Thread blockiert wird, können dramatische Auswirkungen auf die Benutzerfreundlichkeit haben und dazu führen, dass Ihre Anwendung nicht mehr so glatt, verzögert und im Extremfall gar nicht mehr reagiert.

Wie Sie solche zeitraubenden Operationen auf Hintergrund-Threads verschieben, haben Sie in Kapitel 11 gesehen. StrictMode ist ein Werkzeug, das Ihnen hilft, Fälle zu identifizieren, die Sie vielleicht übersehen haben.

Mit den StrictMode-APIs können Sie eine Reihe von Richtlinien zuweisen, die Aktionen innerhalb Ihrer Anwendung überwachen und festlegen, wie Sie benachrichtigt werden sollen. Sie können Richtlinien definieren, die sich entweder auf den aktuellen Anwendungsthread oder auf den Prozess der virtuellen Maschine (VM) Ihrer Anwendung beziehen. Ersteres ist ideal, um langsame Operationen auf dem Oberflächen-Thread zu erkennen, während letzteres Ihnen hilft, Speicher- und Kontextlecks zu erkennen.

Um StrictMode zu verwenden, erstellen Sie eine neue `ThreadPolicy` und eine neue `VmPolicy`, indem Sie deren statische `Builder`-Klassen mit den `detect`-Methoden verwenden, um die zu überwachenden Aktionen zu definieren. Die entsprechenden `penalty`-Methoden regeln, wie das System auf die Erkennung dieser Aktionen reagieren soll.

Die `ThreadPolicy` kann verwendet werden, um Lese- und Schreibzugriffe auf Festplatten und Netzwerkzugriffe zu erkennen, während die `VmPolicy` Ihre Anwendung auf Activity, SQLite und schließbare Objektlecks überwachen kann.

Zu den »Strafen«, die für beide Policies zur Verfügung stehen, gehören Protokollierung oder Tod der Anwendung, während die `ThreadPolicy` auch die Anzeige eines Bildschirmdialogs oder eines blinkenden Bildschirmrands unterstützt.

Beide `Builder`-Klassen enthalten auch eine Methode `detectAll`, die alle möglichen von der Plattform unterstützten Überwachungsoptionen enthält. Sie können auch die Methode `StrictMode.enableDefaults` verwenden, um die Standardüberwachungs- und Sanktionsoptionen anzuwenden.

Um StrictMode für Ihre gesamte Anwendung zu aktivieren, sollten Sie die Klasse `Application` erweitern, wie in Listing 20.3 gezeigt.

```
public class MyApplication extends Application {

  public static final boolean DEVELOPER_MODE = true;

  @Override
  public final void onCreate() {
    super.onCreate();

    if (DEVELOPER_MODE) {
      StrictMode.enableDefaults();
    }
  }
}
```

Listing 20.3 StrictMode für eine Application aktivieren

Um StrictMode für eine bestimmte Activity, einen Service oder eine andere Anwendungskomponente zu aktivieren (oder die Einstellungen anzupassen), verwenden Sie einfach das gleiche Muster innerhalb der Methode `onCreate` dieser Komponente.

20.5 Telefonie und SMS

Android enthält Telefonie-Kommunikations-APIs, die es Ihnen ermöglichen, den Telefonstatus und Anrufe zu überwachen sowie Anrufe zu initiieren und Details eingehender Anrufe zu untersuchen.

Android bietet auch eine umfassende SMS-Funktionalität, mit der Sie SMS-Nachrichten aus Ihren Anwendungen heraus senden und empfangen können. Mit Hilfe der Android-APIs können Sie Ihre eigene SMS-Client-Anwendung erstellen, um die als Teil des Software-Stacks verfügbaren systemeigenen Clients zu ersetzen. Alternativ können Sie einige SMS-Nachrichtenfunktionen in Ihre eigenen Anwendungen integrieren.

Seit dem Erscheinen reiner Wi-Fi-Android-Geräte können Sie nicht mehr davon ausgehen, dass Telefonie-Hardware auf jedem Gerät verfügbar ist, auf dem Ihre Anwendung verfügbar ist.

Einige Anwendungen sind auf Geräten ohne Telefonieunterstützung sinnlos. Eine Anwendung, die für eingehende Anrufe oder einen Ersatz-SMS-Client eine Rückwärtssuche ermöglicht, funktioniert einfach nicht auf einem reinen Wi-Fi-Gerät.

20.5 | Fortgeschrittene Android-Entwicklung

Um festzulegen, dass Ihre Anwendung Telefonieunterstützung benötigt, können Sie Ihrem Anwendungsmanifest einen Knoten `uses-feature` hinzufügen:

```
<uses-feature android:name="android.hardware.telephony"
              android:required="true"/>
```

> **Hinweis**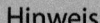
>
> Wie im vorherigen Abschnitt beschrieben, verhindert das Markieren von Telefonie als erforderliche Funktion, dass Ihre Anwendung in Google Play mit einem Gerät ohne Telefonie-Hardware gefunden wird. Außerdem wird verhindert, dass Ihre Anwendung auf solchen Geräten von der Google Play-Website installiert wird.

Wenn Sie Telefonie-APIs verwenden, diese aber für die Verwendung Ihrer Anwendung nicht zwingend erforderlich sind, können Sie die Existenz der Telefonie-Hardware überprüfen, bevor Sie versuchen, die entsprechenden APIs zu verwenden.

Verwenden Sie die Methode `hasSystemFeature` des `PackageManagers`, indem Sie den String `PackageManager.FEATURE_TELEPHONY` angeben. Der `PackageManager` enthält auch Konstanten zur Abfrage der Existenz von CDMA- und GSM-spezifischer Hardware.

```
PackageManager pm = getPackageManager();

boolean telephonySupported =
  pm.hasSystemFeature(PackageManager.FEATURE_TELEPHONY);
boolean gsmSupported =
  pm.hasSystemFeature(PackageManager.FEATURE_TELEPHONY_CDMA);
boolean cdmaSupported =
  pm.hasSystemFeature(PackageManager.FEATURE_TELEPHONY_GSM);
```

20.5.1 Telefonie

Die Android-Telefonie-APIs ermöglichen es Ihren Anwendungen, auf den zugrunde liegenden Telefon-Hardware-Stack zuzugreifen, so dass Sie Ihre eigene Wahltasten-Activity, einen sogenannten Dialer, erstellen oder die Anrufbehandlung und Telefonzustandsüberwachung in Ihre Anwendungen integrieren können.

> **Hinweis**
>
> Aus Sicherheitsgründen erlaubt Ihnen das aktuelle Android SDK nicht, Ihre eigene In-Call-Activity zu erstellen, also den Bildschirm, der angezeigt wird, wenn ein eingehender Anruf eingeht oder ein ausgehender Anruf getätigt wurde.

Initiieren von Telefonaten mit Intents

Für das Einleiten von Anrufen empfiehlt sich die Verwendung eines Intent.ACTION_DIAL-Intent, bei dem die zu wählende Nummer durch Einstellen der Intent-Daten mit Hilfe eines tel:-Schemas angegeben wird:

```
Intent whoyougonnacall = new Intent(Intent.ACTION_DIAL,
                            Uri.parse("tel:555-2368"));
startActivity(whoyougonnacall);
```

Dadurch wird eine Wahltasten- oder Dialer-Activity gestartet, die mit der Nummer vorbelegt wird, die Sie als Intent-Daten angegeben haben. Die Standard-Dialer-Activity ermöglicht es dem Benutzer, die Nummer zu ändern, bevor er den Anruf explizit einleitet. Darum erfordert die Verwendung des ACTION_DIAL-Intents keine besonderen Berechtigungen.

Indem Sie Ihr Intent zur Ankündigung einer Rufnummer verwenden, bleibt Ihre Anwendung von der Dialer-Implementierung entkoppelt, mit der der Anruf eingeleitet wurde. Wenn Benutzer beispielsweise einen neuen Dialer installiert haben, der IP-basierte Telefonie unterstützt, können Benutzer mit Intents eine Nummer aus Ihrer Anwendung wählen, um den Anruf über diesen neuen Dialer zu tätigen.

Erstellen eines neuen Telefon-Dialers

Das Erstellen einer neuen Dialer-Anwendung, die möglicherweise die eingebaute Telefon-Dialer-Anwendung ersetzt, umfasst zwei Schritte. Ihre App muss:

1. Intents abfangen, die vom systemeigenen Dialer bedient werden.
2. Ausgehende Anrufe initiieren und verwalten.

Die eingebaute Dialer-Anwendung reagiert auf Intent-Aktionen, die dem Betätigen einer Hardware-Ruftaste entsprechen, indem er nach dem Schema tel: fragt oder eine ACTION_DIAL-Anfrage über das Schema tel: stellt, wie im vorherigen Abschnitt gezeigt.

Um diese Anfragen abzufangen, fügen Sie IntentFilter-Tags in die Manifesteinträge für Ihre Ersatz-Dialer-Activity ein, die auf die folgenden Aktionen wartet:

- Intent.ACTION_CALL_BUTTON: Diese Aktion wird gesendet, wenn die Hardware-Ruftaste des Geräts gedrückt wird. Erstellen Sie einen IntentFilter, der auf diese Aktion als Standardaktion wartet.
- Intent.ACTION_DIAL: Diese im vorherigen Abschnitt beschriebene Intent-Aktion wird von Anwendungen verwendet, die einen Anruf einleiten möchten. Der zur Erfassung dieser Aktion verwendete IntentFilter sollte sowohl standardmäßig als auch

browsable sein (zur Unterstützung von Wählanfragen des Browsers) und muss das tel: Schema angeben, um die vorhandene Dialer-Funktionalität zu ersetzen (obwohl er zusätzliche Schemata unterstützen kann).

- Intent.ACTION_VIEW: Die View-Aktion wird von Anwendungen verwendet, die einen Teil der Daten anzeigen möchten. Stellen Sie sicher, dass der IntentFilter das Schema tel: spezifiziert, damit Ihre neue Activity zur Anzeige von Telefonnummern verwendet werden kann.

Das Manifest-Ausschnitt in Listing 20.4 zeigt eine Activity mit IntentFilter, die jede dieser Aktionen erfasst.

```
<activity
  android:name=".MyDialerActivity"
  android:label="@string/app_name">
  <intent-filter>
    <action android:name="android.intent.action.CALL_BUTTON" />
    <category android:name="android.intent.category.DEFAULT" />
  </intent-filter>
  <intent-filter>
    <action android:name="android.intent.action.VIEW" />
    <action android:name="android.intent.action.DIAL" />
    <category android:name="android.intent.category.DEFAULT" />
    <category android:name="android.intent.category.BROWSABLE" />
    <data android:scheme="tel" />
  </intent-filter>
</activity>
```

Listing 20.4 Manifesteintrag für eine Ersatz-Dialer Activity

Nachdem Ihre Activity gestartet wurde, sollte sie einen Dialog bereitstellen, der es den Benutzern ermöglicht, die Nummer einzugeben oder zu ändern und damit den abgehenden Anruf einzuleiten. An dieser Stelle müssen Sie den Anruf entweder über den vorhandenen Telefonie-Stack oder über Ihre eigene Alternative tätigen.

Die einfachste Technik besteht darin, den vorhandenen Telefonie-Stack mit der Aktion Intent.ACTION_CALL zu verwenden. Dadurch wird ein Anruf über die In-Call Activity des Systems eingeleitet und das System kann die Wahl, die Verbindung und die Sprachverarbeitung verwalten.

Um diese Aktion nutzen zu können, muss Ihre Anwendung die uses-permission, also die Berechtigung für CALL_PHONE anfordern:

```
<uses-permission android:name="android.permission.CALL_PHONE"/>
```

Als gefährliche Berechtigung verlangt sie, dass Sie zusätzlich eine Berechtigung zur Laufzeit anfordern und prüfen (siehe Listing 20.5).

```
int permission = ActivityCompat.checkSelfPermission(this,
                 android.Manifest.permission.CALL_PHONE);

if (permission == PackageManager.PERMISSION_GRANTED) {

  Intent whoyougonnacall = new Intent(Intent.ACTION_CALL,
                             Uri.parse("tel:555-2368"));
  startActivity(whoyougonnacall);

// Wenn die Berechtigung nicht vorliegt, erfrage sie
} else {
  if (ActivityCompat.shouldShowRequestPermissionRationale(
        this, android.Manifest.permission.CALL_PHONE)) {
    // TODO Zeige zusätzliche Begründung für die angefragte Berechtigung
  }
  ActivityCompat.requestPermissions(this,
    new String[]{android.Manifest.permission.CALL_PHONE},
    CALL_PHONE_PERMISSION_REQUEST);
}
```
Listing 20.5 Anruf über den System-Telefonie-Stack einleiten

Alternativ können Sie den ausgehenden Telefonie-Stack komplett ersetzen, indem Sie Ihr eigenes Wähl- und Voice-Handling-Framework implementieren. Dies ist die perfekte Alternative, wenn Sie eine VoIP (Voice over IP)-Anwendung implementieren.

Zugriff auf Telefonieeigenschaften und Telefonstatus

Der Zugriff auf die Telefonie-APIs wird vom `TelephonyManager` verwaltet, der über die Methode `getSystemService` erreichbar ist:

```
String srvcName = Context.TELEPHONY_SERVICE;
TelephonyManager telephonyManager =
  (TelephonyManager)getSystemService(srvcName);
```

Der `TelephonyManager` bietet direkten Zugriff auf viele der Telefon-Eigenschaften, einschließlich Geräte-, Netzwerk-, Teilnehmer-Identitäts-Modul (SIM) und Datenstatusdetails. Sie können auch auf einige Verbindungsstatusinformationen zugreifen, obwohl dies normalerweise mit dem `ConnectivityManager` geschieht, wie in Kapitel 18 beschrieben.

20.5 | Fortgeschrittene Android-Entwicklung

Fast alle Methoden des `TelephonyManagers` benötigen die Verwendungsberechtigung `READ_PHONE_STATE` im Anwendungsmanifest:

```
<uses-permission android:name="android.permission.READ_PHONE_STATE"/>
```

Die Berechtigung `READ_PHONE_STATE` ist ebenfalls als gefährlich gekennzeichnet, so dass Sie zur Laufzeit die Berechtigung des Benutzers überprüfen oder anfordern müssen, bevor Sie die Ergebnisse des Telefonzustands erhalten können (siehe Listing 20.6).

Android 5.0 Lollipop (API Level 22) unterstützt mehrere Telefonie-Anbieter (beispielsweise Dual-SIM-Geräte, die mehrere aktive SIM-Karten unterstützen). Um auf die Liste der aktiven Anbieter zuzugreifen, verwenden Sie die Methode `getActiveSubscriptionInfoList` des `SubscriptionManagers`. Beachten Sie, dass alle `SubscriptionManager`-Methoden wie beim `TelephonyManager` die Berechtigung `READ_PHONE_STATE` benötigen:

```
SubscriptionManager subscriptionManager = (SubscriptionManager)
  getSystemService(Context.TELEPHONY_SUBSCRIPTION_SERVICE);

List<SubscriptionInfo> subscriptionInfos
  = subscriptionManager.getActiveSubscriptionInfoList();
```

Standardmäßig geben die Methoden des `TelephonyManagers` Eigenschaften zurück, die sich auf den Standardteilnehmer beziehen. Android 7.0 Nougat (API Level 24) führte die Methode `createForSubscriptionId` in den `TelephonyManager` ein, die einen neuen `TelephonyManager` entsprechend der angegebenen SubscriptionId zurückgibt:

```
for (SubscriptionInfo subscriptionInfo : subscriptionInfos) {
  int id = subscriptionInfo.getSubscriptionId();
  TelephonyManager manager = telephonyManager.createForSubscriptionId(subId);
  [ ... Ermittle Eigenschaften ...]
}
```

Sobald Sie einen `TelefonyManager` haben, können Sie den Telefontyp (GSM, CDMA oder SIP), die eindeutige ID (IMEI oder MEID), die Software-Version und die Telefonnummer des Telefons (siehe Listing 20.6) erhalten.

```
String phoneTypeStr = "unknown";

int phoneType = telephonyManager.getPhoneType();
switch (phoneType) {
  case (TelephonyManager.PHONE_TYPE_CDMA):
    phoneTypeStr = "CDMA";
    break;
```

```
    case (TelephonyManager.PHONE_TYPE_GSM) :
      phoneTypeStr = "GSM";
      break;
    case (TelephonyManager.PHONE_TYPE_SIP):
      phoneTypeStr = "SIP";
      break;
    case (TelephonyManager.PHONE_TYPE_NONE):
      phoneTypeStr = "None";
      break;
    default: break;
}

Log.d(TAG, phoneTypeStr);

// -- Dies erfordert die READ_PHONE_STATE uses-permission --
int permission = ActivityCompat.checkSelfPermission(this,
                    android.Manifest.permission.READ_PHONE_STATE);

if (permission == PackageManager.PERMISSION_GRANTED) {
  // Lese die IMEI für GSM oder die MEID für CDMA
  String deviceId = telephonyManager.getDeviceId();
  // Lese die Software Version des Telefons (nicht die SDK-Version)
  String softwareVersion = telephonyManager.getDeviceSoftwareVersion();
  // Lese die Telefonnummer des Geräts (sofern verfügbar)
  String phoneNumber = telephonyManager.getLine1Number();
// Falls die Berechtigung nicht erteilt wurde, erfrage sie
} else {
  if (ActivityCompat.shouldShowRequestPermissionRationale(
        this, android.Manifest.permission.READ_PHONE_STATE)) {
    // TODO Zeige zusätzliche Begründung für die erbetene Berechtigung
  }

  ActivityCompat.requestPermissions(this,
    new String[]{android.Manifest.permission.READ_PHONE_STATE},
    PHONE_STATE_PERMISSION_REQUEST);
}
```

Listing 20.6 Zugriff auf den Telefontyp und die Telefonnummer des Geräts

Wenn Ihr Gerät mit einem Netzwerk verbunden ist, können Sie mit dem `Telefony Manager` den Mobile-Country-Code und den Mobile-Network-Code (MCC+MNC), den Länder-ISO-Code sowie, den Namen des Netzbetreibers und die Art des Netzwerks, mit dem Sie verbunden sind, über die Methoden `getNetworkOperator`, `getNetworkCountryIso`, `getNetworkOperatorName` und `getNetworkType` lesen.

Diese Befehle funktionieren nur, wenn Sie mit einem Mobilfunknetz verbunden sind, und sie können unzuverlässig sein, wenn es sich um ein CDMA-Netz handelt. Verwenden Sie die Methode `getPhoneType`, um festzustellen, welcher Telefontyp verwendet wird.

Änderungen des Telefonzustands mit dem PhoneStateListener überwachen

Mit den Android-Telefonie-APIs können Sie Änderungen des Telefonstatus und damit verbundene Details wie eingehende Telefonnummern überwachen. Änderungen des Telefonstatus werden mit der Klasse `PhoneStateListener` überwacht, wobei einige Statusänderungen auch als Intents übertragen werden.

Um den Telefonstatus zu überwachen und zu verwalten, muss Ihre Anwendung die Verwendungsberechtigung `READ_PHONE_STATE` angeben, einschließlich Laufzeitberechtigungsprüfungen wie im vorherigen Abschnitt beschrieben.

Erstellen Sie eine neue Klasse, die die abstrakte Klasse `PhoneStateListener` erweitert, um Telefonzustandsänderungsereignisse zu überwachen und darauf zu reagieren, einschließlich Anrufstatus (Klingeln, Abheben und so weiter), Standortwechsel, Voice-Mail- und Anrufweiterleitungsstatus, Änderungen des Telefondiensts und Änderungen der Mobilfunksignalstärke.

> **Hinweis**
>
> Ihr `PhoneStateListener` erhält Notifications über Änderungen des Telefonstatus nur während der Laufzeit Ihrer Anwendung.

Überschreiben Sie innerhalb Ihrer `PhoneStateListener`-Implementierung die Event-Handler der Ereignisse, auf die Sie reagieren möchten. Jeder Handler erhält Parameter, die den neuen Telefonstatus anzeigen, wie zum Beispiel den aktuellen Zellstandort, den Anrufstatus oder die Signalstärke:

```
PhoneStateListener phoneStateListener = new PhoneStateListener() {
  public void onCallForwardingIndicatorChanged(boolean cfi){}
  public void onCallStateChanged(int state, String incomingNumber){}
  public void onCellInfoChanged(List<CellInfo> cellInfo){}
  public void onCellLocationChanged(CellLocation location){}
  public void onDataActivity(int direction){}
  public void onDataConnectionStateChanged(int state, int networkType){}
  public void onMessageWaitingIndicatorChanged(boolean mwi){}
  public void onServiceStateChanged(ServiceState serviceState){}
  public void onSignalStrengthsChanged(SignalStrength signalStrength) {
  }
};
```

Nachdem Sie Ihren eigenen `PhoneStateListener` erstellt haben, registrieren Sie ihn mit Hilfe einer Bitmaske beim `TelefonyManager`, um die Ereignisse anzuzeigen, auf die Sie zugreifen möchten:

```
telephonyManager.listen(phoneStateListener,
                  PhoneStateListener.LISTEN_CALL_FORWARDING_INDICATOR|
                  PhoneStateListener.LISTEN_CALL_STATE |
                  PhoneStateListener.LISTEN_CELL_LOCATION |
                  PhoneStateListener.LISTEN_DATA_ACTIVITY |
                  PhoneStateListener.LISTEN_DATA_CONNECTION_STATE |
                  PhoneStateListener.LISTEN_MESSAGE_WAITING_INDICATOR |
                  PhoneStateListener.LISTEN_SERVICE_STATE |
                  PhoneStateListener.LISTEN_SIGNAL_STRENGTHS);
```

Um die Registrierung eines Listeners aufzuheben, rufen Sie `listen` und übergeben Sie `PhoneStateListener.LISTEN_NONE` als Bitmask-Parameter:

```
telephonyManager.listen(phoneStateListener,
                  PhoneStateListener.LISTEN_NONE);
```

Wenn Sie beispielsweise möchten, dass Ihre Anwendung auf eingehende Anrufe reagiert, können Sie die Methode `onCallStateChanged` in Ihrer `PhoneStateListener`-Implementierung außer Kraft setzen und sie registrieren, um Notifications zu erhalten, wenn sich der Anrufstatus ändert:

```
PhoneStateListener callStateListener = new PhoneStateListener() {
  public void onCallStateChanged(int state, String incomingNumber) {
    String callStateStr = "Unknown";

    switch (state) {
      case TelephonyManager.CALL_STATE_IDLE :
        callStateStr = "Idle"; break;
      case TelephonyManager.CALL_STATE_OFFHOOK :
        callStateStr = "Offhook (In Call)"; break;
      case TelephonyManager.CALL_STATE_RINGING :
        callStateStr = "Ringing. Incoming number is: "
        + incomingNumber;
        break;
      default : break;
    }

    Toast.makeText(MyActivity.this,
      callStateStr, Toast.LENGTH_LONG).show();
  }
};
telephonyManager.listen(callStateListener,
                  PhoneStateListener.LISTEN_CALL_STATE);
```

Die Handler-Methode onCallStateChanged empfängt die Telefonnummer, die mit eingehenden Anrufen verknüpft ist, und der Statusparameter stellt den aktuellen Anrufstatus als einen der folgenden drei Werte dar:

- TelephonyManager.CALL_STATE_IDLE: Wenn das Telefon weder klingelt noch im Gespräch ist.
- TelephonyManager.CALL_STATE_RINGING: Wenn das Telefon klingelt.
- TelephonyManager.CALL_STATE_OFFHOOK: Wenn sich das Telefon gerade in einem Gespräch befindet.

Beachten Sie, dass das System, sobald sich der Status in CALL_STATE_RINGING ändert, den Bildschirm für eingehende Anrufe oder eine Notification anzeigt und den Benutzer fragt, ob er den Anruf annehmen möchte.

Verwendung von Intent-Receivern zur Überwachung eingehender Anrufe

Der PhoneStateListener im vorherigen Abschnitt ist nur aktiv, während Ihre Activity läuft. Wenn Sie alle eingehenden Anrufe überwachen möchten, können Sie einen IntentReceiver verwenden.

Wenn sich der Telefonzustand infolge eines eingehenden, angenommenen oder abgebrochenen Anrufs ändert, sendet der TelefonyManager einen ACTION_PHONE_STATE_CHANGED Intent.

Indem Sie einen IntentReceiver im Manifest registrieren, der auf diesen BroadcastIntent reagiert, wie im folgenden Ausschnitt gezeigt, können Sie eingehende Anrufe jederzeit überwachen, auch wenn Ihre Anwendung nicht läuft. Ihre Anwendung benötigt dazu die Berechtigung READ_PHONE_STATE im Manifest und braucht sie erneut zur Laufzeit, bevor sie den Telefonstatus BroadcastIntent empfangen kann.

```
<receiver android:name="PhoneStateChangedReceiver">
  <intent-filter>
    <action android:name="android.intent.action.PHONE_STATE"/>
  </intent-filter>
</receiver>
```

Der PhoneStateChanged-Broadcast-Intent beinhaltet bis zu zwei Extras. Alle diese Broadcasts enthalten das Extra EXTRA_STATE, dessen Wert eine der zuvor beschriebenen Aktionen von TelephonyManager.CALL_STATE_ ist, um den neuen Telefonzustand anzuzeigen. Wenn es klingelt, enthält der Broadcast-Intent zusätzlich die EXTRA_INCOMING_NUMBER, deren Wert die eingehende Rufnummer darstellt.

Der folgende Programmausschnitt kann verwendet werden, um den aktuellen Telefonstatus und die eingehende Rufnummer zu ermitteln, sofern vorhanden:

```
public class PhoneStateChangedReceiver extends BroadcastReceiver {
  @Override
  public void onReceive(Context context, Intent intent) {
    String phoneState = intent.getStringExtra(TelephonyManager.EXTRA_STATE);
    if (phoneState.equals(TelephonyManager.EXTRA_STATE_RINGING)) {
      String phoneNumber =
        intent.getStringExtra(TelephonyManager.EXTRA_INCOMING_NUMBER);
      Toast.makeText(context,
        "Incoming Call From: " + phoneNumber,
        Toast.LENGTH_LONG).show();
    }
  }
}
```

> **Hinweis**
>
> Bevor Ihr `BroadcastReceiver` den `PhoneStateChanged`-Intent empfangen kann, muss der Benutzer zunächst explizit die Berechtigung `phone-state` zur Laufzeit akzeptieren. Solange er dies nicht tut, wird Ihr Receiver die entsprechenden Broadcasts nicht empfangen.

20.5.2 SMS senden und empfangen

Die SMS-Technologie wurde entwickelt, um kurze Textnachrichten zwischen Mobiltelefonen über das Mobilfunknetz zu versenden. Sie bietet Unterstützung für das Versenden von Textnachrichten (die von Menschen gelesen werden sollen) und Datennachrichten (die von Anwendungen konsumiert werden sollen). MMS-Nachrichten (Multimedia Messaging Service) ermöglichen es Benutzern, Nachrichten zu senden und zu empfangen, die Multimedia-Anhänge wie Fotos, Videos und Audio enthalten.

Android hat in Android 4.4 KitKat (API Level 19) gut unterstützte APIs für SMS-Nachrichten eingeführt. Da SMS und MMS ausgereifte mobile Technologien sind, gibt es eine Menge Informationen, die die technischen Details beschreiben, wie eine SMS oder MMS-Nachricht aufgebaut und über das Mobiltelefonnetz übertragen wird. Anstatt diese Informationen hier aufzubereiten, konzentrieren sich die folgenden Abschnitte auf die praktischen Aspekte des Sendens und Empfangens von Textnachrichten aus Android-Anwendungen.

Android bietet Unterstützung für den Versand beider Nachrichtentypen über eine auf dem Gerät installierte Messaging-Anwendung mit `SEND` und `SEND_TO` Broadcast-Intents.

Android unterstützt auch die volle SMS-Funktionalität innerhalb Ihrer Anwendungen durch die Klasse `SmsManager`. Mit dem `SmsManager` können Sie die systemeigene SMS-App ersetzen, um Textnachrichten zu versenden und auf eingehende Texte zu reagieren.

Android 5.0 Lollipop (API Level 22) unterstützt mehrere Telefon-Anbieter (zum Beispiel Dual-SIM-Geräte, die mehrere aktive SIM-Karten unterstützen). Als Ergebnis können Sie wählen, welche SIM-Karte Sie beim Versand von SMS-Nachrichten verwenden möchten. Einzelheiten zur Bestimmung der verfügbaren SIM-Karten-Anbieter finden Sie im vorherigen Abschnitt über den Zugriff auf die Telefonieeigenschaften und den Telefonstatus.

SMS-Nachrichten über Intents versenden

Wenn Sie SMS- (und MMS-)Nachrichten über eine andere Anwendung versenden wollen, sollten Sie einen Intent nutzen, um die systemeigene SMS-Anwendung zu verwenden, anstatt selbst einen vollständigen SMS Client zu implementieren.

Rufen Sie dazu `startActivity` mit einer `Intent.ACTION_SENDTO`-Aktion auf und geben Sie eine Zielnummer mit `sms:` Schema-Notation als Intent-Daten an. Fügen Sie die Nachricht, die Sie versenden möchten, mit einem `sms_body`-Extra in die Intent-Payload ein:

```
Intent smsIntent = new Intent(Intent.ACTION_SENDTO,
                              Uri.parse("sms:55512345"));
smsIntent.putExtra("sms_body", "Press send to send me");
startActivity(smsIntent);
```

Die aktuell ausgewählte Standard-SMS-Anwendung empfängt diesen Intent und zeigt eine vorbesetzte Activity an, mit der Sie die von Ihnen angegebene Nachricht an den von Ihnen angegebenen Kontakt senden können.

Erstellen einer neuen Standard-SMS-Anwendung

Auf jedem Android-Gerät kann immer nur eine App die Standard-SMS-App sein. Benutzer können die Standard-SMS-App über die Systemeinstellungen ändern (siehe Abbildung 20.1).

Nur die aktuelle Standard-SMS-App erhält den `SMS_DELIVER_ACTION`-Intent, wenn eine neue SMS ankommt. Sie erhält den `WAP_PUSH_DELIVER_ACTION`-Intent, wenn eine neue MMS ankommt, und hat die Möglichkeit, neue SMS-Nachrichten an den SMS `ContentProvider` zu schreiben.

Abbildung 20.1 SMS-App-Einstellung

Es ist auch möglich, dass Ihre App SMS-Nachrichten sendet und empfängt und den SMS-ContentProvider liest, ohne als Standard-SMS-App ausgewählt zu sein, wie in späteren Abschnitten beschrieben. Beachten Sie, dass in diesem Fall die Standard-SMS-App (und jede andere App, die die Sendung abhört) auch weiterhin jede Nachricht empfängt.

Wenn Sie eine neue Standard-SMS-App erstellen möchten, müssen Sie die gleiche Funktionalität wie die mitgelieferte SMS-App bereitstellen. Dies beinhaltet insbesondere die folgenden Manifest-Einträge und die dazugehörigen Komponenten:

- Ein `BroadcastReceiver` mit `IntentFilter` für die Aktion `android.provider.telephony.SMS_DELIVER`, der die Berechtigung `BROADCAST_SMS` benötigt. Dieser Receiver wird ausgelöst, wenn eine neue SMS-Nachricht empfangen wird:

```
<receiver android:name=".MySmsReceiver"
          android:permission="android.permission.BROADCAST_SMS">
    <intent-filter>
        <action android:name="android.provider.Telephony.SMS_DELIVER"/>
    </intent-filter>
</receiver>
```

- Ein `BroadcastReceiver` mit `IntentFilter` für die Aktion `android.provider.telephony.WAP_PUSH_DELIVER` zusammen mit dem MIME-Typ `application/vnd.wap.mms-message`, der die Berechtigung `BROADCAST_WAP_PUSH` benötigt. Dieser Empfänger wird ausgelöst, wenn eine neue MMS-Nachricht empfangen wird:

  ```
  <receiver android:name=".MyMmsReceiver"
          android:permission="android.permission.BROADCAST_WAP_PUSH">
    <intent-filter>
      <action android:name="android.provider.Telephony.WAP_PUSH_DELIVER" />
      <data android:mimeType="application/vnd.wap.mms-message" />
    </intent-filter>
  </receiver>
  ```

- Eine Activity, die es Benutzern ermöglicht, SMS- und MMS-Nachrichten zu senden, die einen `IntentFilter` für die Aktionen `android.intent.action.SEND` und `android.intent.action.SENDTO` enthält, der die Schemata `sms:`, `smsto:`, `mms:` und `mmsto:` unterstützt. Ihre Activity sollte auf die Intents dieser Form warten und alle Anfragen von anderen Apps in der Form beantworten, die im vorherigen Abschnitt über das Senden von SMS-Nachrichten beschrieben ist:

  ```
  <activity android:name=".MySendSmsActivity" >
    <intent-filter>
      <action android:name="android.intent.action.SEND" />
      <action android:name="android.intent.action.SENDTO" />
      <category android:name="android.intent.category.DEFAULT" />
      <category android:name="android.intent.category.BROWSABLE" />
      <data android:scheme="sms" />
      <data android:scheme="smsto" />
      <data android:scheme="mms" />
      <data android:scheme="mmsto" />
    </intent-filter>
  </activity>
  ```

- Ein Service, der einen `IntentFilter` für die Aktion `android.intent.action.RESPOND_VIA_MESSAGE` enthält, der die Schemata `sms:`, `smsto:`, `mms:` und `mmsto:` unterstützt und der die Berechtigung `SEND_RESPOND_VIA_MESSAGE` benötigt. Diese Service-Implementierung sollte es Benutzern ermöglichen, SMS-Nachrichten als Antwort auf eingehende Anrufe zu senden. Die empfangenen Intent-Daten enthalten eine URI, wobei das Schema den Transporttyp beschreibt und der Pfad die Telefonnummer des Empfängers enthält (etwa smsto:3055551234). Der Nachrichtentext wird im Extra `EXTRA_TEXT` und der Nachrichtenbetreff im Extra `EXTRA_SUBJECT` gespeichert.

```
<service android:name=".MySmsResponseService"
        android:permission=
          "android.permission.SEND_RESPOND_VIA_MESSAGE"
        android:exported="true" >
  <intent-filter>
    <action android:name="android.intent.action.RESPOND_VIA_MESSAGE" />
    <category android:name="android.intent.category.DEFAULT" />
    <data android:scheme="sms" />
    <data android:scheme="smsto" />
    <data android:scheme="mms" />
    <data android:scheme="mmsto" />
  </intent-filter>
</service>
```

Wenn Ihre App nicht als Standard-SMS-App eingerichtet ist, kann ihre Funktionalität eingeschränkt sein. Die Methode `Telephony.Sms.getDefaultSmsPackage` liefert den Package-Namen der aktuellen Standard-SMS-App. Damit können Sie überprüfen, ob Ihre App die Standard-SMS-App ist.

```
String myPackageName = getPackageName();
boolean isDefault =
  Telephony.Sms.getDefaultSmsPackage(this).equals(myPackageName);
```

Sie können einen Systemdialog aufrufen, um den Benutzer aufzufordern, Ihre App als Standard-SMS-App auszuwählen, indem Sie den Intent `Telephony.Sms.Intents.ACTION_CHANGE_DEFAULT` verwenden, einschließlich eines Extras mit dem Schlüssel `Sms.Intents.EXTRA_PACKAGE_NAME`, und Ihrem Package-Namen als String-Wert:

```
Intent intent = new Intent(Telephony.Sms.Intents.ACTION_CHANGE_DEFAULT);
intent.putExtra(Telephony.Sms.Intents.EXTRA_PACKAGE_NAME, myPackageName);
startActivity(intent);
```

Die folgenden Abschnitte beschreiben das Senden und Empfangen von SMS-Nachrichten. Beachten Sie, dass viele dieser Funktionen für Apps verfügbar sind, die nicht den vollen Funktionsumfang einer SMS-App bieten.

SMS-Nachrichten senden

SMS-Nachrichten werden in Android von der Klasse `SmsManager` verwaltet. Mit der statischen Methode `SmsManager.getDefault` können Sie eine Referenz auf den SMS-Manager erhalten:

```
SmsManager smsManager = SmsManager.getDefault();
```

20.5 | Fortgeschrittene Android-Entwicklung

Um SMS-Nachrichten versenden zu dürfen, muss Ihre Anwendung als uses-permission SEND_SMS und READ_PHONE_STATE in Ihrem Manifest angeben:

```
<uses-permission android:name="android.permission.SEND_SMS"/>
<uses-permission android:name="android.permission.READ_PHONE_STATE"/>
```

Beachten Sie, dass SEND_SMS eine gefährliche Berechtigung ist, daher müssen Sie auch eine Laufzeitberechtigungsprüfung durchführen, bevor Sie versuchen, eine SMS-Nachricht zu versenden.

Um eine Textnachricht zu versenden, verwenden Sie sendTextMessage aus dem SmsManager, indem Sie die Adresse (Telefonnummer) Ihres Empfängers und die Textnachricht, die Sie versenden möchten, eingeben:

```
// Prüfe die Erlaubnis zur Laufzeit
int send_sms_permission = ActivityCompat.checkSelfPermission(this,
  Manifest.permission.SEND_SMS);
int phone_state_permission = ActivityCompat.checkSelfPermission(this,
  Manifest.permission.READ_PHONE_STATE);

if (send_sms_permission == PackageManager.PERMISSION_GRANTED &&
    phone_state_permission == PackageManager.PERMISSION_GRANTED) {

  // Sende die SMS
  SmsManager smsManager = SmsManager.getDefault();

  String sendTo = "5551234";
  String myMessage = "Android supports programmatic SMS messaging!";

  smsManager.sendTextMessage(sendTo, null, myMessage, null, null);

} else {
  if (ActivityCompat.shouldShowRequestPermissionRationale(
    this, Manifest.permission.SEND_SMS)) {
    // TODO Zeige zusätzliche Begründung für die erfragte Berechtigung
  }

  ActivityCompat.requestPermissions(this,
    new String[]{Manifest.permission.SEND_SMS,
                 Manifest.permission.READ_PHONE_STATE},
    SMS_RECEIVE_PERMISSION_REQUEST);
}
```

Wenn Ihre App als Standard-SMS-App festgelegt ist, müssen Sie auch alle gesendeten Nachrichten an den SMS-ContentProvider schreiben:

```
ContentValues values = new ContentValues();

values.put(Telephony.Sms.ADDRESS, sendTo);
values.put(Telephony.Sms.BODY, myMessage);
values.put(Telephony.Sms.READ, 1);
values.put(Telephony.Sms.DATE, sentTime);
values.put(Telephony.Sms.TYPE, Telephony.Sms.MESSAGE_TYPE_SENT);

getContentResolver().insert(Telephony.Sms.Sent.CONTENT_URI, values);
```

Hierfür sind die Manifest- und Laufzeitberechtigungen WRITE_SMS und READ_SMS erforderlich:

```
<uses-permission android:name="android.permission.WRITE_SMS"/>
<uses-permission android:name="android.permission.READ_SMS"/>
```

Wenn Ihre App derzeit *nicht* als Standard-SMS-App ausgewählt ist, schreibt Android automatisch alle Nachrichten, die über den SMS-Manager gesendet werden, an den SMS-Provider.

Beim Versand einer SMS mit sendTextMessage kann über den zweiten Parameter das zu verwendende SMS-Servicecenter angegeben werden. Wenn Sie null eingeben, wird das Standard-Servicecenter für den Geräteträger verwendet.

> **Hinweis**
>
> Die Android Debugging Bridge unterstützt das Senden von SMS-Nachrichten zwischen mehreren Emulator-Instanzen. Um eine SMS von einem Emulator an einen anderen zu senden, geben Sie beim Senden einer Nachricht die Portnummer des Ziel-Emulators als »to«-Adresse an. Android leitet Ihre Nachricht an die Ziel-Emulator-Instanz weiter, wo sie als normale SMS empfangen wird.

Mit den letzten beiden Parametern können Sie Intents angeben, um die Übertragung und erfolgreiche Zustellung Ihrer Nachrichten zu verfolgen, indem Sie BroadcastReceiver implementieren und registrieren, die auf die von Ihnen bei der Erstellung der entsprechenden PendingIntents angegebenen Aktionen warten.

Der erste PendingIntent-Parameter wird ausgelöst, wenn die Nachricht entweder erfolgreich gesendet wurde oder nicht gesendet werden kann. Der Ergebniscode für den BroadcastReceiver, der diesen Intent empfängt, ist einer der folgenden:

20.5 | Fortgeschrittene Android-Entwicklung

- `Activity.RESULT_OK`: Zeigt eine erfolgreiche Übertragung an.
- `SmsManager.RESULT_ERROR_GENERIC_FAILURE`: Zeigt einen unspezifischen Fehler an.
- `SmsManager.RESULT_ERROR_RADIO_OFF`: Zeigt an, dass die Mobiltelefonverbindung ausgeschaltet ist.
- `SmsManager.RESULT_ERROR_NULL_PDU`: Zeigt einen PDU-(Protokollbeschreibungseinheit-)Fehler an.
- `SmsManager.RESULT_ERROR_NO_SERVICE`: Zeigt an, dass derzeit kein Mobiltelefondienst verfügbar ist.

Der zweite Parameter `PendingIntent` wird erst ausgelöst, nachdem der Empfänger Ihre SMS-Nachricht erhalten hat.

Der folgende Code-Ausschnitt zeigt das typische Schema für den Versand einer SMS und die Überwachung des Erfolgs ihrer Übertragung und Zustellung. Wenn Ihre App die Standard-SMS-App ist, sollten Sie die Nachricht auch dem SMS-Provider hinzufügen, wenn sie zum ersten Mal erstellt wird, und ihren Eintrag ändern, um den Erfolg oder Misserfolg der Übertragung widerzuspiegeln:

```
String SENT_SMS_ACTION = "com.professionalandroid.SENT_SMS_ACTION";
String DELIVERED_SMS_ACTION = " com.professionalandroid.DELIVERED_SMS_ACTION";

// Erzeuge den sentIntent-Parameter
Intent sentIntent = new Intent(SENT_SMS_ACTION);
PendingIntent sentPI = PendingIntent.getBroadcast(getApplicationContext(),
                                                  0,
                                                  sentIntent,
PendingIntent.FLAG_UPDATE_CURRENT);

// Erzeuge den deliveryIntent-Parameter
Intent deliveryIntent = new Intent(DELIVERED_SMS_ACTION);
PendingIntent deliverPI =
  PendingIntent.getBroadcast(getApplicationContext(),
                             0,
                             deliveryIntent,
                             PendingIntent.FLAG_UPDATE_CURRENT);

// Registriere die BroadcastReceiver
registerReceiver(new BroadcastReceiver() {
                @Override
                public void onReceive(Context _context, Intent _intent)
```

```
                    {
                      String resultText = "UNKNOWN";

                      switch (getResultCode()) {
                        case Activity.RESULT_OK:
                          resultText = "Transmission successful"; break;
                        case SmsManager.RESULT_ERROR_GENERIC_FAILURE:
                          resultText = "Transmission failed"; break;
                        case SmsManager.RESULT_ERROR_RADIO_OFF:
                          resultText = "Transmission failed: Radio is off";
                          break;
                        case SmsManager.RESULT_ERROR_NULL_PDU:
                          resultText = "Transmission Failed: No PDU specified";
                          break;
                        case SmsManager.RESULT_ERROR_NO_SERVICE:
                          resultText = "Transmission Failed: No service";
                          break;
                      }
                      Toast.makeText(_context, resultText,
                                Toast.LENGTH_LONG).show();
                    }
                },
                new IntentFilter(SENT_SMS_ACTION));

registerReceiver(new BroadcastReceiver() {
                  @Override
                  public void onReceive(Context _context, Intent _intent)
                  {
                    Toast.makeText(_context, "SMS Delivered",
                              Toast.LENGTH_LONG).show();
                  }
                },
                new IntentFilter(DELIVERED_SMS_ACTION));

// Sende die Nachricht
SmsManager smsManager = SmsManager.getDefault();
String sendTo = "5551234";
String myMessage = "Android supports programmatic SMS messaging!";

smsManager.sendTextMessage(sendTo, null, myMessage, sentPI, deliverPI);
```

Die maximale Länge jeder SMS kann je nach Anbieter variieren, ist aber in der Regel auf 160 Zeichen begrenzt. Daher müssen längere Nachrichten in eine Reihe kleinerer Teile zerlegt werden. Der SMS-Manager enthält die Methode divideMessage, die einen

String als Eingabe akzeptiert und in eine ArrayList von Nachrichten zerlegt, wobei jede kleiner als die maximal zulässige Größe ist.

Sie können dann die Methode `sendMultipartTextMessage` im SMS-Manager verwenden, um das Array der Nachrichten zu übertragen:

```
ArrayList<String> messageArray = smsManager.divideMessage(myMessage);
ArrayList<PendingIntent> sentIntents = new ArrayList<PendingIntent>();
for (int i = 0; i < messageArray.size(); i++)
  sentIntents.add(sentPI);

smsManager.sendMultipartTextMessage(sendTo,
                    null,
                    messageArray,
                    sentIntents, null);
```

Die Parameter `sentIntent` und `deliveryIntent` in der Methode `sendMultipartTextMessage` sind ArrayLists, die verwendet werden können, um für jeden Nachrichtenteil unterschiedliche `PendingIntents` anzugeben.

Um Multimedia-MMS-Nachrichten zu versenden, verwenden Sie die Methode `sendMultimediaMessage` des SMS-Managers. Ein voll funktionsfähiges Beispiel für das Versenden von Multimedia-MMS-Nachrichten geht über den Rahmen dieses Buches hinaus, aber es gibt eine Android-API-Demo unter:

android.googlesource.com/platform/development/+/69291d6/samples/ApiDemos/src/com/example/android/apis/os/MmsMessagingDemo.java.

Eingehende SMS-Nachrichten bearbeiten

Damit eine Anwendung auf SMS-`BroadcastIntents` reagieren kann, muss sie die Berechtigung `RECEIVE_SMS` im Manifest angeben und die Laufzeitberechtigung erfragen:

```
<uses-permission
  android:name="android.permission.RECEIVE_SMS"
/>
```

Die Berechtigung `RECEIVE_SMS` ist als gefährlich gekennzeichnet, so dass Ihre Anwendung diese Berechtigung auch zur Laufzeit anfordern muss, da sonst die SMS `BroadcastIntents` nicht empfangen werden:

```
ActivityCompat.requestPermissions(this,
  new String[]{Manifest.permission.RECEIVE_SMS},
  SMS_RECEIVE_PERMISSION_REQUEST);
```

Wenn ein Gerät eine SMS-Nachricht erhält, erhält die Standard-SMS App einen neuen `BroadcastIntent` mit der Aktion `android.provider.telephony.SMS_DELIVER`. Wenn Ihre App immer noch SMS-Nachrichten empfangen soll, wenn sie nicht die Standard-SMS-App ist – zum Beispiel wenn Sie auf Bestätigungs-SMS-Nachrichten warten – können Sie auf einen `android.provider.Telephony.SMS_RECEIVED_ACTION` Intent reagieren.

Beide `BroadcastIntents` enthalten die eingehenden SMS-Details. Um das Array der `SmsMessage`-Objekte zu extrahieren, die im SMS Intent Bundle enthalten sind, verwenden Sie die Methode `getMessagesFromIntent`:

```
Bundle bundle = intent.getExtras();
if (bundle != null)
  SmsMessage[] messages = getMessagesFromIntent(intent);
```

Jede `SmsMessage` enthält die Details der SMS-Nachricht, einschließlich der Ursprungsadresse (Telefonnummer), des Zeitstempels und des Nachrichtentexts, die mit den Methoden `getOriginatingAddress`, `getTimestampMillis` und `getMessageBody` ausgelesen werden können:

```
SmsMessage[] messages = getMessagesFromIntent(intent);

for (SmsMessage message : messages) {
  String msg = message.getMessageBody();
  long when = message.getTimestampMillis();
  String from = message.getOriginatingAddress();
}
```

Genauso wie die ausgehenden Nachrichten müssen alle Nachrichten, die Sie erhalten, während Ihre App die Standard-SMS-App ist, an den SMS-Provider geschrieben werden:

```
ContentValues values = new ContentValues();

values.put(Telephony.Sms.ADDRESS, message.getOriginatingAddress());
values.put(Telephony.Sms.BODY, message.getMessageBody());
values.put(Telephony.SMS.DATE, message.getTimestampMillis);
values.put(Telephony.Sms.READ, 0);
values.put(Telephony.Sms.TYPE, Telephony.Sms.MESSAGE_TYPE_INBOX);

context.getApplicationContext().getContentResolver()
  .insert(Telephony.Sms.Sent.CONTENT_URI, values);
```

Vergessen Sie nicht, Ihren `SMS-BroadcastReceiver` mit dem entsprechenden `IntentFilter` zu registrieren – entweder `SMS_DELIVER`, wenn Ihre Anwendung als Standard-SMS-App funktionieren soll, oder `SMS_RECEIVED`, wenn nicht:

```xml
<receiver android:name=".MySMSReceiver">
  <intent-filter>
    <action android:name="android.provider.Telephony.SMS_RECEIVED"/>
  </intent-filter>
</receiver>
```

Beispiel für eine Notfall-SMS

In diesem Beispiel erstellen Sie eine SMS-Anwendung, die ein Android-Telefon in ein Notrufgerät verwandelt. Die Robustheit der SMS-Netzwerkinfrastruktur macht SMS zu einer ausgezeichneten Option für Anwendungen wie diese, bei denen es auf Zuverlässigkeit ankommt.

1. Beginnen Sie mit der Erstellung eines Projekts `EmergencyResponder`, das eine rückwärtskompatible leere Activity `EmergencyResponderMainActivity` enthält. Setzen Sie die Mindest-API auf 19 (die erste Android-Version, die SMS-APIs vollständig unterstützt).

2. Fügen Sie dem Manifest Berechtigungen zum Senden und Empfangen eingehender SMS-Nachrichten und zum Telefonieren hinzu:

```xml
<?xml version="1.0" encoding="utf-8"?>
<manifest xmlns:android="http://schemas.android.com/apk/res/android"
        package="com.professionalandroid.apps.emergencyresponder">

  <uses-permission android:name="android.permission.RECEIVE_SMS"/>
  <uses-permission android:name="android.permission.SEND_SMS"/>
  <uses-permission android:name="android.permission.READ_PHONE_STATE"/>

  [... Application Knoten ...]
</manifest>
```

3. Ändern Sie die Ressource *res/values/strings.xml*, um den anzuzeigenden Text der Buttons für das Löschen und den Hilferuf sowie die zugehörigen Standardantwortmeldungen aufzunehmen. Außerdem sollten Sie einen eingehenden Nachrichtentext definieren, den die Anwendung verwenden wird, um Anforderungen für eine Statusrückmeldung zu erkennen:

```xml
<resources>
  <string name="app_name">EmergencyResponder</string>
  <string name="allClearButtonText">Signal All Clear</string>
  <string name="maydayButtonText">Request Help</string>
```

```
    <string name="allClearText">I am safe and well. Worry not!</string>
    <string name="maydayText">Tell my mother I love her.</string>
    <string name="querystring">are you OK?</string>
    <string name="querylistprompt">People who want to know if you\'re ok</string>
</resources>
```

4. Fügen Sie die `RecyclerView` zum Knoten `dependencies` innerhalb der App-Modul-Datei *build.gradle* hinzu:

```
dependencies {
    [... Existierende Dependencies ...]
    implementation 'com.android.support:recyclerview-v7:27.1.1'
}
```

Das erledigen Sie am besten über den Dialog zur Einstellung der Projektstruktur:

a) Wählen Sie im Hauptmenü FILE | PROJECT STRUCTURE.

b) Klicken Sie unter MODULES den Eintrag APP an.

c) Wählen Sie den Reiter DEPENDENCIES.

d) Klicken Sie auf das grüne Plus und wählen Sie LIBRARY DEPENDENCY.

e) In der Suchzeile geben Sie »recyclerview« ein und wählen die oben aufgeführte Variante aus der Liste.

f) Schließen Sie die Dialoge mit OK.

Sie finden dann den neuen Eintrag in der Datei *build.gradle* mit einer anderen Versionsnummer als oben, die dann aber zu Ihrem Projekt passt.

5. Ändern Sie die Layout-Ressource *main_activity_responder_activity.xml* oder die Datei, die Ihr Projekt-Assistent für die Activity angelegt hat. Fügen Sie eine `RecyclerView` ein, um die Liste der Personen anzuzeigen, die eine Status-Aktualisierung anfordern, und eine Reihe von Buttons, die es dem Benutzer ermöglichen, Antwort-SMS-Nachrichten zu senden. Das spezifische Layout spielt keine Rolle, sofern Sie die einzelnen Buttons und die `RecyclerView` mit den angegebenen IDs einbinden:

```
<?xml version="1.0" encoding="utf-8"?>
<android.support.constraint.ConstraintLayout
    xmlns:android="http://schemas.android.com/apk/res/android"
    xmlns:app="http://schemas.android.com/apk/res-auto"
    xmlns:tools="http://schemas.android.com/tools"
    android:layout_width="match_parent"
    android:layout_height="match_parent"/>
    <TextView
      android:id="@+id/textView"
      android:layout_width="wrap_content"
```

20.5 | Fortgeschrittene Android-Entwicklung

```xml
        android:layout_height="18dp"
        android:layout_marginEnd="8dp"
        android:layout_marginStart="8dp"
        android:layout_marginTop="16dp"
        android:text="@string/querylistprompt"
        app:layout_constraintEnd_toEndOf="parent"
        app:layout_constraintHorizontal_bias="0.063"
        app:layout_constraintLeft_toLeftOf="parent"
        app:layout_constraintStart_toStartOf="parent"
        app:layout_constraintTop_toTopOf="parent"/>

    <Button
        android:id="@+id/okButton"
        android:layout_width="0dp"
        android:layout_height="wrap_content"
        android:layout_marginBottom="8dp"
        android:layout_marginEnd="8dp"
        android:layout_marginStart="8dp"
        android:text="@string/allClearButtonText"
        app:layout_constraintBottom_toTopOf="@+id/notOkButton"
        app:layout_constraintEnd_toEndOf="parent"
        app:layout_constraintHorizontal_bias="0.6"
        app:layout_constraintStart_toStartOf="parent"/>

    <Button
        android:id="@+id/notOkButton"
        android:layout_width="0dp"
        android:layout_height="wrap_content"
        android:layout_marginBottom="8dp"
        android:layout_marginEnd="8dp"
        android:layout_marginStart="8dp"
        android:text="@string/maydayButtonText"
        app:layout_constraintBottom_toBottomOf="parent"
        app:layout_constraintEnd_toEndOf="parent"
        app:layout_constraintHorizontal_bias="0.53"
        app:layout_constraintStart_toStartOf="parent"/>

    <android.support.v7.widget.RecyclerView
        android:id="@+id/requesterRecyclerListView"
        android:layout_width="0dp"
        android:layout_height="0dp"
        android:layout_marginBottom="8dp"
        android:layout_marginEnd="8dp"
```

Telefonie und SMS | **20.5**

```
        android:layout_marginStart="8dp"
        android:layout_marginTop="8dp"
        app:layout_constraintBottom_toTopOf="@+id/okButton"
        app:layout_constraintEnd_toEndOf="parent"
        app:layout_constraintStart_toStartOf="parent"
        app:layout_constraintTop_toBottomOf="@+id/textView"/>

</android.support.constraint.ConstraintLayout>
```

Zu diesem Zeitpunkt ist die Benutzeroberfläche vollständig, so dass das Starten der Anwendung Ihnen den Bildschirm in Abbildung 20.2 zeigen sollte.

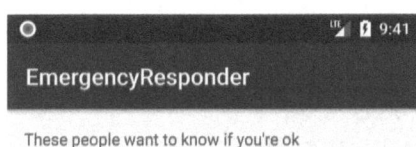

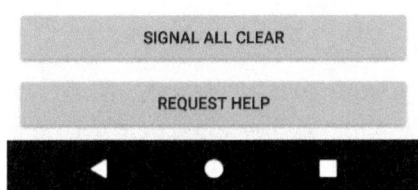

Abbildung 20.2 Notfall-SMS-App

6. Erstellen Sie eine ArrayList von Strings innerhalb der Activity, um die Telefonnummern der eingehenden Anfragen für Ihren Status zu speichern, und erstellen Sie ein neues `ReentrantLock`-Objekt, um die Thread-sichere Handhabung der ArrayList zu unterstützen. Nutzen Sie diese Gelegenheit, um `ClickListener` für jeden Button zu erhalten. Beide Antwort-Buttons sollten die Methode `respond` aufrufen.

20.5 | Fortgeschrittene Android-Entwicklung

```java
public class EmergencyResponderMainActivity extends AppCompatActivity {

  ReentrantLock lock;
  ArrayList<String> requesters = new ArrayList<String>();

  @Override
  protected void onCreate(Bundle savedInstanceState) {
    super.onCreate(savedInstanceState);
    setContentView(R.layout.activity_emergency_responder_main);

    lock = new ReentrantLock();
    wireUpButtons();
  }

  private void wireUpButtons() {
    Button okButton = findViewById(R.id.okButton);
    okButton.setOnClickListener(new View.OnClickListener() {
      public void onClick(View view) {
        respond(true);
      }
    });

    Button notOkButton = findViewById(R.id.notOkButton);
    notOkButton.setOnClickListener(new View.OnClickListener() {
      public void onClick(View view) {
        respond(false);
      }
    });
  }

  public void respond(boolean ok) {}
}
```

7. Erstellen Sie eine neue Layout-Ressource *list_item_requester.xml* im Ordner *res/layout*. Diese wird verwendet, um jede Person, die Ihren Status anfordert, in der `RecyclerView` anzuzeigen. Sie können eine einfache `TextView` mit dem Aussehen des Listeneintragstexts des Android-Frameworks verwenden:

```xml
<?xml version="1.0" encoding="utf-8"?>
<FrameLayout
  xmlns:android="http://schemas.android.com/apk/res/android"
  android:layout_width="match_parent"
  android:layout_height="wrap_content">
  <TextView
    android:id="@+id/list_item_requester"
```

```
      android:layout_width="match_parent"
      android:layout_height="wrap_content"
      android:textAppearance="?attr/textAppearanceListItem"/>
</FrameLayout>
```

8. Erstellen Sie eine Klasse `RequesterRecyclerViewAdapter`, die `RecyclerView.Adapter` erweitert, und erstellen Sie darin eine Klasse `ViewHolder`, die `RecyclerView.ViewHolder` erweitert. Der Adapter sollte eine Liste von Telefonnummern speichern, die Ihren Status abfragen, und der `ViewHolder` sollte diese Nummern an das in Schritt 7 definierte Layout des `RecyclerViewListItem` binden:

```java
public class RequesterRecyclerViewAdapter extends
    RecyclerView.Adapter<RequesterRecyclerViewAdapter.ViewHolder> {

  private List<String> mNumbers;

  public RequesterRecyclerViewAdapter(List<String> numbers ) {
    mNumbers = numbers;
  }

  @Override
  public ViewHolder onCreateViewHolder(ViewGroup parent, int viewType) {
    View view = LayoutInflater.from(parent.getContext())
                  .inflate(R.layout.list_item_requester,
                           parent, false);
    return new ViewHolder(view);
  }

  @Override
  public void onBindViewHolder(final ViewHolder holder, int position) {
    holder.number = mNumbers.get(position);
    holder.numberView.setText(mNumbers.get(position));
  }

  @Override
  public int getItemCount() {
    if (mNumbers != null)
      return mNumbers.size();
    return 0;
  }

  public class ViewHolder extends RecyclerView.ViewHolder {
    public final TextView numberView;
    public String number;
```

20.5 | Fortgeschrittene Android-Entwicklung

```
    public ViewHolder(View view) {
      super(view);
      numberView = view.findViewById(R.id.list_item_requester);
    }

    @Override
    public String toString() {
      return number;
    }
  }
}
```

9. Wenden Sie sich wieder der Activity zu und ändern Sie onCreate, um eine Referenz auf die RecyclerView zu erhalten, und weisen Sie ihr den Adapter aus Schritt 8 zu. Nutzen Sie diese Gelegenheit, um eine Berechtigung zur Laufzeit für den Empfang und Versand von SMS-Nachrichten anzufordern:

```
private static final int SMS_RECEIVE_PERMISSION_REQUEST = 1;

private RequesterRecyclerViewAdapter mRequesterAdapter =
  new RequesterRecyclerViewAdapter(requesters);

@Override
protected void onCreate(Bundle savedInstanceState) {
  super.onCreate(savedInstanceState);
  setContentView(R.layout.activity_emergency_responder_main);

  lock = new ReentrantLock();
  wireUpButtons();

  ActivityCompat.requestPermissions(this,
    new String[]{Manifest.permission.RECEIVE_SMS,
                 Manifest.permission.SEND_SMS,
                 Manifest.permission.READ_PHONE_STATE},
    SMS_RECEIVE_PERMISSION_REQUEST);

  RecyclerView recyclerView =
    findViewById(R.id.requesterRecyclerListView);

  // Setze den RecyclerView-Adapter
  recyclerView.setLayoutManager(new LinearLayoutManager(this));
  recyclerView.setAdapter(mRequesterAdapter);
}
```

10. Erstellen Sie innerhalb Ihrer Activity einen neuen `BroadcastReceiver`, der auf eingehende SMS-Nachrichten wartet. Der Receiver sollte auf eingehende SMS-Nachrichten warten und die Methode `requestReceived` aufrufen, wenn er SMS-Nachrichten sieht, die den in Schritt 3 definierten String für eingehende Anfragen enthalten:

```
BroadcastReceiver emergencyResponseRequestReceiver =
  new BroadcastReceiver() {
    @Override
    public void onReceive(Context context, Intent intent) {
      if (intent.getAction()
            .equals(Telephony.Sms.Intents.SMS_RECEIVED_ACTION )) {
        String queryString = getString(R.string.querystring)
                              .toLowerCase();

        Bundle bundle = intent.getExtras();
        if (bundle != null) {
          SmsMessage[] messages = getMessagesFromIntent(intent);

          for (SmsMessage message : messages) {
            if (message.getMessageBody()
                  .toLowerCase().contains(queryString))
              requestReceived(message.getOriginatingAddress());
          }
        }
      }
    }
  };

public void requestReceived(String from) {}
```

11. Überschreiben Sie die Methoden `onResume` und `onPause` der Activity, um den in Schritt 10 erstellten `BroadcastReceiver` zu registrieren und wieder zu deaktivieren, wenn die Activity wieder aufgenommen beziehungsweise angehalten wird:

```
@Override
public void onResume() {
  super.onResume();
  IntentFilter filter =
    new IntentFilter(Telephony.Sms.Intents.SMS_RECEIVED_ACTION);
  registerReceiver(emergencyResponseRequestReceiver, filter);
}

@Override
public void onPause() {
  super.onPause();
  unregisterReceiver(emergencyResponseRequestReceiver);
}
```

20.5 | Fortgeschrittene Android-Entwicklung

12. Ändern Sie die Methode `requestReceived` so, dass sie die Ursprungsnummer der SMS jeder Statusanforderung zur ArrayList hinzufügt:

```
public void requestReceived(String from) {
  if (!requesters.contains(from)) {
    lock.lock();
    requesters.add(from);
    mRequesterAdapter.notifyDataSetChanged();
    lock.unlock();
  }
}
```

13. Die `EmergencyResponderMainActivity` sollte nun auf Statusabfragen von SMS-Nachrichten warten und diese der `ListView` hinzufügen, sobald sie ankommen. Starten Sie die Anwendung und senden Sie SMS-Nachrichten an das Gerät oder den Emulator, auf dem sie läuft. Wenn sie angekommen sind, sollten sie wie in Abbildung 20.3 dargestellt werden. Beachten Sie, dass die Standard-SMS-App auch diese eingehenden Nachrichten empfängt und wahrscheinlich eine entsprechende Notification anzeigt.

Abbildung 20.3 Notfall-SMS-App

14. Ändern Sie die Activity, damit Benutzer auf diese Statusabfragen antworten können. Beginnen Sie, indem Sie den in Schritt 6 erstellten Methodenrahmen `respond` vervollständigen. Dieser sollte über die `ArrayList` der Statusabfragenden iterieren und eine neue SMS-Nachricht an jeden senden. Der SMS-Text sollte auf den Antwort-Strings basieren, die Sie in Schritt 3 als Ressourcen definiert haben. Senden Sie die SMS mit der Methode `sendResponse` (die Sie im nächsten Schritt vervollständigen werden):

```
public void respond(boolean ok) {
  String okString = getString(R.string.allClearText);
  String notOkString = getString(R.string.maydayText);
  String outString = ok ? okString : notOkString;

  ArrayList<String> requestersCopy =
    (ArrayList<String>)requesters.clone();

  for (String to : requestersCopy)
    sendResponse(to, outString);
}

private void sendResponse(String to, String response) {}
```

15. Vervollständigen Sie die Methode `sendResponse`, um das Senden jeder Antwort-SMS zu verarbeiten. Entfernen Sie zunächst jeden potenziellen Empfänger aus der ArrayList `requesters`, bevor Sie die SMS versenden:

```
public void sendResponse(String to, String response) {
  // Prüfe die Berechtigung zur Laufzeit
  int send_sms_permission = ActivityCompat.checkSelfPermission(this,
    Manifest.permission.SEND_SMS);
  int phone_state_permission = ActivityCompat.checkSelfPermission(this,
    Manifest.permission.READ_PHONE_STATE);

  if (send_sms_permission == PackageManager.PERMISSION_GRANTED &&
      phone_state_permission == PackageManager.PERMISSION_GRANTED) {

    // Entferne das Ziel von der Liste der Leute,
    // denen wir antworten müssen.
    lock.lock();
    requesters.remove(to);
    mRequesterAdapter.notifyDataSetChanged();
    lock.unlock();

    // Sende die Nachricht
    SmsManager sms = SmsManager.getDefault();
    sms.sendTextMessage(to, null, response, null, null);
```

20.5 | Fortgeschrittene Android-Entwicklung

```
    } else {
      if (ActivityCompat.shouldShowRequestPermissionRationale(
        this, Manifest.permission.SEND_SMS)) {
        // TODO Zeige eine zusätzliche Begründung für die
        // angefragte Berechtigung.
      }

      ActivityCompat.requestPermissions(this,
        new String[]{Manifest.permission.SEND_SMS,
          Manifest.permission.READ_PHONE_STATE},
        SMS_RECEIVE_PERMISSION_REQUEST);
    }
  }
```

16. In Notfällen ist es wichtig, dass die Nachrichten übermittelt werden. Steigern Sie die Robustheit der Anwendung, indem Sie eine Auto-Retry-Funktionalität einbinden. Überwachen Sie den Erfolg Ihrer SMS-Nachricht, damit Sie eine Nachricht erneut senden können, wenn sie nicht erfolgreich versendet wurde.

a) Erstellen Sie zunächst einen `public static String` in der Activity, der in `BroadcastIntents` verwendet werden soll, um anzuzeigen, dass die SMS gesendet wurde.

```
public static final String SENT_SMS =
  "com.professionalandroid.emergencyresponder.SMS_SENT";
```

b) Ändern Sie die Methode `sendResponse`, um einen neuen `PendingIntent` einzubinden, der die im vorherigen Schritt erstellte Aktion sendet, wenn der SMS-Versand abgeschlossen ist. Der mitgelieferte Intent sollte die Nummer des Empfängers als Extra enthalten.

```
public void sendResponse(String to, String response) {
  // Prüfe die Berechtigung zur Laufzeit
  int send_sms_permission = ActivityCompat.checkSelfPermission(this,
    Manifest.permission.SEND_SMS);
  int phone_state_permission = ActivityCompat.checkSelfPermission(this,
    Manifest.permission.READ_PHONE_STATE);

  if (send_sms_permission == PackageManager.PERMISSION_GRANTED &&
      phone_state_permission == PackageManager.PERMISSION_GRANTED) {

    // Entferne das Ziel von der Liste der Leute,
    // denen wir antworten müssen.
    lock.lock();
    requesters.remove(to);
```

```
    mRequesterAdapter.notifyDataSetChanged();
    lock.unlock();

    Intent intent = new Intent(SENT_SMS);
    intent.putExtra("recipient", to);
    PendingIntent sentPI =
      PendingIntent.getBroadcast(getApplicationContext(),
        0, intent, 0);

    // Sende die Nachricht
    SmsManager sms = SmsManager.getDefault();
    sms.sendTextMessage(to, null, response, sentPI, null);
  } else {
    if (ActivityCompat.shouldShowRequestPermissionRationale(
      this, Manifest.permission.SEND_SMS)) {
      // TODO Zeige eine zusätzliche Begründung für die
      // angefragte Berechtigung.
    }

    ActivityCompat.requestPermissions(this,
      new String[]{Manifest.permission.SEND_SMS,
        Manifest.permission.READ_PHONE_STATE},
      SMS_RECEIVE_PERMISSION_REQUEST);
  }
}
```

c) Implementieren Sie einen neuen `BroadcastReceiver`, um diesen `BroadcastIntent` zu empfangen. Überschreiben Sie die Handler-Methode `onReceive`, um zu bestätigen, dass die SMS erfolgreich zugestellt wurde; falls nicht, setzen Sie den gewünschten Empfänger wieder auf die ArrayList des Anfragenden.

```
private BroadcastReceiver attemptedSendReceiver
  = new BroadcastReceiver() {
  @Override
  public void onReceive(Context context, Intent intent) {
    if (intent.getAction().equals(SENT_SMS)) {
      if (getResultCode() != Activity.RESULT_OK) {
        String recipient = intent.getStringExtra("recipient");
        requestReceived(recipient);
      }
    }
  }
};
```

d) Zum Schluss registrieren und deinstallieren Sie den neuen `BroadcastReceiver`, indem Sie die Handler-Methoden `onResume` und `onPause` der Activity anpassen:

```java
@Override
public void onResume() {
  super.onResume();
  IntentFilter filter =
    new IntentFilter(Telephony.Sms.Intents.SMS_RECEIVED_ACTION);
  registerReceiver(emergencyResponseRequestReceiver, filter);

  IntentFilter attemptedDeliveryFilter = new IntentFilter(SENT_SMS);
  registerReceiver(attemptedSendReceiver, attemptedDeliveryFilter);
}

@Override
public void onPause() {
  super.onPause();
  unregisterReceiver(emergencyResponseRequestReceiver);
  unregisterReceiver(attemptedSendReceiver);
}
```

Der Zweck dieses Beispiels ist es, den Prozess des Empfangens und Versendens von SMS-Nachrichten aus Ihrer Anwendung heraus zu demonstrieren. Scharfsinnige Beobachter dürften mehrere Bereiche bemerkt haben, in denen sie verbessert werden könnte:

- Die Liste der Personen, die eine Antwort anfordern, muss in einer Datenbank gespeichert werden.

- Der `BroadcastReceiver` sollte innerhalb des Manifests registriert werden, damit die Anwendung auf eingehende SMS-Nachrichten reagieren kann, auch wenn sie nicht läuft.

- Das Parsen der eingehenden SMS-Nachrichten sollte in den JobScheduler oder WorkManager verschoben und auf einem Hintergrund-Thread ausgeführt werden, ebenso wie das Senden der Antwort-SMS-Nachrichten.

- Das Hinzufügen der Möglichkeit, Ihren aktuellen Standort mit Hilfe der ortsbasierten Dienste-APIs zu senden, würde die Anwendung in einem Notfall viel nützlicher machen.

Die Umsetzung dieser Verbesserungen wird dem Leser als Übung überlassen.

Kapitel 21
Anwendungen veröffentlichen, vertreiben und überwachen

Inhalt
▪ Vorbereitung Ihres Antrags auf Veröffentlichung
▪ Erstellen eines Signaturzertifikats und Signieren Ihrer Release-Builds
▪ Verwaltung Ihrer Veröffentlichungszertifikate mit Google Play
▪ Erstellen eines Google Play Store Eintrags
▪ Veröffentlichung im Google Play Store
▪ Verwendung von Alpha-, Beta- und gestaffelten Rollout-Releases
▪ Verwenden von Google Play zur Überwachung von Anwendungsmetriken, Anwendungen, Benutzer-Akquise und Benutzer-Feedback
▪ Verständnis von Vermarktungs- und Förderstrategien
▪ Optimierung Ihrer Anwendung mit Firebase Analytics und Firebase Performance Monitoring

Nachdem wir eine überzeugende neue Android-Anwendung entwickelt haben, ist der nächste Schritt, sie mit der Welt zu teilen. In diesem letzten Kapitel erfahren Sie, wie Sie Ihre Anwendung für die Veröffentlichung vorbereiten und wie Sie ein Signaturzertifikat erstellen und verwenden, um Ihre Anwendungen zu signieren, bevor Sie sie verteilen.

Sie werden in den Google Play Store eingeführt, erfahren, wie Sie ein Entwicklerprofil erstellen und wie Sie Ihren Anwendungseintrag erstellen. Sie werden auch erfahren, wie Sie die Alpha- und Beta-Versionskanäle verwenden können, um Ihre Anwendung zu testen, bevor Sie gestaffelte Rollouts verwenden, um sicherzustellen, dass Updates so

21.2 | Anwendungen veröffentlichen, vertreiben und überwachen

bereitgestellt werden, dass das Risiko der Verteilung eines Updates mit kritischen Fehlern minimiert wird.

Der Google Play Store enthält eine Reihe von Tools zur Überwachung Ihrer Anwendungen in der Produktion. Sie erfahren, wie Sie Statistiken, Lebenszeichen, Benutzerakquisition und Benutzer-Feedback-Seiten verwenden, um besser zu verstehen, wie Ihre Anwendung auf echten Geräten für echte Benutzer funktioniert.

Eine Einführung in die Möglichkeiten des Marketings, der Vermarktung und der Werbung für Ihre Anwendung wird Ihnen helfen, einen erfolgreichen Start zu gewährleisten.

Eine Einführung in Firebase und ein tiefer Einblick in Firebase Analytics und Firebase Performance Monitoring helfen Ihnen, einen kritischen Einblick in die Demografie Ihrer Benutzer und die Performance Ihrer Anwendung in realen Szenarien zu gewinnen.

21.1 Vorbereitung der Veröffentlichung

Bevor Sie die Produktfreigabe Ihrer Anwendung erstellen und veröffentlichen, sollten Sie mehrere Schritte unternehmen, um Ihre Anwendung für den Vertrieb vorzubereiten.

Diese Vorbereitungsschritte gelten für alle Anwendungen, unabhängig davon, wie sie verteilt werden, und können in der Regel in zwei Hälften unterteilt werden: die Vorbereitung von Supportmaterial für die Veröffentlichung Ihrer Anwendung und die Vorbereitung Ihres Codes für einen Release Build.

21.2 Vorbereitung des Release Support-Materials

Überprüfen Sie zunächst das Start-Symbol Ihrer Anwendung und stellen Sie sicher, dass es den empfohlenen Symbolrichtlinien unter *material.io/guidelines/style/icons.html* entspricht.

Ihr Symbol sollte für Ihre Marke werben und den Nutzern helfen, Ihre App zu entdecken, sowohl in den App-Listen von Google Play als auch im App-Starter auf Android-Geräten.

Der erste Eindruck Ihrer App für potenzielle Nutzer entsteht durch das App-Symbol, so dass dessen Qualität auch für die Qualität Ihrer App steht. Tolle App-Symbole sind einfach, einzigartig und einprägsam. Sie verwenden ein Farbschema, das mit Ihrer Marke übereinstimmt, und vermeiden die Verwendung von Text – insbesondere des Anwendungsnamens.

Sobald Ihre Anwendung installiert ist, wird ihr Startsymbol in vielen Situationen verwendet, so dass es auf einer Vielzahl von Hintergründen gut aussehen und eine einzigartige Silhouette haben sollte, um es leichter zu identifizieren.

Fügen Sie in Ihr Projekt dichteabhängige Symbole für alle gängigen Bildschirmdichten von niedrig bis xxx-high-density ein, um sicherzustellen, dass sie auf allen möglichen Geräten gut und scharf aussehen.

> **Hinweis**
>
> Es ist ratsam, die Starter-Symbole in die Ordner res/mipmap und nicht in die Ordner res/drawable zu legen, um sicherzustellen, dass das System Zugriff auf höhere Auflösungen als die aktuelle Dichte des Geräts hat. Weitere Informationen zum Erstellen von Ressourcen für verschiedene Bildschirmdichten finden Sie in Kapitel 4.

Zusätzlich zu den Anwendungsressourcen benötigt Google Play eine hochauflösende (512 x 512 Pixel) Variante Ihres Starter-Symbols für die Verwendung in der App-Anzeige.

Sie sollten auch eine Endbenutzer-Lizenzvereinbarung (EULA) zum Schutz Ihrer Person, Ihres Unternehmens und Ihres geistigen Eigentums sowie eine Datenschutzrichtlinie zur Beschreibung Ihres Engagements für den Schutz der Benutzerdaten und die Bereitstellung einer sicheren Umgebung für Ihre Benutzer in Erwägung ziehen. Weitere Details zum Thema Datenschutz und Sicherheit finden Sie unter *play.google.com/about/privacy-security-deception*.

Schließlich sollten Sie Werbe- und Marketingmaterialien vorbereiten, um Ihre App bekannt zu machen. Dies beinhaltet mindestens einen Anwendungsnamen, eine Zusammenfassung und eine Beschreibung für Distributionsplattformen wie den Google Play Store.

Es ist wichtig, qualitativ hochwertige, beschreibende Titel und Anwendungsbeschreibungen ohne Rechtschreib- und Grammatikfehler zur Verfügung zu stellen, damit Benutzer Ihre Anwendung leicht finden und eine fundierte Entscheidung über ihre Eignung treffen können. Ähnlich wie bei Ihrem Anwendungssymbol signalisiert die Qualität Ihrer Beschreibungen die Qualität Ihrer Anwendung.

Außerdem sollten Sie für jeden unterstützten Gerätetyp – wie Smartphone, Tablet und TV – repräsentative Screenshots erstellen, um Ihre Anwendung zu beschreiben und zu bewerben. Weitere Einzelheiten zu dem von Google Play benötigten Werbematerial werden später in diesem Kapitel beschrieben.

21.2.1 Vorbereiten des Codes für einen Release Build

Die folgenden Empfehlungen sind optional, haben sich aber bewährt, um qualitativ hochwertige Release-Builds vor der Verteilung zu gewährleisten:

- **Wählen Sie einen guten Package-Namen.** Der Package-Name Ihrer Anwendung kann nicht mehr geändert werden, also achten Sie darauf, einen Package-Namen zu wählen, der für die gesamte Lebensdauer Ihrer Anwendung geeignet ist. Achten Sie

21.3 | Anwendungen veröffentlichen, vertreiben und überwachen

darauf, keine Namen oder Marken anderer Unternehmen zu verwenden und eine Sprache zu verwenden, die Qualität und Professionalität widerspiegelt.

- **Deaktivieren Sie die Protokollierung.** Um die Effizienz zu verbessern, entfernen Sie alle Aufrufe von Log- und Debug-Tracing-Aufrufen wie `startMethodTracing` und `stopMethodTracing`.

- **Deaktivieren Sie das Debugging.** Entfernen Sie das Attribut `android:debuggable` in Ihrem Anwendungsmanifest oder setzen Sie es auf `false`. Wenn Ihre Anwendung eine `WebView` verwendet, um kostenpflichtige Inhalte anzuzeigen, oder JavaScript-Schnittstellen verwendet, verwenden Sie die Methode `setWebContentsDebuggingEnabled` der `WebView`, um das Debugging zu deaktivieren. Dies ist wichtig, da das aktivierte Debugging es Benutzern ermöglicht, Skripte einzufügen und Inhalte mit Hilfe von Chrome DevTools zu extrahieren.

- **Überprüfen Sie den Inhalt des Projektcode-Ordners.** Prüfen Sie die Verzeichnisse *jni/* und *src/*, um sicherzustellen, dass sie nur Quelldateien enthalten, die mit Ihrer Anwendung verknüpft sind, und dass das Verzeichnis *lib/* nur Dateien von Drittanbietern oder privaten Bibliotheken enthält. Das Verzeichnis *src/* sollte keine *.jar*-Dateien enthalten.

- **Überprüfen Sie den Inhalt von Projektressourcenordnern.** Überprüfen Sie, ob private oder proprietäre Datendateien vorhanden sind, die für die Bereitstellung nicht erforderlich sind, überprüfen Sie alle Ressourcenordner auf Dateien, die Sie nicht mehr verwenden, und suchen Sie nach Asset- und statischen Dateien, die vor der Veröffentlichung aktualisiert oder entfernt werden sollten.

- **Überprüfen Sie Ihre Manifestdatei.** Stellen Sie sicher, dass Ihr Anwendungsmanifest und die Gradle-Build-Dateien so konfiguriert sind, dass sie die richtige Programmversion, Installationsanforderungen und Berechtigungen definieren, wie im folgenden Abschnitt beschrieben.

21.3 Aktualisieren von Anwendungsmetadaten in Ihrem Anwendungsmanifest

Vor der Veröffentlichung Ihrer Anwendung ist es wichtig, die Metadaten Ihrer Anwendung zu überprüfen, wie sie in Ihrem Anwendungsmanifest und in den *build.gradle*-Dateien definiert und in Kapitel 4 näher beschrieben sind.

In diesem Abschnitt werden wir einige der Knoten überprüfen, die speziell für Produktionsbuilds und Anwendungsdistributionen entwickelt wurden.

Aktualisieren von Anwendungsmetadaten in Ihrem Anwendungsmanifest | **21.3**

21.3.1 Überprüfen der Berechtigungen bei der Anwendungsinstallation

Überprüfen Sie die `uses-permission`-Knoten innerhalb des Anwendungsmanifests. Stellen Sie sicher, dass nur die Berechtigungen enthalten sind, die für die Funktion Ihrer App relevant und erforderlich sind. Die erforderlichen Berechtigungen werden den Benutzern bei der Installation angezeigt, so dass übertriebene oder unnötige Berechtigungsanforderungen das Risiko bergen, dass Benutzer Ihre App nicht installieren.

Überprüfen Sie innerhalb des Anwendungsmanifests die `uses-feature`-Knoten. Wie in Kapitel 4 beschrieben, werden diese Knoten verwendet, um Hardware- oder Software-Features festzulegen, die für das Funktionieren Ihrer App unbedingt erforderlich sind.

Das Einbinden von `uses-feature`-Knoten verhindert, dass Ihre App auf Geräten installiert wird, die ein bestimmtes Feature nicht unterstützen. Beispielsweise kann eine App, die den folgenden Ausschnitt enthält, nicht auf einem Android-Gerät installiert werden, das keine NFC-Unterstützung bietet (beispielsweise ein Android-TV):

```
<uses-feature android:name="android.hardware.nfc" />
```

Verwenden Sie diesen Knoten nur, wenn Sie verhindern möchten, dass Ihre App auf Geräten ohne bestimmte Features installiert wird. Wenn Ihre App bestimmte Hardware verwenden kann, aber diese Hardware nicht zwingend benötigt, überprüfen Sie das Vorhandensein der Hardware zur Laufzeit, anstatt einen `uses-feature`-Knoten einzubinden.

Legen Sie innerhalb des Gradle-App-Moduls die Konfigurationseinstellungen Ihrer Anwendung fest, um die minimale und die Ziel-SDK-Version zu definieren:

```
defaultConfig {
  applicationId "com.professionalandroid.apps.earthquake"
  minSdkVersion 16
  targetSdkVersion 25
  versionCode 1
  versionName "1.0"
  testInstrumentationRunner "android.support.test.runner.AndroidJUnitRunner"
}
```

Es ist möglich, unterschiedliche Werte für das minimale- und das Ziel-SDK mit unterschiedlichen Build-Varianten innerhalb Ihrer Gradle-Builds zu definieren:

```
defaultConfig {
  applicationId "com.professionalandroid.apps.earthquake"
  minSdkVersion 16
  targetSdkVersion 25
  versionCode 1
```

21.3 | Anwendungen veröffentlichen, vertreiben und überwachen

```
    versionName "1.0"
    testInstrumentationRunner "android.support.test.runner.AndroidJUnitRunner"
}
flavorDimensions "apilevel"

productFlavors {
  legacy {
    applicationId "com.professionalandroid.apps.earthquake.legacy"
    minSdkVersion 14
    targetSdkVersion 15
    versionName "1.0 - Legacy"
  }
}
```

So können Sie mehrere SDKs mit unterschiedlichen Anforderungen generieren. Weitere Informationen zum Erstellen und Verwenden von Build-Varianten finden Sie in Kapitel 4.

Der minimale SDK-Wert definiert die niedrigste Version des Android-Frameworks, auf dem Ihre Anwendung installiert werden kann. Das Android-Betriebssystem erzwingt Systemversionskompatibilität, was bedeutet, dass es jeden Versuch ablehnt, eine Anwendung zu installieren, deren minimales SDK höher ist als das aktuelle Betriebssystem.

Der Ziel-SDK-Wert gibt die Version der Android-Plattform an, für die Sie die Entwicklung und den Test durchgeführt haben. Dies wird vom System verwendet, um festzustellen, welche (falls vorhanden) Vor- oder Rückwärtskompatibilitätsänderungen für die Unterstützung Ihrer Anwendung gelten sollen. Es wird empfohlen, immer die neueste Version der Plattform zu verwenden, nachdem Sie Ihre Anwendung darauf getestet haben.

Überprüfen Sie auch innerhalb der *build.gradle*-Datei den `dependencies`-Knoten, um sicherzustellen, dass nur relevante, erforderliche Abhängigkeiten enthalten sind:

```
dependencies {
    compile fileTree(include: ['*.jar'], dir: 'libs')
    androidTestCompile (
      'com.android.support.test.espresso:espresso-core:2.2.2', {
        exclude group: 'com.android.support', module: 'support-annotations'
    })
    compile 'com.android.support:appcompat-v7:27.0.2'
    compile 'com.android.support:preference-v14:27.0.2'
    compile 'com.android.support:support-v4:27.0.2'
    compile 'com.android.support:recyclerview-v7:27.0.2'
    compile 'com.android.support.constraint:constraint-layout:1.0.2'
    compile 'com.google.android.gms:play-services-maps:11.8.0'
    testCompile 'junit:junit:4.12'
}
```

21.3.2 Versionierung der Anwendung

Die Versionierung ist ein wichtiger Aspekt bei der Bereitstellung Ihrer Anwendung, der für eine geordnete Upgrade- und Wartungsstrategie entscheidend ist.

Ein geordnetes Versionierungssystem stellt sicher, dass Benutzer Informationen finden, die spezifisch für ihre Anwendungsversion sind, und Veröffentlichungsdienste wie Google Play können die Kompatibilität korrekt ermitteln und Upgrade- und Downgrade-Beziehungen herstellen. Auf jedem Gerät verwendet das Android-System die Versionsinformationen Ihrer App, um den Schutz vor Downgrades zu erzwingen.

Ihre Anwendungsversion wird in Ihrer Gradle-Build-Datei mit zwei Werten definiert:

- **versionCode**: Eine ganze Zahl, die die aktuelle Versionsnummer definiert, die mit jeder neuen Version steigt. Sie wird von Google Play und dem Android-Betriebssystem verwendet, um festzustellen, ob eine Version Ihrer Anwendung aktueller ist als eine andere. Normalerweise wird Ihre erste Version mit 1 nummeriert, und mit jeder weiteren Version wird der Versionscode monoton erhöht. Der höchstzulässige Versionscode ist 2.100.000.000.000.

- **versionName**: Ein String, der dem Benutzer als sichtbare Versionsnummer angezeigt wird. Als String können Sie wählen, ob Sie die App-Version als *<major>.<minor>.<punkt>*-String oder als jede andere Art von absoluter oder relativer Versionskennung beschreiben möchten. Der Versionsname dient ausschließlich dem Zweck, dem Benutzern angezeigt zu werden.

Sie können sowohl `versionCode` als auch `versionName` in der `defaultConfig` definieren und beide Werte innerhalb eines `productFlavor`-Blocks überschreiben:

```
defaultConfig {
  applicationId "com.professionalandroid.apps.earthquake"
  minSdkVersion 16
  targetSdkVersion 25
  versionCode 1
  versionName "1.0"
  testInstrumentationRunner "android.support.test.runner.AndroidJUnitRunner"
}

flavorDimensions "apilevel"

productFlavors {
  bleedingedge {
  }
```

```
  legacy {
    applicationId "com.professionalandroid.apps.earthquake.legacy"
    versionName "1.0 - Legacy"
  }
}
```

21.4 Signieren von Produktions-Builds Ihrer Anwendung

Android-Anwendungen werden als Android-Paketdateien (.APK) ausgeliefert. Um auf einem Gerät oder Emulator installiert zu werden, müssen Android-Pakete signiert werden.

Während der Entwicklung werden Ihre Anwendungen mit einem Debug-Schlüssel signiert, der automatisch von Android Studio generiert wird. Bevor Sie Ihre Anwendung über Ihre Testumgebung hinaus verteilen, müssen Sie sie als Release-Build kompilieren und mit einem privaten Freigabeschlüssel signieren – typischerweise mit einem selbstsignierten Zertifikat.

Um ein Upgrade auf eine installierte Anwendung anzuwenden, muss diese immer mit dem gleichen Freigabeschlüssel signiert werden.

Die Aufrechterhaltung der Sicherheit Ihres Signaturzertifikats kann nicht hoch genug eingeschätzt werden. Android verwendet dieses Zertifikat als Mittel, um die Authentizität von Anwendungsupdates zu identifizieren und prozessübergreifende Sicherheitsgrenzen zwischen installierten Anwendungen anzuwenden.

Mit einem gestohlenen Schlüssel kann ein Dritter Anwendungen signieren und verteilen, die Ihre authentischen Anwendungen böswillig ersetzen.

Ebenso ist Ihr Schlüssel die einzige Möglichkeit, Ihre Anwendungen zu aktualisieren. Wenn Sie Ihr Zertifikat verlieren, ist es unmöglich, ein nahtloses Update auf einem Gerät oder aus Google Play heraus durchzuführen. Im letzteren Fall müssen Sie einen neuen Eintrag erstellen, der alle Rezensionen, Bewertungen und Kommentare, die mit Ihrem vorherigen Paket verbunden sind, verliert und es unmöglich macht, Updates für die bisherigen Benutzer Ihrer Anwendung bereitzustellen.

> **Hinweis**
>
> Wenn Sie planen, Ihre Anwendungen ausschließlich über Google Play zu vertreiben, können Sie die Vorteile von Google Play App Signing nutzen – ein optionales Programm, das später in diesem Kapitel beschrieben wird und Ihnen hilft, Ihren Signaturschlüssel sicher zu verwalten.

> Wenn Sie Google Play App Signing verwenden, erstellt, speichert und wendet Google Play einen privaten Freigabeschlüssel für Ihre Anwendung an. Sie erstellen weiterhin einen privaten Schlüssel und verwenden ihn, um Ihre Anwendung wie in diesem Abschnitt beschrieben zu signieren. Dieser wird jedoch nur dazu verwendet, Sie als Uploader zu identifizieren, der von Google Play entfernt und durch den verwalteten privaten Schlüssel ersetzt wird, bevor er an Endbenutzer verteilt wird.
>
> Zusätzlich zu den Sicherheitsvorteilen der Verwendung von Google zur Sicherung Ihres Freigabeschlüssels kann der Upload-Schlüssel von Google zurückgesetzt werden, wodurch das Risiko des Verlusts Ihres lokalen Signierschlüssels minimiert wird.

Die Android-Richtlinien schlagen vor, dass Sie alle Ihre Anwendungen mit demselben Zertifikat signieren, da Anwendungen, die mit demselben Zertifikat signiert sind, so konfiguriert werden können, dass sie im selben Prozess ausgeführt werden, und signaturbasierte Berechtigungen verwendet werden können, um die Funktionalität zwischen vertrauenswürdigen Anwendungen, die mit demselben Zertifikat signiert sind, freizugeben.

Das JDK enthält die Befehlszeilen-Tools `keytool` und `jarsigner`, die zum Erstellen eines neuen Keystore- und Signierungszertifikats beziehungsweise zum Signieren Ihres APKs erforderlich sind. Alternativ können Sie Dialoge in Android Studio verwenden, wie im nächsten Abschnitt beschrieben.

21.4.1 Erstellen eines Keystores und Signierschlüssels mit Android Studio

Um einen neuen Keystore- und einen Release- oder Upload-Signaturschlüssel für Ihre Anwendung zu erstellen, wählen Sie in Android Studio den Menüpunkt BUILD | GENERATE SIGNED APK. Der resultierende Dialog fordert Sie auf, entweder einen neuen Keystore auszuwählen oder einen zu erstellen, wie in Abbildung 21.1 zu sehen ist.

Klicken Sie auf den Button CREATE NEW und geben Sie einen Dateinamen und einen Speicherort für Ihren Keystore sowie ein Passwort ein, um ihn zu sichern. Sie sollten dann einen neuen Schlüssel oder ein neues Signaturzertifikat erstellen, indem Sie den in Abbildung 21.2 gezeigten Dialog ausfüllen.

Auf Google Play veröffentlichte Anwendungen erfordern ein Zertifikat mit einer Gültigkeitsdauer, die nach dem 22. Oktober 2033 endet. Generell wird Ihr Zertifikat während der gesamten Lebensdauer Ihrer Anwendung verwendet und ist für Upgrades erforderlich. Daher sollten Sie sicherstellen, dass Ihr Signaturzertifikat Ihre Anwendung überdauert.

Die Sicherheit Ihres Keystores ist extrem wichtig, daher sollten Sie ein starkes Passwort verwenden, um es zu schützen, und gewährleisten, dass es sicher archiviert wird.

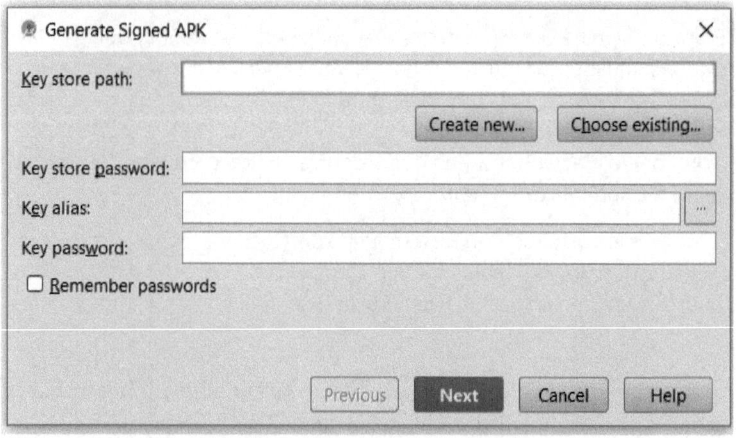

21.4 | Anwendungen veröffentlichen, vertreiben und überwachen

Abbildung 21.1 Schlüsselgenerierung im Android Studio

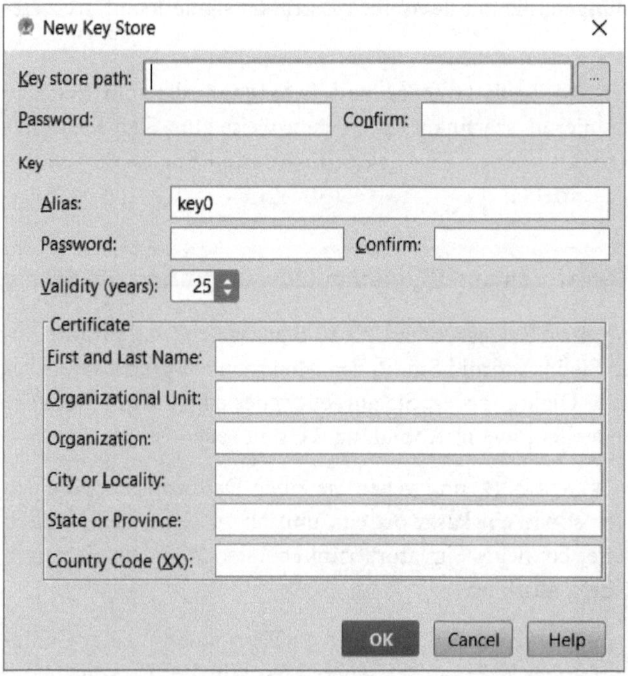

Abbildung 21.2 Zertifikaterstellung

21.4.2 Abrufen von API-Schlüsseln basierend auf Ihrem privaten Release-Schlüssel

Um unbefugte Nutzung und Quotendiebstahl zu verhindern, müssen Sie einen API-Schlüssel generieren, der auf dem Release-Schlüssel basiert, mit dem Ihre Anwendung signiert wurde.

Diese API-Schlüssel benötigen normalerweise den eindeutigen Package-Namen Ihrer Anwendung und den SHA-1-Signaturzertifikat-Fingerabdruck Ihres Release-Schlüssels.

Wenn Sie Ihren eigenen Release-Schlüssel verwenden, können Sie seinen SHA-1-Fingerabdruck mit dem folgenden Kommandozeilenbefehl erhalten, wobei mystore.keystore den vollständigen Pfad zu Ihrem Keystore wie im vorherigen Abschnitt definiert darstellt:

```
keytool -list -v -keystore mystore.keystore
```

Wenn Sie Ihren Schlüssel mit Google Play App Signing verwalten, wie später in diesem Kapitel beschrieben, haben Sie keinen lokalen Zugriff auf das endgültige Signaturzertifikat Ihrer Anwendung. Sie können die SHA-1-, SHA-256- oder MD5-Fingerabdrücke jedoch auf der Google Play Console unter *play.google.com/apps/publish* abrufen, indem Sie Ihre Anwendung auswählen und wie in Abbildung 21.3 gezeigt zur Registerkarte APP SIGNING navigieren.

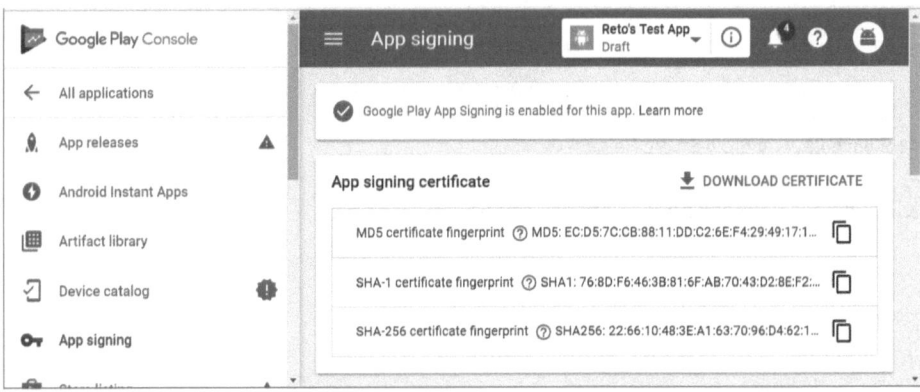

Abbildung 21.3 Zertifikate unter Google Play Console

Die Google Play-Console und Google Play-App-Signing werden später in diesem Kapitel im Abschnitt über das Verteilen von Anwendungen auf Google Play näher erläutert.

21.4 | Anwendungen veröffentlichen, vertreiben und überwachen

21.4.3 Produkt-Release erstellen und signieren

Sobald Sie Ihr Projekt für den Release vorbereitet, seine Metadaten aktualisiert und einen Keystore und einen privaten Signaturschlüssel erstellt haben, können Sie Ihre Anwendung für den Upload und die Distribution erstellen und signieren.

Ein Release-Build enthält die gleichen Komponenten wie ein Debug-Build, ist aber dazu mit `zipalign` optimiert und mit Ihrem Release-Zertifikat signiert. Um Ihr Release APK zu erstellen, können Sie einen einfachen Android Studio-Assistenten verwenden, indem Sie den Menüpunkt BUILD | GENERATE SIGNED APK auswählen.

Wählen Sie im folgenden Dialog Ihren Keystore, geben Sie ein Passwort ein und wählen Sie einen Signierschlüssel und das zugehörige Passwort, wie in Abbildung 21.4 gezeigt.

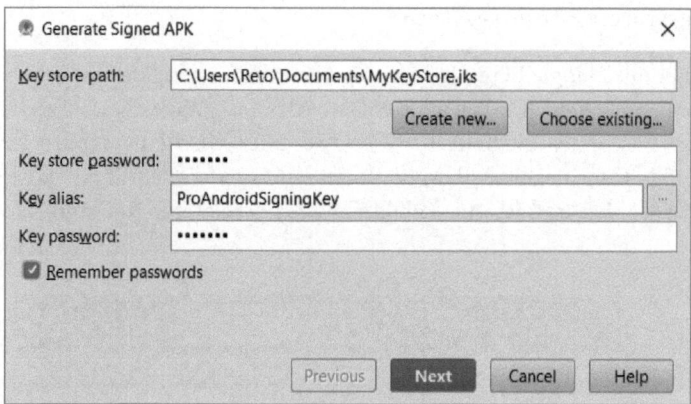

Abbildung 21.4 Android-Studio Release-Schlüssel

Klicken Sie auf NEXT, um mit dem in Abbildung 21.5 gezeigten Dialog fortzufahren.

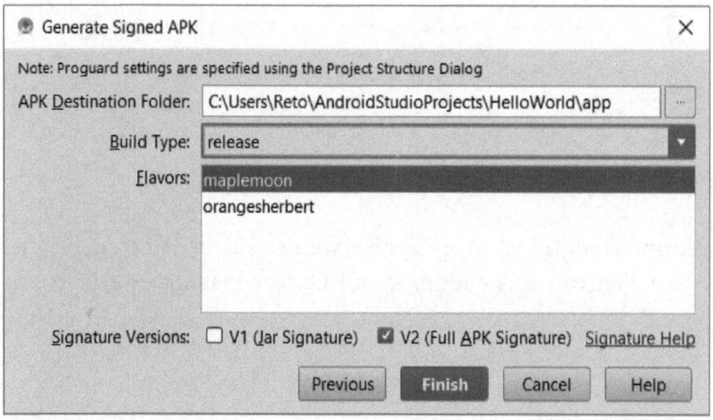

Abbildung 21.5 Android-Studio Release-Schlüssel

Wählen Sie einen Ausgabepfad für das endgültige signierte APK aus und wählen Sie im Dropdown-Menü RELEASE. Wenn Sie verschiedene Produktvarianten definiert haben, wählen Sie die zu erstellenden Varianten aus.

Sie können zwischen zwei APK-Signaturschemata wählen. Historisch gesehen sind alle Android-APKs mit v1 (JAR-Signatur) signiert; Android 7.0 hat jedoch v2 (vollständige APK-Signatur) eingeführt, was schnellere Installationszeiten und mehr Schutz vor unbefugten Änderungen bietet. Google Play erfordert mindestens v1-Signierung, und es wird generell empfohlen, auch das v2-Signaturschema zu verwenden, wenn dies keine Probleme beim Erstellen Ihrer Anwendung verursacht.

Klicken Sie auf FINISH und Ihre Anwendung wird erstellt, gezippt und signiert. Der in Abbildung 21.6 gezeigte Indikator informiert Sie über die Fertigstellung und bietet eine Verknüpfung zum Ort des resultierenden APK.

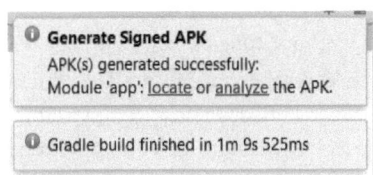

Abbildung 21.6 Android-Studio Fertigstellung des Release-Schlüssels

Es ist auch möglich, die *build.gradle*-Dateien so zu konfigurieren, dass sie die gleichen Aktionen ausführen, die der Assistent aus der Befehlszeile ausführt. Weitere Informationen zur Verwendung der *build.gradle*-Dateien finden Sie unter *d.android.com/studio/build/build-variants.html#signing*.

21.5 Vertrieb Ihrer Anwendung im Google Play Store

Einer der Vorteile des offenen Ökosystems von Android ist die Freiheit, Ihre Anwendungen zu veröffentlichen und zu verteilen, ganz gleich, wo Sie sich befinden. Der gebräuchlichste und beliebteste Vertriebskanal ist Google Play. Es steht Ihnen jedoch frei, Ihre Anwendungen über alternative Märkte, Ihre eigene Website, E-Mail, Social Media oder jeden anderen Vertriebskanal zu vertreiben.

Bei der Verteilung Ihrer Anwendung ist es wichtig zu beachten, dass die Namen der Anwendungs-Packages als eindeutige Bezeichner für jede Anwendung verwendet werden. Daher muss jede Anwendung – einschließlich der Varianten, die Sie separat verteilen wollen – einen eindeutigen Package-Namen haben. Der Dateiname Ihres APK muss nicht eindeutig sein. Er wird bei der Installation verworfen. Nur der Package-Name wird verwendet.

21.5 | Anwendungen veröffentlichen, vertreiben und überwachen

21.5.1 Der Google Play Store

Der Google Play Store ist die größte und beliebteste Distributionsplattform für Android-Anwendungen. Zum Zeitpunkt der Drucklegung dieses Buches wurde berichtet, dass mehr als 2,7 Millionen Anwendungen verfügbar sind, mit mehr als 80 Milliarden Anwendungsdownloads von Benutzern in über 145 Ländern.

Der Google Play Store ist ein Marktplatz. Google Play stellt also einen Mechanismus dar, um Ihre Anwendung zu verkaufen und zu verteilen, aber nicht als ein Händler, der sie in Ihrem Namen weiterverkauft. Das bedeutet weitaus weniger Kontrollen, die das einschränken, was Sie verteilen und wie Sie es fördern, vermarkten und verteilen wollen. Diese Einschränkungen sind im Google Play Developer Distribution Agreement (DDA) (*play.google.com/about/developer-distribution-agreement.html*) und den Google Play Developer Program Policies (DPP) (*play.google.com/about/developer-content-policy*) beschrieben.

Anwendungen, die im Verdacht stehen, gegen die DDA oder DPP zu verstoßen, werden geprüft, und wenn festgestellt wird, dass sie gegen diese Vereinbarungen und Richtlinien verstoßen haben, werden sie gesperrt und der Entwickler benachrichtigt. In extremen Fällen von Malware kann der Google Play Store bösartige Anwendungen aus der Ferne deinstallieren.

> **Warnung**
>
> Bevor Sie Ihre Anwendungen veröffentlichen, ist es wichtig, die DDA und DPP sorgfältig zu studieren, um sicherzustellen, dass Ihre Anwendung konform ist. Anwendungen, die gegen diese Richtlinien verstoßen, werden ausgesetzt, und mehrere Verstöße können zur Suspendierung oder Sperrung Ihres Entwicklerkontos führen.
>
> Wenn Ihre Anwendung nicht über Google Play vertrieben werden darf, können Sie sie trotzdem über eine andere Vertriebsplattform oder einen anderen Mechanismus verteilen.

Google Play bietet alle Tools und Mechanismen, die für die Verteilung von Anwendungen, Updates, den Verkauf (national und international) und die Werbung erforderlich sind. Sobald Ihre Anwendung aufgelistet ist, erscheint sie in den Suchergebnissen und Kategorielisten sowie möglicherweise in den Werbekategorien.

Der volle Funktionsumfang des Google Play Stores geht über den Rahmen dieses Buches hinaus, wir werden jedoch die Kernfunktionalität abdecken, die es Ihnen ermöglicht, Ihre Anwendung zu veröffentlichen.

21.5.2 Erste Schritte mit dem Google Play Store

Um im Google Play Store zu veröffentlichen, erstellen Sie ein Entwicklerkonto unter *play.google.com/apps/publish/signup* (siehe Abbildung 21.7).

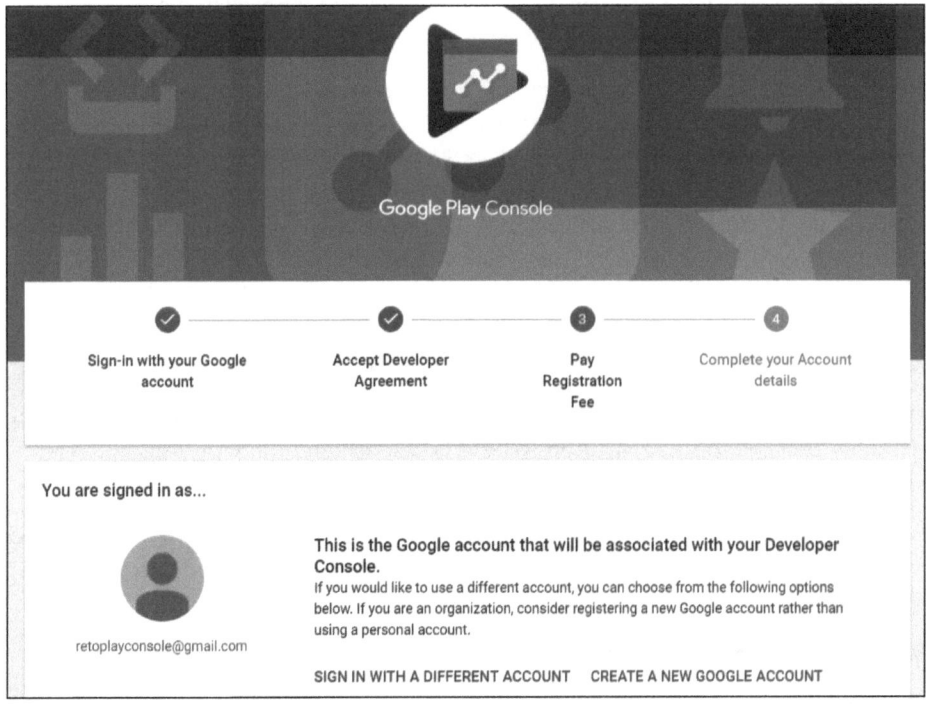

Abbildung 21.7 Entwicklerkonto für den Google Play Store anlegen

> **Hinweis**
>
> Ihr Android-Entwicklerprofil wird mit dem Google-Konto (falls vorhanden) verknüpft, in dem Sie angemeldet sind. Es ist üblich, dass mehrere Personen auf dieses Konto zugreifen müssen, insbesondere wenn Sie Anwendungen im Namen eines Unternehmens verteilen.
>
> Es empfiehlt sich, ein neues Google-Konto speziell für Ihr Android-Entwicklerprofil zu erstellen, anstatt Ihr persönliches Google-Konto zu verwenden.

Stellen Sie sicher, dass Sie mit dem Google-Konto angemeldet sind, das Sie mit diesem Entwicklerkonto verbinden möchten, und überprüfen und akzeptieren Sie die Entwickler-Vertriebsvereinbarung, bevor Sie den Registrierungsprozess mit einer Gebühr von 25,00 US-Dollar abschließen.

Sie haben dann die Möglichkeit, Ihr Entwicklerprofil zu vervollständigen. Geben Sie einen »Developer Name« – typischerweise Ihren Firmennamen – an, der innerhalb von Google Play verwendet wird, um den Entwickler Ihrer Anwendungen zu identifizieren. Beachten Sie, dass es nicht erforderlich ist, dass der hier verwendete Entwicklername das Unternehmen oder die Person darstellt, die den Code tatsächlich geschrieben hat – er identifiziert lediglich das Unternehmen oder die Person, die ihn vertreibt.

Sie sollten auch Kontaktdaten in Form einer physischen Adresse, E-Mail-Adresse, Website und Telefonnummer angeben. Beachten Sie, dass Sie durch die Angabe Ihrer E-Mail-Adresse oder Postanschrift bestätigen, dass Sie damit einverstanden sind, dass Google diese Informationen in Verbindung mit Ihren Anwendungen öffentlich anzeigt oder offenlegt. Auch hier empfiehlt es sich, ein E-Mail-Konto speziell für App-Feedback-Zwecke zu erstellen, anstatt Ihr persönliches E-Mail-Konto zu teilen.

21.5.3 Erstellen einer Anwendung im Google Play Store

Nachdem Sie Ihr Android Developer Profile erstellt haben, können Sie eine neue Anwendung erstellen, Ihr APK als App-Release hochladen und Ihr Shop-Angebot vervollständigen.

Bevor Sie mit dem Hochladen und Verteilen Ihrer neuen Anwendung beginnen, sollten Sie allerdings die Release-Version auf mindestens einem Zielgerät und einem Zielgerät ausgiebig testen.

Wenn Sie zum Vertrieb bereit sind, erstellen Sie zunächst ein neues App-Verzeichnis bei Google Play. Klicken Sie auf den Button APP ERSTELLEN auf der Hauptregisterkarte ALLE APPS, wie in Abbildung 21.8 gezeigt.

Wählen Sie im folgenden Dialog die Standardsprache, geben Sie den Titel Ihrer Anwendung wie in Abbildung 21.9 gezeigt ein und klicken Sie auf ERSTELLEN.

Wenn Sie Ihre Anwendung erstellt haben, können Sie nun die Details des Shop-Eintrags vervollständigen und APKs hochladen, die als App-Releases verwendet werden sollen, wie in den folgenden Abschnitten beschrieben.

Sie erstellen jedes Mal ein neues App-Release, wenn Sie ein aktualisiertes APK verteilen möchten, während der App-Eintrag alle notwendigen Details enthält, um Ihre App bei Google Play zu bewerben. Es ist wichtig, dass Sie alle möglichen Inhalte und Anlagen zur Verfügung stellen – auch solche, die als optional aufgeführt werden können. Alle Ressourcen werden in Google Play verwendet, einschließlich der Website, Google Play Store Clients und Werbekampagnen. Wenn Sie einige Inhalte nicht mit einbeziehen, kann dies dazu führen, dass Ihre Anwendung nicht angezeigt oder beworben wird.

Vertrieb Ihrer Anwendung im Google Play Store | **21.5**

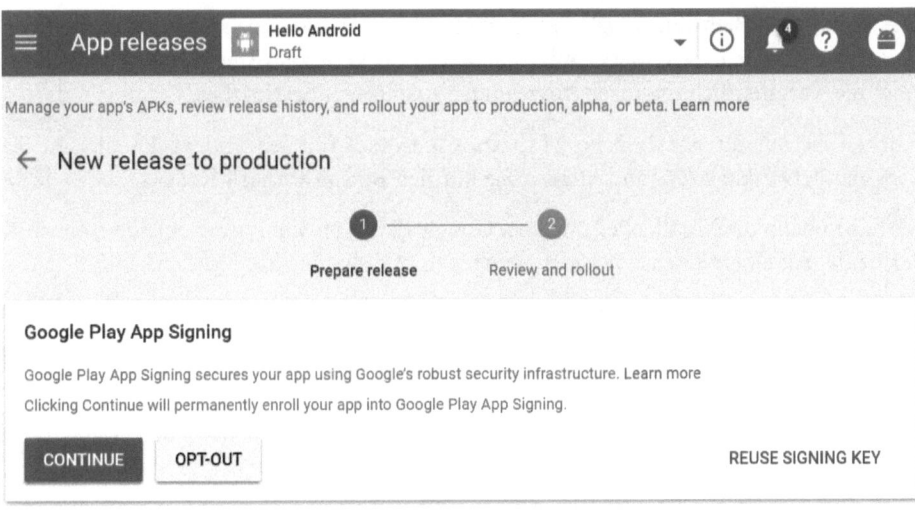

Abbildung 21.8 App im Google Play Store eintragen

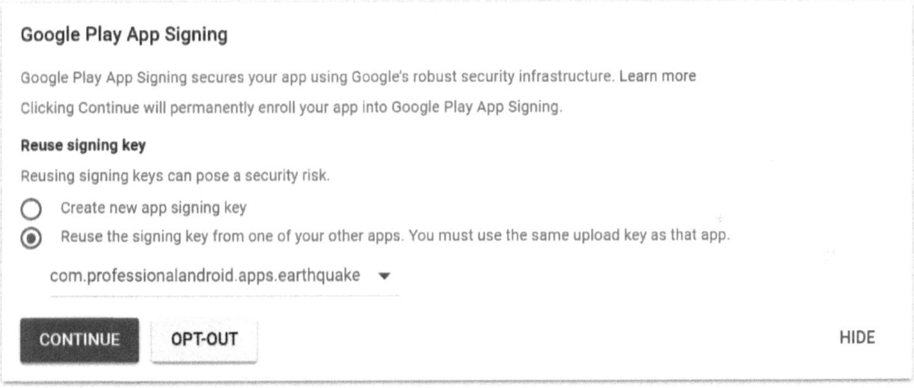

Abbildung 21.9 Sprache und Titel im Google Play Store eintragen

Neues App Release APK hochladen

Um Ihr APK hochzuladen, wählen Sie die Option APP RELEASES in der Seitenleiste, um die Ansicht APP RELEASES anzuzeigen, wie in Abbildung 21.10 gezeigt. Sie können Ihre Anwendung in Alpha, Beta oder Production veröffentlichen.

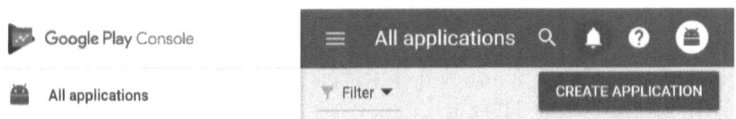

Abbildung 21.10 APK nach Google Play Store hochladen

1065

21.5 | Anwendungen veröffentlichen, vertreiben und überwachen

Die Alpha- und Beta-Kanäle ermöglichen es Ihnen, die App an eine kleine Gruppe von Testern zu verteilen, bevor Sie sie allen Benutzern zur Verfügung stellen, wie im Abschnitt über die Veröffentlichung Ihrer Anwendung ausführlich beschrieben.

Klicken Sie auf die Schaltfläche MANAGE [CHANNEL] für den Freigabekanal, den Sie veröffentlichen möchten, und klicken Sie auf den Button CREATE RELEASE.

Sie haben dann die Möglichkeit, sich bei Google Play App Signing anzumelden, ein APK hochzuladen, einen Release-Namen anzugeben und die Release Notes auszufüllen.

Im ersten Bereich oben auf der Seite wird Ihre Google Play App Signing-Auswahl angezeigt, mit der Sie sich anmelden können, wie im folgenden Abschnitt über die Verwaltung Ihres privaten Freigabeschlüssels mit Google Play App Signing beschrieben.

Im nächsten Bereich wählen Sie Ihr signiertes Release-Paket aus oder laden es hoch, wie in Abbildung 21.11 gezeigt.

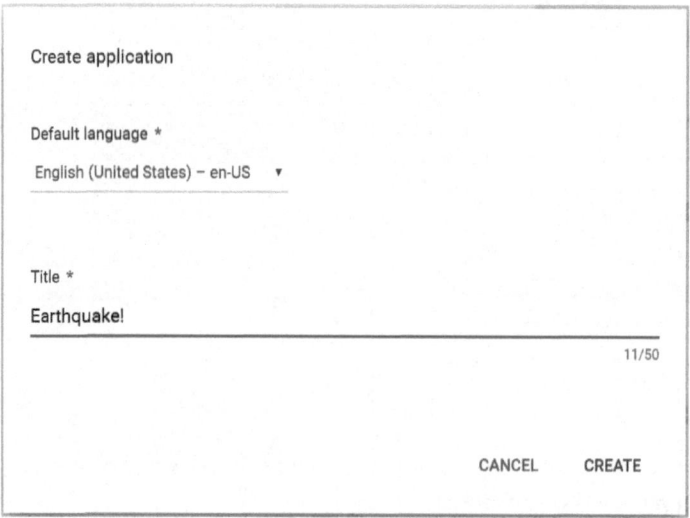

Abbildung 21.11 APK nach Google Play Store hochladen

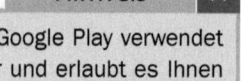

Der Package-Name (nicht der Dateiname) muss eindeutig sein. Google Play verwendet die Namen von Anwendungs-Packages als eindeutige Bezeichner und erlaubt es Ihnen nicht, einen doppelten Package-Namen hochzuladen.

Sie müssen dann einen Release-Namen und eine Beschreibung der Neuerungen in dieser Version eingeben, wie in Abbildung 21.12 gezeigt.

Vertrieb Ihrer Anwendung im Google Play Store | 21.5

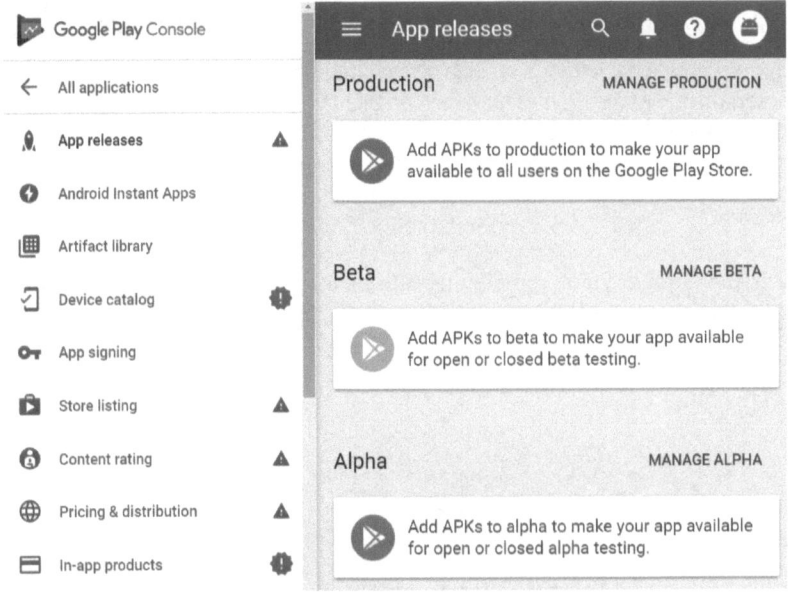

Abbildung 21.12 Release-Namen und Neuerungen im Google Play Store angeben

Die Versionshinweise werden zusammen mit Ihrer Anwendung in Google Play angezeigt, während der Versionsname ein interner Codename ist, der Ihnen immer nur in der Google Play-Verwaltungskonsole angezeigt wird.

Beachten Sie, dass es noch nicht möglich ist, Ihr APK zu veröffentlichen. Sie müssen zunächst die obligatorischen Angaben zum Shop-Angebot, zur Inhaltsbewertung, zur Preisfindung und zum Vertrieb ausfüllen, wie in den folgenden Abschnitten beschrieben.

Verwalten Ihres privaten Release-Schlüssels mit Google Play App Signing

Google Play App-Signing ist ein optionales Programm, das Ihnen hilft, Ihren Signierschlüssel sicher zu verwalten, indem es die gleiche sichere Infrastruktur verwendet, die Google verwendet, um seine eigenen Schlüssel zu speichern.

Wenn Sie sich für Google Play App-Signing entscheiden, signieren Sie nicht jede App direkt mit Ihrem Schlüssel, sondern Sie signieren Ihre App mit einem Upload-Schlüssel. Sollten Sie Ihren Upload-Schlüssel verlieren, können Sie eine Kopie bei Google anfordern, wodurch das Risiko des Verlusts Ihres Schlüssels verringert wird.

Wenn Sie neue, mit Ihrem Upload-Schlüssel signierte Anwendungen in die Play Console hochladen, überprüft und entfernt Google die Signatur des Upload-Schlüssels, bevor die Anwendung mit dem ursprünglichen Signaturschlüssel erneut signiert wird.

21.5 | Anwendungen veröffentlichen, vertreiben und überwachen

> **Warnung**
>
> Sobald Sie Ihre App bei Google Play App-Signing registriert haben, wird die Rücknahme nicht mehr unterstützt. Um die Sicherheit Ihrer App-Signaturschlüssel zu gewährleisten, haben wir nicht die Möglichkeit, Schlüssel vom sicheren Server zu entfernen. Dies ist jedoch App-spezifisch, das heißt, Sie können sich bei zukünftigen Anwendungen dagegen entscheiden.

Sie können sich für Google Play App-Signing entscheiden, wenn Sie eine neue App-Version erstellen, indem Sie auf den Button WEITER klicken, wie in Abbildung 21.13 gezeigt.

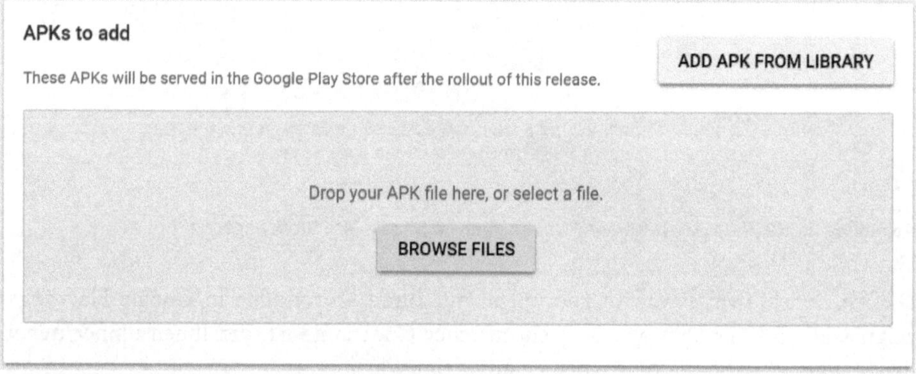

Abbildung 21.13 Google Play App Signing

Alternativ können Sie den gleichen von Google Play verwalteten Schlüssel wie Ihre anderen Anwendungen wiederverwenden, indem Sie auf REUSE SIGNING KEY klicken, wie in Abbildung 21.14 gezeigt. Die Android-Richtlinien schlagen vor, dass Sie alle Ihre Anwendungen mit demselben Zertifikat signieren.

Wenn Sie eine bestehende Anwendung auf Google Play verteilt haben, können Sie sich für die Google Play App Signing entscheiden, indem Sie Ihr bestehendes Signing-Zertifikat hochladen.

Erstellen eines neuen Anwendungseintrags

Wenn Sie Ihr signiertes APK hochgeladen haben, müssen Sie Ihren Google Play Store-Eintrag vorbereiten. Klicken Sie in der Seitenleiste auf die Option ANGEBOT SPEICHERN, um die Optionen des Angebots anzuzeigen, die in Abbildung 21.15 dargestellt sind.

Beginnen Sie mit einem qualitativ hochwertigen, beschreibenden Titel und einer Beschreibung, um es den Benutzern zu erleichtern, Ihre Anwendung zu entdecken und

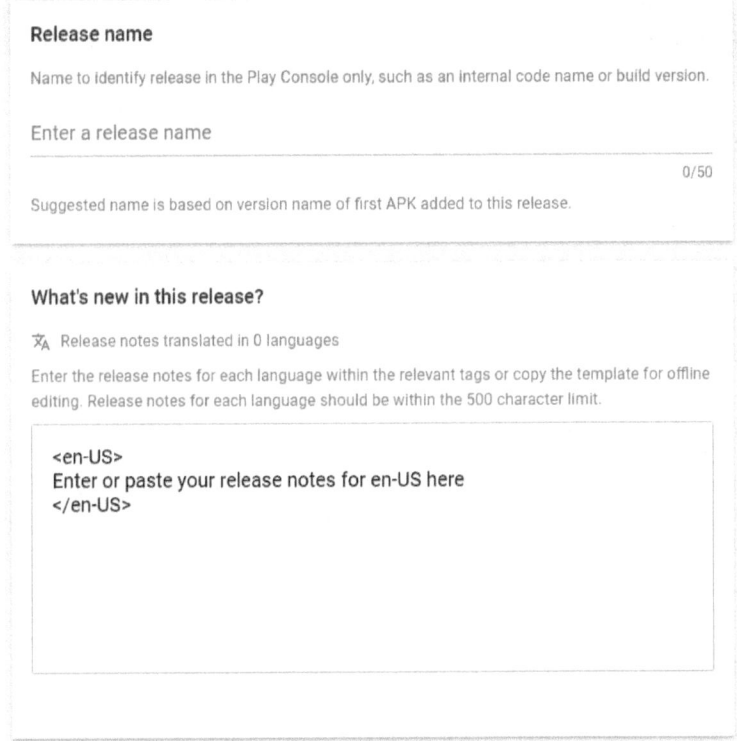

Abbildung 21.14 Google Play App Signing

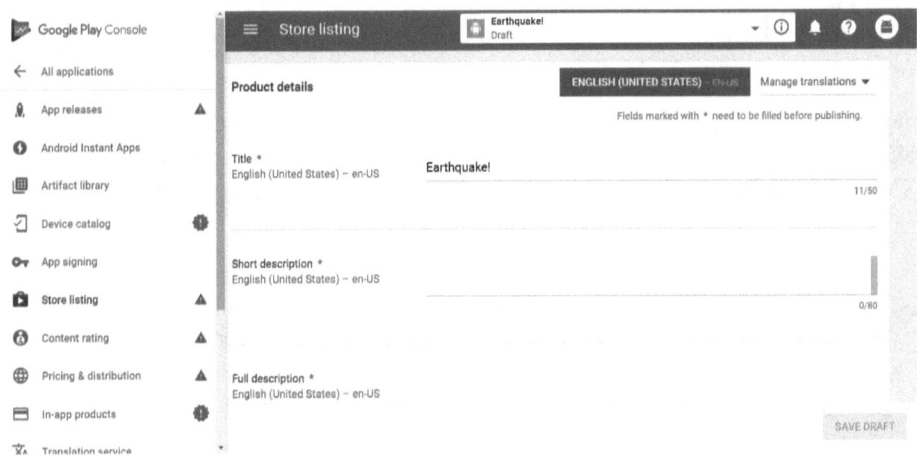

Abbildung 21.15 Google Play Angeboteintrag

eine fundierte Entscheidung über ihre Eignung zu treffen. Betreiben Sie kein »Keyword Stuffing« oder anderes SEO-Spamming in Ihrem Titel oder Ihrer Beschreibung, da dies wahrscheinlich dazu führen wird, dass Ihre Anwendung suspendiert wird. Unter *play.google.com/about/storelisting-promotion/metadata* finden Sie weitere Informationen zur Metadaten-Richtlinie von Google Play.

In diesem Bereich können Sie auch Video- und Grafikdateien zur Verwendung in der Anzeige Ihrer Anwendung bereitstellen. Dazu gehören ein Link zu einem Werbevideo auf YouTube, mehrere repräsentative Screenshots für Smartphones, Tablets (7 und 10 Zoll), Fernseher und Wear-Geräte sowie spezielle Grafiken für Google Play, darunter ein hochauflösendes Anwendungssymbol, Feature- und Promotion-Grafiken, ein TV-Banner und ein stereoskopisches 360-Grad-Banner für Daydream. Alle Details zu den grafischen Anlagen und deren Verwendung in Google Play finden Sie unter *support.google.com/googleplay/android-developer/answer/1078870*.

Mit dem Anwendungstyp können Sie angeben, ob es sich bei Ihrer Anwendung um eine »App« oder ein »Spiel« handelt. Diese Wahl der Kategorie können Sie mittels eines Dropdown-Menüs festlegen. Google Play wird Ihre Anwendung in der entsprechenden Kategorie anzeigen.

Jede Anwendung muss außerdem eine Inhaltsbewertung erhalten, die verwendet wird, um Verbraucher über die Alterseignung Ihrer Anwendung zu informieren, Ihre Inhalte in bestimmten Gebieten oder für bestimmte Benutzer zu blockieren oder zu filtern, wo dies gesetzlich vorgeschrieben ist, und um die Eignung Ihrer Anwendung für spezielle Entwicklerprogramme zu bewerten.

Um die Inhaltsbewertung Ihrer App zu ermitteln, klicken Sie auf den Link INHALTSBEWERTUNG – entweder auf der Seite ANGEBOT SPEICHERN oder über die linke Navigationsleiste. Daraufhin wird der Fragebogen zur Inhaltsbewertung angezeigt, dessen Anfang in Abbildung 21.16 dargestellt ist.

Sie müssen den Fragebogen für jede Anwendung ausfüllen und auch immer dann, wenn Sie ein Update verteilen, das den Inhalt oder die Funktionen der Anwendung in einer Weise ändert, die Ihre Antworten auf den Fragebogen beeinflussen würde.

> **Warnung**
>
> Es ist wichtig, korrekte Antworten auf den Fragebogen zur Inhaltsbewertung zu geben, da eine falsche Darstellung des Inhalts Ihrer Anwendung zur Entfernung oder Sperrung durch Google Play führen kann.

Schließlich können Sie anwendungsspezifische Kontaktdaten für Benutzer Ihrer Anwendungen angeben, wie in Abbildung 21.17 dargestellt.

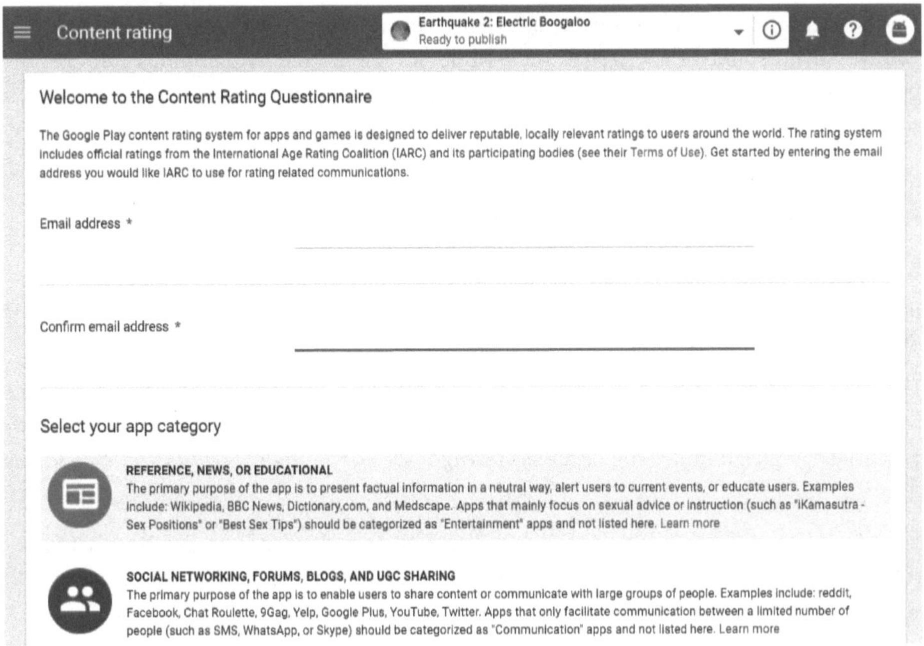

Vertrieb Ihrer Anwendung im Google Play Store | 21.5

Abbildung 21.16 Google Play Fragebogen

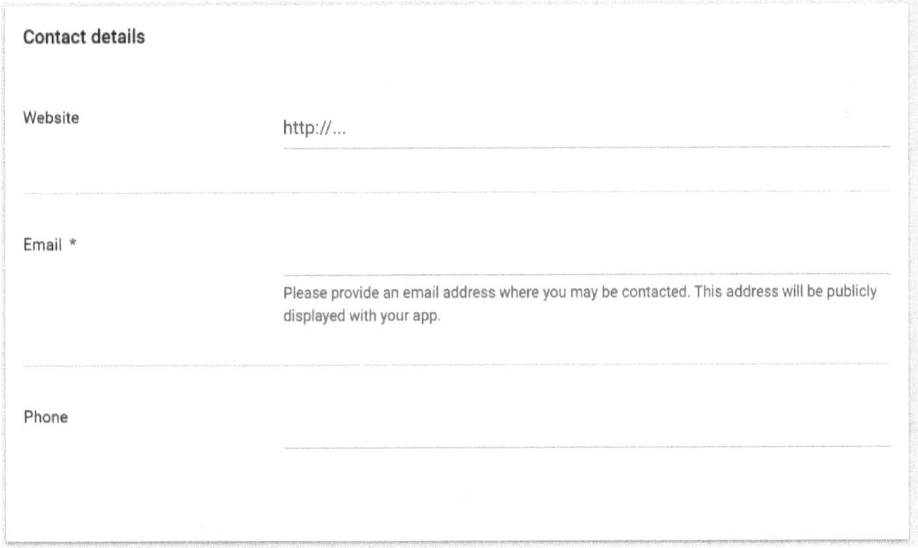

Abbildung 21.17 Google Play Benutzerinformationen

21.5 | Anwendungen veröffentlichen, vertreiben und überwachen

Diese Angaben werden zusammen mit dem Eintrag Ihrer Anwendung in Google Play veröffentlicht, so dass die angegebene E-Mail-Adresse und Telefonnummer auf eine betreute Support-Warteschlange und nicht auf Ihre persönliche E-Mail-Adresse verweisen sollte.

Preisfindung und Distribution festlegen

Klicken Sie in der linken Navigation auf PREISGESTALTUNG & VERTRIEB, um die Länder und Geräte auszuwählen, in die Sie Ihre App vertreiben möchten, sowie die Kosten (falls vorhanden) für Verbraucher, die Ihre App nutzen möchten.

Legen Sie zunächst fest, ob Ihre Anwendung kostenlos oder kostenpflichtig ist. Details zur Erstellung eines Händlerkontos und zur Konfiguration Ihrer App für den kostenpflichtigen Vertrieb finden Sie unter *support.google.com/googleplay/android-developer/#topic=3452890*.

Sie können dann auswählen, in welchen Ländern Ihre Anwendung zur Verfügung gestellt werden soll, einschließlich (in einigen Fällen) welcher Carrier-Netzwerke innerhalb dieser Länder, wie in Abbildung 21.18 dargestellt.

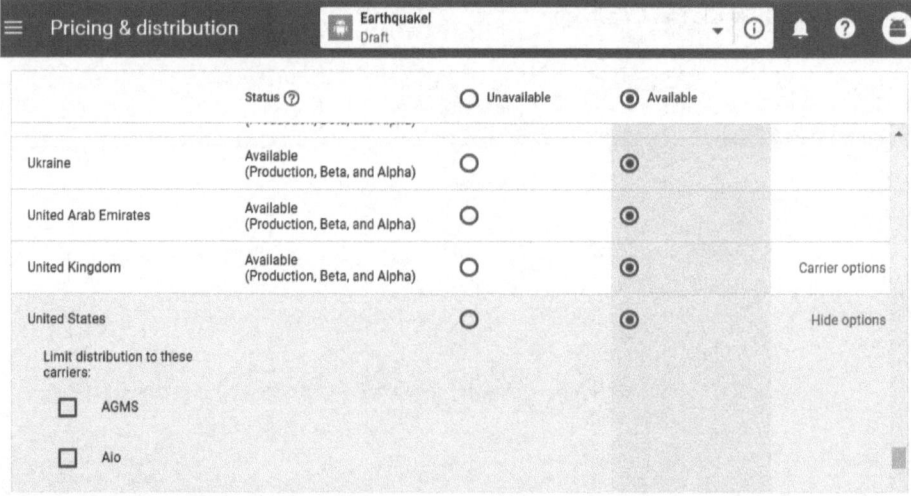

Abbildung 21.18 Google Play Länder

Im Google Play Store können Sie sich für eine Reihe von speziellen Programmen entscheiden, die Ihre App an bestimmte Gruppen verteilen, darunter »Designed for Families« – ein Programm für Apps und Spiele, das speziell für Kinder und Familien entwickelt wurde, und »Google for Education«. Auf der Seite PREISGESTALTUNG & VERTRIEB finden Sie Details zu den verfügbaren Programmen und deren Anforderungen.

Ebenso können Sie Ihre App zur Prüfung in speziellen Gerätekategorien wie Android Wear, Android TV, Android Auto und Daydream einreichen. Diese Gerätetypen erfordern, dass die Apps bestimmte Qualitäts- und Distributionsrichtlinien einhalten (die auf der Seite STORE ANGEBOT verlinkt sind), bevor die Apps für diese Geräte zum Download zur Verfügung gestellt werden.

Schließlich müssen Sie bestätigen, dass Ihre App den Android Content Guidelines entspricht und dass Ihre App möglicherweise den Exportgesetzen der Vereinigten Staaten unterliegt. Wenn Sie den Bereich PREISGESTALTUNG & VERTRIEB abgeschlossen haben, klicken Sie auf den Button ENTWURF SPEICHERN.

21.5.4 Veröffentlichung Ihrer Anwendung

Wenn Sie die Erstellung Ihres Shop-Angebots abgeschlossen, die Preise und den Vertrieb definiert und Ihr APK hochgeladen haben, sind Sie bereit, Ihre Anwendung in die Produktion zu bringen und den Kunden zur Verfügung zu stellen. Dieser Prozess wird allgemein als Release-Management bezeichnet.

Ihre Anwendung ist bereit zur Veröffentlichung, wenn alle grauen Häkchen in der linken Navigation der Google Play-Console grün geworden sind, wie in Abbildung 21.19 gezeigt.

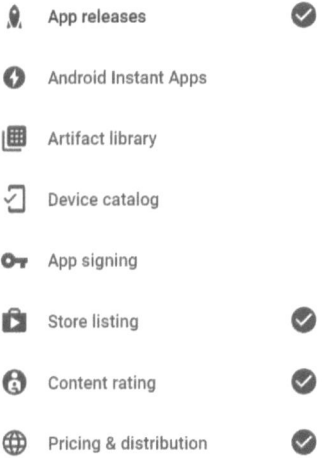

Abbildung 21.19 Google Play: Bereit zur Veröffentlichung

Wenn alle Probleme behoben sind, navigieren Sie in der linken Navigation zu APP-RELEASES und wählen Sie den Release-Kanal, in dem Sie veröffentlichen möchten. Um Ihre Anwendung allgemein verfügbar zu machen, nutzen Sie den Produktionskanal. Der Alpha- und Beta-Kanal werden im folgenden Abschnitt näher beschrieben.

Klicken Sie auf den Button REVIEW, um zu bestätigen, dass die Release-Details korrekt sind, und klicken Sie auf den Button START ROLLOUT TO PRODUCTION, um Ihre Anwendung den Benutzern zur Verfügung zu stellen.

Sie werden später den gleichen Prozess verwenden, um Updates an Ihre Anwendung zu verteilen; für Updates haben Sie jedoch auch die Möglichkeit, den Teil Ihrer bestehenden Benutzer anzugeben, der das Update erhalten sollen – ein Prozess, der als gestaffeltes Rollout bezeichnet wird und in den folgenden Abschnitten näher beschrieben wird.

Verwendung von Alpha- und Beta-Kanal

Die Veröffentlichung Ihrer Anwendung in die Produktion stellt sie jedem Kunden in einem von Ihnen ausgewählten Land zum Download zur Verfügung, der ein unterstütztes Gerät verwendet.

Egal, wie gründlich Sie Ihre Anwendung vor der Veröffentlichung testen, es gibt keinen Ersatz für die Tests, die von echten Benutzern durchgeführt werden, die Ihre Anwendung herunterladen und ausprobieren. Mit einem potenziellen Publikum in Milliardenhöhe ist es eine gute Idee, die Release-Kanäle Alpha und Beta zu nutzen, um Ihre Anwendung kleinen, zielgruppengerechten Gruppen zur Verfügung zu stellen, um frühzeitig Feedback zu erhalten und potenzielle Probleme zu erkennen, bevor Sie Ihre Anwendung für alle zugänglich machen.

Dies ist besonders wichtig, da die Bewertungen und Rezensionen Ihrer ersten Benutzer einen dramatischen Einfluss auf den Gesamterfolg und die Beliebtheit Ihrer Anwendung haben können. Benutzer von Alpha- oder Beta-Versionen können keine öffentlichen Bewertungen abgeben und sind sich möglicher Probleme in »Pre-Release«-Anwendungen bewusst und daran gewöhnt. Als Ergebnis werden sie Ihnen wahrscheinlich ein konstruktives Feedback geben, um Ihre Anwendung vor der allgemeinen Veröffentlichung zu verbessern.

Wie in Abbildung 21.20 dargestellt, bietet Google Play zwei Vorabversionskanäle: Alpha und Beta. Es gibt keinen funktionalen Unterschied zwischen ihnen, aber nach der Konvention wird zuerst eine Alpha verwendet und steht in der Regel einer kleineren Gruppe als eine Beta zur Verfügung.

In beiden Kanälen können Sie zwischen einer offenen und einer geschlossenen Vorabversion wählen. Eine offene Beta (oder Alpha) ist im Google Play Store sichtbar und steht als Download oder Update für jeden zur Verfügung, der beitreten möchte – auch wenn Sie die Gesamtzahl der Benutzer, die sich anmelden können, einschränken können.

Alternativ ist eine geschlossene Beta (oder Alpha) im Google Play Store nicht sichtbar, außer für eine eingeschränkte Gruppe bekannter Benutzer, die Sie angeben. Sie können diese Gruppe über E-Mail-Adressen definieren oder die Option »Alpha/Beta Testing

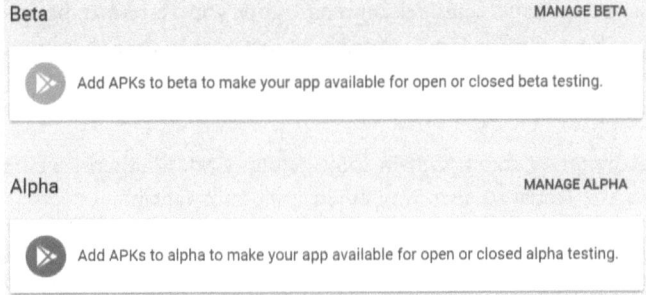

Abbildung 21.20 Google Play: Vorabversionen

Using Google Groups or Google+ Communities« auswählen, um eine entsprechende URL anzugeben; in letzterem Fall haben Mitglieder der Google Group oder Google+-Community Zugriff auf die geschlossene Beta (oder Alpha). Diese Option ist eine Mischung aus offen und geschlossen, und während die Auflistung in Google Play nicht für alle Benutzer sichtbar ist, ist es möglich, sowohl Gruppen als auch Communities so zu konfigurieren, dass Personen beitreten können.

In allen Fällen müssen Sie einen Rückkanal angeben, über den Kunden während der Alpha/Beta-Testphase konstruktives Feedback geben können. Nach der Aktivierung und Veröffentlichung erhalten Sie einen Opt-in-Link, den Sie Ihren Testern zur Verfügung stellen können, damit sie an Ihrem Testprogramm teilnehmen können. Abbildung 21.21 zeigt den Dialog »Tester verwalten« für eine geschlossene Beta.

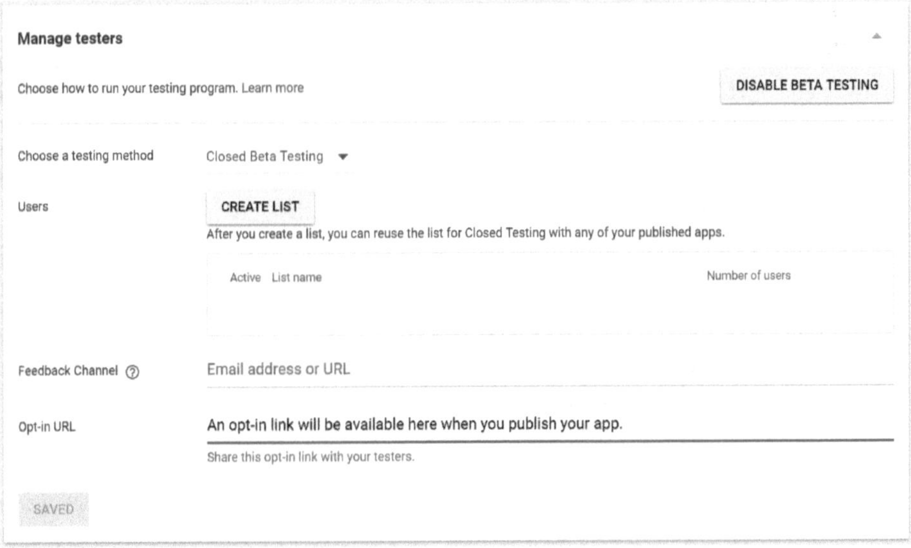

Abbildung 21.21 Google Play: Vorabversionen Testprogramm

21.5 | Anwendungen veröffentlichen, vertreiben und überwachen

Es ist üblich, eine geschlossene Alpha mit einer bekannten Gruppe von Testern zu betreiben, gefolgt von einer offenen Beta, um Feedback einzuholen, bevor es in die Produktion geht. Beachten Sie, dass Sie nicht gleichzeitig einen offenen Alpha-Test ausführen können.

Nachdem Alpha- oder Beta-Benutzer Ihrem Opt-in-Link gefolgt sind, erhalten sie eine Erklärung, was es bedeutet, ein Tester zu sein, und einen Link zum Opt-in.

Zusätzlich zu dem Link oder der E-Mail-Adresse, die Sie für Feedback zur Verfügung stellen, ermöglichen offene Alpha- oder Beta-Tests Ihren Testern, Ihnen privates Feedback über den Google Play Store zu geben.

Der Testprozess geht davon aus, dass neue APKs von Alpha zu Beta und schließlich zur Produktion übergehen; dementsprechend sollte Ihr Alpha-Test-APK den niedrigsten Versionscode haben.

Um Ihrem Alpha- oder Beta-Testkanal beizutreten, benötigen potenzielle Nutzer ein Google- oder G-Suite-Konto. Beachten Sie, dass es einige Stunden dauern kann, bis sich der Link zu Ihrer Alpha- oder Beta-Anwendung über die Server von Google verbreitet und für Tester verfügbar ist. Gleiches gilt für neue APKs, die über diese Kanäle vertrieben werden.

Gestaffelte Rollouts

Alpha- und Beta-Tests ermöglichen es Ihnen, Feedback von einer ausgewählten Gruppe echter Benutzer vor einer Produktionsveröffentlichung zu erhalten. Wenn Sie bereit sind, die Produktion voranzutreiben, sollten Sie einen gestaffelten Rollout (Auslieferung) in Betracht ziehen, bei dem das Update einem Prozentsatz Ihrer bestehenden und neuen Benutzer zur Verfügung steht, um die Wahrscheinlichkeit, dass erhebliche Fehler oder Abstürze auftreten, weiter zu minimieren.

Während die erste Produktionsversion Ihrer Anwendung allen potenziellen Anwendern gleichzeitig zur Verfügung gestellt werden muss, können die Updates in Etappen durchgeführt werden, definiert als Prozentsatz der Gesamtzielgruppe der bestehenden und neu hinzugekommenen Anwender.

Im Formular PRODUKTIONSFREIGABEN VERWALTEN können Sie den Prozentsatz der Benutzer angeben, die das neue APK erhalten sollen. Der Zielprozentsatz wird durch eine zufällige Auswahl neuer und bestehender Benutzer erreicht, das heißt, Sie können keine bestimmten Benutzer, Geräte, Länder oder Betriebssystem-Versionen ansprechen. Wenn Sie mögliche Probleme mit einem Release erkennen, können Sie den Rollout unterbrechen. Es ist zwar nicht möglich, zu einer früheren Version zurückzukehren, aber wenn Sie einen gestaffelten Rollout für ein neu aktualisiertes APK durchführen, wird es zuerst den Benutzern angeboten, die das vorherige Update erhalten haben.

Wenn Sie mit den Ergebnissen eines bestimmten Prozentsatzes von Benutzern zufrieden sind, können Sie den Prozentsatz des gestaffelten Rollouts auf der Seite PRODUKTIONSFREIGABEN VERWALTEN erhöhen. Um das Risiko zu minimieren, ist es in der Regel empfehlenswert, sehr klein anzufangen, 1 bis 2 Prozent der Benutzer anzusprechen und diesen Prozentsatz im Laufe der Zeit schrittweise zu erhöhen, um Feedback, Analysen und Crash-Berichte sorgfältig zu überwachen.

Wenn Ihr App-Update Änderungen am Shop-Angebot erfordert, ist es ratsam, Ihr Shop-Angebot erst dann zu aktualisieren, wenn Ihr Release auf 100 Prozent der Benutzer ausgeweitet wurde.

21.5.5 Überwachung Ihrer Anwendung in der Produktion

Sobald Ihre Anwendungen veröffentlicht sind, listet Ihre Seite ALLE APPS jede App auf, zusammen mit der Anzahl der aktiven Benutzer und Installationen, der durchschnittlichen Bewertung und der Gesamtzahl der Bewertungen, dem Datum der letzten Aktualisierung und dem Status jeder Anwendung, wie in Abbildung 21.22 dargestellt.

▲ App name	Active / Total installs ⓘ	Avg. rating / Total #	Last update	Status
Earthquake! com.radioactiveyak.earthq...	543 / 801.946	★ 4.03 / 6.439	Jan 6, 2018	**Published**
New Horizons Gyro Compass com.paad.compass	314 / 91.737	★ 3.71 / 590	Jun 12, 2012	**Published**

Abbildung 21.22 Google Play: App-Status

Über die linke Navigationsleiste können Sie auf den folgenden Seiten mehr über das Verhalten Ihrer App in der Produktion erfahren. Jede Seite wird in diesem Abschnitt näher beschrieben:

- **Statistiken**: Bietet Zugriff auf eine detaillierte Aufschlüsselung der Installationsstatistiken Ihrer App, einschließlich einer grafischen Zeitleiste mit den Installationen, Bewertungen und Abstürzen der App.

- **Android Vitals**: Bietet technische Leistungsdaten und anonyme Fehlerberichte und Stack-Traces von Benutzern, die sich für die automatische Freigabe von Nutzungs- und Diagnosedaten entschieden haben.

- **Benutzerakquise**: Bietet eine detaillierte Aufschlüsselung der Erfassungskanäle, die von Kunden genutzt werden, die Ihre App über Google Play installieren.

- **Benutzer-Feedback**: Ermöglicht die Bewertung von Trends und den Zugriff auf und die dynamische Analyse von Benutzerbewertungen.

Anwendungsmetriken mit Google Play Statistics

Auf der Seite GOOGLE PLAY STATISTICS können Sie Berichte erstellen, die eine detaillierte Aufschlüsselung der Installationsstatistiken Ihrer App bieten, einschließlich täglich aktualisierter Werte für Installationen, Deinstallationen und Upgrades, durchschnittliche und kumulative Durchschnittsbewertungen sowie die Anzahl der Abstürze und Einfrierungen.

Diese Metriken können über eine Reihe von Dimensionen hinweg gemessen werden, um Ihnen einen analytischen Einblick in Ihre Benutzer zu geben, einschließlich Aufschlüsselungen basierend auf:

- App-Version
- Veröffentlichung der Android-Plattform
- Hardware-Gerät
- Land und Sprache
- Träger

Diese Berichte können heruntergeladen oder als Zeitachsendiagramm angezeigt werden, wie in Abbildung 21.23 zu sehen ist.

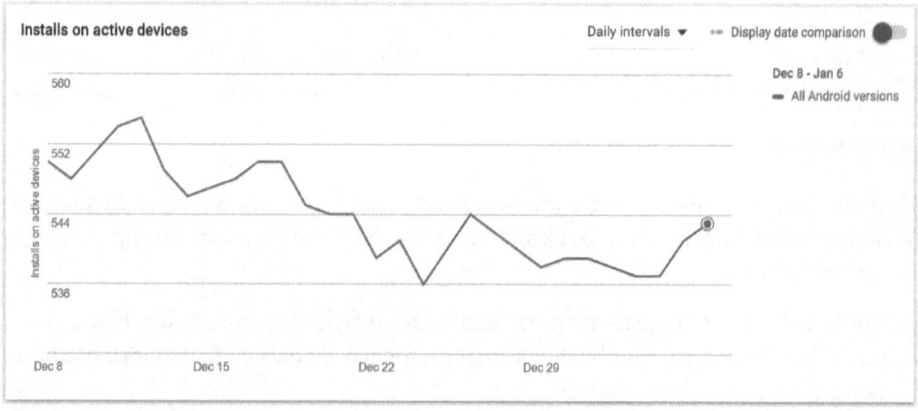

Abbildung 21.23 Google Play Statistics

Diese Informationen können sehr nützlich sein, um zu entscheiden, wie Sie Ihre Ressourcen verteilen, welche Versionen der Android-Plattform Sie unterstützen möchten und in welchen Ländern Ihre App unterdurchschnittlich leistungsfähig ist.

Überwachung Ihrer Anwendung mit Android Vitals

Die Android Vitals-Seite bietet Einblicke in die technische Leistungsfähigkeit der App in Bezug auf Stabilität, Batterie- und Renderzeiten sowie anonyme Fehlerprotokollierung und Stack-Traces von Android-Geräten, deren Benutzer sich für den automatischen Austausch von Nutzungs- und Diagnosedaten bereit erklärt haben.

Auf der Übersichtsseite können Sie Zeitreihendiagramme für die Tagesraten von Einfrieren, Abstürzen, langsamem Rendern, eingefrorenen Frames, festgefahrenen Wecksperren und übermäßigen Weckzeiten anzeigen. Diese Metriken können über die App-Version, das Gerät oder die Android OS-Version hinweg gemessen werden.

Die Seite ANRs & ABSTÜRZE zeigt Ihnen eine Zusammenfassung von ANR (Application Not Responding) also Einfrieren und Abstürzen, wie in Abbildung 21.24 gezeigt.

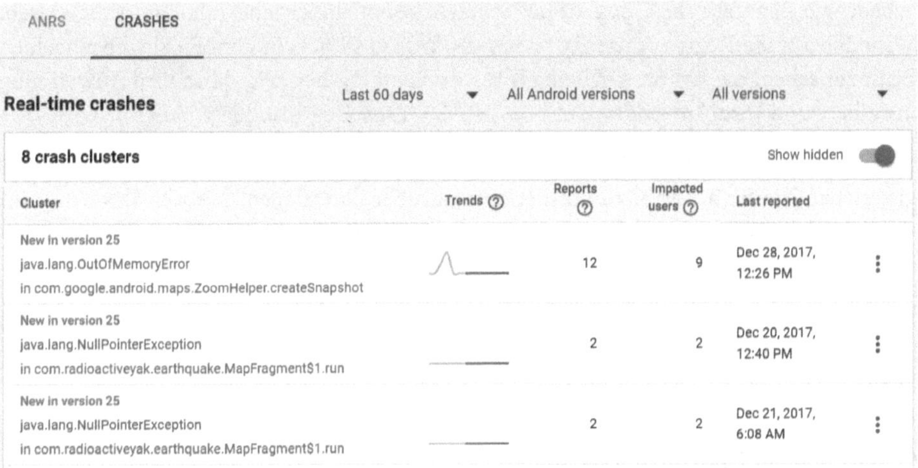

Abbildung 21.24 Google Play Absturzstatistik

Sie können in Einfrieren oder Abstürze aufschlüsseln, um weitere Details zu jedem Fehler zu erhalten, wie in Abbildung 21.25 gezeigt. Jeder Fehler wird durch die Ausnahme am Anfang des Stapels beschrieben, zusammen mit der Klasse, die ihn geworfen hat, und der Anzahl und Häufigkeit der Berichte, die diesen Kriterien entsprechen.

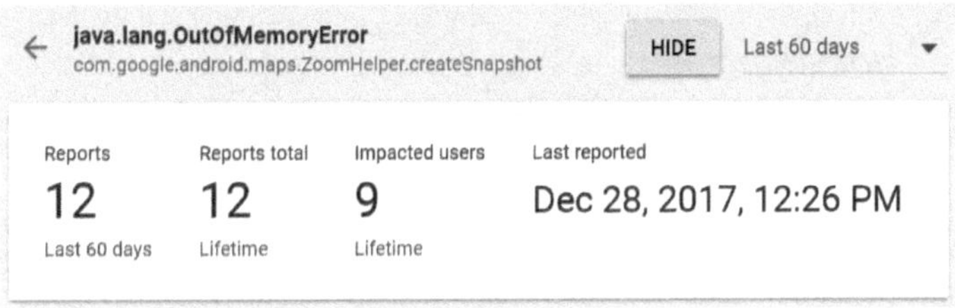

Abbildung 21.25 Google Play Absturzstatistik

21.5 | Anwendungen veröffentlichen, vertreiben und überwachen

Auf der gleichen Seite wird ein Liniendiagramm angezeigt, das die Häufigkeit der Berichte für diesen Fehler in einem bestimmten Datumsbereich sowie die Verteilung der Geräte, auf denen die Fehler aufgetreten sind, und den vollständigen Stack-Trace für jeden Fehler anzeigt.

Diese Fehlerberichte sind von unschätzbarem Wert für die Fehlersuche in Ihrer Anwendung. Da Hunderte von verschiedenen Android-Geräten in Dutzenden von Ländern und Sprachen verwendet werden, ist es unmöglich, jede Variante zu testen. Mit diesen Fehlermeldungen können Sie feststellen, welche Randfälle Sie übersehen haben und diese so schnell wie möglich beheben.

Berichte zur Benutzerakquisition

Auf der Seite BENUTZERAKQUISE können Sie Berichte erstellen, die Aufschluss darüber geben, wie Benutzer Ihr Google Play Store-Angebot finden und mit ihm interagieren. Wenn Sie auf die Registerkarte RETAINED INSTALLERS klicken, können Sie die einzelnen Benutzer sehen, die das Shop-Listing Ihrer Anwendung besucht, dann Ihre Anwendung installiert und Ihre Anwendung mindestens 30 Tage lang installiert haben.

Wenn Ihre Anwendung In-App-Käufe oder Abonnements anbietet, können Sie die Registerkarte Käufer auswählen, um Berichte darüber zu erstellen, wie sich Ihre Akquisitionskanäle bei der Umwandlung von Benutzern in Käufer und Wiederkäufer, aufgeteilt nach Ländern, verhalten.

Es ist möglich, Käuferdaten von verschiedenen Akquisitionskanälen oder Ländern zu vergleichen, um zu untersuchen, welche Kanäle/Länder den höchsten Wert für die Nutzer haben.

Benutzer-Feedback analysieren

Auf der Seite Benutzer-Feedback können Sie die Bewertungen und Rezensionen Ihrer Anwendung analysieren.

Die Seite Bewertungen zeigt Ihre aktuelle durchschnittliche Bewertung, die Gesamtzahl der Bewertungen (und Rezensionen) und ein Histogramm der Benutzerbewertungen nach Anzahl der Sterne, wie in Abbildung 21.26 dargestellt.

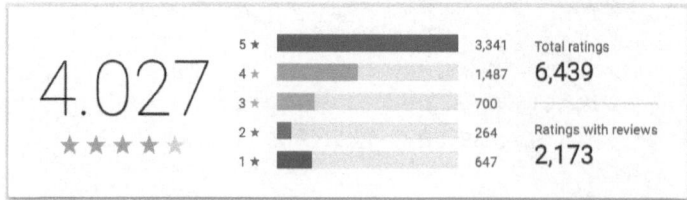

Abbildung 21.26 Google Play Bewertungen

Ein Zeitreihendiagramm zeigt den Trend in Ihrer Anwendung auf Tages-, Wochen- oder Monatsbasis entweder pro Periode oder kumulativ an. Sie können auch über eine Reihe von Dimensionen aufschlüsseln, einschließlich Auflösungen nach:

- App-Version
- Veröffentlichung der Android-Plattform
- Hardware-Gerät
- Land und Sprache
- Träger

Die Seite Bewertungen bietet direkten Zugriff auf alle vom Benutzer bereitgestellten Bewertungen und ermöglicht es Ihnen, Antworten zu verfassen. Jede Überprüfung enthält Kontextinformationen über das Gerät und den Benutzer, einschließlich:

- Code der Anwendungsversion
- Name der Anwendungsversion
- Hardware-Gerät
- Hardware-Gerätehersteller
- Gerätetyp (Smartphone, Tablet etc.)
- Sprache
- CPU Marke und Modell
- Native Plattform
- Geräte-RAM
- Bildschirmgröße und -dichte des Geräts
- OpenGL ES-Version
- Android OS Version

Sie können nach bestimmten Texten suchen oder Bewertungen nach den vorhergehenden Kriterien filtern.

Die Seite REVIEWS ANALYSIS bietet einen analytischen Einblick in die Kommentare der Leser. Im Bereich AKTUALISIERTE BEWERTUNGEN können Sie die Bewertungen und Rezensionen, die geändert wurden, verfolgen und so die Auswirkungen Ihrer Antworten oder App-Updates sehen.

Der Bereich BENCHMARKS zeigt die Bewertungen Ihrer App für eine bestimmte Anzahl von Themen für Apps innerhalb derselben Kategorie im Google Play Store an und ermöglicht es Ihnen, Ihre Bewertungen mit ähnlichen Apps in derselben Kategorie zu vergleichen.

Schließlich zeigt der Themenbereich Bewertungen für einen dynamischen Satz von Wörtern, die in den Rezensionen Ihrer Anwendung auf Englisch, Spanisch und Japanisch erwähnt werden.

Direkte Rückmeldungen von Anwendern sind zwar von unschätzbarem Wert, können aber dennoch unzuverlässig und widersprüchlich sein. Es ist ratsam, auch App Analytics zu verwenden, um Benutzerkommentare mit statistischen Analysen in Einklang zu bringen.

21.6 Vermarktung von Apps

Da Android ein offenes Ökosystem ist, können Sie Ihre Apps auf verschiedenen Märkten vertreiben. Wenn Sie sich dafür entscheiden, Ihre Apps über Google Play zu vertreiben und zu vermarkten, stehen Ihnen in der Regel vier Optionen zur Verfügung:

- Bezahlte Anwendungen: Berechnen Sie eine Vorabgebühr, bevor die Benutzer Ihre Anwendung herunterladen und installieren.

- Kostenlose Anwendungen mit In-App Billing (IAB): Machen Sie den Download und die Installation der Anwendung kostenlos, aber kostenpflichtig innerhalb der Anwendung für virtuelle Güter, Upgrades und andere Mehrwerte.

- Kostenlose Anwendungen mit Abonnements: Machen Sie den Download und die Installation der Anwendung kostenlos, jedoch kostenpflichtig innerhalb der Anwendung für ein Abonnement für virtuelle Güter, Inhalte und andere Mehrwerte.

- Werbeunterstützte Anwendungen: Machen Sie den Download und die Installation der Anwendung kostenlos und finanzieren Sie sie durch Werbeanzeigen.

Wenn Sie sich dafür entscheiden, Ihre Anwendungen bei Google Play über Vorabgebühren, IAB oder Abonnements abzurechnen, werden die Einnahmen zwischen Ihnen und Google Play in Form einer Transaktionsgebühr aufgeteilt. Zum Zeitpunkt der Erstellung dieses Buches ist der Anteil für den Entwickler auf 70 Prozent festgelegt.

Um beide Ansätze nutzen zu können, müssen Sie zunächst ein Google Checkout Merchant Konto erstellen. Sie können dies von Ihrem Android Publisher-Konto aus tun. Ihr App-Angebot enthält dann die Möglichkeit, einen Preis für die App und die über das IAB verkauften Artikel festzulegen.

In jedem Fall sind Sie der Anwendungsdistributor und -händler, so dass Sie für alle rechtlichen oder steuerlichen Verpflichtungen im Zusammenhang mit dem Verkauf Ihrer Anwendung verantwortlich sind, vorbehaltlich der im SPG beschriebenen Bedingungen.

Sie können Ihre Anwendung auch durch In-App-Werbung vermarkten. Der spezifische Prozess, der für die Einrichtung von Werbung innerhalb Ihrer Anwendung erforderlich ist, hängt von dem von Ihnen gewählten Anzeigenanbieter ab.

Es geht über den Rahmen dieses Buches hinaus, den Setup-Prozess für eine bestimmte Werbe-API zu beschreiben; der allgemeine Prozess könnte jedoch wie folgt beschrieben werden:

1. Erstellen Sie ein Publisher-Konto.
2. Laden Sie das zugehörige Anzeigen-SDK herunter und installieren Sie es.
3. Aktualisieren Sie Ihre Fragment- oder Aktivitätslayouts mit einem Werbebanner.

Es ist wichtig sicherzustellen, dass die in Ihrer Anwendung enthaltenen Anzeigen so unauffällig wie möglich sind und die Benutzerfreundlichkeit Ihrer Anwendung nicht wesentlich beeinträchtigen. Es ist auch wichtig sicherzustellen, dass Ihr Benutzerinteraktionsmodell nicht zu versehentlichen Klicks auf das Werbebanner führt.

In vielen Fällen haben sich die Entwickler dafür entschieden, eine kostenpflichtige Alternative anzubieten (entweder mittels Upfront-Zahlung oder IAB), um es den Nutzern zu ermöglichen, Werbebanner aus ihren Anwendungen zu entfernen.

21.7 Anwendungsmarketing, Promotion und Vertriebsstrategien

Der erste Schritt zur effektiven Vermarktung und Bewerbung Ihrer Anwendung besteht darin, sicherzustellen, dass Sie die gesamte Palette an hochwertigen Inhalten für Ihr Google Play Store-Angebot bereitstellen.

Innerhalb von Google Play gibt es mehrere Werbemöglichkeiten; bei mehr als 2,7 Millionen anderen Anwendungen ist es jedoch wichtig, dass Sie alternative Wege für Marketing und Werbung in Betracht ziehen, anstatt einfach Ihre Anwendung zu veröffentlichen und die Daumen zu drücken.

Während Ihre Marketing- und Werbestrategien je nach Ihren Zielen und Ihrem Budget stark variieren, enthält die folgende Liste einige der effektivsten Techniken, die Sie in Betracht ziehen sollten:

- Offline-Cross-Promotion: Wenn Sie eine signifikante Offline-Präsenz (beispielsweise in Geschäften oder Filialen) oder eine große Medienpräsenz (beispielsweise in Zeitungen, Zeitschriften oder im Fernsehen) haben, kann die Cross-Promotion Ihrer Anwendung über diese Kanäle ein besonders effektiver Weg sein, den Bekanntheitsgrad zu erhöhen und das Vertrauen der Nutzer in den Download sicherzustellen. Traditionelle Werbetechniken wie TV- und Zeitungswerbung können sehr effektiv sein, um die Aufmerksamkeit auf Ihre Anwendung zu lenken.

- Online-Cross-Promotion: Wenn Sie eine bedeutende Web-Präsenz haben, kann die Werbung für Ihre Anwendung durch direkte Links zu Google Play ein effektiver Weg sein, um Downloads voranzutreiben. Wenn Ihre Anwendung eine bessere Nutzerfreundlichkeit bietet als Ihre mobile Website, können Sie Browser-Besucher von Android-Geräten erkennen und sie zu Google Play leiten, um Ihre systemeigene App herunterzuladen.

- Third-Party-Promotion: Die Verbreitung eines Werbevideos auf YouTube und die Nutzung von sozialen Netzwerken, Blogs, Pressemitteilungen und Online-Bewertungsseiten können dazu beitragen, eine positive Mundpropaganda zu ermöglichen.

- Online-Werbung: Online-Werbung über In-App-Werbenetzwerke (beispielsweise AdMob) oder herkömmliche suchbasierte Werbung (beispielsweise Google AdWords) kann für Ihre Anwendung wichtige Eindrücke und Downloads liefern.

21.7.1 Strategien zur Markteinführung von Anwendungen

Bewertungen und Reviews können einen erheblichen Einfluss auf das Ranking Ihrer Anwendung in Kategorielisten und in den Suchergebnissen von Google Play haben. Daher kann es schwierig sein, sich von einem schlechten Start zu erholen. Die folgende Liste beschreibt einige der Strategien, die Sie für einen erfolgreichen Start verwenden können:

- Verwenden Sie geschlossene Alphas, offene Betas und gestaffelte Rollouts: Stellen Sie Ihre Anwendung kleinen, zielgruppenspezifischen Gruppen zur Verfügung, um frühzeitig Feedback zu erhalten und potenzielle Probleme zu erkennen, bevor Sie Ihre Anwendung allen zur Verfügung stellen. Benutzer von Alpha- oder Beta-Versionen können keine öffentlichen Bewertungen abgeben und sind sich möglicher Probleme in »Pre-Release«-Anwendungen bewusst und daran gewöhnt. Als Ergebnis werden sie Ihnen wahrscheinlich ein konstruktives Feedback geben, um Ihre Anwendung vor der allgemeinen Veröffentlichung zu verbessern.

- Qualität geht vor Quantität: Eine schlecht implementierte, aber funktionsreiche Anwendung wird schlechtere Bewertungen erhalten als eine gut polierte Anwendung, die nicht alles kann. Wenn Sie einen agilen Ansatz der frühzeitigen und häufigen Veröffentlichung verwenden, stellen Sie sicher, dass jeder Release von der gleichen hohen Qualität ist und neue Funktionen als Teil jeder Releases hinzugefügt werden. Ebenso sollte jeder Release sauberer und stabiler als das letzte sein.

- Erstellen Sie hochwertige Google Play-Inhalte: Der erste Eindruck, den Ihre Anwendung hinterlässt, entsteht durch ihr Erscheinen in Google Play. Erhöhen Sie die Wahrscheinlichkeit, dass dieser Eindruck zu einer Installation führt, indem Sie Inhalte erstellen, die die Qualität Ihrer Anwendung repräsentieren.

Anwendungsmarketing, Promotion und Vertriebsstrategien | **21.7**

- Seien Sie ehrlich und beschreibend: Enttäuschte Benutzer, die Ihre Anwendung nicht so vorfinden, wie sie beschrieben wurde, werden sie wahrscheinlich deinstallieren, schlecht bewerten und negative Kommentare hinterlassen.

21.7.2 Internationalisierung

Zum Zeitpunkt der Drucklegung war Google Play in mehr als 190 Ländern verfügbar. Während die genaue Aufschlüsselung je nach Anwendungskategorie variiert, werden in den meisten Fällen mehr als 50 Prozent der Anwendungsinstallationen aus Ländern außerhalb der Vereinigten Staaten auf Geräten heruntergeladen, deren Sprache auf nicht-englisch eingestellt ist.

Japan und Südkorea stellen die beiden größten Kunden von Anwendungen außerhalb der Vereinigten Staaten dar, während Südkorea, Taiwan und Hongkong pro Kopf die unersättlichsten Kunden von Android-Anwendungen sind.

Die Externalisierung aller String-Ressourcen Ihrer Anwendung (und gegebenenfalls auch der Bildressourcen), wie in Kapitel 4 beschrieben, macht es einfach, Ihre Anwendungen zu lokalisieren, indem alternative übersetzte Ressourcen bereitgestellt werden.

Zusätzlich zur Anwendung selbst bietet Google Play Unterstützung für das Hinzufügen von Titeln und Beschreibungen in der jeweiligen Landessprache für Ihre Anwendungen, wie in Abbildung 21.27 dargestellt.

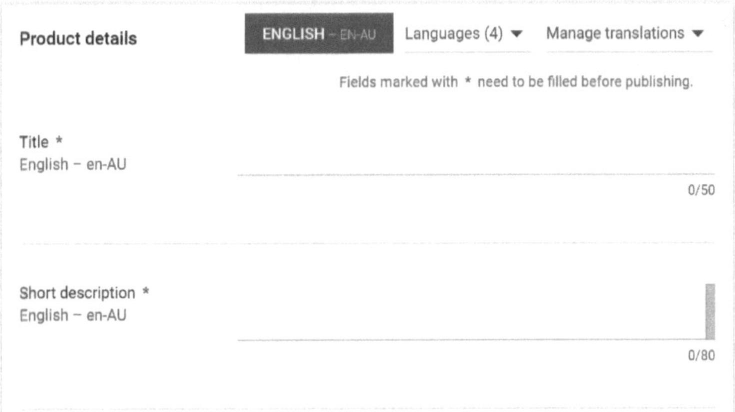

Abbildung 21.27 Google Play-Unterstützung bei der Internationalisierung

Auch wenn Nicht-Muttersprachler Ihre Anwendungen nutzen können, besteht eine hohe Wahrscheinlichkeit, dass sie Google Play in ihrer Muttersprache durchsuchen. Um die Auffindbarkeit Ihrer Anwendung zu maximieren, ist es sinnvoll, in die Erstellung von

Übersetzungen zumindest für den Titel und die Beschreibung Ihrer Anwendung zu investieren.

> **Hinweis**
>
> Der Prozess der Bereitstellung vollständig lokalisierter Übersetzungen für Ihre Anwendung kann teuer und zeitaufwändig sein, daher ist es oft sinnvoll, die Statistiken der Android Developer Console zu verwenden, um die zu lokalisierenden Sprachen zu priorisieren.
> Viele Entwickler haben die Erfahrung gemacht, dass schlechte Übersetzungen schlechter sind als gar keine Übersetzung.

21.8 Firebase zur Überwachung Ihrer Anwendung verwenden

Das Firebase SDK von Google enthält eine Reihe von Tools, die Ihnen helfen können, Ihre Anwendung nach dem Start zu überwachen, um sicherzustellen, dass Sie die bestmögliche Benutzerfreundlichkeit bieten:

- Firebase Analytics: Analysieren Sie Benutzer und Benutzerverhalten, um besser zu verstehen, wer Ihre Anwendung verwendet und wie sie verwendet wird.

- Firebase Performance Monitoring: Bietet Tools zur Überwachung der App-Performance und zur Diagnose von Performance-Problemen.

- Firebase Crash Reporting: Ermöglicht es Ihnen, detaillierte Berichte über Programmabstürze zu erhalten und das Firebase Crash Dashboard zu verwenden, um den Gesamtzustand Ihrer Anwendung zu überwachen.

- Firebase Test Lab: Stellt physische und virtuelle Geräte zur Verfügung, mit denen Sie Tests durchführen können, die tatsächliche Nutzungsumgebungen simulieren.

Das Firebase SDK interagiert mit der Google Play Services-Anwendung und erfordert die Installation des Google Play Services SDK. Weitere Informationen zu den Google Play-Diensten und zur Installation des SDK finden Sie in Kapitel 15.

21.8.1 Firebase zu Ihrer Anwendung hinzufügen

Um eines der in diesem Abschnitt beschriebenen Firebase Monitoring-Tools hinzuzufügen, müssen Sie zuerst das Firebase SDK installieren, das Android 4.0 Ice Cream Sandwich (API Level 14) und Google Play Services Version 10.2.6 oder höher erfordert.

Android Studio enthält einen Firebase-Assistenten, um das Hinzufügen von Firebase Komponenten zu Ihrer Anwendung zu vereinfachen. Um es zu verwenden, wählen Sie TOOLS|FIREBASE, um das Assistentenfenster anzuzeigen.

Wenn Sie ein beliebiges Firebase Tool auswählen, das Sie Ihrer Anwendung hinzufügen möchten, wie zum Beispiel Analytics, wird ein Assistent angezeigt, mit dem Sie CONNECT TO FIREBASE ausführen können.

Wenn Sie zum ersten Mal eine Firebase-Komponente zu einer Anwendung in Android Studio hinzugefügt haben, werden Sie aufgefordert, ein Google-Konto für die Verbindung auszuwählen und eine Reihe von Berechtigungen zu akzeptieren.

Sobald Sie bei Firebase angemeldet sind, wenden Sie sich wieder Android Studio zu und es erscheint ein Dialogfeld, in dem Sie ein neues Firebase Projekt erstellen oder ein vorhandenes Projekt für Ihre Anwendung auswählen können.

Wenn Ihre Anwendung verbunden ist, können Sie zum Assistenten zurückkehren. Der nächste Schritt fügt das entsprechende Firebase Tool zu Ihrem Projekt hinzu, indem Sie Firebase Gradle Skriptabhängigkeit zu Ihrer *build.gradle*-Datei auf Projektebene hinzufügen, das Firebase Plug-in für Gradle und eine Dependency für das Firebase Tool zu Ihrer *build.gradle*-Datei hinzufügen.

21.8.2 Firebase Analytics einsetzen

Mobile Anwendungsanalyse-Pakete, wie beispielsweise Firebase Analytics, sind effektive Werkzeuge, um besser zu verstehen, wer Ihre Anwendung nutzt und wie diese genutzt wird. Das Verständnis dieser Informationen kann Ihnen helfen, objektive Entscheidungen darüber zu treffen, wo Sie Ihre Entwicklungsressourcen konzentrieren sollten.

Während die Statistiken der Google Play Console (die weiter oben in diesem Kapitel beschrieben werden) bereits einen wertvollen Einblick in die Sprache, das Land und die Mobiltelefone Ihrer Benutzer bieten, kann die Verwendung detaillierter Analysen eine viel reichhaltigere Informationsquelle bieten, mit der Sie Fehler entdecken, Ihre Feature-Liste priorisieren und entscheiden können, wo Sie Ihre Entwicklungsressourcen am besten verteilen.

> **Hinweis**
>
> Es gibt keine Einschränkungen, welche Analysepakete Sie in Ihren Android-Anwendungen verwenden können. Obwohl dieser Abschnitt speziell den Prozess zur Konfiguration und Verwendung von Firebase Analytics beschreibt, ist der gleiche allgemeine Prozess für die meisten Alternativen anwendbar.

21.8 | Anwendungen veröffentlichen, vertreiben und überwachen

Wenn Sie den Firebase-Assistenten in Android Studio verwenden, führen Sie die im vorherigen Abschnitt beschriebenen Schritte aus, um Firebase zu Ihrer Anwendung hinzuzufügen und die erforderlichen Änderungen an Ihrer App-Modul *build.gradle*-Datei vorzunehmen. Firebase Analytics benötigt nur die Firebase-Kernbibliothek als Depency:

```
compile 'com.google.firebase:firebase-core:10.0.1'
```

Um das Tracking von App Analytics zu starten, öffnen Sie die Activity und deklarieren Sie das Objekt `com.google.firebase.analytics.FirebaseAnalytics` als Attribut und initialisieren Sie es in der Handler-Methode `onCreate`:

```
private FirebaseAnalytics mFirebaseAnalytics;


@Override
protected void onCreate(Bundle savedInstanceState) {
  super.onCreate(savedInstanceState);

  // Hole die Instanz von FirebaseAnalytics
  mFirebaseAnalytics = FirebaseAnalytics.getInstance(this);
}
```

Sobald Sie das Firebase SDK hinzugefügt und initialisiert haben, erhalten Sie automatisch eine Reihe von Benutzereigenschaften und Ereignissen.

> **Hinweis**
>
> Um die Privatsphäre der Benutzer zu gewährleisten, werden für alle Daten, die in der Firebase Analytics-Console angezeigt werden, Mindestschwellenwerte festgelegt, um die Anzeige von Berichten zu verhindern, die verwendet werden könnten, um die Demografie einzelner Benutzer abzuleiten.

Zu den verfügbaren Benutzereigenschaften gehören Alter, Geschlecht, Land, Sprache und Interessen der Benutzer, Gerätekategorie, Marke, Modell und Betriebssystem-Version, der Speicher, aus dem die Anwendung installiert wurde, die aktuelle Version der Anwendung, ob der Benutzer neu oder erfahren ist und wann der Benutzer die Anwendung zum ersten Mal geöffnet hat.

Zu den automatisch aufgezeichneten Ereignissen gehören das erste Mal, wenn die App nach der Installation gestartet wird, der Abschluss aller In-App-Käufe, das Engagement der Benutzer, Sitzungsstarts, App-Updates, das Entfernen von Apps, Betriebssystem-Updates, Exceptions und das Zurücksetzen von App-Daten.

Mehr über die automatisch erfassten Benutzereigenschaften und Ereignisse erfahren Sie hier: *support.google.com/firebase/answer/6317485*.

Sie können die `FirebaseAnalytics`-Instanz auch verwenden, um vordefinierte oder benutzerdefinierte Ereignisse mit der Methode `logEvent` zu protokollieren. Übergeben Sie den Ereignistyp, der unter Verwendung einer statischen Konstanten aus der Klasse `FirebaseAnalytics.Event` oder eines benutzerdefinierten Ereignisses aufgetreten ist, und ein Bundle, das `FirebaseAnalytics.Param`-Konstanten verwendet, um die relevanten Parameter für diesen Typ bereitzustellen:

```
Bundle bundle = new Bundle();
bundle.putString(FirebaseAnalytics.Param.SEARCH_TERM, searchTermString);

mFirebaseAnalytics.logEvent(FirebaseAnalytics.Event.SEARCH, bundle);
```

Zu den Standard-Ereignisarten gehören der Beitritt zu einer Gruppe, das Einloggen, die Präsentation eines Angebots, die Suche, die Auswahl von Inhalten, die gemeinsame Nutzung, die Anmeldung, die Ausgabe virtueller Währungen sowie der Beginn und das Ende eines Tutorials.

Eine vollständige Liste der vordefinierten Ereignisse, die für alle Anwendungen geeignet sind, und Links zu Event-Typen für Anwendungen im Einzelhandel/E-Commerce; Jobs, Bildung, lokale Angebote und Immobilien; Reisen und Spielekategorien sind unter *support.google.com/firebase/answer/6317498?ref_topic=6317484* verfügbar.

Die entsprechenden vordefinierten Parameter finden Sie unter *firebase.google.com/docs/reference/android/com/google/firebase/analytics/FirebaseAnalytics.Param*.

Alternativ können Sie auch eigene Ereignisse mit eigenen Parametern erzeugen:

```
Bundle bundle = new Bundle();
bundle.putString(MISSILE_NAME, name);
bundle.putInt(MISSILE_RANGE, range);

mFirebaseAnalytics.logEvent(LAUNCHED_MISSILE, bundle);
```

Die Integration von Analysen in Ihre App ist entscheidend für das Verständnis der Art und Weise, wie Ihre App genutzt wird, und wird Ihnen helfen, Ihre Arbeitsabläufe auf die gleiche Weise zu optimieren, wie Sie es von einer Website gewohnt sind. Daher kann es sinnvoll sein, Ereignisse zu protokollieren, die Benutzer von einer Activity in eine andere verschieben.

Einen Schritt weiter können Sie jede Aktion aufzeichnen – welche Optionen geändert wurden, welche Menüpunkte oder Aktionen der Aktionsleiste ausgewählt wurden, welche Popup-Menüs angezeigt wurden, ob ein Widget hinzugefügt wurde und welche Schaltflächen gedrückt wurden. Anhand dieser Informationen können Sie genau bestimmen, wie Ihre App verwendet wird, so dass Sie besser verstehen können, wie gut die Annahmen, die Sie während des Designs getroffen haben, mit der tatsächlichen Nutzung übereinstimmen.

21.8 | Anwendungen veröffentlichen, vertreiben und überwachen

Wenn Sie Spiele erstellen, können Sie den gleichen Prozess verwenden, um Einblick in den Fortschritt der Spieler durch das Spiel zu gewinnen. Sie können verfolgen, wie weit die Leute vor dem Verlassen des Spiels vorankommen, Levels identifizieren, die schwieriger (oder einfacher) sind, als Sie erwartet haben, und dann Ihr Spiel entsprechend anpassen.

Am nützlichsten ist es vielleicht, wenn Ihre App eine Handelskomponente hat – wie zum Beispiel den Kauf von Waren oder die Buchung von Hotels. Dann können Sie die Wege verfolgen, die zu erfolgreichen Einkäufen und Buchungen geführt haben.

Um die von Ihrer App aufgezeichneten Analysen anzuzeigen und zu untersuchen, navigieren Sie zur Firebase Console unter *console.firebase.google.com*. Wählen Sie Ihre App aus und wählen Sie dann die Option ANALYTICS aus dem linken Menü, um das in Abbildung 21.28 gezeigte Analytics-Dashboard anzuzeigen.

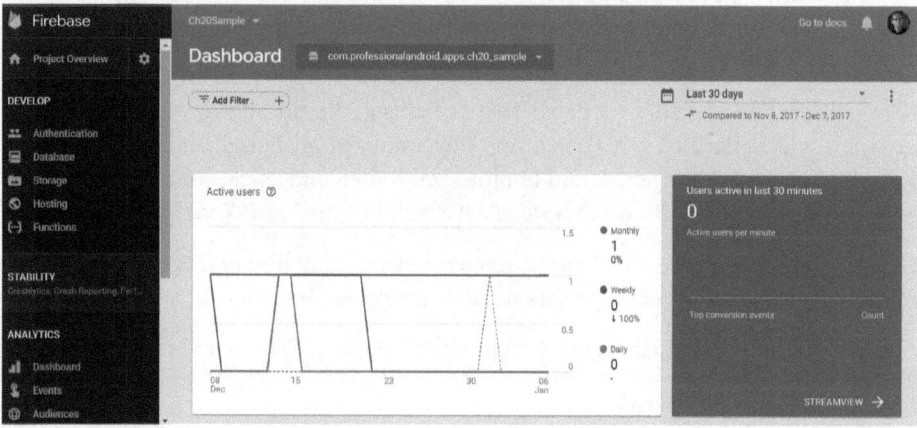

Abbildung 21.28 Analytics-Dashboard

Google BigQuery

Wenn Sie Ihr Firebase Konto auf den kostenpflichtigen »Blaze«-Plan upgraden, ist es möglich, Ihre Firebase Analytics mit Google BigQuery, einer Server-losen, petabytegroßen Data Warehousing und Analytics Engine, zu verbinden. Mit BigQuery können Sie über SQL-Abfragen auf Ihre rohen, unverarbeiteten Ereignisdaten sowie auf alle Ihre Parameter und Benutzereigenschaften zugreifen.

Sobald Ihre Firebase-Anwendung mit einem BigQuery-Projekt verknüpft ist, werden Ihre Event-Daten jeden Tag in den ausgewählten BigQuery-Datensatz exportiert. Anschließend können Sie Ihren Analysedatensatz abfragen, exportieren oder mit Daten aus externen Quellen verknüpfen, um benutzerdefinierte Analysen durchzuführen.

Um Firebase Analytics mit BigQuery zu verbinden, klicken Sie auf das Zahnrad-Symbol in der linken Navigationsleiste der Firebase Console und klicken Sie auf PROJEKTEIN-

STELLUNGEN. Klicken Sie dann auf die Registerkarte ACCOUNT LINKING, gefolgt von UPGRADE PROJECT und dem Link auf die BigQuery-Karte, und folgen Sie dann den Anweisungen zum Erstellen eines BigQuery-Datensatzes.

BigQuery bietet 10 GB kostenlosen Speicherplatz und 1 TB kostenlose Abfragen pro Monat und berechnet keine Kosten für die Aufnahme von Daten. Weitere Informationen zu BigQuery und seinem Preismodell finden Sie unter *cloud.google.com/bigquery/pricing*.

21.8.3 Firebase Leistungsüberwachung

Mit Firebase Performance Monitoring (FPM) erhalten Sie Einblick in die Leistungsmerkmale Ihrer Anwendungen. Performance-Probleme sind ein wesentlicher Faktor für Benutzerunzufriedenheit, aber um Performance-Probleme zu beheben, ist es zunächst notwendig zu verstehen, wo und wann diese Probleme für reale Benutzer in realen Umgebungen auftreten.

Firebase Performance Monitoring funktioniert, indem es Traces-Reports von Performance-Daten, die zwischen zwei Zeitpunkten erfasst wurden, ausgibt. Dazu gehören eine Reihe von automatischen Traces, einschließlich der Startzeit der Anwendung, der Hintergrundzeit und der Vordergrundzeit, sowie alle benutzerdefinierten Traces.

Zurzeit befindet sich Firebase Performance Monitoring in der Beta-Phase und ist im Android Studio Firebase-Assistenten nicht verfügbar. Verwenden Sie die im vorherigen Abschnitt beschriebene Technik, um Ihre Anwendung mit Firebase zu verbinden, und führen Sie dann die folgenden Schritte aus, um Ihrer Anwendung Performance Monitoring hinzuzufügen.

Stellen Sie innerhalb der *build.gradle*-Datei auf Projektebene sicher, dass jcenter() in den Buildscript-Repositories enthalten ist, und fügen Sie den Klassenpfad com.google.firebase:firebase-plugins zu den Buildscript-Dependencies hinzu:

```
buildscript {
  repositories {
    jcenter()
  }
  dependencies {
    classpath 'com.android.tools.build:gradle:2.3.3'
    classpath 'com.google.gms:google-services:3.0.0'
    classpath ('com.google.firebase:firebase-plugins:1.1.5') {
      exclude group: 'com.google.guava', module: 'guava-jdk5'
    }
  }
}
```

21.8 | Anwendungen veröffentlichen, vertreiben und überwachen

Öffnen Sie die *build.gradle*-Datei und wenden Sie das Plug-in `com.google.firebase.firebase-perf` an:

```
apply plugin: 'com.android.application'
apply plugin: 'com.google.firebase.firebase-perf'
```

Fügen Sie schließlich die Dependency `com.google.firebase:firebase-perf` hinzu:

```
dependencies {
    compile fileTree(include: ['*.jar'], dir: 'libs')
    androidTestCompile (
        'com.android.support.test.espresso:espresso-core:2.2.2', {
            exclude group: 'com.android.support', module: 'support-annotations'
    })
    compile 'com.android.support:appcompat-v7:27.0.2'
    compile 'com.android.support:preference-v14:27.0.2'
    compile 'com.android.support:support-v4:27.0.2'
    compile 'com.android.support:recyclerview-v7:27.0.2'
    compile 'com.android.support.constraint:constraint-layout:1.0.2'
    compile 'com.google.firebase:firebase-core:11.8.0'
    compile 'com.google.firebase:firebase-perf:11.8.0'
    testCompile 'junit:junit:4.12'
}
```

Nach der Installation sammelt Firebase Performance Monitoring automatisch die folgenden Messdaten:

- Anwendungsstart: Die Zeit zwischen dem Öffnen und dem Ansprechen der Anwendung.

- Zeit im Vordergrund: Die Zeit zwischen dem Aufruf der ersten Vordergrund-Activity `onResume` und dem Aufruf der letzten Vordergrund-Activity `onStop`.

- Zeit im Hintergrund: Die Zeit zwischen den letzten Vordergrundaufrufen der Activity `onStop` bis zur nächsten Activity, um die Vordergrundaufrufe `onResume` zu erreichen.

Firebase Performance Metrics erstellt außerdem einen Bericht über alle HTTP/S-Netzwerkanforderungen, der die Antwortzeit, die Payload-Größe und die Erfolgsrate jeder Anforderung erfasst.

Neben dem automatisierten Tracing und Monitoring ist es auch möglich, eigene Traces zu erstellen, mit denen Sie Performance-Metriken in bestimmten Bereichen Ihrer Anwendung messen können.

Der einfachste Weg, die Performance einer bestimmten Methode zu verfolgen, ist die Verwendung der `@AddTrace`-Annotation, die einen String zur Identifizierung des resultierenden Traces bereitstellt:

Firebase zur Überwachung Ihrer Anwendung verwenden | 21.8

```
@AddTrace(name = "onReticulateSplinesTrace", enabled = true)
protected void reticulateSplines() {
  // TODO Methodenimplementierung
}
```

Dies führt zu einem Trace, der mit dem Aufruf der Methode beginnt und nach Beendigung der Methode endet.

Alternativ können Sie einen benutzerdefinierten Trace erstellen, der es Ihnen ermöglicht, Traces mit Zählern anzugeben, die sich über mehrere Methoden erstrecken. Sie können mehrere benutzerdefinierte Traces in Ihrer Anwendung haben, die möglicherweise gleichzeitig ausgeführt werden.

Um einen benutzerdefinierten Trace zu erstellen, erstellen Sie ein Trace-Objekt, indem Sie die statische Methode getInstance der Klasse FirebasePerformance aufrufen, um die FirebasePerformance-Instanz zurückzugeben, und dann newTrace aufrufen, um ein neues Trace-Objekt zu erstellen:

```
Trace splineTrace =
  FirebasePerformance.getInstance().newTrace("spline_trace");
```

Um den Trace zu starten, rufen Sie die Methode start über das Trace-Objekt auf:

```
splineTrace.start();
```

Während der Trace läuft, können Sie mit der Methode incrementCounter unter Angabe einer String-Kennung Zähler für leistungsabhängige Ereignisse hinzufügen:

```
if (cacheExpired) {
  splineTrace.incrementCounter("item_cache_expired");
} else {
  splineTrace.incrementCounter("item_cache_hit");
}
```

Wenn der Prozess, den Sie verfolgen, abgeschlossen ist, stoppen Sie den Trace, indem Sie seine Methode stop aufrufen:

```
splineTrace.stop();
```

Um die Ergebnisse von Firebase Performance Monitoring anzuzeigen, navigieren Sie zu Ihrer App in der Firebase Developer Console und klicken Sie auf die Option PERFORMANCE im Bereich STABILITÄT in der linken Navigationsleiste. Die Performance-Seite zeigt jede der verfolgten Performance-Metriken, die alle nach Dimensionen aufgeschlüsselt werden können, einschließlich App-Version, Land, Gerät und Betriebssystem-Version.

Stichwortverzeichnis

A

A2DP 924
AAPT 77
AAR 943
Abwärtskompatibilität 1011
AccelerateDecelerateInterpolator 661
acceptMatch 273
AccessibilityEvents 231
ACTION 252
ActionBarDrawerToggle 631, 633
ActionProvider 608
Activity 55, 89, 94
– aktiv 102
– Lebenszyklus 98, 100
– Rückgabe 248
– sichtbar 102
– Zustand 99
Activity-Stapel 98
ActivityCompat.checkSelfPermission 444
ActivityCompat.requestPermission 445
ActivityManager 109
ActivityRecognitionClient 848
ActivityRecognitionResult 849
Adapter 203
ADB 77, 83
addCallback 646
addCircle 772
addIntentOptions 269
addMarker 767
addMessage 528, 536
addPerson (Notification) 532
addPreferencesFromResource 347
Address 747
addTriggerContentUri 507
addView 189
Akku 69
Aktion 603

Akzentfarbe 580
Alarm 548
AlarmManager 548
– cancel 549
allowScanningByMediaScanner 319
Alpha-Release 1074
anchor 770
Android Asset Packaging Tool 77
Android Beam 941
Android Debug Bridge 83
Android Keystore Provider 1007
Android Run Time (ART) 28, 32
Android Studio 36, 38, 78
– Installation 40
– Live Templates 80
– Suche überall 79
– Updates 42
Android Support Library Package 62
Android Virtual Device (AVD) 48
Android Vitals 1079
Android Widget Toolbox 199
Android-Keystore-System 1007
android.Manifest.permission 1003
android:allowBackup 341
android:configChanges 178
android:enabled 1013
AndroidManifest.xml 140
animateCamera 758
animated-vector 574
AnimatedVectorDrawable 573, 576
Animationen 163
AnimationListener 662
AnimatorSet 662
Annotation 375
anonyme Aktion 266
Anrufprotokolle 446
Anti-Aliasing 671

| Stichwortverzeichnis

APK-Analyzer 77, 84
APK-Signatur 1061
app 218
App Signing 1067
App-Leiste 587, 603
App-Shortcuts 994, 996
App-Symbol 1050
AppBarLayout 611, 614
AppCompat 62, 600
AppCompatActivity 47, 97
AppCompatDialogFragment 642
Application 94, 1015
AppWidget 948
AppWidgetConfigurationActivity 963
AppWidgetManager 956, 958, 959
AppWidgetProvider 953, 974
argb 666
ART (Android Run Time) 28, 32
AsyncTask 289, 291, 298, 391, 492, 494, 503, 557
- execute 291, 497
- executeOnExecutor 497
AsyncTaskLoader 436
Attendees 458
attrs.xml 218
Audio 448, 852
Audio-Fokus 862
Audioaufnahme 887
AudioFocusChangeListener 863
Audiowiedergabe 852
Aufnahme 887
Ausrichtung 818
Ausrichtungssensor 799
authenticate 1008
AuthenticationCallback 1008
Auto-Backup 339
AVD-Manager 48, 77, 80
Awareness 784, 788
AwarenessFence 790

B

Barometer 838
Barrierefreiheit 76, 648
BatteryManager 280
Beam 941
beginWith 513

Benutzer-Feedback 1080
Benutzeraktivitäten 848
Berechtigungen 144, 1002, 1003
- Berechtigungsdialog 444, 1004
- selbstdefiniert 1004
Beschleunigungssensoren 819
Beta-Release 1074
Bewegungssensor 799
BigQuery 1090
bindService 553
Bitmap 664
BitmapDescriptor 769
Bitte nicht stören 532
Bluetooth 910
- A2DP 924
- accept 918
- connect 922
- Discovery 913
- Headset 924
- Health Device 924
- InputStream 923
- Kommunikation 917
- OutputStream 923
- Profil 924
Bluetooth Low Energy 926
BluetoothA2dp 924
BluetoothAdapter 910, 913
BluetoothDevice 920
BluetoothGatt 927
BluetoothGattCallback 928
BluetoothGattCharacteristics 926
BluetoothGattService 926
BluetoothHeadset 924
BluetoothServerSocket 918
BluetoothServerSocketListener 922
BluetoothSocket 918, 920
BottomNavigationView 624
Broadcast 274
build.gradle 146, 148, 209, 376, 386, 388, 409
Builder
- setLargeIcon 526
buildMediaButtonPendingIntent 886
bulkInsert 440
Bundle 101

C

C/C++ 32
Calendars 458
CallLog 446
CameraCharacteristics 893
CameraManager 892, 893
CameraUpdate 758
CancelableCallback 761
CancellationSignal 422, 435
cancelLoad 440
Canvas 223, 226, 663, 672
CaptureRequest 896, 898
CardView 592
CastContext 872
CastOptions 871
CATEGORY_ALARM 532
CATEGORY_CALL 532
CATEGORY_EVENT 532
CATEGORY_MESSAGE 532
CATEGORY_REMINDER 532
checkSelfPermission 1003
child 412
CircleOptions 772
ClickListener 465
ClipboardManager 695
ClipData 695
Cloud 325, 411
coerceToText 696
collapsibleActionView 608
CollectionView 978
CollectionView Widgets 972
Color 159, 666
colorAccent 581, 601
ColorDrawable 569
ColorFilter 669
colorPrimary 581, 601
combine (WorkContinuation) 514
CommonDataKinds 452
ConnectionInfoListener 933, 934
ConnectivityManager 281
Constraint 513
ConstraintLayout 186, 193, 566
ContactsContract 449, 451
Content-Suche 461
ContentProvider 416, 417, 425, 442, 1002
– openFile 428

ContentResolver 432
– query 432
ContentResolver.openInputStream 366
ContentResolver.openOutputStream 370
ContentResolver.takePersistableUriPermission 364, 369, 370
ContentUris 428
ContentValues 396, 907
Context 358, 848
ContextCompat.getDrawable 576
Copy 695
createAccessIntent 360, 361
Criteria 737
Cursor 395, 403, 432
CursorLoader 436, 465

D

DataBinding 208, 209
Dateisystem 357
DatePickerDialog 643
Debug Bridge 77, 83
declare-styleable 218
deleteFile 357
Design 182, 561
detect 1014
DetectedActivity 849
Dialer 1016, 1017
Dialoge 642
Dichte 563
DiffUtil 205
Dimensionen 160
disableForegroundDispatch 938
discoverPeers 932
discoverServices 927
dispatchPopulateAccessibilityEvent 232
divideMessage 1033
Dock 279
DocumentFile 363
DocumentsContract 362, 364, 367
DocumentsContract.isDocumentUri 368
doInBackground 496, 517
DOM 296
DownloadManager 313, 316
– enqueue 314
– query 320

Stichwortverzeichnis

– remove 319
– Request 314
doWork 512
dp 160, 175, 183, 563
dpi 563
Drawables 161
DrawerListener 633
Druck 687
Ducking 862
DynamicSensorCallback 802
dynamische App-Shortcuts 997
dynamischer Sensor 802

E

Earthquakes (Beispiel) 128, 207, 296, 348, 388, 477, 515, 538, 590, 617, 635, 779, 965, 981
Eclipse ADT 39
eingehener Anruf 1016
Emulator 48, 77, 81
– Location 707
– Standort 706
enableForegroundDispatch 938
enqueue (WorkContinuation) 513
Environment 358, 360
evaluate 660
Events 458
execSQL 400
execute (AsyncTask) 497
executeOnExecutor (AsyncTask) 497
executePendingBindings 211
ExifInterface 900
ExoPlayer 859
externer Speicher 358
extractResult 719, 849

F

Farb-Design 580
Farbe 159
Farbfilter 669
FEATURE_TELEPHONY 1016
Fence 784, 788
FenceState 792
fileList 357
FileProvider 364
FileProvider.getUriForFile 365
findFragmentById 121

findFragmentByTag 121
findViewById 185
Fingerabdruck-Scanner 1008
FingerprintManager 1008
finish 498
finishAfterTransition 586
Firebase 1086
Firebase Cloud-Messaging 542
Firebase Echtzeitdatenbank 406
Firebase SDK 407
FirebaseAnalytics 1088
FirebaseDatabase 412
FirebaseJobDispatcher 509
FirebaseMessagingService 546
Flavor 151
FloatingActionButton 596
flush 810
Fokus 649
Fotokamera 890
Fragment 109, 1013
– Lebenszyklus 111, 115
– onCreateView 110
FragmentActivity 756
FragmentManager 117
FragmentPagerAdapter 621
FragmentTransaction 119
– animieren 125
Frame-by-Frame-Animation 167
FrameLayout 186
full-backup-content 340
Fullscreen 656

G

GATT 926
gefährliche Berechtigung 1003
Geocoder 746
GeofenceClient 734
Geofences 731
GeofencingClient 732
GeofencingEvent 734
Geräteausrichtung 827
gestaffelte Rollouts 1076
getAction 257, 685
getAlpha 659
getAltitude 839
getAttribute 900

Stichwortverzeichnis

getBestProvider 738
getBondedDevices 921
getCacheDir 340, 357
getClipData 368
getCodeCacheDir 340
getColumnIndex 404
getContentResolver 432
getCurrentPosition 855
getData 257, 361
getDefaultSensor 801
getDefaultSharedPreferences 336
getDescription 885
getExternalCacheDir 358
getExternalFilesDir 340, 358
getExternalMediaDirs 359
getFilesDir 357
getFromLocation 748
getFromLocationName 749
getGeofencingClient 732
getHeaderView 628
getIntent 257
getItemAt 696
getLastKnownLocation 739
getMainLooper 501
getMapAsync 756
getMaxZoomLevel 759
getMetadata 880
getMyMemoryState 109
getNetworkCountryIso 1021
getNetworkOperator 1021
getNetworkOperatorName 1021
getNetworkType 1021
getNextAlarmClock 550
getNoBackupFilesDir 340
getOrientation 828
getParcelableExtra 891
getPhoneType 1021
getPlaybackState 880
getPressure 687
getPrimaryStorageVolume 360
getProviders 737, 738
getReadableDatabase 399
getReference 412
getReportingMode 804
getRotation 819
getRotationMatrixFromVector 828

getScanMode 913
getSensorList 801
getSharedPreferences 336, 338
getSize 687
getSupportActionBar 588
getSupportFragmentManager 117
getSupportParentActivityIntent 590
getSystemService 313, 548
getToolType 687
getTransitionName 586
getWriteableDatabase 399
GForceMeter (Beispiel) 822
goAsync 275, 962
Google Maps 753
Google Play 1050
Google Play App Signing 1056, 1067
Google Play Console 1059
Google Play Services 699
Google Play Statistics 1078
GoogleApiClient 785
GoogleMap 753
Gradle 77, 86, 146
– Dependencies 154
– Repository 147
GridView 972
GroundOverlay 775

H

handleMessage 500
HandlerThread 492, 494, 498
Hardware 1009
Hardware-Anforderung 1010
Hardware-Debugging 50
Hardwarebeschränkungen 65
hasResult 719
hasSystemFeature 1016
Hintergrund 491
Hintergrundbild 989
Html.fromHtml 158
HttpURLConnection 288

I

IllegalStateException 889
ImageReader 898
Images 448
in 160

In-Call 1016
include 196, 223
inflate 162, 210, 220
inflateMenu 616
initLoader 439, 440
InputStream 936
Installation Android Studio 40
Instances 458
Instant Run 78
Intent 244, 430, 1002
– Aktion 246
– Extra 246
Intent-Auflösung 256
Intent-Filter 96, 254, 463
IntentFiltersArray 939
IntentReceiver 1024
Internationalisierung 173, 1085
interner Speicher 357
Internet-Ressource 288
interpolator 576
isAdditionalInfoSupported 809
isDynamicSensor 802
isPresent 747
isWakeupSensor 805
item 604
ItemAnimator 205

J

jarsigner 1057
Java ME 32
java.io.File 357, 362
JCenter 146–148
JDK 36
Job-Scheduler 492
jobFinished 503
JobInfo 506, 508
JobScheduler 506
– schedule 506
JobService 502, 506
– getJobId 507
JSON 306, 407, 411

K

Kachelmodus 668
Kalender 457, 459
Kamera 852
Karte 592
Kartendarstellung 753
Kernel 1003
Keychain API 1007
KeyEvent 690
Keystore 1007
keytool 1057
Kompass (Beispiel) 233, 673, 833
Kompatibilität 1009
Kompatibilitätsbibliothek 62
Kontakte 449
Kontextabhängigkeit 784
kopflose Fragmente 334
Kotlin 36, 60
Körpersensoren 800, 844

L

L2CAP 917
lateral 821
LatLngBounds.Builder 759
LayerDrawables 692
Layout-Erweiterung 219
Layout-Ressourcen 162
LayoutParams 188, 189
LinearLayout 186, 190, 566
Linkify 271
Lint 77, 85, 198
Linux 1002, 1003
ListView 455, 972
LiveData 289, 291, 331, 385–388, 390, 392
Loader 436
LocalBroadcastManager 281
Locale 749
Location 389, 739
LocationListener 740
LocationManager 736, 740
LocationServices 703, 705, 722, 732
LocationSettingsStates 725
Logcat 77
longitudinal 821
Looper
– getMainLooper 501

M

make 646
makeSceneTransitionAnimation 586

Manifest 140
– activity 96
– Berechtigung 144
Manifest-Receiver 277
MapFragment 753, 754, 756
MarkerOptions 767, 769
Marketing 1083
MaskFilter 669
match_parent 189
MatchFilter 272, 273
Material-Design 562, 578, 586
maxFifoEventCount 805
Media-Player 854
MediaBrowserCompat 876
MediaBrowserService 881
MediaBrowserServiceCompat 876
MediaButtonReceiver 886
MediaRecorder 887, 888, 901, 903
MediaRouteActionProvider 873
MediaRouteButton 873
MediaScannerConnection 906
MediaSession
– release 868
– setActive 868
MediaStore 448
Menu 269
menu 604
MenuItem 607
Menü 603
merge 196
Message 499
meta-data 463
Metadaten 869
MipMaps 162
mm 160
MMS 1025
modaler Dialog 642
Monkey 85
MotionEvent 685
moveCamera 758
MutableLiveData 331

N

Navigationsmuster 619
NavigationView 625
NDEF 936

NdefMessage 942
NdefRecord 942
NDK 32
Near Field Communication 936
NetworkOnMainThreadException 288, 289
newLatLngBounds 759
newLatLngZoom 759
next 295
NFC 936
NfcAdapter 938, 944
NfcF 940
NinePatch 569, 577
NoSQL 406
Notfall-SMS (Beispiel) 1036
Notification 315, 316, 521, 884
– addPerson 532
– Erzeugung 524
– Gruppierung 536
– Priorität 529
NotificationChannel 522
NotificationCompat.Builder 524
NotificationManager 522
notify 524
notifyChange
– ContentResolver 425

O

Object Relation Mapping (ORM) 374
ObjectAnimator 659
observe 387
Observer 293, 331, 386
obtainStyledAttributes 219
onAccuracyChanged 806
OnActionExpandListener 609
onActivityCreated 116
onActivityResult 251, 353, 361, 890, 914
onAttach 115
onAudioFocusChange 863
OnAudioFocusChangeListener 862, 864
onBind 551
onCancelListener 424
OnCompletionListener 864
onConfigurationChanged 179
onConflict 381
OnConnectionFailedListener 785
onCreate 55, 96, 101

onCreateLoader 439
onCreateMenuOptions 609
onCreateOptionsMenu 269, 353
onCreatePreferences 347
onCreateView 110
onDataChange 413
onDestroy 101, 335
onDetach 115
onDraw 672
One-Shot-Sensor 808
OneTimeWorkRequest 512
OnFailureListener 849
onFlushCompleted 809
onGetRoot 877
onKey 690
onKeyDown 230, 689
OnKeyListener 690
onKeyUp 230, 689
onLoadChildren 877
onLoadFinished 439
onLowMemory 109
OnMapLoadedCallback 760
onMapReady 756
OnMapReadyCallback 756
OnMarkerClickListener 770
onMessageReceived 546, 547
OnNavigationItemSelectedListener 625
onNewIntent 258, 484
onOptionsItemSelected 353, 607
onPause 102
onPostExecute 496
onPreExecute 496
onProgressUpdate 496
onReceive 275, 493, 497
onRequestPermissionsResult 445, 705, 1004
onRestart 102
onRestoreInstanceState 102, 329
onResume 102, 658
onRunJob 509, 517
onSaveInstanceState 102, 328
onSensorChanged 806, 815
onServiceConnected 552
onServiceDisconnected 552
OnSharedPreferenceChangeListener 338
onStart 102, 277
onStartCommand 557

onStartJob 503, 509
onStartLoading 440
onStop 100, 102, 277
onStopJob 503, 509
OnSuccessListener 708, 849
OnSystemUiVisibilityChangeListener 658
onTouchEvent 230, 685
OnTouchListener 689
onTrigger 808
onTrimMemory 106, 107
onUpgrade 397
onWindowFocusChanged 658
openCamera 894
OpenGL 223
openInputStream 362, 442
openOrCreateDatabase 400
openOutputStream 442
openRawResource 356
OperationCanceledException 424, 436
OptionsProvider 871
OutputStream 936

P

P2P 929
PackageManager 247, 267, 278, 1011, 1016
Padding 593
PagerAdapter 621
Paint 664, 665
Pairing (Bluetooth) 910
Parcelable 916
ParcelFileDescriptor 316, 320, 428
parentActivityName 588
parseColor 666
Paste 695
PathEffect 670
pause 855
Peer to Peer 909
PendingIntent 283, 526
Performance 66
PeriodicWorkRequest 512
permission 1003, 1004
PERMISSION_DENIED 1003
PERMISSION_GRANTED 1003
Pfad-Effekte 670
PhoneStateChanged 1024
PhoneStateListener 1022

Pixeldichte 563
PlaybackStateCompat 867
Plug-in 265
PorterDuffXfermode 671
PreferenceActivity 342
PreferenceCategory 343
PreferenceFragment 342, 347
PreferenceFragmentCompat 347
PreferenceManager 336
PreferenceScreen 342
preferenceTheme 348
Preisgestaltung 1072
prepare 854, 888
Profiler 77, 82
Projekt erstellen 43
Property-Animation 164, 658
provider 365
– android:authorities 365
pt 160
px 160

Q

query
– ContentProvider 425
– ContentResolver 432, 435
queryIntentActivityOptions 268
quit 499
quitSafely 499

R

R 150, 155, 169
R.raw 356
RawContacts 450
RDBMS 394
RecognizerIntent 653
RecyclerView 200
– Dependency 132
RecyclerView.ItemAnimator 205
Registerkarten 620
registerReceiver 279, 282
reibungslose Bedienbarkeit 75
RelativeLayout 186, 192
release 868
Release Build 1051
Release-Management 1073
remapCoordinateSystem 832

Reminders 458
RemoteInput 535
RemoteViews 955, 959
RemoteViewsFactory 974, 978, 979
RemoteViewsService 974, 978, 979
removeGeofences 734
requestActivityUpdates 848
requestLocationUpdates 715, 740
requestPeers 932
requestPermissions 705, 1004
res/drawable 161
res/layout 162
res/mipmap 1051
res/values 156
res/values/attrs.xml 218
resolveActivity 247
Resources.getQuantityString 159
Ressource 154
– Dimensionen 160
– Farbe 159
– Programmzugriff 169
– Referenz 171
– Stil 160
restartLoader 440
Reveal 583
RFCOMM 917
Rollout 1076
Room 374, 375
RoomDatabase 376, 391
rotation 770
Runnable 498
RunningAppProcessInfo 109
runOnUiThread 289, 500

S

SaS 325
ScanResult 926
schedule (JobScheduler) 506
Scheduling 501
Schlüssel 1007
Schwerkraft 822
Scoped Directory Access 359
Scrolling 612
SDK 36
SDK-Manager 41, 77
searchable 462

SearchableInfo 470
SearchManager 470
SearchView 416, 469
Security 1003
seekTo 855
selectableItemBackgroundBorderless 579
sendBroadcast 274, 1007
sendMultimediaMessage 1034
sendMultipartTextMessage 1034
Sensor 797
– testen 815
– virtuell 797
– Wakeup 805
SensorAdditionalInfo 810
SensorEvent 807
SensorEventCallback 809
SensorEventListener 806, 809, 838
SensorManager 797, 820, 828
Service 550, 876, 1002
ServiceConnection 551
SessionToken 877
setActive 868
setAdapter 204
setAllowedNetworkTypes 314
setAllowedOverMetered 314
setAllowedOverRoaming 314
setAlpha 659, 666
setAudioEncoder 888
setAudioSource 888
setCategory 532
setChecked 628
setColor 665, 886
setComponentEnabledSetting 278
setConstraints 513
setContentIntent 526
setContentView 56, 95, 162, 169, 185, 209
setDataSource 854, 859
setDescription 316
setDuration 660, 855
setExactAndAllowWhileIdle 549
setExpirationDuration 720
setExpirationTime 720
setHintDisplayActionInline 534
setIconifiedByDefault 471
setImageLevel 694
setIntent 258

setInterpolator 661
setLargeIcon 526
setLayoutParams 189
setLightColor 531
setMediaSession 885
setMinimumLatency 508
setNotificationVisibility 316
setNumUpdates 720
setOutputFile 888
setOutputFormat 889
setOverrideDeadline 508
setPathEffect 670
setPeriodic 507
setPlaybackState 867
setPriority 530
setRemoteInputHistory 536
setRepeatCount 660
setRepeatMode 660
setRequiredNetworkType 507
setRequiresCharging 507
setRequiresDeviceIdle 507
setResult 250
setRetainInstance 334
setSearchQuery 483
setShowActionsInCompactView 885
setSound 531
setStyle 528
setSubmitButtonEnabled 471
setSystemUiVisibility 656
settings.gradle 146, 147
SettingsClient 722
setTitle 316, 588
setTransition 125
setVibrationPattern 531
setVisibleInDownloadsUi 319
setVolumeControlStream 865
setXferMode 671
Shader 666
shape 570
ShapeDrawable 569, 570
ShareCompat 366
SharedPreferences 330, 336, 339, 356
SharedPreferences.Editor 336
shortcut 996
ShortcutManager 997
Sicherheit 1002

Signatur 1056
SimpleJobService 509
singleTop 463
SMS 1015, 1025
– empfangen 1034
– Notfall 1036
– senden 1026
SmsManager 1025, 1029
SmsMessage 1035
Snackbar 645
Snapshot 784, 787
sp 160, 183
speak 651
Speichermangel 106
splits 153
Sprachausgabe 650
Spracheingabe 654
Spracherkennung 653
Sprachklang 651
Sprachsuche 655
SQL 393
SQL-Injektion 395
SQLite 393
– delete 402
– insert 400
– query 403
– update 401
SQLite3 77
SQLiteOpenHelper 397
SQLiteQueryBuilder 422
StackView 972
start 855
Start-Symbol 1050
startActivity 245
startActivityForResult 245, 249, 353, 361
Startbildschirm 947, 948
startDiscovery 915
startForeground 883
startService 555
statische App-Shortcuts 996
stop 855
stopAnimation 761
stopForeground 883
stopSelf 557, 881
stopService 556
StorageManager 360

StorageVolume 360
StrictMode 1014
style 160, 348
subscribeToTopic 544
SubscriptionManager 1020
Support-Library 62
SupportMapFragment 754
Surface 223
SurfaceHolder 856
SurfaceView 223, 856
switchMap 483

T

TabLayout 620
TaskStackBuilder 526
Tasten 689
Telefonie 1015, 1016
TelephonyManager 1019
Text-to-Speech 650
Theme 580, 601
– Overlay 602
Thread 494, 498
ThreadPolicy 1014
TileMode 668
TimePickerDialog 643
Titel 588
Toast 644
Tools 76
Touchscreen 684
TransformFilter 272, 273
transformUrl 273
Transition 585
transitionName 585
Transparenz 666
TriggerEvent 808
TriggerEventListener 808
TypeEvaluator 660

U

Übergang 585
Umgebungssensoren 838
unbindService 553
unsubscribeFromTopic 546
updatePeriodMillis 960
Updates 42
UriMatcher 421, 472, 478

1105

uses-feature 141, 1010
uses-permission 144, 1002, 1003

V

ValueEventListener 413, 414
vector 571
Vector Asset Studio 77
VectorDrawable 569, 571, 573
Vermarktung 1082
Version 1055
versionCode 1055
versionName 1055
vertikal 821
Vertrieb 1072
Veröffentlichung 1050, 1073
Vibration 655
Video 448, 852, 901
VideoEncoder 903
Videowiedergabe 852, 856
View 56, 184, 214
– Attribut 217
– Erweiterung 215, 223
– onDraw 224
– onMeasure 224, 227
View-Animation 165
ViewGroup 184, 219
ViewHolder 203
ViewModel 289, 291, 331
ViewPager 620, 621
ViewStub 197
Virtual Device-Manager 80
virtuelle Sensoren 797
Vitals 1079

Vollbildschirm 656

W

Wakeup-Sensor 805
WallpaperService 989, 991, 993
Welligkeit 579
Werbung 1082
Wetterstation (Beispiel) 839
what 499
Wi-Fi 929
Widget 948
Widget Toolbox 199
WifiP2pConfig 932
WifiP2pManager 929
Wo bin ich (Beispiel) 710, 762
Work-Manager 511
WorkContinuation 513
Worker 512
WorkManager 512
WorkRequest 513
WorkStatus 514
wrap_content 189

X

Xfermode 671
XML-Pull-Parser 295
xmlns:app 218

Z

zoomIn 759
zoomOut 759
zoomTo 759